AF533640

Daniel Caesar, Michael R. Friebel, Hans Georg Selent-Knips

SQL Server 2019 für Administratoren

Das umfassende Handbuch

Liebe Leserin, lieber Leser,

Microsoft SQL Server 2019 bietet gegenüber den vorigen Versionen viele Features, die Administratoren und Entwicklern bei der Erledigung ihrer täglichen Aufgaben die Arbeit noch weiter erleichtern. Dieser unbestreitbare Vorteil hat jedoch gerade beim Einstieg in ein solch mächtiges Datenbanksystem eine Kehrseite: Die Komplexität des ohnehin umfangreichen SQL Servers und seiner Bedienung hat sich in der Version 2019 weiter erhöht.

Und genau hier setzt dieses Buch an: Es gibt Ihnen auf der einen Seite einen Überblick über sämtliche Features von Microsoft SQL Server, legt auf der anderen Seite aber auch großen Wert darauf, dass Sie die besprochenen Technologien tatsächlich gewinnbringend in Ihrer täglichen Arbeit einsetzen können. Deshalb haben wir zahlreiche Schritt-für-Schritt-Anleitungen und Praxisworkshops erstellt, die konsequent häufig anfallende Aufgaben behandeln und konkrete Lösungen dafür bieten.

Besondere Aufgaben erfordern spezielles Know-how, über das unsere Autoren – Hans Georg Selent-Knips, Daniel Caesar und Michael Friebel – in hohem Maß verfügen. Alle haben langjährige Erfahrung in der Administration von und der Entwicklung für Microsoft SQL Server und beraten Unternehmen in allen Fragen zu diesem Gebiet. Darüber hinaus geben sie seit vielen Jahren Schulungen für Administratoren und Entwickler zum Thema. So konnten sie gezielt die wichtigsten Aufgaben und Fragen sammeln, die sie mit den passenden Lösungen in diesem Schnelleinstieg für Sie zusammengestellt haben. Nach den zahlreichen positiven Rückmeldungen zur zweiten Auflage bin ich ganz sicher, dass Ihnen dieses Buch auch in der dritten Auflage eine wertvolle Unterstützung bei Ihrer Arbeit sein wird.

An dieser Stelle noch ein Hinweis in eigener Sache: Das Buch wurde mit großer Sorgfalt geschrieben, lektoriert und produziert. Sollten sich dennoch Fehler eingeschlichen haben, wenden Sie sich bitte an mich. Ihre Anmerkungen und Ihre Kritik sind immer willkommen.

Ihr Christoph Meister
Lektorat Rheinwerk Computing

christoph.meister@rheinwerk-verlag.de
www.rheinwerk-verlag.de
Rheinwerk Verlag · Rheinwerkallee 4 · 53227 Bonn

Auf einen Blick

Wir hoffen, dass Sie Freude an diesem Buch haben und sich Ihre Erwartungen erfüllen. Ihre Anregungen und Kommentare sind uns jederzeit willkommen. Bitte bewerten Sie doch das Buch auf unserer Website unter **www.rheinwerk-verlag.de/feedback**.

An diesem Buch haben viele mitgewirkt, insbesondere:

Lektorat Christoph Meister, Josha Nitzsche
Korrektorat Petra Biedermann, Reken
Herstellung Melanie Zinsler
Typografie und Layout Vera Brauner
Einbandgestaltung Bastian Illerhaus
Coverbild iStock: 637952206 © MATJAZ_SLANIC, 1148196137 © gorodenkoff, 636544576 © Nik01ay
Satz Typographie & Computer, Krefeld
Druck Beltz Grafische Betriebe GmbH, Bad Langensalza

Dieses Buch wurde gesetzt aus der TheAntiquaB (9,35/13,7 pt) in FrameMaker.

Gedruckt wurde es mit mineralölfreien Farben auf chlorfrei gebleichtem, FSC®-zertifiziertem Offsetpapier (90 g/m²).

Hergestellt in Deutschland.

Bibliografische Information der Deutschen Nationalbibliothek:
Die Deutsche Nationalbibliothek verzeichnet diese Publikation in der Deutschen Nationalbibliografie; detaillierte bibliografische Daten sind im Internet über *http://dnb.dnb.de* abrufbar.

ISBN 978-3-8362-6983-4

1. Auflage 2020, 2. Nachdruck 2024

Informationen zu unserem Verlag und Kontaktmöglichkeiten finden Sie auf unserer Verlagswebsite **www.rheinwerk-verlag.de**. Dort können Sie sich auch umfassend über unser aktuelles Programm informieren und unsere Bücher und E-Books bestellen.

Inhalt

4 Installation von SQL Server und Aktualisierung auf neue Versionen 89

5 Konfigurieren von SQL Server 135

7 Grundlegendes Know-how für Administratoren und Entwickler 195

24 Analysis Services – Datenanalyse für jedermann 863

25 Big Data – Analysewerkzeuge für SQL Server 879

Vorwort

Liebe Leserin, lieber Leser, dieses Buch soll Ihnen beim schnellen Einstieg in das Thema »Administration von Microsoft SQL Server« helfen. Das Erscheinen der Vorauflage ist jetzt schon ein Weilchen her, daher lag es nahe, neue Versionen und deren Möglichkeiten zu beschreiben. Mit diesem Buch möchten wir all das Wissen und die Erfahrungen, die wir mit SQL Server gesammelt haben, für Sie zusammenfassen.

Zielsetzung

Ziel dieses Buches ist es, dass Sie einen guten Überblick über weite Bereiche von SQL Server erhalten, die Technologien verstehen, die sich hinter so einem komplexen Produkt verbergen, und anhand von geeigneten Praxisbeispielen einen schnellen Einstieg in dieses Thema finden.

Besonderes Augenmerk haben wir auf die Erklärung technologischer Zusammenhänge gelegt. Den heutigen SQL Server als Ganzes darzustellen und jedes einzelne Feature zu beleuchten, würde den Rahmen dieses Buches sprengen. Aber es war uns wichtig, den Bereich Administration möglichst umfangreich zu beleuchten. Um nicht allein Technologien zu erklären, sondern Ihnen auch die Praxis zu zeigen, haben wir spezielle Workshops zu den einzelnen Themen verfasst. Diese Workshops sollen Ihnen dabei helfen, sich praktisch in die Themen einzuarbeiten, und so einen schnellen Einstieg ermöglichen.

Außerdem haben wir für Sie als Begleitmaterial einige ergänzende Informationen zusammengestellt. Dieses Material finden Sie auf der Seite zum Buch (*https://www.rheinwerk-verlag.de/4887*) und auf *http://www.HGKnips.de/buch.html*.

Im Downloadbereich finden Sie unter anderem den Code der im Buch besprochenen Beispiele sowie Beispieldatenbanken.

Die aktuelle Entwicklung zeigt, dass die tatsächlich eingesetzte Vielfalt an Versionen immer weiter zunimmt, da stetig neue Versionen auf den Markt kommen. Auf der anderen Seite sind die Sprünge zwischen den Versionen nicht mehr so groß, wie das früher einmal war. Keine Sorge, wichtig ist, die Grundlagen und Hintergründe zu verstehen. Der Umgang mit den Spezialitäten der einzelnen Versionen kommt dann von ganz allein.

Als wir mit diesem Buch begonnen haben, war SQL Server 2017 die neueste marktreife Version. SQL Server 2019 gab es als Vorversion CTP 2.2, und in den meisten größeren Unternehmen war man schon froh, die Version SQL Server 2016/2017 einsetzen zu können.

Am 06.11.2019 wurde dann auch SQL Server 2019 RC (Release Candidate, die erste einsetzbare Version) veröffentlicht.

Für wen ist dieses Buch?

Wer heute ein so komplexes System wie SQL Server sicher beherrschen will, muss sich Wissen über den administrativen Teil aneignen, darf allerdings die Entwicklersicht nicht außer Acht lassen. Daher behandeln wir die Administration tiefergehend, streifen aber auch die Themen der Entwicklung. Weiterführendes Entwicklerwissen können Sie beispielsweise in diesem Buch nachschlagen: Mertins, Neumann, Kühnel: SQL Server 2016, Das Handbuch für Entwickler (*https://www.rheinwerk-verlag.de/4887/*).

Beispiele für die Gemeinsamkeiten von Administration und Entwicklung sind Themen wie Performanceoptimierung, Hochverfügbarkeit, Reporting Services und die Integration Services.

Jeder Administrator oder Entwickler, der die Möglichkeiten der Integration Services kennengelernt hat, verzichtet nur ungern wieder auf so ein mächtiges Tool, mit dessen Hilfe er komplexe Prozesse gestalten kann. Genauso verhält es sich mit den Reporting Services.

Daher richtet sich dieses Werk sowohl an Administratoren als auch Entwickler, damit Sie in Zukunft in Ihrem Unternehmen das gesamte Potential von SQL Server nutzen.

Umfang

Da sich dieses Buch an Personen richtet, die einen schnellen Einstieg in die Thematik suchen, können natürlich nicht alle Besonderheiten eines solch komplexen Systems berücksichtigt werden. All diejenigen unter Ihnen, die Themen vermissen oder denen einige Themen nicht weit genug gehen, bitten wir, uns unter *DBA@HGKnips.de* zu schreiben. Wir sind für Kritik und Anregungen sehr dankbar. Nur so ist es uns möglich, dieses Buch stetig zu verbessern.

Danksagung

Daniel Caesar und Michael Friebel

Unseren Dank für die Mitwirkung an diesem Buch möchten wir dem Rheinwerk-Verlag aussprechen. Unseren Lektoren, Sebastian Kestel und Josha Nitzsche, die dieses Buch ermöglicht haben, und der Korrektorin Petra Biedermann, die das Buch sprachlich mitgestaltet hat. Danken möchten wir auch unseren Seminarteilnehmern bzw. den Projektteams, die uns immer wieder mit ihren Fragen inspiriert haben.

Hans Georg Selent-Knips

Ich möchte mich den obigen Danksagungen anschließen. Darüber hinaus bedanke ich mich bei Frank für die Hilfe mit dem Linux-Teil und bei meinen Kollegen, die das Cluster zur Verfügung gestellt haben. Ferner danke ich allen, die mit ihren Gedanken, Anregungen und im laufe vieler Disskussionen dazu beigetragen haben, dass ich es bis zu meinem heutigen Wissenstand gebracht habe. Zu guter Letzt möchte ich an dieser Stelle besonders meiner Frau danken, für die Geduld, die sie mit mir hatte, während ich dieses Buch überarbeitet habe.

Die Autoren

Hans Georg Selent-Knips beschäftigt sich seit fast 20 Jahren mit SQL Server. Zu Beginn lagen seine Aufgaben in der Entwicklung und Administration. Später konzentrierte er sich auf die Administration von großen SQL-Server-Infrastrukturen. Er berät und betreut diverse Großkunden, anfangs noch als Freiberufler, später als Angestellter eines Dienstleistungsunternehmens. Er ist Microsoft Certified Professional (MCP), Microsoft Certified IT Professional (MCITP) und Microsoft Certified Technology Specialist (MCTS) im Bereich SQL Server.

Er legt Wert darauf, den administrativen Aufwand auch im Falle großer Landschaften möglichst gering zu halten. So ließen sich mit seiner Hilfe in einem Projekt ca. 1.700 produktive Systeme mit nur vier Vollzeitstellen betreuen. Neben Kunden mit größeren Landschaften berät er auch Kunden mit kleineren Landschaften in Versions-, Hardware-, Konfigurations- und Performancefragen.

Daniel Caesar ist seit über 20 Jahren selbständig als Berater, Entwickler und Trainer tätig. Er betreut mit seiner Firma sqlXpert gemeinsam mit seinem Partner Michael Friebel zahlreiche Projekte im deutschsprachigen Raum. Er hält im deutschsprachigen Raum Seminare sowie Workshops und unterstützt viele Kunden in Projekten. Sein Fachwissen als Entwickler und im administrativen Bereich hat er sich über viele Jahre in Projekten, Trainings und Zertifizierungsprogrammen angeeignet. So ist er unter anderem MCP, MCTS, MCITP und Microsoft Certified Trainer für SQL Server, SharePoint und .NET-Technologien seit mehreren Versionen.

In den vergangenen zehn Jahren hat er sich auf Microsoft SQL Server, später auf dessen Verzahnung mit SharePoint und die .NET-Entwicklung spezialisiert. Gerade durch den Einsatz von Microsoft SQL Server unter SharePoint unterstützt er Firmen organisatorisch und konzeptionell in Einführungsprojekten. Die Planung von Data-

Warehouse-Lösungen, Erstellung von Workflows und Entwicklung von individuellen Backend-Lösungen, die auf diesen Produkten basieren, gehören zu seiner täglichen Praxis. Im laufenden Betrieb sind es dann häufig Fragen zur Optimierung bzw. Performance, bei denen das Unternehmen sqlXpert Kunden berät.

Michael Friebel ist zertifizierter Microsoft-Trainer (MCT), Microsoft Certified Technology Specialist (MCTS) und Microsoft Certified IT Professional (MCITP) für MS SQL Server und MS SharePoint.

Seit über 20 Jahren beschäftigt er sich mit der Planung und Entwicklung von IT-Lösungen im Datenbank- und Internetumfeld. Hierbei kam er im Laufe der Zeit mit den unterschiedlichsten Datenbanksystemen und Softwaretechnologien in Kontakt. In den letzten zehn Jahren spezialisierte er sich auf die Microsoft-Produkte SQL Server und darauf aufbauende Systeme, insbesondere MS SharePoint.

Seine Technologie-Schwerpunkte liegen hierbei in der Entwicklung, Analyse und Optimierung von OLAP- (Online Analytical Processing) und Data-Mining-basierten Systemen und Softwarelösungen. Er beschäftigte sich intensiv mit dem Entwurf wissensbasierter Systeme sowie der Entwicklung und Einführung von Lösungen im Bereich der KI (künstlichen Intelligenz) für Kunden aus dem Finanz- und Wirtschaftsumfeld. Sein Wissen und seine Erfahrungen sammelte er als IT-Berater und Entwicklungsleiter bei verschiedenen Unternehmen und IT-Projekten in Berlin und München.

Als freiberuflicher IT-Berater und Trainer vermittelt er seine Erfahrungen und Kenntnisse über die genannten Technologien und ermöglicht als Projektleiter die effektive Einführung und Integration der sich auf dieser Grundlage bietenden Möglichkeiten für Kunden im Unternehmensumfeld. Michael Friebel lebt derzeit in Berlin-Prenzlauer Berg und ist international tätig.

Kapitel 1
Die Versionsgeschichte von SQL Server

In diesem Kapitel erfolgt zunächst ein kurzer geschichtlicher Überblick mit den wichtigsten Meilensteinen in der Geschichte von SQL Server. Anschließend stellen wir Ihnen die wichtigsten neuen Features der letzten Versionen von SQL Server vor. In den weiteren Kapiteln führen wir Sie dann in die Details dieser Features ein. Verschaffen Sie sich hier einen ersten Überblick.

SQL Server ist eine relationale Datenbank, die sich am Standard der aktuellen SQL-Version orientiert. SQL Server ging aus einer Zusammenarbeit der Firmen Microsoft und Sybase gegen Ende der 1980er Jahre hervor. Im Jahr 1989 kam die erste Version für OS/2 auf den Markt, ein von Microsoft und IBM entwickeltes Betriebssystem. Zu diesem Zeitpunkt war SQL Server kein eigenes Microsoft-Produkt, sondern entsprach dem *Sybase SQL Server* in der Version 4.0. Erst mit der Version 6.0 im Jahr 1995 kam eine eigenständige Weiterentwicklung von Microsoft auf den Markt, der die Version 6.5 im Jahr 1995 folgte, die jedoch von der Codebasis her immer noch dem Sybase-Produkt entsprach. Das änderte sich mit der Version 7.0. Jetzt hatte Microsoft eine neue, eigene Datenbank-Engine zuzüglich Codebasis entwickelt, mit der die Erfolgsgeschichte von Microsoft SQL Server begann.

Tabelle 1.1 zeigt die Meilensteine von SQL Server vom Zeitpunkt der Kooperation mit der Firma Sybase bis zum aktuellen Release von SQL Server.

Jahr	Version	Codename
1989	Version 1 für OS/2 (16 Bit – OS/2)	Filipi
1991	Version 1.1 (16 Bit – OS/2)	Pietro
1992	Version 4.2A für OS/2 (16 Bit – OS/2)	
1993	Version 4.2B (16 Bit – OS/2)	
1993	Version 4.21a (WinNT)	SQLNT

Tabelle 1.1 Historie der SQL-Server-Versionen

Jahr	Version	Codename
1995	Version 6.0	SQL95
1996	Version 6.5	Hydra
1999	Version 7.0/neue DB-Engine + Codebasis + OLAP Tools	Palato mania
2000	Version 8.0/SQL Server 2000	Siloh
2003	Version 2000 64 Bit Edition	Liberty
2005	Version 9.0/SQL Server 2005 Unterstützung für .NET	Yukon
2008	Version 10.0/SQL Server 2008	Katmai
2010	Azure SQL Database (initial release)	Cloud Database oder CloudDB
2010	Version 10.5/SQL Server 2008 R2	Kilimanjaro (kurz KJ)
2012	Version 11.0.2100.60/SQL Server 2012	Denali
2014	Version 12.0/SQL Server 2014	Hekaton
2016	Version 13.0/SQL Server 2016	
2017	Version 14.0/SQL Server 2017	vNext
2019	Version 15.0/SQL Server 2019	Aris

Tabelle 1.1 Historie der SQL-Server-Versionen (Forts.)

1.1 Entwicklung bis Microsoft SQL Server 2005

Seit der Version 2000 von Microsoft SQL Server sind standardmäßig eine Volltextsuche und OLAP-Funktionalitäten integriert. Diese OLAP-Funktionalitäten werden seit der Version 2005 *SSAS* – oder besser *SQL Server Analysis Services* – genannt. Zum Lieferumfang gehörte ein grafisches Tool für die Datenbankverwaltung und -programmierung. Der Enterprise Manager diente der vollständigen grafischen Verwaltung und der Query-Analyzer, der auch Funktionen zur Programmierung und Optimierung der Datenbank mitbringt, zur codebasierten Verwaltung.

Mit SQL Server 2005 wurden zahlreiche Neuerungen eingeführt. Diese betrafen sowohl Administratoren als auch Entwickler. Zu den Neuerungen für Administratoren zählten z. B. die Datenbankspiegelung, der Protokollversand, die Integration Services,

Sicherheitserweiterungen und die neuen Services. Gerade die neuen Services – *Integration Services* (*SSIS*), *Reporting Services* (*SSRS*) und *Analysis Services* (*SSAS*) – waren es, die SQL Server einen erheblichen Mehrwert verliehen und somit dafür sorgten, dass SQL Server das am schnellsten wachsende Datenbankprodukt am Markt wurde.

In vielen Seminaren haben wir immer wieder erlebt, wie begeistert Administratoren und Entwickler von den neuen Möglichkeiten von SQL Server waren. Es bereitet uns immer wieder große Freude, zu sehen, wie begeistert die Seminarteilnehmer sind, sobald sie die Möglichkeiten von SQL Server entdecken oder darauf aufmerksam gemacht werden. Technologien und Neuerungen in einem Seminar zu vermitteln, ist sicherlich die eine Seite; diese dann jedoch im weiteren Verlauf gemeinsam mit den Unternehmen umzusetzen, ist immer wieder eine weitere sehr schöne Aufgabe. Es macht uns immer glücklich, wenn wir sehen, wie zufrieden Administratoren oder Entwickler sind, die neue Lösungen und Technologien einführen, um damit ihre Probleme beheben zu können. SQL Server 2005 war sicherlich ein Meilenstein in der Geschichte dieses Produktes.

Hinzu kam die Integration der *Common Language Runtime* (*CLR*), die die Entwicklung von .NET-Code in SQL Server erlaubte. Viele Entwickler waren hocherfreut über die Integration von Visual Studio und die Möglichkeiten, professionelles Debugging durchzuführen. Allein die Möglichkeit, auf die sehr umfangreiche Klassenbibliothek des *.NET Frameworks* zuzugreifen, war ein echter Höhepunkt. Ein neues einheitliches Verwaltungstool mit dem Namen *SSMS – SQL Server Management Studio* – wurde eingeführt, mit dem es jetzt möglich war, GUI- und codebasiert innerhalb einer Umgebung zu arbeiten. Somit wurden der Query-Analyzer und der Enterprise Manager abgelöst. Visual Studio erlaubte es zudem, eine Solution anzulegen und mit gängigen Quellcode-Verwaltungssystemen zu arbeiten. Eine vollständige XML-Unterstützung, bei der nicht nur der Datentyp XML existierte, war ebenfalls Bestandteil der Version 2005.

Seit der Version 7 stellt Microsoft eine kostenlose Variante von SQL Server zur Verfügung. Diese wurde bis zur Version 2000 MSDE (Microsoft Desktop Engine) genannt und mit der Version 2008 in *Microsoft SQL Server Express Edition* umbenannt. Die SQL Server Express Edition hat wesentlich weniger Einschränkungen als die MSDE. Es gibt keine Workload-Beschränkung mehr, und neben dem *Management Studio Express* ist der Assistent zum Importieren und Exportieren von Datenbanken enthalten. Ein weiteres Ziel von Microsoft war es, Entwicklern die Möglichkeit zu geben, nicht auf Basis von Microsoft Access zu entwickeln, sondern gleich den Code auf Basis von SQL Server aufzubauen. Seitdem müssen keine Änderungen am Code vorgenommen werden, falls es zu einer Skalierung kommt. Es ist dann lediglich notwendig, eine SQL-Server-Lizenz zu erwerben. Natürlich unterliegt die kostenlose Version einigen Einschränkungen. In Kapitel 3, »Die SQL-Server-Editionen im Überblick«, geben wir Ihnen eine Übersicht über die aktuellen Versionen von SQL Server und deren Leistungsumfang.

1.2 Von Microsoft SQL Server 2008 zu SQL Server 2014

Mit der Version 2008 erfolgten zahlreiche Verbesserungen, die sich Kunden im Zusammenhang mit SQL Server 2005 gewünscht hatten. So wurden Features wie die transparente Datenbankverschlüsselung, die richtlinienbasierte Verwaltung, der Datensammler, die Ressourcenverwaltung, Change Data Capture und Change Tracking eingeführt. Des Weiteren hat sich Microsoft auf die Fahne geschrieben, das Thema *Business Intelligence* (BI) weiter in den Unternehmen zu etablieren und es für jeden möglichst einfach zugänglich zu machen. Dieses Ziel wurde mit SQL Server 2008 R2 weiterverfolgt, und Themen wie Self-Service-BI und PowerPivot stehen heute auf der Tagesordnung.

Jeder neue SQL Server hatte seinen eigenen Schwerpunkt, so auch die Version 2012 – *Mission Critical* lautete die Überschrift, unter der SQL Server 2012 eingeführt wurde. Seine Berechtigung erlangt der neue SQL Server 2012 zum einen sicherlich durch die stetig wachsende Datenflut in den Unternehmen und zum anderen durch mobile Dienste und das Thema Cloud. Das alles führt zu einer stetigen Weiterentwicklung auch eines erfolgreichen Produktes. Keine leichte Aufgabe für SQL Server 2012. Wir möchten Ihnen im Folgenden einen kurzen Überblick über die neuen Features von SQL Server 2012 geben. Dieser Überblick soll Ihnen dabei helfen, die einzelnen Features und ihre Vorteile zu verstehen.

1.2.1 SQL Server 2012: Hochverfügbarkeit

Die *Hochverfügbarkeit* hat Microsoft seit der Einführung der Datenbankspiegelung bzw. dem Protokollversand mit SQL Server 2005 stetig ausgebaut und verbessert. Das ist auch sehr gut nachvollziehbar, wenn man sich die zunehmende Anzahl von Microsoft-SQL-Server-Installationen am Markt ansieht. Wir denken hier nicht nur allein an Firmen wie SAP, sondern auch an Produkte aus dem eigenen Haus, wie SharePoint. Die Datenbanken entwickeln sich immer mehr zu unternehmenskritischen Anwendungen, im Falle von SharePoint zur zentralen Dokumentenablage, zur Suche nach Informationen, zum Intranet oder zu Services wie Microsoft Excel, InfoPath und Business Connectivity.

Wir betreuen in Projekten bzw. Seminaren sehr viele Kunden in diesem Produktumfeld, und es wurde hier schnell deutlich, was geschieht, wenn eine Instanz von SQL Server ausfällt. Nun ist der Microsoft SQL Server mit Sicherheit ein ausgereiftes Produkt, jedoch gibt das allein keine Garantie dafür, dass keine Ausfälle auftreten. Nicht zuletzt können auch Menschen Fehler machen, sei es beim Thema Patchen, der Entwicklung von Softwarelösungen oder sonstigen Tests. Die bisherigen Möglichkeiten von SQL Server selbst erlaubten die Datenbankspiegelung oder den Protokollversand, beides auf Datenbankebene. Wer mehr wollte, z. B. Ausfallsicherheit für die gesamte Instanz von SQL Server, musste auf einen Failover-Cluster zurückgreifen.

1.2.2 SQL Server 2012: SQL Server AlwaysOn

Mit der Einführung von SQL Server 2012 gibt es eine neue Hochverfügbarkeitslösung für SQL Server in der Enterprise Edition. Diese nennt sich *AlwaysOn* und sorgt für eine verbesserte Hochverfügbarkeit, ohne dass ein gemeinsamer Speicher wie beim Failover-Cluster notwendig ist. AlwaysOn setzt auf dem Windows-Cluster-Dienst mit bis zu fünf Knoten auf und bietet die Möglichkeit, mehrere sekundäre Datenbanken vorzuhalten. Datenbanken auf SQL Server 2012 können so redundant über mehrere Rechenzentren verteilt laufen. Dabei ist ein lesender Zugriff auf die Replikate möglich. Diese Technologie wird bereits von der Microsoft-Azure-Plattform eingesetzt und sorgt dort dafür, dass, wenn ein Knoten (Instanz von SQL Server) ausfällt, ein anderer Knoten den Dienst übernimmt. Wie bereits in der Vergangenheit bei der Datenbankspiegelung gibt es für die Synchronisation der Transaktionen zwei Verfahren – synchron und asynchron. SQL Server 2019 utnerstützt die Datenbankspiegelung zwar noch, allerdings hat Microsoft diese als veraltet gekennzeichnet und bereits angekündigt, sie in zukünftigen Versionen von SQL Server nicht mehr unterstützen zu wollen. Darüber hinaus kann unter AlwaysOn beim Failover zwischen automatisch oder manuell entschieden werden.

In der Praxis sieht es so aus, dass bei der Konfiguration von AlwaysOn Verfügbarkeitsgruppen unter einem virtuellen Namen angelegt werden, die wiederum eine IP-Adresse per DHCP oder statisch erhalten. Diese Verfügbarkeitsgruppen enthalten eine oder mehrere Datenbanken, die dann auf einen festgelegten Knoten synchronisiert werden.

Hier zeigt sich schon eine Stärke dieser neuen Technologie: Es ist damit möglich, mehrere Datenbanken auf einen Knoten als Gruppe zu synchronisieren. Wir denken hier an all die Anwendungen, die aus mehr als einer Datenbank bestehen. Ein weiterer wesentlicher Vorteil von AlwaysOn besteht darin, dass auf die sekundären Knoten lesend zugegriffen werden kann, was die Verfügbarkeit erhöht und eine Skalierung ermöglicht.

1.2.3 SQL Server 2012: Skalierbarkeit und Performance

Auch im Bereich der Skalierbarkeit und Performance wartet SQL Server 2012 mit neuen Features auf. Bei stetig zunehmendem Datenvolumen besteht die Notwendigkeit, ein Produkt immer weiter hinsichtlich der Performance und Skalierbarkeit zu überarbeiten. Seit SQL Server 2005 wurden viele neue Features wie die Partitionierung von Tabellen, abdeckende Indizes, XML-Indizes und vieles mehr eingeführt. Im aktuellen Release wurden neue Features bzw. Verbesserungen an vorhandenen Features vorgenommen.

1.2.4 SQL Server 2012: Columnstore-Indizes

Neu in SQL Server 2012 sind die *Columnstore-Indizes*. Sie bieten eine einfache und zugleich sehr wirksame Methode zur Verbesserung der Abfrageleistung über sehr große Datenmengen. Die spaltenorientierte Speicherung von Indizes, zusammen mit der In-Memory-Verarbeitung, ist sehr effizient, speziell in Data-Warehouse-Lösungen. Damit lassen sich Abfragezeiten um ein Vielfaches verringern und Speicherplatz sparen.

1.2.5 SQL Server 2012: FileTable

FileStream bietet seit SQL Server 2008 die Möglichkeit, BLOBs wie Dateien, Audio, Video etc. über SQL Server im Dateisystem abzulegen. Dabei wird für die Instanz von SQL Server eine Freigabe erstellt, mit deren Hilfe die BLOBs in das Dateisystem ausgelagert werden. Die Kontrolle erfolgt über die jeweilige API bzw. über T-SQL und SQL Server. Der Vorteil dieser Lösung besteht darin, dass die Datenbanken klein bleiben und die Daten im Dateisystem in Bezug auf die restlichen Daten in den Tabellen synchron gehalten werden. Der Nachteil dieser Lösung ist, dass der Zugriff nur über eine API oder T-SQL erfolgen kann, nicht jedoch einfach über das Dateisystem aus irgendeiner Anwendung heraus, wie z. B. Photoshop. Genau hier setzt *FileTable* an. FileTable ist eine Tabelle mit einem fixen Schema. Sie kann also nicht erweitert werden, um z. B. zusätzliche Metadaten darin zu speichern. Diese Tabelle speichert Dokumente, die nun sowohl über T-SQL als auch ganz normal über das Dateisystem verwaltet werden können. Der Umgang und die Verwaltung sind einfach umzusetzen. FileTables lassen sich auch per Volltextsuche und statistischer Semantik indizieren.

1.2.6 SQL Server 2012: Volltextsuche

In der Volltextsuche wurden einige Verbesserungen eingeführt. Dazu zählt die Eigenschaftssuche, die z. B. Microsoft-Office-Dokumenten nach Metadaten wie Autor oder Titel durchsucht. Neben den genannten Anpassungen in der Volltextsuche wurde an der Performance und Skalierbarkeit gearbeitet. Das Ziel ist es, mindestens 100 Millionen Dokumente in einem Volltextindex zu unterstützen. Neu hinzugekommen ist eine semantische Suche, bei der typische Fragestellungen beantwortet werden sollen, wie z. B. welche Dokumente ähneln diesem Dokument. Die semantische Suche ist eine Erweiterung der Volltextsuche.

1.2.7 SQL Server 2012: Benutzerdefinierte Serverrollen

Seit SQL Server 2012 können eigene Serverrollen angelegt werden. Bis dahin war das lediglich für Datenbankrollen möglich. Der Vorteil der benutzerdefinierten Serverrollen wird schnell ersichtlich, wenn eine größere Anzahl von Personen innerhalb der Instanz von SQL Server berechtigt werden soll. Ein Beispiel ist hier das Anzeigen von Sperrinformationen in SQL Server. Dazu muss den Benutzern auf der SQL-Server-Instanz das entsprechende Recht zugewiesen werden. Eine selbst definierte Rolle ist hier in Zukunft sicher sehr hilfreich. Natürlich eignen sich Serverrollen auch dahingehend, dass bei mehreren Administratoren unterschiedliche, individuell abgestimmte Berechtigungsebenen für diese geschaffen werden können.

1.2.8 SQL Server 2012: SQL Server 2012 – Contained Database

Wer vor SQL Server 2012 einem Windows-Benutzer bzw. SQL-Server-Benutzer Zugriff auf eine Datenbank gewähren wollte, musste auf der Instanz von SQL Server ein Login anlegen. Damit war der Benutzer im Besitz des Connect-Rechts und konnte eine Verbindung zu SQL Server herstellen. Wenn nun im nächsten Schritt der Benutzer Zugriff auf eine Datenbank benötigte, musste in der jeweiligen Datenbank ein Datenbankbenutzer erstellt und dem Login zugewiesen werden.

Es waren also mehrere Schritte notwendig. Zum einen musste ein Login auf der Instanz angelegt werden, zum anderen die Zuweisung *Datenbankbenutzer* in der Datenbank erfolgen. Letztendlich mussten die jeweiligen Rechte innerhalb der Datenbank dem Datenbankbenutzer zugeordnet werden. Wurde diese Datenbank gesichert und auf einer anderen Instanz wiederhergestellt, existierte zwar der Datenbankbenutzer, der der Datenbank zugewiesen wurde, das Login fehlte jedoch, da es sich nicht in der Datenbank befand, sondern in der Master-Datenbank der ursprünglichen SQL-Server-Instanz.

Mit SQL Server 2012 führte Microsoft das Feature *Contained Database* ein. Dieses ermöglicht, eine Datenbank anzulegen, bei der die Benutzerinformationen innerhalb der Datenbank komplett abgelegt sind. Somit wird für diesen Benutzer kein Login mehr auf der Instanz von SQL Server benötigt, sondern der Benutzer mit Typ, Kennwort, Standardsprache und Standardschema innerhalb der Contained Database angelegt. Eine Verbindung zur Master-Datenbank entfällt nun, und beim Login muss die Datenbank angegeben werden.

Damit wird das Verschieben von Datenbanken in einer Testumgebung, Microsoft Azure SQL-Datenbank oder innerhalb von Hochverfügbarkeitslösungen wesentlich vereinfacht.

1.2.9 SQL Server 2012: Distributed Replay

Beim Stichwort *Replay* fällt dem einen oder anderen von Ihnen sicherlich sofort der SQL Server Profiler ein. Dieser bietet die Möglichkeit, Ablaufverfolgungen durchzuführen und diese dann zu einem späteren Zeitpunkt auf einer anderen Instanz von SQL Server auszuführen. Diese Funktion ist bereits seit SQL Server 2012 als veraltet gekennzeichnet. Da es immer etwas dauert, bis eine solche Technologie abgeschaltet wird, können Sie diese zwar noch einsetzen, allerding sollten Sie sich darauf einstellen, dass zukünftige Versionen von SQL Server keine Unterstützung mehr anbieten werden. Ausgenommen ist die Ablaufverfolgung von SSAS – SQL Server Analysis Services (OLAP). Weitere Hinweise dazu finden Sie unter dem folgenden Link: *http://msdn.microsoft.com/de-de/library/ms181091.aspx*.

Mit dem SQL Server Profiler kann lediglich eine einzige Arbeitsauslastung auf einem einzelnen Computer wiedergegeben werden. Weil jedoch in komplexen Umgebungen oft mehrere Serverinstanzen zum Einsatz kommen und eine Skalierung absolut notwendig ist, wurde zur Überwindung dieser Grenzen *Distributed Replay* einführt. Mit Distributed Replay können Sie eine Arbeitsauslastung von mehreren Rechnern wiedergeben. Damit kann die Arbeitsauslastung besser simuliert werden.

1.2.10 SQL Server 2012: SQL-Server-Audit-Erweiterungen

SQL Server Audit auf Serverebene ist seit SQL Server 2012 in allen Editionen von SQL Server verfügbar. Neue Funktionen zum Filtern ermöglichen eine bessere Handhabung bei der Suche nach bestimmten Events.

1.2.11 SQL Server 2012: Management Pack für Hochverfügbarkeit

Mit dem System-Center-Überwachungspaket für SQL Server hat Microsoft ein Management Pack veröffentlicht, mit dem sich die Eigenschaften und der Status von Verfügbarkeitsgruppen überwachen lassen. Damit haben Sie als Administrator die Möglichkeit, eine Hochverfügbarkeitslösung mit AlwaysOn über das Management Pack im System Center Operation Manager zu überwachen.

1.2.12 SQL Server 2012: Windows Server Core

SQL Server 2012 wird von *Windows Server Core* unterstützt. Damit sind Szenarien denkbar, bei denen sich der Patch-Aufwand reduziert. Diese Möglichkeit begünstigt erhöhte Sicherheit und Reduzierung des Verwaltungsaufwands. Wenn Sie in Zukunft SQL Server betreiben möchten, müssen Sie das daher nicht mehr zwingend in einer GUI-basierten Umgebung tun.

1.2.13 SQL Server 2012: PHP-Treiber

Microsoft stellt einen eigenen PHP-Treiber zur Verfügung, mit dem auf SQL Server seit der Version 2012 zugegriffen werden kann. Ausführliche Informationen hierzu bietet Ihnen die Seite *http://www.microsoft.com/en-us/download/details.aspx?id=20098*.

1.2.14 SQL Server 2012: LocalDB-Laufzeitumgebung

SQL Server LocalDB ist ein Ausführungsmodus der SQL Server Express Edition. Die Installation erfolgt über eine MSI-Datei mit dem Namen *SqlLocalDB.msi*. Hauptzielgruppe sind Entwickler, die auf der Grundlage von SqlLocalDB Anwendungen entwickeln, um diese dann in Zielumgebungen bereitzustellen. Das Hilfsprogramm *SqlLocalDB.exe* dient zur Verwaltung, umfangreiche Konfigurationsaufgaben entfallen, und mit den Developer Tools kann eine einfache Bereitstellung erfolgen.

1.2.15 SQL Server 2012: SQL Server Data Tools (SSDT)

Microsoft hat mit den *SQL Server Data Tools* und der Einführung eines deklarativen Modells in Visual Studio die Möglichkeit geschaffen, noch verzahnter mit Datenbanken aus Visual Studio heraus zu arbeiten. Datenbanken können entwickelt werden, und ein Debuggen ist möglich, gleichgültig, ob Sie im Projektmodus (offline) arbeiten oder im Onlinemodus mit der Datenbank verbunden sind. Hier sei auf die Importoptionen hingewiesen: Sie können eine Datenbank in Visual Studio in ein neu angelegtes Datenbankprojekt aus einem SQL-Skript, einer Datenebenenanwendung oder einer existierenden Datenbank importieren.

Nach dem Start der SQL Server Data Tools wird zunächst ein neues Datenbankprojekt angelegt. Wie z. B. bei der Entwicklung unter SharePoint 2010 gewohnt, lässt sich ein neues Element im Projektmappen-Explorer über HINZUFÜGEN hinzufügen.

Aufgrund des deklarativen Modells stehen jetzt Datenbankobjekte wie Tabellen, Benutzer, Dateigruppen, Rollen, Trigger und Schlüssel zur Verfügung. Die Objekte werden dann in Form des jeweiligen SQL-Skripts hinterlegt, und das Ganze lässt sich auch veröffentlichen. Die Datenbank mit Tabelle inklusive des Logins befindet sich im Anschluss auf dem SQL Server.

Um es an dieser Stelle kompakt zu halten, soll dieses kleine Beispiel genügen, um Ihnen einen kurzen Überblick darüber zu geben, was sich hinter den SQL Server Data Tools verbirgt. Letztendlich wurde die Integration in Visual Studio, die mit SQL Server 2005 begann, weiter vorangetrieben. Tabellendesign, Erzeugung des Codes, Codenavigation, IntelliSense, SQL-Server-Objekt-Explorer, Datenbankverwaltung und Entwurf – all das ist mit den SQL Server Data Tools möglich. Es befinden sich hier auch die klassischen BI-Projektvorlagen (SSRS, SSIS, SSAS), die in der Vergangenheit unter dem SQL Server Business Intelligence Development Studio genutzt wurden.

Zusammenfassend lässt sich festhalten, dass mit den SQL Server Data Tools auf einfache Weise neue Datenbanken erstellt, verwaltet und ausgerollt werden können. Als Entwickler und Administratoren werden Sie sich gleichermaßen freuen, die SQL Server Data Tools zu verwenden.

1.2.16 SQL Server 2012: Data Quality Services

Um die Qualität von Daten zu verbessern, hat Microsoft die *Data Quality Services* eingeführt. Korrektur, Vervollständigung und Vermeidung von Redundanzen zur Sicherstellung von Datenqualität ist das Ziel, das mithilfe von Data Quality Services erreicht werden soll.

1.2.17 SQL Server 2012: PowerView – Report- und Analysetool

Schaut man sich an, was im SQL-Server-2012-BI-Bereich hinzugekommen ist, fällt zunächst das Reporting- und Analysetool *PowerView* auf, das unter dem Codenamen *Crescent* geführt wurde. PowerView, eine Funktion in Verbindung mit den SQL Server 2012 Reporting Services für Microsoft SharePoint Server 2010 in der Enterprise Edition, ist für die interaktive Durchsuchung, Visualisierung und Darstellung von Daten geeignet.

1.2.18 SQL Server 2012: Reporting als SharePoint Shared Service

Die zu SQL Server erhältlichen *Reporting Services* können direkt in einen SharePoint-Server integriert werden. In der Enterprise Edition von SQL Server enthalten sie die PowerView-Funktion in Anlehnung an das Analysewerkzeug PowerPivot für Microsoft Excel.

1.2.19 SQL Server 2012: SSIS-Bereitstellung von Projekten und Paketen

SSIS-Projekte können auf dem Integration-Services-Server bereitgestellt werden. Dazu muss ein SSIS-Katalog (Datenbank mit dem Namen SSISDB) angelegt werden. Das ermöglicht die Bereitstellung im Projektmodus. Der Katalog ist der zentrale Punkt zur Bereitstellung, Konfiguration und Paketverwaltung mit Parametern. Darüber hinaus besteht die Möglichkeit der Auswahl zwischen einer Bereitstellung im klassischen Projektmodus oder im Paketmodus.

1.2.20 SQL Server 2012: Tabellarische Projekte in den SQL Server Data Tools

Mithilfe der *SQL Server Data Tools* können tabellarische Projekte angelegt werden. Dafür existieren diese Projektvorlagen:

- Analysis-Services-Projekt für tabellarische Modelle
- vom Server importieren
- aus PowerPivot importieren

Mit ihrer Hilfe können Projekte erstellt werden. Ein Tabellenmodelldesigner wurde in die SQL Server Data Tools integriert und kann aus Visual Studio heraus genutzt werden. Darin stehen zwei Ansichten zur Verfügung: die Diagrammansicht und die Datensicht.

Wird ein Projekt als Tabellenmodell mithilfe der SQL Server Data Tools angelegt, existiert im Hintergrund eine Arbeitsbereichsdatenbank. Diese Arbeitsbereichsdatenbank befindet sich im Arbeitsspeicher auf der Analysis-Services-Instanz, die im tabellarischen Modus ausgeführt wird. Jedes tabellarische Projekt verfügt über eine eigene Arbeitsbereichsdatenbank. Mithilfe des SQL Server Management Studios kann diese auf der Analysis-Services-Server-Instanz angezeigt werden. Das xVelocity-Modul für Datenanalyse im Arbeitsspeicher (*VertiPag*) ist die technologische Grundlage. Im Gegensatz zur Vorgängerversion, bei der das Modul nur in Verbindung mit SharePoint genutzt werden konnte, steht es jetzt auch völlig eigenständig für Analysis Services zur Verfügung.

1.2.21 SQL Server 2014: Verbesserungen der Skalierbarkeit, Leistung und Performance

Die Verwaltung des Arbeitsspeichers je Prozessorkern und auch der Kerne untereinander wurde verbessert und mithilfe dynamischer Partitionierung auch ausfallsicherer gemacht.

Alte Speichergrenzen wurden nach oben verbessert, und die Synchronisierung von Daten wurde beschleunigt. Zusätzlich ist der Umgang mit Geo-Daten deutlich schneller geworden.

1.2.22 SQL Server 2014: Support und Diagnose erfahren eine deutliche Vereinfachung

Auch in diesem Bereich gibt es neue Funktionen – zum Beispiel das Erstellen einer Klon-Datenbank mit *DBCC*-Befehl oder aussagekräftigere Fehlermeldungen, wenn die TempDB Probleme hat; die *Instant File Initialization* wird protokolliert; inkrementelle Statistiken erhalten eine eigene Management-View; UTF-8 wird beim Massenimport besser unterstützt. Außerdem gibt es Verbesserungen rund um Performance und Diagnose.

Diese Version hat keine bahnbrechenden Features erhalten, dafür gibt es viele Verbesserungen für diejenigen, die damit arbeiten.

1.3 SQL Server 2016 – wichtige Neuerungen im Überblick

Bisher hatte jede neue Version von SQL Server ihren eigenen Schwerpunkt. Für SQL Server 2016 heißt dieser *Parallel Data Warehouse*. Er unterstützt Sie dabei, intelligente, unternehmenskritische Anwendungen auf einer hybriden, aber dennoch skalierbaren Plattform anzubieten. Alles, was Sie dazu benötigen, ist bereits integriert und muss nicht teuer hinzugekauft werden: In-Memory-Funktionalität, erweiterte Sicherheit und Datenanalyse sind bereits in der Datenbank. Hadoop- und Cloudintegration, R-Analyse und mehr gehören ebenalls schon zur Ausstattung.

1.3.1 SQL Server 2016: Verbesserungen des Datenbankmoduls

Die Version 2016 von SQL Server bringt einige Verbesserungen des Datenbankmoduls mit sich:

- Schon während der Installation können Sie mehrere TempDB-Dateien anlegen, was bei aktueller Hardware auf jeden Fall eine gute Idee ist.
- Der neue *Query Store* (Abfragespeicher) speichert Abfragen, Ausführungspläne und Leistungsmetriken. Dadurch ist es einfacher, Performanceprobleme zu finden und zu beheben. Ein neues Dashboard zeigt Langläuferabfragen und RAM- oder CPU-Fresser.
- In temporalen Tabellen wird der Verlauf von Datenänderungen mit Datum und Uhrzeit erfasst.
- Die neue *JSON-Integration* unterstützt Import, Export, Analyse und Speichervorgänge.
- Das neue *PolyBase*-Abfragemodul integriert SQL Server mit externen Daten in Hadoop oder Azure Blob Storage. So können Sie Daten importieren und exportieren sowie Abfragen quer über die integrierte Landschaft durchführen, so als wäre alles in Tabellen der lokalen Instanz enthalten.
- Die *Stretch-Database*-Funktion bietet die Möglichkeit, lokale Datenbanken dynamisch und sicher in einer Azure-SQL-Datenbank in der Cloud zu archivieren.
- *In-Memory-OLTP* wurde erweitert und unterstützt jetzt weitere Einschränkungen, wie z. B. `FOREIGN KEY`, `UNIQUE` und `CHECK` sowie die gespeicherten Prozeduren `OR`, `NOT`, `SELECT DISTINCT`, `OUTER JOIN` und Unterabfragen in `SELECT`. Dabei wurde die Größen-

beschränkung von 256 GB auf 2 TB angehoben. Zusätzlich bietet es Erweiterungen des Columnstore-Index für die Sortierung und unterstützt die AlwaysOn-Verfügbarkeitsgruppen.

- *Always Encrypted* ist ein Feature, das die Daten permanent verschlüsselt hält, und nur die Anwendung, die den Schlüssel hält, kann auf die sensiblen Daten zugreifen. SQL Server selbst erhält niemals den Schlüssel.
- *Dynamische Datenmaskierung* (*Dynamic Data Masking*) kann dafür eingesetzt werden, die Daten zu maskieren, so dass User nur die Daten sehen können, die auch für sie gedacht sind.
- Sicherheit auf Zeilenebene (*Row-Level Security*) beschränkt den Zugriff auf Daten schon im Datenbank-Engine-Modul. Dadurch können nur berechtigte User die für sie vorgesehenen Daten einsehen.

1.3.2 SQL Server 2016: Analysis Services (SSAS)

Bei den SQL Server 2016 Analysis Services wurden die Leistung sowie die Möglichkeiten der Verwaltung, die Filterung und weitere Funktionalitäten für den Umgang mit tabellenbasierten Datenbanken verbessert.

- Die *SQL Server R Services* integrieren die für statistische Analyse verwendete, recht mächtige Programmiersprache *R* in SQL Server.
- Die Datenbank-Konsistenzprüfung (*Database Consistency Checker*, DBCC), die beschädigte Daten erkennt und dadurch entstehende Probleme erkennt, wird jetzt intern ausgeführt.
- Die Live-Abfrage externer Daten, die direkte Abfrage (*Direct Query*), unterstützt weitere Datenquellen, einschließlich Azure, Oracle und Teradata.
- Es gibt eine Vielzahl neuer DAX-Funktionen (*Data Access Expressions*).
- *Microsoft.AnalysisServices.Tabular* ist der neue Namespace, der Instanzen und Modelle im tabellarischen Modus verwaltet.
- Durch die Überarbeitung erhalten die *Analysis Services Management Objects* (*AMO*) jetzt eine zweite Assembly: *Microsoft.AnalysisServices.Core.dll.*

1.3.3 SQL Server 2016: Integration Services (SSIS)

Die Änderungen an den SSIS umfassen:

- *AlwaysOn-Verfügbarkeitsgruppen* werden jetzt unterstützt.
- Pakete können inkrementell bereitgestellt werden (*Incremental Package Deployment*).
- *Always Encrypted* wird auch von den Integration Services unterstützt.

- Auf Datenbankebene gibt es die neue Rolle *ssis_logreader*.
- Der Protokolliergrad kann jetzt auch vom Benutzer definiert werden.
- Im Datenfluss können Spaltennamen für Fehler definiert werden (*Column Names for Errors*).
- Neue Konnektoren wurden implementiert (*New Connectors*).
- Neu ist auch die Unterstützung des *Hadoop-Dateisystems* (*HDFS*).

1.3.4 SQL Server 2016: Master Data Services (MDS)

- Abgeleitete Hierarchien (*Derived Hierarchy Improvements*) einschließlich der Unterstützung rekursiver m:n-Beziehungen wurden verbessert.
- Das Filtern nach domänenbasierten Attributen (*Domain-Based Attributes*) sowie benutzerdefinierte Indizes (*Custom Indexes*) zur Verbesserung der Abfrageleistung sind neu.
- Jetzt können Entitäten zur gemeinsamen Nutzung von Entitäten in verschiedenen Modellen synchronisiert werden (*Entity Syncing*).
- Genehmigungsworkflows können über Changesets gemanagt werden, und neue Genehmigungslevel (*Permission Levels*) wurden für mehr Sicherheit implementiert.
- Zu guter Letzt gab es noch eine Neugestaltung der Geschäftsregelverwaltung (*Business Rules Management*).

1.3.5 SQL Server 2016: Reporting Services (SSRS)

Die SQL Server Reporting Services der Version 2016 erfuhren eine sehr gründliche Überarbeitung.

Neu sind z. B. ein webbasiertes Berichtportal (*Web Report Portal*) mit KPI-Funktion, ein Publisher für mobile Berichte (*Mobile Report Publisher*), ein Modul zum Rendern von Berichten (*Rendering Engine*), das HTML5 unterstützt, und – nicht zu vergessen – die neuen Diagrammtypen (englisch: *Chart Types*) Treemap und Sunburst.

1.3.6 Das neue MS SQL Server Management Studio (SSMS)

Um der Geschwindigkeit der Weiterentwicklung Rechnung zu tragen, hat Microsoft das wichtigste Verwaltungstool, das *SQL Server Management Studio*, aus dem Installationspaket von SQL Server 2016 herausgelöst. Ab der Version 2016 ist das Management Studio ein eigenständiges, kostenfrei nutzbares Softwarepaket. So ist es möglich, Updates des SSMS wesentlich schneller auszurollen, da nicht mehr auf ein Update des großen Bruders, SQL Server, gewartet werden muss.

Auch ist es so möglich, schneller an den Neuerungen, die zunächst in Azure veröffentlicht werden, teilzuhaben.

1.4 SQL Server 2017 – wichtige Neuerungen im Überblick

Mit SQL Server 2017 tat Microsoft einen großen, strategischen Schritt. Zum ersten Mal ist es möglich, SQL Server auch auf einem Nicht-Microsoft-Betriebssystem zu betreiben. Dieses Novum sorgte unter den Nutzern von Datenbanksystemen für große Aufregung. Dabei durfte aber nicht übersehen werden, was es sonst noch alles an Weiterentwicklungen gab.

SQL Server 2017 ist eine Plattform, auf der Sie verschiedene Wahlmöglichkeiten haben. Sie können verschiedene Entwicklungssprachen und Datentypen wählen, lokal oder in der Cloud ausführen und zwischen verschiedenen Betriebssystemen wählen. Die Leistungsfähigkeit von SQL Server wird unter Linux, in Linux-basierten Docker-Containern oder unter Windows bereitgestellt.

1.4.1 SQL Server 2017: Datenbank-Engine (Database Engine)

Im Bereich der Datenbank-Engine gab es viele Verbesserungen. Hier eine Übersicht:

- *CLR-Assemblies* können jetzt in eine Whitelist eingetragen werden. Dadurch kann die CTP-2.0 Funktion `clr strict security` umgangen werden.
- `sp_add_trusted_assembly`, `sp_drop_trusted_assembly` und `sys.trusted_asssemblies` wurden hinzugefügt, um die Positivliste von vertrauenswürdigen Assemblies zu unterstützen.
- Die fortsetzbare Online-Indexneuerstellung (*Resumable Online Index Rebuild*) kann, wenn sie durch einen Fehler, oder auch durch den Benutzer, unterbrochen wurde, dort fortgesetzt werden, wo sie unterbrochen wurde.
- Mit der Option `IDENTITY_CACHE` für `ALTER DATABASE SCOPED CONFIGURATION` können Sie Lücken in den Werten von Identitätsspalten vermeiden, wenn ein Server unerwartet neu startet oder ein Failover zu einem sekundären Server ausführt.
- Eine neue Generation von Verbesserungen bei der Abfrageverarbeitung verwendet Optimierungsstrategien zur Verbesserung der Laufzeitbedingungen der Auslastung Ihrer Anwendung.
- Drei Verbesserungen sind in dieser ersten Version der adaptiven Abfrageverarbeitung (*adaptive query processing*) zu nennen:
  - Neu sind Adaptive Joins im Batchmodus (*Batch Mode Adaptive Joins*), Feedback zur Speicherzuweisung im Batchmodus (*Batch Mode Memory Grant Feedback*)

und überlappende Ausführung *(Interleaved Execution)* für Tabellenwertfunktionen mit mehreren Anweisungen.

- Die automatische Datenbankoptimierung (*Automatic Database Tuning*) unterstützt dabei, potentielle Abfrageleistungsprobleme zu finden, empfiehlt Lösungen und kann die gefundenen Probleme sogar automatisch beheben.
- Neue Graph-Datenbankfunktionen (*Graph Database Capabilities*) für das Modellieren von m:n-Beziehungen beinhalten die Syntax `CREATE TABLE` zum Erstellen von Knoten und Edgetabellen und das Schlüsselwort `MATCH` für Abfragen.

- In der Konfiguration, auslesbar mit `sp_configure`, ist die Option **clr** `strict security` standardmäßig aktiv. Dadurch wird die Sicherheit von CLR-Assemblies verbessert.
- Die TempDB kann jetzt schon im Setup mit einer Dateigröße von bis zu 256 GB pro Datei angegeben werden. Außerdem gibt das Setup eine Warnung aus, wenn die Dateigröße mit mehr als 1 GB angegeben, IFI (*Initial File Initialization*) aber nicht aktiviert ist.
- In der *Management-View* `sys.dm_db_file_space_usage` gibt es die neue Spalte `modified_extent_page_count`, die differenzielle Änderungen in jeder Datenbankdatei verfolgt und dabei intelligente Sicherungslösungen wie z. B. eine differenzielle oder eine vollständige Sicherung, basierend auf dem Prozentsatz der geänderten Seiten in der Datenbank, erstellen kann.
- Mithilfe des Schlüsselworts `ON` unterstützt die T-SQL-Syntax jetzt das Laden einer Tabelle in eine andere Dateigruppe mit dem Kommando `SELECT INTO`.
- Datenbankübergreifende Transaktionen (*Cross-Database Transactions*) zwischen Datenbanken einer AlwaysOn Availability Group oder auch einer Instanz werden unterstützt.
- Verfügbarkeitsgruppen (*Availability Groups*) funktionieren jetzt auch ohne Cluster und können bei Migrationen zwischen verschiedenen Betriebssystemen (Windows/Linux) unterstützen.
- Diese neuen dynamischen Verwaltungssichten gibt es jetzt:
  - `sys.dm_db_log_stats` fasst Ebenenattribute und Informationen über die Transaktionsprotokolle zusammen. Dies kann hilfreich sein, um die Integrität der Transaktionsprotokolle zu überwachen.
  - `sys.dm_db_log_info` zeigt Ihnen die VLF-Informationen (Virtual Log File).
  - `sys.dm_tran_version_store_space_usage` hilft Ihnen dabei, den Überblick über die Versionsspeichernutzung pro Datenbank zu behalten (Stichwort: Größe der TempDB).

  - `sys.dm_db_stats_histogram` bietet eine dynamische Verwaltungsansicht, damit Sie die Statistiken besser untersuchen können.
  - `sys.dm_os_host_info` zeigt Ihnen die Systeminformationen sowohl für Windows als auch für Linux.
- Der Datenbankoptimierungsratgeber *(Database Tuning Advisor, DTA)* wurde in der Leistung verbessert und hat neue Optionen erhalten.
- In-Memory-Erweiterungen (*In-Memory Enhancements*) umfassen auch die Unterstützung für berechnete Spalten in speicheroptimierten Tabellen, die vollständige Unterstützung für JSON-Funktionen in nativ kompilierten Modulen und den **CROSS APPLY**-Operator in nativ kompilierten Modulen.
- Es gibt neue Zeichenfolgenfunktionen (*String Functions*): `CONCAT_WS`, `TRANSLATE` und `TRIM`, und der Filter `WITHIN GROUP` wird jetzt für die Funktion `STRING_AGG` unterstützt.
- `BULK INSERT` und `OPENROWSET(Bulk…)` wurden als Massenzugriffooptionen für CSV- und Azure-BLOB-Dateien eingeführt.
- Sie können ab sofort Speicheroptimierte Objektverbesserungen (*Memory-Optimized Object Enhancements*) auf Azure Storage speichern.
- `DATABASE SCOPED CREDENTIAL` wurden erweitert.
- Passend zum SQL Server 2016 wurde der neue Datenbank `COMPATIBILITY_LEVEL 140` hinzugefügt.

1.4.2 SQL Server 2017: Integration Services (SSIS)

- Die *Scale-Out-Funktion* wurde den Integration Services hinzugefügt. Dabei unterstützt *Scale Out Master* die Hochverfügbarkeit. Die *Scale Out Worker* wurden hinsichtlich des Failovers verbessert.
- Der Parameter `runincluster` der Prozedur `[catalog].[create_execution]` wird in `runinscaleout` umbenannt. So werden Konsistenz und Lesbarkeit verbessert.
- Die *Integration Services* von SQL Server 2017 unterstützen jetzt auch SQL Server unter Linux, und SSIS-Pakete können auf Linux per Befehlszeile ausgeführt werden.
- *Scale Out* für SSIS vereinfacht die Ausführung der Integration Services auf mehreren Servern.
- *OData-Quelle* und der *OData-Verbindungsmanager* unterstützen jetzt Verbindungen mit den *OData-Feeds* von Microsoft Dynamics AX Online und Microsoft Dynamics CRM Online

1.4.3 SQL Server 2017: Master Data Services (MDS)

Die Anwenderfreundlichkeit und Leistung beim Upgrade von SQL Server 2012, 2014 und 2016 auf die *Master Data Services 2017* sind deutlich verbessert.

- Die sortierte Liste der Entitäten, Sammlungen und Hierarchien kann auf der Explorer-Seite angezeigt werden.
- Die Leistung beim Erweitern des Ordners ENTITÄTEN (en.: ENTITIES) auf der Seite GRUPPEN VERWALTEN (en.: GROUP MANAGEMENT) zum Zuweisen von Modellberechtigungen wurde verbessert, und die Seite GRUPPEN VERWALTEN befindet sich im Abschnitt SICHERHEIT (en.: SECURITY) der Webanwendung.

1.4.4 SQL Server 2017: Analysis Services (SSAS)

SQL Server Analysis Services 2017 führt zahlreiche Verbesserungen für tabellarische Modelle ein. Hier eine Liste der Verbesserungen:

- Der tabellarische Modus ist jetzt die Standard-Installationsoption für die Analysis Services.
- Das Absichern der Metadaten von tabellarischen Modellen auf Objektebene wurde optimiert.
- Beziehungen basierend auf Datumsfeldern können einfach mit Datumsabhängigkeiten erstellt werden.
- Neue Datenquellen `Get Data` (*Power Query*) und die vorhandene Unterstützung der *DirectQuery*-Datenquellen für M-Abfragen wurden ergänzt.
- DAX-Editor für SSDT ist neu hinzugekommen.
- Die Funktionen der Optimierung der Datenaktualisierungen von großen tabellarischen In-Memory-Modellen mit Codierungshinweisen, wurde erweitert.
- Der *Kompatibilitätsgrad 1400* für tabellarische Modelle wird unterstützt. Zur Erstellung oder für das Upgrade vorhandener Projekte auf den Kompatibilitätsgrad 1400 müssen Sie allerdings die SQL Server Data Tools (SSDT) 17.0 RC2 herunterladen und installieren.
- `Get Data` für tabellarische Modelle bieten eine moderne Erfahrung mit dem Kompatibilitätsgrad 1400.
- Leere Elemente in unregelmäßigen Hierarchien können mit der Eigenschaft ELEMENTE-AUSBLENDEN ausgeblendet werden.
- Endbenutzer können Details für aggregierte Informationen in den neuen Detailzeilen anzeigen.
- Der Operator `DAX IN` für die Angabe mehrerer Werte.

1.4.5 SQL Server 2017: Reporting Services (SSRS)

- Die *Reporting Services der Version 2017* können nicht mehr über das SQL-Server-Setup installiert werden. Stattdessen können Sie sie als eigenständiges Paket bei Microsoft herunterladen.
- Sie können jetzt Kommentare in Berichte einfügen und damit die Zusammenarbeit mit anderen Benutzern verbessern. Außerdem können Sie Anlagen in die Kommentare einfügen.
- Native DAX-Abfragen für verschiedene Tabellendatenmodelle des *SSAS* können Sie in der neuesten Version des Berichtsgenerators erstellen, indem Sie die gewünschten Felder einfach in den Abfrage-Designer ziehen.
- *SSRS* unterstützt eine vollständige, mit OpenAPI kompatible RESTful-API, um die Entwicklung von modernen Anwendungen und Anpassungen zu ermöglichen.

1.4.6 SQL Server 2017: Machine Learning

Die *SQL Server R Services* wurden in *SQL Server Machine Learning Services* umbenannt. Damit soll auf die zusätzliche *Python*-Unterstützung hingewiesen werden.

- Die Machine Learning Services können im SQL Server Python- oder R-Skripte ausführen. Es ist aber auch möglich, den Machine Learning Server als eigenständiges Tool zu installieren und so die Nutzung von Python- und R-Skripts ermöglichen, wo kein SQL-Server-Service erforderlich ist.
- Entwickler von SQL Server haben jetzt Zugriff auf die umfangreichen ML- und AI-Bibliotheken für Python, die in der Open-Source-Umgebung zusammen mit den neuesten Innovationen von Microsoft zur Verfügung stehen.
- *revoscalepy* ist die Python-Entsprechung zu *RevoScaleR* und enthält parallele Algorithmen für lineare und logistische Regressionen, Entscheidungsstrukturen, verstärkte Strukturen und zufällige Gesamtstrukturen sowie einen umfangreichen Satz an APIs für die Übertragung und Verschiebung von Daten, Remoterechenkontexte und Datenquellen.
- *microsoftml* ist ein modernes Paket von ML-Algorithmen und -Transformationen mit Python-Bindungen. Es enthält tiefgreifende neuronale Netzwerke, schnelle Entscheidungsstrukturen und Entscheidungsgesamtstrukturen sowie optimierte Algorithmen für lineare und logistische Regressionen. Darüber hinaus erhalten Sie vorgegebene, auf ResNet-Modellen basierende Modelle, die Sie zur Imageextraktion oder Standpunktanalyse verwenden können.
- Mithilfe der gespeicherten Prozedur `sp_execute_external_script` können Sie Python-Skripts ganz leicht mit T-SQL bereitstellen. Profitieren Sie von hervorragender Leistung, indem Sie Daten aus SQL an Python-Prozesse streamen und MPI-Ringparallelisierung verwenden.

- Datenanalysten und Entwickler können Python-Code remote aus ihrer Entwicklungsumgebung ausführen, um Daten- und Entwicklungsmodelle auszuprobieren, ohne dabei Daten zu verschieben.
- Native Bewertung: Die `PREDICT`-Funktion in Transact-SQL kann in jeder Instanz von SQL Server 2017 zum Durchführen von Bewertungen verwendet werden, auch wenn *R* nicht installiert ist. Dafür müssen Sie nur das Modell mit einem der unterstützten *RevoScaleR*- und *revoscalepy*-Algorithmen trainieren und es in einem neuen, kompakten Binärformat speichern.
- Die Paketverwaltung *T-SQL* unterstützt jetzt die `CREATE EXTERNAL LIBRARY`-Anweisung, um Datenbankadministratoren bessere Verwaltungsfunktionen für *R*-Pakete zu bieten. Verwenden Sie Rollen, um den Zugriff auf private oder freigegebene Pakete zu steuern, speichern Sie R-Pakete in der Datenbank, und geben Sie diese für Benutzer frei.
- Die gespeicherte Prozedur `sp_execute_external_script` wurde optimiert und unterstützt jetzt die Batchmodusausführung für Columnstore-Daten.

1.5 SQL Server 2019 – Aussichten auf die Neuerungen im Überblick

SQL Server 2019 bietet eine große Auswahl an Entwicklungssprachen, Datentypen und Betriebssystemen sowie die Möglichkeit, lokal oder in der Cloud zu arbeiten.

SQL Server 2019 bietet folgende neue Funktionen (weitere Informationen zu diesen Features finden Sie weiter unten):

CTP 2.1

- Der Big Data Cluster wurde erweitert.
- Python- und R-Apps werden bereitgestellt.
- Die Datenbank-Engine wurde verbessert.
- Die intelligente Abfrageverarbeitung fügt Inlining für benutzerdefinierte Skalarfunktionen hinzu.
- Die Fehlermeldung beim Abschneiden von Daten mit Tabellen- und Spaltennamen sowie abgeschnittenen Werten wurden verbessert.
- SQL-Server-Setup unterstützt UTF-8-Sortierungen.
- Abgeleitete Tabellen- oder Ansichtsaliasse in Graphabgleichsabfragen können verwendet werden.
- Die Diagnosedaten für gesperrte Statistiken wurden verbessert.
- Ein neuer hybrider Pufferpool wurde eingefügt.
- Die statische Datenmaskierung wurde hinzugefügt.
- Azure Data Studio wurde weiterentwickelt.

CTP 2.0

- Big Data –Cluster wurde verbessert.
- Bereitstellen eines Big Data -Clusters mit SQL und Spark-Linux-Containern in Kubernetes
- Der Zugriff auf Big Data über HDFS wurde erneuert.
- Das Ausführen von erweiterten Analysen und Machine-Learning-Vorgängen mit Spark ist jetzt möglich.
- Das Streamen von Daten an SQL-Server-Datenpools mit Spark wurde eingeführt.
- Abfragebüchern können zur Bereitstellung einer Notebookumgebung mit Azure Data Studio ausgeführt werden.
- Die Datenbank-Engine wurde erneut verbessert.
- Die Unterstützung für UTF-8 wurde verbessert.
- Das Fortsetzen der Indexerstellung nach einer Unterbrechung durch die Erstellung von fortsetzbaren Onlineindizes wurde ergänzt.
- Die Erstellung und Neuerstellung von gruppierten Columnstore-Onlineindizes wurden überarbeitet.
- Always Encrypted kann jetzt mit Secure Enclaves umgehen.
- Die intelligente Abfrageverarbeitung wurde optimiert.
- Die Programmierbarkeit der Java-Sprache wurde erweitert.
- SQL-Graphfeatures wurden ergänzt.
- Eine datenbankweit gültige Konfigurationseinstellung für Online- und fortsetzbare DDL-Vorgänge wurde ergänzt
- AlwaysOn-Verfügbarkeitsgruppen beherrschen jetzt die Umleitung von Verbindungen mit sekundären Replikaten
- Neu ist die nativ in SQL Server integrierte Datenermittlung und -klassifizierung.
- Die Unterstützung für Geräte mit persistentem Speicher wurde erweitert.
- Eine Unterstützung für Columnstore-Statistiken in **`DBCC CLONEDATABASE`** wurde ergänzt.
- Es gibt jetzt neue Optionen für `sp_estimate_data_compression_savings`.
- Die SQL Server Machine Learning Services funktionieren jetzt im Failover Cluster.
- Neu ist auch die standardmäßig aktivierte *LWP*-Abfrageinfrastruktur (*Lightweight Profiling*).
- Neue PolyBase-Connectors wurden ergänzt.
- Die Rückgabe von Seiteninformationen durch neue `sys.dm_db_page_info`-Systemfunktion wurde hinzugefügt.
- SQL Server kann jetzt auch unter Linux installiert werden.

- Eine erweiterte Replikationsunterstützung wurde ergänzt.
- Die Unterstützung für den *Microsoft Distributed Transaction Coordinator* (*MSDTC*) wurde verbessert.
- AlwaysOn-Verfügbarkeitsgruppe in Docker-Containern mit Kubernetes sind nun möglich.
- OpenLDAP-Unterstützung für AD-Drittanbieter wurde eingeführt.
- Machine Learning ist jetzt auch unter Linux möglich.
- Es gibt eine neue Containerregistrierung.
- Neue RHEL-basierte Containerimages wurden ergänzt.
- Die Benachrichtigung zur Speicherauslastung wurde erweitert.
- Die Master Data Services wurden deutlich verbessert.
- Die Ersetzung der Silverlight-Steuerelemente wurde umgesetzt.
- Security: auch in diesem Bereich hat es Verbesserungen gegeben
- Die Zertifikatverwaltung im SQL-Server-Konfigurations-Manager wurde optimiert.
- *SQL Server Management Studio* (*SSMS*) *18.0* (Vorschau)
- Eine neue Version von Azure Data Studio wurde veröffentlicht.

Big Data Cluster

Der SQL Server 2019 Big Data Cluster ermöglicht folgende neue Szenarien:

- Bereitstellen von Python- und R-Apps (CTP 2.1)
- Bereitstellen eines Big Data Clusters mit SQL-Server- und Spark-Linux-Containern in Kubernetes (CTP 2.0)
- Zugriff auf Big Data über HDFS (CTP 2.0)
- Ausführen von erweiterten Analysen und Vorgängen des maschinellen Lernens mit Spark (CTP 2.0)
- Streamen von Daten an SQL-Datenpools mit Spark (CTP 2.0)
- Ausführen von Abfragebüchern zur Bereitstellung einer Notebookumgebung in Azure Data Studio (CTP 2.0)

> **Hinweis**
>
> Der *SQL Server 2019 Big Data Cluster* ist zunächst als eingeschränkte öffentliche Vorschauversion verfügbar. Wenn sie an Tests mit dem Big Data Cluster interessiert sind, müssen Sie sich unter folgender URL registrieren:
>
> *https://sqlservervnexteap.azurewebsites.net/*.

1.5.1 Die Datenbank-Engine

Diese Features der Datenbank-Engine wurden verbessert:

Inlining benutzerdefinierter Skalarfunktionen (CTP 2.1)

Das Inlining benutzerdefinierter Skalarfunktionen wandelt die entsprechenden Funktionen automatisch in relationale Ausdrücke um und bettet sie in die aufrufende SQL-Abfrage ein. Dadurch wird die Leistung von Workloads verbessert, die benutzerdefinierte Skalarfunktionen verwenden. Das Inlining benutzerdefinierter Skalarfunktionen ermöglicht eine kostenbasierte Optimierung von Vorgängen in benutzerdefinierten Funktionen und erzielt effiziente Pläne, die konkret und parallel sind – im Gegensatz zu ineffizienten, iterativen, seriellen Ausführungsplänen. Dieses Feature ist standardmäßig unter dem Datenbank-Kompatibilitätsgrad 150 aktiviert.

Verbesserte Fehlermeldung beim Abschneiden von Daten mit Tabellen- und Spaltennamen sowie abgeschnittenen Werten (CTP 2.1)

Viele SQL-Server-Entwickler und -Administratoren, die Datenverschiebungsworkloads entwickeln oder verwalten, kennen die Fehlermeldung `String or binary data would be truncated (ID 8152)`. Der Fehler tritt beim Übertragen von Daten zwischen einer Quelle und einem Ziel mit unterschiedlichen Schemata auf, wenn die Quelldaten zu groß für den Zieldatentyp sind. Das Beheben des Fehlers anhand der Fehlermeldung kann sehr zeitaufwendig sein. SQL Server 2019 führt eine neue, spezifischere Fehlermeldung (`2628`) für dieses Szenario ein:

```
String or binary data would be truncated in table '%.*ls', column '%.*ls'. Truncated value: '%.*ls'.
```

Die neue Fehlermeldung 2628 bietet mehr Kontext zum Abschneiden der Daten und vereinfacht die Problembehandlung. Für CTP 2.1 ist dies eine optionale Fehlermeldung, für die das Ablaufverfolgungsflag 460 aktiviert sein muss.

UTF-8-Unterstützung (CTP 2.1)

Nun wird die Auswahl der UTF-8-Sortierung als Standard beim SQL-Server-2019-Setup unterstützt.

Verbesserte Diagnosedaten für gesperrte Statistiken (CTP 2.1)

Die SQL-Server-2019 bietet verbesserte Diagnosedaten für Abfragen mit langer Ausführungszeit, die auf synchrone Updatevorgänge von Statistiken warten. Die Spalte »command« der dynamischen Verwaltungssicht `sys.dm_exec_requests` zeigt `SELECT (STATMAN)` an, wenn ein `SELECT`-Objekt darauf wartet, dass ein synchroner Statistikupdatevorgang abgeschlossen wird, bevor die Abfrage weiter ausgeführt wird. Außerdem wird der neue Wartetyp `WAIT_ON_SYNC_STATISTICS_REFRESH` in der dynamischen Verwaltungssicht `sys.dm_os_wait_stats` angezeigt. Er zeigt die kumulierte Zeit auf Instanzebene für synchrone Statistikaktualisierungen an.

Statische Datenmaskierung (CTP 2.1)

Die SQL-Server-2019 führt die *statische Datenmaskierung* ein. Damit können Sie sensible Daten in Kopien von SQL-Server-Datenbanken bereinigen. Die statische Datenmaskierung erstellt eine bereinigte Datenbankkopie, in der alle sensiblen Daten so geändert wurden, dass sie auch für Nichtproduktionsbenutzer freigegeben werden kann. Sie kann für Entwicklung, Tests, Analysen, Geschäftsberichte, Compliance, Fehlerbehandlung und andere Szenarien verwendet werden, in denen bestimmte Daten nicht in verschiedene Umgebungen kopiert werden können.

Die statische Datenmaskierung wird auf Spaltenebene ausgeführt. Wählen Sie die zu maskierenden Spalten aus, und geben Sie für jede ausgewählte Spalte eine Maskierungsfunktion an. Die statische Datenmaskierung kopiert die Datenbank und wendet dann die angegebenen Maskierungsfunktionen auf die Spalten an.

Statische vs. dynamische Datenmaskierung

Bei der Datenmaskierung wird eine Maske auf eine Datenbank angewendet, um vertrauliche Informationen auszublenden und durch neue bzw. bereinigte Daten zu ersetzen. Microsoft bietet zwei Maskierungsoptionen: die statische und die dynamische Datenmaskierung. Die dynamische Datenmaskierung wurde mit SQL Server 2017 eingeführt. Tabelle 1.2 vergleicht die beiden Ansätze:

Statische Datenmaskierung	Dynamische Datenmaskierung
Verwendung einer Datenbankkopie	Verwendung der Originaldatenbank
kein Abrufen von Originaldaten	intakte Originaldaten
Maskierung erfolgt auf Speicherebene.	Maskierung erfolgt direkt beim Abfragen.
Alle Benutzer haben Zugriff auf die gleichen maskierten Daten.	Maskierung variiert je nach Benutzerberechtigung.
konzipiert für permanenten Zugriff für das ganze Team	konzipiert für punktuellen benutzerspezifischen Zugriff

Tabelle 1.2 Vergleich der statischen und dynamischen Datenmaskierung

1.5.2 Datenbank-Kompatibilitätsgrad (CTP 2.0)

Die Datenbank **COMPATIBILITY_LEVEL 150** wurde hinzugefügt. Um eine bestimmte Benutzerdatenbank verwenden zu können, führen Sie Folgendes aus, wenn sie die bestehende Datenbank im neuen Kompatibilitäts-Level betreiben möchten:

```
ALTER DATABASE database_name SET COMPATIBILITY_LEVEL = 150;
```

1.5.3 UTF-8-Unterstützung (CTP 2.0)

Vollständige Unterstützung für die weit verbreitete Zeichencodierung *UTF-8* als Import- oder Exportcodierung oder als Sortierung für Textdaten auf Datenbank- oder Spaltenebene. UTF-8 ist für die Datentypen **CHAR** und **VARCHAR** zulässig und ist bei der Erstellung oder Änderung einer Objektsortierung in eine Sortierung mit dem Suffix `UTF8` aktiviert, beispielsweise bei `LATIN1_GENERAL_100_CI_AS_SC` in `LATIN1_GENERAL_100_CI_AS_SC_UTF8`. Die in SQL Server 2012 eingeführte UTF-8-Codierung ist nur für Windows-Sortierungen verfügbar, die Sonderzeichen unterstützen. **NCHAR** und **NVARCHAR** lassen nur die *UTF-16*-Codierung zu und bleiben unverändert.

Dieses Feature kann abhängig von dem verwendeten Zeichensatz beträchtliche Speichereinsparungen ermöglichen. Die Änderung eines vorhandenen Spaltendatentyps mit lateinischen Zeichen von **NCHAR(10)** in **CHAR(10)** mit einer UTF-8-fähigen Sortierung führt beispielsweise zu einer Verringerung der Speicheranforderungen um fast 50 %. Diese Verringerung ist darauf zurückzuführen, dass **NCHAR(10)** 22 Byte für den Speicher erfordert, wohingegen **CHAR(10)** 12 Byte für die gleiche Unicode-Zeichenfolge erfordert.

1.5.4 Erstellung fortsetzbarer Onlineindizes (CTP 2.0)

Durch die Erstellung von fortsetzbaren Onlineindizes kann ein Indexerstellungsvorgang angehalten und zu einem späteren Zeitpunkt an der Stelle fortgesetzt werden, an der der Vorgang angehalten wurde oder an der ein Fehler aufgetreten ist. So muss nicht von Anfang an begonnen werden.

Die Erstellung fortsetzbarer Onlineindizes unterstützt folgende Szenarien:

- Fortsetzen eines Indexerstellungsvorgangs nach einem Fehler bei der Indexerstellung (z. B. nach einem Datenbankfailover oder bei fehlendem Speicherplatz auf dem Datenträger)
- Anhalten eines laufenden Indexerstellungsvorgangs und Fortsetzen zu einem späteren Zeitpunkt, um bei Bedarf vorübergehend Systemressourcen freizugeben und diesen Vorgang zu einem späteren Zeitpunkt fortzusetzen.

- Erstellen großer Indizes ohne Inanspruchnahme von umfassendem Protokollspeicherplatz und Transaktionen mit langer Laufzeit, die andere Wartungsaktivitäten blockieren, jedoch mit der Möglichkeit zur Protokollkürzung

Ohne dieses Feature müsste ein Vorgang zur Onlineindexerstellung bei einem Fehler erneut von Anfang an ausgeführt werden.

Bei diesem Release wurden die Funktionen für fortsetzbare Indizes erweitert, indem dieses Feature für verfügbare Neuerstellungen von fortsetzbaren Onlineindizes hinzugefügt wurden.

Darüber hinaus kann dieses Feature als Standardwert für eine bestimmte Datenbank mit einer datenbankweit gültigen Standardeinstellung für Online- und fortsetzbare DDL-Vorgänge festgelegt werden.

1.5.5 Erstellen und erneutes Erstellen von gruppierten Columnstore-Indizes (online) (CTP 2.0)

Konvertieren Sie *Rowstore*-Tabellen in das *Columnstore*-Format. Die Erstellung von gruppierten Columnstore-Indizes (*Clustered Columnstore Indexes, CCIs*) war in früheren Versionen von SQL Server ein Offlinevorgang, bei dem alle Änderungen eingestellt werden mussten, während der CCI erstellt wird. Mit SQL Server 2019 und Azure SQL-Datenbank können Sie einen CCI online erstellen bzw. neu erstellen. Die Workload wird nicht blockiert, und alle Änderungen, die an den zugrundeliegenden Daten vorgenommen werden, werden transparent zur Columnstore-Zieltabelle hinzugefügt. Beispiele für die neuen Transact-SQL-Anweisungen, die verwendet werden können:

```
CREATE CLUSTERED COLUMNSTORE INDEX cci
  ON <tableName>
  WITH (ONLINE = ON);

ALTER INDEX cci
  ON <tableName>
  REBUILD WITH (ONLINE = ON);
```

1.5.6 Always Encrypted mit Secure Enclaves (CTP 2.0)

Die Erweiterung basiert auf *Always Encrypted* mit direkter Verschlüsselung und umfangreichen Berechnungen. Die Erweiterungen basieren auf der Ermöglichung von Berechnungen auf Grundlage von Klartextdaten, die sich auf Serverseite in einer Secure Enclave befinden.

Kryptografische Vorgänge umfassen die Verschlüsselung von Spalten und das Rotieren von Spaltenverschlüsselungsschlüsseln. Diese Vorgänge können nun mithilfe von Transact-SQL ausgegeben werden und erfordern kein Entfernen dieser Daten aus der Datenbank. Secure Enclaves bieten Always Encrypted, um ein breiteres Spektrum an Szenarien zu ermöglichen, die folgende Anforderungen nach sich ziehen:

- Vertrauliche Daten müssen vor Benutzern mit erhöhten Rechten, die jedoch nicht autorisiert sind, geschützt werden (z. B. Datenbankadministratoren, Systemadministratoren, Cloudbetreibern oder Malware).
- Es müssen umfangreiche Berechnungen für geschützte Daten innerhalb des Datenbanksystems unterstützt sein.
- Weitere Einzelheiten finden Sie online in den SQL Docs unter »Always Encrypted mit Secure Enclaves« (*https://docs.microsoft.com/en-us/sql/relational-databases/security/encryption/always-encrypted-enclaves?view=sql-server-ver15*).

Hinweis

Always Encrypted mit Secure Enclaves ist nur unter dem Windows-Betriebssystem verfügbar.

1.5.7 Intelligente Abfrageverarbeitung (CTP 2.0)

Das *Feedback zur Speicherzuweisung im Zeilenmodus* erweitert das Feedbackfeature zur Speicherzuweisung, das mit SQL Server 2017 (14.x) eingeführt wurde, indem die Größe der Speicherzuweisung sowohl für Batch- als auch für Zeilenmodusoperatoren angepasst wird. Wenn bei einer Bedingung mit einer zu großen Speicherzuweisung der zugewiesene Speicher mehr als doppelt so groß ist als der tatsächlich verwendete Speicher, berechnet das Feedback zur Speicherzuweisung diese neu. Nachfolgende Ausführungen erfordern dann weniger Arbeitsspeicher. Bei zu geringen Speicherzuweisungen, die zu einem Überlauf auf einen Datenträger führen, löst das Feedback zur Speicherzuweisung eine Neuberechnung der Speicherzuweisung aus. Nachfolgende Ausführungen erfordern dann mehr Arbeitsspeicher. Dieses Feature ist standardmäßig unter dem Datenbank-Kompatibilitätsgrad 150 aktiviert.

- *Approximate COUNT DISTINCT* gibt die ungefähre Anzahl von eindeutigen Werten ungleich `NULL` in einer Gruppe zurück. Diese Funktion ist für den Einsatz in Big-Data-Szenarien bestimmt. Diese Funktion ist für Abfragen optimiert, bei denen alle der folgenden Bedingungen zutreffen:
  - Es wird auf Datasets mit Zeilen mindestens im Millionenbereich zugegriffen.
  - Es wird mindestens eine Spalte aggregiert, die eine große Anzahl von unterschiedlichen Werten enthält.

  - Reaktionsschnelligkeit ist wichtiger als absolute Präzision.
  - `APPROX_COUNT_DISTINCT` gibt Ergebnisse zurück, die in der Regel im 2-Prozent-Bereich der genauen Antwort liegen.
  - Zudem wird die ungefähre Antwort in einem Bruchteil der Zeit zurückgegeben, die für die genaue Antwort erforderlich ist.
- Für den *Batchmodus in Rowstore* ist kein Columnstore-Index mehr zur Verarbeitung von Abfragen im Batchmodus erforderlich. Im Batchmodus können Abfrageoperatoren verwendet werden, die die Verarbeitung von einer Gruppe von Zeilen statt nur von einer Zeile ermöglichen. Dieses Feature ist standardmäßig unter dem Datenbank-Kompatibilitätsgrad 150 aktiviert. Der Batchmodus beschleunigt somit Abfragen, die auf Rowstore-Tabellen zugreifen, sofern alle der folgenden Bedingungen zutreffen:
  - Die Abfrage verwendet Analyseoperatoren wie Joins oder Aggregationsoperatoren.
  - Die Abfrage umfasst mindestens 100.000 Zeilen.
  - Die Abfrage ist nicht an Eingabe-/Ausgabedaten gebunden, sondern an die CPU.
- Die Erstellung und Verwendung eines *Columnstore-Index* weisen folgende Nachteile auf:
  - Colunmstore Indexes würden den Overheadbedarf der Abfrage übersteigen.
  - Colunmstore Indexes können nicht genutzt werden, da deren Anwendung von einem Feature abhängt, das noch nicht bei Columnstore-Indizes unterstützt wird.
- Die *verzögerte Kompilierung von Tabellenvariablen* verbessert die Qualität des Abfrageplans und die Gesamtleistung für Abfragen mit Verweisen auf Tabellenvariablen. Während der Optimierung und der ersten Kompilierung propagiert diese Funktion Kardinalitätsschätzungen, die auf tatsächlichen Tabellenvariablen-Zeilenzahlen basieren. Diese genauen Zeilenzahlinformationen werden für die Optimierung der nachgelagerten Planvorgänge verwendet. Dieses Feature ist standardmäßig unter dem Datenbank-Kompatibilitätsgrad 150 aktiviert.
- Um *Features der intelligenten Abfrageverarbeitung* verwenden zu können, legen Sie die Datenbank mit `COMPATIBILITY_LEVEL = 150` fest.

1.5.8 Erweiterungen für die Programmierbarkeit der Java-Sprache (CTP 2.0)

Führen Sie Java-Code mithilfe der *Java-Spracherweiterung* SQL Server aus. Diese Erweiterung ist in SQL Server 2019 installiert, wenn Sie das *Feature Machine Learning Services (datenbankintern)* zu Ihrer SQL-Server-Instanz hinzufügen.

1.5.9 SQL-Graphfeatures

Sie können *abgeleitete Tabellen- oder Ansichtsaliasse in Graphabgleichsabfragen (CTP 2.1)* verwenden. Graphabfragen in der SQL-Server-2019 verwenden Ansichts- und abgeleitete Tabellenaliasse in der Syntax `MATCH`. Um diese Aliasse in `MATCH` zu verwenden, müssen die Ansichten und abgeleiteten Tabellen entweder in einem Knotensatz oder einem Edgetabellensatz mit dem Operator `UNION ALL` erstellt werden. Der Knoten oder die Edgetabelle können Filter aufweisen. Die Verwendung abgeleiteter Tabellen- und Ansichtsaliasse in `MATCH`-Abfragen kann sehr nützlich sein, wenn Sie heterogene Entitäten bzw. Verbindungen für mindestens zwei Entitäten in Ihrem Graph abfragen möchten.

- Dank des Supports in *MERGE-DML (CTP 2.0)* können Sie Graphbeziehungen statt in separaten `INSERT-`, `UPDATE-` oder `DELETE`-Anweisungen in einer einzigen Anweisung angeben. Führen Sie Ihre aktuellen Graphdaten aus Knoten- oder Edgetabellen mithilfe der `MATCH`-Prädikate in der `MERGE`-Anweisung mit neuen Daten zusammen. Dieses Feature ermöglicht `UPSERT`-Szenarien in Edgetabellen. Benutzer können nun eine einzelne `MERGE`-Anweisung verwenden, um einen neuen Edge einzufügen oder einen vorhandenen Edge zwischen zwei Knoten zu aktualisieren.
- Für Edgetabellen im SQL-Graph wurden *Edgeeinschränkungen (CTP 2.0)* eingeführt. Edgetabellen können eine Verbindung zwischen beliebigen Knoten in der Datenbank herstellen. Mit der Einführung von Edgeeinschränkungen können Sie ab sofort einige Einschränkungen zu diesem Verhalten anwenden. Mit der neuen `CONNECTION`-Einschränkung kann der Knotentyp angegeben werden, mit dem eine bestimmte Edgetabelle eine Verbindung im Schema herstellen darf.

1.5.10 Datenbankweit gültige Standardeinstellung für Online- und fortsetzbare DDL-Vorgänge (CTP 2.0)

Die *datenbankweit gültige Standardeinstellung für Online- und fortsetzbare DDL-Vorgänge* ermöglicht eine Standardverhaltenseinstellung für `ONLINE`- und `RESUMABLE`-Indexvorgänge auf Datenbankebene, so dass Sie diese Optionen nicht für jede einzelne DDL-Indexanweisung definieren müssen (z. B. Indexerstellung oder -neuerstellung).

Legen Sie diese Standardeinstellungen mithilfe der datenbankweit gültigen Konfigurationsoptionen `ELEVATE_ONLINE` und `ELEVATE_RESUMABLE` fest. Beide Optionen bewirken, dass die Engine unterstützte Vorgänge automatisch auf die Ausführung von Online- oder fortsetzbaren Indizes erhöht. Mit diesen Optionen können Sie die folgenden Verhaltensweisen ermöglichen:

- Die Option `FAIL_UNSUPPORTED` ermöglicht alle Onlineindex- oder fortsetzbare und Fehlerindexvorgänge, die nicht für Online- oder fortsetzbare Indizes unterstützt werden.

- Die Option `WHEN_SUPPPORTED` ermöglicht unterstützte Online- oder fortsetzbare und die Ausführung von nicht unterstützten Offline- oder nicht fortsetzbaren Indexvorgängen.
- Die Option `OFF` lässt das aktuelle Verhalten zur Ausführung aller Offlineindexvorgänge und nicht fortsetzbare Indexvorgänge zu, sofern dies nicht explizit in der DDL-Anweisung angegeben ist.
- Um die Standardeinstellung zu überschreiben, schließen Sie die `ONLINE`- oder die `RESUMABLE`-Option in die Indexerstellungs- und -neuerstellungsbefehle ein.
- Ohne dieses Feature müssen Sie die Online- und fortsetzbaren Indexoptionen direkt in der Index-DDL-Anweisung angeben, z. B. Indexerstellung und -neuerstellung.

1.5.11 AlwaysOn-Verfügbarkeitsgruppen: Erhöhung synchroner Replikate (CTP 2.0)

Bis zu fünf *synchrone Replikate* sind in SQL Server 2019 möglich. Die maximale Anzahl der synchronen Replikate wird von ehemals 3 (in SQL Server 2017 (14.x)) auf 5 erhöht. Sie können diese Gruppe aus 5 Replikaten für das automatische Failover in der Gruppe konfigurieren. Es gibt ein primäres Replikat sowie 4 synchrone sekundäre Replikate.

Durch die *Umleitung der Verbindung vom sekundären zum primären Replikat* können Clientanwendungsverbindungen zum primären Replikat weitergeleitet werden, unabhängig davon, ob der Zielserver in der Verbindungszeichenfolge angegeben ist. Diese Funktion ermöglicht die Umleitung der Verbindung ohne einen Listener. Leiten Sie in den folgenden Fällen die Verbindung vom sekundären zum primären Replikat um:

- Die Clustertechnologie bietet keine Listenerfunktion.
- Es liegt eine Konfiguration mit mehreren Subnetzen vor, die eine komplexe Umleitung erfordert.
- Im Mittelpunkt stehen Szenarien mit horizontaler Leseskalierung oder Notfallwiederherstellungszenarien mit dem Clustertyp `NONE`.

1.5.12 Datenermittlung und -klassifizierung (CTP 2.0)

Die Datenermittlung und -klassifizierung bietet erweiterte Funktionen, die nativ in SQL Server integriert sind. Die Klassifizierung und Bezeichnung der wichtigsten vertraulichen Daten bietet folgende Vorteile:

- Unterstützung für die Erfüllung von Datenschutzstandards und gesetzlich geregelten Complianceanforderungen

- unterstützt Sicherheitsszenarien, z. B. Überwachung und Benachrichtigung bei anomalem Zugriff auf vertrauliche Daten
- vereinfacht den Vorgang der Ermittlung, wo sich vertrauliche Daten im Unternehmen befinden, damit Administratoren die richtigen Schritte zum Schutz der Datenbank durchführen können

Die Überwachung wurde zudem dahingehend verbessert, dass ein neues Feld in das Überwachungsprotokoll `data_sensitivity_information` eingeschlossen wurde, das die Vertraulichkeitsklassifizierungen (Bezeichnungen) der tatsächlichen Daten protokolliert, die von der Abfrage zurückgegeben wurden. Weitere Informationen und Beispiele finden Sie unter dem Stichwort **`ADD SENSITIVITY CLASSIFICATION`** (Transact-SQL) (*https://docs.microsoft.com/en-us/sql/t-sql/statements/add-sensitivity-classification-transact-sql*).

Hinweis

Es wurden keine Änderungen an der Art und Weise vorgenommen, wie die Überwachung aktiviert wird. Den Überwachungsdatensätzen wurde ein neues Feld namens **`data_sensitivity_information`** hinzugefügt, das die Vertraulichkeitsklassifizierungen (Bezeichnungen) der tatsächlichen Daten protokolliert, die von der Abfrage zurückgegeben wurden. Weitere Informationen finden Sie in den SQL Docs unter »Überwachen des Zugriffs auf vertrauliche Daten« (*https://docs.microsoft.com/en-us/sql/t-sql/statements/add-sensitivity-classification-transact-sql?view=sql-server-ver15*).

1.5.13 Erweiterte Unterstützung für Geräte mit beständigem Speicher (CTP 2.0)

SQL-Server-Dateien, die auf einem Gerät mit *persistentem Speicher* platziert werden, können ab sofort im optimierten Modus betrieben werden. SQL Server greift direkt auf das Gerät zu, wobei der Speicherstapel des Betriebssystems mithilfe von effizienten Speichervorgängen umgangen wird. Dieser Modus verbessert die Leistung, da er Eingaben/Ausgaben mit geringen Latenzen für solche Geräte ermöglicht.

Zu SQL-Server-Dateien zählen beispielsweise folgende:

- Datenbankdateien
- Transaktionsprotokolldateien
- In-Memory-OLTP-Prüfpunktdateien

Persistente Speicher werden auch als Speicherklassenspeicher bezeichnet. Außerdem werden Persistente Speicher auf Websites, die nicht von Microsoft betrieben werden, gelegentlich informell `pmem` genannt.

Hinweis

Bei diesem Vorschaurelease ist die Optimierung von Dateien auf Geräten mit persistentem Speicher nur unter Linux verfügbar. Geräte mit persistentem Speicher werden unter Windows ab SQL Server 2016 unterstützt.

1.5.14 Hybrider Pufferpool (CTP 2.1)

Der *hybride Pufferpool* ist eine neue Funktion der SQL-Server-Datenbank-Engine, mit der Sie bei Bedarf direkt auf Datenbankseiten in Datenbankdateien zugreifen können, die sich auf einem Gerät mit beständigem Arbeitsspeicher (PMEM) befinden. Da PMEM-Geräte eine sehr niedrige Latenz beim Datenzugriff aufweisen, muss die Engine keine Kopie der Daten in einem Pufferpoolbereich für bereinigte Seiten erstellen, sondern kann auf die Seite direkt im beständigen Arbeitsspeicher zugreifen. Der Zugriff erfolgt über im Speicher abgebildete E/A – wie bei Optimierungen. Das bietet Leistungsvorteile, da keine Kopie der Seite im DRAM erstellt und der E/A-Stapel des Betriebssystems für den Seitenzugriff im beständigen Speicher umgangen wird. Diese Funktion ist für SQL Server sowohl unter Windows als auch unter Linux verfügbar. Weitere Informationen finden Sie in den SQL Docs unter »Hybrider Pufferpool« (*https://docs.microsoft.com/de-de/sql/database-engine/configure-windows/hybrid-buffer-pool?view=sql-server-ver15*).

1.5.15 Unterstützung für Columnstore-Statistiken in DBCC CLONEDATABASE (CTP 2.0)

`DBCC CLONEDATABASE` erstellt eine rein schemabasierte Kopie einer Datenbank, die alle Elemente enthält, die zum Behandeln von Problemen mit der Abfrageleistung erforderlich sind, ohne dass Daten kopiert werden. In älteren Versionen von SQL Server wurden beim Befehl nicht die Statistiken kopiert, die für die Problembehandlung bei Columnstore-Indexabfragen erforderlich sind, weshalb manuelle Schritte zur Erfassung dieser Informationen nötig waren. In SQL Server 2019 (Vorschau) erfasst `DBCC CLONEDATABASE` nun automatisch die Statistik-BLOBs für Columnstore-Indizes, so dass keine manuellen Schritte erforderlich sind.

1.5.16 Neue Optionen für »sp_estimate_data_compression_savings« (CTP 2.0)

`sp_estimate_data_compression_savings` gibt die aktuelle Größe des angeforderten Objekts zurück und schätzt die Objektgröße für den angeforderten Komprimierungsstatus. Diese Prozedur unterstützt derzeit drei Optionen: `NONE`, `ROW` und `PAGE`. In SQL Server 2019 werden zwei neue Optionen eingeführt: `COLUMNSTORE` und `COLUMNSTORE_ARCHIVE`. Diese neuen Optionen ermöglichen es Ihnen, die Speicherplatzeinsparungen abzuschätzen, wenn mit der Columnstore-Standard- oder -Archivkomprimierung ein Columnstore-Index für die Tabelle erstellt wird.

1.5.17 Failover-Cluster für SQL Server Machine Learning Services und partitionsbasierte Modellierung (CTP 2.0)

`sp_execute_external_script` wurde um die *partitionsbasierte Modellierung* von externen Skripts Ihrer Daten mit den neuen Parametern erweitert. Diese Funktion unterstützt anstelle eines großen Modells das Trainieren von einer Vielzahl kleiner Modelle (ein Modell pro Datenpartition).

Konfigurieren Sie Hochverfügbarkeit für Machine Learning Services in einem *Windows-Server-Failover-Cluster*.

1.5.18 Standardmäßig aktivierte LWP-Abfrageinfrastruktur (CTP 2.0)

Die *LWP*-Abfrageinfrastruktur (*Lightweight Profiling*) stellt Abfrageleistungsdaten effizienter bereit als standardmäßige Profilerstellungstechnologien. Lightweight Profiling ist ab sofort standardmäßig aktiviert. Diese Infrastruktur wurde in SQL Server 2016 (13.x) SP1 eingeführt. Lightweight Profiling bietet eine Methode zur Sammlung von Statistiken zur Abfrageausführung mit einem erwarteten CPU-Overhead von 2 % im Vergleich zu einem CPU-Overhead von bis zu 75 % für die Standardmethode zur Abfrageprofilerstellung. In älteren Versionen war diese Option standardmäßig deaktiviert. Datenbankadministratoren konnten diese mit dem Ablaufverfolgungsflag 7412 aktivieren.

1.5.19 Neue PolyBase-Connectors

In SQL Server 2019 werden neue Connectors für externe Daten für SQL Server, Oracle, Teradata und MongoDB eingeführt.

1.5.20 Rückgabe von Seiteninformationen durch neue »sys.dm_db_page_info«-Systemfunktion (CTP 2.0)

`sys.dm_db_page_info(database_id, file_id, page_id, mode)` gibt Informationen zu einer Seite in einer Datenbank zurück. Die Funktion liefert eine Zeile zurück, die die Headerinformationen der Seite enthält, einschließlich `object_id`, `index_id` und `partition_id`. Dank dieser Funktion ist die Verwendung von `DBCC PAGE` in den meisten Fällen nicht mehr erforderlich.

Um eine Problembehandlung für die seitenbezogenen Wartevorgänge zu ermöglichen, wurde außerdem eine neue Spalte namens »page_resource« zu **sys.dm_exec_requests** und **sys.sysprocesses** hinzugefügt. Mit dieser neuen Spalte können Sie **sys.dm_db_page_info** durch eine weitere neue Systemfunktion namens **sys.fn_PageResCracker** mit diesen Ansichten verknüpfen. Sehen Sie sich als Beispiel das folgende Skript an:

```
SELECT page_info.*
FROM sys.dm_exec_requests AS d
  CROSS APPLY sys.fn_PageResCracker(d.page_resource) AS r
  CROSS APPLY sys.dm_db_page_info(r.db_id, r.file_id, r.page_id,'DETAILED')
    AS page_info;
```

1.5.21 SQL Server unter Linux (CTP 2.0)

SQL Server 2019 unterstützt die *SQL Server-Replikation* unter Linux. Bei einem virtuellen Linux-Computer mit dem SQL Server Agent kann es sich um einen Verleger, einen Verteiler oder einen Abonnenten handeln.

Erstellen Sie die folgenden Arten von Veröffentlichungen:

- Transaktion
- Momentaufnahme
- Merge

Konfigurieren Sie die Replikation im SQL Server Management Studio, oder verwenden Sie gespeicherte Replikationsprozeduren.

SQL Server 2019 unter Linux unterstützt den *Microsoft Distributed Transaction Coordinator* (*MSDTC*). Weitere Informationen finden Sie unter »Konfigurieren von Microsoft Distributed Transaction Coordinator (MSDTC) unter Linux« (*https://docs.microsoft.com/de-de/sql/linux/sql-server-linux-configure-msdtc*).

AlwaysOn-Verfügbarkeitsgruppe in Docker-Containern mit Kubernetes: Kubernetes kann Container orchestrieren, auf denen SQL-Server-Instanzen ausgeführt werden, um eine hochverfügbare Gruppe von Datenbanken mit SQL-Server-AlwaysOn-Verfügbarkeitsgruppen bereitzustellen. Ein Kubernetes-Operator stellt ein *StatefulSet* bereit, einschließlich eines Containers mit einem *mssql-server-Container* und einem Integritätsmonitor.

OpenLDAP-Unterstützung für AD-Drittanbieter: SQL Server 2019 unter Linux unterstützt OpenLDAP, mit dem Drittanbieter zu einem Active Directory beitreten können.

Machine Learning unter Linux: Die SQL Server 2019 Machine Learning Services (datenbankintern) werden ab sofort unter Linux unterstützt. Dies umfasst die Unterstützung für die gespeicherte `sp_execute_external_script`-Prozedur. Anweisungen zum Installieren von Machine Learning Services unter Linux finden Sie unter »Install Machine Learning Server for Linux« (*https://docs.microsoft.com/en-us/machine-learning-server/install/machine-learning-server-linux-install*).

Neue Containerregistrierung: Alle Containerimages für SQL Server 2019 (Vorschau) sowie SQL Server 2017 (14.x) befinden sich nun in der Microsoft Container Registry. Die Microsoft Container Registry ist die offizielle Containerregistrierung für die Verteilung von Microsoft-Produktcontainern. Darüber hinaus werden ab sofort zertifizierte RHEL-basierte Images veröffentlicht.

- Microsoft Container Registry: **`mcr.microsoft.com/mssql/server:vNext-CTP2.0`**
- zertifizierte RHEL-basierte Containerimages: **`mcr.microsoft.com/mssql/rhel/server:vNext-CTP2.0`**

1.5.22 Master Data Services (CTP 2.0)

Das MDS-Portal (*Master Data Services*) ist nicht mehr von *Silverlight* abhängig. Alle veralteten Silverlight-Komponenten wurden durch HTML-Steuerelemente ersetzt.

1.5.23 Sicherheit (CTP 2.0)

Die *Zertifikatverwaltung* ist ab sofort im *SQL Server-Konfigurations-Manager* integriert. Häufig werden SSL/TLS-Zertifikate zum Schutz des Zugriffs auf SQL-Server-Instanzen verwendet. Folgende allgemeine Aufgaben werden durch die Integration vereinfacht:

- Anzeigen und Überprüfen der auf einer SQL-Server-Instanz installierten Zertifikate
- Anzeigen von bald ablaufenden Zertifikaten
- Bereitstellen von Zertifikaten auf Computern, die AlwaysOn-Verfügbarkeitsgruppen angehören (auf dem Knoten, auf dem sich das primäre Replikat befindet)
- Bereitstellen von Zertifikaten auf Computern, die einer Failover-Cluster-Instanz angehören (auf dem aktiven Knoten)

Hinweis

Benutzer müssen über Administratorberechtigungen auf allen Clusterknoten verfügen.

1.5.24 Tools für den SQL Server

Einige Tools wurden für den SQL Server 2019 überarbeitet, umbenannt und/oder neu erstellt. Hier geben wir Ihnen eine Übersicht über die wichtigsten Neuerungen:

Azure Data Studio

Bei *Azure Data Studio*, das ehemals unter dem Vorschaunamen »SQL Operations Studio« veröffentlicht wurde, handelt es sich um ein plattformübergreifendes Open-Source-Desktoptool für die gängigsten Aufgaben in der Datenentwicklung und Verwaltung, das einfach und modern ist. Mit Azure Data Studio können Sie unter Windows, macOS und Linux eine Verbindung mit einer lokalen SQL-Server-Instanz und in der Cloud herstellen. Mit Azure Data Studio können Sie Folgendes:

- Aktualisieren der Erweiterung für SQL Server 2019 (CTP 2.1)
- Bearbeiten und Ausführen von Abfragen in einer modernen Entwicklungsumgebung mit extrem schnellen IntelliSense-Informationen, Codeausschnitten und integrierter Quellcodeverwaltung (CTP 2.0)
- schnelles Visualisieren von Daten mit integrierten Diagrammen zu Ihren Resultsets (CTP 2.0)
- Erstellen von benutzerdefinierten Dashboards für Ihre Server und Datenbanken mithilfe von anpassbaren Widgets (CTP 2.0)
- einfaches Verwalten Ihrer größeren Umgebung mit dem integrierten Terminal (CTP 2.0)
- Analysieren von Daten in einer integrierten Notebookumgebung, die auf Jupyter basiert (CTP 2.0)
- Verbessern der Benutzererfahrung durch benutzerdefinierte Designs und Erweiterungen (CTP 2.0)
- Untersuchen von Azure-Ressourcen mit integriertem Abonnement und Ressourcenbrowser (CTP 2.0)
- Unterstützung für Szenarien mit SQL Server Big Data Clusters (CTP 2.0)

SQL Server Management Studio (SSMS) 18.0

- Unterstützung für SQL Server 2019 (CTP 2.0)
- Unterstützung für Always Encrypted mit Secure Enclaves (CTP 2.0)
- geringere Downloadgröße (CTP 2.0)
- Visual Studio 2017 Shell (isoliert) als Grundlage (CTP 2.0)

Eine vollständige Liste finden Sie unter »Versionshinweise zu SQL Server Management Studio (SSMS)« (*https://docs.microsoft.com/de-de/sql/ssms/release-notes-ssms?view=sql-server-ver15*).

Kapitel 2

Zukunftssicherheit, Stabilität und Performance im Enterprise-Bereich

2

Damit Sie SQL Server stabil, zukunftssicher und performant betreiben zu können, werden wir in diesem Kapitel Themen zu Speicher, SQL-Server-I/O, RAID-Konfiguration und virtuellen Umgebungen besprechen. Dies soll Sie in die Lage versetzen, eine stabile und leistungsfähige Datenbankserverinfrastruktur aufzubauen.

Wenn es darum geht, ein Datenbanksystem zukunftsorientiert zu implementieren, ist es wichtig, sich mit einigen grundlegenden Dingen auseinanderzusetzen. In vielen Fällen werden Datenbanksysteme einfach installiert und laufen einige Zeit ohne Probleme. Doch wenn im Lauf der Zeit das Datenvolumen zunimmt, kommt es zu Engpässen im System. Um solche Engpässe zu vermeiden, werden wir uns als Nächstes mit einigen wichtigen Faktoren beschäftigen, die bei richtiger Planung Performance und Stabilität garantieren.

2.1 Kapazitätsplanung von Prozessor, Speicher und I/O

Lassen Sie uns zunächst einige Überlegungen zum Thema I/O-Aktivität anstellen. Datenbanksysteme sind I/O-lastige Systeme, da permanent Daten gelesen und geschrieben werden. Stellt man sich die Frage, wie viel Speicher SQL Server benötigt, dann könnte eine plausible Antwort sein: so viel wie die größte Datenbank. Andere Aussagen zum Thema Speicher legen nahe, so viel Speicher wie möglich zur Verfügung zu stellen.

Denken Sie über diese Aussagen einmal nach, werden auch Sie sich sicher an eine Situation erinnern, in der eine oder mehrere Anwendungen auf Ihrem Rechner liefen und der Rechner begann, Daten aufgrund von Mangel an Speicher auf die Platte auszulagern. Da Festplattenzugriffe wesentlich langsamer sind als Zugriffe auf den Speicher, liegt die Schlussfolgerung nahe, am besten alles in den Speicher zu laden und für Datenänderungen zur Verfügung zu stellen. Bei Datenbanken mit einer Größe von wenigen Gigabytes stellt das sicher kein Problem dar. Bei großen oder sehr großen Datenbanken mit mehreren Hundert Gigabytes oder Terabytes kann das schon zu einer kleinen Herausforderung werden. Oft müssen Sie hier in der Praxis Kompromisse finden, die dann eine vertretbare Lösung darstellen. Eine der wesentlichen Aufgaben bei der Optimierung von Datenbanken besteht darin, durch ein gutes Datenbank- und Anwendungsdesign und eine geeignete Indexstrategie überflüssige I/O-Zugriffe zu vermeiden.

Stehen Sie vor der Aufgabe, ein Datenbanksystem neu aufzusetzen oder zu migrieren, ist es in diesem Zusammenhang wichtig, nicht nur ein Storage-Layout zu wählen, das den jetzigen Anforderungen gerecht wird, sondern eines, das auch über die nächsten zwei bis drei Jahre den wachsenden Anforderungen Ihres Unternehmens Rechnung trägt. Eine gute Basis liefern hier Aufzeichnungen aus der Vergangenheit. Sicher wird sich an dieser Stelle der eine oder andere Administrator mit etwas Unbehagen zurücklehnen und denken, dass er bereits seit einiger Zeit mit solchen Aufzeichnungen anfangen wollte.

Wenn es bisher noch keine gängige Praxis bei Ihnen im Unternehmen ist, sollten Sie spätestens jetzt damit beginnen. Eine solche sogenannte *Baseline* hilft Ihnen in vielen Situationen. Gleichgültig, ob Sie Berechnungen auf der Basis von Daten aus der Vergangenheit durchführen oder sich ein Bild davon machen möchten, wie sich Ihre Datenbanken und Server in Bezug auf die Leistung entwickelt haben. Gerade auch deshalb hat Microsoft mit SQL Server 2008 begonnen, den Datensammler einzuführen. Nur so können Sie anhand von gesammelten Daten Prognosen abgeben, Systeme für die Zukunft planen und bei Problemen auch in die Vergangenheit – nämlich auf den genauen Zeitpunkt, an dem das Problem auftrat – schauen und so korrekte und zielführende Aussagen machen.

2.2 Erfassen von Leistungs- und Baseline-Daten

Das Ziel einer Baseline ist stets ein anderes als z. B. die Problemerkennung oder die Schwachstellenanalyse. Eine Baseline soll Auskunft geben über die Systemauslastung, Belastungen am Tag, in der Nacht und über einen längeren Zeitraum oder über Verwendungsmuster. Umfangreiche Kenntnisse über Spitzenbelastungen und Dauerauslastung helfen, ein System für die Zukunft zu planen und zu dimensionieren. Deshalb ist eine Baseline anders ausgerichtet als eine Analyse von Engpässen. Wenn es um die Bestimmung der Leistungsindikatoren geht, werden Sie immer wieder feststellen, dass es Indikatoren mit absoluten Schwellenwerten gibt und solche, die sich nur für Vergleichszwecke eignen. Ein System, das einen Engpass aufweist, ist nicht immer zwangsläufig schlecht optimiert. Ergibt die Analyse der Baseline, dass sich die Anzahl der Transaktionen in den letzten drei Monaten mehr als verzehnfacht hat, kann das auch ein Hinweis dafür sein, dass skaliert werden muss. Hier helfen Ihnen die Daten einer Baseline dabei, wichtige Indikatoren in ein Verhältnis zueinander zu setzen und Tendenzen zu erkennen. So können Sie schon rechtzeitig reagieren, wenn tendenziell erkennbar ist, dass ein Wachstum neue Ressourcen erfordert. In Tabelle 2.1 finden Sie einige nützliche Leistungsindikatoren zur Kapazitätsplanung.

Leistungsindikator	Anmerkung
Prozessor: Prozessorzeit (%)	Sollte im Durchschnitt unter 75 % liegen, besser jedoch unter 50 %.
System: Prozessor-Warteschlangenlänge	Sollte im Durchschnitt unter einem Wert von 2 pro Prozessor liegen.
Speicher: Seiten/s	Sollte im Durchschnitt unterhalb von 20 liegen.
Speicher: verfügbare Bytes	Der Wert sollte größer als 128 MB sein.
physischer Datenträger: Zeit (%)	Der Wert sollte unterhalb von 50 bei einer Baseline liegen.
physischer Datenträger: durchschnittliche Warteschlangenlänge des Datenträgers	Sollte als Wert die Anzahl der Datenträger plus 2 nicht übersteigen.
physischer Datenträger: durchschnittliche Lesevorgänge/s	Der Wert sollte weniger als 85 % der Datenträgerkapazität betragen.
Netzwerkschnittstelle: Gesamtzahl Byte/s	Dient der Bestimmung der erforderlichen Netzwerkbandbreite.
SQL Server – Puffer-Manager: Puffercache-Trefferquote	Sollte einen Wert von 90 % übersteigen, am besten bei 99 % liegen.
SQL Server – Puffer-Manager: Lebenserwartung von Seiten	Der Wert sollte mehr als 300 Sekunden betragen. Hilft bei der Dimensionierung des Speichers.
SQL Server – allgemeine Statistik Benutzerverbindungen	Hilft bei der Dimensionierung des Arbeitsspeichers.
SQL Server – Datenbanken: Transaktionen pro Sekunde	Hilft bei der Dimensionierung von Datenträgern und Prozessor.
SQL Server – Datenbanken: Größe der Datendateien	Hilft bei der Dimensionierung der Datenträger.
SQL Server – Datenbanken: Prozentsatz der Protokollverwendung	Hilft bei der Dimensionierung der Datenträger.

Tabelle 2.1 SQL-Server-Leistungsobjekte und -Indikatoren für eine Baseline

Natürlich kann es sich hierbei nur um Werte handeln, die in vielen Fällen hilfreich sind. Sollte Ihnen in der Realität eine Datenbank auffallen, die sich von Anfang an nicht an diese Standards hält, dann sollten Sie erst einmal erforschen, ob es sich dabei nicht um eine der ganz normalen Ausnahmen handelt.

Bei einer Baseline können Sie am Tag bei Serverauslastung ein Intervall von zehn Minuten wählen, während in der Nacht z. B. ein 20-minütiges Intervall völlig ausreicht. Um die Daten auszuwerten und Ihre Kapazitätsplanung voranzutreiben, können Sie die Daten nach Microsoft Excel exportieren und dort z. B. nach der Analyse ein Diagramm erstellen.

Auf jeden Fall werden die Daten Ihnen Anhaltspunkte dafür geben, wie sich Ihr System verändert und welches Wachstum Sie in einer bestimmten Periode haben. Sie können auch die Dimensionierung eines Systems auf der Basis von Formeln berechnen. Die folgende Formel können Sie z. B. verwenden, um den zukünftigen Wert bei einem linearen Zuwachs zu ermitteln:

```
Zukünftiger Wert = Istwert + (Zuwachsrate * Anzahl der Zeiteinheiten)
```

Wenn Sie erkennen, dass Ihr System über einen Zeitraum von einem halben Jahr pro Monat einen Zuwachs von 10 GB aufweist, lässt sich so ermitteln, wie viel Speicher Ihre Datenbank in drei Jahren bei gleichen Bedingungen benötigt. Nicht immer verläuft das Wachstum linear. Es gibt auch die Möglichkeit, einen Zuwachs anhand eines prozentualen Wertes oder eines Faktors zu bestimmen. Dazu können Sie die folgende Formel verwenden:

```
Zukünftiger Wert = Istwert * (1 + Zuwachsrate)Anzahl der Zeiteinheiten
```

Wie auch immer Sie vorgehen, auf jeden Fall sind Aufzeichnungen aus der Vergangenheit sehr nützlich, um ein reales Bild zu erhalten und die Planung auf ein solides Fundament zu setzen. Wenn Sie ein System zum ersten Mal dimensionieren und Ihnen keine Zahlen vorliegen, müssen Sie natürlich Interviews führen und Schätzungen heranziehen.

2.3 Sequenzieller und Random I/O

Der grundlegende Unterschied zwischen Datenfile und Transaktionsprotokoll ist, dass in das Transaktionsprotokoll nur *sequenziell* geschrieben wird, wogegen auf das Datenfile lesend und schreibend nach dem Verfahren des zufälligen Zugriffs (*Random I/O*) zugegriffen wird. Berücksichtigen Sie jetzt, dass sich beide Dateien auf einem physischen Laufwerk befinden, wird schnell klar, dass die Schreib-/Leseköpfe nicht in der Spur bleiben können. Das wäre lediglich sichergestellt, wenn das Protokoll sich auf einem gesonderten Datenträger befindet. Eine erste Empfehlung, die sich daraus ergibt, besteht darin, Daten- und Protokolldatei auf einem getrennten Laufwerk zu platzieren. Sicher ist es ein Unterschied, ob es sich um eine Datenbank handelt, in der alle zwei Wochen drei Benutzer nach einer Adresse suchen, oder um ein Transaktionssystem, das 500 Transaktionen in einer Minute ausführt. Es sind immer der Anwendungsfall und eine genaue Analyse der Datenbankanwendung entscheidend.

2.4 Dimensionierung des E/A-Subsystems

Ein wichtiger Aspekt bei Datenbankanwendungen ist das Datenträgerlayout. Festplattenzugriffe sind nun einmal langsamer als Speicherzugriffe und wirken sich gegebenenfalls nachteilig auf das Leistungsverhalten einer Anwendung aus. Somit ist es ein wesentliches Ziel, auf der einen Seite diese Zugriffe auf Festplatten zu minimieren, und auf der anderen Seite dafür zu sorgen, dass Sie mit einem guten Datenträgerlayout einen hohen Grad an Parallelität erreichen. Eine erste Empfehlung haben wir bereits im vorigen Abschnitt herausgearbeitet, die Trennung von Datendatei und Log. Stellen Sie sich einfach vor, die Festplatte mit der Datendatei ist voll, und Sie müssen SQL Server neuen Speicherplatz zur Verfügung stellen. Hier gibt es mehrere Wege:

- Sie erzeugen ein Backup der Datenbank und stellen sie auf einem größeren Laufwerk wieder her.
- Sie hängen die Datenbank aus und auf einem neuen, größeren Datenträger erneut ein.

Beide Verfahren haben einen wesentlichen Nachteil: Die Datenbank ist in der Zeit, in der der Wechsel erfolgt, nicht verfügbar. Die einfachste Methode, einer Datenbank neuen Festplattenspeicher zuzuweisen, besteht darin, für die Datenbank mit dem SQL Server Management Studio ein neues Datenfile auf einem neuen Datenträger zu erstellen. SQL Server verfügt dann über zusätzlichen Speicherplatz.

Doch schauen wir uns dazu zunächst einmal an, wie SQL Server Datendateien verwaltet. Er verwendet ein proportionales Füllverfahren, das heißt, er füllt die Datendateien wechselseitig. Somit haben Sie keine Kontrolle darüber, in welcher Datendatei Objekte wie eine Tabelle oder ein Index abgelegt sind. Genau das ist jedoch eine Anforderung, die sich oft ergibt, wenn es z. B. die Überlegung gibt, Archivtabellen, die online sein müssen, auf langsamen statt auf schnellen Datenträgern oder RAID-Arrays zu platzieren.

Ein anderes Beispiel verdeutlicht, wie wichtig es gegebenenfalls ist, Objekte gezielt auf einem bestimmten Datenträger zu platzieren. Dazu einfach der folgende Gedanke: Sie haben eine sehr große Tabelle mit hundert Millionen Datensätzen. Viele User greifen auf genau diese Tabelle zu, und jeder Zugriff erzeugt Sperren. Das führt sehr schnell zu Timeouts. Auch hier ist es sinnvoll, zu überlegen, ob für diese Tabelle ein gesonderter Datenträger auf einem schnellen RAID-10-Laufwerk besser ist als zusammen mit anderen Objekten. Vielleicht sogar noch weiter gedacht – SQL Server in der Enterprise Edition lässt die Partitionierung von Tabellen zu. Dadurch ist es möglich, eine Tabelle auf mehrere Datenträger zu verteilen.

In Kapitel 6, »Die SQL-Server-Systemdatenbanken im Überblick«, erklären wir die Rolle von TEMPDB als Systemdatenbank. Jede Instanz von SQL Server nutzt eine einzige TEMPDB-Datenbank. Welche Vorgänge in der TEMPDB stattfinden, hängt zum Teil von Einstellungen in SQL Server oder in der Datenbank ab. So können in der TEMPDB Sortiervorgänge im Zusammenhang mit Indizes stattfinden, Ergebnismengen von Abfragen zwischengespeichert und Objekte wie Tabellen oder Variablen erzeugt werden. Auch hier ist es sinnvoll, einen gesonderten Datenträger für die TEMPDB-Datenbank zu nutzen.

2.4.1 Größe der Auslagerungsdatei bestimmen

Für die Größe der Auslagerungsdatei gibt es keine spezielle Empfehlung. Sie können jedoch den Systemmonitor verwenden, um sich ein Bild von den Nutzungsbedingungen Ihrer Auslagerungsdatei zu machen und deren Belegung zu sehen. Das wiederum ist für die richtige Dimensionierung vorteilhaft. Das Thema Leistungsindikatoren besprechen wir in Kapitel 16, »Überwachen von SQL Server«, ausgiebig im Zusammenhang mit der Überwachung und Optimierung von SQL Server. An dieser Stelle sei der Hinweis gegeben, dass die Belegung der Auslagerungsdatei in Prozent total nicht mehr als 70 % betragen sollte.

2.5 RAID und SAN – Konfiguration

Übersteigt der lesende und schreibende Zugriff auf einen Datenträger in Summe die Leistungsgrenzen der Physik, wie z. B. den maximalen I/O, bauen sich Warteschlangen auf. Um das zu verhindern, müssen Sie gegebenenfalls prüfen, wie viele Lese- und Schreibanforderungen Ihre physischen Datenträger verarbeiten müssen. Dazu eignet sich am besten der Windows-Performancemonitor (*Perfmon*). Betrachtet man mit ihm die physischen Laufwerke, sind Indikatoren wie mittlere Byte/Lesevorgang, mittlere Byte/Schreibvorgang und Warteschlangen sehr aufschlussreich. Sollte der notwendige Datendurchsatz über dem des Datenträgers liegen (Herstellerangaben beachten), können Sie mit Hilfe eines RAID-Arrays dafür sorgen, dass sich die Lese- und Schreibzugriffe auf mehrere Festplatten verteilen.

Den ersten Grenzwert hinsichtlich des I/O stellt sozusagen Ihre Festplatte selbst dar. Die Hersteller machen Angaben hinsichtlich des I/O von Datenträgern. Somit können Sie schon hier prüfen, ob der I/O der Datenbank in Einklang zu bringen ist mit dem I/O des Datenträgers. Auch das Hinzufügen von Festplatten zu Ihrem RAID-Verbund und das Verteilen der Zugriffe auf mehrere Platten haben ihre Grenzen. Denn auch jeder Controller hat seine Grenzen im Datendurchsatz. Viele SAN-Nutzer sind davon überzeugt, dass die Leistung Ihres SANs ausreicht. Sicher bieten 40 Platten in verschiedenen RAID-Verbund-Varianten schon eine ordentliche I/O-Leistung für eine Datenbank. Doch bedenken Sie immer, dass das SAN in den wenigsten Fällen komplett SQL Server mit seinen vielleicht 30 Datenbanken zur Verfügung steht. Hinzu kommen weitere Unternehmensanwendungen – Backups, Exchange- und Dateiserver, SharePoint-Server etc. Sie alle teilen sich oft dasselbe SAN und somit die Leistungsfähigkeit der Datenträger. Im Arbeitsblatt für die Analyse und Dimensionierung des SQL-Server-Datenbanksystems auf der Bonusseite des Buches finden Sie Hinweise zur Berechnung des Datenträgerdurchsatzes. So kann es dazu kommen, dass, je nach Umgebung, lokale Festplatten schneller sind als ein SAN. Noch viel schneller sind aber SSDs. Die Erfindung dieser schnellen Laufwerke ist ein echter Segen für besonders I/O-lastige Datenbank-Anwendungen.

Sollten die Anforderungen an den Datendurchsatz also weder vom SAN noch von lokalen Festplatten bedient werden können, dann werden Sie wohl auf teure SSD-Festplatten umsteigen müssen. Dabei sollten Sie aber immer zuerst ein Auge auf die Anwendung und auf die Datenbank(en) selbst werfen. Sind die Abfragen sinnvoll gestaltet? Sind die Indexe hilfreich und werden auch in der vorliegenden Form genutzt? Sind die Statistiken aktuell?

Wenn sie all diese Fragen mit Ja beantworten können und dennoch höheren Durchsatz benötigen, dann sollten die Anwendungsverantwortlichen befragt werden, ob sie die Kosten für SSD-Festplatten übernehmen wollen.

2.5.1 RAID 0: Stripe Set

Bei RAID 0 handelt es sich um ein Verfahren, bei dem Daten auf mehrere Festplatten verteilt (gestript) werden, um die Leistung zu steigern. Das Prinzip ist einfach: Es werden mehrere Festplatten zu einer großen zusammengefasst und die Daten verteilt geschrieben. Dadurch ist es möglich, Festplattenzugriffe parallel zu betreiben, was die Leistung steigert. Fällt jedoch eine Festplatte aus, können gegebenenfalls nur kleine Dateien gerettet werden, das heißt solche, die nicht verteilt abgelegt sind. Ein RAID 0 bietet somit keinen Schutz vor Datenverlust, wenn ein Datenträger ausfällt. Somit ist ein RAID 0 nur bei Anwendungen zu empfehlen, bei denen Datenverlust nicht kritisch ist.

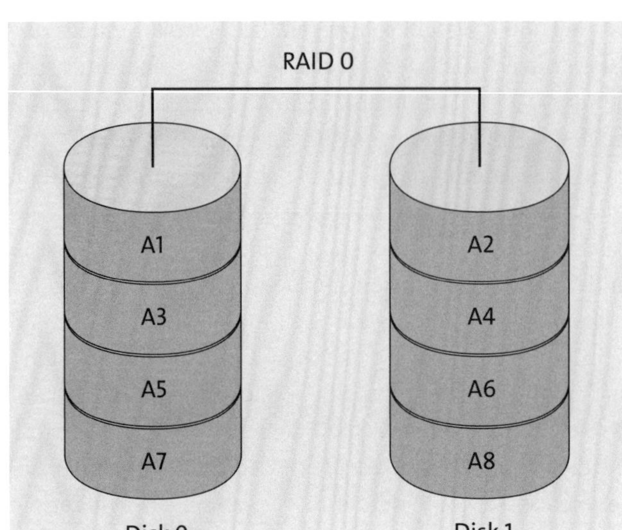

Abbildung 2.1 RAID 0 zur Verbesserung der Leistung

2.5.2 RAID 1: Spiegelung

Beim RAID-1-Verbund werden die Daten einer Festplatte auf eine weitere gespiegelt. Da die Daten immer doppelt vorhanden sind, ist dieses Verfahren zum Schutz gegen den Verlust von Daten geeignet. Jedoch müssen Sie hier immer den Aufwand betreiben, die Daten komplett auf einem weiteren Datenträger zu halten, was die Nutzbarkeit hinsichtlich des Speicherplatzes halbiert.

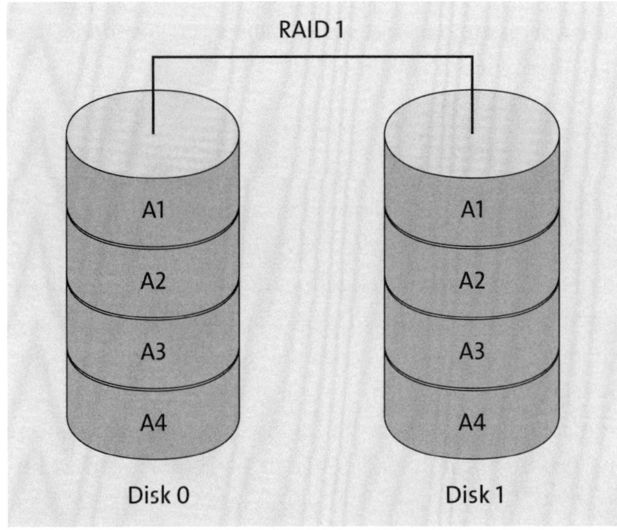

Abbildung 2.2 RAID 1 zur Spiegelung der Daten

2.5.3 RAID 5: Stripe Set mit Parität

Bei einem RAID-5-Verbund müssen mindestens drei Festplatten vorhanden sein. Bei drei Festplatten wird ein Datenblock von 128 KB in zwei Datenblöcke à 64 KB geteilt. Aus diesen beiden Datenblöcken wird die Paritätsinformation gebildet, die einem dritten Block von 64 KB entspricht. Die Paritätsinformation wird gleichmäßig auf alle Datenträger verteilt. Durch die zusätzlichen Paritätsinformationen, die geschrieben werden müssen, entsteht ein Overhead. Dieser fällt beim Lesen nicht an, da hier nicht auf diese Informationen zurückgegriffen werden muss. Erst wenn ein Datenträger ausfällt, muss auf die Paritätsinformationen zurückgegriffen werden, um über einen XOR-Vorgang den ausgefallenen Datenträger zu restaurieren.

Bei einem RAID-5-Verbund beträgt die Speicherkapazität 80 % der Gesamtkapazität aller Datenträger, da nur Paritätsinformationen zusätzlich geschrieben werden und nicht wie bei RAID 1 ein Datenträger komplett gespiegelt wird. Somit würde sich ein RAID-5-Verbund auch für ein Datenbanksystem eignen, jedoch nicht für das Transaktionsprotokoll, da dieses nur geschrieben wird und bei RAID 5 aufgrund der Parität schon ein zusätzlicher Schreibaufwand vorhanden ist.

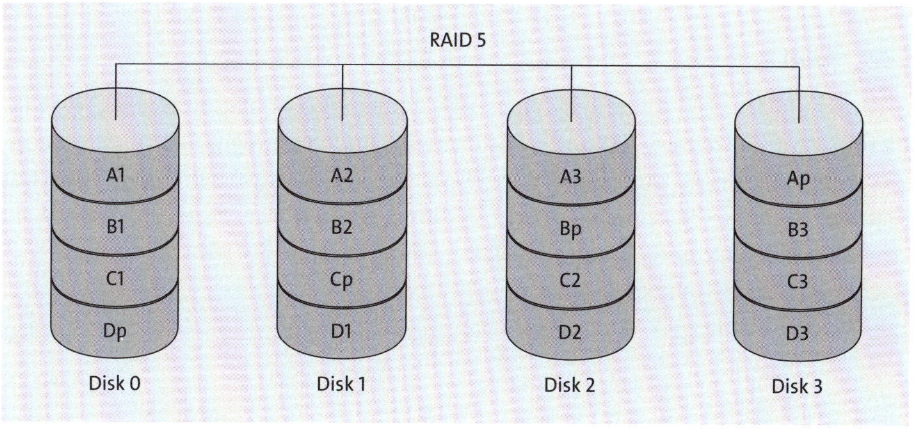

Abbildung 2.3 RAID 5: Stripe Set mit Parität

2.5.4 RAID 01

Beim RAID-01-Verbund werden die Daten über alle Datenträger verteilt, wobei auf jedem Datenträger nicht die gesamte Kapazität genutzt werden kann, sondern lediglich 50 %. Das liegt daran, dass sich auf jedem Datenträger die Spiegelung eines anderen Datenträgers befindet – also die restlichen 50 %.

- Platte A: 50 % Nutzdaten + 50 % Spiegelung Nutzdaten Platte C
- Platte B: 50 % Nutzdaten + 50 % Spiegelung Nutzdaten Platte A
- Platte C: 50 % Nutzdaten + 50 % Spiegelung Nutzdaten Platte B

Die Nutzdaten werden dabei wie die gespiegelten Daten über die Platten A, B und C verteilt. Bei einem Ausfall eines Datenträgers sind immer noch alle Daten vorhanden.

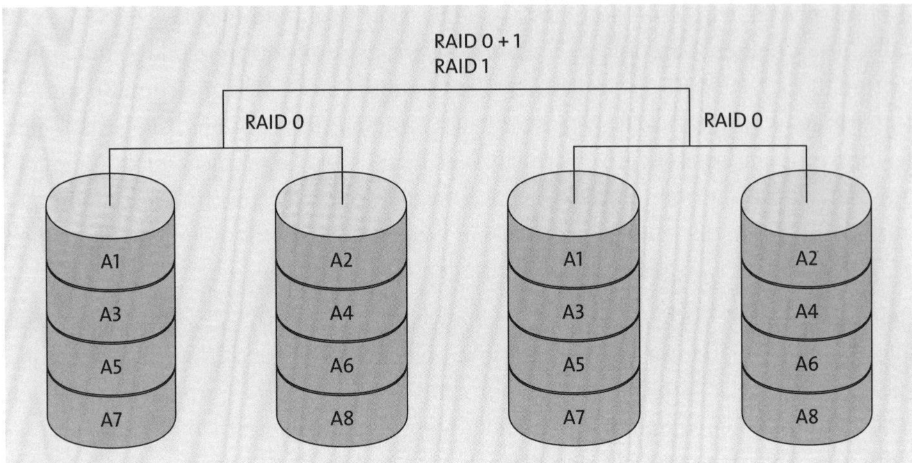

Abbildung 2.4 RAID 01 kombiniert zwei RAID-0-Verbunde

2.5.5 RAID 10

Bei einem RAID-10-Verbund handelt es sich um eine Kombination. RAID 10 kombiniert die Vorteile der Level 0 und 1, Performance und Redundanz. Sie benötigen immer mindestens vier Datenträger, wobei sich eine Gesamtkapazität von nur zwei Datenträgern ergibt. Bei einem RAID-10-Verbund werden zwei RAID-1-Verbunde zu einem RAID-0-Verbund zusammengefasst. Somit wird die Sicherheit von RAID 1 erreicht und die Leistung von RAID 0.

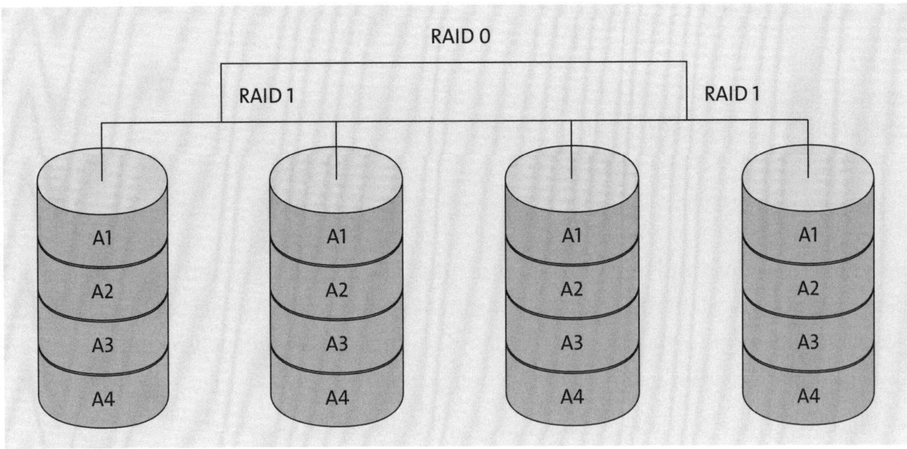

Abbildung 2.5 RAID 10 – Verbund über mehrere RAID 1

2.5.6 Hardwareschnittstellen

RAID-Systeme müssen nicht intern in Rechnern vorhanden sein. Ein Trend, der sich immer weiter fortsetzt, ist die Auslagerung von Speicher in externe Systeme. Das hat den Vorteil, dass ein paralleler Zugriff durch mehrere Rechner auf diesen Speicher möglich ist. Der Großteil dieser Systeme wird heute als SAN (Storage Area Network) abgebildet.

Tabelle 2.2 gibt eine Übersicht über die Hardwareschnittstellen für RAID-Systeme.

Schnittstelle	Beschreibung
FC (Fibre Channel)	Fibre Channel ist für serielle, kontinuierliche Hochgeschwindigkeitsübertragung großer Datenmengen konzipiert und benötigt spezielle Hardware wie Host Bus Adapter (HBA), FC-Switch und ein eigenes Netz.
iSCSI	Mit iSCSI (Internet Small Computer System Interface) besteht seit einigen Jahren eine preiswertere Alternative zu Fibre Channel. Ebenso wie bei FC können Host Bus Adapter eingesetzt werden. Alternativ zu den HBAs besteht die Möglichkeit, iSCSI auch über Software zulasten des Prozessors ohne HBAs zu betreiben. Da iSCSI über Ethernet gekapselt wird, sind keine speziellen Switches wie bei Fibre Channel notwendig.
SAS	Eine weitere Variante ist Serial Attached SCSI. Es ist eine Alternative zu Fibre Channel und iSCSI und löst die parallele SCSI-Schnittstelle ab.
NVMe	NVMe (Non-Volatile Memory Express), der Nachfolger von AHCI (Advanced Host Controller Interface), der SSDs mit massiver Parallelisierung einen weiteren Geschwindigkeits-Boost gibt. Da diese Technik noch sehr kostenintensiv ist, spielt sie derzeit noch keine große Rolle.

Tabelle 2.2 Hardwareschnittstellen für RAID-Systeme

2.6 SQL Server und virtuelle Umgebungen – was ist zu beachten?

Gerade in einer virtuellen Umgebung ist es oft nicht einfach abzuschätzen, wie das Layout des Datenträgers aussehen soll. Die Erfahrung zeigt, dass oft virtualisiert wird und sich dann die Probleme einstellen. Betrachtet man die Hosts, auf denen die virtuellen Maschinen laufen, ist das Bild gut. Die Last liegt bei maximal 50 %, und alles scheint im grünen Bereich zu sein. Doch oft trügt der Schein: Selbst wenn für den

Host alles in Ordnung ist, weil er die Anforderungen verarbeiten kann, muss das noch lange nicht für den einzelnen Gast zutreffen. Hier müssen Sie genauer hinsehen, gegebenenfalls bis auf die Ebene von SQL Server und seines I/O innerhalb der virtuellen Umgebung. Letztendlich gibt die Physik die Grenzen vor, und eine genaue Analyse zeigt häufig, dass sich zu viele virtuelle Maschinen eine *LUN* (*Logical Unit Number*) teilen und zu viele I/O-Anforderungen bearbeitet werden müssen. Betrachten wir jedoch Konfigurationen wie den separaten I/O für die TEMPDB-Datenbank oder die Trennung von Daten und Logdatei, zeigen sich immer wieder Charakteristika, die auch in komplexeren Umgebungen noch gültig sind.

2.7 Ausblick auf zukünftige Technologien – Storage im Netz

Die Zukunft liegt im Netz – das klingt doch glatt nach einem Werbespruch. Sicher, betrachten wir Entwicklungen wie *Microsoft Azure*, *Microsoft Azure SQL Server-Datenbank* oder *Software as a Service*, dann wird schnell klar, dass sich heute vieles im Netz abspielt. Noch vor gar nicht langer Zeit waren es lediglich lokale Festplatten, die für Datenbankanwendungen in Frage kamen. Das hat sich geändert. Heute ist es normal, dass Datenbanken in einem SAN liegen und RAID-Arrays dem Betriebssystem über LUN-Laufwerke zur Verfügung stellen. SQL Server ist es gleich, er benötigt lediglich ein Laufwerk, auf dem er die Datenbank ablegt. Somit rücken Technologien weiter in den Vordergrund, die Speicher für Datenbanksysteme zur Verfügung stellen, der als Service aus dem Netz angeboten wird. Die *Microsoft SQL Server Data Services* (*SSDS*) z. B. stellen einen Datenspeicherdienst dar, der über *SOAP* und *REST* angesprochen werden kann. Solche Technologien werden sicherlich in Zukunft verstärkt Verwendung finden, wenn es um Themen wie Cloud Computing oder Software as a Service geht.

Anmerkung am Rande: Der Anfang dieses Kapitels wurde vor mehreren Jahren verfasst, ist aber bis heute uneingeschränkt gültig. Sicher sind einige Datenbanken ins Internet gewandert, aber viele große Unternehmen stehen dieser »neuen« Technologie noch skeptisch gegenüber.

2.7.1 Microsoft Azure: SQL Server in der Cloud

Es gibt heute natürlich die Alternative, einen SQL Server in der Cloud zu betreiben. Microsoft bietet mit der Azure-Plattform eine Lösung, bei der Sie zwischen verschiedenen Alternativen wählen können. Zum einen können Sie Microsoft Azure nutzen, um Ihre Daten auf einem SQL Server in der Cloud zu hosten. Dazu müssen Sie lediglich über das Managementportal von Microsoft Azure eine SQL Serer Instanz in Azure anlegen.

In Abbildung 2.6 sehen Sie eine SQL Server Instanz. Alternativ können Sie Storage anlegen oder auch auf ganze virtuelle Maschinen zurückgreifen.

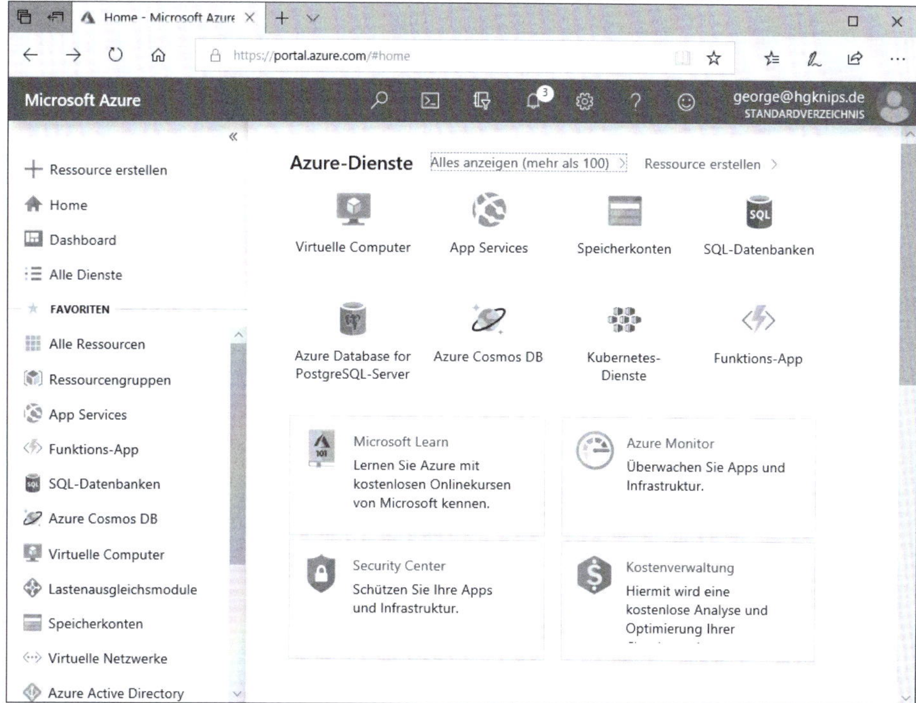

Abbildung 2.6 Das Microsoft Azure-Verwaltungsportal

Abbildung 2.7 zeigt, wie Sie auf virtuellen Maschinen innerhalb der Azure-Plattform Windows oder Linux hosten können. Der Vorteil hinsichtlich Leistung und Skalierbarkeit liegt auf der Hand. Sie müssen sich nicht um die Hardware kümmern. Ausfallsicherheit und Skalierbarkeit sind gegeben und werden je nach Abrechnungsmodell angeboten. Doch nicht nur, dass Sie in die Lage versetzt werden, SQL-Server-Instanzen oder komplette virtuelle Maschinen innerhalb von Microsoft Azure zu nutzen, Sie können auch einfach nur Speicherressourcen verwenden, die von Microsoft Azure bereitgestellt werden.

Dazu bietet Microsoft Azure die Möglichkeit, Storage inklusive Georeplikation anzulegen. Somit können Ihre Anwendungen auf BLOB, Tabellen und Queues zugreifen. Abbildung 2.8 zeigt, wie Sie in Microsoft Azure Speicher anlegen können.

Es lässt sich festhalten, dass die Möglichkeiten der Skalierung hier sicherlich weiter gehen als bisher. Storage wird zunehmend in der Cloud zur Verfügung gestellt und kann von Anwendungen innerhalb der Cloud oder lokalen Anwendungen innerhalb des Unternehmens genutzt werden.

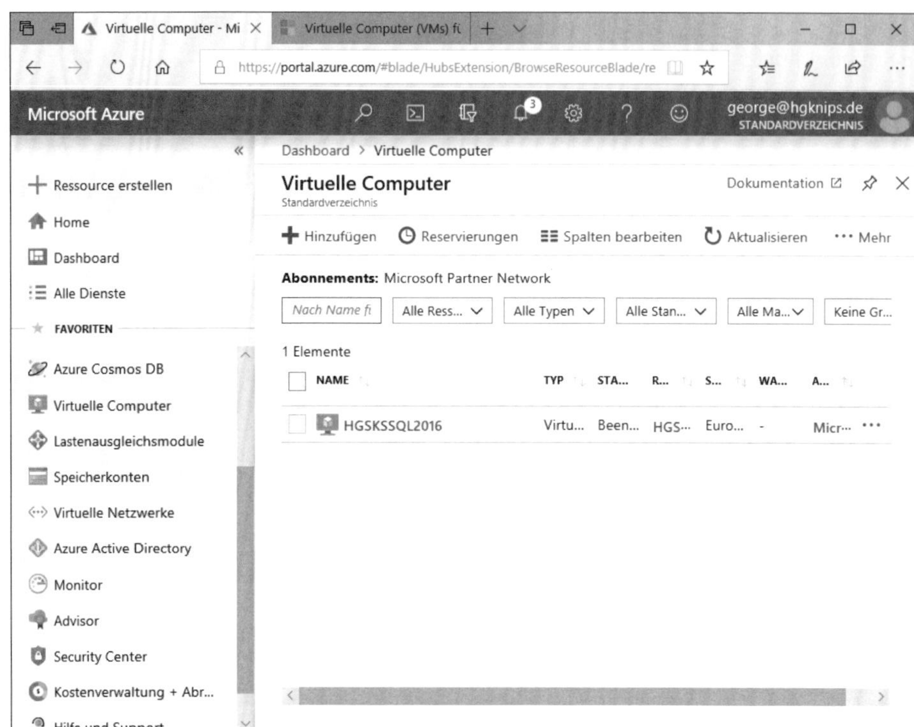

Abbildung 2.7 Das Anlegen kompletter virtueller Maschinen in Azure

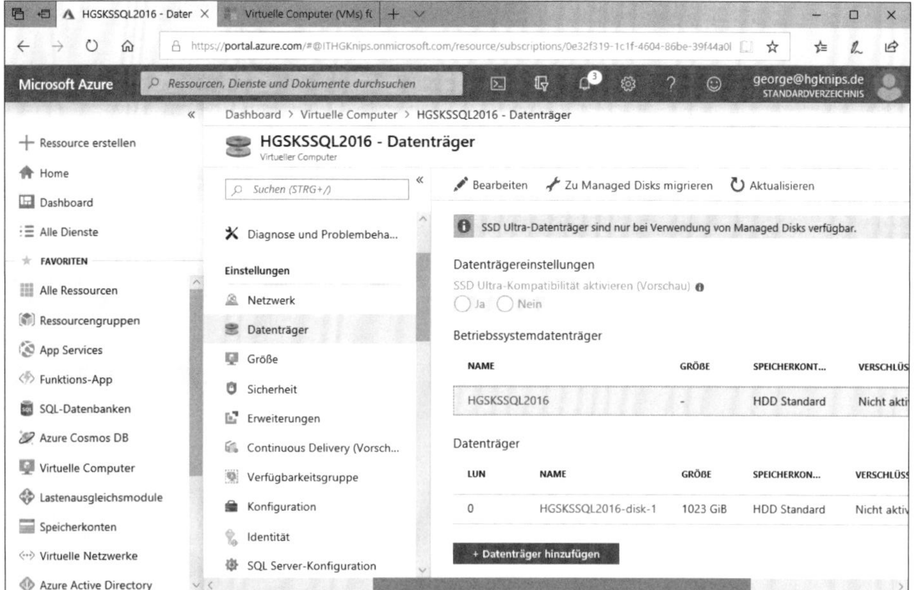

Abbildung 2.8 Anlegen von Speicherplatz in Microsoft Azure

Kapitel 3
Die SQL-Server-Editionen im Überblick

In diesem Kapitel geben wir Ihnen einen kurzen Überblick über die SQL-Server-Editionen. Dabei stellen wir den Funktionsumfang dar und geben Ihnen nicht zuletzt einen Ausblick auf moderne Technologien wie Microsoft Azure SQL-Datenbank.

Mit der Einführung von SQL Server 2012 vollzog Microsoft einige Änderungen hinsichtlich der Versionen und des Lizenzmodells. Drei wesentliche Haupteditionen stehen im Unternehmensumfeld zur Verfügung, und zwar:

- Standard Edition
- Enterprise Edition
- Business Intelligence Edition

3.1 Standard Edition

Die *SQL Server Standard Edition* verfügt über die Basisfunktionalität für Datenbank und Business Intelligence, hier übernimmt sie das gesamte untere Segment. Es gibt keine Workgroup bzw. Small Business Edition mehr, so dass die Standard Edition alles übernimmt, was früher in diesem Bereich angesiedelt war. Die Standard Edition unterstützt maximal zwei Cluster-Knoten sowie Sicherungskomprimierung und kann als BI- und Datenverwaltungsplattform für kleine bis mittlere Unternehmen eingesetzt werden. Sie verfügt nicht über alle Features der Enterprise Edition, umfasst jedoch die für kleine bis mittelgroße Datenbanken genutzten Features. Hinsichtlich der Prozessoren werden bis zu 24 Cores und 64 GB Arbeitsspeicher unterstützt. Einzelne Datenbanken können bis zu 524 PB groß werden. Somit stellt die Standard Edition von SQL Server 2019 den Einstieg in den Bereich der kostenpflichtigen SQL-Server-Editionen für Unternehmen dar.

3.2 Business Intelligence Edition

Die *Business Intelligence Edition* legt ihren Schwerpunkt, wie der Name schon sagt, auf den Bereich Business Intelligence für hochwertige Self-Service-BI sowie unternehmensweite Business Intelligence. Sie reiht sich ein zwischen der Standard Edition im unteren Segment und der Enterprise Edition im High-End-Segment. Während die Enterprise Edition für Rechenzentren, Infrastruktur, Skalierung und Leistung optimiert ist, wird der Einsatz der Business Intelligence Edition als BI-Plattform im Unternehmen gesehen.

3.3 Enterprise Edition

Die *SQL Server Enterprise Edition* ist das derzeitige Flaggschiff der SQL-Server-Produktfamilie. Sie stellt eine umfassende Plattform für mittelgroße bis große Datenbanken und Applikationen mit geschäftskritischen Anwendungen bereit. Sie umfasst die BI-Services *SSIS*, *SSRS* und *SSAS* und unterstützt hinsichtlich Cores bzw. Arbeitsspeicher das Maximale des Betriebssystems. Letztendlich ist hier erkennbar, dass die bisherige *Datacenter Edition*, die es nicht mehr gibt, jetzt als Enterprise Edition zum Einsatz kommt. Mit SQL Server 2012 führte Microsoft ein neues Hochverfügbarkeits-Feature mit dem Namen *AlwaysOn* ein, das nur in der Enterprise Edition zur Verfügung stand. Heute ist zumindest der *AlwaysOn FailoverCluster* ein Bestandteil auch der Standard Edition. Weitere wichtige Funktionen wie Sicherungskomprimierung (*backup compression*), Online-Seiten- und -Datei-Wiederherstellung (*online page and file restore*), Online-Indizierung (*online indexing*), fortsetzbare Neuerstellung von online geschalteten Indizes (*resumable online index rebuilds*), Onlineschemaänderung (*online schema change*), schnelle Wiederherstellung (*fast recovery*), gespiegelte Sicherungen (*mirrored backups*) und Hinzufügen von Speicher und CPU im laufenden Systembetrieb (*hot-add memory and CPU*) sind Bestandteil dieser Edition.

3.4 Parallel Data Warehouse und Data Warehouse Fast Track Edition

Mit SQL Server 2008 R2 und unter dem Namen »Project Madison« wurde *Parallel Data Warehouse* speziell für mittel- bis sehr große Data-Warehouse-Lösungen entwickelt, bei denen eine Skalierung von 10 bis 100 Terabytes durch die MPP-Architektur unter Verwendung von Standard-Industriehardware möglich ist. Die für *massive parallele Verarbeitung* (MPP) optimierte Version soll die Kosten für Hardware niedrig halten. Ihre Architektur ermöglicht es, sehr große Tabellen physisch auf mehrere Knoten zu verteilen. Dadurch soll maximale Performance sichergestellt werden. Der aktuelle SQL Server in der Parallel Data Warehouse Edition wird aber als Appliance, also auf vorkonfigurierter Hardware ausgeliefert. Es gibt eine HP-Version und eine Dell-Version.

Star-Join-Abfragen optimieren die Abfragen im Data Warehouse, und *Change Data Capture* führt dazu, dass nur geänderte Daten geschrieben werden müssen.

Insbesondere Change Data Capture wurde bereits unter SQL Server 2008 erfolgreich eingeführt und ermöglicht somit asynchrone Verarbeitung und die Aktualisierung im Data Warehouse. Microsoft brachte die Parallel Data Warehouse Edition in Form einer Appliance auf den Markt. Das große Ziel ist es, ein deterministisches Antwortverhalten zu erreichen. Das liegt dann vor, wenn idealerweise die Antwortzeit von SQL Server nur von der Anzahl der Ressourcen (Prozessoren, Cluster-Knoten) abhängig ist und nicht etwa von der Tabellengröße oder den darin enthaltenen Daten. Im Juli 2012 wurde gemeinsam mit Dell eine *Mid-Market Data Warehouse Appliance* herausgebracht. Die Basis dieser Appliance war eine Dell-PowerEdge-12th-Generation-Plattform, die als Software Windows Server 2008 R2 Enterprise und SQL Server 2012 Data Warehouse Appliance Edition enthielt. Heutzutage wird natürlich aktuelle Hardware verwendet. Andere Anbieter wie SAP bringen mit HANA solche Appliance-Lösungen auf den Markt.

3.5 Spezielle Editionen

Zusätzlich zu den drei Haupteditionen von SQL Server 2017 existieren weitere SQL-Server-Versionen, die auf ganze spezielle Anwendungsfälle zugeschnitten sind.

3.5.1 Developer Edition

Die *Developer Edition* ist identisch mit der Enterprise Edition. Sie unterscheidet sich lediglich hinsichtlich der rechtlichen Rahmenbedingungen und im Preis. Sie ist für Entwickler gedacht und darf nicht für produktive Zwecke eingesetzt werden. Somit haben Entwickler die Möglichkeit, Anwendungen auf Basis von SQL Server zu entwickeln, ohne die mit dem Kauf einer Enterprise Edition verbundenen Kosten.

3.5.2 Web Edition

Die *Web Edition* unterstützt bis zu 16 Cores, 64 GB Arbeitsspeicher und eine maximale Datenbankgröße von 524 PB und ist hauptsächlich, wie der Name schon erkennen lässt, für Webanwendungen gedacht. Gerade hier liegt ihr preislicher Vorteil, da sie überwiegend auf Webservern zum Einsatz kommt. Provider setzen diese Edition für ihre Kunden ein. Sie ist nunmehr lediglich unter einem *Service Provider License Agreement (SLPA)* verfügbar.

3.5.3 Express Edition

Die *Express Edition* ist eine kostenlose Einsteigerversion von SQL Server. Sie ist unter anderem Bestandteil von Visual Studio und wird von Microsoft zum kostenlosen Download bereitgestellt. Diese Edition ist ideal zum Üben und zum Ausprobieren, solange es um kleine Datenmengen auf Desktopcomputern oder Laptops geht. Entwickler und Tüftler können mit ihr Clientanwendungen entwickeln, ohne höheren Geldeinsatz viele Funktionen von SQL Server testen und bei späterer Skalierung lediglich über die Zahlung der Lizenzkosten auf die Standard- oder Enterprise-Edition umsteigen. Die Express Edition kann nahtlos auf höhere Endversionen von SQL Server angehoben werden.

Für die Express Edition gilt die Einschränkung auf maximal 4 Cores und 4 GB RAM. Die Express Edition unterstützt eine maximale Datenbankgröße von 10 GB. Sie kann nur ein Gigabyte Arbeitsspeicher adressieren und nur einen Prozessor nutzen.

LocalDB

LocalDB ist eine neue Version von SQL Server Express, die alle Programmier-Features von SQL Server Express enthält, jedoch nicht zwingend als Dienst ausgeführt werden muss. Die Nutzung erfolgt nach Bedarf. Sie richtet sich vor allem an Softwareentwickler, für die lokales Entwickeln und Testen im Vordergrund stehen. Sie ist einfach zu installieren und benötigt keine Verwaltung.

Express mit Tools

Express mit Tools ist eine Version von SQL Server Express, die das grafische Verwaltungstool SQL Server Management Studio (SSMS) Express und LocalDB enthält. Diese Version eignet sich ideal für kleinere Serveranwendungen und lokale Datenspeicher wie Multimedia-Anwendungen und deren Datenbank.

Express mit Advanced Services

Bei *Express mit Advanced Services* handelt es sich um eine Version von SQL Server Express, die ein erweitertes grafisches Verwaltungstool und leistungsstarke Funktionen für die Berichterstellung (Berichtsservice) und erweiterte textbasierte Suchvorgänge (Volltextsuche) umfasst.

3.5.4 Compact Edition

Die *SQL Server Compact Edition* zählt zu den Lösungen für mobile Geräte. Sie ist Bestandteil dieser Geräte und wird auch als *Embedded Datenbank* bezeichnet.

3.5.5 Microsoft Azure SQL-Datenbank (früher SQL Azure)

Microsoft Azure SQL-Datenbank ist keine spezielle SQL Server Edition, sondern vielmehr eine Lösung, bei der ein SQL Server mit entsprechender Architektur in der Cloud zur Verfügung gestellt wird. Der Vorteil solch einer Lösung besteht darin, dass je nach Nutzung benötigte Bandbreite, Speicherplatz oder Ausfallsicherheit geboten werden kann, ohne die dafür notwendige Infrastruktur im eigenen Unternehmen vorhalten zu müssen. Dadurch kann der Personalaufwand gering und die Kosten niedrig gehalten werden. Es geht bei diesem Thema letztendlich darum, Software und Rechenleistung als einen Service aus dem Netz zu nutzen. Dabei werden Hardwareressourcen, Betriebssystem und Anwendungen kostenpflichtig zur Verfügung gestellt. Die Abrechnung erfolgt entsprechend der Nutzung nach Bandbreite, Speicherplatzbedarf oder Zeit.

Aus solch einem Modell ergeben sich natürlich einige Vorteile gegenüber den herkömmlichen Lösungen. Es ist z. B. möglich, die Kapazität an Rechenleistung zu erhöhen, wenn sie benötigt wird, oder auf weitere Instanzen von SQL Server zu skalieren, wenn der Bedarf dafür vorhanden ist. Umgekehrt besteht die Möglichkeit, diese zusätzlichen Ressourcen wieder freizugeben und somit nur in Spitzenzeiten die gewünschten zusätzlichen Ressourcen zu liefern.

Natürlich liegen die Vorteile nicht nur bei einer Skalierung; denken Sie auch an die Kosten für Hardware im eigenen Haus oder an das notwendige Personal für die Verwaltung der Infrastruktur. Gerade hier sehen wir viele Vorteile für Unternehmen, die heute eine eigene Infrastruktur haben, die Ressourcen bindet und hohe Kosten verursacht. Rechenleistung, Speicher und Services aus der Cloud werden in Zukunft die Infrastruktur der Unternehmen verändern und in vielen Bereichen effektivere Ansätze bieten. Die Microsoft Azure SQL-Datenbank ist solch ein cloudbasierter Datenbankservice und Teil der Microsoft Azure-Plattform, die es ermöglicht, cloudbasierte Anwendungen zu entwickeln.

Ein weiterer Vorteil der Azure-Plattform ist, dass Features, Sicherheitsupdates und andere Weiterentwicklungen von Microsoft zuerst in Azure ausgerollt werden und erst wesentlich später als Cumulative Updates (CU) für lokale Installationen heruntergeladen und genutzt werden können.

Ein weiterer wichtiger Punkt ist, dass größere Unternehmen erst langsam anfangen, der in die Datensicherheit ihrer Daten »in der Wolke« zu vertrauen. Es wird wohl noch ein Weilchen dauern, bis auch die Großen in nennenswertem Umfang auf Clouddienste zugreifen werden.

Mittlerweile gibt es zwei Möglichkeiten, Azure zu nutzen. Zum einen der klassische Weg, eine eigene Instanz in Azure. Zum anderen ist es aber auch möglich, *Database as a Service*, also nur eine Datenbank, in Azure zu mieten.

3.6 Microsoft Azure SQL-Datenbank

Microsoft Azure ist eine Cloud-Plattform von Microsoft, die Rechenleistung, Speicherplatz und Verwaltungsfunktionen zur Verfügung stellt.

Entwickler können Anwendungen erstellen und diese innerhalb der Microsoft Azure-Plattform durch Nutzung des .NET Frameworks ausführen. Dabei kommen Technologien und Protokolle wie SOAP, REST, XML und PHP zum Einsatz. Die Microsoft Azure SQL-Datenbank ist der SQL Server-Engine kompatible Clouddatenbankdienst, der innerhalb der Microsoft Azure-Plattform zur Verfügung steht.

3.6.1 Überblick

Die Azure SQL-Datenbank bietet cloudbasierten Datenbankspeicherplatz und das entsprechende Management. Es basiert auf der Datenbank-Engine von SQL Server. Es gibt jedoch wichtige Unterschiede zwischen den Lösungen, darunter folgende:

- Die Azure SQL-Datenbank ist ein rein cloudbasierter Dienst; SQL Server ist entwickelt für die Installation auf eigener Hardware (On-Premises).
- Mit der Azure SQL-Datenbank verwalten Sie lediglich logischen Speicher, keinen physischen.
- Die Azure SQL-Datenbank verwaltet diesen logischen Speicherplatz automatisch; Mit SQL Server müssen Sie sowohl den logischen als auch den physischen Speicher verwalten.
- Die frühere Aufteilung der Azure SQL-Datenbank (bzw. von *SQL Azure*) gibt es heute nicht mehr. Sie wurde in zwei Editionen angeboten: *Web Edition* mit maximal 1 GB und *Business Edition* mit 10 GB Datenbankgröße. Die Business Edition unterstützte später Datenbanken mit bis zu 150 GB. Heute gibt es nur noch den Service selbst. Für die Abrechnung hat Microsoft eine eigene Einheit eingerichtet: *DTU* (*Database Transaction Unit*) ist die heutige Grundlage für die bereitgestellte Leistung. Verschiedene Pakete (Standard/Enterprise) sind in Größen aufgeteilt (S0, S1 ...). Damit lässt sich eine Kategorie finden, in die die eigene Umgebung eingeordnet wird. Darüber hinausgehende Performance, mehr Speicherplatz oder auch Verfügbarkeit kann zugebucht werden.
- SQL Server ist verfügbar in den Editionen *Express* (mit maximal 10 GB), *Web*, *Standard*, *Business Intelligence* und *Enterprise* (mit unbegrenztem Datenbankspeicher).
- Die Azure SQL-Datenbank enthält lediglich die relationale Datenbank-Engine, die Reporting Services und den SQL Azure Data Sync Agent.
- SQL Server enthält die relationale Datenbank-Engine, die Integration Services, die Reporting Services, die Analysis Services, Replikation, Service Broker, den SQL Server Agent und weitere Funktionen.

Hinweis

Da mittlerweile die Dokumentation zur Azure SQL-Datenbank recht umfangreich ist, verzichten wir an dieser Stelle auf eine komplette Aufstellung der unterstützten bzw. nicht unterstützten Funktionen. Leider gibt es die Dokumentation nur in englischer Sprache. Der folgende Link führt zu MSDN und allen notwendigen Informationen:

https://azure.microsoft.com/de-de/resources/microsoft-azure-options-for-sql-server-relational-databases/

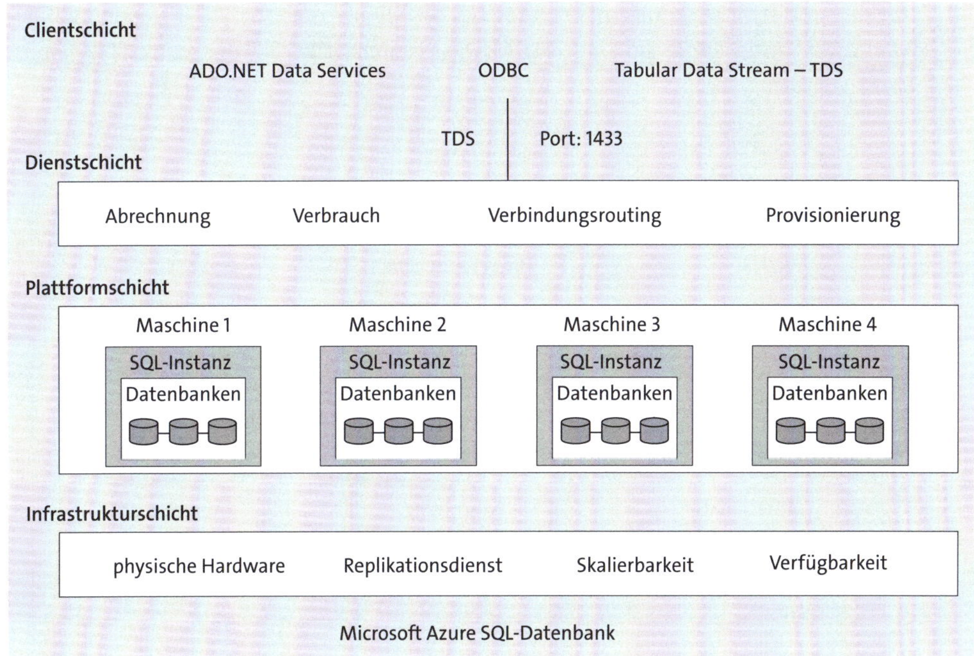

Abbildung 3.1 Die Architektur von »Microsoft Azure SQL-Datenbank«

Der Zugriff auf die Microsoft Azure SQL-Datenbank ist letztendlich denkbar einfach. Wer bereits mit dem SQL Server Management Studio gearbeitet hat, kann auch auf Microsoft Azure SQL-Datenbank zugreifen. Um den Service zu nutzen, müssen Sie sich jedoch registrieren.

3.6.2 Technologie und Zugriff

Anwendungen greifen über die Standard-SQL-Client-Bibliotheken wie OLE DB, ADO.NET oder den PHP-Treiber für SQL Server mit Hilfe von *Tabular Data Stream* (*TDS*) *Sessions* auf Tabellenstrukturen über TCP zu.

Azure SQL Server Datenbanken werden durch eine Firewall geschützt. Das bedeutet, dass nach einer Registrierung die IP-Adresse oder der Bereich im Azure SQL-Datenbankportal eingegeben werden muss. Für Entwickler erfolgt der Zugriff exakt wie bei SQL Server über die Verbindungszeichenfolge, jedoch mit dem Unterschied der SQL-Server-Authentifizierung. Um die Azure SQL-Datenbank zu verstehen, ist es sinnvoll, sich die einzelnen Ebenen und ihre Aufgaben zu verdeutlichen.

Clientebene

Die Clientebene ist letztendlich der Anwendung am nächsten. Ihre Aufgabe ist es, die direkte und sichere Kommunikation sicherzustellen. Auf ihr befindet sich schließlich die Anwendungslogik, die z. B. über ADO.NET oder ODBC auf die Azure SQL-Datenbank zugreift.

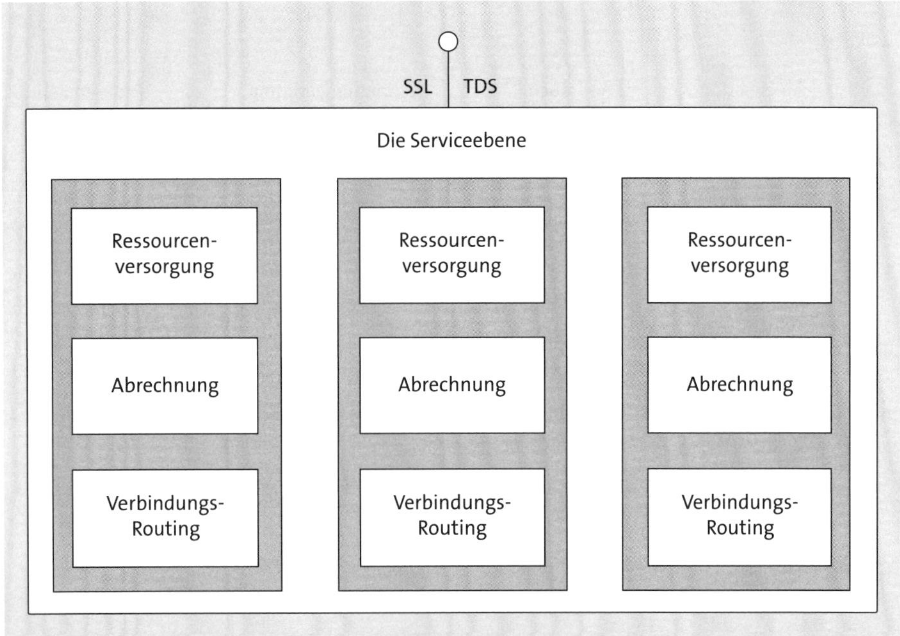

Abbildung 3.2 Die Clientebene von Microsoft Azure SQL-Datenbank

Serviceebene

Die Serviceebene stellt zum einen die Verbindungen zwischen der Anwendung und der Plattformebene her, zum anderen kümmert sie sich um das Routen der Verbindungen und die Abrechnung. Somit ist die Dienstschicht verantwortlich für die Verwaltung und die Zugriffssteuerung der Azure SQL-Datenbanken.

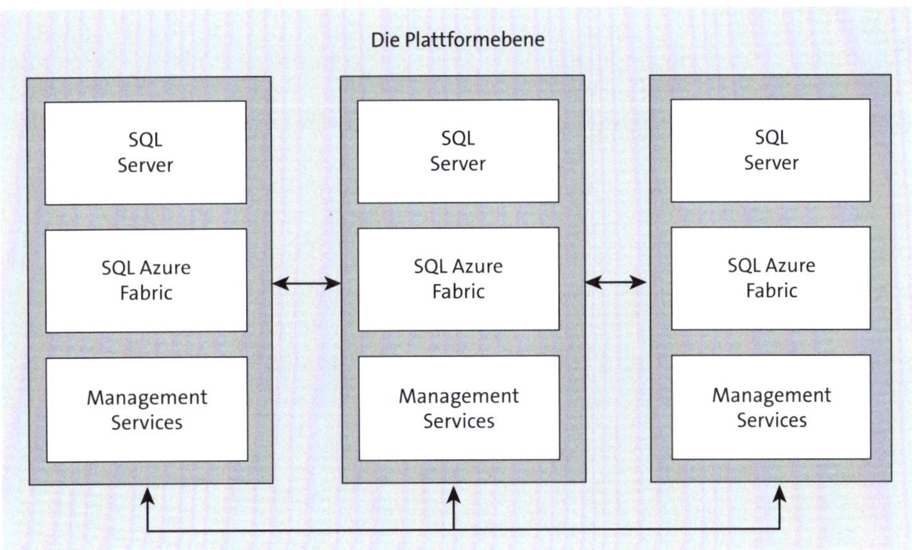

Abbildung 3.3 Die Serviceebene von Microsoft Azure SQL-Datenbank

Plattformebene

Die Plattformebene ist letztendlich SQL Server – oder besser eine Vielzahl von SQL-Servern. Diese Server werden von der Azure SQL Fabric-Datenbank verwaltet. Eine Datenbank wird dreifach auf unterschiedlichen Maschinen vorgehalten. Das erhöht die Verfügbarkeit und Datensicherheit enorm.

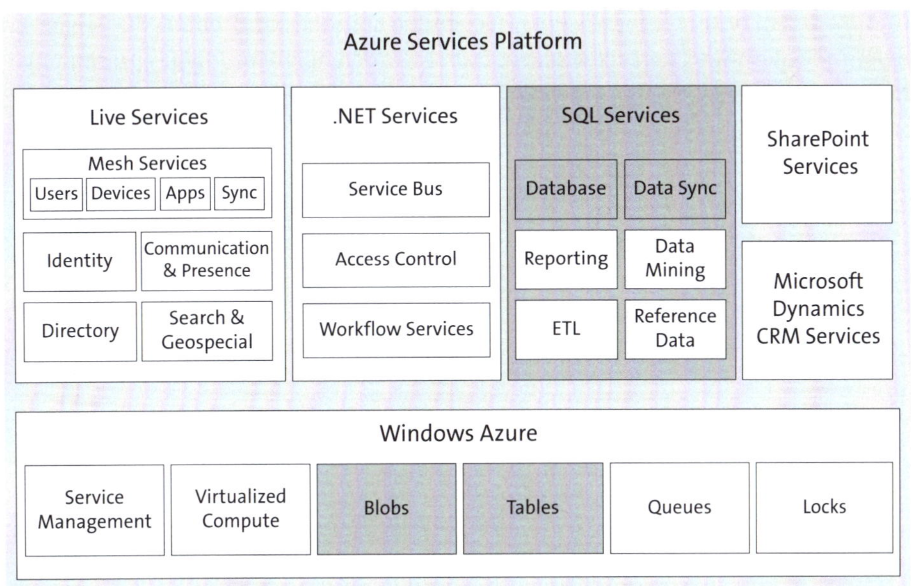

Abbildung 3.4 Die Plattformebene von »Microsoft Azure SQL-Datenbank« (Quelle: MS)

Infrastrukturebene

Die Infrastrukturebene ist letztendlich gleichzusetzen mit der Administration der Hardware und der Betriebssysteme. Sie bietet den Datenknoten Skalierbarkeits- und Verfügbarkeitsdienste wie Replikation und Failover.

Microsoft Azure SQL-Datenbank bietet Skalierbarkeit und Hochverfügbarkeit, verwaltet werden jeweils drei Replikate von jeder Datenbank. Dabei ist ein Replikat das primäre, das die Datenänderungen aller anderen repliziert. Tritt ein Fehlerereignis ein, wird automatisch ein neues Replikat erstellt und die Daten werden synchronisiert. Tritt ein Fehler auf dem primären Replikat auf, wird es durch ein anderes Replikat ersetzt, ein neues Replikat wird erstellt, und die Daten werden synchronisiert.

> **Hinweis**
>
> Eine vollständige Gegenüberstellung der Editionen und der damit verbundenen Features finden Sie bei Microsoft unter folgendem Link:
>
> *https://docs.microsoft.com/de-de/sql/sql-server/editions-and-components-of-sql-server-2016?view=sql-server-2017#Scalability*

3.7 Zusammenfassung

Wie Sie sehen, hat sich die Palette der Editionen mit dem aktuellen SQL Server verändert. Für viele unterschiedliche Szenarien, Unternehmensstrukturen, Anwendungen und Personenkreise werden die entsprechenden Editionen angeboten, die den jeweiligen Anforderungen gerecht werden. Dabei wurden auch Editionen zusammengeführt, so dass der Markt hier ein wenig übersichtlicher wird.

Kapitel 4
Installation von SQL Server und Aktualisierung auf neue Versionen

In diesem Kapitel beschreiben wir den eigentlichen Installationsprozess. Hierbei geht es vor allem darum, die notwendigen Features zu aktivieren, die richtigen Dateipfade zu wählen und dem Thema Sicherheit auf der Grundlage der SQL-Server-Dienstkonten Rechnung zu tragen.

Bevor Sie mit einer Installation beginnen, lassen Sie uns zunächst einige Punkte im Vorfeld betrachten. Bei der Installation von Microsoft SQL Server handelt es sich nicht einfach um die Installation einer relationalen Datenbank. Vielmehr haben Sie es mit einer Datenplattform zu tun, die sich in verschiedene Dienste gliedert. Die Installation von SQL Server als Datenplattform selbst ist recht einfach, jedoch entstehen gerade hier erste Fehler, wenn Sie einige Aspekte nicht beachten.

Aus der Praxis

Vor einiger Zeit hatten wir es mit einem Unternehmen zu tun, bei dem es zu massiven Performanceproblemen kam. Man hatte uns um Hilfe dabei gebeten, zu analysieren, was die Ursachen für die Performanceprobleme waren.

Aus vielen Projekten wissen wir, dass sich solche Probleme dann einstellen, wenn das Volumen an Daten enorm zunimmt. Die Ursachen sind jedoch oft weit gestreut. Selten hat man es mit einem einzigen Fehler zu tun, meist erstrecken sich die Ursachen über viele verschiedene Teilbereiche. SQL Server verzeiht viele solcher kleinen Fehler, die Lastkurve steigt jedoch stetig an. Ab einem gewissen Punkt ist dies dann auch deutlich zu spüren: Es treten Timeouts auf, und Abfragen dauern einfach zu lange. So war es auch in diesem Fall. Bei der Analyse stellten wir unter anderem zunächst fest, dass schon erste Fehler beim Datenträgerlayout begangen wurden. Genau darum geht es bei einer vernünftigen Planung der Installation. Solche Fehler lassen sich vermeiden, wenn Sie einige grundsätzliche Dinge hinsichtlich der Verteilung von Datenbanken und Dateien berücksichtigen.

4.1 Überlegungen zur Installation

Das Datenträgerlayout und die Verteilung der Dienste sind wichtige Punkte bei der Installation. Im Folgenden werden wir diese Punkte aufgreifen und Ihnen dazu einige Hinweise geben.

Wie bereits in Kapitel 2, »Zukunftssicherheit, Stabilität und Performance im Enterprise-Bereich«, erläutert, gibt es einige grundsätzliche Überlegungen zum Datenträgerdesign. Hier noch einmal kurz zusammengefasst, welche das waren:

- **sequenziell** – nur schreibender Zugriff beim Logfile
- **random** – lesender und schreibender Zugriff beim Datenfile
- besondere Berücksichtigung der Datenbank **TEMPDB** – separater I/O
- **FILESTREAM** – zur Verwaltung von BLOB-Daten (*Binary Large Object*) als Typ `varbinary(max)` im Dateisystem
- **Dateigruppen** und die Möglichkeit der gezielten Platzierung von Objekten auf getrennten physischen Datenträgern
- Aufteilung großer Tabellen mithilfe der Partitionierung und Platzierung über Dateigruppen auf getrennten physischen Datenträgern

Sie erkennen daran, wie wichtig es ist, die richtigen Laufwerkspfade sowohl für Systemdatenbanken als auch für Benutzerdatenbanken zu planen. Grundsätzlich ist es hier wichtig, bei bestehenden Systemen näher hinzuschauen, welche I/O-Aktivitäten in den einzelnen Datenbanken vorhanden sind. Was dazu notwendig ist und wie Sie am besten vorgehen, werden wir Ihnen in Kapitel 16, »Überwachen von SQL Server«, und Kapitel 18, »Problembehebung und Performance-Tuning«, erläutern.

Nun noch einige Hinweise zur Verteilung der Dienste. Seit SQL Server 2005 wurde der gesamte BI-Bereich (SSIS, SSRS, SSAS) so gestaltet, dass die Installation der einzelnen Dienste separat erfolgt. Seit SQL Server 2017 sind die Reporting Services sogar als eigenständiges Installationspaket herunterzuladen und nicht mehr in der eigentlichen SQL-Server-Installation enthalten (so wie das Management Studio seit Version 2016 auch ausgegliedert wurde). Sie können somit entscheiden, ob Sie für die einzelnen Dienste eigene Server zur Verfügung stellen oder alle Dienste auf einem Server unterbringen. Letztendlich können Sie mit einem einzelnen Server beginnen und später skalieren. Je nachdem, welches Lastverhalten Ihre Instanzen aufweisen, müssen Sie hier gegebenenfalls prüfen, welche Variante Sie wählen. Für Test- und Entwicklungszwecke reicht oft ein einzelner Server aus. Werden jedoch die einzelnen Dienste produktiv gestellt, kommt es schnell zu Engpässen. Ein ausgiebiges Reporting, ein Data Warehouse und eine Datenbank mit mehreren Hundert Benutzern erfordern dann schnell eine Skalierung.

In größeren Unternehmen werden daher meistens die Dienste gebündelt. Es werden dann viele (gerne 20) Instanzen auf einem Cluster installiert. Allerdings immer nur die reine relationale Datenbank-Engine, also die Grundinstallation. Jeder SQL Server-Service, der darüber hinaus genutzt werden soll, wird auf einem separaten Server oder Cluster, gerne auch gebündelt, installiert. So lassen sich die unterschiedlichen Zugriffsarten trennen und die jeweiligen Server können für die spezifischen Lastarten konfiguriert werden.

4.1.1 Sprachen und landesspezifische Anpassungen – Sortierreihenfolge

Was hat es mit dem Thema Sortierung auf sich? Jede Sortierung beinhaltet einen Satz Regeln, nach denen SQL Server Zeichendaten sortiert und die für Vergleiche verwendet werden. Es handelt sich somit um die Ländereinstellungen zum Speichern von Nicht-Unicode-Zeichendaten in SQL Server. Die bei der Installation angegebene Sortierung wird für alle Systemdatenbanken und Benutzerdatenbanken festgelegt. Sie können jedoch später abweichende Einstellungen für einzelne Benutzerdatenbanken vorgeben. Es besteht die Möglichkeit, sowohl die Windows- als auch die SQL-Server-Sortierung während der Installation anzugeben. Bei der Windows-Sortierung verwendet SQL Server das Gebietsschema der Windows-Ländereinstellungen. Sollten Sie jedoch Datenbanken mit anderen Sortiereinstellungen haben und serverübergreifende Vorgänge notwendig sein, können Sie sich für die SQL-Server-Sortierung entscheiden.

Empfohlene Vorgehensweise

Sollten Sie mehr als eine Instanz von SQL Server in Ihrer Organisation haben, dann prüfen Sie die Möglichkeit einer organisationsweiten Sortierung. Damit können Sie sicherstellen, dass serverübergreifende Vorgänge keine Probleme verursachen.

Bei der Überlegung, welche Sprachversion installiert werden soll, sind mehrere Abhängigkeiten und Hintergründe zu beachten. Zum einen lässt sich auf einem deutschen (oder anderssprachigen) Betriebssystem nicht jede Version von SQL Server installieren. Die Sprachversionen müssen schon zusammenpassen. Viele große Unternehmen arbeiten ausschließlich mit der englischen Sprachversion von Betriebssystem und SQL Server. Das hat für das Unternehmen den Vorteil, dass auch die Kollegen aus dem Ausland eine Chance haben, in der Administration mitzuarbeiten. Ein weiterer Vorteil ist, dass die Bedeutung der übersetzten Begriffe zum Teil wenig mit dem ursprünglichen Begriff zu tun haben. Viele Übersetzungen sind schlecht oder irreführend. Aus diesen Gründen werden wir hier die englische Sprachversion nutzen. Zusätzlich werden wir in Folgenden gelegentlich die Übersetzung oder das Original dem benutzten Begriff gegenüberstellen. Das kann helfen, egal, für welche Sprache Sie sich bei der Installation entschieden haben.

4.1.2 Windows- versus SQL-Server-Authentifizierung

Bei der Installation müssen Sie festlegen, welche Authentifizierung für die Instanz von SQL Server in Frage kommt. Der Standard ist die Windows-Authentifizierung. Benutzer werden demnach in Windows authentifiziert und nicht von SQL Server. Erfolgt bei Ihnen der Zugriff auf SQL Server auch von Clients, die nicht einer Active-Directory- oder Windows-Infrastruktur angehören, müssen Sie die gemischte Authentifizierung (*mixed mode*) verwenden. Bei der SQL-Server-Authentifizierung übernimmt SQL Server diesen Vorgang. Soll zu einem späteren Zeitpunkt die Authentifizierung in *gemischt* (SQL Server und Windows) geändert werden, ist das nach Abschluss der Installation jederzeit möglich, erfordert aber einen Reboot der Instanz. In Kapitel 9, »Backup und Restore«, erfahren Sie, wie Sie die Einstellungen für die Authentifizierung ändern.

4.1.3 Sicherheitsbetrachtungen – die Wahl der richtigen Dienstkonten

Die Sicherheit ist ein weiteres Thema während der Installation. Für die einzelnen Dienste müssen Sie Windows-Benutzerkonten angeben.

Tabelle 4.1 zeigt die SQL-Server-Dienste und ihre Standardkonten. Ein Dienst, der unter Windows ausgeführt wird, muss das unter einem eigens dafür angegebenen Benutzerkonto tun.

SQL-Server-Dienst	Standardkonto
SQL Server-Datenbankdienst	Domänenbenutzer
SQL Server Agent	Domänenbenutzer
SQL Server Analysis Services	Domänenbenutzer
SQL Server Reporting Services	Domänenbenutzer
SQL Server Integration Services	Domänenbenutzer
SQL Server-Volltextsuche	Lokales System
SQL Server-Browser	Lokales System
SQL Server-VSS Writer	Lokales System
SQL Server Distributed Replay Controller	Domänenbenutzer
SQL Server Distributed Replay Client	Domänenbenutzer

Tabelle 4.1 Die Standardkonten der SQL-Server-Dienste

Empfohlene Vorgehensweise

Stellen Sie sicher, dass Sie Ihre Dienste stets so konfigurieren, dass sie mit den geringsten wirksamen Privilegien ausgeführt werden.

Wenn Sie keine dedizierten Konten angeben, nutzt SQL Server die bereits in Windows vorhandenen Konten des lokalen Systems. Jedoch sollten Sie beachten, dass SQL Server z. B. in bestimmten Szenarien den Zugriff auf das Netzwerk benötigt. Somit empfehlen wir, ein dediziertes Windows-Benutzerkonto zu verwenden. Wenn Sie über eine AD-Infrastruktur verfügen, legen Sie, wie in Abschnitt 4.2 beschrieben, dedizierte AD-Benutzerkonten für die einzelnen Dienste vor der Installation an.

Hinweis

Die Empfehlungen für die SQL-Server-Dienstkonten richten sich in den einzelnen Unternehmen meist nach den jeweiligen internen Vorgehensweisen, z. B. für die Namensvergabe. Bedenken Sie auf jeden Fall, dass ein Konto, das »SQLSERVER« oder »SQLSERVICE« heißt, es Angreifern auf Dienste erheblich erleichtert, aufgrund der Namensvergabe Rückschlüsse zu ziehen. Des Weiteren sollten Sie darauf achten, dass Sie für jeden Dienst (*SQL Server*, *Analysis Services*, *Reporting Services* und *Integration Services*) Berechtigungen vergeben. Wenn Sie für alle Dienste ein und dasselbe Konto verwenden, bedeutet das immer mehr Rechte für ein Konto. Aus diesem Grund empfehlen wir, separate Konten für die einzelnen Dienste zu verwenden. SQL Server vergibt die Berechtigungen während der Installation entsprechend. Genauer gesagt, es werden lokale Gruppen auf dem Server angelegt, die die Berechtigungen erhalten. Die Konten werden dann den einzelnen Gruppen hinzugefügt.

Seit Windows 7 und seit Server 2008 R2 gibt es einen neuen Typ von Dienstkonten. Dabei handelt es sich um sogenannte *MSAs* (*Managed Service Accounts* oder *verwaltete Dienstkonten*). Ein Vorteil dieser Konten besteht darin, dass es möglich ist, die Kennwörter für diese Konten automatisch nach den Richtlinien im Unternehmen zu wechseln. So werden Passwörter regelmäßig erneuert, ohne dass Menschen eingreifen müssen oder diese Passwörter überhaupt zu sehen bekommen.

4.1.4 Aktualisierung auf SQL Server 2017/2019

Wenn Sie eine Instanz von einer älteren Version von SQL Server auf eine aktuellere aktualisieren, werden die freigegebenen Komponenten und Dienste ebenfalls auf die aktuellere Version aktualisiert. Während des Upgrades überprüft das Setup, ob bereits eine Instanz der genannten Versionen vorhanden ist, und gibt eine Warnung zur Aktualisierung freigegebener Komponenten aus. Wenn Sie eine neue Instanz von z. B. SQL Server 2019 installieren, können Sie die Auswahl der freigegebenen Komponenten während der Installation aufheben. Die nicht ausgewählten Komponenten werden dann in der vorhandenen, älteren Version von SQL Server belassen.

Dabei ist aber zu beachten, dass eine parallele Installation verschiedener SQL Server Versionen für den produktiven Betrieb nicht zu empfehlen ist. Die jeweils zeitlich letzte Installation installiert ihre eigenen DLLs zu verschiedenen Softwarekomponenten, auch für alle anderen Installationen. So kann z. B. eine nachträgliche Installation einer SQL Server 2012-Instanz die vorher installierte SQL Server 2017-Instanz unbrauchbar machen, weil Version 2017 nicht mit den alten DLLs umgehen kann. Da dies aber nur eine Möglichkeit ist, müssen Sie in jedem einzelnen Fall prüfen, ob eine Kombination möglich ist. In den meisten Fällen funktionieren verschiedene Versionen auf einem Server, wenn die ältesten Versionen zuerst und die neuesten Versionen zuletzt installiert werden. Dennoch ist dieser Versionen-Mix für produktiv genutzte Umgebungen nicht empfehlenswert.

4.2 Vorbereitung – Was Sie vor der Installation erledigen sollten

Ein paar Dinge sollten vor der eigentlichen Installation geklärt sein. Folgende Fragen müssen unter anderem beantwortet sein:

- *Welche Edition wird benötigt?* Die Wahl der Edition hat großen Einfluss auf die Lizenzkosten, aber auch auf die Features, die genutzt werden können.
- *Welche Sprachversion soll verwendet werden?* Wie vorher bereits erwähnt, passen nicht alle Sprachversionen zu allen Betriebssystem-Sprachversionen.
- *Welche Collation (deutsch: Sortierreihenfolge) soll verwendet werden?* Muss die Collation nachträglich geändert werden, dann ist der Aufwand für diese Änderung erheblich. Microsoft beschreibt ein Verfahren für diese Änderung, das aber in etwa dem Aufwand gleichkommt, die Instanz zu deinstallieren und wieder neu zu installieren. Es gibt auch eine Möglichkeit, die Collation zu ändern, die weniger aufwendig ist. Diese Variante wird aber von Microsoft nicht unterstützt und sollte daher nicht in einem produktiv genutzten Umfeld eingesetzt werden.

Dann gibt es ein paar Fragen, die vorher geklärt sein sollten, aber nicht zwingend geklärt sein müssen, da eine nachträgliche Änderung möglich, wenn auch manchmal recht aufwendig ist:

- *Wie viel Speicherplatz wird vermutlich in den kommenden beiden Jahren benötigt werden?* Arbeiten Sie mit lokalen Festplatten, dann können Sie nicht so einfach erweitern. Nutzen Sie dagegen ein Firmen-SAN (Storage Area Network), dann ist es relativ einfach, die LUNs (Logical Unit Numbers), über die der Speicherplatz zur Verfügung gestellt wird, zu erweitern.

- *Welche Sicherheitsanforderungen müssen bedient werden?* Viele Anwendungen können mit Active Directory Accounts umgehen. In diesen Fällen können Sie den sichereren Modus NUR WINDOWS (englisch WINDOWS ONLY) verwendet werden. Andernfalls müssen Sie auf GEMISCHTER MOUDS (englisch MIXED MODE) zurückgreifen.
- *Welche Service-Accounts (deutsch: Dienstkonten) sollen eingesetzt werden?* MSAs sollten in größeren Umgebungen die erste Wahl sein. Sie funktionieren gut, können auch über das Netzwerk auf andere Server berechtigt werden und dann zugreifen, und der Verwaltungsaufwand ist der geringste.
- *Welche Services sollen eingesetzt und wo sollen sie installiert werden?*
- *Welche Verfügbarkeit wird benötigt?* Reicht ein Single Server, oder wird ein Cluster oder ein vergleichbarer Serververbund benötigt?
- Es schadet auch nicht, ein wenig über die Anwendung(en) zu wissen, die auf die Datenbank(en) der Instanz zugreifen soll(en). So können Sie die Konfiguration der Instanz und des Servers den jeweiligen Anforderungen entsprechend anpassen.

In Unternehmen wird für die Installation und Konfiguration gerne eine Checkliste eingesetzt, falls diese Arbeitsschritte noch nicht vollständig automatisiert wurden. Da aber die Bedingungen rund um so eine Installation stark vom Umfeld abhängen, kann es keine Checkliste »für alle Fälle und Umgebungen« geben. Im Internet gibt es diverse Vorschläge, die auch in der Praxis eingesetzt werden. Das Unternehmen, für das Sie arbeiten, hat aber bestimmt ein paar Sonderfälle, die Sie bedenken müssen. Somit kann so eine Liste aus dem Netz eine tolle Hilfe sein, muss aber an das Umfeld angepasst werden.

4.3 Die vollständige Installation

Es gibt sicherlich mehrere Möglichkeiten, SQL Server zu installieren. Um ihnen aber einen möglichst umfassenden Überblick zu geben, installieren wir beispielhaft alles für einen SQL Server 2019 CTP2 (*Community Technology Preview*; deutsch: technische Vorversion, noch nicht im Handel) – auch wenn eine vollständige Installation in der Praxis sicher selten vorkommt. In Abschnitt 4.4 erklären wir Ihnen das Durchführen einer unbeaufsichtigten Installation.

Sofern ihr Unternehmen einen Lizenzvertrag (englisch Software Agreement) mit Microsoft abgeschlossen hat, finden Sie die Installationsdateien in einem für ihr Unternehmen freigegebenen Bereich. Alternativ können Sie diese bei Microsoft downloaden: *https://www.microsoft.com/de-de/sql-server/sql-server-downloads*

4.3.1 Der Installationsprozess im Detail

Melden Sie sich zunächst als Administrator oder mit entsprechenden Privilegien an. Starten Sie die Datei *SETUP.EXE*, die Sie auf dem Installationsmedium finden. Nach deren Aufruf startet der Installationsassistent (englisch Installation Wizard).

Im *SQL Server-Installationscenter* (SQL Server Installation Center; siehe Abbildung 4.1) sehen Sie einige nützliche Links. Sie haben hier die Möglichkeit, sich Informationen aus der Hilfe bzw. aus dem *Microsoft Developer Network* anzeigen zu lassen.

Da wir gleich mit einer Installation beginnen möchten, wählen Sie auf der linken Seite den Punkt INSTALLATION aus. Sie gelangen dann im SQL Server-Installationscenter zur Auswahl einer Installationsart.

Wählen Sie wie in Abbildung 4.2 den Punkt NEUE EIGENSTÄNDIGE SQL SERVER-INSTALLATION ODER HINZUFÜGEN VON FUNKTIONEN ZU EINER VORHANDENEN INSTALLATION (englisch: NEW SQL SERVER STAND-ALONE INSTALLATION OR ADD FEATURES TO AN EXISTING INSTALLATION).

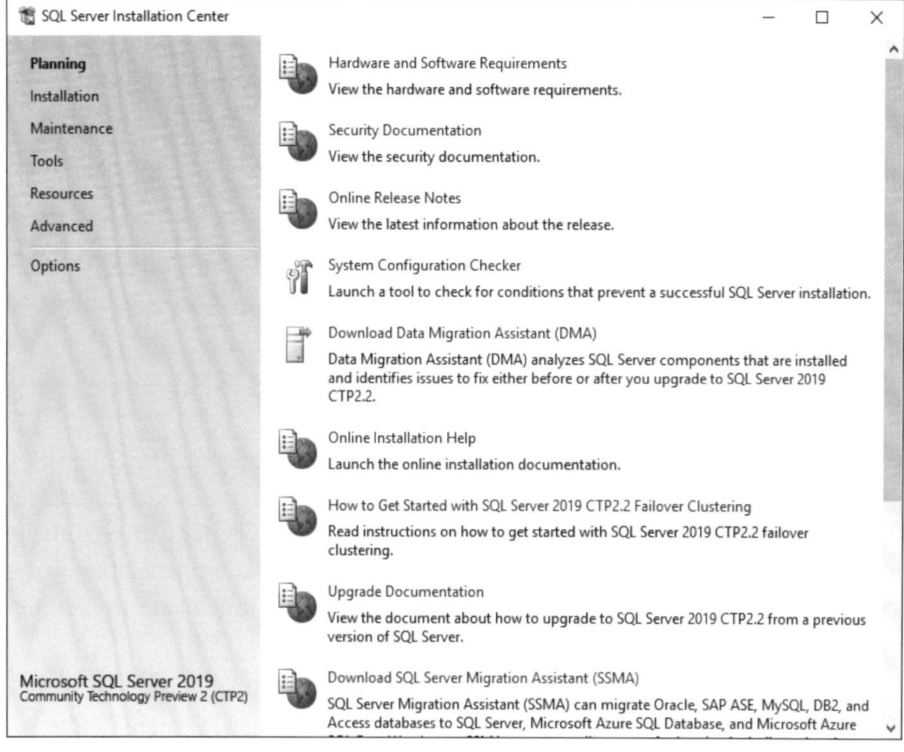

Abbildung 4.1 Das SQL Server-Installationscenter

Die Abbildung 4.2 bis Abbildung 4.21 zeigen Ihnen eine Beispiel-Installation von SQL Server 2019.

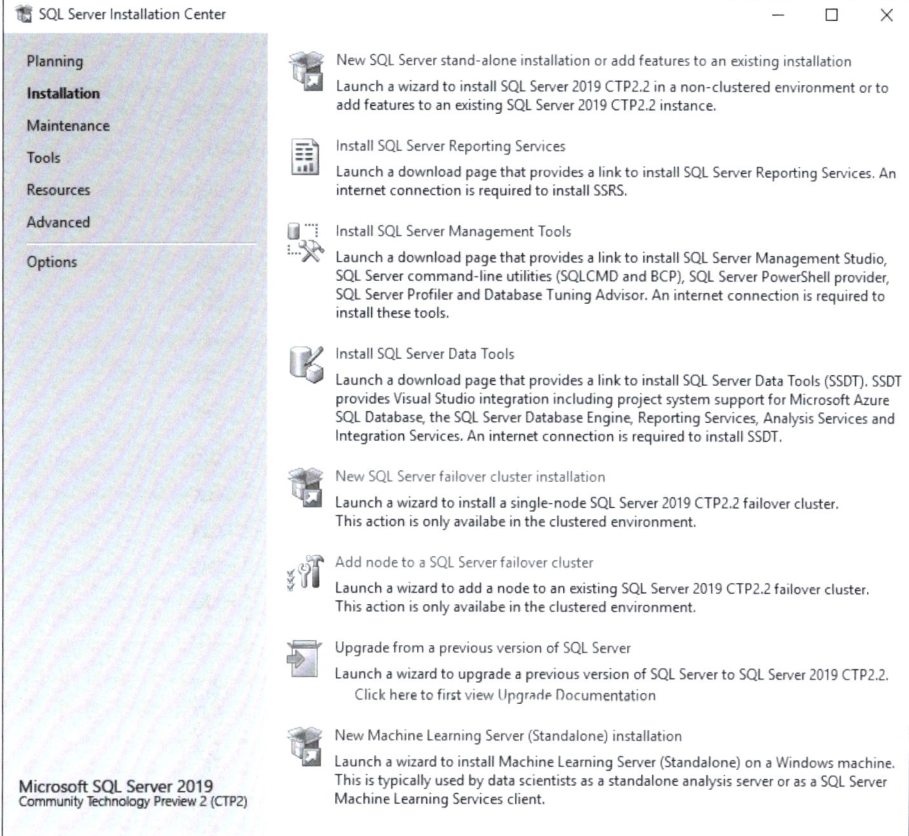

Abbildung 4.2 Die Auswahl »Neuinstallation« im Installationscenter

Nach dem Einlegen des Installationsmediums und dem Start der Installation wählen Sie im SQL Server-Installationscenter die Kategorie INSTALLATION aus (Abbildung 4.2) und beginnen mit einer Neuinstallation. Diesen Menüpunkt wählen Sie ebenfalls immer dann, wenn Sie zu einer vorhandenen Installation später weitere Features hinzufügen möchten.

Im ersten Dialog geben Sie den Lizenzschlüssel ein und Sie müssen die Lizenzvereinbarungen akzeptieren. Alternativ zum Lizenzschlüssel haben Sie die Möglichkeit, hier eine Evaluierungsversion zu installieren oder die *Express Edition*. Auf diese Dialoge verzichten wir hier, da das fachlich nicht wirklich wichtig ist. Interessanter wird es hinsichtlich des Service Accounts (Setuprolle) und der FUNKTIONSAUSWAHL (englisch: FEATURE SELECTION; Abbildung 4.3).

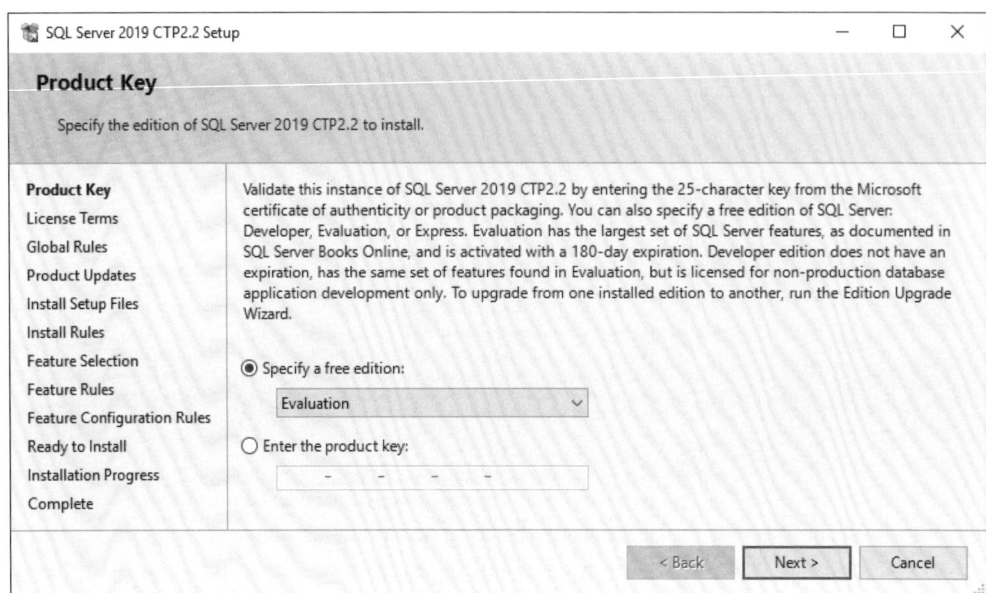

Abbildung 4.3 Auswahl der Edition und Eingabe des Lizenzschlüssels

Die SETUPUNTERSTÜTZUNGSREGELN (englisch: FEATURE RULES) prüfen, ob bestimmte Bedingungen erfüllt sind. Ist beispielsweise nach einem Installationsvorgang ein Neustart erforderlich (englisch.: Reboot required), wird dies hier als entsprechender Eintrag angezeigt. Dann müssen Sie zuerst einen Neustart ausführen, bevor Sie an dieser Position fortfahren können. Darüber hinaus wird die Produktkompatibilität geprüft. Sollte es vorkommen, dass eine Installation von SQL Server bereits vorhanden ist und die jetzige Software eine andere Edition beinhaltet, erfolgt hier der Hinweis, die Installation (*setup.exe*) mit der Angabe des Parameters -SKUUPGRADE aus dem Terminal zu starten. Dieses Problem sollte heutzutage kaum noch auftreten, da es normalerweise abgefangen wird. Das Konto, mit dem die Installation ausgeführt wird, unterliegt der Regel »Setupadministrator«, die ebenfalls prüft, ob die Voraussetzungen hinsichtlich der Berechtigungen für die Installation gegeben sind.

Im Anschluss an die erste Prüfung wird nach Onlineupdates gesucht. In vielen Fällen ist allerdings diese Prüfung nicht möglich, da Server, die in Unternehmen genutzt werden, normalerweise keinen Zugang zum Internet haben.

Nach der Installation der Setupdateien (Abbildung 4.4) geht es weiter mit den Auswahlmöglichkeiten.

Es folgt der zweite in Abbildung 4.5 gezeigte Schritt hinsichtlich der SETUPUNTERSTÜTZUNGSREGELN (englisch: INSTALL RULES) und deren Überprüfung.

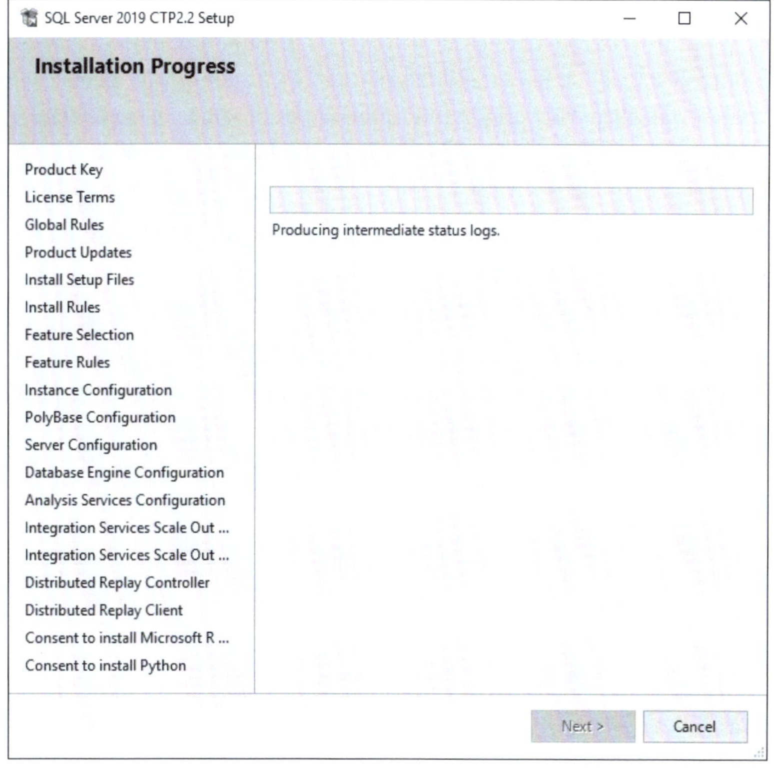

Abbildung 4.4 Installation der Setup Files

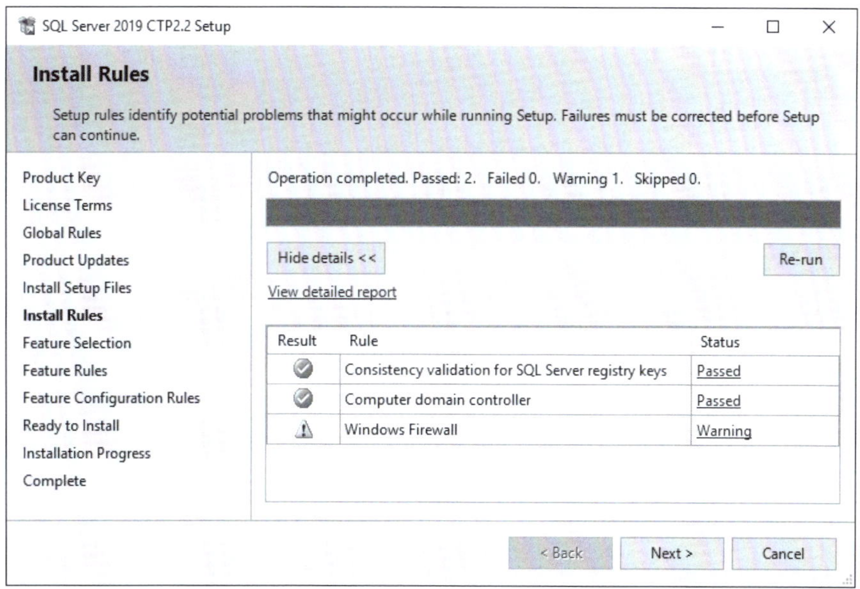

Abbildung 4.5 Überprüfen der Systemvoraussetzungen

Dabei wird geprüft, ob sich eine frühere CTP-Version von SQL Server bereits auf dem System befindet, das Business Intelligence Studio bereits installiert oder der Rechner ein Domänen-Controller (DC) ist. Bei einem Domänen-Controller erfolgt genau wie bei der Windows-Firewall eine Warnung, mit deren Hilfe es möglich ist, sich weitere Hinweise anzeigen zu lassen. Warnungen brechen die Installation an dieser Stelle nicht ab, geben jedoch nützliche Hinweise.

Wir erhalten in unserer Beispielinstallation den Hinweis, dass etwas hinsichtlich der Firewall zu beachten ist. SQL Server kommuniziert über Port 1433 und dieser muss in der Windows-Firewall entsprechend konfiguriert werden.

Anschließend wird der Installationstyp festgelegt (siehe Abbildung 4.6). Hier können Sie entscheiden, ob Sie SQL Server neu installieren oder ob Sie einfach nur Features zu einer vorhandenen Installation hinzufügen möchten.

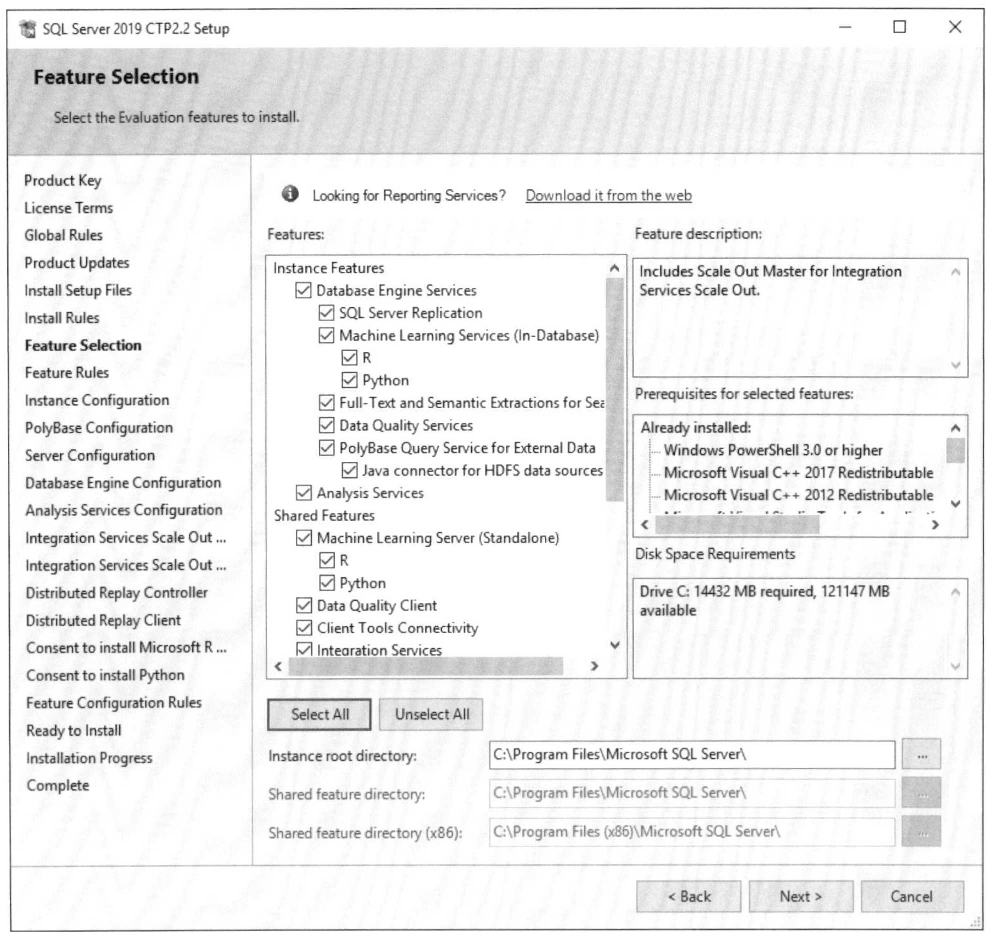

Abbildung 4.6 Auswahl der zu installierenden SQL Server-Funktionen

In unserem Fall haben wir uns für eine neue Installation entschieden.

Die Setuprolle (siehe Abbildung 4.6) ist eine Vorauswahl hinsichtlich bestimmter Installationsvarianten. Die Auswahl ist in verschiedene Bereiche aufgeteilt, als da sind die INSTANZBEZOGENEN FUNKTIONEN (INSTANCE FEATURES) und die GETEILTEN FUNKTIONEN (SHARED FEATURES), die von allen Instanzen auf diesem Server genutzt werden.

Zu jedem Feature gibt es eine FUNKTIONSBESCHREIBUNG (FEATURE DESCRIPTION). Wenn Sie zum Beispiel die SQL SERVER REPLIKATION (englisch: SQL SERVER REPLICATION) markieren, sehen Sie im Beschreibungsfenster die dazugehörende Beschreibung. So fällt die Auswahl beim ersten Mal etwas leichter.

Eine weitere Hilfe ist der Bereich VORAUSSETZUNGEN FÜR AUSGEWÄHLTE FUNKTIONEN (PREREQUISITES FOR SELECTED FEATURES). Hier werden die benötigten Voraussetzungen für das markierte Feature, sofern notwendig, aufgelistet. Dann gibt es noch ein Fenster mit den DISC SPACE REQUIREMENTS, in dem der freie und der benötigte Plattenplatz des ausgewählten Laufwerks angezeigt werden.

Ganz unten gibt es die Möglichkeit, Installationsverzeichnisse für die Instanz und für die Shared Features zu wählen.

Zu den Instanzfunktionen gehören das Datenbankmodul, die SQL-Server-Replikation, die Machine Learning Services mit R und PYTHON, die Volltextsuche, die DATA QUALITY SERVICES, PolyBase mit dem Java Connector und die ANALYSIS SERVICES. Die Instanzfunktionen können auf einem Windows-Server mehrfach vorhanden sein.

Die Reporting Services werden neuerdings in einer eigenen Installationsroutine installiert.

Wir fahren mit unserem Beispiel fort und wählen die Instanzfunktionen komplett aus.

In den allgemeinen Funktionen (SHARED FEATURES) finden Sie den MACHINE LEARNING SERVER mit R und PYTHON. Diesen Server sollten Sie in größeren Umgebungen »standalone« (auf einem eigenen Server) installieren.

Dann gibt es den DATA QUALITY CLIENT und die CLIENT TOOLS CONNECTIVITY, die Komponenten für die Kommunikation zwischen Clients und Servern enthalten. Es folgen die INTEGRATION SERVICES mit SCALE OUT MASTER und SCALE OUT WORKER, die CLIENT TOOLS BACKWARD COMPATIBILITY (siehe Abbildung 4.7) und ein paar weitere Funktionen. In den meisten Fällen werden diese Funktionen nicht benötigt. Bevor Sie diese Funktonen einsetzen, sollten Sie vorab auf den Microsoftseiten nachsehen, was diese bewirken und wie sie einzusetzen sind.

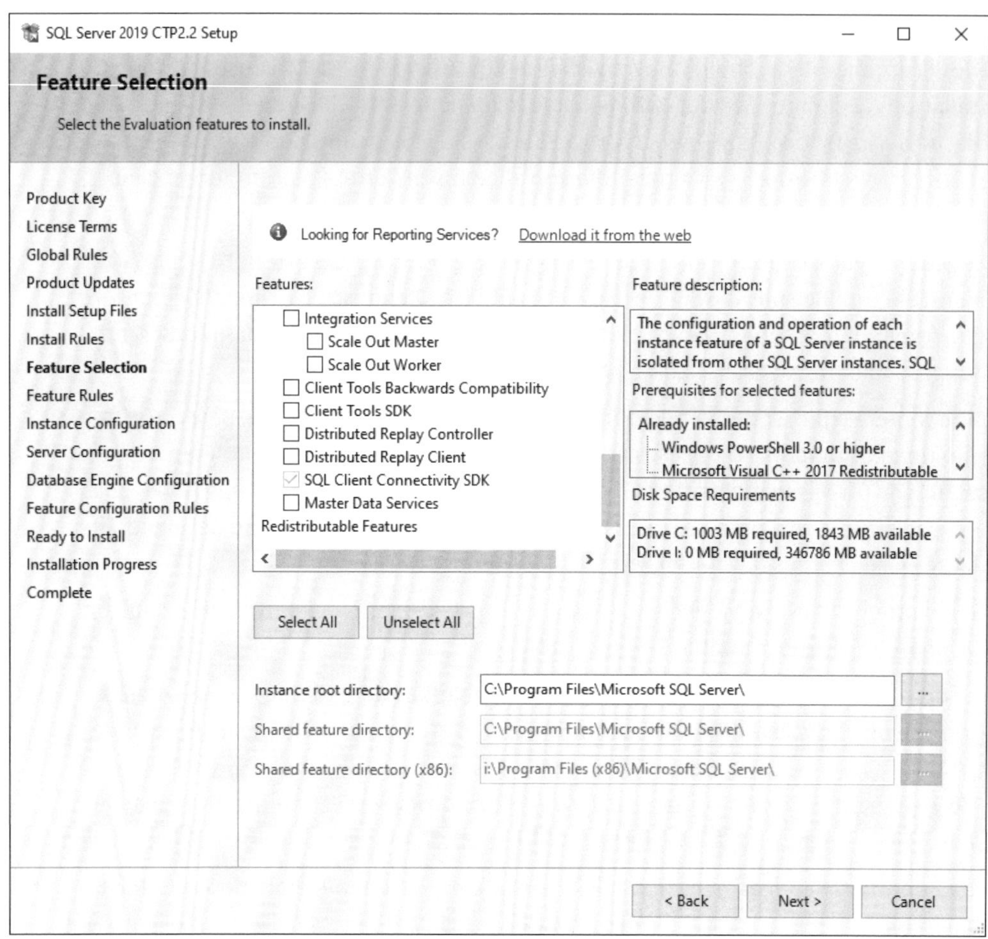

Abbildung 4.7 Auswahl der Funktionen – untere Hälfte

Nach einer weiteren Überprüfung (Abbildung 4.8) folgt die INSTANZKONFIGURATION (INSTANCE CONFIGURATION).

Die INSTANZKONFIGURATION (INSTANCE CONFIGURATION) ermöglicht es Ihnen, die INSTANZ-ID (INSTANVR ID) anzugeben, wobei bereits ein Vorschlag mit dem Namen »MSSQLSERVER« für die Standardinstanz vorhanden ist.

Da in unserem Beispiel (siehe Abbildung 4.9) bereits drei Instanzen (SQL_2016, MSSQLSERVER und HGSK) vorhanden sind, fügen wir eine weitere benannte Instanz mit dem Namen SQL_2019 hinzu. Für das Datenbankmodul werden die Verzeichnisse angelegt und deren Pfade bestimmt.

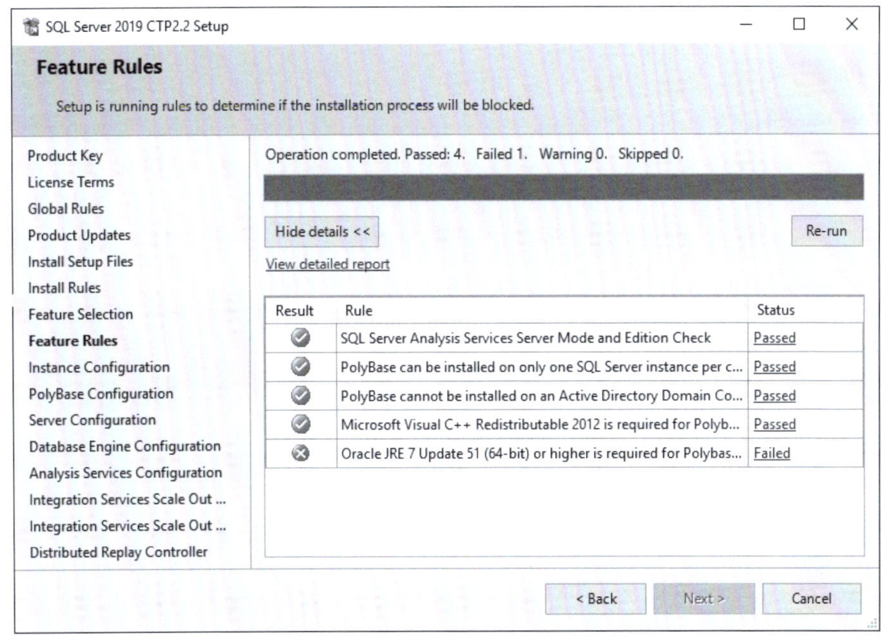

Abbildung 4.8 Feature Rules

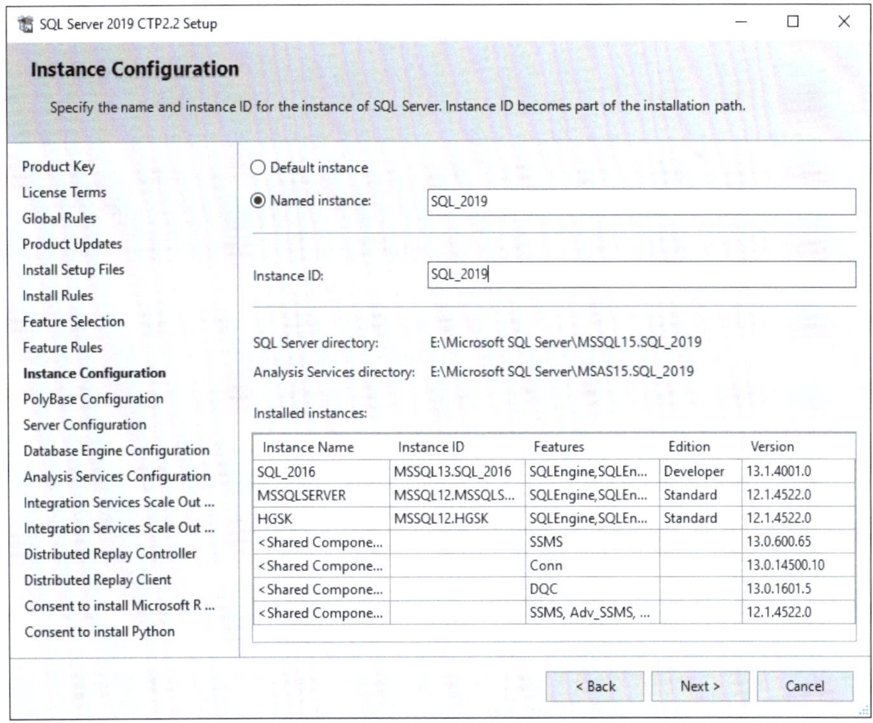

Abbildung 4.9 Konfiguration der Instanz mit ID und Namen

Nun folgt die Konfiguration von PolyBase (Abbildung 4.10).

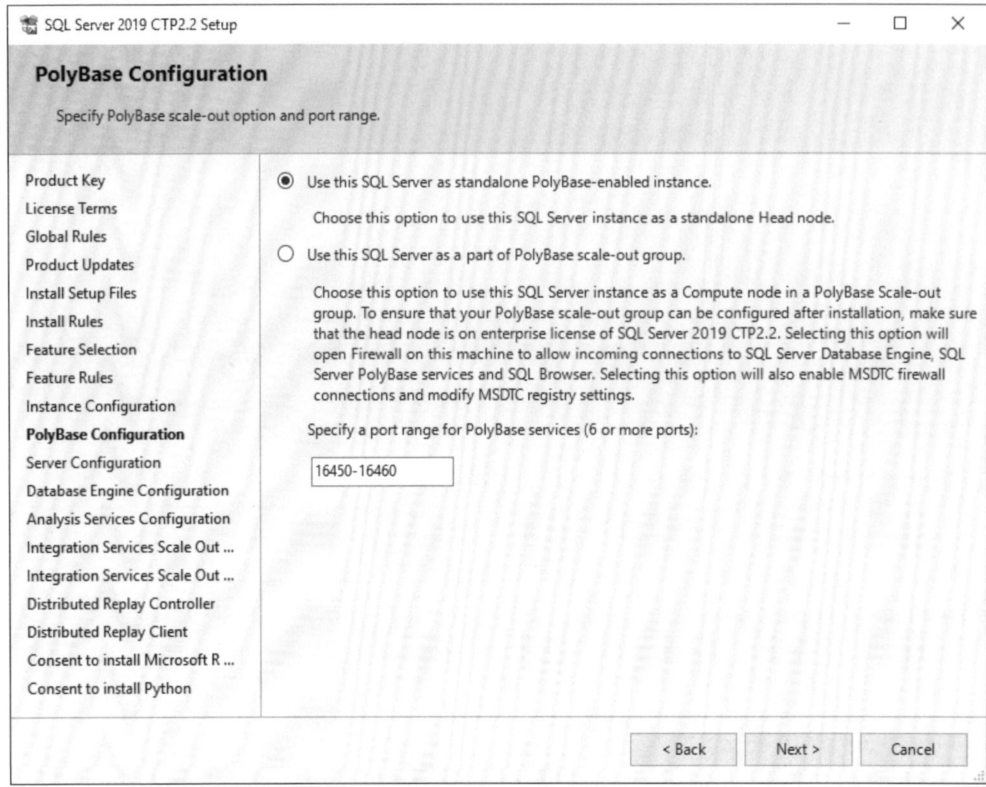

Abbildung 4.10 PolyBase-Konfiguration

Um die SQL-Server-Dienste unter dedizierten Windows-Accounts auszuführen, müssen entsprechend Benutzer angelegt werden. Innerhalb einer Domäne werden die Benutzer mit dem Tool *Active Directory Benutzer und Computer* erstellt. Ist kein *Active Directory* vorhanden, legen Sie die Konten über das COMPUTERVERWALTUNG (COMPUTER MANAGEMENT) unter LOKALE BENUTZER UND GRUPPEN (LOCAL USERS AND GROUPS) an.

Abbildung 4.11 zeigt die COMPUTERVERWALTUNG (COMPUTER MANAGEMENT) und den Knoten BENUTZER (USERS). Spätestens jetzt sollten Sie die jeweiligen Konten anlegen, um sie im nächsten Dialog auswählen zu können. Wählen Sie dazu START • VERWALTUNG • COMPUTERVERWALTUNG (START • WINDOWS ADMINISTRATIVE TOOLS • COMPUTER MANAGEMENT), und legen Sie die Benutzer unterhalb des Knotens LOKALE BENUTZER UND GRUPPEN (LOCAL USERS AND GROUPS) an.

In diesem Beispiel haben wir keine eigenen Dienstkonten angelegt, denn es gibt auch die Möglichkeit, die Instanz nach der Installation auf das benötigte Dienstkonto umzukonfigurieren.

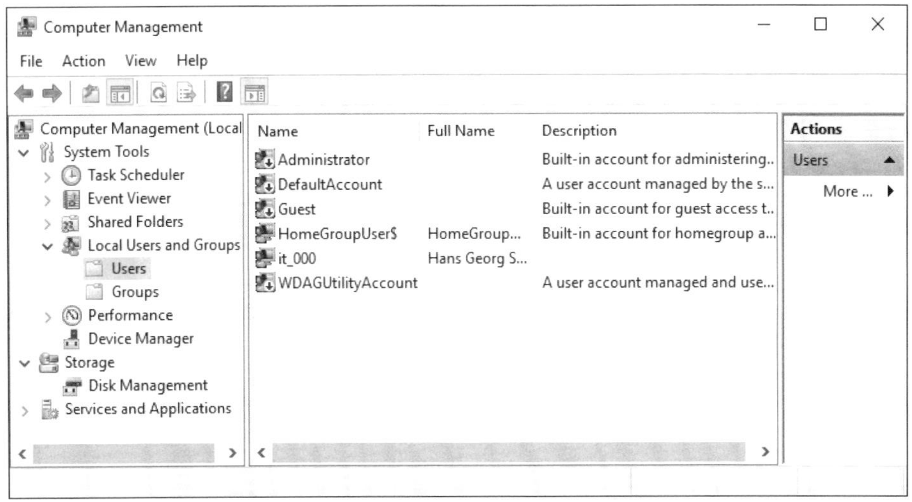

Abbildung 4.11 Anlegen der Benutzerkonten für die Dienste

Allerdings hier schon der Hinweis, dass Sie so einen Dienstkontowechsel nur mit dem *SQL Server Configuration Manager* (START • MICROSOFT SQL SERVER 2019 • SQL SERVER CONFIGURATION MANAGER) durchführen sollten. Es ist zwar möglich, die Dienstkonten in der lokalen Diensteverwaltung zu wechseln, aber dann werden die benötigten Berechtigungen nicht angepasst. Der SQL Server Configuration Manager setzt gleich die benötigten Berechtigungen, wenn das Dienstkonto eines Services gewechselt wird.

Nachdem Sie die Konten angelegt haben, besteht die Möglichkeit, sie für die einzelnen Dienste zu nutzen. Entweder geben Sie ein Konto für alle Dienste an, oder Sie verwenden verschiedene Konten. Aus Gründen der Sicherheit sollten Sie jedoch verschiedene Konten (SQL Server und Agent jeweils ein Konto) für die einzelnen Dienste verwenden. Bedenken Sie: Je mehr Dienste unter einem Konto ausgeführt werden, desto mehr Berechtigungen werden dem Konto erteilt (Abbildung 4.12).

Jetzt können Sie die Sortiereinstellung für das Datenbankmodul anpassen. Welche Sie auswählen, hängt von den jeweiligen Anforderungen ab. So kann es sein, dass Ihre Datenbank von den Ländereinstellungen in Ihrem Windows-System abweicht oder Sie eine Datenbank haben, die mit anderen SQL-Server-Instanzen repliziert, die abweichende Ländereinstellungen haben.

Die SQL-Server-Sortierung steuert die Codepage, die zum Speichern von Nicht-Unicode-Zeichendaten in SQL Server verwendet wird. Die Regeln, die SQL Server zum Sortieren und Vergleichen von Zeichen verwendet, die nicht als Unicode-Datentypen gespeichert sind, werden somit festgelegt (siehe Abbildung 4.13).

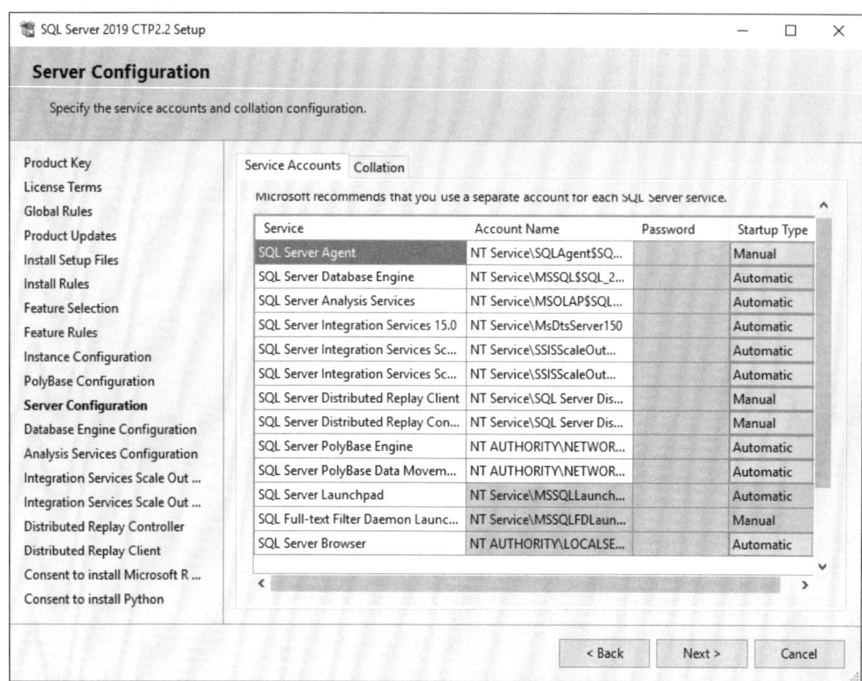

Abbildung 4.12 Serverkonfiguration – Dienste, Konten und Kennwörter

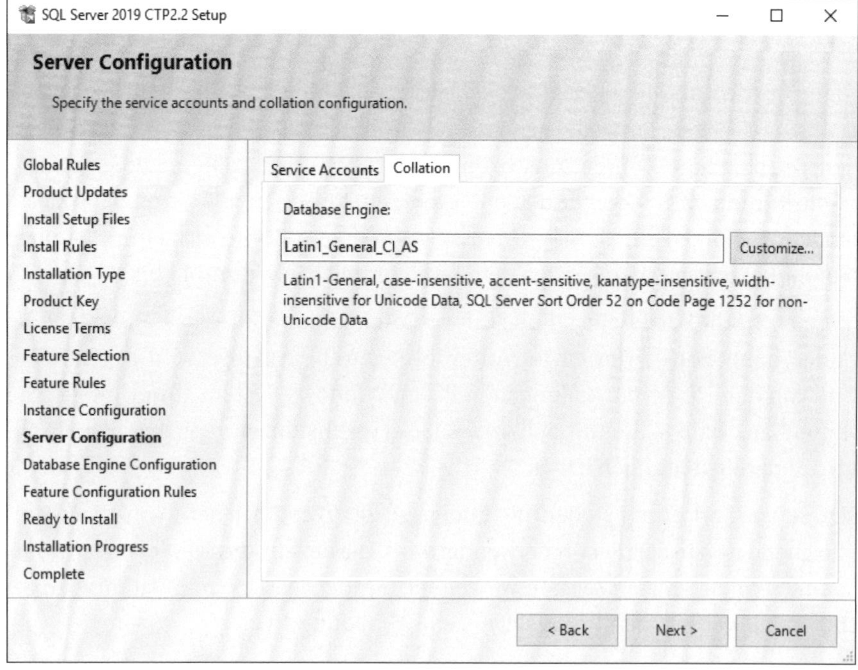

Abbildung 4.13 Festlegen der Sortiereinstellungen

Seit SQL Server 2008 ist es möglich, ein separates Windows-Konto als Administrator anzugeben. Damit besteht die Möglichkeit, dass nicht derjenige, der SQL Server installiert, als Administrator in SQL Server hinterlegt wird, sondern ein anderer Benutzer. Legen Sie hier fest, wer als Administrator aus Windows auf SQL Server Zugriff erhalten soll.

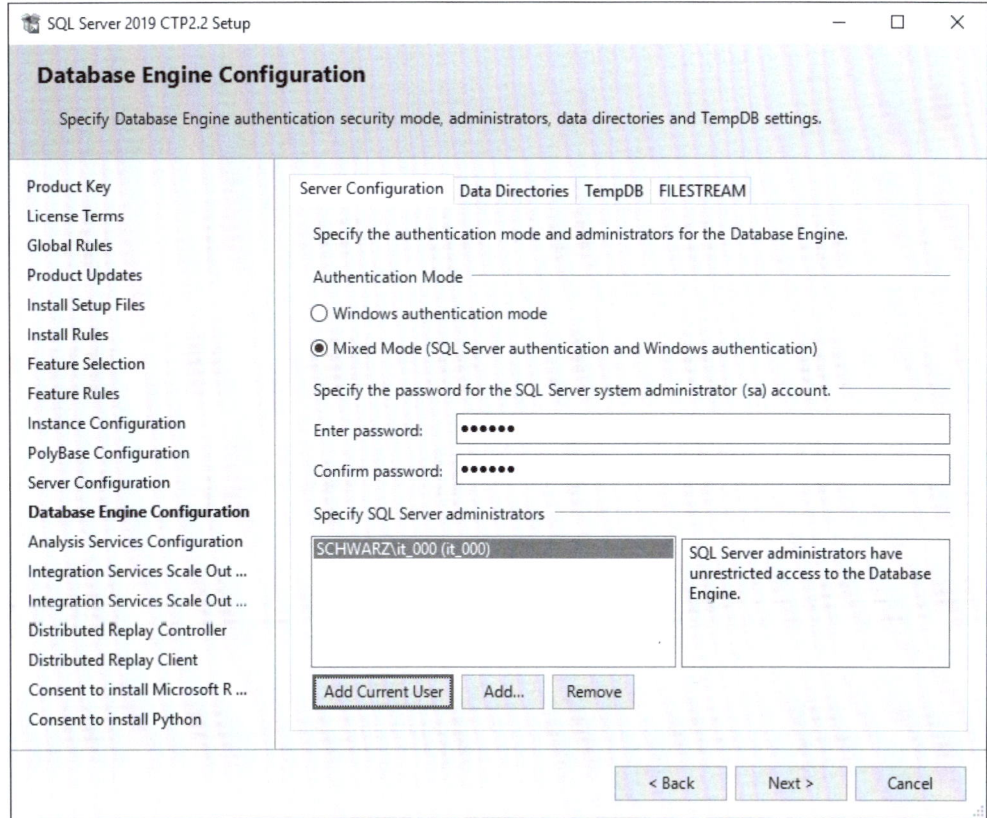

Abbildung 4.14 Festlegen des Admin-Kontos für das Datenbankmodul

Eine wesentliche Verbesserung seit SQL Server 2008 besteht darin, dass Pfade schon bei der Installation separat festgelegt werden können (siehe Abbildung 4.15). Gerade im Hinblick auf eine gute Leistung von SQL Server ist das ein wichtiges Thema.

Neu ist außerdem (seit SQL Server 2016) die Möglichkeit, die TEMPDB schon bei der Installation zu konfigurieren. Hier bestimmen Sie die Anzahl der Dateien, deren Größe und Laufwerk und den Pfad, in dem sie erstellt werden.

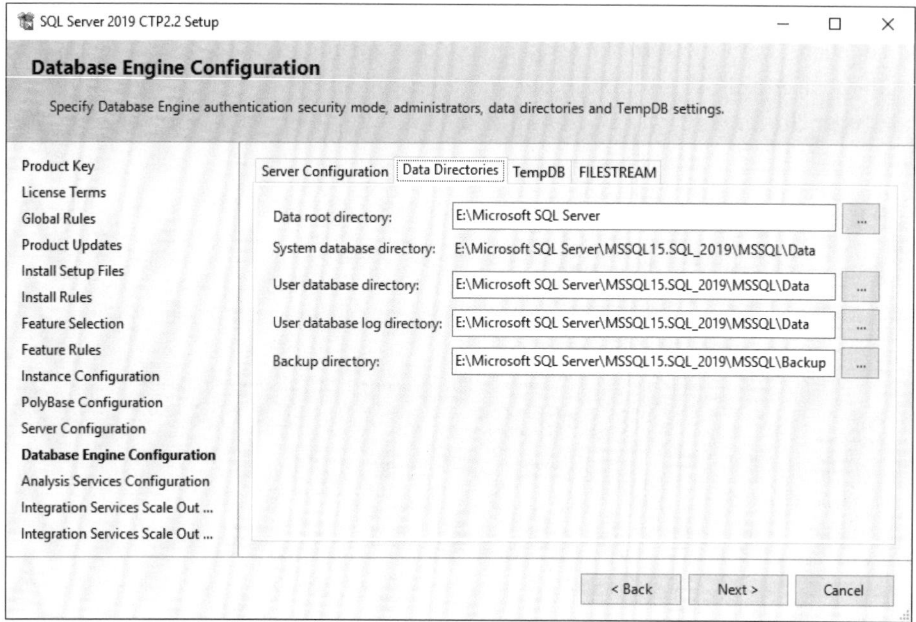

Abbildung 4.15 Festlegen der Datenbank- und Backup-Verzeichnisstruktur

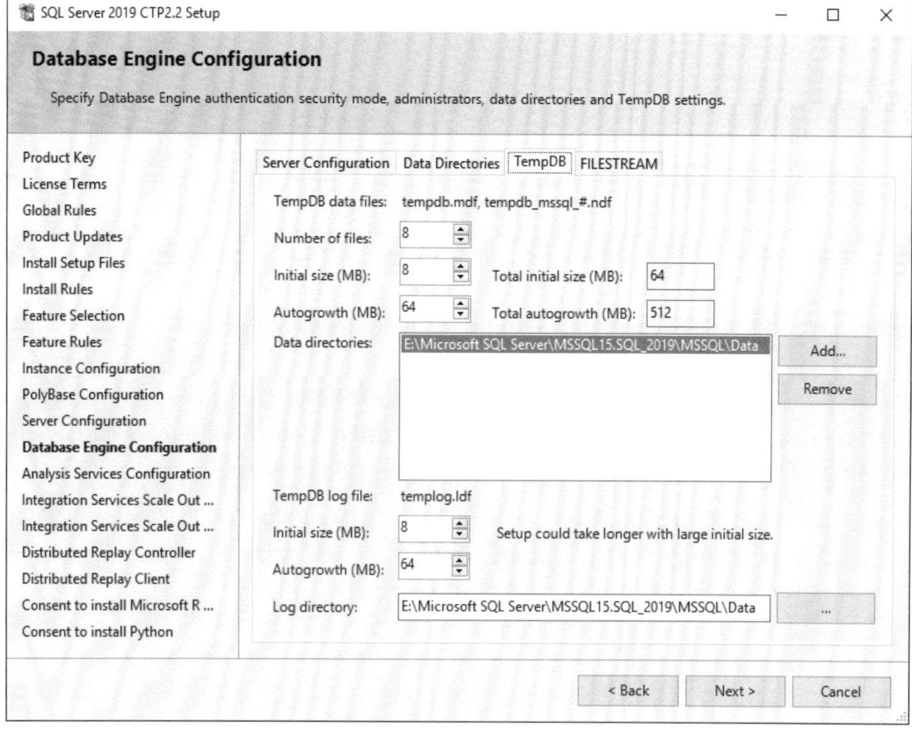

Abbildung 4.16 Konfiguration der TEMPDB

Filestream ermöglicht es, große binäre Objekte (BLOBs) wie Bilder über SQL Server zu verwalten, sie jedoch außerhalb von SQL Server im Dateisystem abzulegen. Dadurch wird Konsistenz zwischen den im Filesystem liegenden Bildern und dem Datenbankinhalt erreicht.

Dazu ist es notwendig, Filestream für den T-SQL-Zugriff zu aktivieren und eine Dateifreigabe für die Ablage im Dateisystem anzugeben (siehe Abbildung 4.17). Sollten Sie nicht ganz sicher sein, ob Sie Filestream benötigen, aktivieren Sie es zu einem späteren Zeitpunkt.

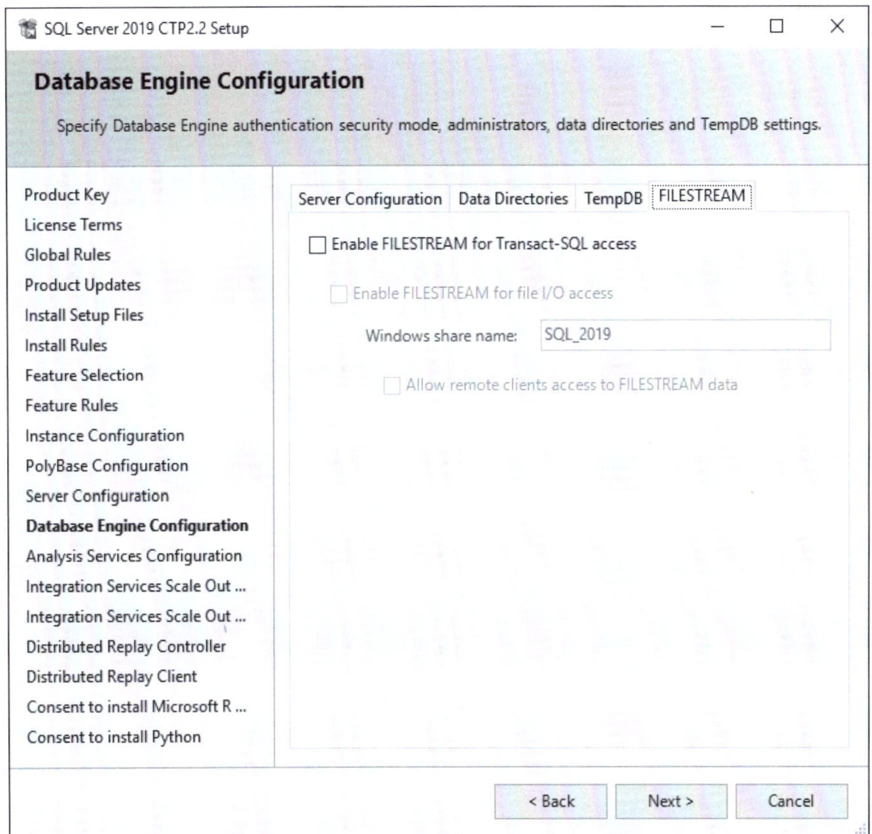

Abbildung 4.17 Aktivieren von Filestream und der Dateifreigabe

Genau wie beim Datenbankmodul können Sie danach auch für die Analysis Services einen Administrator festlegen. Entscheiden Sie, ob der aktuell angemeldete Benutzer oder ein separater Benutzer administrative Berechtigungen in SSAS erhalten soll (siehe Abbildung 4.18).

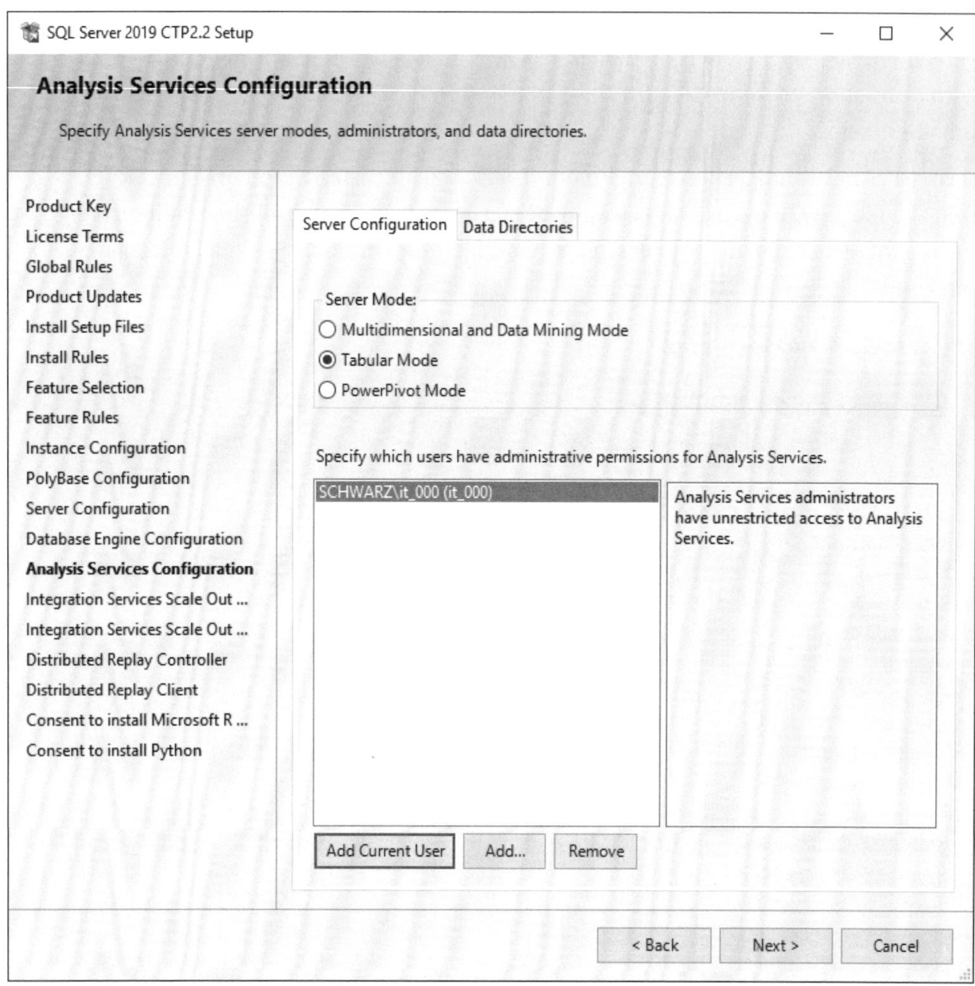

Abbildung 4.18 Festlegen des Admin-Kontos für die Analysis Services

Auch hier müssen Sie die Dateipfade (Data Directories, siehe Abbildung 4.19) angeben, sofern die Defaultwerte Ihnen nicht zusagen. Wie bereits erläutert, ist das aus Gründen der Leistung wichtig. Das Ziel sollte stets sein, so gut wie möglich die physische IO zu verteilen und parallele Vorgänge zu erreichen.

Dann fehlen noch die Portnummer und Angaben zum verwendeten Zertifikat der Integration Services (Abbildung 4.20) sowie die Scale-Out-Konfiguration des Worker Nodes (Abbildung 4.21).

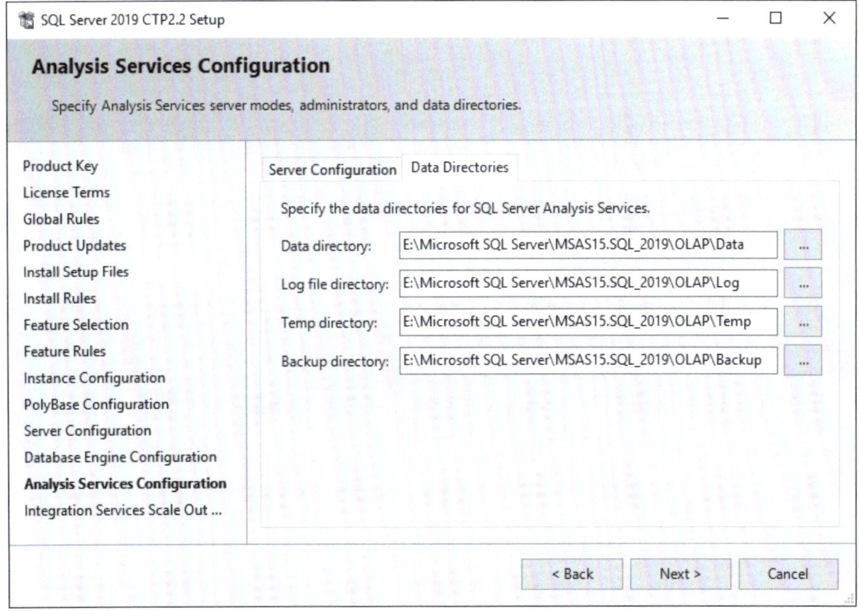

Abbildung 4.19 Konfiguration der Dateipfade für die Analysis Services

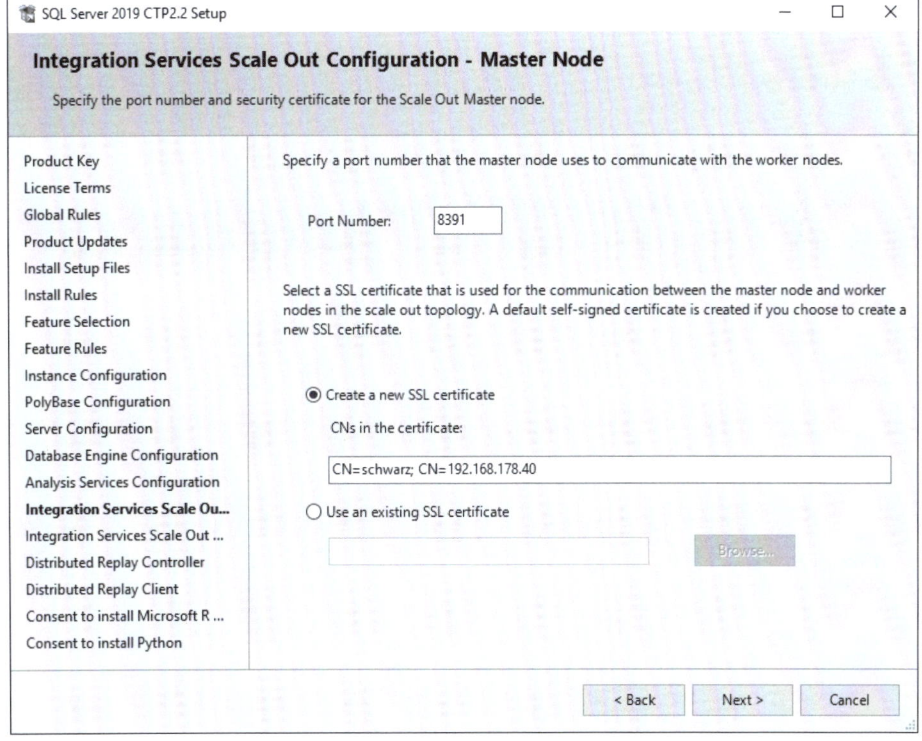

Abbildung 4.20 Master Node

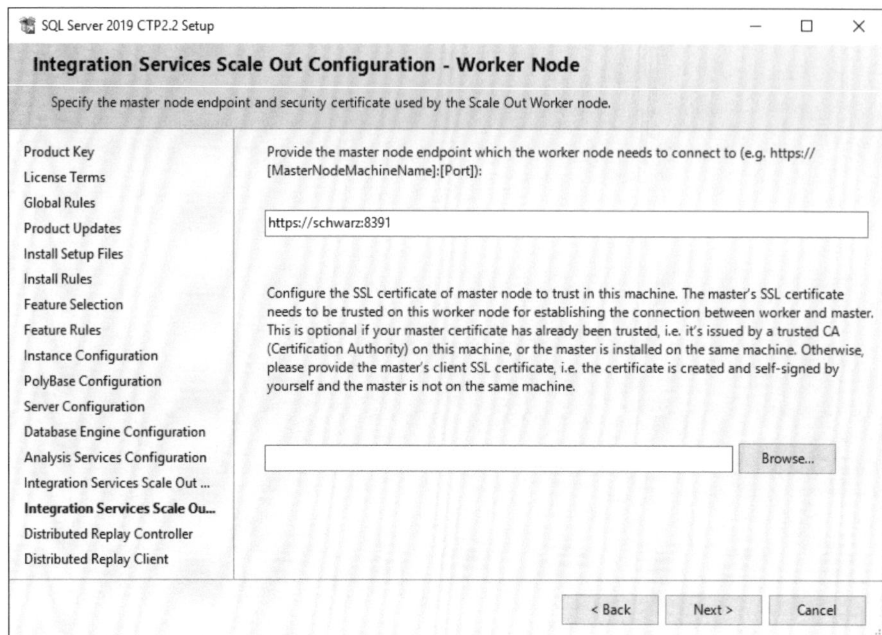

Abbildung 4.21 Worker Node

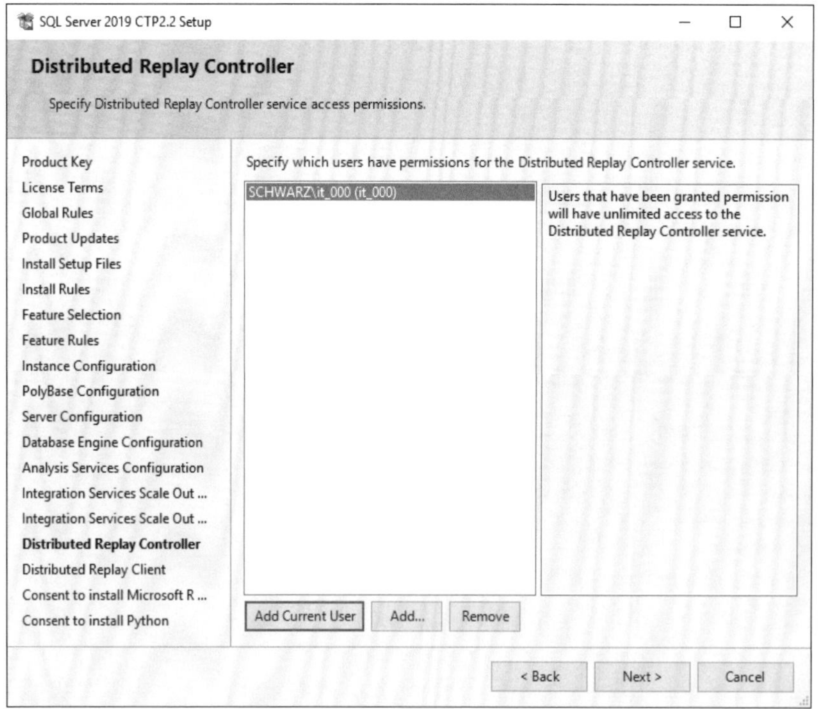

Abbildung 4.22 Distributed Replay Controller

Weiter geht's mit dem DISTRIBUTED REPLAY CONTROLLER (Abbildung 4.22) und dem DISTRIBUTED REPLAY CLIENT (Abbildung 4.23). Hier finden sie weitere Informationen zu diesen Features:

https://docs.microsoft.com/de-de/sql/tools/distributed-replay/sql-server-distributed-replay?view=sql-server-ver15

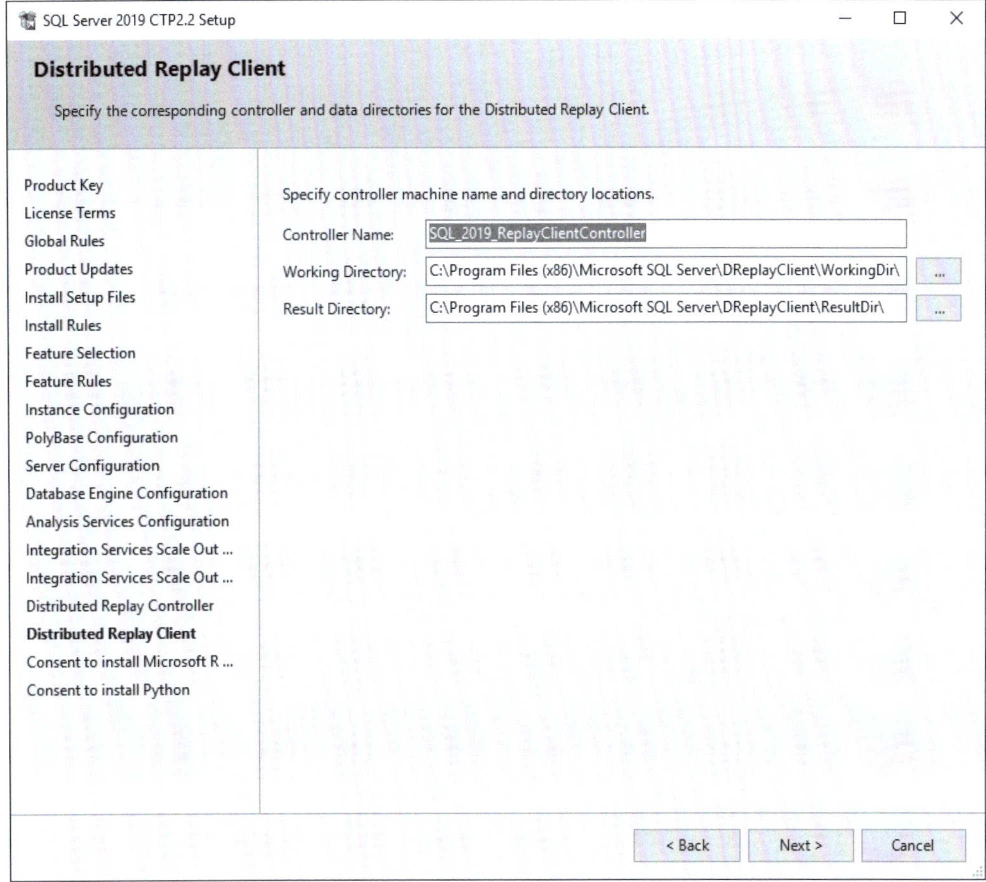

Abbildung 4.23 Distributed Replay Client

Da R und Python keine Microsoft-Produkte sind, müssen Sie noch die jeweilige Lizenz und den Download der zugehörigen Pakete dieser Produkte akzeptieren (siehe Abbildung 4.24 und Abbildung 4.25).

Wenn keine Regelprüfung den weiteren Verlauf der Installation verhindert, erhalten Sie im nächsten Dialog eine Zusammenfassung.

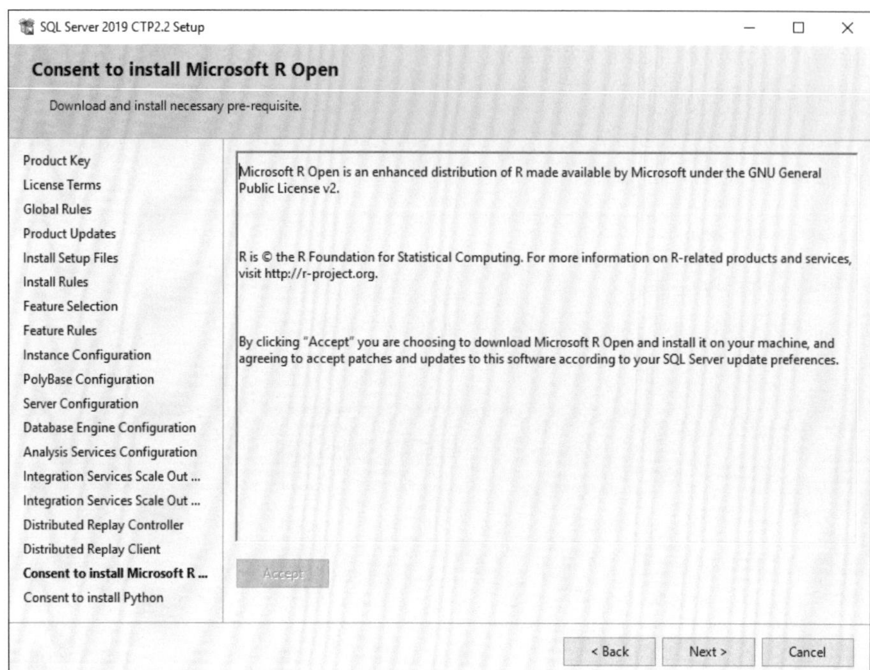

Abbildung 4.24 GNU License für die R Services

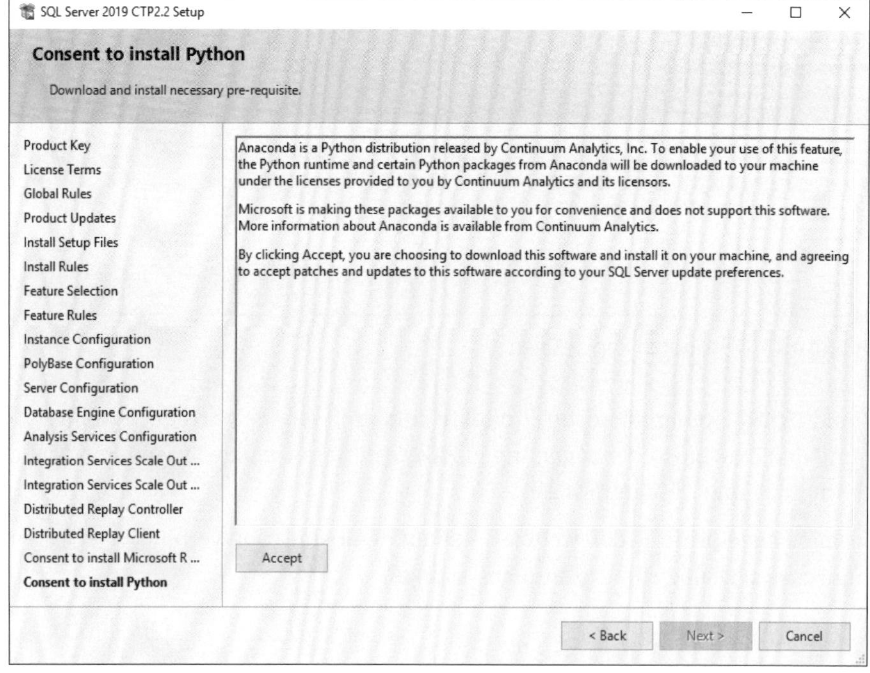

Abbildung 4.25 Akzeptieren der Bedingungen für die Python-Installation

Die Zusammenfassung wird in eine Datei geschrieben. Diese Datei kann für eine unbeaufsichtigte Installation verwendet werden. Den Namen und den Pfad zu dieser Datei erkennen Sie unten in dem Fenster aus Abbildung 4.26 bzw. Abbildung 4.27.

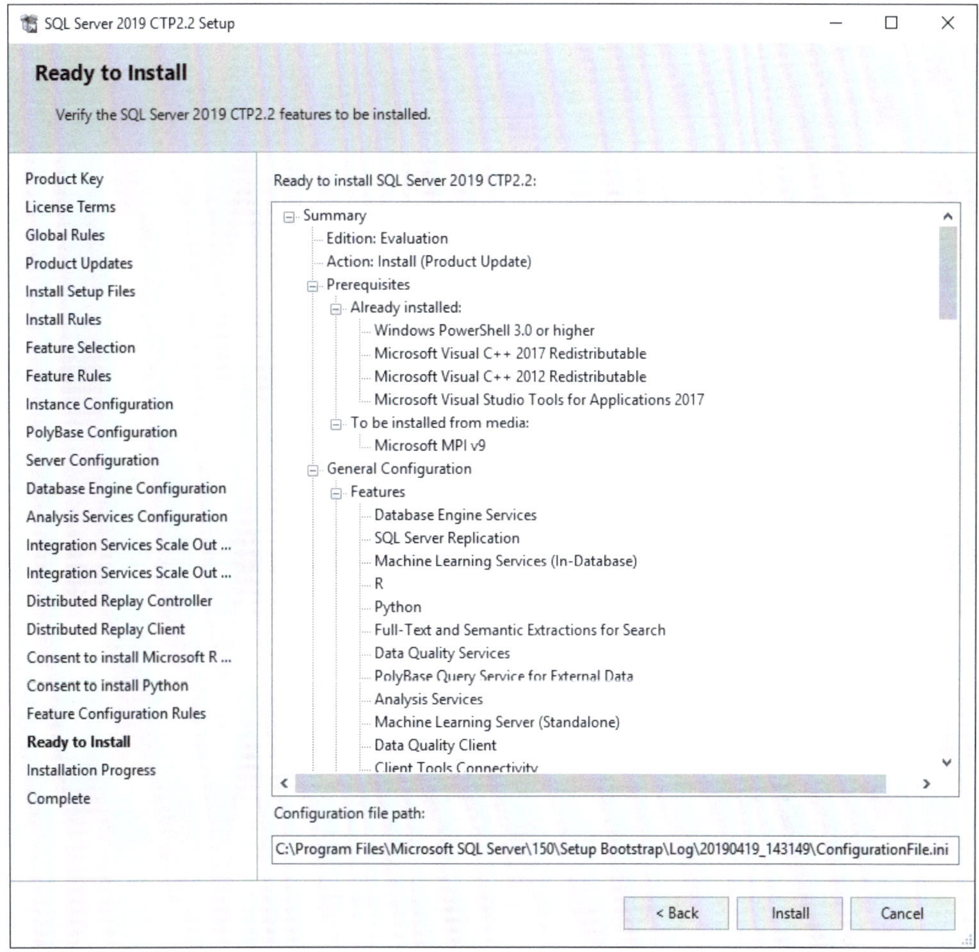

Abbildung 4.26 Zusammenfassung der Installation Teil 1 und Pfad zur INI-Datei für eine unbeaufsichtigte Installation

Nun ist die Installationsauswahl abgeschlossen, und der eigentliche Installationsvorgang wird ausgeführt, wenn Sie auf INSTALLIEREN (INSTALL) klicken.

Während der Installation füllt sich langsam ein Übersichtsbalken, während darunter der jeweils aktuelle Installationsschritt in Textform angezeigt wird (Abbildung 4.28).

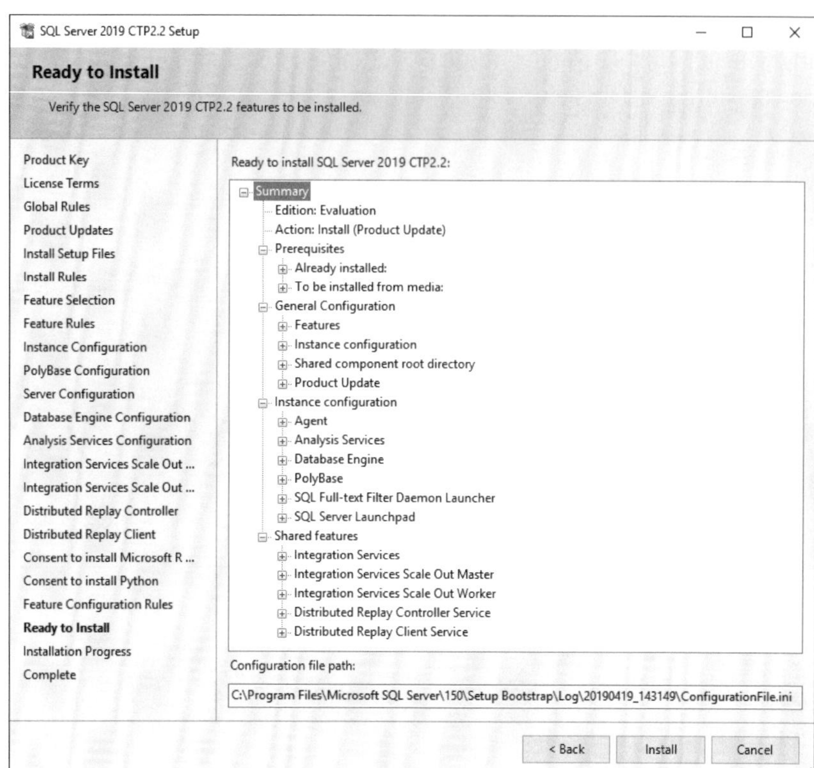

Abbildung 4.27 Zusammenfassung Teil 2

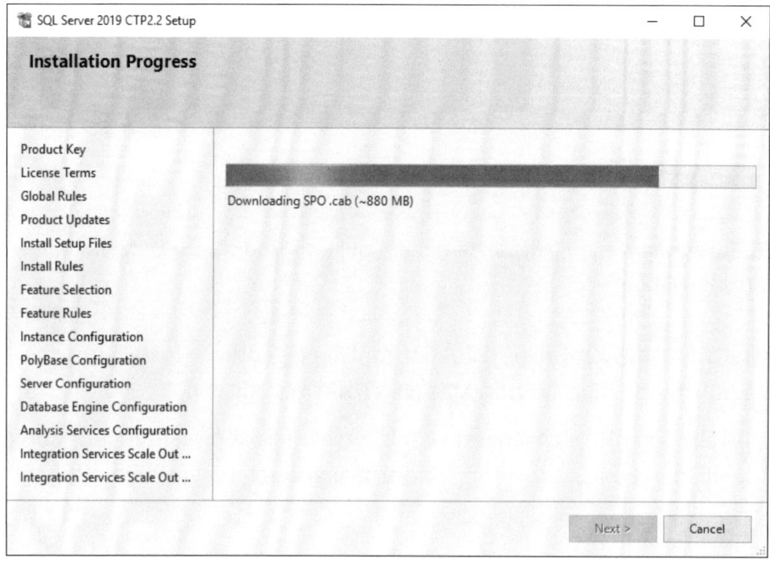

Abbildung 4.28 Gegebenenfalls werden zusätzliche Pakete während der Installation heruntergeladen.

4.3.2 SQL Server und mehrere Instanzen

Welche Faktoren sprechen dafür?

Die Entscheidung, ob Sie mehrere Instanzen von SQL Server auf einem Rechner installieren oder nicht, hängt unter anderem von folgenden Faktoren ab:

- Sie sollten immer eine Entwickler-/Testumgebung und eine Produktivumgebung besitzen.
- Das Einspielen von Service Packs, Updates und Patches in der Entwickler-/Testinstanz ist notwendig, bevor diese in die Produktivinstanz übernommen werden.
- Darüber hinaus spricht für eine separate Instanz, dass eine Anwendung gegebenenfalls über administrative Berechtigungen verfügt und Sie Ihre anderen Unternehmensanwendungen isolieren möchten.
- Die Bereitstellung einer weiteren TEMPDB-Datenbank aus Gründen der Performance, die nur über eine weitere Instanz von SQL Server möglich ist, kann ein wichtiger Faktor sein. Pro Instanz gibt es immer nur eine TEMPDB-Datenbank.
- Hochverfügbarkeit für eine Datenbank mithilfe der Datenbankspiegelung oder des Protokollversands zu gewährleisten, spricht für den Betrieb von mehreren Instanzen.
- Der Parallelbetrieb einer Vorgängerversion von SQL Server und SQL Server 2019 kann ebenfalls ein wichtiger Grund sein.

Wie auch immer Sie verfahren, Sie sollten auf jeden Fall die Lizenzbestimmungen prüfen und das System genau überwachen, so dass Leistungsprobleme in einer Lösung mit mehreren Instanzen von SQL Server ausgeschlossen sind.

Was ist bei der Installation mehrerer Instanzen zu beachten?

SQL Server unterstützt den Betrieb von mehr als einer Instanz des Datenbankmoduls, der Analysis Services und der Reporting Services. Wenn Sie in Erwägung ziehen, mehrere Instanzen von SQL Server auf einem Rechner zu installieren, sollten Sie die folgenden Hinweise beachten:

- Weisen Sie jeder Instanz von SQL Server feste Werte an Speicher zu. SQL Server verwaltet Speicher normalerweise dynamisch. Das bedeutet, dass Speicher bei Bedarf angefordert und nicht mehr benötigter Speicher wieder freigegeben wird. Damit eine Instanz nicht einer weiteren die Arbeitsspeicherressourcen entzieht, sollten Sie für MIN und MAX MEMORY feste Werte vergeben. Das Festlegen dieser Werte erfolgt nach der Installation durch die Konfiguration von SQL Server. In Kapitel 5, »Konfigurieren von SQL Server«, erfahren Sie, wie Sie die Werte mithilfe der gespeicherten Prozedur `sp_configure` festlegen können.

- Die erste Instanz wird als *Standardinstanz* (*Default Instance*), jede weitere als *benannte Instanz* (*Named Instance*) bezeichnet. Nur der Standardinstanz wird bei der Installation die *Portnummer 1433* fest zugewiesen. Jede weitere Instanz wird für die dynamische Portvergabe automatisch konfiguriert. Über den Browserdienst, der die Informationen der einzelnen Instanzen im Netzwerk veröffentlicht, werden dann die Ressourcen von SQL Server zugänglich gemacht. Solange nur eine Instanz von SQL Server installiert ist, müssen Sie den Browserdienst manuell im Konfigurations-Manager starten. Bei einer Installation mehrerer Instanzen wird er automatisch aktiviert und gestartet. Denken Sie daran, falls Sie den Zugriff auf SQL Server über eine Firewall planen, für die benannten Instanzen nach der Installation feste Ports zu vergeben.

Parallelbetrieb von verschiedenen SQL Server-Versionen (z. B. SQL Server 2012, 2014 und 2019)

Bei einer parallelen Installation müssen Sie unterscheiden, was gemeinsam genutzte Komponenten sind. Die folgende Übersicht zeigt diese Komponenten:

- SQL-Server-Browser
- Hilfsdienste von SQL Server für Active Directory
- SQL Server Profiler
- SQL Server Native Client
- SQL-Server-Richtlinien
- CLR-Typen des SQL-Server-Systems
- SQL Server VSS Writer
- Hilfsprogramm SQLdiag
- Verwaltungstools (grundlegend und vollständig)
- Business Intelligence Development Studio
- Konnektivität der Client-Tools
- Client-Tools SDK
- SQL-Server-Onlinedokumentation
- SQL Client Connectivity SDK

Hinweis

Haben Sie eine Instanz von SQL Server 2014 und eine Instanz von SQL Server 2019 parallel installiert, müssen Sie die entsprechenden Updates zu jeder Version herunterladen und installieren. Außerdem werden die freigegebenen Komponenten auf SQL Server 2019 automatisch aktualisiert.

Überprüfen der Installation

Zur Überprüfung der Installation starten Sie zuerst den SQL Server-Konfigurations-Manager und überprüfen, ob die Dienste vorhanden sind und sich starten lassen. Starten Sie dazu im START-Menü unter ALLE PROGRAMME • MICROSOFT SQL SERVER 2019 • KONFIGURATIONSTOOLS den SQL SERVER-KONFIGURATIONS-MANAGER.

Die SQL-Server-Protokolldateien

Nach einer Installation von SQL Server 2019 haben Sie die Möglichkeit, sich die Protokolldateien anzusehen. Diese finden Sie im Verzeichnis *%ProgrammFiles%\Microsoft SQL Server\150\Setup Bootstrap\LOG*.

Sie können sich die Datei *SUMMARY.TXT* ansehen, um Details über den Installationsprozess zu erhalten. Die Datei enthält Einträge und Pfade zu den Log-Dateien, die Ihnen weitere Informationen, vor allem bei Fehlern geben.

Die einzelnen Log-Dateien finden Sie im folgenden Verzeichnis:

%ProgrammFiles%\Microsoft SQL Server\150\Setup Bootstrap\LOG

Zusätzlich läuft unter SQL Server ein Standard-Trace, den Sie ebenfalls im LOG-Verzeichnis finden. Dieses Trace müssen Sie nicht starten oder anhalten. Er dient zu Analysezwecken, wenn Probleme mit SQL Server auftreten und kein weiteres Trace durchgeführt wurde.

4.3.3 Installation und Konfiguration der Reporting Services

Seit SQL Server 2017 sind die Reporting Services nicht mehr im SQL Server-Installationspaket enthalten. Da die Reporting-Services sinnvollerweise oft auf eigenen Servern betrieben werden, hat Microsoft ein eigenes Installationspaket daraus gemacht. Die Installations- und Konfigurationsanleitung finden Sie daher in Abschnitt 23.3.

4.3.4 Installation des Management Studios

Das Management Studio unterstützt Sie bei Verbindungen zur Instanz und bietet eine Oberfläche, über die die meisten Konfigurationsschritte ausgeführt werden können. Für den Datenbank-Administrator ist das SQL Server Management Studio wohl das wichtigste Werkzeug überhaupt.

Es ist kostenfrei und als eigenständiges Installationspaket verfügbar. Die Installation ist einfach. Bei der SSMS-Installation werden keine Benutzereingaben, mit Ausnahme eines Installationspfades, erwartet.

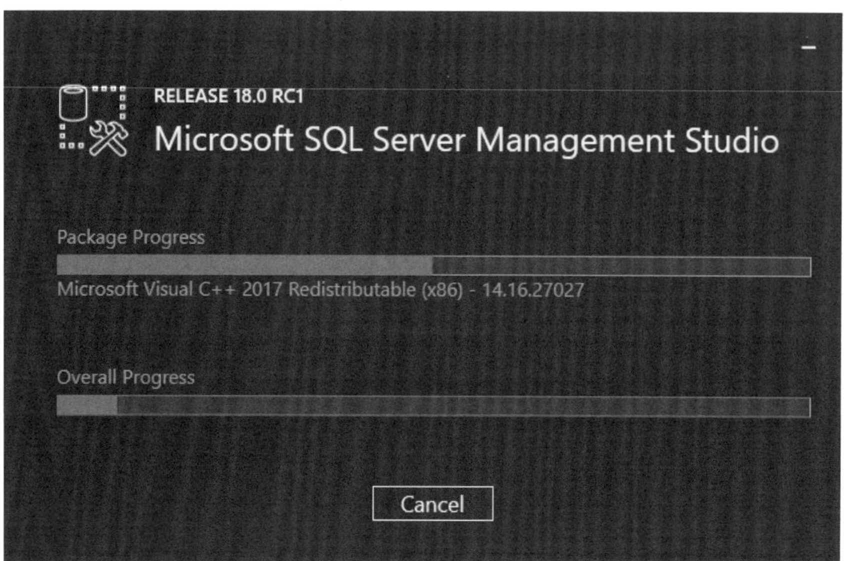

Abbildung 4.29 Die Installation des SSMS verlangt nur einen Installationspfad.

4.4 Durchführen einer unbeaufsichtigten Installation

Früher war es üblich, eine Installation vorzubereiten, zu virtualisieren, diese vorbereitete Installation mit *Sysprep* zu bearbeiten und danach Kopien dieser Installation auszurollen. Danach waren nur noch wenige Handgriffe nötig, und die neue »Maschine« konnte genutzt werden. Da diese wenigen Handgriffe aber zu schwerwiegenden Fehlern führen konnten, wird heute ein anderes Vorgehen bevorzugt. Wurde beispielsweise versehentlich eine IP doppelt vergeben, so war einer der beiden Services, die die gleiche IP nutzten, nicht mehr lauffähig.

Etwas weniger fehleranfällig ist der heute bevorzugte Weg, INI-Dateien zu erstellen und diese dann für eine skriptgesteuerte Installation zu verwenden. Alternativ ist es möglich, alle benötigten Installations-Parameter per `cmd`-Befehl abzusetzen. Beide Wege zeigen wir Ihnen im Folgenden.

4.4.1 Vorbereitungen

Bevor Sie loslegen, sollten Sie folgende Vorbereitungen getroffen haben:

- Sie haben entschieden, welche Version, welche Edition und welchen Lizenztyp Sie verwenden möchten.
- Die ISO-Datei (Installationsmedium) ist gemountet, oder Sie haben die Datei bestenfalls ins Filesystem entpackt.

- Die benötigten Laufwerke sind vorhanden und haben ausreichend Speicherplatz.
- Sie wissen, welche *Collation* (Sortierreihenfolge) Sie verwenden möchten.

4.4.2 Installation mit einer INI-Datei

Um eine unbeaufsichtigte Installation von SQL Server auszuführen, können Sie ein Skript vorbereiten. Am einfachsten erstellen Sie dieses Skript, indem Sie eine Installation bis zu dem Zeitpunkt ausführen, an dem die Zusammenfassung erfolgt und der Pfad zur INI-Datei angezeigt wird. Diese INI-Datei können Sie dann für eine unbeaufsichtigte Installation verwenden. Früher hat das Installationscenter die Möglichkeit angeboten, eine Installation basierend auf einer Konfigurationsdatei durchzuführen. Das geht auch heute noch, muss aber über die Kommandozeile ausgeführt werden.

Öffnen Sie diese Eingabeaufforderung. Der Befehl beginnt mit der Pfadangabe zur Installationsdatei. Darauf folgen der Schalter `/ACTION_Install` und die Pfadangabe der INI-Datei durch das Attribut `/CONFIGURATIONFILE`. Weitere Angaben sind optional. Der Aufruf könnte beispielsweise folgendermaßen aussehen:

```
"D:\Installation\SQL2019\setup.exe" /ACTION=Install /CONFIGURATIONFILE="D:\
Installation\SQL2019\SQL2019_Instanz1.ini"
```

Listing 4.1 Eine unbeaufsichtigte Installation kann weiterhin auf Basis einer Konfigurationsdatei erfolgen.

```
Die INI-Datei
;SQL Server 2019 CTP2.2 Configuration File
[OPTIONS]
; By specifying this parameter and accepting Microsoft R Open and Microsoft R
Server terms, you acknowledge that you have read and understood the terms of
use.
IACCEPTPYTHONLICENSETERMS="True"
; Specifies a Setup work flow, like INSTALL, UNINSTALL, or UPGRADE. This is a
required parameter.
ACTION="Install"
; By specifying this parameter and accepting Microsoft R Open and Microsoft R
Server terms, you acknowledge that you have read and understood the terms of
use.
IACCEPTROPENLICENSETERMS="True"
; Specifies that SQL Server Setup should not display the privacy statement
when ran from the command line.
SUPPRESSPRIVACYSTATEMENTNOTICE="False"
; Use the /ENU parameter to install the English version of SQL Server on your
localized Windows operating system.
ENU="True"
```

```
; Setup will not display any user interface.
QUIET="False"
; Setup will display progress only, without any user interaction.
QUIETSIMPLE="False"
; Parameter that controls the user interface behavior. Valid values are
Normal for the full UI,AutoAdvance for a simplied UI, and
EnableUIOnServerCore for bypassing Server Core setup GUI block.
UIMODE="Normal"
; Specify whether SQL Server Setup should discover and include product
updates. The valid values are True and False or 1 and 0. By default SQL
Server Setup will include updates that are found.
UpdateEnabled="True"
; If this parameter is provided, then this computer will use Microsoft Update
to check for updates.
USEMICROSOFTUPDATE="False"
; Specify the location where SQL Server Setup will obtain product updates.
The valid values are "MU" to search Microsoft Update, a valid folder path, a
relative path such as .\
MyUpdates or a UNC share. By default SQL Server Setup will search Microsoft
Update or a Windows Update service through the Window Server Update Services.
UpdateSource="MU"
; Specifies features to install, uninstall, or upgrade. The list of top-level
features include SQL, AS, IS, MDS, and Tools. The SQL feature will install
the Database Engine, Replication, Full-Text, and Data Quality Services (DQS)
server. The Tools feature will install shared components.
FEATURES=SQLENGINE,REPLICATION,ADVANCEDANALYTICS,SQL_INST_MR,SQL_INST_MPY,
FULLTEXT,DQ,POLYBASECORE,AS,SQL_SHARED_AA,SQL_SHARED_MR,SQL_SHARED_MPY,
DQC,CONN,IS,IS_MASTER,IS_WORKER,BC,SDK,DREPLAY_CTLR,DREPLAY_CLT,MDS
; Displays the command line parameters usage
HELP="False"
; Specifies that the detailed Setup log should be piped to the console.
INDICATEPROGRESS="False"
; Specifies that Setup should install into WOW64. This command line argument
is not supported on an IA64 or a 32-bit system.
X86="False"
; Specify a default or named instance. MSSQLSERVER is the default instance
for non-Express editions and SQLExpress for Express editions. This parameter
is required when installing the SQL Server Database Engine (SQL), or Analysis
Services (AS).
INSTANCENAME="SQL_2019"
; Specify the root installation directory for shared components.  This
directory remains unchanged after shared components are already installed.
INSTALLSHAREDDIR="C:\Program Files\Microsoft SQL Server"
```

```
; Specify the root installation directory for the WOW64 shared components.
This directory remains unchanged after WOW64 shared components are already
installed.
INSTALLSHAREDWOWDIR="C:\Program Files (x86)\Microsoft SQL Server"
; Specify the Instance ID for the SQL Server features you have specified. SQL
Server directory structure, registry structure, and service names will
incorporate the instance ID of the SQL Server instance.
INSTANCEID="SQL_2019"
; The account used by the Distributed Replay Client service.
CLTSVCACCOUNT="NT Service\SQL Server Distributed Replay Client"
; The result directory for the Distributed Replay Client service.
CLTRESULTDIR="C:\Program Files (x86)\Microsoft SQL
Server\DReplayClient\ResultDir"
; The startup type for the Distributed Replay Client service.
CLTSTARTUPTYPE="Manual"
; The working directory for the Distributed Replay Client service.
CLTWORKINGDIR="C:\Program Files (x86)\Microsoft SQL
Server\DReplayClient\WorkingDir"
; The account used by the Distributed Replay Controller service.
CTLRSVCACCOUNT="NT Service\SQL Server Distributed Replay Controller"
; The computer name that the client communicates with for the Distributed
Replay Controller service.
CLTCTLRNAME="SQL_2019_ReplayClientController"
; The startup type for the Distributed Replay Controller service.
CTLRSTARTUPTYPE="Manual"
; The Windows account(s) used to grant permission to the Distributed Replay
Controller service.
CTLRUSERS="SCHWARZ\it_000"
; PolybasePdwUserNameConfigDescription
PBENGSVCACCOUNT="NT AUTHORITY\NETWORK SERVICE"
; PolybasePdwStartupConfigDescription
PBENGSVCSTARTUPTYPE="Manual"
; PolybaseDmsUserNameConfigDescription
PBDMSSVCACCOUNT="NT AUTHORITY\NETWORK SERVICE"
; PolybaseDmsStartupConfigDescription
PBDMSSVCSTARTUPTYPE="Manual"
; PolybaseScaleOutDescription
PBSCALEOUT="False"
; PolybasePortRangeDescription
PBPORTRANGE="16450-16460"
; TelemetryStartupConfigDescription
SQLTELSVCSTARTUPTYPE="Automatic"
; TelemetryUserNameConfigDescription
```

```
SQLTELSVCACCT="NT Service\SQLTELEMETRY$SQL_2019"
; ASTelemetryStartupConfigDescription
ASTELSVCSTARTUPTYPE="Automatic"
; ASTelemetryUserNameConfigDescription
ASTELSVCACCT="NT Service\SSASTELEMETRY$SQL_2019"
; TelemetryStartupConfigDescription
ISTELSVCSTARTUPTYPE="Automatic"
; TelemetryUserNameConfigDescription
ISTELSVCACCT="NT Service\SSISTELEMETRY150"
; Specify the installation directory.
INSTANCEDIR="E:\Microsoft SQL Server"
; Agent account name
AGTSVCACCOUNT="NT Service\SQLAgent$SQL_2019"
; Auto-start service after installation.
AGTSVCSTARTUPTYPE="Manual"
; Startup type for Integration Services.
ISSVCSTARTUPTYPE="Manual"
; Account for Integration Services: Domain\User or system account.
ISSVCACCOUNT="NT Service\MsDtsServer150"
; Startup type for Integration Services Scale Out Master service.
ISMASTERSVCSTARTUPTYPE="Manual"
; Account for Integration Services Scale Out Master service: Domain\User
or system account.
ISMASTERSVCACCOUNT="NT Service\SSISScaleOutMaster150"
; Port for Integration Services Scale Out Master.
ISMASTERSVCPORT="8391"
; The CNs in the certificate used to protect communication with Integration
Services Scale Out Worker.
ISMASTERSVCSSLCERTCN="CN=schwarz; CN=192.168.178.40"
; Startup type for Integration Services Scale Out Worker service.
ISWORKERSVCSTARTUPTYPE="Manual"
; Account for Integration Services Scale Out Worker service: Domain\User
or system account.
ISWORKERSVCACCOUNT="NT Service\SSISScaleOutWorker150"
; Master endpoint.
ISWORKERSVCMASTER="https://schwarz:8391"
; The name of the account that the Analysis Services service runs under.
ASSVCACCOUNT="NT Service\MSOLAP$SQL_2019"
; Controls the service startup type setting after the service has been
created.
ASSVCSTARTUPTYPE="Manual"
; The collation to be used by Analysis Services.
ASCOLLATION="Latin1_General_CI_AS"
```

```
; The location for the Analysis Services data files.
ASDATADIR="E:\Microsoft SQL Server\MSAS15.SQL_2019\OLAP\Data"
; The location for the Analysis Services log files.
ASLOGDIR="E:\Microsoft SQL Server\MSAS15.SQL_2019\OLAP\Log"
; The location for the Analysis Services backup files.
ASBACKUPDIR="E:\Microsoft SQL Server\MSAS15.SQL_2019\OLAP\Backup"
; The location for the Analysis Services temporary files.
ASTEMPDIR="E:\Microsoft SQL Server\MSAS15.SQL_2019\OLAP\Temp"
; The location for the Analysis Services configuration files.
ASCONFIGDIR="E:\Microsoft SQL Server\MSAS15.SQL_2019\OLAP\Config"
; Specifies whether or not the MSOLAP provider is allowed to run in process.
ASPROVIDERMSOLAP="1"
; Specifies the list of administrator accounts that need to be provisioned.
ASSYSADMINACCOUNTS="SCHWARZ\it_000"
; Specifies the server mode of the Analysis Services instance. Valid values
are MULTIDIMENSIONAL and TABULAR. The default value is TABULAR.
ASSERVERMODE="TABULAR"
; CM brick TCP communication port
COMMFABRICPORT="0"
; How matrix will use private networks
COMMFABRICNETWORKLEVEL="0"
; How inter brick communication will be protected
COMMFABRICENCRYPTION="0"
; TCP port used by the CM brick
MATRIXCMBRICKCOMMPORT="0"
; Startup type for the SQL Server service.
SQLSVCSTARTUPTYPE="Manual"
; Level to enable FILESTREAM feature at (0, 1, 2 or 3).
FILESTREAMLEVEL="0"
; Set to "1" to enable RANU for SQL Server Express.
ENABLERANU="False"
; Specifies a Windows collation or an SQL collation to use for the Database
Engine.
SQLCOLLATION="Latin1_General_CI_AS"
; Account for SQL Server service: Domain\User or system account.
SQLSVCACCOUNT="NT Service\MSSQL$SQL_2019"
; Set to "True" to enable instant file initialization for SQL Server service.
If enabled, Setup will grant Perform Volume Maintenance Task privilege to the
Database Engine Service SID. This may lead to information disclosure as it
could allow deleted content to be accessed by an unauthorized principal.
SQLSVCINSTANTFILEINIT="False"
; Windows account(s) to provision as SQL Server system administrators.
SQLSYSADMINACCOUNTS="SCHWARZ\it_000"
```

```
; The default is Windows Authentication. Use "SQL" for Mixed Mode
Authentication.
SECURITYMODE="SQL"
; The number of Database Engine TempDB files.
SQLTEMPDBFILECOUNT="8"
; Specifies the initial size of a Database Engine TempDB data file in MB.
SQLTEMPDBFILESIZE="8"
; Specifies the automatic growth increment of each Database Engine TempDB
data file in MB.
SQLTEMPDBFILEGROWTH="64"
; Specifies the initial size of the Database Engine TempDB log file in MB.
SQLTEMPDBLOGFILESIZE="8"
; Specifies the automatic growth increment of the Database Engine TempDB log
file in MB.
SQLTEMPDBLOGFILEGROWTH="64"
; Provision current user as a Database Engine system administrator for
%SQL_PRODUCT_SHORT_NAME% Express.
ADDCURRENTUSERASSQLADMIN="False"
; Specify 0 to disable or 1 to enable the TCP/IP protocol.
TCPENABLED="1"
; Specify 0 to disable or 1 to enable the Named Pipes protocol.
NPENABLED="0"
; Startup type for Browser Service.
BROWSERSVCSTARTUPTYPE="Manual"
; Add description of input argument EXTSVCACCOUNT
EXTSVCACCOUNT="NT Service\MSSQLLaunchpad$SQL_2019"
; Add description of input argument FTSVCACCOUNT
FTSVCACCOUNT="NT Service\MSSQLFDLauncher$SQL_2019"
```

Listing 4.2 Inhalt der INI-Datei zur unbeaufsichtigten Installation

Bitte tragen Sie keine Passwörter in die INI-Datei ein. Diese Datei liegt ungeschützt im Filesystem des Servers und kann von jedem, der Zugriff auf den Server hat, eingesehen werden. Stattdessen können Sie diese Passwörter im Installationskommando angeben.

4.4.3 Installation mit Parameterangaben

Alternativ können Sie die Installation ohne eine INI-Datei starten, indem Sie alle benötigten Informationen per Kommandozeile übergeben:

```
"D:\Installation\SQL2019\setup.exe" /ACTION=Install /IACCEPTSQLSERVERLICENSE-
TERMS /ENU /UpdateEnabled=TRUE /UpdateSource="D:\Installation\SP_CU\"
/ERRORREPORTING=0 /FEATURES=SQLENGINE,FULLTEXT  /QS /SQMREPORTING=0
/INSTANCENAME=SQLServer2019 /AGTSVCACCOUNT="Domain\SQL2019AgentAccount"
/AGTSVCSTARTUPTYPE=Automatic /BROWSERSVCSTARTUPTYPE=Automatic /SECURITYMODE=
SQL /SAPWD="SicheresSAPasswort" /SQLSVCACCOUNT="Domain\SQL2019EngineAccount"
/SQLSVCSTARTUPTYPE=Automatic /AGTSVCPASSWORD="SicheresAgentPasswort"
/SQLSVCPASSWORD="SicheresEnginePasswort" /SQLSYSADMINACCOUNTS="Domain\
DBA_Admin_Gruppe" "NT AUTHORITY\SYSTEM" /SQLUSERDBDIR="E:\SQL2019\UserDB\
DATA" /SQLUSERDBLOGDIR="F:\SQL2019\UserDB\LOGS" /SQLTEMPDBDIR="G:\SQL2019\
TempDB\Data" /SQLTEMPDBLOGDIR="H:\SQL2019\TempDB\Logs" /INSTALLSQLDATADIR=
"I:\SQL2019\SystemDB\Data" /NPENABLED=1 /TCPENABLED=1
```

Listing 4.3 Die unbeaufsichtigte Installation in der Eingabeaufforderung mittels Parameter

Alle möglichen Parameter finden Sie hier beschrieben:

https://docs.microsoft.com/de-de/sql/database-engine/install-windows/install-sql-server-from-the-command-prompt?view=sql-server-ver15#Install

4.4.4 Vorbereitung einer Installation mit Sysprep

Seit SQL Server 2008 R2 können Sie ein Image von einer eigenständigen SQL-Server-Instanz aus vorbereiten. Sie finden den entsprechenden Punkt im Installationscenter unter ERWEITERT (englisch: ADVANCED). Jedoch wird dabei nur das SQL-Server-Produkt mit den dazugehörigen Funktionen installiert, die Installation aber nicht konfiguriert.

Wir haben diese Installationsmöglichkeit nur der Vollständigkeit halber erwähnt, sie ist heutzutage nicht mehr zeitgemäß.

4.5 Installation einer Instanz unter Linux

Seit SQL Server 2017 gibt es die Möglichkeit, Linux als Betriebssystem für eine SQL Server-Installation zu wählen. SQL Server 2017 nutzt die gleiche SQL Server-Datenbank-Engine wie unter Windows, mit vielen ähnlichen Features und Diensten.

Die Unterstützung für Linux ist ein wirklich cleverer Schachzug von Microsoft, da auf diesem Weg viele Gegenargumente von Oracle-Admins entkräftet werden. Bei vielen Kundeneinsätzen haben wir immer wieder zu hören bekommen, Linux sei so viel sicherer und stabiler. Da wir selbst noch wenig Kontakt mit Linux hatten, wollen wir uns dazu lieber kein Urteil erlauben. Fakt ist jedoch, dass Windows als Betriebssystem definitiv weiter verbreitet ist.

Mittlerweile sind für Linux längst zahlreiche Oberflächen (GUI, grafische Benutzeroberfläche/*Graphical User Interface*) verfügbar, durch die der Benutzer fast vollständig auf die Kommandozeile verzichten kann. Im Serverbereich ist es aber immer noch eine Ausnahme, eine grafische Benutzeroberfläche zu verwenden, da sie aus Sicherheitsgründen meist nicht installiert wird. Auch Windows Server-Betriebssysteme könnten ohne GUI installiert werden. Allerdings müssten sich die meisten Windows-Administratoren komplett umstellen – ein langer Weg.

Ein weiterer Punkt, der zu bedenken ist, sind die Lizenzkosten für die Betriebssysteme. Ein reines Linux ist normalerweise kostenfrei nutzbar. Die Lizenzkosten für eine betreute Linux-Serverversion sind daher geringer als die einer Windows-Serverversion. Unternehmen müssen stets genau prüfen, welche Lizenzvereinbarungen mit welchen Herstellern im Unternehmensumfeld existieren und wie die restliche Infrastruktur aufgebaut ist. Der wichtigste Faktor ist jedoch stets das Personal, das in der Lage sein muss, die geplante Serverlandschaft auch zu betreuen.

Sie müssen zudem berücksichtigen, dass Linux kein Microsoft-Produkt ist. Als der neue SQL Server auf den Markt kam, waren die unterstützten Features noch recht eingeschränkt. Da Microsoft sehr viel Energie in die Unterstützung des Fremd-Betriebssystems steckt, ist die Auswahl der nutzbaren Features mittlerweile stark angestiegen und wächst beständig. Somit wird auch die Zusammenarbeit zwischen Betriebssystem und Datenbank-Engine immer besser.

Unbeaufsichtigte oder Offlineinstallation

Informationen zur unbeaufsichtigten oder Offlineinstallation finden Sie auf der Microsoft-Website unter *https://docs.microsoft.com/de-de/sql/linux/sql-server-linux-setup?view=sql-server-2017*.

Die virtuelle Umgebung

Als virtuelle Umgebung haben wir Proxmox (*https://www.proxmox.com/de/*) gewählt. Es eignet sich jedoch auch jede andere Virtualisierungssoftware wie Azure, AWS, VMware.

Die Systemanforderung der virtuellen Linux-Maschine lauten:

- Speicher: 2 GB
- Dateisystem: XFS oder ext4
- Speicherplatz: 6 GB
- Prozessorgeschwindigkeit: 2 GHz
- Prozessorkerne: 2 Kerne
- Prozessortyp: nur x64-kompatibel

Ubuntu-Version

Für das Installationsbeispiel haben wir als Linux-Distribution *Ubuntu 16.04* ausgewählt. Diese Version wird neben Red Hat Enterprise und SUSE Enterprise Server von Microsoft unterstützt und empfohlen.

Ubuntu 18.04 wird zum Druckzeitpunkt zwar offiziell noch nicht unterstützt, Sie können SQL Server aber nach Änderung der *libcurl-library* bereits ausführen. Weitergehende Informationen hierzu finden Sie auf der Microsoft-Website unter *https://blogs.msdn.microsoft.com/sql_server_team/installing-sql-server-2017-for-linux-on-ubuntu-18-04-lts/*.

4.5.1 SQL Server 2017 Linux installieren

Öffnen Sie ein Terminalfenster, und führen Sie folgende Schritte aus:

1. Importieren Sie zunächst den GPG-Schlüssel mit dem folgenden Befehl. Der erfolgreiche Import wird Ihnen nicht bestätigt.

   ```
   wget -qO- https://packages.microsoft.com/keys/microsoft.asc | sudo apt-
   key add -
   ```

2. Registrieren Sie des Microsoft SQL Server Ubuntu Repository. Achten Sie dabei darauf, den Befehl als Superuser auszuführen. Auch hierfür erhalten Sie keine Bestätigung.

   ```
   sudo add-apt-repository "$(wget -qO- https://packages.microsoft.com/config/
   ubuntu/16.04/mssql-server-2017.list)"
   ```

3. Updaten Sie die Pakete für Ubuntu mit:

   ```
   apt-get update
   ```

4. Installieren Sie SQL Server 2017 für Linux mit dem Befehl:

   ```
   sudo apt-get install -y mssql-server
   ```

5. Im Anschluss konfigurieren Sie SQL Server. Rufen Sie hierfür das Setup mit dem folgenden Befehl auf:

   ```
   sudo /opt/mssql/bin/mssql-conf setup
   ```

   – Sie müssen zuerst die Edition festlegen (Abbildung 4.30). Für die Entwicklung empfehle ich Ihnen, hier die kostenlose DEVELOPER-Edition auszuwählen. Natürlich müssen produktiv genutzte Systeme mit der Standard-Edition oder der Enterprise-Edition lizensiert werden (oder mit einer der weiteren Editionen).
   – Lesen und bestätigen Sie anschließend die Lizenzbedingungen, indem sie `Yes` eingeben.

- Wählen Sie sodann die von Ihnen gewünschte Spracheinstellung aus. Wie erwähnt, empfehlen wir Ihnen die englische Variante, wenn Sie es Ihren internationalen Kollegen einfacher machen möchten und/oder Sie mit den deutschen Übersetzungen weniger anfangen können.
- Danach werden Sie zur Eingabe des SQL Server-Systemadministratorkontos aufgefordert. Wählen Sie ein ausreichend sicheres Kennwort, und bestätigen Sie es. Wundern Sie sich nicht, dass sich der Cursor während der Passworteingabe aus Sicherheitsgründen nicht bewegt. Nach der Eingabe wird SQL Server 2017 konfiguriert und gestartet.

```
frank@frank-VirtualBox:~$ sudo /opt/mssql/bin/mssql-conf setup
Wählen Sie eine SQL Server-Edition:
  1) Evaluation (Kostenlos, keine Nutzungsrechte für die Produktion, auf 180 Tage begrenzt)
  2) Developer (Kostenlos, keine Nutzungsrechte für die Produktion)
  3) Express (Kostenlos)
  4) Web (KOSTENPFLICHTIG)
  5) Standard (KOSTENPFLICHTIG)
  6) Enterprise (KOSTENPFLICHTIG)
  7) Enterprise Core (KOSTENPFLICHTIG)
  8) Ich habe eine Lizenz im Einzelhandel erworben und besitze einen Production Key.

Details zu den Editionen finden Sie hier:
https://go.microsoft.com/fwlink/?LinkId=852748&clcid=0x407

Die Nutzung KOSTENPFLICHTIGER Editionen dieser Software erfordert eine separate Lizenzierung üb
er ein
Microsoft-Volumenlizenzierungsprogramm.
Durch die Auswahl einer KOSTENPFLICHTIGEN Edition bestätigen Sie, dass Sie die erforderliche
Anzahl von Lizenzen zur Installation und Ausführung dieser Software besitzen.

Edition eingeben(1-8): 2
Die Lizenzbedingungen für dieses Produkt finden Sie hier:
/usr/share/doc/mssql-server oder können hier heruntergeladen werden:
https://go.microsoft.com/fwlink/?LinkId=855862&clcid=0x407

Die Datenschutzerklärung kann hier angezeigt werden:
https://go.microsoft.com/fwlink/?LinkId=853010&clcid=0x407

Stimmen Sie den Lizenzbedingungen zu? [Yes/No]:Yes


Wählen Sie die Sprache für SQL Server:
(1) English
(2) Deutsch
(3) Español
(4) Français
(5) Italiano
(6) 日本語
(7) 한국어
(8) Português
(9) Русский
(10) 中文 - 简体
(11) 中文 (繁体)
Geben Sie Option 1-11 ein: 2
```

Abbildung 4.30 »sudo -opt-mssql-bin-mssql-conf setup«

6. Prüfen Sie sicherheitshalber, ob SQL Server 2017 nach der Konfiguration auch wirklich gestartet wurde:

```
systemctl status mssql-server --no-pager
```

4.5.2 SQL-Server-Befehlszeilentool installieren

Um Datenbanken zu erstellen, benötigen Sie ein Tool, das Transact-SQL-Befehle auf SQL Server ausführen kann. Wir zeigen Ihnen, wie Sie die *mssql-tools* installieren:

1. Importieren Sie zunächst den GPG-Schlüssel:

   ```
   curl https://packages.microsoft.com/keys/microsoft.asc | sudo apt-key add -
   ```

2. Registrieren Sie das Microsoft-Ubuntu-Repository mit dem Befehl:

   ```
   curl https://packages.microsoft.com/config/ubuntu/16.04/
   prod.list | sudo tee /etc/apt/sources.list.d/msprod.list
   ```

```
frank@frank-VirtualBox:~$ curl https://packages.microsoft.com/keys/microsoft.asc | sudo apt-key
 add -
  % Total    % Received % Xferd  Average Speed   Time    Time     Time  Current
                                 Dload  Upload   Total   Spent    Left  Speed
100   983  100   983    0     0   1902      0 --:--:-- --:--:-- --:--:--  1905
OK
frank@frank-VirtualBox:~$ curl https://packages.microsoft.com/config/ubuntu/16.04/prod.list | s
udo tee /etc/apt/sources.list.d/msprod.list
  % Total    % Received % Xferd  Average Speed   Time    Time     Time  Current
                                 Dload  Upload   Total   Spent    Left  Speed
100    79  100    79    0     0    311      0 --:--:-- --:--:-- --:--:--   312
deb [arch=amd64] https://packages.microsoft.com/ubuntu/16.04/prod xenial main
frank@frank-VirtualBox:~$
```

Abbildung 4.31 Import des GPG-Schlüssels und Registrierung des Microsoft-Ubuntu-Repositorys

3. Wie immer ist es nun sinnvoll, die Quellen zu aktualisieren. Geben Sie hierfür folgenden Befehl ein:

   ```
   sudo apt-get update
   ```

4. Nachdem die Vorbereitungen abgeschlossen sind, installieren Sie nun die *mssql-tools*:

   ```
   sudo apt-get install mssql-tools unixodbc-dev
   ```

   Um die Installation abzuschließen, müssen Sie die Lizenzbedingungen für die *mssql-tools* und *msodbcsql17* mit JA (YES) bestätigen.

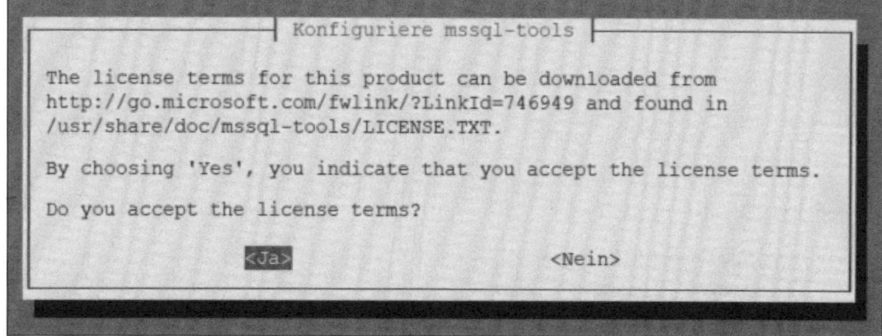

Abbildung 4.32 Bestätigen Sie die Lizenzbedingungen der »msql-tools«.

Lokal verbinden

Verbinden Sie sich mit der SQL-Server-Instanz via `sqlcmd`. Rufen Sie hierfür den folgenden Befehl auf:

```
sqlcmd -S localhost -U SA
```

Geben Sie nun das Kennwort ein, das Sie während des Setups vergeben haben. Nach erfolgreicher Eingabe wechselt das Terminal zur `sqlcmd`-Eingabeaufforderung, die Sie an dem `1>` erkennen.

```
frank@frank-VirtualBox:~$ sqlcmd -S localhost -U SA
Password:
1>
```

Abbildung 4.33 Lokale Verbindung zur SQL Server-Instanz via »sqlcmd«

> **Fehlermeldung – »sqlcmd: command not found«**
>
> Sollten Sie die Fehlermeldung »sqlcmd: Befehl nicht gefunden« erhalten, müssen Sie noch die PATH-Umgebungsvariable manuell anpassen.
>
> Führen Sie dafür folgende Befehle aus:
>
> ```
> echo 'export PATH="$PATH:/opt/mssql-tools/bin"' >> ~/.bash_profile
> echo 'export PATH="$PATH:/opt/mssql-tools/bin"' >> ~/.bashrc
> source ~/.bashrc
> ```

Plattformübergreifende Datentools

Neben `sqlcmd` können Sie SQL Server mit folgenden Tools verwalten:

- Azure Data Studio
- Visual Studio Code
- PowerShell Core
- mssql-cli

Verbinden über Windows

Unter Windows wird die Linux-Instanz wie jede andere Instanz, die unter einem Windows Server- Betriebssystem läuft, angesteuert. Folgende Tools können unter Windows ausgeführt werden:

- Windows PowerShell
- SQL Server Management Studio (SSMS)
- SQL Server Data Tools (SSDT)

4.6 Installation einer Instanz in der Cloud

Alle Unternehmen, die eigene Server betreiben, müssen jederzeit IT-Reserven vorhalten, um Ausfällen vorzubeugen oder auf die Anforderung nach dringend benötigten Ressourcen reagieren zu können. Aus diesem Grund gab es enorme Mengen ungenutzter Rechenleistung, die aber auch finanziert werden mussten. So lag die Idee nahe, diese freien Ressourcen zu vermieten. Um einen möglichst großen Kundenkreis anzusprechen, war der nächste logische Schritt, die Vermietung dieser Rechenleistung über das Internet anzubieten. Die Cloud war geboren: Rechenleistung und Speicherplatz, die in riesigen Datacentern bereitgestellt werden und von Kunden in der ganzen Welt über das Internet genutzt werden. Natürlich ergeben sich hierdurch verschiedene Vor-, aber auch Nachteile für den Kunden:

- *Vorteile der Cloud:* Skalierbarkeit, verbrauchsabhängiges Kostenmodell, extrem hohe Verfügbarkeit
- *Nachteile der Cloud:* Internetzugang für alle Benutzer erforderlich, keine echte AD-Anbindung
- *Einschränkungen:* Es wird nur die aktuelle SQL Server-Version unterstützt.

4.6.1 Installation einer SQL Server-Instanz in Azure

Melden Sie sich zunächst am Azure Portal (*https://portal.azure.com/*) mit ihrem Microsoft Account an. Nach der Anmeldung mit Ihren Zugangsdaten können Sie die Umgebung, die für eine SQL Server-Datenbank Voraussetzung ist, konfigurieren. Sie benötigen hierfür ein Abonnement, das mit Ihrem Account verknüpft ist und das in der Regel kostenpflichtig ist. Microsoft bietet oft auch die Möglichkeit eines Probe-Abos. Da sich die Lizenzbedingungen immer wieder ändern können, sollten Sie einen genauen Blick drauf werfen.

Zunächst benötigen Sie eine *Ressourcengruppe*. Innerhalb dieser können Sie die von Ihnen benötigten Ressourcen erstellen. Je nach geplanter Umgebung benötigen Sie beispielsweise ein virtuelles Netzwerk, eine öffentliche IP-Adresse, eine Netzwerkschnittstelle oder auch Netzwerksicherheitsgruppen. Zudem brauchen Sie mindestens einen virtuellen Computer, auf dem die SQL Server-Instanz installiert werden kann. Alternativ können Sie auch nur eine SQL-Server-Datenbank buchen.

Die Möglichkeiten sind mittlerweile so vielfältig, dass es den Rahmen dieses Buches sprengen würde, auf alle einzugehen. Die Startseite des Portals bietet Ihnen aber eine Vielzahl an Tutorials. Bitte beachten Sie dabei, dass jeder Service, den Sie buchen, Geld kosten kann. Nehmen Sie sich die nötige Zeit, sich umzusehen und herauszufinden, welche Möglichkeiten sich Ihnen bieten.

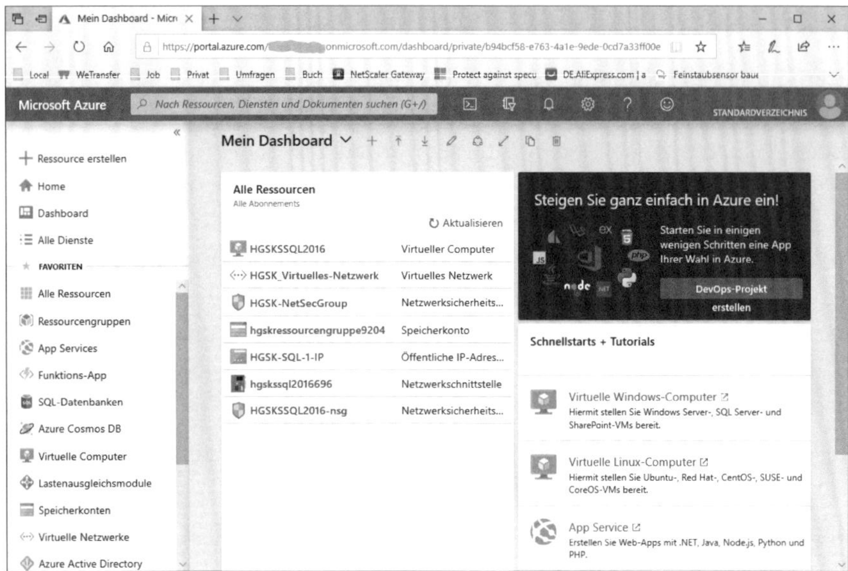

Abbildung 4.34 Das Azure Portal

Eine Auflistung aller Services finden Sie unter ALLE DIENSTE (ALL SERVICES, siehe Abbildung 4.35). Selbst wenn Sie Ihre Auswahl auf Datenbank-Services eingeschränkt haben, bleiben noch viele Möglichkeiten übrig: Datenbank-Services, VM's mit SQL Server, aber auch MySQL, PostgreSQL oder MariaDB-Server und vieles mehr.

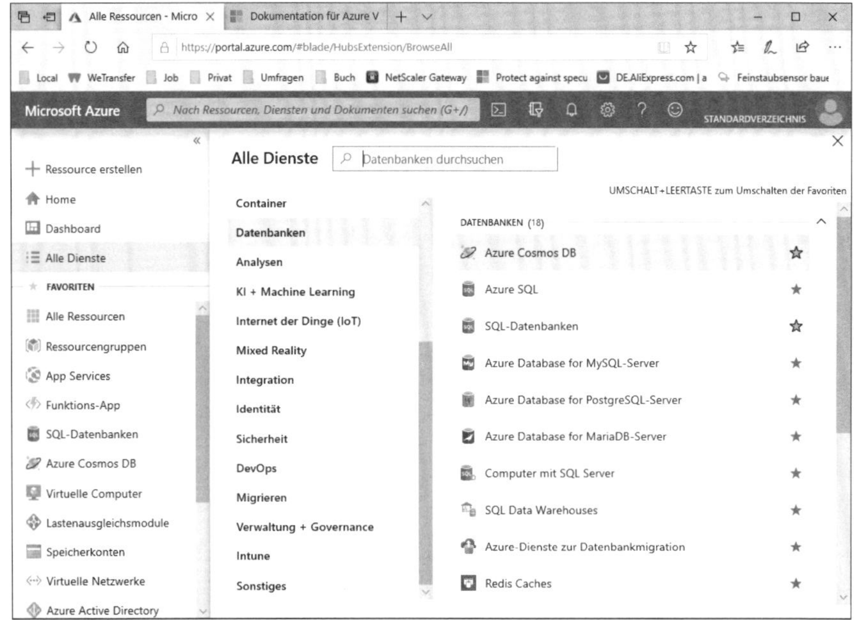

Abbildung 4.35 Azure – Datenbanken

Kapitel 5
Konfigurieren von SQL Server

Dieses Kapitel zeigt Administratoren, welche Konfigurationen nach der Installation notwendig sind. Gerade im Hinblick auf Sicherheit, Funktionalität und Skalierung ist das Thema »Konfiguration« zentral.

Nach der Installation von SQL Server ist es notwendig, die Instanz zu konfigurieren. Was mit dem Begriff »Konfiguration« gemeint ist, klärt der nächste Abschnitt. Grundsätzlich gliedert sich die Konfiguration in die folgenden Bereiche:

- Dienste, Netzwerkprotokolle auf Server- und Clientseite
- Dienstprinzipalname (SPN) (englisch: Service Principal Name)
- Regeln für die Firewall
- Serveroptionen, wie z. B. Serverspeicher, Anmeldeüberwachung, Datenbank-E-Mail, Nutzung der Common Language Runtime (CLR), XP_CMDSHELL
- Richtlinienverwaltung (englisch: Policy Management)
- Utility Control Points (Hilfsprogramm)
- SQL Server Agent und PowerShell

5.1 Der SQL Server-Konfigurations-Manager

Mit dem *SQL Server-Konfigurations-Manager* verfügen Sie über eine Konsole, mit deren Hilfe Sie die Dienste von SQL Server verwalten. Dazu gehören das Festlegen der Startart eines Dienstes, die Zuweisung von Startparametern, Trace-Flags und dem Windows-Konto, unter dem der Dienst ausgeführt wird. Sind diese Punkte konfiguriert, ist als Nächstes zu prüfen, welche Protokolle im Netzwerk auf Server- und Clientseite benötigt werden und konfiguriert werden müssen.

5.1.1 Die Dienste von SQL Server

Bei den Diensten stellt sich häufig die Frage, welche wofür wirklich benötigt werden und welche nicht. Lassen Sie uns dazu noch einmal die Dienste von SQL Server kurz aufzeigen:

- **Die Database Engine** ist die SQL-Server-Datenbank-Verwaltung, also der Teil von SQL Server, auf dem alles weitere basiert.
- **Der SQL Server Agent** ist verantwortlich für alles, was mit Zeitplänen automatisiert ausgeführt wird.
- **SSIS – die SQL Server Integration Services** sind das ETL-Tool des Datenbank-Servers. Dabei steht *ETL* für das *Extrahieren, Transformieren* und *Laden* (englisch: *Extract, Transform, Load*) von Daten. Achtung! Wartungspläne (Maintenance Plans) basieren auf SSIS.
- **SSAS – die SQL Server Analysis Services** bieten *OLAP-Funktionalität* und multidimensionale Datenbanken. Begriffe wie *Cube, Dimensionen* und *Faktentabellen* sind Bestandteil dieser Thematik und ermöglichen es, leistungsfähige Data-Warehouse-Lösungen mithilfe von SQL Server aufzubauen.
- **SSRS – die SQL Server Reporting Services** ermöglichen ein unternehmensweites Berichtswesen. Berichte können mit Visual Studio oder dem Report Builder erstellt und im Unternehmen verteilt werden. Das können sowohl einfache Berichte wie Kontaktlisten von Mitarbeitern und Umsatzstatistiken als auch komplexe Auswertungen von Unternehmenskennzahlen oder Ticketsystemen sein.
- Der **SQL Server-Browserdienst** sammelt Informationen über Instanzen von SQL Server und stellt sie zur Verfügung. Versuchen Sie doch einmal, den Browserdienst anzuhalten und sich mit dem Management Studio zu verbinden. Nach dem Start des SQL Server Management Studios (SSMS) klicken Sie im Feld SERVER auf DURCHSUCHEN (englisch: BROWSE FOR MORE...) und gehen auf die Registerkarte NETZWERK (NETWORK SERVERS) – ohne Browserdienst werden die Instanzen hier nicht angezeigt. Unter anderem ist der Browserdienst also wichtig, wenn Sie mit mehr als einer Instanz von SQL Server auf einem Rechner arbeiten und die dynamische Portvergabe gewählt haben.
- Der **SQL Full-text Filter Daemon Launcher** wird für die Volltextsuche benötigt.
- Der Dienst **SQL Server Launchpad Service** wurde von Microsoft neu eingeführt. Er wird benötigt für die Advanced Analytic Extension Processes, die mit den R Services zusammenhängen.

5.1.2 Clientkonfiguration, Alias und Protokolle

Die Clientkonfiguration sorgt mithilfe des SQL Server-Konfigurations-Managers dafür, dass am Client die richtige Portnummer registriert wird.

Eventuell ist es notwendig, an einem Client, der nur über das SQL Server Management Studio verfügt und nicht über die Serverkomponenten, die Portnummer festzulegen oder den Alias zu definieren. Das Registrieren der Portnummer kann immer dann notwendig werden, wenn für Instanzen von SQL Server der Standardport geändert oder für eine benannte Instanz eine feste Portnummer vergeben wurde. Ein Alias ist ein alternativer Servername für eine Instanz von SQL Server und kann ebenfalls am Client konfiguriert werden.

5.1.3 Deaktivieren nicht benötigter Dienste

Immer eine Überlegung wert ist das Deaktivieren nicht benötigter Dienste von SQL Server. Das ist nicht nur eine Frage des Ressourcenverbrauchs, sondern auch eine der Sicherheit, da nicht benötigte Dienste eine Angriffsfläche bieten, damit ein unnötiges Sicherheitsrisiko darstellen und besser nicht auf einem Server ausgeführt werden sollten.

Aus der Praxis

Ein Kollege erzählte von einem Kunden, der sich aus seiner Instanz ausgeschlossen hatte. Auf dem gleichen Server waren aber auch ein Reporting Services, die nicht abgesichert waren. So war ein Zugriff über ein lokales Admin-Konto doch noch möglich. Nach ein paar SQL-Befehlen über die Reporting Services konnte ein Konto mit Vollzugriff auf die Instanz erstellt werden.

Hinweis

Prüfen Sie vor dem Deaktivieren nicht benötigter Dienste sorgfältig, ob diese tatsächlich nicht benötigt werden. Wenn mehrere Instanzen von SQL Server auf einem Rechner installiert wurden und keine festen Portnummern vergeben sind, muss der Browserdienst ausgeführt werden, um sich mit den jeweiligen Instanzen von SQL Server verbinden zu können.

5.1.4 Ausblenden einer Instanz des SQL-Server-Datenbankmoduls

Möchten Sie eine Instanz des SQL-Server-Datenbankmoduls aus Sicherheitsgründen ausblenden, gehen Sie folgendermaßen vor.

1. Selektieren Sie den Knoten SQL SERVER-NETZWERKKONFIGURATION (englisch: SQL SERVER NETWORK CONFIGURATION) im Konfigurations-Manager von SQL Server.
2. Klicken Sie auf PROTOKOLLE (englisch: PROTOCOLS FOR) für die Instanz von SQL Server, die Sie ausblenden möchten.
3. Über die rechte Maustaste und EIGENSCHAFTEN (englisch: PROPERTIES) gelangen Sie auf der Registerkarte FLAG (englisch: FLAGS) zur Option INSTANZ AUSBLENDEN (englisch: HIDE INSTANCE).

5.2 Die SQL-Server-Protokolle

SQL Server stehen drei Netzwerkprotokolle zur Verfügung. Diese Protokolle werden nicht in allen Szenarien benötigt und müssen daher konfiguriert werden.

5.2.1 Shared Memory

Das Protokoll *Shared Memory* kann für den Zugriff auf SQL Server nur verwendet werden, wenn sich die Verwaltungstools wie das Management Studio und die Dienste von SQL Server auf demselben Rechner befinden. Sobald der Zugriff über das Netzwerk erfolgt, kann Shared Memory nicht genutzt werden.

5.2.2 TCP/IP

Das Protokoll *TCP/IP* ist mit Sicherheit das Standardprotokoll. Für TCP/IP muss eine IP-Adresse mit Portnummer verwendet werden. SQL Server benutzt als Standardport die Nummer 1433, was Sie jedoch jederzeit ändern können.

Abbildung 5.1 zeigt die gültige IP-Adresse und Portnummer einer Instanz von SQL Server. Wie bereits in Kapitel 4, »Installation von SQL Server und Aktualisierung auf neue Versionen«, erläutert, besteht die Möglichkeit, mehr als eine Instanz von SQL Server auf einem Rechner zu installieren. Bekanntlich kann jedoch eine Portnummer nur einmal verwendet werden und wird somit bereits von der Standardinstanz belegt. Grundsätzlich lösen Sie das Problem, indem Sie für jede weitere Installation von SQL Server auf einem Rechner über die Standardinstanz hinaus die Ports dynamisch auflösen. Dazu geben Sie im Feld DYNAMISCHE TCP-PORTS (englisch: TCP DYNAMIC PORTS) die Null als Wert ein.

Vielleicht haben Sie sich schon einmal darüber gewundert, dass nach der Installation von SQL Server der Browserdienst deaktiviert war, nach der Installation einer zweiten Instanz auf diesem Rechner jedoch aktiviert wurde. Das hat seine Ursache darin, dass für die zweite Instanz die Auflösung der Ports dynamisch erfolgt. Sie können diese dynamische Portvergabe jedoch jederzeit im SQL Server-Konfigurations-Manager ändern. Dazu wählen Sie die betroffene benannte Instanz aus und gehen in die EIGENSCHAFTEN (POPERTIES). Vergeben Sie eine feste Portnummer, und entfernen Sie die Null für die dynamische Vergabe.

Möchten Sie auf die Instanz von SQL Server über eine Firewall zugreifen, müssen Sie daran denken, die entsprechenden Einträge in Ihrer Firewall vorzunehmen. Überhaupt müssen Sie in der Konfiguration diesen Punkt beachten, da sonst der Zugriff auf den SQL Server über das Netzwerk nicht möglich ist.

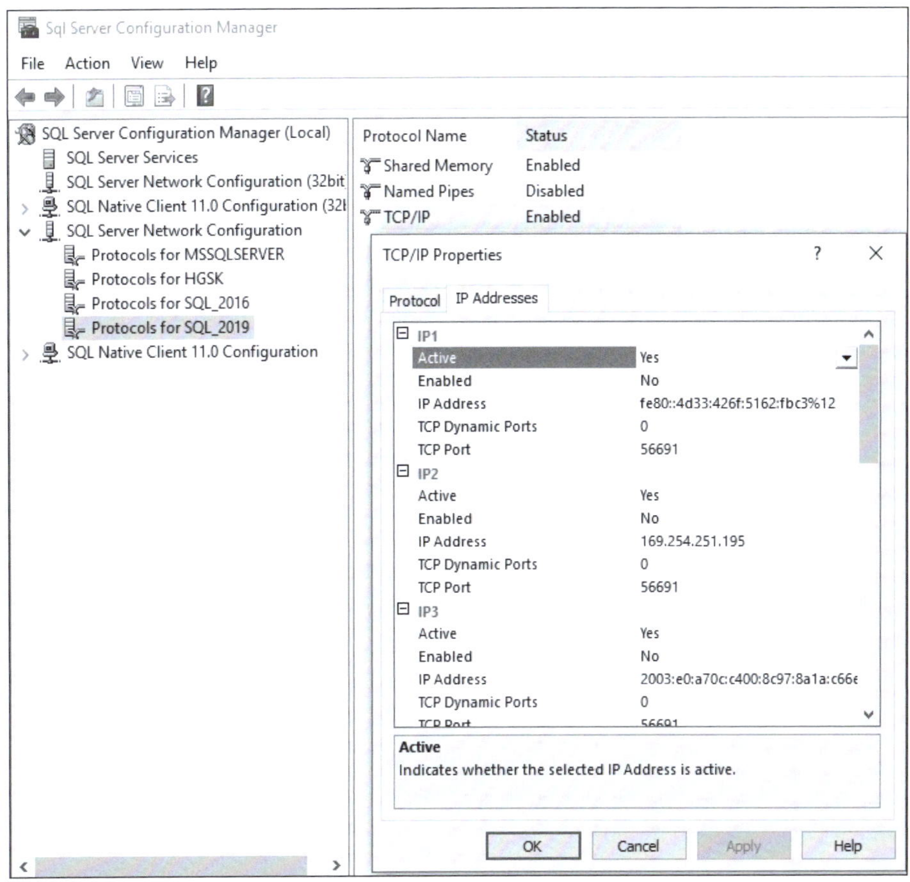

Abbildung 5.1 IP-Adresse und Portnummer der benannten Instanz

5.2.3 Erweiterter Schutz

Seit SQL Server 2008 R2 wird *erweiterter Schutz* (englisch: *extended protection*) für die Authentifizierung unterstützt. Diese Funktion wird vom Betriebssystem zur Verfügung gestellt und kann von SQL Server genutzt werden. Dabei bietet SQL Server die Optionen AUS (englisch: OFF), ZULÄSSIG (englisch: ALLOWED) und ERFORDERLICH (englisch: REQUIRED) zur Konfiguration an. Darüber hinaus ist es möglich, AKZEPTIERTE NTLM-SPNs (englisch: ACCEPTED NTLM SPNs (*Service Principal Names*)) anzugeben. Für einen SQL Server, der durch mehrere SPNs identifiziert wird, können Sie diese SPNs in der ERWEITERTEN NETZWERKKONFIGURATION (englisch: ADVANCED NETWORK CONFIGURATION) festlegen.

Wenn ein Client versucht mithilfe eines gültigen, dem SQL Server nicht bekannten SPNs eine Verbindung herzustellen, wird von der Dienstbindung ein Fehler verursacht. Um dieses Problem zu vermeiden, existiert die Option AKZEPTIERTE NTLM-SPNs (englisch: ACCEPTED NTLM SPNs).

Vertiefende Informationen erhalten Sie unter dem folgenden Link im Microsoft Developer Network (MSDN): *http://msdn.microsoft.com/de-de/library/ff487261.aspx*.

5.2.4 Service Principal Name (SPN)

Im Zusammenhang mit dem erweiterten Schutz wird in Abschnitt 5.2.3 der Begriff *Service Principal Name* (SPN, Dienstprinzipalname) genannt. Ein Service Principal Name muss für das SQL-Server-Dienstkonto registriert werden. SQL Server agiert oft als Backend-System. Beispiele sind die Reporting Services oder eine SharePoint-Umgebung. Ein Benutzer meldet sich an seiner Domäne oder mit seinem lokalen Windows-Konto an. Nachdem die Anmeldung erfolgt ist, öffnet er einen Webbrowser und ruft über eine URL Berichte oder eine SharePoint-Seite auf. Der Inhalt eines Berichts oder der SharePoint-Seite wird aus der entsprechenden Datenbank des SQL Servers geladen. Der SQL Server muss also Zugriff gewähren, damit Inhalte aus Datenbanken angezeigt werden können. Bekanntlich verwendet der SQL Server ein Login, damit Benutzer Zugriff erlangen. Wer bzw. welcher Benutzer ist in diesem Szenario derjenige, der auf den SQL Server zugreift? Ist es der Benutzer, der sich an Windows angemeldet hat? Ist es der Benutzer, unter dem die Webanwendung mit dem Anwendungspool (W3Wp-Prozess) im Internet Information Server (IIS) ausgeführt wird? Oder ist es der Benutzer der Reporting Services?

Wenn es nicht anders konfiguriert wurde, greift das Benutzerkonto des Anwendungspools im IIS auf den SQL Server zu und nicht das Konto des angemeldeten Benutzers.

In Szenarien, in denen jedoch der Benutzer, der angemeldet ist, auch derjenige sein soll, der auf das Backend-System (SQL Server) zugreift, muss bei der Authentifizierung auf *Kerberos* zurückgegriffen werden. Das Kerberos-Protokoll ist im Unterschied zu *NTLM* ein delegierungsfähiges Protokoll. Mithilfe von Kerberos ist es möglich, das soeben beschriebene Szenario umzusetzen. An dieser Stelle muss als Voraussetzung sichergestellt sein, dass ein Service Principal Name sowohl für das Konto des SQL-Server-Dienstes als auch für das Konto registriert ist, unter dem der Anwendungspool der Webseite läuft. Wenn Sie die Delegierung verwenden, nimmt das Konto des Anwendungspools die Identität des Benutzers an, der sich angemeldet hat, und reicht diese an den SQL Server weiter.

Um Ihnen eine Hilfestellung für die Registrierung von SPNs zu geben, zeigen wir Ihnen im Workshop am Ende des Kapitels ein Beispiel.

5.2.5 Named Pipes

Named Pipes ist ein Protokoll, das für lokale Netzwerke entwickelt wurde. Ein Teil des Arbeitsspeichers wird von einem Vorgang zum Weiterleiten von Informationen an einen anderen Vorgang verwendet, sodass die Ausgabe des einen Vorgangs der Eingabe des anderen entspricht. Der zweite Prozess kann ein lokaler oder ein Remoteprozess sein.

5.2.6 Verschlüsselung der Kommunikation

Mithilfe eines *Zertifikats* (englisch: *certificate*) ist es möglich, die Verschlüsselung für eine Instanz von SQL Server auf Netzwerkebene einzurichten. Somit können Sie die Verbindung zum SQL Server und den Nachrichtenaustausch mit der Instanz absichern. Wer dies wünscht, sollte prüfen, ob alle Clients dieses Verfahren unterstützen. Ab der Version MDAC 2.6 (Abkürzung für *Microsoft Data Access Components* – eine Bibliothek für den Datenzugriff unter Windows) sollte das kein Problem sein, weil Verschlüsselung unterstützt wird. Jedoch beherrscht die alte *DBLibrary* keine Verschlüsselung, und darauf beruhende Clients müssten Sie aktualisieren. Verwenden Sie verschlüsselte Kommunikation, geschieht das zu Lasten der CPU. Prüfen Sie gegebenenfalls, dass Ihre CPU-Last nicht zu hoch ist. Um Verschlüsselung einzurichten, gehen Sie folgendermaßen vor:

1. Starten Sie den SQL Server-Konfigurations-Manager.

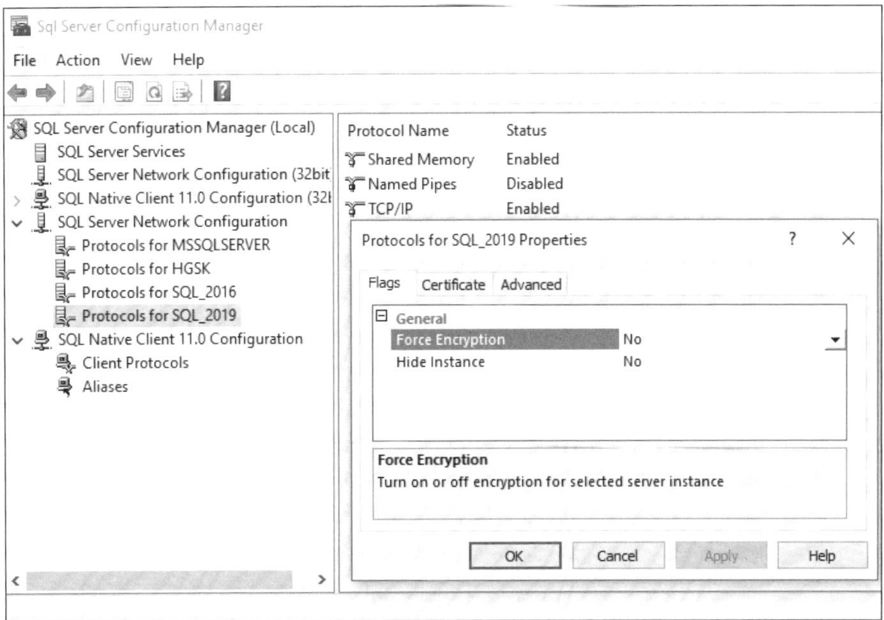

Abbildung 5.2 Auswahl der Instanz im Konfigurations-Manager

2. Wählen Sie auf der linken Seite die Instanz von SQL Server aus, klicken Sie auf die rechte Maustaste und rufen Sie EIGENSCHAFTEN (PROPERTIES) auf. Diese werden ähnlich wie es in Abbildung 5.2 aussehen.
3. Wechseln Sie im Fenster aus Abbildung 5.3 auf die Registerkarte ZERTIFIKAT (CERTIFICATE), und klicken Sie auf das Dropdown-Feld, um das Zertifikat auszuwählen.

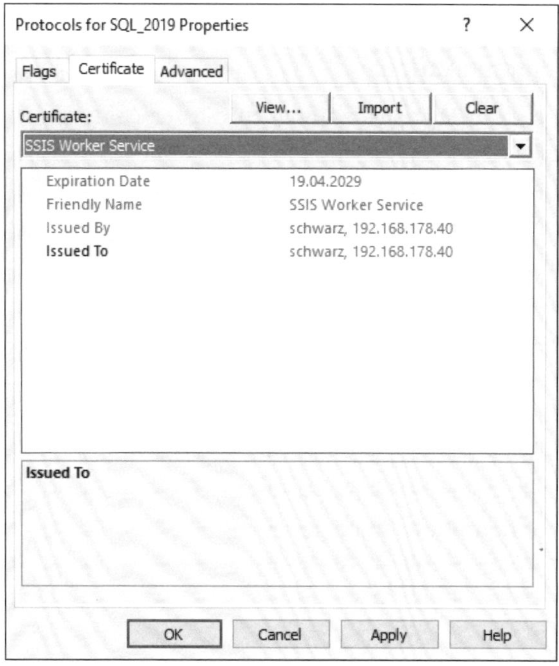

Abbildung 5.3 Auswahl des Zertifikats für die Verschlüsselung

In unserem Beispiel ist aufgrund der vorangegangenen Installation bereits ein Computerzertifikat mit dem Namen »SSIS Worker Service« vorhanden. Nachdem Sie die Einstellungen übernommen haben, werden Sie aufgefordert, die Instanz von SQL Server neu zu starten.

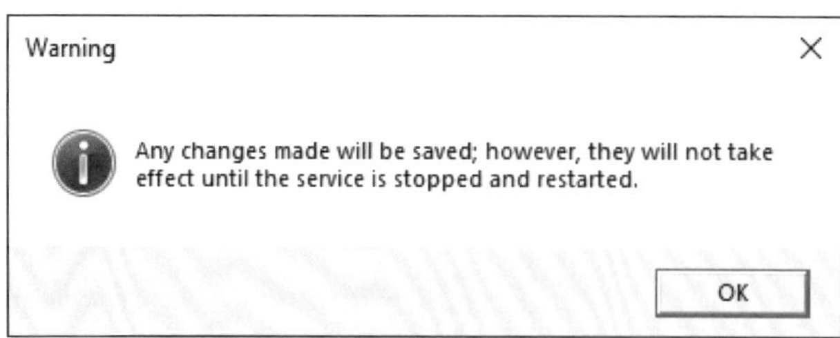

Abbildung 5.4 Reboot erforderlich

Um zu zeigen, woher das Zertifikat stammt, werden wir jetzt im Zertifikatsspeicher des lokalen Computers nachsehen. Führen Sie dazu folgende Schritte aus:

1. Klicken Sie (außer bei Windows 8 und Server 2012) im Startmenü auf START • AUSFÜHREN (START • RUN).
2. Geben Sie `mmc` ein, und klicken Sie auf OK, um die Microsoft Management Console zu öffnen.
3. Wählen Sie wie in Abbildung 5.5 DATEI • SNAP-IN HINZUFÜGEN/ENTFERNEN (FILE • ADD/REMOVE SNAP-IN).

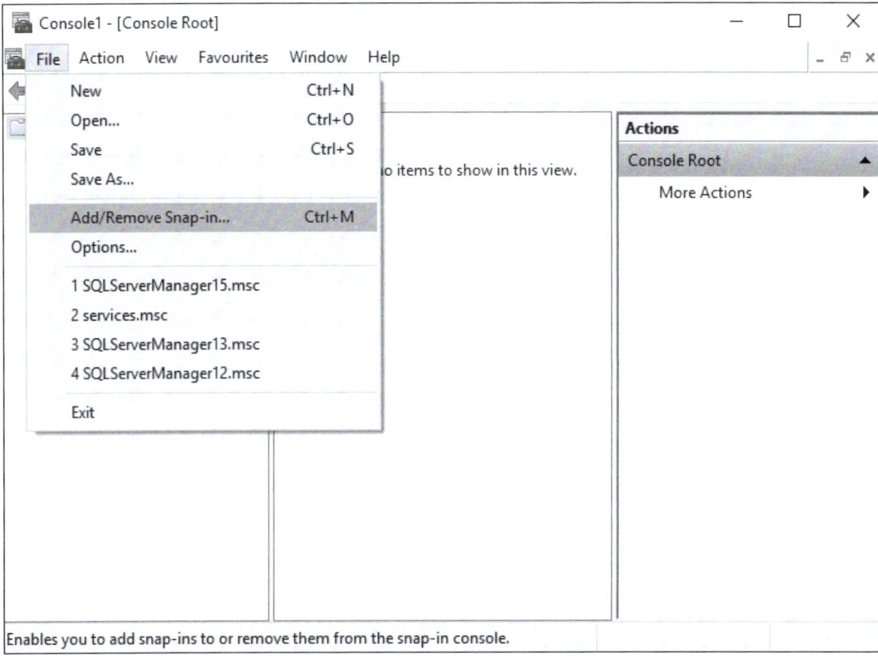

Abbildung 5.5 »Snap-In hinzufügen/entfernen« (»Add/Remove Snap-in«)

4. Wählen Sie das Snap-In ZERTIFIKATE (CERTIFICATES) aus, und klicken Sie auf HINZUFÜGEN (ADD), siehe Abbildung 5.6.
5. Wählen Sie COMPUTERKONTO (englisch: COMPUTER ACCOUNT) aus, und klicken Sie auf WEITER (englisch: NEXT).
6. Wählen Sie LOKALER COMPUTER (englisch: LOCAL COMPUTER) aus, und klicken Sie auf FERTIGSTELLEN (englisch: FINISH).
7. Schließen Sie das Fenster SNAP-IN HINZUFÜGEN (englisch:ADD OR REMOVE SNAP-INS), wenn Sie kein weiteres Snap-In hinzufügen möchten, und klicken Sie im folgenden Dialog auf OK.

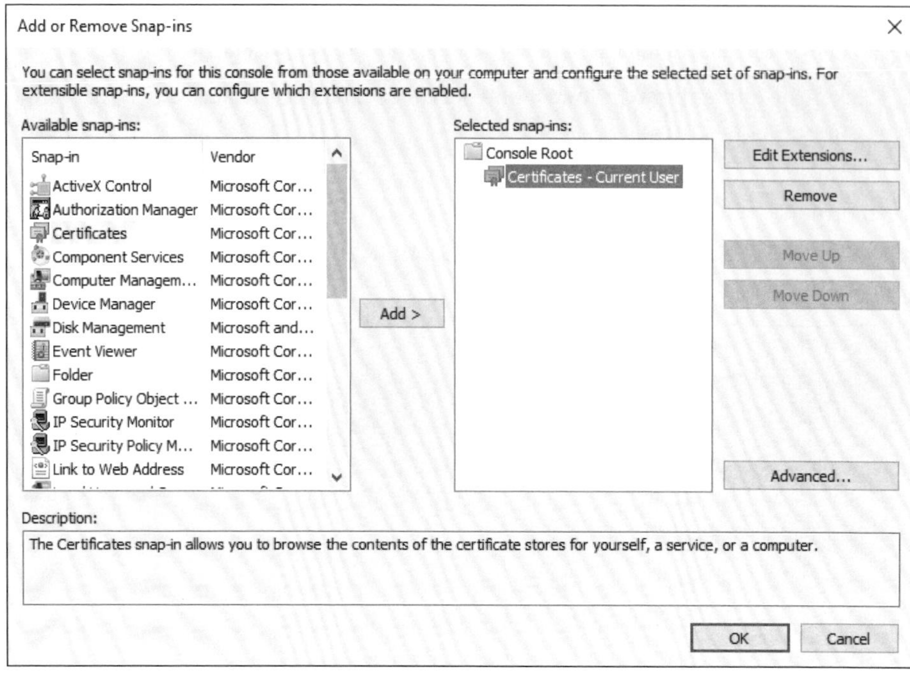

Abbildung 5.6 Das Snap-In »Zertifikate« (»Certificates«)

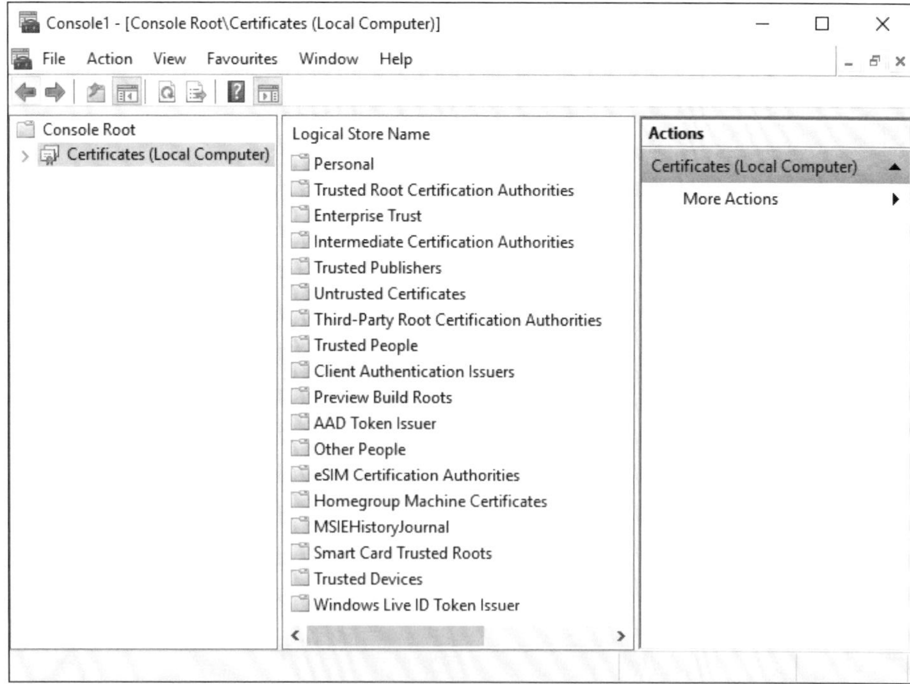

Abbildung 5.7 »Zertifikate (Lokaler Computer)« (»Certificates (Local Computer)«)

Nun können Sie wie in Abbildung 5.8 zum Knoten Zertifikate • Eigene Zertifikate • Zertifikate (Certificates • Personal • Certificates) wechseln und die Computerzertifikate des lokalen Computers einsehen.

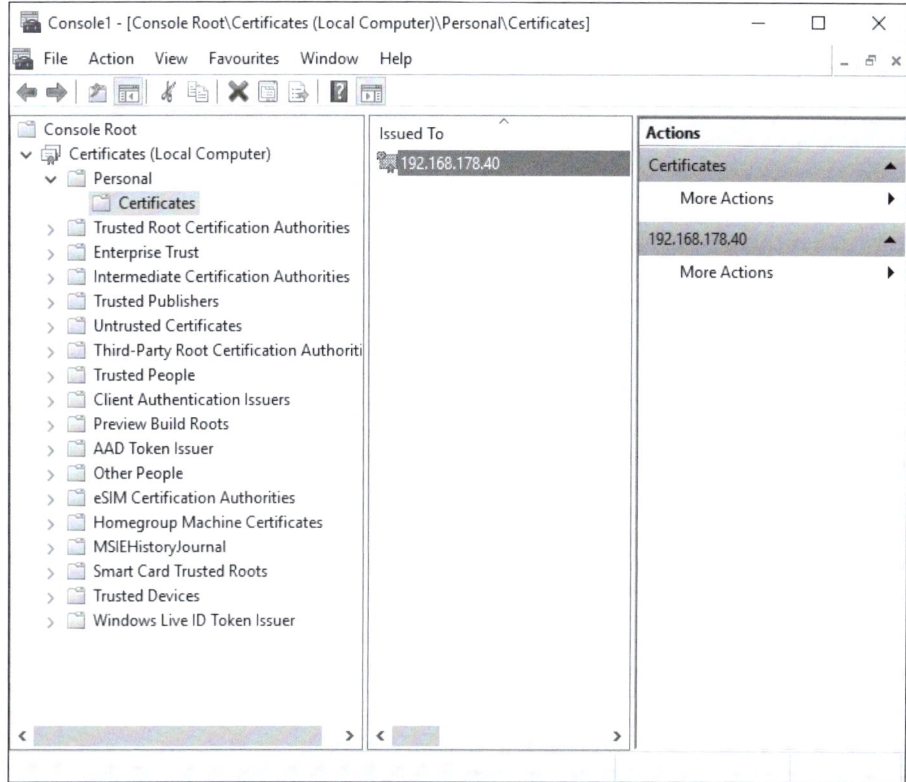

Abbildung 5.8 Lokaler Zertifikatsspeicher – Computerkonto

Nachdem Sie die Protokolle auf Server- und Clientseite konfiguriert haben und die benötigten Dienste gestartet sind, können Sie den Konfigurations-Manager schließen.

5.3 SQL-Server-Startparameter

Mithilfe von Startparametern können Sie eine Instanz von SQL Server in einen bestimmten Zustand versetzen. Zum Beispiel ist es beim Wiederherstellen der MASTER-Datenbank von einem Backup notwendig, diese vorher in den Einzelbenutzermodus zu überführen. Benutzer können sich dann mit dem SQL Server nicht verbinden, solange die Instanz sich im Einzelbenutzermodus befindet.

Dabei ist der Vorgang nicht zu verwechseln mit dem Überführen einer Datenbank in den Einzelbenutzermodus. Der Unterschied besteht darin, dass sich Benutzer weiterhin mit der Instanz von SQL Server verbinden können, jedoch die spezielle Datenbank nur einen Benutzer zulässt. Hier geht es darum, die Instanz, das heißt den SQL Server, in den Einzelbenutzermodus zu überführen. Außerdem können Sie sogenannte *Trace-Flags* setzen. Ein Trace-Flag ist letztendlich nichts anderes als ein Schalter, der bestimmte Optionen für die Instanz aktiviert. In Tabelle 5.1 finden Sie einige Beispiele für Startparameter und Trace-Flags.

Parameter	Funktion
`-m`	Startet eine Instanz von SQL Server im *Einzelbenutzermodus*. Wenn Sie eine Instanz von SQL Server im Einzelbenutzermodus starten, kann nur ein einziger Benutzer eine Verbindung herstellen, und der *Checkpoint-Prozess* wird nicht gestartet.
`-f`	Startet eine SQL-Server-Instanz mit *Minimalkonfiguration*. Dies ist hilfreich, wenn der Server aufgrund der Einstellung eines Konfigurationswertes (z. B. aufgrund von Arbeitsspeichermangel) nicht gestartet werden kann.
`-g memory_to_reserve`	Ein ganzzahliger Wert, der angibt, wie viele Megabytes des Arbeitsspeichers der SQL Server innerhalb des SQL-Server-Prozesses übriglässt. Diese Option kann die Speicherbelegung optimieren.
`-T7806`	Aktiviert eine *dedizierte Administratorverbindung* (*Dedicated Administrator Connection*, DAC) in SQL Server Express.
`-T3608`	Hindert SQL Server daran, automatisch zu starten und außer der MASTER-Datenbank eine Datenbank wiederherzustellen.

Tabelle 5.1 Auswahl einiger Startparameter und Trace-Flags von SQL Server

Hinweis

Wir raten davon ab, ohne ein tieferes Verständnis der SQL-Server-Arbeitsspeicherarchitektur Trace-Flags oder Startparameter zu verändern. Ausnahme ist der Parameter `-m` für den Einzelbenutzermodus. Ein tiefer Einblick in die SQL-Server-Arbeitsspeicherarchitektur ist oft notwendig, um eine Bewertung durchführen zu können. Diese Thematik würde jedoch den Rahmen eines Schnelleinstiegs überschreiten und wird deshalb hier nicht behandelt.

Führen Sie folgende Schritte aus, um den Startparameter für den Einzelbenutzermodus der Instanz von SQL Server festzulegen:

1. Starten Sie den SERVER KONFIGURATIONS-MANAGER (englisch: SQL SERVER CONFIGURATION MANAGER SQL).
2. Wählen Sie im linken Bereich SQL SERVER DIENSTE (englisch: SQL SERVER SERVICES).
3. Wählen Sie auf der rechten Seite die Instanz von SQL Server aus, klicken Sie auf die rechte Maustaste, und rufen Sie EIGENSCHAFTEN (PROPERTIES) auf.
4. Klicken Sie auf die Registerkarte STARTPARAMETER (STARTUP PARAMETERS).
5. Geben Sie im Feld STARTPARAMETER ANGEBEN (SPECIFY A STARTUP PARAMETER) den Wert `-m` ein, und klicken Sie auf HINZUFÜGEN (ADD).

In Abbildung 5.9 sehen Sie den STARTPARAMETER (STARTUP PARAMETER) für den Start der Instanz von SQL Server im Einzelbenutzermodus.

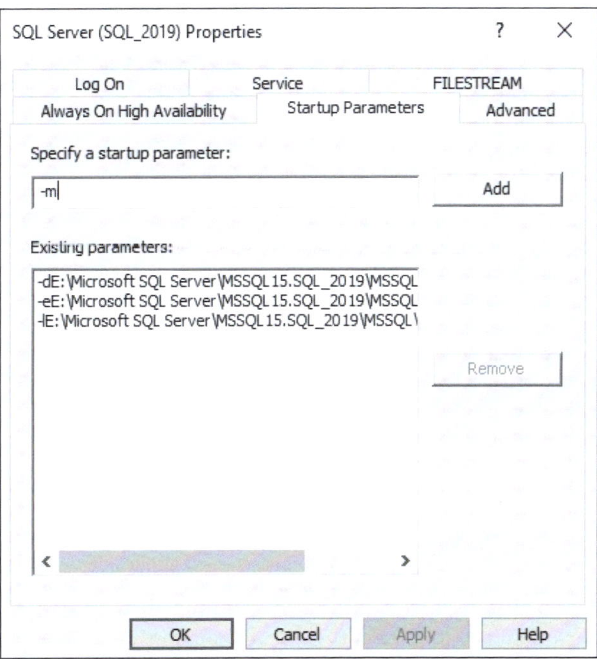

Abbildung 5.9 Startparameter »-m« für den Einzelbenutzermodus

Bestätigen Sie dies mit OK, und folgen Sie der Aufforderung, den Dienst neu zu starten. Verbinden Sie sich jetzt mit dem Management Studio, und versuchen Sie, zwei Verbindungen herzustellen. Sie erhalten die Fehlermeldung aus Abbildung 5.10.

Für den SQL Server gibt es einige solcher Startparameter und Trace-Flags. Tabelle 5.1 zeigt nur eine geringe Auswahl hiervon. Wenn Sie mehr über Startparameter und Trace-Flags wissen möchten, können Sie dazu im MSDN unter dem Link *http://msdn.microsoft.com/de-de/library/ms190737.aspx* oder in der lokalen Hilfe von SQL Server nachsehen. Ob Sie diese Parameter und Trace-Flags jemals benötigen, hängt von der Situation bzw. den Anforderungen an Ihren SQL Server ab. Unser Beispiel hat gezeigt, wie Sie einen Startparameter setzen und welche Auswirkungen das hat.

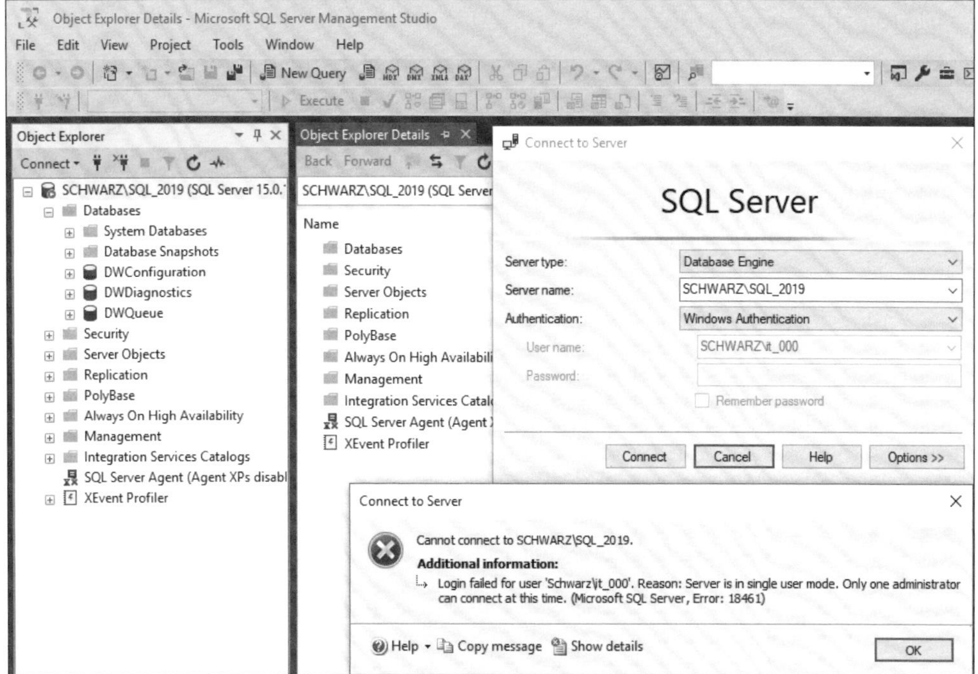

Abbildung 5.10 Fehlermeldung – Einzelbenutzermodus der Instanz

5.4 »sqlcmd« – das Tool für die Kommandozeile

Bei *sqlcmd* handelt es sich um ein Befehlszeilentool, das Sie für die vollständige Verwaltung eines SQL Servers verwenden können. Dieses Tool ermöglicht sowohl die Anmeldung und interaktive Ausführung als auch die Übergabe von SQL-Skripten zur Ausführung. Microsoft hat PowerShell auch für den SQL Server eingeführt – und mittlerweile auch so stark in den Vordergrund gestellt wie bei den Produkten Windows Server, Exchange oder SharePoint. Aber der SQL Server kann sicherlich komplett über `sqlcmd` gesteuert werden. `sqlcmd` bietet Ihnen die Möglichkeit einer dedizierten Administratorverbindung (DAC). Sie können auf SQL Server selbst dann noch zugreifen, wenn er auf anderem Wege nicht mehr reagiert. Dazu wird ein Ressourcenpool zur

Verfügung gestellt, der nur für `sqlcmd` und die dedizierte Administratorverbindung besteht.

Um die dedizierte Administratorverbindung zu testen, müssen Sie `sqlcmd` mit dem Parameter `-A` verwenden.

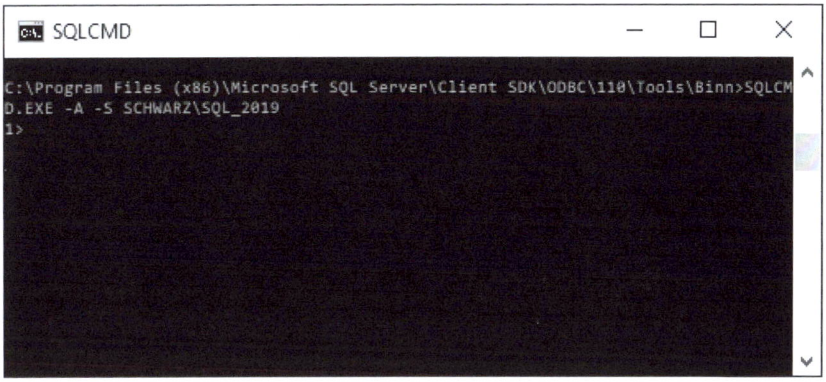

```
SQLCMD
C:\Program Files (x86)\Microsoft SQL Server\Client SDK\ODBC\110\Tools\Binn>SQLCM
D.EXE -A -S SCHWARZ\SQL_2019
1>
```

Abbildung 5.11 Herstellen einer DAC mit »sqlcmd«

Sie können natürlich auch das Management Studio zum Herstellen einer dedizierten Administratorverbindung verwenden; beachten Sie jedoch dabei, dass diese Verbindung nur mit einem Skript funktioniert. Sobald Sie dies mit dem Objekt-Explorer (linke Seite im Management Studio) versuchen, erhalten Sie eine Fehlermeldung.

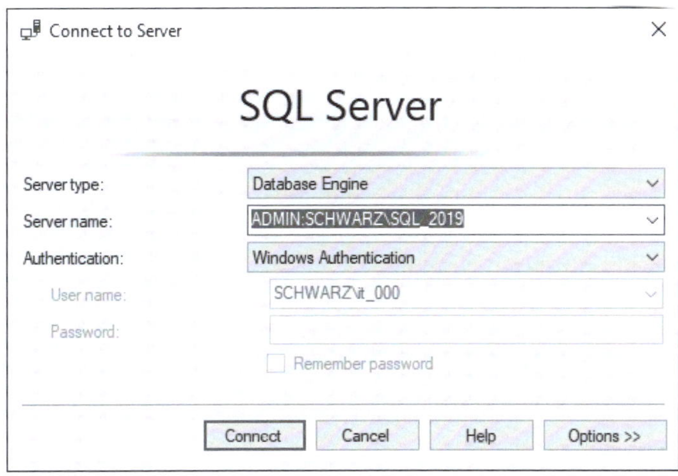

Abbildung 5.12 Versuch einer DAC-Verbindung mit dem Objekt-Explorer

Abbildung 5.13 zeigt die Fehlermeldung, die Sie erhalten, wenn Sie den Objekt-Explorer zum Herstellen der dedizierten Administratorverbindung verwenden.

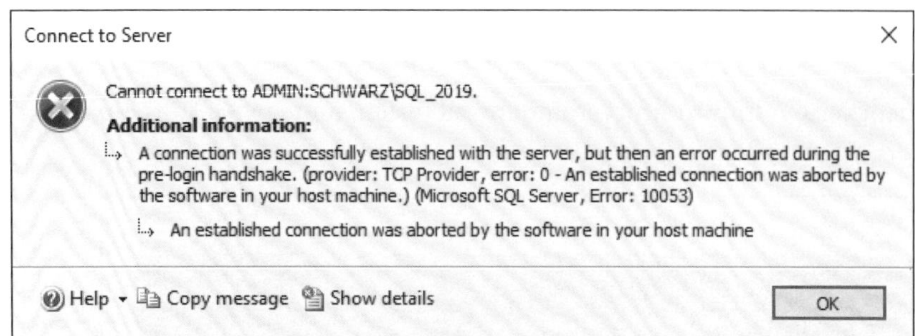

Abbildung 5.13 Fehlermeldung DAC und Objektkatalog

5.5 Die Konfiguration der Instanz

Die Konfiguration der Netzwerkprotokolle, Dienste, Startparameter und der Firewall ist der erste Schritt der Konfiguration. Hier wird sichergestellt, dass die Kommunikation im Netzwerk mit der Instanz erfolgreich verläuft. Wir möchten zwei Beispiele an dieser Stelle geben, die als Referenz zur Vorgehensweise der SQL-Server-Konfiguration dienen sollen. Grundsätzlich gibt es drei Wege, eine Instanz von SQL Server zu konfigurieren.

1. SQL Server Management Studio und Objekt-Explorer
2. Prozedur `sp_configure`
3. SQL-Server-Richtlinienverwaltung

Angenommen, Sie haben mehrere Instanzen von SQL Server auf einer physischen Maschine installiert, dann müssen Sie sich mit dem Thema Speichernutzung auseinandersetzen. SQL Server erhält so viel Speicher zugewiesen, wie er benötigt, wenn die dynamische Speicherverwaltung konfiguriert ist. Sind mehrere Instanzen von SQL Server auf einem physischen Rechner vorhanden, kann es vorkommen, dass eine Instanz der anderen die Ressourcen streitig macht.

5.5.1 Serveroptionen mit dem Management Studio konfigurieren

Um das zu verhindern, besteht die Möglichkeit, für eine Instanz von SQL Server feste Werte für die Speichernutzung festzulegen.

1. Starten Sie das SQL Server Management Studio, und wählen Sie die Instanz von SQL Server aus, deren Speicherwerte Sie konfigurieren möchten.
2. Wählen Sie die Eigenschaften der Instanz, und wechseln Sie zu der Kategorie ARBEITSSPEICHER (MEMORY).

3. Es stehen die Eingabefelder MINIMALER SERVERARBEITSSPEICHER (MINIMUM SERVER MEMORY) und MAXIMALER SERVERARBEITSSPEICHER (MAXIMUM SERVER MEMORY) zur Verfügung (Abbildung 5.14).

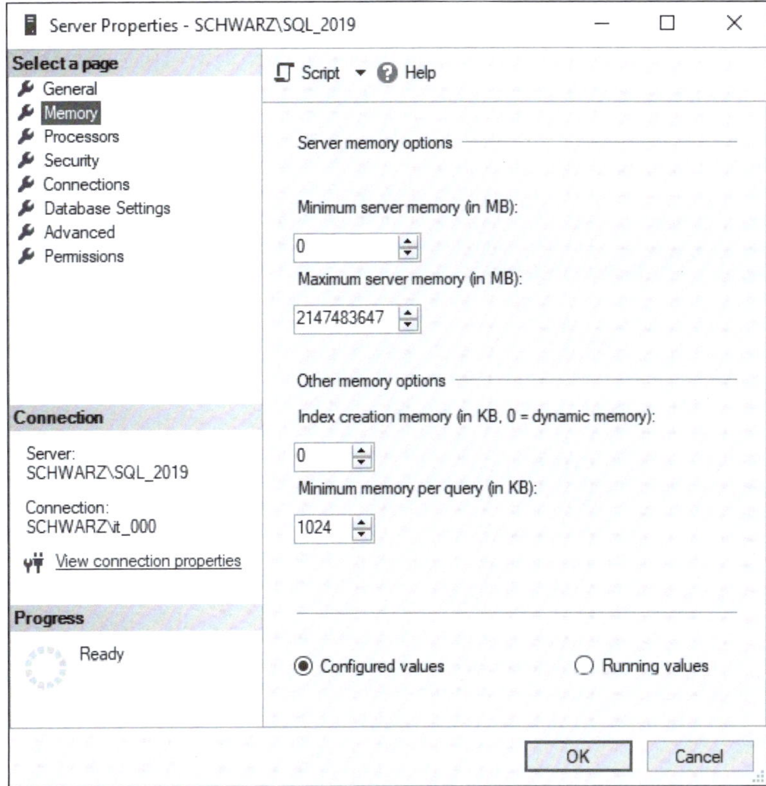

Abbildung 5.14 Konfigurieren des Serverarbeitsspeichers

Was hier sinnvolle Werte sind, hängt vom jeweiligen Anwendungsfall ab. Eine Datenbank mit fünf Benutzern, die hin und wieder etwas aus der Datenbank abfragen, wird andere Anforderungen haben als ein Transaktionssystem mit mehreren Hundert Transaktionen und Benutzern in der Minute. Legen Sie die Werte für den notwendigen Bereich immer dann fest, wenn mehrere Anwendungen bzw. Instanzen auf dem Windows-Server ausgeführt werden.

- Legen Sie den Wert für MAXIMALER SERVERARBEITSSPEICHER (MAXIMUM SERVER MEMORY) z. B. auf 8 GB fest, und achten Sie darauf, dass den Instanzen nicht mehr Speicher zugewiesen wird, als auf dem Rechner physisch zur Verfügung steht. Beachten sie dabei aber auch, dass ein heutiges Server-Betriebssystem 4–8 GB benötigt, die den Instanzen nicht zugewiesen werden dürfen.
- Legen Sie den Wert für MINIMALER SERVERARBEITSSPEICHER (MINIMUM SERVER MEMORY) fest. Dabei können Werte unter 500 MB auch weggelassen werden.

- Legen Sie für Ihre Instanzen je nach Arbeitsauslastung sinnvolle Werte fest, und bestätigen Sie die Eingaben mit OK.

Eine weitere Option, die Sie überprüfen sollten, ist die Authentifizierung (siehe Abbildung 5.15). Je nachdem, wie Sie sich bei der Installation entschieden haben, wurde der Modus entweder auf WINDOWS-AUTHENTIFIZIERUNG (WINDOWS AUTHENTICATION MODE) oder SQL SERVER- UND WINDOWS-AUTHENTIFIZIERUNG (SQL SERVER AND WINDOWS AUTHENTICATION MODE) festgelegt. Sie finden diese Option in der Kategorie SICHERHEIT (SECURITY).

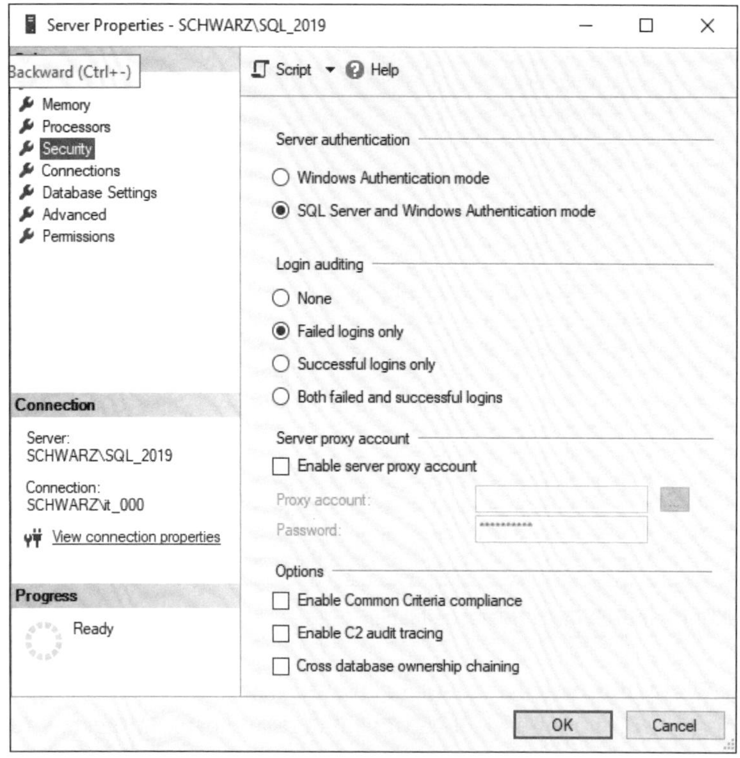

Abbildung 5.15 Festlegen der Authentifizierung

5.5.2 Serveroptionen mithilfe der Prozedur »sp_configure« konfigurieren

Darüber hinaus steht Ihnen die Möglichkeit zur Verfügung, Konfigurationswerte mithilfe der gespeicherten Prozedur `sp_configure` zu setzen.

1. Dazu öffnen Sie im SQL Server Management Studio über die Schaltfläche NEUE ABFRAGE (englisch: NEW QUERY) in der Symbolleiste ein neues Abfragefenster, geben die Anweisung `sp_configure` ein und klicken auf AUSFÜHREN (englisch: EXECUTE), um die Abfrage auszuführen.

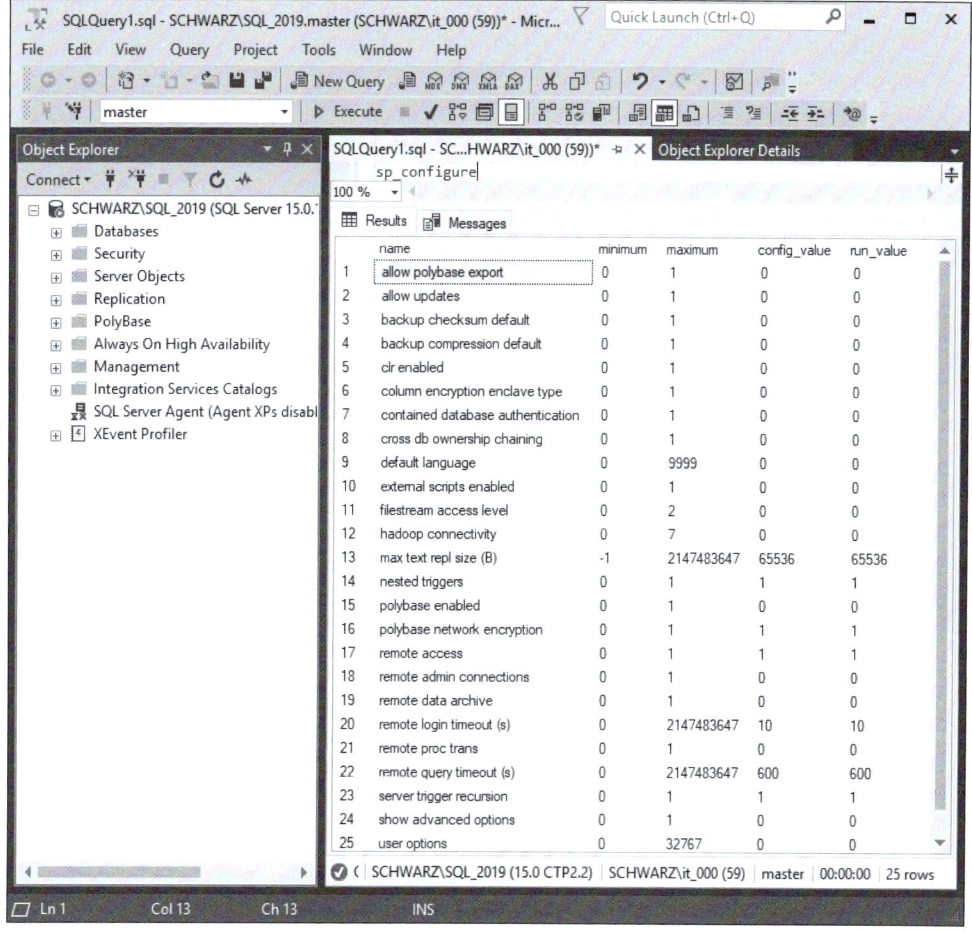

	name	minimum	maximum	config_value	run_value
1	allow polybase export	0	1	0	0
2	allow updates	0	1	0	0
3	backup checksum default	0	1	0	0
4	backup compression default	0	1	0	0
5	clr enabled	0	1	0	0
6	column encryption enclave type	0	1	0	0
7	contained database authentication	0	1	0	0
8	cross db ownership chaining	0	1	0	0
9	default language	0	9999	0	0
10	external scripts enabled	0	1	0	0
11	filestream access level	0	2	0	0
12	hadoop connectivity	0	7	0	0
13	max text repl size (B)	-1	2147483647	65536	65536
14	nested triggers	0	1	1	1
15	polybase enabled	0	1	0	0
16	polybase network encryption	0	1	1	1
17	remote access	0	1	1	1
18	remote admin connections	0	1	0	0
19	remote data archive	0	1	0	0
20	remote login timeout (s)	0	2147483647	10	10
21	remote proc trans	0	1	0	0
22	remote query timeout (s)	0	2147483647	600	600
23	server trigger recursion	0	1	1	1
24	show advanced options	0	1	0	0
25	user options	0	32767	0	0

Abbildung 5.16 Die gespeicherte Prozedur »sp_configure«

Wie Sie in Abbildung 5.16 erkennen, gibt die Prozedur `sp_configure` 25 Zeilen mit jeweils konfigurierbaren Parametern zurück. Das erscheint zunächst recht wenig, gemessen an den Möglichkeiten, die für die Konfiguration einer SQL-Server-Instanz zur Verfügung stehen. Um die Liste der Parameter zu erweitern, bietet die Prozedur den Parameter `sp_configure 'show advanced options', 1` an. Führen Sie dazu das folgende Skript aus:

```
sp_configure 'show advanced options', 1;
GO
RECONFIGURE;
GO
```

Listing 5.1 Erweitern der Parameterliste

Wenn Sie das Skript ausgeführt haben, wird die Parameterliste als Ergebnis mit 80 Einträgen angezeigt. Jeder der angezeigten Werte kann auf diese Weise angepasst werden. Wenn Sie z. B. die folgenden Anweisungen ausführen, wird der Wert für `Max Server Memory` auf 8 GB erhöht.

```
sp_configure 'max server memory', 8192;
GO
RECONFIGURE;
GO
```

Listing 5.2 Festlegen der Option »Max Server Memory« auf 8 GB

Nach dem Ausführen der Anweisung sehen Sie den geänderten Wert wie in Abbildung 5.17.

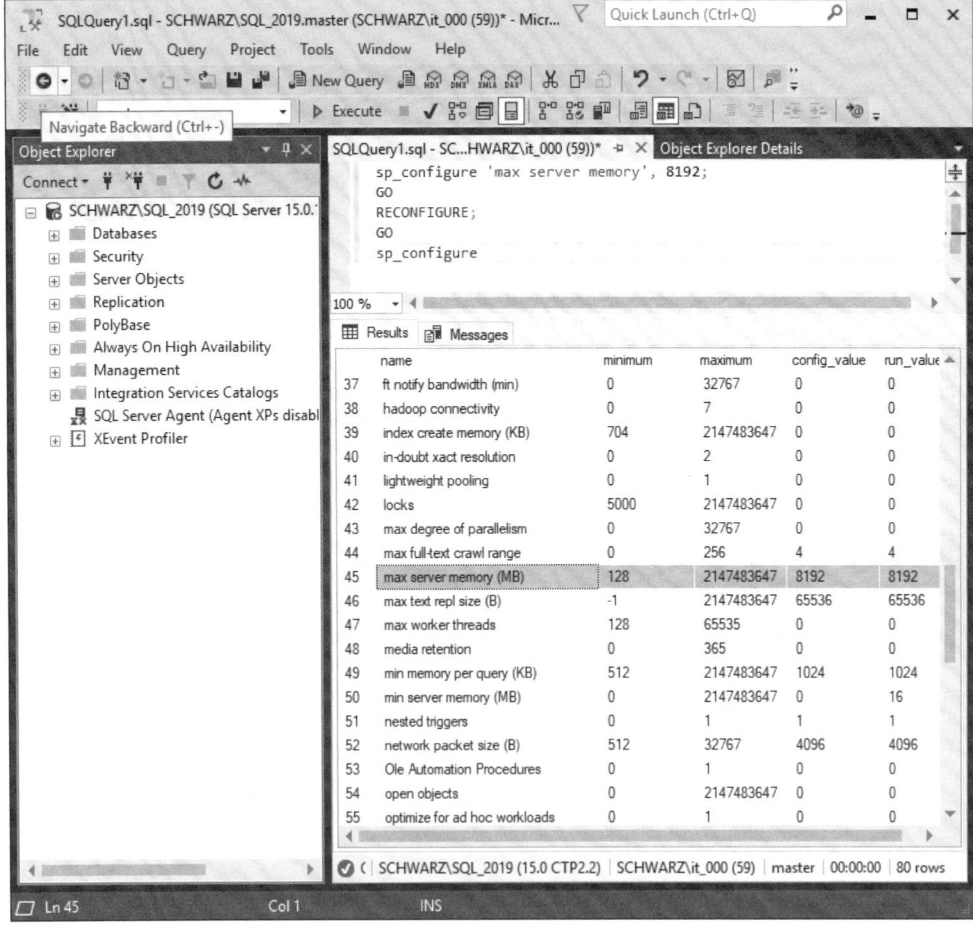

Abbildung 5.17 Festlegen des maximalen Serverarbeitsspeichers auf 8 GB

Wichtiger Hinweis zum Festlegen der Größe des Serverarbeitsspeichers

Wurde die Option für den maximalen Serverarbeitsspeicher auf ein Minimum festgelegt, kann das zu erheblichen Leistungseinbußen führen. Es kann sogar so weit führen, dass der SQL-Server-Dienst nicht mehr gestartet werden kann. In diesem Fall hilft dann nur noch der Startparameter `-f`, um im Anschluss den Wert zurückzusetzen.

Denken Sie daran, dem Betriebssystem noch genügend Arbeitsspeicher zur Verfügung zu stellen. Ist das nicht sichergestellt, kann es zu erheblichen Leistungseinbußen kommen. Es ist nicht zwingend, dass SQL Server den Wert für `Min Server Memory` verwendet. Wenn zu keinem Zeitpunkt so viel Last entsteht, dass SQL Server den Wert zuweisen muss, wird die Instanz mit weniger Speicher auskommen.

Die Möglichkeiten der Konfiguration für Instanzparameter gehen weit über die des SQL Server Management Studios hinaus. Nicht alle Parameter wurden im GUI umgesetzt.

Ein typisches Beispiel war früher *Database Mail* oder die *Common Language Runtime* (*CLR*) zum Ausführen von .NET-Prozeduren oder Funktionen innerhalb des SQL Servers. Dieses Feature ist nach einer Installation nicht aktiviert. Wenn Sie es benötigten, mussten Sie es damals mit der Prozedur `sp_configure` oder der Richtlinienverwaltung (siehe Abschnitt 5.8, »Konfiguration von SQL Server mithilfe der Richtlinienverwaltung (policy management)«) aktivieren. Mittlerweile wurde das Management Studio dahingehend weiterentwickelt, dass Sie auch diese Einstellungen mit dem Management Studio vornehmen können.

Anhand dieser Beispiele haben wir Ihnen gezeigt, wie Sie die Konfiguration der SQL-Server-Instanz nach einer Installation fortsetzen. Dabei haben wir sowohl das SQL Server Management Studio (GUI) als auch *T-SQL*-Anweisungen verwendet.

Hinweis

SQL ist die Abkürzung für *Structured Query Language* (deutsch: strukturierte Abfragesprache). Sie ist als weltweiter Standard normiert (ISO, IEC, ANSI und DIN). Die Befehle sind an die englische Sprache angelehnt und sollen eine einfache Möglichkeit bieten, Daten in Datenbankmanagementsystemen abzufragen.

T-SQL ist die Abkürzung für *Transact SQL*. Es ist der Dialekt von SQL, den Microsoft entwickelt hat. Der Befehlssatz geht weit über den SQL-Standard hinaus, kann aber nur im Zusammenhang mit Microsoft SQL Server verwendet werden.

Auch Oracle hat einen solchen erweiterten SQL-Befehlssatz, der *PL-SQL* genannt wird.

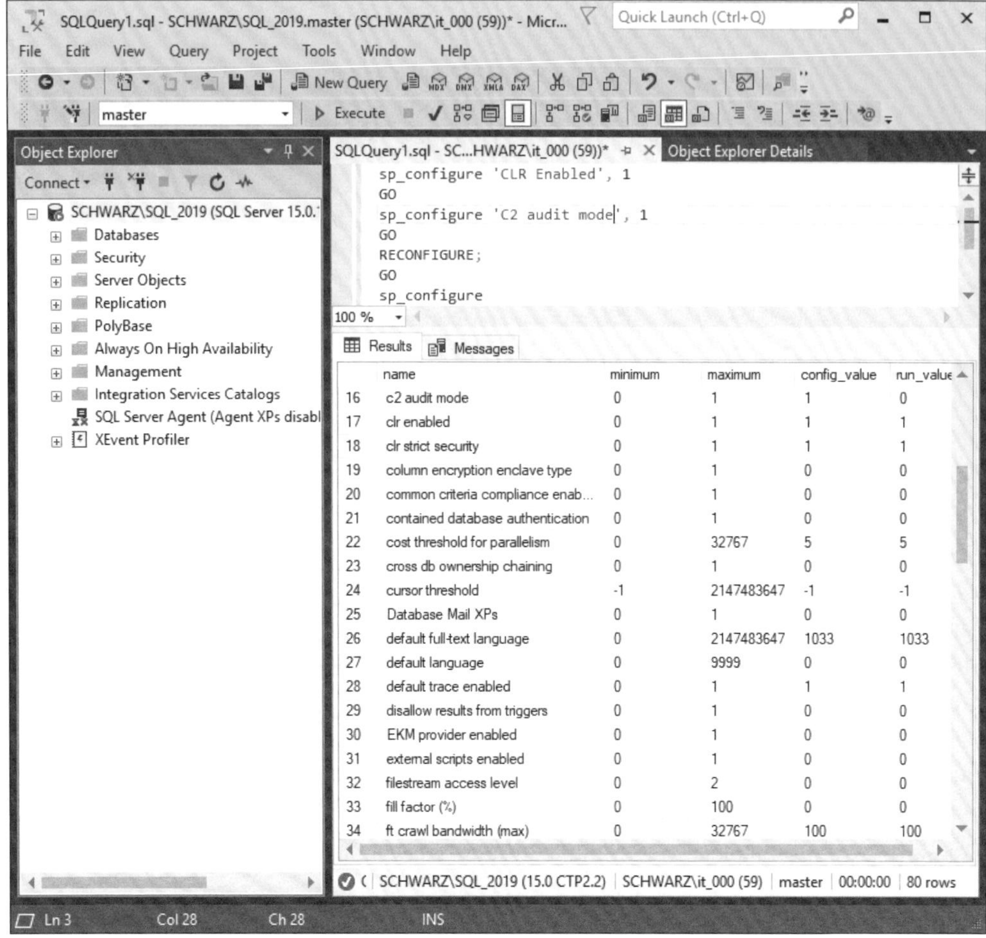

Abbildung 5.18 Aktivieren der Common Language Runtime und des C2-Audit-Modus

5.6 Konfigurieren von SQL Server mit der PowerShell

Da wir dem Thema *PowerShell* mit Kapitel 8 ein eigenes Kapitel gewidmet haben, gehen wir hier nur kurz auf die Möglichkeit der Konfiguration mit PowerShell ein. Zum Starten der SQL Server PowerShell gibt es verschiedene Methoden.

1. Öffnen Sie eine Konsole wie in Abbildung 5.19, und geben Sie `sqlps` ein, um die *SQL Server PowerShell* zu starten.
2. PowerShell wurde geladen, und Sie können einen ersten Befehl eingeben. Geben Sie die Anweisung `get-service MSSQL*` ein (Abbildung 5.20), um die Liste der Dienste zu erhalten, die mit »MSSQL« beginnen.

```
Command Prompt - sqlps

C:\>sqlps
Microsoft (R) SQL Server (R) PowerShell
Version 13.0.1601.5
Copyright (c) 2015 Microsoft. All rights reserved.

WARNING: The local computer does not have an active instance of Analysis
Services.
PS C:\>
```


Abbildung 5.19 Starten der SQL Server PowerShell

```
Command Prompt - sqlps

C:\>sqlps
Microsoft (R) SQL Server (R) PowerShell
Version 13.0.1601.5
Copyright (c) 2015 Microsoft. All rights reserved.

WARNING: The local computer does not have an active instance of Analysis
Services.
PS C:\> Get-Service MSSQL*

Status   Name               DisplayName
------   ----               -----------
Stopped  MSSQL$HGSK         SQL Server (HGSK)
Stopped  MSSQL$SQL_2016     SQL Server (SQL_2016)
Running  MSSQL$SQL_2019     SQL Server (SQL_2019)
Stopped  MSSQLFDLauncher    SQL Full-text Filter Daemon Launche...
Stopped  MSSQLFDLauncher... SQL Full-text Filter Daemon Launche...
Running  MSSQLFDLauncher... SQL Full-text Filter Daemon Launche...
Stopped  MSSQLLaunchpad$... SQL Server Launchpad (SQL_2019)
Stopped  MSSQLSERVER        SQL Server (MSSQLSERVER)
Stopped  MSSQLServerOLAP... SQL Server Analysis Services (MSSQL...


PS C:\>
```

Abbildung 5.20 Anzeigen der Dienste, die mit »MSSQL« beginnen

3. Um den SQL-Server-Dienst zu beenden, geben Sie die folgenden PowerShell-Anweisungen ein.

```
CD SQLSERVER:\SQL\SCHWARZ
$Wmi = (get-item .).ManagedComputer
$DfltInstance = $Wmi.Services['SQL_2019']
$DfltInstance.Stop();
```

Listing 5.3 Beenden des SQL-Server-Dienstes

Der Servername ist hier `SCHWARZ`, und der Name der SQL-Server-Instanz lautet `SQL_2019`. Um den Dienst erneut zu starten, müssen Sie lediglich `$DfltInstance.Start()` angeben. Dieses kleine Beispiel soll verdeutlichen, dass Ihnen mit der PowerShell eine Schnittstelle zur Verfügung steht, mit der Sie Skripte schreiben können, um diese für die Konfiguration oder Verwaltung von SQL Server zu verwenden.

Eine weitere Einführung in das Thema PowerShell erhalten Sie in Kapitel 8.

5.7 SQL-Server-Agent-Grundkonfiguration

Auch auf den SQL Server Agent gehen wir noch einmal gesondert ein. Hier sollen nur die Aspekte betrachtet werden, die die absolute Grundlage darstellen. Der SQL Server Agent ist die Komponente, die für alles verantwortlich ist, was zeitlich in SQL Server abläuft. Gleichgültig, ob das Wartungspläne sind, Jobs, die Aufgaben in Datenbanken übernehmen, oder ein Protokollversand. Deshalb müssen Sie einige Konfigurationen am Agent vornehmen, die z. B. dafür sorgen, dass die Übermittlung von E-Mails bei Warnungen funktioniert, oder festlegen, wann sich die CPU im Leerlauf befindet.

Welche grundlegenden Eigenschaften Sie im SQL Server Agent konfigurieren müssen, hängt natürlich von den Funktionalitäten ab, die Sie benötigen. Da der SQL Server Agent jedoch für Wartungspläne zuständig ist, muss er auf jeden Fall ausgeführt werden.

Klicken Sie mit der rechten Maustaste auf den SQL Server Agent, und wählen Sie EIGENSCHAFTEN (PROPERTIES).

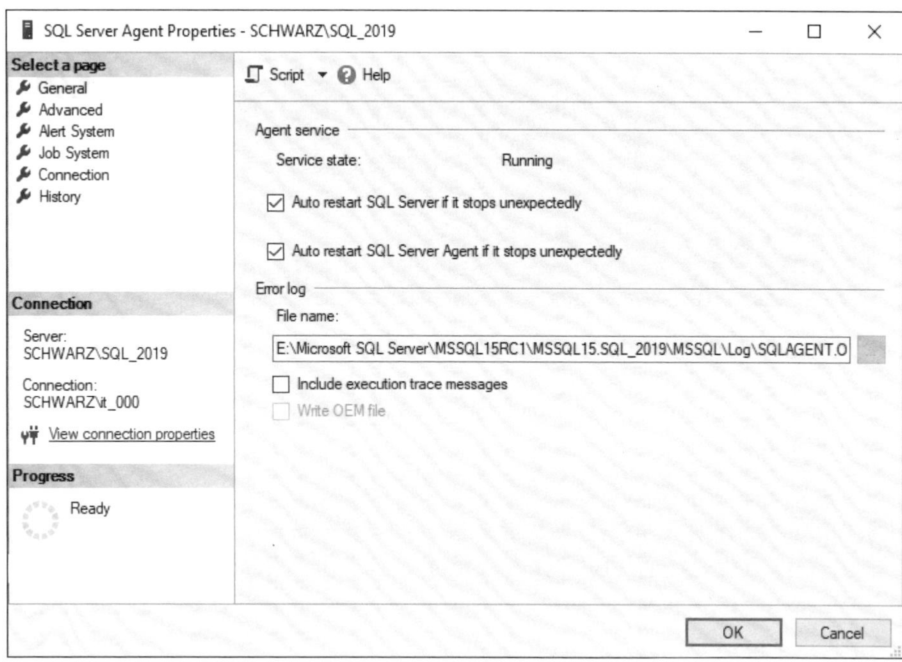

Abbildung 5.21 Konfiguration des SQL Server Agents

Stellen Sie zuerst sicher, dass SQL Server und der SQL Server Agent nach unerwartetem Beenden erneut gestartet werden (Abbildung 5.21).

Auf der nächsten Registerkarte definieren Sie die Bedingungen, wann sich die CPU im Leerlauf befindet. Sie können Aufträge so konfigurieren, dass sie gestartet werden, wenn sich die CPU im Leerlauf befindet (Abbildung 5.22). Damit dies nicht zu früh geschieht, geben Sie mit einem Schwellenwert in Sekunden an, wie lange dies der Fall sein muss.

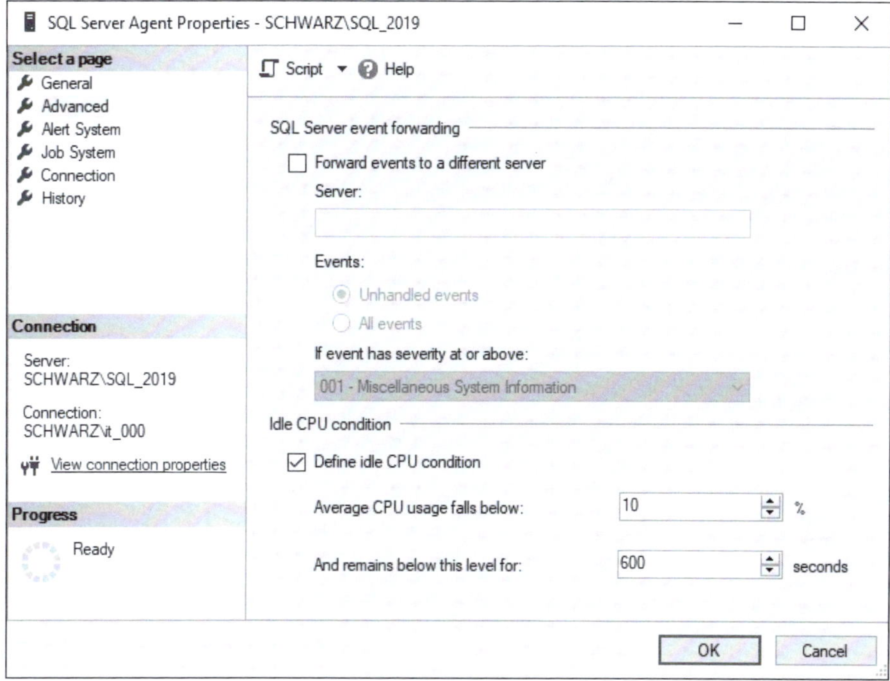

Abbildung 5.22 Bedingung für CPU im Leerlauf

Möchten Sie den SQL Server so konfigurieren, dass der SQL Server Agent automatisiert Warnungen per E-Mail versendet, müssen Sie ein Mailprofil angeben (siehe Abbildung 5.23). Dieses richten Sie mithilfe der Konfiguration von DATENBANK-E-MAIL (DATABASE MAIL) ein; wie das funktioniert, sehen Sie in Kapitel 12, »Einrichten von Warnungen und Benachrichtigungen«.

Die TOKENERSETZUNG (englisch: REPLACEMENT TOKEN; siehe Abbildung 5.23) bietet Ihnen die Möglichkeit, in T-SQL-Skripten mit Token zu arbeiten. Token werden wie Variablen in der Programmierung behandelt und zur Laufzeit des Skripts ersetzt. Ein Token mit dem Namen `MACH` steht z. B. für den Computernamen oder `A-DBN` für den Datenbanknamen.

Diese Schritte sollten zunächst ausreichen, um den SQL Server Agent grundsätzlich zu konfigurieren.

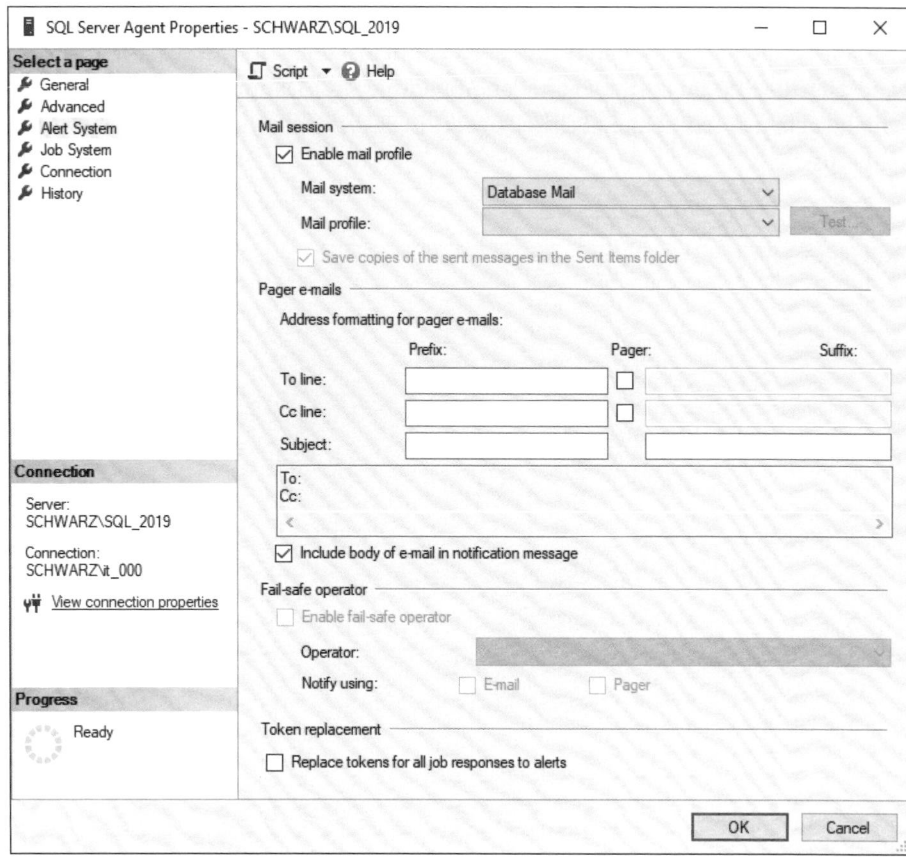

Abbildung 5.23 SQL-Server-Warnsystem

5.8 Konfiguration von SQL Server mithilfe der Richtlinienverwaltung (policy management)

Die *Richtlinienverwaltung* von SQL Server kann für verschiedene Zwecke eingesetzt werden. Es ist eine gute Möglichkeit, mithilfe von Richtlinien nach dem Prinzip, wie Sie es vom Active Directory und den GPOs (Group Policy Object) kennen, in SQL Server zu evaluieren, ob z. B. Features aktiv sind oder nicht. Eine Richtlinie, die Sie angelegt haben, kann ebenso genutzt werden, um über mehrere Instanzen hinweg zu evaluieren, wie Features gesetzt sind, oder – je nachdem, wie Sie die Richtlinie auswerten möchten – um einfach bestimmte Vorgänge zu erzwingen. Manchmal genügt es auch schon, Verstöße gegen eine Richtlinie zu protokollieren. Ein Vorgesetzter kann dann anhand des Protokolls diese Verstöße mit den entsprechenden Personen auswerten. In der Richtlinienverwaltung, die es seit SQL Server 2008 gibt, wurden folgende Begriffe neu eingeführt:

- Eine *Richtlinie* (englisch: *policy*) ist ein Objekt, das eine Bedingung und ein Ziel enthält. Sie kann überprüft und auf einen oder mehrere Server angewendet werden.
- Ein *Target* (deutsch: *Ziel*) ist ein zu verwaltendes Ziel und kann z. B. eine Instanz, eine Datenbank oder eine Tabelle sein.
- Eine *Bedingung* (englisch: *condition*) wird erstellt und gibt den Wert TRUE oder FALSE zurück. Somit können Sie in der Bedingung formulieren, dass alle Tabellen mit dem Präfix »tbl« beginnen müssen oder nichts im Schema »dbo« anzulegen ist.
- Ein *Facet* (deutsch: *Eigenschaft*) stellt eine Sammlung von Eigenschaften eines *Targets* (deutsch: *Ziel*) dar. Beispiele für Facets sind der Datenbank- oder Tabellenname.

Doch lassen Sie uns zunächst ein Beispiel erstellen und das Feature der Common Language Runtime (CLR) aktivieren.

Um herauszufinden, welche Facets ein Objekt unterstützt, klicken Sie mit der rechten Maustaste auf das Objekt, wie z. B. eine Tabelle, und wählen den Eintrag RICHTLINIE FACET (englisch: POLICY FACET). Über diesen Weg lassen sich Richtlinien ebenfalls neu erstellen.

1. Zuerst selektieren Sie im SQL Server Management Studio den Knoten VERWALTUNG (MANAGEMENT; Abbildung 5.24).

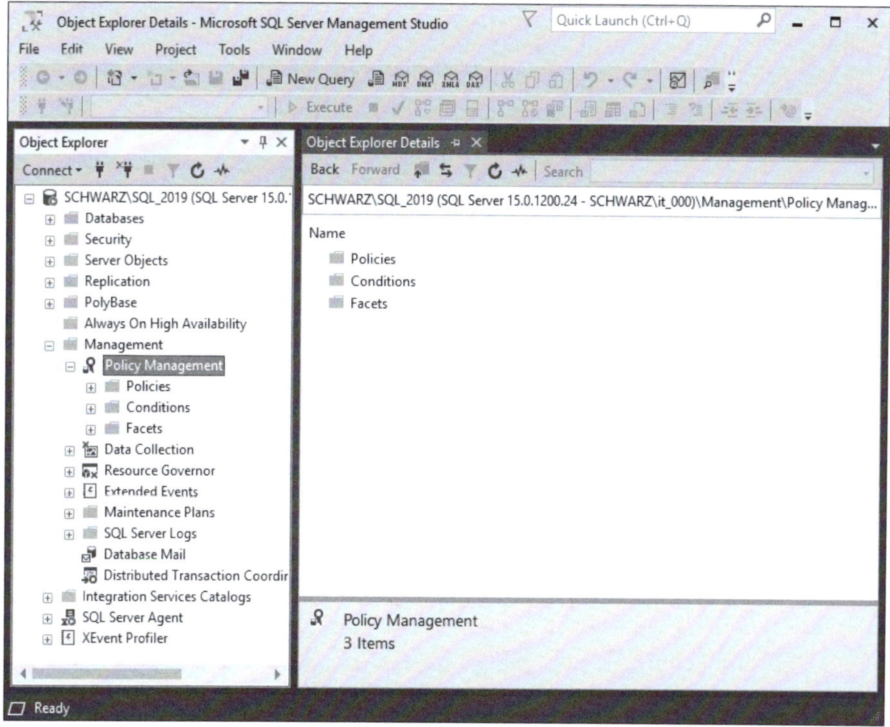

Abbildung 5.24 Die Richtlinienverwaltung

Es erscheinen drei weitere Knoten mit den Namen Richtlinien (Policies), Bedingungen (Conditions) und Facets. Klicken Sie mit der rechten Maustaste auf den Knoten Richtlinien (Policies), um eine neue Richtlinie zu erstellen.

2. Geben Sie der Richtlinie einen aussagekräftigen Namen. In unserem Fall wählen wir den Namen CLR_ENABLED. Die Richtlinie soll prüfen, ob die Common Language Runtime (CLR) aktiviert ist (siehe Abbildung 5.25).

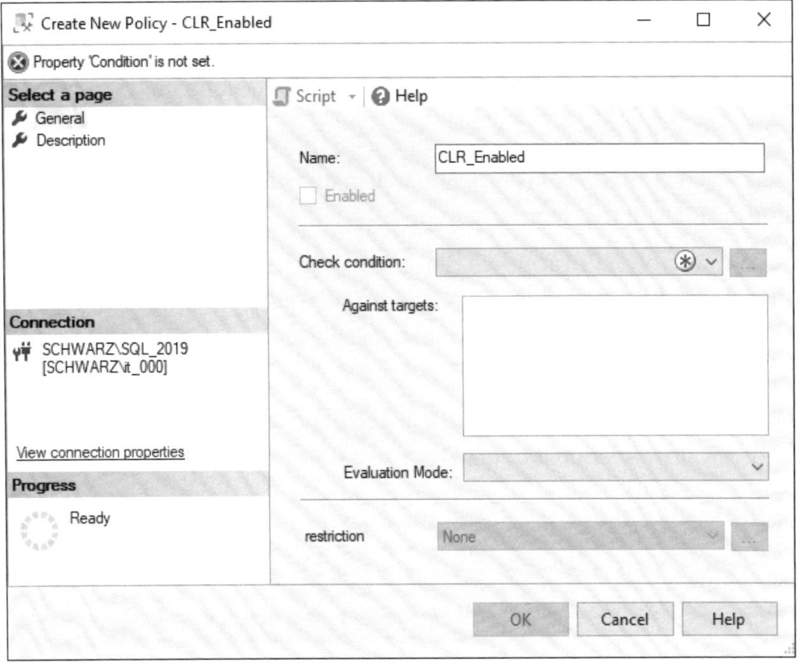

Abbildung 5.25 Neue Richtlinie erstellen

3. Da die Überprüfung über Bedingungen erfolgt, klicken Sie als Nächstes auf das Dropdown-Feld Bedingung überprüfen (Check condition) und wählen Neue Bedingung aus (New Condition).

   Abbildung 5.26 zeigt, wie Sie eine neue Bedingung formulieren. Verwenden Sie auch für die Bedingung einen aussagekräftigen Namen, und wählen Sie als Facet die Oberflächenkonfiguration (Server Configuration) aus.

4. Suchen Sie unter Feld (Field) nach dem Ausdruck @ClrIntegrationEnabled, wählen Sie den Operator =, und setzen Sie den Wert (Value) auf Wahr (True).

5. Bestätigen Sie Ihre Auswahl, und beenden Sie die Erstellung der Bedingung mit OK.

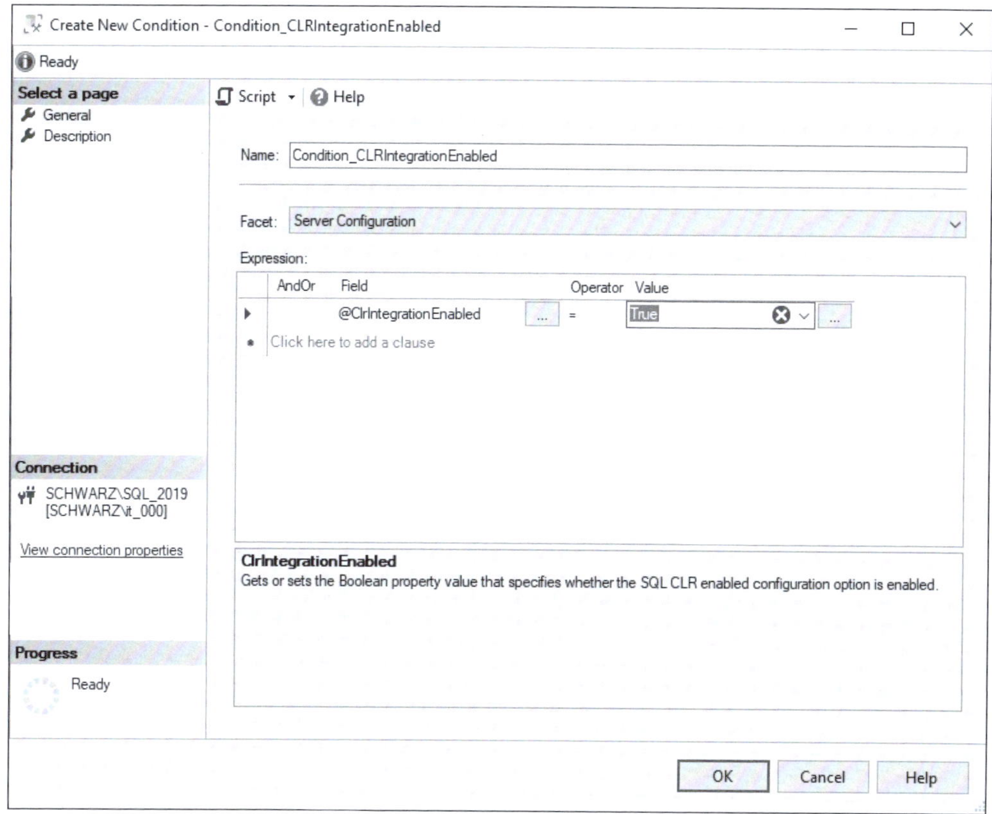

Abbildung 5.26 Eine Bedingung erstellen

Es gibt verschiedene Varianten für den Auswertungsmodus. Die Richtlinie wird automatisch durch *DDL-Trigger* ausgeführt, loggt aber Richtlinienverletzungen nur in der *Ereignisanzeige*. ZEITGESTEUERT (ON SCHEDULE) kann die Richtlinie mit einem Agent-Auftrag ausgeführt werden. ERZWINGEN (ON DEMAND) wendet die Richtlinie durch DDL-Trigger sofort an und verhindert die Ausführung der T-SQL-Anweisungen, die gegen die Richtlinie verstoßen. Bedarfsgesteuert kann die Richtlinie durch den Administrator manuell ausgeführt werden. Aktivieren Sie die Richtlinie, stellen Sie den AUSWERTUNGSMODUS (EVALUATION MODE) auf BEI ÄNDERUNGEN: NUR PROTOKOLLIEREN (ON CHANGE: LOG ONLY), und bestätigen Sie Ihre Auswahl mit OK.

Jetzt können Sie sofort überprüfen, ob die Common Language Runtime in Ihrem System aktiv ist.

1. Selektieren Sie dazu die Richtlinie, und wählen Sie AUSWERTEN (EVALUATE).
2. Die Auswertung können Sie sich ansehen, indem Sie unter DETAILS auf ANZEIGEN (VIEW...) klicken (siehe Abbildung 5.28).

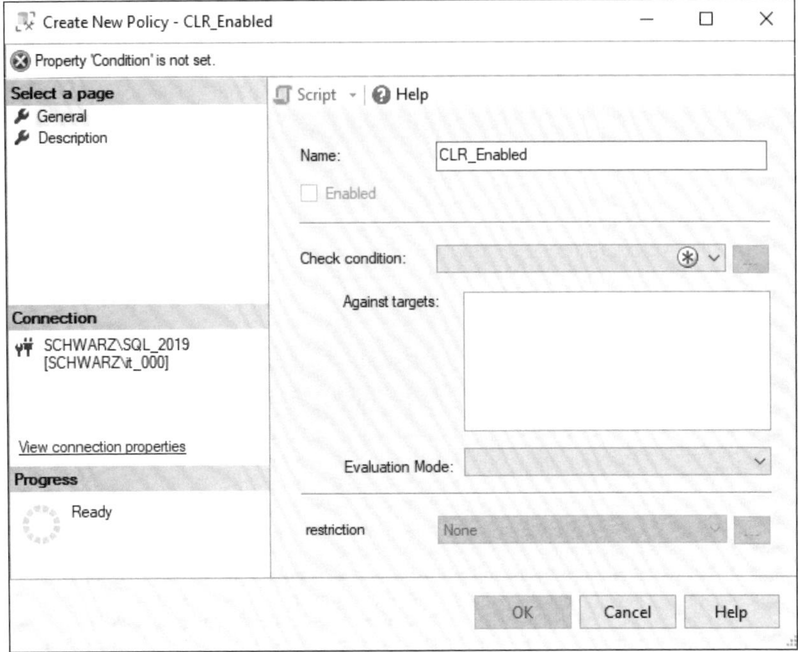

Abbildung 5.27 Die neue Policy

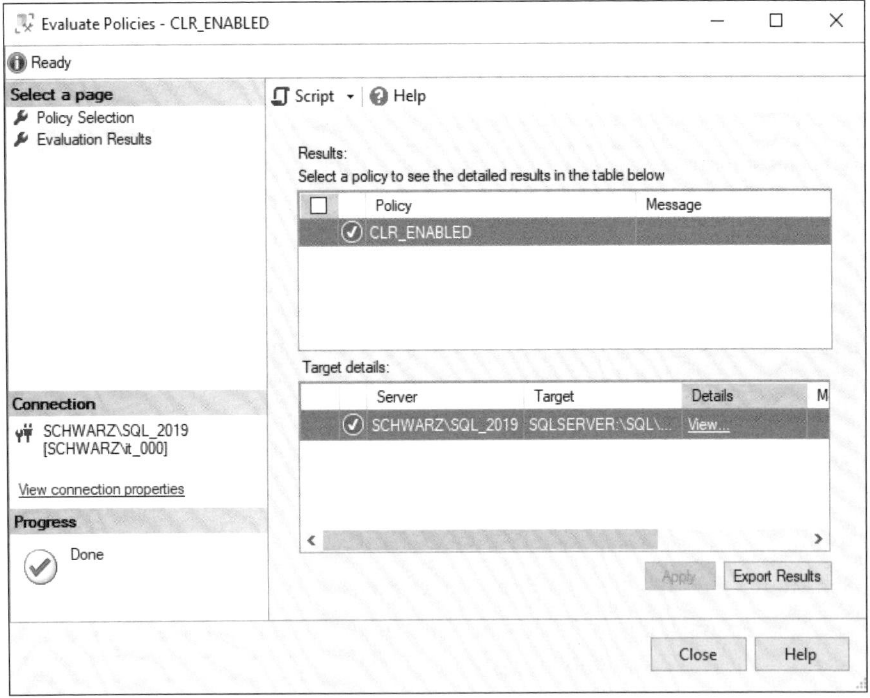

Abbildung 5.28 Evaluate Policies

3. Das Ergebnis in Abbildung 5.29 zeigt, dass der ISTWERT (ACTUAL VALUE) auf WAHR (TRUE) steht. Da wir auf *Wahr* hin geprüft haben, können wir erkennen, dass die Common Language Runtime aktiv ist. Interessant ist auch die Möglichkeit, den Wert sofort zu ändern.

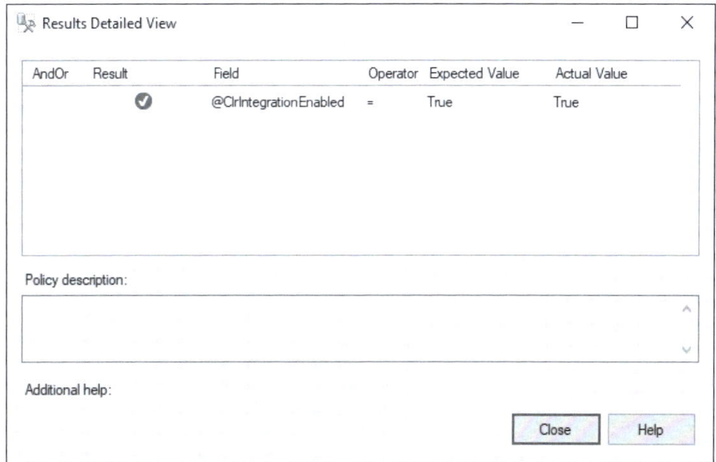

Abbildung 5.29 Details zur Auswertung

4. Um den Wert zu ändern, selektieren Sie die Checkboxen und klicken auf die Schaltfläche ANWENDEN (ENABLED).

Hinweis

Wenn Sie sich für ANWENDEN (ENABLED) entscheiden, erfolgt der Hinweis, dass das Ziel – die Instanz von SQL Server – geändert wird. Nach der Änderung wurde die Common Language Runtime aktiviert, und ein erneutes Auswerten würde sie jetzt aktiv zeigen. Wie Sie gesehen haben, stehen hier sehr viele Konfigurationsmöglichkeiten über die Richtlinienverwaltung zur Verfügung. Das Aktivieren der Common Language Runtime von SQL Server, die es .NET-Code ermöglicht, innerhalb von SQL Server ausgeführt zu werden, oder die Aktivierung von Datenbank-E-Mail sind nur zwei Möglichkeiten. Verschaffen Sie sich einen Überblick, indem Sie sich die Facets näher ansehen. In Abbildung 5.26 steht Ihnen dazu das Dropdown-Menü zur Verfügung. Einige Facets und der zu überprüfende Wert sind:

- Login: `@PasswordExpirationEnabled` *(Passworl abgelaufen)*
- Login: `@IsDisabled` *(deaktiviert)*
- Login: `@DateLastModified` *(zuletzt geändert am (Datum))*
- Login: `@DefaultDatabase` *(Standarddatenbank)*
- Login: `@Name` *(Objektname)*

Diese fünf Beispiele allein zum Facet »Anmeldename« verdeutlichen, welches enorme Potenzial hinter der Richtlinienverwaltung steckt.

5.9 Hilfsprogramm-Kontrollpunkte (Utility Control Point, UCP)

Utility Control Points (*UCP*) erweitern die Funktionalität des Datensammlers und stellen unter SQL Server 2019 eine Möglichkeit dar, Instanzen von SQL Server zu überwachen. Dazu werden Schwellenwerte für registrierte Instanzen von SQL Server 2008 R2 (und höheren Versionen) definiert und überwacht.

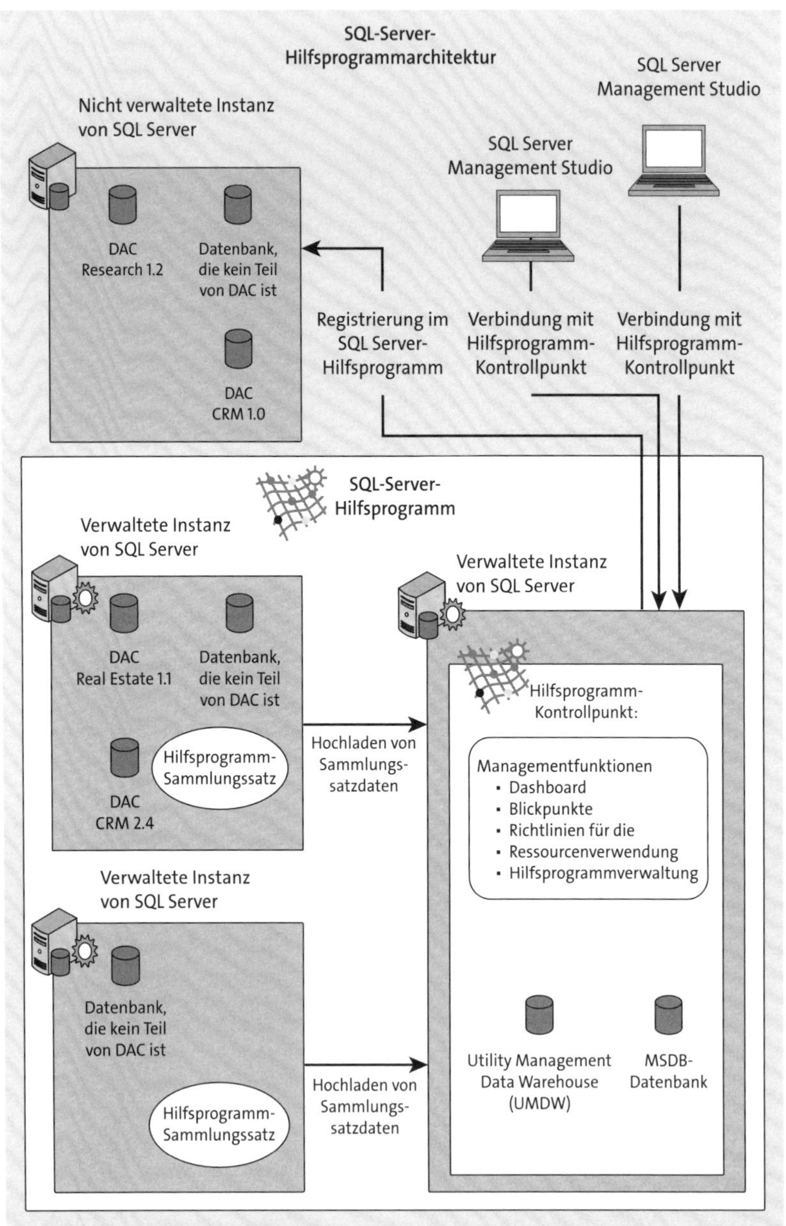

Abbildung 5.30 SQL-Server-Hilfsprogramm – UCP-Architektur (Quelle: Microsoft)

Wir zeigen Ihnen an dieser Stelle, wie Sie UCPs einsetzen, um die Erweiterungen hinsichtlich eines effektiven Ressourcenmanagements für Ihre Instanzen von SQL Server und Anwendungen zu nutzen.

Leider ist der Button für den Start des UCP-Tools in der aktuellen Version des Management Studios noch nicht angekommen. Deshalb weichen wir auf eine ältere Version (2016) des Management Studios aus.

5.9.1 Technologie von Utility Control Points

Bei der Erstellung eines neuen UCPs auf einer Instanz von SQL Server wird in SQL Server eine neue Datenbank *sysutility_mdw* angelegt. Ähnlich dem Datensammler werden im SQL Server Agent Jobs angelegt, die sowohl die Sammlung der Daten übernehmen als auch die Überführung aus dem Cache und das Hochladen in das Data Warehouse.

5.9.2 Der Hilfsprogramm-Explorer

Der *Hilfsprogramm-Explorer* (*Utility Explorer*) ist ein Tool zum Verwalten eines UCPs. Er ist Bestandteil des SQL Server Management Studios, und Sie können ihn über MENÜ • ANSICHT • HILFSPROGRAMM-EXPLORER (MENU • VIEW • UTILITY EXPLORER) anzeigen lassen. Mit seiner Hilfe haben Sie die Möglichkeit, Schwellenwerte zu setzen. Außerdem können Sie die Ressourcen hinsichtlich einer zu starken oder zu schwachen Nutzung analysieren.

5.9.3 Einrichten eines Utility Control Points auf einer Instanz von SQL Server

Um mit UCPs zu arbeiten, müssen Sie zunächst eine Instanz von SQL Server als zentralen UCP einrichten.

1. Gehen Sie dazu in der Menüleiste auf ANSICHT (VIEW), und wählen Sie den HILFSPROGRAMM-EXPLORER (UTILITY EXPLORER) aus. Danach werden Ihnen unter KONFIGURATIONSSCHRITTE FÜR DAS HILFSPROGRAMM (UTILITY CONFIGURATION STEPS) verschiedene Links angezeigt. Klicken Sie auf den Link ERSTELLEN SIE EINEN STEUERUNGSPUNKT FÜR DAS HILFSPROGRAMM (UCP) (englisch: CREATE A UTILITY CONTROL POINT) oder in der Symbolleiste auf das entsprechende Symbol, um den Assistenten zu starten.
2. Nachdem sich der Assistent gemeldet hat, klicken Sie auf WEITER (NEXT).
3. Im nächsten Dialogfeld (siehe Abbildung 5.31) nach der Einführung werden Sie aufgefordert, den Namen der Instanz anzugeben, auf der Sie einen UCP erstellen möchten. Außerden werden Sie aufgefordert, einen HILFSPROGRAMM STEUERUNGSPUNKT-NAME (UTILITY CONTROL POINT NAME) zu vergeben.

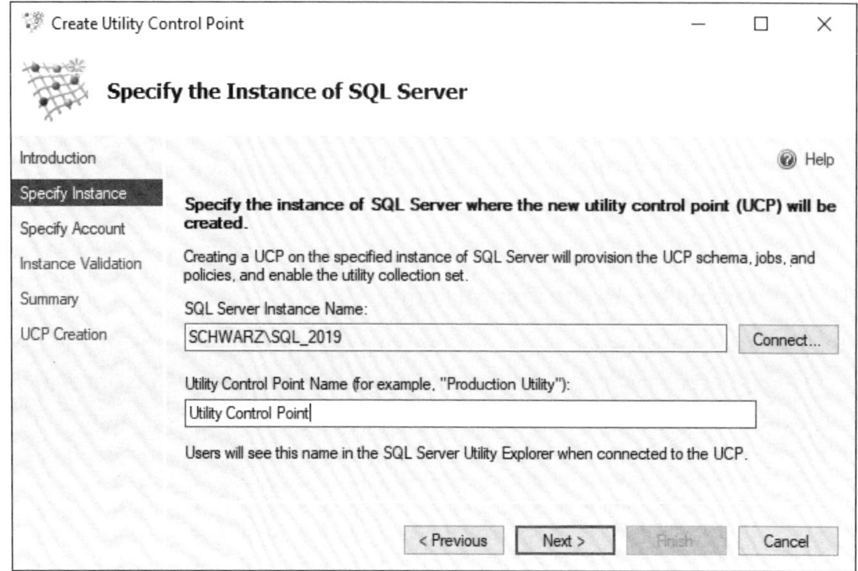

Abbildung 5.31 UCP-Instanz über Verbindung angeben

4. Nachem Sie die Eingabe mit WEITER (NEXT) bestätigt haben, müssen Sie ein Konto bestimmen, mit dessen Hilfe der UCP arbeitet; geben Sie dazu das Servicekonto der SQL-Server-Instanz an (siehe Abbildung 5.32).

Abbildung 5.32 Festlegen des Domänenkontos für den UCP

Beachten Sie, dass es bei einem nicht korrekten Konto oder Passwort beim Abschluss des Assistenten zu einer Fehlermeldung kommt. Wenn keine Fehler vorliegen, erhalten Sie für alle Positionen als Ergebnis die Meldung ERFOLG (SUCCESS), wie Sie sie in Abbildung 5.33 sehen.

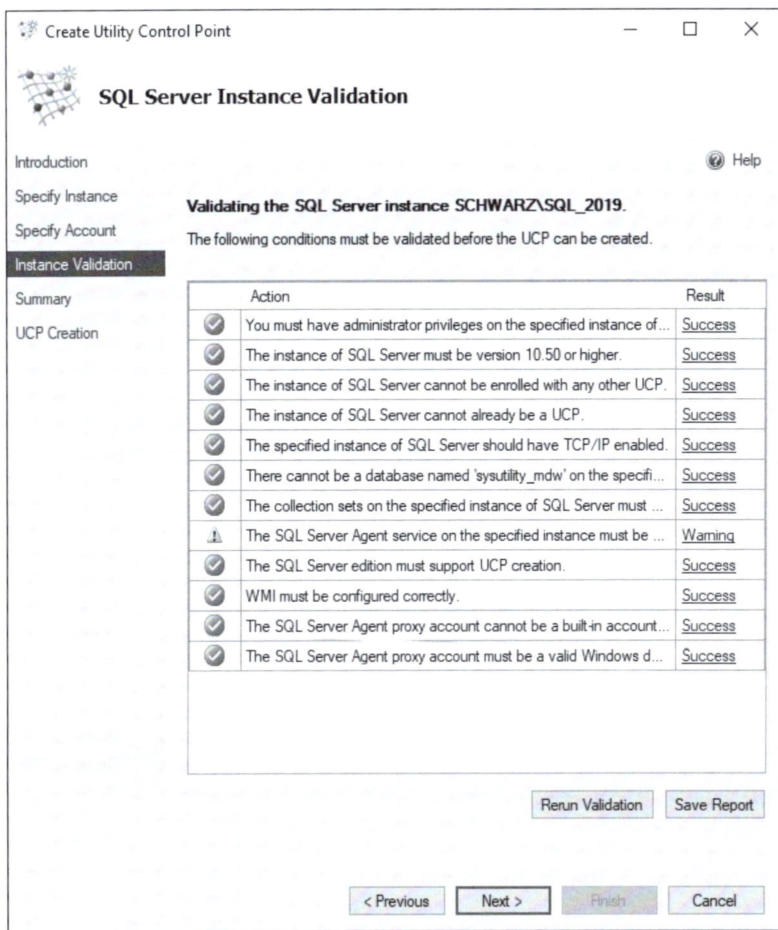

Abbildung 5.33 Überprüfung der UCP-Bedingungen

Es wird eine Fehlermeldung erzeugt, wenn Sie zuvor den Datensammler konfiguriert haben und die Sammlungen ausgeführt werden. Das sollten Sie an dieser Stelle überprüfen, um gegebenenfalls die Sammlungen zu beenden. Anderenfalls sind zunächst keine weiteren Schritte notwendig, um einen UCP einzurichten.

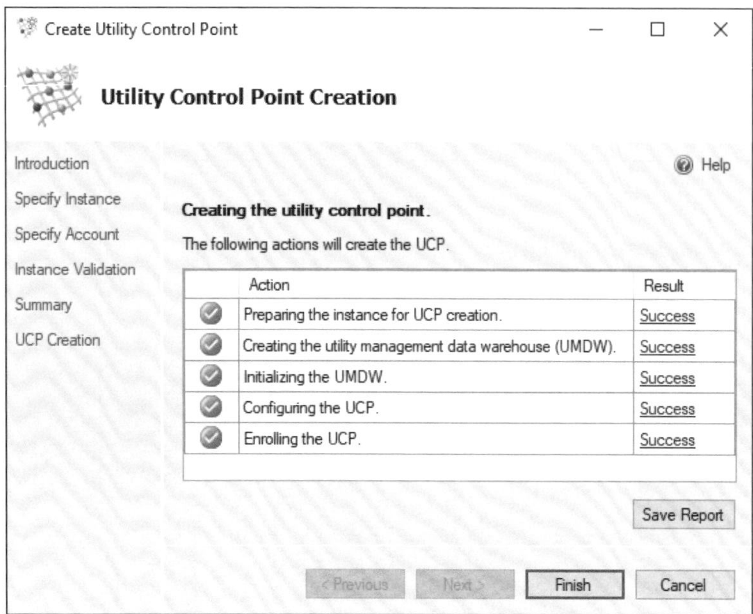

Abbildung 5.34 Abschluss des Assistenten zum Erstellen eines UCPs

Nachdem Sie die Grundkonfiguration durchgeführt haben, sehen Sie, wie sich das Dashboard INHALT DES HILFSPROGRAMM-EXPLORERS (UTILITY EXPLORER CONTENT) öffnet.

1. Wechseln Sie zunächst über ANSICHT (VIEW) zum Objekt-Explorer, und schauen Sie sich im SQL Server Agent die hinzugefügten Aufträge an. Abbildung 5.35 zeigt das Dashboard, den Datensammler mit dem Knoten HILFSPROGRAMMINFORMATIONEN (UTILITY INFORMATION) und den SQL Server Agent mit den Aufträgen. Es werden keine Sammlungen im Datensammler ausgeführt.
2. Klicken Sie mit der rechten Maustaste darauf, und wählen Sie DATENSAMMLUNGSSATZ STARTEN (START DATA COLLECTION SET). Lässt sich der Sammlungssatz HILFSPROGRAMMINFORMATIONEN (UTILITY INFORMATION) nicht starten, erhalten Sie einen Hinweis, dass ein Zeitplan eingerichtet werden muss. Dies können Sie über die EIGENSCHAFTEN (PORPERTIES) durchführen.
3. Wählen Sie dazu unter DATENSAMMLUNG UND -UPLOAD • ZEITPLAN (DATA COLLECTION SET PROPERTIES • UPLOADS • UPLOAD SCHEDULE) eine Variante aus, und bestätigen Sie Ihre Eingabe mit OK. Diesen Schritt sehen Sie in Abbildung 5.36 dargestellt.

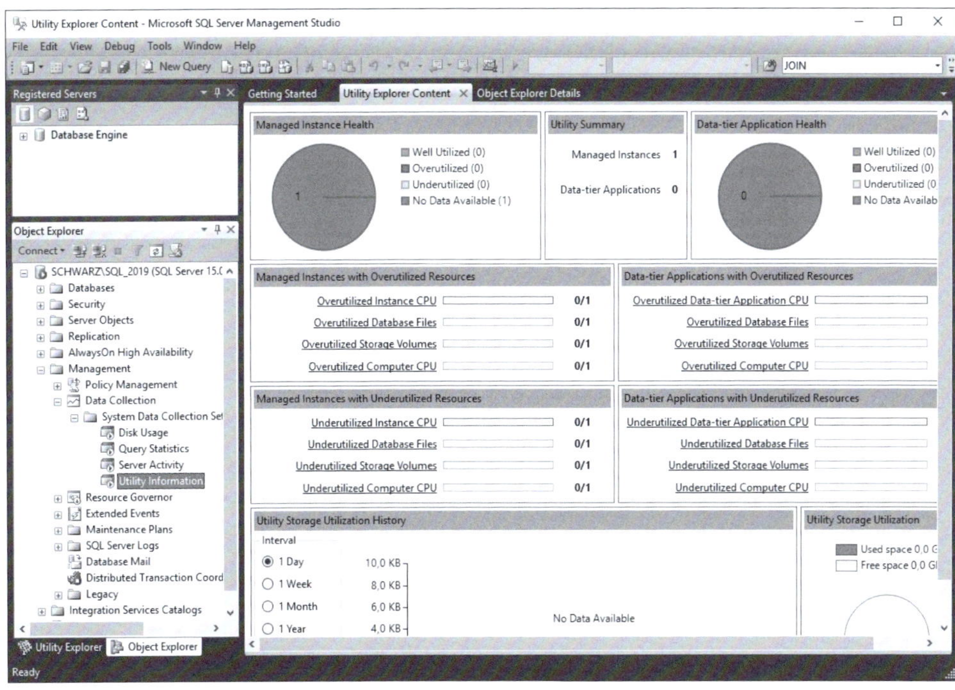

Abbildung 5.35 Dashboard, Agent-Aufträge und Datensammler

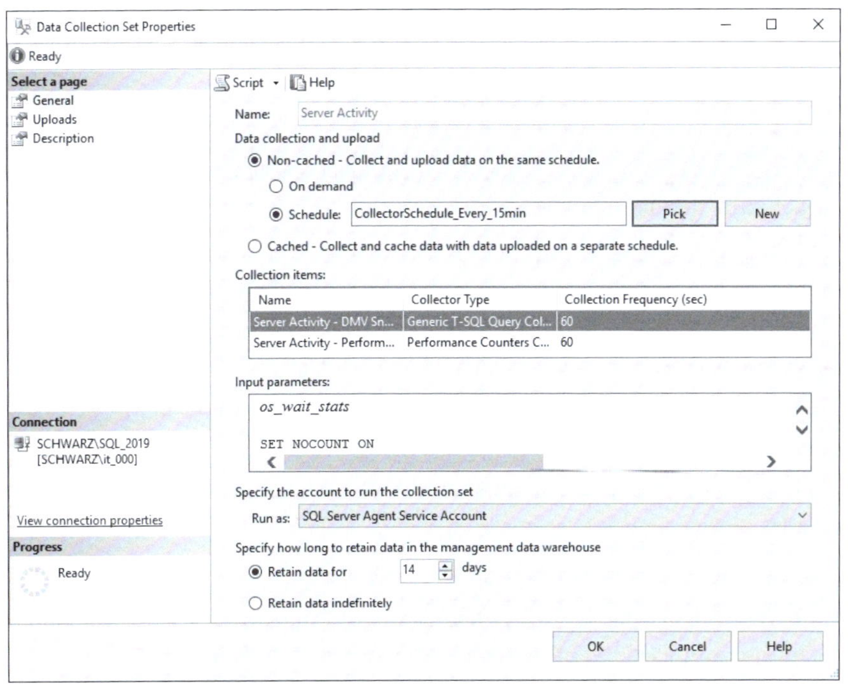

Abbildung 5.36 Festlegen des Zeitplans für einen UCP

Zu einem UCP können Sie weitere Instanzen von SQL Server hinzufügen, damit Sie diese entsprechend für die Sammlung von Daten konfigurieren können.

Um eine weitere Instanz von SQL Server zum UCP hinzuzufügen, gehen Sie folgendermaßen vor.

1. Wechseln Sie über ANSICHT (VIEW) zum Hilfsprogramm-Explorer (Utility Explorer; siehe Abbildung 5.37).

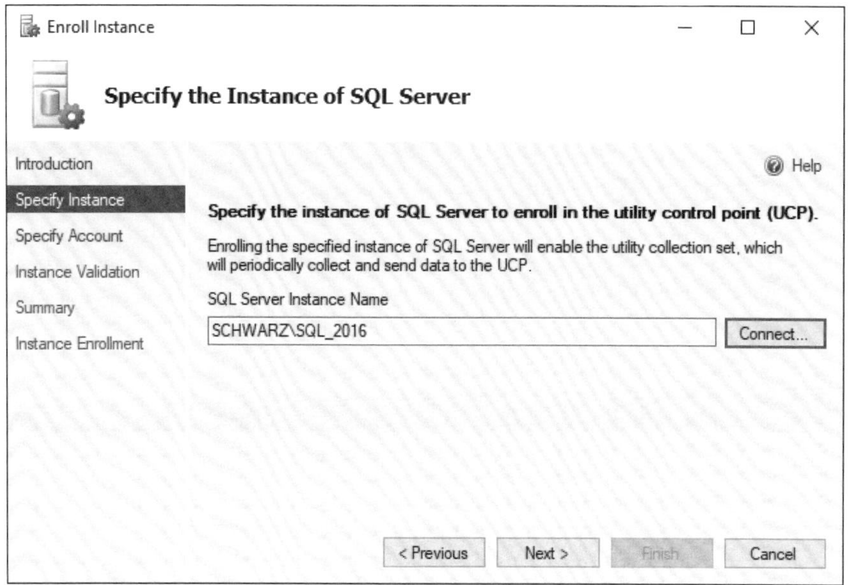

Abbildung 5.37 Registrieren einer weiteren Instanz

2. Wählen Sie VERWALTETE INSTANZEN (MENROLL INSTANCE) aus und dann INSTANZ REGISTRIEREN (SPECIFY INSTANCE).

   Nun können Sie sich mit einer weiteren bestehenden Instanz von SQL Server verbinden und diese für den UCP registrieren. Es wird erneut der Assistent angezeigt.
3. Diesen Dialog bestätigen Sie mit WEITER (NEXT) und verbinden sich mit der Instanz.
4. Geben Sie erneut das Konto mit dem Kennwort an, wie in Abbildung 5.32 schon einmal ausgeführt, und bestätigen Sie die Eingabe.
5. Die Bedingungen werden erneut überprüft. Sie können den Dialog dann beenden und alles fertigstellen.

Der Datensammler erfasst jetzt Daten zu den einzelnen Instanzen von SQL Server 2012 und überführt sie in das Utility Management Data Warehouse. Das Dashboard im Hilfsprogramm-Explorer ermöglicht es Ihnen, die Daten auszuwerten.

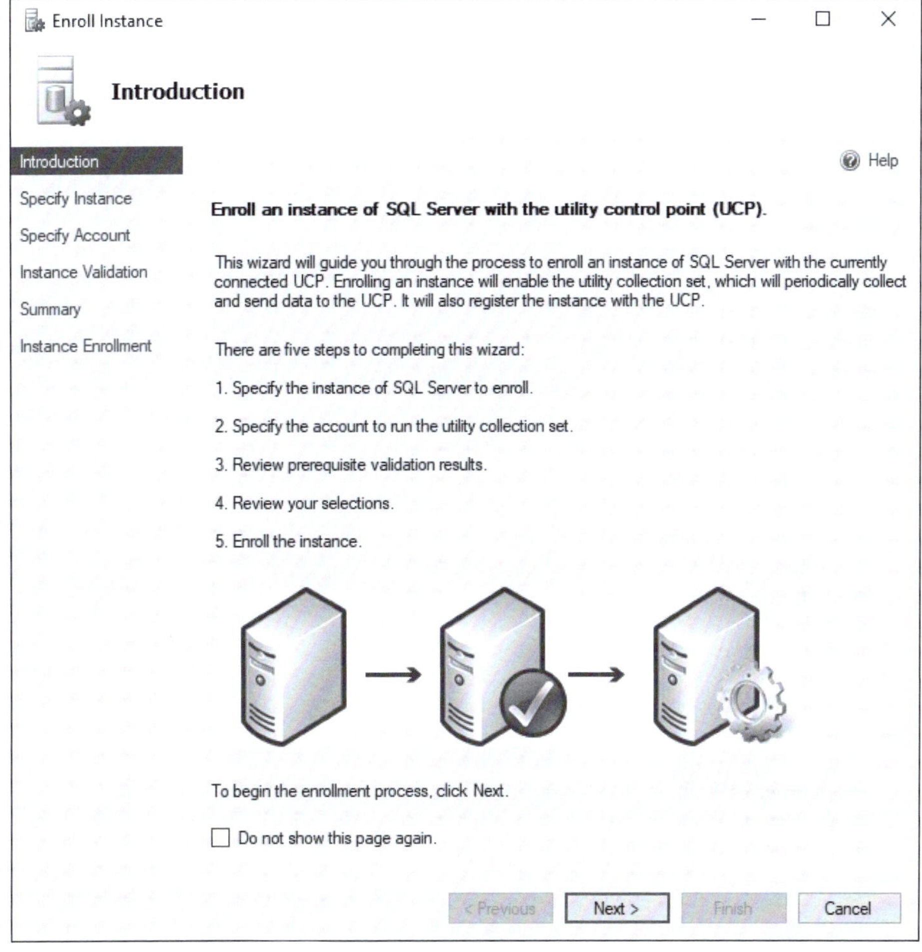

Abbildung 5.38 Verbinden mit einer weiteren Instanz

Zum Festlegen der Schwellenwerte für die Instanzen gibt es in der Hilfsprogrammverwaltung (Utility Administration) die Richtlinien (Policies).

1. Wenn Sie sich nicht im Hilfsprogramm-Explorer befinden, wechseln Sie über ANSICHT (VIEW) dorthin.
2. Selektieren Sie den Knoten HILFSPROGRAMMVERWALTUNG (UTILITY ADMINISTRATION).

Sie können nun die Schwellenwerte für einen UCP festlegen, weitere Instanzen hinzufügen und die gesammelten Informationen über Berichte abrufen, die zur Verfügung stehen. Abbildung 5.39 zeigt die Konfiguration der Schwellenwerte im Hilfsprogramm-Explorer (Utility Explorer).

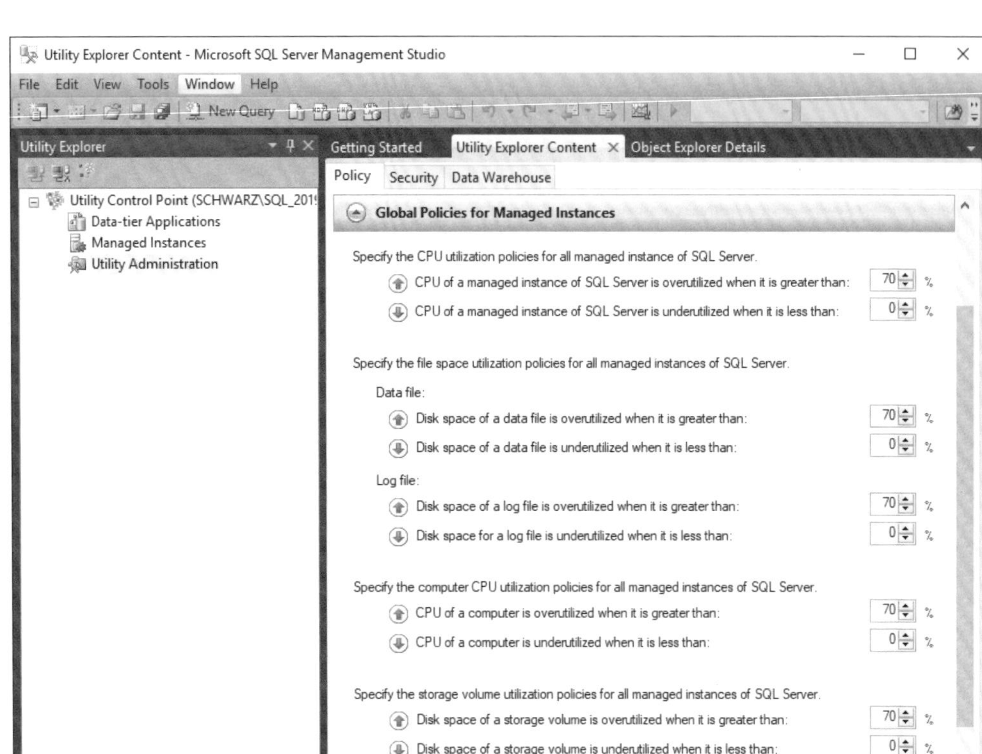

Abbildung 5.39 Festlegen der Schwellenwerte

5.9.4 Workshop: Registrieren eines Service Principal Names (SPN)

Auf dem SQL Server lässt sich sehr einfach überprüfen, ob NTLM oder Kerberos zur Authentifizierung verwendet wird. Öffnen Sie das SQL Server Management Studio, und führen Sie die folgende Abfrage in einem Skriptfenster aus:

```
SELECT auth_scheme, * FROM sys.dm_exec_connections
```

Diese Abfrage zeigt an, ob Kerberos oder NTLM zur Authentifizierung verwendet wird.

In unserem Beispiel in Abbildung 5.40 sehen Sie, dass NTLM verwendet wird. Für die Registrierung eines SPNs im Active Directory verwenden Sie das Tool *SetSPN.exe*. In unseren Systemen befindet sich dieses unter anderem auf *C:\Windows\System32*. Das folgende Beispiel zeigt, wie Sie einen SPN für den SQL-Server-Dienst registrieren.

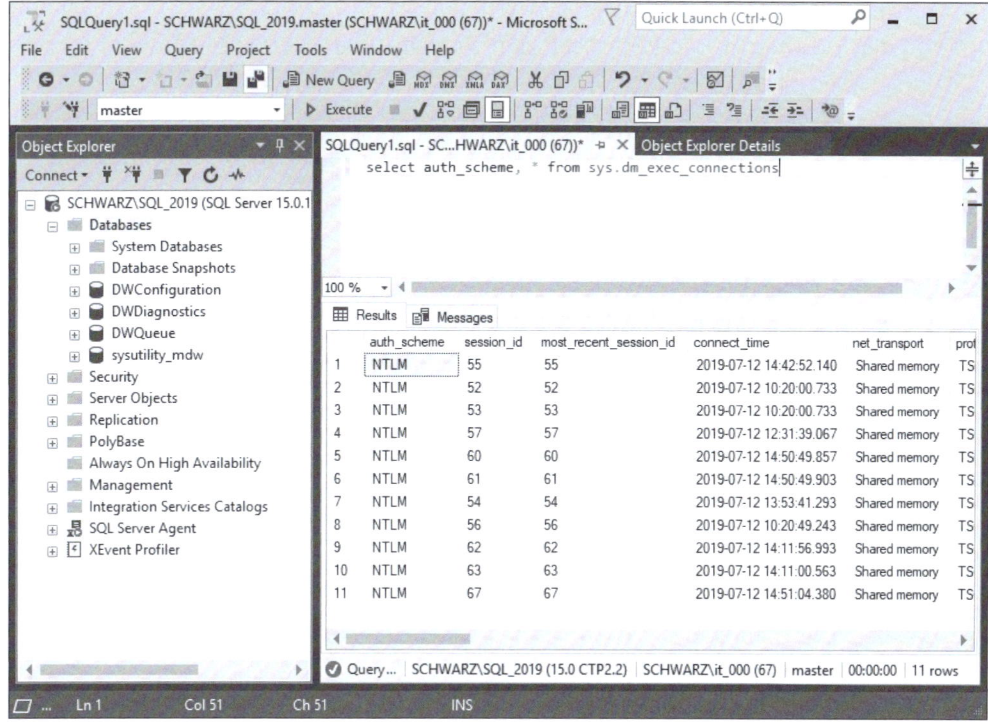

Abbildung 5.40 NTLM für die Authentifizierung

Dazu zeigen wir Ihnen hier zunächst einmal die grundsätzliche Syntax von `SetSpn`:

`setspn -A http//Hostname` Domäne\Servicekonto

`setspn -A http//Hostname.Domäne` Domäne\Servicekonto

1. Öffnen Sie eine Kommandozeile, und geben Sie die beiden Anweisungen aus Abbildung 5.41 ein. Hostname, Domäne und Servicekonto verwenden Sie entsprechend Ihrer Umgebung.

```
Administrator: Eingabeaufforderung

C:\>setspn -A HTTP//sqlxpert01.sqlxpert.local sqlxpert\sqlservice
Dienstprinzipalnamen (SPN) für CN=SQLService,DC=SQLXPERT,DC=local werden registr
iert.
        HTTP//sqlxpert01.sqlxpert.local
Aktualisiertes Objekt

C:\>setspn -A HTTP//sqlxpert01 sqlxpert\sqlservice
Dienstprinzipalnamen (SPN) für CN=SQLService,DC=SQLXPERT,DC=local werden registr
iert.
        HTTP//sqlxpert01
Aktualisiertes Objekt

C:\>_
```

Abbildung 5.41 Registrierung des SPNs

In unserem Beispiel registrieren wir für den FQDN `SQLXPERT01.sqlxpert.local` und den Hostnamen `SQLXPERT01` mit dem Domänenbenutzerkonto `SQLXPERT\SQLService` je einen SPN.

Weitere Informationen und Beispiele finden Sie bei Fragen hierzu im MSDN unter dem folgenden Link: *http://technet.microsoft.com/de-de/library/ms191153.aspx.*

Darüber hinaus muss im Active Directory dem Konto vertraut werden, unter dem der Dienst ausgeführt wird. Dazu gibt es die Registerkarte DELEGIERUNG (DELEGATION) für das entsprechende Konto.

2. Starten Sie ACTIVE DIRECTORY BENUTZER UND COMPUTER (ACTIVE DIRECTORY USERS AND COMPUTERS) remote oder aus der Verwaltung des Domänen-Controllers heraus.
3. Selektieren Sie das Benutzerkonto, unter dem der SQL-Server-Dienst ausgeführt wird.
4. Wählen Sie die EIGENSCHAFTEN (PROPERTIES) und dort die Registerkarte DELEGIERUNG (DELEGATION).
5. Jetzt können Sie die Einstellungen so konfigurieren, dass dem Benutzer für Kerberos vertraut wird.

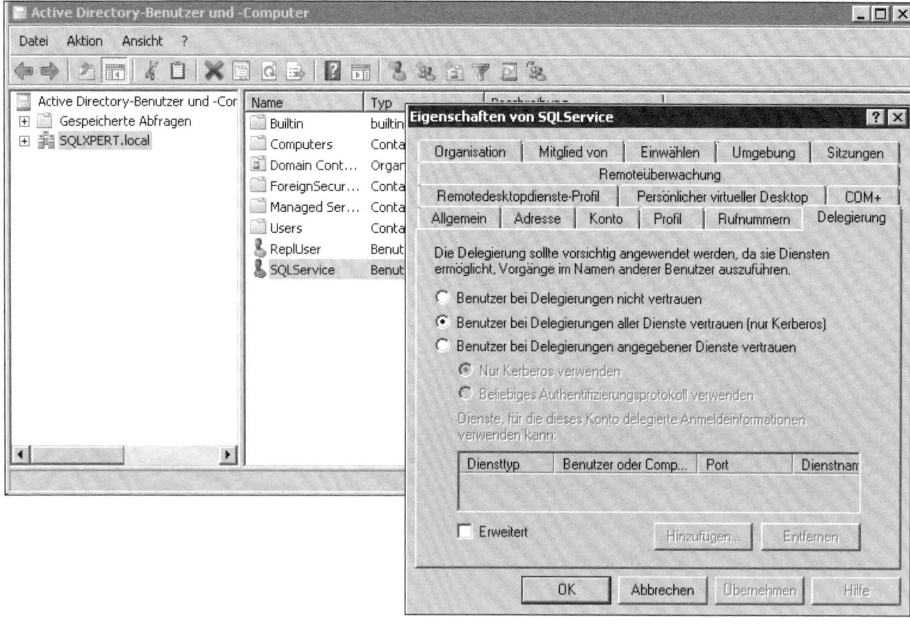

Abbildung 5.42 Das SQL-Server-Dienstkonto mit der Registerkarte »Delegierung«

Wir wollten Ihnen an dieser Stelle die Schritte zeigen, die für den SQL Server notwendig sind. Die Thematik Kerberos und Delegierung soll hier nicht weiter vertieft werden. In einer SharePoint-Umgebung müssen Sie die Registrierung auch für das Konto des Anwendungspools der Webanwendung durchführen. Auch hier finden Sie weitere Informationen im MSDN, und zwar unter dem folgenden Link: *http://technet.microsoft.com/de-de/library/ee806870.aspx#section1*.

5.9.5 Workshop: Konfiguration der Windows-Firewall für eine Standardinstanz von SQL Server

Haben Sie eine Standardinstanz von SQL Server 2012 installiert, verwendet SQL Server den Port 1433 zur Kommunikation. Damit eine Verbindung über das Netzwerk mit TCP/IP hergestellt werden kann, müssen Sie die Firewall konfigurieren.

1. Starten Sie die Managementkonsole MMC über START • AUSFÜHREN • `MMC` (START • EXECUTE • `MMC`), oder über die Suche (das Lupen-Symbol in der Taskleiste).
2. Wählen Sie unter DATEI • SNAP-IN HINZUFÜGEN die WINDOWS-FIREWALL MIT ERWEITERTER SICHERHEIT (Abbildung 5.43).

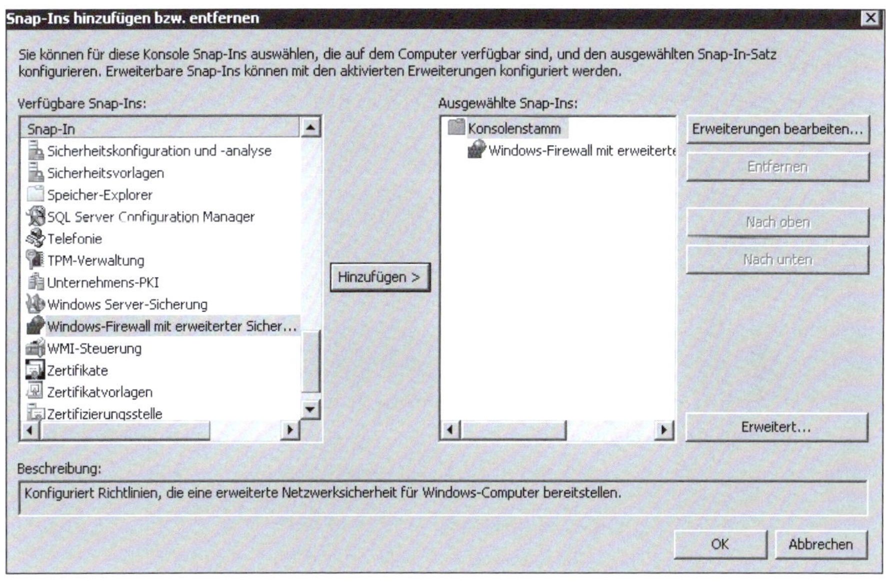

Abbildung 5.43 Auswählen der Windows-Firewall

3. Fügen Sie die Windows-Firewall hinzu, und bestätigen Sie dies mit OK.
4. Nachdem sich die Firewall im Konsolenstamm befindet, erstellen Sie wie in Abbildung 5.44 unter EINGEHENDE REGELN eine NEUE REGEL.
5. Zunächst können Sie sich entscheiden, ob Sie eine PORT-Regel oder eine PROGRAMM-Regel erstellen möchten (Abbildung 5.45). In unserem Beispiel erstellen wir für den Port 1433 eine Regel.

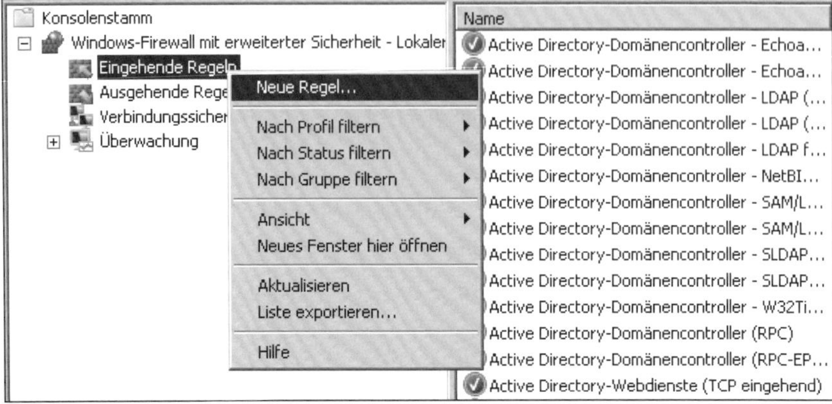

Abbildung 5.44 Erstellen einer neuen eingehenden Firewall-Regel

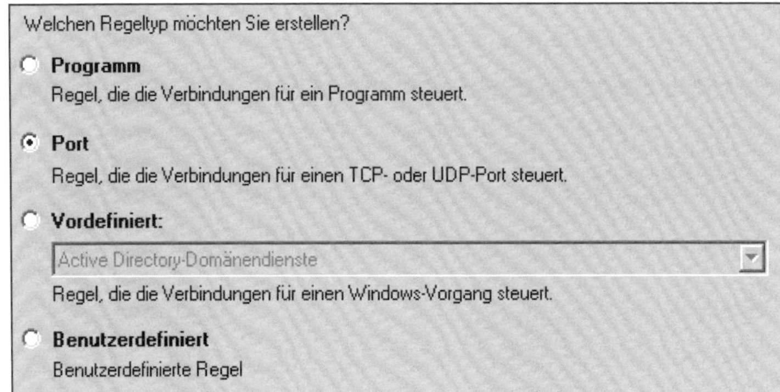

Abbildung 5.45 Portregel erstellen

6. Klicken Sie auf WEITER, und wählen Sie wie in Abbildung 5.46 den TCP-Port aus. Geben Sie als Port »1433« an.

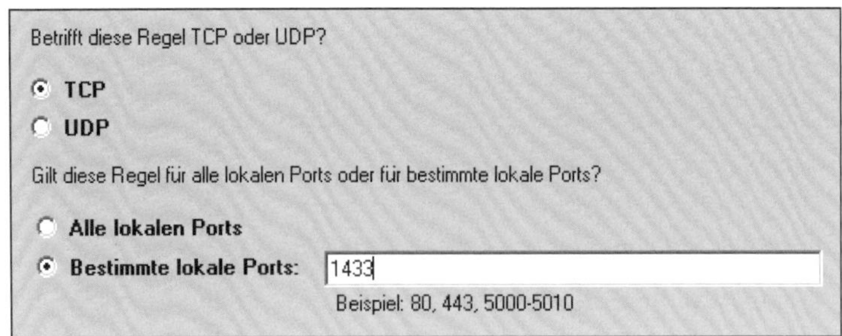

Abbildung 5.46 Festlegen des TCP-Ports 1433

7. Im nächsten Dialog aus Abbildung 5.47 legen Sie fest, dass Sie die VERBINDUNG ZULASSEN möchten.

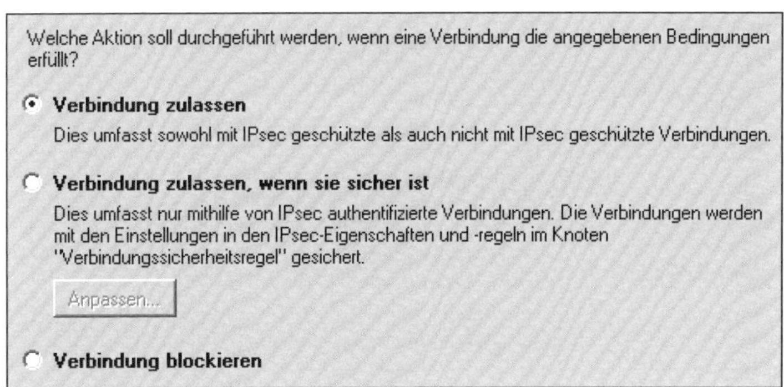

Abbildung 5.47 Verbindung zulassen

8. Das Profil muss noch festgelegt werden, damit die Regel für das jeweilige Netzwerkprofil Anwendung findet (Abbildung 5.48).

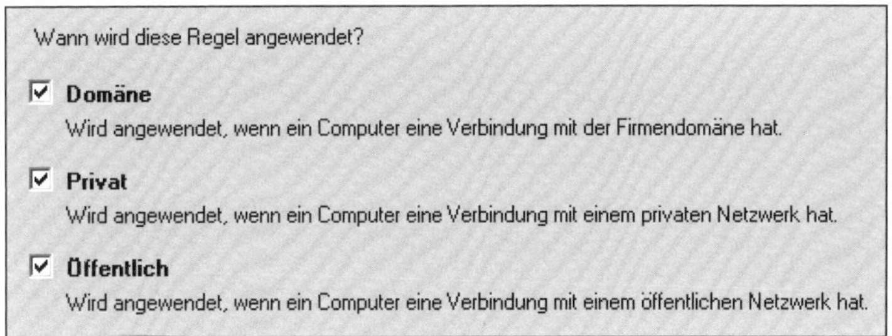

Abbildung 5.48 Festlegen des Netzwerkprofils

9. Zum Schluss geben Sie der Regel noch einen Namen (Abbildung 5.49) und schließen den Vorgang mit FERTIG STELLEN ab.

Abbildung 5.49 Einen Namen für die Regel vergeben

Nachdem Sie den Vorgang abgeschlossen haben, wurde die Regel unter EINGEHENDE REGELN in der Firewall hinzugefügt, wie Sie in Abbildung 5.50 sehen.

Abbildung 5.50 Die eingehende SQL-Server-Firewall-Regel

Erstellen Sie nach dem gleichen Verfahren die AUSGEHENDE REGEL, und denken Sie daran, für Ihre benannten Instanzen von SQL Server am besten feste Ports zu vergeben und diese in der Firewall ebenfalls mit Regeln zu konfigurieren.

6

Kapitel 6
Die SQL-Server-Systemdatenbanken im Überblick

In diesem Kapitel stellen wir die SQL-Server-Systemdatenbanken vor und erklären ihre Funktion. Diese Grundlagen benötigen Sie, um die Arbeitsweise von SQL Server zu verstehen und zu entscheiden, wie Sie die Systemdatenbanken in Ihre Sicherungsstrategie integrieren.

SQL Server verfügt über verschiedene Systemdatenbanken. Jede dieser Datenbanken erfüllt einen bestimmten Zweck. Für das Thema »Datensicherung« ist es unter anderem wichtig, die Systemdatenbanken und deren Rolle zu kennen. Tabelle 6.1 zeigt, welche Rolle diesen einzelnen Datenbanken zukommt.

Systemdatenbank	Beschreibung
MASTER	Sie enthält die gesamte Konfiguration des Servers. Ohne eine funktionierende MASTER-Datenbank gibt es keine lauffähige SQL-Server-Instanz. Sie zeichnet alle Informationen auf Systemebene für eine Instanz von SQL Server auf und muss regelmäßig gesichert werden.
MSDB	Alles, was ein Auftrag im SQL Server Agent ist, wird in der MSDB verwaltet. Dazu gehören z. B. die Zeitpläne (Schedules), Rollen für SSIS, Datenbank-E-Mail und die Rollen, die User berechtigen, mit dem SQL Server Agent zu arbeiten. Ein Backup dieser Datenbank ist daher notwendig.
MODEL	SQL Server verwendet die MODEL-Datenbank als Vorlage für alle Datenbanken, die für die Instanz von SQL Server neu erstellt werden. Wenn Sie Änderungen an der MODEL-Datenbank vornehmen, werden diese Änderungen auf jede neu angelegte Datenbank angewendet, sofern das Login, mit dem die Datenbank angelegt wird, Zugriff auf die MODEL-Datenbank hat. Nicht alle Änderungen sind jedoch für Systemdatenbanken möglich. Nähere Informationen erhalten Sie in der MSDN unter *http://msdn.microsoft.com/de-de/library/ms178028.aspx*.

Tabelle 6.1 Die Systemdatenbanken von SQL Server im Überblick

Systemdatenbank	Beschreibung
MSSQLSYSTEM-RESOURCE	Eine schreibgeschützte Datenbank, die Systemobjekte speichert, die in SQL Server enthalten sind. Systemobjekte werden physikalisch in der Ressourcendatenbank gespeichert, logisch jedoch im »sys«-Schema jeder Datenbank angezeigt. Diese Datenbank befindet sich im Verzeichnis *Binn* unterhalb der SQL-Server-Instanz. Sie wird im Management Studio unter SYSTEMDATENBANKEN (SYSTEM DATABASES) nicht angezeigt.
TEMPDB	Die TEMPDB stellt einen Arbeitsbereich zum Speichern von temporären Objekten oder Zwischenergebnissen bei Abfragen dar. Diese Datenbank wird bei jedem Neustart der Instanz von SQL Server neu angelegt. Ihre Parameter werden der MASTER-Datenbank entnommen.

Tabelle 6.1 Die Systemdatenbanken von SQL Server im Überblick (Forts.)

6.1 Aufbau und Funktionsweise von SQL-Server-Systemdatenbanken

Jede SQL-Server-Datenbank besteht aus mindestens zwei Dateien. Dabei ist es unerheblich, ob es sich um *System- oder Benutzerdatenbanken* handelt. Bei diesen Dateien wird zwischen der *Datendatei* mit der Endung *.mdf* und dem *Transaktionsprotokoll* mit der Endung *.ldf* unterschieden. Die Datendatei enthält die eigentlichen Daten, Funktionen, Prozeduren, Indizes, Sichten, Trigger etc. Das Transaktionsprotokoll zeichnet alle Informationen auf, die zum Wiederherstellen von Transaktionen in der Datenbank erforderlich sind. Das ist natürlich auch bei den Systemdatenbanken nicht anders.

Es ist möglich, weitere Datendateien einer Systemdatenbank hinzuzufügen. Ausgenommen hiervon sind die MASTER- und die MODEL-Datenbank. Diesen beiden Datenbanken können Sie keine weiteren Daten- oder Transaktionsprotokolldateien hinzufügen.

6.1.1 Zusammenhänge – Wiederherstellungsmodell (Recovery Model), Sicherung (Backup) der Datenbank und Transaktionsprotokoll (Transaction Log)

Einige der Systemdatenbanken müssen nach jedem wichtigen Update gesichert werden. Dazu zählen MASTER, MSDB und MODEL. Sollten Sie die Instanz von SQL Server für die Replikation konfiguriert haben, ist auch die Distributionsdatenbank vorhanden, die Sie dann ebenfalls mitsichern müssen.

Sicherung und Wiederherstellungsmodell

Es gibt einen Zusammenhang zwischen dem Wiederherstellungsmodell einer Datenbank und den Sicherungsmöglichkeiten. Befindet sich die Datenbank im einfachen Wiederherstellungsmodell (*Simple Recovery Model*), ist es nicht möglich, das Transaktionsprotokoll separat zu sichern. Das Thema Wiederherstellungsmodell beschreiben wir ausführlich in Kapitel 9, »Backup und Restore«. Da die Systemdatenbanken per Standard im einfachen Wiederherstellungsmodell ausgeführt werden, müssen Sie sicherstellen, dass bei jeder Änderung an einer dieser Datenbanken eine Sicherung erfolgt. Nur so ist gewährleistet, dass Sie bei einem Ausfall von SQL Server über aktuelle Sicherungen dieser Datenbanken verfügen. Ausnahme ist die TEMPDB, die bei jedem Neustart von SQL Server neu erstellt wird.

Wiederherstellungsmodelle für Systemdatenbanken

Die MASTER-Datenbank verwendet das einfache Wiederherstellungsmodell. Aus Gründen der Abwärtskompatibilität mit früheren Versionen von Microsoft SQL Server können Sie das WIEDERHERSTELLUNGSMODELL (englisch: RECOVERY MODEL) jedoch in VOLLSTÄNDIG (FULL) oder MASSENPROTOKOLLIERT (BULK-LOGGED) ändern. Die Möglichkeit, das Wiederherstellungsmodell der MASTER-Datenbank zu ändern, besteht lediglich aus Gründen der Abwärtskompatibilität. Sie können sich, nachdem Sie das Modell geändert haben, die Sicherungsverfahren ansehen. Es besteht nach wie vor keine Möglichkeit, das Transaktionsprotokoll zu sichern.

Das Wiederherstellungsmodell der MODEL-Datenbank können Sie ebenfalls ändern. Jede neu erstellte Datenbank in SQL Server ist eine Kopie der MODEL-Datenbank, und somit sind die Einstellungen wirksam, die Sie für die MODEL-Datenbank festlegen. Da die MODEL-Datenbank klein ist und Änderungen nur sehr selten vorkommen, ist eine Transaktionsprotokoll-Sicherung der MODEL-Datenbank nicht sinnvoll.

Die MSDB-Datenbank weist eine Besonderheit auf: In ihr liegen die Verlaufsinformationen zu *Sicherungen* (*Backup*) und *Wiederherstellungsvorgängen* (*Restore*). Wenn Sie diese Informationen beim Wiederherstellen von Benutzerdatenbanken verwenden möchten, sollten Sie die Datenbank in das vollständige Wiederherstellungsmodell setzen.

Die TEMPDB-Datenbank können Sie nicht sichern. Das einfache Wiederherstellungsmodell ist erforderlich, da der Speicherplatz freigegeben werden soll und es nicht wünschenswert ist, das Transaktionsprotokoll anwachsen zu lassen. Ein Umstellen auf das vollständige Wiederherstellungsmodell ist nicht möglich.

6.1.2 Die Ressourcen- und Distributionsdatenbank

Die Ressourcendatenbank haben wir bereits beschrieben. Wir möchten Ihnen jedoch an dieser Stelle noch einige Hinweise zur Ressourcen- und zur Distributionsdatenbank geben.

Die Ressourcendatenbank

Die *Ressourcendatenbank* ist eine schreibgeschützte Datenbank, die im SQL Server Management Studio (SSMS) nicht angezeigt wird. Sie enthält alle Systemobjekte, die Sie sich im »sys«-Schema einer jeden Datenbank anzeigen lassen können.

Wenn Sie an der Ressourcendatenbank Änderungen vornehmen, kann es bei einer Aktualisierung von SQL Server geschehen, dass diese Änderungen verlorengehen. Microsoft nutzt die Ressourcendatenbank, um Aktualisierungen vorzunehmen. Wird eine Aktualisierung von SQL Server durchgeführt, kann so die Ressourcendatenbank ersetzt werden. Das vereinfacht den Aktualisierungsvorgang erheblich.

SQL Server ist nicht in der Lage, die Ressourcendatenbank zu sichern. Wenn Sie die Ressourcendatenbank sichern möchten, müssen Sie das über Ihre Unternehmenssicherung erledigen. Achten Sie darauf, die aktuelle Ressourcendatenbank nicht durch eine veraltete Version zu überschreiben.

Die ID der Ressourcendatenbank ist immer `32767`, und ihr ist die Versionsnummer bzw. der Zeitpunkt der letzten Aktualisierung zugeordnet.

Die Distributionsdatenbank

Die *Distributionsdatenbank* ist nur vorhanden, wenn Sie SQL Server im Zuge einer *Replikation* als *Verteiler* konfigurieren. Diese Datenbank speichert Metadaten und Verlaufsdaten für alle Replikationstypen und Transaktionen für die Transaktionsreplikation. Ein Sichern der Distributionsdatenbank ist somit ebenfalls erforderlich.

6.2 Verschieben (Move) von Systemdatenbanken

Ein nachträgliches Verschieben von Systemdatenbanken kann sinnvoll sein, wenn Sie aus Gründen der Performance ein besseres Datenträgerdesign anstreben. Ihre Systemdatenbanken können Sie jederzeit verschieben. Ausgenommen hiervon sind die MASTER- und die Ressourcendatenbank, die eine gesonderte Vorgehensweise erfordern bzw. nicht verschoben werden können. Zum Verschieben von Systemdatenbanken führen Sie die folgenden Schritte aus:

1. Führen Sie folgende Anweisung für jede Datei aus, die Sie verschieben möchten.

```
ALTER DATABASE database_name MODIFY FILE (NAME =logical_name , FILENAME =
 'new_path\os_file_name' );
```

2. Beenden Sie die Instanz von SQL Server.
3. Verschieben Sie die Datei(en) an den neuen Speicherort.
4. Starten Sie die Instanz von SQL Server oder den Server neu.
5. Überprüfen Sie die Dateipfade, den Status und die Namen nach dem Ausführen der Änderungen durch die folgende Abfrage:

```
SELECT name, physical_name AS CurrentLocation, state_desc FROM sys.master_
files
WHERE database_id = DB_ID(N'sqlxpert');
```


Hinweis

Wenn Sie die MSDB-Datenbank verschoben haben, prüfen Sie im Anschluss, ob der *Service Broker* für die Datenbank aktiv ist. Er wird für die Funktionen von *Database Mail* benötigt. Führen Sie dazu die folgende Anweisung aus:

```
SELECT is_broker_enabled FROM sys.databases
WHERE name = N'msdb';
```

Ein Verschieben der MASTER-Datenbank erfordert eine andere Vorgehensweise. Führen Sie dazu die folgenden Schritte aus:

1. Starten Sie den SQL Server-Konfigurations-Manager.
2. Wählen Sie wie in Abbildung 6.1 unter SQL SERVER-DIENSTE (englisch: SQL SERVER SERVICES) die Instanz von SQL SERVER, deren MASTER-Datenbank Sie verschieben möchten, klicken Sie mit der rechten Maustaste darauf, und rufen Sie EIGENSCHAFTEN (PROPERTIES) auf.
3. Klicken Sie im Dialogfeld EIGENSCHAFTEN (PROPERTIES) von SQL Server auf die Registerkarte STARTPARAMETER (STARTUP PARAMETERS).
4. Bearbeiten Sie die Werte unter STARTPARAMETER (STARTUP PARAMETERS) so, dass sie auf den geplanten Speicherort für die Daten- und Protokolldateien der MASTER-Datenbank zeigen (Abbildung 6.2), und klicken Sie auf OK.
5. Es erfolgt der Hinweis, dass alle Änderungen erst wirksam werden, wenn der Dienst neu gestartet wurde.

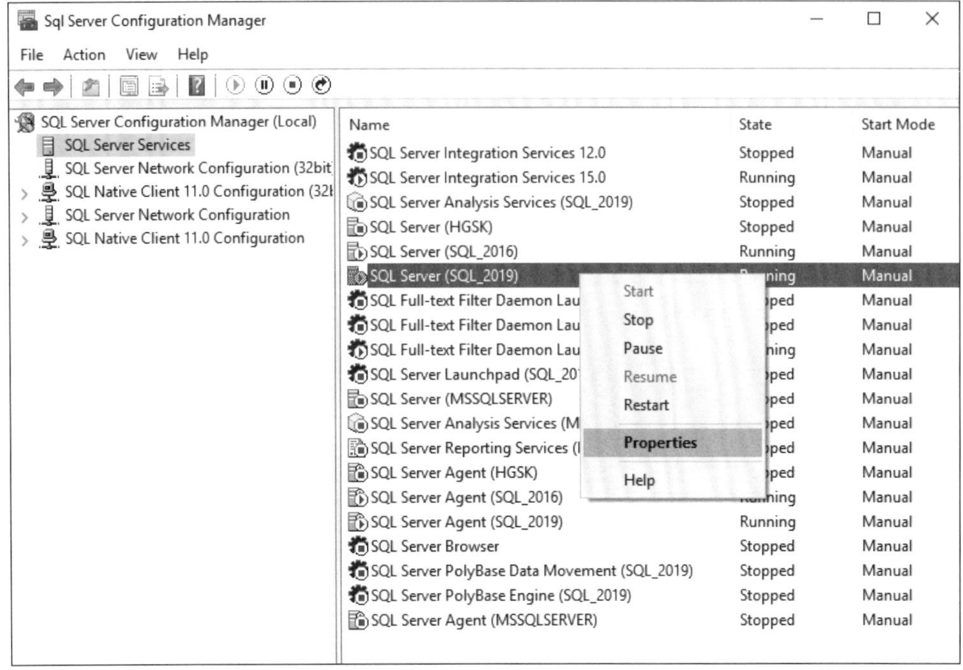

Abbildung 6.1 Eine Instanz auswählen

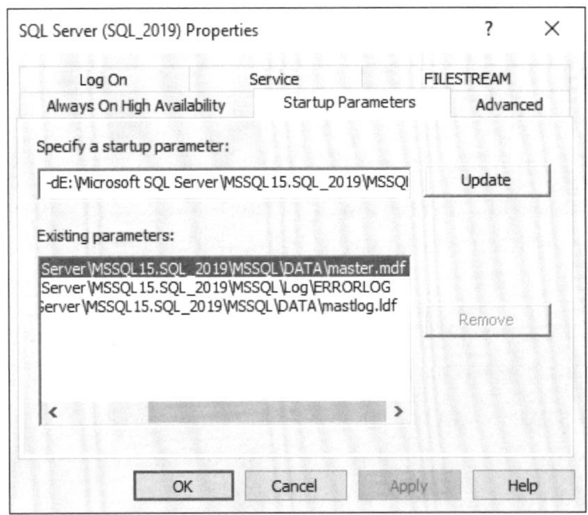

Abbildung 6.2 Startparameter der Instanz festlegen

Das folgende Beispiel zeigt die Pfade und entsprechenden Parameter zum Positionieren der MASTER-Datenbank. Dabei steht der Parameter `-d` für die *MDF*-Datei (die Datendatei; siehe hierzu Abschnitt 6.1, »Aufbau und Funktionsweise von SQL-Server-Systemdatenbanken«), der Parameter `-e` für das Errorlog und der Parameter `-l` für das Transaktionsprotokoll:

```
-dC:\Program Files\Microsoft SQL Server\MSSQL10_50.MSSQLSERVER\MSSQL\DATA\
master.mdf;
-eC:\Program Files\Microsoft SQL Server\MSSQL10_50.MSSQLSERVER\MSSQL\LOG\
errorlog;
-lC:\Program Files\Microsoft SQL Server\MSSQL10_50.MSSQLSERVER\MSSQL\DATA\
mastlog.ldf
```


6.3 Neuerstellen von Systemdatenbanken

Dem Neuerstellen von Systemdatenbanken kommt in besonderen Situationen eine wichtige Bedeutung zu. Solche Situationen können eintreten, wenn Sie eine beschädigte Systemdatenbank neu erstellen müssen oder die Standardsortierung auf Serverebene ändern möchten. Bei der Neuerstellung der Systemdatenbanken müssen Sie ein Setup mit Parametern von der Kommandozeile aus ausführen, wodurch die Systemdatenbanken an ihren ursprünglichen Pfaden abgelegt werden.

Bevor Sie beginnen, die Systemdatenbanken neu zu erstellen, sollten Sie einige Schritte ausführen, um die aktuellen Einstellungen Ihrer Systemdatenbanken zu protokollieren.

Hinweis

Alle Änderungen an Systemdatenbanken, die Sie zuvor durchgeführt haben, gehen beim Neuerstellen verloren. Dazu zählen z. B. Wartungsaufträge (*Maintenance Plan*) in der MSDB oder geänderte Werte in der MODEL-Datenbank.

der folgenden Anweisung können Sie sich die Konfigurationsparameter Ihrer Instanz von SQL Server anzeigen lassen. Das ist besonders dann hilfreich, wenn Sie nach dem Neuerstellen der Systemdatenbanken die Werte erneut übernehmen möchten.

```
SELECT * FROM sys.configurations;
SELECT
SERVERPROPERTY('ProductVersion') AS ProductVersion,
SERVERPROPERTY('ProductLevel') AS ProductLevel,
SERVERPROPERTY('ResourceVersion') AS ResourceVersion,
SERVERPROPERTY('ResourceLastUpdateDateTime') AS ResourceLastUpdateDateTime,
SERVERPROPERTY('Collation') AS Collation;
SELECT name, physical_name AS current_file_location FROM sys.master_files
WHERE database_id IN (DB_ID('master'), DB_ID('model'), DB_ID('msdb'), DB_
ID('tempdb'));
```

Listing 6.1 Wichtige Konfigurationsparameter anzeigen

Nachdem Sie die Werte nun protokolliert haben, können Sie mit dem Neuerstellen der Systemdatenbanken fortfahren. Dazu führen Sie die folgenden Schritte aus. Es ist nicht möglich, Systemdatenbanken einzeln auszuwählen.

1. Nehmen Sie sich das Installationsmedium, oder wechseln Sie in das Verzeichnis *C:\Programme\Microsoft SQL Server\150\Setup Bootstrap\Release*.
2. Führen Sie das Setup von SQL Server über die Kommandozeile mit der folgenden Anweisung aus:

```
SETUP /QUIET /ACTION=REBUILDDATABASE /INSTANCENAME=InstanceName
/SQLSYSADMINACCOUNTS=Accounts /[ SAPWD= StrongPassword ]
[ /SQLCOLLATION=CollationName]
```

Parametername	Beschreibung
`/QUIET` oder `/Q`	Setup ohne Benutzeroberfläche
`/ACTION=REBUILDDATABASE`	Systemdatenbanken von Setup neu erstellen
`/INSTANCENAME=`*`InstanceName`*	der Name der Instanz von SQL Server
`/SQLSYSADMINACCOUNTS=`*`accounts`*	`BUILTIN\Administrators Domain\User` oder `NT-AUTORITÄT\SYSTEM`
`[ /SAPWD=`*`Password`* `]`	Kennwort für das SA-Konto
`[ /SQLCOLLATION=`*`CollationName`* `]`	Sortierung auf SQL Server

Tabelle 6.2 Installation – ausgewählte Setup-Parameter

Als Nächstes können Sie die Ressourcendatenbank neu erstellen. Dabei gehen alle Service Packs und Hotfixes verloren.

1. Starten Sie *setup.exe*.
2. Klicken Sie im Navigationsbereich auf WARTUNG (MAINTENANCE) und dann auf REPARIEREN (REPAIR) (Abbildung 6.3).
3. Wählen Sie auf der Seite INSTANZ AUSWÄHLEN (SELECT INSTANCE) und die zu reparierende Instanz aus, und klicken Sie dann zum Fortsetzen auf WEITER (NEXT) (Abbildung 6.4).
4. Klicken Sie auf der Seite BEREIT ZUM REPARIEREN (READY TO REPAIR) auf REPARIEREN (REPAIR).

Nach der Neuerstellung der Datenbanken übernehmen Sie das letzte Service Pack und alle geeigneten Hotfixes. Stellen Sie dann die Systemdatenbanken von der letzten vollständigen Sicherung wieder her.

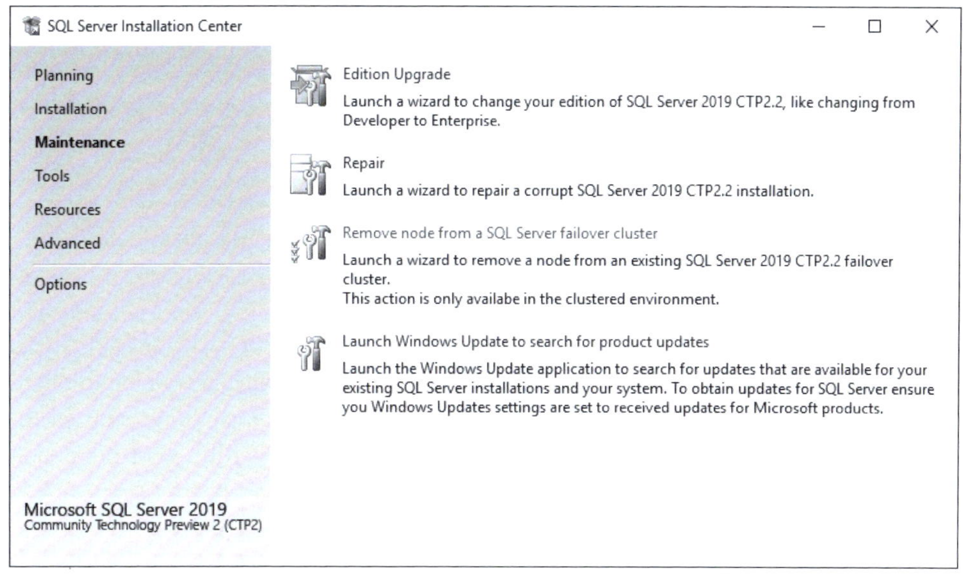

Abbildung 6.3 Auswahl der Reparatur im Installationscenter

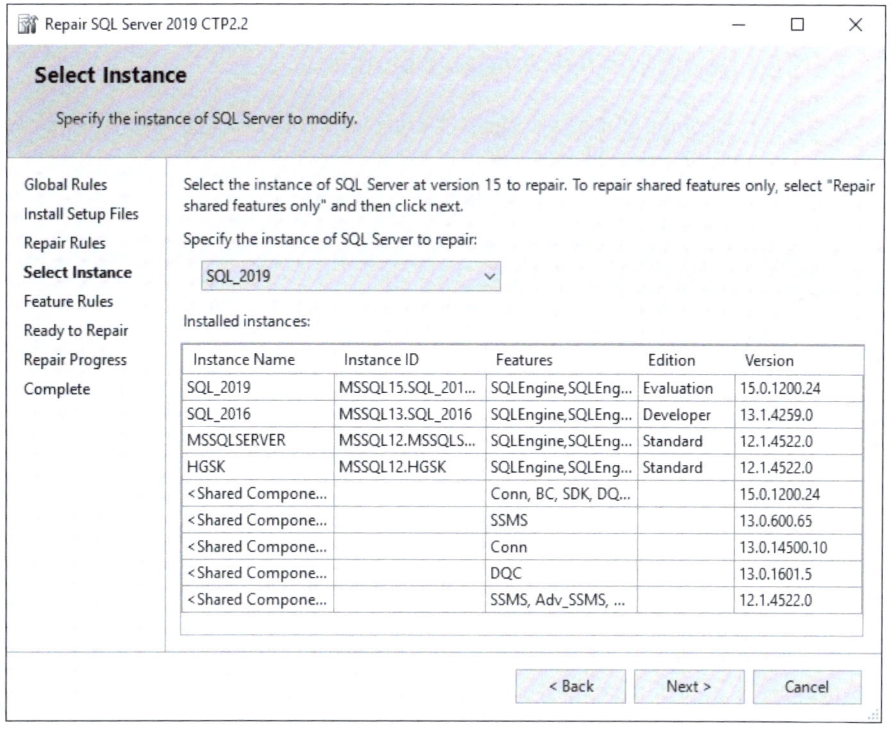

Abbildung 6.4 Instanz für die Reparatur auswählen

Wenn Sie nicht im Besitz einer Sicherung sind, müssen Sie die fehlenden Objekte von Hand oder per Skript erneut anlegen. Solche Objekte können Endpunkte, Anmeldungen, Wartungspläne, Sicherungsmedien etc. sein.

Hinweis

Wenn Sie die Sortiereinstellung des Servers geändert haben, stellen Sie die Systemdatenbanken nicht von der vollständigen Sicherung her, das würde die aktuellen Einstellungen überschreiben.

Sie können die Systemdatenbanken jetzt an die Orte verschieben, an denen sie zuvor gelegen haben. Das gilt natürlich nur, falls Sie zuvor die Pfade der Systemdatenbanken geändert haben. Aktualisieren Sie Ihre Konfigurationseinstellungen in der Instanz von SQL Server, sodass Ihre Instanz mit den Werten ausgeführt wird, mit denen sie vor der Neuerstellung lief.

Nachdem die Neuerstellung der Systemdatenbanken abgeschlossen ist, überprüfen Sie die SQL-Server-Fehlerprotokolle. Vergewissern Sie sich, dass alles erfolgreich durchgeführt wurde.

6.4 Konfigurieren von Systemdatenbanken

Auch in diesem Bereich gibt es ein paar überlegenswerte Konfigurationsmöglichkeiten.

6.4.1 Die MASTER-Datenbank

Gibt es häufige Änderungen in der MASTER-Datenbank, z. B. weil oft neue Benutzer angelegt werden müssen, dann ist es sinnvoll, die MASTER-Datenbank im Recovery Model VOLLSTÄNDIG (FULL) zu betreiben. So können Vollsicherungen sowie Transaktionsprotokoll-Sicherungen erstellt werden. Das wiederum ermöglicht deutliche spezifischeres Wiederherstellen der Daten (siehe auch Kapitel 9, »Backup und Restore«).

Dafür öffnen Sie im Management Studio den Knoten DATENBANKEN • SYSTEMDATENBANKEN (DATABASES • SYSTEM DATABASES) und öffnen die EIGENSCHAFTEN (PROPERTIES) der MASTER-Datenbank.

Dort wechseln sie auf den Reiter OPTIONEN (OPTIONS) und ändern das WIEDERHERSTELLUNGSMODELL (RECOVERY MODEL) von EINFACH (SIMPLE) in VOLLSTÄNDIG (FULL) und bestätigen danach die Auswahl.

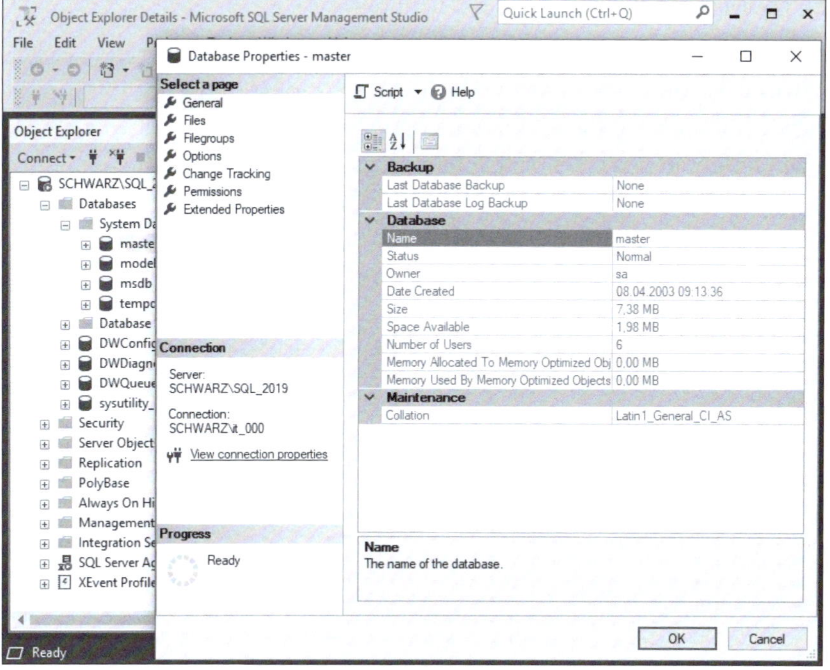

Abbildung 6.5 Eigenschaften der MASTER-Datenbank

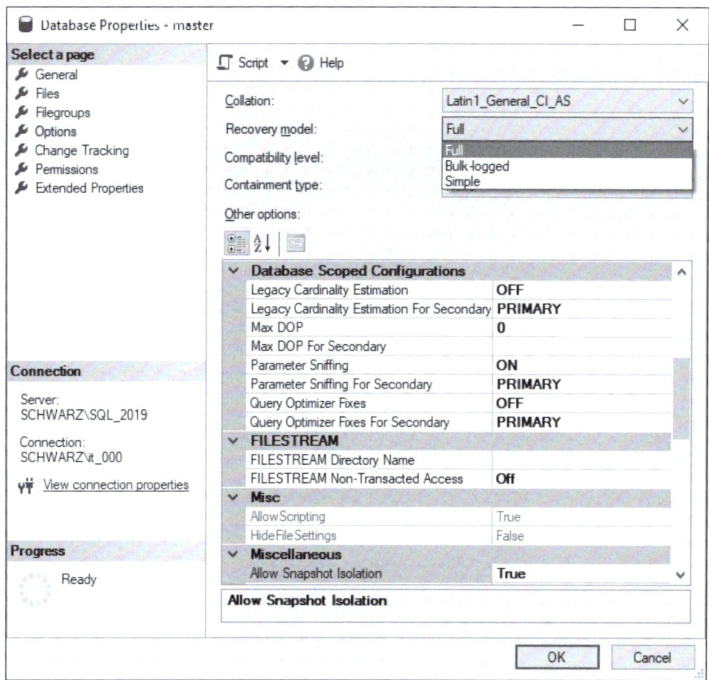

Abbildung 6.6 Recovery Model der MASTER-Datenbank ändern

6.4.2 Die MODEL-Datenbank

Bei der MODEL-DB ist es sinnvoll, die Dateigröße (in den EIGENSCHAFTEN (PROPERTIES) der MODEL-DB unter DATEIEN (FILES) die Spalte GRÖSSE (MB) (SIZE (MB)) zu erhöhen, da sie als *Template* (Muster) für neue Datenbanken genutzt wird. Nur wenige Datenbanken kommen mit einer Dateigröße von 8 MB aus. Werden nur kleine Datenbanken erwartet, dann sind 96 MB eine gute Wahl. Bei größeren Datenbanken darf die Dateigröße auch gerne 96 MB oder mehr betragen. Der gewünschte Wert kann direkt in das Feld eingetragen werden. Bitte vergessen Sie dabei nicht die Logdatei.

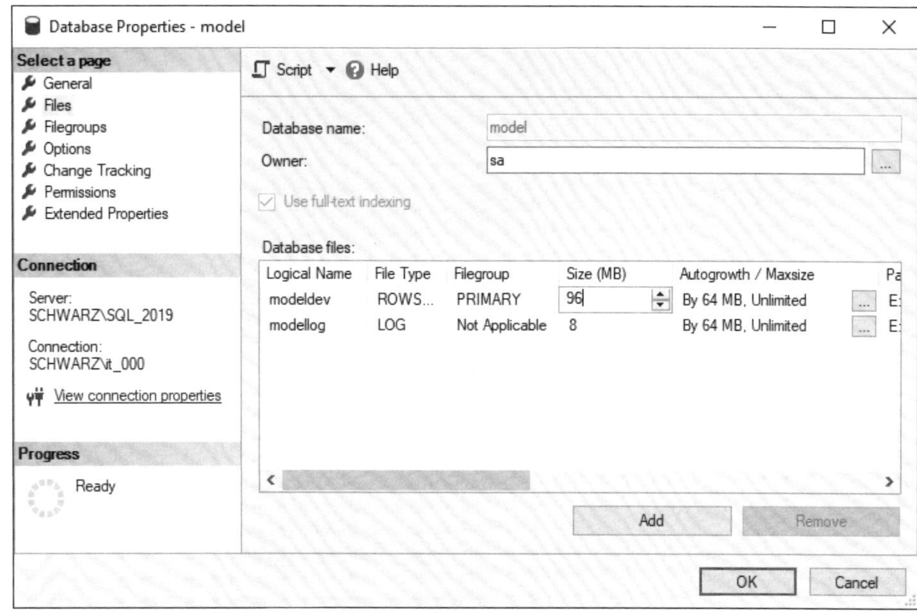

Abbildung 6.7 Datei Größe der MODEL-Datenbank anpassen

Auch AUTOMATISCH WACHSTUM (AUTOMATIC GROWTH) und MAXIMALE GRÖSSE (MAXSIZE) können Sie anpassen. Dafür klicken sie auf die drei Punkte neben dem jeweiligen Eintrag und passen die Werte im dem neuen Fenster an.

Bitte verzichten Sie hier auf ein prozentuales Wachstum. Bei kleinen Dateien würde ein Wachstum um z. B. 10 % für viele kleine Fragmente sorgen (Wenn die Datenbankdatei 50 MB hat und ein Wachstum von 10 % wären dies 5 MB Zuwachs). Ist die Datenbank auf der anderen Seite relativ groß, würde das Anwachsen der Datenbankdatei zu viel Zeit in Anspruch nehmen (Für eine Datenbank mit 5000 GB sind das immerhin 500 GB Zuwachs bei 10% Wachstum). Schnell sind mehrere Sekunden vergangen, bevor solch eine Vergrößerung abgeschlossen ist. In der Zwischenzeit müssen alle Benutzer warten.

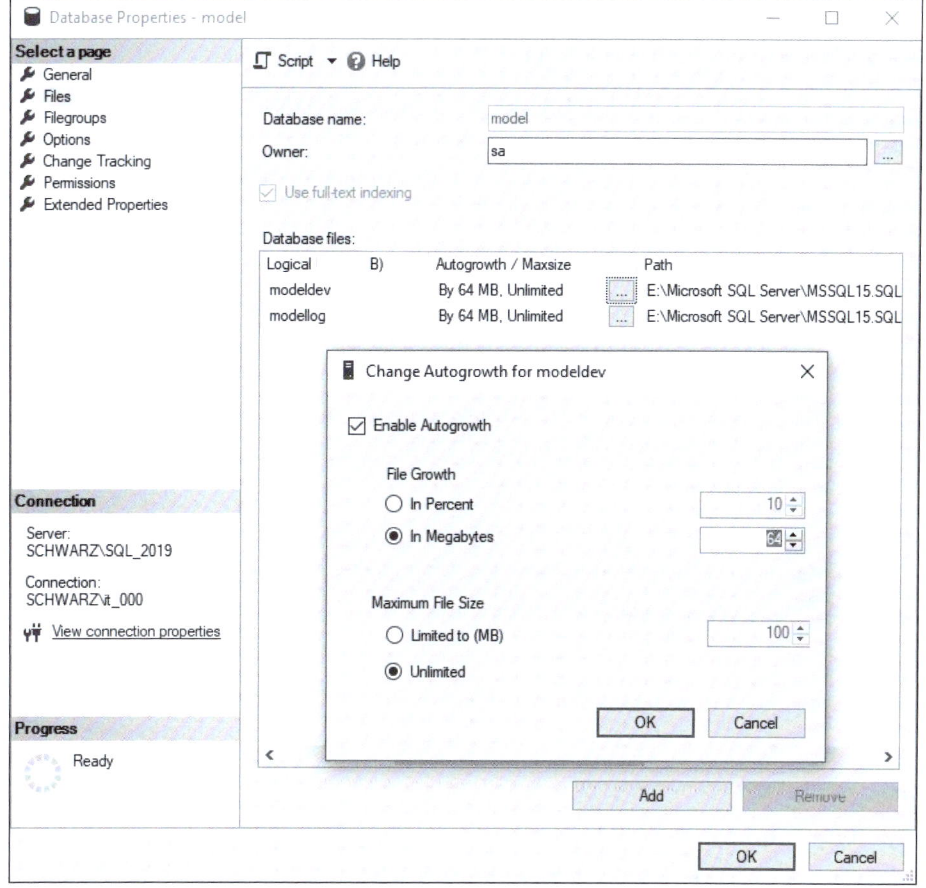

Abbildung 6.8 Automatisches Wachstum und maximale Dateigröße

Die MODEL-Datenbank sollte immer im Recovery Model VOLLSTÄNDIG (FULL) betrieben werden. Dann werden alle neuen Datenbanken ebenfalls so angelegt, und es ist möglich, Transaction-Log-Backups zu erstellen. Mehr dazu im Kapitel über »Backup und Restore«, Kapitel 9.

6.4.3 Die MSDB-Datenbank

Hier stellt sich wieder, wie auch bei der MASTER-Datenbank, die Frage, wie oft es Änderungen geben wird. Werden häufiger neue SQL-Server-Agent-Jobs angelegt oder geändert, dann sollte die Datenbank im Recovery Model VOLLSTÄNDIG (FULL) betrieben werden.

Das Wachstum sollte noch auf einen kleinen, festen Wert eingestellt werden. Hier bieten sich 48 oder 96 MB an.

6.4.4 Die TEMPDB

Dieser Datenbank sollten wir besondere Aufmerksamkeit widmen.

Da diese Datenbank beim Herunterfahren der Instanz verworfen und bei jedem Neustart komplett neu erstellt wird, gibt es keinen Anlass, sie zu sichern. Auch wird die TEMPDB immer im Recovery Model EINFACH (SIMPLE) betrieben, und es ist nicht möglich, ihr Transaction Log zu sichern.

Als »Arbeitsbereich« ist die TEMPDB aber eine wichtige Grundlage, wenn es um die Performance der gesamten Instanz geht. Deshalb sollte sie, wenn Leistung gefragt ist, auf einem eigenen Laufwerk liegen. Noch besser: ein eigenes Laufwerk für die Datendatei und die Logdatei der TEMPDB.

Außerdem hilft es, wenn es je Prozessorkern eine Datendatei gibt (bis maximal 8 Dateien). So können mehrere Streams geschrieben werden, was den Datendurchsatz erhöht.

Auch sollten Sie eine angemessene Dateigröße wählen. Wenn die Datendateien und die Logdatei der TEMPDB ausreichend groß sind, muss kein neuer Plattenplatz allokiert werden, was relativ viel Zeit verbraucht.

Kapitel 7

Grundlegendes Know-how für Administratoren und Entwickler

Bei der Einarbeitung in ein Datenbanksystem gibt es viele Informationen, Features und Begriffe, die anfangs ungefiltert auf einen Administrator oder Entwickler einströmen. Wo also anfangen – was ist wirklich wichtig? Dieses Kapitel erläutert Ihnen, was für die Administration von SQL Server und das Entwickeln von Datenbankanwendungen für dieses System von Bedeutung ist.

SQL Server bietet eine Vielzahl an Tools, Befehlen und Konfigurationsmöglichkeiten. Es stellt sich demnach die Frage, womit man bei der Einarbeitung in dieses Datenbanksystem am besten beginnt, um SQL Server zu administrieren oder um in die Entwicklung von Datenbankanwendungen einzusteigen.

In diesem Kapitel stellen wir deshalb wichtige Begriffe, Fragen und Informationen vor, mit denen Sie als Administrator oder Entwickler von SQL-Server-Lösungen früher oder später konfrontiert werden. Dabei geht es zuerst um das zentrale Verwaltungsprogramm: das *SQL Server Management Studio*. Darüber hinaus werden wir Ihnen aber auch *Trigger*, *gespeicherte Prozeduren* und *Cursorschleifen* näher erläutern. Dieses Wissen ist wichtig und wird Sie dabei unterstützen, nötige Zusammenhänge zu erkennen und noch leistungsfähigere Datenbankapplikationen zu schreiben.

7.1 SQL Server verwalten – SQL Server Management Studio (SSMS)

Ein wichtiges Tool und Werkzeug für Administratoren und Entwickler ist das Verwaltungstool *SQL Server Management Studio* (*SSMS*).

Beim SSMS handelt es sich um das zentrale Verwaltungstool, das dem Administrator die Konfiguration und Steuerung von SQL Server, aber auch das Entwickeln von Datenbanklösungen ermöglicht.

Mit dem SSMS setzen Sie SQL-Server-Konfigurationsparameter, führen Datenbanksicherungen durch, entwickeln Transact-SQL-Skripte (T-SQL) und vieles mehr. Im Folgenden stellen wir Ihnen wesentliche Funktionalitäten des SSMS vor.

7.1.1 Starten des SQL Server Management Studios

Ist SQL Server inklusive der Verwaltungstools auf Ihrem Server installiert, finden Sie das SSMS in der Programmgruppe START • ALLE PROGRAMME • MICROSOFT SQL SERVER TOOLS 18 • MICROSOFT SQL SERVER MANAGEMENT STUDIO 18. Wobei 18 die jeweils aktuelle, installierte Versionsnummer ist.

Wenn Sie das Management Studio starten, wird es standardmäßig unter dem User ausgeführt, unter dem Sie am Rechner angemeldet sind. Manchmal ist es aber erforderlich, das Management Studio unter einem anderen Benutzer zu starten, zum Beispiel einem, der Zugriffsrechte auf ihre Instanz hat, oder der über weitergehende Berechtigungen (z. B. SA oder Security Admin) verfügt. In diesem Fall kopieren Sie den Start-Button des Management Studios in die Taskbar und klicken dann mit der linken Maustaste bei gedrückter [⇧]-Taste auf den Button. In der Auswahl, die jetzt erscheint, klicken Sie auf ALS ANDERER BENUTZER STARTEN (englisch: RUN AS DIFFERENT USER).

7.1.2 Grundlegender Aufbau des SQL Server Management Studios

Nachdem Sie das SSMS gestartet und sich mit Ihren Anmeldedaten angemeldet haben, befinden Sie sich in der SSMS-Oberfläche, die im Wesentlichen aus vier Bereichen aufgebaut ist (siehe Abbildung 7.1). Im oberen Bereich befinden sich wie üblich Menüs und Symbolleisten ❶.

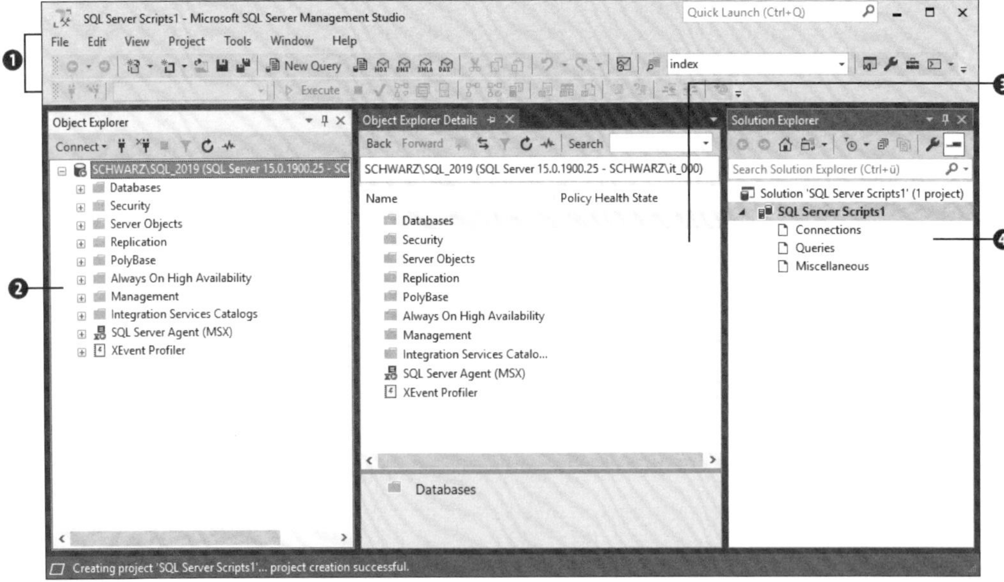

Abbildung 7.1 Aufbau des SQL Server Management Studios

Ein Datenbankserver verwaltet in erster Linie Daten. Diese Daten sind in Tabellen und die Tabellen wiederum in den Datenbanken organisiert. Daneben gibt es eine ganze Palette an weiteren und unterstützenden Datenbankobjekten. Diese Server- und Datenbankobjekte in ihrer logischen Anordnung darzustellen ist Aufgabe des *Objekt-Explorers* ❷, der sich im linken Bereich der SSMS-Oberfläche befindet. Der Objekt-Explorer stellt die Objekte in einer hierarchischen Baumstruktur dar und ermöglicht somit ein schnelles Navigieren innerhalb der SQL-Server-Struktur.

Der mittlere Bereich ❸ bildet den eigentlichen Arbeitsbereich. Im sogenannten *Abfrage-Editor-Fenster* (*Query Editor*) geben Sie die eigentlichen T-SQL-Befehle ein, oder es werden je nach Auswahl der gewünschten Funktion entsprechende Dialoge und Informationen angezeigt, die eine Konfiguration von SQL Server ermöglichen.

Im rechten Bereich ❹ können Sie weitere Infofenster und Dialoge einblenden, die Sie bei der Anzeige und Arbeit unterstützen. Unterschiedliche Hilfefunktionalitäten, Eigenschaftsfenster oder Projektarbeitsmappen gehören dazu.

Die Anzeige der soeben beschrieben Eigenschaftsfenster, Symbolleisten etc. können Sie über die Menüpunkte im Menü ANZEIGE (VIEW) des SSMS anpassen. Darum ist Ihr SSMS möglicherweise anders aufgebaut als in Abbildung 7.1.

7.1.3 Der Objekt-Explorer

Der Objekt-Explorer im linken Bereich der SSMS-Oberfläche stellt alle Server- und Datenbankobjekte in einer übersichtlichen hierarchischen Baumstruktur dar, die Sie in Abbildung 7.2 beispielhaft sehen.

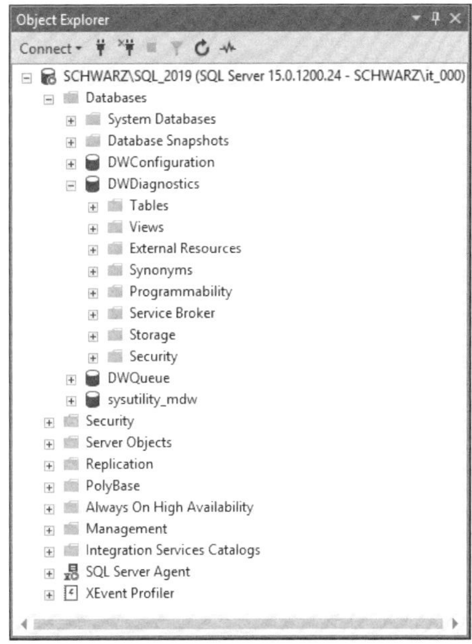

Abbildung 7.2 Der Objekt-Explorer im SQL Server Management Studio

Durch einen Klick auf die einzelnen Knoten navigieren Sie innerhalb der Baumstruktur und wählen die einzelnen Datenbankobjekte und weitere Funktionalitäten aus. Der oberste Ordner (in Abbildung 7.2 der Ordner SCHWARZ\SQL_2019) stellt dabei immer die Ebene der aktuellen Serverinstanz dar. Öffnen Sie diesen Ordner, sehen Sie weitere Ordner, die Ihnen die Verwaltung der Serverinstanz und deren Datenbanken ermöglichen. Klicken Sie wiederum auf einen Datenbankordner – in unserem Beispiel aus Abbildung 7.2 ist das der Ordner DWDIAGNOSTICS –, werden Ihnen weitere Unterordner angezeigt, wie z. B. die Ordner TABELLEN (TABLES), SICHTEN (VIEWS) etc., die auf der Ebene der jeweiligen Datenbank (hier DWDIAGNOSTICS) relevant sind.

Viele Eigenschaften von Datenbankobjekten, wie z. B. die Eigenschaften von Tabellen, setzen Sie, indem Sie mit der rechten Maustaste auf ein Datenbankobjekt klicken. Das daraufhin erscheinende Kontextmenü zeigt Ihnen die Menüpunkte entsprechend den zur Verfügung stehenden Möglichkeiten des gewählten Datenbankobjektes an. Zum Beispiel können Sie sich durch einen Rechtsklick auf eine Datenbanktabelle und durch Auswahl des Menü-Items OBERSTE 1000 ZEILEN AUSWÄHLEN (SELECT TOP 1000 ROWS) die Inhalte der Tabelle anzeigen lassen oder fügen durch Auswahl von ENTWERFEN (DESIGN) neue Spalten zur Tabelle hinzu (siehe Abbildung 7.3).

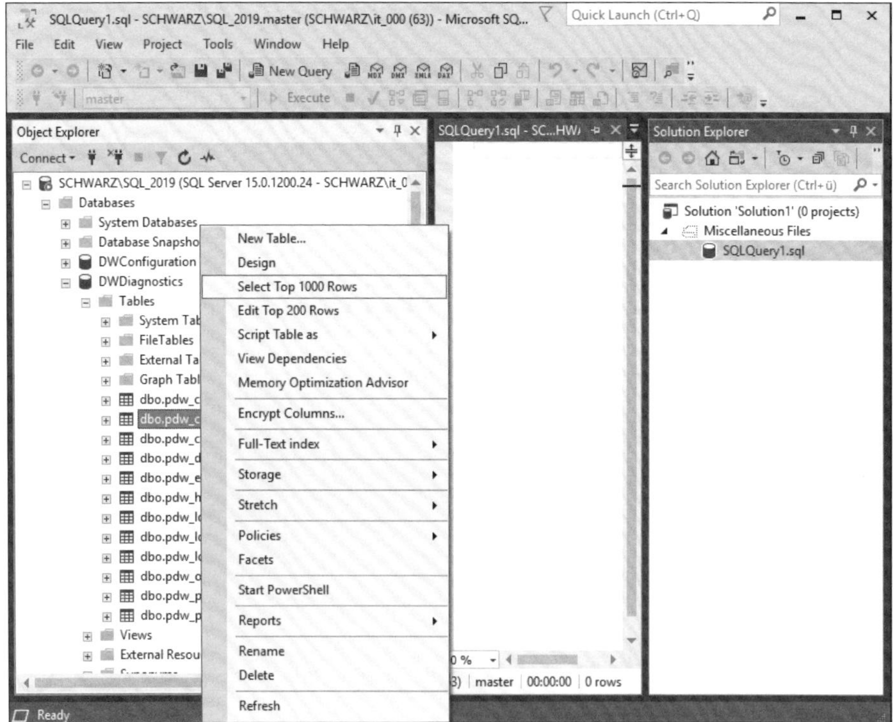

Abbildung 7.3 Kontextmenü des Objekt-Explorers für die Tabelle »pdw_component_health_data«

7.1.4 Abfrage-Editor-Fenster

Wie bereits in Abschnitt 7.1.2, »Grundlegender Aufbau des SQL Server Management Studios«, vorgestellt, befindet sich in der Mitte des SSMS der Arbeitsbereich, in dem Abfrage-Editor-Fenster angezeigt werden. In ein Abfrage-Editor-Fenster geben Sie T-SQL-Kommandos ein und können entsprechend den Möglichkeiten von T-SQL komplexe Datenbankskripte erstellen.

Wie Abbildung 7.4 zeigt, können Sie mehrere Abfrage-Editor-Fenster öffnen und diese dann durch einen Klick auf die Registerkarten auswählen.

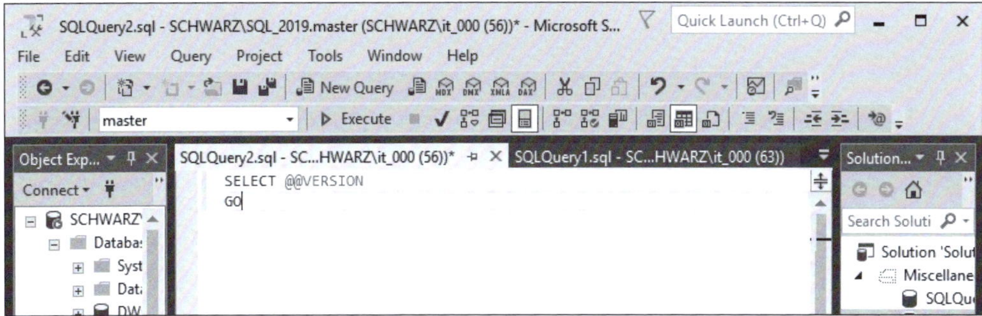

Abbildung 7.4 Abfragefenster und ihre Anordnung im SQL Server Management Studio

Jedes Abfrage-Editor-Fenster kann unter einer anderen SQL-Server-Anmeldung mit SQL Server verbunden sein. Die jeweiligen Verbindungsdaten eines Abfragefensters sehen Sie im mittleren unteren Bereich des SSMS-Fensters (siehe Abbildung 7.5).

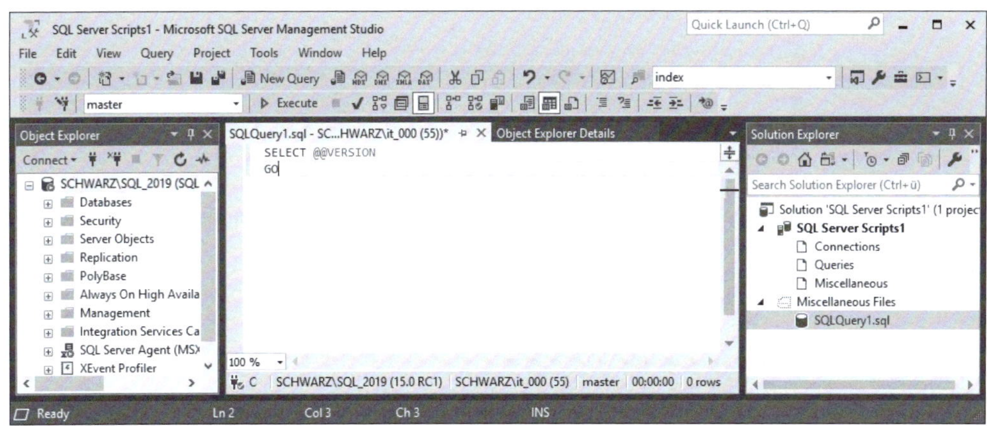

Abbildung 7.5 Verbindungsdatenanzeige im SQL Server Management Studio

Ein neues Abfragefenster erstellen Sie, indem Sie in der Toolbar etwas links von der Mitte auf die Schaltfläche NEUE ABFRAGE (NEW QUERY) klicken (siehe Abbildung 7.6).

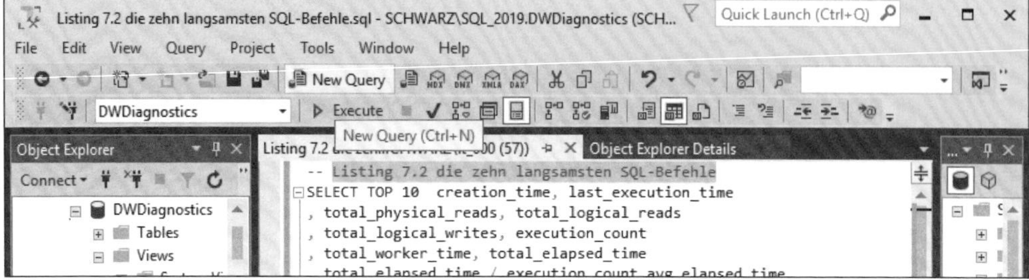

Abbildung 7.6 Neue Abfrage

7.1.5 Management-Studio-Berichte

Ein sehr nützliches und zugleich etwas verstecktes Feature sind die SSMS-BERICHTE (REPORTS). Berichte geben Ihnen die Möglichkeit, wichtige SQL-Server-Konfigurations- und Betriebsdaten in schneller und übersichtlicher Form darzustellen. Das Management Studio bietet eine große Anzahl an vorgefertigten Berichten an. Einen solchen Bericht sehen Sie beispielhaft in Abbildung 7.7.

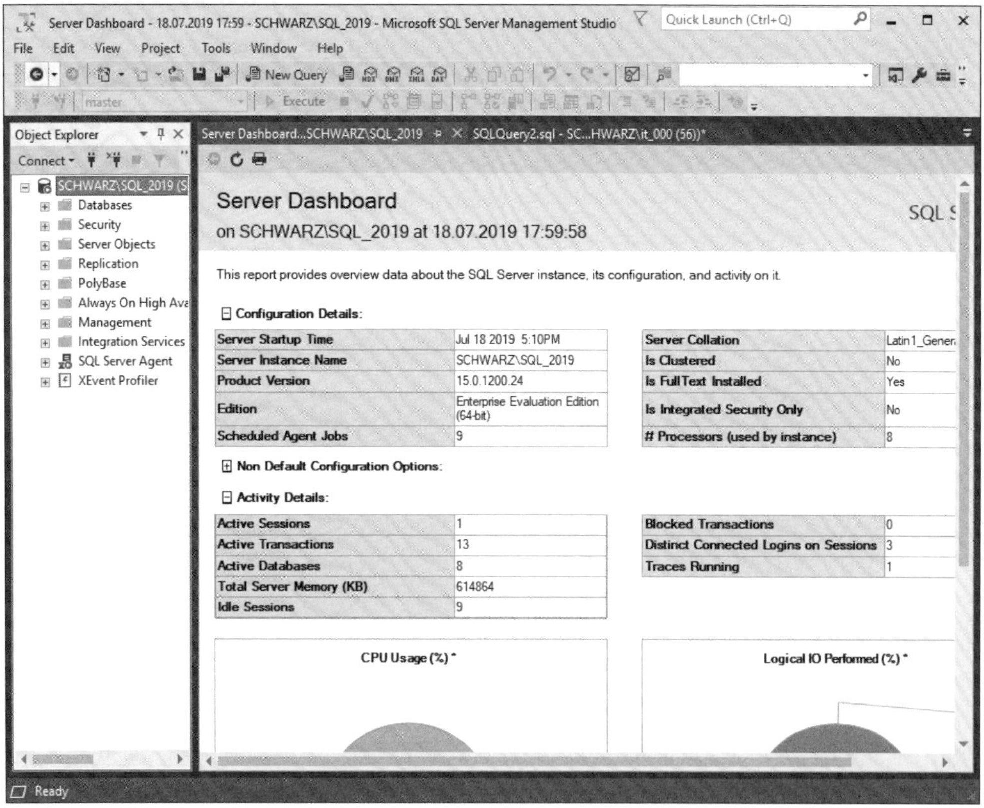

Abbildung 7.7 Bericht »Server Dashboard« im SQL Server Management Studio

Um Berichte aufzurufen, die Ihre Serverkonfiguration anzeigen, gehen Sie wie folgt vor:

1. Klicken Sie im geöffneten Management Studio mit der rechten Maustaste auf Ihren Serverknoten.
2. Im sich öffnenden Kontextmenü wählen Sie den Punkt BERICHTE (REPORTS) • STANDARDBERICHTE (STANDARD REPORTS). Sie sehen im daraufhin dargestellten Menü alle vorgefertigten Standardberichte, die Ihre Serverkonfiguration betreffen.
3. Wählen Sie den Bericht SERVER DASHBOARD aus, der Ihnen wichtige Daten der Grundkonfiguration Ihres Servers anzeigt, wie z. B. CPU-Verwendung und logische E/A.

Was ist unter logischer E/A bzw. I/O zu verstehen?

E/A steht für *Eingabe-Ausgabe*-Operationen. Unter logischen E/A-Vorgängen versteht man das Schreiben und Lesen der Datenseiten aus dem Pufferspeicher (RAM) von SQL Server. Im Englischen spricht man von *Input/Output*-Vorgängen. Die Abkürzung ist in diesem Fall *I/O*, bezeichnet aber den gleichen Vorgang.

Weitere interessante Berichte, wie z. B. den Bericht DATENTRÄGERVERWENDUNG (DISC USAGE), finden Sie auf der Ebene der Datenbanken.

1. Klicken Sie im geöffneten Management Studio mit der rechten Maustaste auf Ihre Datenbank, deren Datenbankberichte Sie anzeigen möchten.
2. Im sich öffnenden Kontextmenü wählen Sie den Menüpunkt BERICHTE (REPORTS) • STANDARDBERICHTE (STANDARD REPORTS). Sie sehen im daraufhin dargestellten Menü alle vorgefertigten Standardberichte, die Ihre Datenbank betreffen.
3. Wählen Sie den Bericht DATENTRÄGERVERWENDUNG (DISC USAGE), der Ihnen einen Überblick über die Nutzung des Datenbankspeicherplatzes gibt.

Berichte finden Sie im SSMS an den unterschiedlichsten Stellen auf den verschiedenen Ebenen.

7.1.6 Verwalten verschiedener SQL-Serverinstanzen und -versionen

Mit dem SSMS können Sie nicht nur eine Serverinstanz verwalten, sondern durchaus auch mehrere, indem Sie weitere Instanzen zum Objekt-Explorer hinzufügen.

Um innerhalb des SSMS im Objekt-Explorer eine weitere Serverinstanz hinzuzufügen, gehen Sie wie folgt vor:

1. Klicken Sie in der Toolbar des Objekt-Explorers auf die Schaltfläche VERBINDEN • DATENBANKMODUL (CONNECT • DATABASE ENGINE).

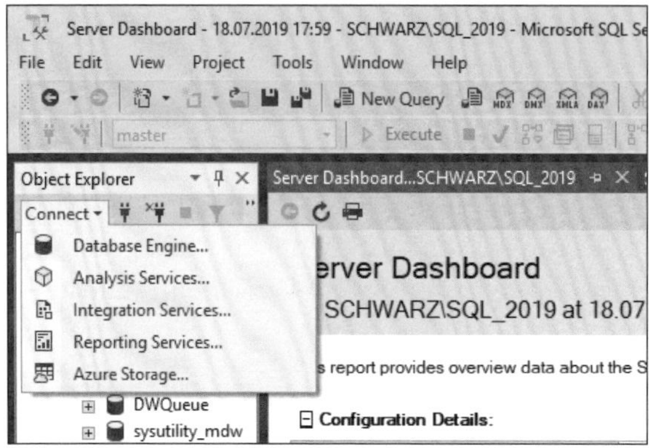

Abbildung 7.8 Objekt-Explorer – Menü »Verbinden« (»Connect«)

2. Im daraufhin erscheinenden Anmeldedialog wählen Sie die gewünschte hinzuzufügende SQL-Server-Instanz inklusive der Anmeldedaten aus und klicken auf VERBINDEN (CONNECT).

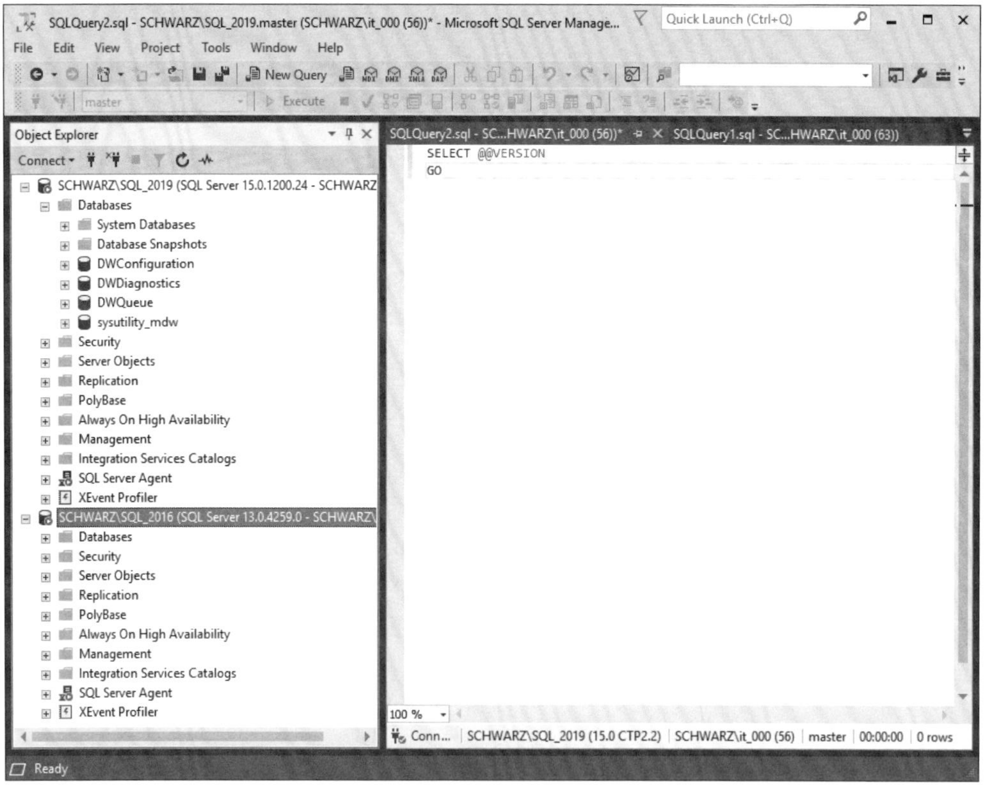

Abbildung 7.9 Weitere zum Objekt-Explorer hinzugefügte Instanz

3. Im Objekt-Explorer wird jetzt ein weiterer Serverinstanzknoten angezeigt (siehe Abbildung 7.9).

Auf diese Art und Weise können Sie auch Serverinstanzen anderer Microsoft-SQL-Server-Versionen, wie z. B. SQL Server 2012 und 2016, hinzufügen und verwalten.

7.1.7 Vorlagen-Explorer und Vorlagenparameter – Schablonen erleichtern die Arbeit

Wenn Sie mit dem SSMS arbeiten, können Sie SQL Server sehr komfortabel über die grafische Benutzeroberfläche verwalten. Dennoch gibt es Aufgaben und Anforderungen, die sich nur schlecht über die durch das SSMS zur Verfügung gestellte Oberfläche erledigen lassen oder vom Management Studio einfach nicht berücksichtigt wurden.

Die Erstellung von Datenbank-Snapshots ist hier ein Beispiel, da es seitens des SSMS keinerlei Unterstützung für das Anlegen von Datenbank-Snapshots gibt. Genaueres zu Datenbank-Snapshots können Sie Abschnitt 9.5, »Datenbank-Snapshots: Datenbankzustände konservieren und wiederherstellen«, entnehmen.

Bei der Erstellung von T-SQL-Datenbankskripten sollte der T-SQL-Code schnell und zuverlässig geschrieben werden können. Für solche Fälle unterstützt Sie das SSMS mit dem Vorlagen-Explorer, den Sie über das Menü ANZEIGEN • VORLAGEN-EXPLORER (VIEW • TEMPLATE EXPLORER) oder über `Strg`+`Alt`+`T` aufrufen.

Der Vorlagen-Explorer hält eine Reihe an vorgefertigten Skripten bereit, die Sie leicht an die eigenen Bedürfnisse anpassen können.

Nach dem Aufruf des SSMS wird der Vorlagen-Explorer im rechten Bereich mit einer Baumstruktur eingeblendet. Die unterschiedlichen Skriptvorlagen sind abhängig vom Typ des Skriptcodes in die Baumstruktur des Vorlagen-Explorers eingegliedert.

Durch Öffnen der einzelnen Ordner können Sie entsprechende Skriptvorlagen auswählen und per Drag & Drop oder durch einen Doppelklick in das Abfragefenster übernehmen. Daraufhin wird im SSMS-Abfrageeditor ein Skript abhängig von der im Vorlagen-Explorer gewählten Skriptvorlage generiert.

In Abbildung 7.10 sehen Sie ein mittels Vorlagen-Explorer erstelltes Skript zum Anlegen einer Datenbank.

Es wurde die Skriptvorlage CREATE DATABASE (DATENBANK ERSTELLEN) ausgewählt. Dieses erzeugte Skript enthält den kompletten T-SQL-Befehl der gewählten Aktion.

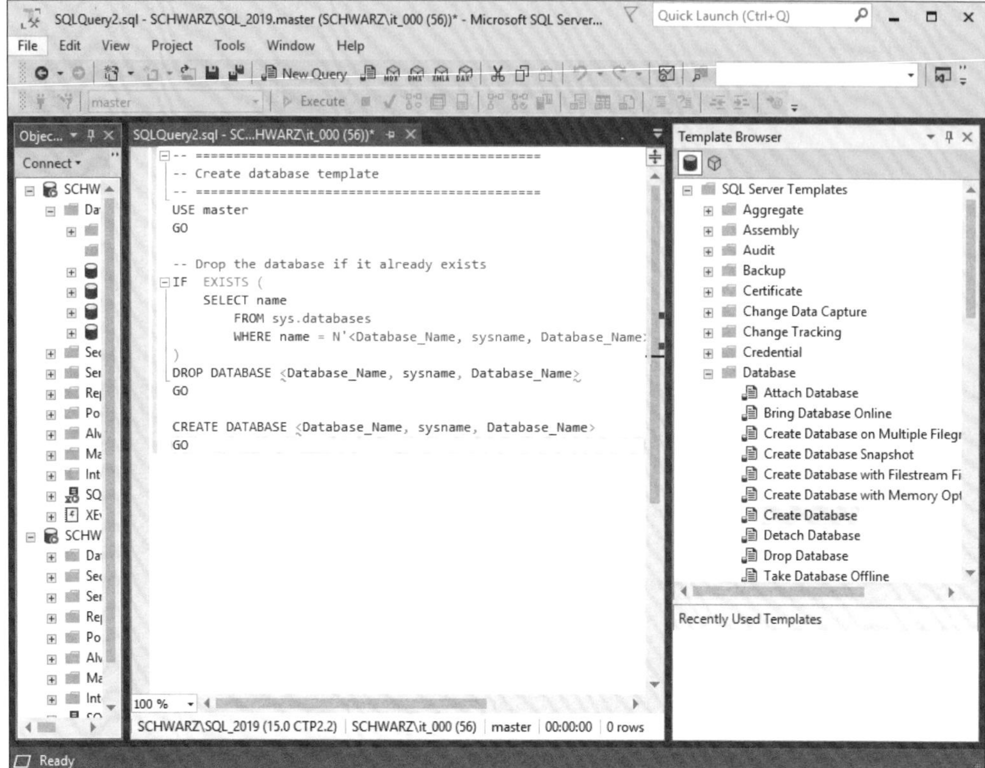

Abbildung 7.10 Vorlagen-Explorer mit per Drag & Drop hinzugefügter Skriptvorlage im Abfragefenster

Vorlagenparameter

Da Sie für die meisten T-SQL-Befehle in der Regel zusätzliche Parameter setzen müssen (das Anlegen einer Datenbank erfordert mindestens die Eingabe des Datenbanknamens), enthält der durch den Vorlagen-Explorer erzeugte Skriptcode markierte Parameterplatzhalter. Diese erkennen Sie an den spitzen Klammern innerhalb des Skriptcodes (siehe Listing 7.1).

```
CREATE DATABASE <Database_Name, sysname, Database_Name>;
```

Listing 7.1 Durch den Vorlagen-Explorer generiertes Skript mit Platzhalter für Parameter

Das SSMS unterstützt Sie auch beim Setzen dieser Parameter. Hierzu wählen Sie im Menü Abfrage (Query) den Punkt Werte für Vorlagenparameter angeben (Specify Values for Template Parameters) aus.

Das SSMS analysiert in diesem Fall den im Abfrageeditor gefundenen T-SQL-Code und zeigt eine abhängig von den gefundenen Parametern gestaltete Dialogbox an. In diese Dialogbox können Sie die für das Skript benötigten Parameterwerte eingeben (siehe Abbildung 7.11).

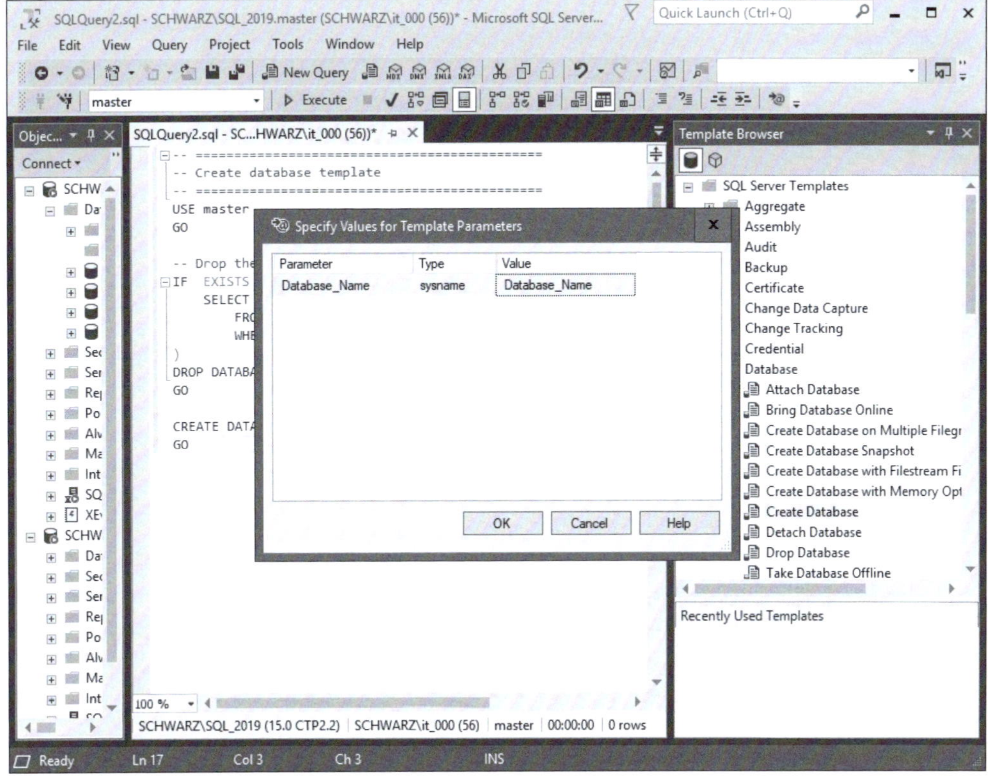

Abbildung 7.11 Der Dialog »Werte für Vorlagenparameter angeben« (»Specify Values for Template Parameters«)

Nach dem Ausfüllen der Spalte WERT (VALUE) und Anklicken von OK übernimmt das Skript die Parameter.

7.1.8 Der »Skript«-Button – eigentlich ist alles T-SQL

Fast alle Funktionen, die durch die grafische Oberfläche des SSMS zur Verfügung gestellt werden und die die SQL-Server-Instanz oder Datenbankobjekte der Instanz betreffen, werden im Hintergrund direkt in T-SQL-Befehle übersetzt und an den Server gesendet. Wie schön wäre es, wenn es möglich wäre, sich diese T-SQL-Befehle ausgeben zu lassen, um sie in eigenen Skripten zu nutzen. Genau dies ermöglicht das SSMS.

Im SSMS finden Sie in sehr vielen Dialogen im oberen Dialogbereich die Schaltfläche SKRIPT (SCRIPT), die Sie auch in Abbildung 7.12 sehen. Mit dieser Schaltfläche lassen Sie sich die vorgenommenen Einstellungen innerhalb des jeweiligen Dialogs in Form des zugehörigen T-SQL-Befehls ausgeben.

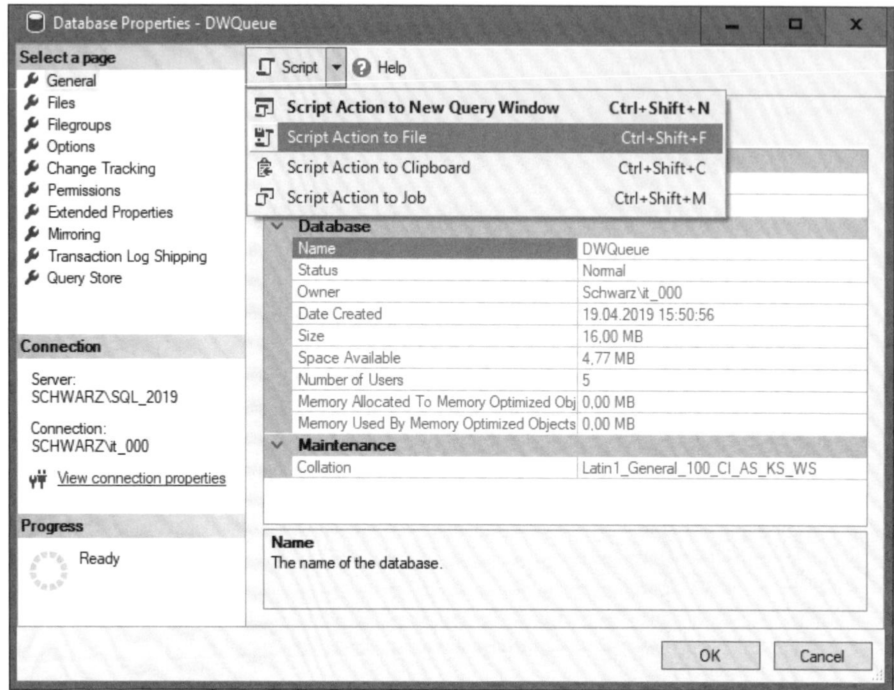

Abbildung 7.12 Schaltfläche »Skript« im Dialogfenster »Datenbankeigenschaften« (»Database Properties«)

Die Schaltfläche SKRIPT (SCRIPT) bietet Ihnen mehrere Möglichkeiten zur Auswahl, das über den jeweils aktiven Dialog generierte Skript auszugeben. Zum Beispiel können Sie wählen, ob der generierte T-SQL-Befehl direkt in ein neues Abfragefenster oder in die Zwischenablage geschrieben werden soll. Andere Möglichkeiten wären SKRIPT FÜR AKTION IN DATEI SCHREIBEN (SCRIPT ACTION TO FILE) oder das direkte Anlegen eines Agent-Auftrags, um das generierte Skript automatisiert auszuführen.

Hinweis zur Nutzung der Scripting-Funktionalität

Wichtig ist, dass Sie, wenn Sie das Skript generieren möchten, **nicht** auf die Schaltfläche OK des Dialogs klicken, da sonst die Einstellungen ausgeführt werden und Sie nicht mehr die Möglichkeit haben, die SKRIPT-Schaltfläche (SCRIPT) auszuwählen, da der Dialog bei einem Klick auf OK geschlossen und ausgeführt wurde. Der Dialog dient in diesem Fall lediglich dazu, die entsprechenden Skriptanforderungen zu definieren.

Viele Datenbankentwickler oder Administratoren nutzen diese Möglichkeit, um sich die so generierten Befehle ohne langes Studium der Dokumentation ausgeben zu lassen und gegebenenfalls an die eigenen Anforderungen anzupassen.

Ein Skript können Sie auch für ein erstelltes Datenbankobjekt wie eine Tabelle generieren. Hierzu klicken Sie mit der rechten Maustaste auf die Tabelle und wählen aus dem Kontextmenü den Menüpunkt SKRIPT FÜR TABELLE ALS (SCRIPT TABLE AS) aus. Es werden Ihnen unterschiedliche Varianten der Skripterstellung für die Tabelle angezeigt. Sie können wählen, ob Sie ein Skript erstellen möchten, das die Tabelle anlegt, oder eines, das eine Abfrage der Tabelle erlaubt (siehe Abbildung 7.13).

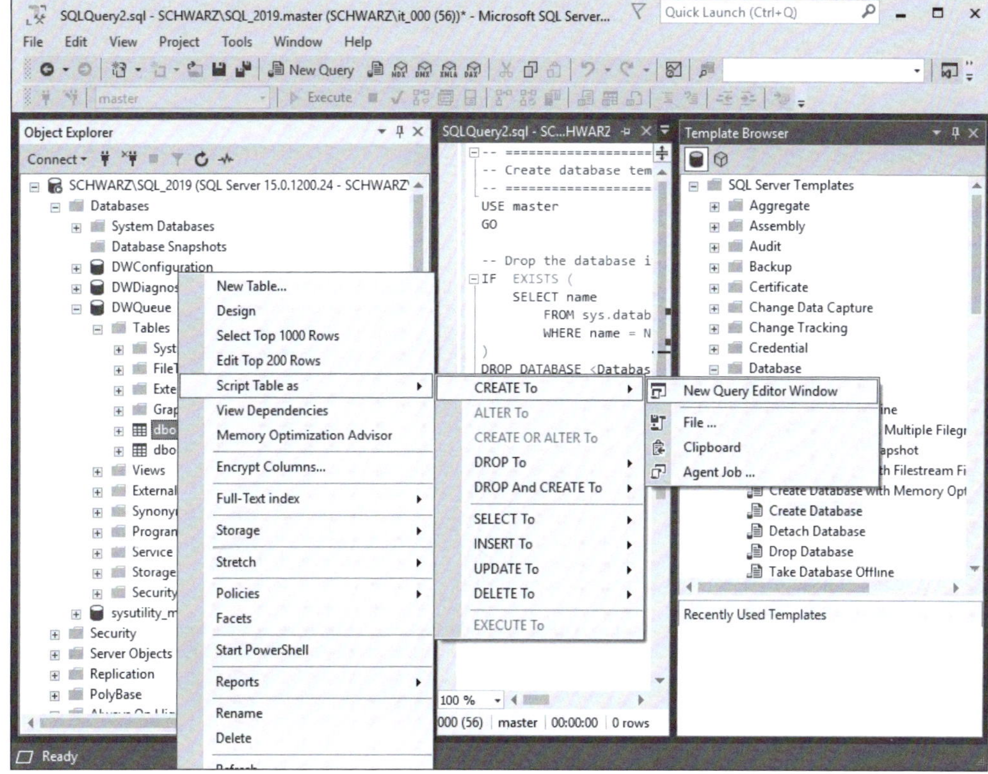

Abbildung 7.13 Skripterstellung für die Tabelle »MessageQueue«

7.1.9 IntelliSense – Unterstützung zur passenden Zeit

Das SSMS bietet IntelliSense-Unterstützung. Unter *IntelliSense* versteht man die automatische Vervollständigung beim Schreiben von Quellcode, die den Programmierer unterstützt.

Die IntelliSense-Funktion des SSMS unterbreitet Ihnen beim Schreiben von Skriptcode Vorschläge zu Datenbankobjekten oder Befehlen. Diese können Sie bei richtigem Vorschlag durch das SSMS direkt mit der [↵]- oder der [Tab]-Taste übernehmen.

Sie erhalten abhängig von dem von Ihnen eingegebenen Skriptcode unterschiedliche Vorschläge, wie z. B. Namen von Datenbankobjekten oder T-SQL-Befehle. Dies sehen Sie in Abbildung 7.14.

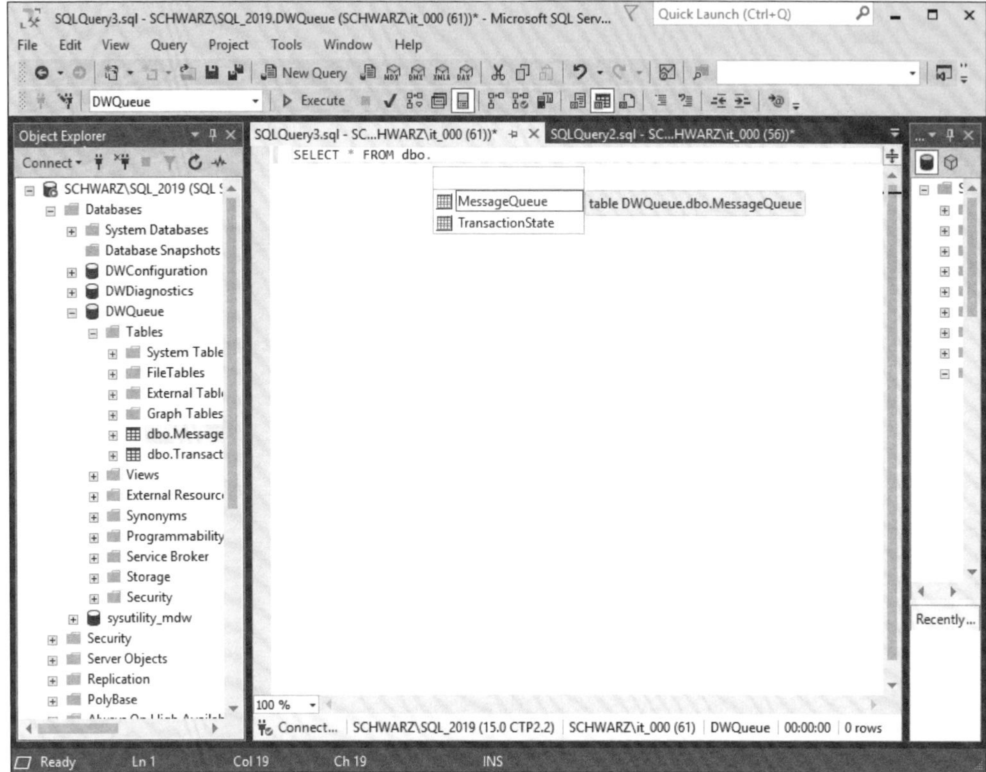

Abbildung 7.14 IntelliSense in Aktion

IntelliSense beschleunigt das Schreiben von Skriptcode und verhindert Tippfehler.

> **Aktualisieren des IntelliSense-Cache**
>
> Sollten Sie einmal einen IntelliSense-Vorschlag z. B. für eine soeben erstellte Tabelle vermissen, können Sie dem lokalen Cache auch manuell durch Auswahl des Menüpunkts BEARBEITEN • INTELLISENSE • LOKALEN CACHE AKTUALISIEREN (EDIT • INTELLISENSE • REFRESH LOCAL CACHE) auf die Sprünge helfen. Dieser wird nämlich nicht immer sofort, sondern in regelmäßigen Abständen aktualisiert.

IntelliSense können Sie im Optionsmenü EXTRAS • OPTIONEN • TEXT-EDITOR • TRANSACT-SQL • INTELLISENSE (TOOLS • OPTIONS • TEXT EDITOR • TRANSACT SQL • INTELLISENSE) des SSMS aktivieren und deaktivieren, wie Abbildung 7.15 zeigt.

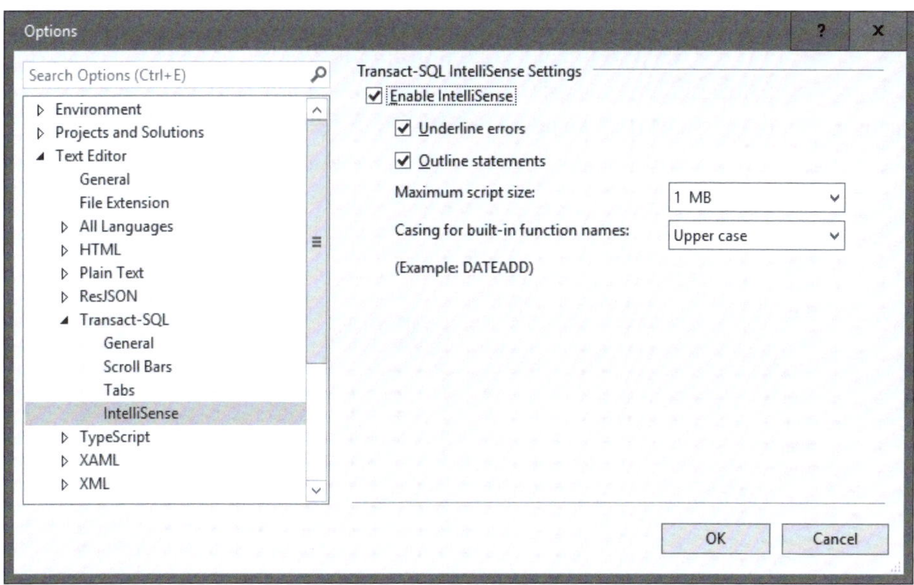

Abbildung 7.15 Einstellungen für IntelliSense im Optionsmenü des SQL Server Management Studios

7.2 Dynamische Verwaltungssichten (Dynamic Management Views, DMV), Katalogsichten

Metainformationen über das Serversystem oder den Datenbankkatalog liefert SQL Server Ihnen in Form von unterschiedlichen Sammlungen von Systemsichten an. Diese Sichten ermöglichen die Abfrage von Metadaten des Datenbanksystems aus unterschiedlichen Perspektiven.

Was sind Metadaten?

Als Metadaten werden Daten bezeichnet, die Informationen über andere Daten enthalten.

7.2.1 Katalogsichten (Catalog Views)

Katalogsichten zeigen Ihnen verschiedene Metadaten über den Datenbankkatalog an. Katalogsichten sind immer dem sys-Schema der Datenbank zugeordnet und können nur von den Benutzern abgefragt werden, die die entsprechenden Rechte besitzen. Der Systemadministrator *sa* sieht alle Objekte auf dem Server, und der *dbo* (*database owner*) sieht alle Objekte der Datenbank.

Die Katalogsichten finden Sie im Management Studio im Unterordner SYSTEMSICHTEN (SYSTEM VIEWS) der jeweiligen Datenbank. Inhalte von Systemsichten lassen Sie sich, wie im SSMS üblich, entweder mit dem SQL-Befehl `SELECT` oder durch einen Rechtsklick auf die Sicht und Auswahl des Menüpunkts OBERSTE 1000 ZEILEN AUSWÄHLEN (SELECT TOP 1000 ROWS) anzeigen (siehe Abbildung 7.16).

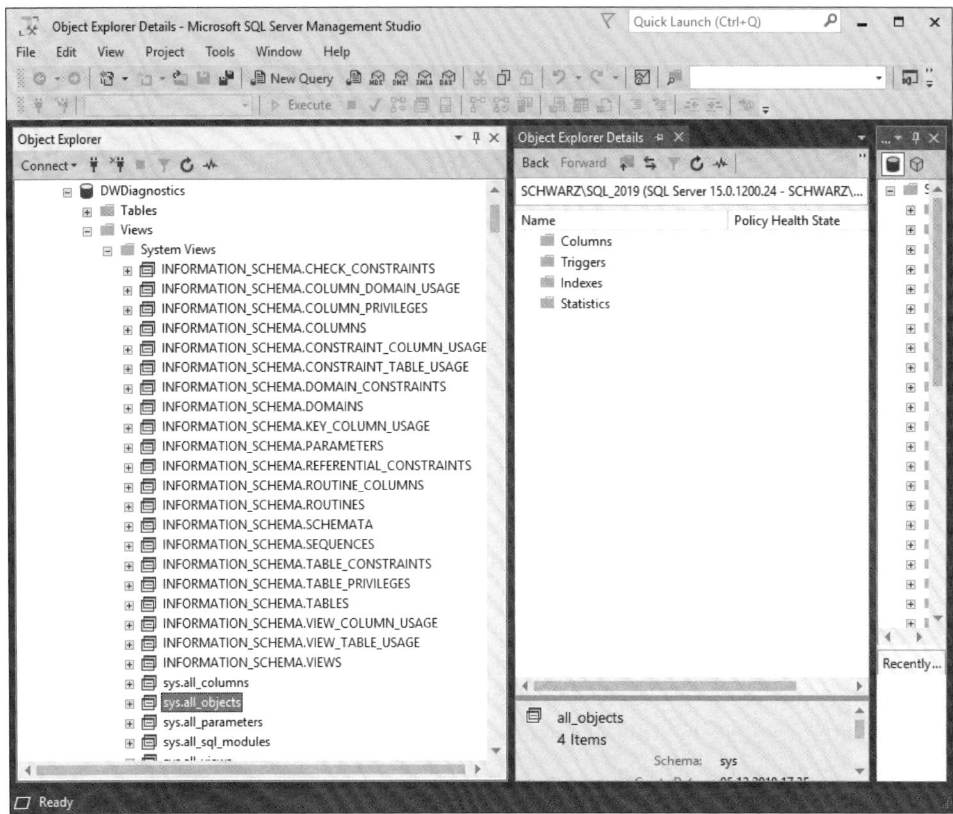

Abbildung 7.16 Katalogsichten-Darstellung im Objekt-Explorer

Um sich z. B. alle Tabellen der aktuellen Datenbank auflisten zu lassen, fragen Sie mit dem Befehl `SELECT * FROM sys.tables` die Katalogsicht `sys.tables` ab.

7.2.2 Dynamische Verwaltungssichten

Dynamische Verwaltungssichten geben Serverstatusinformationen zurück, mit denen Sie in der Lage sind, den Zustand des Servers zu überwachen oder eventuelle Probleme zu diagnostizieren.

Auch diese Sichten sind dem `sys`-Schema zugeordnet, beginnen allerdings mit den Buchstaben `dm_` (steht für *dynamic management*). `SELECT * FROM sys.dm_os_sys_memory` liefert Ihnen z. B. Arbeitsspeicherinformationen des Betriebssystems.

7.2.3 Informationen und Leistungsdaten rundherum

Wenn Sie sich die Systemsichten einmal in Ruhe ansehen, werden Sie feststellen, dass die Informationen innerhalb dieser Sichten sehr umfangreich sind. In diesem Zusammenhang möchten wir darauf hinweisen, dass sämtliche Verwaltungs- und Katalogsichten ausführlich in der SQL-Server-Dokumentation beschrieben sind.

Die aus den Sichten zu gewinnenden Metadaten können Sie sehr gut dazu verwenden, wichtige Informationen zu den Leistungsdaten von SQL Server zu erhalten. Der Bereich der über Systemsichten bereitgestellten Metadateninformationen reicht von Daten über die aktuelle Auslastung des Betriebssystems bis hin zu Informationen über Abfragen, die am meisten Abfragezeit benötigt haben. Diese Informationen erhalten Sie allerdings nur durch eine Kombination oder besser gesagt durch das Bilden von Verknüpfungen (englisch: *joins*) zwischen den einzelnen Systemsichten.

Das Beispielskript in Listing 7.2 verknüpft unterschiedliche dynamische Verwaltungssichten in einer `SELECT`-Abfrage und wertet sie aus. Diese Abfrage ermittelt für Sie die zehn langsamsten SQL-Befehle.

```
SELECT TOP 10 creation_time, last_execution_time
, total_physical_reads, total_logical_reads
, total_logical_writes, execution_count
, total_worker_time, total_elapsed_time
, total_elapsed_time / execution_count avg_elapsed_time
,SUBSTRING(ST.text, (QS.statement_start_offset/2) + 1,
 ((CASE statement_end_offset
 WHEN -1 THEN DATALENGTH(ST.text)
 ELSE QS.statement_end_offset END
 - QS.statement_start_offset)/2) + 1) AS statement_text
FROM SYS.dm_exec_query_stats AS QS
CROSS APPLY SYS.dm_exec_sql_text(QS.sql_handle) AS ST
ORDER BY total_elapsed_time / execution_count DESC;
```

Listing 7.2 Ermitteln der zehn langsamsten SQL-Befehle durch Auswertung dynamischer Verwaltungssichten

7.2.4 Scripting mit T-SQL

In vielen Beispielen innerhalb dieses Buches ist die Rede von *T-SQL*. T-SQL steht für »Transact SQL« und ist Microsofts hauseigene, sehr mächtige Weiterentwicklung des SQL-Standardbefehlssatzes. T-SQL gibt dem Anwender die Möglichkeit, Schleifen, Variablen, Entscheidungsstrukturen und Fehlerbehandlungen innerhalb von T-SQL-Skripten zu definieren.

> **Was ist ein Skript?**
> Unter einem Skript versteht man die Aneinanderreihung interpretierbarer Befehle.

Dies ist notwendig, da der normale Befehlssatz des sogenannten *Standard-SQL* die genannten Erweiterungen nicht kennt.

Aus diesem Grund implementieren die unterschiedlichen Hersteller von Datenbanksystemen die ihrer Meinung nach wichtigen Ergänzungsbefehle auf ihre jeweils eigene Art und Weise. So entstehen die sogenannten *SQL-Dialekte*. Viele Datenbanksysteme sprechen ihren eigenen SQL-Dialekt. Während der SQL-Dialekt von Microsoft T-SQL heißt, nennt z. B. Oracle sein erweitertes Standard-SQL PL/SQL.

Wenn Sie im Management Studio daher eine Standard-SQL-Anweisung eingeben, geben Sie eigentlich auch gleichzeitig einen T-SQL-Befehl ein. Die T-SQL-Befehle können Sie einzeln ausführen oder in Form einer Skriptdatei mit der Dateierweiterung *.sql* speichern, um diese Datei dann wieder zu laden und auszuführen. Sobald Sie mehrere T-SQL-Befehle innerhalb einer Datei speichern, schreiben oder ausführen, spricht man von einem *T-SQL-Skript*.

T-SQL-Skripte können in SQL Server vielseitig eingesetzt werden. Sie sind in Funktionen, Triggern und gespeicherten Prozeduren vorhanden. T-SQL-Skripte können auch automatisch über den Agent-Dienst ausgeführt werden.

Möchten Sie ein neues Skript oder Skriptfenster im SSMS öffnen, klicken Sie oben links in der Toolbar auf die Schaltfläche NEUE ABFRAGE (NEW QUERY), wie in Abbildung 7.17.

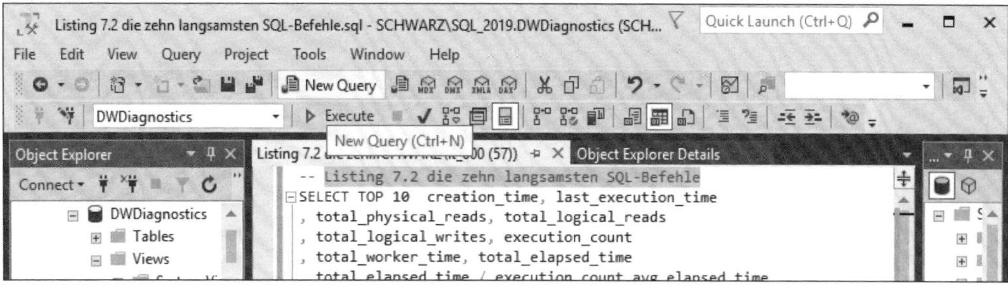

Abbildung 7.17 Schaltfläche »Neue Abfrage« (»New Query«) in der SSMS-Toolbar

Das SSMS öffnet daraufhin eine neues *.sql*-Dateifenster – auch Abfrage-Editor-Fenster genannt –, in das Sie T-SQL-Befehle eingeben werden. Den in das Abfrage-Editor-Fenster eingegebenen T-SQL-Code können Sie, wie in Microsoft-Programmen üblich, abspeichern und bei Bedarf wieder öffnen. Im Management Studio gespeicherte Skripte erhalten die Dateierweiterung *.sql*. Eine *.sql*-Datei ist eine normale Textdatei und kann auch mit Notepad oder einem anderen Texteditor bearbeitet werden. Durch einen Klick auf die Schaltfläche AUSFÜHREN (EXECUTE) in der Toolbar führen Sie das aktive, im Abfrage-Editor-Fenster geladene SQL-Skript aus.

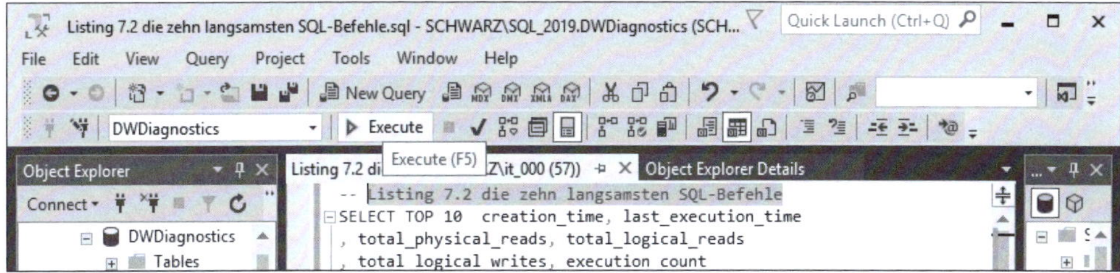

Abbildung 7.18 Die Schaltflächen »Ausführen« (»Execute«)

Die Funktionalität der Schaltflächen rechts neben der AUSFÜHREN-Schaltfläche (EXECUTE) wird in Tabelle 7.1 erläutert.

Schaltfläche	Funktion	Beschreibung
■	Ausführung der Abfrage abbrechen (CANCEL EXECUTING QUERY)	Senden einer Abbruchanforderung an den Server, z. B. das Beenden von Abfragen, die übermäßig viel Zeit in Anspruch nehmen Tastaturkürzel: `Alt`+`Break`
▶ Debug	Debuggen der Abfrage	Der Transact-SQL-Debugger wird aktiviert (in der aktuellen Version des Management Studios noch nicht vorhanden)
✓	Analysieren (PARSE)	Analysieren des ausgewählten oder des gesamten T-SQL-Codes auf syntaktische Korrektheit hin – keine Ausführung Tastaturkürzel: `Ctrl`+`F5`
	geschätzten Ausführungsplan anzeigen (DISPLAY ESTIMATED EXECUTION PLAN)	grafische Anzeige des geschätzten Ausführungsplans Tastaturkürzel: `Ctrl`+`L`

Tabelle 7.1 Funktionen der Schaltflächen in der SSMS-Toolbar

Kleiner Trick zum Ausführen von einzelnen T-SQL-Skriptbefehlen

Wenn Sie innerhalb eines T-SQL-Skripts einen Befehl mit der Maus markieren und anschließend auf AUSFÜHREN (EXECUTE) klicken, wird nur dieser Befehl und *nicht* das ganze Skript ausgeführt.

Listing 7.3 zeigt Ihnen ein einfaches T-SQL-Skriptbeispiel, das die Zeilenanzahl der Tabelle »DemoTabelle« überprüft, abhängig von der Zeilenanzahl einen entsprechenden Text zusammensetzt und diesen anschließend in eine Logtabelle namens »LogTabelle« schreibt.

```
/* Einfaches T-SQL Skriptbeispiel */
-- Variablendeklaration
DECLARE @AnzahlZeilen INT;
DECLARE @LogText VARCHAR(200) = '';
-- Ermitteln der Zeilenanzahl der Tabelle DemoTabelle
-- und Schreiben in die Variable @AnzahlZeilen
SELECT @AnzahlZeilen = COUNT(*) FROM DemoTabelle;
-- Entscheidung mittels IF
IF (@AnzahlZeilen > 10)
BEGIN
-- Zuweisen einer Zeichenkette zur Variable @Logtext
SELECT @LogText =
 'Achtung, die Anzahl der Zeilen in der Tabelle DemoTabelle ist groesser ' +
CAST(@AnzahlZeilen AS VARCHAR(100));
END
ELSE
BEGIN
SELECT  @Logtext =
 'Achtung die Anzahl der Zeilen in der Tabelle DemoTabelle ist kleiner ' +
CAST(@ANZAHLZEILEN AS VARCHAR(100));
END
INSERT INTO LogTabelle (LogText) VALUES(@LogText);
```

Listing 7.3 Einfaches T-SQL-Skript

In Listing 7.3 erkennen Sie, dass in diesem T-SQL-Skript Variablen deklariert und zugewiesen, Entscheidungen getroffen und Datentypen konvertiert werden. Sie sehen in diesem Skript auch sogenannte *Kommentare (Comments)*. Kommentare ermöglichen es, zu den Skriptbefehlen erklärenden Text zu schreiben, der nicht als Befehl angesehen wird. Er dient dem Skriptentwickler als Notiz, um sich im Skriptcode besser zurechtzufinden.

Art des Kommentars	Beispiel
einzeiliger Kommentar	`-- Einzeiliger Kommentar`
mehrzeiliger Kommentar	`/* Das ist ein Kommentar,` `der über mehrere Zeilen geht */`

Tabelle 7.2 Ein- und mehrzeilige Kommentare

Hinweis

Zu meinem Glück habe ich es mir schon vor langer Zeit angewöhnt, die Ausgabe jedes Skript, das ich ausgeführt habe, als Kommentar hinten anzufügen und erneut zu speichern. So kann ich immer sehen, dass dieses Skript bereits ausgeführt wurde. Außerdem zeigt mir der Zeitstempel der Datei, wann das Skript ausgeführt wurde.

Alles in allem ist T-SQL eine sehr mächtige Sprache, mit der sich komplette Datenbankapplikationen entwickeln lassen. Es würde den Rahmen dieses Buches bei weitem überschreiten, hier T-SQL in seiner Komplexität zu behandeln. Möchten Sie tiefer in die Materie einsteigen, empfehlen wir Ihnen die Microsoft-Dokumentation.

7.3 Datenbanken anlegen

Eine Datenbank besteht immer aus mindestens zwei Dateien: der Datendatei und der Protokolldatei.

1. In der Datendatei (*Data File*) befinden sich die gespeicherten Daten der Datenbank. Die Dateierweiterung ist *.mdf*.
2. Die Transaktionsprotokolldatei (Transaction Log File) sammelt die Informationen zu den durchgeführten Transaktionen, das heißt den Änderungen am Datenbestand. Die Dateierweiterung ist *.ldf*.

Eine Datenbank kann aber auch aus mehr als nur den zwei genannten Dateien bestehen. Es kann mehrere Datendateien und Transaktionsprotokolldateien geben, wobei die erste Datei immer die sogenannte *primäre (primary)* Datendatei ist und jede weitere Datendatei als *sekundäre (secondary)* Datendatei bezeichnet wird.

In der primären Datendatei sind neben den eigentlichen Daten Startinformationen für die Datenbank sowie Verweise auf die anderen Dateien der Datenbank gespeichert.

Wie bereits erwähnt, hat die *primäre* Datendatei die Dateierweiterung *.mdf*, jede weitere Datendatei sollte die empfohlene Erweiterung *.ndf* haben. Die Dateierweiterung des Transaktionsprotokolls sollte immer *.ldf* sein. Wie Sie weitere Datendateien einer Datenbank hinzufügen, lesen Sie in Abschnitt 7.3.2, »Dateigruppen – Strategie zur Verteilung von Objekten auf Datenträgern«.

Hinweis zu den Dateierweiterungen

SQL Server zwingt Sie nicht, die empfohlenen Dateierweiterungen zu verwenden, allerdings sollten Sie sich an die empfohlenen Vorgaben halten, um klar erkennen zu können, um welche Art von Datei es sich handelt.

Eine Datenbank in SQL Server anzulegen, kann einfach oder komplex sein; das hängt im Wesentlichen davon ab, inwieweit Sie für die Erstellung der Datenbank von den jeweiligen Standardeinstellungen – z. B. Speicherort der Datenbankdateien – abweichen.

Im folgenden Beispiel erläutern wir Ihnen die einfache Variante des Anlegens einer Datenbank namens »demo«:

1. Öffnen Sie das SSMS. Verbinden Sie sich mit der Instanz von SQL Server, auf der Sie eine Datenbank anlegen möchten.
2. Klicken Sie mit der rechten Maustaste im Objekt-Explorer auf den Ordner DATENBANKEN (DATABASES), und wählen Sie NEUE DATENBANK (NEW DATABASE).
3. Im daraufhin erscheinenden Dialog geben Sie im Feld DATENBANKNAME (DATABASE NAME) den gewünschten Namen – hier »demo« – der Datenbank an.
4. Klicken Sie auf OK, und die Datenbank wird erstellt und anschließend im Objekt-Explorer angezeigt.

Sie können eine Datenbank mit dem Namen »demo« auch anlegen, indem Sie direkt den T-SQL-Befehl `CREATE DATABASE demo;` im Abfrage-Editor-Fenster des SSMS eingeben und ausführen.

7.3.1 Was geschieht beim Erstellen einer Datenbank?

Für den Befehl zum Erzeugen einer Datenbank, `CREATE DATABASE`, können Sie eine Vielzahl von Parametern setzen. Geben Sie diese Parameter nicht an, so wie im Beispiel zuvor, verwendet SQL Server entsprechende Standardeinstellungen (*Default Settings*) zum Erzeugen der Datenbank.

Ein wichtiger Punkt ist die Information, wo denn überhaupt die Dateien, in denen die Daten gespeichert werden, auf der Festplatte abgelegt werden sollen. SQL Server legt Ihre Datenbank in den für SQL Server schon bei der Installation festgelegten Standardverzeichnissen an. Dies gilt natürlich nur, wenn Sie den Pfad nicht gesondert bei der Datenbankerstellung angeben.

Die in SQL Server hinterlegten Standardspeicherorte dieser Dateien können Sie sich wie folgt anzeigen lassen:

1. Öffnen Sie das SSMS. Verbinden Sie sich mit der Instanz von SQL Server, auf der Sie eine Datenbank anlegen möchten.
2. Klicken Sie mit der rechten Maustaste auf den Serverknoten, und wählen Sie im zugehörigen Kontextmenü den Menüpunkt EIGENSCHAFTEN (PROPERTIES) und dann der Reiter DATENBANKEINSTELLUNGEN (DATABASE SETTINGS) aus.
3. Im sich öffnenden Dialog finden Sie im Bereich STANDARDSPEICHERORTE FÜR DATENBANK (DATABASE DEFAULT LOCATIONS) die Dateipfade, in denen Ihre Datendateien und Protokolldateien angelegt werden.

Jede Datenbank kann Daten und Protokolldateien an anderen Orten gespeichert haben. Um sich die Dateispeicherpfade einer Datenbank anzeigen zu lassen, klicken Sie mit der rechten Maustaste auf die Datenbank und wählen EIGENSCHAFTEN (PROPERTIES) aus. Im Dialog klicken Sie auf DATEIEN (FILES). In der Tabelle DATENBANKDATEIEN (DATABASE FILES) finden Sie alle Dateien, aus denen die Datenbank besteht, inklusive der Verzeichnisse, die Sie in der Spalte PFAD (PATH) sehen.

Hinweis zur Vergabe von Datenbanknamen

- Der Datenbankname kann bis zu 128 Zeichen lang sein.
- Er muss eindeutig sein.
- Sie sollten es vermeiden, Leerzeichen oder Sonderzeichen im Namen zu verwenden. Wenn Sie dies trotzdem tun möchten oder müssen, setzen Sie den Datenbanknamen in eckige Klammern, damit er akzeptiert wird. Außerdem sollten Sie sich, wenn möglich, bei den Sonderzeichen auf den Unterstrich beschränken. Er funktioniert mit den meisten Anwendungen ohne Schwierigkeiten.

7.3.2 Dateigruppen – Strategie zur Verteilung von Objekten auf Datenträgern

Wie wir bereits erläutert haben, besteht eine SQL-Server-Datenbank aus mindestens einer Datendatei und einer Transaktionsprotokolldatei. Es gibt noch eine weitere Kategorisierung innerhalb einer Datenbank: die Dateigruppe. Eine *Dateigruppe* (*File Group*) ist eine Verwaltungseinheit, in der eine oder mehrere Datendateien logisch kategorisiert und unter dem Namen der Dateigruppe zusammengefasst sind. Dateien, die logisch einer Dateigruppe zugeordnet sind, können, obwohl sie zu derselben Dateigruppe gehören, auf unterschiedlichen Festplatten oder Speicherorten liegen.

Innerhalb einer Datenbank gibt es immer eine Standarddateigruppe mit dem Namen »PRIMARY«. Diese Dateigruppe enthält die primäre Datendatei und auch andere sekundäre Datendateien, die dieser Gruppe zugeordnet wurden.

Wenn Sie in einer Datenbank ein Datenbankobjekt (wie z. B. eine Tabelle, einen Index oder eine Sicht) ohne Angabe der zugehörigen Dateigruppe erstellen, wird dieses Datenbankobjekt immer in den Datendateien der Standarddateigruppe gespeichert. Sie können bei Bedarf auch eine eigene benutzerdefinierte Dateigruppe anlegen und zur Standarddateigruppe erklären. Genaueres zum Speichern von Datenbankobjekten in Dateigruppen lesen Sie im folgenden Abschnitt.

Wozu sind Dateigruppen gut?

Erstellen Sie innerhalb einer Datenbank Datenbankobjekte wie Tabellen (tables), gespeicherte Prozeduren (stored procedures) oder Sichten (views), können Sie angeben, in welcher Dateigruppe dieses Datenbankobjekt gespeichert werden soll.

Auf diese Art und Weise können Sie steuern, dass z. B. Tabellen und Indizes, auf die sehr häufig lesend zugegriffen wird, auf einem Datenträger liegen, der schnelle Lesezugriffe ermöglicht. Tabellen, auf die sehr selten zugegriffen wird, legen Sie auf weniger schnelle Datenträger.

Der Befehl `CREATE TABLE adressen (ID INT, Nachname VARCHAR(100),Vorname VARCHAR(100)) ON dateigruppe1` speichert die Tabelle `adressen` in den Datendateien, die der `dateigruppe1` angehören. Dies setzt natürlich voraus, dass die Dateigruppe mit Namen `dateigruppe1` überhaupt existiert und dieser Dateigruppe auch Datendateien zugeordnet sind.

Anlegen einer Dateigruppe mit SQL Server Management Studio

1. Klicken Sie mit der rechten Maustaste auf die Datenbank, in der Sie die Dateigruppe anlegen möchten, und wählen Sie den Menüpunkt EIGENSCHAFTEN (PROPERTIES) aus dem Kontextmenü aus.
2. Wählen Sie aus dem Bereich SEITE AUSWÄHLEN (SELECT A PAGE) den Punkt DATEIGRUPPEN (FILEGROUPS).
3. Klicken Sie auf die Schaltfläche HINZUFÜGEN (ADD FILEGROUP), und geben Sie in der neu angelegten Zeile der Tabelle in der Spalte NAME »dateigruppe1« ein (siehe Abbildung 7.19).
4. Bestätigen Sie dies mit OK, um die Dateigruppe anzulegen.

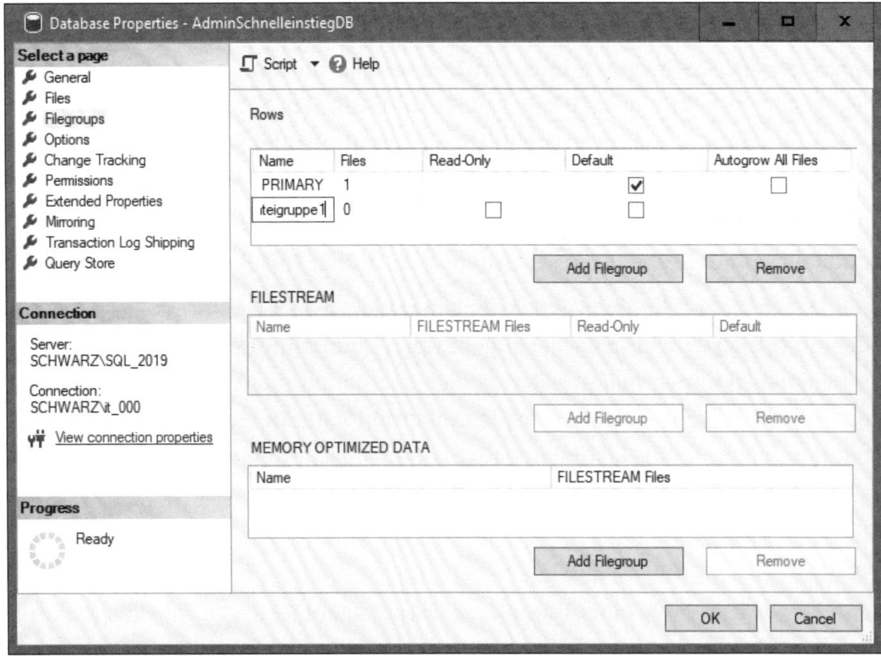

Abbildung 7.19 Anlegen einer Dateigruppe

Die Dateigruppe wurde jetzt in der Datenbank zwar angelegt, hat jedoch noch keine Funktion im Datengefüge der Datenbank. Um Datenbankobjekte wie Tabellen oder Sichten der Dateigruppe hinzufügen zu können, müssen Sie der Dateigruppe eine Datendatei der Datenbank zuweisen.

Hinzufügen einer Datendatei, die der Dateigruppe »dateigruppe1« angehört

1. Klicken Sie mit der rechten Maustaste auf die Datenbank, in der Sie die Datendatei anlegen möchten, und wählen Sie den Menüpunkt EIGENSCHAFTEN (PROPERTIES) aus dem Kontextmenü aus.
2. Wählen Sie aus dem Bereich SEITE AUSWÄHLEN (SELECT A PAGE) den Punkt DATEIEN (FILES).
3. Klicken Sie auf die Schaltfläche HINZUFÜGEN (ADD), und geben Sie in der neu angelegten Zeile der dargestellten Tabelle in der Spalte LOGISCHER NAME (LOGICAL NAME) »datendatei_neu« »New File« ein.

Was ist der logische Dateiname?

Der *logische* Dateiname ist eine Bezeichnung, die dazu dient, innerhalb von SQL-Anweisungen auf die Datei verweisen zu können, ohne jeweils den kompletten Pfad angeben zu müssen, also eine Art Aliasname, der die Datendatei repräsentiert.

4. In der Spalte DATEITYP (FILE TYPE) wählen Sie ZEILENDATEN (ROWS DATA) aus, was bedeutet, dass Sie eine Datendatei zum Speichern der Daten und keine Protokolldatei anlegen möchten.
5. In der Spalte DATEIGRUPPE (FILEGROUP) bestimmen Sie nun, welcher Dateigruppe die Datendatei angehören soll. Hier finden Sie die von Ihnen angelegten Dateigruppen sowie die Dateigruppe PRIMARY. Wählen Sie die zuvor angelegte Dateigruppe DATEIGRUPPE1 aus.
6. Legen Sie jetzt in der Spalte PFAD (PATH) den Speicherort fest, an dem Ihre Datendatei liegen soll, und klicken Sie auf OK.

Sie könnten jetzt weitere Datendateien anlegen und diese wiederum der Dateigruppe oder anderen Dateigruppen zuweisen.

Merke

- Sie können Datenbankobjekte nur Dateigruppen, nicht den Datendateien der Datenbank direkt zuweisen.
- Es gibt immer eine primäre Dateigruppe mit dem Namen PRIMARY.
- Sie können pro Datenbank bis zu 256 Dateigruppen anlegen.
- Protokolldateien können Sie keiner Dateigruppe zuordnen.

Der Einsatz von Dateigruppen und die Zuweisung von Datenbankobjekten zu Dateigruppen bieten folgende Vorteile:

- Sie können steuern, auf welchen physischen Datenträgermedien Datenobjekte gespeichert werden. Bei einer Verteilung auf mehrere physische Speicherorte ist SQL Server aufgrund von paralleler Verarbeitung in der Regel schneller.
- Sie können die Speicherkapazität einer Datenbank durch Hinzufügen einer Datendatei, die auf einer neuen Festplatte gespeichert wird, flexibel erhöhen.

7.3.3 Fehler finden – Debuggen von T-SQL

Bei der Entwicklung von T-SQL-Skripten kommt es vor, dass das Skript Fehler enthält, Programmabläufe unübersichtlich sind oder Sie in Ausnahmesituationen Fehler in der Skriptfunktionalität erst während der Testphase entdecken. Da ein Skript aus den unterschiedlichsten Operatoren, Variablen, Programmflusskomponenten und SQL-Befehlen besteht, ist es sehr schwierig, in einem solchen Fall ohne Hilfsmittel diese Fehler ausfindig zu machen.

Um in einem T-SQL-Skript Fehler zu entdecken und zu analysieren, bietet Management Studio die Möglichkeit, T-SQL-Skripte zu debuggen. So können Sie die einzelnen Skriptbefehle einzeln ausführen und die Inhalte von Variablen und Programmabläufe dieses Skripts analysieren. Zudem ermöglicht das Setzen von Haltepunkten, an einem bestimmten Punkt das Skript anzuhalten und das Analysieren der Befehle und Variablen an diesem Punkt zu beginnen.

Hinweis

Im aktuellen ManagementStudio (ab Version 18) gibt es leider keinen eigenständigen T-SQL-Debugger mehr. Sie müssen sich auf ihre Fähigkeiten und die rote »Schlangenlinie« unter fehlerhaftem Code verlassen. Sie können mit vielen `SELECT` oder `PRINT` Anweisungen ihre Scripts auch selbst debuggen.

Den Debugger für ein im SSMS geöffnetes Skript starten Sie, indem Sie in der Toolbar auf die Schaltfläche Debuggen (Debug) klicken (siehe Abbildung 7.20).

Abbildung 7.20 Schaltfläche »Debuggen« im SSMS

Befindet sich das Management Studio im Debugging-Modus, wird in der Toolbar die Symbolleiste Debuggen (Debug) eingeblendet, die Sie in Abbildung 7.21 sehen.

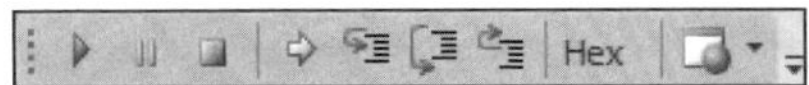

Abbildung 7.21 Symbolleiste »Debuggen«

Die Symbolleiste Debuggen (Debug) enthält unter anderem die Schaltflächen Einzelschritt (Step Into), Prozedurschritt (Step Over) und Debugging beenden (Stop Debugging). Durch einen Klick auf Einzelschritt (Step Into) springt der Befehlszeiger im linken Bereich des T-SQL-Skriptfensters auf den nächsten auszuführenden Befehl. Der Befehlszeiger wird in Form eines gelben Pfeils am linken Rand des Abfrage-Editor-Fensters dargestellt (siehe Abbildung 7.22).

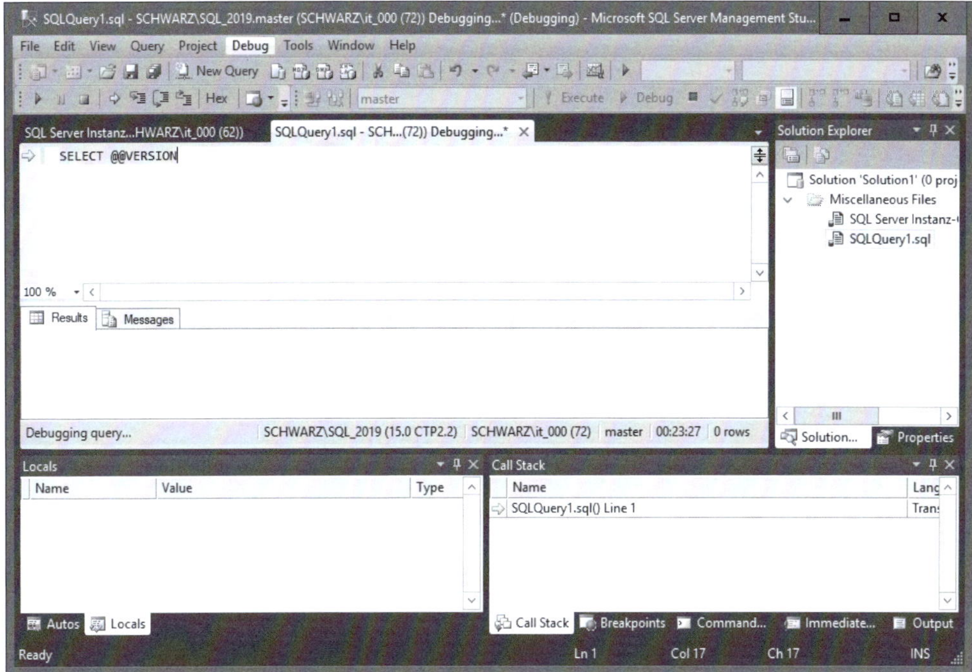

Abbildung 7.22 Befehlszeiger im Debugging-Modus

Da ein Skript auch gespeicherte Prozeduren aufrufen kann, die als selbständige Skriptmodule fungieren und sehr umfangreich sein können, ist es nicht immer wünschenswert, auch diese Prozeduren zu debuggen. Dies geschähe allerdings automatisch, wenn der Befehlszeiger auf eine Anweisung trifft, die eine gespeicherte Prozedur aufruft. Mit der Schaltfläche Prozedurschritt (Step Over) führen Sie lediglich den Befehl aus und debuggen nicht in die gespeicherte Prozedur hinein.

Möchten Sie ein Skript debuggen, ist es natürlich auch wichtig, die Inhalte von Variablen zu analysieren. Zu diesem Zweck wird wie in Abbildung 7.23 im Debugging-Modus das Fenster Lokal (Locals) eingeblendet, das die im Skript enthaltenen Variablen und ihre Inhalte anzeigt.

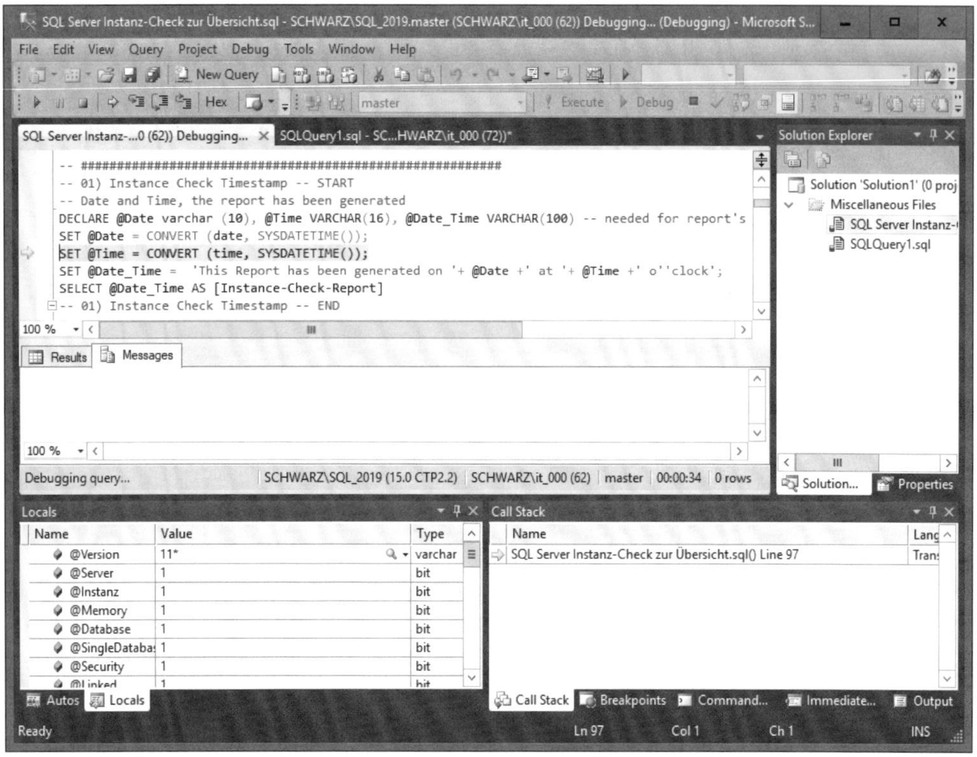

Abbildung 7.23 Fenster »Lokal« zur Analyse von Variablen im Debugging-Modus des SQL Server Management Studios

> **Anzeige der Debugging-Fenster**
>
> Sollte das hier beschriebene Fenster LOKAL (LOCALS) nicht angezeigt werden, können Sie es im SSMS-Menü DEBUGGEN (DEBUG) • FENSTER (WINDOWS) einblenden.

Die Debugging-Funktionalität im Management Studio ist sehr hilfreich und ermöglicht auch das Debuggen von Triggern, das Auffinden von Fehlern und die Analyse von Skriptcode innerhalb eines annehmbaren Zeitraums.

7.4 T-SQL – Die wichtigsten Befehle für den Administrator

7.4.1 DML – SELECT, INSERT, UPDATE, DELETE

Datenbanken haben eine wichtige Aufgabe. Daten müssen effizient gespeichert werden können. In der Regel werden Daten von Datenbankanwendungen gelöscht, geändert, oder es werden neue Daten hinzugefügt. Die Datenqualität von Daten definiert sich dadurch, dass in einer Datenbank gespeicherte Daten den Anforderungen entsprechend ausgewertet und natürlich auch bearbeitet werden können. Kurz gesagt: Daten in einer Datenbank sind nur gut, wenn Sie sie auch wieder herausholen, performant auswerten und bearbeiten können.

Zu diesem Zweck gibt es in SQL vier wichtige Befehle, die in Tabelle 7.3 aufgelistet sind.

Befehl	Beschreibung
`SELECT`	Suchen, Filtern und Anzeigen von Daten
`INSERT`	Hinzufügen von Daten
`UPDATE`	Aktualisieren von Daten
`DELETE`	Löschen von Daten

Tabelle 7.3 Die vier wichtigsten SQL-DML-Befehle

Diese vier Befehle sind die grundlegenden Befehle zum Manipulieren von Daten innerhalb einer Datenbank. Aus diesem Grund werden diese Befehle auch als *Data Manipulation Language* (*DML*) bezeichnet. Etwas strittig ist hierbei natürlich der `SELECT`-Befehl, der eigentlich keine Daten manipuliert, sondern lediglich anzeigt. Dennoch wird häufig auch dieser Befehl im Zusammenhang mit DML aufgeführt. Vielfach wird der `SELECT`-Befehl auch einer weiteren Kategorie zugeordnet, der *Data Query Language* (*DQL*).

Tabelle 7.4 zeigt einige Beispiele für die genannten Befehle.

Geplante Aktion	Code
Anzeigen aller Daten und Spalten der Tabelle »DemoTabelle«	`SELECT * FROM DemoTabelle;`
Anzeigen aller Zeilen und Spalten der Tabelle »DemoTabelle«, die in der Spalte *Nachname* den Wert »Franke« gespeichert haben	`SELECT * FROM DemoTabelle WHERE Nachname = 'FRANKE'`
Löschen aller Daten aus der Tabelle »DemoTabelle«	`DELETE FROM DemoTabelle`
Löschen nur der Datensätze, die innerhalb der Spalte *Nachname* den Wert »Franke« gespeichert haben	`DELETE FROM DemoTabelle WHERE Nachname = 'FRANKE'`
Ändern des Nachnamens aller Zeilen in »Friedrich«, die in *Nachname* »Franke« stehen haben	`UPDATE DemoTabelle SET Nachname 'FRIEDRICH' WHERE Nachname = 'FRANKE'`

Tabelle 7.4 Geplante Aktion und entsprechender SQL-Code

7.4.2 DDL – CREATE, ALTER, DROP

Wenn Sie Befehle an SQL Server senden, die die Struktur der Datenbank oder der Datenbankobjekte ändern, spricht man von Befehlen der sogenannten *Data Definition Language* (*DDL*). Im Wesentlichen gibt es drei Befehle zum Erzeugen, Ändern und Löschen von Datenstrukturen. Sie finden sie in Tabelle 7.5.

Befehl	Beschreibung
`CREATE`	Anlegen von Strukturen
`ALTER`	Ändern von Strukturen
`DROP`	Löschen von Strukturen

Tabelle 7.5 Erzeugen, Ändern und Löschen – die Befehle

Um Strukturen anzulegen, verwenden Sie in der Regel den Befehl `CREATE`. `CREATE DATABASE`, `CREATE TABLE`, `CREATE PROCEDURE` und `CREATE TRIGGER` legen die unterschiedlichen Datenbankobjekte an. Die gleichen Strukturen können Sie mit der Anweisung `ALTER` ändern und mit `DROP` löschen.

In Tabelle 7.6 sehen Sie einige Beispiele zu den einzelnen Befehlen.

Konsolenbefehl	Beschreibung
`CREATE DATABASE Demo;`	Legt die Datenbank mit Namen `Demo` an.
`DROP DATABASE Demo;`	Löscht die Datenbank `Demo`.
`CREATE TABLE DemoTabelle (ID INT IDENTITY, Nachname NVARCHAR(50), Vorname NVARCHAR(50));`	Legt eine Tabelle mit drei Spalten an. Spalte 1 enthält eine ganze Zahl vom Datentyp Integer, die mit jedem Datensatz automatisch um 1 erhöht wird. Die Spalten 2 und 3 ermöglichen die Eingabe von Text von jeweils 50 Zeichen Länge.
`ALTER TABLE DemoTabelle ADD Strasse NVARCHAR(100);`	Hinzufügen der Spalte `Strasse` mit einer möglichen Länge von 100 Zeichen
`DROP TABLE [dbo].[DemoTabelle]`	Löschen der Tabelle `DemoTabelle` im Schema »dbo«

Tabelle 7.6 Erzeugen, Ändern und Löschen – Beispiele

7.5 Views – Daten aus anderen Perspektiven

Eine *View* ist mit einer dauerhaft gespeicherten Abfrage zu vergleichen, deren Daten in Form einer Tabelle dargestellt und angezeigt werden. Daten, die durch eine View angezeigt werden, werden nicht in der View selbst gespeichert. Eine View verweist immer auf die Daten der zugrundeliegenden Basistabelle(n).

Diese durch die View repräsentierten Daten können wie eine normale Tabelle der Datenbank abgefragt werden.

Eine View bietet folgende Vorteile und Möglichkeiten:

- Eine View kann die Komplexität von Abfragen verbergen und auch komplizierte SQL-Abfragen in einer virtuellen Tabelle darstellen. Eine View kann leicht abgefragt werden, da die Abfrage, die die View definiert, dem Abfragenden nicht bekannt sein muss, sondern lediglich der Name der View.
- Views können das Sicherheitskonzept dahingehend unterstützen, dass bestimmte Benutzer nur Zugriff auf ausgewählte Views und deren Teildaten erhalten. Der Zugriff auf die Basistabellen wird verwehrt.
- Auf Basis von Views können Daten bereits in aggregierter Form (Durchschnitte, Summen etc.) dargestellt werden.
- Views können von Views gebildet werden. Damit ist es möglich, z. B. für das Report-Design eine »View-Hierarchie« zu entwerfen, die fertige Teilmodule der in der Datenbank gespeicherten Daten repräsentiert. Aus diesen Teilmodulen in Form von Views können Sie nach dem Baukastenprinzip umfangreiche, komplexe Reports entwerfen.
- Views können auch indiziert werden und erheblich zur Abfragebeschleunigung beitragen. In diesem Fall wird von *indizierten Views* gesprochen.

Eine View erzeugen Sie mit dem T-SQL-Befehl `CREATE VIEW`. Das folgende Beispiel legt eine View mit dem Namen »Telefonliste« an.

Diese View basiert auf der Tabelle »Kontakte« der Datenbank »AdminSchnelleinstiegDB« und zeigt nur Firma, Abteilung, Nachname, Vorname und Telefon an. Die anderen Datenspalten der Tabelle »Kontakte« werden nicht durch die View dargestellt.

```
CREATE VIEW Telefonliste AS SELECT Firma,Nachname,Vorname,Abteilung,Telefon
FROM [AdminSchnelleinstiegDB].[dbo].[Kontakte];
```

Nachdem die View erfolgreich angelegt wurde, finden Sie sie so wie in Abbildung 7.24 im Objekt-Explorer des SSMS im Ordner SICHTEN (VIEWS) der aktiven Datenbank.

Fragen Sie die View im Management Studio ab, enthält sie nur die Datenspalten, die bei der View-Definition angegeben wurden (siehe Abbildung 7.25). Natürlich können Sie in der Abfrage, auf der die View basiert, weitere Filterkriterien oder Verknüpfungen mit anderen Tabellen definieren.

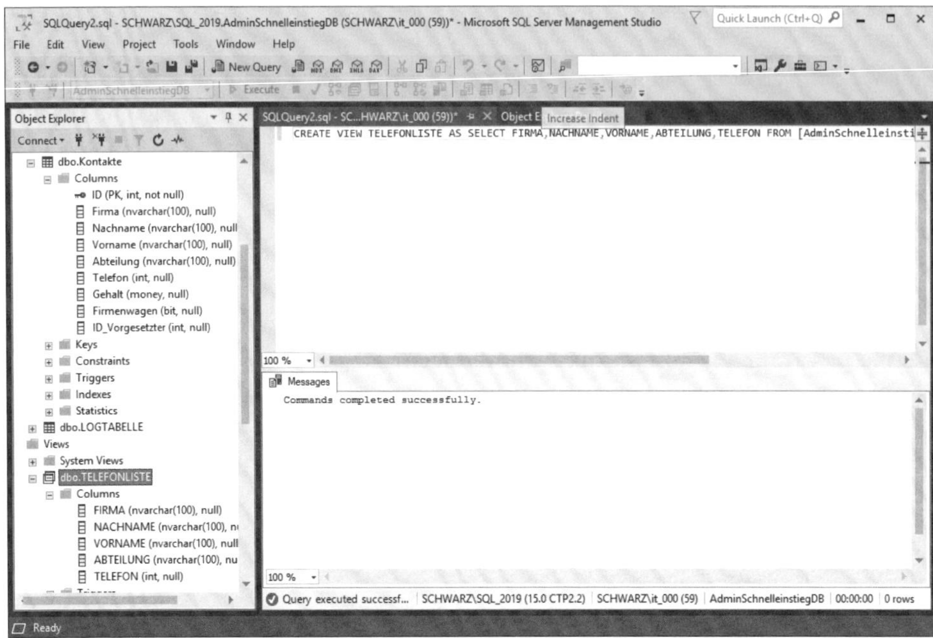

Abbildung 7.24 Angelegte View im Objekt-Explorer des SQL Server Management Studios

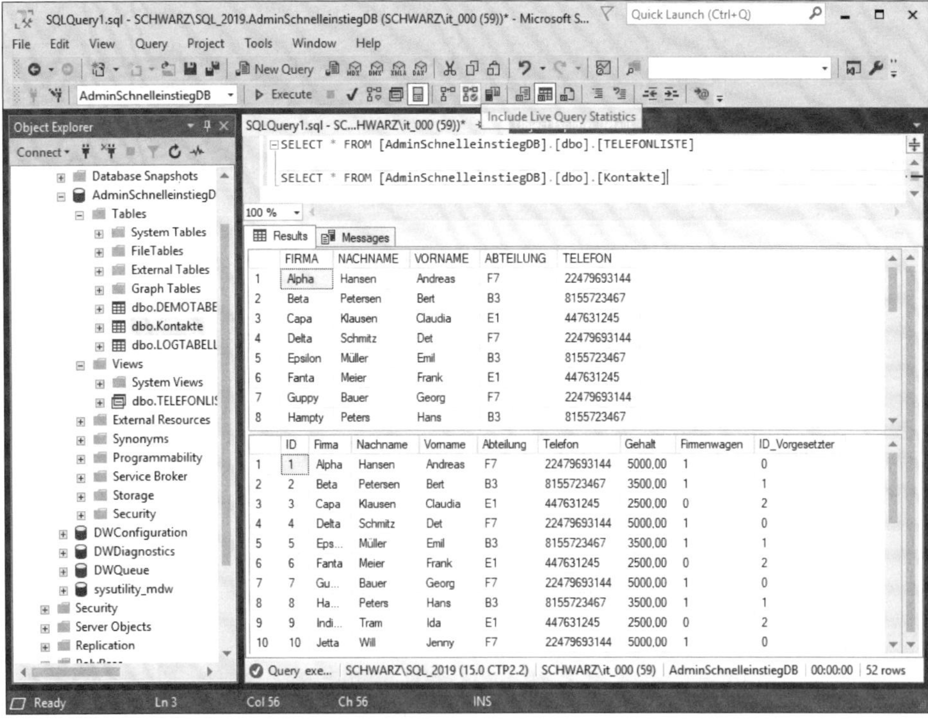

Abbildung 7.25 Abgefragte View »Telefonliste«

7.6 Benutzerdefinierte Funktionen

Benutzerdefinierte Funktionen (User Defined *Functions*) sind Routinen, die auf der Grundlage von übergebenen Parametern Aktionen ausführen und ein Ergebnis zurückgeben.

Dieses Ergebnis kann ein einzelner Wert (*Skalarwert*) oder eine Tabelle (*Resultset*) sein. Aus diesem Grund werden benutzerdefinierte Funktionen in Skalarwertfunktionen (*Scalar-valued Functions*) und Tabellenwertfunktionen (*Table-valued Functions*) eingeteilt. Ein großer Vorteil gegenüber gespeicherten Prozeduren ist, dass Sie benutzerdefinierte Funktionen auch in T-SQL-Befehlen verwenden können.

Ein weiterer wichtiger Unterschied von benutzerdefinierten Funktionen gegenüber gespeicherten Prozeduren ist z. B., dass mit benutzerdefinierten Funktionen keine Daten in den Tabellen der Datenbank geändert werden können. Gespeicherte Prozeduren können das.

7.6.1 Anlegen, Anzeigen und Löschen von benutzerdefinierten Funktionen

In Listing 7.4 können Sie sehen, wie Sie eine benutzerdefinierte Skalarwertfunktion anlegen.

```
CREATE FUNCTION AddiereMwSt
(
      @ParamBetrag Money
)
RETURNS Money
AS
BEGIN

    DECLARE @Back_VAL Money;
      SET @Back_VAL = (@ParamBetrag * 1.19);
      RETURN ISNULL(@Back_VAL,0);

END
```

Listing 7.4 Erstellen einer einfachen benutzerdefinierten Skalarwertfunktion zum Addieren von 19 % Mehrwertsteuer auf den mittels Parameter übergebenen Betrag

Der Code aus Listing 7.4 erstellt eine einfache Skalarwertfunktion, die auf den mittels Parameter (`@ParamBetrag`) übergebenen Wert 19 % Mehrwertsteuer addiert und diesen Wert zurückgibt.

Was macht »ISNULL«?

In Listing 7.4 gibt es eine Anweisung, die die Funktion `ISNULL` aufruft. `ISNULL` ist für das Erstellen von benutzerdefinierten Funktionen keinesfalls notwendig.

Die Funktion `ISNULL` ist jedoch sehr hilfreich in der T-SQL-Programmierung, da sie ihr übergebene Werte dahingehend auswertet, ob diese *Null* (ohne Wert) sind. Ist der übergebene Wert *Null*, gibt die Funktion den zweiten Parameter zurück, sonst den Wert des ersten Parameters.

Nachdem Sie diese Funktion angelegt haben, finden Sie sie im SSMS im Baum des Objekt-Explorers. Die Funktion `AddiereMwSt` läge also im Ordner [IHR DATENBANKNAME] • PROGRAMMIERBARKEIT • FUNKTIONEN • SKALARWERTFUNKTIONEN ([YOUR DATABASE NAME] • PROGRAMMABILITY • FUNCTIONS • SCALAR-VALUED FUNCTIONS).

Durch einen Klick mit der rechten Maustaste auf diese Funktion können Sie diese im SSMS löschen. Das Löschen ist aber auch durch das Ausführen des DDL-Befehls `DROP FUNCTION` möglich:

```
DROP FUNCTION [dbo].[AddiereMwSt];
```

7.6.2 Aufrufen von benutzerdefinierten Funktionen

Sie können die erstellte Funktion `AddiereMwSt` testen, indem Sie sie wie folgt im SSMS aufrufen:

```
SELECT dbo.AddiereMwSt(100);
```

Das Ergebnis ist 119. Wie bereits erwähnt, ist das Interessante an Funktionen, dass Sie sie in T-SQL-Befehlen verwenden können.

Die Funktion `AddiereMwSt` kann demnach in Abfragen von Tabellen, wie z. B. einer Umsatztabelle, dazu dienen, den Nettoergebnissen zusätzlich eine Bruttospalte hinzuzufügen. Das ist natürlich nur sinnvoll, wenn es keine Bruttospalte gibt.

Eine solche Abfrageanweisung unter Einbeziehung der benutzerdefinierten Funktion `AddiereMwSt` könnte demnach wie folgt aussehen:

```
SELECT Gehalt, dbo.AddiereMwSt(Gehalt) AS Gehalt_
Brutto FROM Kontakte WHERE Gehalt > 2000;
```

Listing 7.5 SELECT-Abfrage mit der benutzerdefinierten Funktion »dbo.AddiereMwSt«

Interessant sind benutzerdefinierte Funktionen auch, weil sie in der soeben dargestellten Form auch in Views eingesetzt werden können. Demnach können Sie Views mit bereits berechneten und aggregierten Daten erzeugen, die in der berechneten Form nicht in den Basistabellen vorhanden sind.

Wie bereits erwähnt, gibt es zudem *Tabellenwertfunktionen*. Diese unterscheiden sich von den Skalarwertfunktionen dahingehend, dass sie eine Tabelle (*Resultset*) zurückgeben können.

7.7 Gespeicherte Prozeduren

Ein häufiger Begriff im Zusammenhang mit SQL Server oder auch Datenbanken im Allgemeinen ist *gespeicherte Prozedur* (*Stored Procedure*). Der Begriff »Prozedur« ist hinlänglich aus früheren Programmiersprachen bekannt. Aus der Verwendung von Prozeduren in höheren Programmiersprachen leitete sich auch der Begriff der prozeduralen Programmierung ab.

Eine gespeicherte Prozedur ermöglicht es, T-SQL-Befehle unter einem zusammenfassenden Namen, dem sogenannten *Prozedurnamen*, im Datenbanksystem zu hinterlegen. Durch alleinigen Aufruf der Prozedur über diesen Prozedurnamen können Sie diese Befehle an unterschiedlichen Stellen im T-SQL-Skript ausführen. Es werden also durch Aufruf eines Namens, des Prozedurnamens, mehrere – teilweise sehr komplexe – Aufgaben ausgeführt.

Zum Beispiel könnte ein Datenbankadministrator eine gespeicherte Prozedur schreiben, die die tägliche Sicherung von Datenbanken übernimmt. Dies wäre natürlich auch per Wartungsplan oder einfachem T-SQL-Skript möglich. Da eine gespeicherte Prozedur aber über ihren Namen auch aus anderen Skripten aufgerufen werden kann, bietet sie noch einmal weitere Möglichkeiten. Dies gilt natürlich insbesondere für die Entwicklung von Datenbankapplikationen.

Innerhalb einer gespeicherten Prozedur können Sie den gesamten T-SQL-Befehlssatz (Deklaration von Variablen, Kontrollstrukturen, Schleifen etc.) nutzen.

Das bietet einige Vorteile:

- **Modulare Programmierung**: Vermeidung von redundantem Code. Code, der an mehreren Stellen des Skripts oder Programms ausgeführt werden soll, muss nur einmal geschrieben werden.
- **Erleichterung der Verwaltung und Wartbarkeit**: Bei Änderungen muss dieser Code nur an einer Stelle verändert werden.
- **Sicherheit**: Benutzer erhalten nur Berechtigungen auf die gespeicherte Prozedur, nicht aber auf die durch die Prozedur angesprochenen Datenbankobjekte wie Tabellen etc.
- **Beständigkeit**: Verändern sich die einer Prozedur zugrundeliegenden Datenbankobjekte oder muss der Code einer Prozedur aus anderen Gründen abgeändert werden, ist es nicht notwendig, Clients oder Skripte, die diese Prozedur aufrufen, abzuändern, da der Prozedurname gleich bleibt.

7.7.1 Erstellen von gespeicherten Prozeduren

Eine gespeicherte Prozedur legen Sie wie folgt an:

```
CREATE  PROCEDURE [dbo].[usp_ProjektAnlegen]
AS
BEGIN
SET NOCOUNT ON;

-- Hier stehen die T-SQL-Anweisungen
END
```

Listing 7.6 Anlegen einer gespeicherten Prozedur mit T-SQL

In Listing 7.6 sehen Sie den T-SQL-Skriptcode zum Erstellen einer gespeicherten Prozedur mit Namen `usp_ProjektAnlegen`. Diese Prozedur hat noch keine Funktion, da sie keinen T-SQL-Code enthält. Es ist Aufgabe des Datenbankentwicklers, hier die entsprechenden T-SQL-Befehle der Prozedur anzulegen.

SET NOCOUNT ON

Ein T-SQL-Kommando, das nicht zwingend zu einer gespeicherten Prozedur gehört, ist der Befehl `SET NOCOUNT ON`. Sie sollten es sich jedoch angewöhnen, innerhalb einer gespeicherten Prozedur diese Anweisung immer an erster Stelle auszuführen.

`SET NOCOUNT ON` bewirkt, dass die Meldung über die durch die Ausführung eines T-SQL-Befehls betroffenen Zeilen nicht zurückgegeben wird. Wenn Sie z. B. im Management Studio einen `SELECT`-Befehl ausführen, wird Ihnen am Ende der Auflistung immer eine Information über die Anzahl der betroffenen Zeilen zurückgegeben:

```
(5 Zeile(n) betroffen)
```

Der Befehl `SET NOCOUNT ON` unterdrückt diese Ausgabe.

Was bewirkt »SET NOCOUNT ON«?

Das Setzen der Option `SET NOCOUNT ON` verhindert das Senden der `DONE_IN_PROC`-Meldungen an den Client. Diese werden anderenfalls für jede ausgeführte Anweisung innerhalb einer gespeicherten Prozedur gesendet.

Eine Leistungssteigerung kann erzielt werden, wenn diese Option für gespeicherte Prozeduren mit mehreren Anweisungen aktiviert wird, die wenige tatsächliche Daten zurückgeben. Insbesondere für Prozeduren, die T-SQL-Schleifen abarbeiten, kann das Festlegen von `SET NOCOUNT` auf `ON` eine gravierende Leistungssteigerung bewirken, da der Netzwerkverkehr reduziert wird. Haben Sie die Prozedur erstellt, können Sie sie im SSMS durch Ausführen des folgenden Befehls aufrufen:

```
exec usp_ProjektAnlegen;
```

7.7.2 Anzeigen und Löschen von gespeicherten Prozeduren im SQL Server Management Studio

Die für eine Datenbank angelegten gespeicherten Prozeduren können Sie sich im Baum des Objekt-Explorers des SSMS anzeigen lassen. Sie finden sie im Ordner [IHR DATENBANKNAME] • PROGRAMMIERBARKEIT • GESPEICHERTE PROZEDUREN ([YOUR DATABASE NAME] • PROGRAMMABILITY • STORED PROCEDURES).

Durch einen Klick mit der rechten Maustaste auf diese Prozedur können Sie diese im SSMS löschen. Das Löschen ist aber auch durch das Ausführen des DDL-Befehls `DROP PROCEDURE` möglich:


```
DROP PROCEDURE [dbo].[usp_ProjektAnlegen];
```

7.7.3 Gespeicherte Prozeduren, Parameter und Rückgabewerte

Gespeicherten Prozeduren können Sie auch Parameter übergeben. Parameter ermöglichen es, Werte an eine gespeicherte Prozedur zu übergeben. Diese Werte können innerhalb der Prozedur verarbeitet werden.

INPUT-Parameter

Als *Input-* oder *Eingabeparameter* werden die Parameter bezeichnet, die es erlauben, veränderliche Werte an eine gespeicherte Prozedur zu übergeben.

Ein kleines Beispiel: Nehmen wir an, Sie haben eine Prozedur `usp_ProjektAnlegen` entwickelt, deren Aufgabe es ist, ein Projekt in Ihrer Datenbank anzulegen. Sie müssen, wenn diese Prozedur ausgeführt wird, allerdings auch einen Projektnamen und eine Projektbeschreibung übergeben. Dies ist notwendig, da der Projektname und die Beschreibung individuell vom Aufrufer der Prozedur festgelegt werden sollen.

Die Prozedurdefinition sähe in diesem Fall so aus:

```
CREATE PROCEDURE [dbo].[usp_ProjektAnlegen]

@ParamProjektName VARCHAR(200),
@ParamProjektBeschreibung VARCHAR(500)
AS
BEGIN
SET NOCOUNT ON;
-- Hier stehen die T-SQL-Anweisungen, die nötig sind, um in
-- Ihrer Datenbank ein Projekt anzulegen

-- Die übergebenen Parameter werden mittels SELECT ausgegeben
```

```
SELECT @ParamProjektName, @ParamProjektBeschreibung;

END
```

Listing 7.7 Definition einer gespeicherten Prozedur mit zwei Parametern

In Listing 7.7 wird die gespeicherte Prozedur mit dem Namen `usp_ProjektAnlegen` definiert. Zusätzlich werden die Parameter `ParamProjektName` und `ParamProjektBeschreibung` deklariert.

Somit ist es möglich, der Prozedur `usp_ProjektAnlegen` zwei Parameterwerte zu übergeben, die innerhalb der Prozedur weiterverwendet werden. Es handelt sich dabei um einen Projektnamen und eine Projektbeschreibung. Diese werden innerhalb des Prozedurbeispiels mittels des `SELECT`-Befehls direkt wieder ausgegeben, um die Funktionalität darzustellen. Natürlich dürfte in den meisten Fällen in einer gespeicherten Prozedur anstelle dieses `SELECT`-Befehls sinnvollerer T-SQL-Code stehen.

Listing 7.8 zeigt Ihnen, wie Sie die gespeicherte Prozedur aus Listing 7.7 aufrufen.

```
EXEC usp_ProjektAnlegen 'Werbeaktion', 'Beschreibung Projekt Werbeaktion'
```

Listing 7.8 Aufruf einer gespeicherten Prozedur mit Parametern

OUTPUT-Parameter

Eine Prozedur muss aber in vielen Fällen auch Werte zurückgeben. Hierzu gibt es `OUTPUT`-Parameter. `OUTPUT`-Parameter ermöglichen es einer gespeicherten Prozedur, Werte an das aufrufende Skript oder den Client zurückzugeben. Sie können auch mehrere `OUTPUT`-Parameter definieren.

Im Beispiel in Listing 7.9 erweitern wir unsere Prozedur `usp_ProjektAnlegen` um einen `OUTPUT`-Parameter. Dieser Parameter gibt eine `1` oder eine `0` zurück, je nachdem, ob die Projektbeschreibung länger als zehn Zeichen ist oder nicht.

Dieser `OUTPUT`-Parameter kann dann vom aufrufenden Skript entsprechend ausgewertet werden.

```
CREATE PROCEDURE [dbo].[usp_ProjektAnlegen]
@Back_value INT OUTPUT,
@ParamProjektName VARCHAR(200),
@ParamProjektBeschreibung VARCHAR(500)
AS
BEGIN
SET NOCOUNT ON;

      IF (LEN(@PParamProjektBeschreibung) >10)
      BEGIN
```

```
        -- OUTPUT-Variable setzen
        SELECT @Back_value = 1;
        END
        ELSE
        BEGIN
              -- OUTPUT-Variable setzen
              SELECT @Back_value = 0;
        END
END
```


Listing 7.9 Erstellen einer gespeicherten Prozedur mit zwei Eingabeparametern und einem Ausgabeparameter

Listing 7.9 zeigt, wie Sie eine Prozedur mit einem Ausgabeparameter anlegen. Dieser Ausgabeparameter kann dann vom aufrufenden Skript ausgewertet werden.

```
DECLARE @AusgabeINT = 0;
EXEC usp_ProjektAnlegen @Ausgabe OUTPUT,'Marketing Projekt,'Dies ist die
Projektbeschreibung...';
SELECT @Ausgabe;
```

Listing 7.10 Aufruf einer gespeicherten Prozedur und Abfragen des von dieser Prozedur zurückgegebenen Ausgabeparameters

Listing 7.10 ruft die Prozedur `usp_ProjektAnlegen` auf und fragt den von der Prozedur `usp_ProjektAnlegen` zurückgegebenen `OUTPUT`-Parameter `@Back_value` ab. Auf der Grundlage des Ergebnisses von `@Back_value` könnten Sie jetzt das Skriptverhalten weiter steuern.

Zurückgeben von Daten aus gespeicherten Prozeduren mittels »RETURN«

Es gibt einen weiteren Weg, Informationen von einer gespeicherten Prozedur zurückzugeben: Die Anweisung `RETURN`.

`RETURN` bricht eine gespeicherte Prozedur ab. Dies kann an beliebiger Stelle innerhalb der Prozedur erfolgen.

Mit `RETURN` kann außerdem ein Wert vom Typ `int` zurückgegeben werden, das heißt ausschließlich eine ganze Zahl wie `1` oder `2324` ohne Dezimalstelle.

Diese Information kann natürlich auch genutzt werden, um Informationen an die aufrufende Umgebung zurückzugeben. Dies kann z. B. die Information sein, ob ein Fehler aufgetreten ist oder nicht. Dann könnte der mittels `RETURN` zurückgegebene Wert einen eventuellen Fehlercode enthalten oder eine `0` zurückgeben, wenn die Prozedur korrekt gelaufen ist. Wenn Ihre Prozedur also lediglich einen einzigen Wert zurückgeben soll und dieser Wert auch eine Zahl sein darf, können Sie auch den Einsatz von RETURN in Erwägung ziehen.

In Listing 7.11 wird eine Prozedur namens usp_MachWas angelegt, und diese Prozedur hat nur die Aufgabe, mittels RETURN einen Ganzzahlwert zurückzugeben. Beim Aufruf der soeben angelegten Prozedur wird anschließend direkt die Variable @Back_value mit dem zurückgegebenen Wert gesetzt und kann im nachfolgenden Skript eingesetzt werden. In unserem Beispiel geben wir in der letzten Anweisung lediglich den Wert von @Back_value mittels SELECT aus.

```
CREATE PROCEDURE [dbo].[usp_MachWas]
AS
BEGIN
SET NOCOUNT ON;

-- Hier stehen Ihre T-SQL-Anweisungen

-- Aufruf RETURN
RETURN 2324

END

GO
-- Aufruf der soeben angelegten Prozeduren
DECLARE @Back_value int = 0;
EXEC @Back_value = dbo.usp_MachWas
SELECT @Back_value
```

Listing 7.11 Anlegen einer Prozedur »usp_MachWas«, die bei Aufruf lediglich einen Ganzzahlwert mittels »RETURN« an die aufrufende Umgebung zurückgibt

Natürlich ist es auch möglich, die zuvor beschriebenen *Output-Parameter* und den Einsatz von RETURN innerhalb einer Prozedur zu kombinieren.

7.7.4 Gespeicherte Prozeduren ausführen

Wie Sie bereits in den Abschnitten zuvor gesehen haben, rufen Sie eine gespeicherte Prozedur mit EXECUTE oder EXEC auf.

Gespeicherte Prozeduren können auch durch andere gespeicherte Prozeduren aufgerufen werden. Ebenfalls ist es möglich, gespeicherte Prozeduren aus .NET-Sprachen wie C# oder VB.NET, aber auch aus Java oder Delphi und vielen anderen Programmiersprachen aufzurufen.

7.8 Wichtige gespeicherte Prozeduren

SQL Server bietet interne Systemprozeduren an, die automatisch zur Verfügung stehen und unterschiedliche Aufgaben erledigen. Diese Systemprozeduren erkennen Sie daran, dass ihr Name mit sp_ beginnt. Systemprozeduren rufen Sie wie normale benutzerdefinierte Prozeduren mit EXECUTE oder EXEC auf.

Hinweis

Der Name der *System Stored Procedures* beginnt mit sp_, was für *Stored Procedure* steht. Microsoft empfiehlt, usp_ (für *User Stored Procedure*) für eigene Prozeduren zu verwenden.

In der Praxis hat es sich gezeigt, dass es wirklich hilfreich ist, solche Namenskonventionen konsequent zu nutzen. Auf diese Weise können Sie sich viele Stunden der Sucherei ersparen.

Systemprozeduren sind physisch in der Ressourcendatenbank von SQL Server gespeichert, werden jedoch innerhalb einer jeden Datenbank im Schema SYS angezeigt. Systemprozeduren können Sie innerhalb jeder Datenbank ausführen. Abbildung 7.26 zeigt die Systemprozeduren im Objekt-Explorer.

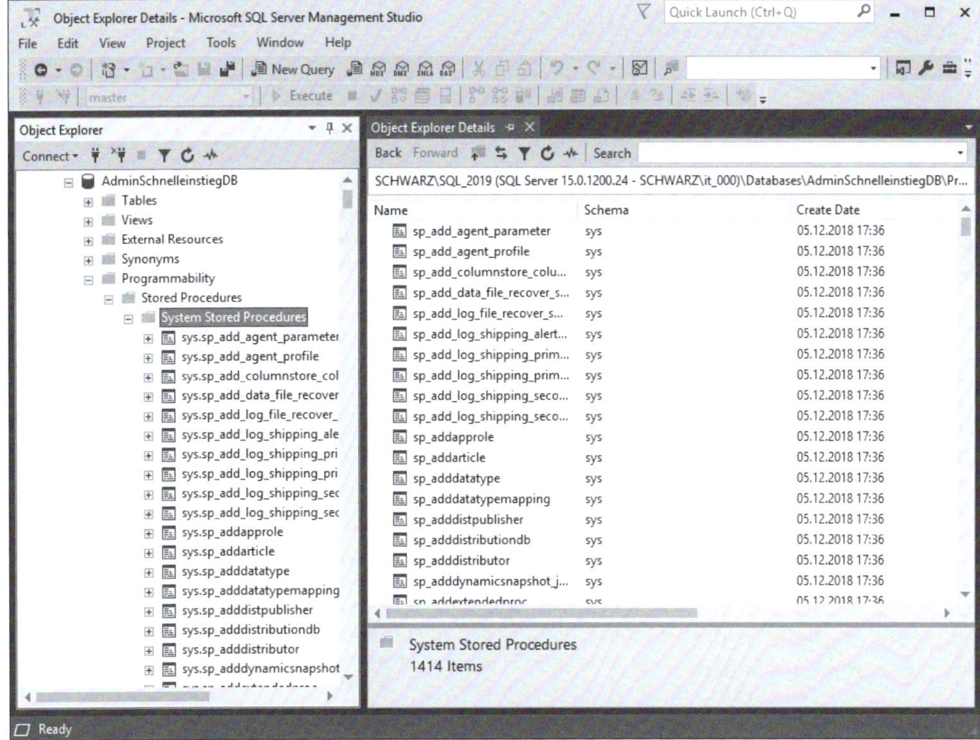

Abbildung 7.26 Anzeige der Systemprozeduren innerhalb einer Datenbank

7.8.1 »sp_help«

`sp_help` gibt Informationen zu einem Datenbankobjekt (Tabelle, View) zurück. `sp_help` kann ohne oder mit Parameter aufgerufen werden und liefert abhängig vom Typ des im Parameter übergebenen Datenbankobjekts unterschiedliche Informationen über den Aufbau des Datenbankobjekts. Umfangreiche Aussagen über Datentypen, Erstellungsdatum, `IDENTITY`-Spalten und Indizes werden aufgelistet.

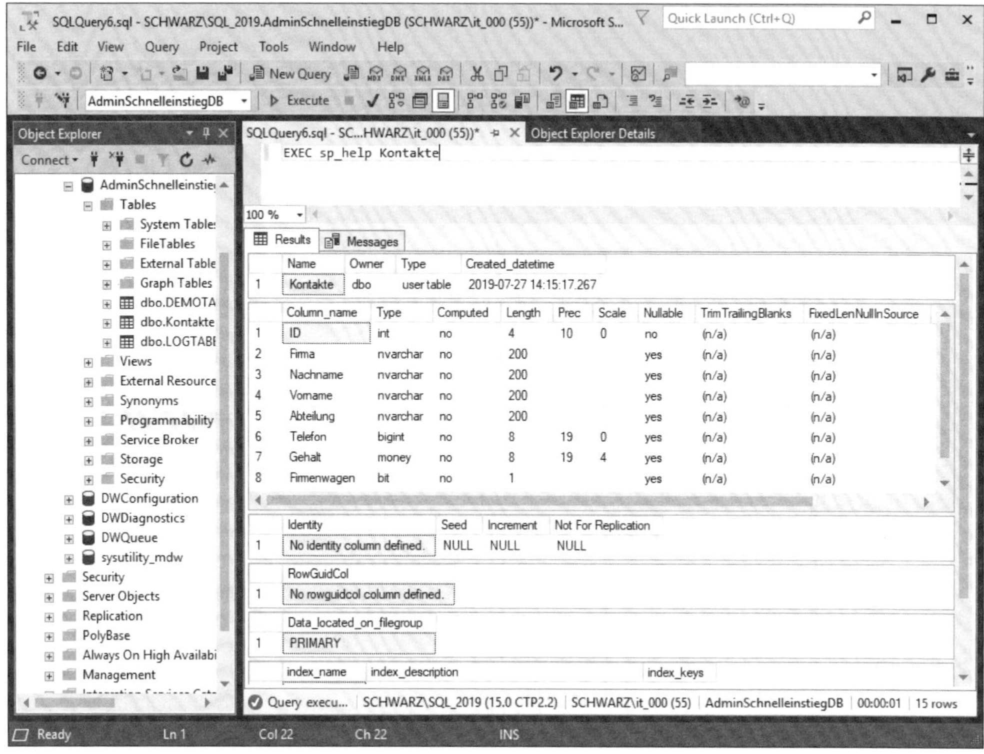

Abbildung 7.27 Ausgabe der Systemprozedur »sp_help«

7.8.2 »sp_helpdb«

`sp_helpdb` liefert Informationen zu den aktuellen Datenbanken von SQL Server. Sie können die Prozedur mit oder ohne Parameter aufrufen. Übergeben Sie `sp_helpdb` keine Parameter, werden Informationen über alle Datenbanken angezeigt. Geben Sie einen Datenbanknamen als Parameter an, werden zwei Listen zurückgegeben. Liste 1 enthält Informationen zur Datenbank, wie z. B. »Besitzer«, »Kompatibilitätslevel«, »dbid«, »Erstellt« und »Status«. Liste 2 enthält Informationen über die zur Datenbank gehörenden Dateien.

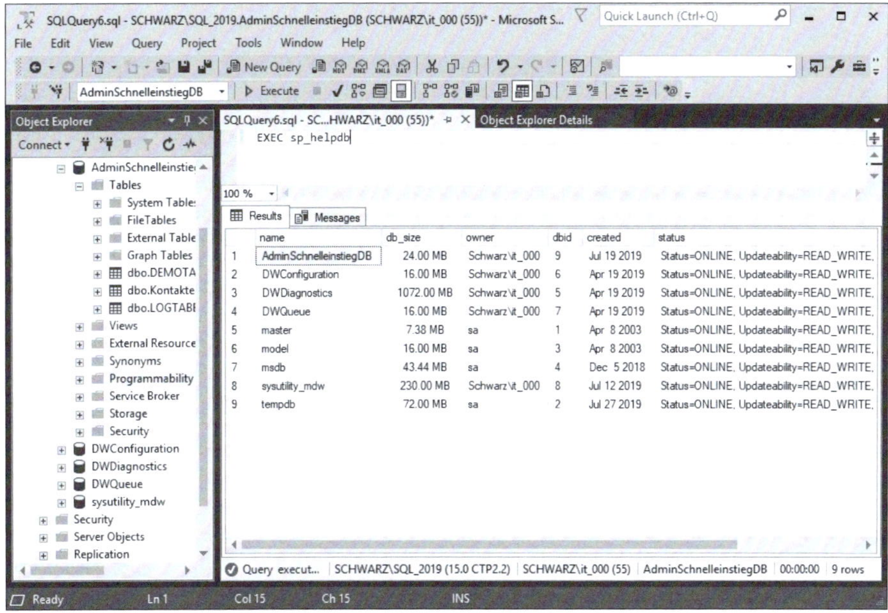

Abbildung 7.28 »sp_helpdb« ohne Parameter

7.8.3 »sp_monitor«

`sp_monitor` zeigt statistische Informationen zu SQL Server an (siehe Abbildung 7.29).

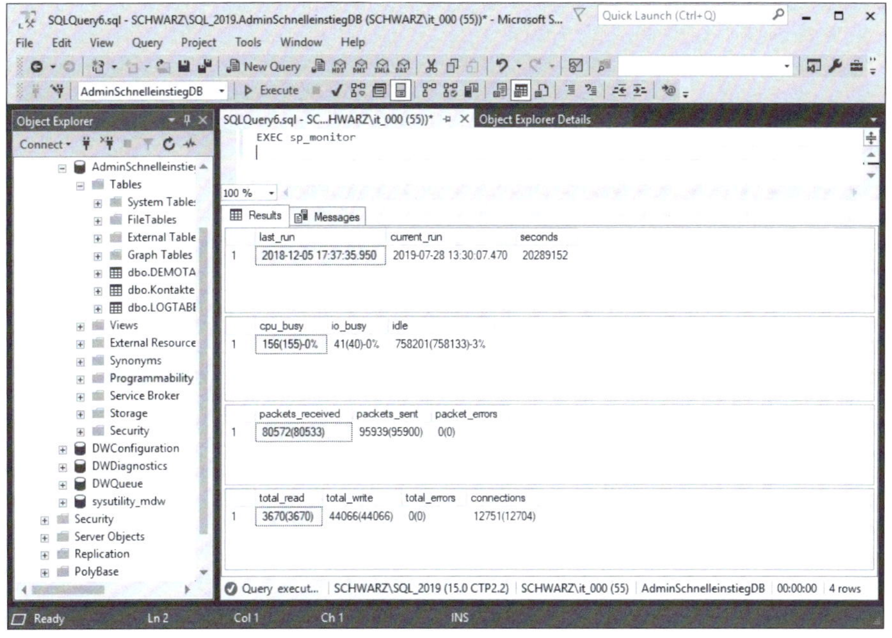

Abbildung 7.29 Ausgabe der Systemprozedur »sp_monitor«

7.8.4 Erweiterte Systemprozeduren

Eine weitere Form der gespeicherten Systemprozeduren sind die *erweiterten Systemprozeduren (Extended Stored Procedure)*. Erweiterte Systemprozeduren fangen mit `xp_` an und sind ebenfalls in der Ressourcendatenbank gespeichert. Sie werden allerdings im *sys*-Schema einer jeden Datenbank angezeigt.

Eine der bekanntesten erweiterten Systemprozeduren ist die erweiterte Systemprozedur `xp_cmdshell`, mit der Sie Betriebssystemkommandos ausführen. Hier ein kleines Beispiel zum Listen aller Textdateien im aktuellen Verzeichnis:

```
EXEC xp_cmdshell 'dir *.txt';
```

Bevor Sie `xp_cmdshell` auf dem SQL Server ausführen können, müssen Sie die Option `xp_cmdshell` mit der Prozedur `sp_configure` aktivieren. Andernfalls erhalten Sie eine Fehlermeldung, da diese Option per Standard deaktiviert ist und das Ausführen von Betriebssystemkommandos verweigert wird. Genaueres zu `sp_configure` lesen Sie in Abschnitt 5.5.

7.8.5 Wichtige Funktionen

SQL-Server-Systemfunktionen bieten Zugriff auf Informationen, die in den SQL-Server-Systemtabellen liegen.

Funktionen – gleichgültig, ob system- oder benutzerdefinierte Funktionen – bieten gegenüber gespeicherten Prozeduren den Vorteil, dass Sie sie innerhalb von SQL-Befehlen, insbesondere der `SELECT`-Anweisung, einsetzen können. Funktionen rufen Sie mit dem `SELECT`-Befehl auf.

Einige Systemfunktionen beginnen mit zwei @-Zeichen – z. B. der Befehl `SELECT @@VERSION;`, der die aktuelle Version von SQL Server zurückgibt.

Die Anweisung `SELECT DB_ID('AdminSchnelleinstiegDB');` gibt z. B. die interne Datenbank-ID der Datenbank »AdminSchnelleinstiegDB« aus.

7.8.6 Die »IDENTITY«-Eigenschaft

Arbeitet man sich in den SQL Server oder in das Thema Datenbanktechnik ein, kommen viele Fragen auf. Zum Beispiel: Wie legt man Spalten an, deren ganzzahliger Inhalt beim Hinzufügen von Daten automatisch um 1 oder andere Schrittweiten erhöht wird?

Eine derartige Funktionalität wird oft zum Herstellen von Relationen zwischen Datentabellen bei Eingabe und für deren spätere Abfrage (Bilden von Joins) der enthaltenen Daten benötigt.

Dieses Verhalten können Sie mit der Spalteneigenschaft IDENTITY umsetzen. Beim Anlegen einer Tabelle definieren Sie die IDENTITY-Eigenschaft für die betreffende Spalte (siehe Listing 7.12).

```
CREATE TABLE Inhalte (InhId int IDENTITY (1,1) , Notiz nvarchar (100));
```

Listing 7.12 Anlegen einer Tabelle »Inhalte« mit einer IDENTITY-Spalte

Werden dieser Tabelle anschließend Datensätze hinzugefügt, wird die Spalte InhId jeweils automatisch um 1 erhöht (Listing 7.13).


```
INSERT INTO Inhalte (Notiz) VALUES ('1. Notiz');
SELECT * FROM Inhalte;
```

Listing 7.13 Hinzufügen eines Datensatzes zur Tabelle »Inhalte« mit IDENTITY-Spalte

Auch das Ermitteln des zuletzt vergebenen Identitätswertes ist in Datenbanksystemen eine häufige Anforderung.

Der Befehl SELECT @@IDENTITY ermittelt den zuletzt vergebenen Identitätswert. In diesem Zusammenhang sollten Sie sich auch die Funktionen SCOPE_IDENTITY und IDENT_CURRENT ansehen, da Sie sie ebenfalls zur Ermittlung von Identitätswerten verwenden können.

Die Werte in den Klammern (1,1) der IDENTITY-Eigenschaft stehen für den Startwert und die Schrittweite des automatisch erzeugten Wertes. Es wäre demnach durch Angabe von IDENTITY (1,10) auch möglich, den jeweiligen IDENTITY-Spaltenwert in Zehnerschritten zu erhöhen.

Sie können jeweils nur eine IDENTITY-Spalte pro Tabelle vergeben. Werte in IDENTITY-Spalten können nicht geändert werden.

7.9 Trigger

Einfach gesprochen, sind *Trigger* gespeicherte Prozeduren, die durch bestimmte Aktionen automatisch ausgeführt werden. In diesem Zusammenhang spricht man auch davon, dass der Trigger »feuert« oder »ausgelöst wird«. In SQL Server gibt es zwei grundlegende Arten von Triggern, die sich dahingehend unterscheiden, unter welchen Voraussetzungen sie ausgelöst werden.

Trigger werden demnach in sogenannte

1. DML-Trigger (*Data Manipulation Language*) und
2. DDL-Trigger (*Data Definition Language*) eingeteilt.

7.9.1 DML-Trigger

Wie es die Abkürzungen schon vermuten lassen, werden DML-Trigger immer dann ausgelöst, wenn Daten manipuliert werden. Dies ist der Fall, wenn Daten einer Tabelle hinzugefügt, gelöscht oder geändert werden. DML-Trigger werden beim Ausführen von INSERT-, UPDATE- und DELETE-Befehlen ausgelöst.

Bei DML-Triggern wird zusätzlich zwischen AFTER- und INSTEAD OF-Triggern unterschieden.

- Ein AFTER-Trigger wird immer erst nach erfolgter Datenmanipulation ausgeführt.
- Ein INSTEAD OF-Trigger wird immer an Stelle der eigentlichen Aktion ausgeführt, die den Trigger ausgelöst hat.
- Definieren Sie einen INSTEAD OF-Trigger dahingehend, dass er auslöst, wenn eine Datenzeile gelöscht wird, wird der Trigger-Code an Stelle des Löschens ausgeführt. Der Trigger-Code muss sich bei INSTEAD OF-Triggern um das Löschen oder Ändern der Daten selbst kümmern. Anderenfalls werden trotz mittels T-SQL-Befehls angewandter Löschoperationen, die den Trigger auslösten, die Daten nicht gelöscht oder geändert.

Einen Trigger legen Sie mit der Anweisung CREATE TRIGGER an. Innerhalb dieser Anweisung definieren Sie, um welche Trigger-Art es sich handelt und wann der Trigger ausgelöst wird.

```
CREATE TRIGGER dbo.Protokolliere_Loeschen
ON dbo.Kontakte
AFTER INSERT, UPDATE
AS
BEGIN
-- Trigger-Code
RAISERROR ('Trigger wurde ausgelöst', 16, 10);
END;
```

Listing 7.14 Anlegen eines einfachen AFTER-Triggers für eine Tabelle »Kunden«, der bei INSERT oder UPDATE der Tabelle ausgelöst wird

Nachdem Sie den Trigger angelegt haben, können Sie ihn im SSMS-Objekt-Explorer im Ordner TRIGGER (TRIGGERS) der Tabelle »Kontakte« anzeigen lassen (siehe Abbildung 7.30).

Indem Sie mit der rechten Maustaste auf den Trigger klicken, können Sie durch die Auswahl der entsprechenden Menüoptionen des Kontextmenüs den Trigger löschen oder ändern. Trigger können Sie natürlich auch mit den T-SQL-Befehlen DROP TRIGGER und ALTER TRIGGER löschen bzw. ändern.

```
DROP TRIGGER dbo.Protokolliere_Loeschen;
```

Listing 7.15 Löschen eines Triggers mit dem T-SQL-Befehl DROP TRIGGER im Schema »dbo«

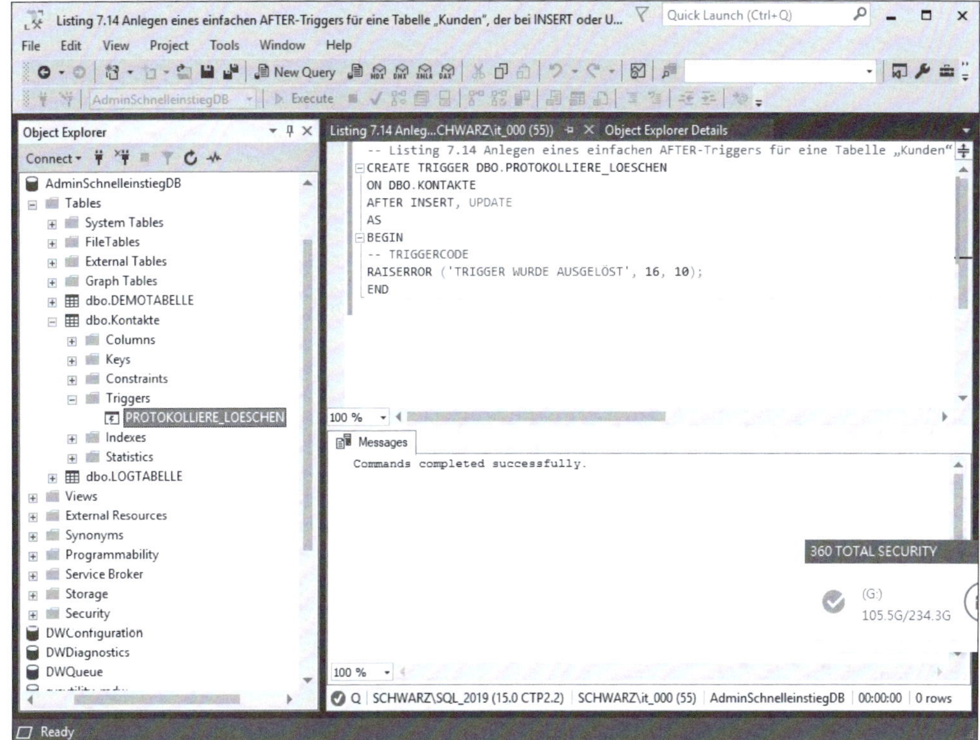

Abbildung 7.30 Anzeige eines DML-Triggers im Objekt-Explorer des SQL Server Management Studios

7.9.2 Die Trigger-Tabellen »inserted« und »deleted«

Jeder DML-Trigger verwaltet zwei interne Tabellen, die Sie innerhalb der Trigger-Routine abfragen können. Diese Tabellen heißen »inserted« und »deleted«. Je nachdem, welche Aktion zur Auslösung des Triggers geführt hat, enthalten diese Tabellen unterschiedliche Informationen. Die Tabellen haben den gleichen Spaltenaufbau wie die eigentliche Trigger-Tabelle, für die der Trigger definiert wurde. Abhängig von den Aktionen, die zur Auslösung des Triggers führten (Einfügen, Löschen, Ändern), finden Sie in diesen Tabellen die manipulierten Datenzeilen der Trigger-Tabelle in ihrer Form vor und nach der Veränderung. Wichtig ist zu wissen, dass immer die kompletten Datenzeilen in diesen Tabellen stehen, nicht nur die Datenspalten, deren Daten geändert wurden.

- Bei einem INSERT stehen in der »inserted«-Tabelle die neu hinzugefügten Daten (-zeilen). Die »deleted«-Tabelle ist leer.
- Bei einem DELETE stehen in der Tabelle »deleted« die gelöschten Daten(-zeilen). Die »inserted«-Tabelle ist leer.
- Bei einem UPDATE stehen in der Tabelle »inserted« die neuen Daten(-zeilen) und in »deleted« die vorherigen Daten(-zeilen), die geändert wurden.

Die internen Trigger-Tabellen »inserted« und »deleted« sind sehr wichtig, da nur über diese Tabellen ermittelt werden kann, welche Datensätze wie geändert wurden. Auf diese Tabellen können Sie nur innerhalb des Triggers zugreifen.

Da die Tabellen »inserted« und »deleted« immer einem Abbild der Trigger-Tabellenstruktur entsprechen, finden Sie z. B. nach dem Ändern eines Datensatzes in der Tabelle »inserted« den kompletten Datensatz mit den neuen Werten und in »deleted« den alten Datensatz vor der Änderung.

Da aber nicht nur die Daten der Spalten mit den Änderungen gespeichert sind, sondern, wie schon erwähnt, der komplette Datensatz, können Sie auch eventuell in der Trigger-Tabelle vorhandene ID-Spalten abfragen. So ermitteln Sie, welcher Datensatz mit welcher ID geändert wurde. Auf Basis dieser ermittelten ID können Sie innerhalb der Trigger-Routine andere Daten in anderen Tabellen aktualisieren, die mit der Trigger-Tabelle in Beziehung stehen.

Das Beispiel in Listing 7.16 steht für einen einfachen AFTER-Trigger, der dazu eingesetzt wird, in einer Protokolltabelle namens »protokolltabelle« jede gelöschte Zeile der Tabelle »Kontakte« zu protokollieren. Immer wenn aus »Kontakte« eine Datenzeile gelöscht wird, feuert der Trigger und schreibt einen Datensatz in die entsprechende Protokolltabelle. Beachten Sie, dass innerhalb der Trigger-Routine die Tabelle »deleted« abgefragt wird, um die gelöschten Daten des gelöschten Datensatzes (Kontakt_id, Nachname) zu erhalten.

Die Anweisung

```
SELECT @Geloeschte_id = Kontakt_id, @Geloeschter_Kontakt_Nachname =
 Nachname FROM DELETED;
```

fragt die Tabelle »deleted« ab und setzt die T-SQL-Variablen @Geloeschte_id und @Geloeschter_Kontakt_Nachname.

Anschließend werden die Werte dieser Variablen an die in die Protokolltabelle schreibende INSERT-Anweisung übergeben.

```
CREATE TRIGGER dbo.Protokolliere_Loeschen
   ON  dbo.Kontakte
   AFTER DELETE
```

```
AS
DECLARE @Geloeschte_id INT;
DECLARE @Geloeschter_Kontakt_Nachname NVARCHAR(100) = '';
SELECT @Geloeschte_id = Kontakt_id, @Geloeschter_Kontakt_Nachname =
Nachname FROM DELETED;
INSERT INTO Protokolltabelle (Beschreibung,Uhrzeit,Benutzer)
VALUES('Datensatz wurde geloescht. ID war ' + CAST(@Geloeschte_id AS
NVARCHAR(100))
+ ' Nachname war ' + @Geloeschter_Kontakt_Nachname,GETDATE(),CURRENT_USER);
```


Listing 7.16 Anlegen eines DML-Triggers mit Protokollierungsfunktion bei Löschoperationen

Der Befehl zum Anlegen der Protokolltabelle für Listing 7.16 lautet wie folgt:

```
CREATE TABLE Protokolltabelle (Beschreibung NVARCHAR(500), Uhrzeit DATETIME,
Benutzer NVARCHAR(100));
```

Listing 7.17 Befehl zum Anlegen der Protokolltabelle für Listing 7.16

Natürlich ist uns klar, dass die Trigger-Routine des Beispiels auch ohne Variablen auskommen könnte. Zum Umsetzen der Anforderung würde auch ein einzelner SQL-Befehl ausreichen. Es geht uns hier allerdings darum, Ihnen weitere Möglichkeiten aufzuzeigen, z. B. den Einsatz von Variablen, da Trigger-Routinen nicht immer so trivial sind, sondern auch sehr komplex sein können.

7.9.3 Ein Trigger für alle Fälle

Durch die Abfrage der internen Trigger-Tabellen ist es möglich, innerhalb eines Triggers festzustellen, welche Aktion den Trigger ausgelöst hat. Wenn Sie lediglich einen Trigger erstellen, der nur bei `UPDATE` oder nur bei `INSERT` ausgelöst wird, ist dies klar. Es ist aber auch möglich, einen Trigger zu erstellen, der jeweils bei `INSERT`, `UPDATE` und `DELETE` feuert. Auf diese Art und Weise lässt sich redundanter Code vermeiden.

```
CREATE TRIGGER Protokolliere
ON dbo.Kontakte
AFTER INSERT, UPDATE, DELETE
AS
BEGIN
-- TRIGGERCODE
RAISERROR ('Trigger wurde ausgeloest', 16, 10);
END;
```

Listing 7.18 Anlegen eines AFTER-Triggers für die Aktionen INSERT, UPDATE und DELETE zugleich

Dennoch kommt es vor, dass innerhalb eines solchen Triggers im Trigger-Code unterschieden werden muss, ob ein INSERT, ein UPDATE oder ein DELETE zur Auslösung führte.

Dies erreichen Sie durch die Auswertung der internen Trigger-Tabellen:

- Bei einem INSERT stehen die neuen Datensätze in der »inserted«-Tabelle; die »deleted«-Tabelle ist leer.
- Bei einem DELETE ist die »inserted«-Tabelle leer; die »deleted«-Tabelle enthält die soeben gelöschten Datensätze.
- Bei einem UPDATE stehen in »inserted« die Änderungen und in »deleted« die Daten vor den Änderungen.

Sie müssen also lediglich im Trigger-Code überprüfen, ob Zeilen in dieser Konstellation in den Tabellen vorhanden sind. EXISTS eignet sich hierzu hervorragend, wie Listing 7.19 zeigt:

```
CREATE TRIGGER dbo.Ein_Trigger_Fuer_Alle_Faelle
   ON  dbo.Kontakte
   AFTER INSERT,UPDATE,DELETE
AS
BEGIN

IF EXISTS(SELECT * FROM INSERTED) AND NOT EXISTS(SELECT * FROM DELETED)
BEGIN
   RAISERROR ('Es handelte sich um ein INSERT', 16, 10);
END

IF EXISTS(SELECT * FROM INSERTED) AND EXISTS(SELECT * FROM DELETED)
BEGIN
   RAISERROR ('Es handelte sich um ein UPDATE', 16, 10);
END

IF NOT EXISTS(SELECT * FROM INSERTED) AND EXISTS(SELECT * FROM DELETED)
BEGIN
   RAISERROR ('Es handelte sich um ein DELETE', 16, 10);
END

END;
```

Listing 7.19 Auswerten der internen Trigger-Tabellen zur Feststellung der auslösenden Trigger-Aktion

7.9.4 Trigger und Cursorschleifen

Wir möchten Sie auf eine weitere Besonderheit aufmerksam machen, die bei der Arbeit mit Triggern von Bedeutung ist. Unsere bisherigen Erläuterungen zu Triggern gingen immer davon aus, dass nur ein Datensatz innerhalb der Trigger-Tabelle geändert wird.

Kommen wir noch einmal auf unser Beispiel in Listing 7.16 zurück. Nehmen wir an, wir würden den Befehl

```
DELETE FROM KONTAKTE WHERE KONTAKT_ID = 17;
```

ausführen, und dieser Befehl löscht genau einen Datensatz. Da für die Tabelle »Kontakte« der `AFTER-DELETE`-Trigger `Protokolliere_Loeschen` (Listing 7.16) angelegt wurde, würde dieser Trigger ausgelöst. In der internen Trigger-Tabelle »deleted« stünde demzufolge nur ein Datensatz. Die Tabelle »inserted« wäre leer. In der Tabelle »deleted« fänden Sie den gelöschten Datensatz. Der Trigger-Code liest die Tabelle »deleted« aus und nutzt die erhaltenen Daten für die weitere Verarbeitung. Im Beispiel von Listing 7.16 wird die »deleted«-Tabelle ausgelesen, und die erhaltenen Werte werden mittels `INSERT` in die »Protokolltabelle« geschrieben.

Was aber geschieht, wenn in der Tabelle »Kontakte« nicht nur ein Datensatz durch den `DELETE`-Befehl gelöscht wird, sondern mehrere? Ein Beispiel für einen solchen Befehl wäre:

```
DELETE FROM Kontakte WHERE Kontakt_id >= 17;
```

Dieser Befehl würde alle Datensätze der Tabelle »Kontakte« mit der ID >= 17 löschen, vorausgesetzt, in der Tabelle gibt es mehrere Datensätze >= 17.

Theoretisch müsste es jetzt für jeden gelöschten Datensatz einen Protokolleintrag in der Protokolltabelle geben. Wenn Sie das Beispiel ausprobieren, werden Sie feststellen, dass nach wie vor lediglich ein Datensatz in die Protokolltabelle geschrieben wurde, und das ist nicht im Sinn unserer Protokollierung. Warum ist das so?

Dieses Verhalten erklärt sich dadurch, dass der Trigger durch den Befehl `DELETE FROM Kontakte WHERE Kontakt_id >= 17;` nicht für jede gelöschte Datenzeile ausgeführt wird, sondern lediglich ein einziges Mal, obwohl mehrere Datenzeilen gelöscht wurden.

Wird der Trigger ausgeführt, enthält die Tabelle »inserted« keine und die Tabelle »deleted« alle die durch den triggerauslösenden `DELETE`-Befehl gelöschten Datensätze. Der Unterschied ist nur, dass in »deleted«-Tabellen eben nicht jeweils nur ein Datensatz steht, sondern viele. Es ist jetzt Ihre Aufgabe, diese Datenzeilen innerhalb dieser Tabelle auszulesen und im Trigger-Code zu verwenden.

In einigen Fällen wird es Ihnen gelingen, die Anforderungen vollständig durch SQL-Kommandos abzudecken. Zum Beispiel könnten Sie den Trigger-Code aus Listing 7.13 durch einen Befehl in der Art wie

```
INSERT INTO TabelleA (Spalte1,Spalte2) SELECT Spalte1,Spalte2 FROM DELETED;
```

ersetzen. Die Anforderungen des Trigger-Codes würden demnach komplett durch einen SQL-Befehl abgedeckt, da dieser Befehl die Werte direkt aus der Trigger-Tabelle »deleted« in eine andere Tabelle (beispielsweise eine Protokolltabelle) schreibt. Die Protokollierung wäre vollständig.

In vielen Anwendungen wird dies allerdings nicht möglich sein, da, wie wir bereits erwähnten, Trigger-Logik sehr komplex sein kann und Daten der »inserted«- und »deleted«-Tabellen zusätzlich verarbeitet oder aggregiert werden sollen. Wie können Sie also in diesem Fall den Trigger *protokolliere_loeschen* oder eben andere Trigger aufbauen, um alle Änderungen an der Tabelle innerhalb des Triggers zu berücksichtigen?

In diesem Fall bietet Ihnen T-SQL die Möglichkeit, sogenannte *Cursorschleifen* einzusetzen. Dank dem Datentyp `Cursor` können Sie ein Resultset, das Ihnen durch eine `SELECT`-Anweisung zurückgegeben wird, zeilenweise durchlaufen.

Wir möchten den in Listing 7.16 erzeugten Trigger nun erweitern, indem wir die Protokollierungsfunktion durch eine Cursorschleife ergänzen. Dadurch werden auch Löschungen protokolliert, deren Anzahl die einer einzigen Datenzeile in der Basistabelle übersteigt.

```
CREATE TRIGGER dbo.Protokolliere_Loeschen
   ON  dbo.Kontakte
   AFTER DELETE
AS
BEGIN

DECLARE @Geloeschte_id INT;
DECLARE @Geloeschter_Kontakt_Nachname NVARCHAR(100) = '';
DECLARE @Maincursor_Loop CURSOR; -- Fuer Hauptschleife

SET @Maincursor_Loop = CURSOR FAST_FORWARD FOR SELECT Kontakt_
id,Nachname FROM DELETED;

OPEN @Maincursor_Loop;
FETCH NEXT FROM @Maincursor_Loop INTO @Geloeschte_id,@Geloeschter_Kontakt_
Nachname;
WHILE @@Fetch_Status = 0
BEGIN
```

```
INSERT INTO Protokolltabelle (Beschreibung,Uhrzeit,Benutzer)
VALUES('Datensatz wurde geloescht ID war ' + CAST(@Geloeschte_
id AS NVARCHAR(100))
+ ' Nachname war ' + @Geloeschter_Kontakt_Nachname,GETDATE(),CURRENT_USER);

FETCH NEXT FROM @Maincursor_Loop INTO @Geloeschte_id,@Geloeschter_Kontakt_
Nachname;
END -- WHILE

END -- TRIGGER
```


Listing 7.20 Anlegen eines DML-Triggers mit Protokollierungsfunktion bei Löschoperationen mit Cursorschleife

In Listing 7.20 kommen unterschiedliche Elemente zum Einsatz. Es wird ein Cursor `@Maincursor_Loop` deklariert und dem Cursor das Resultset der Tabelle »deleted« zugewiesen.

Anschließend wird der Cursor mittels `WHILE`-Schleife durchlaufen. Mit jeder `FETCH NEXT`-Anweisung werden die deklarierten Variablen mit den Datenwerten der nächsten Zeile des durchlaufenden Resultsets gesetzt und stehen zur Verarbeitung bereit. Ist die letzte Zeile des Cursors erreicht, wird die `WHILE`-Schleife beendet.

Es gibt unterschiedliche Cursortypen, die sich hinsichtlich Sperrverhalten und auch Performance voneinander unterscheiden.

Hinsichtlich des Einsatzes von Cursorschleifen gibt es verschiedene Ansichten und Meinungen. Die Diskussionen hierzu erinnern teilweise an die endlose Debatte über den Einsatz von `Goto` in höheren Programmiersprachen. Letztendlich geht es darum, dass in einigen Fällen die Meinung vertreten wird, Cursorschleifen verringerten die Performance oder wirkten sich anderweitig negativ aus, z. B. durch das Setzen von Sperren. Dies ist der Fall, wenn Cursorschleifen ohne Überlegung eingesetzt werden. Es kann beispielsweise durchaus ein Problem sein, wenn innerhalb einer Schleife eine weitere Schleife ausgeführt wird und innerhalb dieser Schleife erneut Schleifen durchlaufen werden; man spricht in solchen Fällen von *verschachtelten Schleifen (Nested Loops)*.

Diese Problematik gilt allerdings auch für andere Programmiersprachen, und es liegt hier in der Verantwortung des jeweiligen Entwicklers, gut strukturierten und optimierten Code zu schreiben. Bei den von uns durchgeführten Projekten – insbesondere im Bereich der Trigger-Programmierung – kommt es immer wieder zu Anforderungen, bei denen uns auch Cursorschleifen und deren geplanter und wohldurchdachter Einsatz wertvolle und performante Dienste leisten.

7.9.5 Die UPDATE()-Funktion

Eine wichtige Funktion, die innerhalb einer Trigger-Routine sehr sinnvoll ist, ist die UPDATE()-Funktion. Worum geht es hierbei?

Wenn Sie z. B. für eine Tabelle einen UPDATE-Trigger definieren, ist es unter Umständen wichtig, den Trigger-Code nur zu durchlaufen, wenn Daten in bestimmten Spalten geändert wurden.

Bei einer Auftragstabelle, deren Spalte *Gesamtauftragswert* mittels UPDATE-Trigger berechnet wird, muss diese natürlich nur neu kalkuliert werden, wenn die Spalten, aus denen sich der Gesamtauftragswert berechnet, verändert wurden.

Ein UPDATE-Trigger wird allerdings immer dann ausgelöst, wenn sich Daten ändern, gleichgültig, in welcher Spalte der Tabelle. Hier können Sie mittels UPDATE()-Funktion, der Sie den Namen der Spalte übergeben, Unterscheidungen vornehmen (siehe Listing 7.21).

```
IF UPDATE (Stueckzahl) OR UPDATE (Einzelpreis)
BEGIN
   -- Hier steht der fuer die Berechnung zustaendige Trigger-Code
END;
```

Listing 7.21 Verwendung der UPDATE()-Funktion

Die UPDATE()-Funktion liefert TRUE zurück, wenn Daten der an UPDATE() übergebenen Spalte geändert wurden, anderenfalls FALSE.

7.9.6 DDL-Trigger

DDL-Trigger werden ausgelöst, wenn Datenbankereignisse eintreten. Dies ist der Fall, wenn z. B. eine Tabelle erzeugt oder gelöscht oder ein Datenbankobjekt mit einem der Befehle CREATE, ALTER und DROP erzeugt, geändert oder gelöscht wird.

Dieser Trigger-Typ bietet sich an, wenn Sie Änderungen an der Datenbank verhindern, protokollieren oder auf der Grundlage einer Änderung eine Aktion auslösen möchten. Ein häufig anzutreffendes Beispiel für einen einfachen DDL-Trigger ist es, zu verhindern, dass eine Tabelle geändert oder gelöscht wird.

```
CREATE TRIGGER KeineTabelleAendern
ON DATABASE
FOR DROP_TABLE, ALTER_TABLE
AS
PRINT 'Tabelle aendern nicht moeglich';
ROLLBACK TRANSACTION;
```

Listing 7.22 Dieser DDL-Trigger verhindert das Löschen (DROP) oder Ändern (ALTER) von Tabellen.

Nachdem Sie einen DDL-Trigger erstellt haben, finden Sie ihn im Objekt-Explorer des SSMS im Ordner DATENBANKTRIGGER (DATABASE TRIGGERS). Versucht ein Benutzer, eine Tabelle zu ändern oder zu löschen, schlägt diese Aktion fehl (siehe Abbildung 7.31).

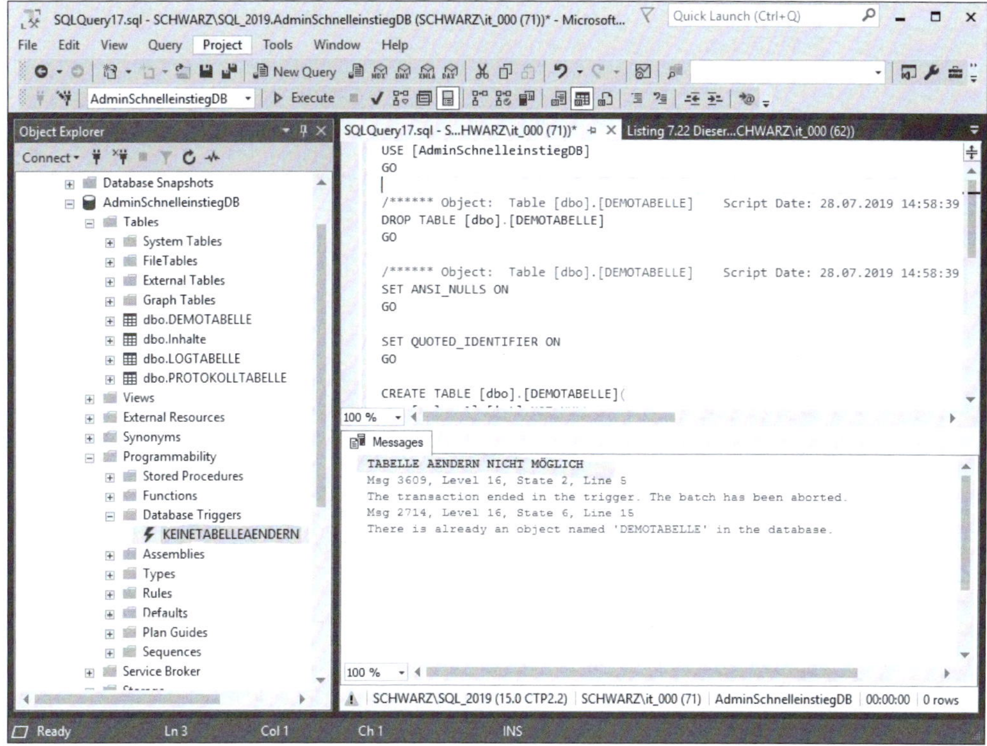

Abbildung 7.31 Der DDL-Trigger verhindert das Löschen einer Tabelle.

7.9.7 Zum richtigen Umgang mit Triggern

Trigger sind ein sehr nützliches Mittel beim Datenbankdesign. Dennoch sollten Sie bedenken, dass Sie, wenn Sie mehrere Trigger pro Tabelle zu den unterschiedlichsten Aktionen definieren, einen möglichen Fehler unter Umständen nur schwer finden.

Mit der Prozedur `sp_settriggerorder` können Sie die Reihenfolge der Ausführung mehrerer Trigger nur insofern festlegen, als Sie den ersten und letzten auszuführenden Trigger definieren. Für alle weiteren Trigger können Sie nicht bestimmen, in welcher Reihenfolge sie ausgeführt werden sollen.

Ebenfalls ist es möglich, dass ein Trigger sich selbst auslöst, indem er innerhalb der Trigger-Prozedur eine Aktion durchführt, die ihn für die Trigger-Tabelle erneut ausführt. Dies wäre der Fall, wenn ein `INSERT`-Trigger einen Datensatz in die Tabelle, für die er definiert wurde, selbst einfügt. Es handelt sich dabei um sogenannte *rekursive*

Trigger. Hierzu muss allerdings die RECURSIVE_TRIGGERS-Eigenschaft der Datenbank aktiviert sein; dies ist aber standardmäßig nicht der Fall. Bei Bedarf setzen Sie diese Eigenschaft im Management Studio über den EIGENSCHAFTEN-Dialog (PROPERTIES) der Datenbank im Bereich OPTIONEN (OPTIONS).

Trigger können auch andere Trigger auslösen. Hier beträgt die sogenannte Schachtelungstiefe 32 Ebenen. Trigger sollten jedoch möglichst unabhängig sein!

Hinweis

Sie können einen Trigger mit einem Rechtsklick auf den Trigger DEAKTIVIEREN (DEACTIVATE). So lässt sich prüfen, ob dieser Trigger gerade für Schwierigkeiten gesorgt hat.

Zusammenfassend halten wir fest: Wir haben Ihnen innerhalb dieses Abschnitts unterschiedliche Möglichkeiten aufgezeigt, die bei professioneller Trigger-Programmierung zum Einsatz kommen. Wenn Sie tiefer in die Materie einsteigen möchten, empfehlen wir Ihnen hierzu die umfangreiche Microsoft-Dokumentation.

7.10 Interessante T-SQL-Neuerungen für Entwickler

Mit der Einführung von SQL Server 2019 erweiterte Microsoft natürlich auch den T-SQL-Befehlssatz. Wir zeigen Ihnen in diesem Abschnitt einige wichtige Neuerungen, die für Entwickler durchaus interessant sein könnten.

7.11 SQL Server 2014 – T-SQL Enhancements

- Clustered und Non-clustered Indizes können jetzt schon beim CREATE TABLE Kommando mit angegeben werden.
- Das Kommando SELECT ... INTO wurde verbessert und kann jetzt auch parallelisiert werden.
- In-Memory OLTP wurde ebenfalls verbessert. Nähere Informationen dazu gibt es bei Microsoft online (*https://docs.microsoft.com/de-de/sql/relational-databases/in-memory-oltp/transact-sql-support-for-in-memory-oltp?view=sql-server-2014*).

7.12 SQL Server 2016/2017 – T-SQL Enhancements

In Version 2016 und 2017 gab es eine ganze Menge Verbesserungen. Da diese Versionen beinahe parallel entwickelt wurden und da bei der Version 2017 die Portierung auf das Betriebssystem Linux im Vordergrund stand, sind selbst in der Dokumentation von Microsoft im Bereich Transact-SQL keine Unterschiede zwischen den Neuerungen der Versionen 2016 und 2107 zu finden.

Hier eine Übersicht:

- Mit dem `TRUNCATE TABLE`-Befehl können jetzt auch spezifische Partitionen von Tabellen geleert werden
- `ALTER TABLE` kann verschiedene Spaltenanpassungen durchführen, ohne dass die Tabelle dafür gesperrt werden muss.
- Der Volltext-Index `sys.dm_fts_index_keywords_position_by_document` gibt die Position von Schlüsselwörtern in Dokumenten zurück.
- Der Schalter `No_Performance_Spool` verhindert die Verwendung von Spool-Operatoren in Ausführungsplänen. Dadurch kann die Performance gesteigert werden, wenn es viele konkurrierende Abfragen gibt.
- `Formatmessage` wurde um ein `msg_string`-Argument erweitert.
- Die maximale Indexschlüsselgröße für Non-clustered Indizes wurde auf 1.700 Bytes angehoben.
- Eine neue `DROP IF`-Syntax wurde für folgende Kommandos eingeführt:
  - `AGGREGATE`
  - `ASSEMBLY`
  - `COLUMN`
  - `CONSTRAINT`
  - `DATABASE`
  - `DEFAULT`
  - `FUNCTION`
  - `INDEX`
  - `PROCEDURE`
  - `ROLE`
  - `RULE`
  - `SCHEMA`
  - `SECURITY`
  - `POLICY`
  - `SEQUENCE`
  - `SYNONYM`
  - `TABLE`
  - `TRIGGER`
  - `TYPE`

  - USER
  - VIEW
- Zur vereinfachten Steuerung der Parallelisierung wurde ein MAXDOP-Schalter zu folgenden Befehlen hinzugefügt:
  - DBCC CHECKTABLE
  - DBCC CHECKDB
  - DBCC CHECKFILEGROUP
- Ein SESSION_CONTEXT kann jetzt explizit in den Funktionen Session_Context und Current_Transaction_ID sowie der Prozedur sp_set_session_context gesetzt werden.
- Transact-SQL unterstützt die Ausführung von *R*
  - mit Hilfe der Prozedur sp_execute_external_script und der Option EXTERNAL SCRIPTS ENABLED SERVER CONFIGURATION (EXTERNE SKRIPTS AKTIVIERT – SERVERKONFIGURATIONSOPTION).
  - Ein externer Ressourcenpool kann geschaffen werden (Create External Resource Pool).
  - Es gibt die neuen DMVs (*Dynamic Management Views*) sys.resource_governor_external_resource_pools und sys.resource_governor_external_resource_pool_affinity.
  - Für sp_execute_external_script und für Create Workload Group sind neue Argumente verfügbar.
  - Einige DMVs und auch ein paar *Ressource Governor Catalog Views* wurden um Spalten erweitert, die den Umgang mit R unterstützen.
- Der CREATE USER-Befehl wurde um die Option Allow_Encrypted_Value_Modification erweitert und kann so das Feature Always Encrypted unterstützen.
- Die Funktionen COMPRESS und DECOMPRESS komprimieren oder dekomprimieren mit dem GZIP-Algorithmus.
- Zur Vereinfachung des Umgangs mit Datum und Zeit wurden die DATEDIFF_BIG- und die AT TIME ZONE-Funktionen sowie die View sys.time_zone_info implementiert.
- Ein Login kann, mit CREATE DATABASE SCOPED CREDENTIAL, jetzt auch auf Datenbankebene erstellt werden.
- Der Befehl SERVERPROPERTY hat acht neue Eigenschaften erhalten:
  - InstanceDefaultDataPath
  - InstanceDefaultLogPath
  - ProductBuild
  - ProductBuildType

  - `ProductMajorVersion`
  - `ProductMinorVersion`
  - `ProductUpdateLevel`
  - `ProductUpdateReference`
- Das Eingabelänge-Limit von 8.000 Bytes von Hashbytes wurde entfernt.
- Die neuen Zeichenketten-Funktionen `STRING_SPLIT` und `STRING_ESCAPE` wurden hinzugefügt.
- Das Trace-Flag 1117 wurde durch die Schalter `AUTOGROW_SINGLE_FILE` und `AUTOGROW_ALL_FILES` des `ALTER DATABASE`-Kommandos ersetzt.
- Das Trace-Flag 1118 wurde durch den Schalter `MIXED_PAGE_ALLOCATION` des `ALTER DATABASE`-Kommandos ersetzt.
- Einige Transact-SQL-Elemente nativ kompilierter Module wurden in SQL Server 2016 nicht unterstützt. Jetzt wurde die Unterstützung für diese Module hinzugefügt:
  - Abfragebausteine: `UNION` und `UNION ALL`, `SELECT DISTINCT`, `OUTER JOIN`, Unterabfragen in `SELECT`
  - `INSERT`-, `UPDATE`- und `DELETE`-Statements können jetzt eine `OUTPUT`-Klausel enthalten.
  - LOBs (*Large Objects*) können jetzt auch in nativen Prozeduren genutzt werden, zur Deklaration von Variablen, Eingabeparametern und Parametern, wie `LTRIM` oder `SUBSTRING`, die in Zeichenketten-Funktionen übergeben werden.

7.13 SQL Server 2019 – T-SQL Enhancements

Während der Entstehung dieses Buches lag seitens Microsofts für die Version SQL Server 2019 noch keine Liste der Transact-SQL-Neuerungen vor. Wir empfehlen Ihnen, bei Bedarf nach der Liste auf den Microsoft-Hilfeseiten zu suchen. Als Suchbegriffe empfehlen wir »SQL Server 2019 T-SQL Enhancements« oder »What's new in SQL Server 2019?«. Hier der Link zu den letzten Suchbegriffen: *https://docs.microsoft.com/en-us/sql/sql-server/what-s-new-in-sql-server-ver15?view=sql-server-ver15*

7.14 Dynamische Datenmaskierung (Dynamic Data Masking, DDM)

Dynamic Data Masking ist eine neue Sicherheitsfunktion, die in SQL Server 2016 eingeführt wurde. Diese Funktion schränkt den Zugriff unautorisierter Benutzer auf sensible Daten auf Datenbankebene ein.

Ein Beispiel: Dynamic Data Masking ermöglicht, Anwendungsentwicklern Zugriff auf Produktionsdaten zu geben, damit sie auf Fehlersuche gehen können. So kann verhindert werden, dass der Entwickler sensible Daten sieht, aber ohne ihn bei der Fehlersuche zu beschränken.

Ein weiteres Beispiel ist ein Callcenter-Angestellter, der die Kundendaten sehen kann, die er für die Unterstützung des Kunden benötigt. Die kritischen Finanzdaten, wie beispielsweise Bankverbindung oder Kreditkartendaten, bleiben dieser Person aber verborgen.

Dynamic Data Masking, kurz DDM, ist ein einfaches Sicherheits-Feature, das komplett mit Transact-SQL-Kommandos aufgebaut werden kann. Dieser Schutzmechanismus erlaubt es, kritische Daten auf Feldebene auch vor Abfragen zu verbergen und so eine passende Maskierung der Daten für ihre spezielle Anwendung zu entwickeln. Dieses Feature erfordert keine besondere Programmierung auf Anwendungsebene. Auch ist es nicht notwendig, zu verschlüsseln oder die echten, gespeicherten Daten zu anonymisieren.

DDM maskiert sensitive Daten live und verhindert so den Zugriff nicht berechtigter Benutzer. Nicht maskierte Daten kann derselbe Benutzer natürlich sehen.

Wenn Sie Dynamic Data Masking implementieren möchten, müssen Sie zunächst definieren, welche Daten sensibel sind und welche Benutzer darauf zugreifen sollen. Danach können Sie mit der Auswahl und der Implementierung der benötigten Maskierung beginnen.

7.14.1 Maskierungsfunktionen

Vier grundsätzliche Typen der Maskierung können beim Dynamic Data Masking konfiguriert werden, die wir hier vorstellen und auch später in dem Beispiel benutzen werden:

1. Der erste Typ ist die *Default-Funktion*, die die Daten entsprechend dem Feld-Datentyp maskiert. Ist der Datentyp des Feldes `binary`, `varbinary` oder `image`, dann nutzt die Maskierung einzelne 0-Werte zur Anonymisierung der Daten. Bei den Datentypen `date` und `time` wird der Wert `01.01.1900 00:00:00.0000000` zur Maskierung verwendet. Bei numerischen Datentypen werden die Daten mit mehreren Nullen maskiert. Text-Datentypen werden mit `XXX`-Werten maskiert. Bei Feldlängen von weniger als vier Zeichen werden auch weniger Zeichen durch X ersetzt.
2. Als zweiter Maskierungs-Typ ist die *E-Mail-Funktion* zu nennen. Diese Funktion wird für Felder genutzt, die E-Mail-Adressen enthalten. Bei der Maskierung bleibt der erste Buchstabe erhalten, und der Rest wird folgendermaßen maskiert: »aXXX@XXXX.com«.

3. Maskierungstyp drei nennt sich *Random*. Bei diesem Typ werden numerische Daten durch zufällige Werte aus einem vorher definierten Wertebereich ersetzt.
4. Der vierte und letzte Maskierungstyp ist die *Custom-Funktion*. Diese Funktion erlaubt es, eigene Masken für bestimmte Felder zu definieren, wobei das erste und das letzte Zeichen erhalten bleiben. In der Mitte wird dann, abhängig von Ihrer Definition, maskiert. Falls die Feldinhalte zu kurz sind, werden das erste und/oder letzte Zeichen natürlich nicht mehr angezeigt.

Wie bei jeder anderen SQL-Server-Funktion gibt es natürlich auch Einschränkungen bei der Dynamic-Data-Masking-Funktion. So können keine verschlüsselten Spalten, Spalten mit Filestream, Column-Set-Spalten, Computed-Spalten und Schlüsselspalten in einem Fulltext-Index maskiert werden. Bei Spalten, die Teil eines Indexes sind oder die in irgendeiner anderen Abhängigkeit stehen, sollten Sie die Bedingung zuerst löschen. Dann können Sie die DDM konfigurieren, und danach dürfen Sie die Anhängigkeit wieder erstellen. Außerdem kann Dynamic Data Masking privilegierte Benutzer nicht davon abhalten, maskierte Spalten oder maskierte Daten zu modifizieren.

7.14.2 Wie funktioniert das?

Lassen Sie uns mit einem Beispiel starten. um anhand dessen zu verstehen, wie Sie das Dynamic-Data-Masking-Feature konfigurieren und wie es funktioniert. Nehmen wir an, wir müssen die sensiblen Daten der Angestellten maskieren, so dass der Entwickler, der die Anwendung weiterentwickelt und der verantwortlich für die Fehlersuche ist, genau diese Daten nicht sehen kann. Zuerst erstellen wir die »Employee_Financial«-Tabelle, in der die kritischen Daten gespeichert werden:

```
USE [AdminSchnelleinstiegDB]
GO
CREATE TABLE Employee_Financial (
Emp_ID INT IDENTITY(1, 1) PRIMARY KEY
,Emp_First_Name NVARCHAR(10) NOT NULL
,Emp_Last_Name NVARCHAR(10) NOT NULL
,Emp_Date_Of_Birth DATETIME NULL
,Emp_Salary INT NULL
,Emp_Email NVARCHAR(50) NULL
,Emp_Employment_Date DATETIME NULL
);
-- Dieses Listing erstellt die Tabelle Employee_Financial
```

Listing 7.23 Anlegen der Datenbank »Employee_Financial«

Nachdem wir diese Tabelle erstellt haben, füllen wir sie mit 15 Datenzeilen:

```
USE [AdminSchnelleinstiegDB]
GO
INSERT INTO [AdminSchnelleinstiegDB].[dbo].[Employee_Financial]
      ,[Emp_Date_Of_Birth]
      ,[Emp_Last_Name]
      ([Emp_First_Name]
      ,[Emp_Salary]
      ,[Emp_Email]
      ,[Emp_Employment_Date])
   VALUES
   ('Ben','Gun',04/15/1977,35000,'ben.gun@company',03/01/2016),
   ('Don','Doriant',11/21/1967,55000,'don.doriant@company',03/01/2015),
   ('Carl','Johnson',01/05/1971,43000,'carl.johnson@company',03/01/2016),
   ('Paul','Panzer',06/07/1965,65000,'paul.panzer@company',07/01/2013),
   ('Jesse','Joy',09/17/1978,33000,'jesse.joy@company',07/01/2018),
   ('Sven','Soeren',02/26/1976,36500,'sven.soeren@company',03/01/2015),
   ('Arthur','Wiener',08/25/1967,39000,'arthur.wiener@company',03/01/2019),
   ('Willy','McDonald',09/09/1974,41000,'willy.mcdonald@company',11/01/2018),
   ('Joan','Watson',06/27/1979,62000,'joan.watson@company',04/01/2016),
   ('Mary','Holmes','',37000,'mary.holmes@company',09/01/2014),
   ('Gina','Randall',04/10/1970,'','gina.randall@company',12/01/2017),
   ('Ruby','Soares',07/30/1971,45000,'ruby.soares@company',03/01/2016),
   ('Alfred','Hitchcock',09/27/1968,55000,'alfred.hitchcock@company',03/01/
2015),
   ('Jean','French','','','jean.french@company',''),
   ('Milli','Vanilli',04/22/1966,60000,'milli.vanilli@company',03/01/2016)
GO;
-- Mit diesem Listing werden Daten in die soeben erstellte Tabelle Employee_
Financial eingefügt
```

Listing 7.24 Einfügen von Daten in die Datenbank »Employee_Financial.sql«

Danach erstellen wie einen Test-User, der nur Lesezugriff auf diese Tabelle hat:

```
USE [AdminSchnelleinstiegDB]
GO
CREATE USER DDMUser WITHOUT LOGIN;
GRANT SELECT ON Employee_Financial TO DDMUser;
-- Dieses Script erstellt den User DDMUser ohne ein dazugehöriges Login zu
erstellen
```

Listing 7.25 Der User »DDMUser« wird (ohne Login) erstellt.

Wenn dieser User versucht, sensitive Daten aus der Employees-Tabelle zu lesen, kann er alles sehen:

```
USE [AdminSchnelleinstiegDB]
GO
EXECUTE AS USER = 'DDMUser';
SELECT * FROM Employee_Financial;
REVERT;
```

Listing 7.26 Eine Abfrage der Datenbank »Employee_Financial« mit dem User »DDMUser«

Wie Sie in Abbildung 7.32 sehen, ist das Ergebnis ein sicherheitstechnisches Desaster.

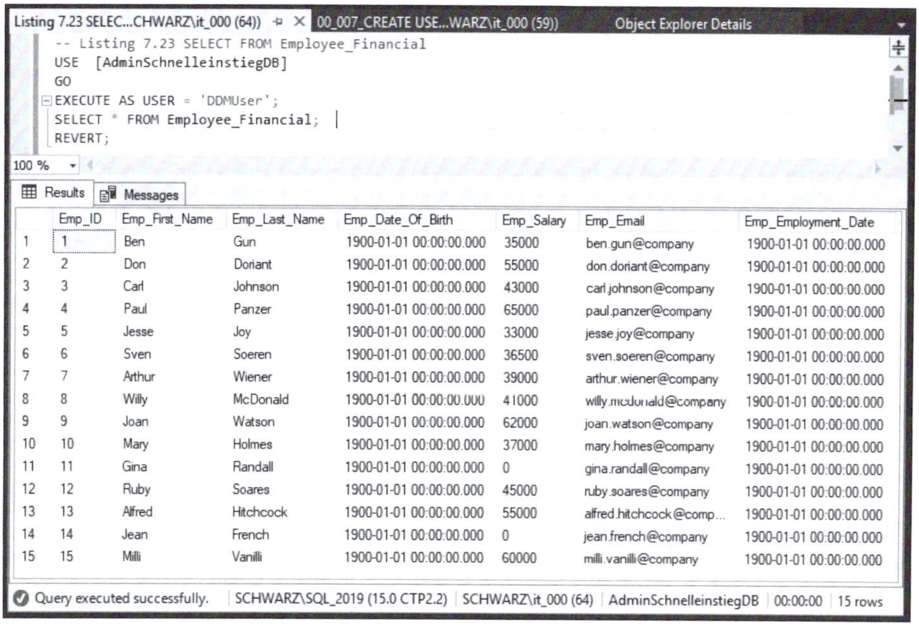

Listing 7.23 SELEC...CHWARZ\it_000 (64)) 00_007_CREATE USE...WARZ\it_000 (59)) Object Explorer Details

```
-- Listing 7.23 SELECT FROM Employee_Financial
USE [AdminSchnelleinstiegDB]
GO
EXECUTE AS USER = 'DDMUser';
SELECT * FROM Employee_Financial;
REVERT;
```

100 %

Results Messages

	Emp_ID	Emp_First_Name	Emp_Last_Name	Emp_Date_Of_Birth	Emp_Salary	Emp_Email	Emp_Employment_Date
1	1	Ben	Gun	1900-01-01 00:00:00.000	35000	ben.gun@company	1900-01-01 00:00:00.000
2	2	Don	Doriant	1900-01-01 00:00:00.000	55000	don.doriant@company	1900-01-01 00:00:00.000
3	3	Carl	Johnson	1900-01-01 00:00:00.000	43000	carl.johnson@company	1900-01-01 00:00:00.000
4	4	Paul	Panzer	1900-01-01 00:00:00.000	65000	paul.panzer@company	1900-01-01 00:00:00.000
5	5	Jesse	Joy	1900-01-01 00:00:00.000	33000	jesse.joy@company	1900-01-01 00:00:00.000
6	6	Sven	Soeren	1900-01-01 00:00:00.000	36500	sven.soeren@company	1900-01-01 00:00:00.000
7	7	Arthur	Wiener	1900-01-01 00:00:00.000	39000	arthur.wiener@company	1900-01-01 00:00:00.000
8	8	Willy	McDonald	1900-01-01 00:00:00.000	41000	willy.mcdonald@company	1900-01-01 00:00:00.000
9	9	Joan	Watson	1900-01-01 00:00:00.000	62000	joan.watson@company	1900-01-01 00:00:00.000
10	10	Mary	Holmes	1900-01-01 00:00:00.000	37000	mary.holmes@company	1900-01-01 00:00:00.000
11	11	Gina	Randall	1900-01-01 00:00:00.000	0	gina.randall@company	1900-01-01 00:00:00.000
12	12	Ruby	Soares	1900-01-01 00:00:00.000	45000	ruby.soares@company	1900-01-01 00:00:00.000
13	13	Alfred	Hitchcock	1900-01-01 00:00:00.000	55000	alfred.hitchcock@comp...	1900-01-01 00:00:00.000
14	14	Jean	French	1900-01-01 00:00:00.000	0	jean.french@company	1900-01-01 00:00:00.000
15	15	Milli	Vanilli	1900-01-01 00:00:00.000	60000	milli.vanilli@company	1900-01-01 00:00:00.000

Query executed successfully. | SCHWARZ\SQL_2019 (15.0 CTP2.2) | SCHWARZ\it_000 (64) | AdminSchnelleinstiegDB | 00:00:00 | 15 rows

Abbildung 7.32 Alle sensiblen Daten sind sichtbar.

Das muss allerdings nicht so sein. Abhilfe schafft das *Dynamic Data Masking*. Wir werden die kritischen Daten maskieren. Beginnen wir mit dem Nachnamen der Angestellten (Employees) und benutzen dafür die Default-Funktion mit einem einfachen `ALTER TABLE ... ALTER COLUMN` -Transact SQL-Befehl:

```
USE [AdminSchnelleinstiegDB]
GO
ALTER TABLE Employee_Financial
ALTER COLUMN EMP_Last_Name varchar(10) MASKED WITH (FUNCTION =
 'default()');
```

Listing 7.27 Maskierung der Daten

Und wieder fragen wir die Daten der Angestellten ab:

```
USE [AdminSchnelleinstiegDB]
GO
GRANT UNMASK TO DDMUser
GO
EXECUTE AS USER = 'DDMUser';
SELECT * FROM Employee_Financial;
REVERT;
GO
REVOKE UNMASK TO DDMUser
EXECUTE AS USER = 'DDMUser';
SELECT * FROM Employee_Financial;
REVERT;
```

Listing 7.28 Abfrage der Angestelledaten aus »Employee_Financial«

In Abbildung 7.33 sehen Sie, dass die Nachnamen der Angestellten nun mit »XXXX« maskiert wurden.

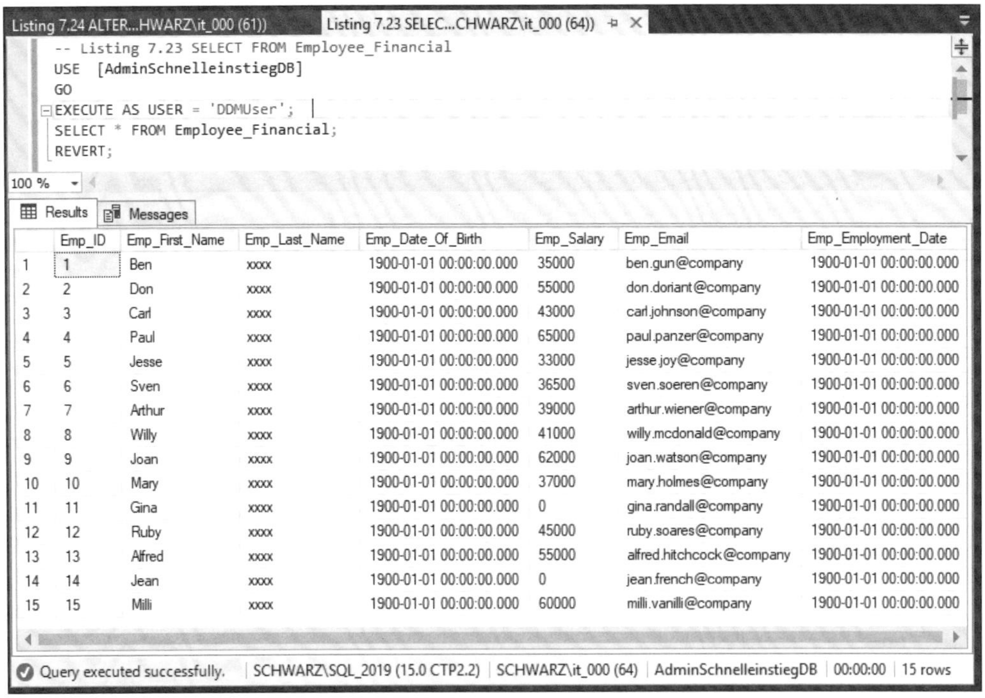

Listing 7.24 ALTER...HWARZ\it_000 (61)) Listing 7.23 SELEC...CHWARZ\it_000 (64))

```
-- Listing 7.23 SELECT FROM Employee_Financial
USE [AdminSchnelleinstiegDB]
GO
EXECUTE AS USER = 'DDMUser';
SELECT * FROM Employee_Financial;
REVERT;
```

100 %

Results Messages

	Emp_ID	Emp_First_Name	Emp_Last_Name	Emp_Date_Of_Birth	Emp_Salary	Emp_Email	Emp_Employment_Date
1	1	Ben	xxxx	1900-01-01 00:00:00.000	35000	ben.gun@company	1900-01-01 00:00:00.000
2	2	Don	xxxx	1900-01-01 00:00:00.000	55000	don.doriant@company	1900-01-01 00:00:00.000
3	3	Carl	xxxx	1900-01-01 00:00:00.000	43000	carl.johnson@company	1900-01-01 00:00:00.000
4	4	Paul	xxxx	1900-01-01 00:00:00.000	65000	paul.panzer@company	1900-01-01 00:00:00.000
5	5	Jesse	xxxx	1900-01-01 00:00:00.000	33000	jesse.joy@company	1900-01-01 00:00:00.000
6	6	Sven	xxxx	1900-01-01 00:00:00.000	36500	sven.soeren@company	1900-01-01 00:00:00.000
7	7	Arthur	xxxx	1900-01-01 00:00:00.000	39000	arthur.wiener@company	1900-01-01 00:00:00.000
8	8	Willy	xxxx	1900-01-01 00:00:00.000	41000	willy.mcdonald@company	1900-01-01 00:00:00.000
9	9	Joan	xxxx	1900-01-01 00:00:00.000	62000	joan.watson@company	1900-01-01 00:00:00.000
10	10	Mary	xxxx	1900-01-01 00:00:00.000	37000	mary.holmes@company	1900-01-01 00:00:00.000
11	11	Gina	xxxx	1900-01-01 00:00:00.000	0	gina.randall@company	1900-01-01 00:00:00.000
12	12	Ruby	xxxx	1900-01-01 00:00:00.000	45000	ruby.soares@company	1900-01-01 00:00:00.000
13	13	Alfred	xxxx	1900-01-01 00:00:00.000	55000	alfred.hitchcock@company	1900-01-01 00:00:00.000
14	14	Jean	xxxx	1900-01-01 00:00:00.000	0	jean.french@company	1900-01-01 00:00:00.000
15	15	Milli	xxxx	1900-01-01 00:00:00.000	60000	milli.vanilli@company	1900-01-01 00:00:00.000

Query executed successfully. | SCHWARZ\SQL_2019 (15.0 CTP2.2) | SCHWARZ\it_000 (64) | AdminSchnelleinstiegDB | 00:00:00 | 15 rows

Abbildung 7.33 Der Nachname ist maskiert.

Zur Erinnerung: Nicht die Daten in der Datenbank wurden verändert, sondern lediglich die Anzeige für den User, der eingeschränkte Rechte hat. Fragen wir die Daten mit unserem Admin-User ab, sehen wir alle Daten wie in Abbildung 7.34 unzensiert.

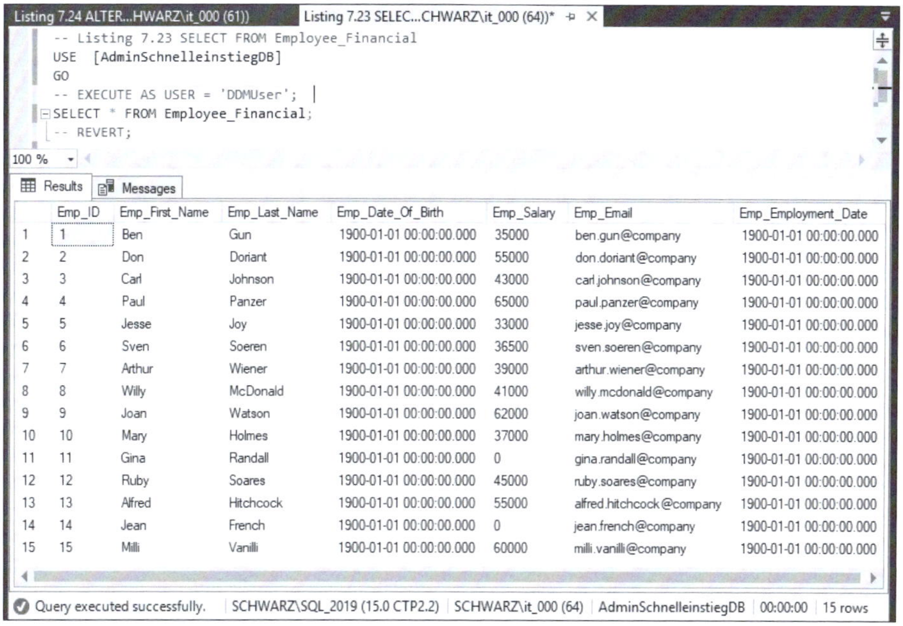

Listing 7.24 ALTER...HWARZ\it_000 (61)) | Listing 7.23 SELEC...CHWARZ\it_000 (64))*

```
-- Listing 7.23 SELECT FROM Employee_Financial
USE [AdminSchnelleinstiegDB]
GO
-- EXECUTE AS USER = 'DDMUser';
SELECT * FROM Employee_Financial;
-- REVERT;
```

100 %

Results | Messages

	Emp_ID	Emp_First_Name	Emp_Last_Name	Emp_Date_Of_Birth	Emp_Salary	Emp_Email	Emp_Employment_Date
1	1	Ben	Gun	1900-01-01 00:00:00.000	35000	ben.gun@company	1900-01-01 00:00:00.000
2	2	Don	Doriant	1900-01-01 00:00:00.000	55000	don.doriant@company	1900-01-01 00:00:00.000
3	3	Carl	Johnson	1900-01-01 00:00:00.000	43000	carl.johnson@company	1900-01-01 00:00:00.000
4	4	Paul	Panzer	1900-01-01 00:00:00.000	65000	paul.panzer@company	1900-01-01 00:00:00.000
5	5	Jesse	Joy	1900-01-01 00:00:00.000	33000	jesse.joy@company	1900-01-01 00:00:00.000
6	6	Sven	Soeren	1900-01-01 00:00:00.000	36500	sven.soeren@company	1900-01-01 00:00:00.000
7	7	Arthur	Wiener	1900-01-01 00:00:00.000	39000	arthur.wiener@company	1900-01-01 00:00:00.000
8	8	Willy	McDonald	1900-01-01 00:00:00.000	41000	willy.mcdonald@company	1900-01-01 00:00:00.000
9	9	Joan	Watson	1900-01-01 00:00:00.000	62000	joan.watson@company	1900-01-01 00:00:00.000
10	10	Mary	Holmes	1900-01-01 00:00:00.000	37000	mary.holmes@company	1900-01-01 00:00:00.000
11	11	Gina	Randall	1900-01-01 00:00:00.000	0	gina.randall@company	1900-01-01 00:00:00.000
12	12	Ruby	Soares	1900-01-01 00:00:00.000	45000	ruby.soares@company	1900-01-01 00:00:00.000
13	13	Alfred	Hitchcock	1900-01-01 00:00:00.000	55000	alfred.hitchcock@company	1900-01-01 00:00:00.000
14	14	Jean	French	1900-01-01 00:00:00.000	0	jean.french@company	1900-01-01 00:00:00.000
15	15	Milli	Vanilli	1900-01-01 00:00:00.000	60000	milli.vanilli@company	1900-01-01 00:00:00.000

Query executed successfully. | SCHWARZ\SQL_2019 (15.0 CTP2.2) | SCHWARZ\it_000 (64) | AdminSchnelleinstiegDB | 00:00:00 | 15 rows

Abbildung 7.34 Die echten Daten können, mit ausreichend Berechtigungen, immer noch eingesehen werden.

Der User kann jedoch weiterhin andere kritische Daten einsehen. Deshalb maskieren wir zusätzlich die E-Mail-Adressen der Angestellten mit der `Email`-Masking-Funktion:

```
USE [AdminSchnelleinstiegDB]
GO
ALTER TABLE Employee_Financial
ALTER COLUMN EMP_Email nvarchar(50) MASKED WITH (FUNCTION = 'Email()');
```

Listing 7.29 Maskierung der Daten mit »Email«

Anschließend lesen wir zur Prüfung die Daten aus der Tabelle wieder mit dem gleichen Login aus:

```
USE [AdminSchnelleinstiegDB]
GO
EXECUTE AS USER = 'DDMUser';
SELECT * FROM Employee_Financial;
REVERT;
```

Listing 7.30 Abfrage der Datenbank »Employee_Financial«

Der Benutzer sieht nur noch, wie in Abbildung 7.35 dargestellt, den ersten Buchstaben der Mailadresse, gefolgt von »XXXX@XXXX.COM«-Werten.

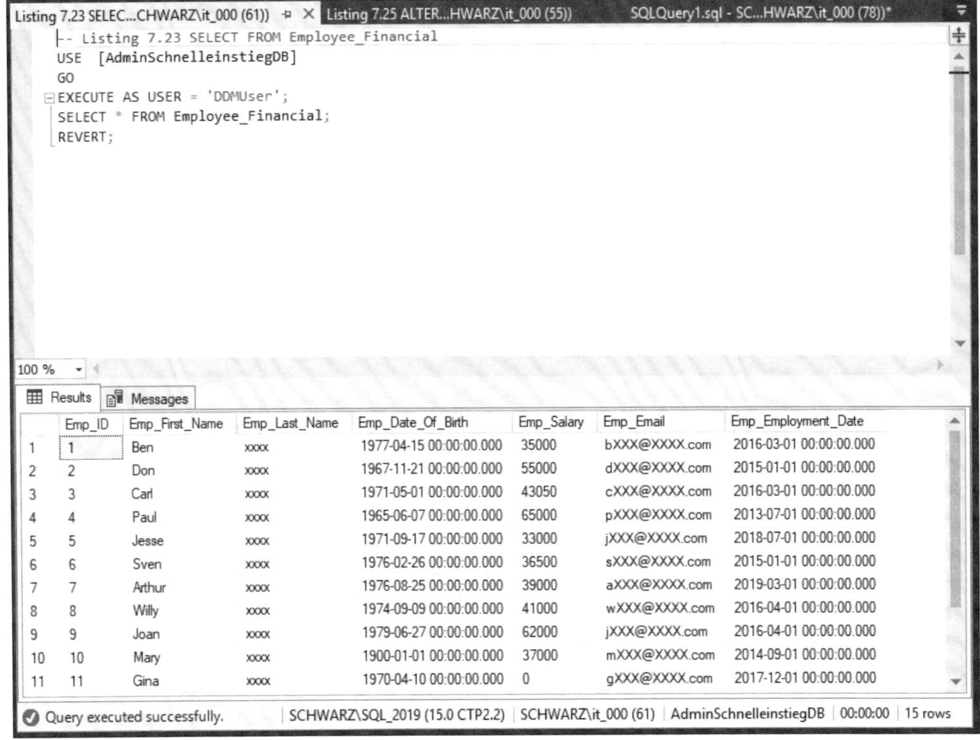

Abbildung 7.35 Jetzt ist auch die Mailadresse maskiert.

Die Gehälter der Angestellten können gegen zufällige Werte ohne Bedeutung ausgetauscht werden. Die Maskierfunktion, die das Gehalt gegen eine zufällige Zahl austauscht, wird in diesem ALTER-Kommando beschrieben:

```
USE [AdminSchnelleinstiegDB]
GO
ALTER TABLE Employee_Financial
ALTER COLUMN EMP_Salary int MASKED WITH (FUNCTION='random(1,9)');
```

Listing 7.31 Maskierung der Spalte »EMP_Salary« mit zufällig gewählten Zahlen zwischen 1 bis 9

Prüfen Sie erneut mit der Abfrage aus Listing 7.30 das Ergebnis für den Benutzer »DDMUser«. Der Benutzer sieht nun nur noch zufällige Werte wie in Abbildung 7.36, die keine Aussagekraft haben.

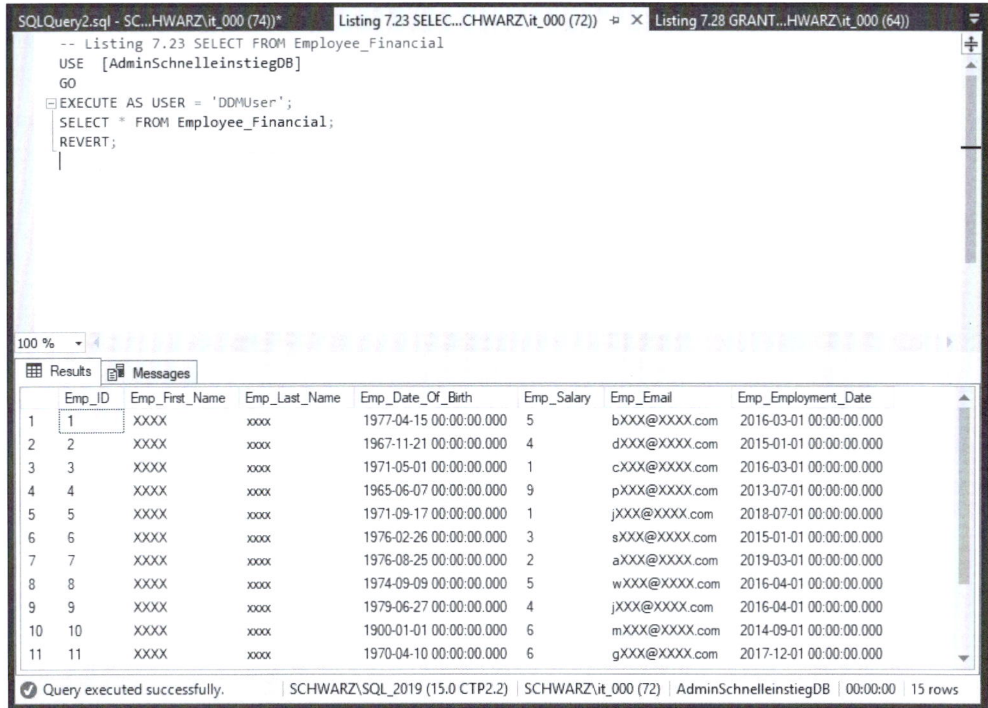

Abbildung 7.36 Auch die Gehälter sind jetzt vor neugierigen Blicken geschützt.

Nun maskieren wir noch den Vornamen der Angestellten mit einer selbst definierten Maske. Angezeigt werden sollen die ersten drei Buchstaben des Namens. Die folgenden vier Buchstaben sollen mit X-Werten maskiert werden. Danach sollen die letzten drei Buchstaben des Namens zu sehen sein. Dabei ist es egal, ob der Name weniger als die drei sichtbaren und die vier maskierten Buchstaben hat – es wird immer »XXXX« zu sehen sein.

```
USE [AdminSchnelleinstiegDB]
GO
ALTER TABLE Employee_Financial
ALTER COLUMN EMP_First_name nvarchar(10) MASKED WITH (FUNCTION=
 'partial(3,"XXXX",3)');
```

Listing 7.32 Die Daten aus Spalte »EMP_First_name« warden mit »XXXX« anonymisiert.

In Abbildung 7.37 sehen wir, dass der Vorname jetzt nach der Abfrage maskiert wurde.

Wie vorher schon erwähnt, werden keine Daten in der Tabelle physikalisch geändert. Der User kann die Daten immer noch vollständig im Klartext ansehen, sofern er noch das UNMASK-Recht in dieser Datenbank hat.

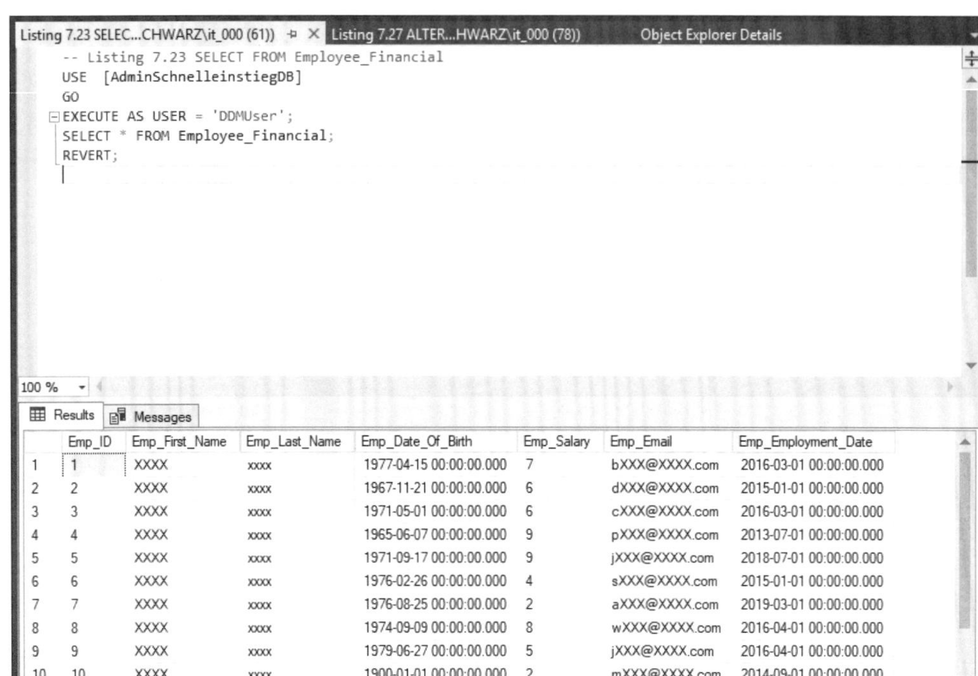

	Emp_ID	Emp_First_Name	Emp_Last_Name	Emp_Date_Of_Birth	Emp_Salary	Emp_Email	Emp_Employment_Date
1	1	XXXX	xxxx	1977-04-15 00:00:00.000	7	bXXX@XXXX.com	2016-03-01 00:00:00.000
2	2	XXXX	xxxx	1967-11-21 00:00:00.000	6	dXXX@XXXX.com	2015-01-01 00:00:00.000
3	3	XXXX	xxxx	1971-05-01 00:00:00.000	6	cXXX@XXXX.com	2016-03-01 00:00:00.000
4	4	XXXX	xxxx	1965-06-07 00:00:00.000	9	pXXX@XXXX.com	2013-07-01 00:00:00.000
5	5	XXXX	xxxx	1971-09-17 00:00:00.000	9	jXXX@XXXX.com	2018-07-01 00:00:00.000
6	6	XXXX	xxxx	1976-02-26 00:00:00.000	4	sXXX@XXXX.com	2015-01-01 00:00:00.000
7	7	XXXX	xxxx	1976-08-25 00:00:00.000	2	aXXX@XXXX.com	2019-03-01 00:00:00.000
8	8	XXXX	xxxx	1974-09-09 00:00:00.000	8	wXXX@XXXX.com	2016-04-01 00:00:00.000
9	9	XXXX	xxxx	1979-06-27 00:00:00.000	5	jXXX@XXXX.com	2016-04-01 00:00:00.000
10	10	XXXX	xxxx	1900-01-01 00:00:00.000	2	mXXX@XXXX.com	2014-09-01 00:00:00.000
11	11	XXXX	xxxx	1970-04-10 00:00:00.000	9	gXXX@XXXX.com	2017-12-01 00:00:00.000

Abbildung 7.37 Bald ist alles maskiert.

Die folgende Abfrage zeigt, wie der User die Daten unmaskiert sehen kann und wie wir ihn davon abhalten können:

```
USE [AdminSchnelleinstiegDB]
GO
GRANT UNMASK TO DDMUser;
GO
EXECUTE AS USER = 'DDMUser';
SELECT * FROM Employee_Financial;
REVERT;
GO
REVOKE UNMASK TO DDMUser
EXECUTE AS USER = 'DDMUser';
SELECT * FROM Employee_Financial;
REVERT;
```

Listing 7.33 Demaskieren der Daten

Und schon sehen wir wie in Abbildung 7.38 den Unterschied zwischen den maskierten und den unmaskierten Daten.

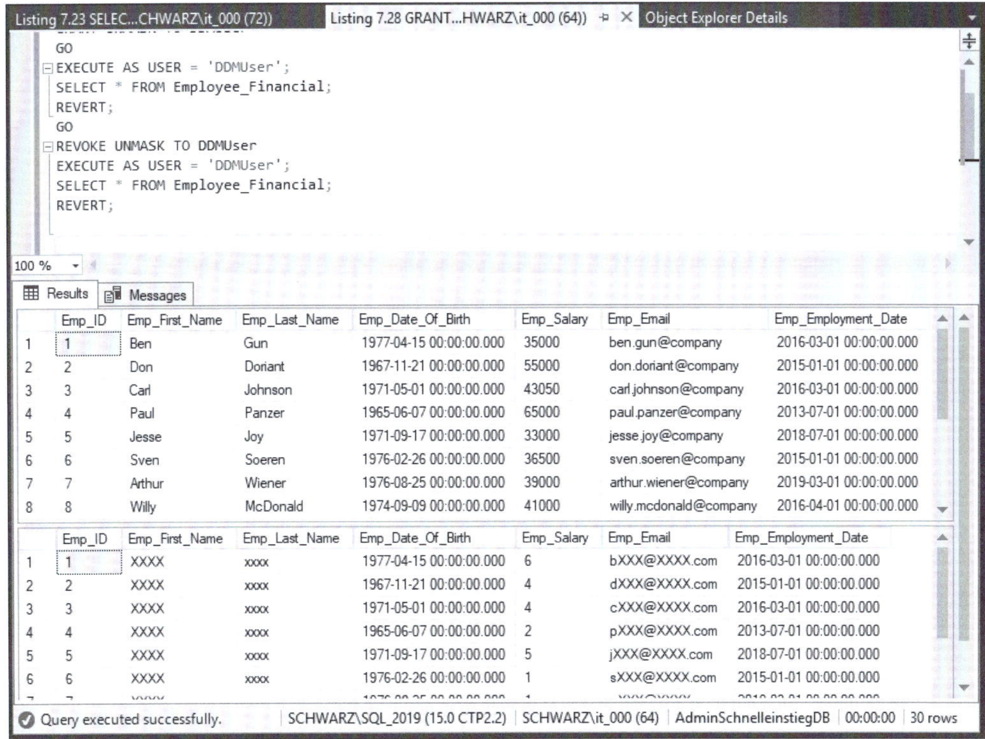

Abbildung 7.38 Maskiert/unmaskiert im Vergleich

Eine neue Ansicht `sys.masked_columns`, die in SQL Server 2016 definiert wurde und die auf die ID-Spalte der Systemview *sys.columns* verweist, kann dafür verwendet werden, Informationen über die aktuelle Dynamic-Data-Masking-Konfiguration zu erhalten. Der Wert `1` in der Spalte *is_masked* zeigt, dass es eine Maske gibt, die in der Spalte *masking_function* definiert ist.

Das folgende Transact-SQL-Statement kann dafür verwendet werden, die Dynamic-Data-Masking-Informationen auszulesen. Dafür wird die View `sys.masked_columns` mit der View `sys.tables` per `JOIN` verbunden:

```
USE  [AdminSchnelleinstiegDB]
GO
SELECT TBLS.name as TableName,MC.NAME ColumnName,
MC.is_masked IsMasked, MC.masking_function MaskFunction
FROM sys.masked_columns AS MC
JOIN sys.tables AS TBLS
ON MC.object_id = TBLS.object_id
WHERE is_masked = 1;
```

Listing 7.34 Auslesen der Dynamic-Data-Masking-Informationen

Die Ausgabe sieht wie in Abbildung 7.39 aus.

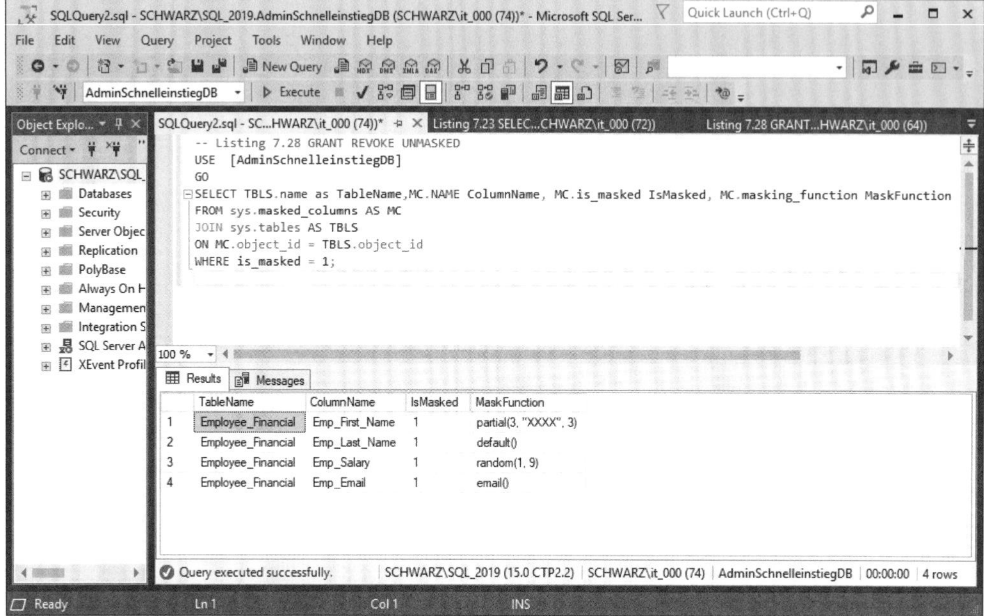

Abbildung 7.39 Abfrage der Konfiguration der Maskierung

Es ist ganz einfach, eine Maske von einer maskierten Spalte zu löschen. Wir benötigen dafür das folgende `ALTER TABLE … ALTER COLUMN` T-SQL Statement:

```
USE [AdminSchnelleinstiegDB]
GO
ALTER TABLE Employee_Financial
ALTER COLUMN EMP_First_name DROP MASKED;
```

Listing 7.35 Entfernen der Maskierung

Ob die Maske wirklich entfernt wurde (siehe Listing 7.35), prüfen wir erneut mit einer `SELECT`-Abfrage:

```
USE  [AdminSchnelleinstiegDB]
GO
EXECUTE AS USER = 'DDMUser';
SELECT * FROM Employee_Financial;
REVERT;
```

Listing 7.36 Überprüfung, ob die Maskierung entfernt wurde

Nun kann der User die Vornamen wieder sehen (siehe Abbildung 7.40).

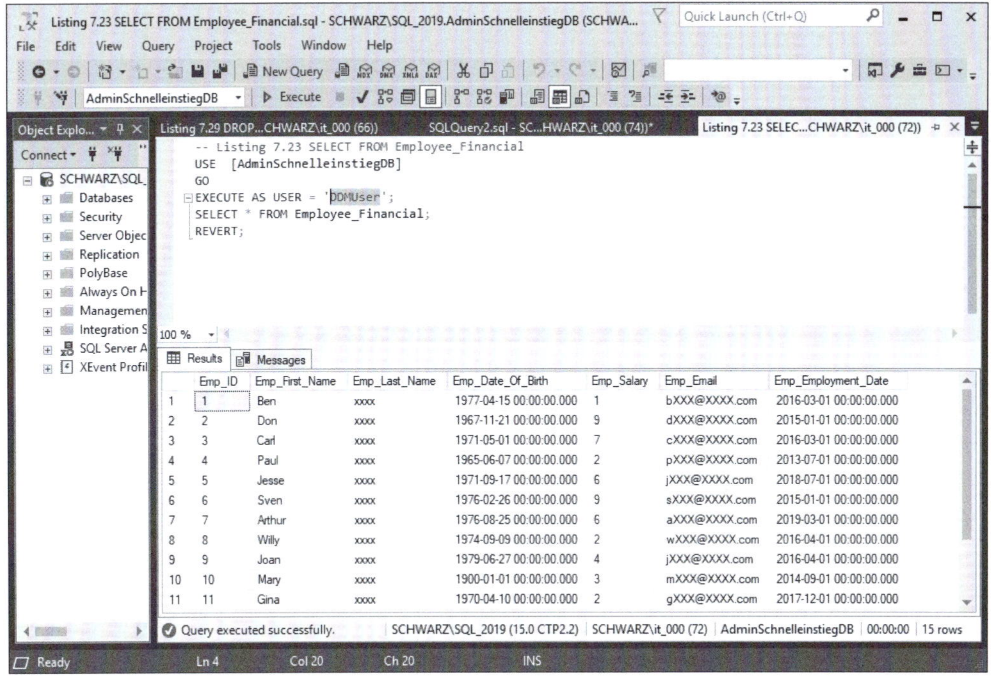

Abbildung 7.40 Maskierung teilweise aufgehoben

Ein weiterer Vorteil der Dynamic-Data-Masking-Funktion ist, dass ein Benutzer überrascht über das Ergebnis sein wird, wenn er mit einem `SELECT INTO`, `INSERT INTO` oder aber mit dem SQL Server Import und Export Wizard versucht, Daten in eine andere Tabelle zu kopieren. Die Daten bleiben maskiert.

Angenommen, es gibt eine leere Tabelle mit Namen »Neugierig«, die den gleichen Aufbau hat wie unsere »Employee_Financial«-Tabelle, und der User *DDMUser* besitzt die Rechte `SELECT`, `INSERT` und das `UPDATE` auf diese Tabelle:

```
USE [AdminSchnelleinstiegDB]
GO
GRANT SELECT,INSERT, UPDATE ON [dbo].[Neugierig] TO DDMUser;
```

Listing 7.37 Zugriffsversuch mittels GRANT-Anweisung

Wenn er nun versucht, Daten aus der »Employee_Financial«-Tabelle wie in Listing 7.38 in die Tabelle »Neugierig« zu kopieren und sich diese Daten anzusehen wird er sich über das Ergebnis wie in Abbildung 7.41 wundern.

```
USE [AdminSchnelleinstiegDB]
GO
EXECUTE AS USER = 'DDMUser';
```

```
INSERT INTO [dbo].[Neugierig]
           ([Emp_First_Name]
           ,[Emp_Last_Name]
           ,[Emp_Date_Of_Birth]
           ,[Emp_Salary]
           ,[Emp_Email]
           ,[Emp_Employment_Date])
SELECT [Emp_First_Name]
           ,[Emp_Last_Name]
           ,[Emp_Date_Of_Birth]
           ,[Emp_Salary]
           ,[Emp_Email]
           ,[Emp_Employment_Date]
FROM Employee_Financial;

SELECT * FROM Neugierig;
```

Listing 7.38 Kopieren der Daten

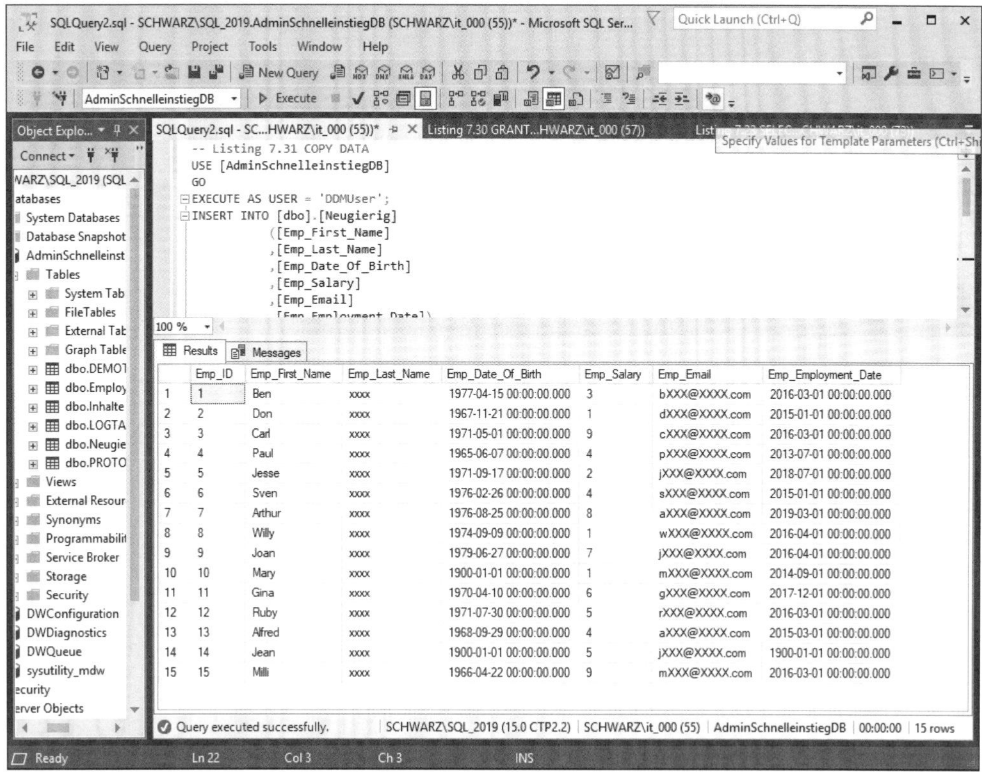

Abbildung 7.41 Die Daten bleiben sicher.

7.14.3 Zusammenfassung

Dynamic Data Masking (DDM) ist ein Sicherheits-Feature, das mit SQL Server 2016 eingeführt wurde. Mit diesem Feature können Sie sensible Daten vor den Blicken nicht autorisierter Benutzer schützen. Dieser Schutz funktioniert, ohne die eigentlichen Daten manipulieren zu müssen.

Es gibt vier verschiedene Arten der Maskierung, drei vordefinierte Funktionen und eine Maskierungsfunktion, die Sie selbst definieren können.

Der DDM-Prozess ist für die Anwendung transparent, und deshalb ist auch keine Anpassung der Programmierung der Anwendung erforderlich.

Für jede Spalte, in der sensible Daten gespeichert werden, können Sie die passendste Art der Maskierung auswählen.

Nachdem Sie diese Möglichkeiten der Maskierung ausgiebig in Ihrer Testumgebung ausprobiert, angepasst und für gut befunden haben, können Sie die Änderungen in Ihre Produktivumgebung portieren.

7.15 UTF-8-Unterstützung ab SQL Server 2019

Mit SQL Server 2019 ist die Unterstützung von UTF-8 hinzugekommen. Früher gab es immer wieder die Anforderung, UTF-8-Kompatibilität sicherzustellen, es gab jedoch keine explizite Unterstützung dieses Zeichensatzes. Durch die Menge der möglichen Zeichen bedingt, belegt jedes UTF-8-Zeichen 64 Bit Speicherplatz, denn die sonst üblichen 32 Bit reichen nicht aus für die schiere Anzahl der verschiedenen möglichen Zeichen. Deshalb hatte Microsoft wohl auf eingeschränktere Zeichensätze gesetzt, die immerhin nur die Hälfte an Speicherplatz benötigen. Mittlerweile ist aber der benötigte Platz kein entscheidendes Kriterium mehr. Das dürfte wohl der Grund für die UTF-8-Erweiterung gewesen sein.

Außerdem wurden das *BCP Utility*, der *Bulk Insert* und das `OPENROWSET` erweitert, so dass sie heute auch UTF-8 unterstützen.

Die Unterstützung von UTF-8 soll besonders global aufgestellten Unternehmen helfen, da Zeichen verwendet können, die im weltweiten Einsatz dringend notwendig sind.

Hinweis

In SQL Server 2019 können Sie alle UTF-8-kompatiblen Collations mit diesem Kommando auflisten:

```
SELECT Name, Description FROM fn_helpcollations()
WHERE Name like '%UTF8';
```

Für eine möglichst einfache Umstellung empfiehlt Microsoft, die Collation der jeweiligen Instanz zu ändern. So gibt es zum Beispiel passend zur Collation LATIN1_GENERAL_100_CI_AS_SC eine UTF-8-taugliche Collation: LATIN1_GENERAL_100_CI_AS_SC_UTF8. Sollten Sie allerdings über eine Anpassung der Collation nachdenken, sollten Sie gründlich planen. Wenn Sie nur die Collation von einzelnen Spalten ändern, kann die Kommunikation innerhalb der Datenbank darunter leiden. Falls Sie die Collation der ganzen Datenbank ändern, kann es Schwierigkeiten bei datenbankübergreifenden Abfragen geben. Der sauberste Weg der Umstellung ist wohl eine Neuinstallation einer Instanz mit einer UTF-8-kompatiblen Collation und eine anschließende Migration in diese neue Instanz hinein.

Kapitel 8
PowerShell

Der Begriff »Shell« bezeichnet in der IT-Branche eine Software, die eine Verbindung zwischen Benutzer und Betriebssystem herstellt. Dies trifft zwar in der Regel auch für die GUI-Tools (Graphical User Interface) zu, jedoch versteht man normalerweise eine »Shell« als ein kommandozeilenorientiertes Benutzertool.

PowerShell ist eine Kommando- und Skriptumgebung für die Windows-Plattform. Stark vereinfacht gesprochen, ist PowerShell ein Kommandozeilentool, das die Verwaltung und Automatisierung von Windows-Programmen ermöglicht. Sie können Programme von außen steuern und ihre Daten und Parameter setzen oder abfragen. PowerShell basiert auf dem .NET Framework und arbeitet mit .NET-Objekten, die Daten, Eigenschaften und Methoden enthalten.

8.1 Warum PowerShell?

Eine häufige Frage lautet: Warum oder wozu gibt es jetzt auch noch PowerShell? Mit *T-SQL* gibt es doch bereits eine sehr mächtige Skriptsprache, mit der sich SQL Server konfigurieren und administrieren lässt.

Das ist richtig, allerdings ermöglicht PowerShell ein serverübergreifendes Arbeiten, da PowerShell auch für andere Microsoft-Serverprodukte und -Komponenten zur Verfügung steht.

PowerShell bietet sich zudem für alle Arbeiten an, die nicht nur mit SQL Server selbst zu tun haben oder die zwischen den SQL-Server-Instanzen ausgeführt werden sollen. Dazu gehören das Kopieren einer Datenbank von einer Instanz zur anderen oder das vollständige Einrichten von Replikationen.

PowerShell bietet eine allgemeine und serverübergreifende Skriptsprache, die verschiedene Serverprodukte administrieren und automatisieren kann. Sie schreiben mit einem PowerShell-Skript demnach ein Skript, das alle Windows-Komponenten mit PowerShell-Unterstützung verwalten und automatisieren kann. Das geht mit T-SQL nicht.

8.2 Was bietet PowerShell?

PowerShell bietet Ihnen alles, was eine moderne Skriptsprache bieten sollte, wie z. B. Operatoren, Konstanten, Verzweigungen, Schleifen, Variablen und Cmdlets. Es gibt zwei grundlegende PowerShell-Konzepte, die zusammen die zur Verfügung stehenden PowerShell-Möglichkeiten ausmachen.

8.2.1 Cmdlets (Commandlets)

Cmdlets können Sie sich auch als PowerShell-Befehle vorstellen. Sie sind Programmeinheiten, bei denen es sich eigentlich um .NET-Klassen handelt, die eine bestimmte Funktion haben.

Da eine .NET-Klasse aus Properties und Methoden besteht, können Sie auch bei Cmdlets Parameter setzen und Objekte übergeben und zurückgeben, um diese wiederum an andere Objekte zu übergeben. Bei Aufruf eines Cmdlets werden also Parameter gesetzt.

Nachdem das Cmdlet abgearbeitet wurde, können entsprechende Objekte zur Weiterverarbeitung für andere Cmdlets zurückgegeben werden.

Der Befehl `get-childitem`, oder abgekürzt `gci`, ist ein solches Cmdlet und listet Ihnen, wie es der Name schon vermuten lässt, alle Kinder des aktiven Knotens auf. Befinden Sie sich auf der PowerShell-Oberfläche (wie Sie PowerShell starten, erfahren Sie in Abschnitt 8.3, »Wie wird PowerShell installiert und aufgerufen?«) im Laufwerk *SQLSERVER:* und geben `get-childitem` ein, erhalten Sie alle Inhalte des aktiven Knotens.

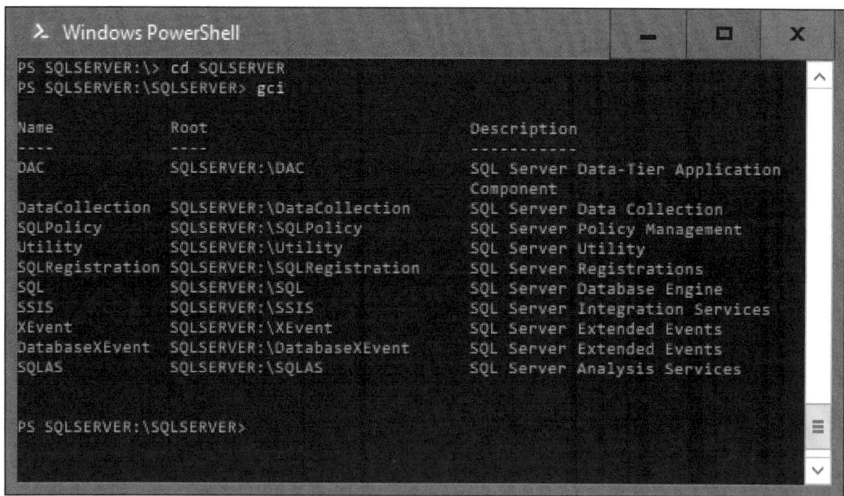

Abbildung 8.1 Ausgabe von »get-childitem«

Innerhalb von Skripten oder auch bei Eingabe über PowerShell selbst erfolgt zwischen den Cmdlets kein textbasierter Austausch von Informationen – was aufwendige Formatierungs- und Auswertungsanweisungen erspart –, sondern Daten werden als vollwertige Objekte ausgetauscht bzw. übergeben.

8.2.2 PowerShell-Anbieter (Provider)

Über sogenannte *PowerShell-Anbieter* werden hierarchische Strukturen von Windows-Komponenten und -Diensten wie SQL Server in die PowerShell-Struktur eingebunden und stehen anschließend in der Form eines virtuellen Laufwerks innerhalb der PowerShell zur Verfügung.

Dies bedeutet, dass Ihnen für die Hard- und Softwareressourcen Ihres Rechners entsprechende Laufwerke zur Verfügung gestellt werden, durch die Sie navigieren können. Stark vereinfacht gesprochen, wird eine hierarchische Struktur der Software oder des Dienstes in PowerShell abgebildet. Diese Struktur können Sie durch die PowerShell-Befehle ansprechen.

Es stehen Ihnen demnach nicht nur die Laufwerke *C:* und *D\:* Ihrer Festplatte zur Verfügung (eine Festplatte ist auch eine Ressource des Rechners mit bestimmten Eigenschaften), sondern bei der PowerShell-Unterstützung für SQL Server z. B. auch ein *SQLSERVER:*-Laufwerk.

Navigieren Sie zu *SQLSERVER:* durch die Eingabe von `cd SQLSERVER:`, stehen in dieser Hierarchie weitere Unterordner bereit. Sie navigieren durch die SQL-Server-Struktur, als würden Sie die Verzeichnisse einer Festplatte durchsuchen.

8.2.3 PowerShell-Skripte

Sie können sogenannte *PowerShell-Skripte* erstellen, die SQL Server verwalten und automatisieren. Dies reicht vom Anlegen von Datenbankobjekten bis hin zum Setzen von Policies, Rechteeinstellungen und Replikationen.

PowerShell verbindet demnach Windows-Programmkomponenten auf Skriptbasis und erlaubt eine Automatisierung und Administration der durch PowerShell unterstützten Windows-Komponenten und Dienste.

8.3 Wie wird PowerShell installiert und aufgerufen?

PowerShell wird mit jedem modernen Windows-Betriebssystem automatisch installiert und kann für XP, Vista und Windows 2003 heruntergeladen und nachinstalliert werden. Seit SQL Server 2012 wird PowerShell nicht mehr automatisch vom SQL-Server-Setup installiert, sondern ist eine erforderliche Komponente, die bereits vorhanden sein muss, um SQL Server installieren zu können. Sie haben mehrere Möglichkeiten, PowerShell aufzurufen.

8.3.1 PowerShell aus SQL Server Management Studio aufrufen

Bereits seit der SQL-Server-Version 2008 können Sie PowerShell-Sitzungen aus dem Objekt-Explorer des SQL Server Management Studios (SSMS) starten. Klicken Sie mit der rechten Maustaste auf das entsprechende Datenbankobjekt im Objekt-Explorer, und wählen Sie aus dem Kontextmenü PowerShell starten (englisch: Start PowerShell) aus (siehe Abbildung 8.2). Eine SQL-Server-PowerShell-Sitzung wird gestartet, in der die SQL-Server-Snap-Ins bereits geladen sind.

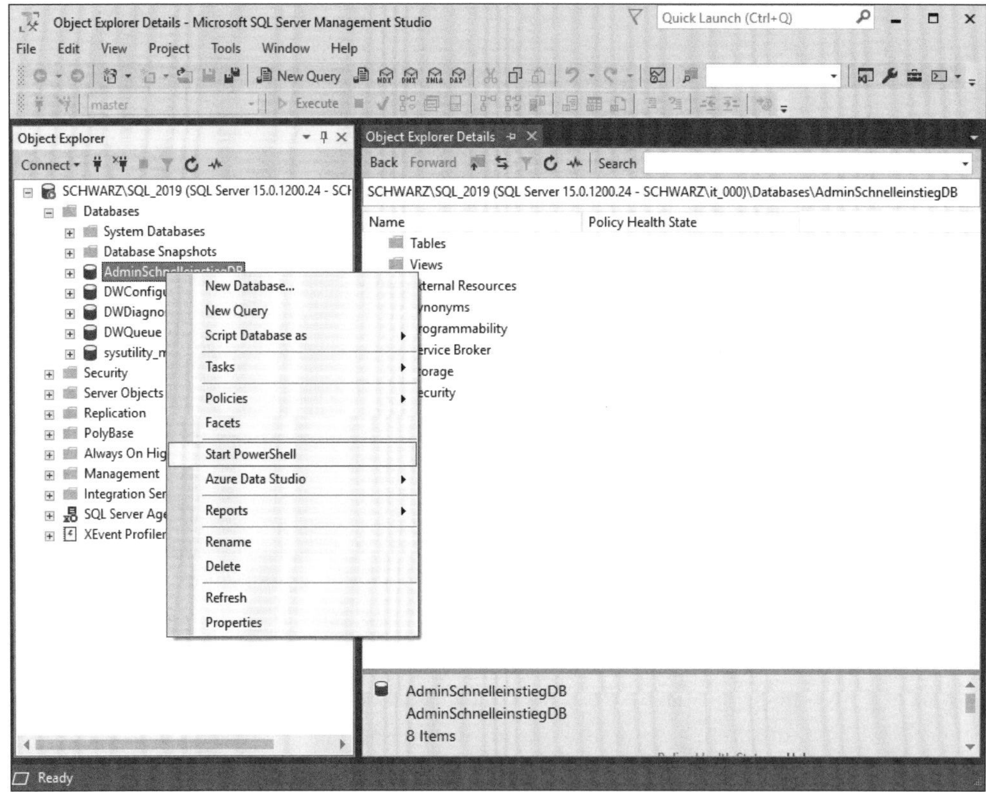

Abbildung 8.2 PowerShell aus Management Studio starten

8.3.2 PowerShell über »sqlps« aufrufen

sqlps ist ein Hilfsprogramm, das eine PowerShell-Umgebung zur Verfügung stellt und die zur SQL-Server-PowerShell-Unterstützung benötigten Snap-Ins startet und registriert.

Snap-Ins

Snap-Ins registrieren PowerShell-Anbieter und Cmdlets in der Shell und stellen demnach die gewünschten Funktionalitäten (Anbieter, Cmdlets) dem Aufrufer zur Verfügung. Im Prinzip können Sie sich Snap-Ins wie ein Installationsprogramm für PowerShell-Anbieter und Cmdlet-Befehlssätze vorstellen.

Abbildung 8.3 Gestartete PowerShell-Sitzung

`sqlps` ist keine Minishell, wie dies noch unter SQL Server 2008 R2 der Fall war, sondern startet PowerShell und importiert das `sqlps`-Modul.

Mit `sqlps` können Sie SQL-Server-Cmdlets und Skriptdateien ausführen oder durch die SQL-Server-Anbieterhierarchie navigieren.

`sqlps` ist in die SSMS-Umgebung bestens integriert. Auf den unterschiedlichen Hierarchiestufen im Objekt-Explorer ist es jederzeit möglich, durch Rechtsklick auf einen Ordner das Kontextmenü POWERSHELL STARTEN (START POWERSHELL) aufzurufen. Bei diesem Vorgang wird `sqlps` gestartet, was Sie an der Titelleiste der Konsole erkennen (siehe Abbildung 8.4).

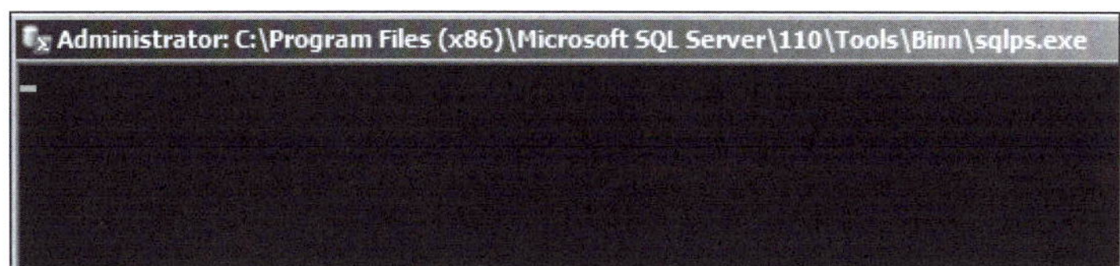

Abbildung 8.4 Starten der PowerShell aus dem SSMS

Bei aktuellen Versionen von Betriebssystem und Management Studio ist auch das Geschichte: Aus dem Management Studio wird die aktuell installierte Version von PowerShell gestartet. Mit dem Kommando `SQLSERVER:` können Sie dann in das Verzeichnis des SQL Servers wechseln.

Sie müssen nichts weiter tun, denn die benötigten SQL-Server-PowerShell-Snap-Ins sind per Default installiert. Um dies zu überprüfen, geben Sie in die gestartete

PowerShell-Sitzung `get-psdrive` ein und drücken [↵]. Es werden Ihnen verschiedene Verzeichnisse angezeigt, unter anderem ein *SQLSERVER:*-Verzeichnis.

Da `sqlps` unter SQL Server 2012 keine Minishell mehr ist, wie zuvor bereits erläutert, können Sie über `sqlps` jetzt auch PowerShell-Anbieter von anderen Windows-Komponenten oder -Diensten einbinden. Das bedeutet, dass Sie z. B. aus Ihrem Skript heraus auch einen Exchange-Server verwalten könnten.

PowerShell wird immer weiterentwickelt. Mittlerweile stehen Module für die Verwaltung vieler Anwendungen, nicht nur von Microsoft, zur Verfügung. Auch die Gemeinde der Nutzer hat begonnen, einzelne Funktionen oder auch ganze Snap-Ins zu entwickeln. Für den SQL-Server-Administrator bieten sich die *DBATools* an, die als Freeware kostenfrei aus dem Internet geladen werden können und die bei vielen Aufgaben sehr sinnvoll unterstützen können. Wir kommen später noch einmal auf die DBATools zu sprechen.

8.3.3 PowerShell über die Windows PowerShell aufrufen

Durch einen Klick auf das in Abbildung 8.5 gezeigte PowerShell-Icon in der Taskleiste starten Sie die sogenannte »normale« allgemeine Windows PowerShell des Betriebssystems zur Ausführung von PowerShell-Skripten und -Kommandos.

Abbildung 8.5 Windows PowerShell starten

In dieser Shell ist die SQL-Server-PowerShell-Unterstützung noch *nicht* registriert. Es steht Ihnen bei Eingabe von `get-psdrive` noch kein *SQLSERVER:*-Laufwerk zur Verfügung. Dieses Problem lösen Sie allerdings schnell:

1. Starten Sie die PowerShell-Konsole als Administrator. Dafür machen Sie einen Rechtsklick auf das Icon und wählen ALS ADMINISTRATOR AUSFÜHREN (RUN AS ADMINISTRATOR) aus.
2. Geben Sie in die PowerShell-Konsole `Set-ExecutionPolicy Unrestricted` ein, und bestätigen Sie die anschließende Frage mit JA (YES oder [Y]).
3. Anschließend geben Sie den folgenden Befehl ein, um das `sqlps`-Modul zu laden: `Import-Module sqlps -DisableNameChecking`.

Nach dem Importieren des `sqlps`-Moduls stehen Ihnen nun die SQL-Server-Cmdlets zur Verfügung.

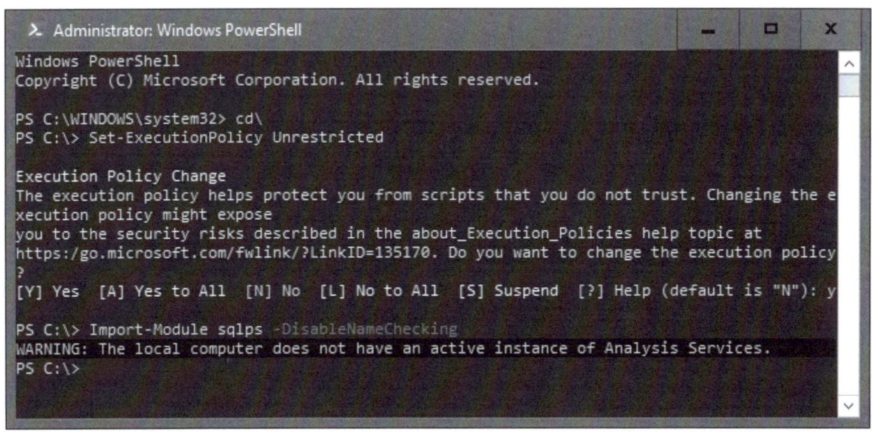

Abbildung 8.6 Derzeit läuft kein Analysis Service.

Ausführen von PowerShell-Skripten

Beachten Sie, dass Sie mit Schritt 1 des vorhergehenden Beispiels den natürlichen Schutz der Windows PowerShell (derzeit Version 5.x), dass keine PowerShell-Skripte ausgeführt werden können, deaktivieren. Dieser Befehl ermöglicht das Ausführen von beliebigen PowerShell-Skripten. Gegebenenfalls sollten Sie diesen Schutz mit `Set-ExecutionPolicy Restricted` wieder aktivieren.

Lassen Sie sich nun erneut mit `get-psdrive` alle in PowerShell verfügbaren Laufwerke anzeigen. Jetzt sehen Sie auch ein zusätzliches SQL-Server-Laufwerk mit der Bezeichnung *SQLSERVER:*.

Die Struktur, die sich hinter diesem *SQLSERVER:\-Laufwerk* verbirgt, ist die logische Struktur des SQL Servers.

Ein interessantes SQL-Server-PowerShell-Cmdlet ist z. B. `invoke-sqlcmd`. Mit diesem Cmdlet ist es möglich, T-SQL-Befehle auf PowerShell-Ebene auszuführen.

Mit `Invoke-Sqlcmd -Query "SELECT @@Version"` lassen Sie sich z. B. die aktuelle Version der SQL-Server-Instanz anzeigen.

Durch die Eingabe von `Invoke-Sqlcmd -Query "Create database Demo7"` legen Sie eine neue Datenbank an.

Mit dem `-Query`-Parameter übergeben Sie dem Cmdlet T-SQL-Befehle, die ausgeführt werden können.

Genauere Informationen zu den aktuellen Cmdlets finden Sie allerdings in der Onlinedokumentation, da dies ein wirklich umfangreiches Thema ist. Die in diesem Abschnitt vorgestellte Vorgehensweise zum Import des `sqlps`-Moduls in die PowerShell 5.0-Umgebung wird auch von Microsoft empfohlen.

8.3.4 PowerShell über den Agent ausführen

Sie können mithilfe des SQL Server Agents PowerShell-Skripte ausführen. Hierzu legen Sie im Agenten einen ganz normalen Auftrag an und definieren Schritte vom Typ POWERSHELL. Genaueres zum Anlegen von Aufträgen lesen Sie in Kapitel 11, »Automatisieren von administrativen Aufgaben«.

8.4 Beispiel: Anzeigen der Instanzen von SQL Server in HTML

Wir zeigen Ihnen nun an einem einfachen Beispiel, wie Sie sich mithilfe von PowerShell alle Datenbanken der »SQL-Server-Named-Instance« in eine vollständige HTML-Datei auf Ihrer Festplatte ausgeben lassen.

1. Starten Sie das SQL Server Management Studio (SSMS), und melden Sie sich mit Ihren Anmeldedaten an der gewünschten SQL-Server-Instanz an.
2. Klicken Sie im Objekt-Explorer mit der rechten Maustaste auf den Knoten DATENBANKEN (DATABASES), und wählen Sie POWERSHELL STARTEN (START POWERSHELL).
3. PowerShell wird gestartet, und Sie befinden sich innerhalb der Navigationsstruktur des PowerShell-Anbieters direkt im Ordner DATENBANKEN (DATABASES) der gewählten SQL-Server-Instanz.
4. Geben Sie jetzt direkt den Befehl `get-childitem` ein, und bestätigen Sie ihn mit [↵], um sich die jeweiligen Inhalte des Ordners DATENBANKEN (DATABASES) anzeigen zu lassen. Es werden Ihnen alle Datenbanken der gewählten Instanz aufgelistet.
5. Geben Sie anschließend folgende Befehle zeilenweise ein; passen Sie den Beispielpfad *d:\ps-demo\listing.html* entsprechend an.

   ```
   $dblist = get-childitem
   $dblist | convertto-html  -property name,status,RecoveryModel  | Out-File
   d:\ps-demo\listing.html
   ```

   Listing 8.1 Datenbanken der SQL-Server-Instanz als HTML-Datei ausgeben

   Dieses Skript erledigt Folgendes: In Zeile 1 wird die Variable `$dblist` mit den Inhalten des Ordners (alle Datenbanken der Instanz) gesetzt. In Zeile 2 werden die Inhalte von `$dblist` in HTML konvertiert und im Ordner *d:\ps-demo* in der Datei *listing.html* abgespeichert. Diese Datei enthält wohlgeformtes HTML und kann mit dem Browser angezeigt werden.
6. Öffnen Sie Ihren Internetbrowser, wählen Sie DATEI • ÖFFNEN, und lassen Sie sich im von Ihnen gewählten Ablageordner die Datei *listing.html* anzeigen.

8.5 DBATOOLS – PowerShell-Skripte für den Administrator

Die DBATools verdienen ein eigenes Kapitel. Sie finden sie unter: *https://dbatools.io/*.

Es handelt sich dabei um eine kostenlose Open-Source-Sammlung von PowerShell-Befehlen, die von vielen bekannten SQL-Server-Spezialisten unterstützt und weiterentwickelt wird.

Mittlerweile hat die Entwicklergemeinde Version 1.0 erreicht. Diese Version ist stabil, oft getestet und wird auch schon in Unternehmen produktiv eingesetzt. Es gibt sogar bereits eine Portierung auf Linux, so dass auch dort nicht auf die DBATools verzichtet werden muss.

Auf dieser Webseite gibt es eine genaue Erklärung, wie die DBATools installiert werden können, und eine sehr lange Liste mit über 500 Kommandos, die mittlerweile in den DBATools enthalten sind.

Außerdem finden Sie dort die ausführliche Dokumentation und die Möglichkeit, die Weiterentwicklung finanziell oder auch als Programmierer zu unterstützen.

Die Auswahl an Kommandos beginnt mit einfachen Abfragen rund um Admin-Aufgaben bis hin zu ganzen Instanzmigrationen mit nur einem Befehl. Dabei werden Datenbanken, Logins, User Jobs, Berechtigungen und auch weitere Abhängigkeiten »einfach« kopiert.

Wir können an dieser Stelle nur empfehlen: Nehmen Sie sich die Zeit, sich diese Sammlung genauer anzusehen und, wenn Ihr Arbeit-/Auftraggeber es zulässt, installieren und nutzen Sie diese Tools, die Ihnen sicher viel Arbeit und auch Zeit ersparen werden.

8.6 SQLWATCH – ein Open-Source-Monitoring-Projekt

Ähnlich wie die DBATools müssen wir auch das Open-Source-Projekt *SQLWATCH* erwähnen. Sie finden es unter *https://sqlwatch.io/*.

Hier haben sich »Betroffene« zusammengefunden und ihre Bedürfnisse in ein Monitoring-Tool eingebaut. Dieses Werkzeug hilft beim Baselining (Wie sieht die normale Last einer Instanz aus?), beim Performance-Tuning und dabei, zu sehen, ob alles in Ordnung ist. Wie auch bei den DBATools hat die Entwicklergemeinde schon eine Menge Zeit in die Entwicklung und Verbesserung dieses Tools gesteckt.

Leider konnten wir bisher noch nicht so viele Erfahrungen damit sammeln, dieses Werkzeug ist aber auf jeden Fall einen intensiveren Blick wert.

Kapitel 9
Backup und Restore

Funktionstüchtige Backups sind elementar für eine erfolgreiche Wiederherstellung einer Datenbank nach einem Notfall. Dieses Kapitel beleuchtet wichtige Vorgehensweisen und Strategien der Datensicherung und -wiederherstellung.

Vielfach wird es als nebensächlich empfunden, sich mit dem Thema Datenbanksicherung zu befassen. Eigentlich möchte jeder, dass die im täglichen Betrieb anfallenden Daten für den Fall der Fälle gesichert und natürlich auch wiederhergestellt werden können. Und das möglichst schnell und zuverlässig.

Dies ist nachvollziehbar, da eine Datenbanksicherung in der Regel nur im Notfall benötigt wird, und dieser Notfall tritt nicht gerade jeden Tag ein. Die Idealvorstellung ist es, eine aktuelle Sicherung zu haben, die eingespielt wird, und alles ist wieder in Ordnung.

Genau das ist mit SQL Server natürlich möglich, und bei richtiger Anwendung der durch SQL Server zur Verfügung gestellten Möglichkeiten müssen Sie auch im Notfall keinerlei Datenverlust in Kauf nehmen. Dieses Kapitel gibt Ihnen eine Einführung in die Backup- und Restore-Möglichkeiten mit SQL Server.

9.1 Sicherungsverfahren

SQL Server unterstützt die unterschiedlichsten Verfahren, eine Datenbank zu sichern und wiederherzustellen. Diese unterschiedlichen Möglichkeiten der Sicherung gibt es, weil auch für SQL Server die physikalischen Gesetze gelten, die die zu übertragende Datenmenge bei einer Sicherung betreffen.

Eine kleine Datenbank können Sie schnell innerhalb kurzer Zeit sichern, jedoch dauern Sicherungen mit zunehmender Datenmenge länger, da Sicherungs- und natürlich demzufolge auch Wiederherstellungsvorgänge mit zunehmender Datenmenge ganz einfach mehr Zeit in Anspruch nehmen, um die Daten zu transportieren.

Es ist in der Regel problematisch und kann Unternehmen sehr viel Geld kosten, wenn das Wiederherstellen einer Datenbank nach einer Beschädigung viele Stunden dauert oder nur der Datenbestand des Vortages wiederhergestellt werden kann, zum Beispiel wenn die Datenbank aufgrund des anfallenden Datenvolumens nur nachts gesichert wurde. Wir denken in diesem Zusammenhang an die katastrophalen Auswirkungen bei stark frequentierten Onlineshops oder Buchungssystemen.

Aus diesem Grund bietet SQL Server Ihnen nicht nur *die* eine Sicherung, sondern, wie bereits erläutert, mehrere unterschiedliche Möglichkeiten, eine Datenbank oder deren Bestandteile zu sichern. Diese Möglichkeiten werden als *Sicherungsverfahren* (*backup model*) bezeichnet und nachfolgend erläutert.

9.1.1 Vollständige Sicherung (Full Backup)

Eine *vollständige Sicherung* sichert die komplette Datenbank mit allen Daten (Vollsicherung). Alle Datendateien der Datenbank und Teile des Transaktionsprotokolls werden gesichert.

Diese Sicherungsart verkörpert die Basisform der sogenannten Datenbanksicherung. Auf Basis dieser Sicherung können Sie die komplette Datenbank wiederherstellen.

9.1.2 Differenzielle Sicherung (Differential Backup)

Die *differenzielle Sicherung* sichert die Datenblöcke der Datenbank, die sich seit der letzten vollständigen Sicherung geändert haben.

Die zu sichernde Datenmenge ist demzufolge kleiner als bei einer Vollsicherung. Um eine Datenbank mittels differenzieller Sicherung(en) wiederherzustellen, benötigen Sie immer eine zugehörige Vollsicherung.

9.1.3 Transaktionsprotokoll-Sicherung (Transaction Log Backup)

Sie sichert das Transaktionsprotokoll. Eine *Transaktionsprotokoll-Sicherung* ist wesentlich schneller als eine Vollsicherung. Das Transaktionsprotokoll zeichnet sozusagen alle Änderungen an den Daten wie ein kleiner Recorder auf.

9.1.4 Sicherung des Protokollfragments (Tail-Log Backup)

Sie sichert den noch nicht mittels Transaktionsprotokoll-Sicherung gesicherten Teil des Protokolls. Sie haben mit diesem Sicherungsverfahren die Möglichkeit, auch den noch nicht gesicherten Teil des Transaktionsprotokolls zu sichern, selbst wenn die Datenbank aufgrund eines Notfalls nicht mehr erreichbar ist. Diese Form der Sicherung wird auch als *Tail-Log-Sicherung* bezeichnet.

9.1.5 Teilsicherung (Partial Backup)

Eine *Teilsicherung* sichert die Daten, die in der primären Dateigruppe enthalten sind, sowie Dateigruppen mit Lese-/Schreibzugriff und optional angegebene Dateigruppen oder Dateien.

9.1.6 Dateigruppensicherung (Filegroup Backup)

Sie sichert einzelne Dateigruppen. Eine Datenbank kann aus mehreren Datendateien bestehen, die in sogenannten Dateigruppen organisiert sind. Diese Form der Sicherung ermöglicht die Sicherung dieser Dateigruppen. Weitere Informationen zu Dateigruppen finden Sie in Abschnitt 9.3, »Sicherung von Dateigruppen«.

9.2 Wiederherstellungsmodelle (Recovery Model): Ein Überblick über die Backup-Möglichkeiten

Ein wesentlicher Punkt, um die genannten Sicherungsverfahren anzuwenden, ist, für die zu sichernde Datenbank ein passendes sogenanntes *Wiederherstellungsmodell* (*Recovery Model*) auszuwählen. Durch das Setzen des Wiederherstellungsmodells für eine Datenbank legen Sie fest, wie SQL Server die Daten des zugehörigen Transaktionsprotokolls speichert und verwaltet, wenn die Transaktionen abgeschlossen sind.

Die Wahl des Wiederherstellungsmodells bestimmt zudem, welche Sicherungsverfahren Ihnen zur Verfügung stehen. Es gibt insgesamt drei Wiederherstellungsmodelle: EINFACH (englisch: SIMPLE), VOLLSTÄNDIG (FULL) und MASSENPROTOKOLLIERT (BULK-LOGGED) (vergleiche auch Abbildung 9.2).

Das Wiederherstellungsmodell für eine Datenbank legen Sie im SQL Server Management Studio (SSMS) wie folgt fest:

1. Klicken Sie im Objekt-Explorer mit der rechten Maustaste auf die Datenbank, für die Sie das Wiederherstellungsmodell ändern möchten.
2. Im daraufhin erscheinenden Kontextmenü aus Abbildung 9.1 wählen Sie den Menüpunkt EIGENSCHAFTEN (PROPERTIES).
3. Im sich öffnenden Dialog klicken Sie im linken Bereich, SEITE AUSWÄHLEN (SELECT A PAGE), den Punkt OPTIONEN (OPTIONS) an.
4. Im rechten Bereich wählen Sie jetzt durch Setzen der Auswahlbox WIEDERHERSTELLUNGSMODELL (RECOVERY MODEL) das gewünschte Modell aus und bestätigen durch einen Klick auf OK.

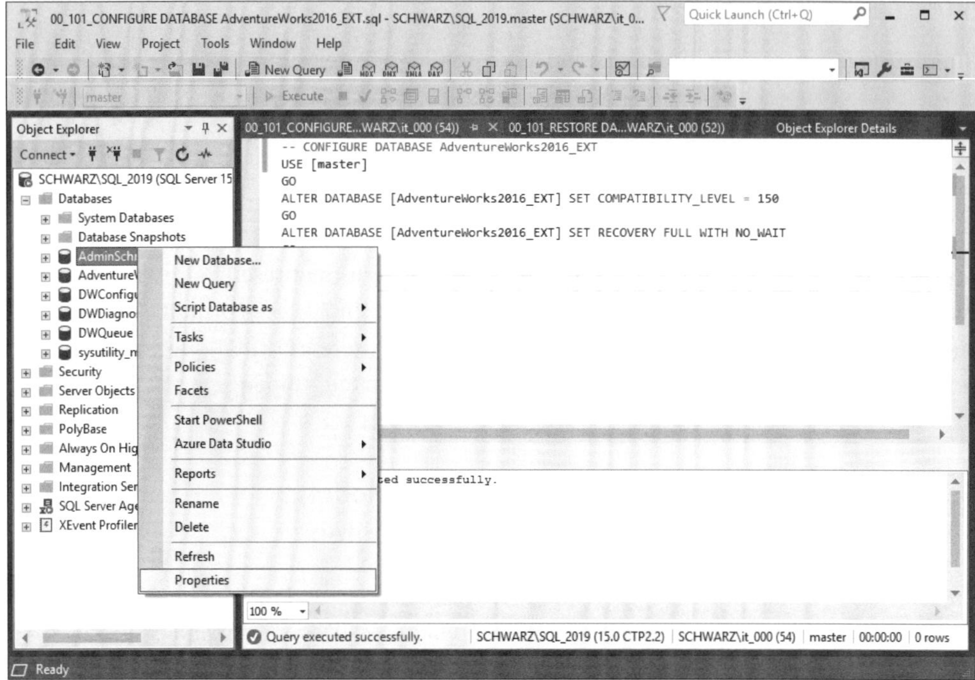

Abbildung 9.1 Eigenschaften einer Datenbank aufrufen

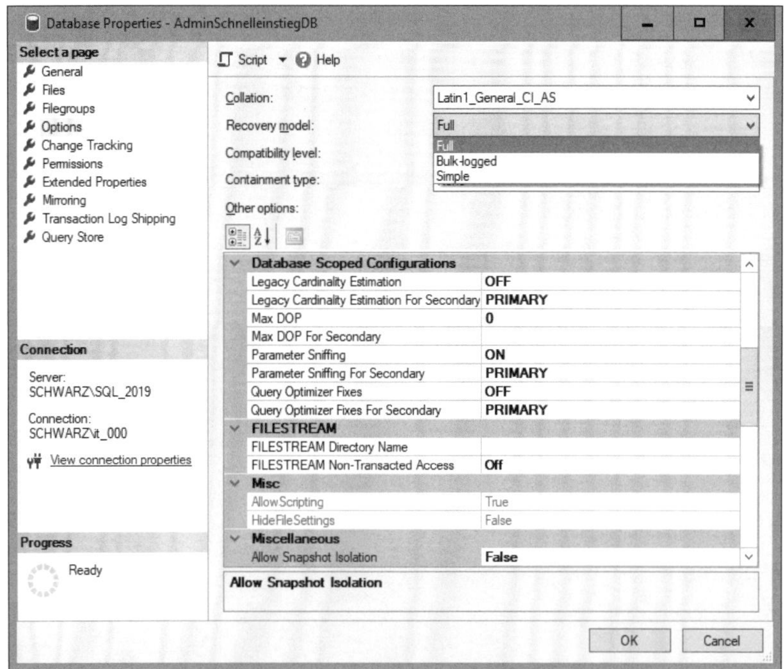

Abbildung 9.2 Wiederherstellungsmodell auswählen

9.2.1 Das Wiederherstellungsmodell »Einfach« (recovery model »Simple«)

Ist für eine Datenbank das Wiederherstellungsmodell EINFACH (SIMPLE) gesetzt, bedeutet dies, dass SQL Server automatisch das zugehörige Transaktionsprotokoll verwaltet. Das heißt, dass der inaktive Teil des Transaktionsprotokolls automatisch gelöscht wird und die dadurch freiwerdenden Bereiche für eine erneute Verwendung freigegeben werden. Das wiederum bedeutet, dass das Transaktionsprotokoll automatisch immer klein gehalten wird und nicht unbegrenzt anwachsen kann. In diesem Modus besteht nicht die Möglichkeit, das Transaktionsprotokoll extra zu sichern. In diesem Wiederherstellungsmodell können Sie nur Vollsicherungen und differenzielle Sicherungen durchführen.

9.2.2 Das Wiederherstellungsmodell »Vollständig« (recovery model »Full«)

Im Wiederherstellungsmodell VOLLSTÄNDIG (FULL) werden alle Transaktionen im Transaktionsprotokoll gehalten. Der inaktive Teil des Transaktionsprotokolls wird nicht gelöscht. Erst durch das Ausführen einer Transaktionsprotokoll-Sicherung werden die Speicherplätze der inaktiven Transaktionen des Transaktionsprotokolls für die weitere Verwendung freigegeben, also gelöscht. Damit wird sichergestellt, dass durchgeführte, abgeschlossene und damit im Transaktionsprotokoll aufgezeichnete Änderungen an der Datenbank nicht einfach verlorengehen.

Der inaktive Teil des Transaktionsprotokolls kann, wie bereits erwähnt, nur durch eine Transaktionsprotokoll-Sicherung aus dem Transaktionsprotokoll entfernt werden. SQL Server geht natürlich davon aus, dass Sie diese Transaktionsprotokoll-Sicherungen gut verwahren und Ihnen diese im Wiederherstellungsfall einer Datenbank zur Verfügung stehen, um Ihre Daten auf den aktuellen Stand zu bringen.

Vereinfacht gesagt, ist es möglich, bei einer Wiederherstellung einer Datenbank auf Basis der letzten vollständigen Datenbanksicherung zusätzlich die gespeicherten Transaktionsprotokolle über die wiederhergestellte Datenbank zu spielen, um einen konsistenten Zustand der Daten zu erreichen oder alle Änderungen nachzuziehen.

Im Wiederherstellungsfall würde daher z. B. erst die zugehörige letzte Vollsicherung eingespielt. Da diese Vollsicherung jedoch eben nur den Datenbestand der letzten Vollsicherung enthält und nicht die Änderungen am Datenbestand danach, werden nun zusätzlich sämtliche im Transaktionsprotokoll aufgezeichneten Transaktionen eingespielt.

Auf diese Weise erhalten Sie wieder den Datenstand bis zur letzten Transaktionsprotokoll-Sicherung. Dies setzt natürlich voraus, dass Sie das Transaktionsprotokoll seit der letzten Datenbanksicherung regelmäßig gesichert haben und Ihnen eine ununterbrochene Kette von Transaktionsprotokoll-Sicherungen zur Verfügung steht.

Dieses sogenannte Nachziehen der Transaktionsprotokolle wird auch als *Roll Forward* bezeichnet.

Wenn Sie nach dem Wiedereinspielen einer Sicherung weitere Sicherungen, etwa Transaktionsprotokolle, nachziehen möchten, müssen Sie dies SQL Server mitteilen, indem Sie die Option `WITH NORECOVERY` setzen (siehe Abbildung 9.4). Sie finden sie in den OPTIONEN (OPTIONS) des Dialogs DATENBANK WIEDERHERSTELLEN (RESTORE DATABASE), den Sie mit einem Rechtsklick im Objekt-Explorer auf den Ordner DATENBANKEN (DATABASES) erreichen (siehe Abbildung 9.3). Die Datenbank wird dann in einen Modus versetzt, der es ermöglicht, zum bereits wiederhergestellten Datenbestand weitere Datenbestände in Form von differenziellen Sicherungen oder Transaktionsprotokollen nachzuziehen.

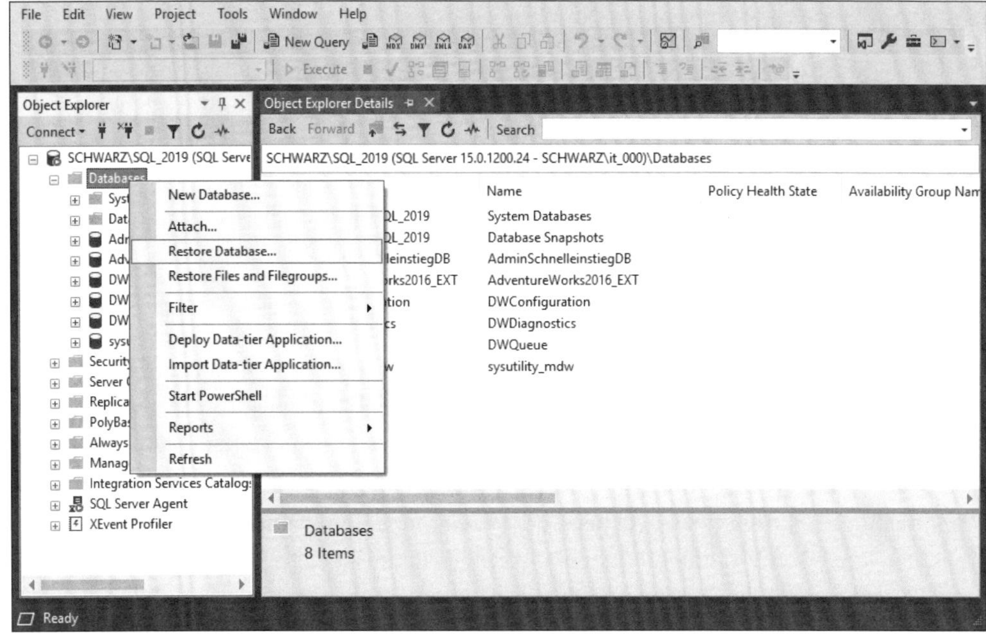

Abbildung 9.3 Aufruf des Dialogs zum Wiederherstellen einer Datenbank

Erst wenn alle Datensicherungen eingespielt wurden, setzen Sie die Option `WITH RECOVERY`, und die Datenbank kann verwendet werden.

Sie können im Wiederherstellungsmodell VOLLSTÄNDIG (Recovery Model FULL) im Dialog DATENBANK WIEDERHERSTELLEN (RESTORE DATABASE) angeben, bis zu welchem Zeitpunkt (*Point-in-Time Recovery*) Ihre Daten wiederhergestellt werden sollen (Abbildung 9.5). Zum Beispiel haben Sie die kompletten Sicherungsdaten bis Dienstag, möchten aber den Datenbestand nur bis zum Zeitpunkt Montag, 10:30 Uhr wiederherstellen.

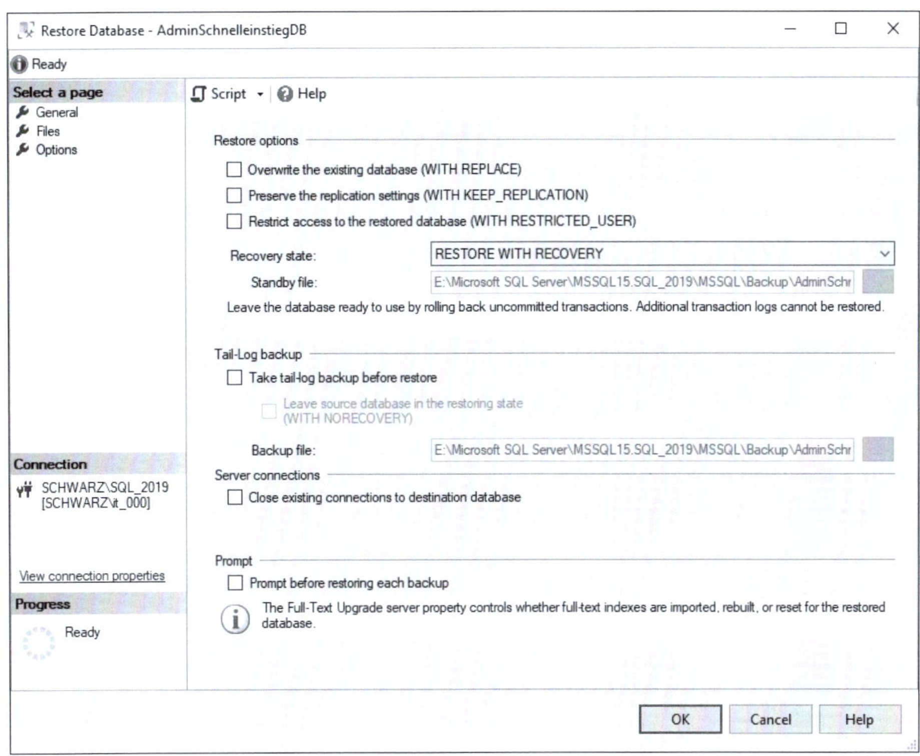

Abbildung 9.4 Optionen im Dialog »Datenbank wiederherstellen« (»Restore Database«)

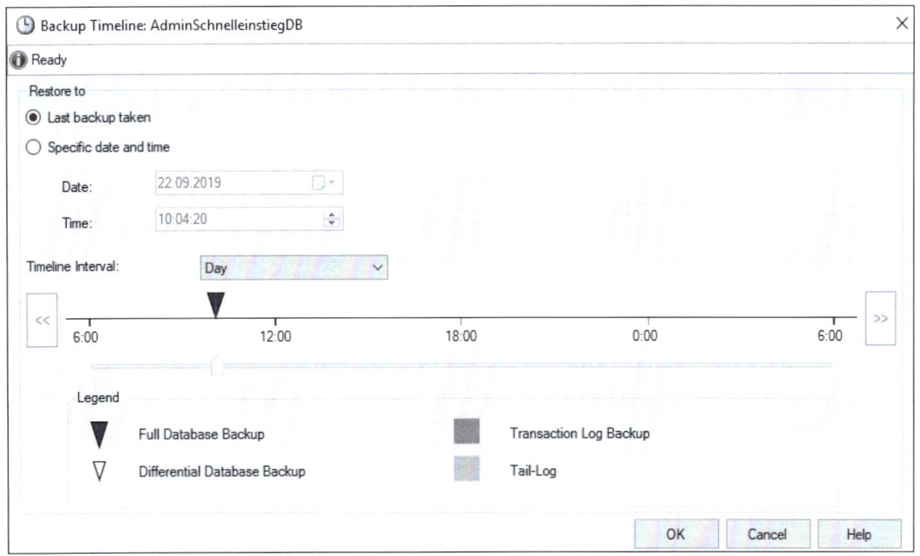

Abbildung 9.5 Angabe des Wiederherstellungszeitpunkts im Dialog »Datenbank wiederherstellen« (»Restore Database«)

Vorteil

Der Vorteil dieses Wiederherstellungsmodells ist es, dass Sie durch das Einspielen der Transaktionsprotokoll-Sicherungen in der Lage sind, den Datenzustand der Datenbank bis zum Eintreten des Fehlers wiederherzustellen. Sie sind unter gewissen Voraussetzungen (Transaktionsprotokoll befindet sich auf ausfallsicherem Datenträger) auch in der Lage, in einem Notfall ohne Datenverlust Ihre Daten komplett zu restaurieren.

Nachteil

Führen Sie keine regelmäßigen Transaktionsprotokoll-Sicherungen durch, läuft das Transaktionsprotokoll voll. Es wird immer größer, bis der Plattenspeicherplatz aufgebraucht ist. Ein Arbeiten mit der Datenbank ist dann nicht mehr möglich. Dies ist ein häufiges Problem, wenn wir an all die Foreneinträge im Web denken, wo User fragen, warum das Transaktionsprotokoll wächst und wächst.

> **Achtung**
>
> Verwechseln Sie das *Wiederherstellungsmodell* VOLLSTÄNDIG (*recovery model* FULL) nicht mit dem *Sicherungsverfahren* VOLLSTÄNDIG (FULL *Backup*). Beides sind, wie zuvor erläutert, zwei verschiedene Dinge.

9.2.3 Massenprotokolliert

Das Wiederherstellungsmodell MASSENPROTOKOLLIERT (BULK-LOGGED) ähnelt sehr dem vollständigen Wiederherstellungsmodell, jedoch gibt es einige Unterschiede. Es werden bestimmte Operationen nur minimal in das Transaktionsprotokoll geschrieben. Demnach wird für das Speichern der Daten im Transaktionsprotokoll nicht so viel Speicher belegt. Dies ist dann wichtig, wenn Sie innerhalb kurzer Zeit sehr viele Daten in die Datenbank importieren.

Dieses Wiederherstellungsmodell sollten Sie einsetzen, wenn Sie Massenoperationen durchführen, z. B. Massen-Inserts mit `BULK INSERT`. Sollten Sie eine größere Menge an Daten mittels `BULK INSERT` in Ihre Datenbank einfügen, können Sie zuvor vom Wiederherstellungsmodell VOLLSTÄNDIG (FULL) in MASSENPROTOKOLLIERT (BULK-LOGGED) wechseln.

Sie können in diesem Wiederherstellungsmodell – anders als im vollständigen Wiederherstellungsmodell – *keine* Wiederherstellung bis zu einem bestimmten Zeitpunkt (Point-in-Time Recovery) durchführen.

9.3 Sicherung von Dateigruppen

Eine Datenbank besteht minimal aus zwei Dateien: der Datendatei *.mdf* und dem Transaktionsprotokoll *.ldf*. Wie aber bereits in Kapitel 7, »Grundlegendes Know-how für Administratoren und Entwickler«, erläutert, können Datenbanken auch aus mehreren Dateigruppen oder zusätzlichen Datendateien aufgebaut sein. Auch diese Dateigruppen können Sie einzeln sichern und wiederherstellen. Wichtig ist diese Möglichkeit bei sehr großen Datenbanken, die in angemessener Zeit gesichert und wiederhergestellt werden müssen. Denkbar ist hier, in regelmäßigem Abstand nur bestimmte Dateigruppen zu sichern, z. B. wenn die relevanten Änderungen nur in Tabellen durchgeführt wurden, die der jeweiligen Dateigruppe zugeordnet wurden.

9.4 Systemdatenbanken richtig sichern und wiederherstellen

SQL Server speichert wichtige Metainformationen in den Systemdatenbanken, die zum Betrieb des Servers selbst notwendig sind. Sie sollten sich darüber im Klaren sein, welche Systemdatenbanken überhaupt gesichert werden müssen. Kapitel 6, »Die SQL-Server-Systemdatenbanken im Überblick«, gibt Ihnen diesbezüglich einen genauen Überblick.

Die MASTER-Datenbank ist die mit Abstand wichtigste Systemdatenbank, die Sie in Ihre Sicherungsüberlegungen einbeziehen sollten. Diese Datenbank enthält wichtige Metainformationen über SQL Server selbst und seine Datenbanken.

Der Prozess der Sicherung einer Systemdatenbank unterscheidet sich nicht von der Sicherung einer Benutzerdatenbank. Sie können jede Systemdatenbank (bis auf die TEMPDB und die Ressourcendatenbank) ohne Probleme mittels SSMS sichern.

Eine Wiederherstellung z. B. der MASTER-Datenbank ist jedoch nicht so ohne Weiteres auf die herkömmliche Art und Weise möglich. Um eine Sicherung einer beschädigten MASTER-Datenbank einzuspielen, müssen Sie SQL Server im Einzelbenutzermodus starten. Danach können Sie die MASTER-Datenbank mittels `sqlcmd` und `restore`-Befehl einspielen. Eine Anleitung hierzu finden Sie in Abschnitt 9.8.3, »Szenario 3: Wiederherstellen der Systemdatenbank MASTER aus einer Sicherung«.

9.5 Datenbank-Snapshots: Datenbankzustände konservieren und wiederherstellen

Auch *Datenbank-Snapshots* helfen Ihnen dabei, verlorengegangene Daten wiederherzustellen. Die Option, Datenbank-Snapshots anzulegen, gibt es bereits seit SQL Server 2005. Wir möchten Ihnen die Möglichkeiten, die sich hinsichtlich der Nutzung von

Datenbank-Snapshots ergeben, nicht vorenthalten. Ein Datenbank-Snapshot ist, wie es der Name schon vermuten lässt, der konsistente schreibgeschützte Zustand einer Datenbank zu einem bestimmten Zeitpunkt.

Haben Sie einen Datenbank-Snapshot erstellt, sehen Sie ihn im SQL Server Management Studio im Objekt-Explorer-Knoten DATENBANK-MOMENTAUFNAHMEN (DATABASE SNAPHOTS), wie Abbildung 9.6 zeigt.

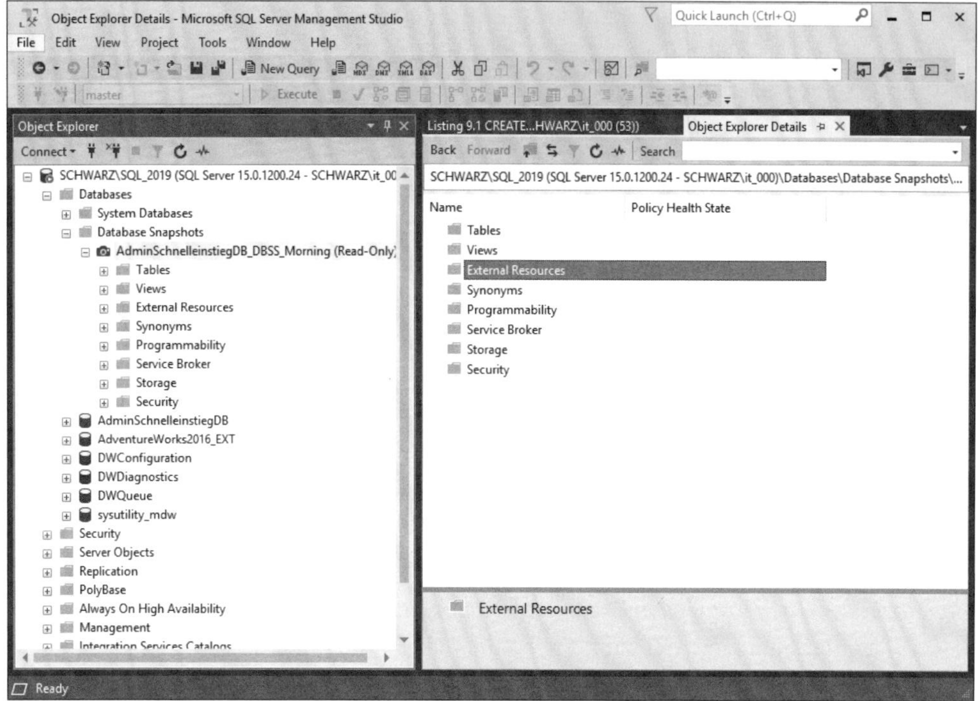

Abbildung 9.6 Knoten »Datenbank-Momentaufnahmen« (»Database Snapshots«) für Snapshots

Ein Snapshot verhält sich zunächst einmal wie eine normale Datenbank. Wenn Sie den Knoten des Snapshots in der Baumstruktur des Management-Studio-Objekt-Explorers öffnen, sehen Sie die gleiche Struktur wie beim Öffnen eines Datenbankknotens – Tabellen, Sichten, Programmierbarkeit etc.

Sie können, wie bereits erwähnt, auf alle Elemente zugreifen und so z. B. Tabellen oder Sichten abfragen, die Ihnen mit den Daten angezeigt werden, die zum Zeitpunkt der Erstellung des Snapshots aktuell waren. Lediglich Operationen, die Daten ändern, sind untersagt und werden mit einem Fehler quittiert. Ein Snapshot ist schreibgeschützt!

Wie können Sie sich die Funktionsweise eines solchen Snapshots nun vorstellen? Datenbank-Snapshots funktionieren nach der sogenannten *Copy-on-Write-Technologie*. Das bedeutet, dass sie nur die Daten (Datenseiten) enthalten, die nach der Erstellung des Snapshots in der Basisdatenbank geändert wurden.

Direkt nach der Erstellung befinden sich bis auf die notwendigen Verwaltungsdaten keine Daten in der Snapshot-Datei. Führen Sie eine Abfrage auf eine Tabelle des Snapshots durch, wird erkannt, dass die entsprechenden zu liefernden Daten sich nicht geändert haben, und deshalb werden diese Daten aus der zugehörigen Basisdatenbank angezeigt.

Werden Daten in der Basisdatenbank seit Erstellung des Snapshots erstmalig geändert, werden die zu ändernden Datenseiten vorab in die Snapshot-Datei kopiert und erst dann in der Basisdatenbank geändert.

Fragen Sie jetzt Tabellen des Snapshots ab, die in der Basisdatenbank längst geändert wurden, werden die in der Snapshot-Datei gespeicherten Daten zurückgeliefert, eventuell in Verbindung mit den Daten, die zwar auch auf der Grundlage der Abfrage geliefert werden müssen, die jedoch – da nicht geändert – noch in der Basisdatenbank gespeichert sind.

Snapshot-Dateien enthalten kurz nach der Erstellung kaum Daten, sie werden allerdings mit jeder ersten Änderung an den Basisdaten nach der Snapshot-Erstellung immer größer. Snapshots können aber maximal so groß werden, wie die Quelldatenbank zur Erstellung des Snapshots war. Haben Sie viele Snapshots, muss in jede Snapshot-Datei nach deren Erstellung eine eventuelle Änderung an den Basisdaten der Datenbank in die Snapshot-Dateien übertragen werden. Das bedeutet, es gibt eine erhöhte Anzahl an E/A-Vorgängen.

Solange für eine Datenbank ein Snapshot existiert, kann eine Datenbank (die Quelldatenbank, der der Snapshot zugeordnet ist) nicht gelöscht, getrennt oder wiederhergestellt werden. Es müssen erst alle Snapshots gelöscht werden, dann ist dies wieder möglich.

Ein Snapshot muss sich auch auf derselben SQL-Server-Instanz befinden wie die Quelldatenbank.

9.5.1 Wie wird ein Snapshot erzeugt?

Snapshots können Sie nur per T-SQL-Skript erzeugen. Eine entsprechende Assistentenfunktion im Management Studio gibt es nicht.

Einen Snapshot erzeugen Sie mit dem T-SQL-Command `CREATE DATABASE`, beispielsweise wir folgt:

```
CREATE DATABASE AdminSchnelleinstiegDB_DBSS_Morning ON
(NAME = AdminSchnelleinstiegDB, FILENAME = 'E:\Microsoft SQL Server\MSSQL15.
SQL_2019\MSSQL\DATA\AdminSchnelleinstiegDB.ss'),
AS SNAPSHOT OF AdminSchnelleinstiegDB;
GO
```

Listing 9.1 Erzeugen eines Snaphots mittels CREATE DATABASE

Dieser Befehl erzeugt einen Snapshot *AdminSchnelleinstiegDB_DBSS_Morning* aus der Datenbank »AdminSchnelleinstiegDB«. Der logische Dateiname der Datendatei der Datenbank ist *datendatei_neu*, und die eigentliche Datendatei des Snapshots liegt im Verzeichnis *E:\Microsoft SQL Server\MSSQL15.SQL_2019\MSSQL\DATA* und heißt *AdminSchnelleinstiegDB.ss*.

Besteht die Datenbank, für die ein Snapshot erzeugt werden soll, aus zwei Datendateien, sieht der Befehl zum Erzeugen des Snapshots wie folgt aus.

```
CREATE DATABASE AdminSchnelleinstiegDB_DBSS_Morning ON
(NAME = AdminSchnelleinstiegDB, FILENAME = 'E:\Microsoft SQL Server\MSSQL15.
SQL_2019\MSSQL\DATA\AdminSchnelleinstiegDB.ss1'),
(NAME = datendatei_neu, FILENAME = 'E:\Microsoft SQL Server\MSSQL15.SQL_2019\
MSSQL\DATA\datendatei_neu.ss2')
AS SNAPSHOT OF AdminSchnelleinstiegDB;
GO
```

Listing 9.2 Erzeugen eines Snapshots »sqlxpert_snapshot« aus einer Datenbank (»sqlxpert«) mit zwei Datendateien

9.5.2 Wie ist die Snapshot-Technologie mit Sicherung und Wiederherstellung in Einklang zu bringen?

Eines gleich vorweg: Ein Snapshot ist keine Sicherung Ihrer Datenbank, und Snapshots funktionieren auch nur, wenn die Basisdatenbank voll funktionstüchtig ist. Das geht aus unseren Ausführungen zuvor bereits hervor. Ein Snapshot ist keine vollständige Kopie der Datenbank, sondern es werden lediglich Daten, die nach der Erstellung des Snapshots geändert wurden, in den Snapshot übertragen. Ein Snapshot benötigt demnach immer die Basisdatenbank, um zu funktionieren. Ist Ihre Basisdatenbank nicht mehr verfügbar, funktionieren auch die zugehörigen Snapshots nicht mehr.

Einen Snapshot können Sie allerdings dazu verwenden, aus Versehen gelöschte Daten bei voll funktionstüchtiger Datenbank wiederherzustellen, indem Sie sie einfach wieder in die Basisdatenbank kopieren.

Es ist ebenfalls möglich, eine komplette Datenbank aus einem Snapshot wiederherzustellen, und zwar mit dem Befehl RESTORE DATABASE:

```
RESTORE DATABASE AdminSchnelleinstiegDB FROM database_snapshot =
 'AdminSchnelleinstiegDB_DBSS_Morning';
```

Listing 9.3 Wiederherstellung einer kompletten Datenbank mit »restore database«

Wohlgemerkt, dies funktioniert nur, wenn Ihre Basisdatenbank unversehrt ist!

9.5.3 Überlegungen zum Einsatz von Snapshots

Szenario 1: Reporting

Ein vermeintliches Anwendungsszenario von Snapshots wäre beispielsweise, zu jedem Ersten des Monats um 00:00 Uhr einen Snapshot von einer Firmendatenbank zu erstellen. Dies kann via T-SQL-Auftrag des Agents erfolgen (siehe hierzu Kapitel 11, »Automatisieren von administrativen Aufgaben«).

Die zugehörigen Reports und Auswertungen könnten dann immer auf die jeweiligen monatlich konservierten Zustände der Datenbank verweisen und nicht auf die aktive Produktivdatenbank. Zusätzliche Abfragen, die nur die Datensätze herausfiltern, die für die entsprechende Monatsauswertung benötigt werden, könnten entfallen.

Ein wesentlicher Nachteil – und das sollte jeder Entwickler oder Administrator berücksichtigen – ist jedoch, dass Snapshots selbst nicht gesichert und wiederhergestellt und auch nicht getrennt und wiederangefügt werden können.

Wenn Sie einen Restore Ihrer Basisdatenbank unter demselben Namen vornehmen müssen, da sie irreparabel beschädigt wurde, müssen Sie sogar alle vorhandenen Snapshots löschen.

Das ist natürlich nicht optimal, wenn Ihre gesamte Reporting-Infrastruktur der letzten fünf Jahre darauf basiert. Alle Snapshots wären verloren!

Aber dennoch bieten Ihnen Snapshots diese Möglichkeit der Report-Auswertung auf Vergangenheitsdaten. Deren Einsatz sollte aber wohlüberlegt sein.

Szenario 2: Spiegelung

Ein weiteres Praxisszenario, in dem Snapshots eingesetzt werden können, ist die *Spiegelung*. Im Fall einer Datenbankspiegelung ist es normalerweise nicht möglich, auf die Spiegeldatenbank zuzugreifen. Sie können jedoch Datenbank-Snapshots für die Spiegeldatenbank anlegen und diese Snapshots als Quelle für Ihre Report-Auswertungen etc. verwenden.

Vorteil hierbei ist, dass Sie die Produktivdatenbank entlasten, da alle Reports auf die Daten des Spiegels bzw. auf den Snapshot der gespiegelten Datenbank zugreifen.

Nachteil wäre in diesem Fall, dass auch hier der Snapshot natürlich nur die Daten enthält, die zum Zeitpunkt seiner Erstellung in der Datenbank vorhanden waren. Aber immerhin, es ist möglich.

Snapshots können ebenfalls auf jeder primären oder sekundären Datenbank einer Verfügbarkeitsgruppe (*AlwaysOn*) erstellt werden. Genaueres zu Datenbankspiegelungen und weiteren Hochverfügbarkeitstechnologien, wie z. B. AlwaysOn, finden Sie in Abschnitt 15.8.

Szenario 3: Snapshot-Einsatz für Entwickler

Interessante Einsatzmöglichkeiten bieten Snapshots auch dem Entwickler von Datenbankapplikationen. Es ist ein häufiges Szenario, dass im Rahmen von Entwicklungen und Tests regelmäßig überprüft werden muss, ob Daten korrekt gelöscht oder geändert werden können. Hierzu werden in der Regel Testdaten eingegeben, die im Rahmen des Tests überschrieben, geändert oder gelöscht werden.

Sind die Tests durchgeführt, möchte der Entwickler die Datenbank wieder in den Ursprungszustand versetzen, um eventuell andere Tests durchführen zu können. Ein Entwickler hat mit der Hilfe von Snapshots jederzeit die Möglichkeit, seine Testdatenbank in den Ursprungszustand vor dem Test zurückzuversetzen. Den entsprechenden Befehl hierzu finden Sie in Listing 9.3.

Eine nützliche Möglichkeit, wie wir finden. Dies haben uns schon zahlreiche Entwickler bestätigt.

9.6 Backup-Strategie

Bis jetzt haben wir Ihnen die Möglichkeiten der Sicherung durch SQL Server beschrieben. In diesem Zusammenhang ist es aber wichtig, sich darüber Gedanken zu machen, welche der genannten Sicherungsverfahren Sie anwenden möchten, um die gestellten Anforderungen bezüglich Datensicherung und Notfallwiederherstellung zu erfüllen.

Hier stellen sich unter anderem folgende Fragen:

- Reicht Ihnen im Notfall die Wiederherstellung der Daten des Vortages, oder benötigen Sie alle Daten, die bis zum Eintreten des Notfalls in die Datenbank eingegeben wurden?
- In welchem Zeitraum muss die Datenbank spätestens wiederhergestellt und betriebsbereit sein?
- Wie können Sie die unterschiedlichen Sicherungsmöglichkeiten optimal einsetzen oder miteinander kombinieren, um Ihre Datenbank schnell zu sichern und auf

dieser Grundlage auch schnell wiederherzustellen, ohne das System unnötig zu belasten?

Diese Überlegungen und die daraus geplante Anwendung der durch SQL Server zur Verfügung gestellten Sicherungsverfahren werden auch als *Backup-Strategie* bezeichnet.

Warum ist der Zeitfaktor einer Datenbanksicherung wichtig? Eine Datenbanksicherung verbraucht Ressourcen. Obwohl auf SQL-Server-Datenbanken während einer Sicherung ohne Probleme zugegriffen werden kann, muss SQL Server dennoch einen Teil seiner Ressourcen für die Sicherungsvorgänge aufwenden. Dies geht in diesem Fall zu Lasten der Performance. Bei gleichzeitigem Arbeiten auf der Datenbank macht sich dies unter Umständen deutlich bemerkbar. Sicherungen sollten Sie demzufolge zu Zeiten durchführen, in denen das *DBMS* (Datenbank-Management-System, Database Management System) nicht belastet ist. Dies ist meistens nachts oder außerhalb der regulären Arbeitszeiten der Fall.

9.6.1 Strategie für vollständige Datenbanksicherungen

Wenn Ihre Datenbank relativ klein ist und nicht allzu häufig geändert wird, könnten Sie folgende Strategie der Vollsicherung in Betracht ziehen:

Sie führen täglich um 01:00 Uhr früh eine Vollsicherung Ihrer Datenbank durch. Tritt bei laufendem Produktivbetrieb tagsüber ein Datenbanknotfall auf, stellen Sie die Datenbank aus der letzten Vollsicherung wieder her.

Diese Strategie setzt voraus, dass Sie damit leben können, dass, sollte Ihre Datenbank z. B. um 14:00 Uhr aus der um 01:00 Uhr früh durchgeführten Sicherung wiederhergestellt werden müssen, alle bis 14:00 Uhr angefallenen Daten des aktuellen Tages verloren sind.

Akzeptabel wäre dies eventuell, wenn Ihre Datenbank schreibgeschützt ist oder minimale, unerhebliche Datenänderungen vorgenommen wurden, die vernachlässigt werden können. Denkbar wäre hier natürlich auch, die Vollsicherung mehrmals am Tag durchzuführen. Dies richtet sich danach, wie viel Zeit ein solcher Sicherungsvorgang benötigt. Dauert die vollständige Sicherung fünf Minuten, stellt dies kein Problem dar; anders sieht das Ganze aus, wenn die Datenbanksicherung eine Stunde benötigt.

9.6.2 Strategie für Datenbank- und Transaktionsprotokoll-Sicherung

Nehmen wir an, eine vollständige Sicherung Ihrer Datenbank nimmt sehr viel Zeit in Anspruch – eine Stunde oder mehr. Sie benötigen aber dennoch bei einem Ausfall und einer anschließenden Wiederherstellung sämtliche Daten, die bis zum Zeitpunkt des Datenbankausfalls angefallen sind, oder Sie benötigen diese Daten möglichst aktuell.

Natürlich könnten Sie rein theoretisch Ihre Datenbank jede Stunde mittels Vollsicherung sichern. Warum ist dies aber ein Problem?

Angenommen, Sie haben Ihre Vollsicherung soeben abgeschlossen, beispielsweise um 13:30 Uhr, und gleich anschließend starten Sie die nächste Vollsicherung, die erneut eine Stunde zur Sicherung benötigt.

Die bis 13:30 Uhr eingegebenen Daten sind sicher, denn sie sind Bestandteil Ihrer Vollsicherung, da eine Vollsicherung alle Daten erfasst, die bis zu ihrem Abschluss in die Datenbank eingegeben wurden. Starten Sie nun die nächste Vollsicherung, die auch wieder circa eine Stunde läuft. Schlägt diese jedoch nach 20 Minuten fehl, da die Datenbank nicht mehr verfügbar ist, bedeutet dies, dass alle Daten, die ab 13:30 Uhr eingegeben wurden, verloren sind, da Sie nur auf die letzte, um 13:30 Uhr abgeschlossene Vollsicherung zurückgreifen könnten.

Hier muss eine andere Strategie greifen, und diese Strategie heißt *Sicherung des Transaktionsprotokolls* (*Transaction Log Backup*). Eine Sicherung des Transaktionsprotokolls erfolgt sehr schnell, da im Transaktionsprotokoll nur die aufgezeichneten Transaktionen – Änderungen am Datenbestand der Datenbank – enthalten sind. Ein Sichern des Transaktionsprotokolls geht demzufolge viel schneller und mit wesentlich weniger Ressourcenverbrauch vonstatten als eine Sicherung der gesamten Datenbank inklusive aller darin enthaltenen Daten.

Daraus folgt auch, dass eine Transaktionsprotokoll-Sicherung umso kleiner ausfällt, je häufiger Sie das Transaktionsprotokoll sichern. Wir erinnern uns: Das Transaktionsprotokoll kann nur im Wiederherstellungsmodus VOLLSTÄNDIG (FULL) oder MASSENPROTOKOLLIERT (BULK-LOGGED) gesichert werden, und alle inaktiven Transaktionen und deren Speicherplätze innerhalb des Transaktionsprotokolls werden nur durch Sicherung des Transaktionsprotokolls selbst freigegeben. Es werden also genau die Informationen aus dem Transaktionsprotokoll entfernt, die gesichert wurden.

Demzufolge wäre folgende Strategie denkbar: Sie sichern die Produktivdatenbank jeweils nachts um 01:00 Uhr vollständig und das Transaktionsprotokoll alle 15 Minuten oder öfter. Dies richtet sich lediglich danach, wie viele Änderungen am Datenbestand erfolgen. Im Wiederherstellungsfall können Sie die vollständige Sicherung wiederherstellen. Anschließend ziehen Sie zusätzlich sämtliche gesicherten Transaktionsprotokolle nach. Das Ergebnis ist ein sehr aktueller Datenbestand, nämlich derjenige bis zur letzten Sicherung des Transaktionsprotokolls.

Bei dieser Strategie können sie sogar eine *Point-in-Time Recovery* durchführen. Angenommen, die Datenbank wurde um 8:27 Uhr zerstört. Dann spielen sie das Full Backup der letzten Nacht wieder ein, danach alle Transaction Log Backups bis 8:15 Uhr. Dann noch eine Point-in-Time Recovery der letzten Transaction-Log-Sicherung bis

8:26 Uhr. So lässt sich der Datenverlust auf eine einzige Minute beschränken. Es geht sogar sekundengenau, wenn Sie den Zeitpunkt des Fehlers so genau kennen.

9.6.3 Weitere Backup-Strategien

Durch die Kombination der unterschiedlichen Sicherungsverfahren sind natürlich weitere Backup-Strategien denkbar. Zum Beispiel könnten Sie auch eine Strategie kombiniert aus Vollsicherung, differenzieller und Transaktionsprotokoll-Sicherung entwickeln.

Eine Vollsicherung könnte hier beispielsweise nur sonntags erfolgen. Werktags sichern Sie tagsüber nur das Transaktionsprotokoll, und nachts, an den übrigen Wochentagen, führen Sie eine differenzielle Sicherung durch, die jeweils alle Änderungen seit der letzten Vollsicherung sichert.

Es liegt an Ihnen als Administrator, zu entscheiden, welches die effizienteste Methode zur Umsetzung Ihrer Backup-Strategie ist.

9.7 Medien

Werden Datenbanksicherungen durchgeführt, stellt sich schnell die Frage, wo diese Sicherungen aufbewahrt werden sollen. SQL Server benötigt hierzu Platz auf der Festplatte oder auf einem anderen Speichergerät, z. B. einem Bandlaufwerk.

Mit einem *Medium* ist in der Regel das sogenannte physische Medium gemeint. Ein physisches Medium ist, wenn Sie mit SQL Server eine Sicherung durchführen, die erstellte Betriebssystemdatei mit der Dateiendung *.bak* oder ein Bandlaufwerk. In diesem physischen Medium werden die eigentlichen Sicherungen gespeichert. Es ist also nicht so, dass pro *.bak*-Datei nur eine Datenbank gesichert werden kann, vielmehr kann eine *.bak*-Datei vollständige und differenzielle Sicherungen oder auch Sicherungen des Transaktionsprotokolls enthalten.

Was ist ein Medium?

Unter einem *Medium* versteht man einen Behälter, der in der Lage ist, Sicherungen – die sogenannten *Sicherungssätze* – aufzunehmen. Ein Medium kann demnach mehrere Sicherungen von Datenbanken aufnehmen. Ein Medium kann eine Datei oder ein Bandlaufwerk sein.

Bildlich ist ein Medium mit einem Schubfach wie in einem Schrank zu vergleichen, in das Sie Dinge legen – in unserem Fall eben Datenbanksicherungen. Jederzeit werden neue Datenbanksicherungen darin abgelegt, und ältere werden wieder entfernt (gelöscht). Der Schrank ist in diesem Fall der Datenträger, das Schubfach das physische Medium, und im Schubfach liegen die eigentlichen Sicherungen.

Es ist auch möglich, eine Sicherung über mehrere Medien zu verteilen. Demnach befindet sich eine Datenbanksicherung z. B. in mehreren *.bak*-Dateien. Das ist sinnvoll, wenn Ihre Sicherungen sehr groß sind und der Speicherplatz einer Mediendatei nicht ausreicht, um sie aufzunehmen.

Alle Sicherungen, die innerhalb eines Mediums oder über mehrere abgelegt sind, bilden jeweils einen sogenannten *Satz*.

Für ein Medium können Sie auch einen eigenen Namen und eine Beschreibung definieren. Damit behalten Sie die Übersicht und schützen sich davor, wichtige Sicherungen unabsichtlich zu überschreiben, und vereinfachen es, Sicherungen gezielt den richtigen Medien hinzuzufügen.

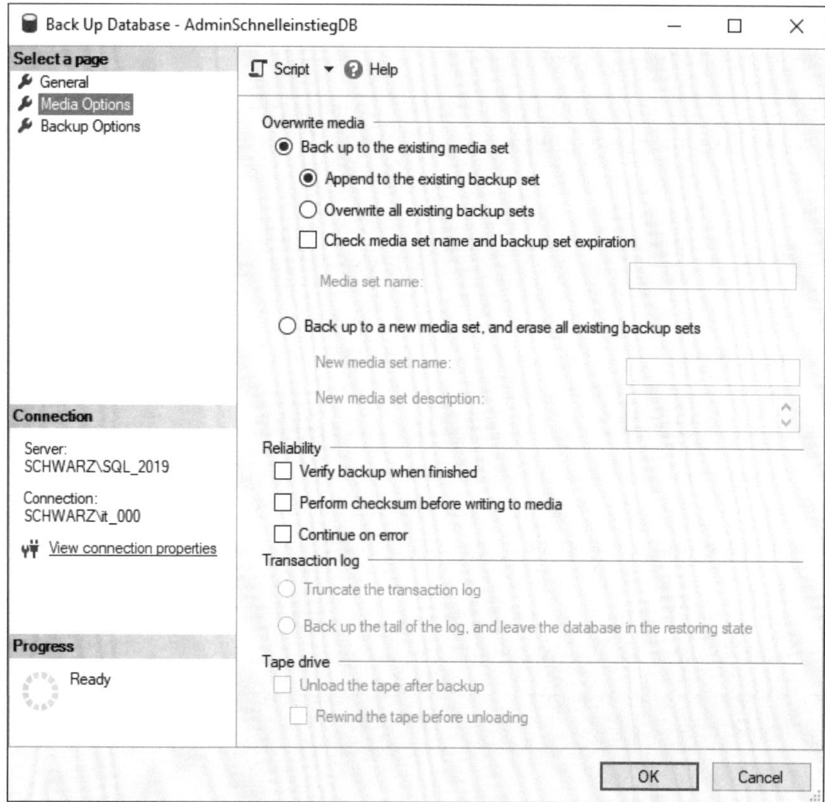

Abbildung 9.7 Optionseinstellungen für Medien im Dialog »Datenbank sichern« (»Back Up Database«)

Auch für die Sicherung selbst können Sie einen Namen, eine Beschreibung und ein Ablaufdatum vergeben. Durch die Angabe des Ablaufdatums (Abbildung 9.8) legen Sie fest, wie es der Name schon vermuten lässt, wie lange eine Sicherung innerhalb eines Mediums unbedingt erhalten bleiben muss. Ist die Sicherung abgelaufen, kann

SQL Server die Sicherung mit einer aktuellen Sicherung überschreiben. Diese Option ist allerdings nicht per Default gesetzt.

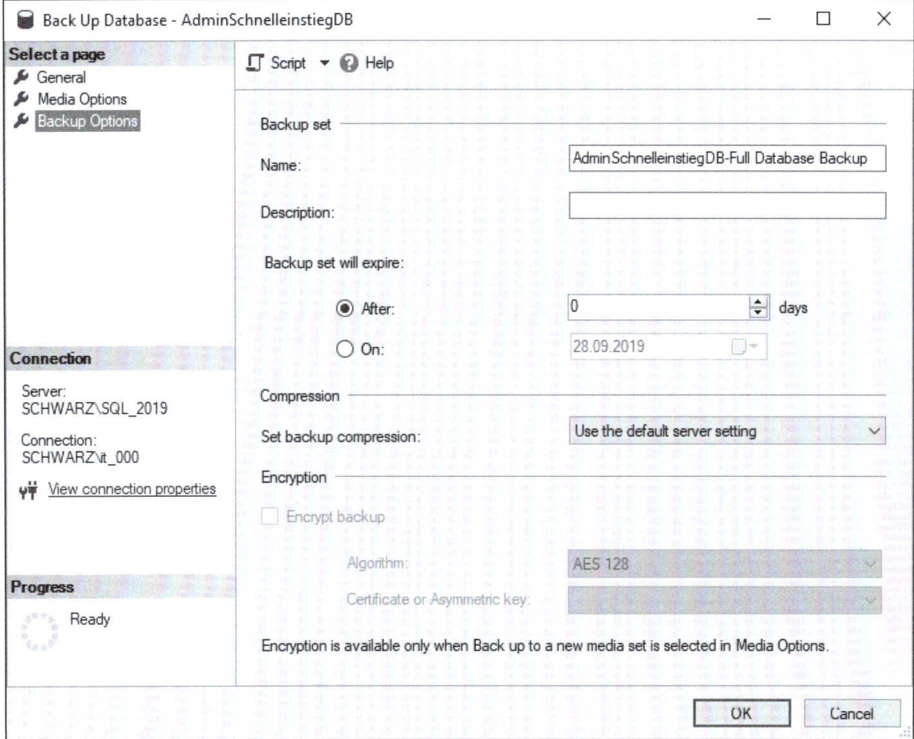

Abbildung 9.8 Definition des Ablaufdatums zum Ablauf des Sicherungssatzes im Dialog »Datenbank sichern« (»Back Up Database«)

In all diesen genannten Punkten unterstützt Sie SQL Server mit unterschiedlichsten Sicherungsoptionen, die Sie bequem über das SQL Server Management Studio setzen.

Wenn Sie T-SQL-Entwickler sind, sollten Sie daher nicht die Möglichkeit vergessen, Einstellungen über das SSMS zu setzen und sich den zugehörigen Befehl mittels Scripting-Funktion des SSMS ausgeben zu lassen. Genauere Informationen hierzu finden Sie in Kapitel 7, »Grundlegendes Know-how für Administratoren und Entwickler«.

9.7.1 Logische Sicherungsmedien (Backup Devices)

SQL Server bietet Ihnen auch die Option, logische Sicherungsmedien zu erstellen. Logische Sicherungsmedien ermöglichen es Ihnen, einem Medium einen Namen zu geben, den Sie für die Sicherungs- und Wiederherstellungsprozesse oder auch in Skriptdateien verwenden können.

Sie müssen demnach nicht immer den kompletten Pfad der Mediendatei angeben, sondern verwenden einfach den Namen des Sicherungsmediums. Zusätzlich können Sie das dem logischen Namen zugeordnete Medium austauschen.

Sicherungsmedien legen Sie im Knoten SERVEROBJEKTE • SICHERUNGSMEDIEN (SERVER OBJECTS • BACKUP DEVICES) des SSMS an (siehe Abbildung 9.9). Nachdem Sie ein Sicherungsmedium erstellt haben, können Sie es in den Dialogen des SSMS und in selbst geschriebenen Skriptbefehlen verwenden.

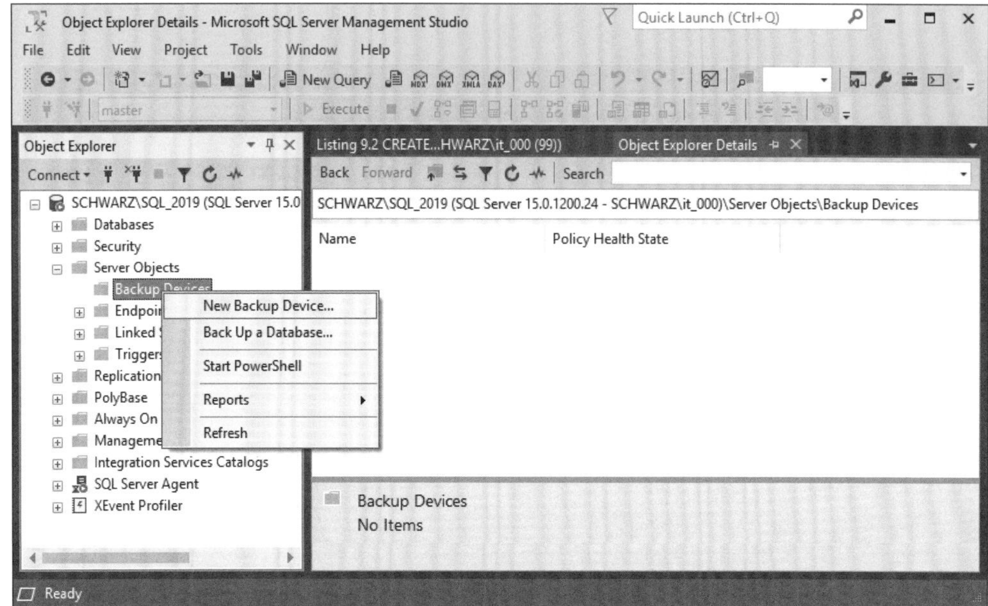

Abbildung 9.9 Anlegen eines Sicherungsmediums im Management Studio

9.7.2 Datenträgersicherungsmedien

Um die Verwirrung bezüglich Medien nun komplett zu machen, gibt es noch eine weitere Medienart: das *Datenträgersicherungsmedium* (englisch: *logical backup device for a disk file*). Hinter diesem langen Wort verbirgt sich nichts anderes als der Datenträger, auf dem das physische Medium gespeichert wird, das heißt z. B. die Festplatte selbst.

Wenn wir in diesem Kapitel von »Medium« sprechen, meinen wir also das physische Medium, das die eigentlichen Sicherungen enthält, nicht das Datenträgersicherungsmedium.

9.7.3 Zusammenfassung

Das war jetzt eine Menge an Informationen zum Thema Medien. Auch wenn die eigentlichen Fachbegriffe möglicherweise schnell wieder vergessen sind, können Sie sich eines leicht merken:

Sicherungen werden in einem Medium und das Medium selbst wird auf dem Datenträger gespeichert. Ein Medium ist ein Behälter, der Sicherungen aufnehmen kann.

9.8 Workshops: Datenbanken mit verschiedenen Methoden richtig sichern

Sicher gibt es eine Vielzahl von Möglichkeiten, eine Datenbank zu sichern, wir möchten Ihnen aber in diesem Workshop die Einrichtung wichtiger Backup-Szenarien wie auch Wiederherstellungsszenarien vermitteln. Es handelt sich hierbei um Szenarien, wie sie in der täglichen Praxis häufig vorkommen.

Hinweis

Sie können alle hier beschriebenen Datenbanksicherungsvorgänge durch das Definieren eines Datenbankwartungsplans automatisch ausführen. Genauere Erläuterungen zum Erstellen von Wartungsplänen finden Sie in Abschnitt 11.3, »Wartungspläne (Maintenance Plans) und T-SQL-Skripte«.

9.8.1 Szenario 1: Einfache, vollständige Sicherung einer Datenbank

In diesem Szenario sichern Sie eine Datenbank vollständig. Sollte ein Notfall eintreten, ist es nur notwendig, die Daten der letzten Sicherung und damit die gesamte Datenbank komplett wiederherzustellen.

Wenn die Datenbank beschädigt wird und ein Wiederherstellen aus einem Backup nötig ist, können Sie nur den Datenstand wiederherstellen, der zur Zeit des Abschlusses der letzten Sicherung vorhanden war.

Da in diesem Szenario lediglich Wert darauf gelegt wird, dass im Notfall die letzte Vollsicherung der Datenbank wiederhergestellt werden muss, ist es nicht notwendig, das Transaktionsprotokoll zu sichern.

Das Wiederherstellungsmodell für diese Datenbank setzen Sie demzufolge auf EINFACH (SIMPLE). Dies hat den Vorteil, dass SQL Server das Transaktionsprotokoll automatisch verwaltet, inaktive Transaktionen im Transaktionsprotokoll löscht und somit die gelöschten Bereiche für eine weitere Verwendung durch aktive Transaktionen freigibt. Das Transaktionsprotokoll kann somit nicht unnötig anwachsen.

Ablauf

1. Starten Sie SQL Server Management Studio, und stellen Sie eine Verbindung mit der entsprechenden SQL-Server-Instanz her.
2. Öffnen Sie im Objekt-Explorer den Knoten DATENBANKEN (DATABASES), klicken Sie mit der rechten Maustaste die zu sichernde Datenbank an, und wählen Sie aus dem Kontextmenü den Menüpunkt EIGENSCHAFTEN (PROPERTIES) aus.
3. Im daraufhin erscheinenden Dialogfeld DATENBANKEIGENSCHAFTEN (DATABASE PROPERTIES, siehe Abbildung 9.10) überprüfen Sie, ob für die Datenbank die Option WIEDERHERSTELLUNGSMODELL (RECOVERY MODEL) auf EINFACH (SIMPLE) gesetzt ist. Sollte dies nicht der Fall sein, ändern Sie die Option in EINFACH (SIMPLE) und wählen OK; anderenfalls klicken Sie auf ABBRECHEN (CANCEL).

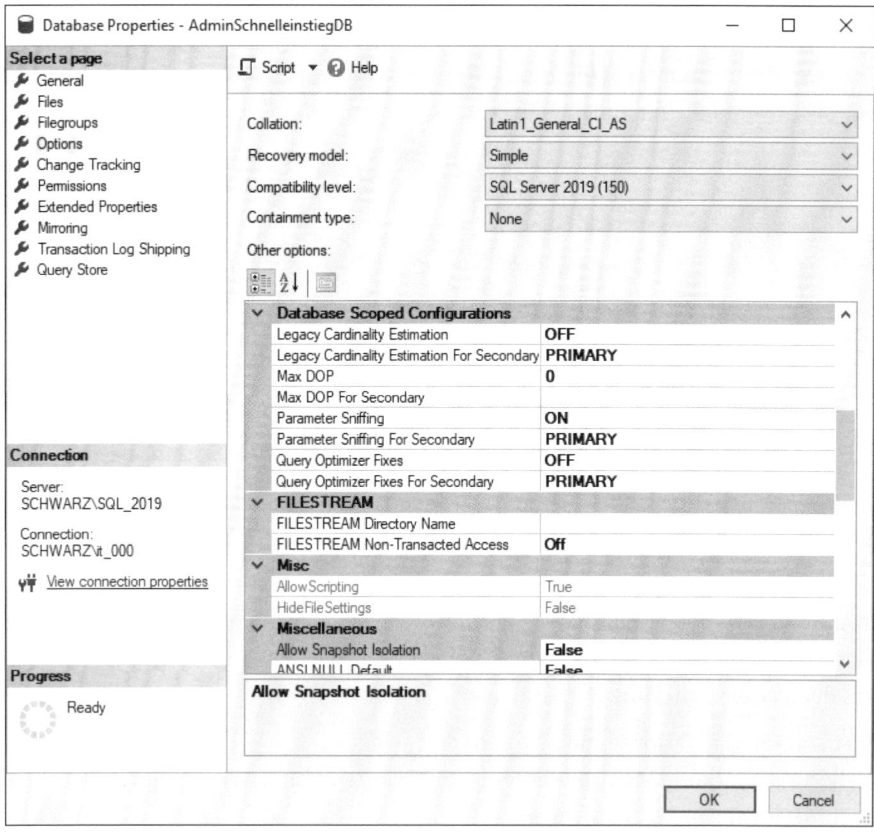

Abbildung 9.10 Datenbankeigenschaftsdialog einer Datenbank

4. Öffnen Sie erneut im Objekt-Explorer den Knoten DATENBANKEN (DATABASES), klicken Sie mit der rechten Maustaste die zu sichernde Datenbank an, und wählen

Sie aus dem Kontextmenü diesmal den Menüpunkt TASKS • SICHERN (TASKS • BACK UP...) aus (siehe Abbildung 9.11).

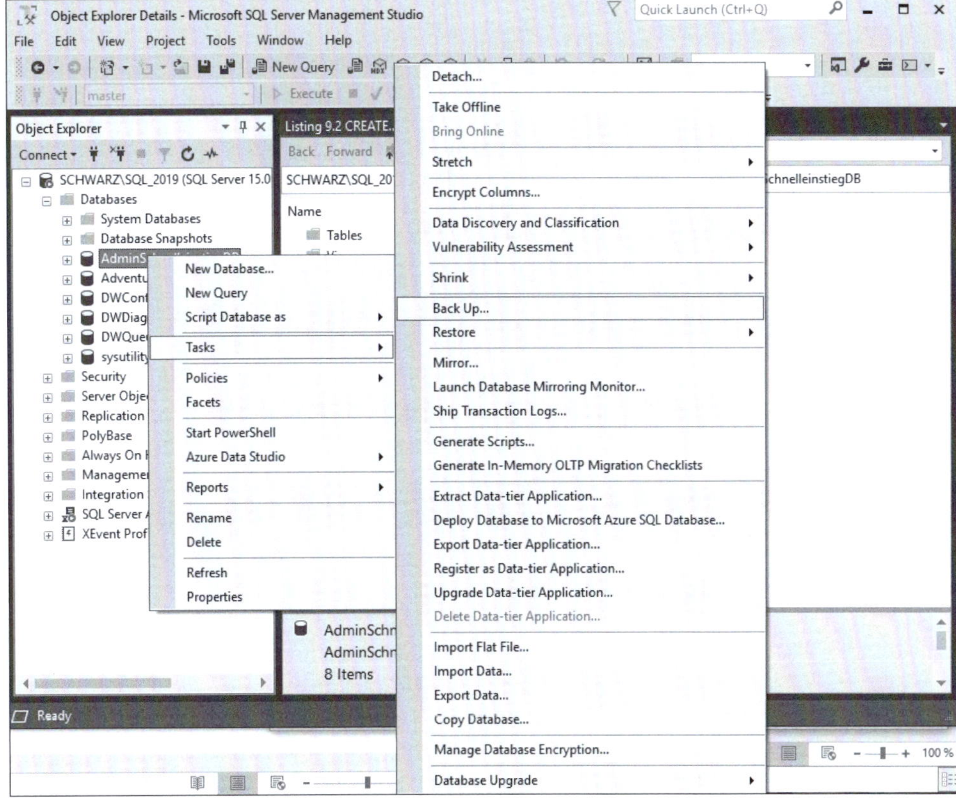

Abbildung 9.11 Dialogfeld »Datenbank sichern« (»Back Up Database«) aufrufen

5. Es erscheint das Dialogfenster DATENBANK SICHERN (BACK UP DATABASE). Die gesetzten Standardeinstellungen sind bereits für eine Vollsicherung ausreichend und sollten mit den Einstellungen in Abbildung 9.12 übereinstimmen.

   Achten Sie hierzu besonders darauf, dass die in Tabelle 9.1 genannten Optionen gesetzt sind:

Option	Beschreibung
DATENBANK (DATABASE)	der Name der zu sichernden Datenbank
WIEDERHERSTELLUNGS-MODELL (RECOVERY MODEL)	das für die zu sichernde Datenbank gesetzte Wiederherstellungsmodell

Tabelle 9.1 Optionen des Datenbanksicherungsdialogs

Option	Beschreibung
SICHERUNGSTYP (BACKUP TYPE)	SICHERUNGSTYP steht für die in diesem Kapitel beschriebenen Sicherungsverfahren und muss, um eine vollständige Sicherung durchzuführen, auf VOLLSTÄNDIG (FULL) gesetzt werden.
SICHERUNGSKOMPONENTE (BACKUP COMPONENT)	Um die Datenbank zu sichern, setzen Sie diesen Wert auf DATENBANK (DATABASE).
ZIEL (DESTINATION)	In diesem Abschnitt des Dialogs legen Sie fest, wo die Sicherungsdatei abgelegt wird. Für dieses Beispiel passen wir den Sicherungspfad entsprechend über die Schaltflächen ENTFERNEN (REMOVE) und HINZUFÜGEN (ADD...) auf *E:\Microsoft SQL Server\MSSQL15.SQL_2019\MSSQL\Backup\AdminSchnelleinstiegDB.bak* an. Beachten Sie beim Vergeben des Namens für die Sicherungsdatei, dass Sie selbstständig die Dateiendung angeben müssen. Dies sind für Sicherungen in der Regel *.bak* für Datensicherung und *.trn* für das Transaktionsprotokoll. Es ist durchaus möglich, andere Dateierweiterungen oder gar keine anzugeben, dies wird aber ausdrücklich nicht empfohlen! Im Fall einer Wiederherstellung mittels SSMS werden in den Dialogen standardmäßig nur Sicherungsdateien mit den Endungen *.bak* und *.trn* angezeigt.

Tabelle 9.1 Optionen des Datenbanksicherungsdialogs (Forts.)

6. Wählen Sie im Dialog im linken Bereich die Punkte Media OPTIONEN (MEDIA OPTIONS) und auch BACKUP OPTIONEN (BACKUP OPTIONS). Hier haben Sie die Möglichkeit, zusätzliche Optionen auszuwählen. Für unser Beispiel sind die Standardoptionen völlig ausreichend.
7. Wählen Sie jetzt OK, und die Sicherung wird durchgeführt. Anschließend befindet sich im unter ZIEL (DESTINATION) angegebenen Ordner die soeben erzeugte Sicherungsdatei.
8. Es erscheint eine Dialogbox mit der Nachricht, dass die Sicherung der Datenbank erfolgreich abgeschlossen wurde.

Die Datenbanksicherung ist beendet, und Sie finden die Sicherungsdatei im als ZIEL (DESTINATION) angegebenen Ordner.

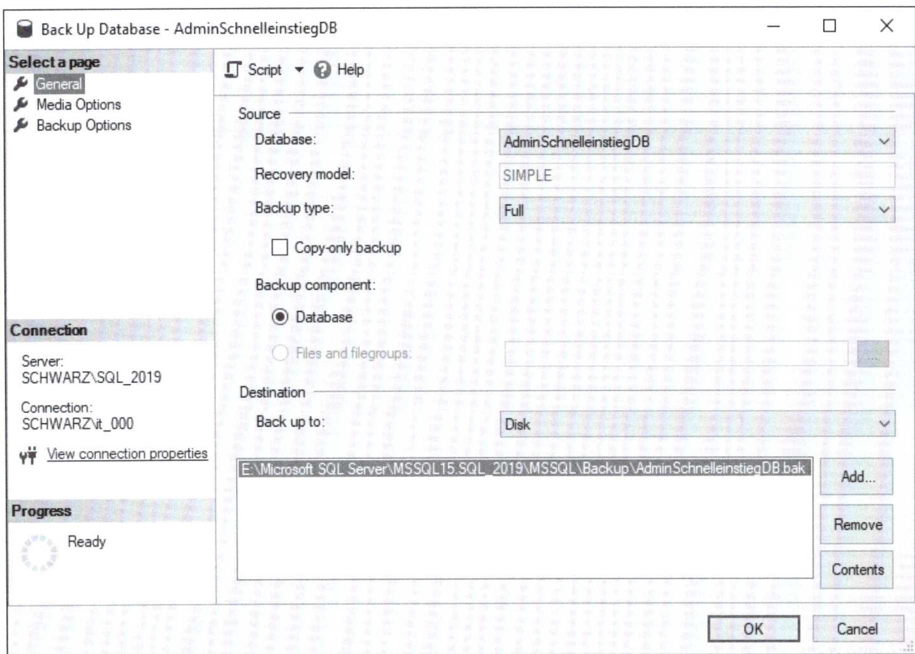

Abbildung 9.12 Dialog »Datenbank sichern« (»Back Up Database«)

9.8.2 Szenario 2: Wiederherstellen einer Datenbank aus einer Vollsicherung

In diesem Beispiel möchten wir eine Datenbank aus einer mittels vollständiger Sicherung (siehe Szenario 1) erzeugten Sicherungsdatei wiederherstellen.

Ablauf

1. Starten Sie das SSMS, und stellen Sie eine Verbindung mit der entsprechenden SQL-Server-Instanz her.
2. Klicken Sie im Objekt-Explorer mit der rechten Maustaste auf den Knoten DATENBANKEN (DATABASES), und wählen Sie – wie in Abbildung 9.13 – DATENBANK WIEDERHERSTELLEN (RESTORE DATABASE...).
3. Im daraufhin erscheinenden Dialogfenster (siehe Abbildung 9.14) geben Sie im Abschnitt ZIEL (DESTINATION) im Feld DATENBANK (DATABASE) den Namen der Datenbank (in diesem Beispiel »AdminSchnelleinstiegDB«) ein, die Sie wiederherstellen möchten.
4. Wählen Sie jetzt im Bereich QUELLE (SOURCE) die Option MEDIUM (DEVICE) aus, und wählen Sie durch einen Klick auf die Schaltfläche ... rechts neben dem Textfeld die Datenbanksicherungsdatei aus, in diesem Beispiel *E:\Microsoft SQL Server\MSSQL15.SQL_2019\MSSQL\Backup\AdminSchnelleinstiegDB.bak*.

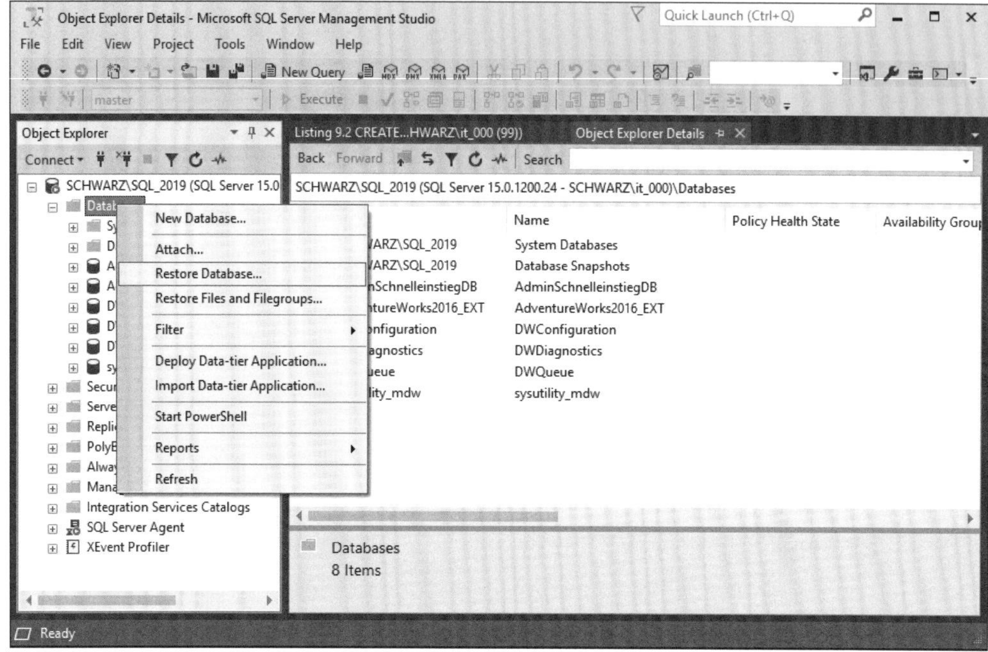

Abbildung 9.13 Kontextmenü »Datenbank wiederherstellen« (»Restore Database«) im Objekt-Explorer

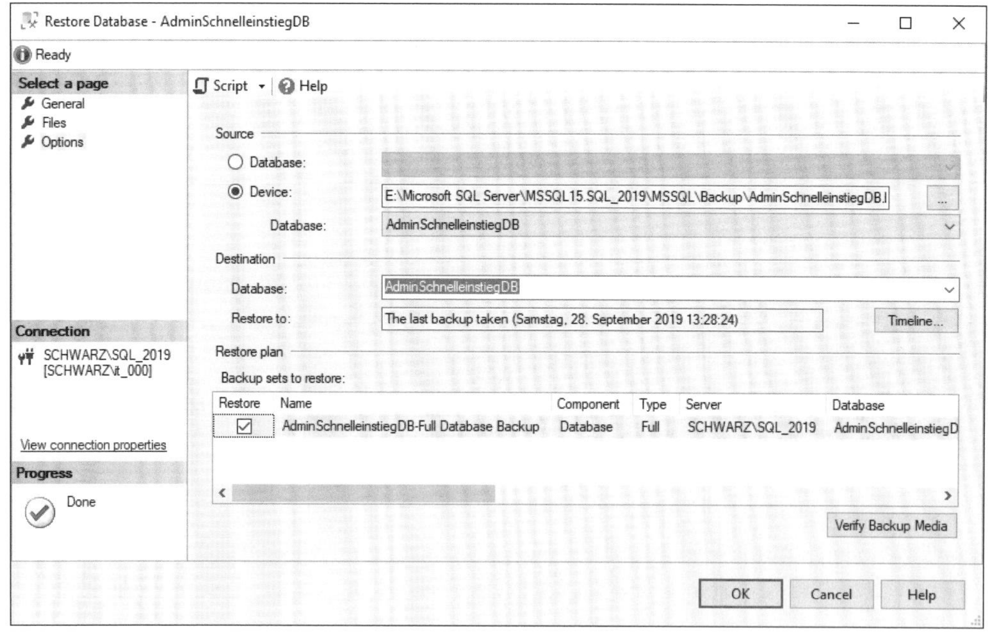

Abbildung 9.14 Dialog »Datenbank wiederherstellen« (»Restore Database«)

5. Da es sich bei der Datei *AdminSchnelleinstiegDB.bak* um ein Medium handelt, kann darin in der Regel mehr als nur eine Datenbanksicherung (Sicherungssätze) enthalten sein. Diese Sicherungssätze werden Ihnen nach Auswahl im unteren Bereich in der Auflistung angezeigt. Wählen Sie hier gegebenenfalls den aktuellsten Sicherungssatz aus, das heißt die aktuellste Sicherung.
6. Wechseln Sie nun im linken Bereich SEITE AUSWÄHLEN (SELECT A PAGE) zum Punkt OPTIONEN (OPTIONS). Wählen Sie wie in Abbildung 9.15 die erste Option VORHANDENE DATENBANK ÜBERSCHREIBEN (OVERWRITE THE EXISTING DATABASE (WITH REPLACE)).

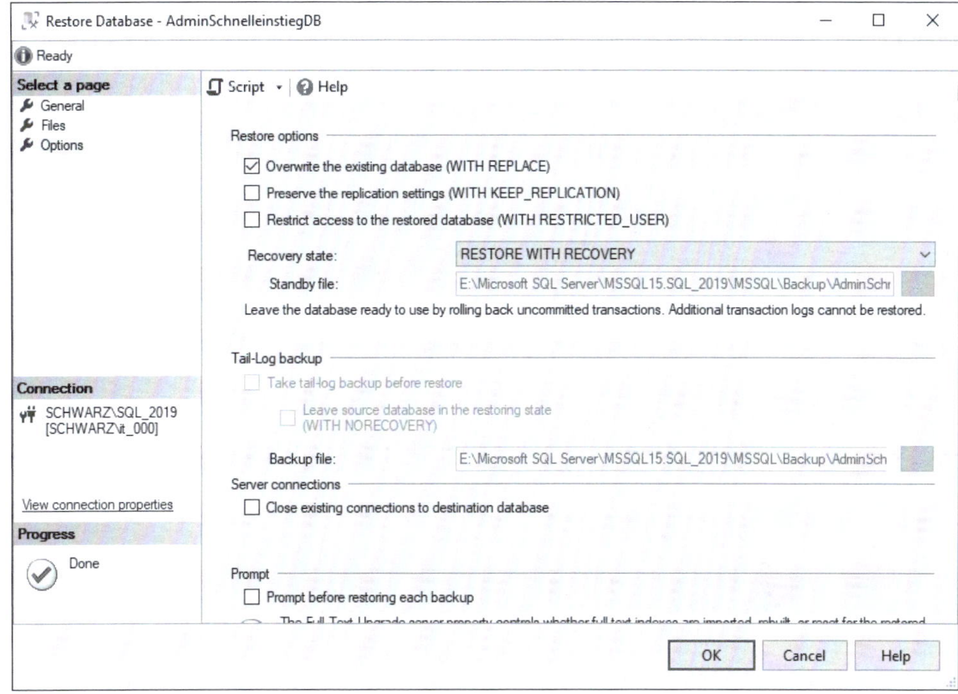

Abbildung 9.15 Dialog »Datenbank wiederherstellen« (»Restore Database«) – Optionen

Hinweis

Die Option VORHANDENE DATENBANK ÜBERSCHREIBEN (OVERWRITE THE EXISTING DATABASE (WITH REPLACE)) wählen Sie aus, wenn Sie eine bestehende Datenbank mit der in der Sicherung enthaltenen Datenbank überschreiben möchten.

7. Wählen Sie OK, und die Datenbank »sqlxpert« wird wiederhergestellt.

Wurde die Datenbank vollständig wiederhergestellt, erhalten Sie eine entsprechende Dialogmeldung. Mit der Datenbank kann jetzt wieder gearbeitet werden.

Sollte die Datenbank aufgrund eines Fehlers nicht wiederhergestellt werden können, wird Ihnen im Dialog links oben ein kleines Fehler-Icon angezeigt. Klicken Sie auf dieses Icon, um genauere Informationen zur Ursache zu erhalten. In unserem Beispiel war die Ursache, dass bei Ausführung des Wiederherstellungsvorgangs noch Benutzer mit der Datenbank verbunden waren. Durch Setzen des Häkchens BESTEHENDE VERBINDUNGEN MIT DER ZIELDATENBANK SCHLIESSEN (CLOSE EXISTING CONNECTIONS TO DESTINATION DATABASE) haben wir das Problem gelöst. Ein Wiederherstellen einer Datenbank ist nur möglich, wenn keine weiteren Benutzer mit der Datenbank verbunden sind. Diese Verbindungen werden mit dieser Option unterbrochen (siehe Abbildung 9.16).

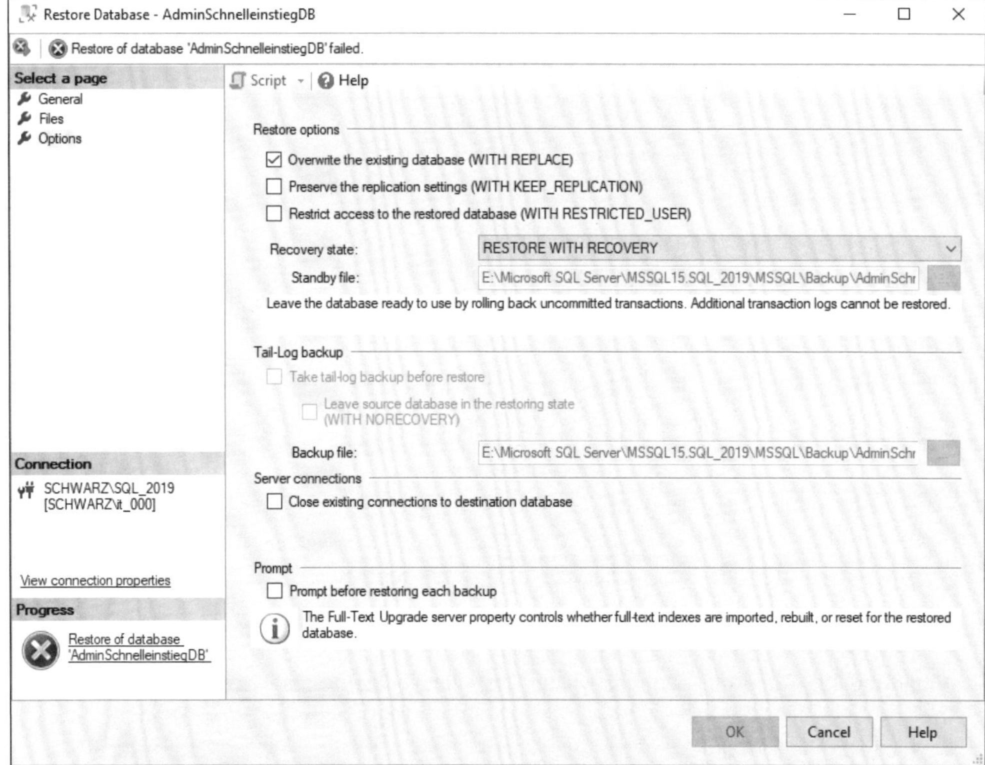

Abbildung 9.16 Fehleranzeige bei gescheitertem Wiederherstellungsversuch einer Datenbank

9.8.3 Szenario 3: Wiederherstellen der Systemdatenbank MASTER aus einer Sicherung

Dieses Szenario geht davon aus, dass die Datenbank MASTER als Datenbanksicherung vorliegt und SQL Server noch in Betrieb ist.

Um die Systemdatenbank MASTER wiederherstellen zu können, müssen Sie SQL Server zunächst stoppen und anschließend im Einzelbenutzermodus starten.

Ablauf

1. Starten Sie den SQL SERVER 2019 KONFIGURATIONS-MANAGER (SQL SERVER 2019 CONFIGURATION MANAGER).
2. Wechseln Sie dann im linken Fensterbereich auf den Knoten SQL SERVER-DIENSTE, und stoppen Sie den SQL-Server-2019-Datenbankdienst der aktuellen Instanz, deren MASTER-Datenbank Sie wiederherstellen möchten. Klicken Sie mit der rechten Maustaste auf den Datenbankdienst der aktuellen Instanz, und wählen Sie BEENDEN (STOP; siehe Abbildung 9.17). Wenn für die anzuhaltende Instanz der Agent-Dienst läuft, erhalten Sie zusätzlich eine Meldung, dass er ebenfalls beendet werden muss, um die Instanz anzuhalten. Bestätigen Sie in diesem Fall die Frage, ob der Vorgang fortgesetzt werden soll, mit JA (YES).

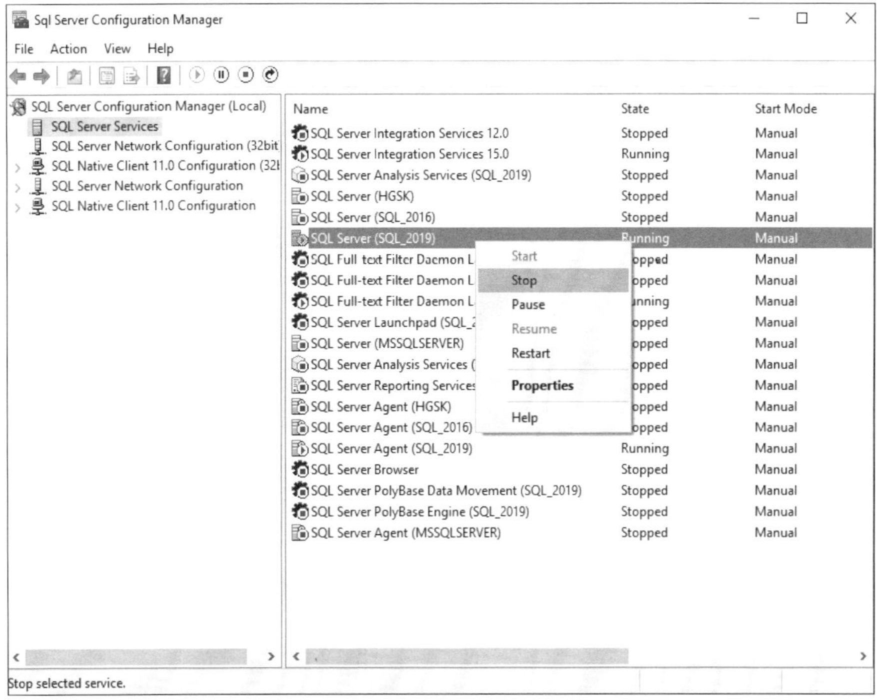

Abbildung 9.17 Datenbankdienst von SQL Server im Objekt-Explorer beenden

3. Nachdem der SQL-Server-Dienst erfolgreich gestoppt wurde, verlassen Sie den Konfigurationsmanager.

Hinweis

Im nächsten Schritt starten Sie SQL Server im Einzelbenutzermodus. Dies bedeutet, dass sich nur **ein** Administrator mit SQL Server verbinden kann. Sie sollten darauf achten, dass andere installierte Dienste, wie z. B. Reporting Services, gegebenenfalls auch angehalten werden, da z. B. die Reporting Services sofort nach neuerlichem Start von SQL Server im Einzelbenutzermodus versuchen, sich mit SQL Server zu verbinden. Dies ist allerdings nur notwendig, wenn die Reporting Services unter einem Administratorkonto ausgeführt werden. Dann haben Sie keine Möglichkeit mehr, sich für den geplanten Restore der MASTER-Datenbank mit SQL Server zu verbinden, da die einzige freie Leitung durch die Reporting Services belegt wird. Der einzige mögliche Verbindungskanal zu SQL Server wird Ihnen gewissermaßen vor der Nase weggeschnappt. Normalerweise bzw. bei einem korrekt konfigurierten System sollten die Reporting Services nicht unter einem Konto laufen, das administrative Berechtigungen besitzt, aber leider kommt es hin und wieder vor, dass bei der Installation von SQL Server das Administratorkonto angegeben wird.

4. Starten Sie die Eingabeaufforderung mittels START • AUSFÜHREN (START • RUN) und Eingabe von `cmd` im sich öffnenden Dialog.

   Wechseln Sie auf Kommandozeilenebene in das *binn*-Verzeichnis Ihrer SQL-Server-Instanz (siehe Abbildung 9.18).

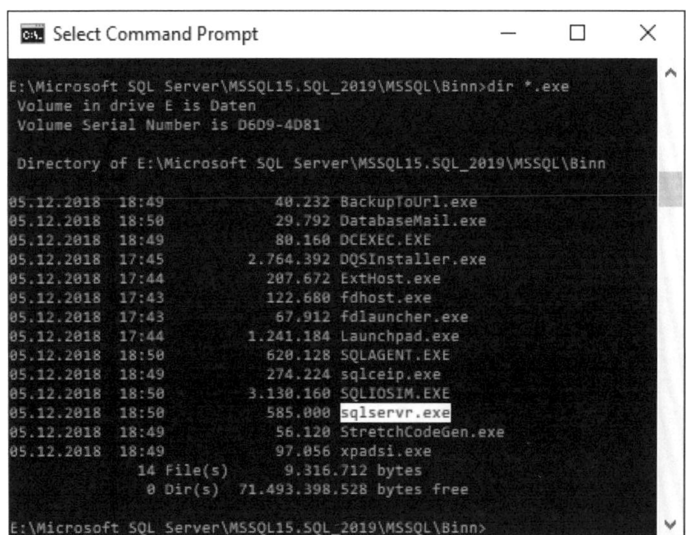

Abbildung 9.18 »sqlservr.exe« im »binn«-Verzeichnis der aktuellen SQL-Server-Instanz

5. Das ist in der Regel *C:\Program Files\Microsoft SQL Server\MSSQL15.MSSQLSERVER\MSSQL\Binn* oder ein anderes bei der Installation von SQL Server angegebenes Verzeichnis.

Sind Ihnen die Befehle zum Wechseln von Verzeichnissen auf Kommandozeilenebene nicht geläufig, informieren Sie sich in der entsprechenden Dokumentation. In diesem Verzeichnis starten Sie SQL Server im Einzelbenutzermodus durch Aufruf von `sqlservr.exe -m -c -s MSSQLSERVER` (mit [Enter] bestätigen).

Starten von SQL Server im Einzelbenutzermodus

Wenn Sie SQL Server im Einzelbenutzermodus starten, müssen Sie den Parameter `-s` für die zu startende SQL-Server-Instanz angeben. Am besten sehen Sie hierzu im Konfigurationsmanager nach, wie die jeweiligen Instanzen heißen. In vielen Fällen handelt es sich um die Standardinstanz MSSQLSERVER. In unserem Fall haben wir eine weitere sogenannte benannte Instanz und müssen daher den Namen der benannten Instanz (rechts vom Backslash) angeben.

6. SQL Server startet im Einzelbenutzermodus (Abbildung 9.19).
7. Öffnen Sie nun ein neues Kommandozeilenfenster. Starten Sie die Eingabeaufforderung mittels START • AUSFÜHREN (START • RUN) und Eingabe von `cmd` und [Enter] im sich öffnenden Dialog.

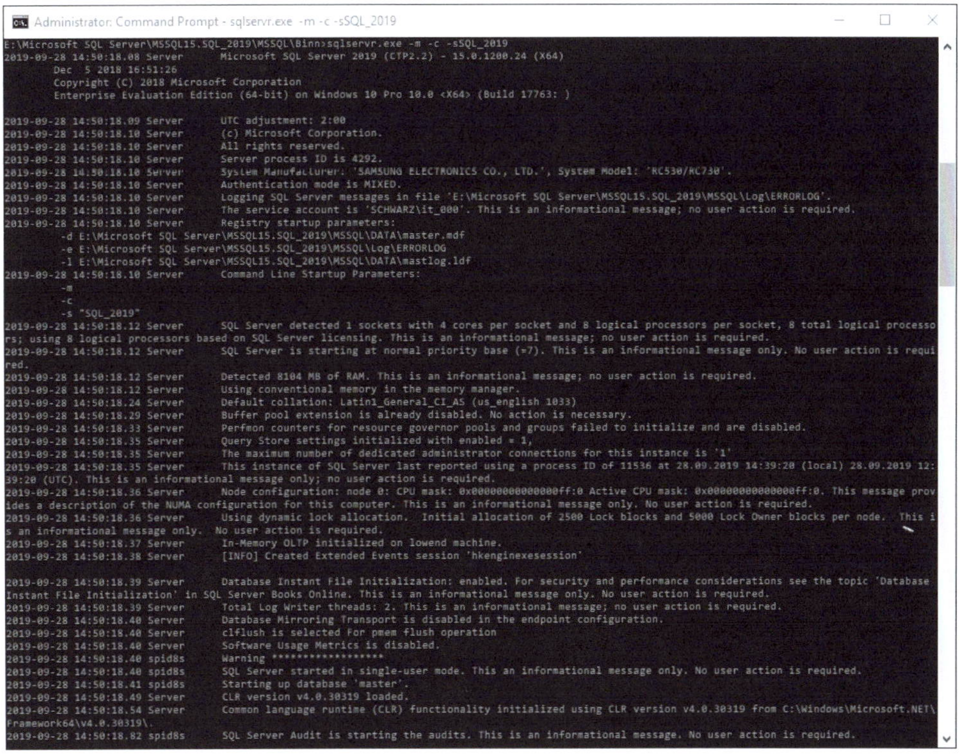

Abbildung 9.19 Ansicht des im Einzelbenutzermodus gestarteten SQL Servers

8. Starten Sie nun das Admintool `sqlcmd` (`sqlcmd` eingeben und mit [↵] bestätigen), und geben Sie den Befehl zum Ausführen des Restores der MASTER-Datenbank ein.

   Dieser Befehl lautet `BACKUP RESTORE FROM DISK="c:\datenbank-sicherungen\master.bak"` (passen Sie den Pfad entsprechend an, wenn sich die Sicherung der MASTER-Datenbank in einem anderen Verzeichnis befindet). Bestätigen Sie mit [↵], geben Sie `GO` ein, und bestätigen Sie abermals mit [↵].

   Die MASTER-Datenbank wird wiederhergestellt, und der Einzelbenutzermodus von SQL Server wird automatisch beendet.

9. Wechseln Sie jetzt in den Konfigurationsmanager, und starten Sie den SQL-Server-Dienst wieder im normalen Modus.

Ihre MASTER-Datenbank wurde vollständig wiederhergestellt.

Das Admintool »sqlcmd«

sqlcmd.exe ermöglicht die Verwaltung Ihrer SQL-Server-Instanz ohne Management Studio. Sämtliche T-SQL-Befehle können mit `sqlcmd` ausgeführt werden. Sie starten `sqlcmd` durch die Eingabe von `sqlcmd` auf der Kommandozeile des Betriebssystems.

Sie können beim Start von `sqlcmd` verschiedene Parameter (siehe Tabelle 9.2) angeben, um zu steuern, mit welcher Instanz und welchen Anmeldedaten `sqlcmd` ausgeführt werden soll.

Starten Sie `sqlcmd`, ohne entsprechende Anmeldedaten anzugeben, erfolgt die Anmeldung mit den aktuellen Windows-Anmeldedaten (Windows-Authentifizierung).

Parameter	Beschreibung	Beispiel
`-S`	Steht für den Namen der SQL-Server-Instanz. Anmeldung am SQL Server »sqlserver1« mit Windows-Authentifizierung	`sqlcmd -S sqlserver1`
`-U -P`	Diese Parameter stehen für *User* und *Password*. Sie ermöglichen die Angabe eines SQL-Anmeldenamens und eines Passwortes. Das Beispiel zeigt den Start von `sqlcmd` für den SQL Server »sqlserver1« mit dem Benutzer *sa* und dessen Passwort.	`sqlcmd -U sa -P Pa$$w0rd -S sqlserver1`

Tabelle 9.2 Anmeldeparameter für »sqlcmd«

9.8.4 Szenario 4: Sichern und Wiederherstellen einer Datenbank im vollständigen Wiederherstellungsmodus und Nachziehen der zugehörigen Transaktionsprotokoll-Sicherungen

In diesem Workshop sichern wir im vollständigen Modus eine Datenbank namens »AdminSchnelleinstiegDB«, und anschließend sichern wir direkt das Transaktionsprotokoll. Danach wird dieselbe Datenbank wiederhergestellt. Zuerst wird die Vollsicherung eingespielt und die Datenbank im Modus WITH NO RECOVERY belassen. Dies ermöglicht ein späteres Nachziehen des zugehörigen Transaktionsprotokolls und erfolgt im nächsten Schritt. Zugleich wird die Option WITH RECOVERY aktiviert, womit die Datenbank betriebsbereit gesetzt wird.

Für dieses Beispiel ist es notwendig, dass die Datenbank im Wiederherstellungsmodus VOLLSTÄNDIG (FULL) arbeitet. Dieses Beispiel soll lediglich die Möglichkeit und das Konzept der Wiederherstellung einer Datenbank mit einem dazugehörigen Transaktionsprotokoll und den Zuständen WITH RECOVERY und WITH NO RECOVERY verdeutlichen. In der Praxis wird das Transaktionsprotokoll unter Umständen sehr häufig gesichert, deshalb haben Sie nicht wie in diesem Workshop nur eine Transaktionsprotokoll-Sicherung zur Verfügung, sondern mehrere.

Ablauf

1. Starten Sie das SSMS, und stellen Sie eine Verbindung mit der entsprechenden SQL-Server-Instanz her, auf der sich die zu sichernde und wiederherzustellende Datenbank befindet.
2. Öffnen Sie im Objekt-Explorer den Knoten DATENBANKEN (DATABASES), klicken Sie mit der rechten Maustaste die zu sichernde Datenbank an, und wählen Sie aus dem Kontextmenü diesmal den Menüpunkt TASKS • SICHERN (SAVE) aus. Es erscheint das Dialogfenster DATENBANK SICHERN (BACK UP DATABASE, Abbildung 9.20).

Angeben des Ziels der Datenbanksicherung

Natürlich können Sie das Ziel (Dateipfad und Dateiname) anpassen. Hierzu stehen Ihnen die Schaltflächen HINZUFÜGEN (ADD...) und ENTFERNEN (REMOVE) des Dialogs zur Verfügung. Als Standardziel wird Ihnen immer der Standard-Backup-Ordner angezeigt, der bei der Installation von SQL Server angegeben werden muss. Seit SQL Server 2012 können Sie diesen Standard-Backup-Pfad auch bequem über das SSMS verwalten. Klicken Sie hierzu im Objekt-Explorer mit der rechten Maustaste auf die SQL-Server-Instanz, und wählen Sie im Kontextmenü den Menüpunkt EIGENSCHAFTEN (PROPERTIES). Durch einen Klick auf den Punkt DATENBANKEINSTELLUNGEN können Sie im angezeigten Dialog den Standardsicherungspfad im Feld SICHERUNG (BACKUP) angeben.

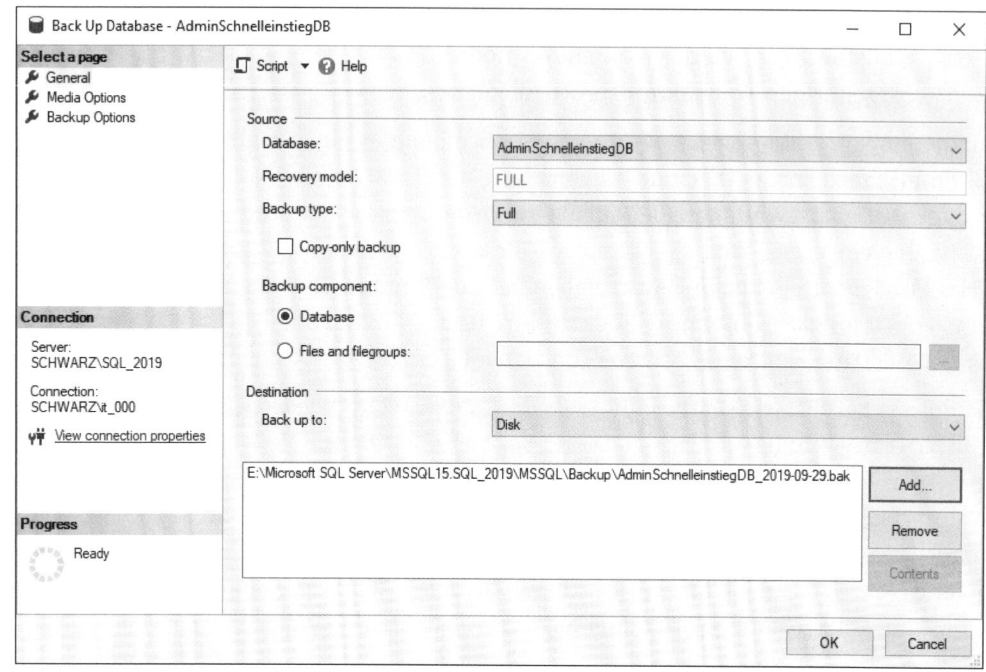

Abbildung 9.20 Dialog »Datenbank sichern« (»Back Up Database«)

3. Klicken Sie auf OK, und die Sicherung wird durchgeführt. Anschließend befindet sich im unter ZIEL (BACKUP TO) angegebenen Ordner die soeben erzeugte Sicherungsdatei, und es erscheint eine Dialogbox mit der Nachricht, dass die Sicherung der Datenbank erfolgreich abgeschlossen wurde.
4. Klicken Sie erneut mit der rechten Maustaste die zu sichernde Datenbank an, und wählen Sie aus dem Kontextmenü erneut den Menüpunkt TASKS • SICHERN (BACK UP...) aus. Es erscheint wieder das Dialogfenster DATENBANK SICHERN (BACK UP DATABASE).
5. Wählen Sie diesmal wie in Abbildung 9.21 unter SICHERUNGSTYP (BACKUP TYPE) die Option TRANSAKTIONSPROTOKOLL (TRANSACTION LOG) aus, und bestätigen Sie dies mit OK.
6. Sie haben soeben Ihrem Sicherungsmedium (in unserem Beispiel *sqlxpert.bak*), das bereits die zuvor erstellte Vollsicherung der Datenbank enthält, zusätzlich eine Transaktionsprotokoll-Sicherung hinzugefügt.
7. Um die Datenbank inklusive der gesicherten Transaktionsprotokolle wiederherzustellen, klicken Sie im Objekt-Explorer mit der rechten Maustaste den Knoten DATENBANKEN (DATABASES) an und wählen AUFGABEN • WIEDERHERSTELLEN • DATENBANKEN... (TASKS • RESTORE • DATABASE...; siehe Abbildung 9.22).

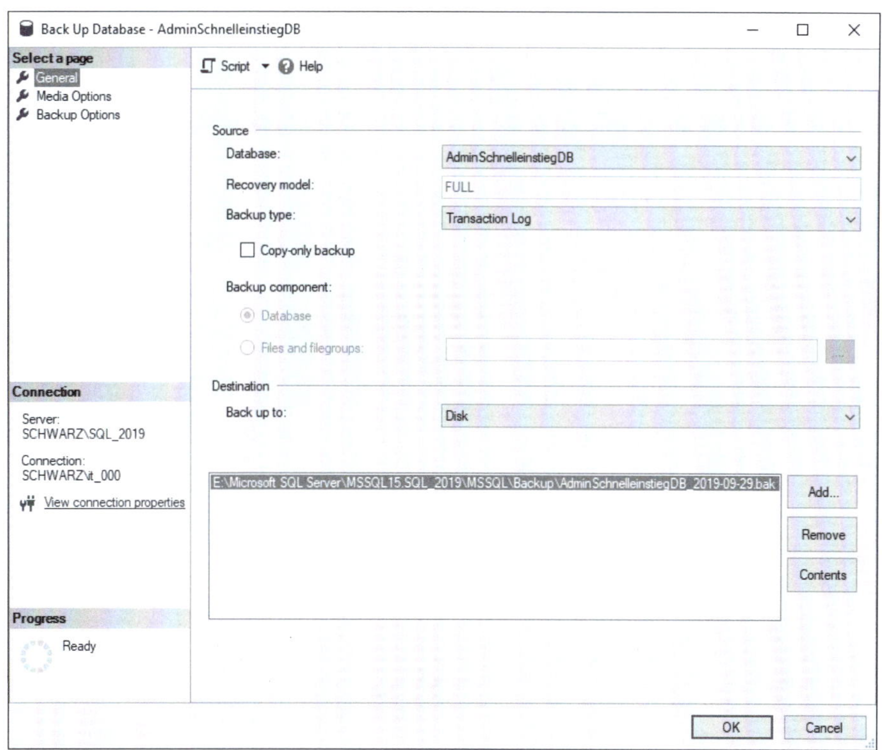

Abbildung 9.21 Sicherungstyp auswählen

Einige Anmerkungen hierzu

Das Sichern des Transaktionsprotokolls können Sie jetzt beliebig oft wiederholen. *Sichern des Transaktionsprotokolls* bedeutet das Sichern der Datenänderungen seit der letzten Transaktionsprotokoll-Sicherung. Dies bedeutet aber auch, dass die Datenmenge, die zu sichern ist, umso kleiner ist, je öfter das Transaktionsprotokoll gesichert wird. Und je kleiner die zu sichernde Datenmenge ist, umso schneller ist die Sicherung.

8. Im daraufhin erscheinenden Dialogfenster geben Sie im Feld In Datenbank (Destination • Database) den Namen der wiederherzustellenden Datenbank ein.
9. Wählen Sie unter Quelle (Source) Option Medium (Device; siehe Abbildung 9.23) aus, und bestimmen Sie durch einen Klick auf die Schaltfläche mit den drei Punkten rechts neben dem Textfeld die Datenbanksicherungsdatei, in die Sie zuvor die Sicherungen gespeichert haben.

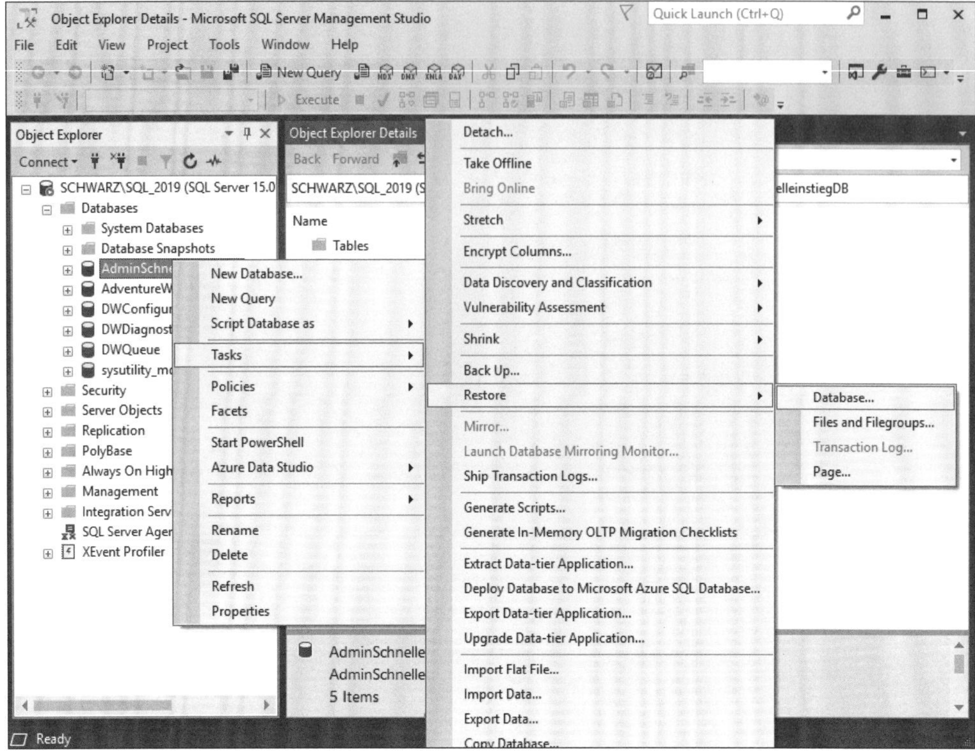

Abbildung 9.22 Aufruf des Dialogs »Datenbank wiederherstellen« (»Restore Database«)

Was bedeuten die Optionen »Datenbank« (»Database«) und »Medium« (»Device«) im Bereich »Quelle« (»Source«)

Durch Auswahl der Option DATENBANK werden automatisch die Sicherungen herausgesucht, die für die Wiederherstellung benötigt werden, in der Regel die aktuellste Sicherung. Hierzu wird die interne, sogenannte *Backup History* abgefragt, die in der Systemdatenbank MSDB gespeichert ist. Jeder Backup-Vorgang wird in SQL Server protokolliert.

Bei Setzen der Option MEDIUM (DEVICE) ist der Administrator selbst dafür verantwortlich, die zugehörigen Sicherungsdateien etc. herauszusuchen. Die Backup History wird ignoriert.

10. Nach erfolgreicher Auswahl der Datei werden Ihnen im unteren Dialogbereich die in der Sicherungsdatei enthaltenen Sicherungssätze angezeigt. In diesem Fall sehen Sie die Vollsicherung und die von uns durchgeführte Transaktionsprotokoll-Sicherung.

11. Wählen Sie die Vollsicherung aus, indem Sie sie durch das Setzen des Häkchens in der Spalte WIEDERHERSTELLEN (RESTORE) markieren. Wählen Sie noch nicht den Sicherungssatz des Transaktionsprotokolls aus (siehe Abbildung 9.23).

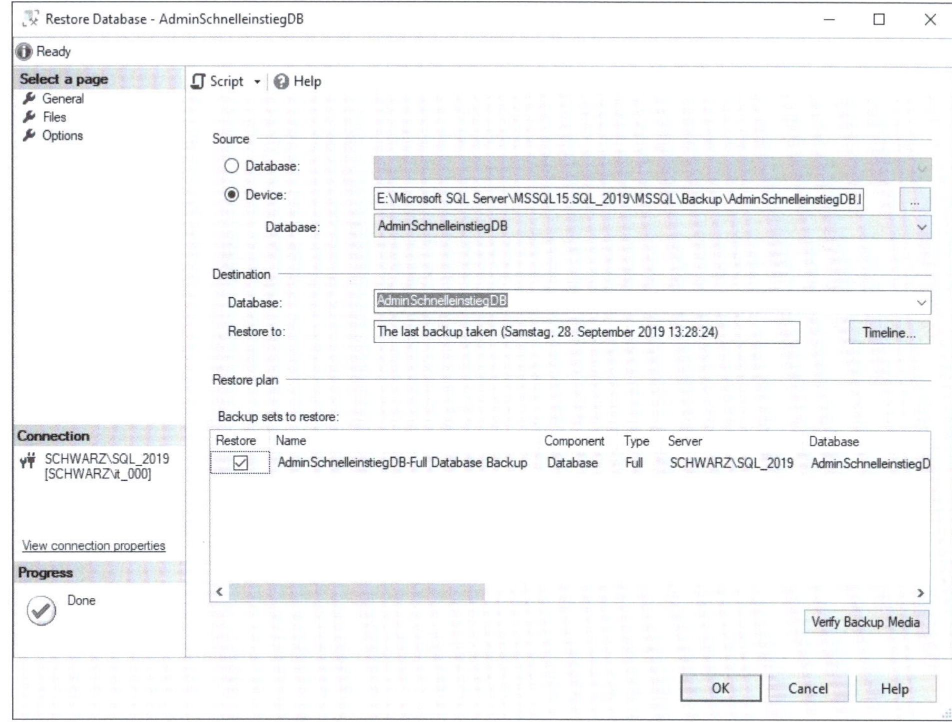

Abbildung 9.23 Dialog »Datenbank wiederherstellen« (»Restore Database«)

12. Klicken Sie anschließend links auf OPTIONEN (OPTIONS), und aktivieren Sie jetzt im rechten Bereich unter WIEDERHERSTELLUNGSSTATUS (RECOVERY STATE) die Option RESTORE WITH NORECOVERY sowie VORHANDENE DATENBANK ÜBERSCHREIBEN (OVERWRITE THE EXISTING DATABASE (WITH REPLACE)), und entfernen Sie die bereits per Default ausgewählte Option PROTOKOLLFRAGMENT VOR WIEDERHERSTELLUNG SICHERN (TAKE TAIL-LOG BACKUP BEFORE RESTORE).

    Klicken Sie auf OK, um die Datenbankvollsicherung einzuspielen (siehe Abbildung 9.24).

Tipp

Nicht vergessen: Ein Restore ist nur möglich, wenn vorher der Snapshot (siehe Anfang dieses Kapitels) gelöscht worden ist.

Hinweis

Sie haben jetzt die Vollsicherung wiederhergestellt und die Datenbank in den Modus `WITH NORECOVERY` versetzt. Das bedeutet, Sie können nun weitere Transaktionsprotokolle nachziehen, jedoch noch nicht auf die Datenbank zugreifen. Sie sehen, dass die Datenbank in diesem Zustand im Objekt-Explorer mit einem grünen Pfeil dargestellt wird.

Beachten Sie im Optionsdialog unter Serververbindungen (Server connections) auch die Option Bestehende Verbindungen mit der Zieldatenbank schliessen (Close existing connection to destination database). Hier können Sie die mit der zu überschreibenden Datenbank eventuell noch verbundenen Benutzerverbindungen kappen. Sind nämlich noch Benutzer mit der Datenbank verbunden, die wiederhergestellt werden soll, erhalten Sie einen Fehler, und die Datenbank kann nicht wiederhergestellt werden.

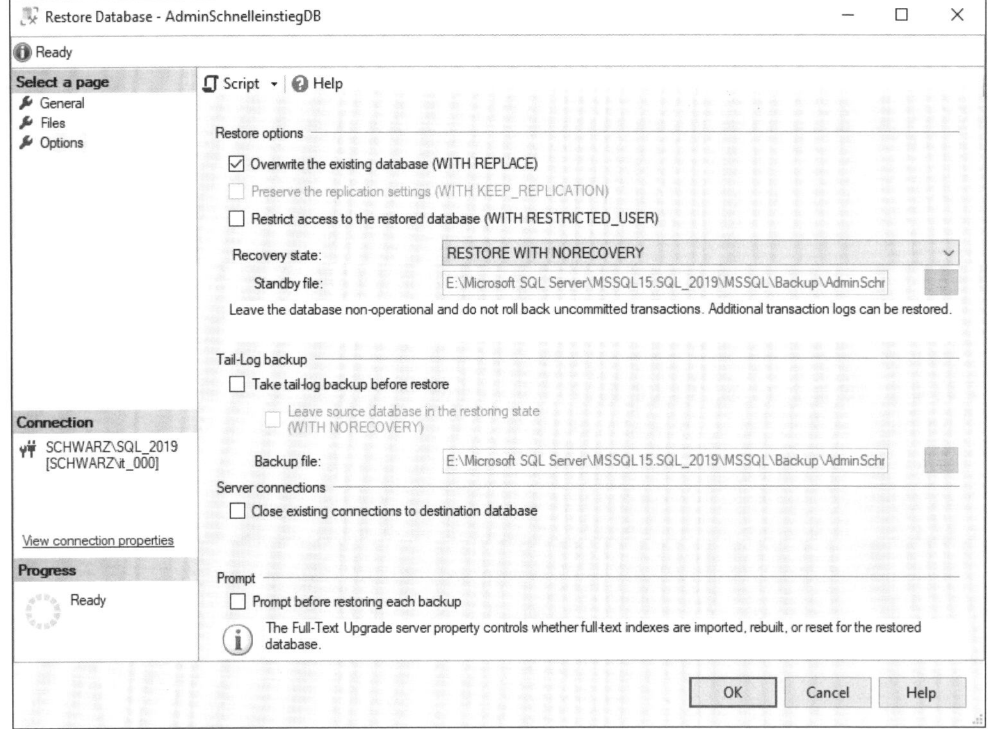

Abbildung 9.24 Optionsbereich des Dialogs »Datenbank wiederherstellen« (»Restore Database«) mit ausgewählten Optionen RESTORE WITH NORECOVERY und WITH REPLACE

Die wiederhergestellte Datenbank (»AdminSchnelleinstiegDB«) befindet sich jetzt im Modus Wird wiederhergestellt (WITH NORECOVERY). Dies bedeutet, auf die Datenbank kann nicht zugegriffen werden. Es ist nun allerdings möglich, weitere Datensicherungen nachzuziehen, in diesem Fall unsere noch fehlenden Transaktionsprotokolle.

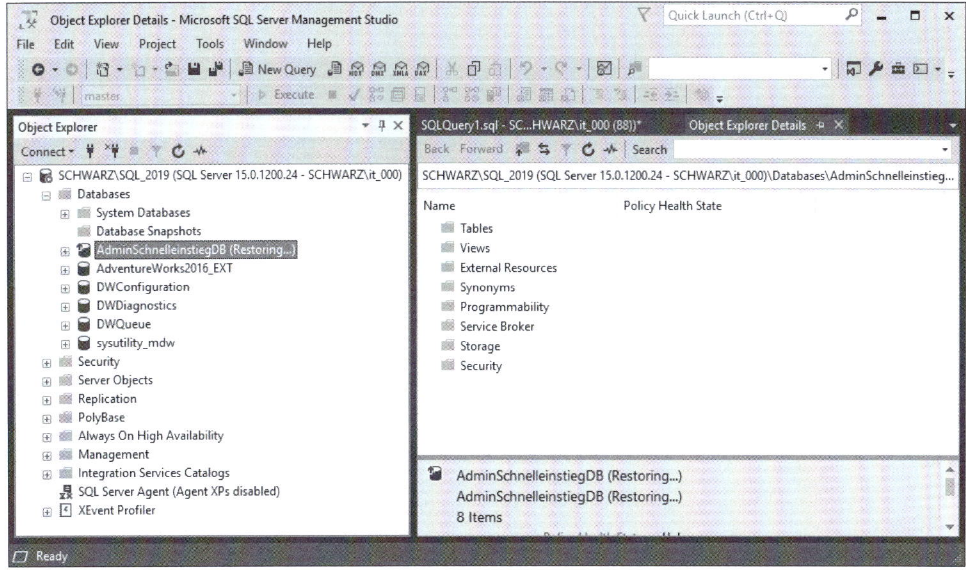

Abbildung 9.25 Darstellung einer Datenbank nach dem Einspielen einer Sicherung mit der Option WITH NORECOVERY

Genau das tun Sie mit den weiteren Schritten:

1. Klicken Sie mit der rechten Maustaste auf die Datenbank (AdminSchnelleinstiegDB), und wählen Sie aus dem Kontextmenü den Menüpunkt Tasks • Wiederherstellen • Transaktionsprotokoll (Tasks • Restore • Transaction Log..., Abbildung 9.26).
2. Aktivieren Sie im jetzt geöffneten Dialog Transaktionsprotokoll (Transaction Log) (»AdminSchnelleinstiegDB«) wiederherstellen (Restore) im Bereich Wiederherstellungsquelle (Restore Source) die Option Aus Datei oder von Band (From device). Durch einen Klick auf die Schaltfläche ... rechts neben dem zur Option gehörenden Textfeld wählen Sie die Datenbanksicherungsdatei aus, das heißt Ihre *.bak*-Datei, in die Sie zuvor die Sicherungen gespeichert haben (Abbildung 9.27).
3. Nun werden Ihnen im unteren Dialogbereich erneut die in der Sicherungsdatei enthaltenen Sicherungssätze angezeigt. In diesem Fall sehen Sie allerdings nur die in der Datei enthaltenen Transaktionsprotokoll-Sicherungen. In unserem Fall ist das nur eine einzige.

   Wählen Sie jetzt die Transaktionsprotokoll-Sicherung durch Setzen des Häkchens in der Spalte Wiederherstellen (Restore) aus (Abbildung 9.27).

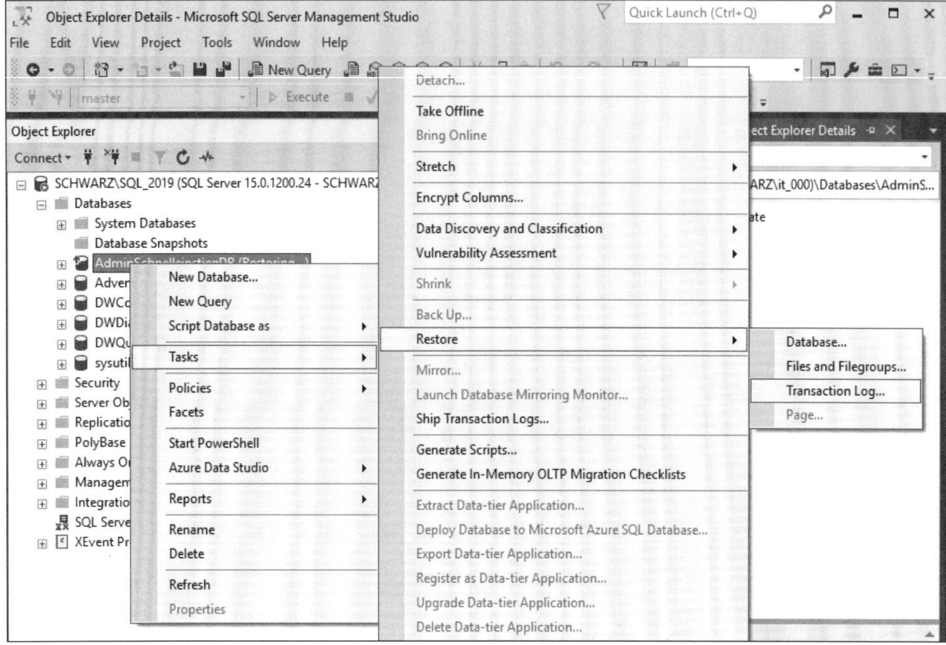

Abbildung 9.26 Separates Wiederherstellen von Transaktionsprotokollen

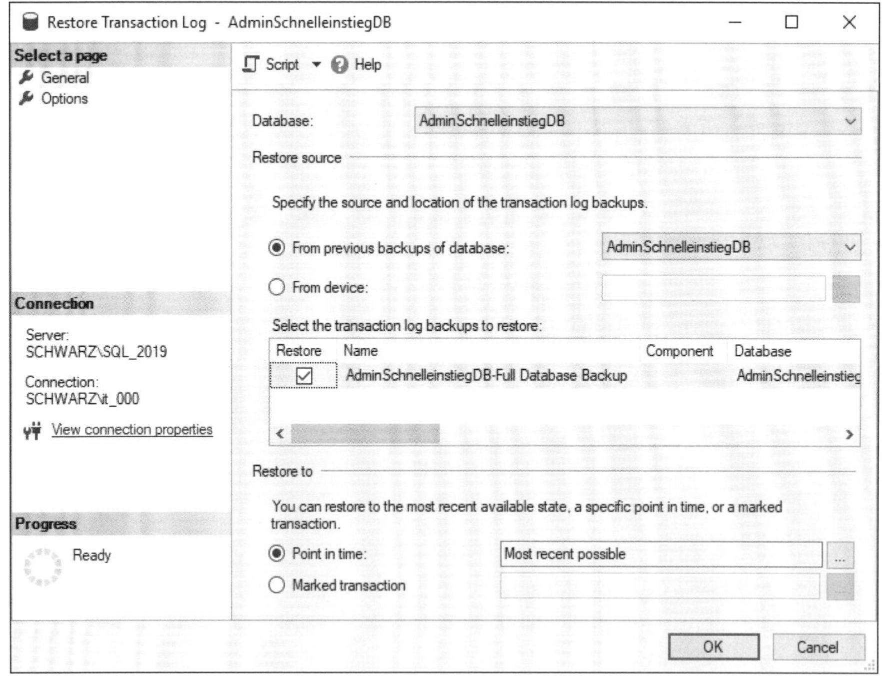

Abbildung 9.27 Dialog »Datenbank wiederherstellen« (»Restore Database«) mit ausgewählter Transaktionsprotokoll-Sicherung

4. Klicken Sie links auf Optionen, und wählen Sie im rechten Bereich unter WIEDERHERSTELLUNGSSTATUS (RESTORE STATE) die Option DATENBANK BETRIEBSBEREIT LASSEN … (RESTORE WITH RECOVERY) (LEAVE THE DATABASE READY …), und klicken Sie auf OK, um die Transaktionsprotokoll-Sicherung einzuspielen (siehe Abbildung 9.28).

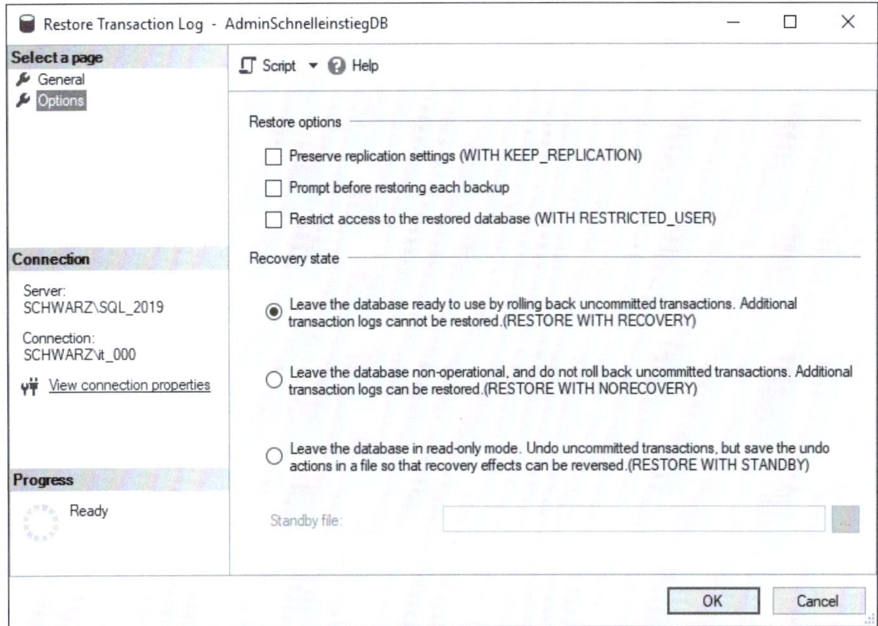

Abbildung 9.28 Optionsbereich des Dialogs »Transaktionsprotokoll wiederherstellen« (»Restore Transaction Log«) mit ausgewählter Option RESTORE WITH RECOVERY

5. Wurde die Datenbank vollständig wiederhergestellt, erhalten Sie eine dementsprechende Dialogmeldung. Die Wiederherstellung der Datenbank ist damit abgeschlossen (Abbildung 9.29).

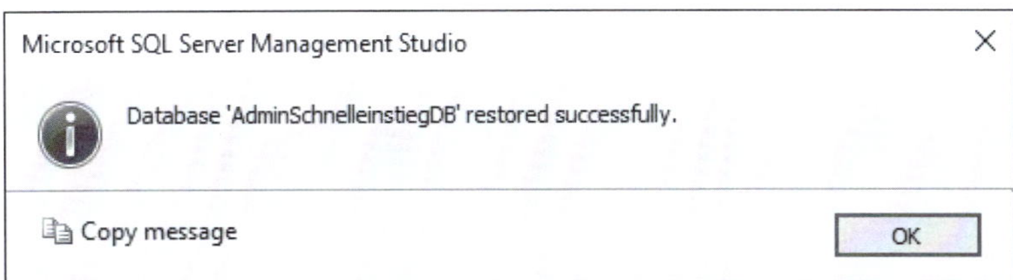

Abbildung 9.29 Der Dialog »Datenbank [Datenbankname] wurde erfolgreich wiederhergestellt« (»Database [Datenbankname] restored successfully.«)

Kapitel 10
SQL-Server-Sicherheit

Das Thema Sicherheit ist für jedes Unternehmen unverzichtbar. Hinsichtlich der Sicherheit bietet SQL Server eine Reihe von Technologien, die es Administratoren ermöglichen, SQL Server in eine sichere Unternehmensinfrastruktur zu integrieren.

In einem Datenbanksystem wie SQL Server speichern Unternehmen in der Regel lebenswichtige Daten. Aus diesem Grund ist es wichtig, diese Daten zu schützen.

Für die Firma Microsoft ist es ein »zentraler Unternehmensgrundsatz«, dass der Umgang mit Computern und Software sicher und zuverlässig ist. Aus diesem Grund wurde vor einigen Jahren die sogenannte *Trustworthy Computing Initiative* ausgerufen. Im Wesentlichen ist damit gemeint, dass der Umgang mit Computern sicher und zuverlässig ist und der Datenschutz beachtet wird.

Auch bei der Entwicklung von Microsoft SQL Server 2019 wurde großer Wert darauf gelegt, dass sich diese Punkte im Sicherheitskonzept des Datenbanksystems widerspiegeln.

10.1 Das SQL-Server-Authentifizierungskonzept

Möchte der Anwender mit SQL Server arbeiten, muss er sich zuerst am Server anmelden und dem Server damit seine Identität mitteilen. Daraufhin kann SQL Server die Identität des Anwenders überprüfen, ob dieser überhaupt dazu berechtigt ist, auf SQL Server zuzugreifen.

Dieser Vorgang wird als *Authentifizierung* bezeichnet.

Konkret wird überprüft, ob der Anwender eine sogenannte gültige SQL-Server-Anmeldung besitzt. Wenn dieser Schritt (Authentifizierung) erfolgreich abgeschlossen wurde, kann in einen Datenbankkontext gewechselt werden.

Da es möglich ist, innerhalb von SQL Server mehrere Datenbanken pro Instanz zu verwalten, reicht die erfolgreiche Anmeldung am Server mittels erfolgreichen SQL-Server-Logins nicht aus, um auf die Daten der Datenbanken zuzugreifen.

Hat sich ein Anwender erfolgreich über seine SQL-Server-Anmeldung an SQL Server angemeldet und möchte er auf die Daten einer Datenbank zugreifen, benötigt er einen Datenbankbenutzer auf Datenbankebene. Dieser Datenbankbenutzer ist mit der zuvor beschriebenen SQL-Server-Anmeldung intern verknüpft. Für diesen Datenbankbenutzer können dann zusätzliche Berechtigungen auf die Daten und Objekte innerhalb der Datenbank vergeben werden, womit festgelegt wird, was der Anwender, der unter diesem Datenbankbenutzer auf die Datenbank zugreift, überhaupt mit den Daten tun darf. Jeder einzelne Befehl wird auf seine Rechtmäßigkeit hin überprüft. Dieser Vorgang, ob der Datenbankbenutzer bestimmte Befehle ausführen darf oder nicht, wird als *Autorisierung* bezeichnet.

Hinweis zu Anmeldungen und Datenbankbenutzern

Es ist wichtig zu verstehen, dass es eine *SQL-Server-Anmeldung* (englisch: *SQL-Server-Login*) und einen zusätzlichen *Benutzer* (*Login*) pro Datenbank (den Datenbankbenutzer) gibt.

Beispielsweise erstellen Sie für bestimmte Anwender nur eine SQL-Server-Anmeldung, weil diese Anwender lediglich administrative Aufgaben, die SQL Server betreffen, ausführen sollen und nicht auf die Datenbanken zugreifen dürfen. Bei diesen administrativen Aufgaben könnte es sich z. B. um das Anlegen von SQL-Server-Anmeldungen oder das Ändern von SQL-Server-Einstellungen handeln, ohne auf die Daten der Datenbanken zuzugreifen.

10.1.1 Authentifizierungsstufe »Server«: Serverberechtigungen

Möchten Sie sich mit SQL Server verbinden, benötigen Sie eine sogenannte *SQL-Server-Anmeldung*. Diese SQL-Server-Anmeldung können Sie im SQL Server Management Studio (SSMS) anlegen.

Hierzu öffnen Sie im Objekt-Explorer des SSMS den Ordner SICHERHEIT (englisch: SECURITY) der aktuellen SQL-Server-Instanz und klicken mit der rechten Maustaste auf den Ordner ANMELDUNGEN (LOGINS). Anschließend wählen Sie aus dem Kontextmenü NEUE ANMELDUNG... (NEW LOGIN) aus (siehe Abbildung 10.1).

Es gibt mehrere verschiedene Arten dieser SQL-Server-Anmeldungen: Sie können Ihre Windows- oder Active-Directory-Benutzerkonten wie auch -Gruppen für die Anmeldung verwenden.

Wenn also innerhalb Ihrer Firma auf Netzwerkebene (Active Directory oder Windows) bereits Gruppen wie *Controlling*, *Buchhaltung*, *Geschäftsführung* vorhanden sind, können Sie auf Basis dieser Gruppen eine SQL-Server-Anmeldung erstellen. Sie müssen in diesem Fall nicht alle User, die eventuell auf Netzwerkebene (als AD-Benutzer oder AD-Gruppen) existieren, noch einmal in SQL Server anlegen, sondern Sie erstellen eine SQL-Server-Anmeldung *Controlling* auf Basis der Windows- oder Active-Directory-Gruppe *Controlling*.

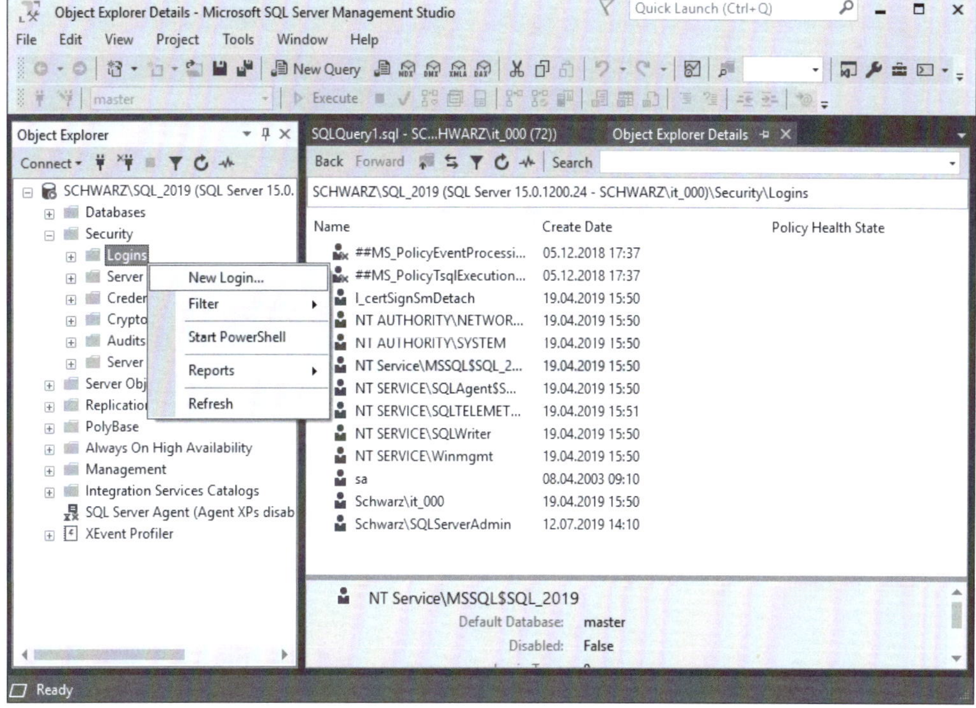

Abbildung 10.1 Anlegen einer SQL-Anmeldung mit dem SSMS

Alle Mitglieder dieser Gruppen können sich dann über die erstellte SQL-Server-Anmeldung authentifizieren. Das erleichtert den Verwaltungsaufwand immens.

Was ist das Active Directory (AD)?

Das *Active Directory* ist ein Verzeichnisdienst, der die Gliederung und Verwaltung eines Netzwerkes ermöglicht und vereinfacht. Es werden Benutzer, Gruppen, Dienste, Server etc. verwaltet. Ein Administrator kann mit Active Directory diese Objekte verwalten, organisieren und Zugriffsrechte für Benutzer und Gruppen vergeben. Active Directory ermöglicht es, die logische Struktur eines Unternehmens abzubilden. Benutzer, Gruppen und Zugriffsberechtigungen des Active Directorys legen die dafür zuständigen Administratoren auf der Ebene des jeweiligen Serverbetriebssystems fest. Eine Erstellung und Verwaltung von Active Directory innerhalb von SQL Server ist nicht möglich. Die Verwaltungskonsole für Active Directory rufen Sie unter Windows Server über START • VERWALTUNG • ACTIVE DIRECTORY-BENUTZER UND -COMPUTER auf.

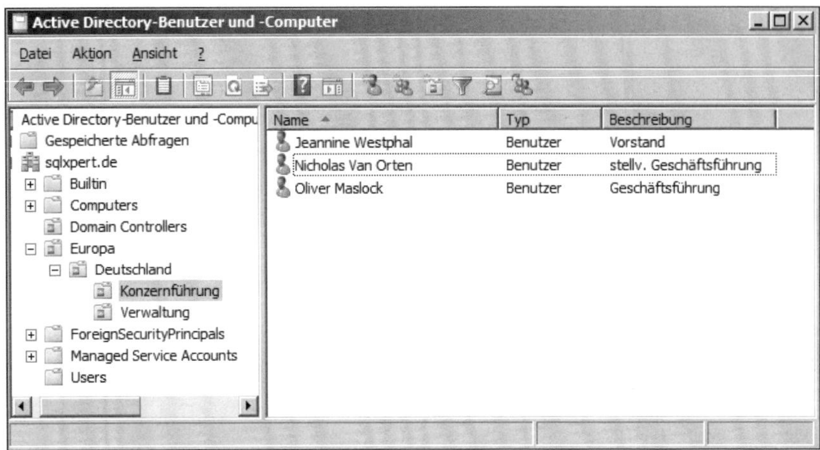

Abbildung 10.2 Active-Directory-Verwaltungskonsole

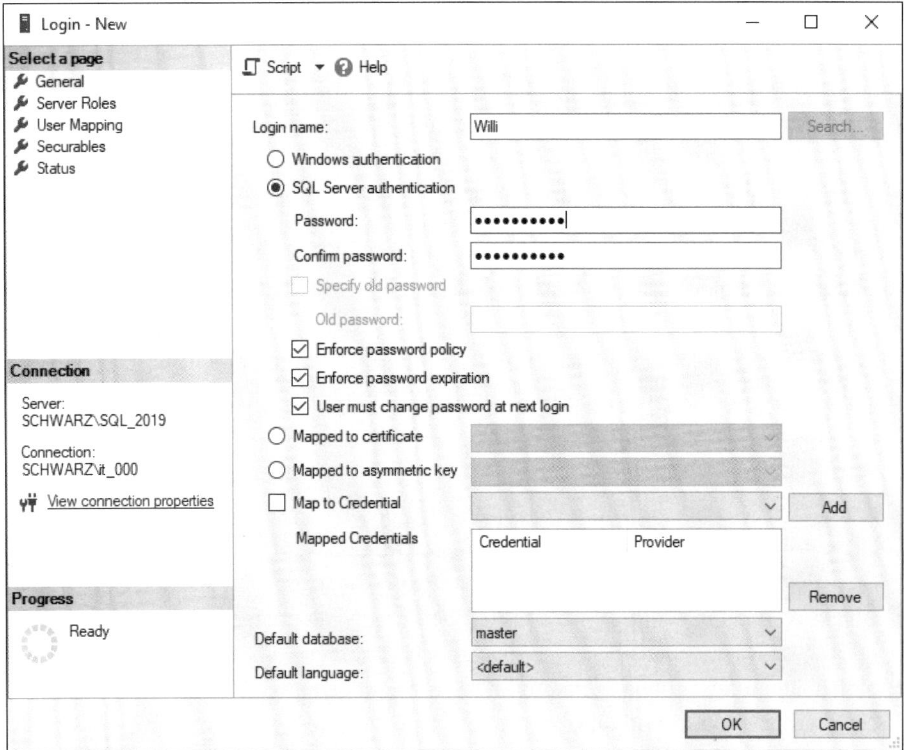

Abbildung 10.3 Dialog zum Erstellen einer neuen Anmeldung auf Basis der SQL-Server-Authentifizierung

Wenn Sie SQL-Anmeldungen nicht auf Basis der Windows-Authentifizierung erstellen möchten, besteht die in Abbildung 10.3 gezeigte Möglichkeit, eine Anmeldung basierend auf der SQL-Server-Authentifizierung anzulegen.

Eine SQL-Server-Anmeldung benötigen Sie, wenn Benutzer, die über kein Windows-Konto verfügen, auf SQL Server zugreifen sollen. Dies ist der Fall, wenn auf SQL Server aus einer Webanwendung heraus zugegriffen werden soll oder die Anwender nicht Teil Ihres Firmennetzes sind bzw. über ein Microsoft-fremdes Betriebssystem auf SQL Server zugreifen möchten.

Wenn Sie eine SQL-Server-Anmeldung anlegen, müssen Sie sich entscheiden, ob Sie die Option WINDOWS-AUTHENTIFIZIERUNG oder SQL SERVER-AUTHENTIFIZIERUNG (WINDOWS AUTHENTICATION • SQL SERVER AUTHENTICATION) auswählen.

10.1.2 Windows-Authentifizierung

Wie der Name vermuten lässt, verwenden Sie mit der Option WINDOWS-AUTHENTIFIZIERUNG die bereits auf der Windows-Ebene durchgeführte Authentifizierung.

Die Windows-Authentifizierung ist eine sehr praktische Authentifizierungsmethode, die auch andere Produkte von Microsoft und Produkte anderer Anbieter unterstützt.

Wenn ein User mit einem Windows-Rechner arbeiten will, muss er sich bekanntlich zu Beginn mit einem Benutzernamen und einem Passwort einloggen. Nun liegt es nahe, diese Anmeldedaten ebenfalls für die Anmeldung des SQL Servers zu nutzen und dem Benutzer somit eine erneute Eingabe eines Benutzernamens und Passworts zu ersparen.

Mit der Windows-Authentifizierung können Sie Ihre Windows-Benutzerkonten und -Gruppen oder die Gruppen und Anmeldekonten von Active Directory für die Anmeldung in SQL Server nutzen.

In Abbildung 10.4 sehen Sie den Dialog zum Erstellen einer SQL-Server-Anmeldung mit gewählter Option WINDOWS-AUTHENTIFIZIERUNG (WINDOWS AUTHENTICATION) für den Windows-Benutzer *Schwarz\Willi*. Der Benutzer *Schwarz\Willi* kann entweder ein Active-Directory-Benutzer oder, wenn kein Active Directory installiert ist, ein normaler Windows-Benutzer sein, der über die Windows-Benutzerverwaltung angelegt wurde.

Nachdem Sie den Benutzer im Feld ANMELDENAME (LOGIN NAME) eingetragen haben, müssen Sie nur noch die Schaltfläche OK anklicken, um die Erstellung abzuschließen. Über die Schaltfläche SUCHEN... (SEARCH...) können Sie den gewünschten Windows-Benutzernamen (auch *Windows-Konto* genannt) auch suchen.

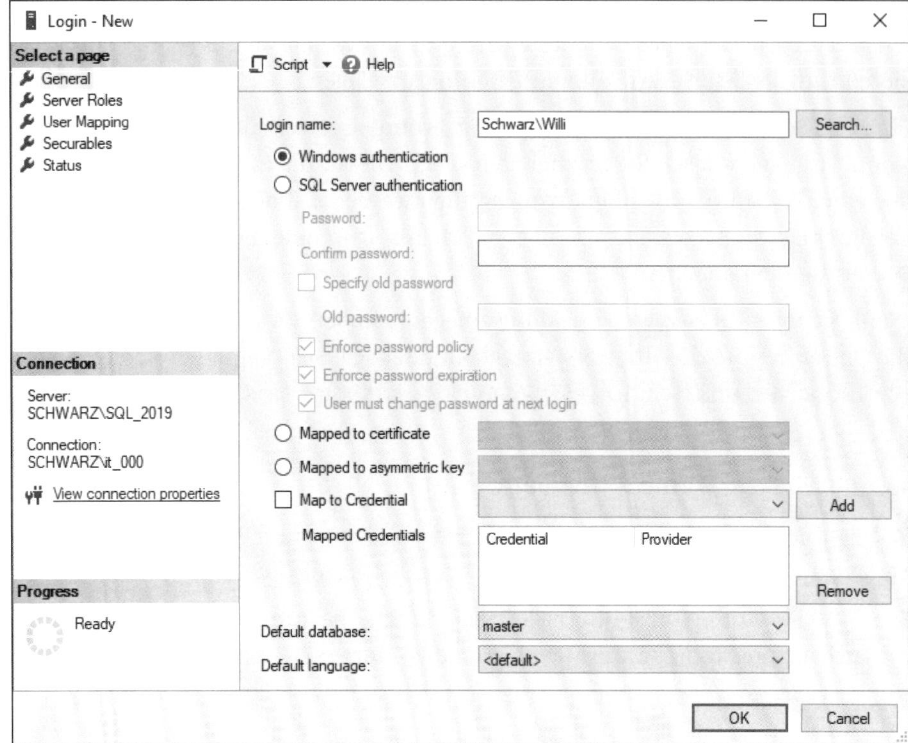

Abbildung 10.4 Dialog zum Erstellen einer neuen Anmeldung auf Basis der Windows-Authentifizierung

10.1.3 SQL-Server-Authentifizierung

Wenn Sie die Option SQL SERVER-AUTHENTIFIZIERUNG (SQL SERVER AUTHENTICATION) wählen, erstellen Sie eine Anmeldung, bei der Sie einen Benutzernamen und ein Passwort vergeben müssen (Siehe Abbildung 10.5). Hiermit können Sie sich im Anmeldedialog von SQL Server oder an Ihrer Datenbankanwendung anmelden. In diesem Fall werden keine bereits im Netzwerk angelegten Benutzer verwendet.

Wie erstelle ich ein SQL-Server-Login?

Ein SQL-Server-Login können Sie mit dem SSMS erstellen.

1. Öffnen Sie im Objekt-Explorer den Ordner SICHERHEIT (SECURITY). Achten Sie darauf, dass Sie den Ordner SICHERHEIT auf der Hierarchiestufe der *Serverinstanz* öffnen, es gibt nämlich auch einen Ordner SICHERHEIT innerhalb der *Datenbanken*.

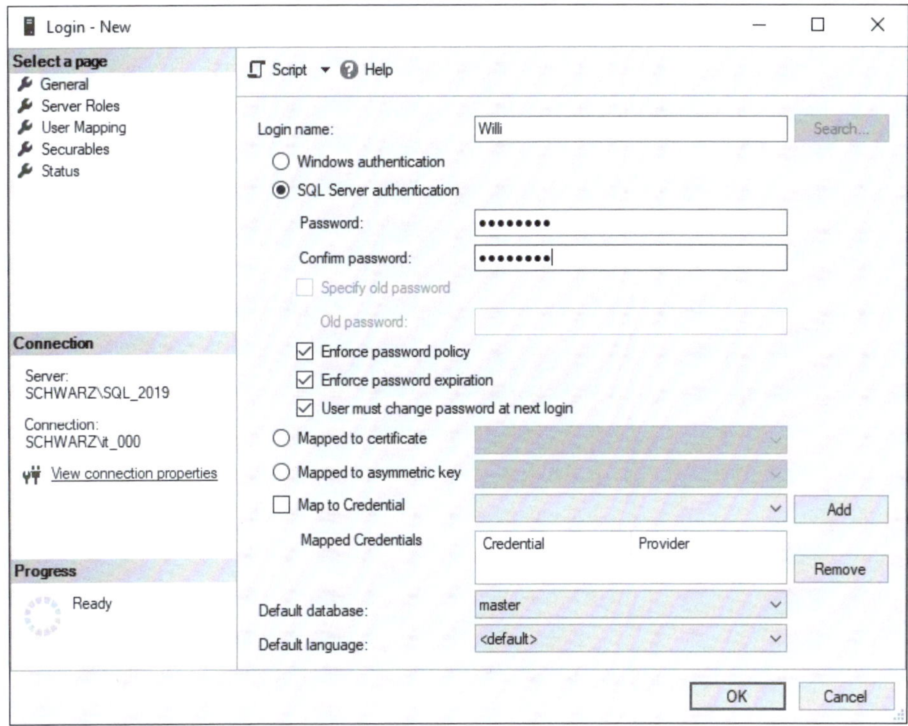

Abbildung 10.5 SQL Login erstellen

2. Klicken Sie mit der rechten Maustaste den Ordner Anmeldungen (Logins) an, und wählen Sie im erscheinenden Kontextmenü Neue Anmeldung... (New Login...) aus.
3. Wählen Sie die Authentifizierungsmethode. Vergeben Sie, falls Sie SQL Server-Authentifizierung selektiert haben, einen Anmeldenamen und ein Passwort. Haben Sie Windows-Authentifizierung gewählt, geben Sie im Feld Anmeldename eine Windows-Gruppe oder ein AD-Konto ein.
4. Klicken Sie auf OK.

Hinweis zum Feld »Anmeldename«

In dieses Feld können Sie entsprechend der im nächsten Schritt zu wählenden Authentifizierungsmethode entweder einen Anmeldenamen (SQL-Server-Authentifizierung) oder aber, wie zuvor bereits erläutert, ein Windows-Benutzerkonto oder eine Windows-Gruppe (Windows-Authentifizierung) angeben. Bei einem Klick auf die Schaltfläche Suchen (Search) erscheint ein Suchdialog, der Sie beim Suchen der Gruppen oder Benutzerkonten unterstützt.

Sie haben soeben eine SQL-Server-Anmeldung erstellt. Wenn Sie jetzt – wie in Abbildung 10.6 gezeigt – den Ordner ANMELDUNGEN (LOGINS) im Objekt-Explorer des SSMS öffnen, werden Sie die soeben erstellte Anmeldung sehen.

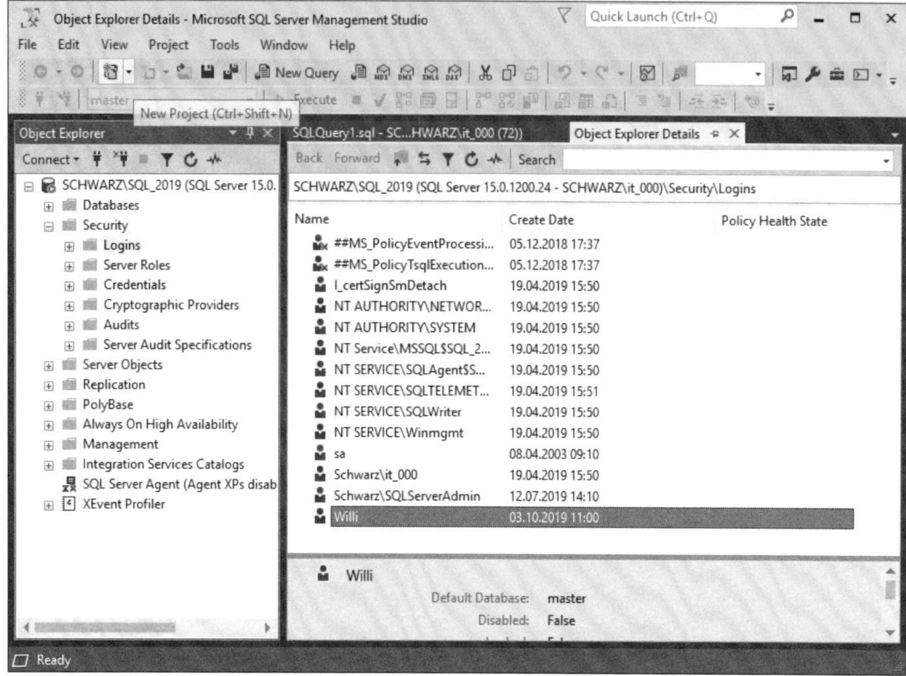

Abbildung 10.6 Anzeige der angelegten SQL-Server-Anmeldungen

Sie können sich jetzt bereits mit diesem Account am Server anmelden und auf SQL Server zugreifen (siehe Abbildung 10.7).

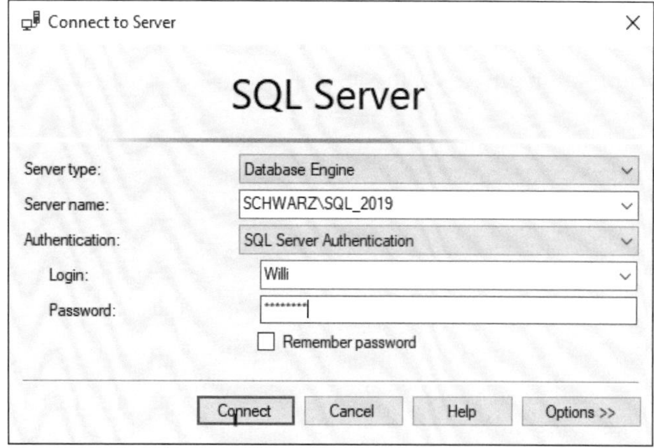

Abbildung 10.7 Anmeldedialog mit den Anmeldedaten der erstellten SQL-Anmeldung

Was tun bei Verbindungsproblemen?

Sie haben eine SQL-Anmeldung mit SQL-Authentifizierung erstellt und können sich trotzdem nicht verbinden? Überprüfen Sie, ob SQL Server bei der Installation so eingestellt wurde, dass sowohl Windows-Authentifizierung als auch SQL-Server-Authentifizierung unterstützt werden.

So überprüfen Sie die Einstellungen der Authentifizierungsmethode:

1. Klicken Sie mit der rechten Maustaste im Objekt-Explorer auf die SQL-Server-Instanz, und wählen Sie EIGENSCHAFTEN • SICHERHEIT (PROPERTIES • SECURITY).
2. Überprüfen Sie hier, ob im Bereich SERVERAUTHENTIFIZIERUNG (SERVER AUTHENTICATION) beide Authentifizierungsmethoden aktiviert wurden (siehe Abbildung 10.8).
3. Wenn Sie hier etwas ändern, müssen Sie SQL Server – nicht den Computer selbst – neu starten (klicken Sie mit der rechten Maustaste auf die SQL-Server-Instanz und dann auf NEU STARTEN (RESTART).

10

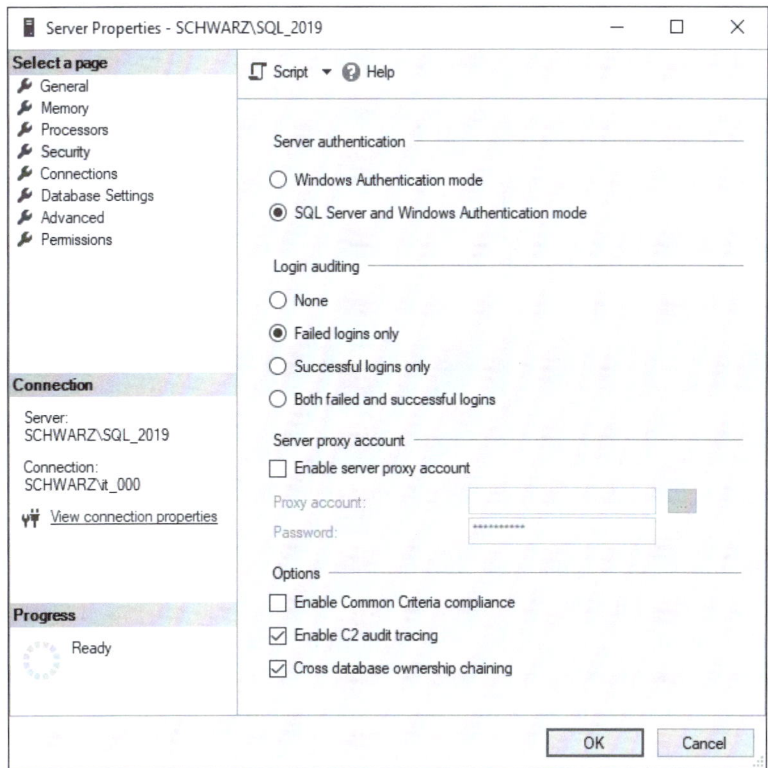

Abbildung 10.8 Wechsel der Authentifizierungseigenschaften im Dialog »Servereigenschaften« (»Server Properties«)

10.2 Serverrollen

10.2.1 Was sind Serverrollen?

Haben Sie eine SQL-Anmeldung erstellt, können Sie diese Anmeldung einer sogenannten *Serverrolle* zuweisen. Serverrollen sind vordefinierte Gruppen mit bestimmten vordefinierten Berechtigungen. Mitglieder dieser Serverrollen erhalten automatisch die Berechtigungen dieser Serverrolle.

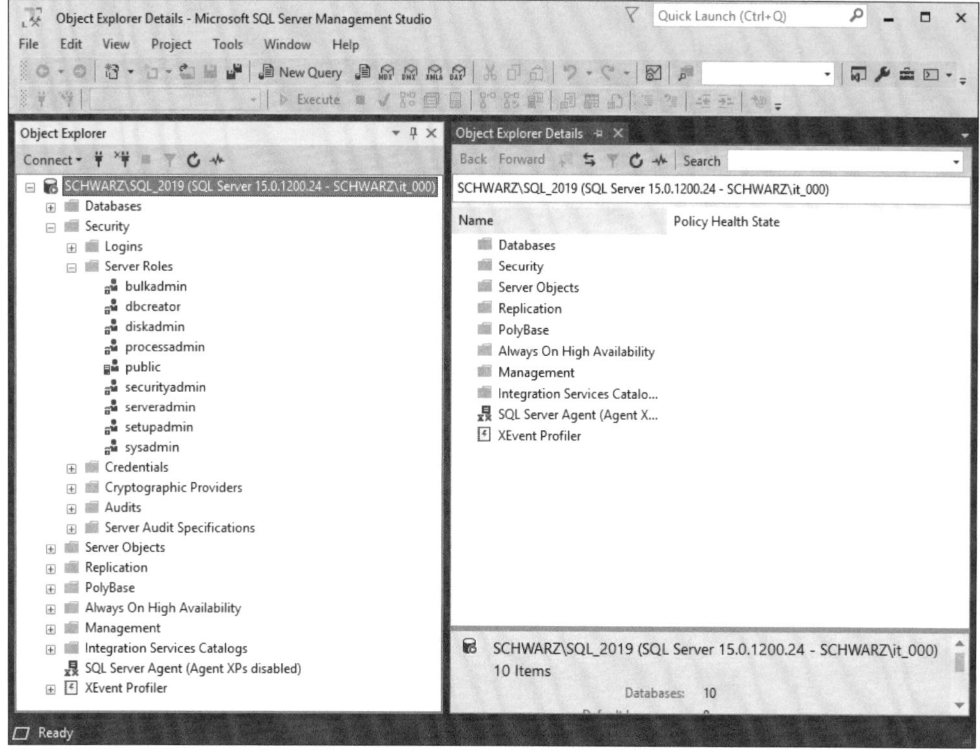

Abbildung 10.9 Auflistung der verfügbaren Serverrollen im Objekt-Explorer des SSMS

Dies ist sinnvoll, wenn Sie mehrere Administratoren im Unternehmen haben, die entsprechend ihren Aufgaben und Sicherheitsstufen SQL Server verwalten. Dagegen wäre es nicht unbedingt sinnvoll, jedem Administrator gleich die vollen Rechte auf das gesamte Datenbanksystem zu geben. Serverrollen ermöglichen Ihnen hier eine Differenzierung der Aufgaben.

> **Hinweis**
>
> Serverrollen werden in der Regel nicht dem »normalen Anwender« zugewiesen. Sie werden nur für die Anmeldungen vergeben, die administrative Aufgaben in SQL Server durchführen müssen.

Es gibt insgesamt acht Serverrollen. Die zugehörigen Berechtigungen der jeweiligen Rollen können Sie Tabelle 10.1 entnehmen.

Serverrolle	**Beschreibung**
sysadmin	Mitglieder dieser Serverrolle besitzen alle Berechtigungen und sind Systemadministratoren (*sa*).
serveradmin	Mitglieder dieser Serverrolle können SQL Server herunterfahren und Konfigurationsoptionen setzen.
setupadmin	Mitglieder dieser Serverrolle können Verbindungsserver konfigurieren und verschiedene gespeicherte Systemprozeduren ausführen.
securityadmin	Mitglieder dieser Serverrolle können Logins verwalten und erstellen.
processadmin	Mitglieder dieser Serverrolle können Prozesse beenden, die innerhalb einer Datenbank-Engine-Instanz ausgeführt werden.
diskadmin	Mitglieder dieser Serverrolle können Datenträgerdateien verwalten.
bulkadmin	Mitglieder dieser Serverrolle können `BULK INSERT`-Anweisungen ausführen.
dbcreator	Mitglieder dieser Serverrolle können Datenbanken erstellen, ändern oder löschen.

Tabelle 10.1 Die verfügbaren SQL-Server-Rollen

10.2.2 Die Rolle »public«

Es gibt noch eine weitere Serverrolle: *public*. Jede auf SQL Server erstellte Anmeldung ist Mitglied der Rolle *public*, und dies können Sie auch nicht ändern. Die Rolle *public* hat per Standard die Berechtigung VIEW ANY DATABASE, was so viel wie »Darf jede Datenbank sehen« bedeutet. Sie können der Rolle *public* Berechtigungen auf sicherungsfähige Objekte erteilen. Jeder Benutzer erbt die Berechtigungen, die Sie der Rolle *public* für ein bestimmtes Objekt eingeräumt haben. Allerdings nur dann, wenn für dieses Objekt keine bestimmten Berechtigungen erteilt oder verweigert wurden.

Durch das Setzen von Berechtigungen für die Rolle *public* ist es möglich, allen Benutzern gleichzeitig dieselben Berechtigungen auf ein sicherungsfähiges Element zu erteilen. Allerdings sollten Sie hierbei vorsichtig sein. Ein gut durchdachten Sicherheits- und Berechtigungskonzept schließt ein solches Vorgehen in den meisten Fällen aus.

> **Was ist ein sicherungsfähiges Objekt oder Element?**
>
> Unter einem *sicherungsfähigen Element* können Sie ein Element verstehen, das durch Setzen von Berechtigungen abgesichert bzw. geschützt werden kann. Dies kann eine Tabelle, gespeicherte Prozedur, Sicht oder ein anderes der vielen in SQL Server zur Verfügung stehenden Datenbankobjekte sein.

10.2.3 Eigene Serverrollen

Seit SQL Server 2012 ist es möglich, eigene Serverrollen zu erstellen. Durch das Erstellen eigener Serverrollen können Sie weitere administrative Serververwaltungsebenen implementieren, sofern Ihnen die vorhandenen nicht ausreichen.

10.2.4 Workshop: Zuweisen einer SQL-Anmeldung zu einer festen Serverrolle

1. Um alle verfügbaren SQL-Server-Anmeldungen anzuzeigen, öffnen Sie im Objekt-Explorer des Management Studios den Ordner SICHERHEIT • ANMELDUNGEN (SECURITY • LOGINS). Achten Sie darauf, dass Sie den Ordner SICHERHEIT (SECURITY) auf der Hierarchiestufe wählen, auf der sich auch die SQL-Server-Instanz befindet.

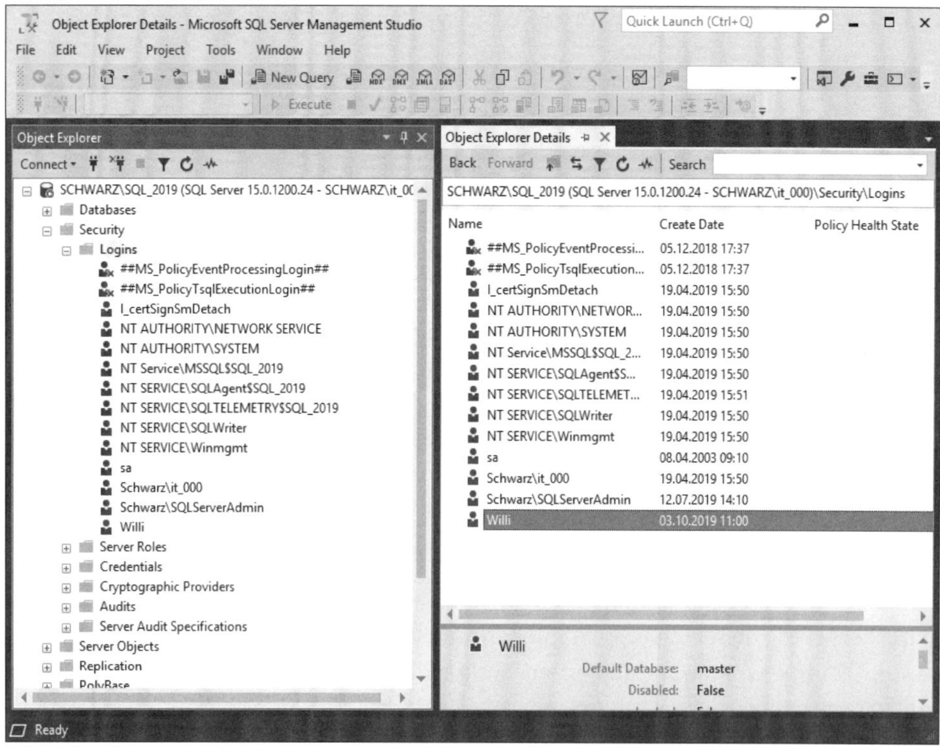

Abbildung 10.10 Auflistung aller vorhandenen SQL-Server-Anmeldungen im SSMS

2. Klicken Sie mit der rechten Maustaste auf die SQL-Server-Anmeldung, die Sie einer festen Serverrolle zuweisen möchten.
3. In dem daraufhin erscheinenden Kontextmenü wählen Sie den Punkt EIGENSCHAFTEN (PROPERTIES) aus.

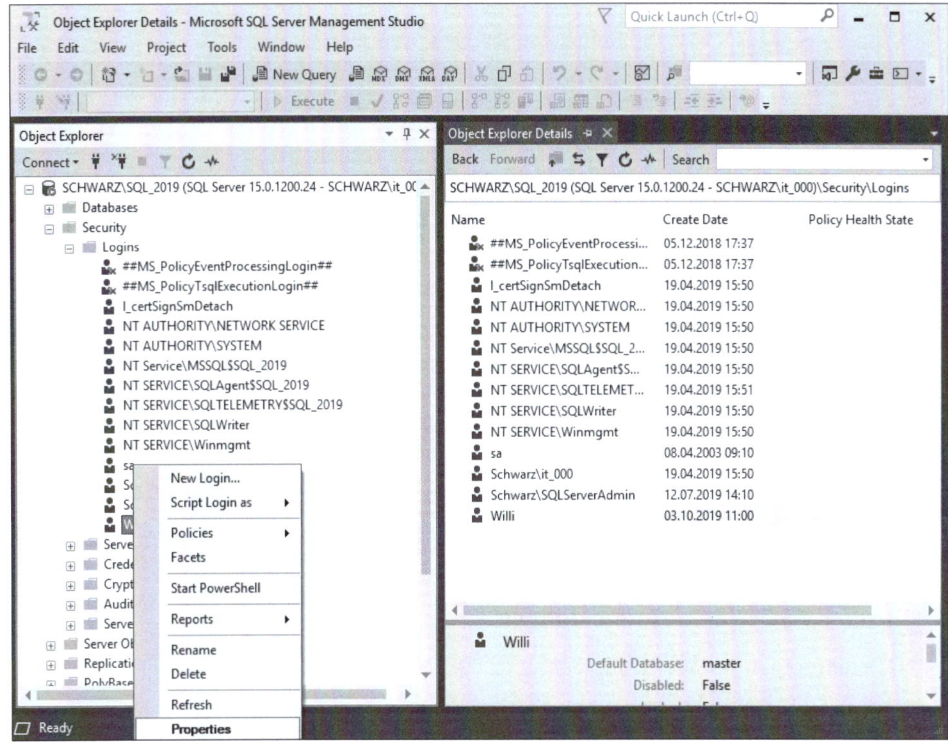

Abbildung 10.11 Aufrufen des Eigenschaftsdialogs einer SQL-Anmeldung

4. Es erscheint der Dialog ANMELDUNGSEIGENSCHAFTEN (LOGIN PROPERTIES). Wählen Sie im linken Bereich SEITE AUSWÄHLEN (SELECT A PAGE) den Punkt SERVERROLLEN (SERVER ROLES).
5. Es werden Ihnen jetzt alle verfügbaren Serverrollen angezeigt, die Sie durch einen Klick in die Auswahlkästchen der SQL-Server-Anmeldung zuweisen können (siehe Abbildung 10.12). Wählen Sie SYSADMIN, und klicken Sie anschließend auf OK.

Sie haben die soeben gewählte SQL-Server-Anmeldung der Serverrolle *sysadmin* (Systemadministrator mit allen Rechten) zugewiesen. Es handelt sich hier um die höchste in SQL Server zu vergebende Berechtigungsstufe. Ein *sysadmin* darf einfach alles (vergleichen Sie hierzu Tabelle 10.1).

Sollten die Berechtigungsmöglichkeiten der festen Serverrollen nicht ausreichen, können Sie jedem SQL-Server-Login einzelne Berechtigungen zuweisen. Alternativ können Sie auch eigene Serverrollen definieren und diesen Rollen dann Logins oder Login-Gruppen zuweisen.

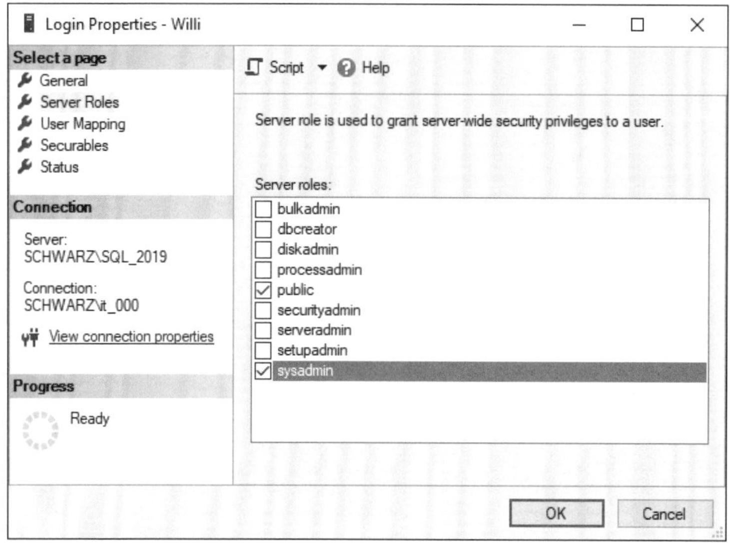

Abbildung 10.12 Auswahl von Serverrollen im Eigenschaftsdialog einer SQL-Anmeldung

10.2.5 Workshop: Zuweisen separater Berechtigungen zu SQL-Server-Anmeldungen

In der folgenden Anleitung vergeben Sie für einen SQL-Benutzer einer SQL-Server-Instanz das Recht, Datenbanken anzulegen.

Es wird vorausgesetzt, dass der Benutzer, der bei uns *Willi* heißt, nicht mehr die Serverrolle *sysadmin* besitzt (wie wir sie in Abschnitt 10.2.4 zugewiesen haben). Entfernen Sie daher gegebenenfalls diese Rolle, da der Benutzer als Systemadministrator automatisch das Recht hat, Datenbanken anzulegen.

1. Um alle verfügbaren SQL-Server-Anmeldungen anzuzeigen, öffnen Sie im Objekt-Explorer des Management Studios den Ordner SICHERHEIT • ANMELDUNGEN (SECURITY • LOGIN). Achten Sie darauf, dass Sie den Ordner SICHERHEIT (SECURITY) auf der Hierarchiestufe wählen, auf der sich auch die SQL-Server-Instanz befindet (siehe Abbildung 10.13).
2. Klicken Sie mit der rechten Maustaste die SQL-Server-Anmeldung an, der Sie separate Berechtigungen zuweisen möchten (in diesem Beispiel *Willi*).
3. Im daraufhin erscheinenden Kontextmenü (siehe Abbildung 10.14) wählen Sie EIGENSCHAFTEN (PROPERTIES).

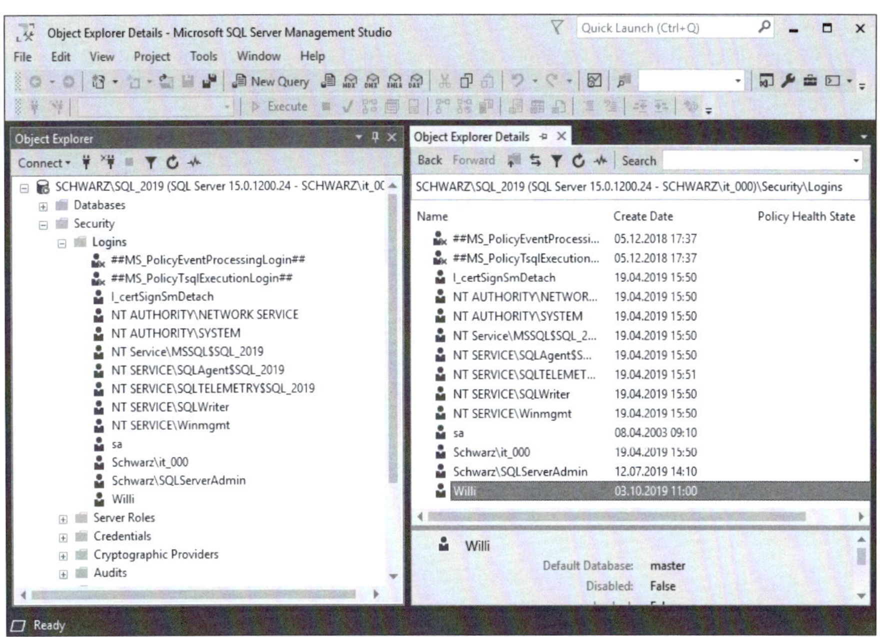

Abbildung 10.13 Auflistung aller vorhandenen SQL-Server-Anmeldungen im SSMS

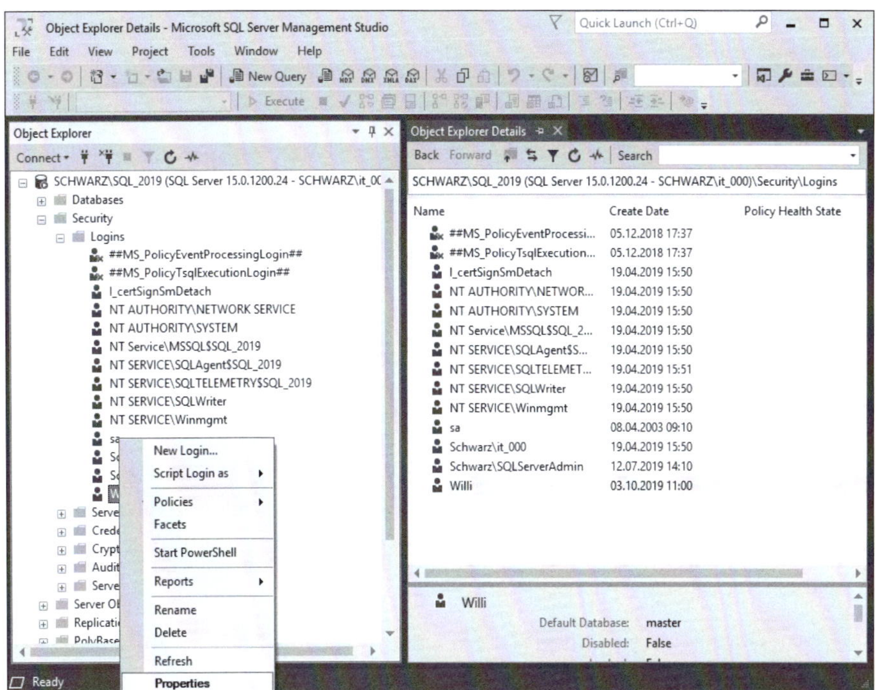

Abbildung 10.14 Aufruf des Eigenschaftsdialogs für die SQL-Anmeldung »Willi«

4. Innerhalb des erscheinenden Dialogs ANMELDUNGSEIGENSCHAFTEN (LOGIN PROPERTIES) wählen Sie im linken Bereich SEITE AUSWÄHLEN (SELECT A PAGE) den Punkt SICHERUNGSFÄHIGE ELEMENTE (SECURABLES) wie in Abbildung 10.15 aus.

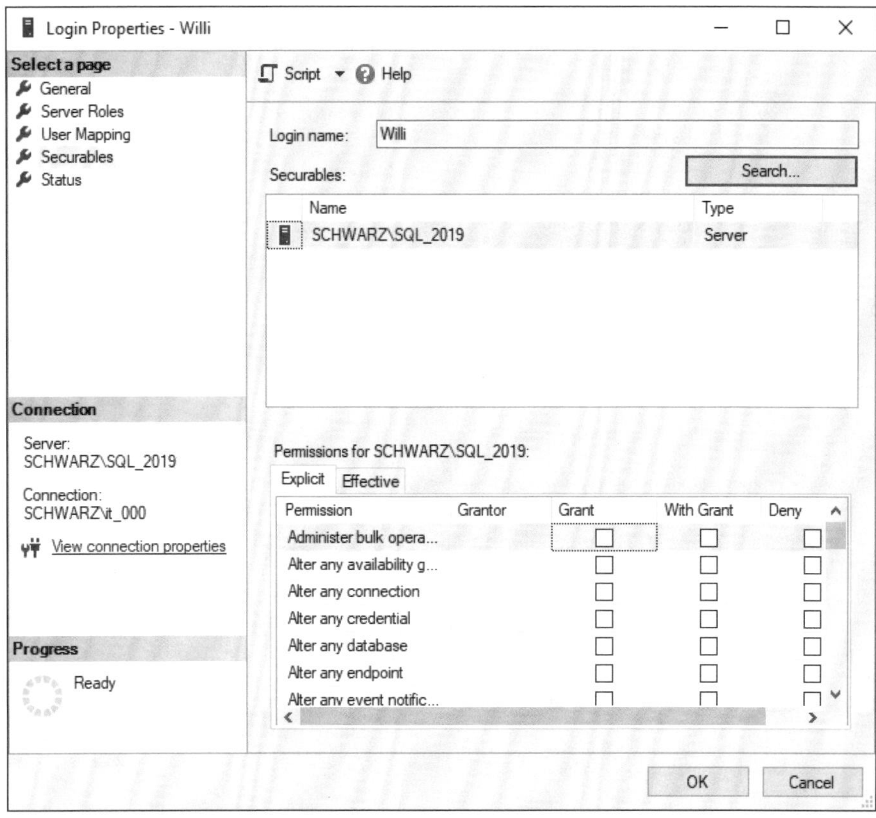

Abbildung 10.15 Auswahl des Bereichs »Sicherungsfähige Elemente« (»Securables«)

5. Im Feld SICHERUNGSFÄHIGE ELEMENTE (SECURABLES) wird der gewählte Server angezeigt. Im unteren Feld BERECHTIGUNGEN FÜR (PERMISSIONS FOR) IHR INSTANZNAME\SQL_2019 sehen Sie die möglichen Berechtigungen, die Sie nun vergeben können. Vergleichen Sie hierzu Abbildung 10.16.
6. Scrollen Sie im BERECHTIGUNGEN-Feld zur Option BELIEBIGE DATENBANK ERSTELLEN (CREATE ANY DATABASE), und wählen Sie diese Option durch einen Klick in das Kästchen ERTEILEN (GRANT) aus (siehe Abbildung 10.16).
7. Wählen Sie OK.

Sie haben soeben der gewählten SQL-Server-Anmeldung das Recht zum Erstellen von Datenbanken erteilt.

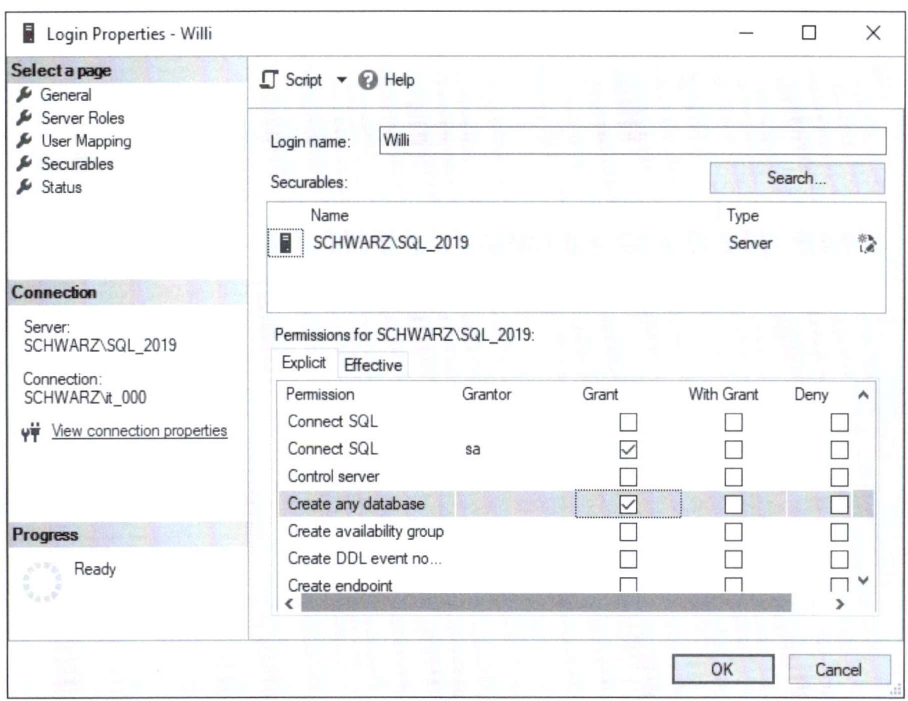

Abbildung 10.16 Bereich »Sicherungsfähige Elemente« (»Securables«)

10.3 Authentifizierungsstufe »Datenbank« – Datenbankberechtigungen

Soll der Anwender auch auf die Daten einer Datenbank zugreifen können, reicht das zuvor beschriebene Erstellen einer SQL-Server-Anmeldung nicht aus. Eine SQL-Server-Anmeldung ermöglicht dem Anwender lediglich den Zugriff auf Serverebene. Auf die Datenbanken können Sie mit einer SQL-Server-Anmeldung allein noch nicht zugreifen.

Um auf die Datenbanken zugreifen zu können, muss innerhalb der Datenbank ein sogenannter *Datenbankbenutzer* angelegt werden. Dieser Datenbankbenutzer muss einer SQL-Server-Anmeldung zugeordnet sein.

Die Datenbankbenutzer einer Datenbank können Sie sich ebenfalls im SSMS anzeigen lassen. Hierzu öffnen Sie im Objekt-Explorer des SSMS den jeweiligen Knoten Ihrer Datenbank, deren Datenbankbenutzer Sie sich anzeigen lassen möchten, und öffnen den Ordner SICHERHEIT (PROPERTIES), wie in Abbildung 10.17 dargestellt.

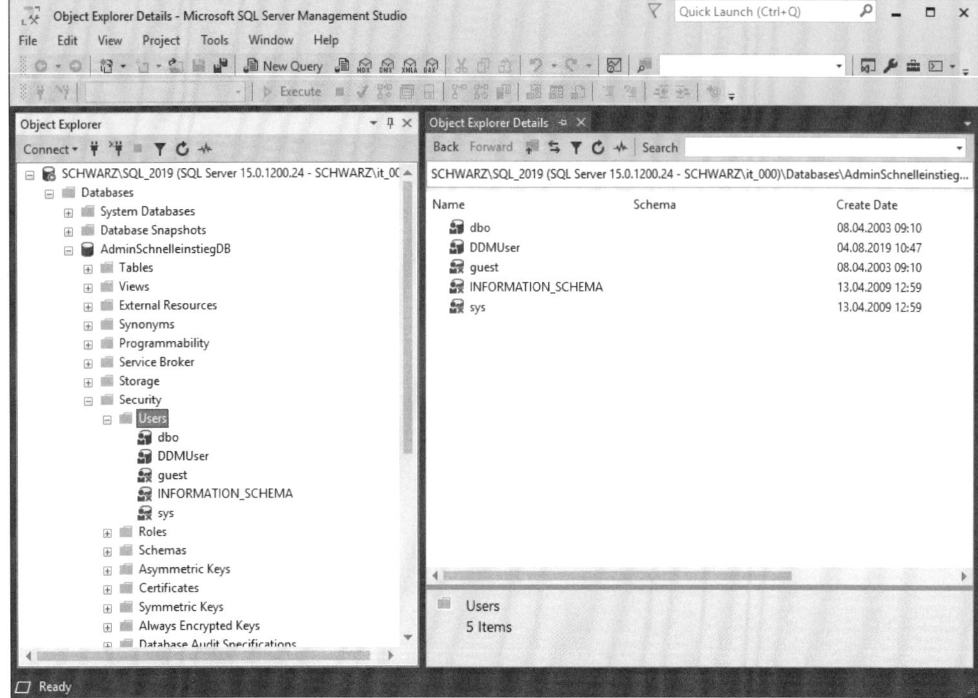

Abbildung 10.17 Anzeige der für eine Datenbank angelegten Datenbankbenutzer

Der Ordner »Sicherheit« im Objekt-Explorer und seine Inhalte

Es gibt einen Ordner SICHERHEIT (PROPERTIES) auf der Ebene der SQL-Server-Instanz und jeweils einen Ordner SICHERHEIT (SECURITY) innerhalb des Ordners einer jeden Datenbank.

Im Sicherheitsordner der SQL-Server-Instanz stehen die angelegten SQL-Server-Anmeldungen (LOGINS). Im Ordner SICHERHEIT (SECURITY) der Datenbank befinden sich die angelegten Datenbankbenutzer in einem weiteren Ordner namens BENUTZER (USER).

Hierbei müssen Sie unbedingt darauf achten – und das können wir nicht oft genug wiederholen –, die Datenbankbenutzer der jeweiligen SQL-Server-Anmeldung zuzuordnen.

Erst mit SQL Server 2012 wurde zusätzlich die Möglichkeit der sogenannten *eigenständigen Datenbanken (Contained Databases*) eingeführt, die es erlauben, auf Datenbanken auch ohne auf SQL-Server-Ebene angelegte SQL-Server-Anmeldung zuzugreifen (siehe hierzu Abschnitt 10.4).

Einem Datenbankbenutzer können Berechtigungen auf Datenbankebene gegeben werden. Lesen, Schreiben, Löschen oder Ändern von Daten sowie das Erstellen und

Verwalten von Datenbankobjekten sind mögliche Berechtigungen. Es geht hier um den Zugriff auf die Daten innerhalb der Datenbank und ihrer Objekte.

Wenn Sie wie in Abschnitt 10.2.5 eine SQL-Server-Anmeldung erstellen, legen Sie damit noch nicht fest, auf welche Datenbanken diese Anmeldung zugreifen darf. Im Ordner SICHERHEIT (SECURITY) der jeweiligen Datenbank (siehe Abbildung 10.15) finden Sie daher den Anmeldenamen (hier *Willi*) nicht.

10.3.1 Direkte Zuordnung von Datenbanken zu einer SQL-Server-Anmeldung

Sie müssen die SQL-Anmeldung (*Willi*) der Datenbank zuordnen, auf die sie zugreifen soll. Diese Zuordnung können Sie direkt beim Anlegen der SQL-Server-Anmeldung durchführen, indem Sie im zuständigen Dialog ANMELDUNG • NEU (LOGIN • NEW) oder ANMELDEEIGENSCHAFTEN (PROPERTIES) unter dem Punkt BENUTZERZUORDNUNG (USER MAPPING) die Datenbanken auswählen, die der SQL-Anmeldung zugeordnet werden sollen. Dies sehen Sie in Abbildung 10.18.

1. Lassen Sie sich alle SQL-Server-Anmeldungen anzeigen, indem Sie den Ordner SICHERHEIT (SECURITY) auf der Ebene der aktuellen SQL-Server-Instanz öffnen.
2. Klicken Sie mit der rechten Maustaste auf die SQL-Server-Anmeldung, der Sie den Zugriff auf eine oder mehrere Datenbanken ermöglichen möchten, und wählen Sie aus dem Kontextmenü den Menüpunkt EIGENSCHAFTEN (PROPERTIES).

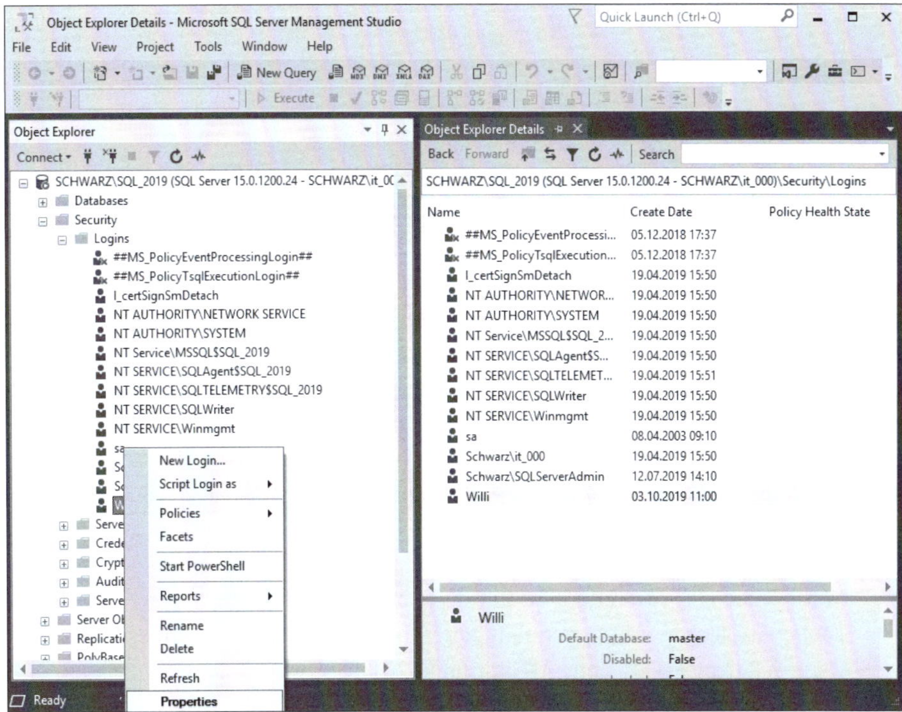

Abbildung 10.18 Eigenschaftsdialog der SQL-Anmeldung »Willi« öffnen

3. Navigieren Sie, wie in Abbildung 10.19 gezeigt, im geöffneten Dialog ANMELDUNGSEIGENSCHAFTEN (LOGIN PROPERTIES) zum Punkt BENUTZERZUORDNUNG (USER MAPPING).
4. Wählen Sie im oberen Bereich des Dialogs BENUTZER, DIE DIESER ANMELDUNG ZUGEORDNET SIND (USERS MAPPED TO THIS LOGIN) in der Spalte DATENBANK (DATABASE) durch Setzen des Häkchens in der Spalte ZUORDNUNG (MAP) die Datenbanken aus, die der Anmeldung zugeordnet werden sollen.

   Beachten Sie auch, dass Sie im unteren Bereich des Dialogs direkt entsprechende Datenbankrollen zuweisen können. Genauere Informationen hierzu finden Sie in Abschnitt 10.4.3.

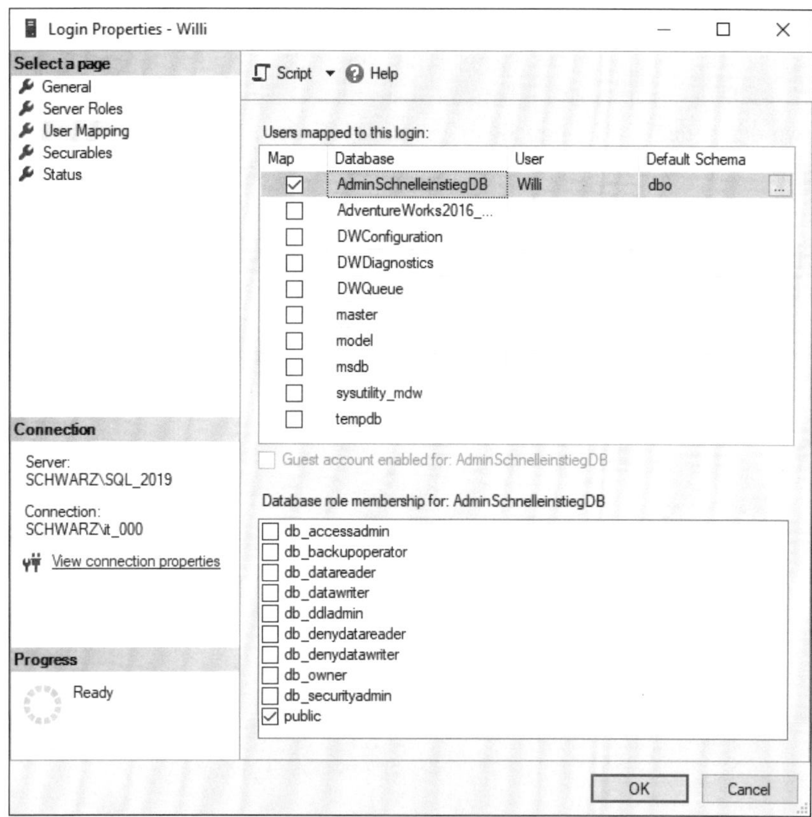

Abbildung 10.19 Zuordnung von Datenbankbenutzern zu Datenbanken im Dialog der SQL-Server-Anmeldungseigenschaften

5. Wählen Sie OK. Anschließend finden Sie im Ordner SICHERHEIT (SECURITY) der soeben zugeordneten Datenbank(en) den neu erstellten Datenbankbenutzer (in diesem Beispiel *Willi*, siehe Abbildung 10.20).

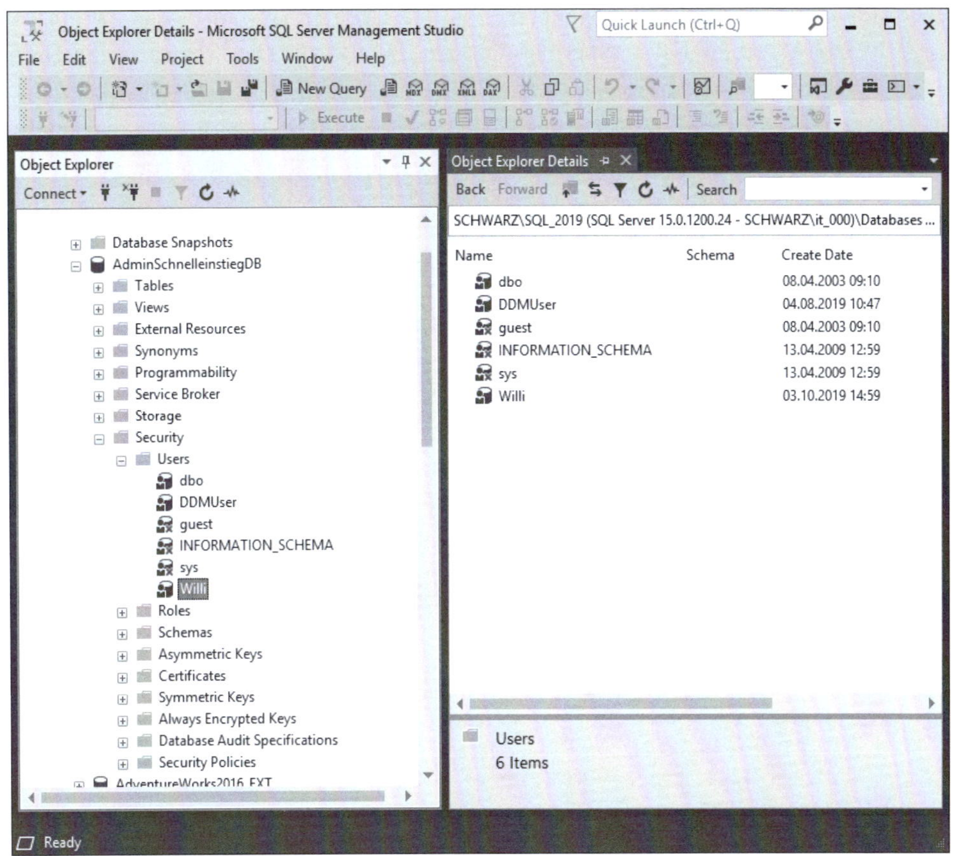

Abbildung 10.20 Der neu angelegte Datenbankbenutzer »Willi« im Ordner »Sicherheit« (»Security«) der Datenbank »AdminSchnelleinstiegDB«

Mit der soeben beschriebenen Methode werden die Datenbankbenutzer automatisch den ausgewählten Datenbanken hinzugefügt, und ein Datenbankbenutzer mit der gleichen Bezeichnung wie der SQL-Server-Anmeldename wird innerhalb der Datenbank angelegt.

Wie Sie einen Datenbankbenutzer nachträglich zu einer bestehenden SQL-Server-Anwendung zuweisen, erfahren Sie im folgenden Abschnitt.

10.3.2 Datenbankbenutzer nachträglich anlegen und zuordnen

Im nächsten Beispiel zeigen wir Ihnen eine weitere Möglichkeit, Datenbankbenutzer anzulegen und diese SQL-Server-Anmeldungen zuzuordnen.

1. Um einen neuen Datenbankbenutzer für eine Datenbank anzulegen, öffnen Sie im Objekt-Explorer des SSMS den Ordner DATENBANKEN • (NAME IHRER DATENBANK) • SICHERHEIT (DATABASES • (NAME IHRER DATENBANK) • SECURITY).
2. Klicken Sie mit der rechten Maustaste auf den Ordner BENUTZER (USERS), und wählen Sie wie in Abbildung 10.21 den Menüpunkt NEUER BENUTZER (NEW USER) aus.

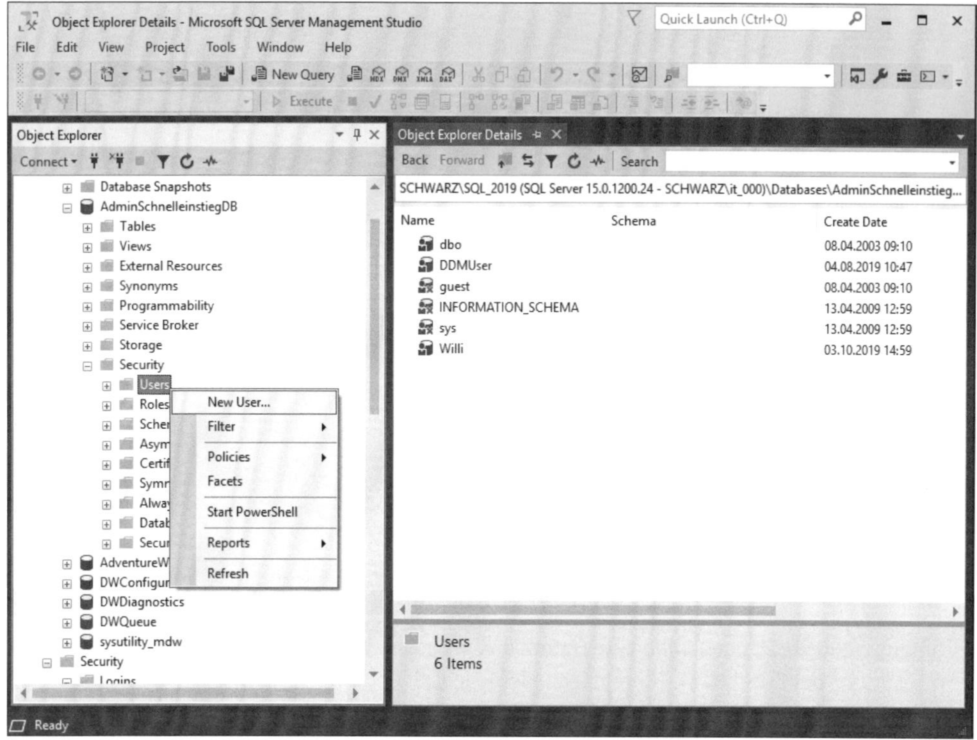

Abbildung 10.21 Dialog zum Anlegen eines Datenbankbenutzers aufrufen

3. Im Dialog DATENBANKBENUTZER – NEU (DATABASE USER – NEW) wählen Sie im Feld BENUTZERTYP (USER TYPE) die Option SQL-BENUTZER MIT ANMELDENAME (SQL USER WITH LOGIN) aus.
4. Geben Sie im Feld BENUTZERNAME (USER NAME) einen Namen für den Datenbankbenutzer ein, im Beispiel in Abbildung 10.22 nehmen wir »WilliW«.
5. Im Feld ANMELDENAME (LOGIN NAME) geben Sie jetzt eine gültige SQL-Server-Anmeldung ein. Durch einen Klick auf die Schaltfläche daneben (mit den drei Punkten) können Sie auch nach einer gültigen SQL-Server-Anmeldung suchen.

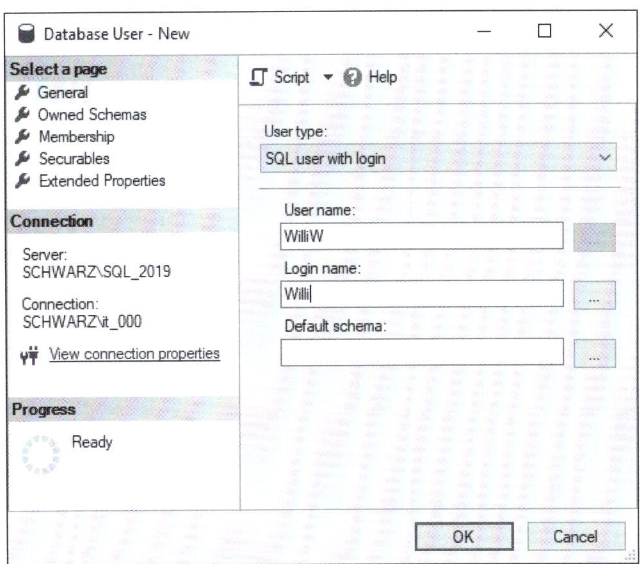

Abbildung 10.22 Anlegen eines neuen Datenbankbenutzers »WilliW« und Zuweisen des Benutzers zur SQL-Server-Anmeldung »Willi«

Hinweis zur Namensgebung des Datenbankbenutzers

Es ist tatsächlich so, dass Datenbankbenutzername und SQL-Server-Anmeldename *nicht* identisch sein müssen. Das kann verwirrend sein, ist aber zulässig. Dennoch sollten Sie aus Übersichtsgründen möglichst für den Datenbankbenutzer den gleichen Namen verwenden wie für die zugehörige SQL-Server-Anmeldung.

10.3.3 Datenbankbenutzer »guest«

Wenn Sie sich im Ordner SICHERHEIT • BENUTZER (SECURITY • USERS) der Datenbank die angelegten Datenbankbenutzer ansehen, werden Sie feststellen, dass es einen Datenbankbenutzer GAST (GUEST) gibt. Dieser Datenbankbenutzer ist in jeder Datenbank vorhanden und per Default deaktiviert, was Sie an dem nach unten zeigenden roten Pfeil erkennen. Dieser Datenbankbenutzer ist ein besonderer Benutzer.

Alle SQL-Server-Anmeldungen, die über keine explizite SQL-Anmeldung–Datenbankbenutzer-Zuordnung verfügen, könnten bei aktiviertem Benutzer *guest* auf die Datenbank zugreifen. In diesem Fall kämen die Zugriffsrechte zur Anwendung, die der Benutzer *guest* hat.

Den User *guest* aktivieren und deaktivieren Sie wie folgt über T-SQL-Kommandos:

- Aktivieren von *guest*: `GRANT CONNECT TO guest`
- Deaktivieren von *guest*: `REVOKE CONNECT FROM guest`

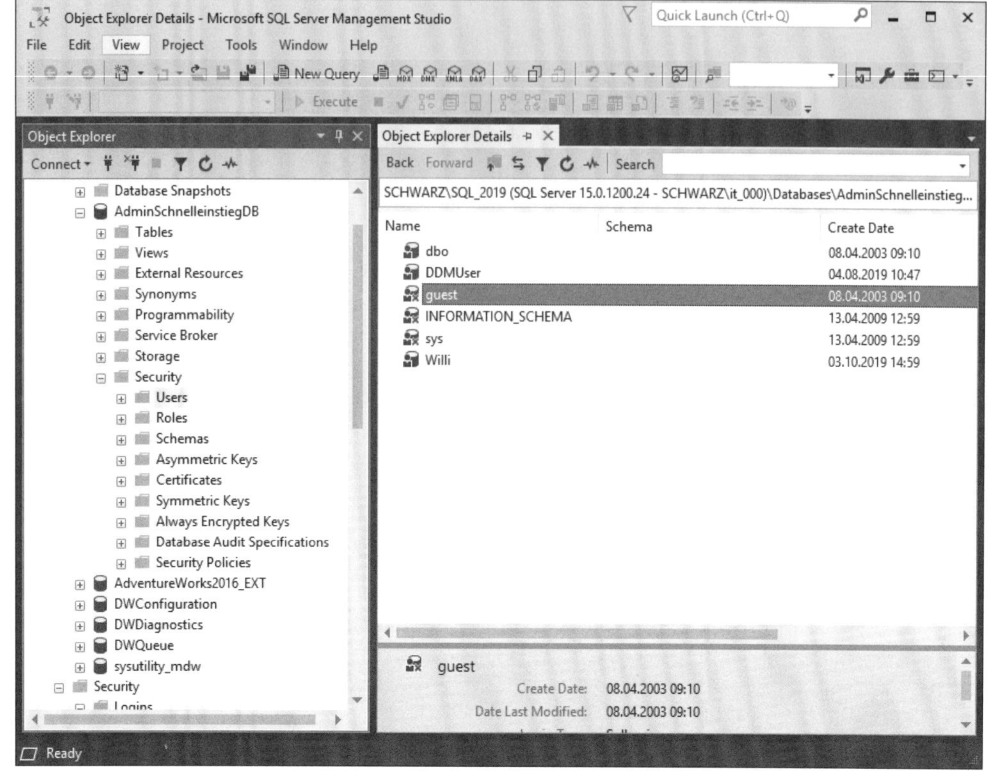

Abbildung 10.23 Datenbankbenutzer»Gast« »guest« im Ordner »Sicherheit« (»Security«) einer Datenbank

10.3.4 Der Datenbankbenutzer »dbo«

Ein weiterer spezieller fester und nicht löschbarer Datenbankbenutzer ist der *dbo*. Alle Mitglieder der *sysadmin*- und der *sa*-Serverrolle sind automatisch mit dem Benutzer *dbo* verbunden und greifen über ihn auf die Datenbank zu. Der Benutzer *dbo* besitzt alle Berechtigungen auf alle Objekte innerhalb der Datenbank.

10.3.5 Das Problem der verwaisten Benutzer (Orphaned Users)

Wie in den Abschnitten zuvor beschrieben, benötigen Sie eine SQL-Anmeldung und jeweils einen Datenbankbenutzer, um auf die Daten einer Datenbank zugreifen zu können.

Ein Problem, auf das wir in unseren Workshops häufig angesprochen werden, ist: Datenbankbenutzer können sich nach einer Übertragung einer Datenbank auf eine neue SQL-Server-Instanz nicht mehr anmelden!

Nehmen wir an, wir betreiben eine Datenbank auf einer Serverinstanz mit Namen »AdminSchnelleinstiegDB«. Für zwei User mit Namen *Willi* und *Peter* wurden SQL-Server-Anmeldungen angelegt, und es wurde der Zugriff auf die Datenbank »AdminSchnelleinstiegDB« gewährt. Demzufolge gibt es im Ordner SICHERHEIT (SECURITY) der Datenbank die gleichnamigen Datenbankbenutzer (USERS, siehe Abbildung 10.24).

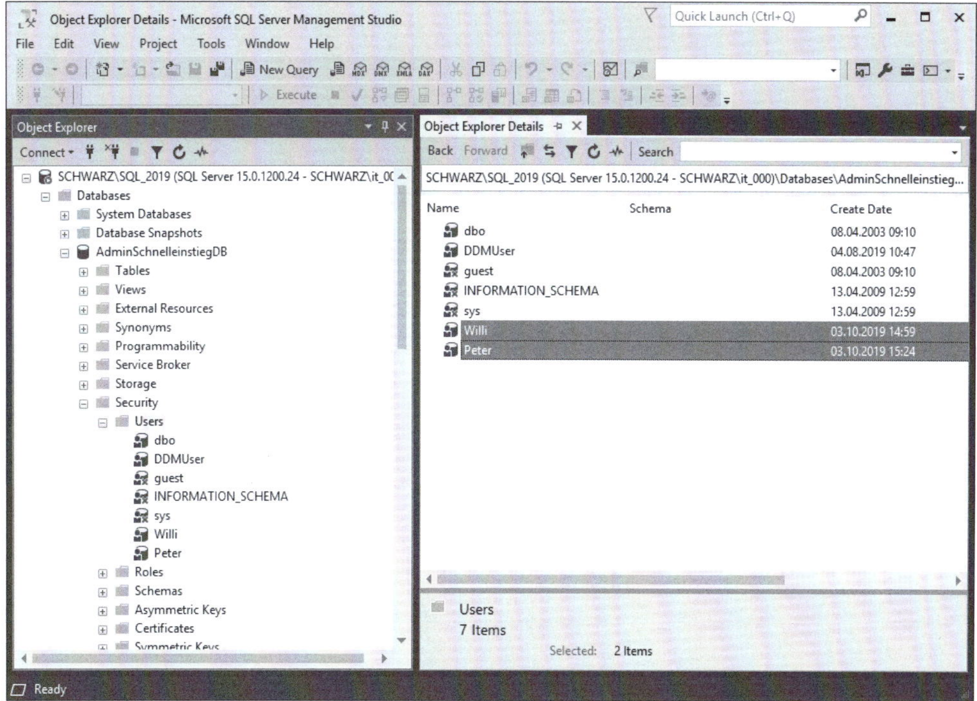

Abbildung 10.24 Anzeige der SQL-Anmeldungen und Datenbankbenutzer im Objekt-Explorer

Wenn wir die Datenbank jetzt sichern, um sie auf eine andere Serverinstanz – z. B. »Schwarz\SQL_2019_V2« – zu übertragen, sind die SQL-Anmeldungen für *Willi* und *Peter* auf der neuen Instanz ungültig. Die Benutzer können sich nicht mehr anmelden. Eine Fehlermeldung wie in Abbildung 10.25 wird ausgegeben.

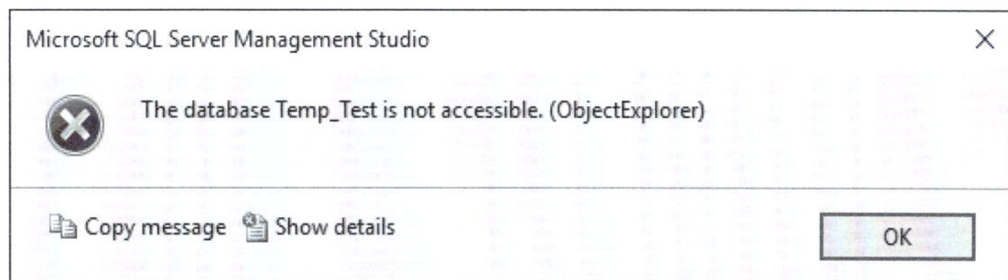

Abbildung 10.25 Fehler bei Anmeldung nach Übertragung einer Datenbank auf eine andere SQL-Server-Instanz

Der Grund hierfür ist, dass bei der Wiederherstellung der Datenbank auf der neuen Instanz zwar die Datenbank mit ihren Datenbankbenutzern angelegt wurde, nicht jedoch die zugehörigen SQL-Server-Anmeldungen. Diese werden nicht im Backup der Datenbank abgelegt, und darum fehlt jegliche Information darüber auf der neuen Instanz, wie Abbildung 10.26 und Abbildung 10.27 illustrieren.

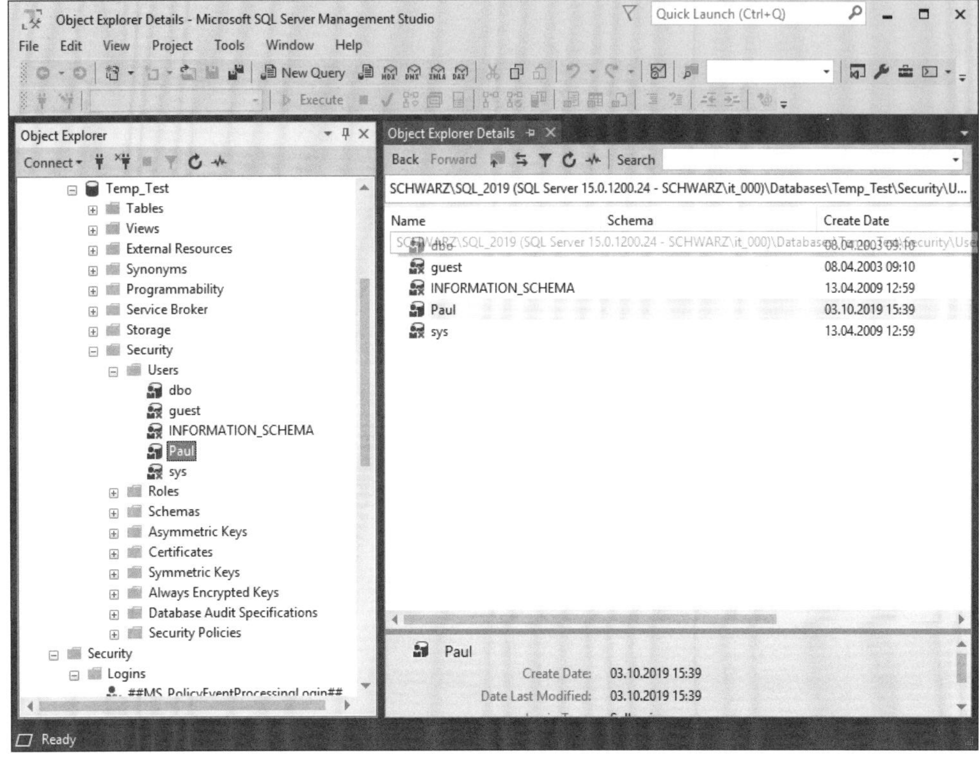

Abbildung 10.26 SQL-Server-Instanz mit verwaisten Datenbankbenutzern

In der Datenbank »Temp_Test«, die aus der Instanz »SQL_2016« in die Instanz »SQL_2019« übertragen wurde, gibt es den User *Paul*. In den Logins der Instanz »SQL_2019« ist das Login *Paul* aber nicht zu finden, da es nicht kopiert wurde.

Auch ein separates Anlegen der fehlenden SQL-Anmeldungen per Hand ermöglicht zwar den Zugriff auf den Server, nicht jedoch auf die Datenbank.

Der Hintergrund ist, dass jeder SQL-Anmeldung und jedem Datenbankbenutzer eine interne, eindeutige Kennzeichnung zugewiesen wird. Diese Kennzeichnung wird *SID* (*Security Identifier*) genannt. Die SID einer auf der neuen SQL-Server-Instanz angelegten gleichnamigen Anmeldung entspricht nicht der SID der Datenbankbenutzer in der importierten Datenbank. Aus diesem Grund ist die benötigte Verknüpfung zwischen SQL-Anmeldung und Datenbankbenutzern nicht möglich. Die Datenbank kann nicht genutzt werden. Es fehlt im Prinzip der Bezug zwischen SQL-Anmeldung und dem Datenbankbenutzer.

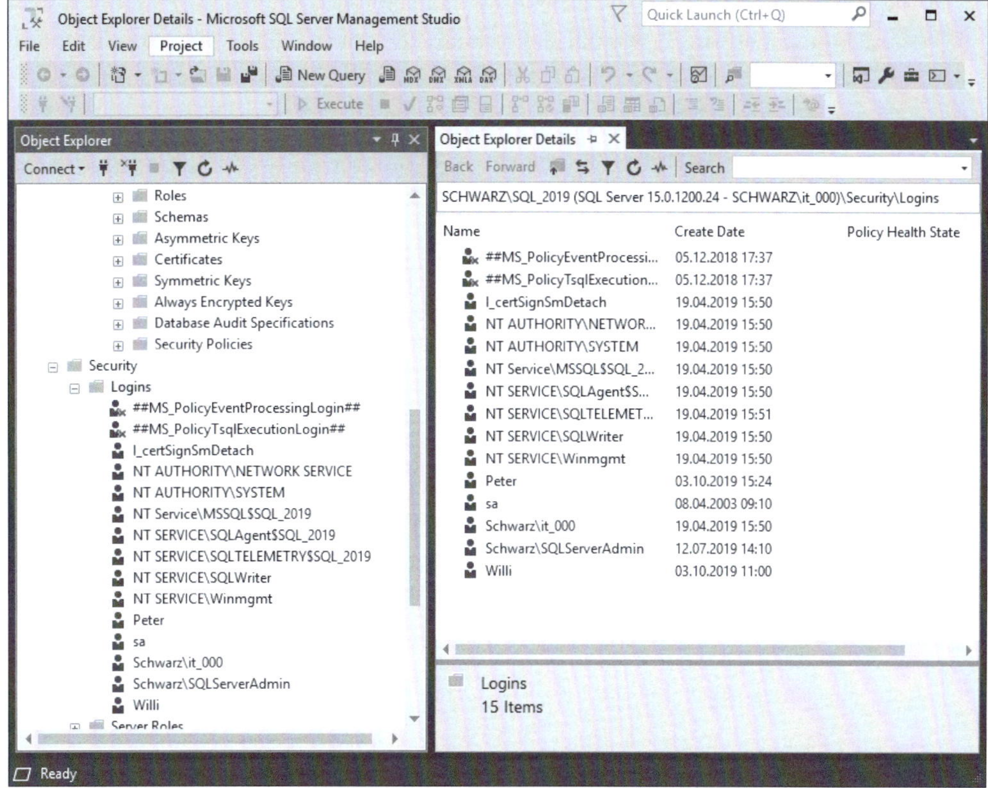

Abbildung 10.27 Übersicht über die Logins

In diesem Fall spricht man von sogenannten *verwaisten* (*orphaned*) Benutzern – es gibt für einen Datenbankbenutzer keine zugehörige SQL-Anmeldung. Mit dem Befehl aus Listing 10.1 lassen Sie sich die SIDs der SQL-Anmeldungen einer Instanz anzeigen.

```
SELECT p.sid, p.name, p.type, p.is_disabled, p.default_database_name,
L.hasaccess, L.denylogin
FROM sys.server_principals P LEFT JOIN sys.syslgoings L
ON ( L.NAME = P.NAME ) WHERE P.TYPE IN ( 'S', 'G', 'U' );
```

Listing 10.1 Befehl zur Anzeige der SQL-Anmeldungen einer Instanz inklusive SIDs

Der Befehl aus Listing 10.2 zeigt Ihnen die SIDs der Datenbankbenutzer an.

```
SELECT * FROM sys.Database_Principals;
```

Listing 10.2 Befehl zur Anzeige der Datenbankbenutzer und ihrer SIDs

Diese Befehle geben Ihnen die Möglichkeit, das Gesagte durch den Vergleich der SIDs zu überprüfen.

Um das Problem zu lösen, müssen Sie auf der SQL-Server-Zielinstanz demnach SQL-Anmeldungen erzeugen, die die gleichen SIDs haben wie die in der Datenbank vorhandenen Benutzer. Microsoft stellt zu diesem Zweck die gespeicherte Prozedur sp_change_users_login bereit.

Wie in Listing 10.3 dargestellt, können Sie sich mit dieser Prozedur die verwaisten Benutzer anzeigen lassen.

```
USE Temp_Test;
GO
sp_change_users_login 'Report';
```

Listing 10.3 Anzeigen der verwaisten Benutzer der Datenbank »Temp_Test«

Sie können sp_change_users_login mit den Parametern Auto_Fix und update_one auch damit beauftragen, automatisch eine fehlende SQL-Anmeldung zu erzeugen oder die SID einer bestehenden SQL-Anmeldung anzupassen.

In Listing 10.4 sehen Sie, wie Sie mittels Parameter Auto_Fix sp_change_users_login anweisen, eine SQL-Anmeldung automatisch zu erstellen, wenn diese noch nicht vorhanden ist.

```
EXEC sp_change_users_login 'Auto_Fix','Paul', NULL, 'Pa$$w0rd';
```

Listing 10.4 Automatisches Anlegen einer fehlenden SQL-Server-Anmeldung für den verwaisten Datenbankbenutzer »Paul«

Die Option update_one passt die SID einer bestehenden SQL-Anmeldung an.

Seit SQL Server 2005 Service Pack 2 gibt es mit dem Befehl

```
ALTER USER mfranke WITH Login = mfranke;
```

eine weitere Möglichkeit, die SIDs zwischen SQL-Anmeldungen und Datenbankbenutzern zu synchronisieren.

Wenn Sie Genaueres zu dieser Thematik erfahren möchten, empfehlen wir Ihnen die SQL-Server-Dokumentation.

Die Nutzung von sp_change_users_login und des Befehls ALTER USER ermöglicht die Problemlösung, jedoch dürfte der administrative Aufwand immens steigen, wenn Sie nicht nur zwei Datenbankbenutzer haben, sondern mehrere Hundert. Was dann?

Natürlich können Sie für jeden Datenbankbenutzer mit den besprochenen Lösungen eine zugehörige SQL-Anmeldung erzeugen.

Besser wäre es aber, hierzu ein Skript von Microsoft zu nutzen, das im folgenden Artikel veröffentlicht ist: »How to transfer the logins and the passwords between instances of Microsoft SQL Server 2005, of Microsoft SQL Server 2008, and of Microsoft SQL Server 2012«. Den Artikel finden Sie unter der Adresse *https://support.microsoft.com/en-us/help/918992/how-to-transfer-logins-and-passwords-between-instances-of-sql-server*.

Das Skript arbeitet nach folgendem Prinzip: Wenn Sie das Skript mittels Management Studio auf der Quellinstanz (der Instanz, von der aus Sie die Datenbank auf die andere Instanz übertragen möchten) ausführen, werden zwei gespeicherte Prozeduren angelegt. Diese heißen `sp_help_revlogin` und `sp_hexadecimal`.

Interessant ist für Sie in diesem Zusammenhang jedoch nur die Prozedur `sp_help_revlogin`, da Sie diese Prozedur mit `EXEC sp_help_revlogin` aufrufen müssen.

`sp_help_revlogin` liest auf der Quellinstanz alle SQL-Anmeldungen aus, inklusive der zugehörigen SIDs, und erzeugt als Ausgabe ein T-SQL-Skript. Dieses Skript enthält die kompletten Befehle zum Anlegen der SQL-Anmeldungen mitsamt der richtigen SIDs auf der Zielinstanz.

```
/* sp_help_revlogin script
** Generated Oct  3 2019  4:09PM on SCHWARZ\SQL_2016 */
-- Login: Paul
CREATE LOGIN [Paul] WITH PASSWORD =
 0x02008B9C95D11F1E2EAA36CBD3B929D900A7513F3FE68EA6B9D999E67D27E5C4D5EDDF8269A
8D2E2A796C4003791C4E7592976B42E77E0372DFC38F189A585B60ECB377AC437 HASHED, SID
= 0xF1D4F68471201B4BA42F945DEBED9A9E, DEFAULT_DATABASE = [master], CHECK_
POLICY = ON, CHECK_EXPIRATION = ON;
```

Listing 10.5 Durch Prozedur »sp_help_revlogin« erzeugter T-SQL-Skriptcode

Beachten Sie aber, dass hier alle SQL-Anmeldungen der Quellinstanz ausgelesen werden. Sie sollten sich nur die Befehle aus dem Skript herauskopieren, die Sie benötigen, um Ihre verwaisten Datenbankbenutzer wieder zum Leben zu erwecken.

10.4 Eigenständige Datenbanken

Mit SQL Server 2012 führt Microsoft einen neuen Typ von Datenbank ein: die sogenannte *eigenständige Datenbank* (englisch *contained database*).

10.4.1 Was sind eigenständige Datenbanken?

Eine eigenständige Datenbank ist von der hostenden SQL-Server-Instanz und den übrigen Datenbanken isoliert. Was bedeutet das?

In erster Linie können Sie sich an dieser Datenbank anmelden, ohne eine zugehörige SQL-Server-Anmeldung zu besitzen, die in der MASTER-Systemdatenbank gespeichert wird, da in einer eigenständigen Datenbank Objekte enthalten sind, die innerhalb der Datenbank eigenständig agieren können. Dies können die sogenannten *SQL-Benutzer mit Kennwort* sein.

Es genügt, einen SQL-Benutzer mit Kennwort in der Datenbank anzulegen.

Damit wird z. B. ein leichterer Umzug von Datenbanken auf eine andere Instanz ermöglicht. Dies bereitete in der Vergangenheit immer wieder Schwierigkeiten, zum Beispiel beim Loslösen der Datenbank aus einer SQL-Server-Instanz und beim Hinzufügen zu einer anderen SQL-Server-Instanz. Die SQL-Server-Anmeldungen, auf die sich in der Datenbank bezogen wurde, wurden nicht mit übertragen, da die zugehörigen Anmeldungen in der Systemdatenbank MASTER gespeichert werden (siehe hierzu Abschnitt 10.3.5).

Seit SQL Server 2012 erhalten Sie mit eigenständigen Datenbanken eine Möglichkeit, dieses Problem zu umgehen.

Um das Feature der eigenständigen Datenbanken jedoch innerhalb einer SQL-Server-Instanz überhaupt nutzen zu können, müssen Sie es mit dem Befehl aus Listing 10.6 im SSMS freischalten:

```
EXEC sp_configure 'contained database authentication', 1
RECONFIGURE;
```

Listing 10.6 Funktion der eigenständigen Datenbank aktivieren

Mit diesem Befehl schalten Sie die Instanz von SQL Server in einen Modus, in dem SQL Server *enthaltene Datenbanken* berücksichtigt. Anderenfalls können Sie diese Möglichkeit nicht nutzen. Um für eine Datenbank diesen Modus zu aktivieren, gehen Sie wie folgt vor:

1. Klicken Sie die Datenbank im Objekt-Explorer des SSMS mit der rechten Maustaste an, und wählen Sie aus dem Kontextmenü den Menüpunkt EIGENSCHAFTEN (PROPERTIES).
2. Klicken Sie im Dialog DATENBANKEIGENSCHAFTEN (DATABASE PROPERTIES) im linken Bereich SEITE AUSWÄHLEN (SELECT A PAGE) auf OPTIONEN (OPTIONS).
3. Wählen Sie im rechten Bereich im Feld EINSCHLUSSTYP (CONTAINMENT TYPE) die Option TEILWEISE (PARTIAL) aus (Abbildung 10.28).

Nachdem Sie diese Einstellungen vorgenommen haben, können Sie sich mit einem Client unter Angabe des soeben angelegten Benutzernamens anmelden.

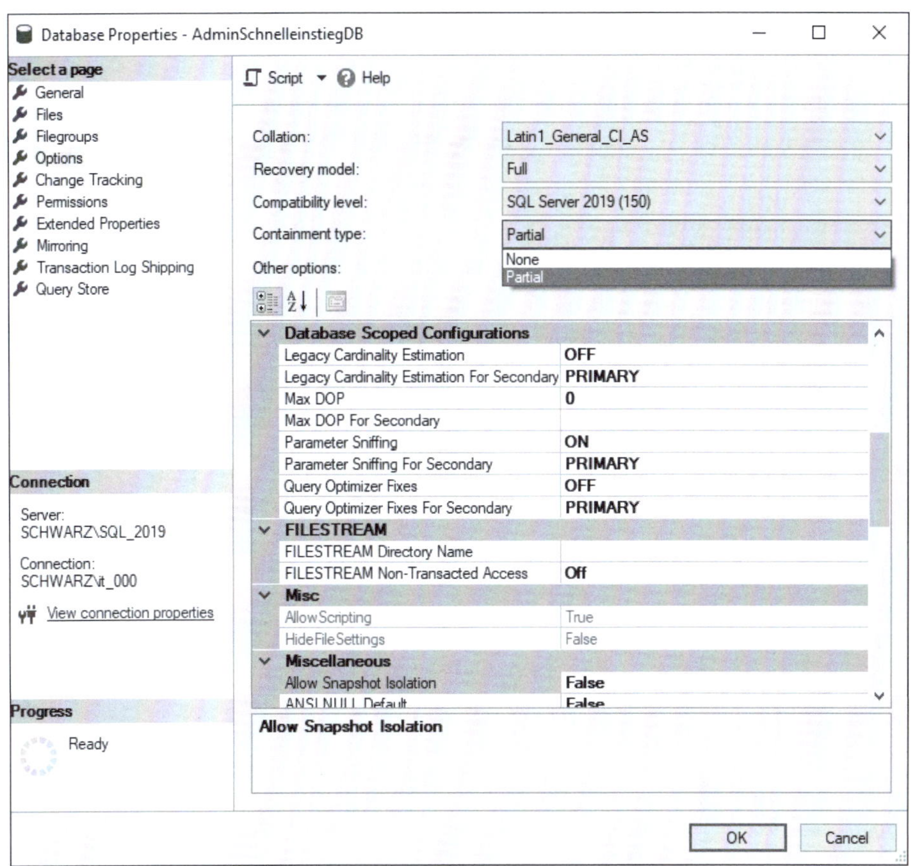

Abbildung 10.28 Einstellung für Einschlusstyp »Teilweise« (»partial«)

Möchten Sie sich an einer eigenständigen Datenbank anmelden, müssen Sie den Namen der Datenbank mit angeben oder diese in der Verbindungszeichenfolge der Clientanwendung mitberücksichtigen. Dies ist in der Regel selbstverständlich. Viele Clientanwendungen verlangen, dass beim Anmeldeprozess auch eine Datenbank angegeben wird. Oft wird diese von der Anwendung bereits bei der Anmeldung mit übergeben, da sie fix in den Konfigurationseinstellungen hinterlegt wurde.

Es gibt aber auch Anwendungen, in denen keine Datenbank angegeben werden muss, da diese erst nach erfolgreicher Anmeldung ausgewählt werden soll etc. Eine solche Anwendung ist z. B. das SSMS. Im Workshop in Abschnitt 10.4.4 zeigen wir Ihnen, wie Sie sich mit dem SSMS mit dem entsprechenden Benutzer an einer Datenbank anmelden können.

10.4.2 Workshop: Aktivieren der Unterstützung von eigenständigen Datenbanken

1. Starten Sie das SSMS, und melden Sie sich als Administrator an.
2. Klicken Sie im Objekt-Explorer auf die aktuelle Serverinstanz, in der sich die zukünftige eigenständige Datenbank befindet. Wie Sie Datenbanken anlegen, erläutern wir in Abschnitt 7.3.
3. Anschließend klicken Sie in der Toolbar auf Neue Abfrage (New Query) und öffnen ein neues Abfrage-Editor-Fenster.
4. Geben Sie in das Abfrage-Editor-Fenster folgenden Befehl ein, und klicken Sie anschließend in der oberen Toolbox auf Ausführen (Execute), um die Contained-Database-Funktionalität für die Instanz freizuschalten.

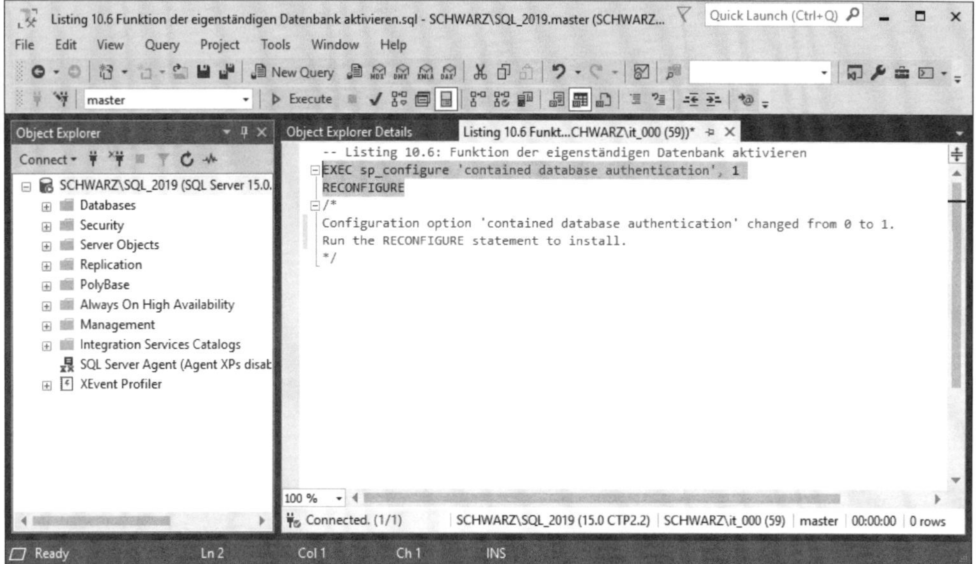

Abbildung 10.29 Aktivieren eigenständiger Datenbankunterstützung für die SQL-Server-Instanz

5. Anschließend klicken Sie mit der rechten Maustaste auf die Datenbank, die Sie zur eigenständigen Datenbank machen möchten, und wählen aus dem Kontextmenü Eigenschaften (Properties).
6. Wählen Sie im erscheinenden Dialog Datenbankeigenschaften (Database Properties) m Bereich Seite auswählen (Select a page) den Punkt Optionen (Options).
7. Wählen Sie anschließend im Feld Einschlusstyp (Containment type) den Punkt Teilweise (Partial) aus, und klicken Sie auf OK.

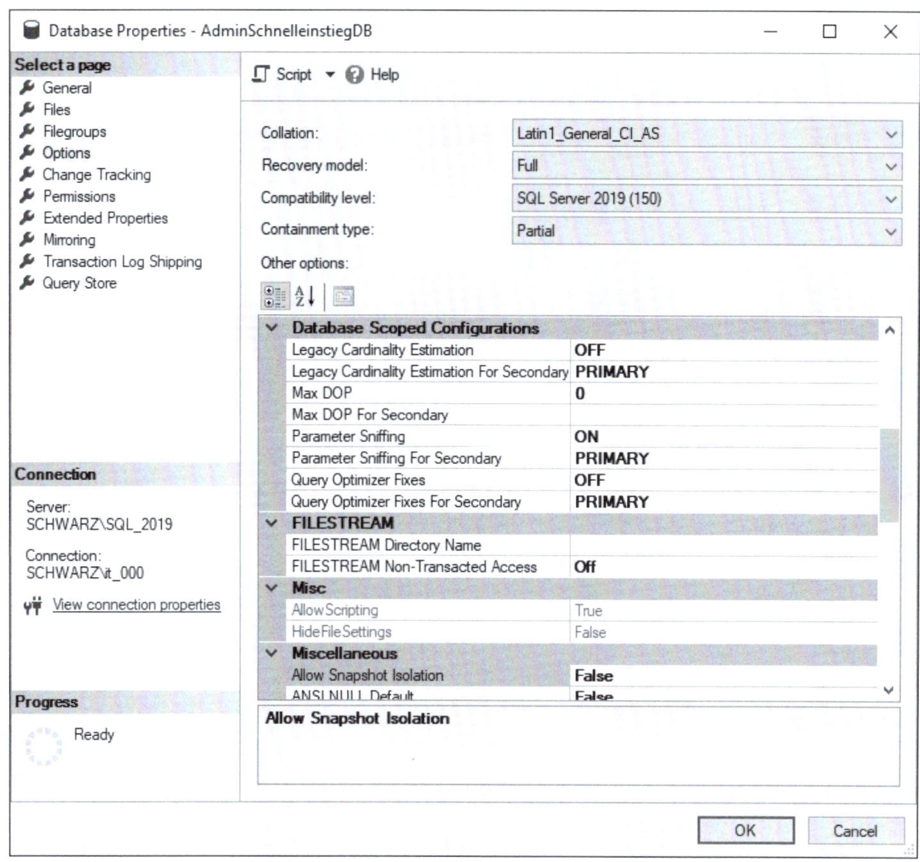

Abbildung 10.30 Eigenschaft Einschlusstyp »Teilweise«

Die Datenbank unterstützt jetzt die Funktionen einer eigenständigen Datenbank.

10.4.3 Anlegen eines Datenbankbenutzers für eigenständige Datenbanken

1. Um einen eigenständigen enthaltenen Datenbankbenutzer für eine Datenbank anzulegen, öffnen Sie den Ordner Sicherheit (Security) der aktiven Datenbank, klicken mit der rechten Maustaste auf den Ordner Benutzer (Users) und wählen Neuer Benutzer (New User).
2. Wählen Sie unter Benutzertyp SQL-Benutzer mit Kennwort (SQL user with password) aus, und vergeben Sie im Feld Benutzername (User name) einen Benutzernamen (in unserem Beispiel *hrichter*). Im zugehörigen Feld Kennwort (Password) geben Sie ein Kennwort ein und bestätigen es im Feld Kennwort bestätigen (Confirm password).
3. Anschließend klicken Sie auf OK.

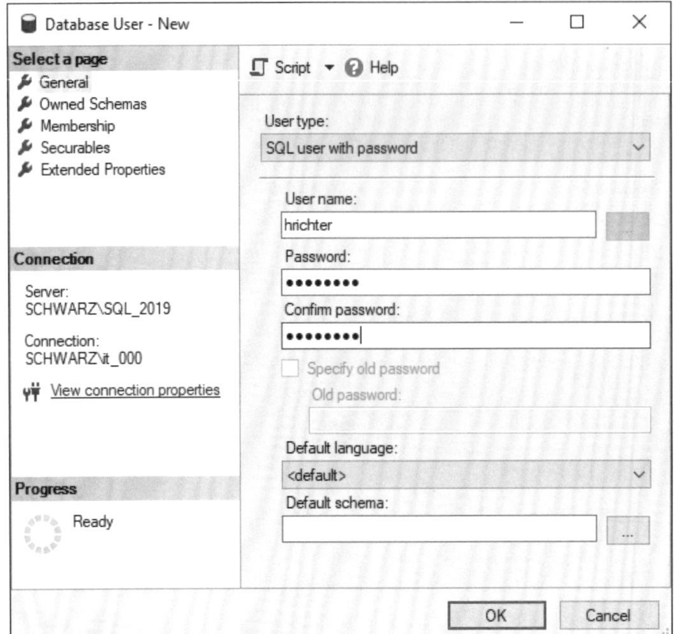

Abbildung 10.31 Anlegen eines SQL-Benutzers mit Kennwort für eine eigenständige Datenbank

Geschafft: Sie haben soeben einen enthaltenen Datenbankbenutzer für eine eigenständige Datenbank angelegt.

10.4.4 Workshop: Anmelden am Management Studio mit einem enthaltenen Datenbankbenutzer

1. Um sich mit dem im vorhergehenden Workshop angelegten Datenbankbenutzer anmelden zu können, z. B. mittels Management Studio, muss der entsprechenden Clientanwendung der Name der eigenständigen Datenbank übergeben werden.
2. Starten Sie das SSMS, und geben Sie im Anmeldedialog unter SERVERNAME (SERVER NAME) den Namen der SQL-Server-Instanz an, die Ihre eigenständige Datenbank enthält.
3. Im Feld AUTHENTIFIZIERUNG (AUTHENTICATION) wählen Sie SQL SERVER-AUTHENTIFIZIERUNG (SQL SERVER AUTHENTICATION) aus.
4. Geben Sie unter ANMELDENAME (LOGIN) den Namen des Benutzers (den Namen des eigenständigen Datenbankbenutzers, hier HRICHTER) und das zugehörige KENNWORT (PASSWORD) ein.

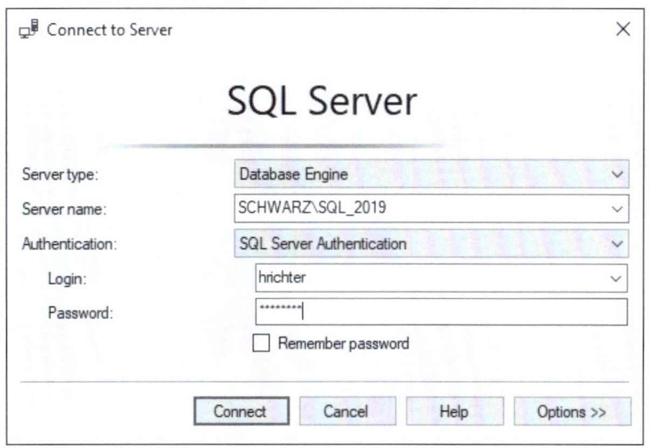

Abbildung 10.32 Anmeldedialog SSMS

5. Anschließend klicken Sie auf die Schaltfläche Optionen (Options) und wählen im darauffolgenden Dialog die Registerkarte Verbindungseigenschaften (Connection Properties) aus.
6. Im Feld Verbindung mit Datenbank herstellen (Connect to database) geben Sie den Namen der eigenständigen Datenbank an.

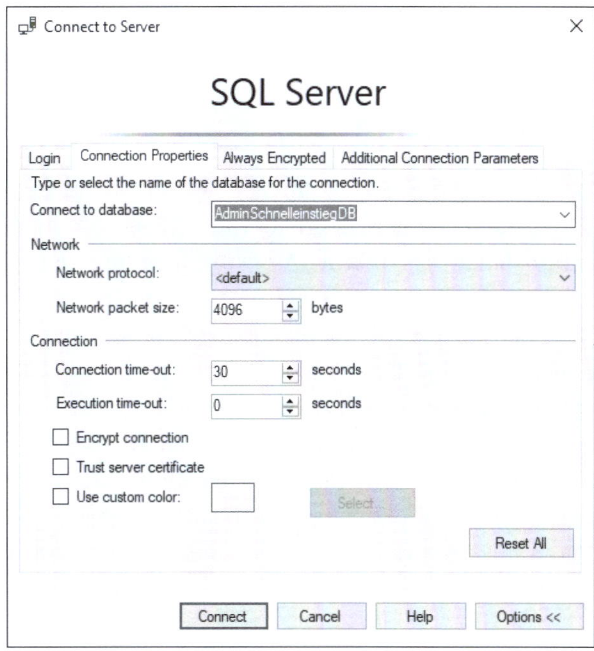

Abbildung 10.33 Dialog »Optionen für die SSMS-Anmeldung«

7. Anschließend klicken Sie auf Verbinden (Connect), um die Anmeldung an der eigenständigen Datenbank abzuschließen.

Sie haben sich soeben mit dem SQL-Benutzer mit Kennwort (SQL user with password; in unserem Beispiel mit *hrichter*) an der eigenständigen Datenbank angemeldet.

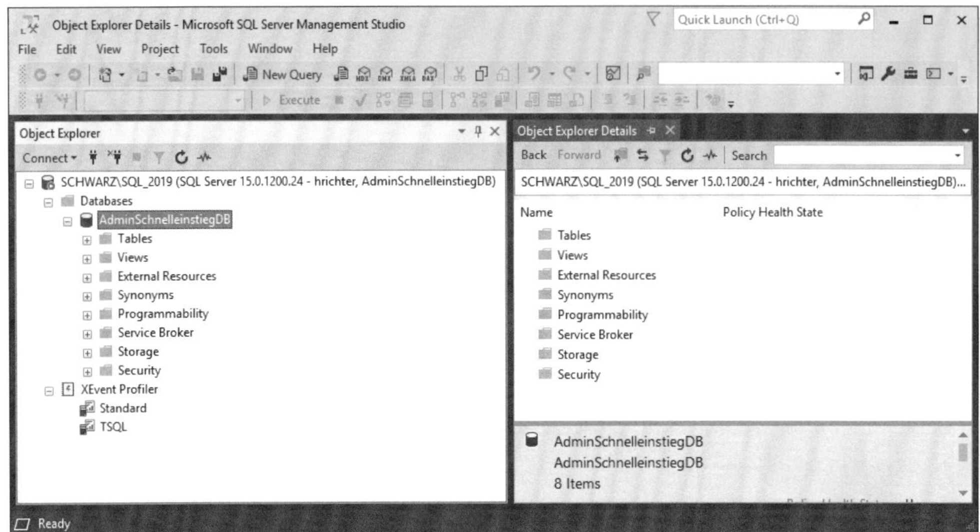

Abbildung 10.34 Verbunden mit der Contained Database mit einem User ohne Login – daher die eingeschränkte Ansicht im SSMS

10.5 Berechtigungen auf allen Ebenen

Wir haben bis hierher das Anlegen von SQL-Server-Anmeldungen und Datenbankbenutzern als Grundvoraussetzung dafür erläutert, überhaupt auf SQL Server und seine Datenbanken zugreifen zu können. Ein wesentlicher Aspekt ist allerdings der geregelte Zugriff auf das Wichtigste eines Datenbankservers, nämlich dessen Daten. Wir haben bisher noch nicht festgelegt, wie und ob überhaupt angelegte Datenbankbenutzer auf die Daten zugreifen dürfen. Wir haben lediglich SQL-Server-Anmeldungen und Datenbankbenutzer erstellt und diese einander zugeordnet. Zusätzlich haben wir eine neue Datenbankform kennengelernt, die eigenständigen Datenbanken mit den sich daraus ergebenden Vorteilen der SQL-Benutzer mit Kennwort oder der Windows-Benutzer. Bisher ist es für eine Anmeldung jedoch nicht möglich, sich bei Anmeldung an SQL Server Daten ausgeben zu lassen oder diese zu verändern. Das gilt natürlich nicht für den *sysadmin*.

Hat ein Anwender sich angemeldet, wird jeder SQL-Befehl, den er an SQL Server schickt, dahingehend überprüft, ob dieser Anwender überhaupt die notwendigen Berechtigungen besitzt, diesen Befehl auszuführen.

Die wichtigsten Zugriffsrechte, die Sie für die Daten einer Datenbank setzen können, sind die Rechte *Lesen*, *Ändern*, *Hinzufügen* und *Löschen* (*Read*, *Write*, *Add*, *Delete*).

Befehle, die ein Lesen, Löschen, Ändern und Hinzufügen von Daten ermöglichen, werden *DML-Befehle* (*Data Manipulation Language*) genannt. Befehle, die das Anlegen, Ändern oder Löschen von Datenbankobjekten, wie z. B. Tabellen, ermöglichen, werden *DDL-Befehle* (*Data Definition Language*) genannt, da mit ihnen Datenstrukturen definiert werden.

Diese Befehle bzw. die Einräumung der Rechte zum Ausführen dieser Befehle lassen einen differenzierten Datenzugriff pro Datenbankbenutzer zu.

10.5.1 Datenbank-Zugriffsberechtigungen setzen

SQL Server ermöglicht das Setzen von Zugriffsberechtigungen (englisch: *access rights*) aus zwei Perspektiven: Entweder definieren Sie die Rechte aus der Perspektive der Datenbankobjekte (Tabellen, Views, gespeicherte Prozeduren), oder Sie setzen die Rechte aus der Perspektive des Datenbankbenutzers.

Zugriffsrechte aus der Perspektive des Datenbankobjekts vergeben Sie, indem Sie das entsprechende Datenbankobjekt (Tabelle, View) heraussuchen und anschließend definieren, welche Benutzer darauf mit welchen Zugriffsrechten zugreifen dürfen.

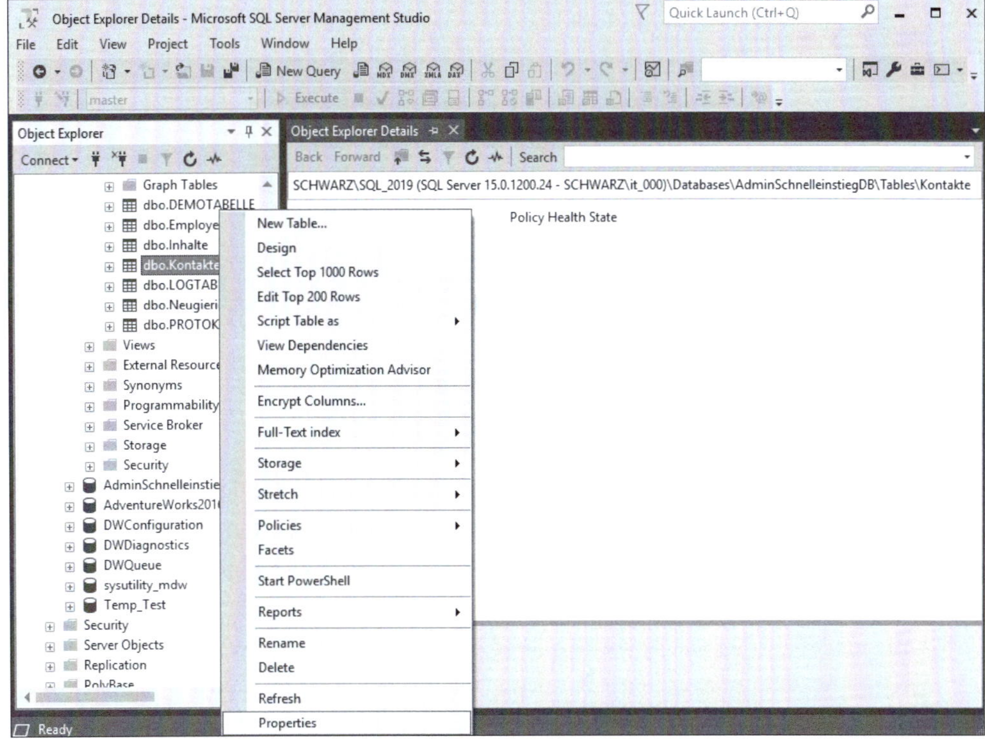

Abbildung 10.35 Eigenschaften der Tabelle »Kontakte« aufrufen

Nehmen wir an, Sie haben in Ihrer Datenbank neben vielen weiteren Tabellen eine Tabelle »Kontakte«, und einige Datenbankbenutzer sollen die Daten dieser Tabelle in Zukunft lesen und ändern dürfen.

Um die Berechtigungen für diese Tabelle zu setzen, klicken Sie diese Tabelle im Management Studio mit der rechten Maustaste an und wählen im angezeigten Kontextmenü den Punkt EIGENSCHAFTEN (PROPERTIES).

Im sich öffnenden Dialog EIGENSCHAFTEN DER TABELLE (TABLE PROPERTIES) rufen Sie den Punkt BERECHTIGUNGEN (PERMISSIONS) auf (siehe Abbildung 10.36).

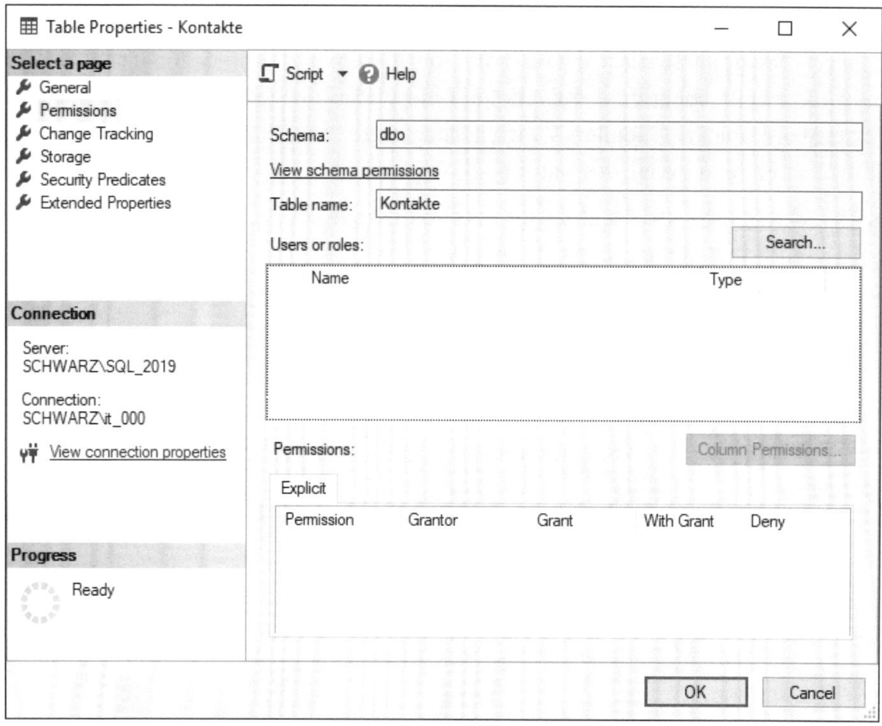

Abbildung 10.36 Eigenschaftsdialog der Tabelle »Kontakte«

Anschließend können Sie unter BENUTZER ODER ROLLEN (USERS OR ROLES) diejenigen Datenbankbenutzer oder Datenbankrollen suchen und hinzufügen, die auf die Tabelle »Kontakte« lesend und ändernd zugreifen können sollen. Klicken Sie hierzu auf die Schaltfläche SUCHEN (SEARCH).

Im sich öffnenden Dialog wählen Sie die Schaltfläche DURCHSUCHEN...(BROWSE...), markieren die gewünschten Benutzer, die Zugriff auf die Tabelle erhalten sollen (siehe Abbildung 10.37), und bestätigen die Auswahldialoge zweimal mit OK.

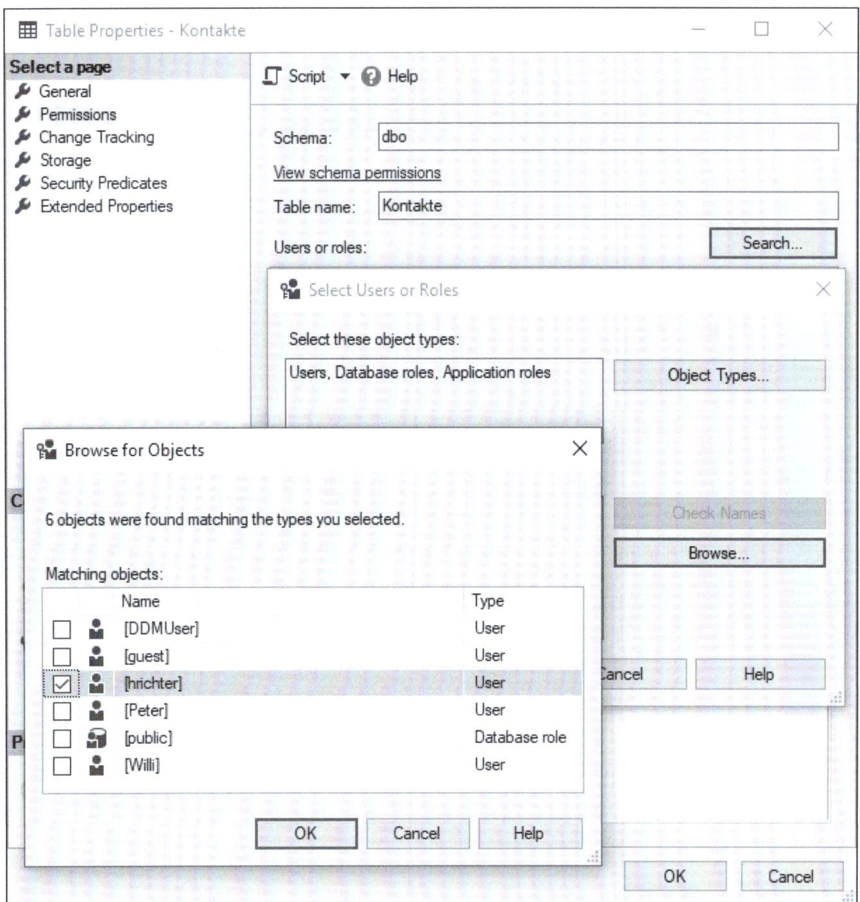

Abbildung 10.37 Suchen und Anzeigen der Benutzer, die Zugriff auf die Tabelle erhalten sollen

Wenn Sie die Datenbankbenutzer ausgewählt haben, können Sie durch einen Klick auf jeden einzelnen Datenbankbenutzer separate Zugriffsrechte für den Zugriff auf die Tabelle »Kontakte« setzen.

In diesem Fall vergeben Sie für jeden einzelnen Benutzer die Rechte AUSWÄHLEN (SELECT) und AKTUALISIEREN (UPDATE), indem Sie unter BERECHTIGUNGEN FÜR (BENUTZERNAME) (PERMISSIONS FOR (USER NAME)) die entsprechenden Checkboxen in der Spalte ERTEILEN (GRANT) markieren.

Durch Bestätigen der Rechtevergabe mit OK setzen Sie die Berechtigungen für den Datenbankbenutzer. Anschließend kann der Datenbankbenutzer die Tabelle »Kontakte« abfragen und Datensätze bearbeiten.

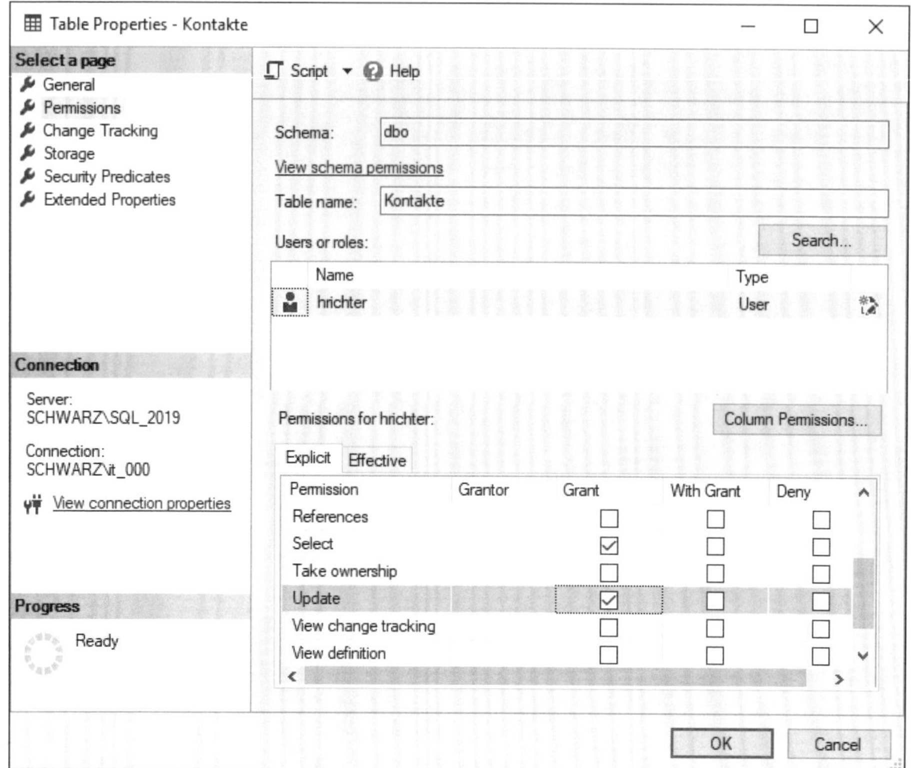

Abbildung 10.38 Setzen der Berechtigungen »Select« (»Auswählen«) und »Update« (»Aktualisieren«) für Datenbankbenutzer »hrichter« auf die Tabelle »Kontakte«

10.5.2 Zugriffsberechtigungen aus Perspektive des Datenbankbenutzers setzen

Das gleiche Ergebnis erreichen Sie, wenn Sie die Zugriffsberechtigungen aus der Perspektive des Benutzers setzen. Hierzu öffnen Sie den Ordner SICHERHEIT • BENUTZER (SECURITY • USERS) der Datenbank und klicken mit der rechten Maustaste auf den Datenbankbenutzer, für den Sie Zugriffsberechtigungen vergeben möchten.

Aus dem sich öffnenden Kontextmenü wählen Sie EIGENSCHAFTEN (PROPERTIES, siehe Abbildung 10.39).

Wählen Sie nun aus dem sich öffnenden Dialog den Punkt SICHERUNGSFÄHIGE ELEMENTE (SECURABLES) aus.

Was sind sicherungsfähige Elemente?

Sicherungsfähige Elemente sind Datenbankobjekte, Schemas und Datenbanken, für die Berechtigungen gewährt werden können.

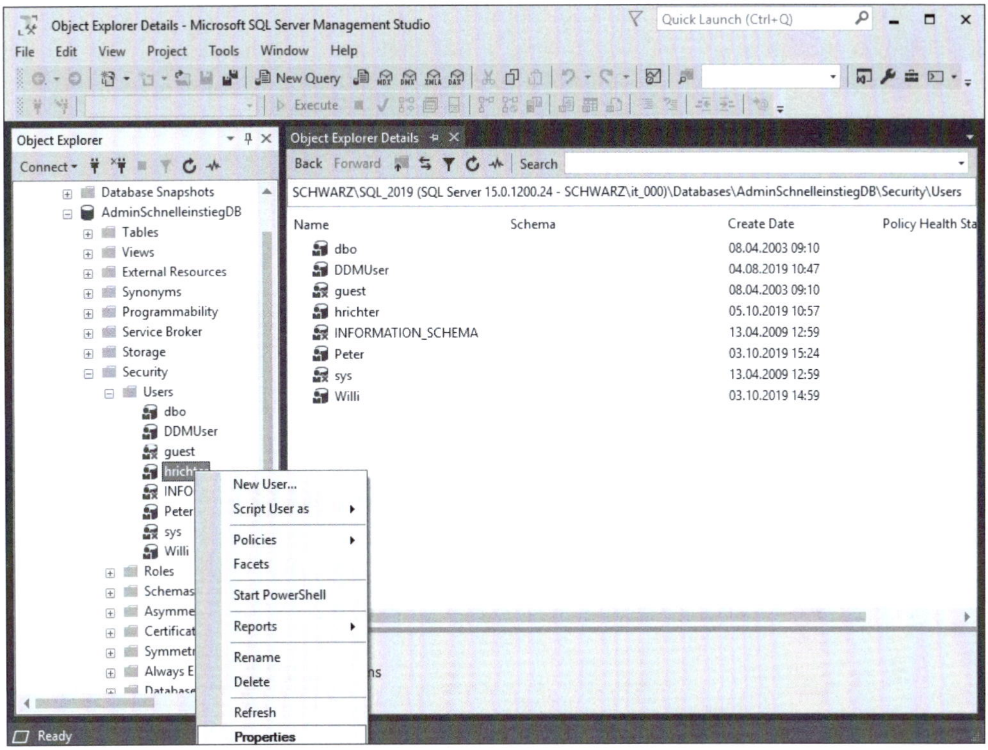

Abbildung 10.39 Eigenschaftsdialog für Datenbankbenutzer »hrichter« öffnen

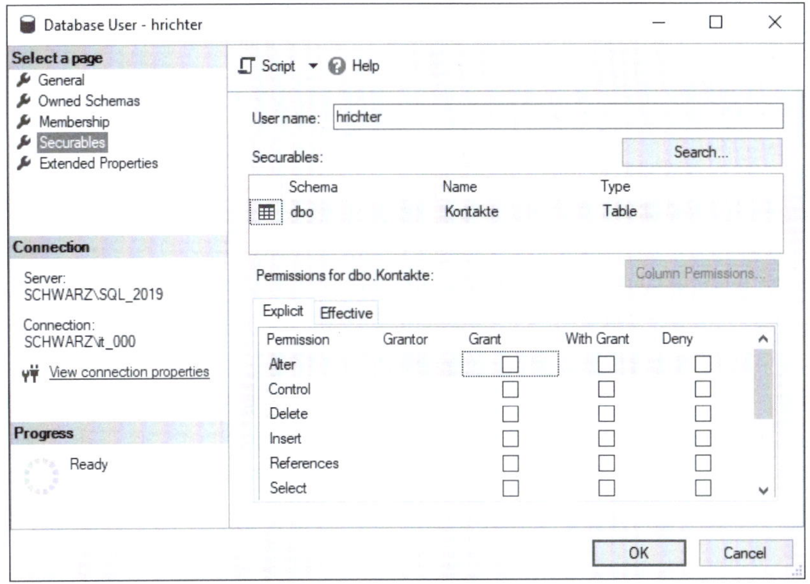

Abbildung 10.40 Eigenschaftsdialog des Datenbankbenutzers »hrichter«, Seite »Sicherungsfähige Elemente« (»Securables«)

Jetzt wählen Sie die Datenbankobjekte aus, für die Sie die Zugriffsberechtigungen vergeben möchten. Um z. B. die Tabelle »Kontakte« auszuwählen, klicken Sie auf die Schaltfläche SUCHEN... (SEARCH...), rufen im darauffolgenden Dialog den Punkt ALLE OBJEKTE DES TYPS... (ALL OBJECTS OF THE TYPE...) auf und klicken auf OK.

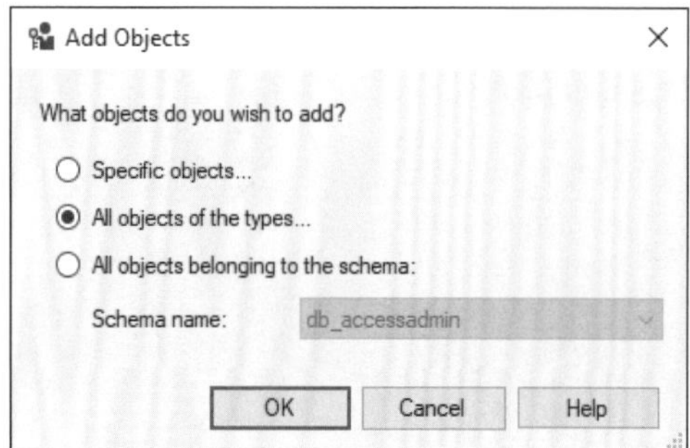

Abbildung 10.41 Suchen-Dialog der sicherungsfähigen Elemente

Anschließend setzen Sie im sich öffnenden Dialog einen Haken bei der Checkbox TABELLEN (TABLES) und bestätigen dies mit OK (Abbildung 10.42).

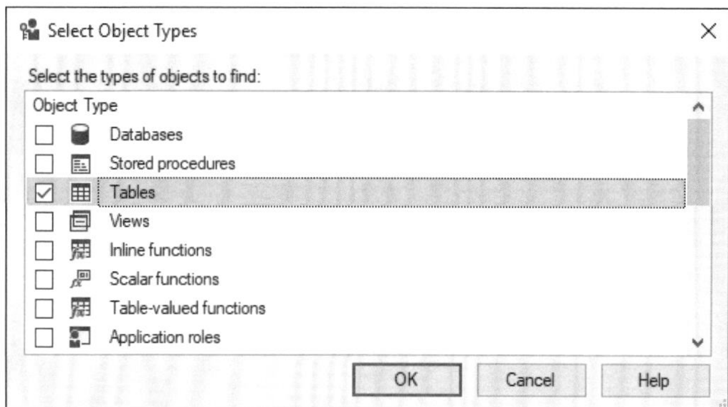

Abbildung 10.42 Dialog »Objekttypen auswählen«

Nachdem Sie auf OK geklickt haben, werden Ihnen im Feld SICHERUNGSFÄHIGE ELEMENTE (SECURABLES) alle Tabellen der Datenbank angezeigt (siehe Abbildung 10.43).

Wählen Sie die Tabelle aus (in diesem Beispiel »Kontakte«), für die Sie die Berechtigungen setzen möchten. Markieren Sie im unteren Bereich in der Spalte ERTEILEN (GRANT) die Checkboxen für die Berechtigungen AUSWÄHLEN (SELECT) und AKTUALISIEREN (UPDATE).

Sie haben nun erneut dem Datenbankbenutzer *hrichter* die Zugriffsberechtigungen »Auswählen« und »Aktualisieren« auf die Tabelle »Kontakte« gegeben, diesmal aus Sicht des Datenbankbenutzers.

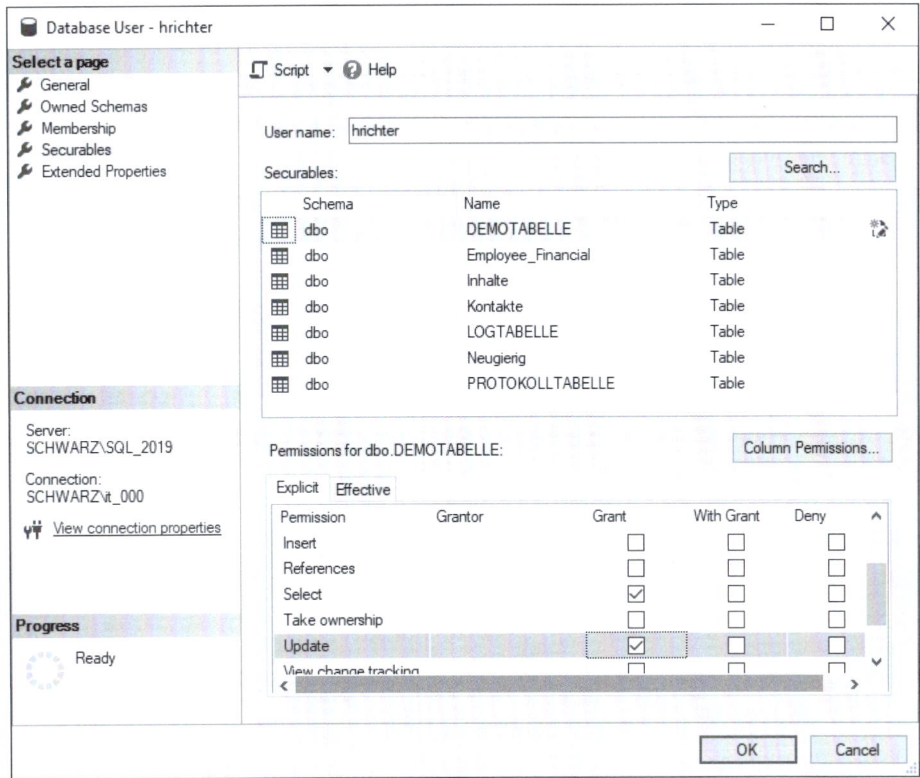

Abbildung 10.43 Auflistung der sicherungsfähigen Elemente für Datenbankbenutzer mit den gesetzten Rechten »Aktualisieren« (»Update«) und »Auswählen« (»Select«) für die Tabelle »Kontakte«

10.5.3 Datenbankrollen

All diese Zugriffsrechte können Sie für die jeweiligen Benutzer einzeln vergeben. Das bedeutet, dass Sie, wenn ein neuer Mitarbeiter in das Unternehmen kommt, immer einen Datenbankbenutzer inklusive SQL-Anmeldung erstellen müssen. Diesem Datenbankbenutzer erteilen Sie anschließend Berechtigungen für jede einzelne Tabelle etc. Bei vielen Datenbankobjekten und vielen Mitarbeitern kann das sehr zeitraubend und der administrative Aufwand erheblich sein. Um dieses aufwendige Zuweisen von Zugriffsberechtigungen zu vermeiden, können Sie vordefinierte Vorlagen von Berechtigungsmustern anlegen, die sogenannten *Datenbankrollen* (englisch: *database roles*).

Datenbankrollen sind wie Serverrollen vorkonfigurierte Gruppen mit unterschiedlichen Berechtigungen und speziell an die Anforderungen für den Zugriff auf die Daten(-bankobjekte) einer Datenbank angepasst. Einer Datenbankrolle können Sie beliebige Benutzer zuweisen.

Datenbankbenutzer, die Mitglieder einer Datenbankrolle sind, erhalten die vordefinierten Zugriffsrechte der Datenbankrolle. Einer Datenbankrolle weisen Sie Zugriffsrechte auf eine Tabelle (oder andere Datenbankobjekte) zu. Alle Mitglieder der Datenbankrolle erhalten dann automatisch den Zugriff, den die Datenbankrolle auf die Tabelle oder das jeweilige Datenbankobjekt hat.

Durch den Einsatz von Datenbankrollen können Sie den administrativen Aufwand für die Vergabe von Rechten erheblich reduzieren. Datenbankbenutzer müssen nur noch den jeweiligen Datenbankrollen hinzugefügt oder aus diesen entfernt werden, damit sie die Rechte auf die entsprechenden Datenbankobjekte erhalten.

Es gibt zwei Typen von Datenbankrollen: feste Datenbankrollen und Rollen, die durch den Benutzer angelegt werden können. Feste Datenbankrollen sind vordefinierte Rollen mit vordefinierten Berechtigungen. Feste Datenbankrollen können nicht gelöscht oder verändert werden. Rollen, die durch den Benutzer angelegt wurden, können hinsichtlich der Berechtigungen etc. frei konfiguriert werden. Natürlich können diese Rollen, falls die Berechtigungen dafür vorhanden sind, auch wieder gelöscht werden. In Tabelle 10.2 sehen Sie die von SQL Server vordefinierten festen Datenbankrollen.

Datenbankrolle	Beschreibung
db_owner	Mitglieder können die Datenbank konfigurieren und warten und die Datenbank auch löschen.
db_securityadmin	Mitglieder können Rollenmitgliedschaften ändern und Berechtigungen verwalten.
db_accessadmin	Mitglieder können den Zugriff auf die Datenbank für Windows-Anmeldungen, Windows-Gruppen und SQL-Server-Anmeldungen gewähren oder entziehen.
db_backupoperator	Mitglieder können Sicherungen der Datenbank durchführen.
db_ddladmin	Mitglieder können sämtliche Data-Definition-Befehle (DDL) ausführen, z. B. Tabellen oder Indizes anlegen und löschen.
db_datawriter	Mitglieder dürfen in allen Benutzertabellen der Datenbank Daten hinzufügen löschen oder ändern.
db_datareader	Mitglieder dürfen alle Daten der Benutzertabellen einer Datenbank lesen.
db_denydatawriter	Mitglieder können keine Daten der Benutzertabellen der Datenbank hinzufügen, löschen oder ändern.
db_denydatareader	Mitglieder können keine Daten in den Benutzertabellen lesen.

Tabelle 10.2 Auflistung der festen SQL-Server-Datenbankrollen

Die festen Rollen einer Datenbank können Sie sich im SSMS auch anzeigen lassen. Öffnen Sie, wie Abbildung 10.44 zeigt, hierzu im Objekt-Explorer des SSMS den Ordner SICHERHEIT (SECURITY) der jeweiligen Datenbank.

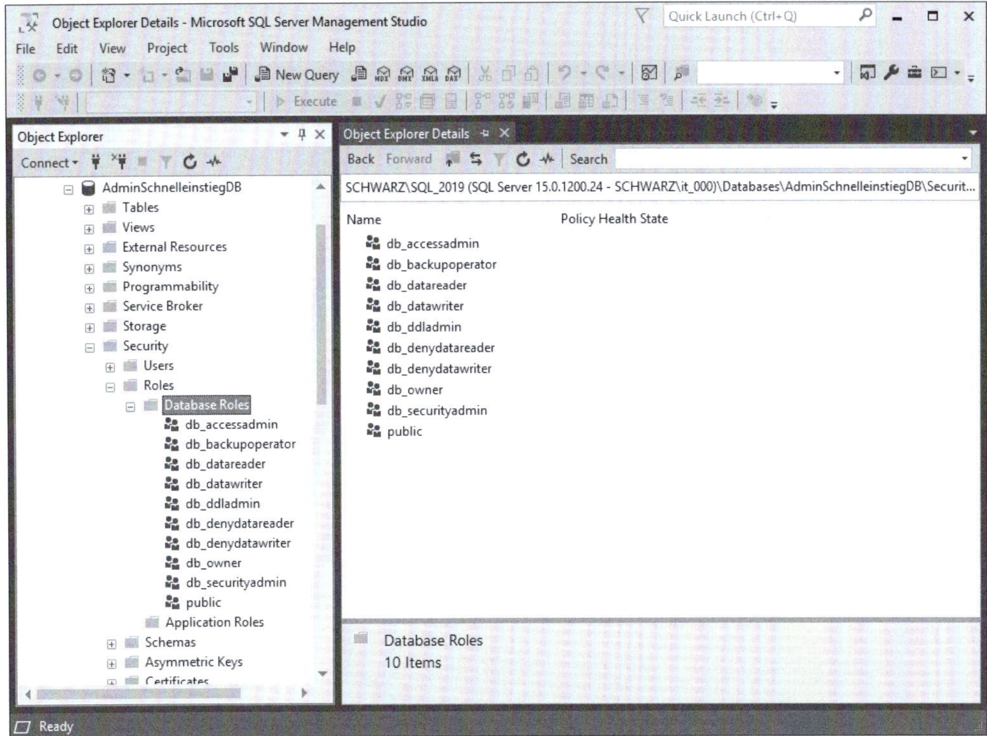

Abbildung 10.44 Anzeige der festen Datenbankrollen im SSMS

Wie bereits erwähnt, können Sie auch eigene Datenbankrollen anlegen und diesen Rollen Datenbankbenutzer zuweisen. Dies hat den Vorteil, dass Sie z. B. eine Rolle *Buchhaltung* anlegen und alle Datenbankbenutzer, die in der Abteilung Buchhaltung arbeiten, in diese Rolle aufnehmen könnten. Sie können jetzt dieser Rolle (*Buchhaltung*) nur die Zugriffsrechte auf die Tabellen und Datenbankobjekte geben, die für die Mitarbeiter der Abteilung Buchhaltung benötigt werden. Sollten neue Mitarbeiter in der Buchhaltungsabteilung anfangen, fügen Sie diese Mitarbeiter einfach der Rolle *Buchhaltung* hinzu, und sie erhalten automatisch alle notwendigen Rechte.

Das Prinzip der Rechtevergabe für Rollen ist identisch mit dem Zuweisen von Berechtigungen für einzelne Datenbankbenutzer. Der einzige Unterschied besteht darin, dass Sie anstelle der Datenbankbenutzer nun die Rollen zur Rechtevergabe verwenden. Erinnern Sie sich? Beim Setzen von Berechtigungen aus der Perspektive einer Tabelle gab es im Dialog ein Feld mit dem Namen BENUTZER ODER ROLLEN (USERS OR ROLES). Hier konnten Sie Datenbankbenutzer oder Datenbankrollen hinzufügen (siehe Abbildung 10.45).

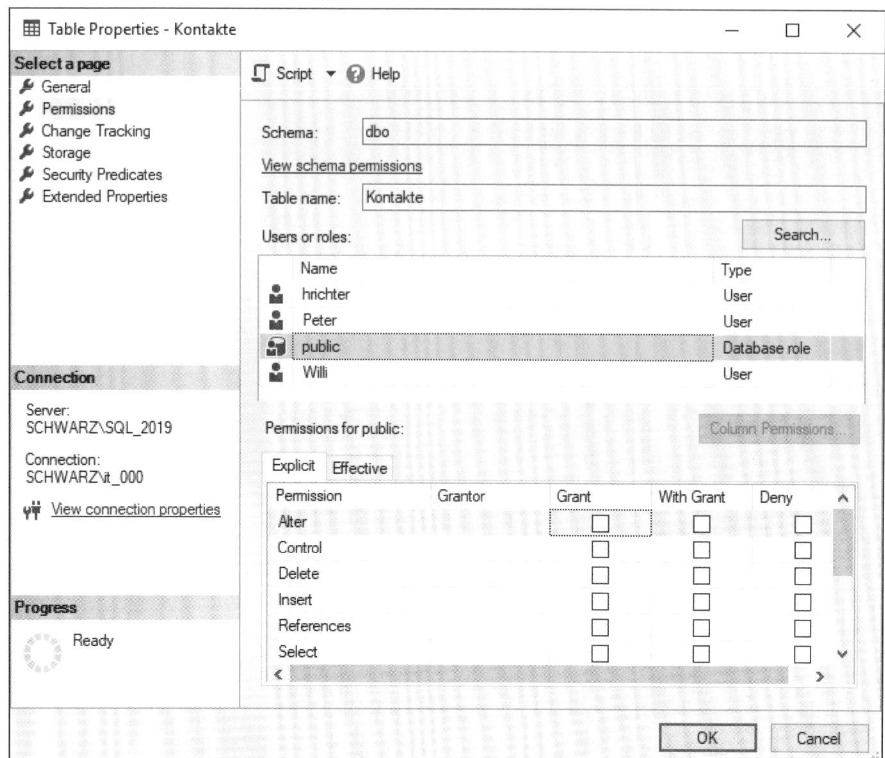

Abbildung 10.45 Eigenschaftsdialog einer Tabelle mit der Möglichkeit, Benutzern oder Rollen auszuwählen

Datenbankrollen finden Sie wieder im Ordner SICHERHEIT (SECURITY) der Datenbank. Wenn Sie diesen Ordner öffnen, sehen Sie direkt unter dem Ordner BENUTZER (USERS) den Ordner ROLLEN (ROLES), der alle Datenbankrollen – feste wie auch von Ihnen angelegte – enthält.

10.5.4 Workshop: Anlegen einer Datenbankrolle

1. Melden Sie sich mit dem SSMS an der SQL-Server-Instanz an, und öffnen Sie den Ordner SICHERHEIT • ROLLEN • DATENBANKROLLEN (SECURITY • ROLES • DATABASE ROLES) der Datenbank, in der eine neue Datenbankrolle angelegt werden soll.
2. Klicken Sie mit der rechten Maustaste auf den Ordner DATENBANKROLLEN (DATABASE ROLES), und wählen Sie aus dem Kontextmenü den Punkt NEUE DATENBANKROLLE... (NEW DATABASE ROLE...; siehe Abbildung 10.46).

   Im Dialog DATENBANKROLLE – NEU (DATABASE ROLE – NEW) geben Sie im Feld ROLLENNAME (ROLE NAME) den Namen der Datenbankrolle (z. B. *Buchhaltung*) ein (Abbildung 10.47).

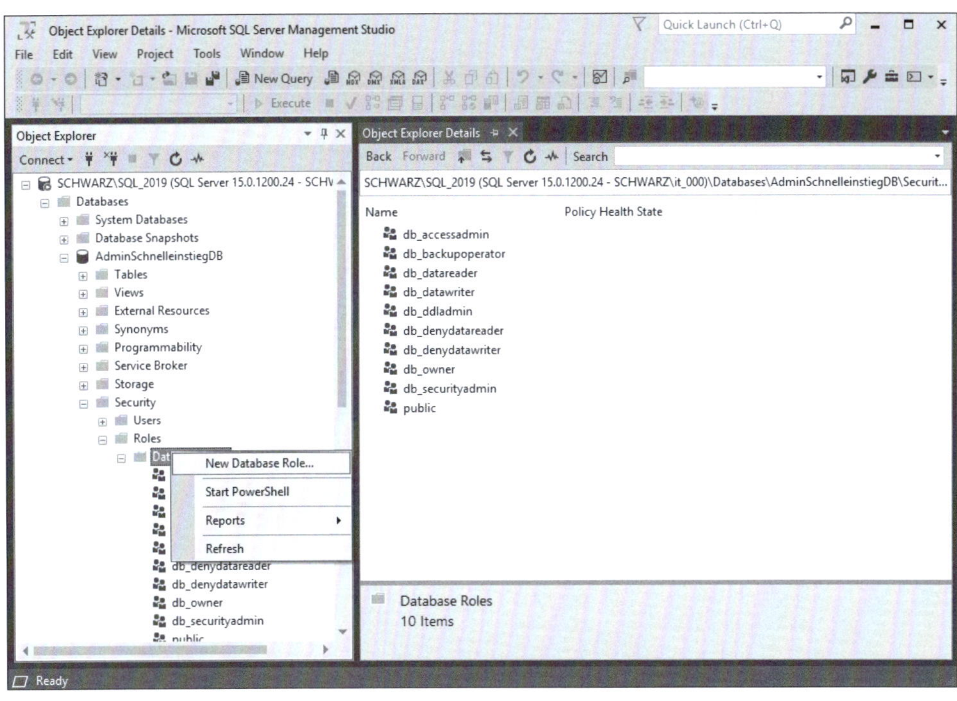

Abbildung 10.46 Dialog zum Anlegen einer neuen Datenbankrolle öffnen

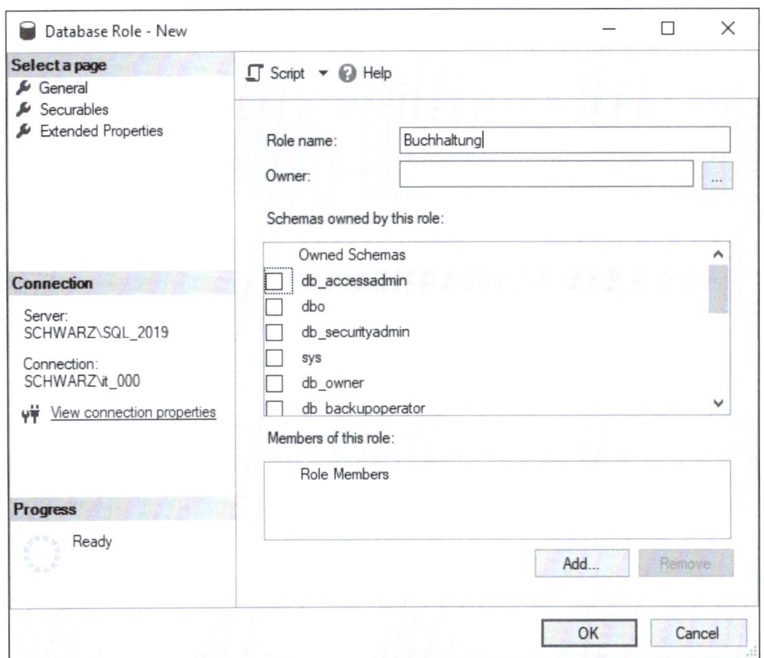

Abbildung 10.47 Anlegen der Datenbankrolle »Buchhaltung«

3. Durch einen Klick auf die Schaltfläche HINZUFÜGEN (ADD) und anschließend auf die Schaltfläche DURCHSUCHEN... (BROWSE...) öffnen Sie einen Dialog zum Hinzufügen von Rollenmitgliedern. Sie können dann die gewünschten Datenbankbenutzer als Mitglieder zur Datenbankrolle hinzufügen (siehe Abbildung 10.48).

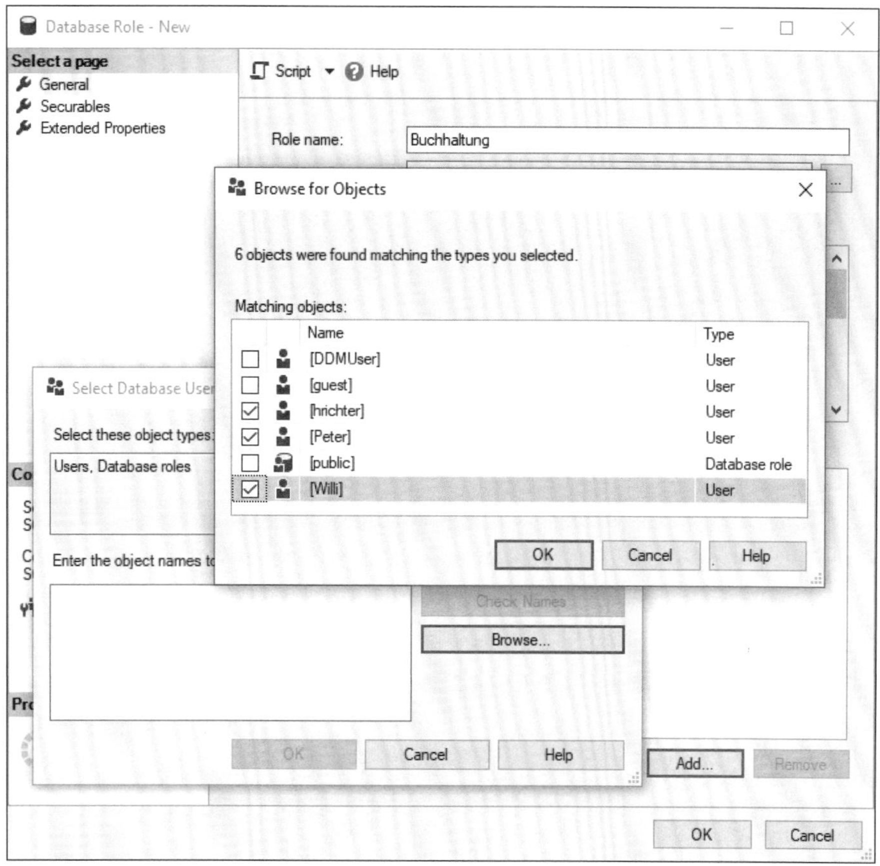

Abbildung 10.48 Auswahl der Mitglieder einer Datenbankrolle nach Klick auf »Hinzufügen« (»Add«) im Eigenschaftsdialog der Datenbank

4. Nachdem Sie alle Mitglieder im Dialog NACH OBJEKTEN SUCHEN (BROWSE FOR OBJECTS) markiert haben, bestätigen Sie den Auswahldialog zweimal mit OK. Sie sehen dann die der Datenbankrolle zugewiesenen Mitglieder wie in Abbildung 10.49.
5. Beachten Sie, dass Sie im Dialog DATENBANKROLLE – NEU (DATABASE ROLE – NEW) auch den Punkt SICHERUNGSFÄHIGE ELEMENTE (SECURABLES) vorfinden. Hier können Sie entsprechende Datenbankobjekte hinzufügen und festlegen, auf welche Datenbankobjekte die Mitglieder der Datenbankrolle Zugriff haben sollen.
6. Wählen Sie den Punkt SICHERUNGSFÄHIGE ELEMENTE (SECURABLES) aus.

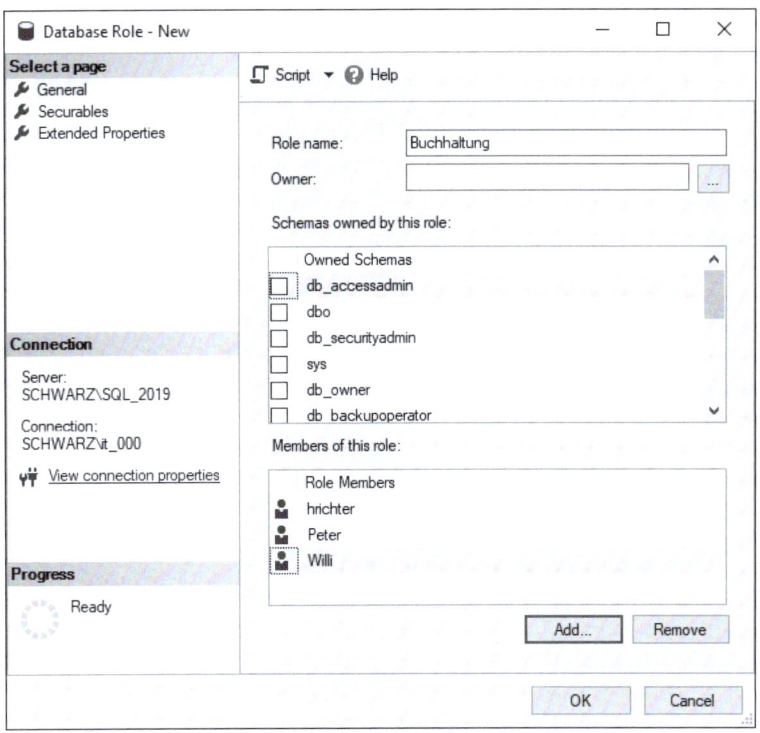

Abbildung 10.49 Dialog zum Anlegen einer Datenbankrolle mit hinzugefügten Mitgliedern »hrichter«, »Peter« und »Willi«

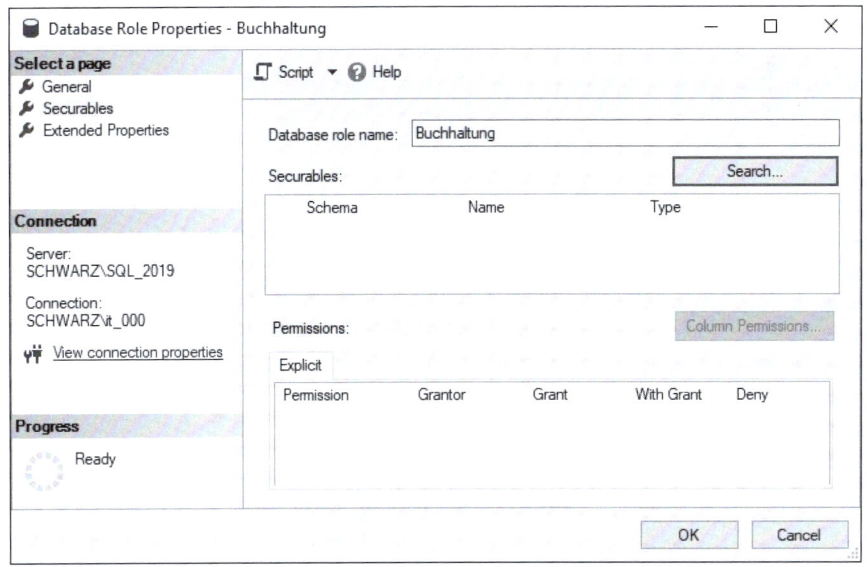

Abbildung 10.50 Dialog zum Anlegen einer Datenbankrolle, Seite »Sicherungsfähige Elemente«

7. Im daraufhin erscheinenden Dialog (siehe Abbildung 10.50) wählen Sie durch einen Klick auf die Schaltfläche SUCHEN… (SEARCH…) die Elemente aus, auf die die Mitglieder der Datenbankrolle Zugriff haben sollen. Es erscheint der Dialog OBJEKTE HINZUFÜGEN (ADD OBJECTS), mit dem Sie aufgrund der großen Anzahl an sicherungsfähigen Elementen eine Vorauswahl der Objekttypen treffen können.

   Wählen Sie die Option ALLE OBJEKTE DES TYPS… (ALL OBJECTS OF THE TYPES…), und bestätigen Sie dies mit OK (Abbildung 10.51).

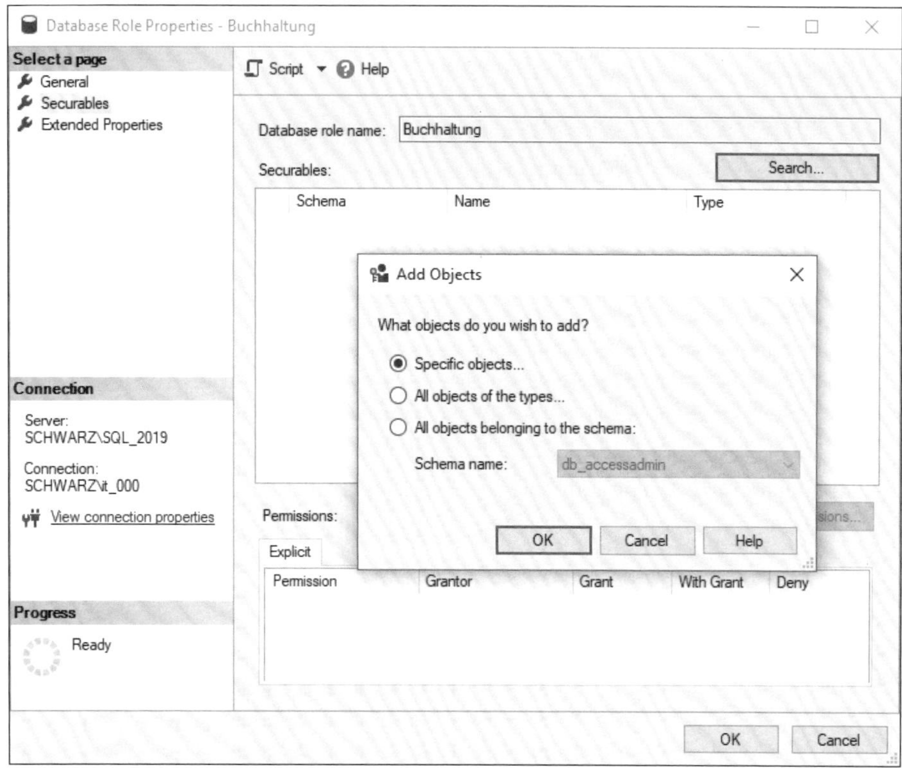

Abbildung 10.51 Dialog »Objekte hinzufügen«

8. Nachdem Sie auf die Schaltfläche OK des Dialogs OBJEKTE HINZUFÜGEN (ADD OBJECTS) geklickt haben, erscheint ein weiterer Dialog zum Auswählen des Datenbankobjekttyps (siehe Abbildung 10.52).
9. Wählen Sie hier den Objekttyp TABELLEN (TABLES), und klicken Sie auf OK.
10. Sie befinden sich jetzt erneut im Dialog DATENBANKROLLE – NEU, Bereich SICHERUNGSFÄHIGE ELEMENTE (SECURABLES).

    Im Feld SICHERUNGSFÄHIGE ELEMENTE (SECURABLES) sehen Sie alle vorhandenen Benutzertabellen der Datenbank. Durch Auswahl des Objekttyps TABELLEN

(TABLES) im vorhergehenden Dialog haben wir angegeben, dass wir in diesem Feld nur Tabellen sehen möchten (Abbildung 10.53).

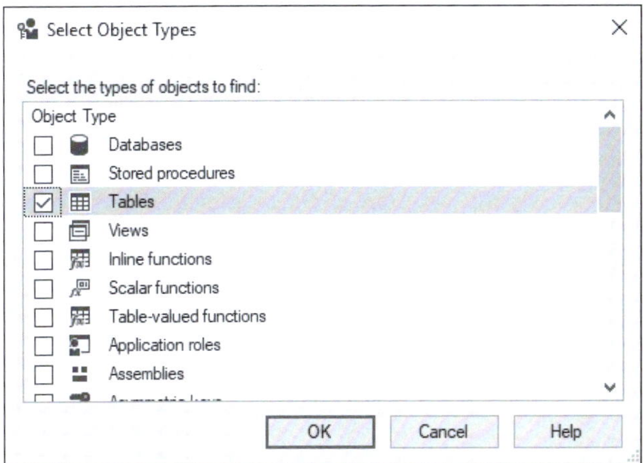

Abbildung 10.52 Dialog zum Auswählen des Datenbankobjekttyps

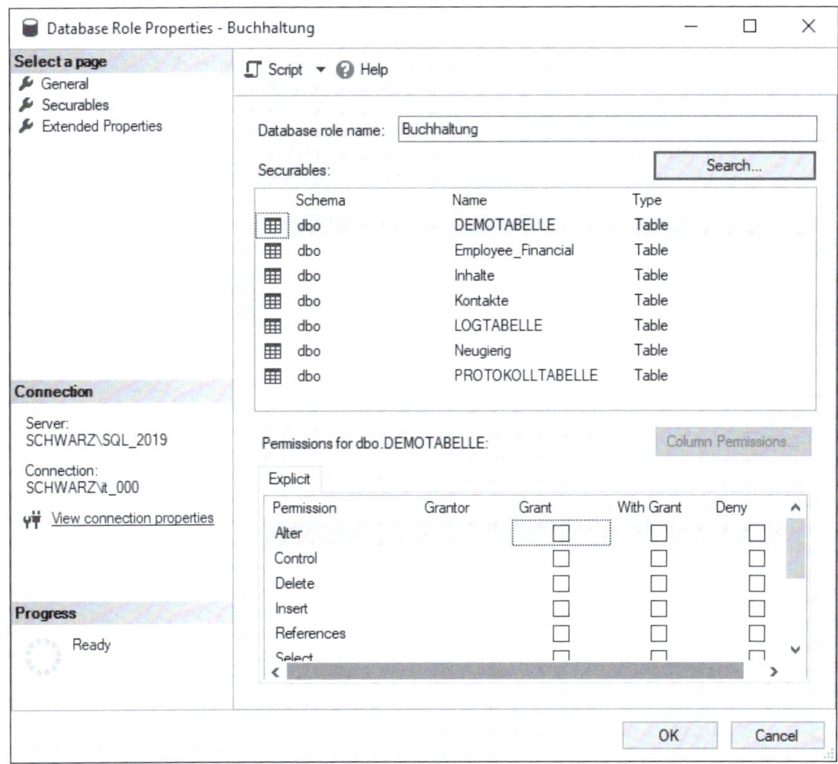

Abbildung 10.53 Dialog zum Erstellen einer Datenbankrolle im Bereich »Sicherungsfähige Elemente« (»Securables«) mit allen Tabellen der Datenbank und zugewiesenen Berechtigungen

Im oberen Feld, SICHERUNGSFÄHIGE ELEMENTE (SECURABLES), wählen Sie die Tabelle aus, für die Sie Zugriffsberechtigungen setzen möchten.

Im unteren Feld, BERECHTIGUNGEN FÜR (TABELLENNAME) (PERMISSIONS FOR (TABLE NAME)), setzen Sie die gewünschten Zugriffsberechtigungen für die gewählte Tabelle; in Abbildung 10.54 sind das die Berechtigungen AKTUALISIEREN (UPDATE) und AUSWÄHLEN (SELECT).

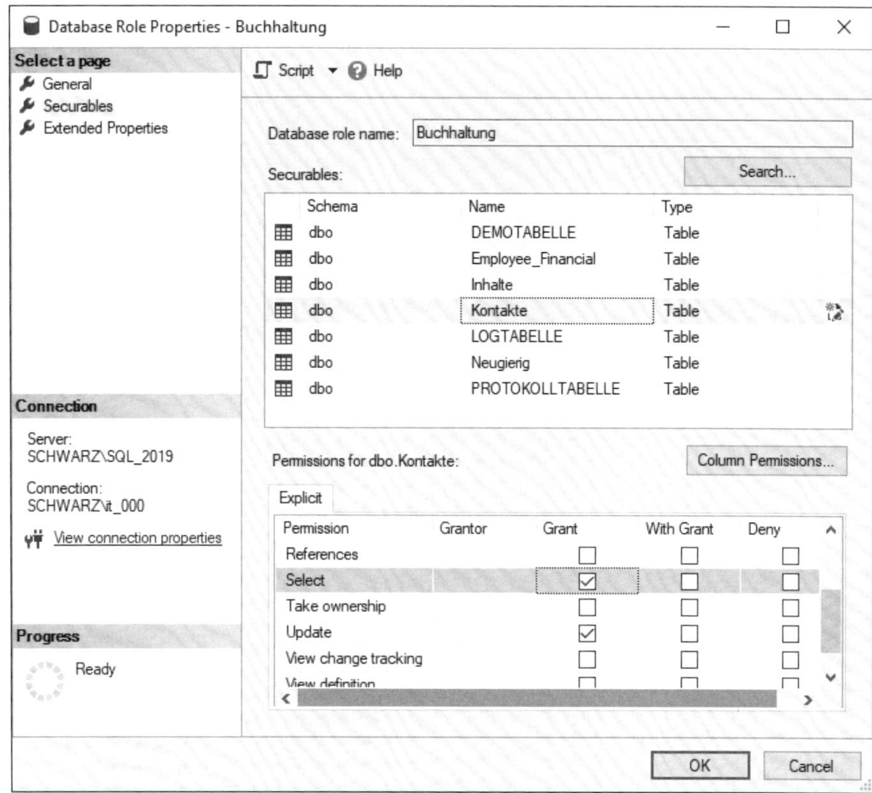

Abbildung 10.54 Tabelle »Kontakte«: »Select« und »Update«

11. Klicken Sie auf OK. Die Datenbankrolle wird jetzt unter DATENBANKROLLEN (DATABASE ROLES; siehe Abbildung 10.55) aufgelistet.
12. Sie können nach dem Anlegen einer Datenbankrolle jederzeit den Eigenschaftsdialog einer bestehenden Datenbankrolle öffnen.

    Klicken Sie hierzu mit der rechten Maustaste auf die Datenbankrolle, und wählen Sie aus dem Kontextmenü den Menüpunkt EIGENSCHAFTEN (PROPERTIES; siehe Abbildung 10.56).

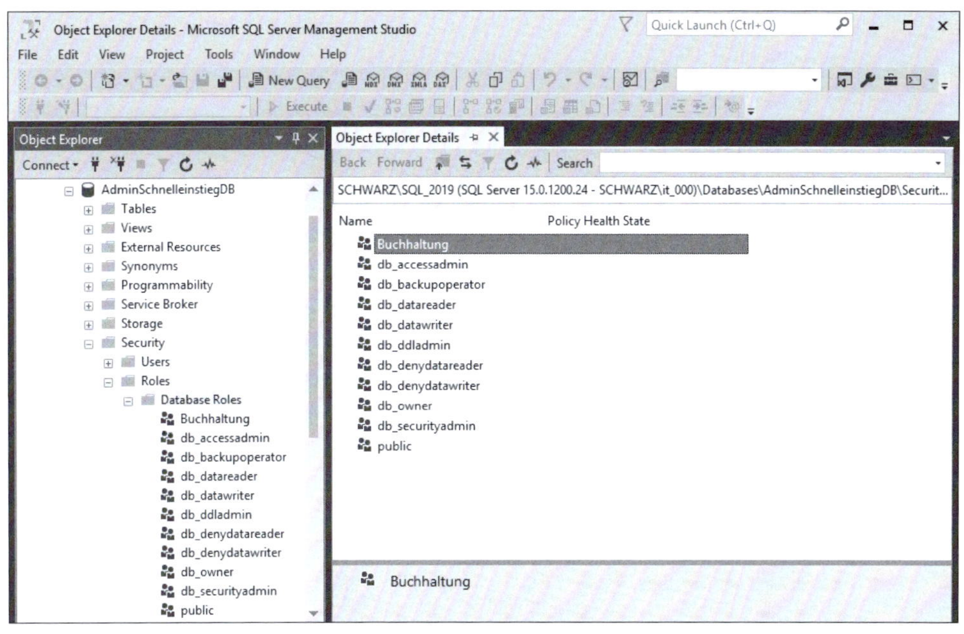

Abbildung 10.55 Angelegte Datenbankrolle »Buchhaltung«

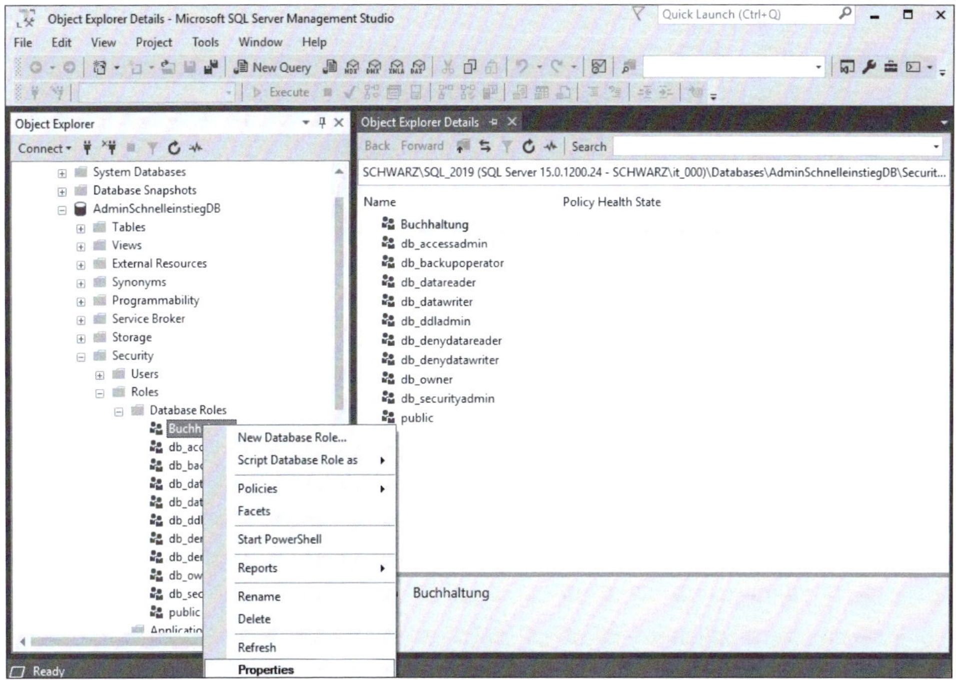

Abbildung 10.56 Eigenschaftsdialog einer Datenbankrolle aufrufen, um Mitglieder und Zugriffsberechtigungen zu verändern

13. Anschließend können Sie, wie in den zuvor erläuterten Beispielen der Datenbankrolle, weitere Mitglieder oder sicherungsfähige Elemente hinzufügen (Abbildung 10.57).

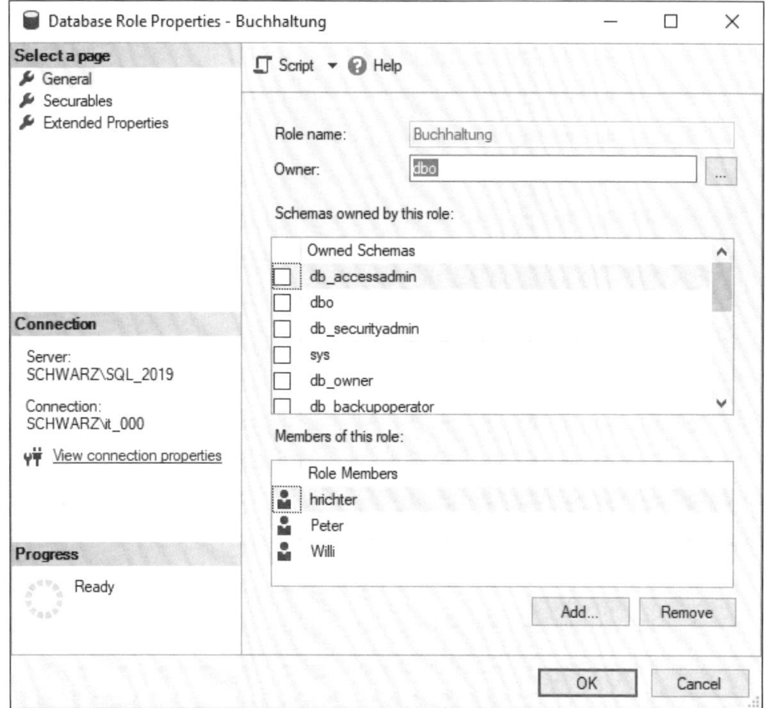

Abbildung 10.57 Die Eigenschaften der neuen Rolle

10.6 Schemas

Mit einem Schema ist es möglich, die Datenbank zusätzlich zu organisieren und ihre Administration zu vereinfachen. Ein *Schema* (englisch: *scheme*) ist ein Objekt innerhalb einer Datenbank, dass Sie sich als eine Art Behälter zur Aufnahme von Datenbankobjekten (Tabellen, Views, gespeicherte Prozeduren) vorstellen können. Ein Schema ist demnach ein Container für Datenbankobjekte.

Darum ist es wichtig, zu verstehen, dass Tabellen, Views und gespeicherte Prozeduren eigentlich nicht direkt innerhalb der Datenbank organisiert, sondern alle innerhalb eines Schemas gespeichert sind.

Schemas ermöglichen es Ihnen, Ihre Datenbankobjekte besser zu strukturieren. Sie können z. B. alle Datenbankobjekte (Tabellen, Views etc.), die für die Abteilung Controlling bestimmt sind, innerhalb eines entsprechenden Schemas abspeichern, das auch »Controlling« heißen könnte. Da auf Schemas auch Berechtigungen genauso wie auf Tabellen vergeben werden können, sind Sie in der Lage, auch hier Ihren Verwaltungsaufwand zu verringern. Wenn Sie Berechtigungen auf Schemaebene setzen, gelten diese Berechtigungen für alle Datenbankobjekte innerhalb des Schemas.

Jedem Benutzer innerhalb einer Datenbank kann ein *Standardschema* zugewiesen werden. Wenn Sie beim Anlegen eines Datenbankbenutzers kein Standardschema angeben, wird diesem Benutzer automatisch das Schema »dbo« zugewiesen.

Fragt ein Benutzer eine Tabelle ab oder legt er ein Datenbankobjekt an, ohne ein Schema anzugeben, wird automatisch das Standardschema des Benutzers verwendet. Demnach wird die Tabelle erst im Standardschema gesucht bzw. im Standardschema angelegt.

Auf Datenbankobjekte wird über den vierteiligen Objektnamen zugegriffen:

Servername.Datenbankname.Schema.Objektname

Der dritte Teil dieses Namens ist das Schema.

Eine SQL-Anweisung zum Abfragen der Tabelle »Kontakte« innerhalb der Datenbank »AdminSchnelleinstiegDB« auf Server »Schwarz« sähe mit vollständig angegebenen Objektnamen demnach so aus:

```
SELECT * FROM Schwarz.AdminSchnelleinstiegDB.dbo.Kontakte
```

Listing 10.7 Abfrage der Tabelle »Kontakte« mit vollständiger Namensangabe

Allerdings funktioniert auch `SELECT * FROM Kontakte`, da SQL Server in diesem Fall die Tabelle »Kontakte« auf dem aktuellen Server, in der aktuellen Datenbank und in Ihrem Standardschema sucht.

Geben Sie bei einer Abfrage einer Tabelle den Tabellennamen nicht vollständig qualifiziert an, wird die Tabelle im Standardschema des Benutzers gesucht. Wurde die Tabelle nicht im Standardschema gefunden, wird sie anschließend im Schema »dbo« gesucht. Wurde sie auch im Schema »dbo« nicht gefunden, wird eine Fehlermeldung ausgegeben.

Ein Schema mit dem Namen »Controlling« können Sie wie folgt über den T-SQL-Befehl anlegen:

```
CREATE SCHEMA Controlling
```

10.6.1 Workshop: Anlegen eines Schemas – Buchhaltung mit dem Management Studio

1. Öffnen Sie den Ordner SICHERHEIT • SCHEMAS (SECURITY • SCHEMAS) der Datenbank.
2. Klicken Sie mit der rechten Maustaste auf den Ordner SCHEMAS.

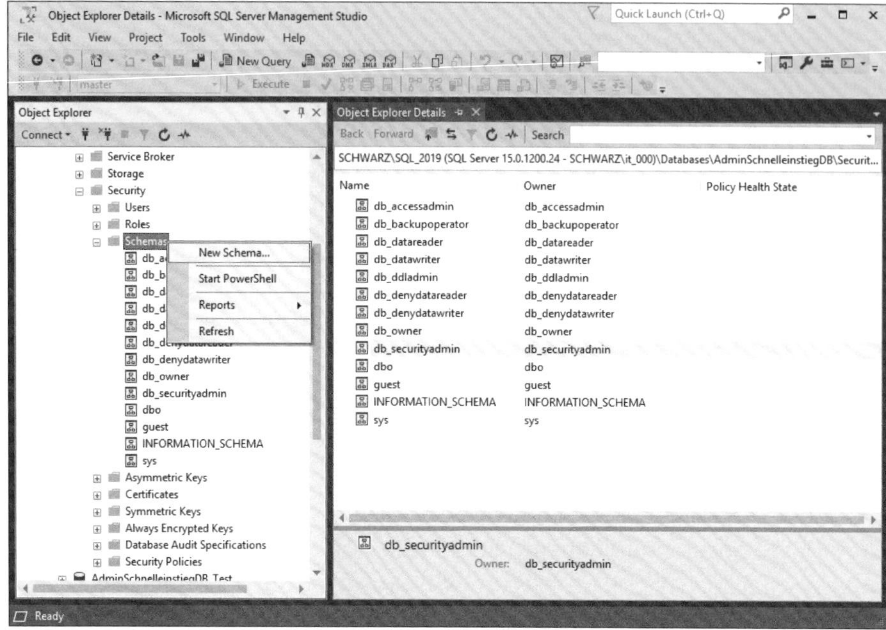

Abbildung 10.58 Dialog zum Anlegen eines neuen Schemas öffnen

3. Klicken Sie auf NEUES SCHEMA... (NEW SCHEMA...).
4. Geben Sie im Dialog unter SCHEMANAME (SCHEMA NAME) »Controlling« ein, und klicken Sie auf OK.

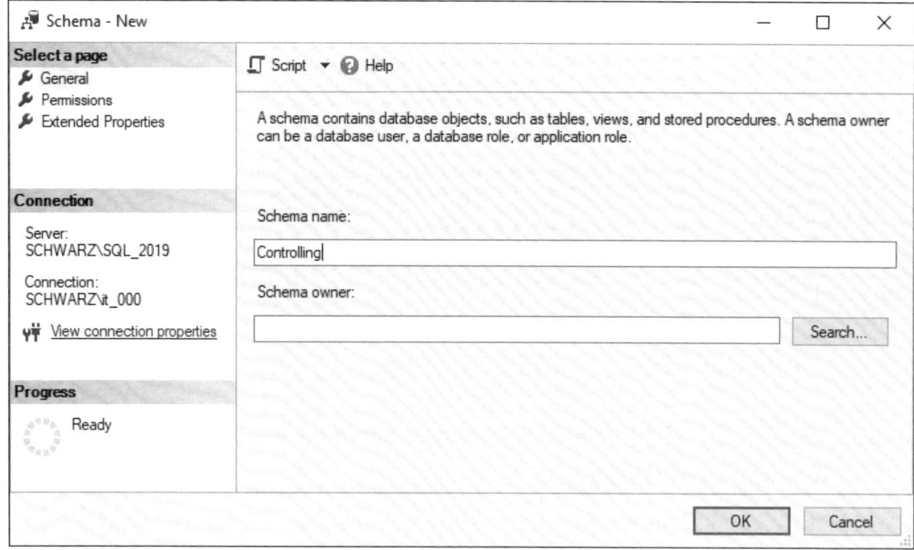

Abbildung 10.59 Dialog für das Anlegen eines neuen Schemas

Das angelegte Schema wird Ihnen im Objekt-Explorer des SSMS angezeigt (siehe Abbildung 10.60).

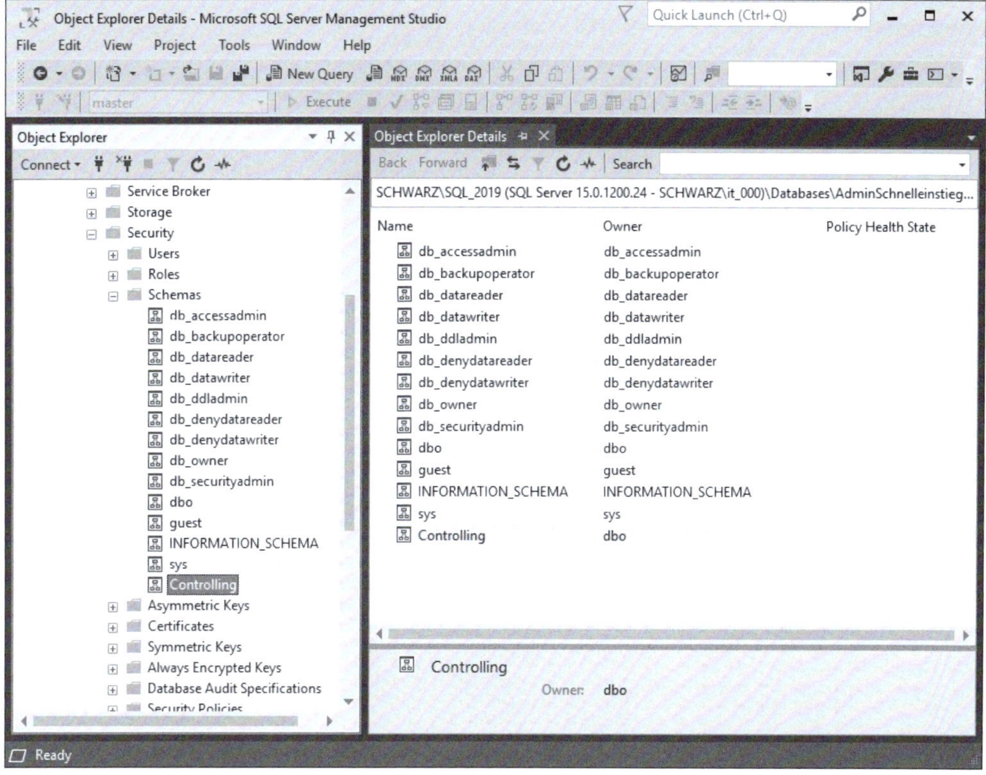

Abbildung 10.60 Anzeige eines Schemas im Objekt-Explorer des SSMS

Haben Sie ein Schema angelegt, können Sie jetzt Datenbankobjekte innerhalb dieses Schemas speichern.

Wenn Sie mit T-SQL eine Tabelle anlegen, können Sie das Schema, in dem die Tabelle gespeichert wird, direkt in der Namensvergabe angeben:

```
CREATE TABLE Controlling.Umsaetze (ID INT, Umsatz DECIMAL(10,2));
```

Listing 10.8 T-SQL-Befehl zum Anlegen einer Tabelle »Umsaetze« im Schema »Controlling«

Anschließend sehen Sie im Objekt-Explorer des SSMS, dass die Tabelle »Umsaetze« dem Schema »Controlling« zugeordnet wurde.

Geben Sie das Schema beim Anlegen der Tabelle nicht an, wird die Tabelle in Ihrem Standardschema gespeichert.

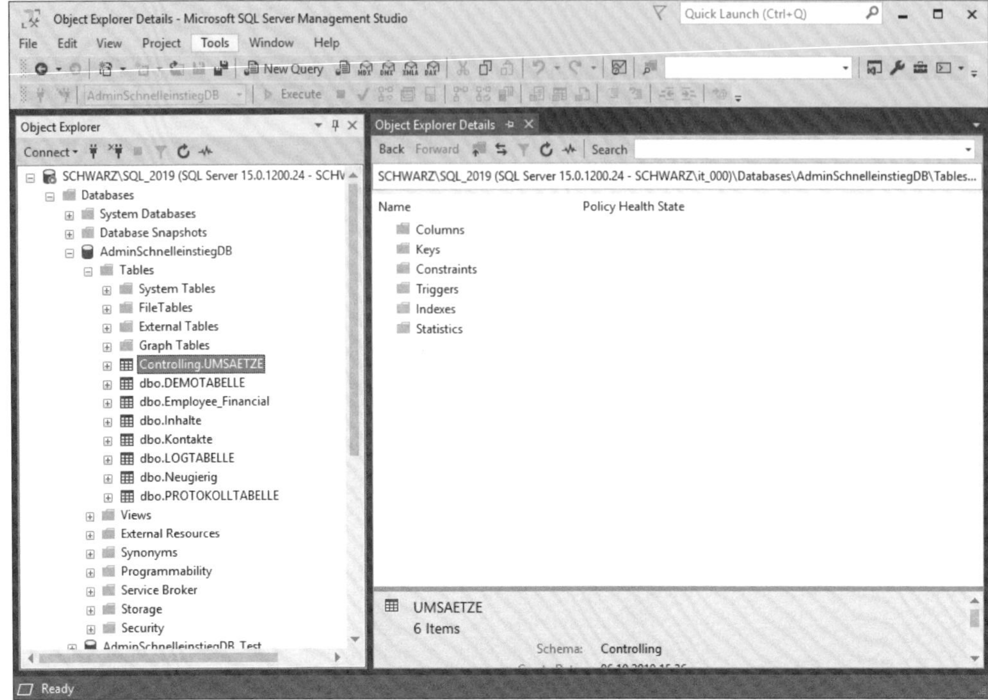

Abbildung 10.61 Tabelle »Umsaetze« im Schema »Controlling« im SSMS

10.7 Datenverschlüsselung mit Zertifikaten und Schlüsseln

Spätestens, wenn Sie eine Datenbank- oder Backup-Datei von SQL Server mit einem normalen Texteditor öffnen und die in den zugehörigen Datenbanken und Tabellen gespeicherten Informationen sehen, dürfte in der Regel klar sein, dass die normale Zugriffssicherheit durch das Setzen von Rechten auf Datenbankebene keinen ausreichenden Schutz der in den Datenbanken gespeicherten Informationen bietet.

Die gespeicherten Daten können mit einem normalen Texteditor betrachtet und ausgewertet werden. Dies ist dann problematisch, wenn Backups, Festplatten oder ganze Computersysteme gestohlen werden. Für den Angreifer reicht es in diesem Fall, lediglich Zugriff auf die entsprechenden Datendateien zu haben, um an die eventuell hochsensiblen gespeicherten Daten zu gelangen.

Aus diesem Grund bietet SQL Server die Möglichkeit, die gespeicherten Daten zu verschlüsseln. Eine Übersicht über die Möglichkeiten der Verschlüsselung von Daten gibt Ihnen dieser Abschnitt.

10.7.1 Schlüssel, Zertifikate und Algorithmen

Bevor wir in puncto Verschlüsselung konkreter werden, hier noch wichtiges Hintergrundwissen zur Thematik: *Verschlüsselung (encryption)* (englisch: *cryptography*) nennt man einen Vorgang, bei dem ein lesbarer Text oder eine Information in eine nicht mehr lesbare Form umgewandelt wird. Wie der Name es schon andeutet, hat Verschlüsselung etwas mit Schlüsseln zu tun. Schlüssel werden zum Verschlüsseln (to encrypt) der eigentlichen Information benötigt. Ein *Schlüssel* (englisch: *Key*) ist eine Zeichenfolge (String), die zur Verschlüsselung und Entschlüsselung des zu verschlüsselnden Textes benötigt wird.

Das ist durchaus vergleichbar mit dem Auf- und Abschließen einer Tür in der realen Welt. Hier wird in der Regel ein Schlüssel benötigt, um die Tür abzuschließen, und natürlich auch einer, um die Tür wieder aufzuschließen. Nur die Besitzer des korrekten Schlüssels können den Raum betreten, der durch die Tür gesichert ist.

Ähnlich verhält es sich bei der Verschlüsselung von Daten, bei der Schlüssel dazu verwendet werden, Daten zu verschlüsseln und diese auch wieder zu entschlüsseln.

Es wird zwischen symmetrischen (symmetric) und asymmetrischen (asymmetric) Schlüsseln unterschieden. Diese unterscheiden sich jeweils hinsichtlich ihrer Anwendung beim Verschlüsseln und Entschlüsseln von Informationen.

Symmetrische Schlüssel

Ein *symmetrischer Schlüssel* (englisch: *symmetric key*) wird sowohl für das Verschlüsseln als auch für das Entschlüsseln von Informationen verwendet.

Asymmetrische Schlüssel

Ein *asymmetrischer Schlüssel* (englisch: *asymmetric key*) baut sich aus zwei Schlüsseln auf – einem *öffentlichen Schlüssel* (englisch: *public key*) und einem *privaten Schlüssel* (englisch: *private key*) –, weshalb man auch von einem *Schlüsselpaar* (englisch: *pair of keys*) spricht.

Der öffentliche Schlüssel kann jedermann zugänglich sein und wird zum Verschlüsseln der Informationen verwendet. Mit dem öffentlichen Schlüssel ist es nicht möglich, eine mit diesem Schlüssel verschlüsselte Information zu entschlüsseln. Hierzu dient ausschließlich der private Schlüssel.

Der private Schlüssel ist nicht öffentlich und nur im Besitz der Personen, die die Informationen auch entschlüsseln, das heißt lesen dürfen. Er wird zum Entschlüsseln der verschlüsselten Information benötigt.

Zertifikat

In Verbindung mit Verschlüsselung tritt häufig auch der Begriff Zertifikat auf. Ein *Zertifikat* (englisch: *certificate*) ist ein asymmetrisches Schlüsselpaar mit zusätzlichen Informationen, z. B. über den Aussteller oder die Gültigkeit des Zertifikats oder des innerhalb des Zertifikats enthaltenen Schlüsselpaares.

Verschlüsselungsalgorithmen

Der *Verschlüsselungsalgorithmus* (englisch: *encryption algorithm*) ist das mathematische Verfahren, mit dem Informationen verschlüsselt und entschlüsselt werden. Es gibt verschiedene solcher Algorithmen. SQL Server selbst implementiert keine eigenen Verschlüsselungsalgorithmen, sondern nutzt jeweils diejenigen, durch das Betriebssystem bereitgestellt werden.

10.7.2 Datenverschlüsselung

Um die eigentlichen Daten, die in einer Tabelle gespeichert sind, verschlüsseln zu können, ist es notwendig, passende Schlüssel zu erzeugen, die für die Verschlüsselung der Informationen verwendet werden.

Hierzu werden die Schlüssel geöffnet. Die eigentlichen Informationen werden dann unter Angabe des Schlüssels von den SQL-Server-Verschlüsselungsfunktionen `ENCRYPTBYKEY` und `DECRYPTBYKEY` verschlüsselt bzw. entschlüsselt, indem Sie sie in die entsprechenden T-SQL-Befehle `INSERT`, `UPDATE` und `SELECT` integrieren.

Die verschlüsselten Daten werden immer in einer Spalte vom Datentyp `VARBINARY` abgelegt.

Dies ist insofern für die Planung einer Datenbankapplikation wichtig, als ein späteres Ändern von Datenbanktypen in einer laufenden, das heißt produktiv eingesetzten Datenbankanwendung meist mit einem größeren Aufwand verbunden sein dürfte.

Um die in einer Datenbank hinterlegten Schlüssel und Zertifikate zu schützen, gibt es wiederum die Möglichkeit, dazu ein Passwort oder weitere Schlüssel oder Zertifikate zu nutzen.

Jede SQL-Server-Instanz besitzt einen sogenannten *Diensthauptschlüssel* (englisch: *service master key*). Mit diesem Diensthauptschlüssel sichert SQL Server wichtige Systempasswörter. Der Diensthauptschlüssel ist wiederum durch die Data Protection API des Windows-Betriebssystems geschützt.

Mit dem Diensthauptschlüssel werden auch die *Database Master Keys* (DMK) der Datenbanken abgesichert. Pro Datenbank gibt es einen Database Master Key. Dabei handelt es sich um einen symmetrischen Schlüssel, der verwendet wird, um Schlüssel und Zertifikate zu schützen, die in der Datenbank abgelegt sind. Bei einem Backup der Datenbank ist der Database Master Key im Backup enthalten.

Wenn die Schlüssel grundsätzlich nicht mit einem Passwort, sondern mit weiteren Schlüsseln (*Verschlüsselungsschlüssel*) gesichert werden sollen, benötigen Sie den Database Master Key, der manuell angelegt werden muss, um den letzten Schlüssel in der Schlüsselhierarchie zu schützen bzw. zu verschlüsseln.

Hinweis zum Database Master Key

Möchten Sie keinen Database Master Key anlegen, können Sie für die Benutzerschlüssel auch Passwörter vergeben. In diesem Fall ist es nicht notwendig, einen Database Master Key anzulegen.

Sollen die erzeugten Schlüssel mit Hilfe des Database Master Keys geschützt werden, müssen Sie diesen vor der Erstellung der Schlüssel anlegen, da Sie sonst beim Erzeugen der Schlüssel eine Fehlermeldung wie in Abbildung 10.62 erhalten.


```
Meldungen
Meldung 15581, Ebene 16, Status 1, Zeile 1
Erstellen Sie einen Hauptschlüssel in der Datenbank, oder öffnen Sie den
Hauptschlüssel in der Sitzung, bevor Sie diesen Vorgang ausführen.
```

Abbildung 10.62 Fehlermeldung wegen fehlender Database Master Keys

Diese Meldung weist Sie darauf hin, dass es keinen Database Master Key gibt. Diesen Database Master Key können Sie mit der folgenden Anweisung erzeugen:

```
CREATE MASTER KEY ENCRYPTION BY PASSWORD = 'Password'
```

Das Passwort, das in dieser Anweisung mit angegeben werden muss, wird wiederum zur Verschlüsselung des Database Master Keys selbst verwendet. Anschließend können Sie Schlüssel und Zertifikate für die einzelnen Benutzer anlegen:

- Erzeugen eines symmetrischen Schlüssels geschützt durch Passwort:

  ```
  CREATE SYMMETRIC KEY MyKey2 WITH ALGORITHM = AES_
  256 ENCRYPTION BY PASSWORD = 'Password';
  ```

- Erzeugen eines asymmetrischen Schlüssels geschützt durch Passwort:

  ```
  CREATE ASYMMETRIC KEY MyKeyX WITH ALGORITHM = RSA_
  2048 ENCRYPTION BY PASSWORD = 'Password';
  ```

- Erzeugen eines Zertifikats geschützt durch Database Master Key:

  ```
  CREATE CERTIFICATE User1Cert WITH SUBJECT =
   'Zertifikat fuer Benutzer mfranke';
  ```

Die angelegten Schlüssel und Zertifikate können Sie sich im SSMS im jeweiligen Unterordner des Ordners SICHERHEIT (SECURITY) der Datenbank ansehen. Die Ordner heißen Asymmetrische Schlüssel (Asymmetric Keys), Zertifikate (Certificates) und Symmetrische Schlüssel (Symmetric Keys).

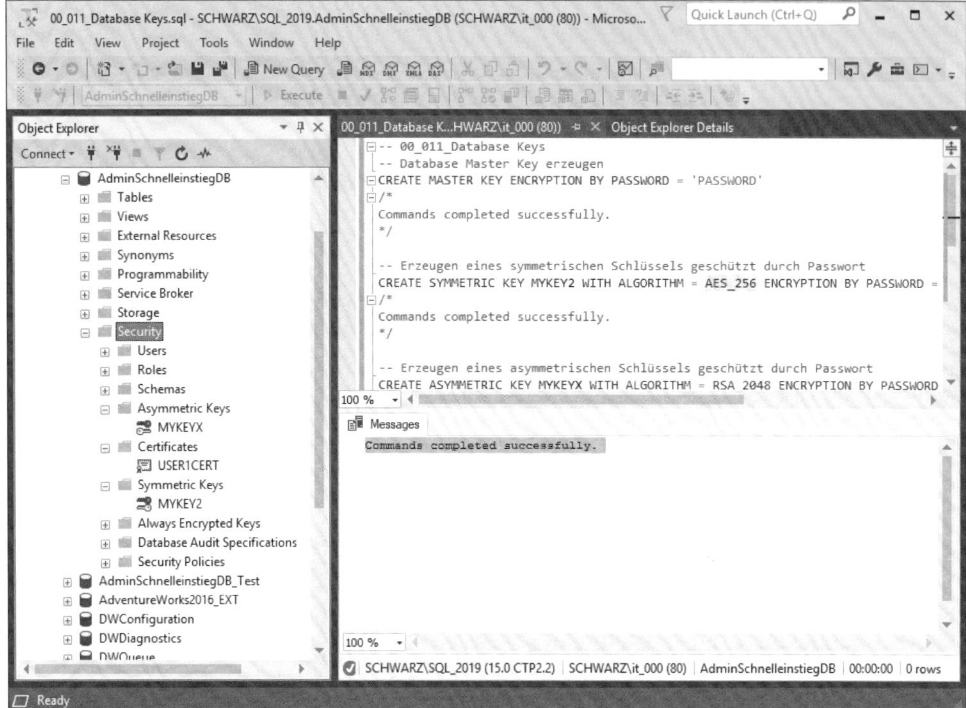

Abbildung 10.63 Anzeige der die Verschlüsselung betreffenden Ordner im SSMS

Sie können sich die Informationen über Schlüssel und Zertifikate auch durch Ausführen folgender T-SQL-Commands ausgeben lassen. Achten Sie darauf, dass Sie die richtige Datenbank ausgewählt haben.

```
SELECT * FROM sys.certificates;
SELECT * FROM sys.symmetric_keys;
SELECT * FROM sys.asymmetric_keys;
```

10.7.3 Workshops: Verschlüsseln und Entschlüsseln von Daten

Beispiel 1

Es folgt ein Beispiel zur Verschlüsselung von Daten mit einem symmetrischen Schlüssel unter Verwendung von Passwörtern zum Schutz der Schlüssel. Es wird kein Database Master Key benötigt.

1. Öffnen Sie Management Studio, und erstellen Sie in einer neu angelegten Datenbank die Tabelle »info« mit folgendem Befehl:

   ```
   CREATE TABLE info (INFORMATION VARBINARY(4000));
   ```

2. Erzeugen Sie einen symmetrischen Schlüssel namens »MyKey2«:

   ```
   CREATE SYMMETRIC KEY MyKey2 WITH ALGORITHM = DES ENCRYPTION BY PASSWORD =
    'Pa$$w0rd';
   ```

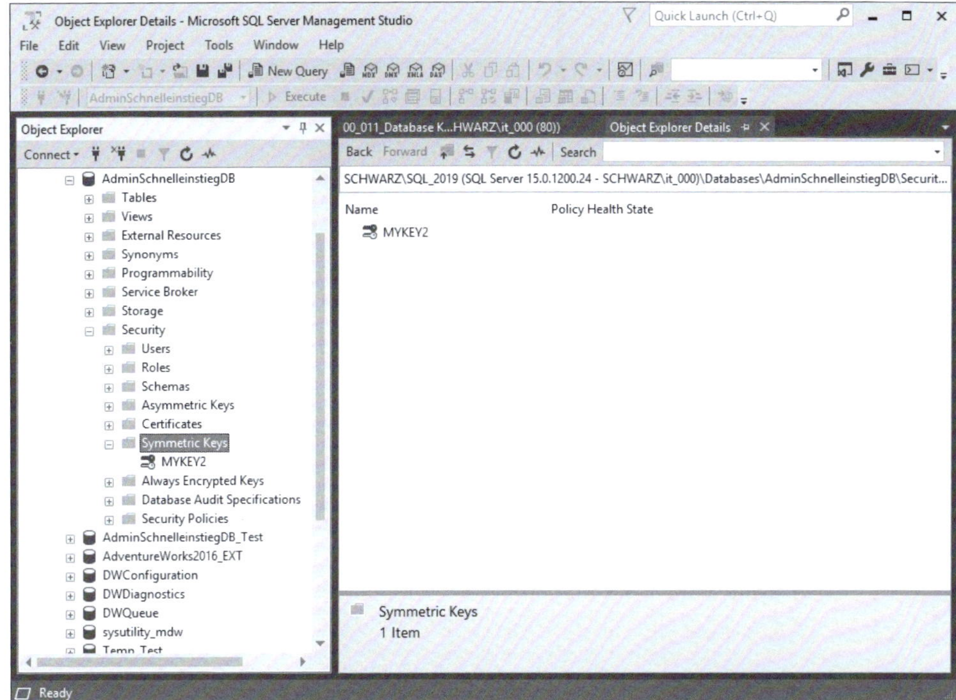

Abbildung 10.64 Darstellung des soeben erzeugten symmetrischen Schlüssels »MyKey2« im Objekt-Explorer des SSMS

3. Symmetrische Schlüssel müssen geöffnet werden, um sie verwenden zu können. Öffnen Sie den Schlüssel »MyKey2« mit dem folgenden T-SQL-Command:

   ```
   OPEN SYMMETRIC KEY MyKey2 DECRYPTION BY PASSWORD = 'Pa$$w0rd';
   ```

4. Verschlüsseln Sie die Daten mit der Funktion `ENCRYPTBYKEY` durch Ausführen des folgenden Befehls:

   ```
   INSERT INTO info (INFORMATION) VALUES(ENCRYPTBYKEY(KEY_
   GUID('MyKey2'),'Sensible Daten'));
   ```

   Die Daten liegen nun in verschlüsselter Form in der Tabelle »Info« vor, was Sie beim Ausführen der Anweisung `SELECT * FROM Info` sehen.

5. Führen Sie zum Entschlüsseln der Daten die folgende `SELECT`-Anweisung mit der Funktion `DECRYPTBYKEY` aus:

   ```
   SELECT CONVERT(VARCHAR,DECRYPTBYKEY(INFORMATION)) FROM Info;
   ```

   Die verschlüsselten Daten werden Ihnen jetzt wieder korrekt angezeigt.

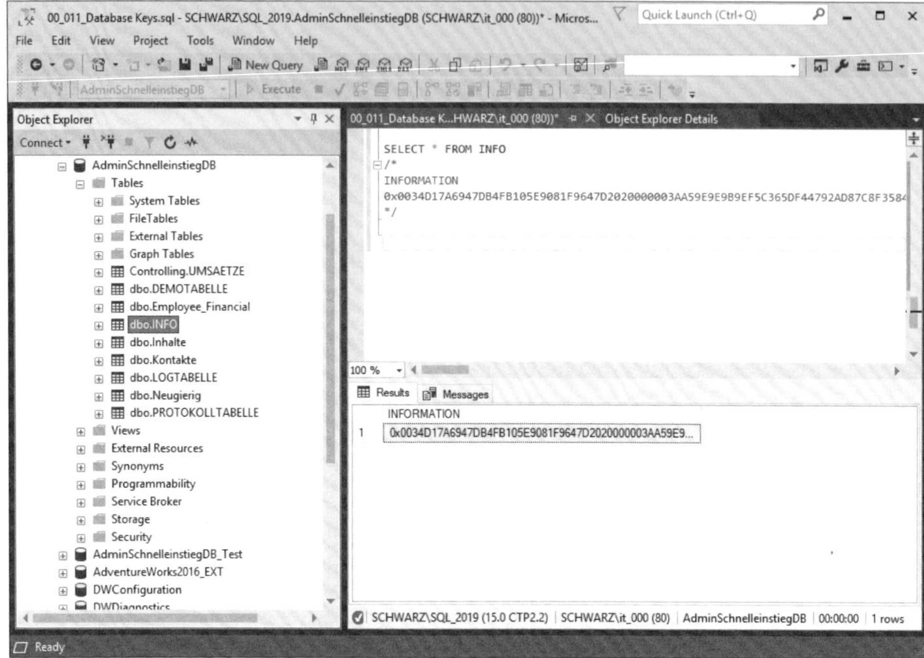

Abbildung 10.65 Abfrage der Tabelle »Info« und Anzeige der verschlüsselten Informationen in der Spalte »Information«

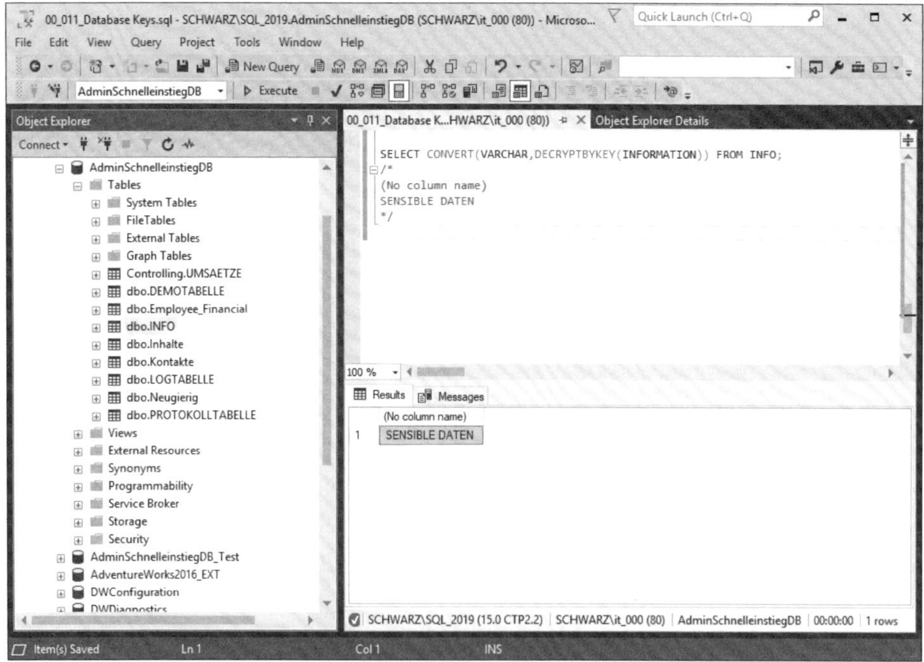

Abbildung 10.66 Entschlüsselte Daten unter Verwendung der Funktion DECRYPTBYKEY

6. Schließen Sie den symmetrischen Schlüssel mit der folgenden Anweisung:

   ```
   CLOSE SYMMETRIC KEY MyKey2;
   ```

Wie Sie sicherlich bemerkt haben, war es nicht notwendig, einen Database Master Key anzulegen. Der Grund war, wie bereits zuvor beschrieben, dass wir den erzeugten Schlüssel »MyKey2« durch ein Passwort geschützt haben.

Beispiel 2

Im folgenden Beispiel schützen wir den erzeugten Schlüssel durch ein Zertifikat. In diesem Fall wird es notwendig sein, einen Database Master Key anzulegen, da wir kein Passwort zum Schutz angeben.

1. Öffnen Sie Management Studio, und erstellen Sie eine neue Datenbank. Legen Sie in der neu erstellten Datenbank die Tabelle »Info« an.

   ```
   CREATE TABLE info (INFORMATION VARBINARY(4000));
   ```

2. Erstellen Sie das Zertifikat »Zert1SQL« durch Ausführen des folgenden Befehls:

   ```
   CREATE CERTIFICATE Zert1SQL WITH SUBJECT =
    'Angelegtes Zertifikat fuer die Demo';
   ```

   Sie erhalten jetzt, wie in Abbildung 10.67 dargestellt, eine Fehlermeldung, die Ihnen mitteilt, dass es keinen Database Master Key für die Datenbank gibt.

   ```
   Meldungen
   Meldung 15581, Ebene 16, Status 1, Zeile 1
   Erstellen Sie einen Hauptschlüssel in der Datenbank, oder öffnen Sie den
   Hauptschlüssel in der Sitzung, bevor Sie diesen Vorgang ausführen.
   ```

   Abbildung 10.67 Fehlermeldung wegen fehlender Database Master Keys

3. Erzeugen Sie den Database Master Key für die erstellte Datenbank:

   ```
   CREATE MASTER KEY ENCRYPTION BY PASSWORD = 'Pa$$w0rd';
   ```

4. Legen Sie erneut das Zertifikat »Zert1SQL« durch Ausführen des folgenden Befehls an:

   ```
   CREATE CERTIFICATE Zert1SQL WITH SUBJECT =
    'Angelegtes Zertifikat fuer die Demo';
   ```

   Der Befehl wird jetzt fehlerfrei ausgeführt. Das Zertifikat können Sie sich im SSMS anzeigen lassen (siehe Abbildung 10.68).

5. Legen Sie den Schlüssel »MyKey2« zum Verschlüsseln der eigentlichen Daten an, und schützen Sie diesen Schlüssel durch das erzeugte Zertifikat »Zert1SQL«:

```
CREATE SYMMETRIC KEY MyKey2 WITH ALGORITHM = TRIPLE_
DES ENCRYPTION BY CERTIFICATE Zert1SQL;
```

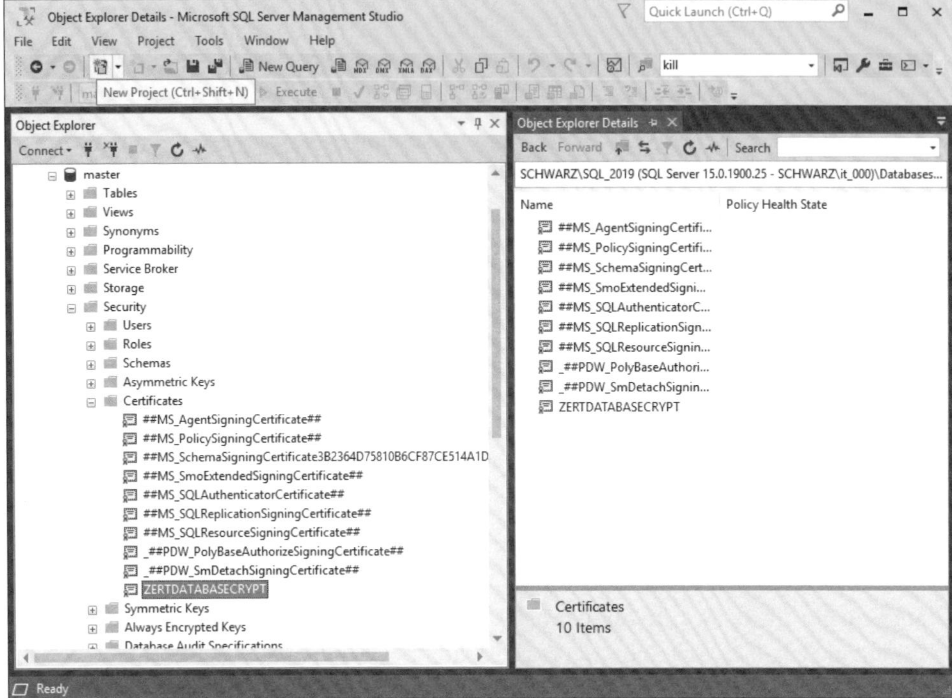

Abbildung 10.68 Anzeige des erstellten Zertifikats im SSMS

6. Öffnen Sie den Schlüssel »MyKey2« durch Ausführen der folgenden Anweisung:

   ```
   OPEN SYMMETRIC KEY MyKey2 DECRYPTION BY CERTIFICATE Zert1SQL;
   ```

7. Fügen Sie mit der folgenden Anweisung einen oder mehrere Datensätze zur Tabelle »Info« hinzu:

   ```
   INSERT INTO info (INFORMATION) VALUES(ENCRYPTBYKEY(KEY_
   GUID('MyKey2'),'Sensible Daten'));
   ```

   Die Daten liegen jetzt in verschlüsselter Form in der Tabelle »Info« vor. Beim Ausführen der Anweisung `SELECT * FROM Info` sehen Sie, dass die Informationen verschlüsselt sind (siehe Abbildung 10.69).

8. Lassen Sie sich die entschlüsselten Daten der Tabelle »Info« durch den folgenden Befehl ausgeben (siehe Abbildung 10.70):

   ```
   SELECT CONVERT(VARCHAR,DECRYPTBYKEY(INFORMATION)) FROM info;
   ```

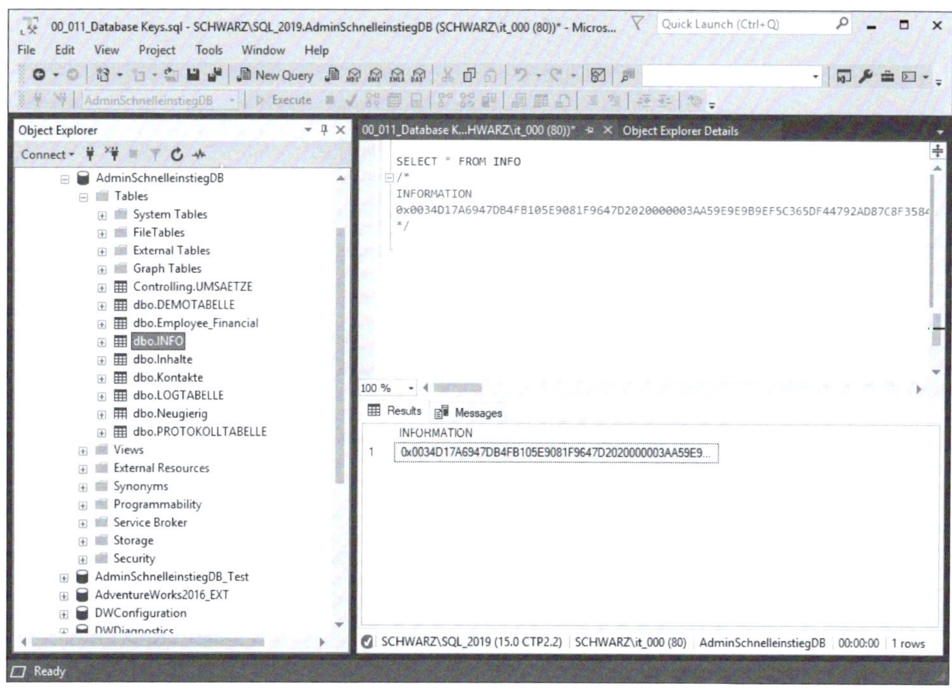

Abbildung 10.69 Anzeige der verschlüsselten Daten

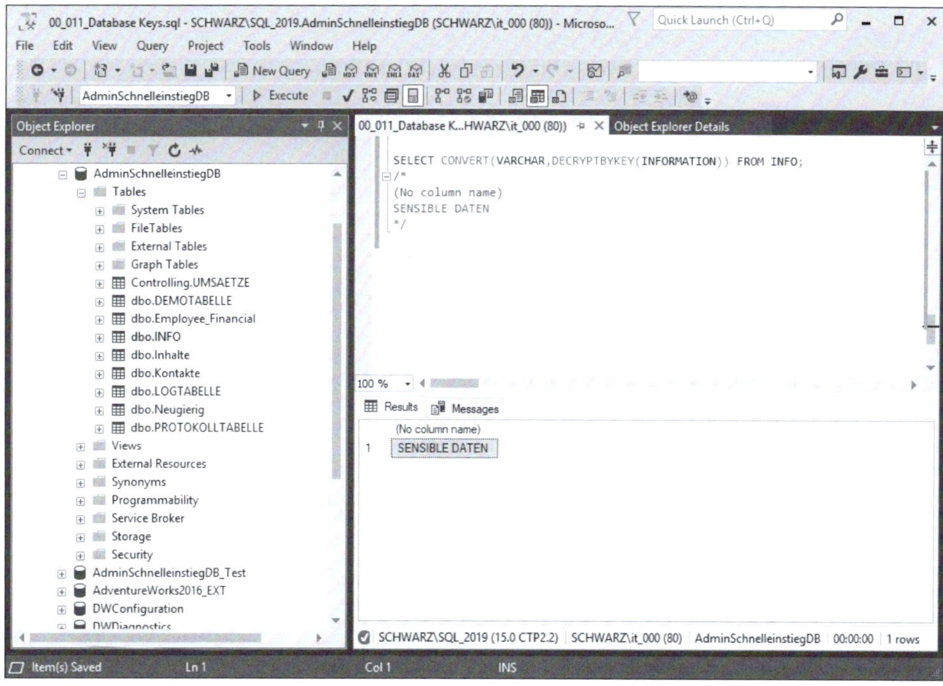

Abbildung 10.70 Entschlüsselte Daten unter Verwendung der Funktion DECRYPTBYKEY

10.7.4 Transparente Datenverschlüsselung (Transparent Data Encryption, TDE)

Bei der transparenten Datenverschlüsselung findet die Verschlüsselung nicht auf T-SQL-Ebene, sondern auf der eigentlichen Speicherebene (Storage-Ebene) statt. Daten werden beim Schreiben auf die Festplatte verschlüsselt und beim Lesen wieder entschlüsselt. Die komplette Datenbank wird verschlüsselt, und es gibt keine weiteren Auswahlmöglichkeiten, um Daten von der Verschlüsselung auszuschließen oder Ähnliches. Diese Verschlüsselung bietet sich an, wenn die Datenbank, ihre Backups oder auch die physischen Bestandteile eines Datenbanksystems wie Datenfestplatten gegen Diebstahl zu schützen sind.

Diese Form der Verschlüsselung kann für eine Datenbank ohne Beeinflussung der darauf zugreifenden Anwendungen aktiviert werden, da der Benutzer oder die Anwendungen von der eigentlichen Verschlüsselung im Hintergrund nichts mitbekommen.

Hinweis zur Performancebeeinflussung durch Verschlüsselung

Natürlich gilt es zu beachten, dass jede Art von Verschlüsselung zu Lasten der CPU-Nutzung geht und damit natürlich die Performance beeinflusst. Schließlich müssen die entsprechenden mathematischen Rechenoperationen ausgeführt werden, um die Daten zu verschlüsseln und zu entschlüsseln.

Um die transparente Datenverschlüsselung zu aktivieren, benötigen Sie ein Zertifikat in der Systemdatenbank MASTER.

Aktivieren der transparenten Datenverschlüsselung

1. Öffnen Sie das SSMS, und verbinden Sie sich mit der Serverinstanz, auf der sich die zu verschlüsselnde Datenbank befindet.
2. Klicken Sie in der Toolbar auf NEUE ABFRAGE (NEW QUERY), und wählen Sie ebenfalls in der Toolbar in der Auswahlbox VERFÜGBARE DATENBANKEN (AVAILABLE DATABASES) die Datenbank MASTER aus.
3. Erstellen Sie mit der folgenden T-SQL-Anweisung ein Zertifikat für die Datenbank MASTER:

```
CREATE CERTIFICATE ZertDatabaseCrypt WITH SUBJECT = 'Angelegtes Zertifikat
für die Demo zur transparenten Datenverschluesselung';
```

4. Beachten Sie, dass Sie zur Erstellung eines Zertifikates einen Database Master Key benötigen. Sollte dieser nicht angelegt sein, erhalten Sie eine Fehlermeldung wie in Abbildung 10.71.

```
Meldungen
Meldung 15581, Ebene 16, Status 1, Zeile 1
Erstellen Sie einen Hauptschlüssel in der Datenbank, oder öffnen Sie den
Hauptschlüssel in der Sitzung, bevor Sie diesen Vorgang ausführen.
```

Abbildung 10.71 Fehlermeldung, wenn kein Database Master Key vorhanden ist

Wenn Sie diese Fehlermeldung erhalten, erstellen Sie einen Database Master Key (DMK) für die Datenbank MASTER mit dem Befehl:

```
CREATE MASTER KEY ENCRYPTION BY PASSWORD = 'Pa$$w0rd';
```

5. Klicken Sie im Objekt-Explorer mit der rechten Maustaste auf die zu verschlüsselnde Datenbank, und wählen Sie wie in Abbildung 10.72 aus dem Kontextmenü den Menüpunkt AUFGABEN (TASKS) • DATENBANKVERSCHLÜSSELUNG VERWALTEN (MANAGE DATABASE ENCRYPTION).
6. Im sich öffnenden Dialog DATENBANKVERSCHLÜSSELUNG VERWALTEN (MANAGE DATABASE ENCRYPTION) wählen Sie unter dem Punkt SERVERZERTIFIKAT VERWENDEN (USE SERVER CERTIFICATE) das soeben erstellte Zertifikat ZERTDATABASECRYPT aus (siehe Abbildung 10.73).
7. Anschließend aktivieren Sie die Option DATENBANKVERSCHLÜSSELUNG AKTIVIEREN (SET DATABASE ENCRYPTION ON) und klicken auf OK.

   Die Datenbank wird jetzt verschlüsselt.

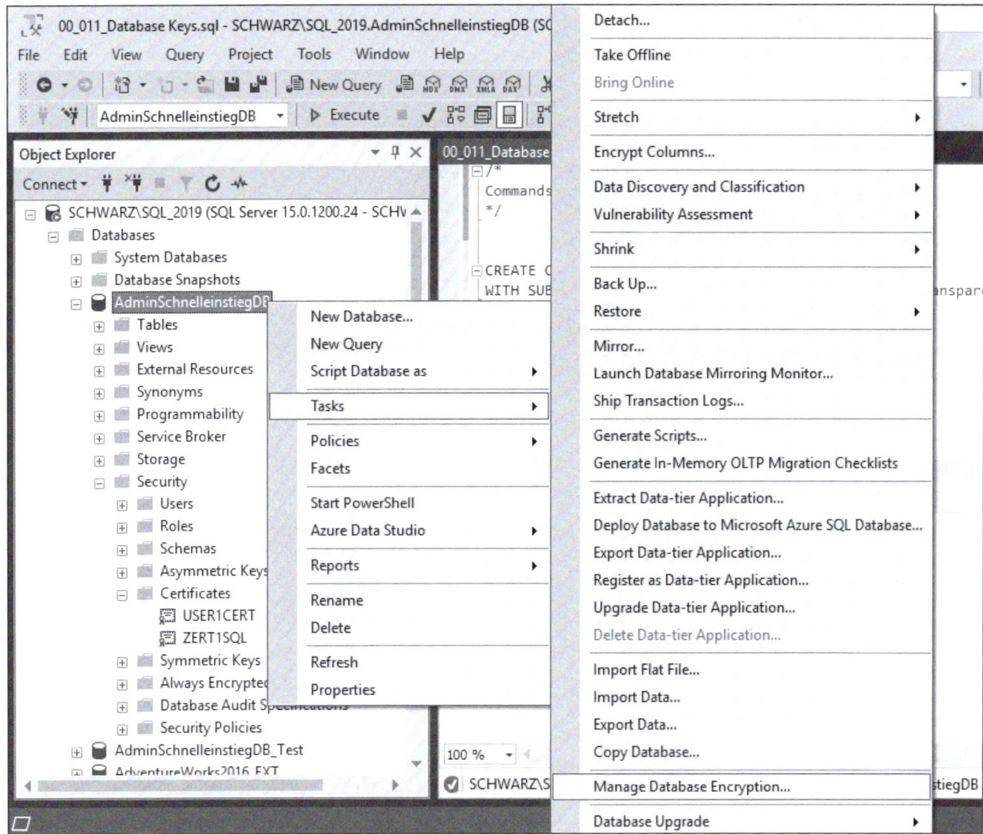

Abbildung 10.72 Kontextmenü zum Aktivieren der transparenten Datenverschlüsselung

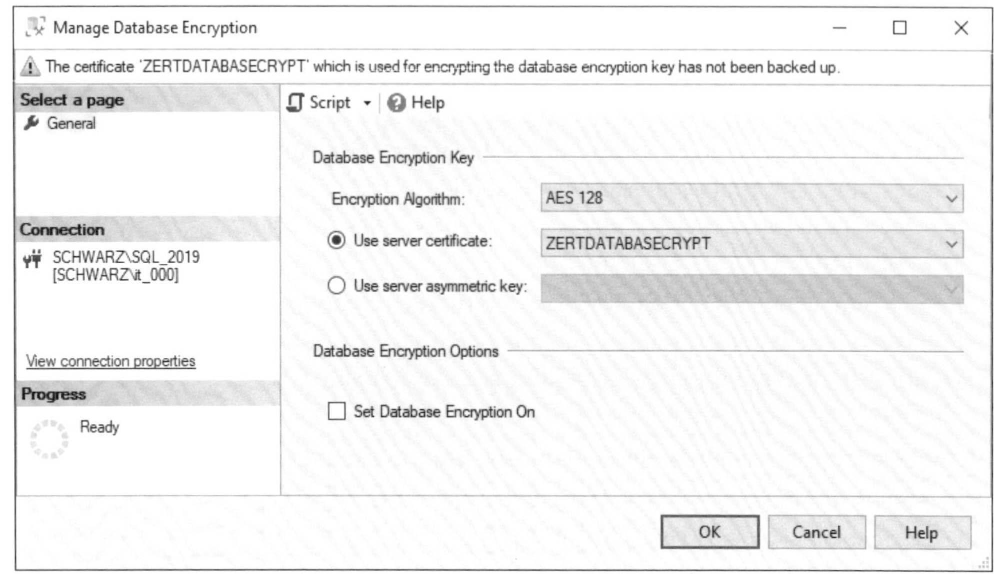

Abbildung 10.73 Auswählen des Verschlüsselungsalgorithmus und des Zertifikats zum Aktivieren der transparenten Datenverschlüsselung

Deaktivieren der transparenten Datenbankverschlüsselung

Um die transparente Datenbankverschlüsselung zu deaktivieren, öffnen Sie erneut den Dialog DATENBANKVERSCHLÜSSELUNG VERWALTEN (MANAGE DATABASE ENCRYPTION; Abbildung 10.72) und deaktivieren die Option DATENBANKVERSCHLÜSSELUNG AKTIVIEREN (SET DATABASE ENCRYPTION ON, siehe Abbildung 10.73).

10.7.5 Kommunikationsverschlüsselung

Die Kommunikationsverschlüsselung bewirkt, dass Daten verschlüsselt werden, die zwischen dem Client und dem Server ausgetauscht werden. Es soll verhindert werden, dass die Daten über Netzwerkscanner (auch *Netzwerksniffer* genannt) abgehört werden.

Kommunikationsverschlüsselung konnte auch schon mit SQL Server 2000 durchgeführt werden, jedoch musste hierzu ein entsprechendes SSL-Zertifikat installiert werden. Dies ist bereits seit SQL Server 2005 nicht mehr notwendig, da SQL Server ein eigenes SSL-Zertifikat generiert, falls keines installiert sein sollte.

Sie weisen SQL Server zur Verschlüsselung der Kommunikation an, indem Sie im Konfigurationsmanager für die Eigenschaft VERSCHLÜSSELUNG ERZWINGEN (FORCE ENCRYPTION) die Option JA (YES) auswählen.

Aktivieren der Kommunikationsverschlüsselung für SQL Server

1. Starten Sie den Konfigurationsmanager über START • ALLE PROGRAMME • MICROSOFT SQL SERVER 2019 • SQL SERVER-KONFIGURATIONS-MANAGER 2019 (START • PROGRAMMS • SQL SERVER • SQL SERVER 2019 CONFIGRATION MANAGER, siehe Abbildung 10.74).

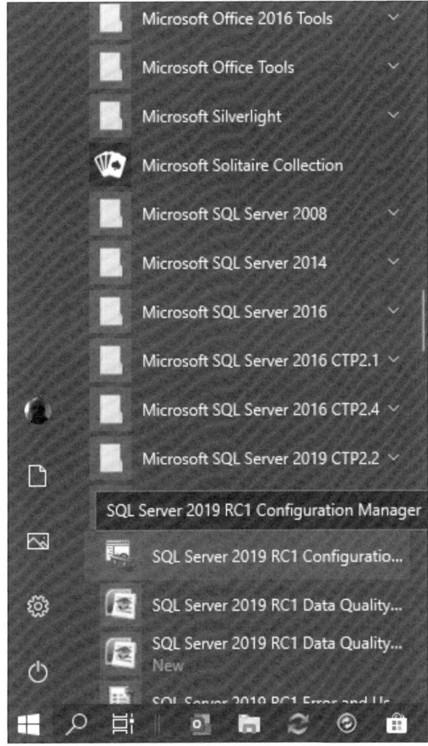

Abbildung 10.74 Aufruf des Konfigurationsmanagers von SQL Server

2. Klicken Sie den Knoten PROTOKOLLE FÜR (IHR SQL-SERVER-INSTANZNAME) (PROTOCOLS FOR (YOUR SERVER INSTANCE NAME)) im Knoten SQL SERVER-NETZWERKKONFIGURATION (SQL SERVER NETWORK CONFIGURATION) mit der rechten Maustaste an, und wählen Sie aus dem Kontextmenü den Punkt EIGENSCHAFTEN (PROPERTIES) aus (Abbildung 10.75).
3. Im sich öffnenden Dialog setzen Sie die Eigenschaft VERSCHLÜSSELUNG ERZWINGEN (FORCE ENCRYPTION) auf JA (YES) und klicken anschließend auf OK (siehe Abbildung 10.76).
4. Anschließend müssen Sie den SQL-Server-Dienst neu starten. Beachten Sie hierbei, dass der Client (selbst entwickelte Datenbankapplikationen etc.) in diesem Fall Verschlüsselung auch unterstützen muss. Das ist bei allen aktuellen Clients für

SQL Server wie auch bei Clients möglich, die über MDAC 2.6 und höher auf SQL Server zugreifen.

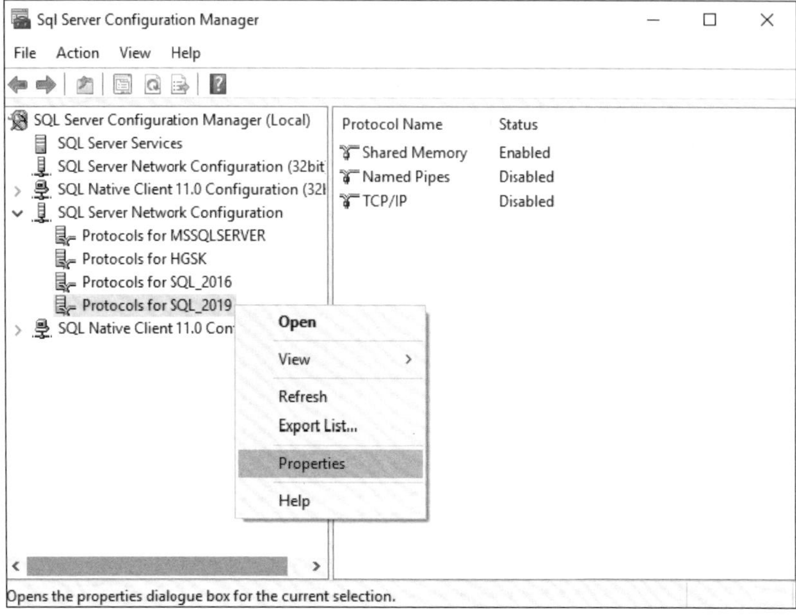

Abbildung 10.75 Aufruf des Dialogs zum Aktivieren der Kommunikationsverschlüsselung

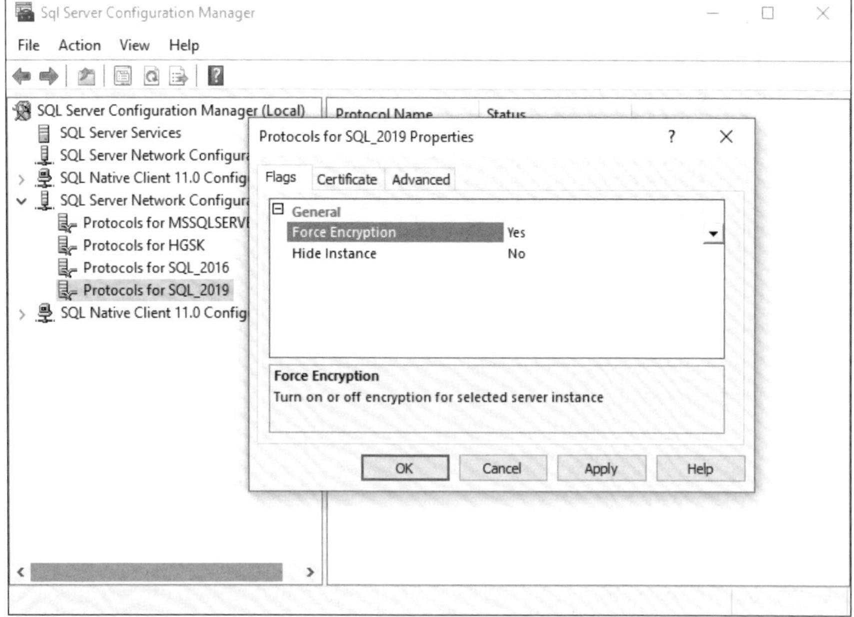

Abbildung 10.76 Aktivieren der Kommunikationsverschlüsselung

Was ist MDAC?

MDAC steht für *Microsoft Data Access Components* und stellt die grundsätzlichen Datenzugriffskomponenten (Treiber) für den Zugriff auf SQL Server und andere Datenbanksysteme etc. bereit.

Unterstützt der Client keine Verschlüsselung, ist nach dem Aktivieren keine Kommunikation mit SQL Server mehr möglich.

10.7.6 Sichern und Wiederherstellen von Zertifikaten und Schlüsseln

Natürlich ist es wichtig, dass Sie alle erstellten Schlüssel und Zertifikate sichern. Nur in diesem Fall haben Sie die Möglichkeit, Ihre Daten wiederherzustellen bzw. zu entschlüsseln, sollten Sie den Schlüssel versehentlich löschen oder dieser aus anderen Gründen nicht mehr vorhanden sein. Bei Verlust des Schlüssels innerhalb einer Datenbank kommt dies einer sicheren Datenvernichtung gleich, da die Daten nur mit dem richtigen Schlüssel wieder entschlüsselt werden können.

- **Sichern des Diensthauptschlüssels** (Service Master Key)

```
BACKUP SERVICE MASTER KEY TO FILE = 'c:\Masterkeys\Servicekey'
ENCRYPTION BY PASSWORD = 'Pa$$w0rd';
```

- **Wiederherstellen des Diensthauptschlüssels** (Service Master Key)

```
RESTORE SERVICE MASTER KEY FROM FILE = 'C:\Masterkeys\Servicekey'
DECRYPTION BY PASSWORD = 'Pa$$w0rd';
```

- **Sichern des Datenbankhauptschlüssels** (Database Master Key)

```
BACKUP MASTER KEY TO FILE = 'C:\Masterkey\MKey' ENCRYPTION BY PASSWORD =
'Pa$$w0rd';
```

- **Wiederherstellen des Datenbankhauptschlüssels** (Database Master Key)

```
RESTORE MASTER KEY FROM FILE = 'C:\Masterkeys\MKey' DECRYPTION
BY PASSWORD = 'Pa$$w0rd' ENCRYPTION BY PASSWORD = 'Pa$$w0rd';
```

- **Sichern eines Zertifikats**

```
BACKUP CERTIFICATE GanzGeheim TO FILE = 'C:\Masterkeys\Cert2';
```

- **Wiederherstellen eines Zertifikats**

```
CREATE CERTIFICATE GanzGeheim FROM FILE = 'C:\Masterkeys\Cert2';
```

Sichern und Wiederherstellen eines symmetrischen Schlüssels

Leider gibt es keine Anweisung zum Sichern von symmetrischen Schlüsseln. Die Schlüssel werden mit der Datenbanksicherung selbst zwar gesichert, was aber, wenn ein Schlüssel aus Versehen z. B. durch einen Administrator gelöscht wurde und keine Sicherung eingespielt werden soll?

In diesem Fall ist es möglich, Schlüssel unter Angabe bestimmter Eigenschaften so anzulegen, dass exakt der gleiche Schlüssel erzeugt wird. Hierzu müssen Sie beim Erstellen eines symmetrischen Schlüssels immer die Parameter KEY_SOURCE (Passphrase, aus der der Schlüssel abgeleitet wird), ALGORITHM (verwendeter Algorithmus) und IDENTITY_VALUE (generiert einen GUID zum Kennzeichnen von Daten) setzen.

Indem Sie sich diese drei Parameter merken, können Sie durch ihre Angabe exakt den gleichen Schlüssel erstellen:

```
CREATE SYMMETRIC KEY MyKey2 WITH KEY_SOURCE =
 'Passphrase zum Ableiten des Schluessels - Geheimsatz' ,IDENTITY_VALUE =
 'Wert zum Generieren einer GUI', ALGORITHM = TRIPLE_DES
ENCRYPTION BY CERTIFICATE Zert1SQL;
```

Listing 10.9 Erstellen eines exakt gleichen Schlüssels

Diese Besonderheit sollten Sie bei der Erstellung Ihrer Schlüssel berücksichtigen.

10.8 Verbindungsserver/Delegation (Linked Server)

SQL Server bietet Ihnen die Funktionalität der *Verbindungsserver*. Durch die Einrichtung eines Verbindungsservers sind Sie in der Lage, Abfragen und T-SQL-Befehle serverübergreifend auszuführen. Letztendlich stellen Sie eine Verbindung zu einem fremden Server her und können den Datenbestand dieses Servers in Ihre Abfragen einbeziehen – wie es der Name schon sagt: Es wird eine Verbindung hergestellt. Dieser fremde Server muss kein SQL Server sein, sondern es kann sich durchaus auch um ein anderes Datenbanksystem handeln. Eine ideale Variante, auf Daten anderer Datenbanksysteme zuzugreifen, ohne umständliche Synchronisierungsvorgänge in Form von Datenimport und -export vornehmen zu müssen.

10.8.1 Anlegen eines Verbindungsservers mit Zugriff auf eine weitere SQL-Server-Instanz mit dem Management Studio

Im folgenden Beispiel erstellen wir einen Verbindungsserver. Es existieren zwei SQL-Server-Instanzen. Die erste Instanz heißt »Schwarz\SQL_2019«, die zweite Instanz heißt »Schwarz\SQL_2016«.

Wir möchten, wenn wir mit der Instanz »SQL_2019« verbunden sind, auch auf die Datenbanken von »Schwarz\SQL_2016« zugreifen können. Wir möchten also auch die Daten von »Schwarz\SQL_2016« abfragen können, obwohl wir eigentlich mit »SQL_2019« verbunden sind und dort unser Skript mit den T-SQL-Befehlen läuft.

Für unser Beispiel existiert auf dem ersten Server eine Datenbank »AdminSchnelleinstiegDB« mit der Tabelle »Kontakte«, mit der wir verbunden sind. Auf dem zweiten Server, »Schwarz\SQL_2016«, existiert die Datenbank »AdventureWorks2016_EXT« mit der Tabelle »HumanResources.Department«. In dieser Tabelle sind unterschiedliche Abteilungen gespeichert, die wir abfragen möchten. Abbildung 10.77 illustriert den Sachverhalt.

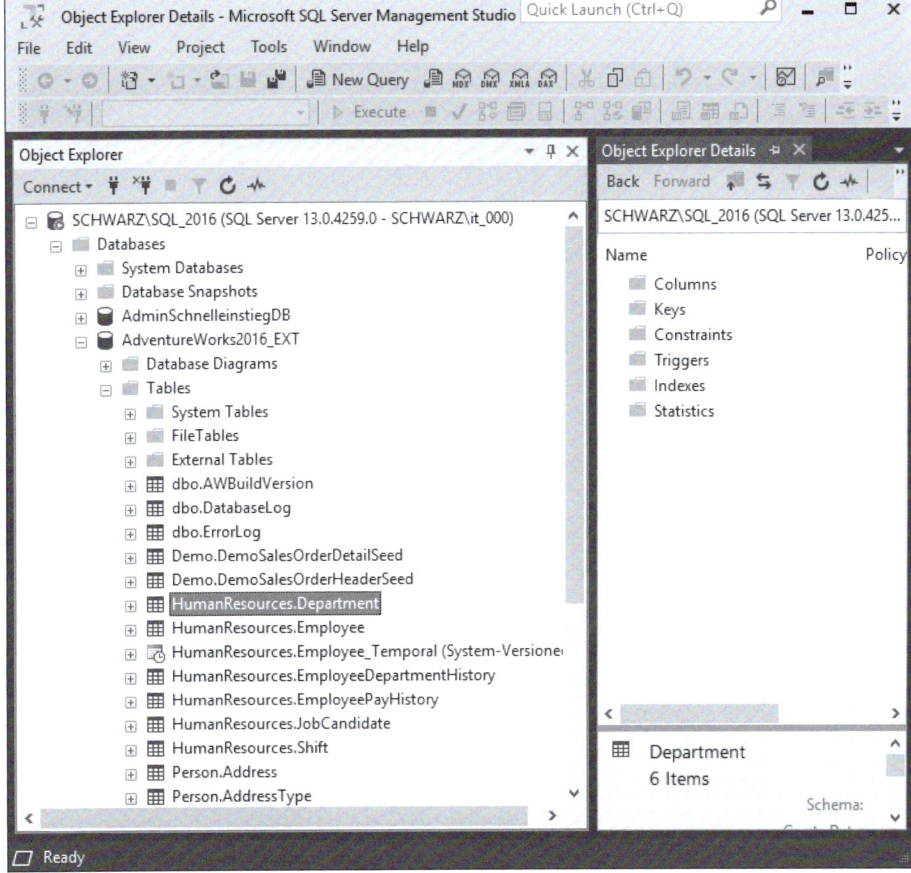

Abbildung 10.77 Darstellung der zwei SQL-Server-Instanzen »SQL_2019« und »Schwarz\SQL_2016« im Objekt-Explorer des SSMS

Um Daten eines anderen Servers abzufragen, an dem wir nicht angemeldet sind, müssen wir einen Verbindungsserver einrichten.

1. Öffnen Sie das SSMS, und verbinden Sie sich mit der aktuellen SQL-Server-Instanz, auf der Sie einen Verbindungsserver anlegen möchten. In unserem Beispiel ist das die Instanz »SQL_2019«.

2. Öffnen Sie im Objekt-Explorer den Knoten SERVEROBJEKTE (SERVER OBJECTS), und klicken Sie mit der rechten Maustaste auf VERBINDUNGSSERVER (LINKED SERVERS).
3. Wählen Sie im Kontextmenü den Menüpunkt NEUER VERBINDUNGSSERVER... (NEW LINKED SERVER...) aus (siehe Abbildung 10.78).

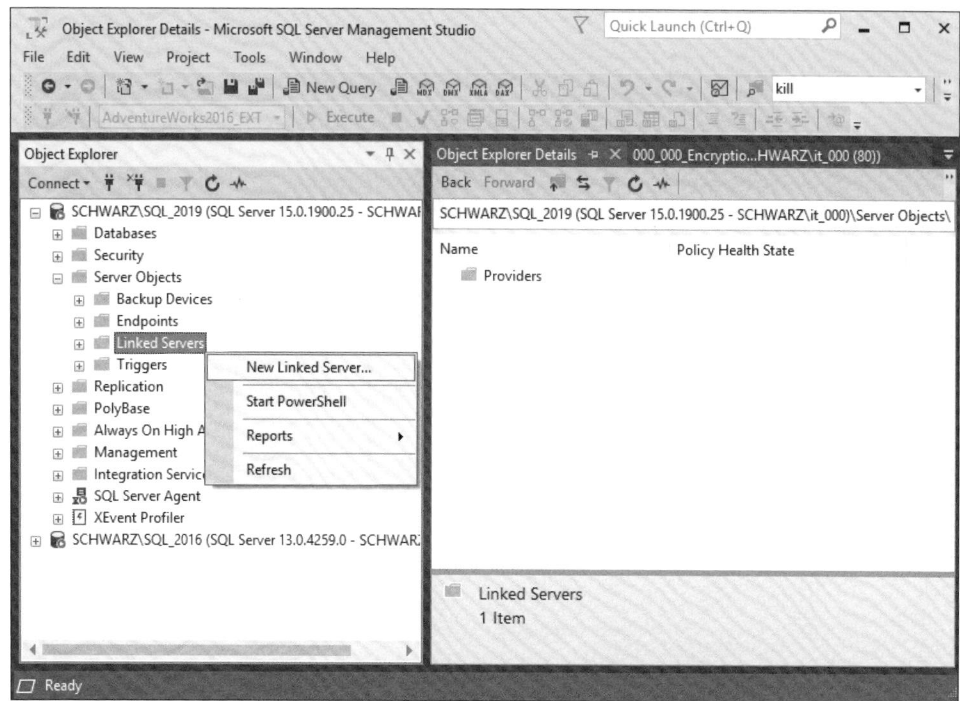

Abbildung 10.78 Aufruf des Dialogs zum Anlegen eines neuen Verbindungsservers

4. Im sich öffnenden Dialog geben Sie im Feld VERBINDUNGSSERVER (LINKED SERVER) den Namen der SQL-Server-Instanz an, mit der Sie sich verbinden möchten. In diesem Beispiel ist es die benannte Instanz mit Namen »Schwarz\SQL_2016« auf derselben Maschine.
5. Im Optionsfeld SERVERTYP (SERVER TYPE) wählen Sie SQL SERVER aus.

Hinweis zum Feld »Verbindungsserver«

Es ist äußerst wichtig, dass Sie im Feld VERBINDUNGSSERVER (LINKED SERVER) den korrekten Namen des Servers angeben, da dieser Name für die Herstellung der Verbindung benötigt wird.

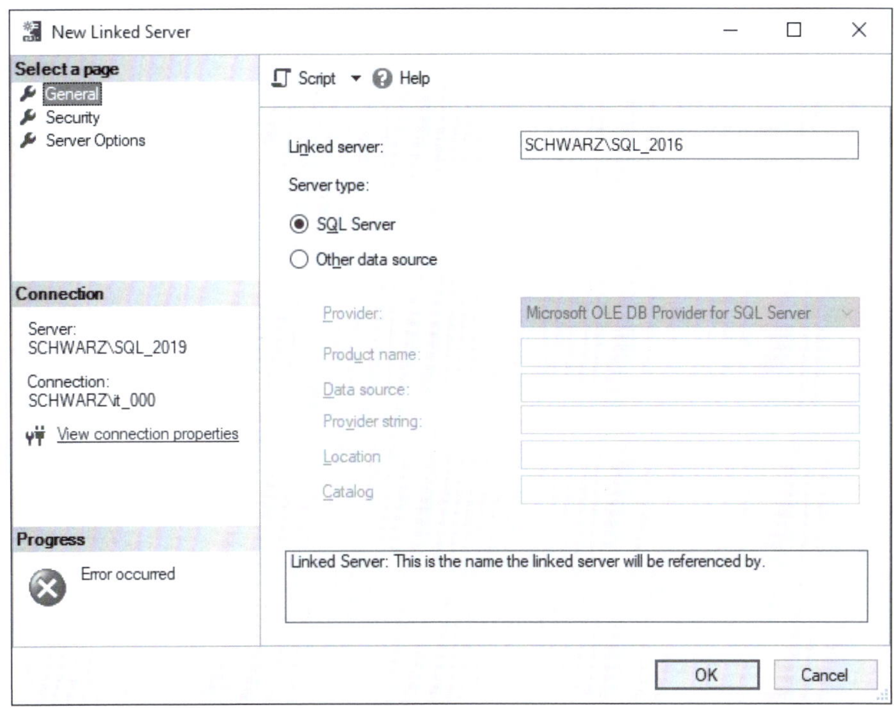

Abbildung 10.79 Dialog »Neuer Verbindungsserver« (»New Linked Server«), Seite »Allgemein« (»General«)

6. Klicken Sie im linken Bereich, SEITE AUSWÄHLEN (SELECT A PAGE), auf den Punkt SICHERHEIT (SECURITY). Hier können Sie angeben, in welchem Sicherheitskontext auf den einzubindenden Server zugegriffen wird.
7. Wählen Sie die Option IN FOLGENDEM SICHERHEITSKONTEXT VERWENDET (BE MADE USING THIS SECURITY CONTEXT) aus, und geben Sie in den zugehörigen Feldern REMOTEANMELDUNG (REMOTE LOGIN) und MIT KENNWORT (WITH PASSWORD) einen Benutzernamen und das zugehörige Passwort ein, mit dem auf den einzubindenden Server zugegriffen werden soll (siehe Abbildung 10.80).

   In diesem Beispiel nutzen wir der Einfachheit halber das *sa*-Konto mit dem *sa*-Passwort, das bereits auf der Instanz »Schwarz\SQL_2016« vorhanden ist und auch über die notwendigen Rechte verfügt.

   In der Praxis geben Sie hier natürlich von Ihnen selbst erstellte Anmeldungen an, die eine umfangreiche Beschränkung der Rechte erlauben.
8. Bestätigen Sie mit OK.

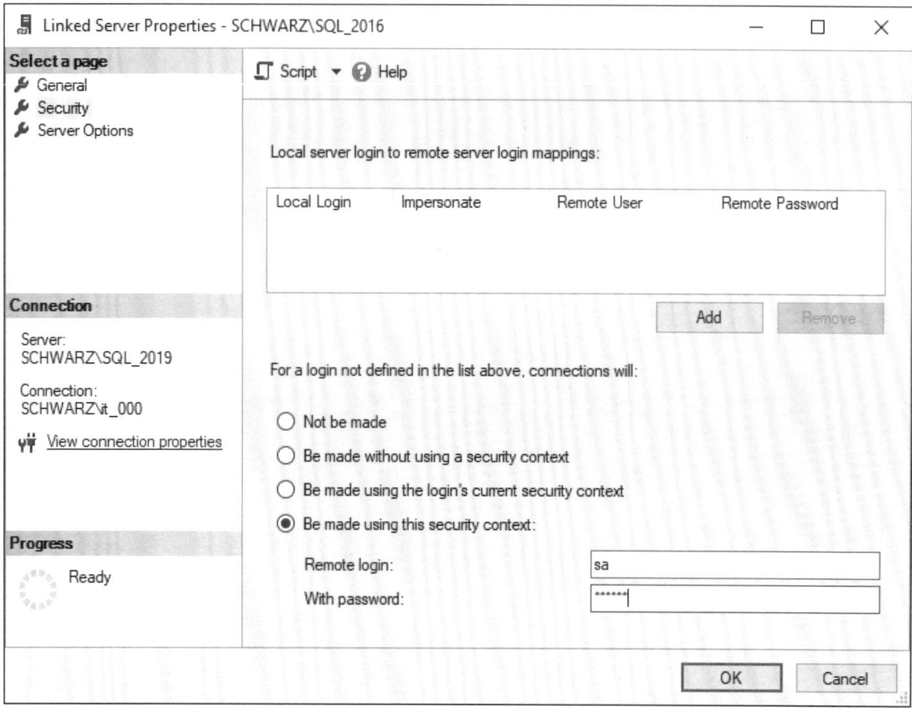

Abbildung 10.80 Definieren der Sicherheitseinstellung

Hinweis zur Remoteanmeldung

Es handelt sich in diesem Fall um einen Benutzer, der auf dem einzubindenden SQL Server angelegt werden muss, da auch ein Verbindungsserver sich am zu verbindenden System anmelden muss. Dieser Benutzer muss die entsprechenden Rechte haben, damit die Informationen abgerufen werden können.

Sie haben soeben einen Verbindungsserver eingerichtet. Dieser Verbindungsserver wird Ihnen im SSMS im Ordner VERBINDUNGSSERVER (LINKED SERVERS) angezeigt (siehe Abbildung 10.81).

Unter Berücksichtigung der *Objektnamensauflösung* von SQL Server können Sie jetzt auf die Datenbankobjekte des Verbindungsservers (»Schwarz\SQL_2016«) zugreifen.

Um die Tabelle »HumanResources.Department« vom Verbindungsserver »Schwarz\SQL_2016« abzufragen, geben Sie folgenden Befehl ein:

```
SELECT * FROM [AdminSchnelleinstiegDB].[dbo].[Kontakte];
SELECT * FROM [Schwarz\SQL_2016].AdventureWorks2016_
EXT.HumanResources.Department;
```

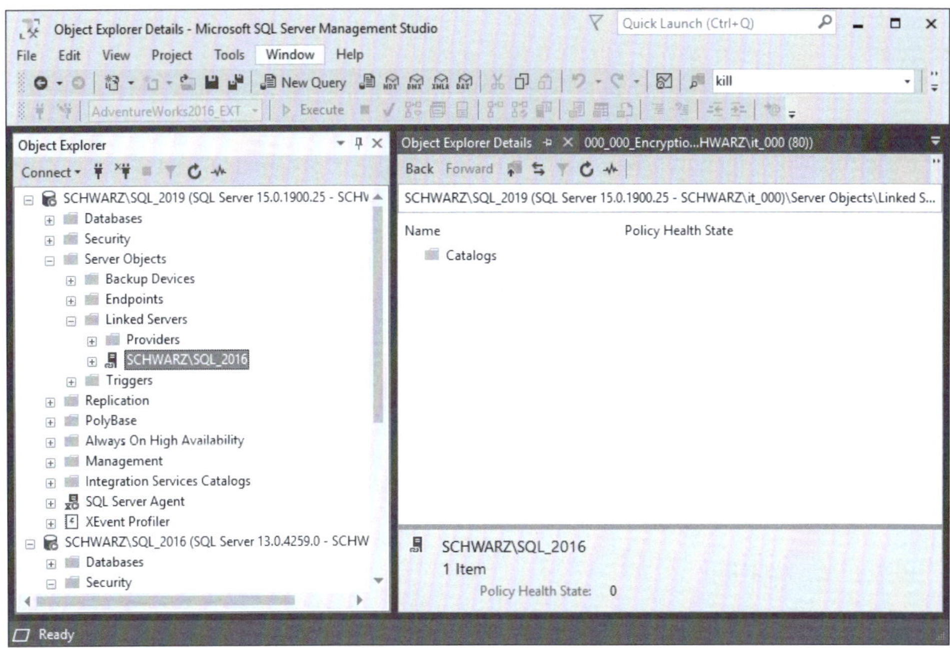

Abbildung 10.81 Anzeige der vorhandenen Verbindungsserver im SSMS

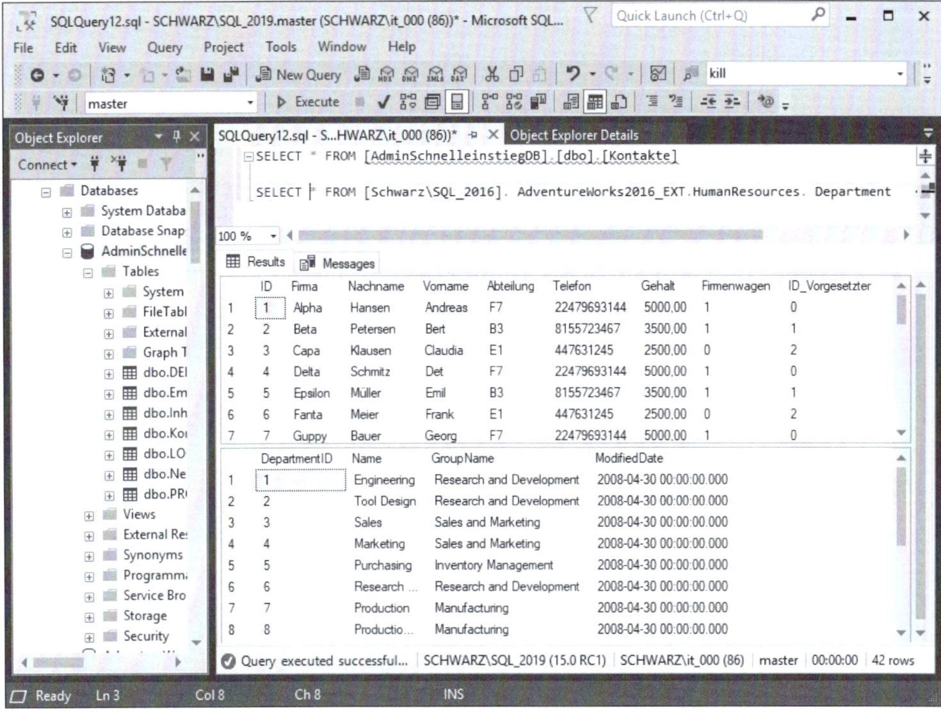

Abbildung 10.82 Abfrage von Daten des Verbindungsservers

In Abbildung 10.82 sehen Sie, wie das T-SQL-Skript Daten der Datenbank »AdminSchnelleinstiegDB« abruft. Die Datenbank »AdminSchnelleinstiegDB« befindet sich auf dem SQL Server mit Namen »SQL_2019«. Anschließend werden Daten aus der Tabelle »Department« der Datenbank »AdventureWorks2016_EXT« abgefragt. Diese befindet sich jedoch auf der Instanz »Schwarz\SQL_2016«. Dies funktioniert mittels Verbindungsserver, obwohl der Benutzer lediglich an der Instanz »SQL_2019« angemeldet ist. Natürlich können Sie die Tabellen auch untereinander in einer Abfrage integrieren.

```
SELECT * FROM [AdminSchnelleinstiegDB].[dbo].[Employee_Financial] AS tab1
INNER JOIN [Schwarz\SQL_2016].[AdventureWorks2016_EXT].[HumanResources].[
Department] AS tab2
ON tab1.Emp_ID = tab2.DepartmentID;
```

Listing 10.10 Bilden von Joins über Tabellen mittels Verbindungsserver

10.8.2 Delegation

SQL Server und Windows können Sie dahingehend konfigurieren, dass die Windows-Anmeldedaten eines Clients, der sich mit einer Instanz von SQL Server verbindet, mit einem separat im Netzwerk befindenden Server an den Verbindungsserver weitergegeben und von diesem automatisch übernommen und genutzt werden. Dies wird auch als *Delegation* bezeichnet und soll an einem kurzen Beispiel dargestellt werden.

Ein Benutzer *firma\mfranke* meldet sich an einem Windows-Server an, auf dem eine Instanz von SQL Server namens »Server1« läuft. Der Benutzer führt eine Abfrage aus, die Daten von einer Datenbank eines auf »Server1« eingerichteten Verbindungsservers erfragt. Der Verbindungsserver heißt »Server2« und befindet sich auf einer separaten Maschine im Netzwerk.

Im Delegationsmodus werden die Windows-Anmeldeinformationen des Benutzers an den Verbindungsserver »Server2« weitergeleitet, und die entsprechende Abfrage wird in diesem Kontext auf »Server2« ausgeführt. »Server2« kennt die Verbindung von Benutzer *firma\mfranke*.

10.9 Eine Einführung in SQL-Server-Container

10.9.1 Container und der Docker-Container-Standard

Container bieten eine Prozess- und Benutzerisolation für Anwendungs-Mandantenfähigkeit. Jeder Container stellt einen eigenen Prozess dar, der alle Softwareabhängigkeiten enthält. Damit kann ein solcher Container auf einem Laptop oder auch in der Cloud ausgeführt werden, ohne modifiziert werden zu müssen. Nachdem sie einmal erstellt wurden, werden Container nicht mehr verändert. Sie können für Tests genutzt und danach verworfen und ersetzt werden.

Microsoft hat in der Vergangenheit diverse Versuche unternommen, ein Containerdesign zu entwickeln. Da gab es Spoon, Virtuozzo, Turbo.net und andere. Seit Windows Server 2016 und Windows 10 unterstützt Microsoft Container für die Editionen Pro und Enterprise als Standard für die Windows-Anwendungs-Entwicklung. Zusätzlich ist Microsoft der Linux-Foundation beigetreten und beteiligt sich dort an der Standardisierung von Containern.

Obwohl die Docker API mittlerweile sowohl Windows als auch Linux unterstützt, sind die Container nicht betriebssystemunabhängig. Ein SQL-Server-Container, der SQL Server 2014 Enterprise enthält, muss auf einem Windows-Host betrieben werden. Da arbeitet er allerdings mit der bestehenden SQL Server Tools, wie zum Beispiel dem Management Studio, zusammen.

In den letzten drei Jahren haben die Microsoft-Entwickler die Geschwindigkeit und die Effizienz der Container verbessert. Viele Anwendungscontainer werden auf einem *Shared Host* (Server, der mehrere Prozesse /Container/Instanzen zur Verfügung stellt), unterstützt (Viele Container können auf einem Server gehostet werden). Das ist vergleichbar mit *virtuellen Maschinen* (VMs), die jeweils eine Anwendung hosten.

Ein groß dimensionierter physikalischer Server (oder Serververbund) wird aufgeteilt auf viele kleine virtuelle Einheiten, die jeweils einen Prozess oder eine Anwendung unterstützen.

10.9.2 Container für die SQL-Server-Entwicklung und die Qualitätssicherung (QA – Quality Assurance)

Der clevere Leser wird an diesem Punkt fragen, wofür er Container benutzen sollte, da SQL Server viele benannte Instanzen unterstützt. Es gibt Einsparungen in der Verwaltung durch das Betriebssystem, im Vergleich zu Multi-Instanz-Servern, die aber noch nicht Grund genug sind.

Der Gebrauch von Containern wird immer populärer, da sie schnell und einfach in der Anwendung sind. Außerdem ist es einfach, kurzlebige Instanzen für die Entwicklung und die QA automatisiert zur Verfügung zu stellen. Während SQL Server viele benannte Instanzen auf einem leistungsstarken Server unterstützt, nutzen viele Unternehmen virtuelle Maschinen für die Entwicklung und die Qualitätssicherung.

Unternehmen, die schon früh damit begonnen haben, SQL-Server-Container, passend zu Produktionsumgebungen, automatisiert für die Entwicklung zur Verfügung zu stellen, reduzieren die Anzahl der benötigten SQL-Server-Systeme durchschnittlich auf ein Fünftel. Das reduziert sowohl den Aufwand für die Pflege der Systeme als auch die Microsoft-Lizenzkosten deutlich.

Jedes Mitglied eines Entwicklerteams kann einen eigenen, isolierten SQL-Server-Container nutzen. Ein solcher Container, der eine 1-TB-Datenbank enthält, kann in weniger als einer Minute zur Verfügung gestellt werden. Außerdem kann so ein Container beliebig gelöscht und ersetzt werden. So können auch Weiterentwicklungen oder Updates in eine neue Containervorlage integriert werden. Danach kann die neue Version des Containers ausgerollt werden. Somit ist die ganze Umgebung schnell aktualisiert.

Im Vergleich zu benannten SQL-Server-Instanzen ist dieses Verfahren eine enorme Vereinfachung.

10.9.3 Eine Einleitung in den Gebrauch von SQL-Server-Containern

Container werden in Docker-Dateien definiert, die die Abfolge der Einzelschritte für den Aufbau des Containers enthalten. Docker-Dateien starten mit einem *Basisabbild* (englisch: *base image*), gefolgt von Datenbanken und SQL-Server-Skripten. Außerdem können Datenbank-Snapshots oder Datenbankklone enthalten sein.

Hier das Beispiel einer solchen Docker-Datei, die Datenbankkopien enthält, gefolgt von einem SQL-Skript, das ausgeführt wird.

```
FROM mssql-2019
ADDDB adventureworks venture.mdf venture1.ndf venture2.ndf
ADDDB operations operations.mdf
ADDDB test test.mdf
COPY cleanseData.sql .
RUN cleanseData.sql
```

Abbildung 10.83 Muster einer Docker-Datei

Container können viele Datenbanken, inklusive mehrerer Datendateien und Logfiles, enthalten, wenn nötig. Die Datenbanken können kopiert werden und innerhalb des Container-Dateisystems ausgeführt werden. Alternativ können die Datenbanken auch mit dem `MOUNTDB`-Kommando an den Container angehängt werden.

Container, die Datenbanken enthalten, können als maßgeschneiderte Abbilder gespeichert werden.

Container mit einer Größe bis zu 500 GB können in knapp 2 Minuten instanziiert werden, je nach IO-Durchsatz.

Container mit gemounteten Datenbanken erfordern einen etwas anderen Ansatz. Datenbanken können immer nur an eine Instanz gemountet werden. Daher müssen die einzelnen Container mit Snapshots oder Klonen aufgebaut werden. Eine gemountete 1 TB-Datenbank benötigt etwa eine Minute für die Instanziierung bei dieser Methode.

Jeder Container enthält ein privates Dateisystem. Die User sind auf diesen Container und sein Dateisystem beschränkt.

10.9.4 Fazit

Container bieten die Möglichkeit, auf einer VM bis zu 20 SQL Server-Umgebungen gleichzeitig zu betreiben. Jede davon kann in Sekunden erstellt werden. So können Frontends und auch Backends schnell aktualisiert oder bereitgestellt werden. Test- und Validierungsumgebungen lassen sich einfach und schnell per Skript erstellen.

Container sind kompatibel mit allen Editionen von Windows 8, Windows 10, Windows Server 2012 und Windows Server 2016. Dabei unterstützen sie alle Editionen von SQL Server 2008 aufwärts.

Eine gute Quelle für weitere Informationen ist diese Microsoft-Webseite:

https://docs.microsoft.com/de-de/sql/linux/tutorial-sql-server-containers-kubernetes?view=sql-server-ver15

Kapitel 11
Automatisieren von administrativen Aufgaben

Durch Automatisierung lässt sich erheblich Zeit sparen und die Produktivität erhöhen. Das automatische Ausführen von Aufgaben und Prozessen ist in der modernen Datenverarbeitung ein Muss. In diesem Kapitel werden die von SQL Server angebotenen Möglichkeiten erläutert.

Wenn Sie mit SQL Server arbeiten, stellt sich schnell die Frage, ob es möglich ist, gewisse administrative Aufgaben oder Verarbeitungen automatisch ablaufen zu lassen. Klassische Beispiele hierfür sind das Sichern der SQL-Server-Datenbanken in der Nacht oder das automatische Ausführen von T-SQL-Skripten, um Daten aufzubereiten. SQL Server stellt Ihnen hierzu einen sehr komfortablen Dienst zur Verfügung: den SQL Server Agent (siehe Abbildung 11.1).

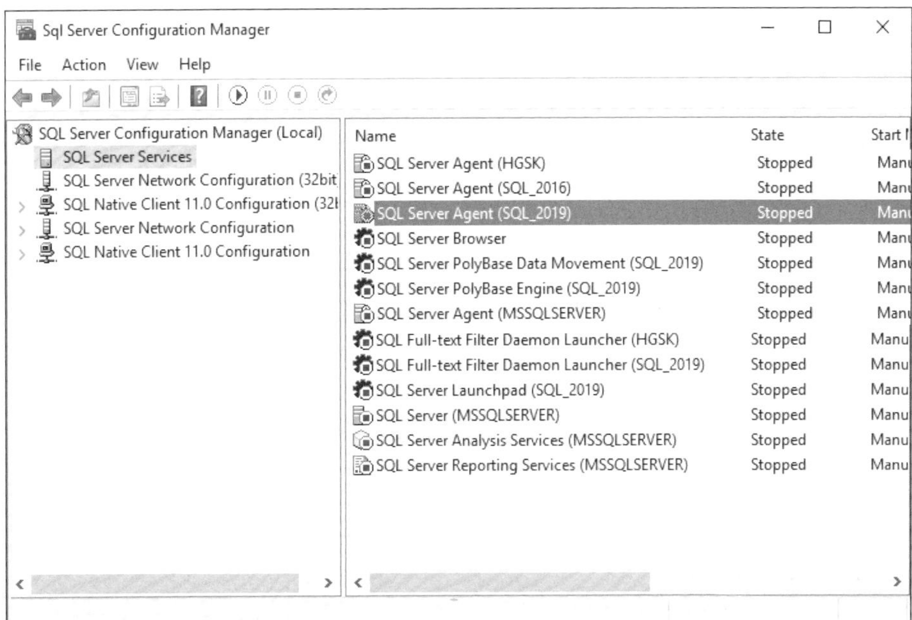

Abbildung 11.1 Darstellung des SQL Server Agent-Dienstes im SQL Server Konfigurations-Manager

11.1 Der SQL Server Agent

Der *SQL Server Agent* ist ein Dienst, der es Ihnen ermöglicht, Aufträge zeitgesteuert auszuführen. Immer wenn Sie SQL-Server-Aufgaben zeitgesteuert ausführen möchten, nutzen Sie den SQL-Server-Agent-Service.

Mit dem SQL Server Agent Service können Sie SQL-Skripte, *SSIS*-Pakete (SQL Server Integration Services), PowerShell-Skripte, Replikationstasks, Analysis-Services-Tasks, Wartungspläne oder auch Betriebssystemkommandos zeitgesteuert ausführen.

11.2 Erstellen von Aufträgen und Ausführen von SSIS-Paketen

Um Aufgaben in SQL Server über den SQL Server Agent Service zeitgesteuert ausführen zu können, müssen Sie *Aufträge* (englisch: *jobs*) anlegen. Diese Aufträge werden mit einem Namen versehen und bestehen aus *Zeitplänen* (englisch: *schedules*) und *Schritten* (englisch: *steps*). Ein Schritt ist eine Aufgabe, die innerhalb des Auftrags ausgeführt werden soll. Ein Auftrag kann aus mehreren Schritten mit jeweils unterschiedlichen Aufgaben bestehen.

Mit einem Schritt definieren Sie, welche Art von Aktion ausgeführt werden soll. Dies kann die Ausführung eines T-SQL- oder PowerShell-Skripts, die Ausführung von Replikations- und Analysis-Tasks oder auch die Ausführung eines SSIS-Paketes sein.

SSIS ist ein sehr mächtiger Dienst von SQL Server, der Ihnen die Bearbeitung und Verwaltung Ihrer Daten, aber auch die Verwaltung von SQL Server ermöglicht. Einen ausführlichen Workshop, wie Sie einen Agent-Auftrag anlegen, finden Sie in Abschnitt 11.2.1, »Workshop: Anlegen eines Agent-Auftrags«.

Ein sogenanntes SSIS-Paket können Sie in SQL Server mit den SQL Server Data Tools, der Weiterentwicklung des schon unter SQL Server 2008 bekannten *SQL Server Business Intelligence Development Studios* (BIDS), erzeugen. Diese werden bei Auswahl der entsprechenden Installationsoption bei der Installation von SQL Server in der SQL-Server-Programmgruppe angelegt. Ein mit den SQL Server Data Tools erzeugtes SSIS-Paket können Sie über den SQL Server Agent zeitgesteuert ausführen lassen.

Da ein Auftrag auch aus mehreren Schritten bestehen kann, können Sie natürlich mehrere Schritte mit unterschiedlichen SSIS-Paketen ausführen oder die Ausführungsmöglichkeiten auf mehrere Schritte verteilen und miteinander kombinieren. Denkbar wäre z. B. im ersten Schritt eines Auftrags, bestimmte Operationen durch Starten eines T-SQL-Skripts vorzunehmen und anschließend im zweiten Schritt ein SSIS-Paket zu starten.

Sie können bei der Definition von Schritten auch steuern, was geschehen soll, wenn ein Schritt einen Fehler erzeugt. Mögliche Szenarien sind hierbei, den Fehler zu protokollieren und die Ausführung des Agent-Auftrags zu beenden oder nach Protokollierung des Fehlers trotzdem den nächsten Schritt auszuführen etc.

11.2.1 Workshop: Anlegen eines Agent-Auftrags

Dieser Workshop führt Sie durch die Schritte, die notwendig sind, um einen Agent-Auftrag, inklusive Zeitplan, zu erstellen.

1. Starten Sie das SQL Server Management Studio (SSMS), und melden Sie sich mit Ihren Anmeldedaten an der gewünschten SQL-Server-Instanz an.
2. Öffnen Sie im Objekt-Explorer den Ordner SQL Server Agent, und klicken Sie mit der rechten Maustaste auf den Ordner Aufträge (englisch: Jobs). Im erscheinenden Kontextmenü wählen Sie den Menüpunkt Neuer Auftrag... (New Job...; Abbildung 11.2).

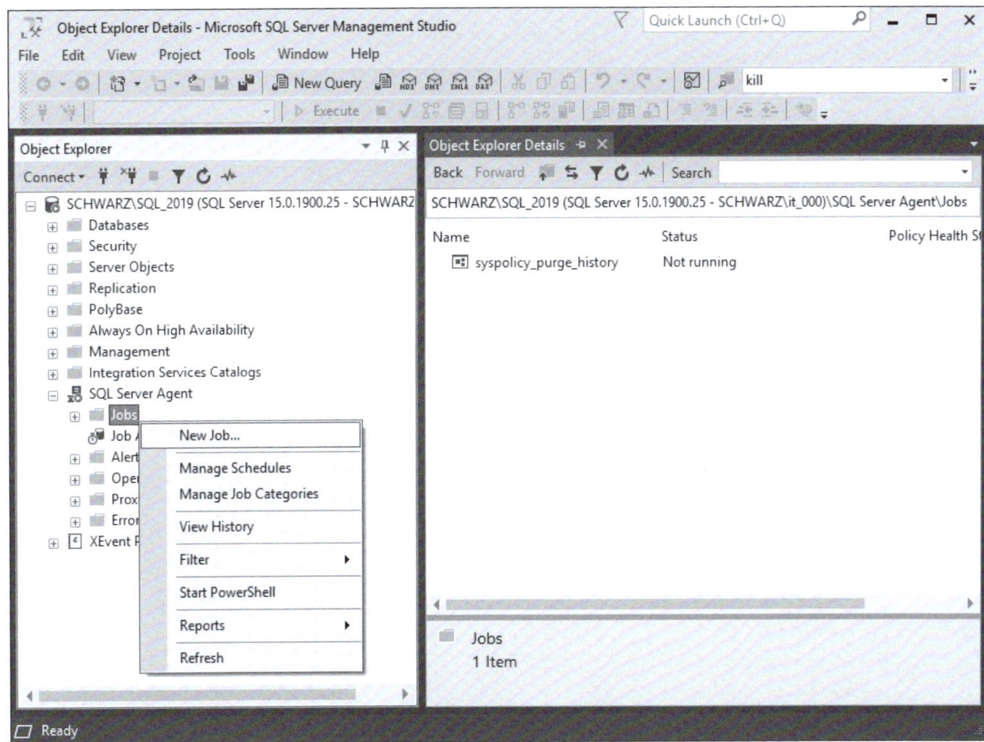

Abbildung 11.2 Starten des Dialogs zum Anlegen eines neuen Agent-Auftrags

3. Im sich öffnenden Dialog Neuer Auftrag (New Job) vergeben Sie im Feld Name einen Auftragsnamen für den anzulegenden Agent-Auftrag (siehe Abbildung 11.3).

Zusätzlich können Sie den BESITZER (OWNER), eine KATEGORIE (CATEGORY) und eine BESCHREIBUNG (DESCRIPTION) festlegen.

Die Vergabe einer Kategorie ermöglicht Ihnen später, Aufträge gezielt durch Angabe der Kategorie zu filtern und sich anzeigen zu lassen. Dies ist besonders hilfreich, wenn sehr viele Agent-Aufträge vorhanden sind. Achten Sie darauf, dass im Feld AKTIVIERT (ACTIVATED) ein Häkchen gesetzt und der Auftrag somit aktiv ist (Abbildung 11.3).

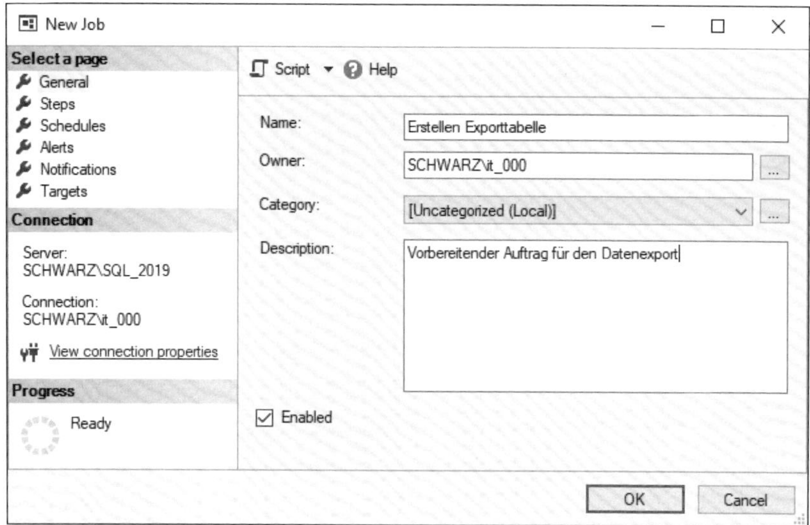

Abbildung 11.3 Dialog zum Anlegen eines Agent-Auftrags

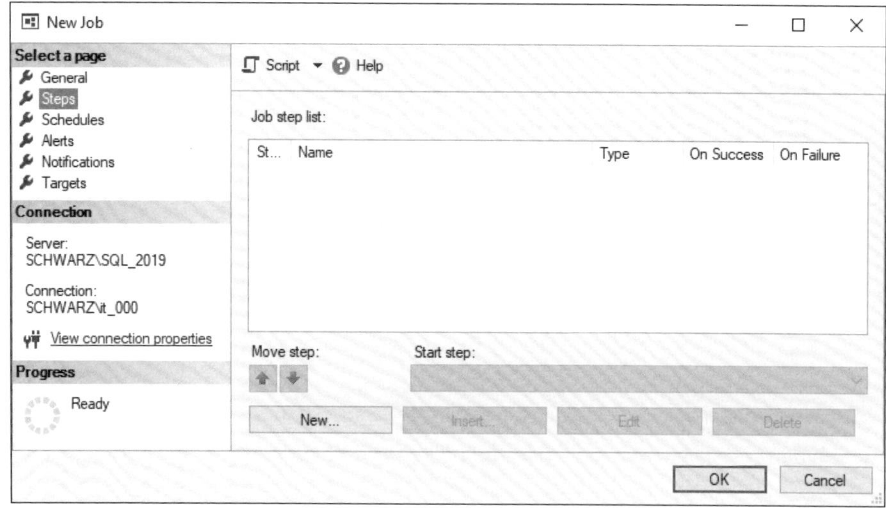

Abbildung 11.4 Dialog zum Definieren von Schritten

4. Klicken Sie im linken Bereich Seite auswählen (Select a Page) auf Schritte (Steps; siehe Abbildung 11.4).
5. Klicken Sie anschließend auf Neu... (New...), um einen Schritt zu definieren.
6. Im sich öffnenden Dialog Neuer Auftragsschritt (New Job Step) vergeben Sie einen Schrittnamen (Step name) (hier: »Schritt 1«) und wählen im Feld Typ (Type) den Punkt Transact-SQL script (T-SQL) aus (siehe Abbildung 11.5).
7. Im Feld Datenbank (Database) wählen Sie die Datenbank aus, in deren Kontext das Skript ausgeführt werden soll. Anschließend geben Sie im Feld Befehl (Command) das entsprechende T-SQL-Skript ein, das im Rahmen des Agent-Auftrags ausgeführt werden soll (Abbildung 11.5).

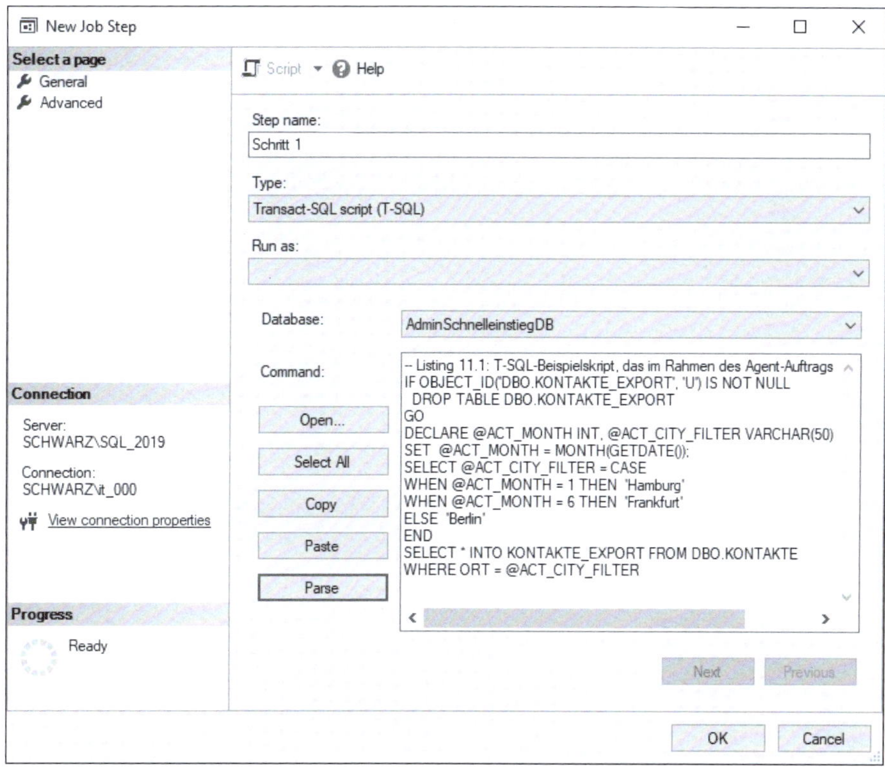

Abbildung 11.5 Dialog zum Definieren der Schrittdaten und Aktionen

In Listing 11.1 sehen Sie ein Beispielskript, das abhängig vom aktuellen Monat unterschiedliche Datensätze aus der Tabelle »Kontakte« in der Datenbank »AdminSchnelleinstiegDB« in die Tabelle »Kontakte_Export« einfügt. Die Tabelle »Kontakte_Export« wird mit jedem Skriptdurchlauf gelöscht und neu erstellt.

```
IF OBJECT_ID('dbo.Kontakte_Export', 'U') IS NOT NULL
  DROP TABLE dbo.Kontakte_Export;
GO
DECLARE @act_month INT, @act_city_filter VARCHAR(50) = '';
SET  @act_month = MONTH(GETDATE());
SELECT @act_city_filter = CASE
WHEN @act_month = 1 THEN  'Hamburg'
WHEN @act_month = 6 THEN  'Frankfurt'
ELSE  'Berlin'
END
SELECT * INTO Kontakte_Export FROM dbo.Kontakte
WHERE Ort = @act_city_filter;
```

Listing 11.1 T-SQL-Beispielskript, das im Rahmen des Agent-Auftrags ausgeführt wird

8. Bestätigen Sie Ihre Einstellungen durch einen Klick auf OK.

   Sie sehen jetzt im Dialog NEUER AUFTRAG (NEW JOB) im Feld AUFTRAGSSCHRITTLISTE (JOB STEP LIST) den soeben angelegten Schritt (siehe Abbildung 11.6).

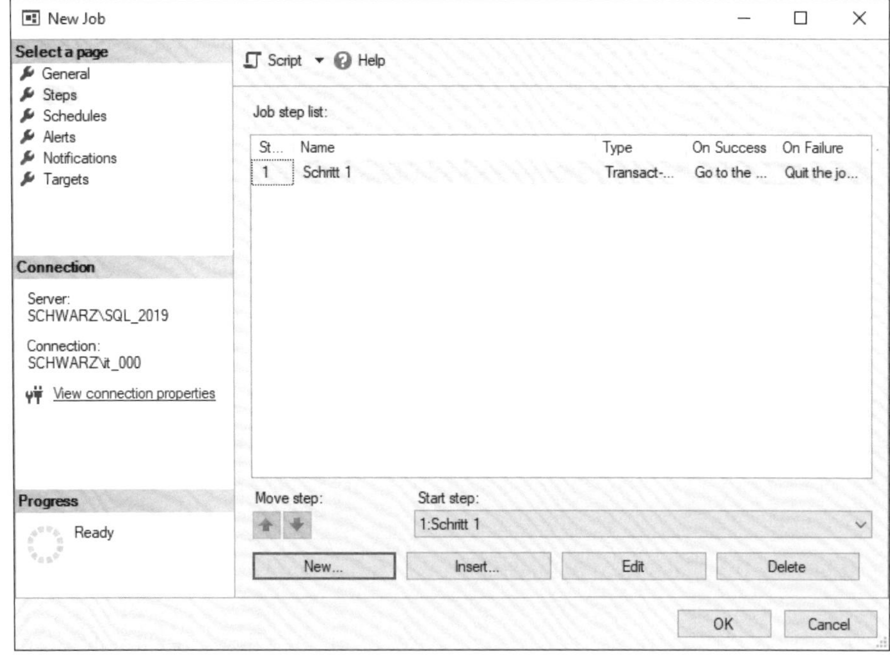

Abbildung 11.6 Anzeige des angelegten Schrittes in der Auftragsschrittliste

Für den soeben angelegten Schritt muss nun ein Zeitplan definiert werden, um festzulegen, wann die im Schritt definierte Aktion (in diesem Fall Ausführen eines T-SQL-Skripts) ausgeführt werden soll.

1. Hierzu wählen Sie im linken Bereich SEITE AUSWÄHLEN (SELECT A PAGE) den Punkt ZEITPLÄNE (SCHEDULES) und klicken anschließend auf die Schaltfläche NEU... (NEW..., siehe Abbildung 11.7).

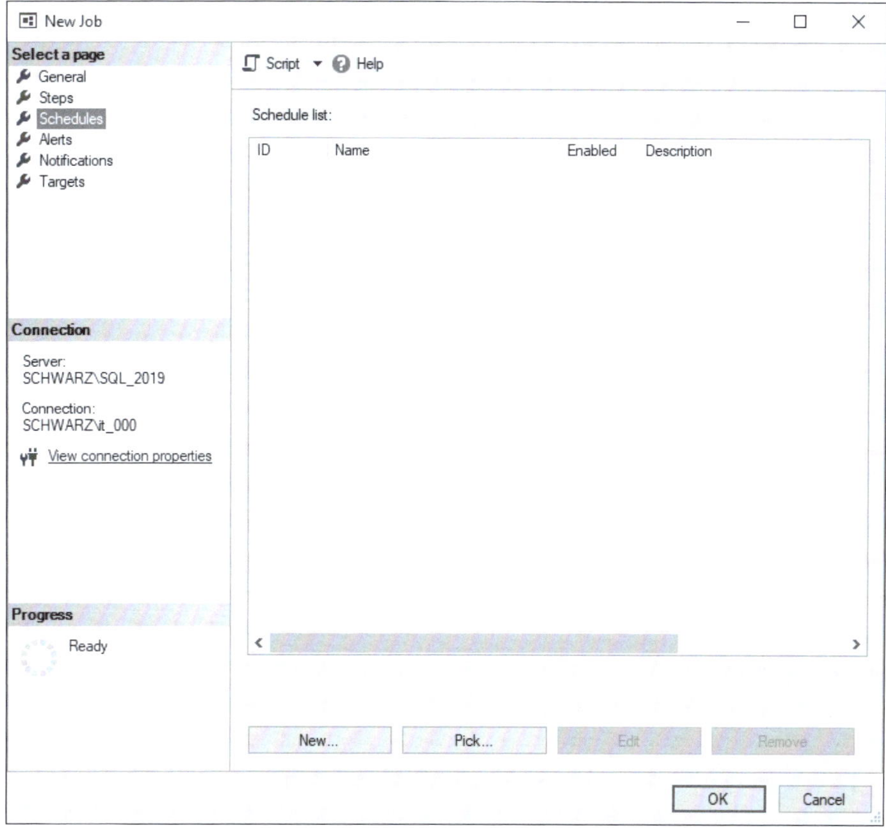

Abbildung 11.7 Definition und Anzeige von Zeitplänen

2. Im sich öffnenden Dialog NEUER AUFTRAGSZEITPLAN (NEW JOB SCHEDULE) aus Abbildung 11.8 können Sie jetzt einen Zeitplan für den angelegten Schritt definieren.
3. Hierzu vergeben Sie im Feld NAME einen Namen für den Zeitplan und nehmen anschließend wie in Abbildung 11.8 die entsprechenden Einstellungen vor.

   In unserem Beispiel wird ein Zeitplan erstellt, der den zuvor angelegten Schritt 1 des Agent-Auftrags jede Nacht um 01:00 Uhr ausführt.
4. Bestätigen Sie den definierten Zeitplan durch einen Klick auf die Schaltfläche OK.

   Sie sehen nun im erneut sichtbaren Dialog NEUER AUFTRAG (NEW JOB) im Bereich ZEITPLANLISTE (SCHEDULE LIST) den soeben angelegten Zeitplan (siehe Abbildung 11.9).

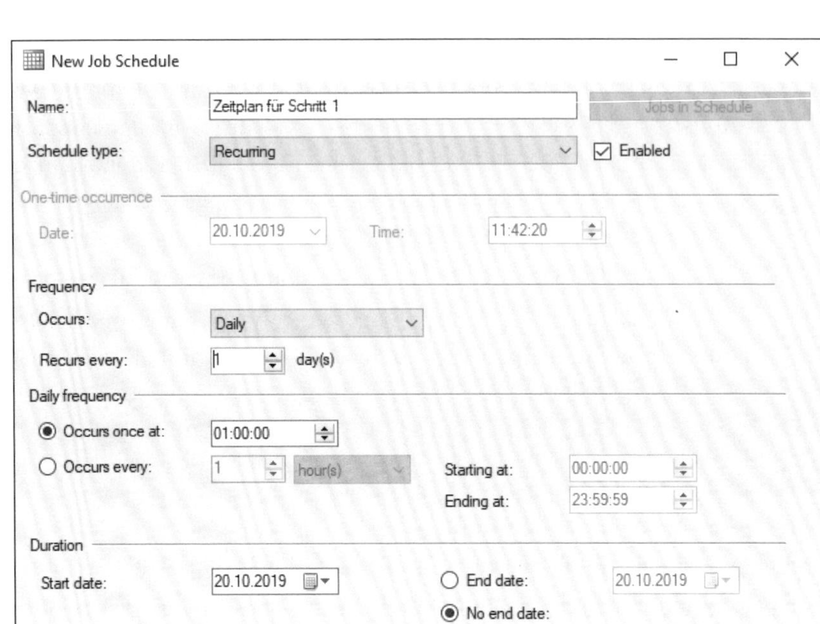

Abbildung 11.8 Definieren eines Zeitplans

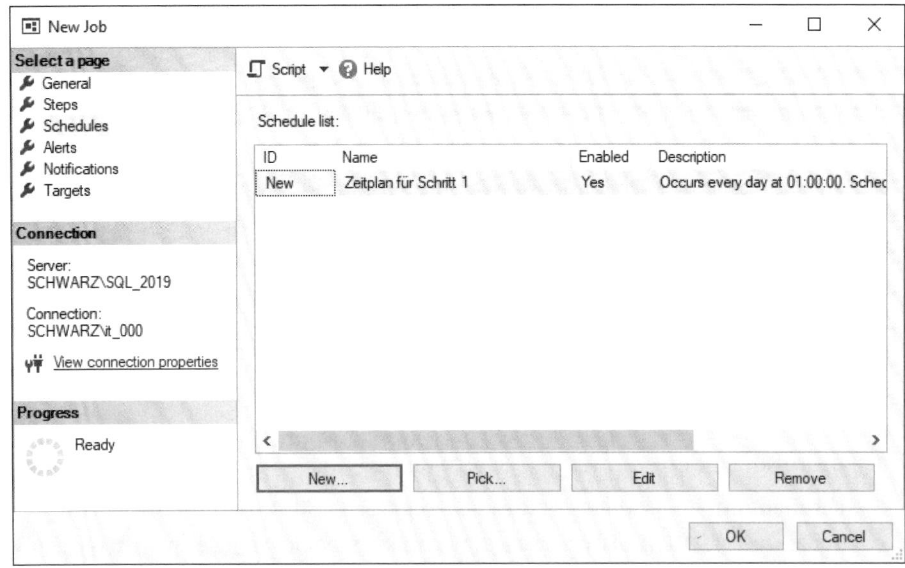

Abbildung 11.9 Anzeige des angelegten Zeitplans

5. Klicken Sie jetzt auf die Schaltfläche OK, und verlassen Sie damit den Dialog NEUER AUFTRAG (NEW JOB).

Hiermit ist die Erstellung des Agent-Auftrags »Erstellen Exporttabelle« abgeschlossen. Der angelegte Auftrag wird Ihnen nun im Objekt-Explorer im Unterordner AUFTRÄGE (JOBS) des Ordners SQL SERVER AGENT angezeigt (Abbildung 11.10).

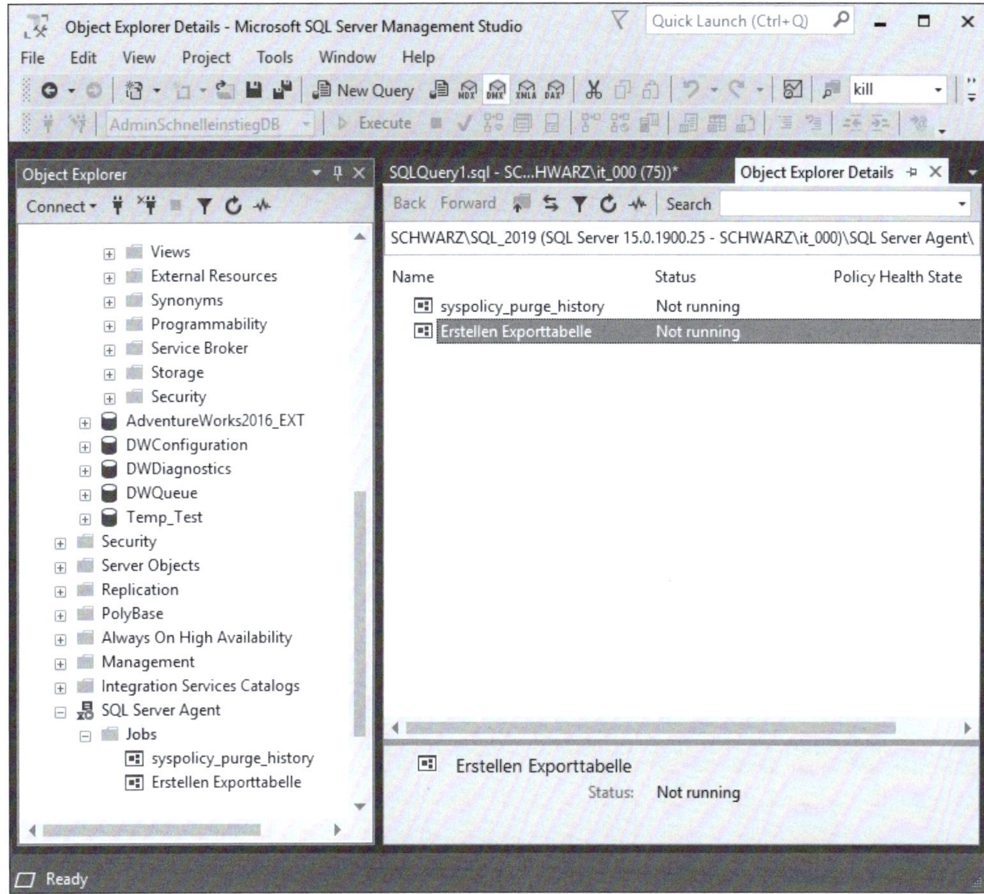

Abbildung 11.10 Auflistung angelegter Agent-Aufträge

Der Auftrag wird täglich um 01:00 Uhr nachts ausgeführt. Um ihn vorab zu testen und nicht bis zur ersten Ausführung warten zu müssen, können Sie ihn auch unabhängig vom Zeitplan direkt starten.

Klicken Sie hierzu den Auftrag mit der rechten Maustaste an, und wählen Sie den Menüpunkt AUFTRAG STARTEN BEI SCHRITT... (START JOB AT STEP...) aus (siehe Abbildung 11.11).

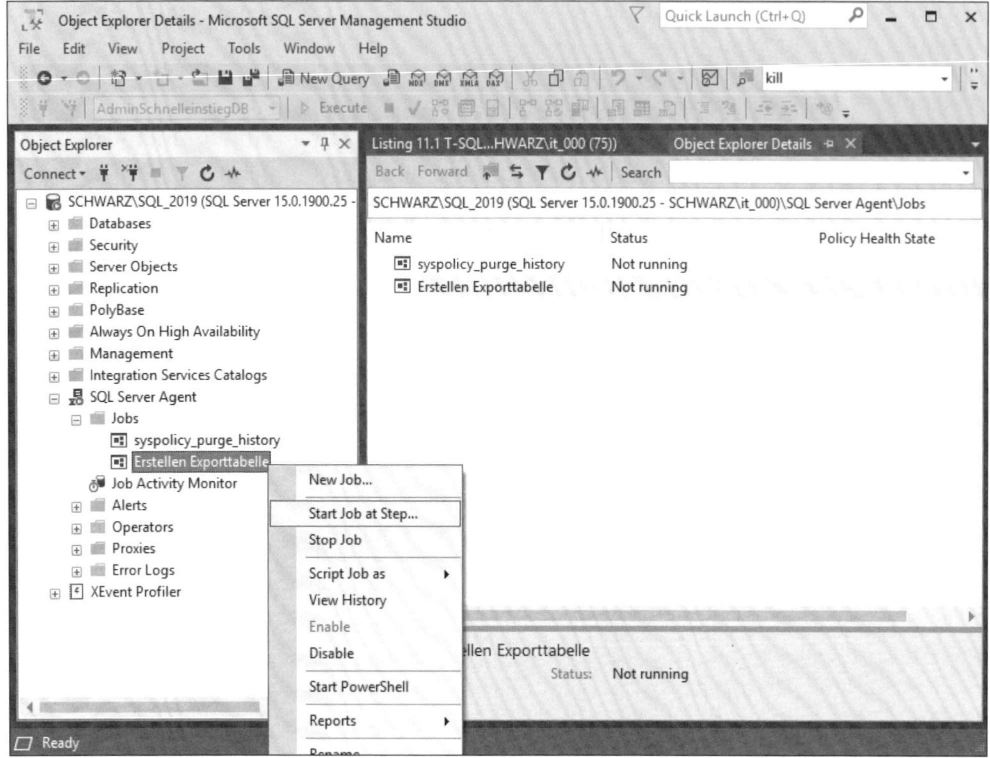

Abbildung 11.11 Vorzeitiges Starten eines Auftrags

> **Wichtig!**
> Damit die angelegten Aufträge im Rahmen des definierten Zeitplans auch zuverlässig ausgeführt werden, ist es unbedingt notwendig, dass der Agent-Dienst gestartet ist.

11.3 Wartungspläne (Maintenance Plans) und T-SQL-Skripte

Ein SQL-Server-Administrator hat in der täglichen Praxis eine Menge zu tun. Er muss Logfiles überprüfen, Datenbankgrößen überwachen, Datenbanken sichern und wiederherstellen, Protokolle überwachen, Indizes defragmentieren, Statistiken und die Datenbankkonsistenz überprüfen.

All diese Aufgaben können selbstverständlich mit T-SQL-Befehlen ausgeführt und erledigt werden. T-SQL-Befehle sind sehr flexibel, mitunter jedoch auch sehr komplex.

Um den Administrator bei der Erledigung seiner Aufgaben zu unterstützen, bietet Ihnen SQL Server die Möglichkeit, sogenannte *Wartungspläne* (*Maintenance Plans*) über einen *Wartungsplanungs-Assistenten* (englisch: *Maintenance Plan Wizard*) zu erstellen und sie, wenn gewünscht, zeitgesteuert über den Agent ausführen zu lassen. Der Wartungsplanungs-Assistent ist ein Tool, das die Erstellung von Wartungsplänen stark vereinfacht.

Angelegte Wartungspläne finden Sie im Objekt-Explorer des SSMS im Ordner VERWALTUNG • WARTUNGSPLÄNE (MANAGEMENT • MAINTENANCE PLANS). Wenn Sie diesen Ordner öffnen, werden Ihnen bereits eventuell bestehende Wartungspläne angezeigt (siehe Abbildung 11.12).

11

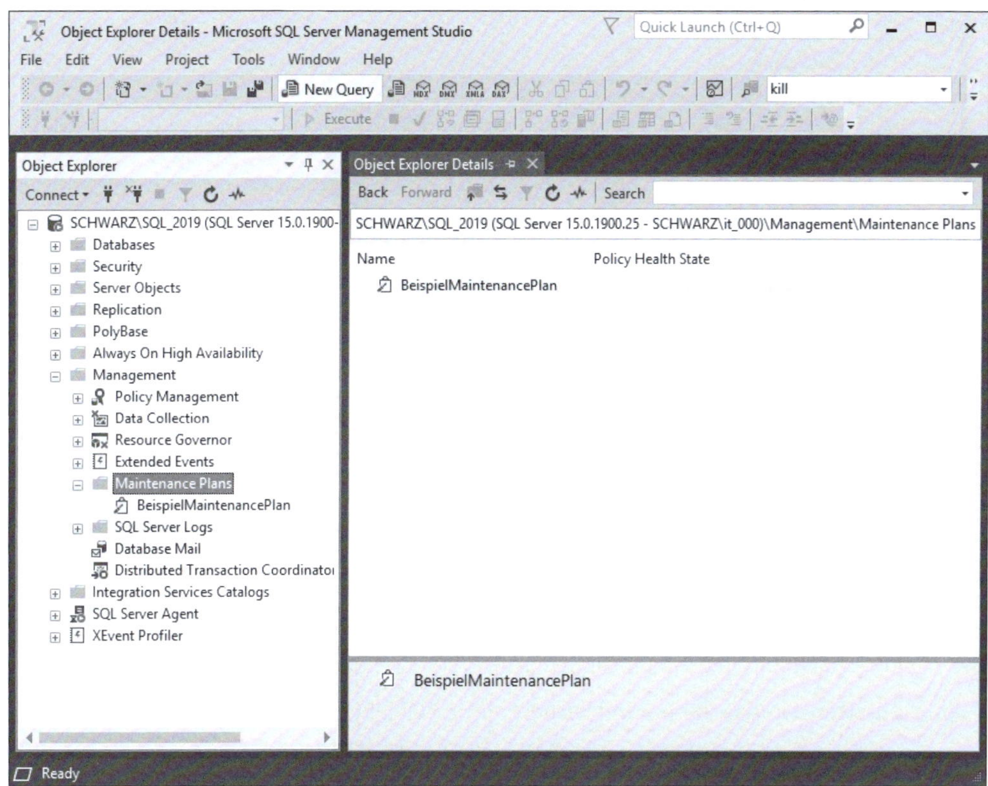

Abbildung 11.12 Anzeige der vorhandenen Wartungspläne im Objekt-Explorer des SSMS

Möchten Sie einen neuen Wartungsplan anlegen, klicken Sie mit der rechten Maustaste auf den Ordner WARTUNGSPLÄNE (MAINTENANCE PLANS), und wählen Sie aus dem Kontextmenü den Punkt WARTUNGSPLANUNGS-ASSISTENT (MAINTENANCE PLAN WIZARD) aus (siehe Abbildung 11.13).

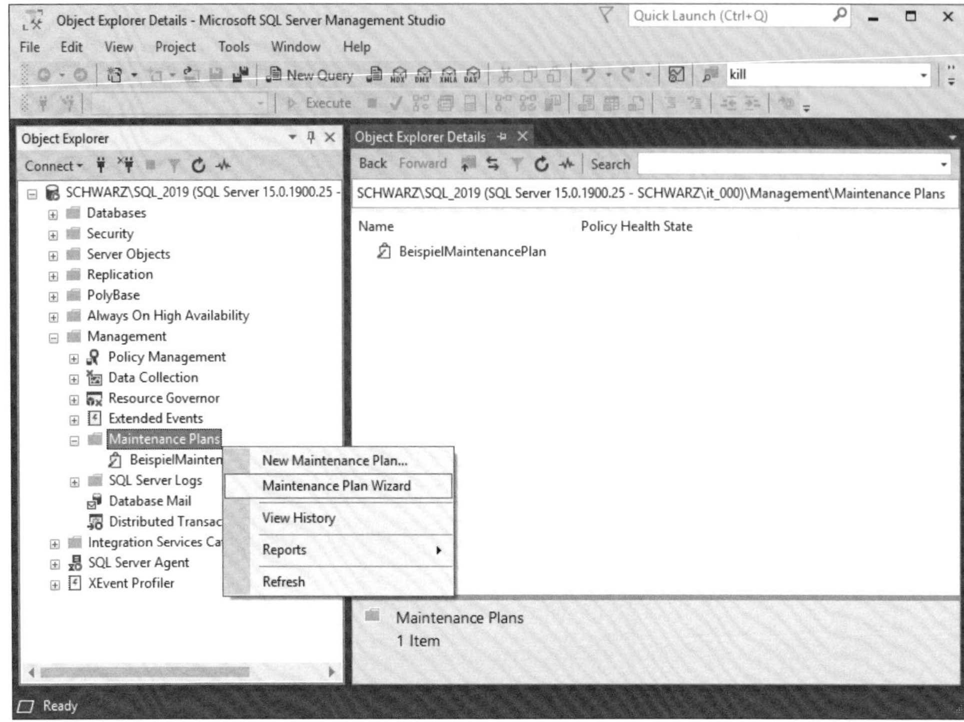

Abbildung 11.13 Aufrufen des Wartungsplanungs-Assistenten zum Erstellen eines Wartungsplans

Möglich wäre auch die Auswahl des Menüpunkts NEUER WARTUNGSPLAN ... (NEW MAINTENANCE PLAN...), der Ihnen die Alternative bietet, Wartungspläne ohne Assistenten zu erstellen.

Im Folgenden erläutern wir Ihnen die Erstellung eines Wartungsplans durch den Wartungsplanungs-Assistenten. Es wird ein Wartungsplan angelegt, der die Datenbank »AdminSchnelleinstiegDB« täglich um 01:00 Uhr früh sichert.

1. Starten Sie das SSMS, und öffnen Sie im Objekt-Explorer den Ordner VERWALTUNG • WARTUNGSPLÄNE (MANAGEMENT • MAINTENANCE).
2. Klicken Sie den Ordner WARTUNGSPLÄNE (MAINTENANCE) mit der rechten Maustaste an, und starten Sie den Assistenten durch Auswahl des Menüpunkts WARTUNGSPLANUNGS-ASSISTENT (MAINTENANCE PLAN WIZARD).
3. Beim Erscheinen des Assistenten-Starbildschirms klicken Sie auf WEITER (NEXT).
4. Im folgenden Dialog können Sie im Feld NAME einen Namen für den Wartungsplan vergeben. Zusätzlich besteht hier die Möglichkeit, festzulegen, ob Sie für jede Wartungsplanungsaufgabe einen eigenen Zeitplan erstellen oder alle Aufgaben zum selben Zeitpunkt ausführen möchten. Geben Sie im Feld NAME wie in Abbildung 11.14 den Namen »VollSicherung1« ein.

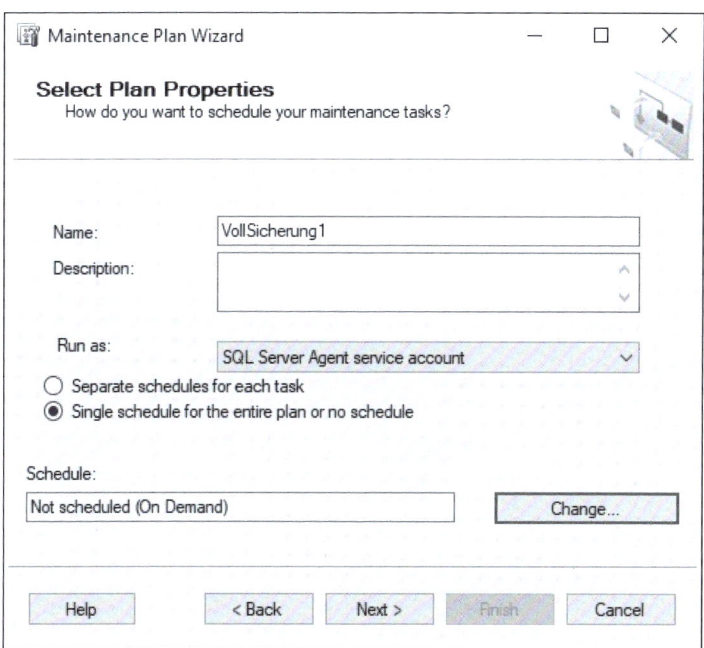

Abbildung 11.14 Eigenschaften des Wartungsplans auswählen (»Select Plan Properties«)

5. Markieren Sie im selben Dialog die Option EINZELNER ZEITPLAN FÜR DEN GESAMTEN PLAN ODER KEIN ZEITPLAN (SINGLE SCHEDULE FOR THE ENTIRE PLAN OR NO SCHEDULE), und klicken Sie auf ÄNDERN... (CHANGE...).

Hinweis zu Zeitplänen

Mehrere Zeitpläne sind natürlich nur dann sinnvoll, wenn Sie auch mehrere Aufgaben für einen Wartungsplan definieren.

Ein klassisches Beispiel wäre z. B. das Anlegen eines Wartungsplans, der einmal täglich eine Vollsicherung einer Datenbank durchführt und jede Stunde eine Sicherung des Transaktionsprotokolls vornimmt. Hier müssten Sie zwei Zeitpläne pro Wartungsplan definieren, nämlich einen für jede Aufgabe.

6. Es erscheint der Dialog zum Einstellen der Ausführungszeiten des Wartungsplans. Wählen Sie hier im Feld AUFTRETEN (OCCURS) die Option TÄGLICH (DAILY) aus, und aktivieren Sie das Optionsfeld EINMALIG UM (OCCURS ONCE AT) mit der Uhrzeit 01:00:00. Klicken Sie anschließend auf OK (Abbildung 11.15).
7. Klicken Sie auf WEITER (NEXT), und wählen Sie im nächsten Dialog die Option DATENBANK SICHERN (VOLLSTÄNDIG) (BACK UP DATABASE (FULL)) aus. Anschließend klicken Sie zweimal auf WEITER (NEXT; Abbildung 11.16).

New Job Schedule
Name:
VollSicherung1
Jobs in Schedule
Schedule type:
Recurring
Enabled
One-time occurrence
Date:
20.10.2019
Time:
14:48:51
Frequency
Occurs:
Daily
Recurs every:
1
day(s)
Daily frequency
Occurs once at:
01:00:00
Occurs every:
1
hour(s)
Starting at:
00:00:00
Ending at:
23:59:59
Duration
Start date:
20.10.2019
End date:
20.10.2019
No end date:
Summary
Description:
Occurs every day at 01:00:00. Schedule will be used starting on 20.10.2019.
OK
Cancel
Help

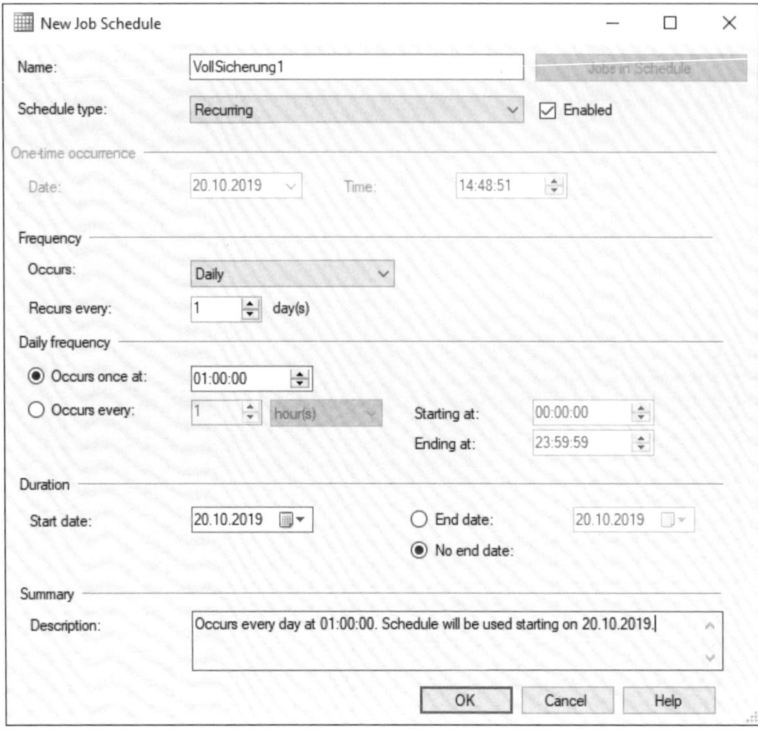

Abbildung 11.15 Zeitplan des Wartungsplans definieren

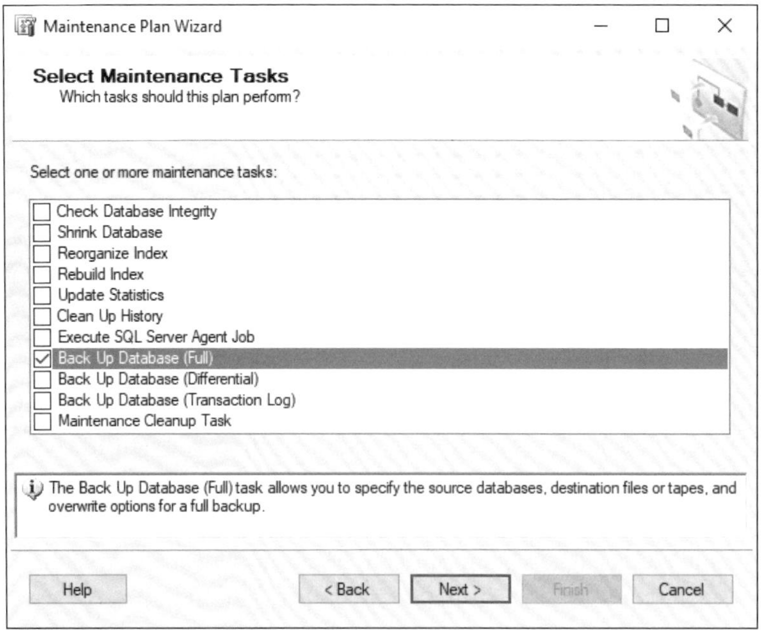

Maintenance Plan Wizard
Select Maintenance Tasks
Which tasks should this plan perform?
Select one or more maintenance tasks:
Check Database Integrity
Shrink Database
Reorganize Index
Rebuild Index
Update Statistics
Clean Up History
Execute SQL Server Agent Job
Back Up Database (Full)
Back Up Database (Differential)
Back Up Database (Transaction Log)
Maintenance Cleanup Task
The Back Up Database (Full) task allows you to specify the source databases, destination files or tapes, and overwrite options for a full backup.
Help
< Back
Next >
Finish
Cancel

Abbildung 11.16 Wartungsaufgabe auswählen

8. Jetzt besteht die Möglichkeit, die Reihenfolge der gewünschten Aufgaben zu verändern. Da wir in unserem Beispiel nur einen Task ausgewählt haben, gibt es hier nichts zu verändern (Abbildung 11.17). Weiter geht's mit Weiter (Next).

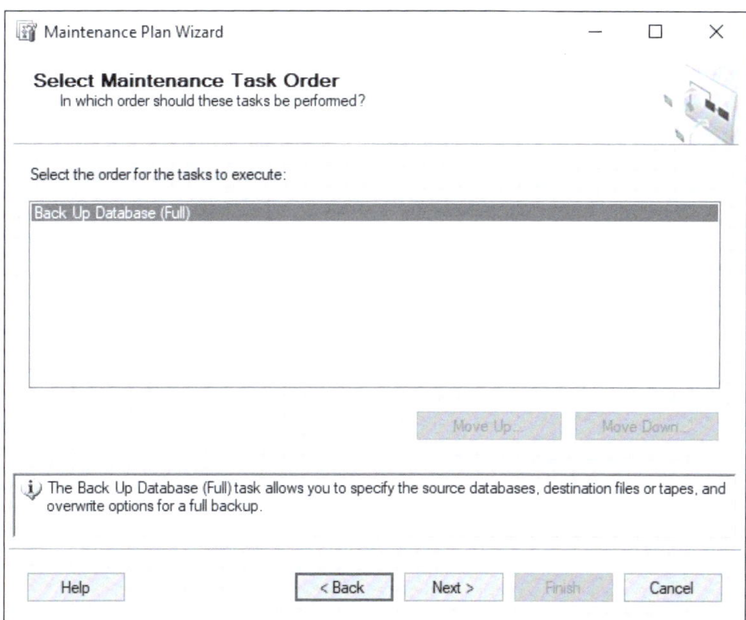

Abbildung 11.17 Bestimmen der Reihenfolge der Tasks (»Select Maintenance Task Order«)

9. Wählen Sie im Reiter Allgemein (General) im Feld Datenbank(en) (Database(s)) die Datenbank AdminSchnelleinstiegDB (oder die von Ihnen gewünschte) aus (siehe Abbildung 11.18), und aktivieren Sie die Option Datenbanken in einer oder mehreren Dateien sichern (Create a backup file for every database; siehe Abbildung 11.19).
10. Nun können Sie entscheiden, ob Sie den vorgegebenen Pfad – der auch der Standard-Backup-Pfad der Instanz ist – übernehmen oder einen eigenen Pfad eingeben möchten. Dann dürfen Sie auch noch bestimmen, ob für jede Datenbank ein eigener Unterordner erstellt werden soll. Bitte vergessen Sie nicht, die Dateiendung zu kontrollieren.
11. Zum Schluss noch der Reiter Optionen (Options). Auf diesem Reiter können Sie weitere Backup-Optionen wie z. B. Komprimierung, Kopiesicherung oder Verschlüsselung (*compression*, *copy-only*, *encryption*) auswählen (Abbildung 11.20). Dann geht es wieder weiter mit Weiter (Next).

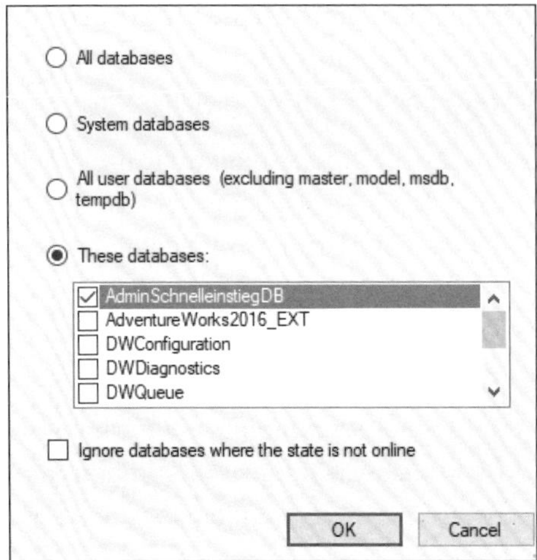

Abbildung 11.18 Reiter »Allgemein« (»General«)

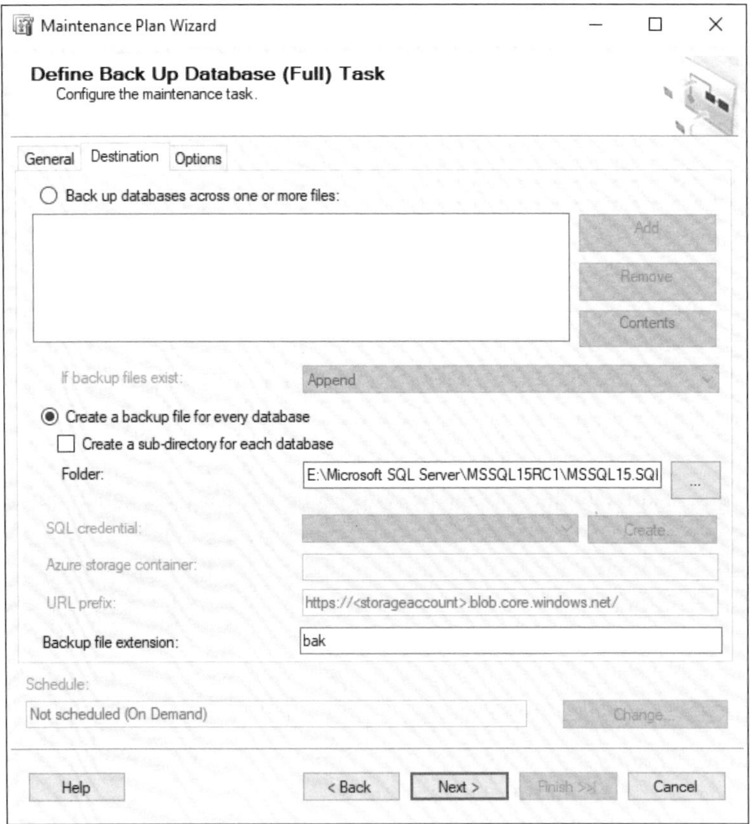

Abbildung 11.19 Definition der Einstellungen zum Sichern der Datenbank mittels des Wartungsplans – Reiter »Ziel« (»Destination«)

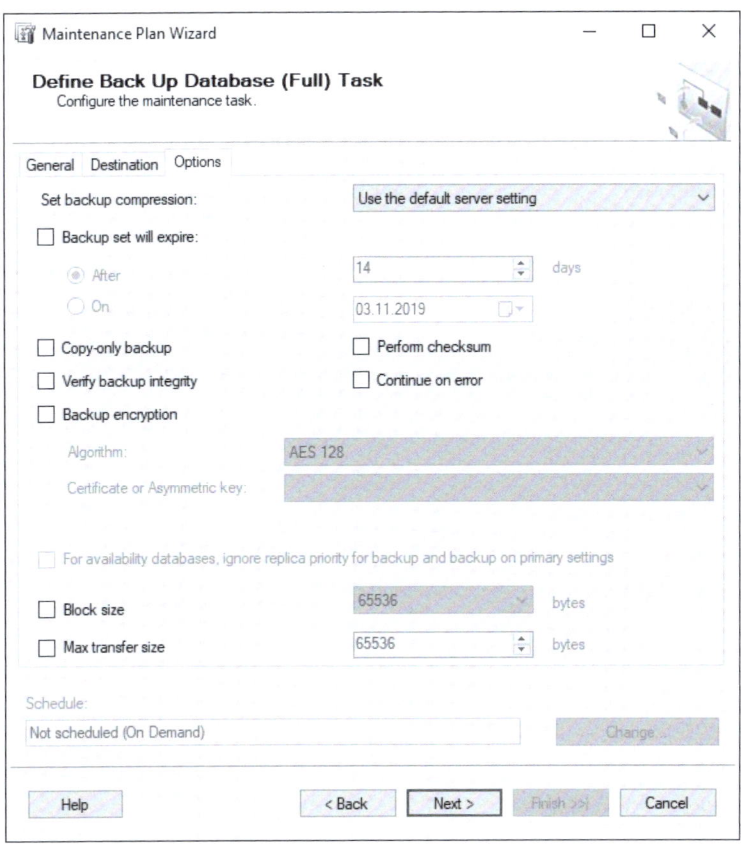

Abbildung 11.20 Weitere Backup-Optionen im Reiter »Optionen« (»Options«)

12. Im nächsten Fenster können Sie wählen, ob Sie benachrichtigt werden möchten, nur einen Eintrag im Log wünschen und ob die Aktion keinen Eintrag hinterlassen soll (siehe Abbildung 11.21).

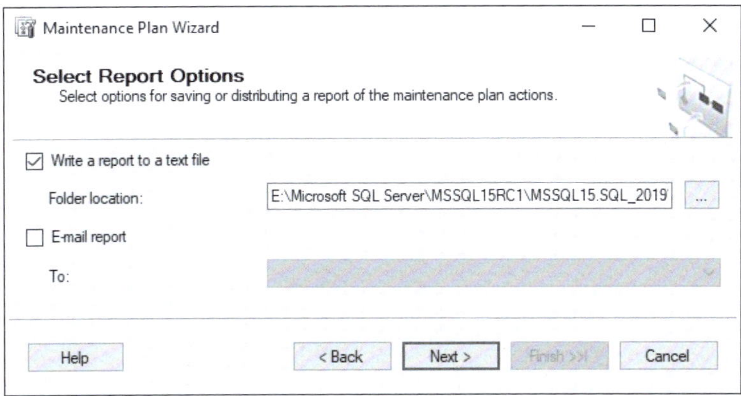

Abbildung 11.21 »Berichtsoptionen auswählen« (»Select Report Options«)

13. Nachdem Sie auf WEITER (NEXT) gedrückt haben, erscheint die Seite ASSISTENTEN ABSCHLIESSEN (COMPLETE THE WIZARD). Hier haben Sie die Möglichkeit, noch einmal alle gewählten Einstellungen zu überprüfen.

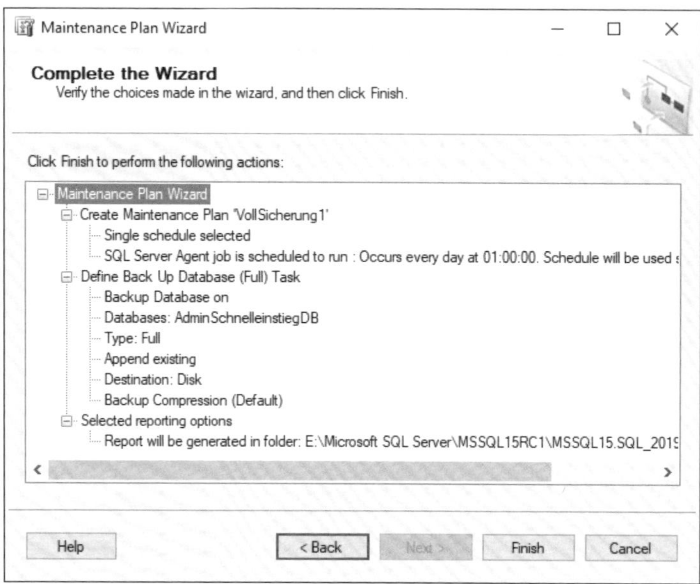

Abbildung 11.22 Darstellung der Wartungsplaneinstellungen in einer Baumstruktur

14. Klicken Sie nun auf FERTIG STELLEN (FINISH), wird der Wartungsplan (Maintenance Plan) erstellt, und Sie sehen wie in Abbildung 11.23, ob Sie erfolgreich waren.

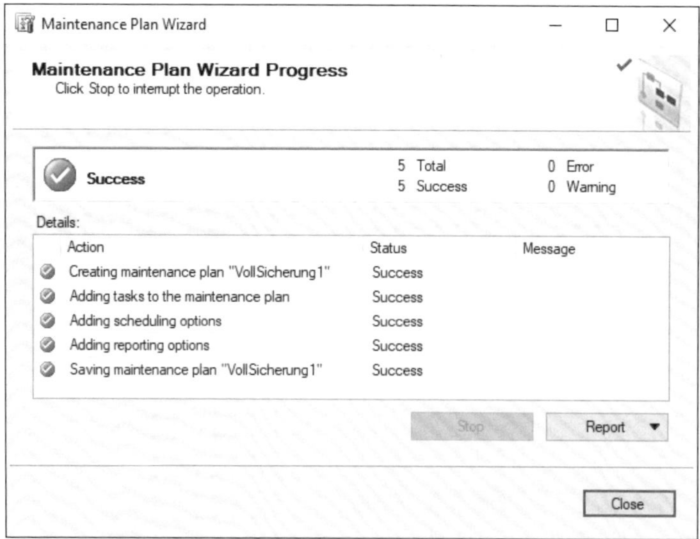

Abbildung 11.23 Anzeige nach erfolgreicher Erstellung des Wartungsplans

Der soeben erstellte Wartungsplan wird im Ordner VERWALTUNG • WARTUNGSPLÄNE (MANAGEMENT • MAINTENANCE PLANS; siehe Abbildung 11.24) angezeigt.

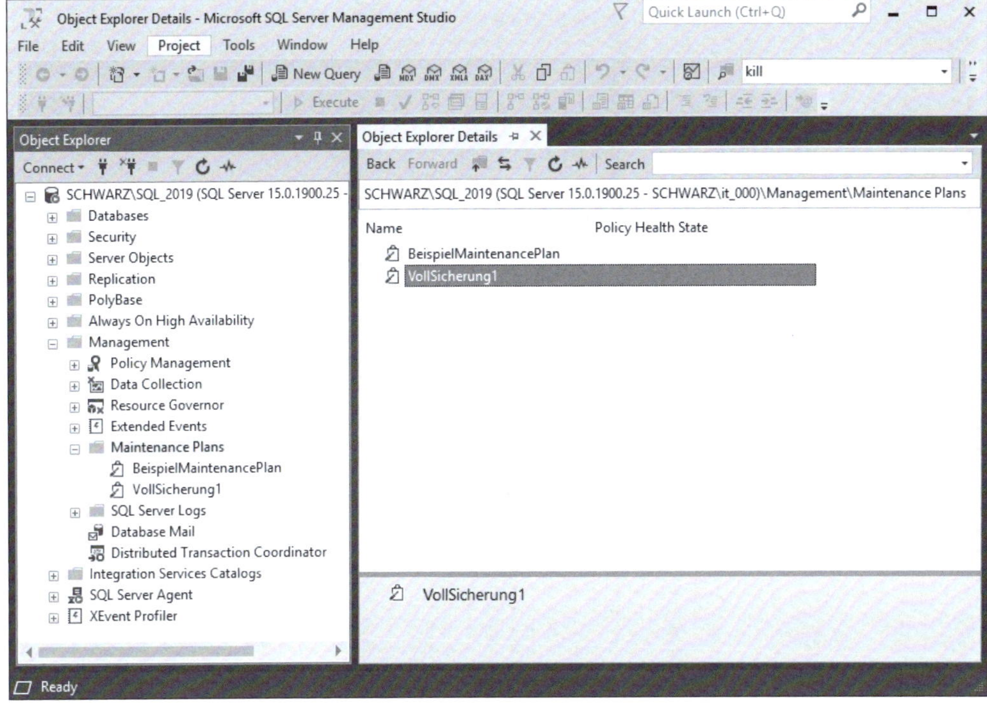

Abbildung 11.24 Darstellung von Wartungsplänen im Objekt-Explorer

Da wir bei der Erstellung des Wartungsplans auch einen Zeitplan für die automatisierte Ausführung angegeben haben, wird automatisch ein Agent-Auftrag mit dem Namen »Vollsicherung1.Subplan_1« angelegt, der den Wartungsplan zu den definierten Zeitpunkten ausführt.

Diesen Agent-Auftrag sehen Sie im Ordner AUFTRÄGE (JOBS) des SQL Server Agents (siehe Abbildung 11.25).

Hinweis

Achten Sie darauf, dass der Agent gestartet ist, damit die Wartungspläne auch zum geplanten Zeitpunkt ausgeführt werden können. Wurde der Agent-Dienst nicht gestartet, werden auch keine zeitgesteuerten Wartungspläne ausgeführt.

Wenn Sie einen Wartungsplan erstellen, wird im Hintergrund eigentlich ein sogenanntes SSIS-Paket (SQL Server Integration Services) erstellt. Dieses SSIS-Paket wird dann entsprechend dem definierten Zeitplan vom SQL Server Agent ausgeführt.

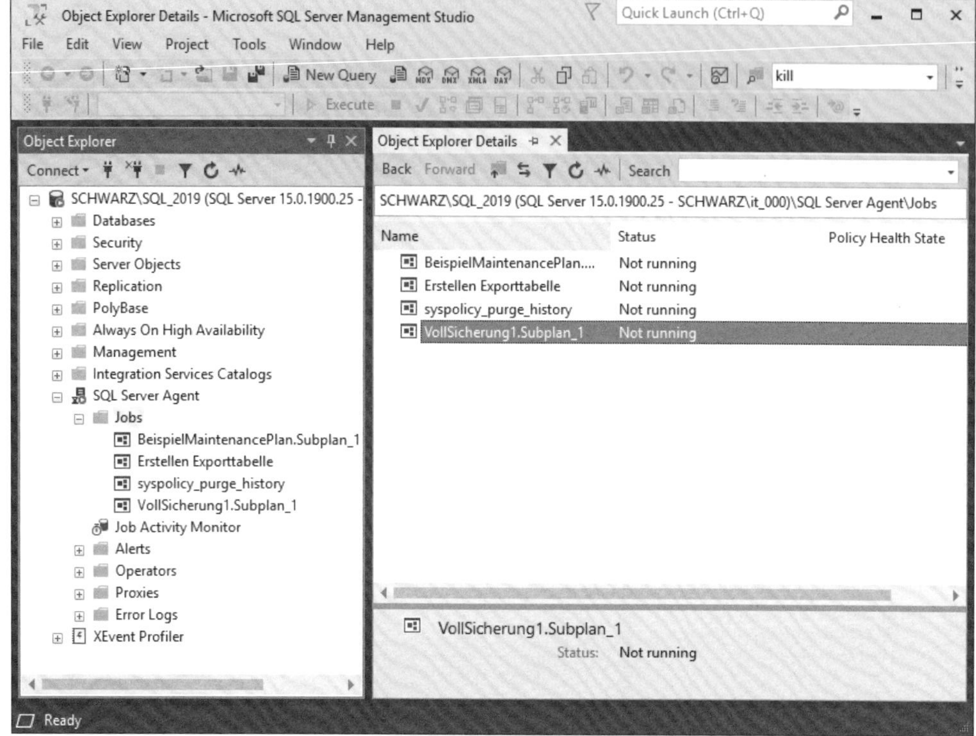

Abbildung 11.25 Darstellung von Agent-Aufträgen im Objekt-Explorer des SSMS

11.4 Konfigurieren des SQL Server Agents

Der SQL Server Agent wird bei der Installation von SQL Server installiert. Wenn Sie SQL-Server-Aufgaben zeitgesteuert ausführen möchten, ist es, wie bereits erwähnt, notwendig, dass der Agent gestartet ist.

SQL Server selbst nutzt den Agent zur Erledigung bestimmter Aufgaben intensiv. Replikation, Richtlinienverwaltung oder die Datensammlung gewährleisten ihre Funktionalität, indem sie den Agent nutzen und eigene Aufträge anlegen. Ist der SQL Server Agent gestartet, sehen Sie wie in Abbildung 11.26 einen grünen Pfeil auf dem Icon des SQL Server Agents im Objekt-Explorer-Baum des Management Studios.

Den Agent-Dienst können Sie im Management Studio durch einen Rechtsklick auf den Agent-Knoten und durch Auswahl von BEENDEN, STARTEN oder NEU STARTEN (englisch: STOP, START, RESTART) entsprechend steuern.

Sie können den Agent-Dienst konfigurieren, indem Sie aus der Programmgruppe von SQL Server unter dem Menüpunkt MICROSOFT SQL SERVER 2019 den SQL SERVER-KONFIGURATIONS-MANAGER (SQL SERVER 2019 CONFIGURATION MANAGER) starten.

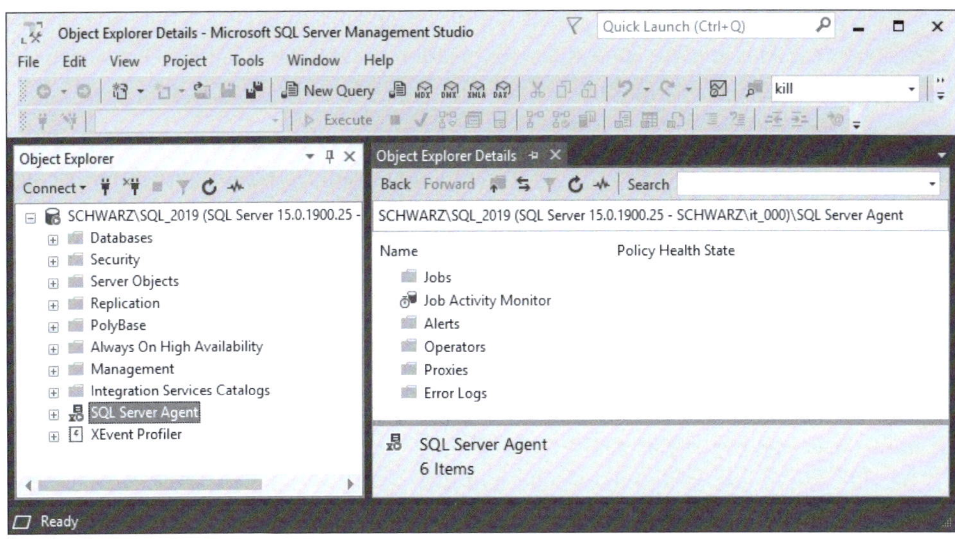

Abbildung 11.26 Darstellung des gestarteten Agents im Objekt-Explorer

Nachdem der Konfigurations-Manager gestartet wurde, können Sie durch einen Klick auf den Knoten SQL SERVER-DIENSTE (SQL SERVER AGENT) neben den Diensten der SQL-Server-Instanz auch den Agent-Dienst auswählen (siehe Abbildung 11.27).

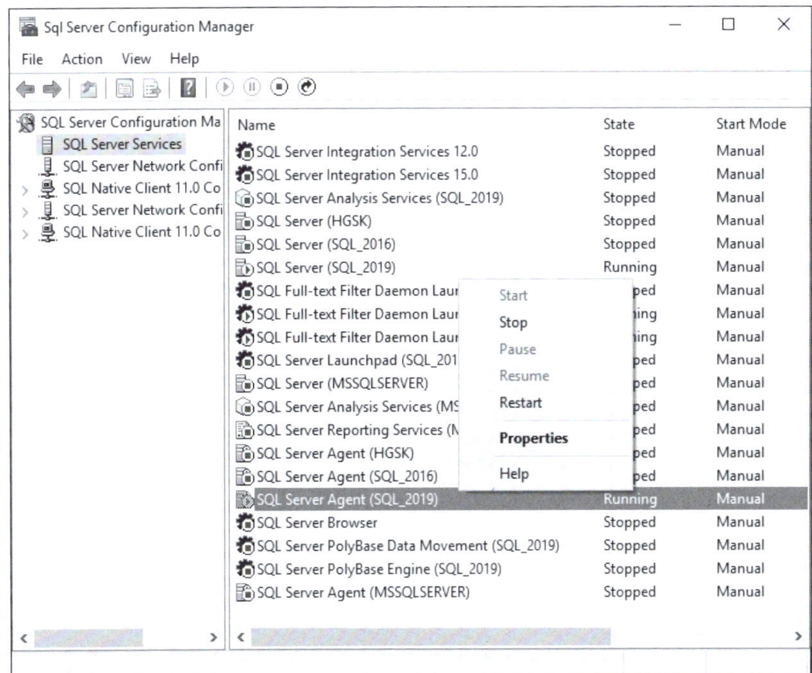

Abbildung 11.27 SQL-Agent-Dienst-Optionen zum Starten und Beenden im Configuration Manager

Durch einen Rechtsklick erhalten Sie die Optionen zum BEENDEN (STOP) oder STARTEN (START) des Dienstes. Bei einem Doppelklick auf den Agent-Dienst öffnet sich ein Dialog, der Ihnen die Konfiguration des Dienstkontos ermöglicht.

Für den Agent selbst können Sie aus dem SSMS heraus auch einen Eigenschaftendialog aufrufen, um weitere Optionen und Eigenschaften festzulegen. Zum Beispiel wird in diesem Dialog das Warnungssystem des Agents konfiguriert, um Datenbank-E-Mail-Profile im Zusammenhang mit Warnungen und Operatoren nutzen zu können. Klicken Sie hierzu im Objekt-Explorer des SSMS mit der rechten Maustaste auf den SQL Server Agent, und wählen Sie aus dem Kontextmenü den Menüpunkt EIGENSCHAFTEN (PROPERTIES) aus (siehe Abbildung 11.28).

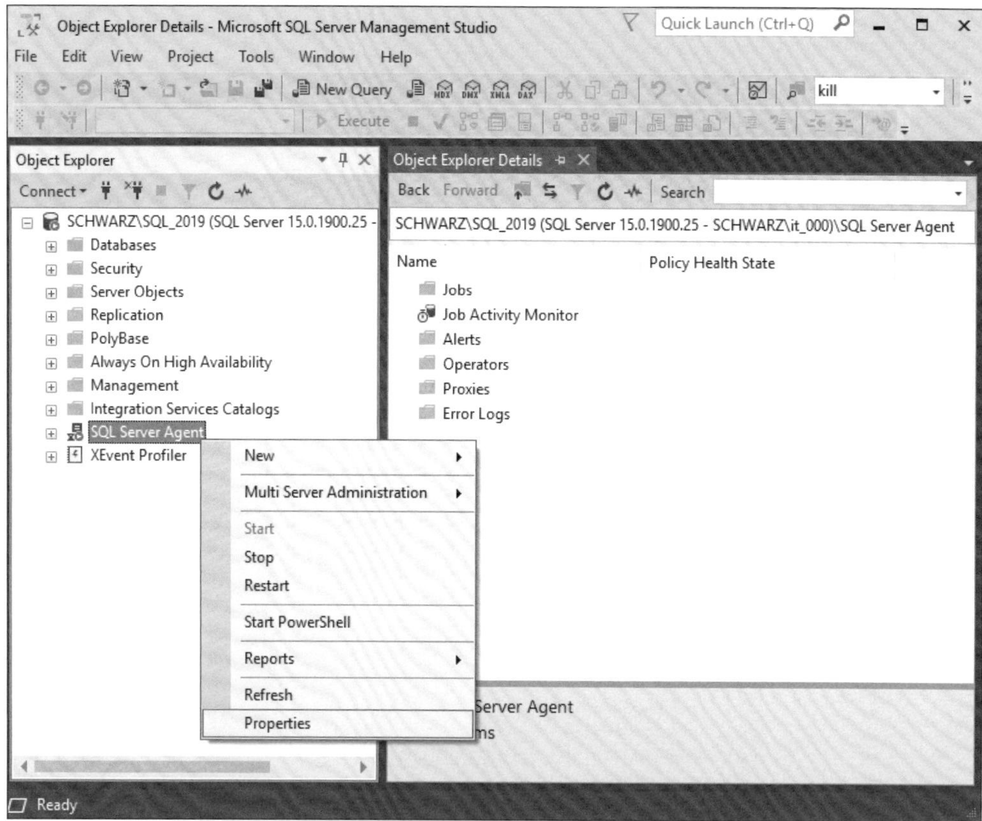

Abbildung 11.28 Aufrufen des Dialogs zum Konfigurieren der SQL-Server-Agent-Eigenschaften

Unter EIGENSCHAFTEN (PROPERTIES) lässt sich wieder eine ganze Menge konfigurieren. Wählen Sie unter SEITE AUSWÄHLEN (SELECT A PAGE) den Reiter ALLGEMEIN (GENERAL) (siehe Abbildung 11.29), dann können Sie konfigurieren, wie sich der SQL Server Agent Service verhalten soll, wenn er unerwartet gestoppt wird.

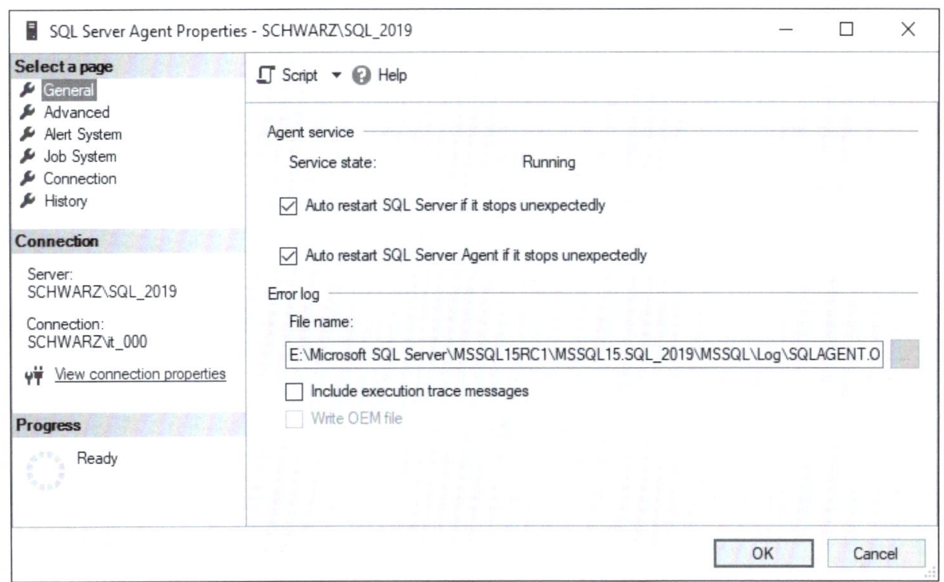

11

Abbildung 11.29 »Seite auswählen • Allgemein« (»Select a page • General«)

Der Reiter ERWEITERT (ADVANCED) ermöglicht, Events an eine andere Instanz weiterzuleiten und die IDLE CPU CONDITION zu definieren.

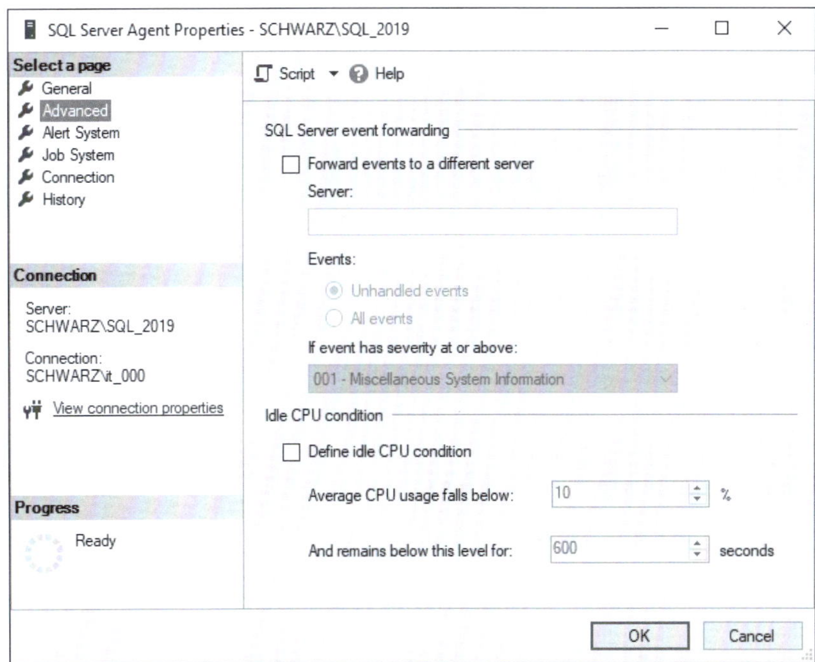

Abbildung 11.30 »Seite auswählen • Erweitert« (»Select a page • Advanced«)

Im Reiter WARNUNGSSYSTEM (ALERT SYSTEM; Abbildung 11.31) konfigurieren Sie die Möglichkeit des SQL Server Agents, Mails zu verschicken (sofern das Mailsystem aktiviert und konfiguriert ist).

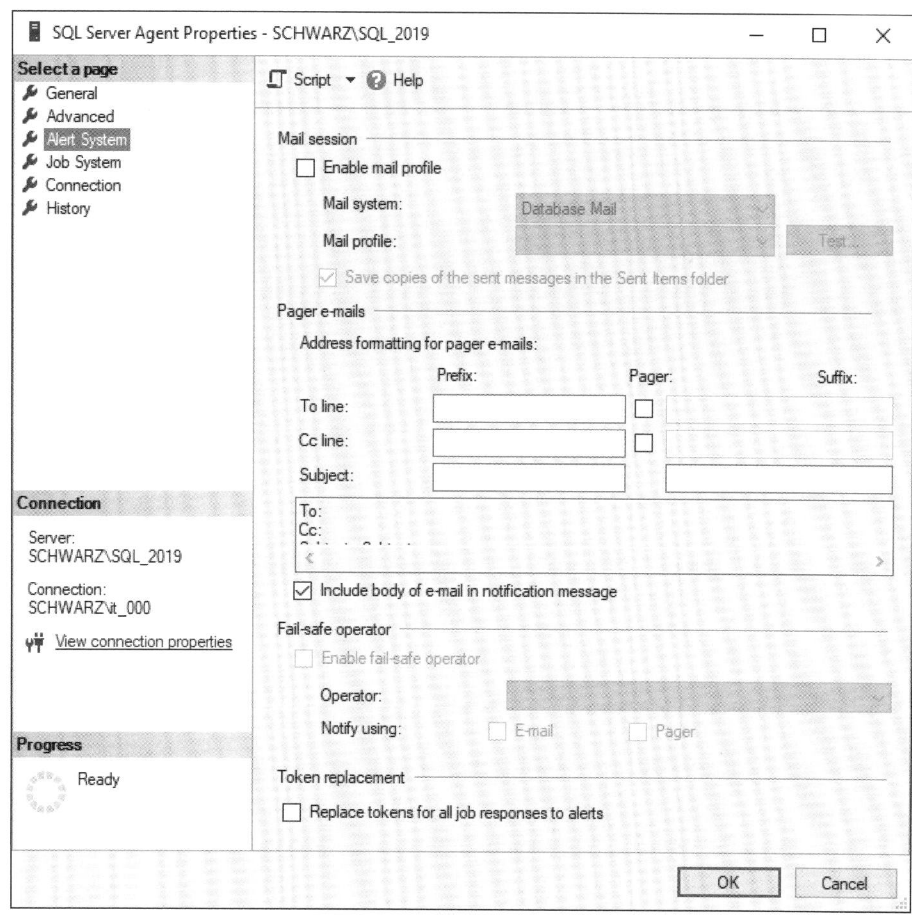

Abbildung 11.31 »Seite auswählen • Warnungssystem« (»Select a page • Alert System«)

Betrachten wir den Reiter AUFTRAGSSYSTEM (JOB SYSTEM) (Abbildung 11.32), dann finden wir die Möglichkeit, einen vorkonfigurierten Proxy-Account, der mit minimalen Rechten (englisch: *least privileges*) ausgestattet ist, als Berechtigungsgrundlage für Jobs zu konfigurieren (siehe Abschnitt 11.5).

Dann gibt es noch die Reiter VERBINDUNG (CONNECTION) (Abbildung 11.33) für die Konfiguration eines Alias und VERLAUF (HISTORY) (Abbildung 11.34), der die Möglichkeit bietet, Größe und Alter der SQL-Server-Agent-Logs (bitte nicht mit den SQL-Server-Logs verwechseln) zu konfigurieren.

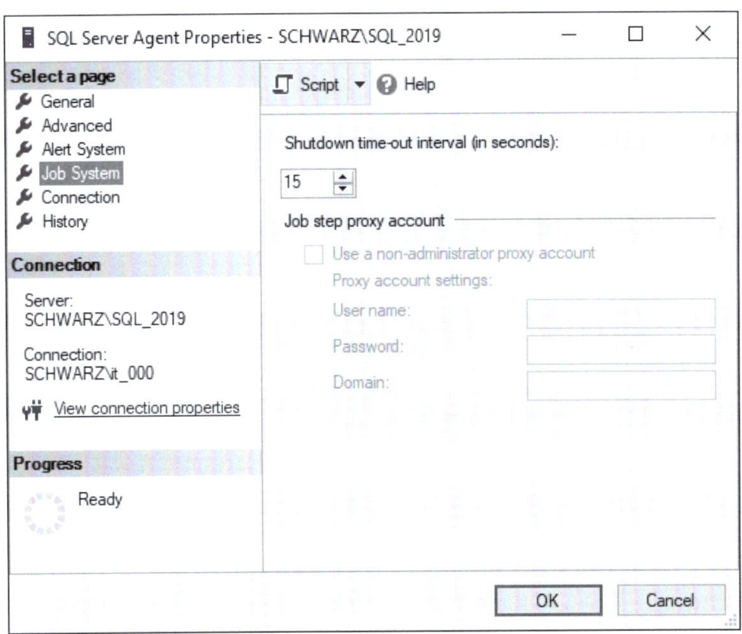

Abbildung 11.32 »Seite auswählen • Auftragssystem« (»Select a page • Job System«)

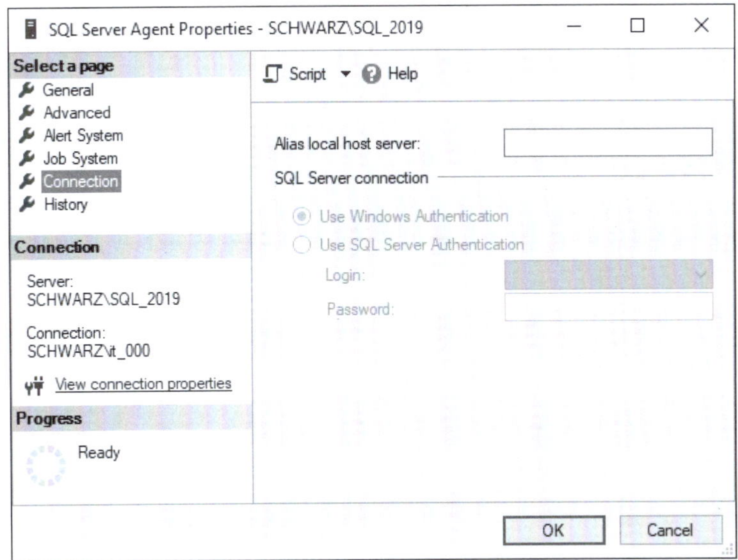

Abbildung 11.33 »Seite auswählen • Verbindung« (»Select a page • Connection«)

Die Konfiguration von Datenbank-E-Mails im Zusammenhang mit der Aktivierung des SQL-Server-Agent-Warnungssystems erläutern wir in Abschnitt 12.1.1, »Aktivieren von Datenbank-E-Mail«.

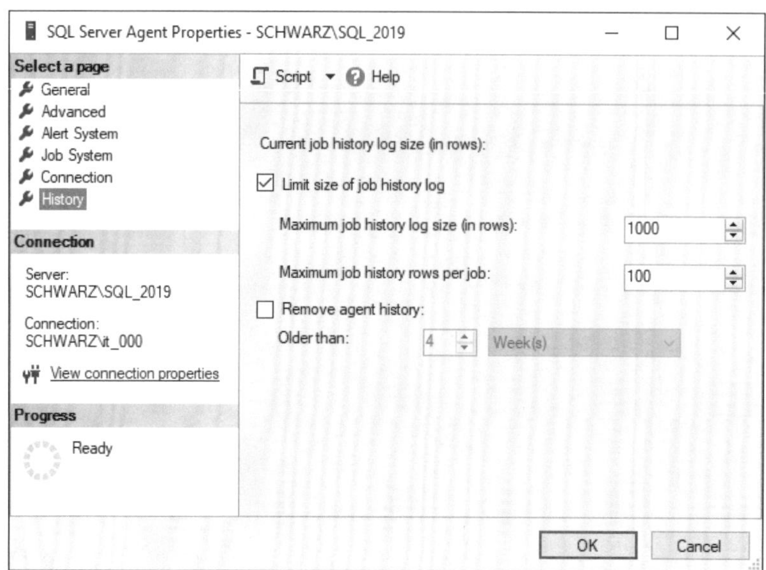

Abbildung 11.34 »Seite auswählen • Verlauf« (»Select a page • History«)

11.5 Was sind Proxy-Konten, und welche Bedeutung kommt ihnen zu?

Auch der Agent benötigt Rechte, um bestimmte Kommandos ausführen zu können. Standardmäßig werden diese Kommandos über das Dienstkonto des Agents ausgeführt, das bei der Installation angegeben wurde.

Wenn Sie nun bestimmte Vorgänge mit dem Agent ausführen möchten, die mit dem Agent-Dienstkonto aufgrund mangelnder Berechtigungen nicht erledigt werden können (Kopiervorgänge auf andere Server etc.), haben Sie die Möglichkeit, ein sogenanntes *Proxy-Konto* zu verwenden.

Mit einem Proxy-Konto ist es möglich, Agent-Jobschritte nicht über das Dienstkonto des Agents, sondern über ein eigens hierfür angelegtes Proxy-Konto auszuführen. Diesem Proxy-Konto erteilen Sie die für diesen Schritt benötigten Berechtigungen. Sie vermeiden es auf diese Art, die Berechtigungen des Agent-Dienstkontos erweitern zu müssen. Ein umfangreiches Beispiel hierzu finden Sie im Bonusteil des Buches.

11.6 Automatische Optimierung (automatic tuning options)

Seit einiger Zeit geistert die Bezeichnung *Automatische Performance-Verbesserung* (*Automatic Performance Improvement*) oder *Möglichkeiten der automatischen Performance-Verbesserung* (*Automatic tuning options*) in Zusammenhang mit SQL Server in

Azure durch das Internet. Was ist darunter zu verstehen? Einen schönen Artikel zu diesem Thema hat Kendra Little im Internet veröffentlicht:

https://littlekendra.com/2017/12/04/auto-tuning-and-the-1-mindset-problem-i-had-as-a-dba/

Hier stellt Kendra die Frage, ob dieses neue Feature den Job des DBA überflüssig macht und wirft einen intensiveren Blick auf dieses Feature.

Es gibt zwei grundlegende Arten der automatisierten Optimierung. Seit SQL Server Version 2017 gib es die »Automatic Plan Correction« sowohl für den 2017er SQL Server als auch für Azure. Die zweite Art umfasst `Create Index` und `Drop Index` und ist derzeit ausschließlich für Azure verfügbar.

Mehr Informationen erhalten Sie auf der Microsoft-Seite unter: *https://docs.microsoft.com/de-de/azure/sql-database/sql-database-automatic-tuning*

11.6.1 Automatische Plankorrektur (Automatic Plan Correction)

Bei der *automatische Plankorrektur* (englisch: *Force Last Good Plan)* überwacht die SQL Server Engine SQL Abfragen, die einen Ausführungsplan nutzen.

Neue Pläne werden generiert, und die dadurch entstehenden Laufzeiten werden mit den Laufzeiten der vorherigen Pläne verglichen. Sind die Zeiten mindestens 5 % besser, dann wird der neue Plan fest installiert und der alte Plan deaktiviert. Ist der neue Plan schlechter (langsamer) als der neue, dann wird er wieder verworfen.

Diese Funktion gibt es aber, wie erwähnt, erst ab SQL Server 2017 und nur in Azure.

11.6.2 »CREATE INDEX« und »DROP INDEX«

Das zweite Feature der Automatischen Optimierung, die Index Tuning Options, ist derzeit nur in Azure verfügbar.

Bei diesem Feature werden die Indizes der Datenbanken überwacht. Wie gehen die Abfragen, die ausgeführt werden, mit den bestehenden Indizes um? Werden die Indizes sinnvoll genutzt und können dadurch SQL-Queries beschleunigen, dann sollen sie auch so bleiben. Sind die Indizes aber eher hinderlich, dann werden sie auch »gelöscht«. Fehlen Indizes, so dass Abfragen unnötig langsam sind, dann können sogar neue Indizes erstellt werden. (Das Wort »gelöscht« haben wir in Anführungszeichen gesetzt, da die Indizes nicht wirklich gelöscht werden. Es wird überwacht, was passiert, wenn ein störender Index deaktiviert wird. Ist das hilfreich, dann kann der Index gelöscht werden. Ist das nicht hilfreich, dann wird der Index natürlich wieder aktiviert.)

Das Gleiche gilt für das Erstellen von Indizes. Sind sie hilfreich, dann bleiben sie bestehen. Sind sie hinderlich, dann werden sie deaktiviert und später ebenfalls gelöscht.

Ob Sie diese Arbeit, das Erstellen und das Löschen von Indexen, dem SQL Server anvertrauem möchten, können Sie konfigurieren.

Die *Index Tuning Options* können in Azure aktiviert oder deaktiviert (default) werden. Sind sie aktiv, dann können Sie immer noch wählen, ob die Indizes tatsächlich angefasst werden oder ob Sie nur informiert werden möchten, wenn es ein Optimierungspotenzial gibt.

Die Automatic Plan Correction gibt es in Azure und auch in SQL Server ab Version 2017. Auch hier können Sie wählen, ob Sie sie aktivieren möchten oder deaktiviert lassen (default). Bei aktiviertem Feature können Sie entscheiden, ob Optimierungen durchgeführt werden oder ob Sie nur informiert werden wollen.

Da diese Funktionen noch relativ neu sind, sollten Sie den Einsatz in produktiven Umgebungen zunächst sehr aufmerksam überwachen.

Die Automatic Tuning Options wurden in und für Azure entwickelt. Bereits die schiere Masse an Umgebungen, Einsatzzwecken und Datenbanken ist ideal, um solch ein Feature zu entwickeln, das ständig weiterlernt und sich selbst dadurch verbessert.

11.7 Machine Learning Services

11.7.1 Was ist das überhaupt?

Machine Learning Services ist eine SQL-Server-Funktion, die die Möglichkeit bietet, Python- und R-Skripte mit relationalen Daten auszuführen. Sie können Open-Source-Pakete und -Frameworks sowie Microsoft-Python- und -R-Pakete für Predictive Analytics und Machine Learning verwenden. Die Skripte werden in der Datenbank ausgeführt, ohne dass Daten aus SQL Server oder über das Netzwerk verschoben werden. Mit diesen Skripten können Sie Daten vorbereiten und bereinigen, Feature-Entwicklung durchführen und Machine-Learning-Modelle in einer Datenbank trainieren, auswerten und bereitstellen.

Weitere Informationen rund um die Machine Learning Services finden Sie online bei Microsoft (*https://docs.microsoft.com/de-de/sql/advanced-analytics/what-is-sql-server-machine-learning?view=sql-server-ver15*). Dort erfahren Sie auch, wie Sie eine Umgebung installieren, konfigurieren und erste Schritte unternehmen.

Kapitel 12
Einrichten von Warnungen und Benachrichtigungen

SQL Server kann mit Ihnen kommunizieren und Sie über wichtige Ereignisse auf dem Laufenden halten. In diesem Kapitel erfahren Sie, wie Sie Datenbank-E-Mail konfigurieren und was Warnungen und Operatoren sind.

SQL Server bietet Ihnen die Möglichkeit, Benachrichtigungen per E-Mail zu versenden. Diese Funktionalität wird *Datenbank-E-Mail* (englisch: *Database Mail*) genannt.

Sie können SQL Server so konfigurieren, dass Benachrichtigungen beim Eintreten einer zuvor definierten Bedingung an die jeweiligen Empfänger versendet werden. Administratoren können sich beim Erreichen bestimmter Grenzwerte – z. B. einer bestimmten Datenbankgröße oder beim Fehlschlagen einer automatischen Datenbanksicherung von SQL Server – durch Datenbank-E-Mail informieren lassen.

Dieses Kapitel erläutert Ihnen die Konfiguration und den Einsatz der am Benachrichtigungsprozess beteiligten Komponenten und Objekte.

12.1 Konfigurieren von Datenbank-E-Mail

Die SQL-Server-Datenbank-Engine stellt eine Lösung zur Verfügung, mit der Datenbankanwendungen E-Mail-Nachrichten an Benutzer versenden können. Diese E-Mail-Nachrichten können SQL-Abfrageergebnisse, Dateien oder einfache Hinweisnachrichten enthalten. Datenbank-E-Mail benötigt kein Outlook, Exchange oder einen erweiterten MAPI-Client und verwendet das *Simple Mail Transfer Protocol* (*SMTP*). Datenbank-E-Mail ist nach Installation der Datenbank-Engine und der anschließenden Aktivierung und Konfiguration direkt einsatzbereit.

Es gibt im Wesentlichen zwei Möglichkeiten, Datenbank-E-Mail einzusetzen:

1. Durch das Anlegen von definierten Auslösern, den sogenannten *Warnungen* (englisch: *alert*), werden festgelegte Empfänger, die sogenannten *Operatoren*, benachrichtigt, wenn vorher festgelegte Schwellenwerte (englisch: *threshold*) über- oder unterschritten werden.

2. Datenbankanwendungen nutzen die von der Datenbank-Engine zur Verfügung gestellten gespeicherten Prozeduren und senden direkt E-Mail-Nachrichten an die festgelegten Empfänger. Sie können demnach Datenbank-E-Mail auch in Ihren eigenen T-SQL-Skripten oder Datenbanklösungen einsetzen.

Datenbank-E-Mail selbst konfigurieren Sie sehr komfortabel mit dem SQL Server Management Studio (SSMS).

Bevor wir Ihnen jedoch zeigen, wie Sie Datenbank-E-Mail aktivieren und konfigurieren, möchten wir Sie auf einen wichtigen Punkt hinweisen: Unter SQL Server 2008 R2 existierten noch zwei Arten von Benachrichtigungsmöglichkeiten, *SQL Mail* und *Datenbank-E-Mail*, seit SQL Server 2012 wird nur noch *Datenbank-E-Mail* unterstützt (siehe Tabelle 12.1).

E-Mail-Arten	Beschreibung
SQL Mail	Steht seit SQL Server 2012 **nicht** mehr zur Verfügung.
Datenbank-E-Mail	Komponente, die es SQL Server ermöglicht, via SMTP E-Mail-Nachrichten zu versenden

Tabelle 12.1 Auflistung der E-Mail-Systeme von SQL Server

Das veraltete SQL Mail, das so mancher Administrator nicht in bester Erinnerung hat, gehört damit der Vergangenheit an.

12.1.1 Aktivieren von Datenbank-E-Mail

Datenbank-E-Mail ist per Default **deaktiviert** und muss unter SQL Server manuell aktiviert werden. Wenn Datenbank-E-Mail nicht aktiviert ist und Sie den Assistenten zum Konfigurieren von Datenbank-E-Mail ausführen, werden Sie mit einer Dialogbox wie in Abbildung 12.1 darauf hingewiesen und können die Funktion aktivieren.

Es gibt allerdings noch eine weitere Möglichkeit, die Aktivierung vorzunehmen, und zwar mit dem folgenden, im SSMS auszuführenden T-SQL-Skript:

```
SP_CONFIGURE 'show advanced', 1;
GO
RECONFIGURE;
GO
SP_CONFIGURE 'Database Mail XPs', 1;
GO
RECONFIGURE;
```

Listing 12.1 Anzeigen der erweiterten Optionen

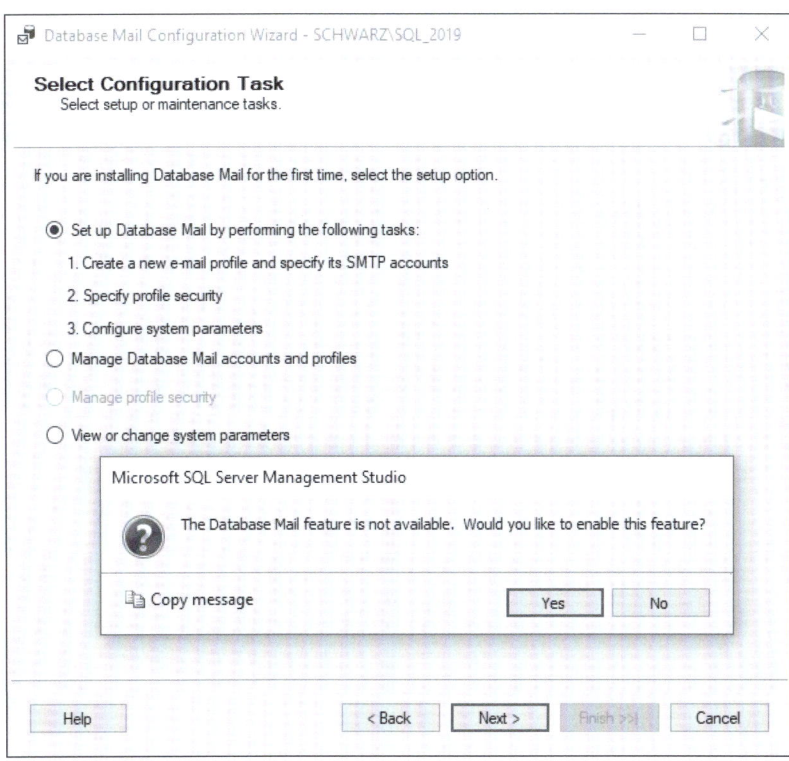

Abbildung 12.1 Hinweisdialog zum Aktivieren von Datenbank-E-Mail

Das Ergebnis, das Sie erhalten, ist das gleiche – Datenbank-E-Mail ist nach diesen Schritten aktiviert und kann anschließend genutzt werden.

12.1.2 Einrichten eines E-Mail-Profils

Nachdem Sie Datenbank-E-Mail aktiviert haben, müssen Sie ein E-Mail-Profil anlegen. Mit dem E-Mail-Profil legen Sie fest, über welchen Mailserver die Benachrichtigungen gesendet werden sollen.

Hierzu benötigen Sie einen sogenannten *SMTP-Server*, da SQL Server selbst keinen SMTP-Server zur Verfügung stellt. Dies kann ein Exchange-Server sein, aber auch öffentliche E-Mail-Anbieter stellen Ihnen die Möglichkeit zur Verfügung, Mails via SMTP aus einer externen Anwendung (in diesem Fall SQL Server) heraus zu versenden. Die entsprechenden Daten erhalten Sie entweder von Ihrem Administrator oder aus dem Konfigurationsbereich Ihres E-Mail-Dienstanbieters.

Um das Profil einzurichten, starten Sie SQL Server Management Studio und öffnen im Objekt-Explorer den Ordner VERWALTUNG (englisch: MANAGEMENT; siehe Abbildung 12.2).

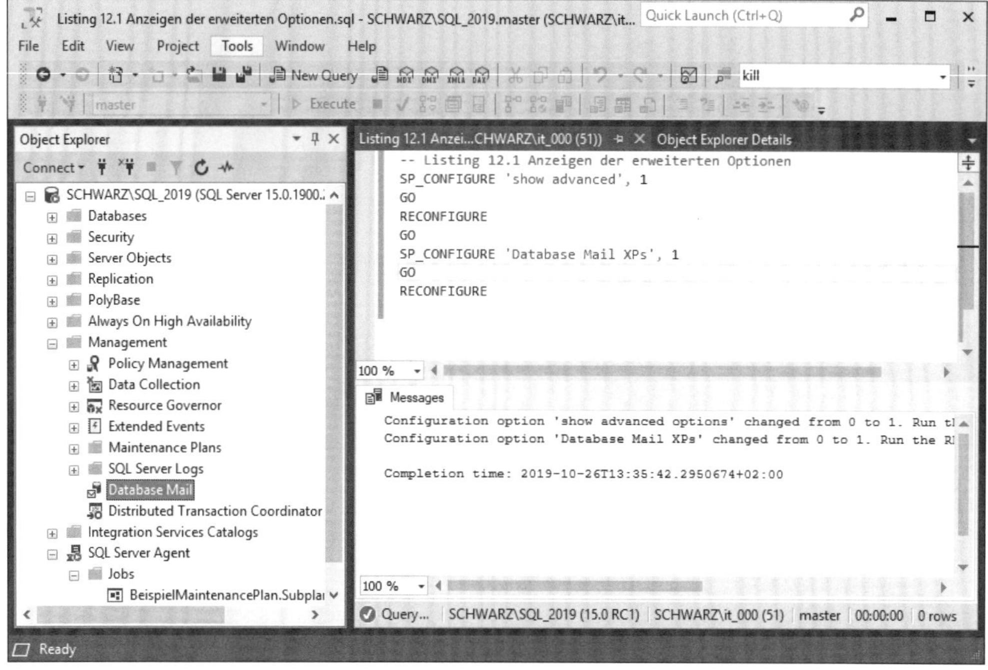

Abbildung 12.2 Datenbank-E-Mail im Objekt-Explorer des SSMS

1. Klicken Sie den Punkt DATENBANK-E-MAIL (DATABASE MAIL) doppelt an. Es öffnet sich der Assistent zum Konfigurieren von Datenbank-E-Mail mit seinem Begrüßungsbildschirm.
2. Klicken Sie auf WEITER (NEXT). Im folgenden Dialog (Abbildung 12.3) geben Sie an, ob Sie bestehende Profile verwalten oder ein neues Profil anlegen möchten.

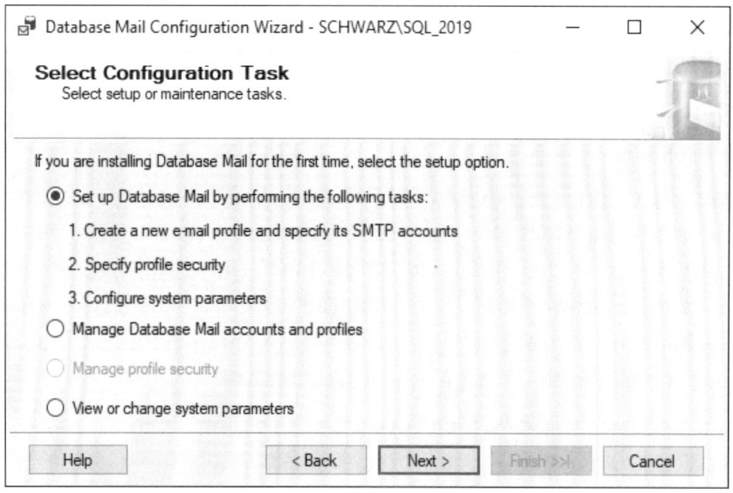

Abbildung 12.3 Konfigurationsaufgabe auswählen

Aktuell möchten wir ein neues Profil anlegen und wählen deshalb den Punkt DATENBANK-E-MAIL DURCH AUSFÜHREN DER FOLGENDEN AUFGABEN EINRICHTEN (SET UP DATABASE MAIL BY PERFORMING THE FOLLOWING TASKS) aus.

3. Wenn Sie jetzt auf WEITER (NEXT) klicken und Datenbank-E-Mail nicht aktiviert ist, erscheint der Dialog aus Abbildung 12.4, der Ihnen die Möglichkeit gibt, wie bereits zuvor beschrieben, Datenbank-E-Mail zu aktivieren.

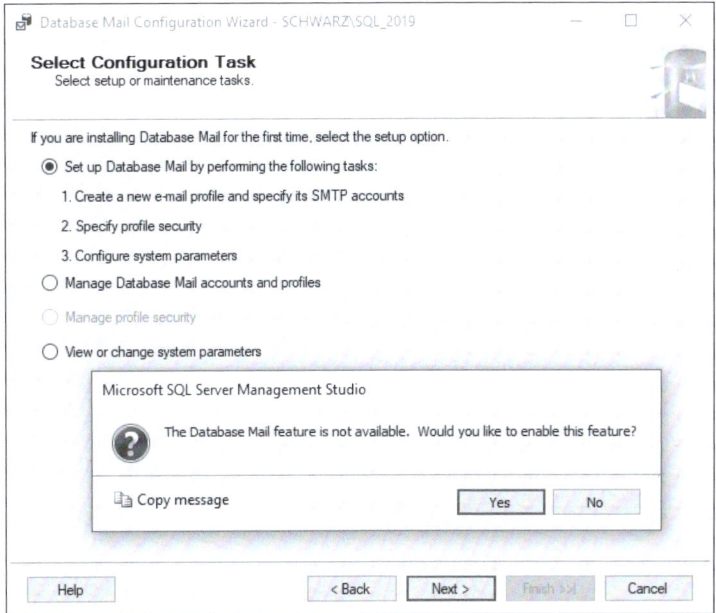

Abbildung 12.4 Dialog zum Aktivieren von Datenbank-E-Mail

4. Klicken Sie auf JA (YES), und wählen Sie anschließend WEITER (NEXT).
5. Sie vergeben im erscheinenden Dialog (Abbildung 12.5) einen Profilnamen und können eine zugehörige Beschreibung angeben, um bei der Anlage von mehreren Profilen die Übersicht zu behalten. Sie müssen in jedem Fall ein entsprechendes SMTP-Konto angeben, über das SQL Server E-Mails versenden kann. Es gibt hier die Möglichkeit, mehrere SMTP-Konten anzugeben. Sollte der Versand über ein SMTP-Konto fehlerhaft sein, wird versucht, die E-Mail über eventuell vorhandene andere SMTP-Konten zu verschicken. Für diesen Fall können Sie die Ausführungsreihenfolge der SMTP-Konten mit den Schaltflächen NACH OBEN (MOVE UP) und NACH UNTEN (MOVE DOWN) vorgeben.
6. Klicken Sie auf HINZUFÜGEN (ADD), um ein neues SMTP-Konto anzulegen. Es erscheint das Fenster aus Abbildung 12.6. In diesem Fenster geben Sie die Daten eines SMTP-Servers ein. Wichtig ist, dass die Daten des SMTP-Servers und natürlich auch die Anmeldedaten korrekt sind. Wie Sie diese Daten finden, haben wir bereits erläutert.

Database Mail Configuration Wizard - SCHWARZ\SQL_2019

New Profile

Specify the profile name, description, accounts, and failover priority.

Profile name: SQLServerMailProfil

Description: Profil zum Versenden von SQL Server Nachrichten

A profile may be associated with multiple SMTP accounts. If an account fails while sending an e-mail, the profile uses the next account in the priority list. Specify the accounts associated with the profile, and move the accounts to set the failover priority.

SMTP accounts:

Priority Account Name E-mail Address

Add... Remove Move Up Move Down

Help < Back Next > Finish >>| Cancel

Abbildung 12.5 Dialog »Neues Profil« (»New Profile«)

New Database Mail Account

Specify name, description, and attributes for your SMTP account.

Account name:

Description:

Outgoing Mail Server (SMTP)

E-mail address:

Display name:

Reply e-mail:

Server name: Port number: 25

This server requires a secure connection (SSL)

SMTP Authentication

Windows Authentication using Database Engine service credentials

Basic authentication

User name:

Password:

Confirm password:

Anonymous authentication

OK Cancel Help

Abbildung 12.6 SMTP-Konto-Eigenschaften angeben

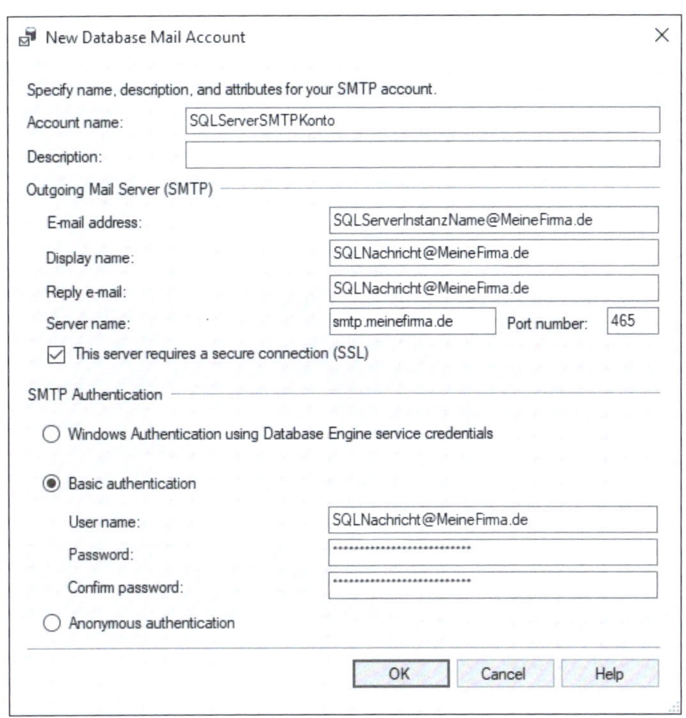

Abbildung 12.7 »Neue Datenbank-E-Mail« (»New Database Mail Account«) mit eingetragenen Daten

Hinweis zur Eingabe der Verbindungsdaten

1. Dieser Schritt ist notwendig, da SQL Server den hier anzugebenden SMTP-Server für den Versand der E-Mails nutzt. Kann sich SQL Server nicht korrekt anmelden oder stimmen die Daten nicht, schlägt der E-Mail-Versand mit Sicherheit fehl.
2. Im Fenster NEUES KONTO FÜR DATENBANK-E-MAIL (NEW DATABASE MAIL ACCOUNT) geben Sie verschiedene Daten ein. Unter POSTAUSGANGSSERVER (SMTP) • E-MAIL ADRESSE (OUTGOING MAIL SERVER (SMTP) • E-MAIL ADDRESS) können Sie eine beliebige Mailadresse eintragen. Sinnvoll ist es, hier den Namen der Instanz vor das @-Zeichen zu setzen. So sehen Sie in größeren Umgebungen mit vielen Instanzen sofort, woher die Meldung kommt.
3. Leider ist es heute immer wichtiger, jede mögliche Sicherheitsfunktion zu verwenden. Deshalb sollten Sie, sofern möglich, die SSL-Verschlüsselung aktivieren.

7. Klicken Sie anschließend auf OK. Es erscheint das Fenster aus Abbildung 12.8, und Sie sehen, dass Ihr SMTP-Konto angelegt wurde. Sie können nun, wenn Sie möchten, weitere SMTP-Konten für einen eventuellen Fehlerfall (wie zuvor erläutert) hinzufügen.

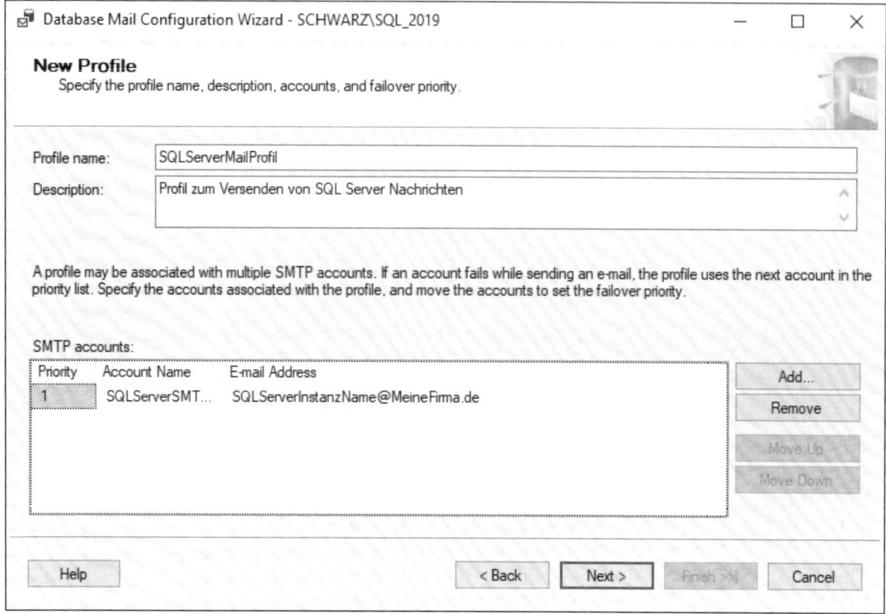

Abbildung 12.8 SMTP-Konten-Übersicht

8. Wenn Sie Ihr Profil erfolgreich angelegt haben, klicken Sie auf Weiter (Next). Im darauffolgenden Dialog können Sie angeben, welche Benutzer auf das erstellte Profil Zugriff haben dürfen. Für dieses Beispiel setzen wir die Einstellungen auf Öffentlich (Public). Setzen Sie hierzu ein entsprechendes Häkchen in der Spalte Öffentlich (Public) Ihres soeben erstellten Profils (siehe Abbildung 12.9), und klicken Sie auf Weiter (Next).

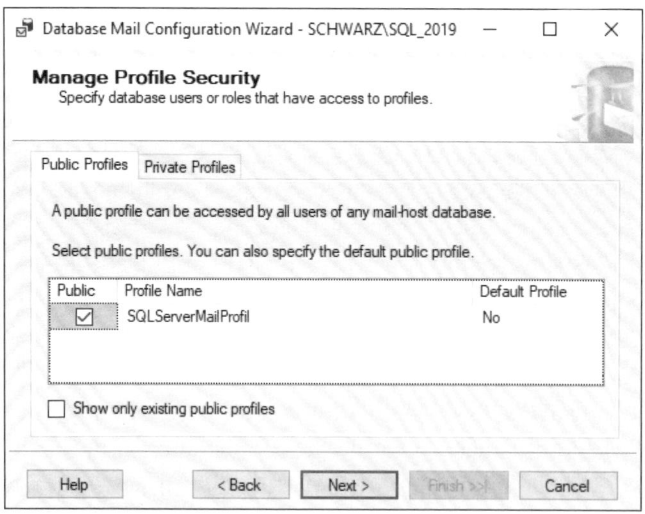

Abbildung 12.9 Profilsicherheit verwalten

Öffentliche und private Profile

Öffentliche Profile sind für alle Benutzer einer Datenbank verfügbar. Mit privaten Profilen können Sie dagegen den Zugriff auf bestimmte Benutzer beschränken.

9. Im folgenden Dialog (siehe Abbildung 12.10) können Sie verschiedene Angaben zum E-Mail-Versand machen, z. B.: Wie oft soll bei einem Fehler ein Wiederholungsversuch durchgeführt werden, und in welchem Zeitabstand? Die Standardeinstellungen sollen für dieses Beispiel genügen.

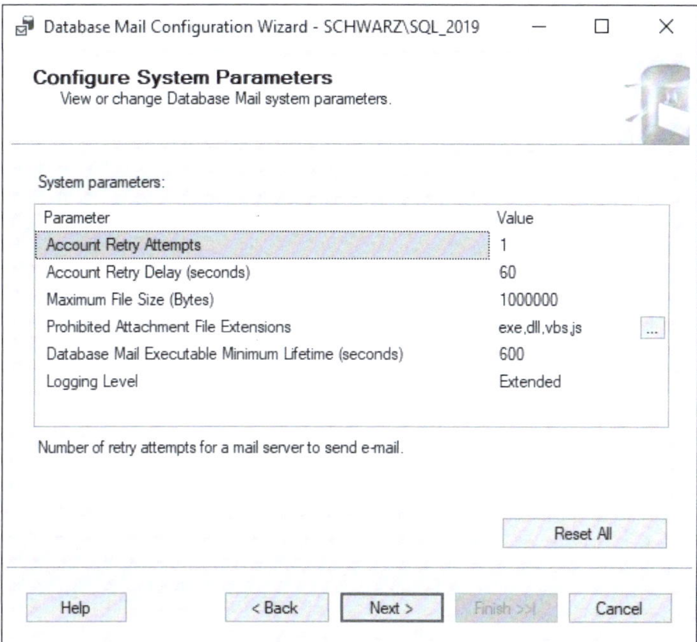

Abbildung 12.10 Konfigurieren der Systemparameter für Datenbank-E-Mail

10. Bestätigen Sie den Dialog mit WEITER (NEXT) und den folgenden Dialog (siehe Abbildung 12.11) mit FERTIG STELLEN (FINISH). Anschließend sollten Sie das Bild aus Abbildung 12.12 entsprechend den von Ihnen eingegebenen Daten sehen.
11. Klicken Sie auf SCHLIESSEN (CLOSE). Das E-Mail-Profil ist jetzt angelegt. Über dieses Profil ist SQL Server nun in der Lage, Mails und Warnungen an definierte Empfänger, die sogenannten *Operatoren*, zu senden.

    Sie können mit diesem Mailprofil eine Testnachricht an eine Ihnen zugängliche E-Mail-Adresse senden und überprüfen, ob diese Nachricht ankommt. Sollten Sie die Nachricht nicht erhalten, vergessen Sie nicht, auch den entsprechenden Spam-Ordner Ihres E-Mail-Programms zu überprüfen.

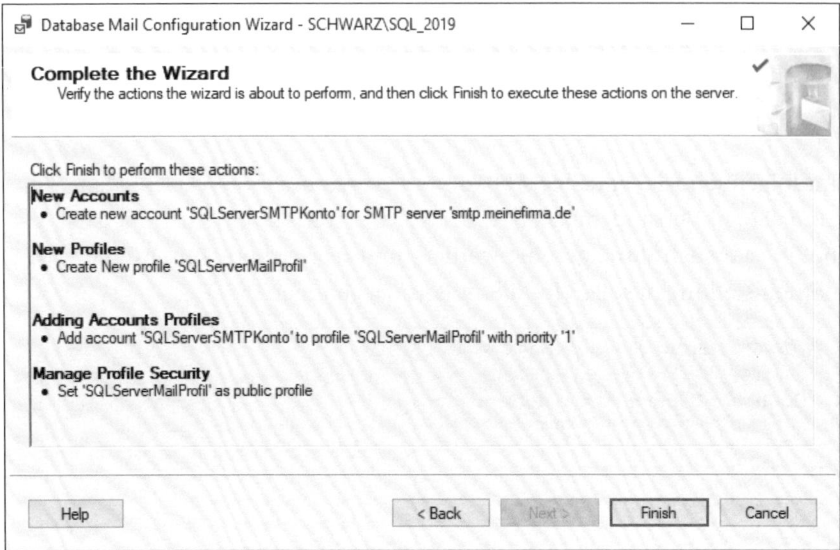

Abbildung 12.11 »Assistenten beenden« (»Complete the Wizard«)

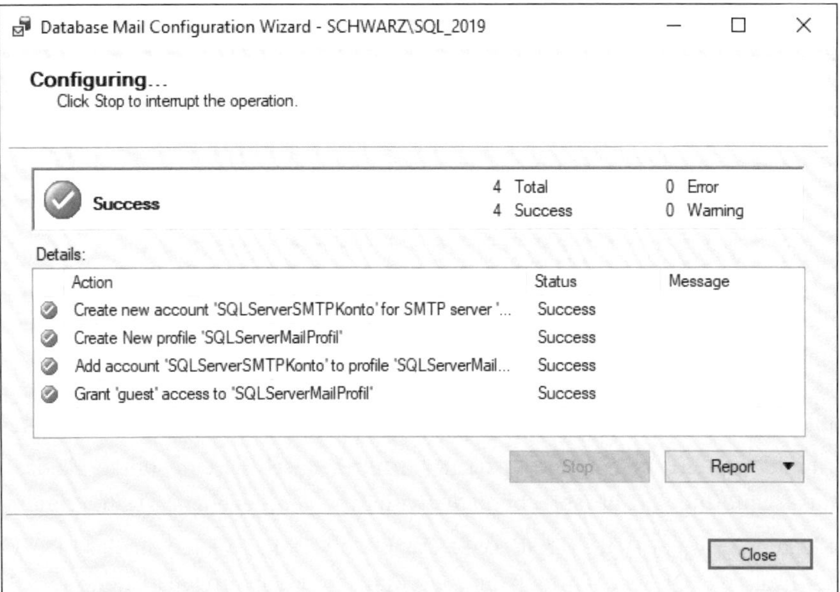

Abbildung 12.12 Konfiguration von Datenbank-E-Mail

Klicken Sie hierzu im Objekt-Explorer des SSMS mit der rechten Maustaste auf den Punkt DATENBANK-E-MAIL (DATABASE MAIL), und wählen Sie im Kontextmenü wie in Abbildung 12.13 den Menüpunkt TEST E-MAIL SENDEN... (SEND TEST-E-MAIL...) aus.

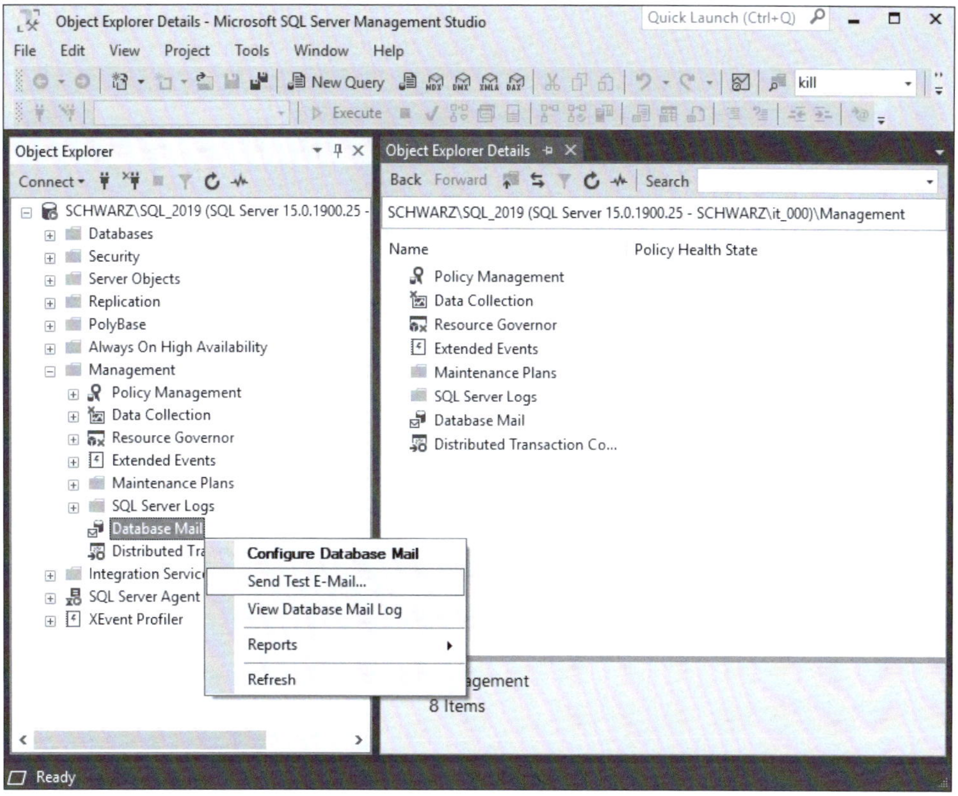

Abbildung 12.13 Aufruf des Dialogs zum Senden einer Test-E-Mail

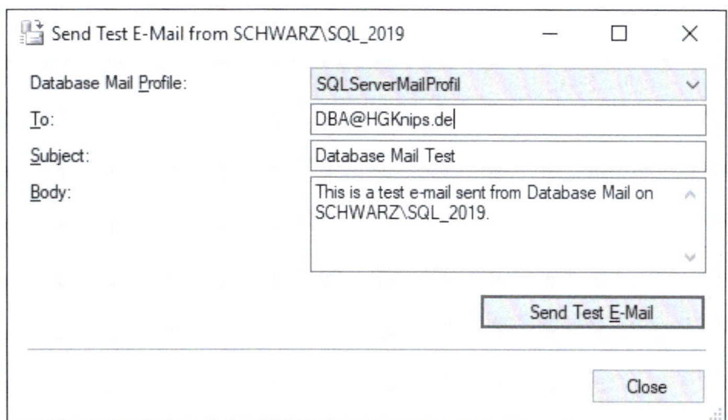

Abbildung 12.14 Eingabe der Daten für die Test E-Mail

Geben Sie die gewünschten Daten wie Empfänger-Mailadresse (To), Betreff (Subject) und Mailtext (Body) an.

Wenn Sie nun die Mail absenden, erscheint das Bild Abbildung 12.15. Hier erhalten Sie Hilfe, sollte das Senden von SQL Server Database Mail fehlschlagen.

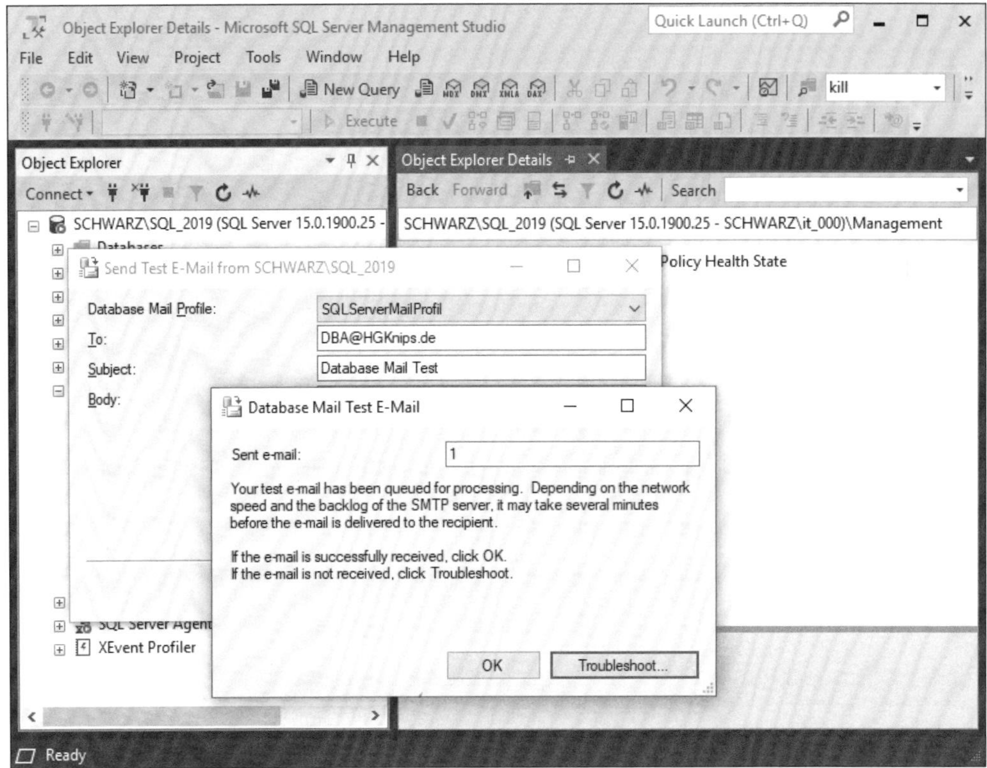

Abbildung 12.15 Troubleshoot – wenn es noch Probleme gibt

Wichtige abschließende Einstellungen

Über dieses Mailprofil können Sie bereits jetzt Nachrichten über die zur Verfügung stehenden gespeicherten Mailprozeduren senden (siehe hierzu den Abschnitt »Datenbank-E-Mail direkt nutzen«, den Sie ein paar Seiten weiter finden). Möchten Sie allerdings die Möglichkeiten nutzen, die Ihnen Warnungen und Operatoren bieten (siehe Abschnitt 12.2, »Einrichten von Warnungen«, und Abschnitt 12.3, »Anlegen von Operatoren«), sind noch weitere wichtige Einstellungen notwendig:

1. Das SQL Server Agent-Konto muss Mitglied der Rolle *DatabaseMailUserRole* der Systemdatenbank MSDB sein (siehe Abbildung 12.16).

   Wie Sie Konten zu einer Rolle hinzufügen, erklären wir in Abschnitt 10.5.3, »Datenbankrollen«.

2. Das Agent-Warnungssystem muss unter Angabe des erstellten Mailprofils aktiviert werden.

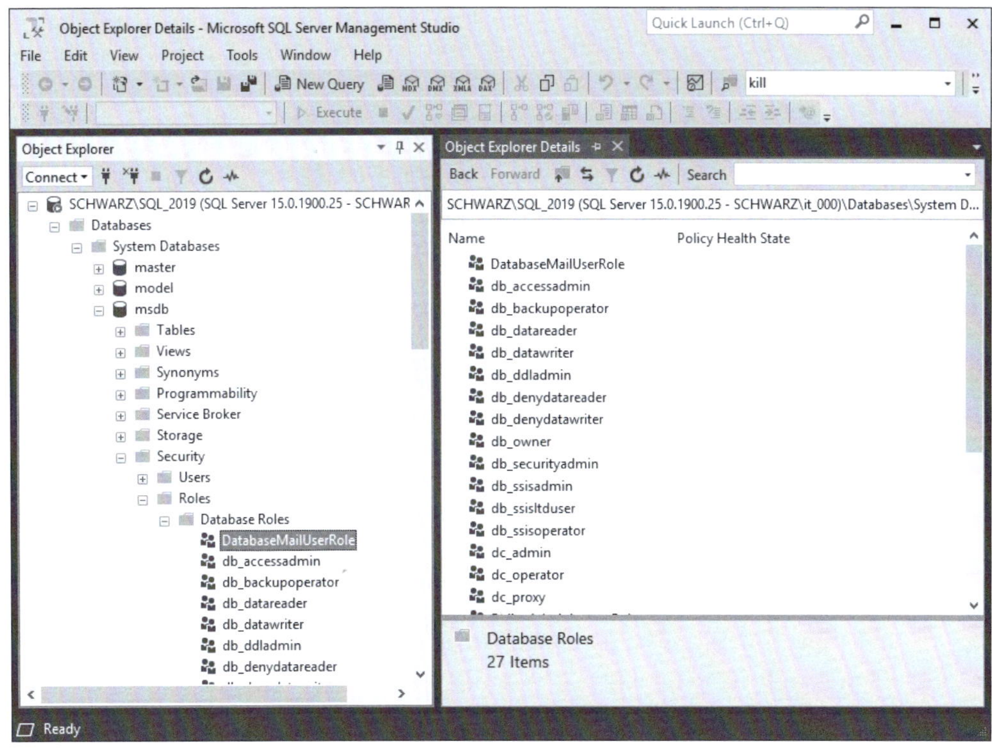

Abbildung 12.16 Anzeige der »DatabaseMailUserRole« der MSDB-Systemdatenbank

- Klicken Sie hierzu im Objekt-Explorer des SSMS mit der rechten Maustaste auf den SQL SERVER AGENT (siehe Abbildung 12.17) und anschließend auf EIGENSCHAFTEN (PROPERTIES).
- Im daraufhin erscheinenden Dialog EIGENSCHAFTEN DES SQL SERVER AGENTS (SQL SERVER AGENT PROPERTIES) wählen Sie im linken Bereich, SEITE AUSWÄHLEN (SELECT A PAGE), das WARNUNGSSYSTEM (ALERT SYSTEM) aus. Aktivieren Sie die Option MAILPROFIL AKTIVIEREN (ENABLE MAIL PROFILE) durch Setzen eines Häkchens, und wählen Sie unter MAILPROFIL (MAIL PROFILE) das zuvor erstellte Mailprofil (in unserem Beispiel SQLSERVERMAILPROFIL) aus (Abbildung 12.18).
- Klicken Sie anschließend auf OK, um die Aktivierung des Warnungssystems abzuschließen.
- Starten Sie nach erfolgter Konfiguration den SQL Server Agent-Dienst neu (rechte Maustaste auf den SQL SERVER AGENT-Ordner im Management Studio, dann NEU STARTEN [RESTART] wählen).

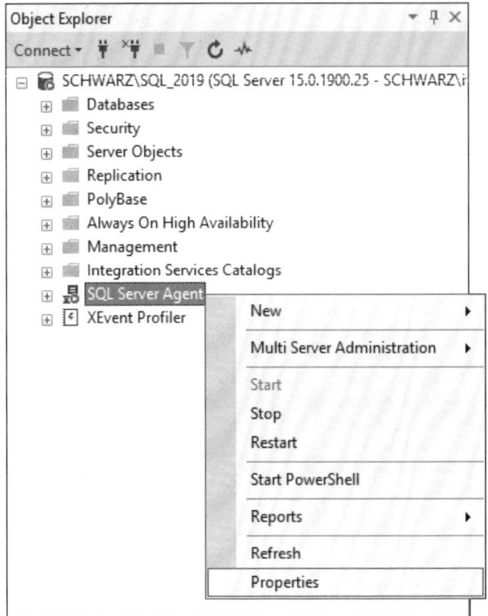

Abbildung 12.17 Eigenschaften des SQL Server Agents aufrufen

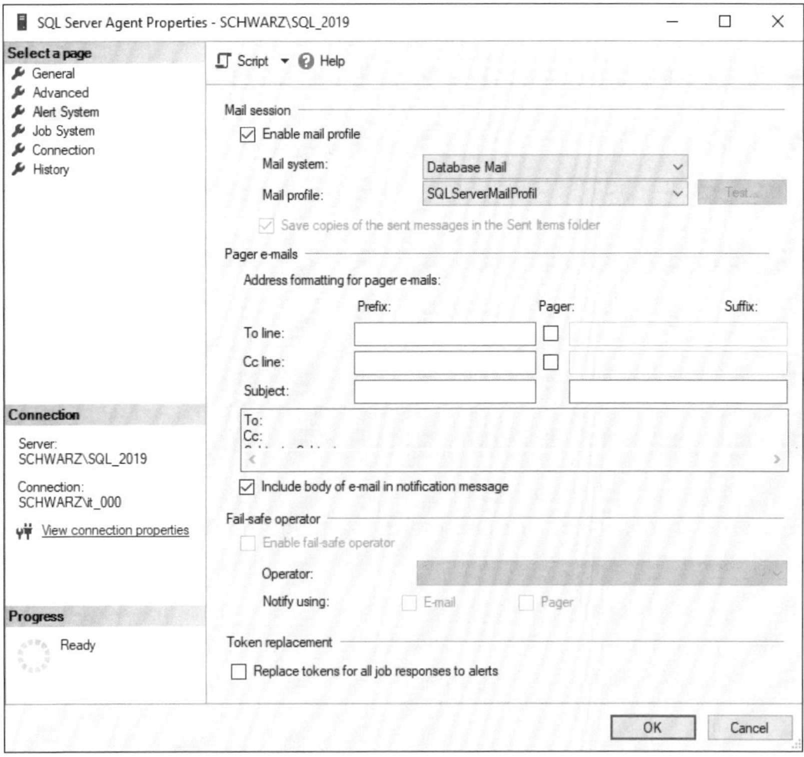

Abbildung 12.18 Aktivieren des SQL Server Agent-Warnungssystems

Wenn Sie diese Einstellungen vorgenommen haben, können Ihre Warnungen an die Operatoren versendet werden.

Datenbank-E-Mail direkt nutzen

Wie bereits erwähnt, gibt es eine weitere Möglichkeit, Datenbank-E-Mail zu nutzen, indem Sie direkt Nachrichten aus Ihren Datenbankanwendungen oder Skripten versenden.

Sie nutzen in diesem Fall die gespeicherte Prozedur `sp_send_dbmail`. Diese Prozedur setzt natürlich voraus, dass Datenbank-E-Mail aktiviert ist und ein entsprechendes Profil eingerichtet wurde, da die Prozezur selbst ein Bestandteil dieser Konfiguration ist. Hier ein kleines Beispiel einer Standardnachricht, die `sp_send_dbmail` aufruft:

```
EXEC msdb.dbo.sp_send_dbmail
@profile_name = 'SQLServerMailProfil',
@recipients = 'DBA@HGKnips.de',
@body = 'Das Datenbankskript zum Bereinigen der Stammdaten
wurde erfolgreich beendet.',
@subject = 'Datenbankskript erfolgreich beendet.' ;
```

Listing 12.2 Aufruf der gespeicherten Prozedur »sp_send_dbmail« zum Versenden einer Mail

`sp_send_dbmail` besitzt noch eine stattliche Menge an weiteren Parametern, die Ihnen das Übertragen von Abfrageergebnissen und Dateien ermöglichen. Um z. B. die Ergebnisse von Abfragen mit `sp_send_dbmail` zu übertragen, übergeben Sie die gewünschte Abfrage dem Parameter `@query`. Eine ausführliche Beschreibung von `sp_send_dbmail` finden Sie in der Onlinedokumentation von SQL Server.

Im nächsten Schritt erläutern wir Ihnen die Einrichtung von Nachrichtenschwellenwerten, den sogenannten Warnungen.

12.2 Einrichten von Warnungen

Mit einer Warnung definieren Sie Parameter oder Schwellenwerte, die SQL Server überwachen soll und die bei Gleichheit, Über- oder Unterschreiten des jeweiligen Schwellenwerts eine entsprechende Aktion (z. B. Senden einer E-Mail oder Ausführung eines Auftrags oder beides)auslösen. Es wird also eine *Warnung* (englisch: *alert*) ausgelöst. Diese Warnungen können mit sogenannten *Operatoren* (Empfängern der Warnung) verknüpft werden. Wie Sie diese Operatoren anlegen, lesen Sie in Abschnitt 12.3, »Anlegen von Operatoren«. Warnungen lassen sich im Wesentlichen drei Typen oder Kategorien zuordnen.

Warnungstypen	Beschreibung
SQL-Server-Ereigniswarnung (*SQL Server event alert*)	Reagiert auf Meldungen im Windows-Ereignisprotokoll.
SQL-Server-Leistungsstatuswarnung (*SQL Server performance condition alert*)	Reagiert auf eine bestimmte Bedingung in einem Leistungsindikator.
WMI-Ereigniswarnung (*WMI event alert*)	Reagiert auf WMI-Ereignisse (Windows Management Instrumentation).

Tabelle 12.2 Auflistung der Warnungstypen

Im folgenden Beispiel richten wir eine Warnung ein, die ausgelöst wird, sobald die Größe des Logfiles der Datenbank »AdminSchnelleinstiegDB« 100.000 KB überschreitet.

1. Öffnen Sie zuerst im Objekt-Explorer des SSMS den Knoten SQL SERVER AGENT. Klicken Sie mit der rechten Maustaste auf WARNUNGEN (ALERTS) und anschließend auf NEUE WARNUNG... (NEW ALERT...).

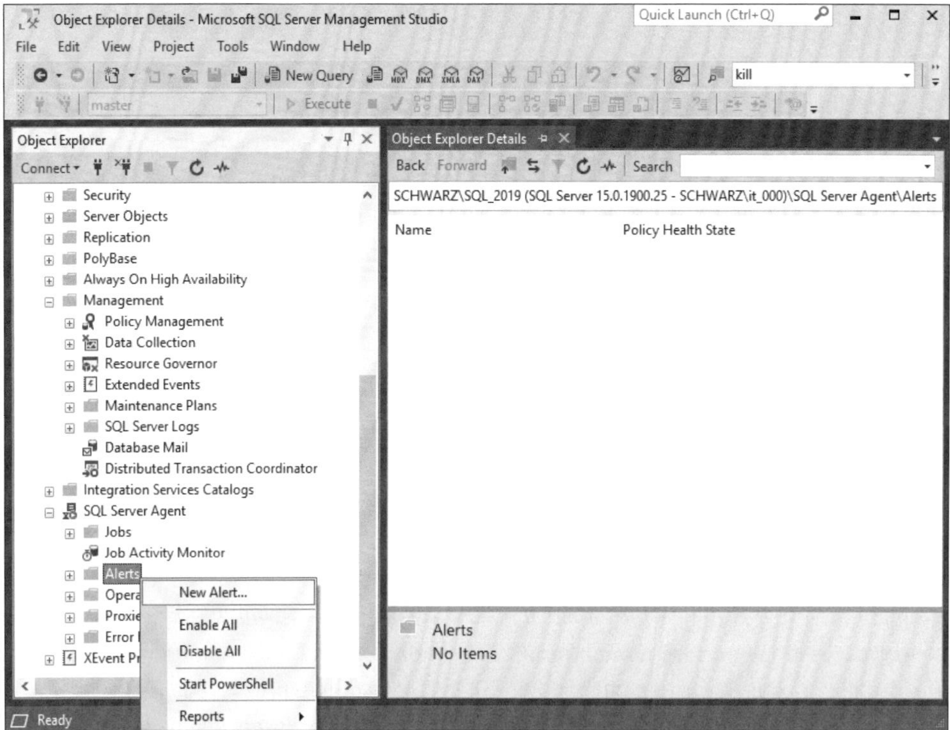

Abbildung 12.19 Ordner für Warnungen im Objekt-Explorer des SSMS

2. Es erscheint der Dialog aus Abbildung 12.20. Sie geben hier die entsprechenden Eigenschaften wie Name der Warnung, Warnungsart und auch die Parameter an, die die Warnung auslösen. Füllen Sie die Felder wie in Abbildung 12.21 aus. Klicken Sie anschließend im linken Bereich des Dialogs, SEITE AUSWÄHLEN (SELECT A PAGE), auf den Punkt ANTWORT (RESPONSE).

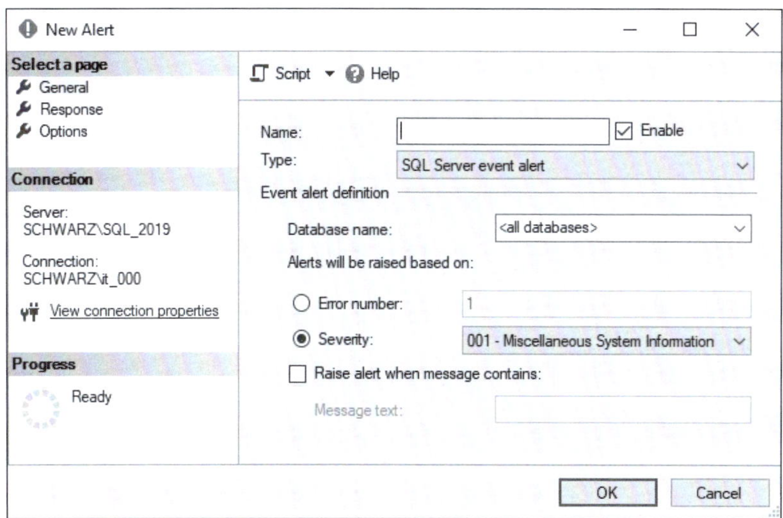

Abbildung 12.20 Setzen von allgemeinen Einstellungen beim Anlegen einer Warnung

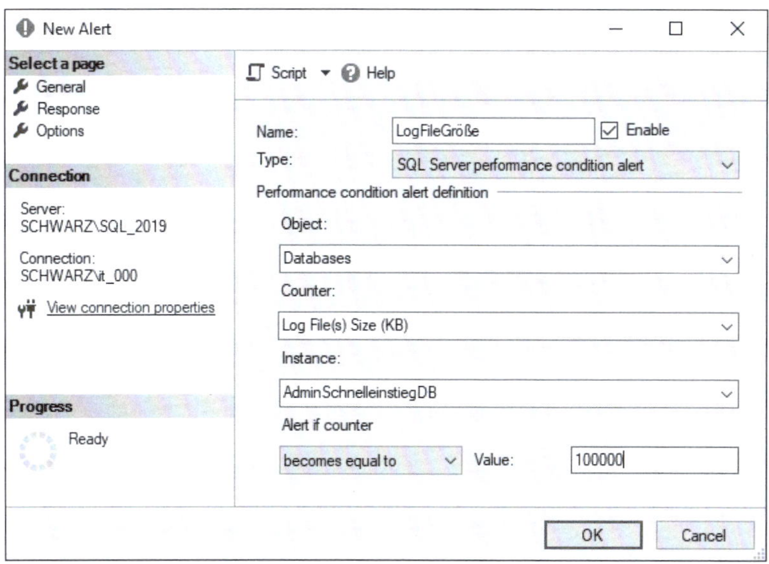

Abbildung 12.21 Setzen von allgemeinen Einstellungen beim Anlegen einer Warnung – ausgefüllt

3. Im darauffolgenden Dialog könnten Sie z. B. einen Agent-Auftrag angeben (Execute job; siehe Abbildung 12.22), der bei eintretender Warnung ausgeführt wird, oder aber Operatoren (Empfänger), die entsprechend bei Warnungsauslösung informiert werden sollen. Wir belassen es aber bei den Standardeinstellungen (englisch: *default*), wie in Abbildung 12.23 zu sehen.

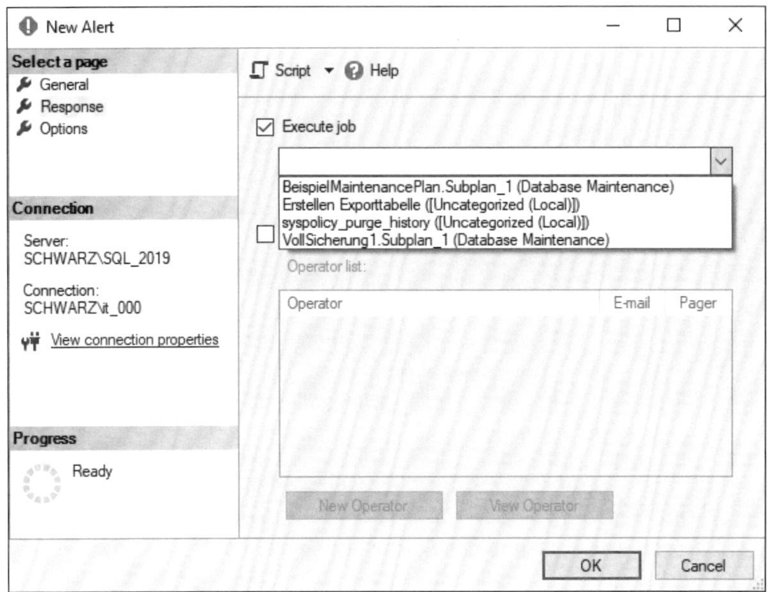

Abbildung 12.22 Dialog zum Festlegen von Operatoren und T-SQL-Aufträgen beim Erstellen einer Warnung

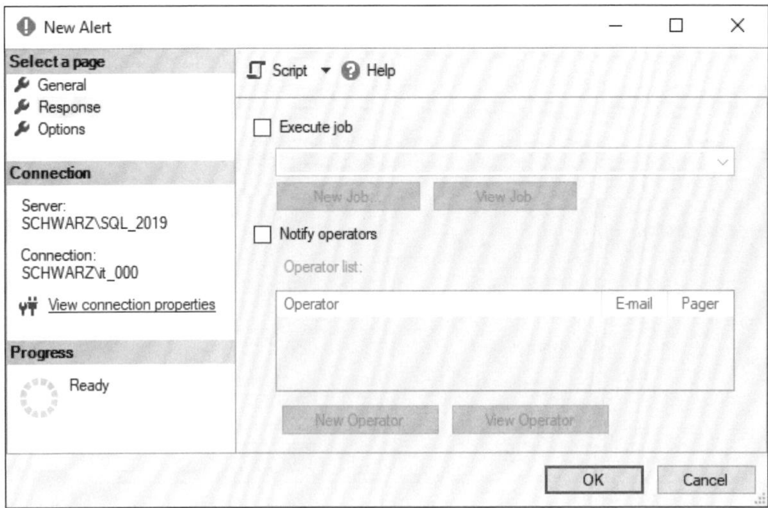

Abbildung 12.23 Default

Da wir aber noch keine Operatoren angelegt haben, können wir in diesem Dialog auch keine auswählen und werden dies später nachholen. Wurden bereits Operatoren in Ihrem System angelegt, können Sie sie hier nach Aktivieren der Checkbox OPERATOREN BENACHRICHTIGEN (NOTIFY OPERATORS) direkt der Warnung zuweisen.

Durch einen Klick auf NEUER OPERATOR (NEW OPERATOR) könnten Sie hier auch direkt einen Operator anlegen. Wir legen einen Operator jedoch erst in Abschnitt 12.3, »Anlegen von Operatoren«, an. Darum ändern wir die Einstellungen in diesem Dialog nicht und wählen den Punkt OPTIONEN (OPTIONS) (siehe Abbildung 12.24) aus. In diesem Dialog haben Sie die Möglichkeit, im Feld ZUSÄTZLICH ZU SENDENDE WARNBENACHRICHTIGUNG (ADDITIONAL NOTIFICATION MESSAGE TO SEND) einen individuellen Text anzugeben, der in die zu versendende E-Mail eingefügt wird.

12

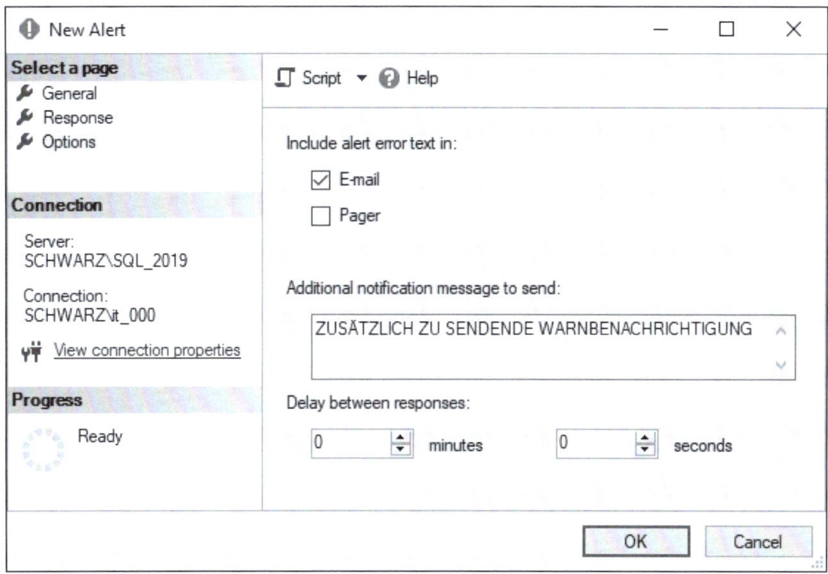

Abbildung 12.24 Setzen der Benachrichtigungsoptionen für Warnungen

Wählen Sie zudem die Checkbox E-MAIL aus, und fügen Sie Ihren eigenen Text hinzu, oder nehmen Sie keine Einstellungen vor. Die Einstellungen sind optional.

Hinweis: Option »Pager«

Im Dialog OPTIONEN (OPTIONS) aus Abbildung 12.24 gibt es auch die Option PAGER (die früher ebenfalls vorhandene Option NET SEND wurde mittlerweile entfernt). Damit senden Sie Nachrichten an einen Pager an die definierten Operatoren.

Diese Option wird in zukünftigen SQL-Server-Versionen ebenfalls nicht mehr vorhanden sein! Sie sollten sie daher nicht in Ihre Planungen einbeziehen.

4. Klicken Sie anschließend auf OK, und Sie sehen in Ihrer Management-Studio-Baumstruktur die soeben von Ihnen erstellte Warnung (Abbildung 12.25).

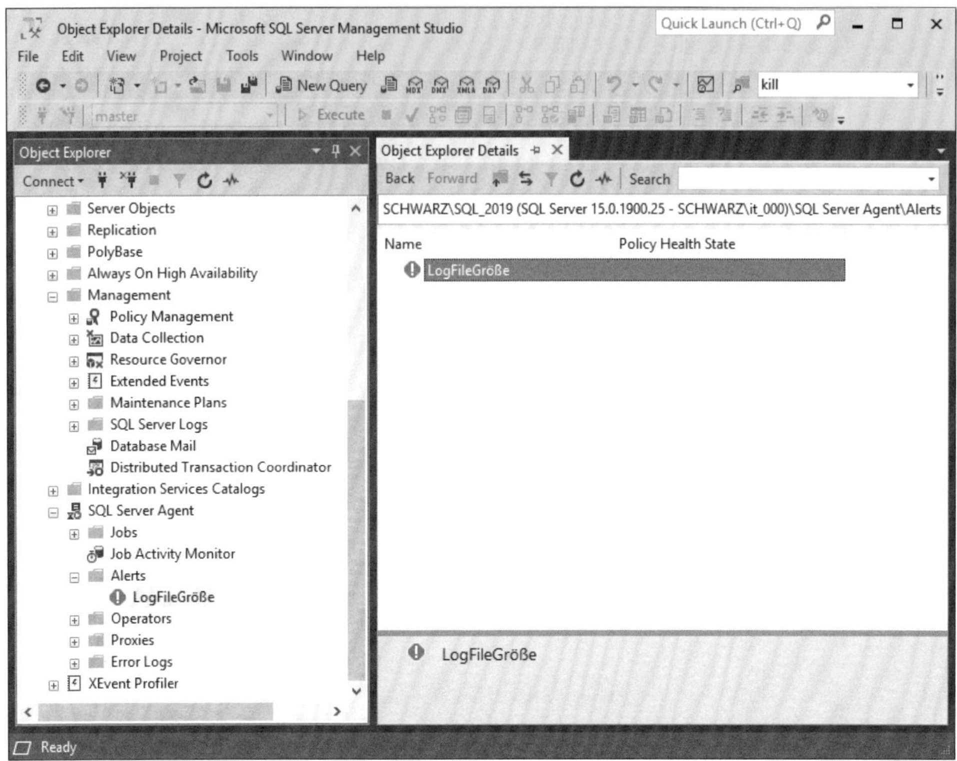

Abbildung 12.25 Auflistung von Warnungen im Objekt-Explorer des SSMS

12.3 Anlegen von Operatoren

Unter einem *Operator* ist der eigentliche Nachrichtenempfänger zu verstehen. Operatoren werden mit den erstellten Warnungen verknüpft bzw. diesen zugewiesen.

1. Um einen Operator anzulegen, wählen Sie in Ihrer Management-Studio-Baumstruktur unter OPERATOREN (OPERATORS) durch einen Klick mit der rechten Maustaste den Kontextmenüpunkt NEUER OPERATOR ... aus (NEW OPERATOR..., siehe Abbildung 12.26).
2. Im Dialog NEUER OPERATOR (NEW OPERATOR, siehe Abbildung 12.27) vergeben Sie im Feld NAME einen Erkennungsnamen für den Operator. Dies ist der Name, der anschließend in der Baumstruktur erscheint und Ihrer Orientierung dient, damit Sie den Operator eindeutig identifizieren können.

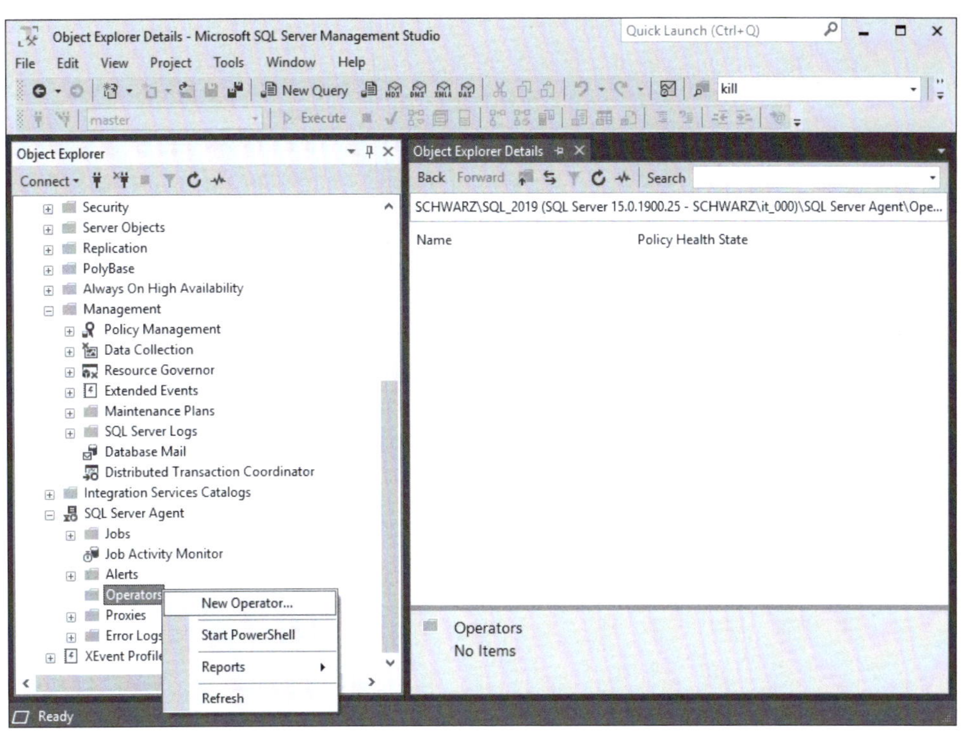

Abbildung 12.26 Kontextmenüpunkt »Neuer Operator« (»New Operator«) im SSMS

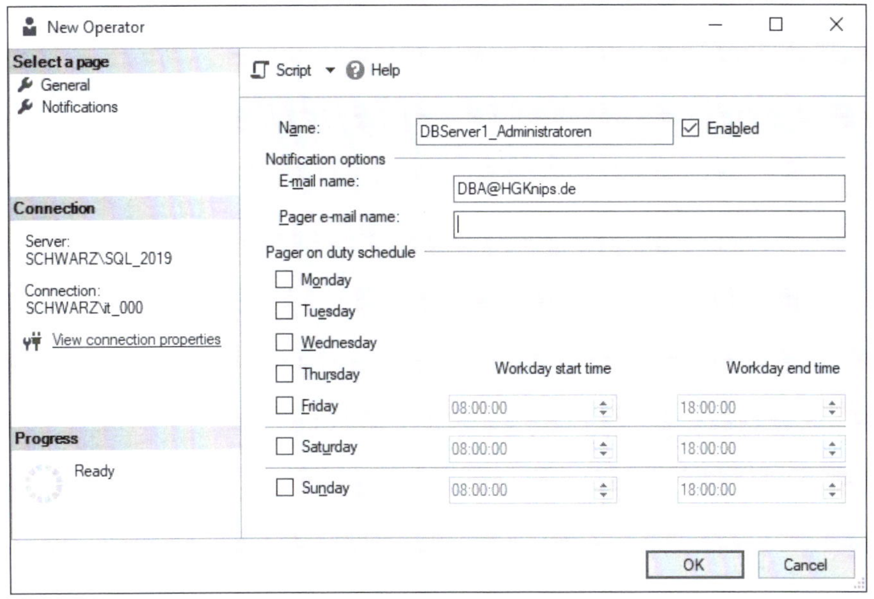

Abbildung 12.27 Dialog zum Festlegen von allgemeinen Einstellungen beim Erstellen eines Operators

Wichtiger ist allerdings die E-Mail-Adresse des Operators. An diese Adresse werden die entsprechenden Warnungen gesendet. Geben Sie im Feld E-MAIL-NAME die E-Mail-Adresse des Empfängers an.

3. Wählen Sie anschließend den Punkt BENACHRICHTIGUNGEN (NOTIFICATIONS) im linken Teil des Dialogs aus. Im daraufhin erscheinenden Dialog (siehe Abbildung 12.28) wird Ihnen die zuvor erstellte Warnung angezeigt. Wurden in Ihrem System mehrere Warnungen erstellt, sehen Sie hier alle Warnungen und können sie dem Operator per Klick zuweisen. Aktivieren Sie in der Zeile LOGFILEGRÖSSE die Checkbox der Spalte E-MAIL, und klicken Sie auf OK.

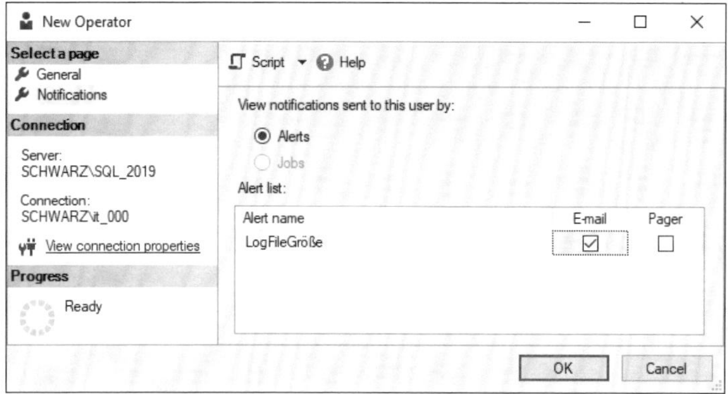

Abbildung 12.28 Verknüpfen von Warnungen mit einem Operator

Ihre Baumstruktur in SQL Server Management Studio im Knoten SQL SERVER AGENT sieht jetzt aus wie in Abbildung 12.29.

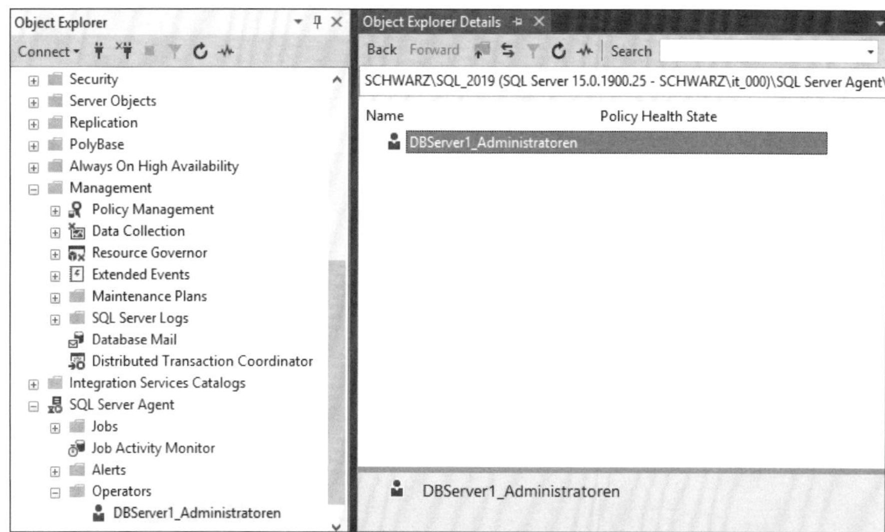

Abbildung 12.29 Auflistung der Operatoren im Objekt-Explorer des SSMS

Ab jetzt wird der eingerichtete Operator via E-Mail gewarnt, wenn das Logfile der Datenbank »AdminSchnelleinstiegDB« größer als 100.000 KB ist.

12.4 Warnungen zu Leistungsstatus, Fehlernummern und WMI

Wie bereits zuvor erläutert, werden durch die Definition von Warnungen bei Erreichen eines zuvor definierten Ereignisses oder Zustands von Systemparametern Mitteilungen an den Empfänger (Operator) verschickt oder zuvor definierte Aufträge ausgeführt. Die auszuwertenden Parameter sind vielfältig und gliedern sich in drei Warnungsarten, die im Dialog NEUE WARNUNG (NEW ALERT) im Feld TYP (TYPE) ausgewählt werden können (siehe Abbildung 12.30).

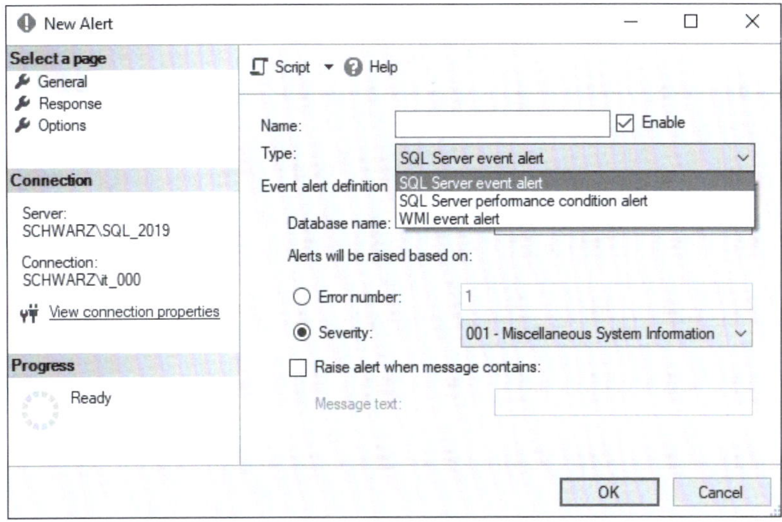

Abbildung 12.30 Auswahlfeld für Warnungsarten

12

12.4.1 SQL-Server-Ereigniswarnung (SQL Server event alert)

Die SQL-Server-Ereigniswarnung reagiert auf Einträge des SQL-Server-Ereignisprotokolls. Warnungen können auf der Basis von Datenbankname, Fehlernummer, Schweregrad und enthaltenem Text der im Ereignisprotokoll eingetragenen Meldungen definiert werden.

12.4.2 SQL-Server-Leistungsstatuswarnung (SQL Server performance condition alert)

Die SQL-Server-Leistungsstatuswarnung ermöglicht es, auf Basis von SQL-Server-Leistungsindikatoren Warnungen zu definieren. Mit Leistungsstatuswarnungen können Sie die Leistungsindikatoren von SQL Server überwachen. Leistungsindikatoren werden durch die Installation einer SQL-Server-Instanz zur Verfügung gestellt und können z. B. mit Tools wie dem Systemmonitor aufgezeichnet werden, um SQL-Server-Parameterwerte zu überwachen.

Für die Definition einer Warnung stehen Ihnen bis zu 800 Leistungsindikatoren zur Verfügung. Damit sind Sie in der Lage, SQL Server umfangreich zu überwachen. Dies reicht von der Überwachung des SQL-Pufferspeichers (Datencache) bis hin zur Überwachung des Datenbank-Transaktionsprotokolls.

12.4.3 WMI-Ereigniswarnung (WMI event alert)

WMI-Warnungen (*Windows Management Instrumentation*) bieten die Definition von Warnungen auf der Basis von WMI-Ereignissen. Die WMI-Ereignisse werden ausführlich unter *https://docs.microsoft.com/de-de/sql/relational-databases/wmi-provider-server-events/wmi-provider-for-server-events-classes-and-properties?redirectedfrom=MSDN&view=sql-server-ver15* aufgelistet.

Warnungen werden hier durch das Auftreten eines WMI-Ereignisses ausgelöst. Bei der Definition der WMI-Ereigniswarnungen wird eine WMI-Query-Language-Abfrage (WQL) angegeben, die einen Ereignistyp für eine Datenbank oder ein Datenbankobjekt abrufen kann. Mittels WMI-Ereigniswarnung könnten Sie sich z. B. eine Benachrichtigung bei Auftreten von Deadlocks zusenden lassen.

Kapitel 13
Skalierbarkeit von SQL Server

Skalierung ist ein wichtiges Thema, um Investitionen für die Zukunft zu sichern. Wenn Unternehmen wachsen, ist dasjenige Unternehmen im Vorteil, das keine völlig neuen Lösungen implementieren muss, sondern nur weitere Lizenzen kauft.

Was bedeutet *Skalierung*? In welchen Szenarien ist es wichtig, über Skalierung nachzudenken, und können Sie das Thema schon bei der Planung berücksichtigen?

Es gibt zwei Arten der Skalierung: Scale-up und Scale-out

Das *Scale-up* bedeutet den geringsten Aufwand auf Anwendungsseite. Hier werden »nur« die Leistungsträger der unterliegenden Hardware verstärkt. Mehr RAM, weitere CPUs oder auch eine Umstellung von klassischen Festplatten auf SSDs sind die Faktoren, allerdings auch die Grenze. Ist das Maximum verbaut, dann ist kein weiteres Scale-up mehr möglich.

Beim *Scale-out* werden Dienste, Instanzen oder/und Datenbanken auf zusätzliche Hardware ausgelagert. Dabei ist der Aufwand für den Umbau größer, dafür sind die Möglichkeiten der Skalierung nahezu unbegrenzt.

SQL Server zu skalieren, ist in vielerlei Hinsicht ein wichtiges Thema. Es betrifft z. B. Administratoren, die aus Leistungsgründen SQL Server skalieren müssen oder die eine hohe Verfügbarkeit von SQL Server sicherstellen möchten, oder Entwickler, die ein Framework wie Service Broker nutzen. Der Vorteil einer Skalierung liegt auf der Hand: Sie können zunächst mit der Installation einer einzigen Instanz von SQL Server beginnen, der dann weitere Instanzen folgen. Muss skaliert werden, können Sie Dienste so auf weitere Server verlagern oder, im Fall von Service Broker, die Routen zu den neuen Servern ändern.

SQL Server wird kostenlos als Express Edition angeboten. Unternehmen beginnen oft mit dieser Version. Sie stellen jedoch nach einiger Zeit fest, dass es weitere interessante Dienste wie die Integration Services für ETL-Prozesse gibt, und haben den Wunsch, diese zu verwenden, um ihre heterogene IT-Landschaft zu verbinden und vielleicht zu konsolidieren. Letztendlich erfolgt entweder ein Upgrade der vorhandenen Version, oder es kommen weitere Installationen von SQL Server hinzu. Das Upgrade ist einfach; Sie können kostenlos beginnen und später auf eine lizenzpflichtige Version aktualisieren. Eine Alternative ist es, nicht zu aktualisieren, sondern weitere Installationen hinzuzufügen und Dienste von SQL Server auf unterschiedlichen Rechnern zu installieren.

13.1 Verteilen der SQL-Server-Dienste

SQL Server besteht aus den bereits in Kapitel 5, »Konfigurieren von SQL Server«, genannten Diensten, die sich in einer Infrastruktur gut verteilen lassen. Ein komplexes Datenbanksystem, das viele Transaktionen verarbeitet, muss oft aus Leistungsgründen auf einem eigenen Server ausgeführt werden. Die *Integration Services*, die bis dahin vielleicht lediglich Wartungspläne ausführen, laufen auf demselben Server wie das Datenbankmodul. Ihr Unternehmen plant vielleicht in Zukunft die Einführung eines Data Warehouses. Komplexe Analysen sollen aus dem Data Warehouse erfolgen, und ein Berichtswesen soll eingeführt werden.

Es zeigt sich dann häufig bereits sehr früh, dass die *Analysis Services* und die *Reporting Services* aus Leistungsgründen auf weiteren separaten Servern ausgeführt werden müssen. Sie sehen also: Gerade hier sind Sie sehr schnell beim Thema Skalierung angekommen, denn in der Praxis erfüllt selten ein einzelner Server diese komplexen Anforderungen. Allein das Thema in Kapitel 22, »Parallel Data Warehouse (PDW)«, zeigt, wie schnell heute bei sehr großen Datenbanken skaliert werden muss.

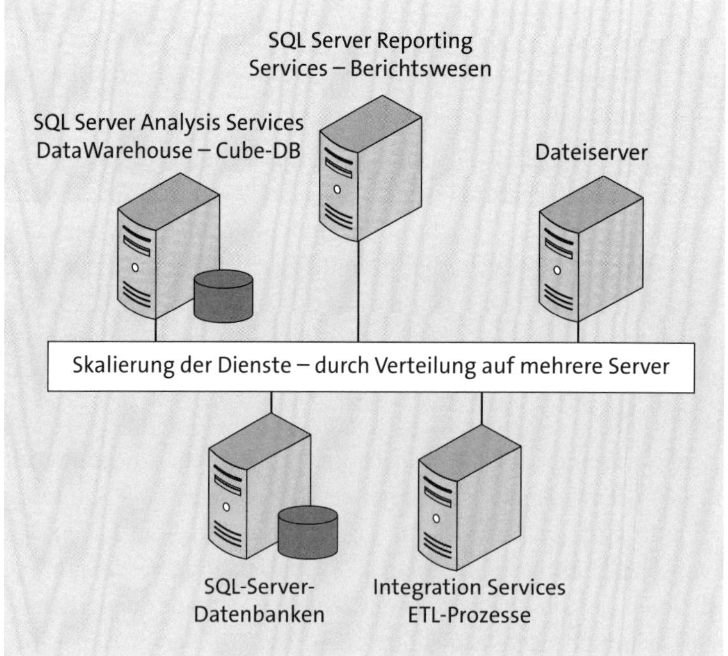

Abbildung 13.1 Verteilung der SQL-Server-Dienste auf mehrere Server

13.2 SQL Server und NLB-Cluster

Ein Netzwerklastenausgleich-Cluster (*NLB-Cluster* oder *Network-Load-Balancing-Cluster*) kann seit Windows Server 2008 aufgebaut werden und hat die Aufgabe, Anfragen von Clients z. B. an eine Datenbank zu verteilen. Somit entspricht der NLB-Cluster einer typischen Lastenverteilung. Das kann in den verschiedensten Szenarien hilfreich sein, wenn es darum geht, die Last auf einem einzelnen Server zu reduzieren und auf mehrere Server zu verteilen. Sowohl beim Datenbankmodul als auch bei den Reporting Services – oder, wie Sie im nächsten Abschnitt noch sehen werden, bei den Analysis Services – ist das eine Option zur Skalierung.

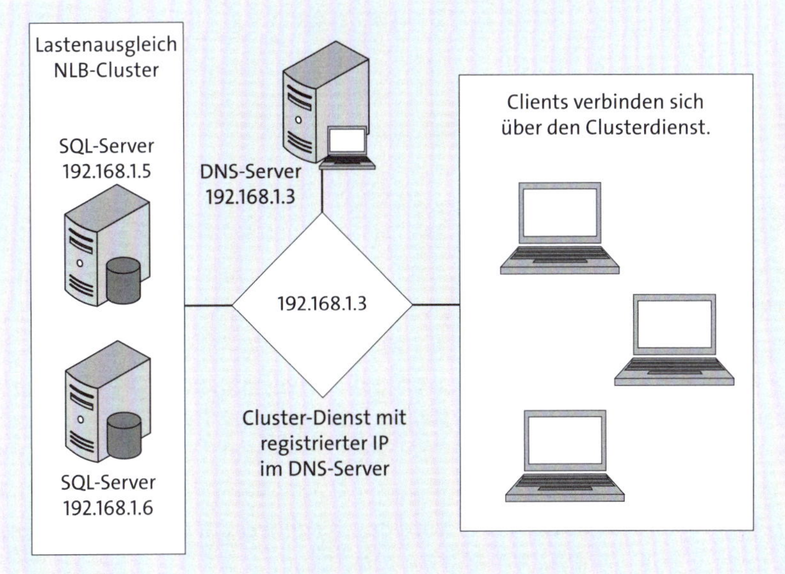

Abbildung 13.2 Netzwerklastenausgleich zur Verteilung der Clientanfragen

13.2.1 Reporting Services und Lastenausgleich

Abbildung 13.3 zeigt, wie der Berichtsserver innerhalb eines NLB-Clusters ausgeführt wird. Die Berichtsserver-Datenbank liegt außerhalb des Clusters und muss hier nicht redundant vorhanden sein. Hier werden lediglich die Anfragen der Clients über das Lastenausgleichsmodul an den Berichtsserver verteilt. Dabei wird eine virtuelle IP-Adresse im Domain Name System (DNS) registriert und steht den Clientanwendungen bei Anfragen zur Verfügung. Somit entscheidet das Lastenausgleichsmodul, zu welchem Server die Anfragen der Anwendung weitergeleitet werden.

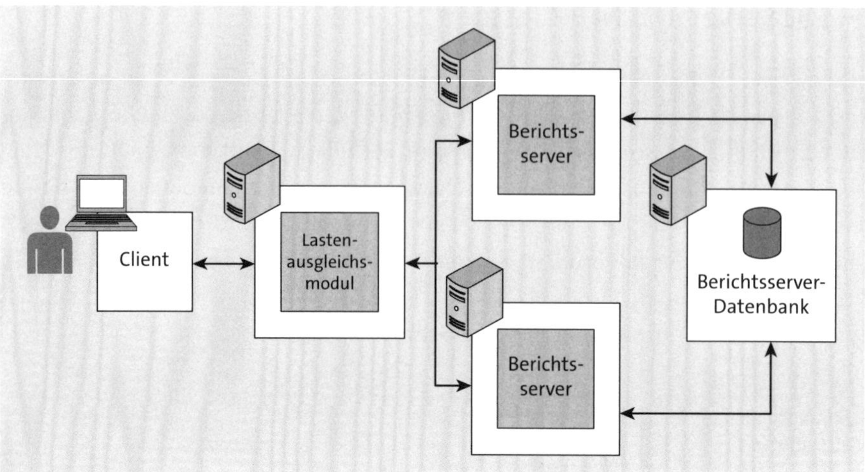

Abbildung 13.3 Ein NLB-Cluster für Reporting Services

13.2.2 Failover-Cluster

Eine weitere Möglichkeit besteht darin, zusätzlich zum NLB-Cluster für den Berichtsserver die Datenbank der Reporting Services in einem Failover-Cluster unterzubringen. Die technologischen Hintergründe zum Failover-Cluster und dem Protokollversand werden wir Ihnen in Kapitel 15, »Hochverfügbarkeitslösungen«, vermitteln. An dieser Stelle ist es lediglich wichtig zu verstehen, dass mit dem Failover-Cluster der Ausfall des SQL Servers und somit der Berichtsserver-Datenbank verhindert wird. Bei einem Ausfall übernimmt ein zweiter, redundanter SQL Server. Kommt es jetzt zu einem Ausfall einer Instanz von SQL Server, wird durch *Failover* auf die zweite Instanz geschwenkt, und die Datenbank steht weiter zur Verfügung.

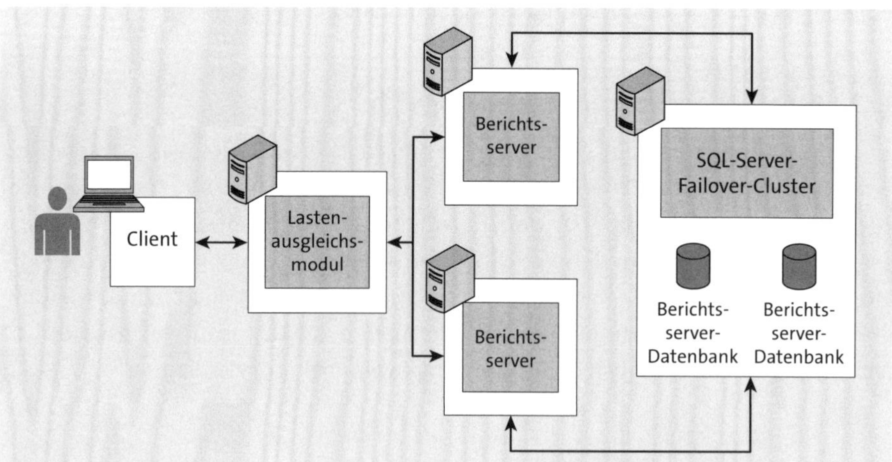

Abbildung 13.4 Kombination von NLB-Cluster und Failover-Cluster

In Abbildung 13.4 ist sehr gut zu erkennen, wie Sie eine Kombination aus Lastenausgleich und Failover-Cluster sinnvoll einsetzen können, um sowohl die Leistung als auch die Verfügbarkeit zu erhöhen.

13.2.3 SQL-Server-Protokollversand (Transaction Log Shipping)

In Abbildung 13.5 sehen Sie ein Beispiel dafür, wie ein NLB-Cluster in Verbindung mit dem Protokollversand eingesetzt wird. Dabei wird die Möglichkeit genutzt, das Transaktionsprotokoll von SQL Server nach einer Sicherung zu versenden. Das versendete Transaktionsprotokoll wird über einen Auftrag im SQL Server Agent der sekundären Instanz wiederhergestellt.

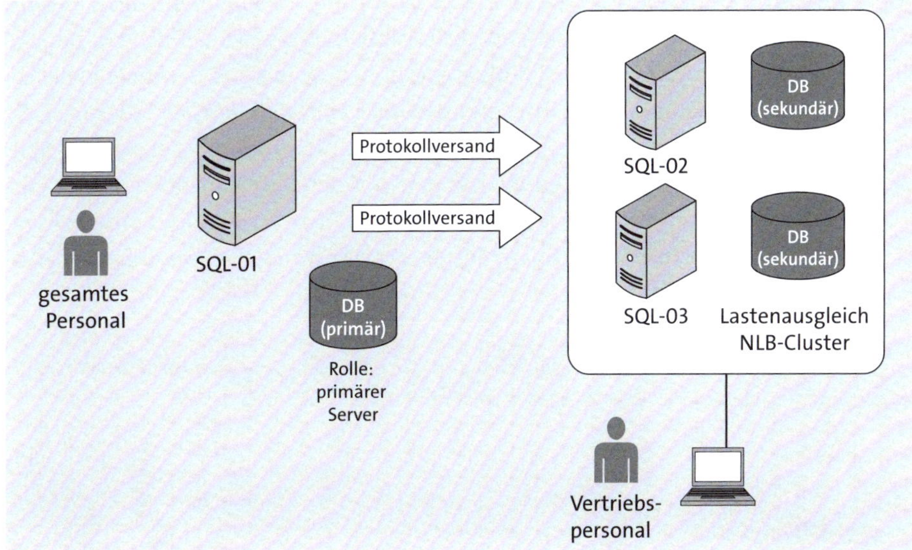

Abbildung 13.5 Kombination Protokollversand und NLB-Cluster

Das Beispiel beruht auf der Tatsache, dass beim Protokollversand mehrere Empfänger konfiguriert werden können und diese sich dann gemeinsam in einem NLB-Cluster befinden. Das ist beim Protokollversand unter Umständen sinnvoll, da auf die Daten der Protokollempfänger lesend zugegriffen werden kann. In diesem Fall erhalten die Empfänger vom primären Server jeweils in einem zeitlichen Intervall die Änderungen über das Transaktionsprotokoll. Eine Lastenverteilung sorgt hier für eine Reduzierung der Last auf den einzelnen Empfängern. Diese Empfänger können z. B. für Reporting-Zwecke genutzt werden. Anders als in einem Failover-Cluster sind beim NLB-Cluster die Datenbanken jeweils pro Knoten vorhanden. Auch hier zeigt sich, wie Sie mit Hilfe des Protokollversands SQL Server sehr gut skalieren können und es lediglich eines Hinzufügens weiterer Instanzen bedarf.

13.3 Skalierung der Analysis Services

Die Analysis Services werden wir in Kapitel 24 vorstellen. In diesem Abschnitt geht es uns in erster Linie darum, zu zeigen, welche Rolle die Analysis Services hinsichtlich einer Skalierung von SQL Server spielen. Um das Problem von langwierigen Abfragen auf ein Data Warehouse zu vermeiden, sollten Sie schon frühzeitig im Planungsprozess die Themen Design, Partitionierung und Skalierung der Analysis Services betrachten. Sie müssen sich jedoch im Klaren darüber sein, was Sie erreichen möchten. Die Analysis Services bieten einige Optionen für eine Optimierung oder Skalierung. Auf jeden Fall sollten Sie sich zuerst auf ein gutes Aggregations- und Partitionierungsdesign konzentrieren.

Wenn Ihr Performanceengpass die Prozessorauslastung auf einem einzigen System ist und eine sehr große Anzahl an Benutzern parallel Abfragen ausführt, können Sie die Abfrageleistung durch einen NLB-Cluster erhöhen. Wenn Ihre Benutzer viele Abfragen ausführen, die tatsächlich eine große Anzahl an Datenscans erfordern, ist die Wahrscheinlichkeit, dass eine Aggregation dies abdeckt, eher sehr gering. Ein NLB-Cluster kann hier ebenfalls eine gute Lösung sein. Seien Sie sich jedoch darüber im Klaren, dass die Datencaches auf jedem der Server in dem NLB-Cluster unterschiedlich sein werden, was zu Differenzen in der Abfrage-Antwort-Zeit von Abfrage zu Abfrage eines Benutzers führt.

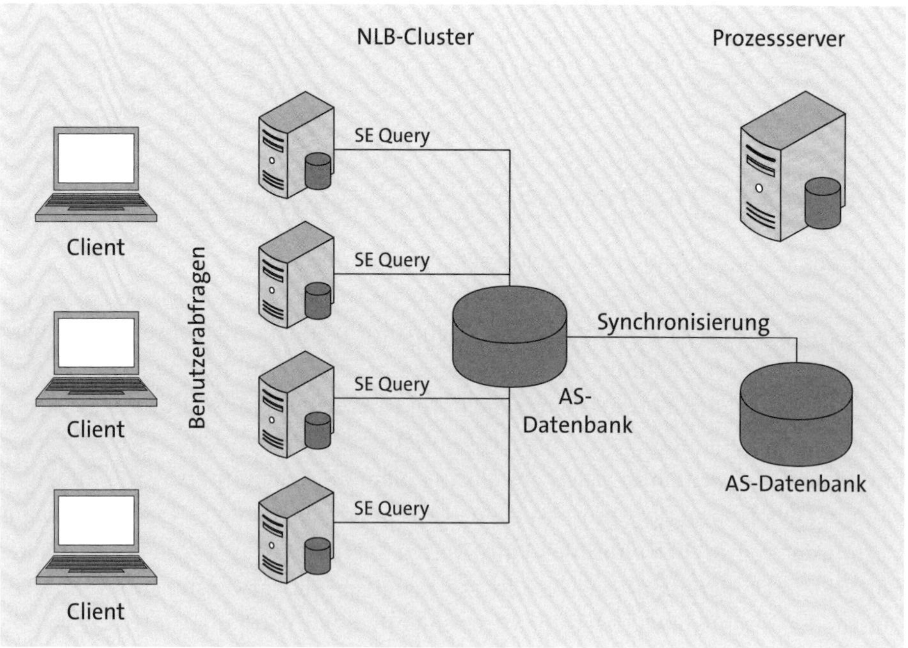

Abbildung 13.6 NLB-Cluster mit Nur-Lese-Servern

Ein NLB-Cluster kann auch verwendet werden, um die Verfügbarkeit zu erhöhen, falls ein Analysis-Server ausfällt. Eine zusätzliche Möglichkeit zur Erhöhung der Leistung mit Hilfe eines NLB-Clusters besteht in der Verteilung der Verarbeitungstasks auf einen Offlineserver. Wurden neue Daten über den Offlineserver verarbeitet, können Sie die Analysis-Server im Cluster mit Hilfe der Synchronisierung aktualisieren.

Abbildung 13.6 zeigt ein Szenario, bei dem Abfragen an einen NLB-Cluster gerichtet sind. Der Clusterservice entscheidet je nach Last, welcher Nur-Lese-Query-Server die Abfrage beantwortet.

Ein NLB-Cluster bedeutet nicht zwingend, dass Sie Ihre Performance erhöhen, wenn die Verarbeitung das Problem ist oder Sie eine einzelne Abfrage eines Users optimieren möchten. Beachten Sie auch, dass die Verwendung eines NLB-Clusters der Einschränkung unterliegt, dass ein Zurückschreiben nicht möglich ist.

13.4 Skalierbare freigegebene Datenbanken

Eine einfache Möglichkeit der Skalierung wird durch skalierbare freigegebene Datenbanken erreicht. Eine Datenbank wird als schreibgeschützt markiert, um sie dann von mehreren Analysis-Services-Instanzen zu nutzen. Das bedeutet: Mehrere Instanzen von Analysis Services können sich ein einzelnes Datenverzeichnis teilen, das sich z. B. auf einem *SAN* befindet. Grundsätzlich entspricht das der klassischen Shared-Disk-Lösung. Da die Analysis Services und die Reporting Services lesend auf Daten zugreifen, gibt es keine Probleme mit Sperren.

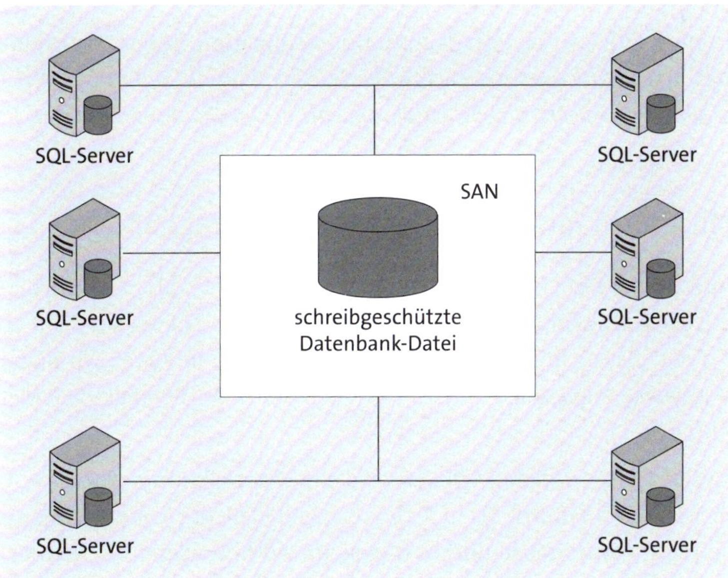

Abbildung 13.7 Skalierbare freigegebene Datenbanken

Wie Sie sehen, ist auch das eine Skalierungsmöglichkeit. SQL Server bietet diese Form der Skalierung seit der Version 2008 R2 an.

13.5 Skalierbarkeit von Datenbanken mit Hilfe der Peer-to-Peer-Transaktionsreplikation

Eine *Peer-to-Peer-Transaktionsreplikation* bietet eine weitere Möglichkeit der Skalierung. Betrachtet man die Peer-to-Peer-Replikation aus dieser Perspektive, ist sie nicht nur eine reine Lösung zum effektiven Replizieren von Daten, um deren Verfügbarkeit zu erhöhen. Sie eignet sich außerdem als effektive Skalierungslösung, so dass identische Kopien der Daten auf verschiedenen Servern verteilt liegen.

Wenn ein Knoten ausfällt, müssen auf Anwendungsebene die Schreibvorgänge für diesen Knoten auf einen anderen Knoten umgeleitet werden. Transaktionen, die Änderungen an einer Kopie der Daten vornehmen, werden über die Peer-to-Peer-Transaktionsreplikation auf alle anderen Knoten fast in Echtzeit repliziert. Davon profitieren Anwendungen, die ihre Lesevorgänge über mehrere Knoten verteilen können. Beim Schreiben verhält sich die Peer-to-Peer-Transaktionsreplikation hinsichtlich der Geschwindigkeit jedoch wie bei einem einzelnen Knoten. Der Grund dafür ist, dass jede Änderung (`INSERT`, `UPDATE`, `DELETE`) an jeden Knoten weitergegeben werden muss. Die Replikation erkennt, wenn eine Änderung auf einem bestimmten Knoten bereits ausgeführt wurde, und verhindert dessen erneute Aktualisierung. Handelt es sich um eine Anwendung, die immer die neuesten Daten wiedergeben muss, kann dies aufgrund der Verzögerung beim Schreiben problematisch sein.

Weitere Informationen zur Peer-to-Peer-Transaktionsreplikation finden Sie online bei Microsoft unter *https://docs.microsoft.com/de-de/sql/relational-databases/replication/transactional/peer-to-peer-transactional-replication?view=sql-server-ver15.*

13.6 AlwaysOn – nicht nur ein Thema für Hochverfügbarkeit

Eine der neuen Funktionen seit SQL Server 2012 in der Enterprise Edition ist *AlwaysOn*. In Kapitel 15, »Hochverfügbarkeitslösungen«, werden wir das Thema aus Sicht einer Hochverfügbarkeitslösung besprechen. In diesem Abschnitt möchten wir daher nicht auf diese Sichtweise eingehen, sondern das Thema aus der Perspektive einer Skalierung betrachten.

Es gibt unter AlwaysOn einen primären SQL Server, der die Transaktionen der Anwendungen im Unternehmen ausführt. Dazu kommen vielleicht das unternehmensweite Reporting, ein Data Warehouse und Abfragen, die ad hoc ausgeführt werden.

Nachts laufen zusätzlich ETL-Prozesse und Wartungspläne mit den Backups für die Datenbanken.

Worauf wir hinauswollen, ist die Tatsache, dass der SQL Server die gesamte Last trägt. Unter AlwaysOn kommen sekundäre Instanzen von SQL Server zum Einsatz. Die Daten der primären Instanz werden auf die sekundären Instanzen synchronisiert. Dieses Prinzip ist dem der Datenbankspiegelung ähnlich, jedoch hat es den Vorteil, dass bei AlwaysOn ein lesender Zugriff auf die sekundären Instanzen möglich ist. Wenn wir das aus der Sicht der Skalierung betrachten, ist es z. B. möglich, das Reporting oder die Daten für ein Data Warehouse auf eine sekundäre Instanz zu verlagern. Es geht noch weiter: Prozesse, die im Hintergrund lesend auf Daten zugreifen, bzw. Backups können so auf sekundäre Instanzen ausgelagert werden. Das verteilt die Last und sorgt gleichzeitig für eine Entlastung der primären Instanz.

Wenn Sie zum Thema AlwaysOn vertiefende Informationen suchen, schlagen Sie in Kapitel 15, »Hochverfügbarkeitslösungen«, nach.

13.7 Service Broker – Skalierung für Entwickler

Service Broker ist ein Framework für Entwickler, die hochskalierbare Anwendungen auf Basis des SQL Servers mit asynchroner Kommunikation entwickeln möchten. In dieser Aussage stecken die wesentlichen Vorteile von Service Broker. Er ist ein Dienst für asynchrone Kommunikation. Er ist skalierbar und als Framework ausgelegt.

Service Broker kann z. B. eingesetzt werden, um Nachrichten innerhalb einer Datenbank oder von einer Datenbank an eine andere zu versenden. Dabei ist es möglich, Anwendungen auf Basis von Service Broker zu entwickeln und später, wenn die Notwendigkeit besteht, über Instanzen hinweg zu skalieren. In diesen Fällen müssen lediglich einige Änderungen, wie z. B. geänderte Routen, vorgenommen werden, um die Anwendung zu skalieren.

Entwickler können dieses Framework nutzen, um Service-Broker-Objekte anzulegen, wie z. B. Nachrichtentypen, Warteschlangen für Nachrichten und Routen. Die meisten Service-Broker-Objekte haben Namen in einem URI-Format. Das dient der eindeutigen Identifizierung der Objekte. Bevor Sie jedoch Service Broker nutzen können, müssen Sie ihn für die Datenbank aktivieren.

```
ALTER DATABASE [AdminSchnelleinstiegDB] SET ENABLE_BROKER;
```

Listing 13.1 Aktivieren von Service Broker für die Datenbank

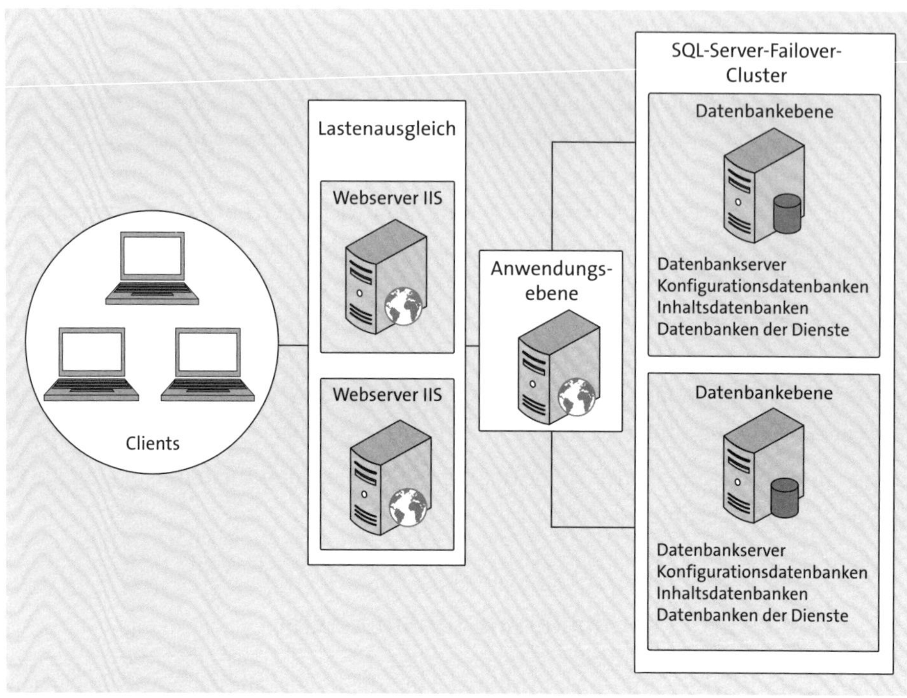

Abbildung 13.8 Übersicht Service-Broker-Architektur

13.7.1 Nachrichtentypen

Ein *Nachrichtentyp* definiert den Namen und Inhalt einer zur Versendung anstehenden Nachricht. Ein Nachrichtentyp kann leer sein – das heißt, der Textteil der Nachricht enthält keine Daten – oder aber wohlgeformtes XML (syntaktisch richtig) enthalten. Auch die Bindung an ein Schema ist möglich, was dazu beiträgt, dass der Inhalt der XML-Nachricht klaren Regeln unterliegt. Ein Schema sorgt dann für die richtigen Datentypen, die exakte Reihenfolge der Elemente und Attribute. Ein Nachrichtentyp, der nicht einer Überprüfung unterliegt, kann binäre Daten enthalten, XML oder leer sein. Einen neuen Nachrichtentyp mit wohlgeformtem XML erstellen Sie für Service Broker mit der folgenden Anweisung:

```
CREATE MESSAGE TYPE ServericeBrokerNachricht
VALIDATION = NONE
```

Listing 13.2 Festlegen des Nachrichtentyps

13.7.2 Verträge

Mit *Verträgen* werden die Nachrichtentypen für die Konversation mit Service Broker festgelegt. Außerdem bestimmt ein Vertrag die Richtung der Nachricht, das heißt, wer der Sender ist. Ein Vertrag kann daher als eine Vereinbarung zwischen den Diensten angesehen werden.

```
CREATE CONTRACT ServiceBrokerVertrag
(ServericeBrokerNachricht SENT BY INITIATOR);
```

Listing 13.3 Erstellen des Vertrags

13.7.3 Warteschlangen

In den *Service-Broker-Warteschlangen* werden Nachrichten gespeichert. Somit ist asynchrone Kommunikation zwischen den Diensten möglich, und Nachrichten können den Warteschlangen zur weiteren Verarbeitung entnommen werden.

```
CREATE QUEUE ServiceBrokerSendeWarteschlange;
CREATE QUEUE ServiceBrokerEmpfangsWarteschlange;
```

Listing 13.4 Erstellen der Sende- und Empfangswarteschlange

13.7.4 Dienste

Dienste sind adressierbare Endpunkte für die Nachrichtenübermittlung in Service Broker. Service-Broker-Nachrichten werden von einem Dienst zu einem anderen gesendet. Jeder Dienst verfügt über eine Warteschlange zum Einreihen von Nachrichten. Es werden zwei Dienste in Service Broker erstellt, einer zum Senden und einer zum Empfangen von Nachrichten.

```
CREATE SERVICE ServiceBrokerSendeService
ON QUEUE ServiceBrokerSendeWarteschlange
(ServiceBrokerVertrag);

CREATE SERVICE ServiceBrokerEmpfangsService
ON QUEUE ServiceBrokerEmpfangsWarteschlange (ServiceBrokerVertrag);
```

Listing 13.5 Erstellt einen Service-Broker-Dienst

Nachdem Sie die Service-Broker-Objekte erstellt haben, schaffen Sie die Voraussetzungen für die Dialogkonversation. Dazu legen Sie zuerst Variablen an, eine für die Dialog-ID und eine für die Nachricht.

```
DECLARE @ServiceBrokerDialog uniqueidentifier;
DECLARE @Message NVARCHAR(128);
BEGIN DIALOG CONVERSATION @ServiceBrokerDialog
FROM SERVICE ServiceBrokerSendeService
```

```
TO SERVICE ' ServiceBrokerEmpfangsService '
ON CONTRACT ServiceBrokerVertrag
WITH ENCRYPTION = OFF;
```

Listing 13.6 Einleiten der Service-Broker-Dialogkonversation

Anschließend kann die Dialogkonversation unter der Dialog-ID beginnen, gekennzeichnet durch die Richtung und den Vertrag. Die Möglichkeit, Nachrichten zu verschlüsseln, besteht über die Angabe von Encryption. Als Nächstes erzeugen Sie Variablen für die Nachrichten:

```
SET @Message = N'Servicebroker';
SEND ON CONVERSATION @ServiceBrokerDialog
MESSAGE TYPE ServericeBrokerNachricht (@Message);

SET @Message = N'Der Nachrichtenaustausch';
SEND ON CONVERSATION @ServiceBrokerDialog
MESSAGE TYPE ServericeBrokerNachricht (@Message);

SET @Message = N'ist asynchron';
SEND ON CONVERSATION @ServiceBrokerDialog
MESSAGE TYPE ServericeBrokerNachricht (@Message);
```

Listing 13.7 Versenden der Service-Broker-Nachrichten

Nachdem die Nachrichten versendet worden sind, können sie den Warteschlangen entnommen und angezeigt werden.

```
SELECT CONVERT(NVARCHAR(MAX), message_body) AS Message
FROM ServiceBrokerEmpfangsWarteschlange
```

Listing 13.8 Anzeigen der Service-Broker-Nachricht

Im folgenden Kasten finden Sie das komplette Beispiel zu Service Broker. Möchten Sie das fertige Skript einsetzen, können Sie es direkt aus den im Bonusbereich erhältlichen Materialien ausführen. Sie finden es im Verzeichnis *Beispielcode* im Ordner *Kapitel_14*.

Service Broker – Beispiel

```
CREATE DATABASE ServiceBrokerTest
GO
USE ServiceBrokerTest
go
ALTER DATABASE sqlxpert SET ENABLE_BROKER;
```

```
go
CREATE MESSAGE TYPE ServericeBrokerNachricht
VALIDATION = NONE;
go
CREATE CONTRACT ServiceBrokerVertrag
(ServericeBrokerNachricht SENT BY INITIATOR);
go
CREATE QUEUE ServiceBrokerSendeWarteschlange;
CREATE QUEUE ServiceBrokerEmpfangsWarteschlange;
go
CREATE SERVICE ServiceBrokerSendeService
ON QUEUE ServiceBrokerSendeWarteschlange
(ServiceBrokerVertrag);
CREATE SERVICE ServiceBrokerEmpfangsService
ON QUEUE ServiceBrokerEmpfangsWarteschlange
(ServiceBrokerVertrag);
GO
DECLARE @ServiceBrokerDialog uniqueidentifier
DECLARE @Message NVARCHAR(128)
BEGIN DIALOG CONVERSATION @ServiceBrokerDialog
FROM SERVICE ServiceBrokerSendeService
TO SERVICE 'ServiceBrokerEmpfangsService'
ON CONTRACT ServiceBrokerVertrag
WITH ENCRYPTION = OFF
SET @Message = N'Servicebroker';
SEND ON CONVERSATION @ServiceBrokerDialog
MESSAGE TYPE ServericeBrokerNachricht (@Message);

SET @Message = N'Der Nachrichtenaustausch';
SEND ON CONVERSATION @ServiceBrokerDialog
MESSAGE TYPE ServericeBrokerNachricht (@Message);

SET @Message = N'ist asynchron';
SEND ON CONVERSATION @ServiceBrokerDialog
MESSAGE TYPE ServericeBrokerNachricht (@Message);
GO
SELECT CONVERT(NVARCHAR(MAX), message_body) AS Message
FROM ServiceBrokerEmpfangsWarteschlange;
--Bereinigen und Löschen der Beispieldatenbank
USE master
GO
DROP DATABASE ServiceBrokerTest
GO
```

13

Wie Sie gesehen haben, ist Service Broker ein Dienst zur asynchronen Kommunikation und basiert auf dem Einreihen von Nachrichten in Warteschlangen. Somit sind z. B. Szenarien denkbar, bei denen ein Server über ein ASP.NET-Bestellsystem Transaktionen entgegennimmt und diese per Service Broker asynchron an Backend-Server weiterleitet. Diese Backend-Server können dann die Transaktionen den Warteschlangen entnehmen und verarbeiten. Das Versenden selbst ist nicht wie bei Triggern Teil der Transaktion, sondern die Verarbeitung erfolgt asynchron.

13.8 Workshop – SQL Server in der Cloud installieren

Beim Thema Skalierbarkeit liegt SQL Server in der Cloud natürlich weit vorn. Wer könnte besser skalieren als ein Cloudanbieter wie Microsoft?

Microsoft bietet Ihnen mit Azure die Möglichkeit an, Ihre Landschaft automatisch und bedarfsgerecht zu skalieren. So müssen Sie nicht vorher schon wissen, was Sie hinterher tatsächlich an Ressourcen benötigen.

Um SQL Server in der Azure-Cloud nutzen zu können, benötigen Sie natürlich zuerst ein Azure-Konto. Erstellen Sie eines unter der folgenden URL: *https://portal.azure.com/*.

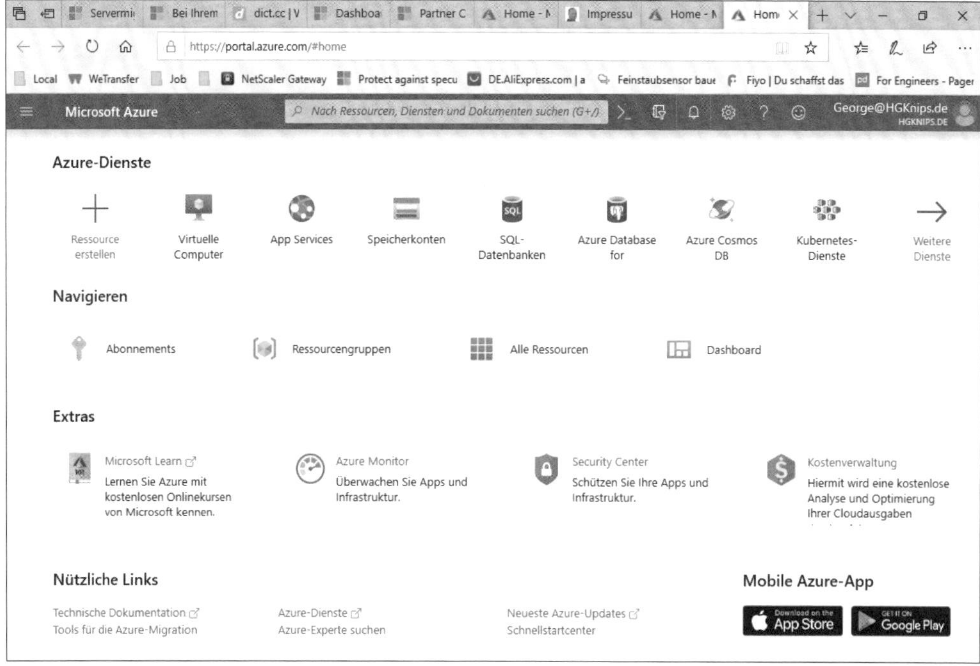

Abbildung 13.9 Azure Portal: Hier geht's los.

Im Anschluss erhalten Sie eine E-Mail von Microsoft, die Ihr neues Azure-Abonnement bestätigt und einen Link zu Ihrer Azure-Startseite enthält (siehe Abbildung 13.9).

Achtung, kostenpflichtig!

Bitte beachten Sie, dass ab hier jede Aktion kostenpflichtig sein kann. Wenn Sie Ressourcen erstellen und nutzen, dann deaktivieren Sie sie nach der Nutzung bitte wieder, es sei denn, Sie möchten diese Ressourcen weiter nutzen oder von anderen nutzen lassen.

Führen Sie die folgenden Schritte durch, um eine SQL-Server-Instanz in Azure zu installieren:

1. Als Erstes erstellen Sie eine sogenannte *Ressource*. Die Auswahl ist riesig, soll aber ja für jeden genau das Richtige bieten.

   Wählen Sie zunächst die Kategorie DATENBANKEN (englisch: DATABASES; siehe Abbildung 13.10).

13

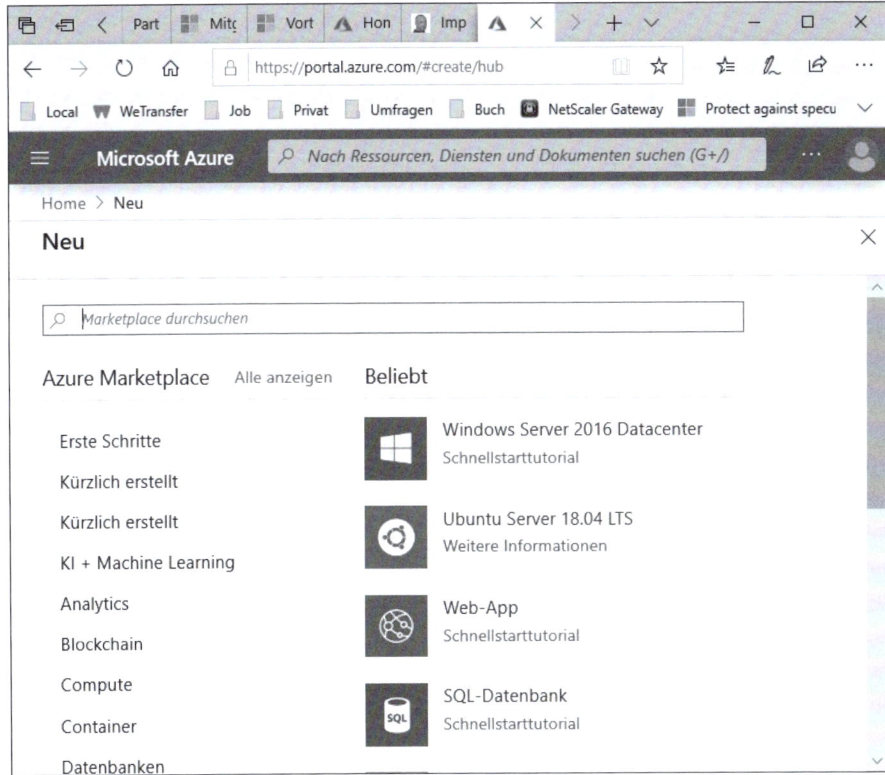

Abbildung 13.10 Übersicht über die Kategorien der Ressourcen

Auswahl der SQL-Datenbank

Glücklicherweise bietet Microsoft zu jedem einzelnen Punkt ein SCHNELLSTARTTUTORIAL. Dadurch können Sie leicht entscheiden, ob Sie eine einzelne SQL-Datenbank, eine verwaltete Azure-SQL-Datenbank-Instanz oder sogar einen eigenen Server mit einer installierten Instanz benötigen.

2. Wählen Sie nun die gewünschte SQL-Installation. Wir haben uns beispielhaft für einen »SQL Server 2017 Enterprise Windows Server 2016« entschieden (siehe Abbildung 13.11), da zum Zeitpunkt der Manuskripterstellung (noch) kein 2019er SQL Server in Azure existierte, zumindest nicht als eigenständige Instanz auf einem eigenen Server.

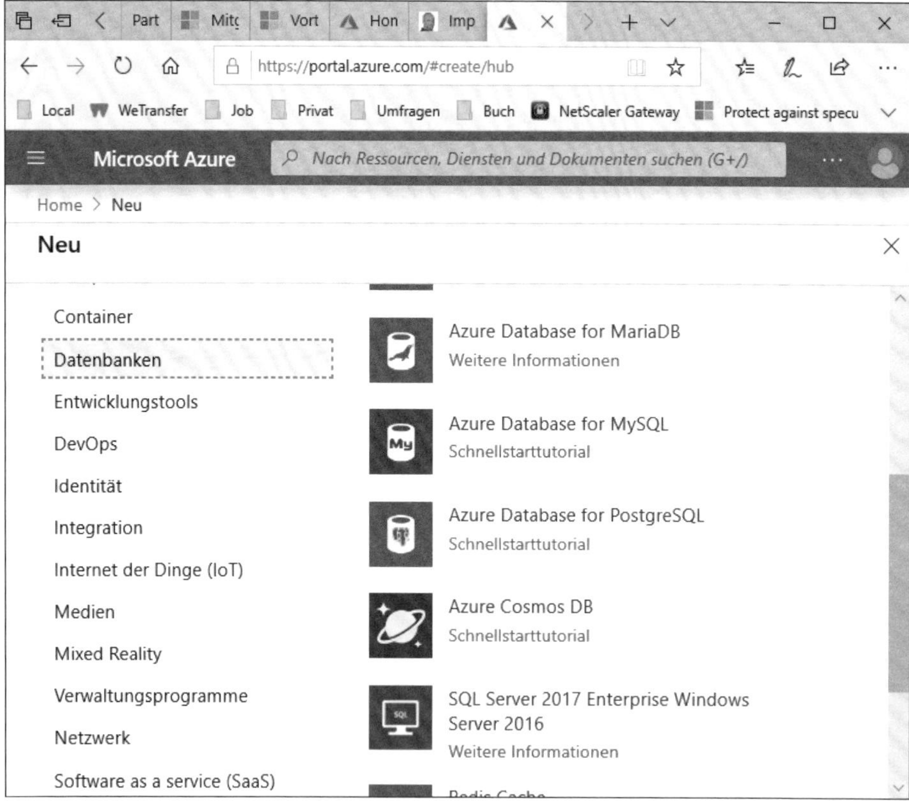

Abbildung 13.11 SQL Server 2017 Enterprise Windows Server 2016

3. Auf der folgenden Seite, VIRTUELLEN COMPUTER ERSTELLEN, können Sie einen Server und eine Instanz nach Ihren Wünschen kreieren. Auch hier gibt es wieder zu jeder Auswahl eine kleine Info-Box mit den notwendigsten Informationen.

   Geben Sie im Reiter GRUNDEINSTELLUNGEN Ihr ABONNEMENT, Ihre RESSOURCENGRUPPE und den NAMEN DES VIRTUELLEN COMPUTERS ein (siehe Abbildung 13.12).

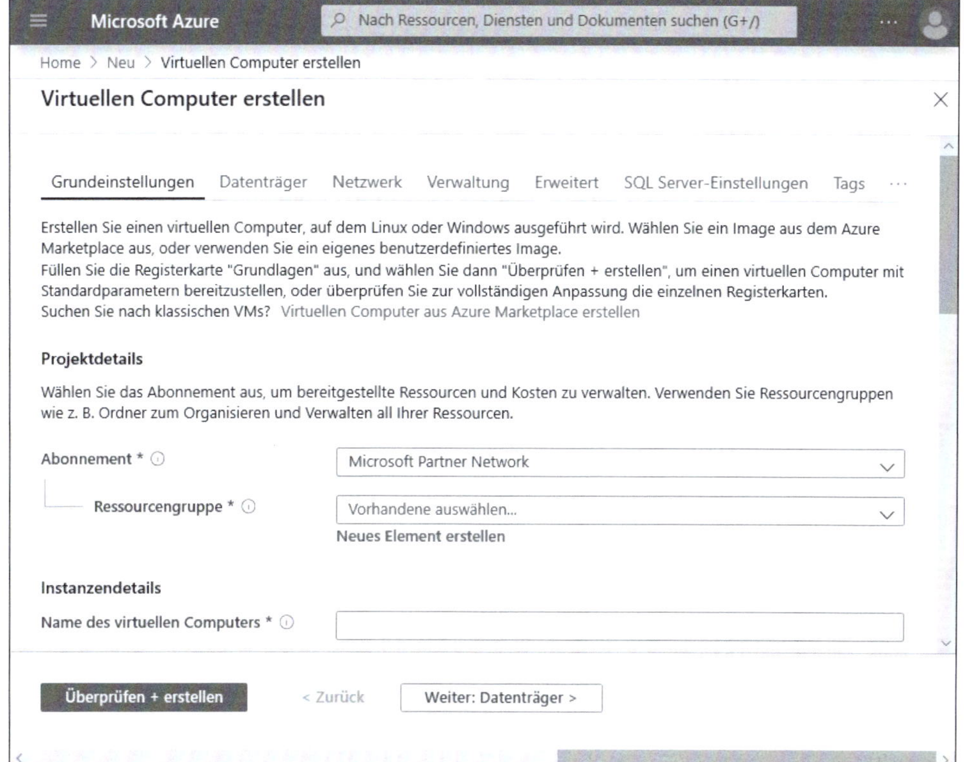

Abbildung 13.12 Hier geht es los mit den Möglichkeiten.

Wählen Sie zudem die REGION, die VERFÜGBARKEITSOPTIONEN, das IMAGE und ob Sie eine AZURE SPOT-INSTANZ wünschen (siehe Abbildung 13.13). Stellen Sie die gewünschte Größe ein, indem Sie auf GRÖSSE ÄNDERN klicken.

Treffen Sie im darauffolgenden Fenster (siehe Abbildung 13.14) Ihre Auswahl.

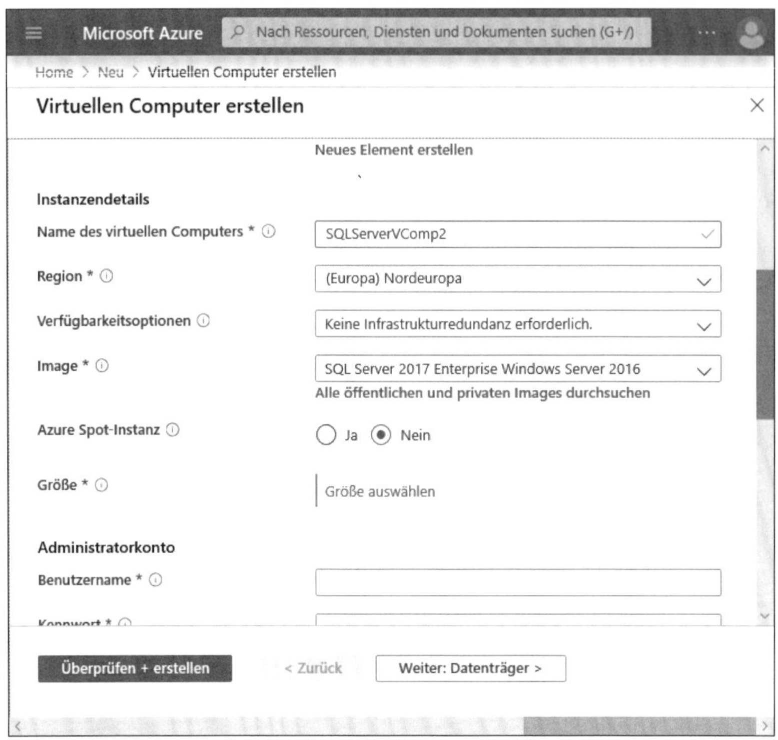

Abbildung 13.13 Computername und Region

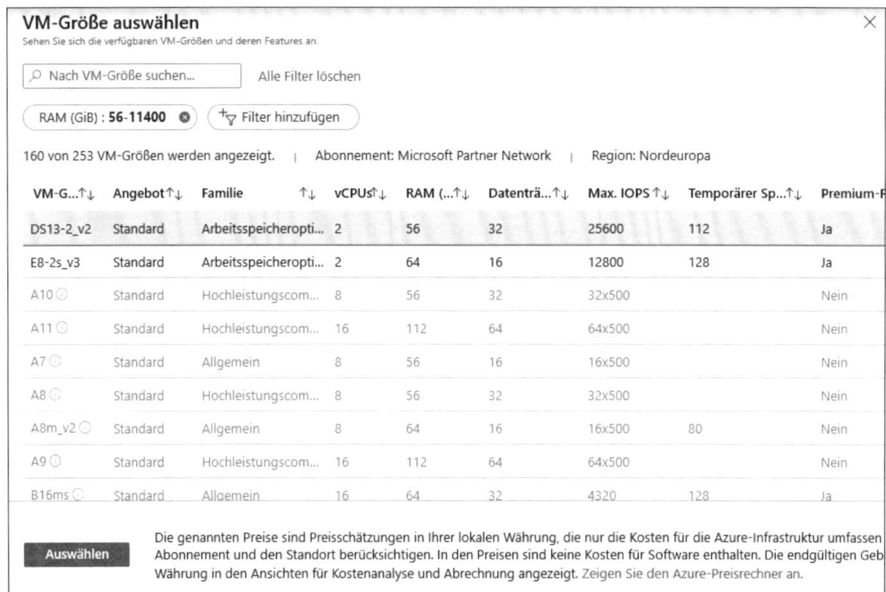

VM-G...	Angebot	Familie	vCPUs	RAM (...	Datenträ...	Max. IOPS	Temporärer Sp...	Premium-F
DS13-2_v2	Standard	Arbeitsspeicheropti...	2	56	32	25600	112	Ja
E8-2s_v3	Standard	Arbeitsspeicheropti...	2	64	16	12800	128	Ja
A10	Standard	Hochleistungscom...	8	56	32	32x500		Nein
A11	Standard	Hochleistungscom...	16	112	64	64x500		Nein
A7	Standard	Allgemein	8	56	16	16x500		Nein
A8	Standard	Hochleistungscom...	8	56	32	32x500		Nein
A8m_v2	Standard	Allgemein	8	64	16	16x500	80	Nein
A9	Standard	Hochleistungscom...	16	112	64	64x500		Nein
B16ms	Standard	Allgemein	16	64	32	4320	128	Ja

Abbildung 13.14 Auswahl der passenden Größe

Geben Sie auf der Seite VIRTUELLEN COMPUTER ERSTELLEN weiter unten unter ADMINISTRATORKONTO noch den Benutzernamen für das Administratorkonto und ein Passwort an.

Wählen Sie anschließend die Portregeln wie in Abbildung 13.15.

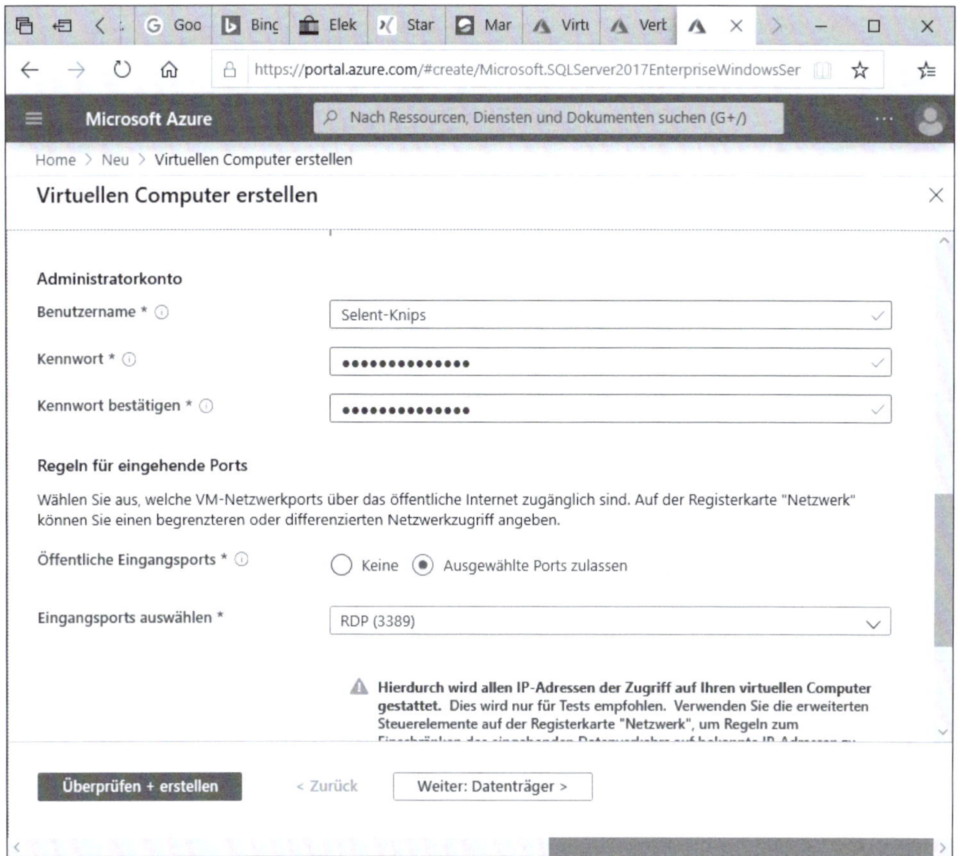

Abbildung 13.15 Benutzername und Portregeln

Abschließend können Sie noch eine bereits vorhandene Lizenz angeben und somit deutlich Kosten einsparen (siehe Abbildung 13.16).

Klicken Sie auf WEITER: DATENTRÄGER, um zur nächsten Seite zu gelangen.

4. Entscheiden Sie sich unter der Rubrik DATENTRÄGER für einen Datenträger. Optimal sind natürlich SSDs, wir wollen uns hier aber mit einer Standard-HDD begnügen (siehe Abbildung 13.17). Klicken Sie danach auf WEITER: NETZWERK.

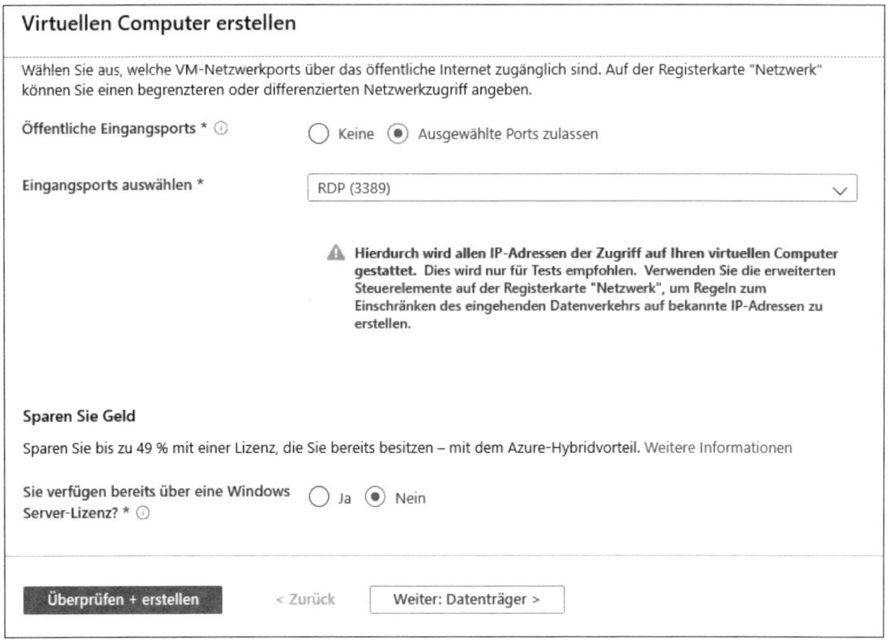

Virtuellen Computer erstellen

Wählen Sie aus, welche VM-Netzwerkports über das öffentliche Internet zugänglich sind. Auf der Registerkarte "Netzwerk" können Sie einen begrenzteren oder differenzierten Netzwerkzugriff angeben.

Öffentliche Eingangsports * ⓘ ○ Keine ◉ Ausgewählte Ports zulassen

Eingangsports auswählen * RDP (3389)

Hierdurch wird allen IP-Adressen der Zugriff auf Ihren virtuellen Computer gestattet. Dies wird nur für Tests empfohlen. Verwenden Sie die erweiterten Steuerelemente auf der Registerkarte "Netzwerk", um Regeln zum Einschränken des eingehenden Datenverkehrs auf bekannte IP-Adressen zu erstellen.

Sparen Sie Geld

Sparen Sie bis zu 49 % mit einer Lizenz, die Sie bereits besitzen – mit dem Azure-Hybridvorteil. Weitere Informationen

Sie verfügen bereits über eine Windows Server-Lizenz? * ⓘ ○ Ja ◉ Nein

Überprüfen + erstellen < Zurück Weiter: Datenträger >

Abbildung 13.16 Haben Sie schon Lizenzen vorliegen?

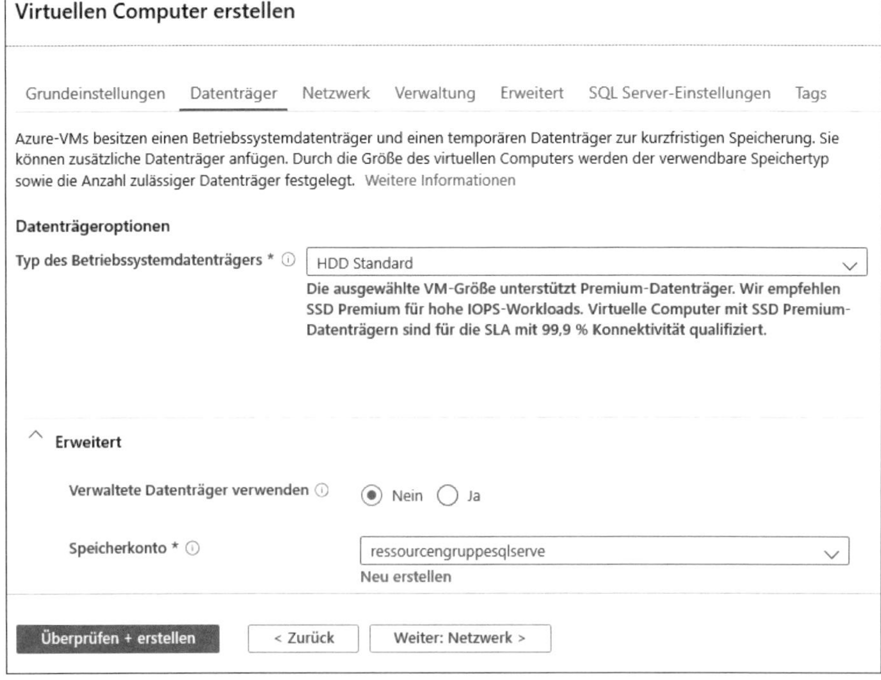

Abbildung 13.17 Datenträger

5. Treffen Sie nun die NETZWERK-Einstellungen wie in Abbildung 13.18 und Abbildung 13.19, und klicken Sie anschließend auf WEITER: VERWALTUNG.

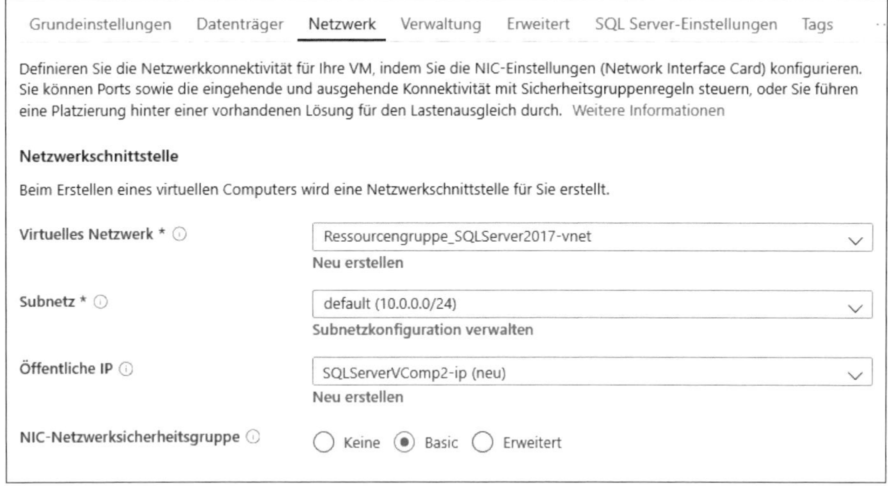

Abbildung 13.18 Netzwerkauswahl oberer Teil

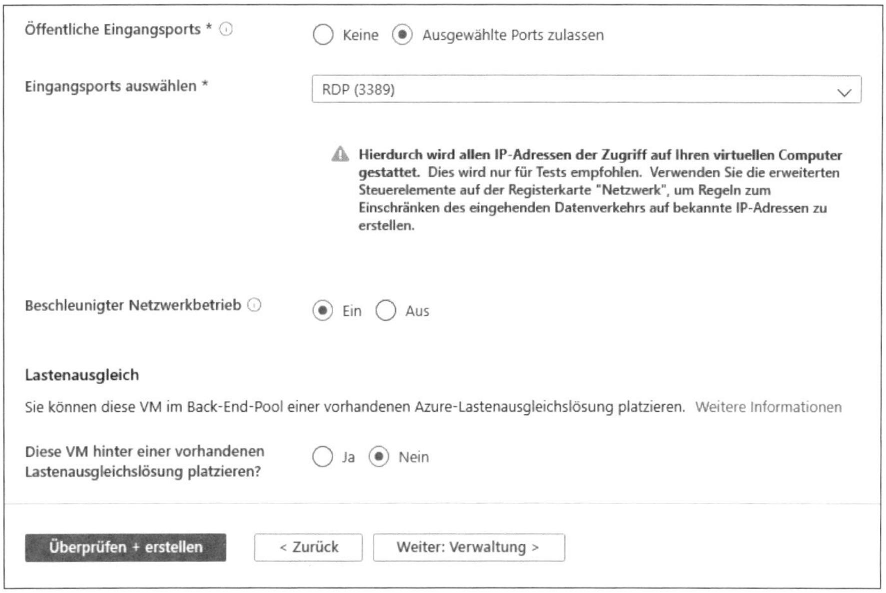

Öffentliche Eingangsports * | Keine | Ausgewählte Ports zulassen

Eingangsports auswählen * | RDP (3389)

Hierdurch wird allen IP-Adressen der Zugriff auf Ihren virtuellen Computer gestattet. Dies wird nur für Tests empfohlen. Verwenden Sie die erweiterten Steuerelemente auf der Registerkarte "Netzwerk", um Regeln zum Einschränken des eingehenden Datenverkehrs auf bekannte IP-Adressen zu erstellen.

Beschleunigter Netzwerkbetrieb | Ein | Aus

Lastenausgleich

Sie können diese VM im Back-End-Pool einer vorhandenen Azure-Lastenausgleichslösung platzieren. Weitere Informationen

Diese VM hinter einer vorhandenen Lastenausgleichslösung platzieren? | Ja | Nein

Überprüfen + erstellen | < Zurück | Weiter: Verwaltung >

Abbildung 13.19 Netzwerkauswahl unterer Teil

6. In der Rubrik VERWALTUNG können Sie unter ÜBERWACHUNG wählen, ob Ihre neue VM überwacht werden soll, und festlegen, wie diese Überwachung aussehen soll (siehe Abbildung 13.20).

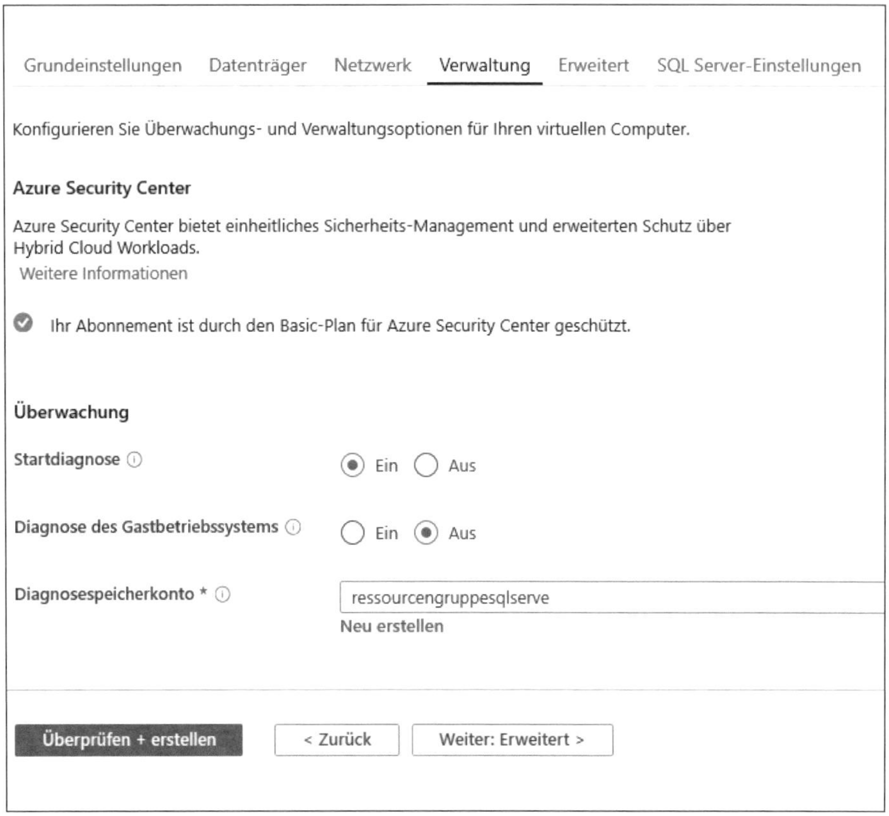

Grundeinstellungen Datenträger Netzwerk Verwaltung Erweitert SQL Server-Einstellungen

Konfigurieren Sie Überwachungs- und Verwaltungsoptionen für Ihren virtuellen Computer.

Azure Security Center

Azure Security Center bietet einheitliches Sicherheits-Management und erweiterten Schutz über Hybrid Cloud Workloads.
Weitere Informationen

Ihr Abonnement ist durch den Basic-Plan für Azure Security Center geschützt.

Überwachung

Startdiagnose – Ein / Aus

Diagnose des Gastbetriebssystems – Ein / Aus

Diagnosespeicherkonto * – ressourcengruppesqlserve
Neu erstellen

Überprüfen + erstellen < Zurück Weiter: Erweitert >

Abbildung 13.20 Wünschen Sie ein Monitoring?

Unter IDENTITÄT können Sie entscheiden, ob Sie sich beim Verbinden mit dem Server jeweils authentifizieren möchten oder Ihnen eine automatische Anmeldung sicher genug ist (siehe Abbildung 13.21).

Wir empfehlen Ihnen, zudem die Option AUTOMATISCH HERUNTERFAHREN für den Testbetrieb einzuschalten, um die Kosten zu reduzieren.

Klicken Sie anschließend auf WEITER: ERWEITERT, um fortzufahren.

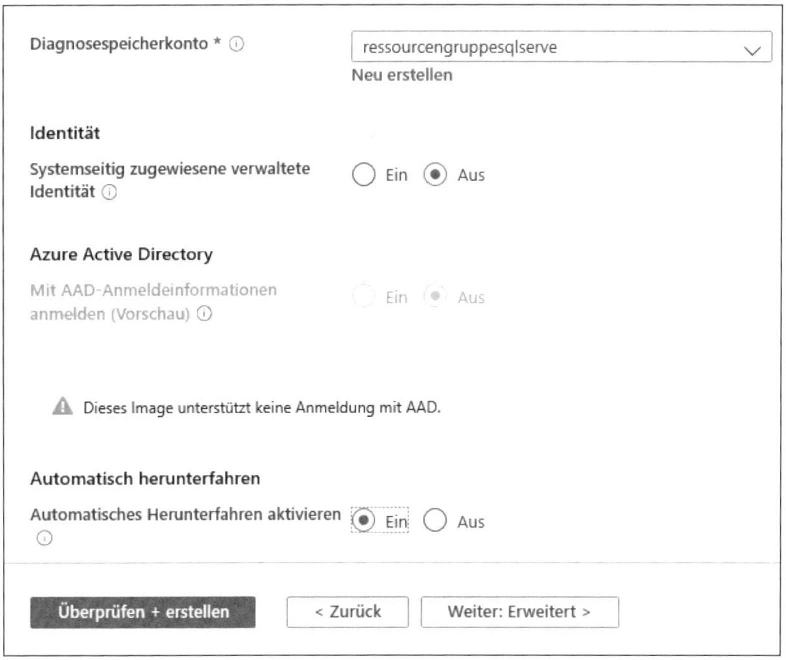

Diagnosespeicherkonto *
ressourcengruppesqlserve
Neu erstellen
Identität
Systemseitig zugewiesene verwaltete Identität
Ein
Aus
Azure Active Directory
Mit AAD-Anmeldeinformationen anmelden (Vorschau)
Ein
Aus
Dieses Image unterstützt keine Anmeldung mit AAD.
Automatisch herunterfahren
Automatisches Herunterfahren aktivieren
Ein
Aus
Überprüfen + erstellen
< Zurück
Weiter: Erweitert >

Abbildung 13.21 Die systemseitig zugewiesene verwaltete Identität kann Zugriffe steuern.

Mit AAD-Anmeldeinformationen anmelden (Vorschau)
Ein
Aus
Dieses Image unterstützt keine Anmeldung mit AAD.
Automatisch herunterfahren
Automatisches Herunterfahren aktivieren
Ein
Aus
Uhrzeit für das Herunterfahren
19:00:00
Zeitzone
(UTC) Koordinierte Weltzeit
Benachrichtigung vor dem Herunterfahren
Ein
Aus
E-Mail *
George@HGKnips.de
Überprüfen + erstellen
< Zurück
Weiter: Erweitert >

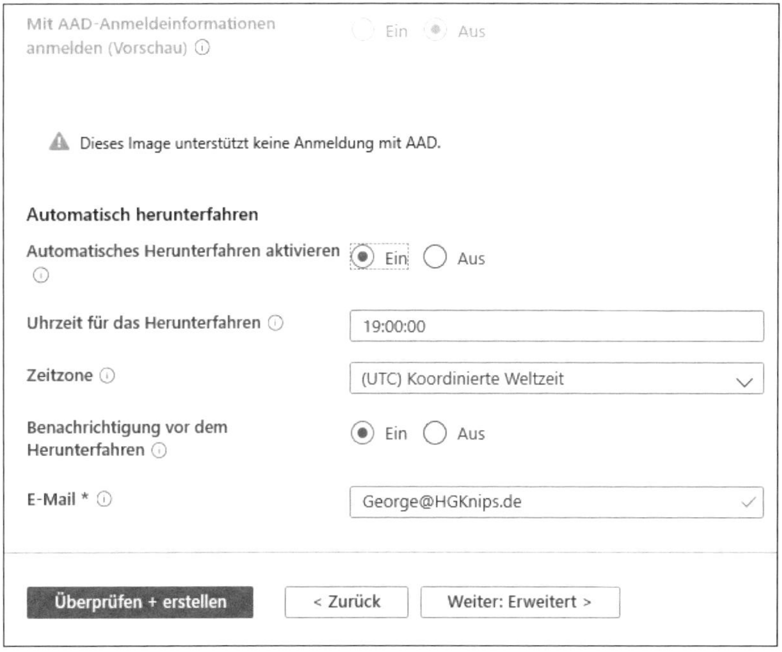

Abbildung 13.22 Automatisch herunterfahren

7. Hier können Sie bedarfsweise aus einer schier unendlichen Anzahl ZU INSTALLIERENDE ERWEITERUNGEN AUSWÄHLEN: Virensoftware, Backupsoftware und vieles andere mehr.

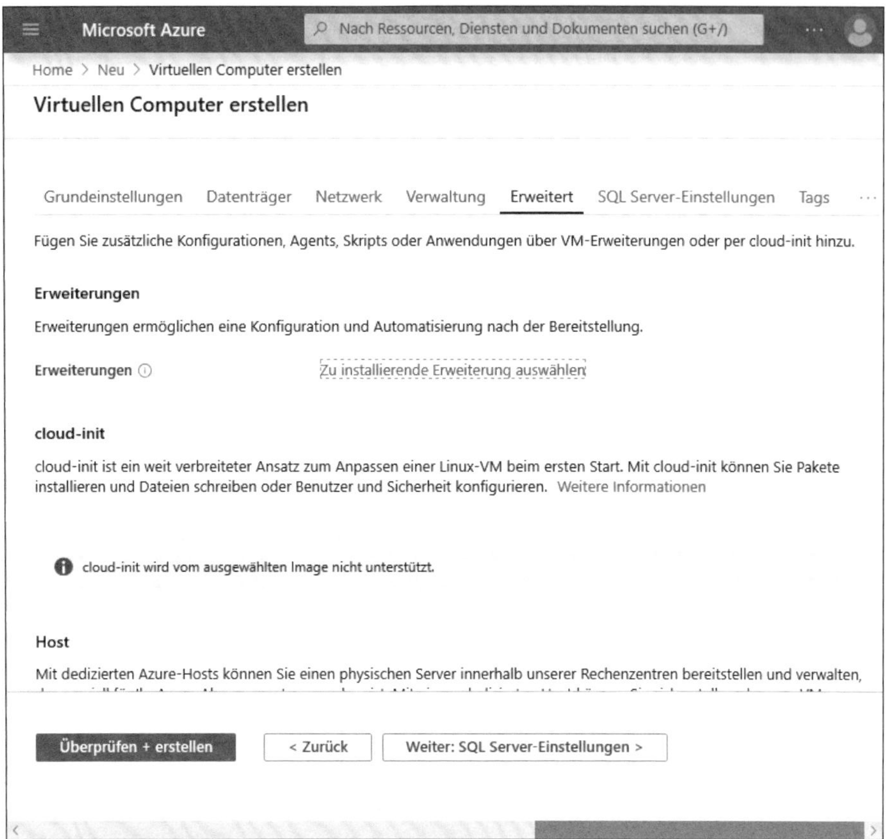

Abbildung 13.23 Zu installierende Erweiterungen

Anschließend können Sie unter HOST eine HOSTGRUPPE angeben und wählen, ob Sie eine Vitruelle Maschine der ersten oder der zweiten Generation wünschen. VMs der zweiten Generation unterstützen neuere Betriebssysteme, davon aber eine kleinere Auswahl.

Klicken Sie nun auf WEITER: SQL SERVER-EINSTELLUNGEN.

8. Hier stellen Sie die Verbindung zum Datenbankserver ein. Wählen Sie Netzwerk, PORT und SQL-AUTHENTIFIZIERUNG aus (siehe Abbildung 13.25).

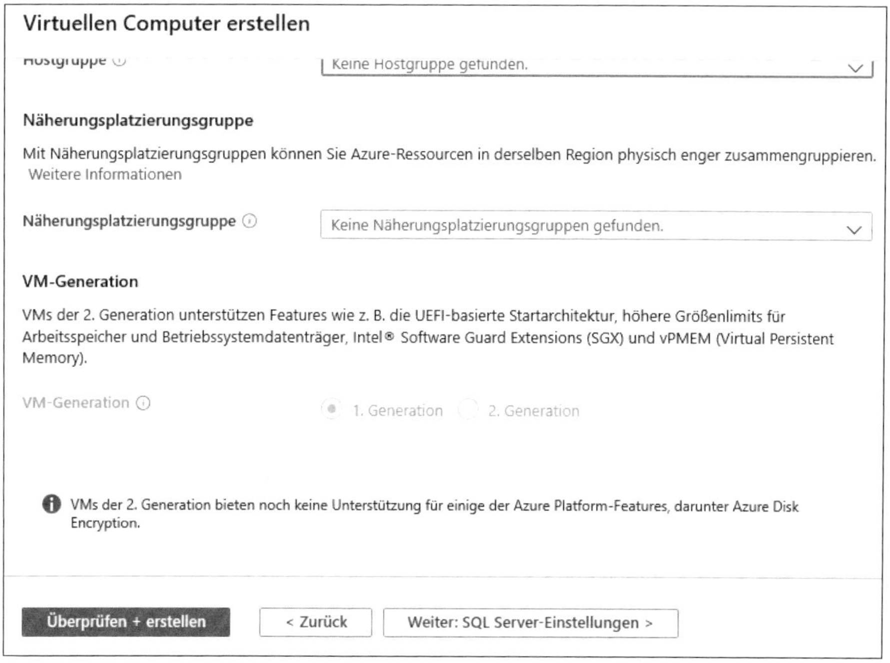

Virtuellen Computer erstellen

Hostgruppe ⓘ | Keine Hostgruppe gefunden.

Näherungsplatzierungsgruppe

Mit Näherungsplatzierungsgruppen können Sie Azure-Ressourcen in derselben Region physisch enger zusammengruppieren. Weitere Informationen

Näherungsplatzierungsgruppe ⓘ | Keine Näherungsplatzierungsgruppen gefunden.

VM-Generation

VMs der 2. Generation unterstützen Features wie z. B. die UEFI-basierte Startarchitektur, höhere Größenlimits für Arbeitsspeicher und Betriebssystemdatenträger, Intel® Software Guard Extensions (SGX) und vPMEM (Virtual Persistent Memory).

VM-Generation ⓘ | 1. Generation | 2. Generation

VMs der 2. Generation bieten noch keine Unterstützung für einige der Azure Platform-Features, darunter Azure Disk Encryption.

Überprüfen + erstellen | < Zurück | Weiter: SQL Server-Einstellungen >

Abbildung 13.24 Auswahl der VM-Generation

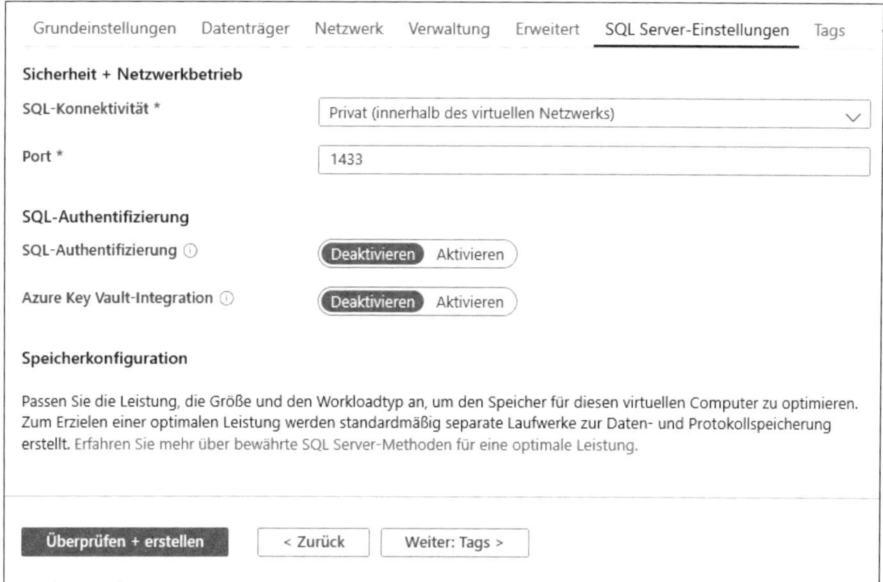

Abbildung 13.25 Wie soll der Datenbankserver erreichbar sein?

Sollten Sie eine SQL-Server-Lizenz besitzen, können Sie sie hier angeben, um auch hier Kosten zu sparen.

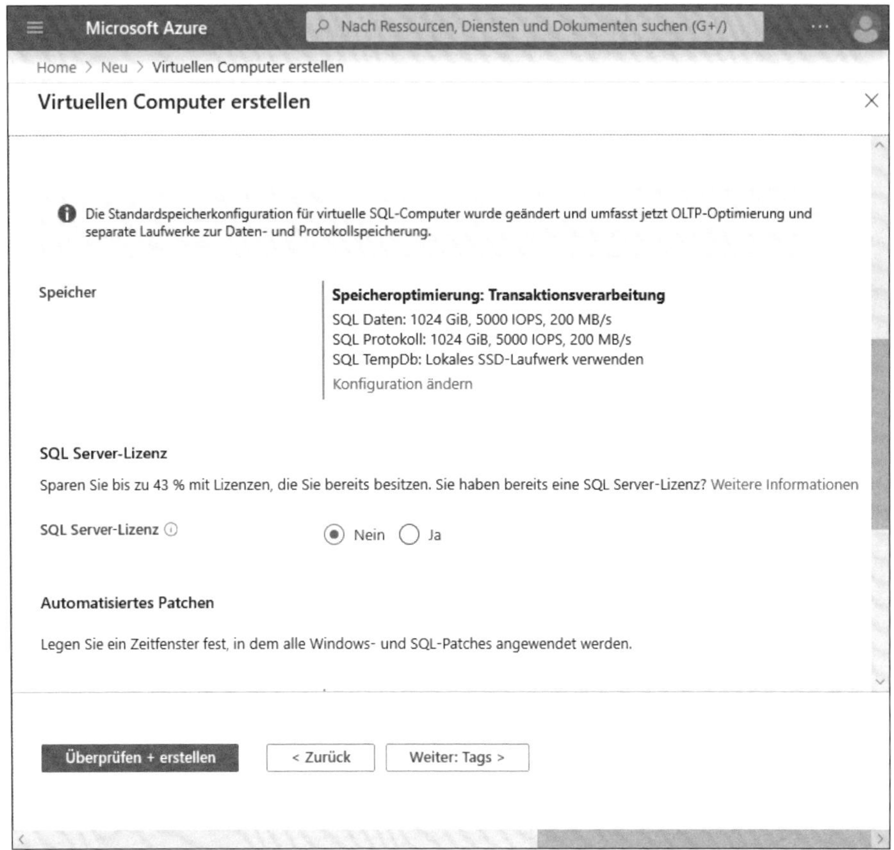

Abbildung 13.26 Sparen Sie Kosten, indem Sie vorhandene Lizenzen angeben.

Stellen Sie zum Schluss noch das automatische Patchen, automatische Datensicherungen und falls erwünscht auch die R-DIENSTE ein. Klicken Sie danach auf WEITER: TAGS.

9. Hier können Sie Ihrer VM Tags zuweisen, die bei der Verwaltung und Gruppierung helfen können. Ein Beispiel dazu sehen Sie in Abbildung 13.28.

Automatisiertes Patchen

Legen Sie ein Zeitfenster fest, in dem alle Windows- und SQL-Patches angewendet werden.

Automatisiertes Patchen

Aktiviert
Sonntag um 2:00
Konfiguration ändern

Automatisierte Sicherung

Automatisierte Sicherung — Deaktivieren | Aktivieren

R-Dienste (Advanced Analytics)

SQL Server-Machine Learning Services (datenbankintern) — Deaktivieren | Aktivieren

Überprüfen + erstellen | < Zurück | Weiter: Tags >

Abbildung 13.27 Automatisches Patchen und automatische Sicherung

Grundeinstellungen | Datenträger | Netzwerk | Verwaltung | Erweitert | SQL Server-Einstellungen | Tags

Tags sind Name/Wert-Paare, die Ihnen das Kategorisieren von Ressourcen und die Anzeige einer konsolidierten Abrechnung ermöglichen, indem Sie dasselbe Tag auf mehrere Ressourcen und Ressourcengruppen anwenden.
Weitere Informationen zu Tags

Hinweis: Wenn Sie Tags erstellen und anschließend die Ressourceneinstellungen auf anderen Registerkarten ändern, werden Ihre Tags automatisch aktualisiert.

Name		Wert	Ressource
HGSK	:	SQL-Buch	11 ausgewählt
	:		11 ausgewählt

Überprüfen + erstellen | < Zurück | Weiter: Überprüfen + erstellen >

Abbildung 13.28 Taggen Sie Ihre Server?

Mit einem Klick auf WEITER: ÜBERPRÜFEN + ERSTELLEN wird abschließend geprüft, ob die VM erstellt werden kann.

Lizenzüberschreitung und Auswahl speichern

In unserem Beispiel gibt es eine Fehlermeldung wegen Überschreitung der Anzahl der bereits vorliegenden Lizenzen (siehe Abbildung 13.29). Sie können auf derselben Seite entscheiden, ob Sie diese Auswahl dennoch installieren möchten. Den Preis pro Stunde zeigt Ihnen Azure an.

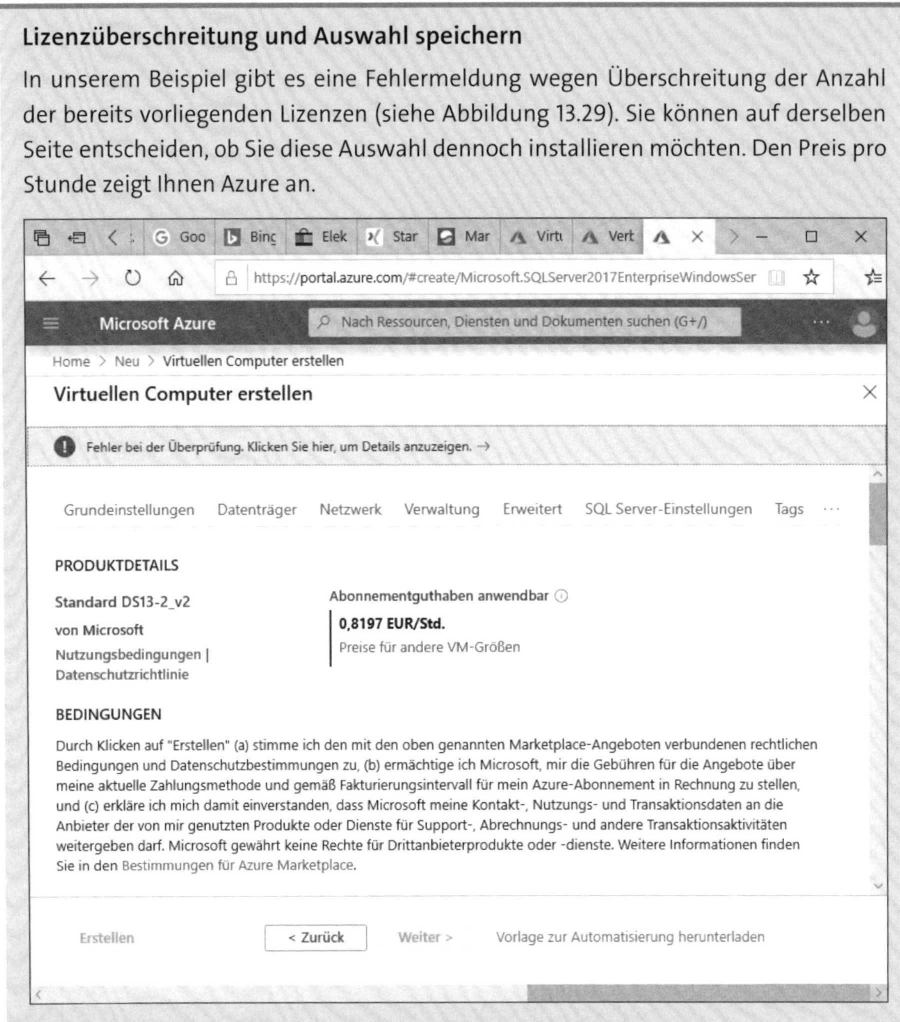

Abbildung 13.29 Die Warnung zeigt eine Lizenzüberschreitung an.

Hinweis

Nachdem der Server erstellt wurde, beginnt auch die kostenpflichtige Zeit.

Auswahl speichern

Sie können die getätigten Einstellungen als Vorlage im XML-Format herunterladen, um sie später zu verwenden (siehe Abbildung 13.30).

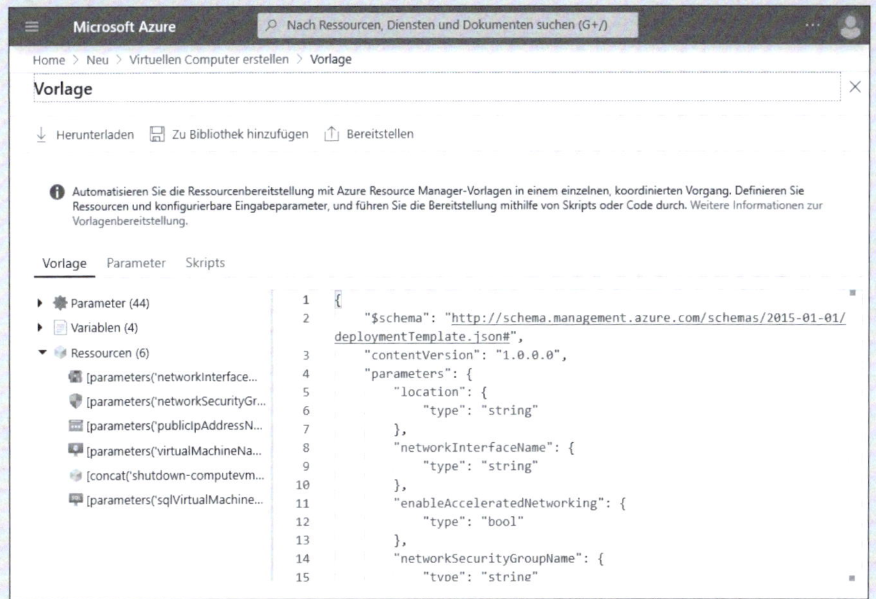

Abbildung 13.30 Sie können die Einstellungen im XML-Format speichern.

Nach der erfolgreichen Installation sehen Sie den Server sofort im Portal (Abbildung 13.31), und auch das Monitoring ist schon aktiv (Abbildung 13.32).

Sollten Sie nachträglich feststellen, dass die gewählten Ressourcen knapp werden, können Sie sie jederzeit erweitern. So ist jederzeit sowohl ein Scale-up als auch ein Scale-out möglich.

Microsoft hat die Bereitstellung von Ressourcen für Azure so weit perfektioniert, dass es kaum zu Engpässen kommen dürfte. Zum einen stehen immer enorme Reserven bereit. Zum anderen hält Microsoft seine Infrastruktur so flexibel. Bei Bedarf muss nur ein neuer Container aufgestellt werden. Der Container ist sofort angeschlossen. Die innenliegenden Ressourcen (Festplatten, SSDs, Netzwerk-Server ...) sind so eingebaut und verkabelt, dass sie ihre Arbeit sofort aufnehmen können. Für den »einfachen« Datenbankadmin ist das eine Traumvorstellung.

Hinweis

Denken Sie daran, die VM herunterzufahren, wenn Sie sie nicht mehr benötigen, damit Sie auch hier wieder Kosten einsparen.

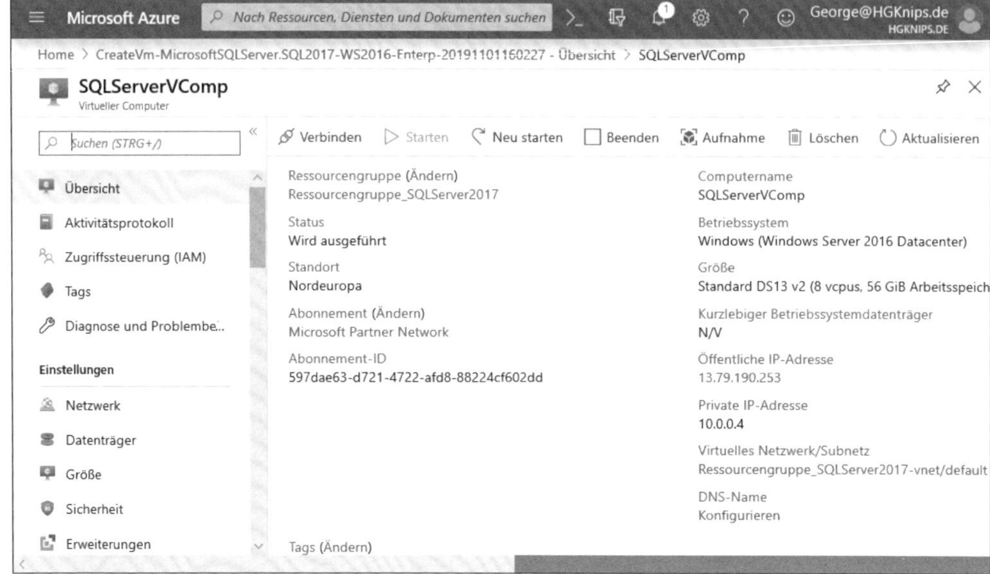

Abbildung 13.31 Der neue Server wurde erstellt ...

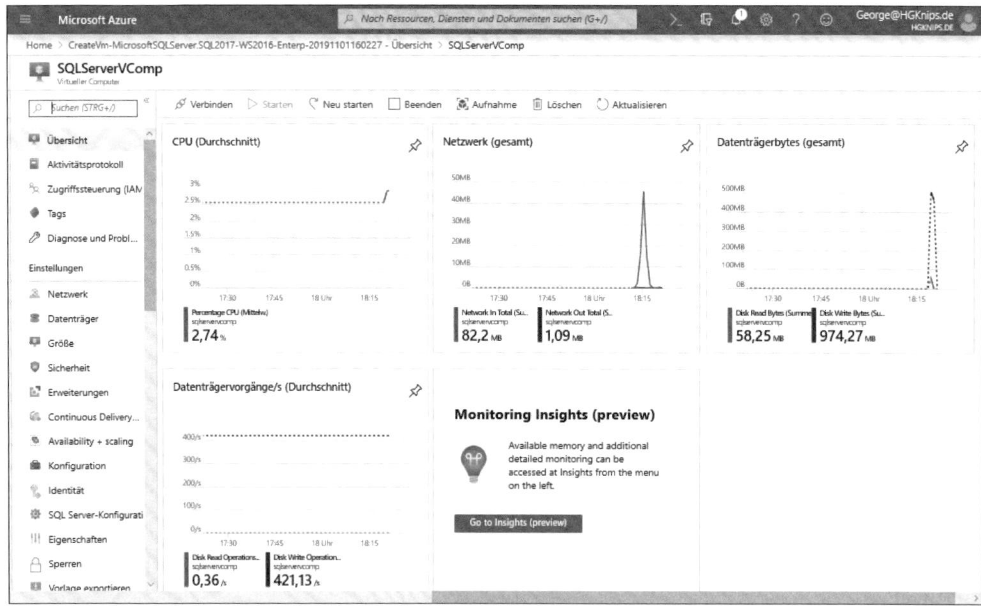

Abbildung 13.32 ... und das Monitoring läuft bereits.

Kapitel 14
Verteilung von Daten – Replikation ist kein Hexenwerk

Die Replikation gehört zum Handwerkszeug eines Administrators. Mit ihr lassen sich Daten aus einer Quellinstanz in eine oder mehrere Zielinstanzen kopieren oder verteilen und anschließend – zur Sicherung der Konsistenz – synchronisieren. Was Sie bei diesem praktischen, aber zweifelsohne sensiblen Thema beachten müssen, erfahren Sie in diesem Kapitel.

Eine Replikation ist schnell eingerichtet, jedoch verlangen die unterschiedlichen Replikationsarten ein mehr oder weniger großes Wissen vom Administrator. In diesem Kapitel liegt der Schwerpunkt auf dem Einrichten, Verwalten und Überwachen der Replikation. Dabei stellen wir die verschiedenen Arten der Replikation vor, richten eine Replikation ein und überwachen sie.

14.1 Einführung in die Replikation

Bei der *Replikation* handelt es sich um ein Verfahren zum Kopieren und Verteilen von Daten und Datenbankobjekten aus einer Quelldatenbank in eine oder mehrere Zieldatenbanken. Anschließend erfolgt das Synchronisieren von Daten zwischen diesen Datenbanken, um die Konsistenz sicherzustellen.

Eine Replikation ist bestens geeignet, um die Verfügbarkeit und Skalierbarkeit von SQL Server zu verbessern. Regelmäßig werden Aktualisierungen von der Quellinstanz an die Zielinstanzen übertragen. Um SQL Server in einem *Lastenverbund* zu betreiben, besteht die Möglichkeit, unter Windows Server einen NLB-Cluster einzurichten und mehrere Instanzen von SQL Server darin zu betreiben. Die Replikation bildet hier die Grundlage für die Synchronisierung der Daten zwischen den Instanzen von SQL Server. Die Redundanz an Daten, die sich aufgrund der Replikation ergibt, kann für Wartungsaufgaben genutzt werden. Denken Sie dabei allein an die Frage des Patchens (Service Packs wird es, ab SQL Server 2017, zukünftig nicht mehr geben).

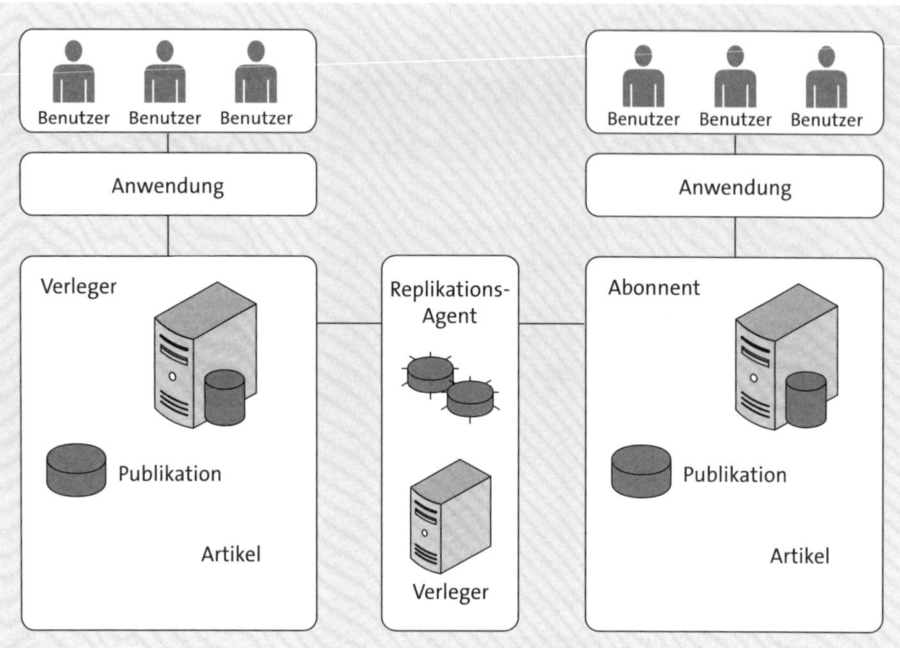

Abbildung 14.1 Das logische Architekturmodell der Replikation

Szenarien für eine Replikation

Server zu Server:

- Verbesserung der Skalierbarkeit und Verfügbarkeit
- Data-Warehousing- und Berichtsserver
- Integration von Daten aus mehreren Standorten (Server)
- Integration heterogener Daten
- Auslagerung der Batchverarbeitung

Server zu Client:

- Datenaustausch mit mobilen Benutzern
- Point-of-Sale-Anwendungen (POS)
- Integration von Daten mehrerer Standorte (Client)

SQL Server stellt für unterschiedliche Anforderungen verschiedene Replikationstypen bereit. Um entscheiden zu können, welchen Replikationstyp Sie einsetzen sollen, müssen Fragen zur physischen Umgebung beantwortet werden. Sie müssen prüfen, ob es sich beim Abonnenten um ein mobiles Gerät handelt, einen Server oder einen Client. Ebenso müssen Sie die Menge und Aktualität der Daten bei Ihrer Entscheidung berücksichtigen. Unter SQL Server stehen Ihnen mittlerweile sechs Replikationstypen zur Verfügung:

- *Transaktionsreplikation* (englisch: *Transactional Replication*)
- *Merge-Replikation* (*Merge Replication*)
- *Snapshot-Replikation* (*Snapshot Replication*)
- *Peer-zu-Peer-Replikation* (*Peer-to-Peer Replication*)
- *Bidirektionale Replikation* (*Bidirectional Replication*)
- *Aktualisierbare Abonnements* (*Updatable Subscriptions*)

Wenn Sie an Windows-Server denken, wird Ihnen die Replikation sicherlich vertraut sein. Im Active Directory kommen die Replikationsvorgänge zum Einsatz. Eine dringende Replikation zwischen Domänen-Controllern wird durchgeführt, wenn Änderungen an Benutzerkonten vorgenommen werden und diese auf andere Domänen-Controller repliziert werden müssen. Letztendlich ist es in SQL Server nicht anders: Gibt es Änderungen an Daten auf einer Instanz von SQL Server, sollen sie an andere Instanzen übertragen werden. Welche Technologie bzw. Replikationsart dabei zum Einsatz kommt, müssen Sie im jeweiligen Szenario entscheiden. Möchten Sie die Replikation zur Verbesserung der Verfügbarkeit verwenden, kommt z. B. die Transaktionsreplikation oder in einigen Fällen auch die Merge-Replikation zum Einsatz.

14.1.1 Replikations-Agent

Bei einer Replikation werden verschiedene Aufgaben ausgeführt. Je nach Replikationsart können sich diese unterscheiden. Eine Aufgabe muss jedoch grundsätzlich bei allen Replikationsarten durchgeführt werden: Gemeint ist das Erstellen eines *Snapshots* als Ausgangsbasis. In diesem Zusammenhang spricht man vom *Snapshot-Agent*, einem Auftrag im SQL Server Agent, der den Snapshot generiert. Der Protokoll-Lese-Agent liest das Transaktionsprotokoll bei der Transaktionsreplikation aus und wendet Änderungen dann auf dieser Grundlage beim Abonnenten an. Letztendlich handelt es sich immer um einen Auftrag im SQL Server Agent, der je nach Rolle bestimmte Aufgaben übernimmt. Folgende Agents treten im Zusammenhang mit der Replikation auf:

- Snapshot-Agent zum Erstellen der Snapshots
- Protokoll-Lese-Agent zum Lesen im Transaktionsprotokoll
- Verteilungs-Agent
- Merge-Agent
- Warteschlangen-Lese-Agent

Zusammenfassend lässt sich sagen, dass Aufträge im SQL Server Agent eingerichtet werden, die im Zusammenhang mit der Replikation ausgeführt werden. Ein Auftrag, der im SQL Server Agent ausgeführt wird, läuft unter dem Windows-Benutzerkonto, das bei der Installation für den SQL Server Agent angegeben wurde. Eine Alternative dazu bilden die SQL-Server-Anmeldeinformationen im Zusammenhang mit den Proxy-Konten. Genauere Informationen zum Thema Verwendung von Proxy-Konten erhalten Sie in Abschnitt 11.5, »Was sind Proxy-Konten, und welche Bedeutung kommt ihnen zu?«.

In Tabelle 14.1 werden die Agent-Berechtigungen im Zusammenhang mit der jeweiligen Replikation beschrieben. Hier gilt das eben Gesagte: Die Berechtigungen müssen dem jeweiligen Windows-Konto erteilt werden, unter dem der SQL Server Agent ausgeführt wird.

Agent	Berechtigungen
Snapshot-Agent	▶ Es muss mindestens Mitglied der festen Datenbankrolle *db_owner* in der Verteilungsdatenbank sein. ▶ Es muss über die Schreibberechtigung für die Snapshot-Freigabe verfügen. ▶ Das zum Herstellen der Verbindung mit dem Verleger verwendete Konto muss zumindest Mitglied der festen Datenbankrolle *db_owner* in der Publikationsdatenbank sein.
Protokoll-Lese-Agent	▶ Dieses Konto muss zumindest Mitglied der festen Datenbankrolle *db_owner* in der Verteilungsdatenbank sein. ▶ Das zum Herstellen der Verbindung mit dem Verleger verwendete Konto muss zumindest Mitglied der festen Datenbankrolle *db_owner* in der Publikationsdatenbank sein.
Verteilungs-Agent für Push-Abonnements	▶ Es muss mindestens Mitglied der festen Datenbankrolle *db_owner* in der Verteilungsdatenbank sein. ▶ Es muss Mitglied der Publikationszugriffsliste sein. ▶ Es muss über Leseberechtigungen für die Snapshot-Freigabe verfügen. ▶ Es muss über die Leseberechtigung für das Installationsverzeichnis des OLE-DB-Anbieters für den Abonnenten verfügen, wenn das Abonnement für einen Nicht-SQL-Server-Abonnenten vorgesehen ist.

Tabelle 14.1 Erforderliche Berechtigungen für die Agent-Sicherheit

Agent	Berechtigungen
Verteilungs-Agent für Pull-Abonnements	▶ Es muss Mitglied der Publikationszugriffsliste sein. ▶ Es muss über Leseberechtigungen für die Snapshot-Freigabe verfügen.
Merge-Agent für Push-Abonnements	▶ Es muss mindestens Mitglied der festen Datenbankrolle *db_owner* in der Verteilungsdatenbank sein. ▶ Es muss Mitglied der Publikationszugriffsliste sein. ▶ Die Anmeldung muss mit einem Benutzer in der Publikationsdatenbank verknüpft sein. ▶ Es muss über Leseberechtigungen für die Snapshot-Freigabe verfügen.
Merge-Agent für Pull-Abonnements	▶ Es muss Mitglied der Publikationszugriffsliste sein. ▶ Die Anmeldung muss mit einem Benutzer in der Publikationsdatenbank verknüpft sein. ▶ Die Anmeldung muss mit einem Benutzer in der Verteilungsdatenbank verknüpft sein. Der Benutzer kann der *Guest*-Benutzer sein. ▶ Es muss über Leseberechtigungen für die Snapshot-Freigabe verfügen.
Warteschlangen-Lese-Agent	▶ Dieses Konto muss zumindest Mitglied der festen Datenbankrolle *db_owner* in der Verteilungsdatenbank sein. ▶ Das Konto muss zumindest Mitglied der festen Datenbankrolle *db_owner* in der Publikationsdatenbank sein. ▶ Das Konto muss zumindest Mitglied der festen Datenbankrolle *db_owner* in der Abonnementdatenbank sein.

Tabelle 14.1 Erforderliche Berechtigungen für die Agent-Sicherheit (Forts.)

14.1.2 Speicherplatz und Zeitpläne

Speicherplatz wird bei der Replikation für die Verteilungsdatenbank benötigt, die sich auf dem Verleger oder einem gesonderten Rechner befindet, der nur für die Verteilung zuständig ist. Ebenso müssen Sie den Ordner für die Verteilung berücksichtigen. Sie sollten diese Bereiche daher bei einer Replikation einplanen. Der SQL Server Agent ist bei einer Replikation eine entscheidende Komponente. Versichern Sie sich, dass der Agent ausgeführt wird. Die Zeitpläne sollten Sie so wählen, dass die Wartezeit, der Netzwerkverkehr und ein möglicher Datenverlust bei Ausfall einer Instanz berücksichtigt werden.

14.2 Die Rollenverteilung bei einer Replikation

Um die Rollenverteilung bei einer Replikation genau zu definieren, hat Microsoft sich einiger Begriffe aus dem Verlagswesen bedient:

- *Verleger*: (englisch: *publisher*) Veröffentlicht Artikel (Tabellen, Sichten etc.) für eine Replikation in Form einer Publikation.
- *Verteiler*: (englisch: *distributor*) Verteilt die Daten an die Abonnenten. Es wird zwischen dem Push- und dem Pull-Verfahren unterschieden. Beim Push-Verfahren werden die Daten vom Verteiler zum Abonnenten übertragen, das heißt gesendet. Beim Pull-Verfahren holt der Abonnent die Daten entsprechend beim Verteiler ab.
- *Abonnent*: (en.: *subscriber*) Empfängt die Daten oder holt sie sich ab. Er umfasst die Zieldatenbank, auf der die Daten repliziert werden.

Die Rollenverteilung dient somit dem besseren Verständnis der Rollen und Aufgaben der Replikationspartner.

14.2.1 Verleger (publisher)

Der *Verleger* veröffentlicht die zu replizierenden Artikel. Artikel sind Tabellen, Prozeduren, Sichten, Funktionen etc. Ein Verleger kann mehrere Publikationen enthalten und ein Replikationsszenario mehrere Verleger.

14.2.2 Verteiler (distributor)

Ein *Verteiler* kann sich auf demselben Server befinden wie der Verleger. Für die Verteilung wird eine zusätzliche Systemdatenbank mit dem Namen »Distribution« angelegt, und im SQL Server Agent werden Jobs hinzugefügt. Wo Sie den Verteiler ausführen, ob auf dem Verleger oder auf einem separaten Server, hängt von folgenden Faktoren ab:

- Wie hoch ist die Last auf dem Verleger? Wenn der Verlegerserver die zusätzliche Last durch die Verteilerrolle aufnehmen kann, können Verleger und Verteiler auf einem Server platziert werden. Ist der Verleger jedoch überfordert, sollten Sie einen separaten Server für die Rolle des Verteilers festlegen.
- Reicht der Speicherplatz für die Verteilungsdatenbank und den Verteilungsordner? In der Verteilungsdatenbank und im Verteilungsordner werden z. B. nicht replizierte Transaktionen, Replikationsmetadaten und Snapshots gespeichert, die sehr groß werden können. Je nachdem treffen Sie die Entscheidung, ob der Verteiler ein separater Rechner ist oder nicht.
- Welche Topologie wählen Sie für Ihre Replikationslösung? Sind an der Replikation ein einzelner Verleger und mehrere Abonnenten beteiligt, kann ein Verteiler auf

dem Verleger platziert werden. Bei mehreren Verlegern und Abonnenten sollten Sie einen separaten Verteiler wählen.

14.2.3 Abonnent (subscriber)

Ein *Abonnent* enthält die Zieldatenbank der Replikation. Er wird vom Verteiler mit den Daten versorgt, und je nach Verfahren – Push oder Pull – erhält er die Daten oder holt sie sich vom Verteiler. Beachten Sie in diesem Zusammenhang, dass der Abonnent nur dann Daten vom Verteiler holen kann, wenn im Netzwerk eine Freigabe eingerichtet wurde. Beim Einrichten der Replikation warnt Sie der Assistent diesbezüglich beim Erstellen der Publikation.

14.3 Replikationsarten

14.3.1 Die Snapshot-Replikation (Snapshot Replication)

Bei der *Snapshot-Replikation* wird, wie der Name bereits erkennen lässt, ein Snapshot erzeugt, um die zu replizierenden Daten auf den Abonnenten zu übertragen. Verantwortlich für die Erzeugung des Snapshots ist ein Auftrag, der mithilfe des SQL Server Agents zeitgesteuert ausgeführt wird. Bei diesem Auftrag werden die zu replizierenden Daten mittels *bcp* in einen freigegebenen Ordner – den Snapshot-Ordner – kopiert. Die Aufträge im SQL Server Agent werden in zeitlichen Intervallen abgearbeitet, was somit je nach gewähltem Intervall eine entsprechende Verzögerung ergibt.

14

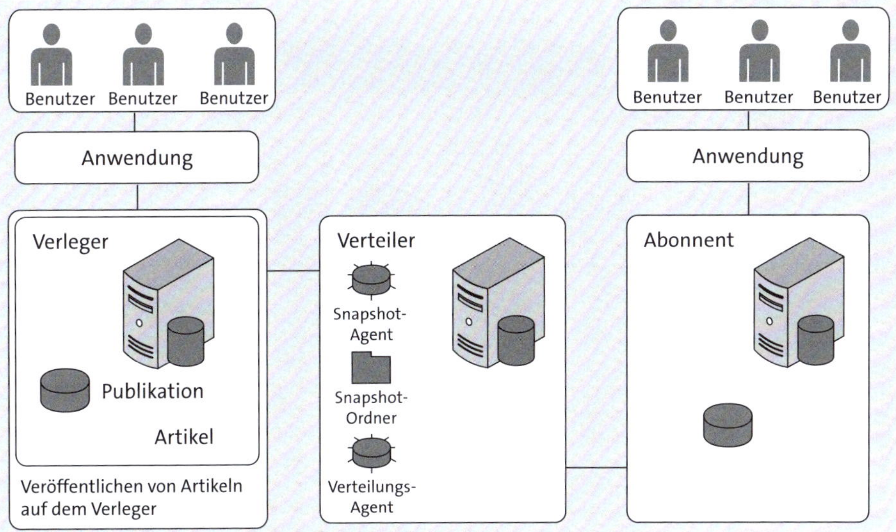

Abbildung 14.2 Funktionsweise der Snapshot-Replikation

Das Charakteristische an dieser Replikation ist, dass immer alle Daten komplett übertragen werden. Somit eignet sich die Snapshot-Replikation für kleine Datenmengen oder Datenbanken mit wenigen Änderungen oder für den Fall, dass die Aktualität der Daten auf dem Abonnenten nicht permanent gewährleistet sein muss.

14.3.2 Die Transaktionsreplikation (Transactional Replication)

Bei einer *Transaktionsreplikation* wird wie bei der Snapshot-Replikation ein Ausgangs-Snapshot erstellt und auf die Zielinstanz übertragen. Erfolgen später Änderungen an den Daten auf dem Verleger, werden diese vorgenommenen inkrementellen Änderungen gemäß dem Zeitplan des Verteilungs-Agents an die Abonnenten weitergeleitet, je nachdem, welches Intervall im Zeitplan gewählt wurde. Bei dem Argument *Fortlaufend* ruft der Agent replizierte Transaktionen in festgelegten Abrufintervallen aus der Quelle ab, selbst wenn keine ausstehenden Transaktionen vorhanden sind. Um die Konsistenz der Daten sicherzustellen, werden bei der Transaktionsreplikation alle Änderungen, für die es ein Commit gibt, auf dem Abonnenten angewendet. Die Transaktionsreplikation ist grundsätzlich *in eine Richtung* ausgelegt, jedoch gibt es Sonderformen, bei denen Änderungen am Abonnenten auf den Verleger repliziert werden. Außerdem gibt es die Möglichkeit, bei der Transaktionsreplikation eine *Peer-to-Peer-Replikationstopologie* zu konfigurieren, die dann Änderungen eines jeden Knotens in jede Richtung repliziert.

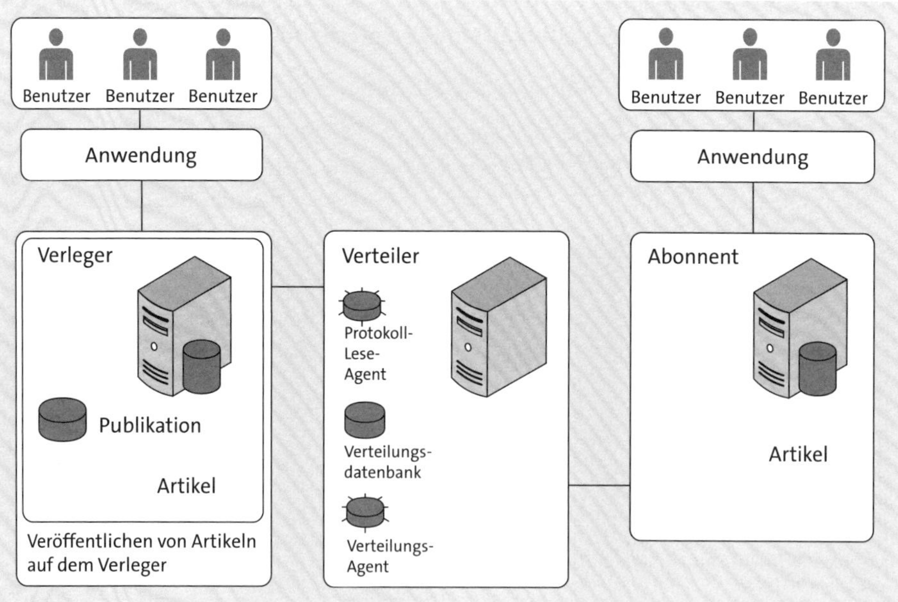

Abbildung 14.3 Funktionsweise der Transaktionsreplikation

Transaktionsreplikation mit aktualisierbarem Abonnement (Updatable Subscriptions)

Bei der Transaktionsreplikation besteht die Möglichkeit, am Abonnenten vorgenommene Aktualisierungen zurück zum Verleger zu replizieren. Für eine solche Situation stehen zwei Varianten zur Verfügung.

Bei der ersten Variante, *Abonnement mit sofortiger Aktualisierung*, wird eine Verbindung zum Verleger aufgebaut, und die Änderungen werden mithilfe von Microsoft Distributed Transaction Coordinator (MSDTC) angewendet. Hier tritt nur eine minimale Wartezeit auf, so dass der Verleger stets auf dem neuesten Stand ist. Verleger und Abonnent müssen also bei der Transaktionsreplikation mit sofortiger Aktualisierung verbunden sein. Kann die Verbindung vom Abonnenten zum Verleger mithilfe von MSDTC nicht aufgebaut werden, wird die gesamte Transaktion verworfen. Das bedeutet, dass die Transaktion weder auf dem Abonnenten noch auf dem Verleger ausgeführt wird.

Bei der zweiten Variante, *Abonnement mit verzögerter Aktualisierung*, werden die Änderungen zunächst in eine Warteschlange eingereiht. Der Warteschlangen-Lese-Agent wendet dann die Änderungen auf dem Verleger an. Verleger und Abonnent müssen also nicht verbunden sein. Der Zeitplan des Warteschlangen-Lese-Agents bestimmt hier die Aktualisierungen auf dem Verleger. Somit stehen bei der Transaktionsreplikation zwei Verfahren zur Verfügung, um Änderungen, die auf dem Abonnenten durchgeführt werden, auf den Verleger zu replizieren.

14.3.3 Die Merge-Replikation (Merge Replication)

Die *Merge-Replikation* wurde für Offlineszenarien entwickelt und eignet sich für die Replikation vom Verleger zum Abonnenten und umgekehrt. Daher ist sie besonders geeignet, wenn Netzwerkverbindungen unzuverlässig sind oder Änderungen autonom an jedem Standort ausgeführt werden müssen. Die Änderungsnachverfolgung wird durch Trigger realisiert, die Datenänderungen in eigens dafür vorgesehene Tabellen schreiben. Der Merge-Agent führt diese Datenänderungen dann von Verleger und Abonnent zusammen. Da bei der Merge-Replikation Änderungen sowohl auf dem Verleger als auch auf dem Abonnenten durchgeführt werden können, kann es beim Zusammenführen (oder auch »Mergen«) der Daten zu Konflikten kommen. Diese Konflikte müssen aufgelöst werden, wobei verschiedene Verfahren zum Einsatz kommen können. Es ist zum Beispiel möglich, die Konflikte von Hand aufzulösen oder zu bestimmen, dass einer der beiden (Verleger oder Verteiler) immer gewinnt. Wie auch immer Konflikte gelöst werden, auf jeden Fall müssen Sie das berücksichtigen.

Achtung

Kommt es zu einem Ausfall auf dem Verleger, können Änderungen verlorengehen, die auf diesem durchgeführt wurden (für die ein sogenanntes *Commit* erfolgt ist) und noch nicht auf dem Abonnenten angewendet worden sind.

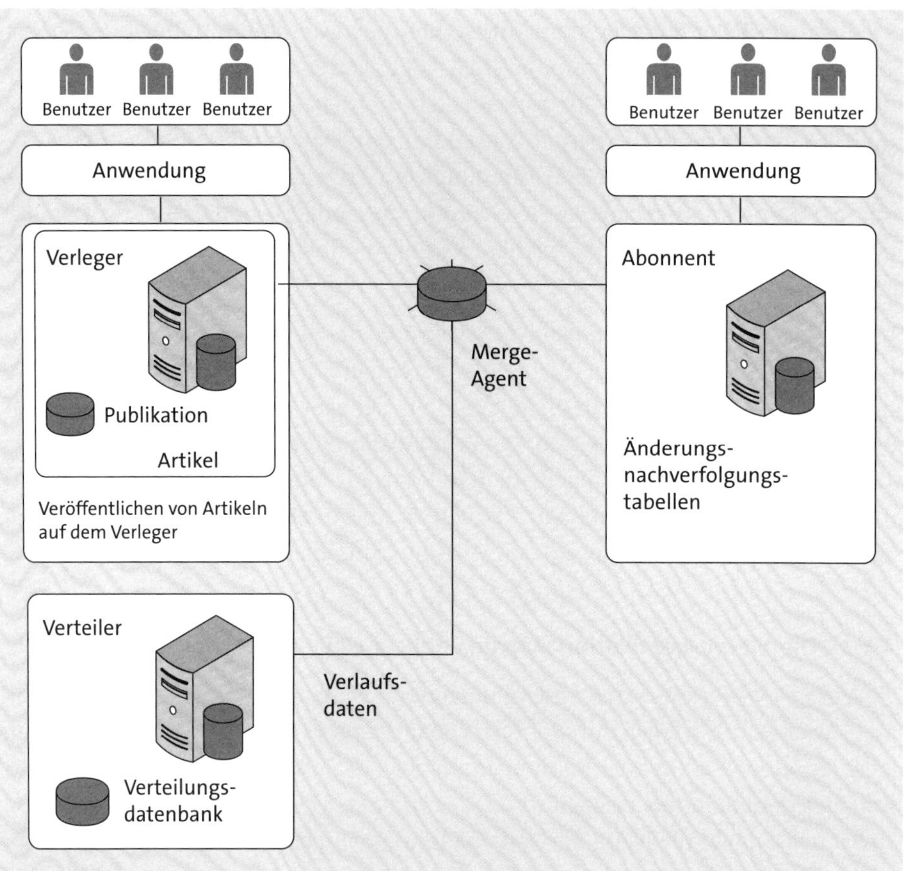

Abbildung 14.4 Funktionsweise der Merge-Replikation

14.3.4 HTTP-Merge-Replikation – Websynchronisierung

Mithilfe der Websynchronisierung im Zusammenhang mit der Merge-Replikation können Sie Daten über das HTTPS-Protokoll replizieren. Das ist für folgende Szenarien von Bedeutung:

- Synchronisieren von Daten mobiler Benutzer über das Internet
- Synchronisieren von Daten über eine Firewall zwischen Microsoft-SQL-Server-Instanzen

Ein Telemitarbeiter kann per Internetverbindung die entsprechenden Daten in beide Richtungen bewegen. Die Internetverbindung verwendet die Verschlüsselung via SSL. Die Websynchronisierung steht nur für Pull-Abonnements zur Verfügung, was bedeutet, dass der Merge-Agent immer auf dem Abonnenten ausgeführt wird.

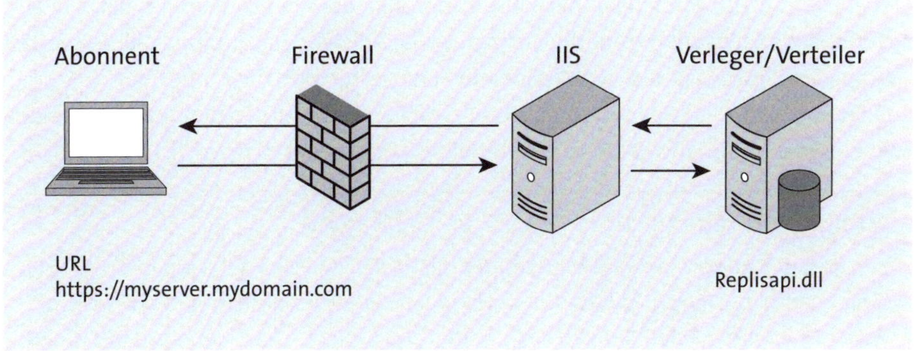

Abbildung 14.5 Schema der Websynchronisierung bei der Merge-Replikation

14.3.5 Die Peer-to-Peer-Replikation (Peer-to-Peer Replication)

Die *Peer-to-Peer-Replikation* als eine Topologie der Transaktionsreplikation bietet die Möglichkeit, Änderungen auf dem Abonnenten auszuführen. Jeder Server abonniert Publikationen von den anderen Servern und empfängt das Schema und die Daten als Abonnement. Mithilfe der Peer-to-Peer-Transaktionsreplikation können folgende Anforderungen erfüllt werden:

- Änderungen, die an einem beliebigen Server erfolgen, müssen auf alle anderen Server repliziert werden.
- Das System muss Transaktionskonsistenz gewährleisten.
- Die auf einem Server durchgeführten Updates müssen die anderen Server schnell erreichen.
- Das System muss in der Lage sein, die Replikation vieler Transaktionen durchzuführen.

14.3.6 Bidirektionale Replikation (Bidirectional Replication)

Bidirektionale Transaktionsreplikation ist eine spezielle Form der Transaktionsreplikation. Bei dieser Topologie sind zwei Server miteinander verbunden und können Daten untereinander in beide Richtungen austauschen. Jeder Server veröffentlicht Daten und abonniert Daten des anderen Servers.

14.3.7 Entscheidungsfaktoren für eine Replikationsart

Grundsätzlich müssen Sie unterscheiden, ob Änderungen am Abonnenten durchgeführt werden. Sind keine Änderungen notwendig, genügt die einfache Transaktionsreplikation; müssen Änderungen vorgenommen werden, kommt nur die Transaktionsreplikation mit sofortiger Aktualisierung oder die Peer-to-Peer-Replikation mit zuverlässiger Netzwerkverbindung infrage. Ist die Netzwerkverbindung nicht zuverlässig, muss es die Transaktionsreplikation mit verzögerter Aktualisierung oder die Merge-Replikation sein. Sind nur zwei Instanzen involviert und werden die Daten auf beiden Seiten aktualisiert, dann sollte es die bidirektionale Transaktionsreplikation sein.

Wichtige Hinweise zur Sicherheit bei der Replikation

Bei der Replikation gibt es kein automatisches Failover wie bei der Datenbankspiegelung oder dem Failover-Cluster. Hier müssen Sie explizit dafür sorgen, dass die Clients bei einem Ausfall umgeleitet werden. Außerdem stellt der Verteiler einen Schwachpunkt in der Replikation dar: Fällt er aus, kann nicht repliziert werden. Sie sollten in solchen Fällen den Verteiler gegen Ausfall schützen.

14.3.8 Workshop: Einrichten einer Transaktionsreplikation

1. Starten Sie SQL Server Management Studio, und stellen Sie eine Verbindung mit dem Verleger und dem Abonnenten her.

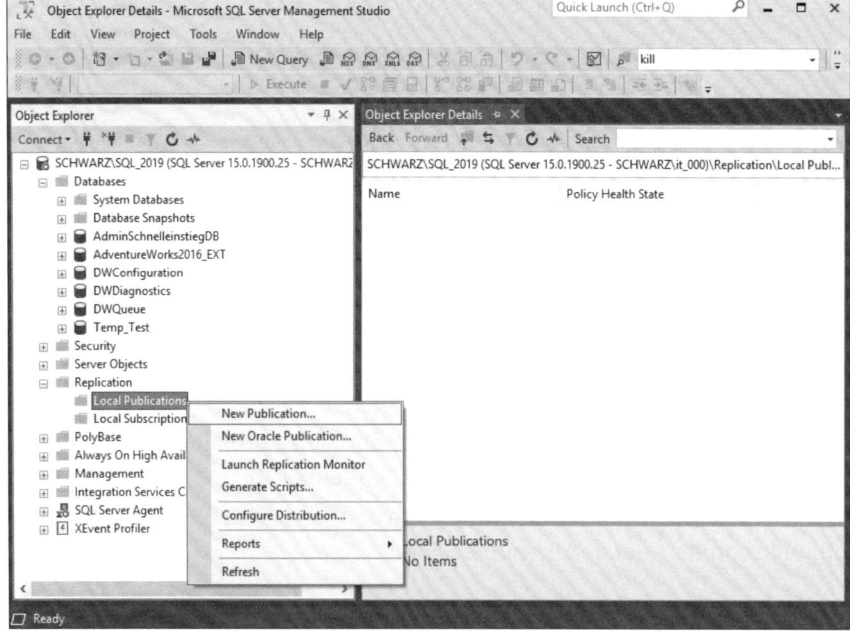

Abbildung 14.6 Erstellen einer neuen Veröffentlichung

2. Erweitern Sie den Ordner REPLIKATION (REPLICATION), klicken Sie dann mit der rechten Maustaste auf den Ordner LOKALE VERÖFFENTLICHUNGEN (LOCAL PUBLICATIONS), und wählen Sie NEUE VERÖFFENTLICHUNG (NEW PUBLICATION).
3. Folgen Sie dem Assistenten.

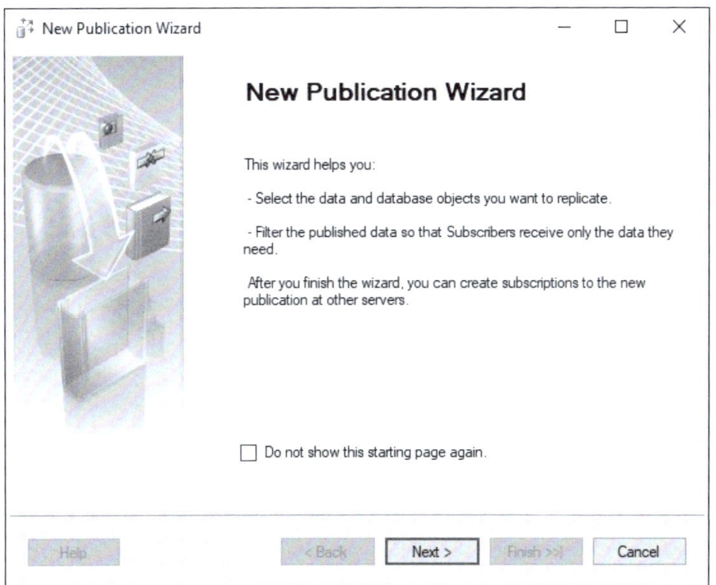

Abbildung 14.7 Der »Assistent für neue Veröffentlichung« (»New Publication Wizard«)

4. Als Nächstes geben Sie an, ob der *Verleger* (*publisher*) auch *Verteiler* (*distributor*) oder eine eigene Instanz von SQL Server sein soll (Abbildung 14.8).

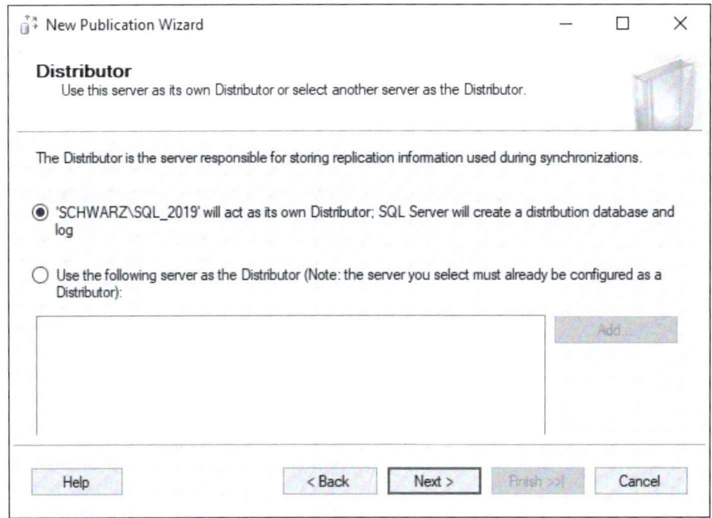

Abbildung 14.8 Verteiler angeben

5. Wählen Sie die Option, dass sowohl Verleger als auch Verteiler auf derselben Instanz ausgeführt werden, und klicken Sie auf WEITER (NEXT).
6. Da in diesem Fall der Agent nicht gestartet ist, erfolgt ein Hinweis zum automatischen Starten des SQL Server Agents.

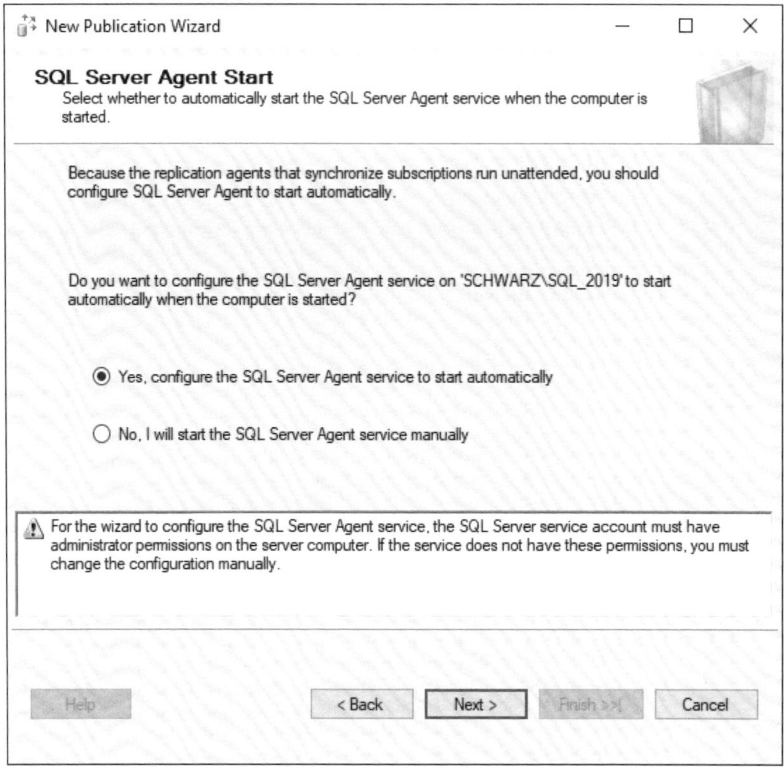

Abbildung 14.9 Hinweis, dass der Agent gestartet sein muss

7. Klicken Sie auf WEITER (NEXT).

   Der *Snapshot* (oder auch die *Momentaufnahme*) wird in einem Ordner abgelegt, dessen Standardpfad Sie in Abbildung 14.10 sehen. Wenn Sie Pull-Abonnements verwenden, die auf dem Abonnenten erstellt werden, muss der Ordner für den Snapshot eine Freigabe mit UNC-Pfad sein; sonst ist es dem Abonnenten nicht möglich, die Daten beim Verteiler abzuholen.
8. Beim Push-Abonnement können Sie den Pfad so belassen, da die Daten vom Verteiler zum Abonnenten gesendet werden. Klicken Sie auf WEITER (NEXT).
9. Im nächsten Dialog werden Sie aufgefordert, eine Datenbank für die Veröffentlichung zu wählen. Wählen Sie die ADMINSCHNELLEINSTIEGDB-Datenbank aus, und klicken Sie auf WEITER (NEXT).

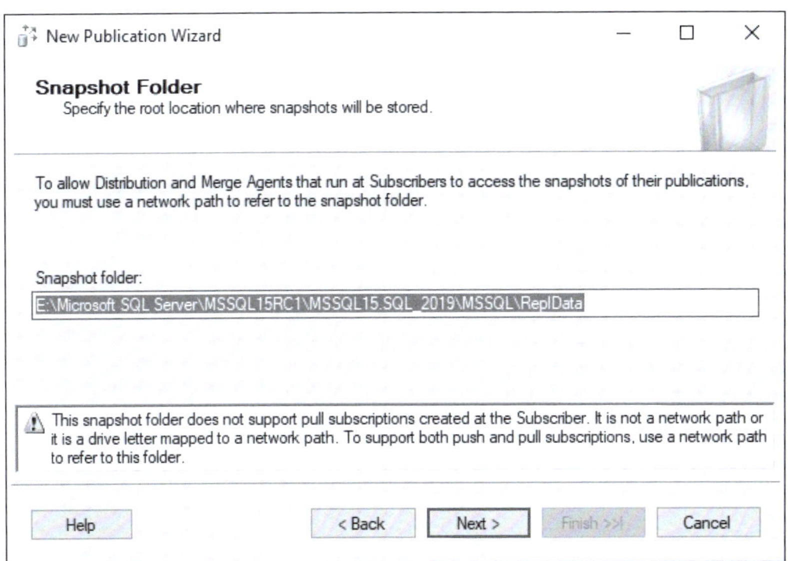

Abbildung 14.10 Ordner und Pfad für den Snapshot

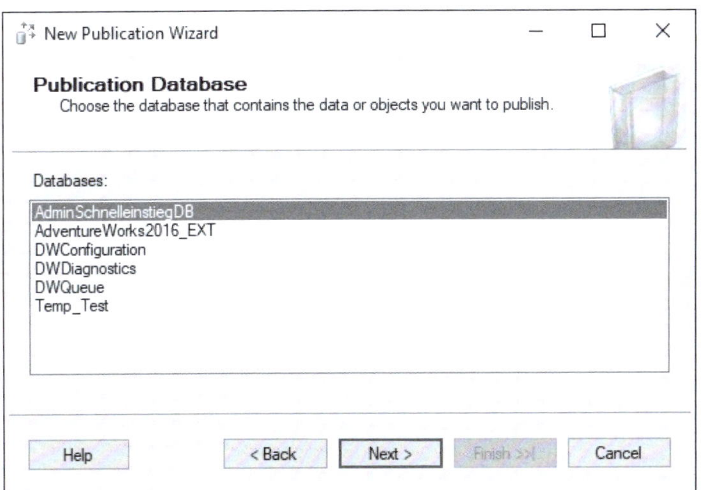

Abbildung 14.11 Wählen Sie die Datenbank aus.

10. Unter Veröffentlichungstyp (Publication Type) wählen Sie die Transaktionsveröffentlichung (Transactional publication).
11. Wichtig ist der in Abbildung 14.13 gezeigte Hinweis, dass Tabellen, die keine Primärschlüssel haben, nicht veröffentlicht werden können. Bei einer Transaktionsreplikation muss jede Tabelle einen Primärschlüssel besitzen.

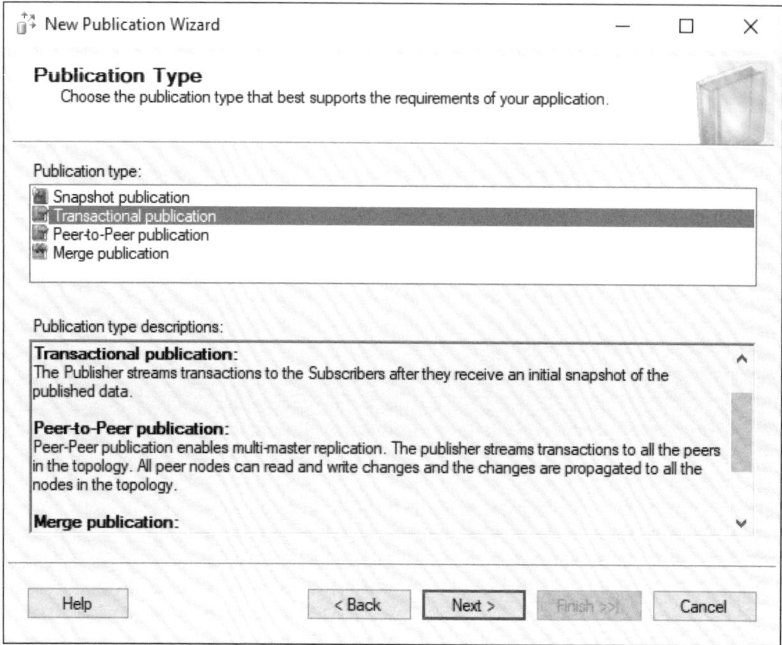

Abbildung 14.12 Typ der Veröffentlichung

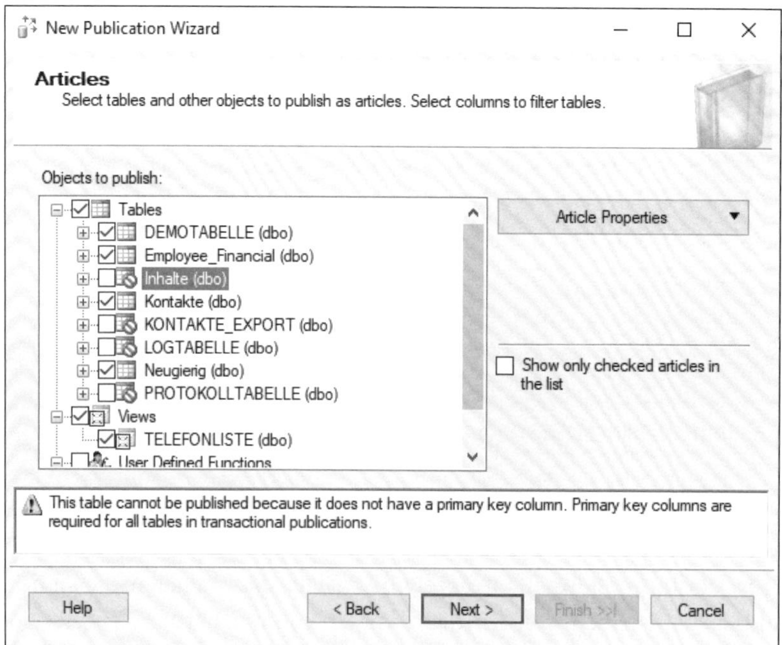

Abbildung 14.13 Warnung, dass in der Tabelle der Primärschlüssel fehlt

Bei einer Transaktionsveröffentlichung müssen die Tabellen, die repliziert werden, über einen Primärschlüssel verfügen. Daher ist es wichtig, dass beim Datenbankdesign die Regeln für die Modellierung von Datenbanken beachtet werden. Nähere Informationen zu diesem Thema erhalten Sie z. B. unter der folgenden Adresse: *http://de.wikipedia.org/wiki/Normalisierung_(Datenbank)*.

12. Wählen Sie die Tabelle INHALTE aus, und klicken Sie auf ARTIKELEIGENSCHAFTEN • EIGENSCHAFTEN DES HERVORGEHOBENEN TABELLEN-ARTIKELS FESTLEGEN (ARTICLE PROPERTIES • SET PROPERTIES OF HIGHLIGHTED TABLE ARTICLE). Da das Objekt noch nicht veröffentlicht worden ist, kann auch noch keine Artikeleigenschaft angepasst werden. Nach der Erstveröffentlichung sehen Sie in den ARTIKELEIGENSCHAFTEN (ARTICLE PROPERTIES) die Optionen für die Replikation. Sie erkennen z. B., dass in den Standardeinstellungen Fremdschlüssel, Check-Einschränkungen, nicht gruppierte Indizes und Benutzer-Trigger nicht auf den Abonnenten kopiert werden. Diese Einstellungen könnten Sie, bei Bedarf, hier ändern. Für unser Beispiel bestätigen Sie, ohne etwas geändert zu haben, mit OK und klicken auf WEITER (NEXT).

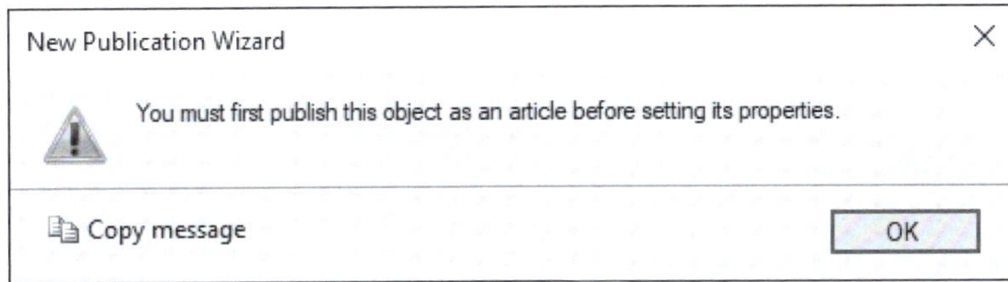

Abbildung 14.14 Da das Objekt noch nicht veröffentlicht wurde erscheint eine Fehlermeldung.

13. Im nächsten Dialog können Sie Tabellenzeilen filtern. So könnten Sie zum Beispiel nur alle Personen mit der Anrede »Herr« replizieren. Dazu wählen Sie unter SPALTEN (COLUMS) die Anrede aus und fügen diese als Filteranweisung hinzu. Die `WHERE`-Klausel wurde jetzt um die Anrede ergänzt, und Sie können als Kriterium in einem einfachen Hochkomma »Herr« angeben. Abbildung 14.15 zeigt Ihnen dieses Szenario. Beenden Sie Ihre Eingabe, und klicken Sie auf OK. Den nächsten Dialog bestätigen Sie mit WEITER (NEXT).

14. Im nächsten Dialog konfigurieren Sie den Snapshot-Agent-Zeitplan. Dazu wählen Sie den Punkt MOMENTAUFNAHME SOFORT ERSTELLEN UND ZUM INITIALISIEREN VON ABONNEMENTS VERFÜGBAR HALTEN (CREATE A SNAPSHOT IMMEDIATELY AND KEEP THE SNAPSHOT AVAILABLE TO INITIALIZE SUBSCRIPTIONS). Zudem können Sie hier die Erstellung der Snapshots planen. Für unser Beispiel wählen Sie nur den ersten Punkt aus.

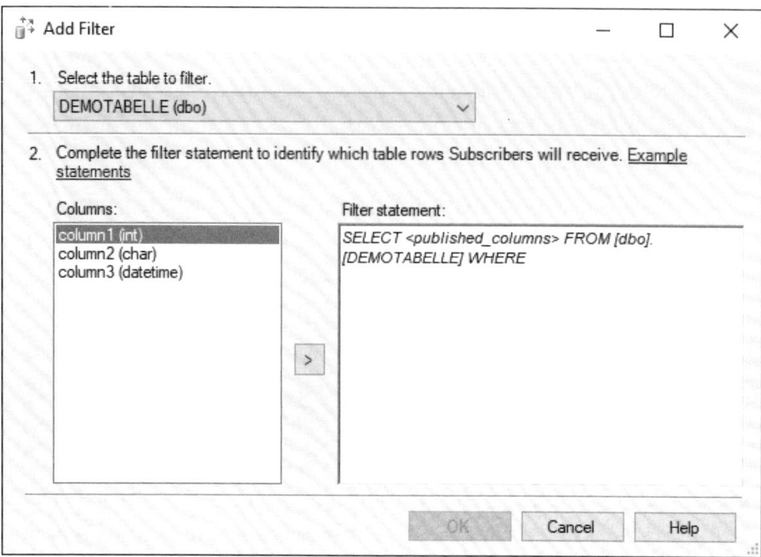

Abbildung 14.15 Horizontales Filtern

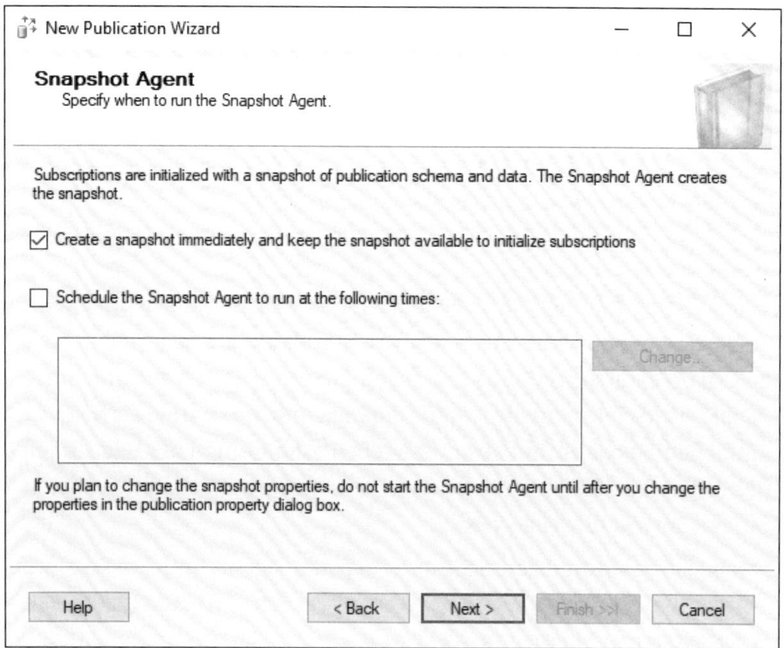

Abbildung 14.16 Zeitplan des Snapshot-Agents

15. Jetzt müssen Sie die Sicherheitseinstellungen konfigurieren; dazu klicken Sie auf die Schaltfläche SICHERHEITSEINSTELLUNGEN... (SECURITY SETTINGS...; Abbildung 14.17).

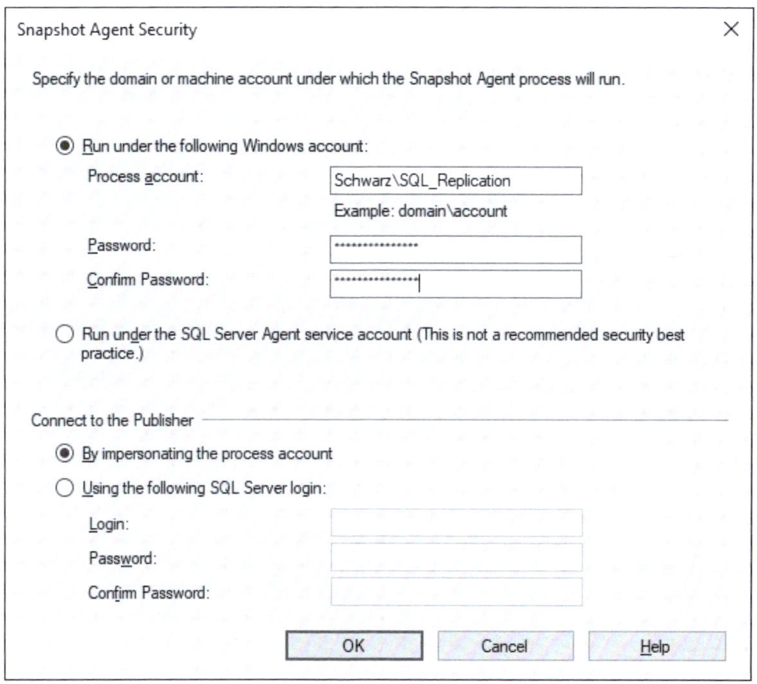

Abbildung 14.17 Sicherheitseinstellungen

14

16. Das Konto, das Sie hier verwenden, muss den Richtlinien aus Tabelle 14.1 entsprechen. Um die Sicherheit zu erhöhen, wird empfohlen, für die Replikation ein eigenes Benutzerkonto zu verwenden.

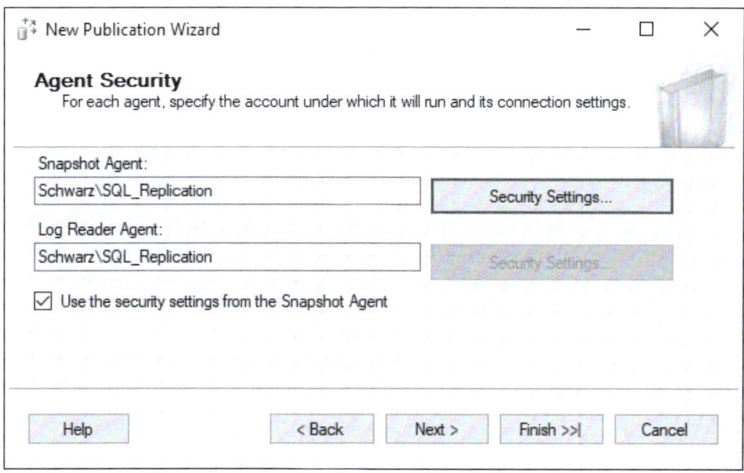

Abbildung 14.18 Die Replikation sollten Sie mit einem dedizierten Benutzerkonto einrichten.

Abbildung 14.18 zeigt die Möglichkeit der Verwendung eines dedizierten Benutzers. Bitte vergleichen Sie ihre Einstellungen mit denen in Abbildung 14.18. Natürlich können Sie andere AD-Konten verwenden als wir in diesem Beispiel. Klicken Sie anschließend auf WEITER (NEXT).

17. An dieser Stelle besteht die Möglichkeit, ein T-SQL-Skript erzeugen zu lassen, das die gesamte Einrichtung und Konfiguration der Publikation enthält (siehe Abbildung 14.19).

Mit Hilfe eines solchen Skripts können Sie jederzeit die Replikation aus dem SQL Server Management Studio durch Ausführen erstellen. Dies ist eine alternative Erstellungsmethode.

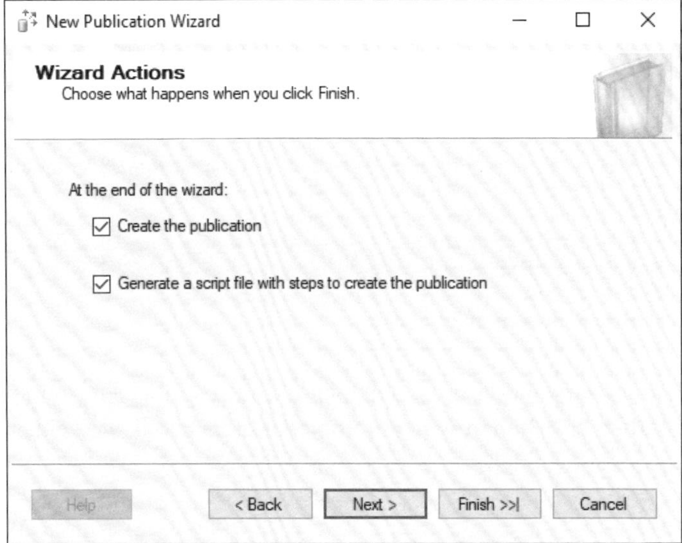

Abbildung 14.19 Skript erstellen

Wichtiger Hinweis

Das Konto des SQL Server Agents wird hier im Beispiel verwendet, jedoch ist es aus Gründen der Sicherheit sinnvoll, ein eigenes Benutzerkonto zu nutzen. Diesem Konto müssen Sie dann die jeweiligen Berechtigungen in den Instanzen von SQL Server erteilen.

Im weiteren Verlauf des Workshops werden wir Ihnen einige Fehlermeldungen in diesem Zusammenhang zeigen.

18. Vergeben Sie im letzten Dialog noch einen Namen für die Publikation (Abbildung 14.21), und wählen Sie FERTIG STELLEN (FINISH).

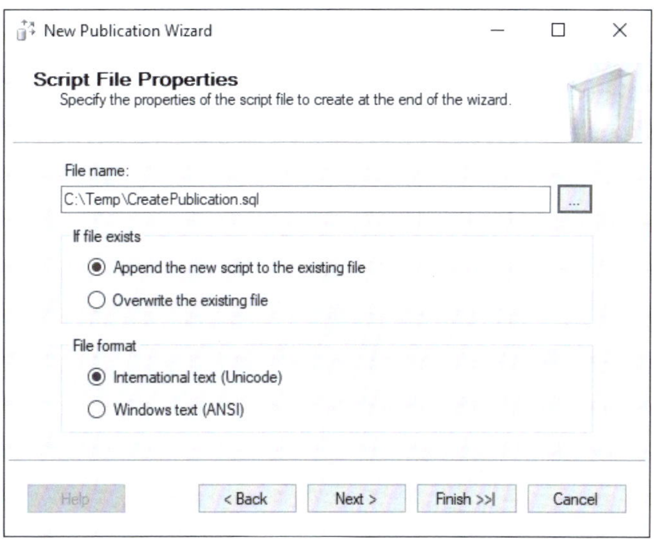

Abbildung 14.20 Pfad und Dateinamen wählen

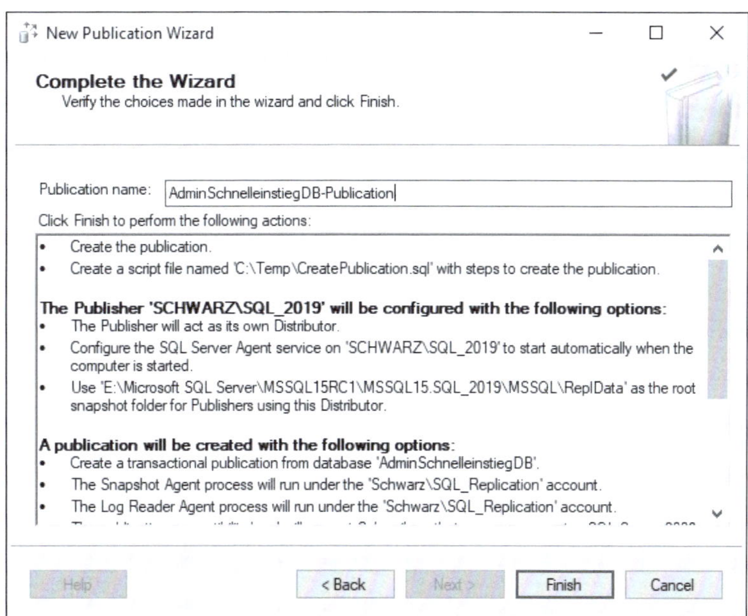

Abbildung 14.21 Geben Sie der Publikation einen Namen.

Die Veröffentlichung (englisch: *publication*) wird nun erstellt, und der Assistent zeigt Ihnen die einzelnen Schritte an, die er konfiguriert. Als Nächstes können Sie das Abonnement auf der Instanz von SQL Server erstellen, die als Abonnent konfiguriert werden soll. Die Warnung in diesem Bild betrifft den SQL Server Agent, der bei meiner lokalen Installation nicht automatisch gestartet wird. Auf einem echten Server sollte das aber kein Problem sein.

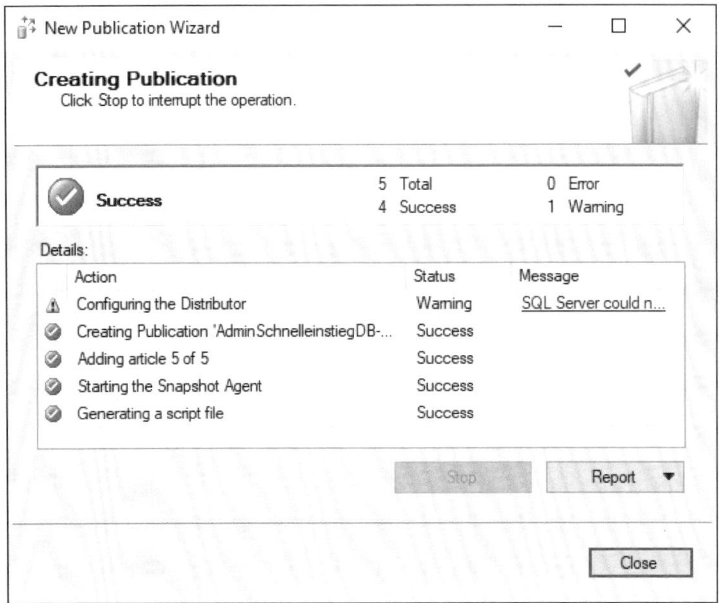

Abbildung 14.22 Erstellen eines neuen Abonnements

1. Dazu wechseln Sie die Instanz von SQL Server im Management Studio und erweitern den Knoten REPLIKATION (REPLICATION) auf dem Abonnenten, um ein neues Abonnement zu erstellen.
2. Klicken Sie mit der rechten Maustaste auf den Ordner LOKALES ABONNEMENT (LOCAL SUBSCRIPTIONS), und wählen Sie NEUE ABONNEMENTS... (NEW SUBSCRIPTIONS...) Folgen Sie dem Assistenten bis zum Fenster VERÖFFENTLICHUNG (PUBLICATION).
3. Unter VERLEGER (PUBLISHER) wählen Sie die Instanz von SQL Server, auf der sich die Veröffentlichung befindet.
4. Wählen Sie den Ort, auf dem der VERTEILUNGS-AGENT (NEW SUBSCRIPTION WIZARD) ausgeführt werden soll – Push- oder Pull-Abonnement. Denken Sie an die Freigabe des Snapshot-Ordners, wenn Sie sich hier für das Pull-Abonnement entscheiden. Da wir für unser Beispiel den Ordner nicht freigegeben haben, wählen Sie die Option ALLE AGENTS AUF DEM VERTEILER (VERTEILERNAME) AUSFÜHREN (PUSHABONNEMENTS) (RUN ALL AGENTS AT THE DISTRIBUTOR ...), und klicken Sie auf WEITER (NEXT; siehe Abbildung 14.24).

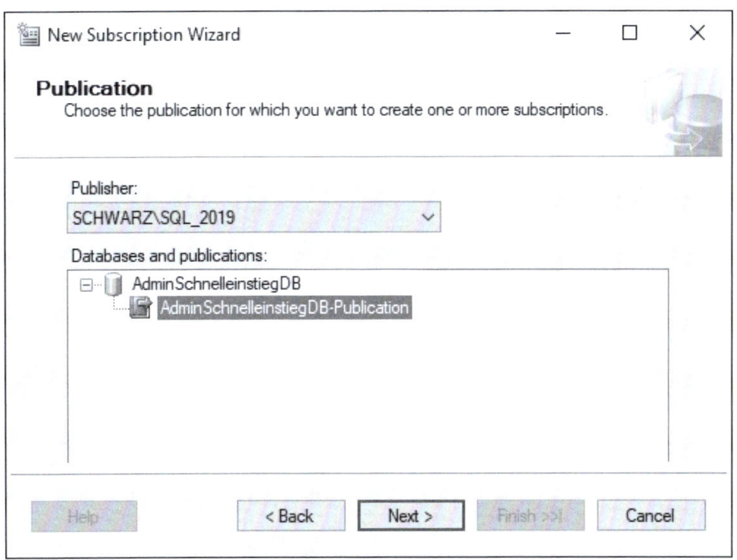

Abbildung 14.23 Auswahl der Instanz und Veröffentlichung auf dem Abonnenten

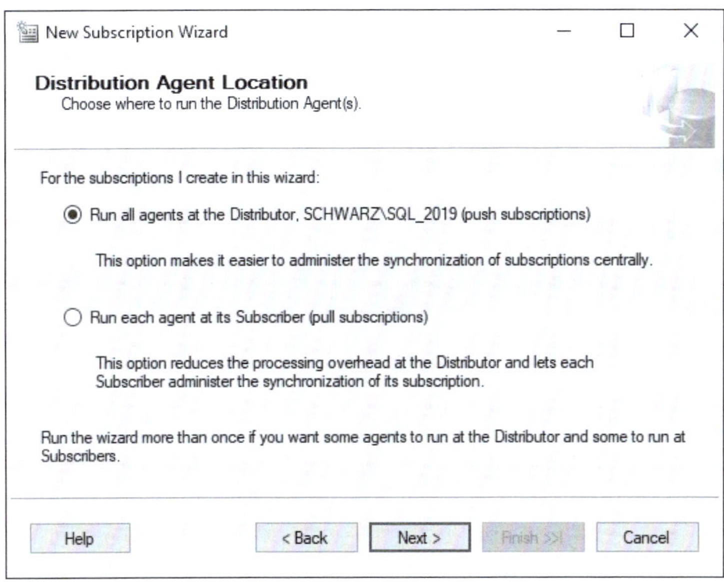

Abbildung 14.24 Auswahl Push- oder Pull-Abonnement

5. Wenn noch nicht geschehen, müssen Sie jetzt eine neue Datenbank auf dem Abonnenten anlegen. Dazu klicken Sie, wie in Abbildung 14.25 zu sehen ist, auf das Dropdown-Feld unter Abonnementdatenbank (Subscription Database) und wählen <Neue Datenbank ...> (<New Database>...). Legen Sie eine neue Daten-

bank mit den Standardoptionen und dem Namen »AdminSchnelleinstiegDB_replik« an, und bestätigen Sie Ihre Eingaben mit OK.

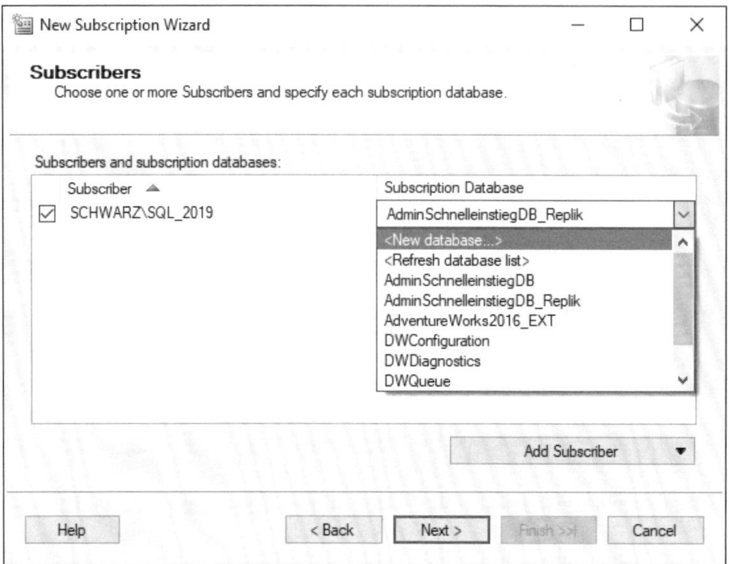

Abbildung 14.25 Anlegen der Datenbank auf dem Abonnenten

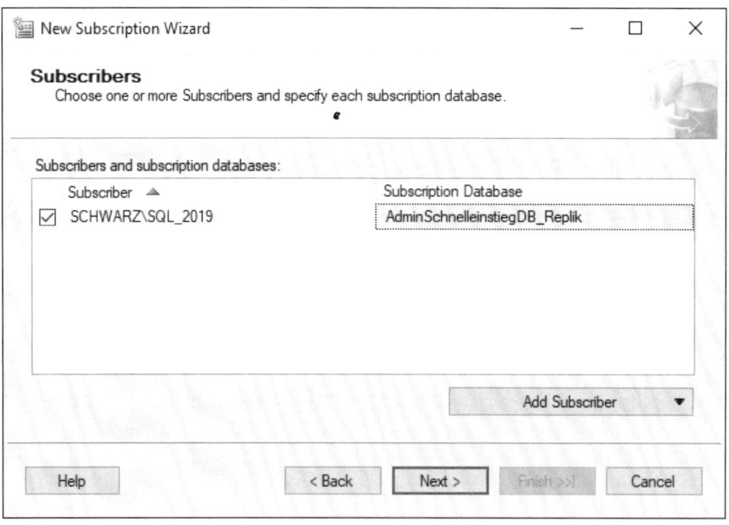

Abbildung 14.26 Die neue Datenbank

6. Im Dialog Konfiguration der Sicherheit für den Verteilungsagent (Distribution Agent Security) werden Sie wieder aufgefordert, die Agent-Sicherheit zu konfigurieren. Klicken Sie auf die Schaltfläche mit den drei Punkten (Abbildung 14.27), um in den Dialog aus Abbildung 14.28 zu gelangen.

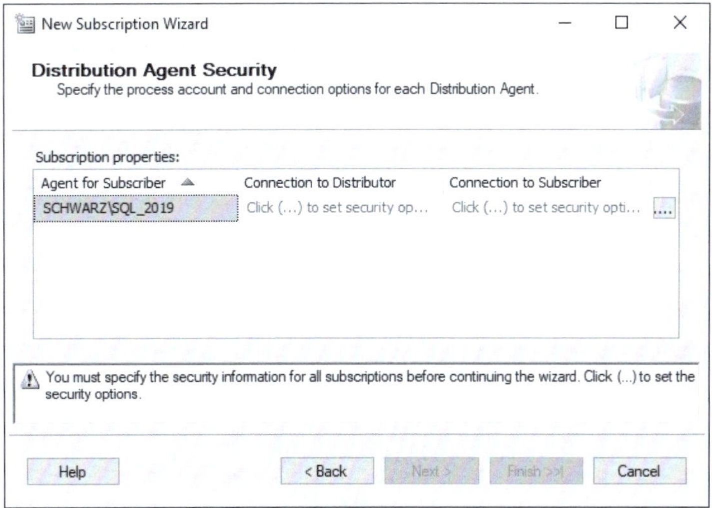

Abbildung 14.27 Die Sicherheitsinformationen müssen noch eingegeben werden.

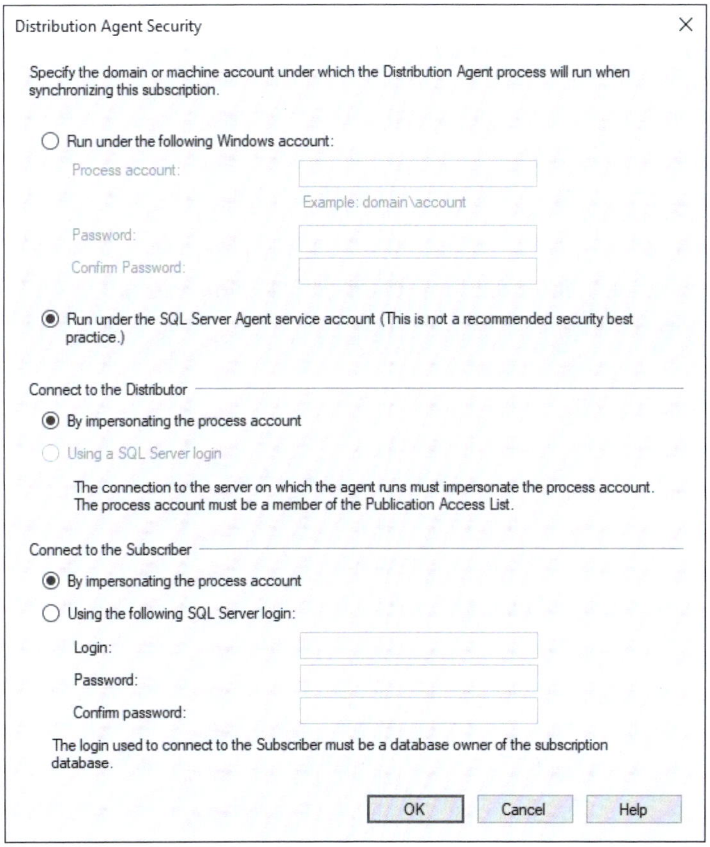

Distribution Agent Security

Specify the domain or machine account under which the Distribution Agent process will run when synchronizing this subscription.

Run under the following Windows account:

Process account:

Example: domain\account

Password:

Confirm Password:

Run under the SQL Server Agent service account (This is not a recommended security best practice.)

Connect to the Distributor

By impersonating the process account

Using a SQL Server login

The connection to the server on which the agent runs must impersonate the process account. The process account must be a member of the Publication Access List.

Connect to the Subscriber

By impersonating the process account

Using the following SQL Server login:

Login:

Password:

Confirm password:

The login used to connect to the Subscriber must be a database owner of the subscription database.

OK Cancel Help

Abbildung 14.28 Angeben der Sicherheit für den Verteilungs-Agent

Auch hier müssen Sie den dedizierten Benutzer verwenden, wenn Sie das bei der Veröffentlichung so angegeben haben. Wir haben jedoch das SQL-Server-Agent-Konto verwendet und treffen auch hier diese Entscheidung.

7. Der nächste Schritt erfordert Angaben über den Agent-Zeitplan. Wählen Sie FORTLAUFEND AUSFÜHREN (RUN CONTINUOUSLY), dann entspricht das dem kleinsten Intervall (Abbildung 14.29). Dies können Sie sich später im Agent-Auftrag anzeigen lassen.

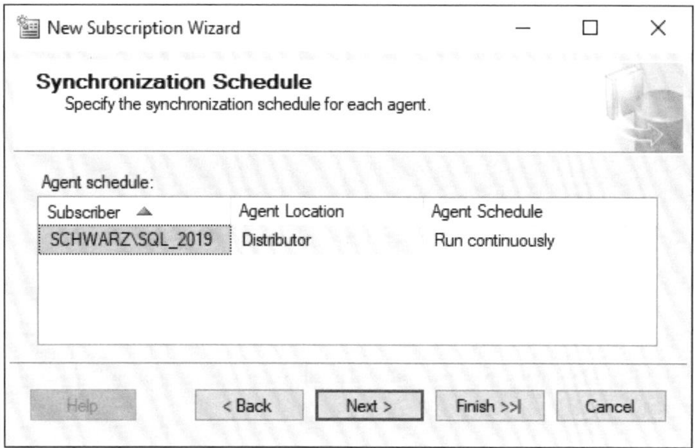

Abbildung 14.29 Abonnement initialisieren

8. Der Agent-Job muss ausgeführt und die Abonnements müssen initialisiert werden. Das können Sie jetzt veranlassen. Die nächsten Schritte bestätigen Sie einfach, bis Sie zum Ende kommen. Klicken Sie zum Schluss auf FERTIGSTELLEN (FINISH).

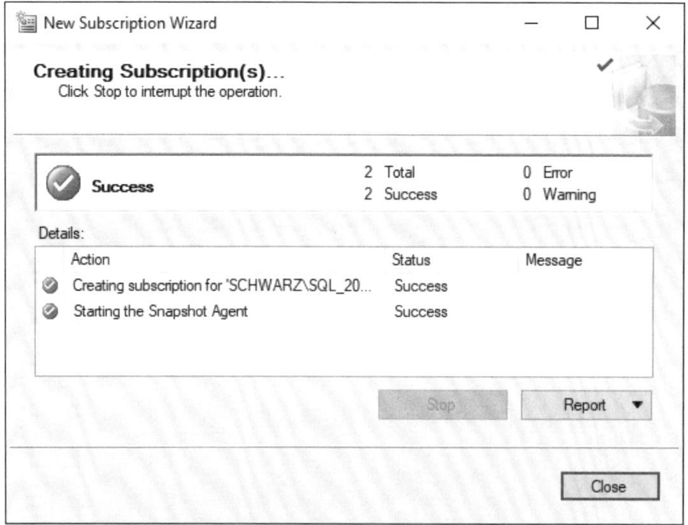

Abbildung 14.30 Das Abonnement wurde erstellt.

9. Ist alles richtig verlaufen, sehen Sie kurze Zeit danach im Objekt-Explorer unter dem Knoten LOKALE VERÖFFENTLICHUNGEN • ADMINSCHNELLEINSTIEGDB (REPLICATION • LOCAL PUBLICATIONS • ADMINSCHNELLEINSTIEGDB) das Abonnement.

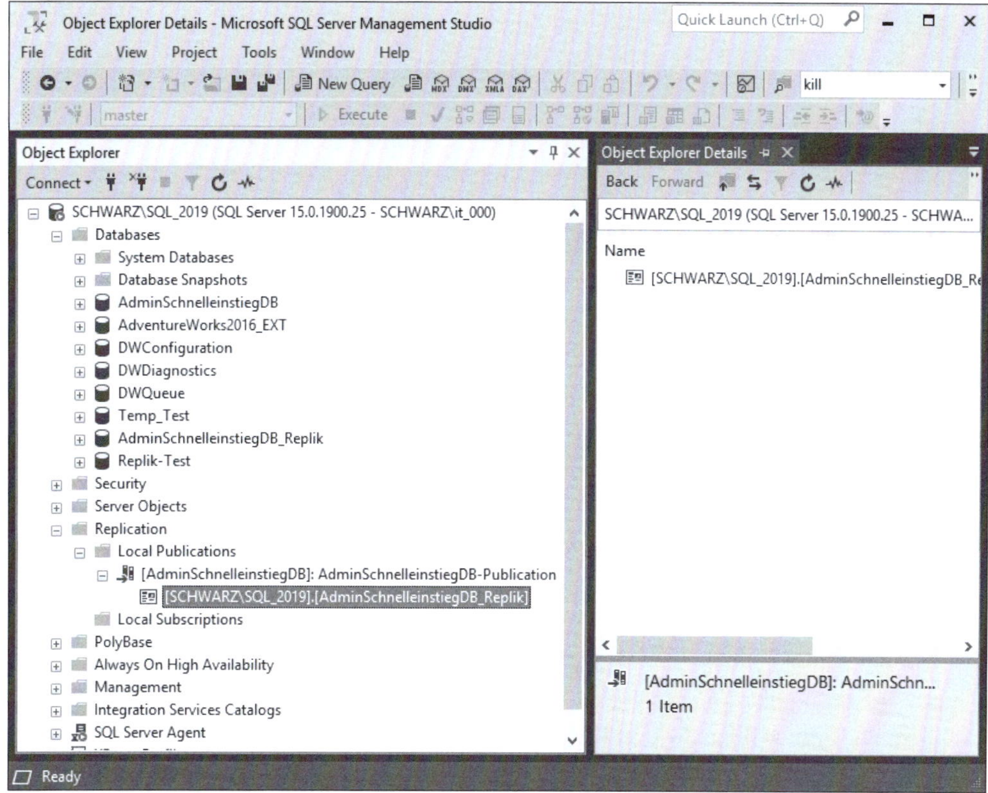

Abbildung 14.31 Das erfolgreich eingerichtete Abonnement

Sie haben jetzt eine Replikation eingerichtet. Das bedeutet jedoch noch nicht, dass die Replikation fehlerfrei ausgeführt wird. Welche Möglichkeiten es gibt, sich weitere Informationen über die Replikation anzeigen zu lassen, erfahren Sie weiter unten im Abschnitt »Der SQL-Server-Replikationsmonitor«.

Es kann zudem vorkommen, dass Sie dem Konto, das die Replikation ausführt, nicht die erforderlichen Rechte gegeben haben. In Abbildung 14.32 ein Beispiel, bei dem die Rechte im Dateisystem auf den Ordner *ReplData* fehlen.

Um diesen Fehler anzeigen zu lassen, klicken Sie mit der rechten Maustaste auf die Veröffentlichung, um den Status des Momentaufnahme-Agents anzeigen zu lassen. Erteilen Sie dem Replikationskonto das Schreibrecht auf das Verzeichnis *C:\Temp*. Nachdem Sie diesen Schritt ausgeführt haben, müssen Sie den Momentaufnahme-Agent erneut starten, damit eine Momentaufnahme erstellt wird.

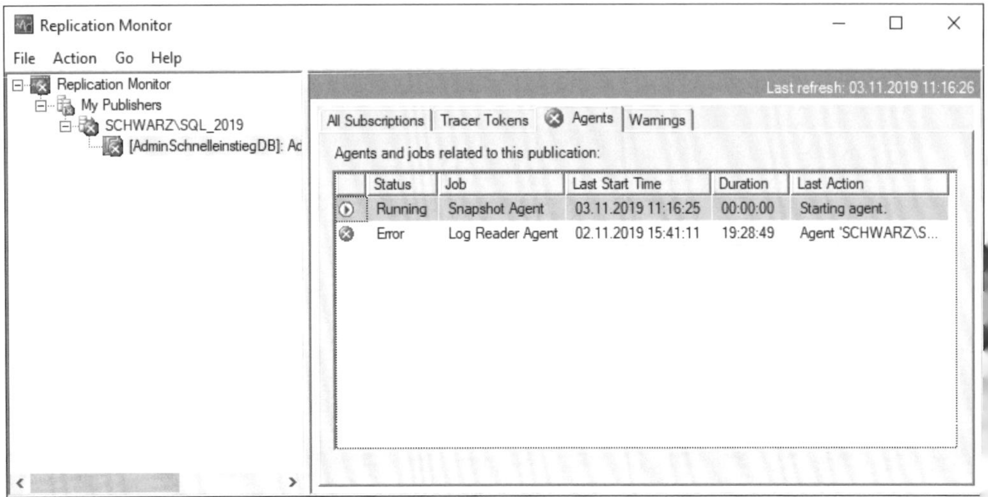

Abbildung 14.32 Fehlende Rechte im Dateisystem

Dies ist nicht der einzige Stolperstein, innerhalb der Instanzen können weitere Berechtigungen fehlen. Das Konto für die Replikation muss sich mit den Instanzen verbinden können, und innerhalb der Datenbanken muss der jeweilige Zugriff auf die zu replizierenden Artikel möglich sein. Um dies zu beheben, fügen Sie das Konto *SQL_Replication* als Login hinzu und weisen es der Rolle *DBOWNER* – Rolle in den jeweiligen Instanzen – zu.

Wird die Replikation erfolgreich ausgeführt, können Sie sich die Veröffentlichung ansehen. Dazu wählen Sie den Knoten Lokale Abonnements (Local Publications) unter Replikation (Replications) und lassen sich auf der Zielinstanz das Abonnement anzeigen.

Der SQL-Server-Replikationsmonitor

SQL Server stellt den *Replikationsmonitor* bereit, um Informationen über die Replikation anzeigen zu lassen. Sie starten den Replikationsmonitor, indem Sie den Knoten Replikation (Replications) erweitern und mit der rechten Maustaste auf eine Veröffentlichung klicken. Über das Kontextmenü starten Sie den Replikationsmonitor (Launch Replication Monitor).

Sie haben nun im Replikationsmonitor die Möglichkeit, Ihre Replikation zu überwachen. Die Registerkarten Veröffentlichung, Überwachungsliste für Abonnements und Agents (englisch: Publications, Subscription Watch List und Agents) zeigen jeweils den Status an und bieten detaillierte Informationen, wenn Probleme auftreten. Wenn Sie zum Abonnement wechseln, werden Ihnen weitere Registerkarten angezeigt. Besonders interessant ist hier die Registerkarte Überwa-

CHUNGSTOKEN (TRACER TOKENS), mit deren Hilfe Sie ein Überwachungstoken erstellen können, das die Latenzzeiten prüft und anzeigt, wie lange die Verarbeitung zwischen Verleger und Verteiler bzw. Verteiler und Abonnement dauert.

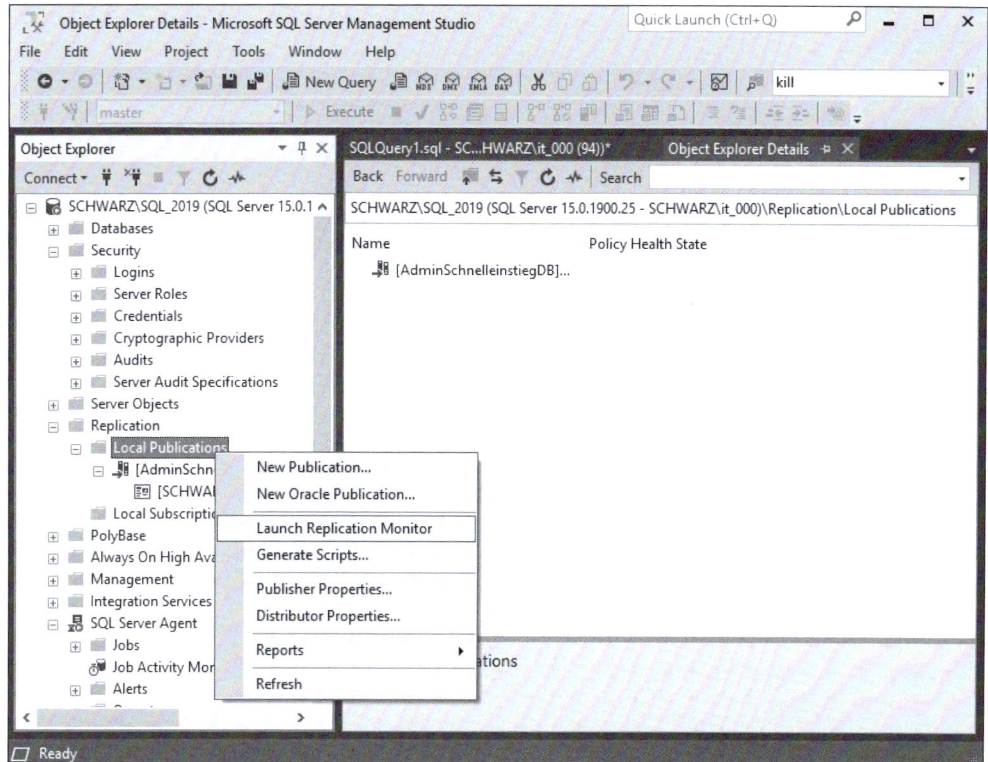

Abbildung 14.33 Der Replikationsmonitor

Der Replikationsmonitor hilft beim Erkennen von Fehlern oder Leistungsengpässen. Durch das Hinzufügen eines Überwachungstokens ist es möglich, die Latenzzeiten zu messen.

Kapitel 15
Hochverfügbarkeitslösungen

Was hohe Verfügbarkeit bedeutet und wie sie – gemessen an den Service Level Agreements der Unternehmen – umgesetzt wird, erfahren Sie in diesem Kapitel. Sie müssen in der Lage sein, SQL Server in Hochverfügbarkeitsszenarien einzusetzen. Dabei ist es wichtig, die Unterschiede zwischen den einzelnen Hochverfügbarkeitstechnologien, deren Kosten und den jeweiligen administrativen Aufwand abzuschätzen, um eine geeignete Lösung für Ihr Unternehmen zu implementieren.

Die Frage nach der Bedeutung moderner Datenbanksysteme und ihrem Einsatz im Unternehmen stellt sich aktuell den meisten Verantwortlichen in dieser Form nicht mehr. Datenbanken gehören heute zum festen Bestandteil einer Organisation. In vielen Fällen ist es auf den ersten Blick gar nicht ersichtlich, dass so manche Datenbank z. B. in Form einer SQL Server Express Edition im Einsatz ist. In vielen Unternehmen haben Datenbanken jedoch den Status einer absolut geschäftskritischen Anwendung erreicht. Wenn das der Fall ist, besteht fast immer die Notwendigkeit des Einsatzes einer Hochverfügbarkeitslösung. Dabei gilt es, Faktoren wie Technologie, Nutzen und Wirtschaftlichkeit zu berücksichtigen. Wir werden in diesem Kapitel auf die jeweiligen Faktoren eingehen, um Ihnen eine Hilfestellung bei der Bewertung dieser Faktoren zu geben.

Sie stehen vor der Aufgabe, aus einer Vielzahl von möglichen Technologien eine geeignete auszuwählen, um diese dann im Unternehmen zu implementieren. Die Erfahrung aus vielen Projekten hat uns gezeigt, dass schnell die eine oder andere Lösung als die vermeintlich richtige angesehen wird. Bei genauerer Betrachtung wird dann jedoch ersichtlich, dass eine derartige Lösung den Anforderungen in der Praxis nicht gerecht wird. Andererseits bedeutet der Einsatz aller möglichen Technologien einen enormen Aufwand bei der Administration. Deshalb ist es manchmal sinnvoller, nicht das Optimum einzusetzen, dafür aber den administrativen Aufwand in Grenzen zu halten.

15.1 Hochverfügbarkeit – was ist das eigentlich genau?

Warum überhaupt Hochverfügbarkeit?

Sind Unternehmensdaten nicht vorhanden oder geschäftskritische Anwendungen nur eingeschränkt verfügbar, führt das zu Umsatzverlust und zu einer niedrigeren Produktivität Ihrer Mitarbeiter. Es gibt in einer IT-Infrastruktur aber Ausfälle, die abzusichern sind.

Grundsätzlich wird zwischen zwei Arten von Ausfällen unterschieden:

Geplante Ausfälle:

- Service-Pack-Installation
- Datenbankwartung
- Upgrade von Applikationen
- Konfigurationsaufgaben am System
- Migration auf neuere Hard- oder Software

Ungeplante Ausfälle:

- Festplattenausfall
- Serverausfall
- Ausfall von Netzwerk, Active Directory oder anderer Technologien, auf die SQL Server zugreifen können muss
- Virenbefall
- Fehler, die auf zu hohe Berechtigungen von ungeschultem Personal zurückzuführen sind
- Brand, Katastrophe im Rechenzentrum
- Fehler bei der Verwaltung und Administration

15.1.1 Definition der Hochverfügbarkeit (High Availability/HA)

Ein System gilt als *hochverfügbar*, wenn eine Anwendung auch im Fehlerfall weiterhin verfügbar ist. Dabei muss die Verfügbarkeit ohne menschliche Hilfe erhalten bleiben. Trotz Ausfall einer Hardwarekomponente muss der uneingeschränkte Betrieb gewährleistet bleiben.

15.1.2 Einteilung der Verfügbarkeitsklassen

Um Hochverfügbarkeit genau definieren zu können und letztendlich eine Zeitangabe zu haben, müssen wir uns die Verfügbarkeitsklassen ansehen. Wir gehen hier nicht auf alle Klassen ein, sondern stellen nur einen Ausschnitt dar.

Verfügbarkeitsklasse	Angabe in Prozent	Ausfallzeit
3	99,9 %	43,80 Min./Monat
4	99,99 %	4,38 Min./Monat
5	99,999 %	0,44 Min./Monat

Tabelle 15.1 Verfügbarkeitsklassen

Wie Sie in Tabelle 15.1 erkennen, sind letztendlich die Zeitangaben von Bedeutung. Im Unternehmen oder in der Organisation muss in den *Service Level Agreements* (*SLA*) genau definiert werden, welche Anforderungen existieren. Ein Transaktionssystem mit mehreren Hundert Transaktionen in der Minute stellt andere Anforderungen als ein System mit wenigen Benutzern, die ab und an einige Daten für interne Zwecke sichten.

SQL Server bietet grundsätzlich die folgenden technologischen Möglichkeiten, um Hochverfügbarkeit herzustellen:

- Windows-Cluster-Dienste
- Datenbankspiegelung
- Protokollversand
- Datenbank-Snapshot
- AlwaysOn

Wenn wir diese Möglichkeiten betrachten, stellen wir fest, dass drei Technologien auf den Windows-Cluster-Diensten beruhen. Windows enthält zwei Cluster-Dienste, den *Lastenausgleichs-Cluster-Dienst* (*Network Load Balancing, NLB*) und den *Failover-Cluster-Dienst*. Wie aus dem Namen ersichtlich ist, verfolgen beide einen anderen Zweck. Lassen Sie uns zunächst die einzelnen Technologien der Windows-Cluster-Dienste betrachten.

15.2 Lastenausgleich durch Network Load Balancing (NLB)

Der NLB-Cluster verfolgt einen anderen Zweck als der Failover-Cluster: Hier geht es primär darum, die Lasten der Anfragen auf mehrere Instanzen von SQL Server zu verteilen, um somit die Antwortzeiten bzw. Verfügbarkeiten zu verbessern. Abbildung 15.1 zeigt einen solchen NLB-Cluster.

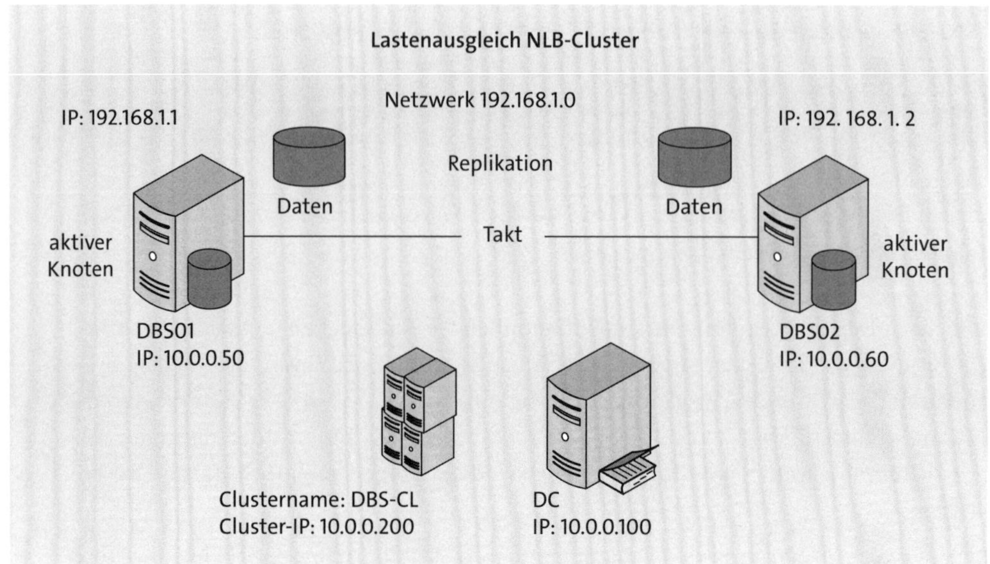

Abbildung 15.1 Lastenausgleich mit einem NLB-Cluster

In diesem Beispiel des NLB-Clusters existieren zwei Instanzen von SQL Server mit der jeweiligen IP-Adresse 10.0.0.50 und 10.0.0.60. Der Sinn eines solchen NLB-Clusters besteht darin, Anfragen der Clients auf die beiden Instanzen je nach Last zu verteilen. Beide Instanzen verfügen über die gleiche Datenbank, und es muss sichergestellt werden, dass Datenänderungen an einer Datenbank auf die jeweils andere Instanz übertragen werden. Damit es möglich ist, einen Client auf die eine bzw. andere Instanz zu leiten, muss es für den Client eine gemeinsame IP-Adresse für den Zugriff geben. Dies erfolgt im DNS-Server, der eine gemeinsame IP-Adresse verwaltet, in diesem Beispiel ist das die Adresse 10.0.0.200. Wenn ein Client eine Verbindung zu SQL Server aufbaut, wendet er sich an diese IP-Adresse, und der Clusterdienst entscheidet, an welche Instanz von SQL Server die Anfrage weitergeleitet wird. Bei lesenden Vorgängen ist das kein Problem; wenn allerdings eine Transaktion schreibend zugreift, werden die Änderungen nur auf einer Instanz ausgeführt. Hier kommt die Transaktionsreplikation ins Spiel, mit deren Hilfe die Änderungen auf die jeweils andere Instanz übertragen werden.

In der Praxis sollte der Datenverkehr innerhalb des NLB-Clusters über eine eigene Netzwerkschnittstelle erfolgen. Das Netzwerk 192.168.1.0 stellt das Clusternetz dar und das Netzwerk 10.0.0.0 das für den Clientzugriff. Über das Netzwerk 192.168.1.0 wird der *Takt* (*Heartbeat*; Feststellen der Verfügbarkeit der Knoten) übertragen. Der öffentliche Zugriff auf das Netzwerk für die Clients erfolgt über die andere Netzwerkschnittstelle.

Zusammenfassung NLB-Cluster

Beim NLB-Cluster existieren jeweils zwei Instanzen von SQL Server auf zwei unterschiedlichen Windows-Servern. Beide Datenbanken sind autark, und der NLB-Cluster-Dienst entscheidet, an welche Instanz die Anfragen weitergeleitet werden. Um den Datenbestand synchron zu halten, muss eine Replikation für den Abgleich der Daten eingesetzt werden. Eine virtuelle IP-Adresse im DNS wird als gemeinsame Adresse für die Clientzugriffe genutzt. Es ist kein gemeinsamer Speicher notwendig und somit keine zusätzliche Hardware. Der NLB-Cluster-Dienst ist seit Windows Server 2003 Bestandteil von Windows-Servern. Die Hochverfügbarkeit wird ebenfalls über einen NLB-Cluster erhöht, und es sind jeweils lesende und schreibende Zugriffe möglich. Der Bereich von SQL Server, der mit Hilfe des Clusters abgesichert wird, ist die gesamte Instanz von SQL Server. Das ist ein wesentlicher Unterschied zur Datenbankspiegelung, bei der die Datenbank und nicht die Instanz abgesichert wird.

Der NLB-Cluster benötigt viel Hardware und Platz für doppelte Datenhaltung (in zwei autarken Instanzen). Größere schreibende Zugriffe können dazu führen, dass Clients unterschiedliche Ergebnisse der gleichen Abfrage erhalten, da möglicherweise die Daten zum Zeitpunkt der Abfrage noch nicht repliziert waren.

15.3 Failover-Cluster

SQL Server bietet mit dem Datenbankmodul und den Analysis Services jeweils eine clusterfähige Ressource. Mithilfe des Clusterdienstes lassen sich seit Windows Server 2003 *Failover-Cluster*-Szenarien umsetzen, durch die Hardwareausfälle abgefangen werden können. Genau genommen ist der Failover-Cluster kein direktes Feature von SQL Server, sondern ein Dienst, der unter dem Betriebssystem Windows Server ausgeführt wird. SQL Server stellt die clusterfähige Ressource dar.

Genau wie beim NLB-Cluster existieren auch hier zwei Instanzen von SQL Server, eine mit der IP-Adresse 10.0.0.50 und einer mit der IP-Adresse 10.0.0.60. Auch hier wird im DNS-Server eine virtuelle IP-Adresse 10.0.0.200 registriert. Es existieren also ein öffentliches und ein privates Netzwerk. Der Windows-Server-Cluster-Dienst wird im DNS-Server unter der virtuellen IP-Adresse 10.0.0.200 registriert und erhält den Namen »DBS-CL«. Das ermöglicht es Anwendungen, über den Namen oder die IP-Adresse des virtuellen Servers auf die Datenbank zuzugreifen. Gleichgültig, welche Instanz von SQL Server aktiv ist, der Clusterdienst leitet die Anfragen jeweils immer zur aktiven Instanz weiter.

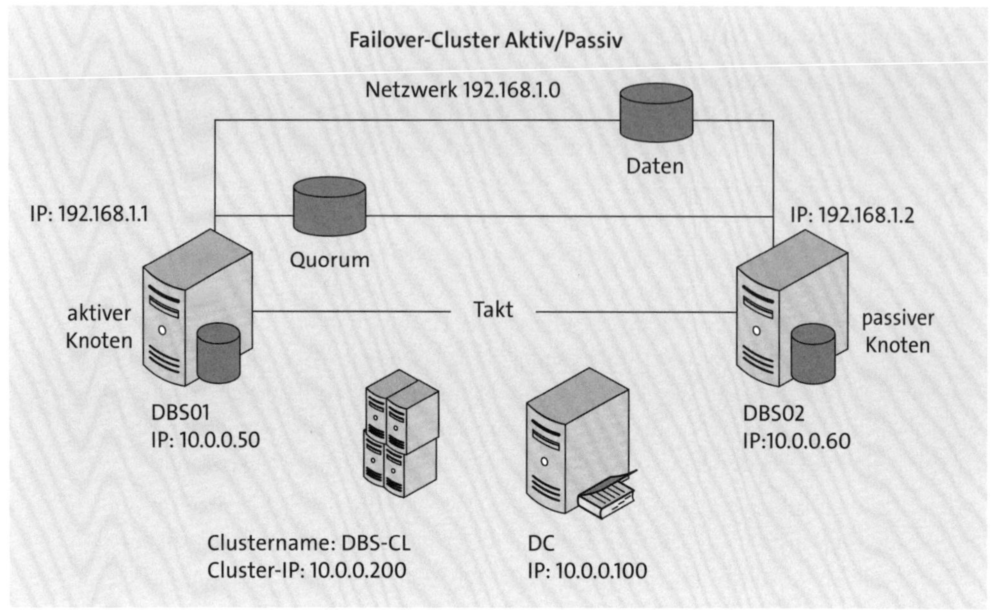

Abbildung 15.2 SQL Server in einem Failover-Cluster-Einsatz

Ein grundsätzlicher Unterschied zwischen einem Failover- und einem NLB-Cluster besteht darin, dass die Datenbanken beim Failover-Cluster nur einmal auf einem gemeinsamen Laufwerk existieren. Der jeweils aktive Knoten von SQL Server hat den exklusiven Zugriff auf das gemeinsame Laufwerk und die Datenbanken. Das lässt sich über SAN-Technologien wie iSCSI oder Fibre Channel realisieren. NAS ist nicht möglich, da bei dieser Technologie keine direkten Laufwerke dem Betriebssystem zur Verfügung gestellt werden, sondern lediglich Netzwerklaufwerke, die verknüpft sind. Mit direkten Laufwerken ist gemeint, dass ein Laufwerk als physische Platte im Festplattenmanager zur Verfügung steht. Der Cluster-Datenverkehr läuft also getrennt vom Datenverkehr des restlichen Netzwerkes. Der sogenannte *Heartbeat* (dt.: Herzschlag oder *Takt*) ist dafür zuständig, zu prüfen, ob die jeweilige Instanz von SQL Server verfügbar ist oder nicht. Sollte ein Server aufgrund eines Hardwarefehlers ausfallen, ist er nicht mehr durch den Takt erreichbar, und es wird ein Failover-Prozess eingeleitet.

Bei einem *Failover-Prozess* wird die Ressourcengruppe auf »DBS01«, zu der auch der SQL-Server-Dienst gehört, auf dem aktiven Knoten offline gesetzt. »DBS02« schaltet jetzt die Ressourcengruppe mit dem SQL-Server-Dienst online. Die Anfragen der Clients werden vom Clusterdienst entgegengenommen und nach dem Failover-Prozess auf die jetzt aktive Instanz »DBS02« geleitet. Die passive Instanz von SQL Server hat zu dieser Zeit keinen Zugriff mehr auf die Datenbank, da jetzt der aktive Knoten den exklusiven Zugriff erhält. Damit es möglich ist, verschiedenen Servern den Zugriff auf eine Festplatte jeweils wechselseitig zu gewähren, muss es sich bei dem Storage um ein SAN mit iSCSI bzw. Fibre Channel oder um ein SCSI-System handeln.

15.3.1 iSCSI und Fibre Channel (FC)

- Bei *iSCSI* handelt es sich um ein Protokoll, das SCSI-Befehle über TCP/IP kapselt und somit innerhalb eines Ethernet-Netzwerkes die Möglichkeit der SAN-Anbindung bietet. Das hat den Vorteil, dass keine zusätzliche Hardware in Form von Fibre-Channel-Switches notwendig ist. Bei iSCSI kann die vorhandene Ethernet-Technologie und -Hardware verwendet werden. An dieser Stelle wird der Aspekt der Redundanz von Switches aber nicht berücksichtigt. Das sollte jedoch ein Muss sein, da bei fehlender Redundanz und einem Switch-Ausfall die Datenbanken dem Server nicht mehr zur Verfügung stehen. Auch ist zu beachten, dass im gesamten Ethernet-Netzwerk gegebenenfalls der gesamte Datenverkehr des Unternehmens stattfindet. Wenn hier Datenbanken das Herz der Organisation sind, sollte ein eigenes, dediziertes SAN für die Datenbankserver verwendet werden. Ein Ausfall oder Engpässe hätten katastrophale Auswirkungen – was wäre dann ein Datenbankserver ohne seine Datenbanken?
- Bei *Fibre Channel* handelt es sich um eine SAN-Lösung, bei der spezielle Hardware eingesetzt wird. Hier werden FC-Switches und ein eigenes FC-Protokoll verwendet. Damit ist dies die kostenintensivere Lösung. Fibre Channel dient der Anbindung an Speichernetzwerke und ist länger auf dem Markt als iSCSI. Es wird damit sozusagen über ein eigenes Netz gemeinsamer Speicherplatz zur Verfügung gestellt. Der Vorteil dieser Lösung besteht unter anderem darin, dass über dieses Netzwerk nicht der gesamte Datenverkehr wie Internet und Dateitransfer abgewickelt wird.

Um mit dem Thema Cluster – insbesondere Failover-Cluster – vertraut zu sein, ist es wichtig, einige Begriffe rund um das Thema zu kennen und zu verstehen, die bereits genannt wurden. Darum folgen jetzt einige Erläuterungen zu den Begriffen *Cluster-Ressource*, *Quorumdatenträger* und *Clusterknoten*.

15.3.2 Cluster-Ressourcen

Eine *Cluster-Ressource* ist die physische oder logische Komponente, wie z. B. ein Ordner, ein Dienst oder SQL Server mit dem Datenbankmodul. Eine Ressource kann online oder offline geschaltet werden und wird in einem Cluster verwaltet. Im einfachsten Fall stellen Sie sich einen freigegebenen Ordner auf einem Server vor. Dieser Ordner liegt auf einem Datenträger innerhalb des SAN, und die Freigabe erfolgt auf einem physischen Server. Wenn kein Failover-Cluster existiert und der Server ausfällt, steht der Ordner nicht mehr zur Verfügung. Innerhalb eines Failover-Clusters kann der Ordner als Cluster-Ressource zur Verfügung gestellt werden. Fällt jetzt ein Server aus, übernimmt der andere Server die Kontrolle, indem der Clusterdienst einen Schwenk auf den anderen Knoten (Server) ausführt. Das bedeutet, dass die Cluster-Ressource immer nur auf einem Knoten gerade aktiv (online) geschaltet ist.

15.3.3 Quorumdatenträger

Das *Quorum* ist eine Komponente des Cluster-Managers eines Computerclusters, die für die Wahrung der Datenintegrität bei einem Teilausfall verantwortlich ist. Auf dem Quorumdatenträger wird z. B. der Status des Clusters permanent gespeichert. So sind keine Neuverhandlungen notwendig, um zu ermitteln, wer der Master (aktiv) ist. Damit steigt bei Verwendung eines Quorums die Verfügbarkeit der Einzelknoten durch entfallende Neustartzyklen. Eine derartige Unterscheidung nach einem Ausfall der Verbindungen zwischen den Clusterknoten wäre ohne eine Abstimmung auf einem gemeinsamen Massenspeicher nicht möglich. Deshalb benötigt ein Failover-Cluster zwingend einen gemeinsamen Datenspeicher (Shared Storage).

15.3.4 Clusterknoten

Ein *Clusterknoten* besteht aus einem Rechner, auf dem das Betriebssystem Windows Server ausgeführt wird. Die folgenden Eigenschaften beschreiben einen Clusterknoten:

- Knoten sind mit einem oder mehreren Cluster-Speichergeräten verbunden.
- Knoten kommunizieren mit anderen Knoten über die jeweiligen Netzwerkkarten.
- Knoten erkennen, wenn Systeme zum Cluster hinzukommen oder diesen verlassen.
- Knoten kennen die Ressourcen, die auf den jeweils anderen Knoten zur Verfügung stehen.
- Knoten sind für den Zugriff und die Verwaltung unter einem gemeinsamen Clusternamen mit einer virtuellen IP zusammengefasst.

15.3.5 Verhindern von Netzwerkausfällen beim Failover-Cluster

Vor einer Installation des Clusterdienstes von Microsoft Windows Server sollten Sie die öffentlichen und privaten Netzwerksegmente identifizieren, die Sie mit dem Clusterknoten verbinden möchten. Als eine geeignete Vorgehensweise hat sich die folgende bewährt:

- Konfigurieren Sie das private Netzwerk für die interne Kommunikation.
- Konfigurieren Sie das öffentliche Netzwerk für alle Kommunikationsarten, um einen redundanten Pfad bereitzustellen, falls alle privaten Netzwerke ausfallen.

- Konfigurieren Sie die nachfolgenden Netzwerkadapter für die Verwendung nur für das Clientsystem oder für alle Kommunikationsarten.
- Sie können dann Prioritäten und Rollen für die Netzwerke festlegen.

Bei der Clusterlösung handelt es sich um eine Variante, die hinsichtlich der Hardware – diese muss der Hardwarekompatibilitätsliste (*HCL*) von Microsoft entsprechen – besondere Voraussetzungen erfordert. Nicht nur für die Hardware gelten besondere Anforderungen. Beim Failover-Cluster müssen sich die Instanzen von SQL Server in einer Domäne befinden. Das setzt einen separaten Domänen-Controller voraus. Die zwei Clusterknoten werden dann als Mitgliedsserver konfiguriert, und der Clusterdienst erfordert ein dediziertes Domänenbenutzerkonto, das in die lokale Gruppe der Administratoren auf dem Clusterknoten aufgenommen werden muss.

15.4 Clusterarten

Sehen Sie sich nun die Arten von Failover-Clustern näher an. Es gibt grundsätzlich zwei verschiedene Arten.

15.4.1 Standardcluster

Ein *Standardcluster* verfügt über eine einzige *Quorumdatenbank*. Wie Sie in Abbildung 15.3 erkennen, befindet sich das Quorum auf dem gemeinsamen Laufwerk. Jeweils nur der aktive Knoten kann auf das Quorum zugreifen.

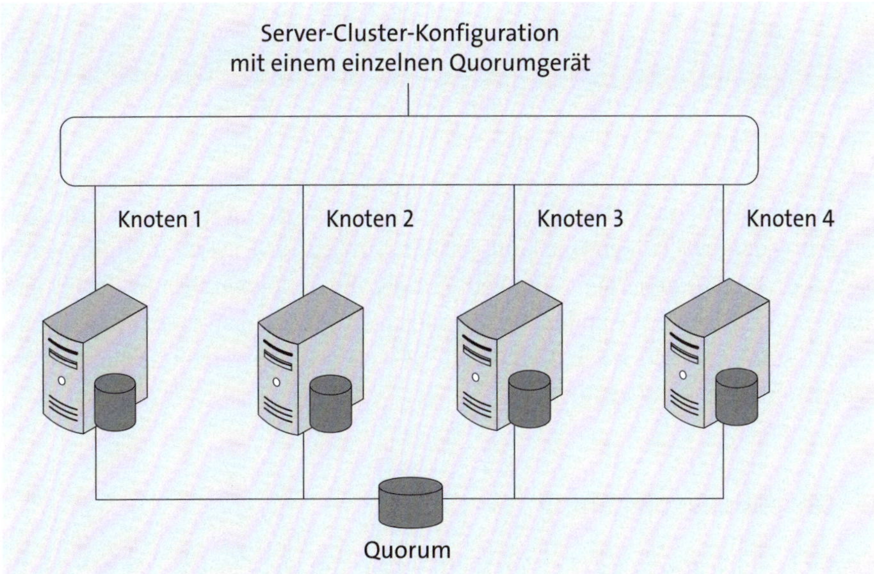

Abbildung 15.3 Standardcluster mit einem Quorum

Bei einem Failover erhält der andere Knoten den exklusiven Zugriff auf das Quorum und die Datenbank. Fällt das Quorum aus, ist der gesamte Cluster nicht mehr funktionsfähig. Dieser Nachteil besteht beim Hauptknotensatz-Cluster nicht.

15.4.2 Hauptknotensatz-Cluster

Beim *Hauptknotensatz-Cluster* erhält jeder Knoten eine Kopie der Quorumdatenbank. Dadurch wird sichergestellt, dass bei einem Ausfall nicht der gesamte Cluster versagt. Die Datenbank wird entsprechend auf allen Knoten synchronisiert. Somit muss immer mehr als ein Knoten aktiv sein, was bedeutet, dass bei dieser Art von Cluster mindestens zwei Knoten online sein müssen.

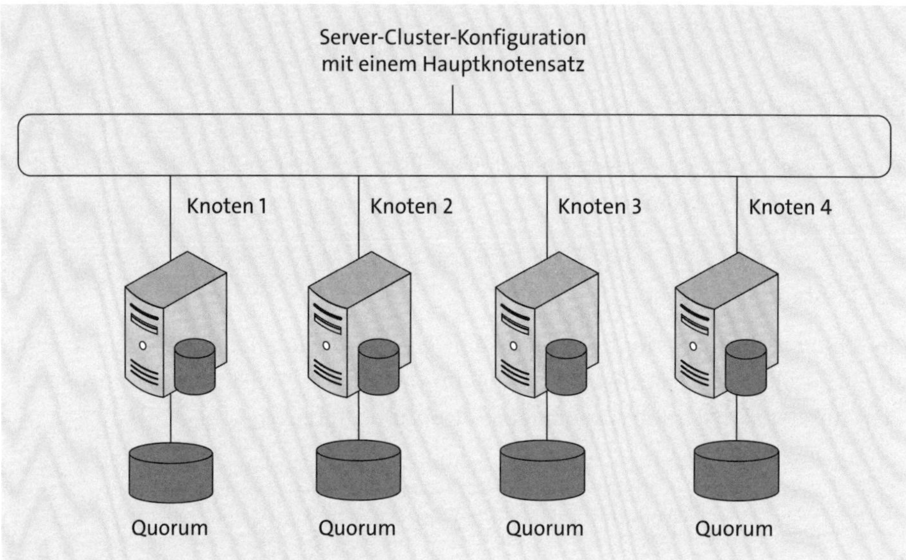

Abbildung 15.4 Failover-Cluster mit einer verteilten Kopie des Quorums

Zusammenfassend lässt sich sagen, dass der Failover-Cluster auf jeden Fall die teuerste Lösung darstellt, jedoch eine komplette Instanz von SQL Server im Failover-Fall umgeleitet wird. Für den Client sind keine Änderungen notwendig, um sich erneut nach einem Failover zu verbinden. Sie als Administrator müssen hier abwägen. Entscheidend sind letztendlich Faktoren wie die Service Level Agreements (SLA) und das Budget Ihrer Firma oder Organisation.

15.5 Datenbankspiegelung

Die *Datenbankspiegelung* ist eine Alternative zum Failover-Cluster. Der Bereich ist ganz klar eine Datenbank und nicht die gesamte Instanz von SQL Server. Dabei ist es möglich, mehrere Datenbanken in einer Instanz von SQL Server zu spiegeln. Ausgenommen hiervon sind die Systemdatenbanken MASTER, MODEL, MSDB und TEMPDB. Beim Ausfall eines Servers wird nicht die gesamte Instanz von SQL Server in einem Failover-Prozess auf einen zweiten Server umleitet, sondern es erfolgt lediglich ein Failover der gespiegelten Datenbank. Abbildung 15.5 zeigt das Grundprinzip einer Datenbankspiegelung.

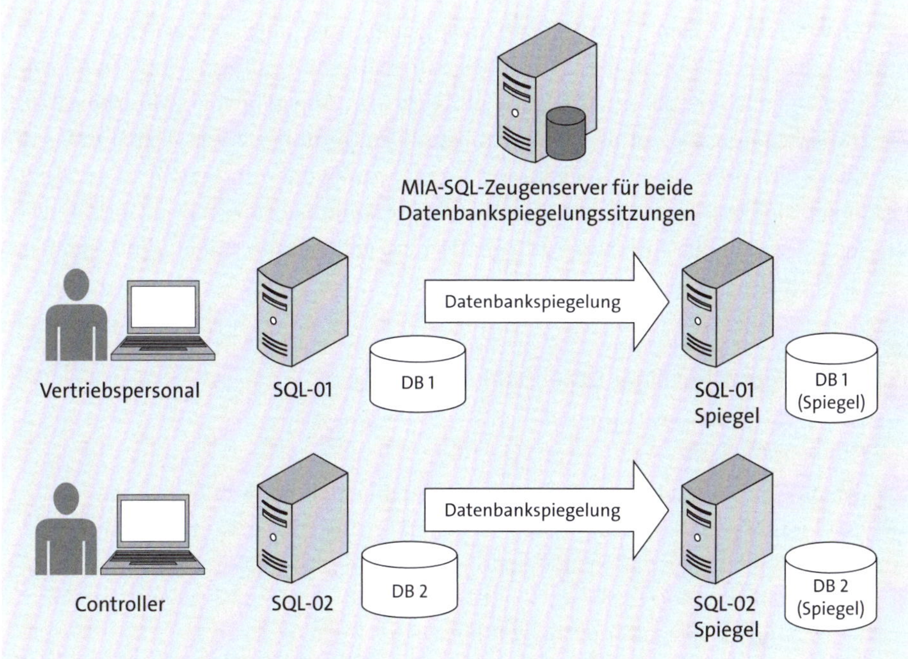

Abbildung 15.5 Die Datenbankspiegelung

Im Kontext einer Datenbankspiegelung spricht man von Rollen, die den einzelnen Servern zugeteilt werden. Der *Prinzipal* (englisch: *principal*) enthält die Datenbank, die zur Sicherheit gespiegelt werden soll. In diesem Beispiel stellen die Server »SQL-01« und »SQL-02« die Prinzipalserver dar. Die *Spiegelinstanz* (englisch: *mirror*) enthält die Spiegeldatenbank. »SQL-01-Spiegel« und »SQL-02-Spiegel« übernehmen diese Rollen. Die Spiegeldatenbank befindet sich auf den Spiegelinstanzen im Wiederherstellungsmodus, damit Transaktionen, die auf dem Prinzipal ausgeführt werden, angewendet werden können. Um sich eine Vorstellung davon machen zu können, was es bedeutet, dass sich eine Datenbank im Wiederherstellungsmodus befindet, können Sie dies in Kapitel 9, »Backup und Restore«, nachlesen. Zusätzlich kann ein *Zeuge* (englisch: *witness*) existieren. Grundsätzlich müssen Sie sich eine Datenbankspiegelung so vorstellen, dass die Produktivdatenbank (Prinzipal), die die Transaktionen der Clients empfängt, auf eine weitere Instanz von SQL Server gespiegelt wird.

Die *Zeugeninstanz*, die eine SQL Server Express Edition sein kann, übernimmt die Rolle des Überwachenden. Was bei einem Failover-Cluster das Quorum darstellt, ist bei der Datenbankspiegelung der Zeuge. Er prüft über den Takt die Verfügbarkeit der Instanzen und kann ein automatisches Failover einleiten, wenn die Verbindung zwischen den Instanzen unterbrochen ist. Dazu käme es grundsätzlich auch bei einem längeren Timeout im Netzwerk. Um dem vorzubeugen, sind bestimmte Faktoren zu berücksichtigen, die je nach Modus der Datenbankspiegelung unterschiedlich bewertet werden müssen. Eine Datenbankspiegelung ist auch ohne Zeugeninstanz möglich, jedoch fällt dann die Option des automatischen Failovers weg. Dann müssen Sie den Failover-Prozess von Hand einleiten. Die Spiegelinstanz verarbeitet also die Transaktionen, die auf der Prinzipalinstanz ausgeführt werden. Dabei muss unterschieden werden, ob die Spiegelung im synchronen oder im asynchronen Modus betrieben wird. Wie in der folgenden Übersicht erkennbar, stehen drei Optionen zur Verfügung, wobei die Option mit automatischem Failover nur mit einem Zeugenserver möglich ist.

15.5.1 Betriebsarten einer Datenbankspiegelung

Betriebsmodus

- **Modus für hohe Leistung (asynchron; englisch: »high-performance mode«)**: SQL Server führt bei einer Transaktion auf dem Prinzipal ein Commit auf dem Prinzipal aus und überträgt dann die Änderungen auf den Spiegel. Das ist schneller als bei der synchronen Methode, stellt jedoch nicht sicher, dass eine Transaktion auch auf dem Spiegelserver ausgeführt wird.
- **Modus für hohe Sicherheit ohne automatisches Failover (synchron)**: SQL Server führt bei einer Transaktion auf dem Prinzipal einen Commit auf dem Prinzipal und auf dem Spiegel aus. Aufgrund eines fehlenden Zeugen kann jedoch kein automatisches Failover eingeleitet werden.
- **Modus für hohe Sicherheit mit automatischem Failover (synchron; englisch: »high-safety mode«)**: Erfordert eine Zeugen-Server-Instanz. SQL Server führt bei einer Transaktion auf dem Prinzipal einen Commit der Änderungen sowohl auf dem Prinzipal als auch auf dem Spiegel aus, wenn beide verfügbar sind. Der Zeuge steuert das automatische Failover zum Spiegel, wenn der Prinzipal nicht mehr verfügbar ist. Da hier immer ein Commit auf dem Spiegelserver erfolgt, ist sichergestellt, dass keine Transaktionen verlorengehen. Die Leistung ist jedoch schlechter als im asynchronen Modus.

Diese Betriebsarten werden beim Einrichten der Datenbankspiegelung festgelegt. Das bedeutet, dass Sie sich für eine Betriebsart entscheiden müssen.

Faktoren beim Prüfen der Verfügbarkeit

Jede Datenbank, die an einer *Spiegelsitzung* (englisch: *mirroring*) teilnimmt, muss in häufigen Intervallen abgefragt werden, um zu prüfen, ob sie noch verfügbar ist. Der Zeugenserver wird dabei sowohl vom *Prinzipal* als auch vom *Spiegelserver* in Sekundenintervallen abgefragt. Beim Windows-Failover-Cluster wurde das als *Takt* (*heartbeat*) bezeichnet. Schlagen diese Verfügbarkeitstests fehl, wird beim *Modus für hohe Verfügbarkeit* ein automatisches Failover eingeleitet.

Die Datenbankspiegelung kann nicht unterscheiden, ob z. B. in der Datenbank eine Transaktion zu sehr großen Wartezuständen führt oder ein beteiligter Partner aus einem anderen Grund nicht verfügbar ist.

Außerdem wird durch die synchrone Übertragung zusätzlich Wartezeit generiert, da der Prinzipal auf eine Bestätigung des Spiegels wartet. Dadurch können sich die Wartezeiten des Systems verschlechtern. Letztendlich müssen Sie Ihre Anforderungen hinsichtlich der Sicherheit gegen die Leistung abwägen.

Um zu verhindern, dass es bei einer großen Anzahl gespiegelter Datenbanken zu einem unerwarteten Failover aufgrund einer Netzwerküberlastung kommt, müssen Sie im Vorfeld Ihre Umgebung genau prüfen und die Spiegel-Landschaft entsprechend konfigurieren.

15.5.2 Der Clientzugriff

Der Zugriff für Clients auf die Spiegeldatenbank ist nach erfolgreicher Einrichtung der Datenbankspiegelung nicht mehr möglich. Sie dient lediglich im Fall eines Failovers als Ersatz für die Prinzipaldatenbank. Ist auf dem Spiegelserver ein Zugriff notwendig, gibt es jedoch die Möglichkeit, einen *Datenbank-Snapshot* (SQL Server Enterprise Edition) von der Spiegeldatenbank zu erstellen.

Clients können dann auf den Snapshot der Spiegeldatenbank lesend zugreifen. Es kann pro Datenbankspiegelung nur eine Spiegelinstanz geben, was bedeutet, dass die Datenbankspiegelung immer nur paarweise ausgeführt werden kann. Jedoch können auf einer Instanz von SQL Server mehrere Datenbanken gespiegelt werden (Microsoft empfiehlt nicht mehr als 10 Datenbanken, möglich sind aber wesentlich mehr; ab 100 Datenbanken wird es aber im Netzwerk ziemlich eng), und eine Zeugeninstanz kann mehrere Datenbankspiegelsitzungen überwachen.

Betrachten wir nun den Sachverhalt des Failover-Prozesses, stellt sich die Frage nach dem Unterschied zum Failover-Cluster. Beim Cluster erfolgt eine Registrierung des virtuellen Servers im DNS-Server, was dazu führt, dass die Clients sich immer an die virtuelle IP des Clusters wenden, gleichgültig, welche Instanz die aktive ist. Bei der Datenbankspiegelung erfolgt keine Registrierung im DNS-Server, so dass die Instanzen vom Client jeweils unter ihrer IP-Adresse oder ihrem *FQDN* (*Fully Qualified Domain Name*) angesprochen werden.

Unter ADO.NET besteht die Möglichkeit, im Connection String der Clientverbindung den Failover-Partner anzugeben.

Angeben des Failover-Partners in der Verbindungszeichenfolge

```
"; Failover Partner=ServerName"
```

Das führt dazu, dass nach einem erfolgten Failover der Client den Failover-Partner kennt und die Verbindung aufnehmen kann. Dafür muss der Client allerdings den *Reconnect* beherrschen. Eine Alternative wäre sicherlich die Verwendung von Aliassen im DNS-Server.

15.5.3 SQL-Server-Endpunkte

Wird die Datenbankspiegelung eingerichtet, werden auf SQL Server *Endpunkte* (*mirroring endpoints*) erstellt. Die Endpunkte sind TCP-Endpunkte, die für die Kommunikation bei der Datenbankspiegelung benötigt werden. Endpunkte erstellen Sie per Skript oder im Zuge der Konfiguration einer Datenbankspiegelung über die GUI. Solche Endpunkte werden auf jeder Instanz von SQL Server eingerichtet, die an der Spiegelung beteiligt ist. SQL Server nutzt das Konzept der Endpunkte nicht nur für die Datenbankspiegelung.

In Abbildung 15.6 sehen Sie die einzelnen Kategorien der Endpunkte im SQL Server Management Studio (SSMS). Hier sind für uns lediglich die Endpunkte für die Datenbankspiegelung interessant.

Das folgende Skript zeigt, wie Sie in SQL Server Endpunkte erstellen:

```
CREATE ENDPOINT Spiegelung
    STATE = STARTED
    AS tcp (Listener_Port = 5023)
    FOR Database_Mirroring(
       AUTHENTICATION = WINDOWS KERBEROS,
       ENCRYPTION = SUPPORTED,
       ROLE=PRINZIPAL);
GO
```

Listing 15.1 Erstellung von SQL-Server-Endpunkten

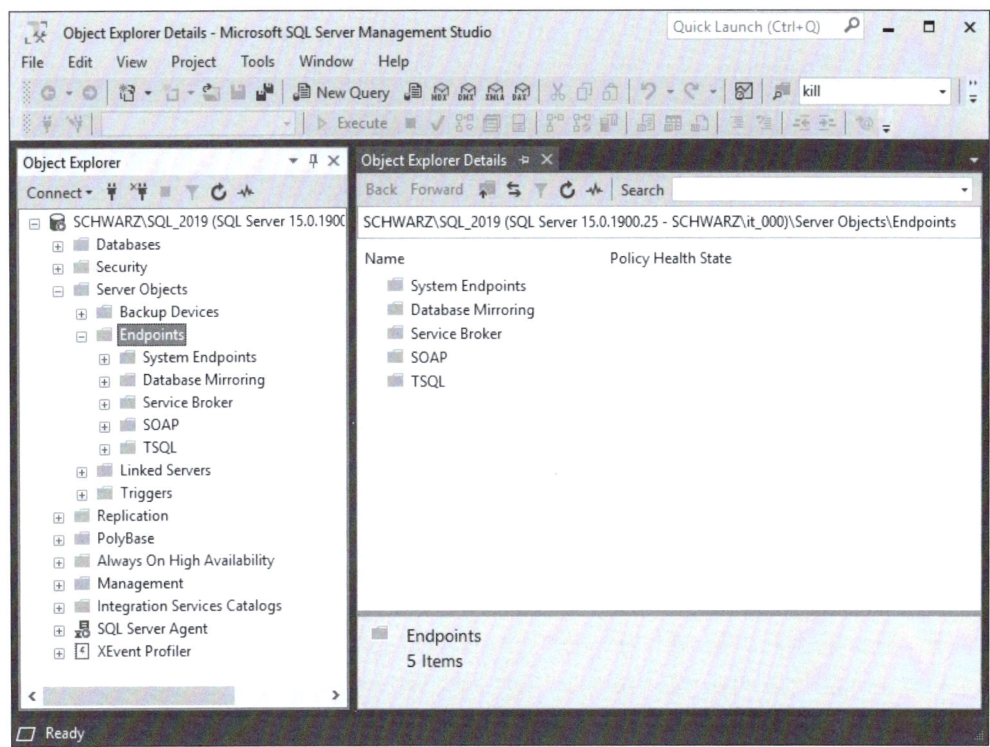

Abbildung 15.6 Endpunkte der Datenbankspiegelung

Faktoren, die eine Entscheidung zur Datenbankspiegelung beeinflussen

- Alle Server, die an der Datenbankspiegelungssitzung beteiligt sind, müssen eine vertrauenswürdige Verbindung herstellen können.
- Für die Kommunikation mit nicht vertrauenswürdigen Domänen müssen PKI-Zertifikate verwendet werden. Mit *PKI* (Public-Key-Infrastruktur) bezeichnet man ein System (z. B. Windows Server 2016), das digitale Zertifikate ausstellen, verteilen, verwalten und prüfen kann.
- Bei der Datenbankspiegelung gibt es aufgrund der Kommunikation über TCP-Endpunkte keine Entfernungsbeschränkung. Analysieren Sie Ihr Netzwerk und seine Bandbreite.
- Die erforderliche Bandbreite hängt von der Art der Datenbankspiegelung (synchron, asynchron) und der Anzahl der Datenbanken ab.
- Berücksichtigen Sie, dass beim Betrieb über eine Firewall Portregeln eingetragen werden müssen.
- Im Unterschied zum Failover-Cluster ist keine zertifizierte Hardware erforderlich.

- Beachten Sie, dass sich alle externen Abhängigkeiten der Datenbank auch auf der Spiegelinstanz wiederfinden müssen. Dazu gehören die Benutzer mit ihrem Login, benutzerdefinierte Warnungen, Wartungspläne, Jobs etc. Das bedeutet, dass all diese Objekte auch in der Spiegelinstanz generiert werden müssen.
- Der Bereich einer Spiegelung ist die Datenbank. Berücksichtigen Sie diesen Sachverhalt bei Anwendungen, die auf mehr als eine Datenbank zugreifen. Der gemeinsame, abhängige Schwenk mehrerer Datenbanken ist möglich, muss aber per Skript realisiert werden.
- Backup und Recovery der Spiegeldatenbank sind nicht möglich. Ein Wiederherstellen der Spiegeldatenbank ist nicht möglich. Das Sichern der Prinzipaldatenbank ist möglich, jedoch nicht das Sichern des Transaktionsprotokolls mit der Option `NO_RECOVERY`.
- Normalerweise erfolgt der »geplante« Schwenk beim Mirroring wesentlich schneller als beim Failover-Cluster. Der Windows-Failover-Cluster-Schwenk arbeitet zunächst alle offenen Transaktionen der betroffenen Instanz(en) ab, bevor der Schwenk eingeleitet wird. Bei hoher Auslastung dauert dies gern mal 10 Minuten. Währenddessen werden keine neuen Clientanfragen vom Cluster angenommen. Der Schwenk eines Spiegels geschieht in der Regel wesentlich schneller. Hier liegt der Ausfall für Clientzugriffe im Sekundenbereich.

15.5.4 Erzwingen eines Failovers auf die Spiegeldatenbank

Fällt die Prinzipaldatenbank aus, ist es nicht möglich, auf die Spiegeldatenbank zuzugreifen, da sich diese im Wiederherstellungsmodus befindet. In diesem Fall besteht die Möglichkeit, einen sogenannten *erzwungenen Dienst* auszuführen. Bei diesem Vorgang stellen Sie die Datenbank den Clients wieder zur Verfügung, weil die Spiegeldatenbank dann zum Prinzipal gemacht wird. Im asynchronen Modus können hier allerdings Transaktionen verlorengehen, die auf dem Spiegel noch nicht angewendet wurden. Geben Sie dazu folgende Anweisung in einem Skriptfenster ein:

```
ALTER DATABASE Datenbankname
SET PARTNER FORCE_SERVICE_ALLOW_DATA_LOSS
```

Listing 15.2 Erzwingen eines Failovers auf die Spiegeldatenbank

Ist die Datenbankspiegelung eingerichtet, wird der Status angezeigt, in dem sie sich befindet. Tabelle 15.2 gibt Ihnen einen Überblick, welche Statusmeldungen es gibt und wie sie sich auf die Verfügbarkeit auswirken.

Datenbankstatus	Beschreibung
SYNCHRONIZED	Die Datenbank ist auf dem aktuellen Stand.
SYNCHRONIZING	Die Spiegeldatenbank wird synchronisiert.
SYSPENDED	Die Spiegelkopie ist nicht verfügbar oder wurde angehalten.
PENDING_FAILOVER	Das Failover wurde initiiert; betrifft nur den Prinzipalserver.
DISCONNECTED	Die Kommunikation ist unterbrochen.

Tabelle 15.2 Auswirkungen des Datenbankstatus auf die Verfügbarkeit

15.5.5 Reparatur fehlerverdächtiger Seiten

SQL Server überprüft das Schreiben von Speicherseiten mit einer Prüfsumme. Inkonsistente Seiten können automatisch vom Spiegelserver wiederhergestellt werden. Werden auf dem Prinzipal Seiten als fehlerhaft erkannt, wird automatisch versucht, die fehlerhaften Seiten vom Spiegelpartner abzurufen, um sie dann auf dem Prinzipal zu ersetzen.

15

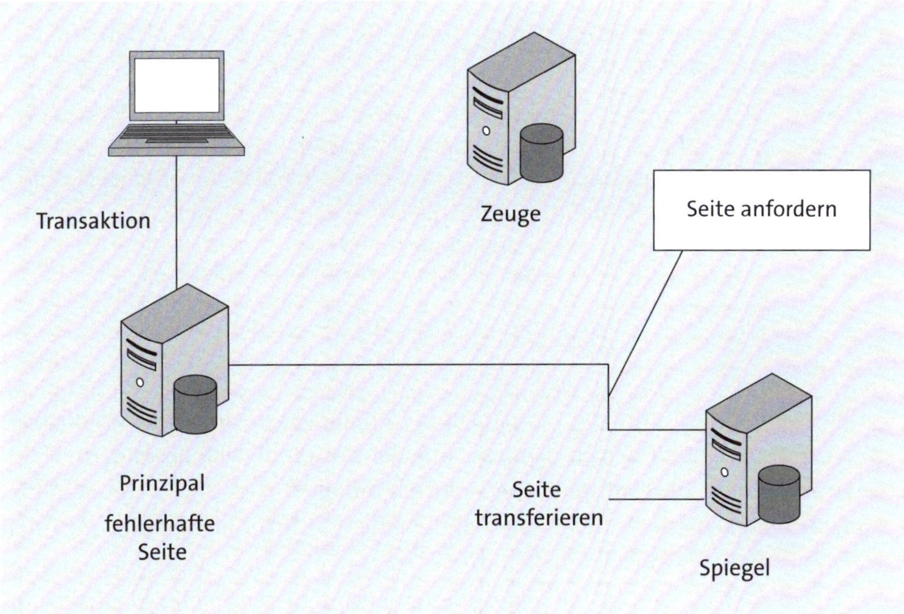

Abbildung 15.7 Die Reparatur fehlerverdächtiger Seiten

15.5.6 Überlegungen zum Schutz der Datenbankspiegelung

Läuft eine Datenbankspiegelung in Ihrem Unternehmen, müssen Sie überlegen, wie Sie Ihre Datenbankspiegelung absichern können. In diesem Zusammenhang geht es vor allem darum, was bei einem Ausfall des Prinzipals oder Spiegels und Zeugen geschieht. Die folgenden Empfehlungen treffen sowohl auf den Prinzipal als auch auf den Spiegelserver zu:

- Sichern Sie die Prinzipaldatenbank durch regelmäßige Backups.
- Dokumentieren Sie Ihre Datenbankspiegelung.
- Implementieren Sie eine Überwachungsstrategie.
- Kombinieren Sie die Datenbankspiegelung mit anderen Technologien wie dem Protokollversand.
- Setzen Sie redundante Hardware wie RAID-Systeme ein.

Eine besondere Bedeutung kommt dem Zeugen zu, wenn die Datenbankspiegelung im Modus für hohe Verfügbarkeit mit automatischem Failover konfiguriert wurde. Ist der Zeuge nicht erreichbar, kann weder ein automatisches noch ein manuelles Failover ausgeführt werden.

Hinweis

Bei einem großen Kunden mit einer sehr großen SQL-Server-Landschaft von etwa 1.700 produktiven Instanzen konnten wir beobachten, wie zuverlässig ein Datenbankspiegel funktioniert. Es kam kaum zu Ausfällen, ebenso wenig zu automatischen Failovers, da bei jedem Ausfall ein Mensch an den notwendigen Entscheidungen mitwirken sollte. Die automatische Reparatur verhinderte Datenbankkorruption zuverlässig. Lediglich Instanzen mit vielen Datenbanken brauchten besondere Aufmerksamkeit. Unserer Erfahrung nach empfehlen wir daher nicht mehr als 30 Datenbanken pro Instanz in gespiegelten Umgebungen.

15.5.7 Fazit

Die Datenbankspiegelung zählt zur Kategorie *Hot-Standby-Lösung* mit der Möglichkeit der transparenten Clientumleitung ohne die Notwendigkeit, gesonderte Hardware zu verwenden. Die Fähigkeit eines Failovers verleiht ihr den Status Hot-Standby-Lösung. Es sind keine weiteren Schritte außer einem Failover notwendig, um einen Schwenk auf die Spiegelinstanz auszuführen. Das macht die Datenbankspiegelung im Unterschied zur Failover-Cluster-Lösung besonders interessant, wenn es um die notwendigen finanziellen Investitionen geht.

Wichtiger Hinweis

Laut Aussage von Microsoft wird die Datenbankspiegelung in zukünftigen Versionen von SQL Server nicht mehr unterstützt. Der Grund ist leicht nachvollziehbar, da Microsoft als Erweiterung die Technologie *AlwaysOn* eingeführt hat.

AlwaysOn ist für SQL Server 2012 nur in der Enterprise-Version verfügbar. In den nachfolgenden Versionen ist zumindest eine eingeschränkte Version von AlwaysOn bereits ab der Standardversion verfügbar.

15.6 Protokollversand

Abbildung 15.8 zeigt den grundsätzlichen schematischen Aufbau einer Protokollversandlösung.

In diesem Szenario existiert ein primärer Server »SQL-01«, der das Transaktionsprotokoll auf zwei sekundäre Server »SQL-02« und »SQL-03« überträgt. Diese wiederum werden genutzt, um Berichte für die Geschäftsleitung zur Verfügung zu stellen.

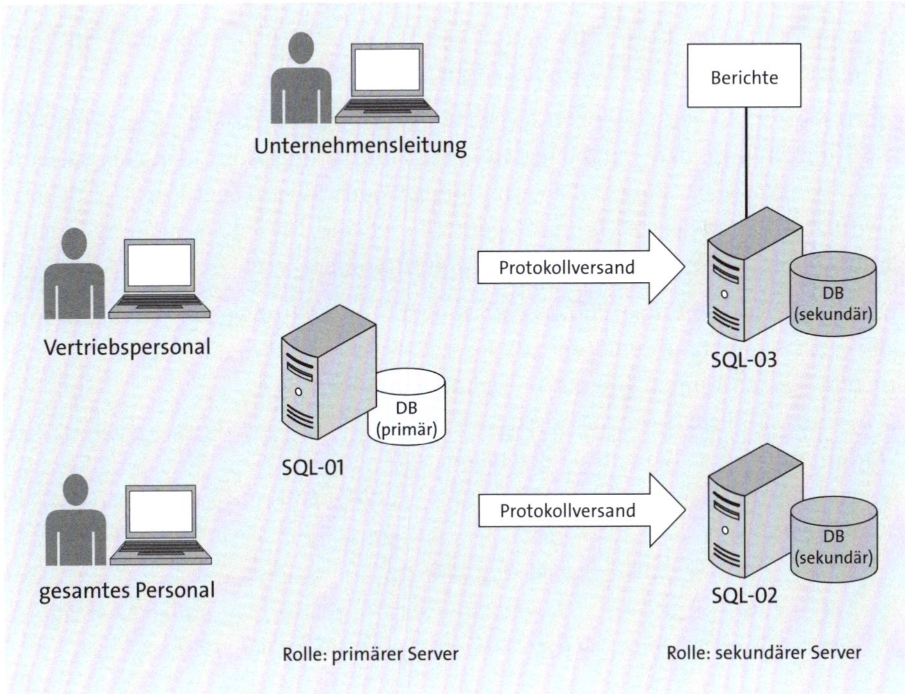

Abbildung 15.8 Der Protokollversand

15.6.1 Einsatzszenarien für eine Lösung mit dem Protokollversand

Stellen Sie sich den Protokollversand als eine automatisierte Transaktionsprotokollsicherung vor. Was ist bei einer Protokollsicherung notwendig, um eine Wiederherstellung der Datenbank sicherzustellen?

Im Allgemeinen muss ein System neu aufgesetzt werden. Danach wird SQL Server installiert, und die Backups werden zurückgespielt. Das alles kostet Zeit und bindet wichtige Ressourcen.

Der Protokollversand beruht darauf, das Transaktionsprotokoll automatisch zu sichern, um es auf einem sekundären Server wiederherzustellen. Damit ist diese Lösung sehr gut geeignet, die Zeiten für eine Wiederherstellung zu reduzieren und kostbare Ressourcen zu schonen.

Sie als Administrator müssen nicht erst ein System neu aufsetzen. Es existiert bereits ein sekundärer Server, der das Transaktionsprotokoll im Zyklus der Sicherung verzögert angewendet hat.

Eine weitere interessante Möglichkeit besteht darin, Instanzen von SQL Server, die als Protokollversandempfänger konfiguriert sind, für Reporting-Zwecke zu nutzen. Anders als bei der Datenbankspiegelung, bei der auf die Spiegeldatenbank nicht zugegriffen werden kann, ist es beim Protokollversand möglich, mehrere Empfänger zu konfigurieren und auf diese lesend zuzugreifen.

Jedoch müssen Sie beim lesenden Zugriff einige Aspekte berücksichtigen. Erfolgt ein Zugriff auf die sekundäre Datenbank, kann das Transaktionsprotokoll nicht angewendet werden: Entweder werden die Verbindungen der lesenden Zugriffe getrennt, oder es wird abgewartet, bis die Verbindungen beendet sind. Diese Entscheidung müssen Sie als Administrator im Zuge der Konfiguration treffen.

Zusätzlich können Sie den Protokollversand zur Vorbereitung einer Datenbankspiegelung einsetzen, um die Datenbank beim Empfänger auf den aktuellen Stand zu bringen. Danach können Sie eine Spiegelung einrichten.

Anforderungen an den Protokollversand

- Die Datenbanken in einer Protokollversandkonfiguration müssen das vollständige Wiederherstellungsmodell oder das *massenprotokollierte Wiederherstellungsmodell* (englisch: *bulk-logged*) verwenden.
- Auf den am Protokollversand beteiligten Servern sollten die gleichen Einstellungen für die Unterscheidung nach Groß-/Kleinschreibung vorliegen.

15.6.2 Grundlagen einer Protokollversandlösung

Der Protokollversand betrifft eine einzelne Datenbank und beruht auf der Möglichkeit, das Transaktionsprotokoll zu versenden. Ein Auftrag im SQL-Server-Agent sichert das Protokoll. Als Nächstes wird über einen weiteren Job im Agent auf dem Protokollversender das Protokoll in einen freigegebenen Ordner kopiert. Beim Protokollempfänger sorgt dann ein Auftrag dafür, es zu entnehmen, um es wie bei einer Protokollsicherung wiederherzustellen. Somit existieren mehrere Aufträge, die in einem Intervall ausgeführt werden. Das kleinste Intervall beträgt eine Minute. Dies ist die geringste Zeiteinheit für Zeitpläne.

Hier zeigt sich der wesentliche Unterschied zur Datenbankspiegelung, bei der die Transaktionen über HTTP-Endpunkte synchron oder asynchron direkt übertragen werden. Der Protokollversand beruht auf einer Sicherung und Wiederherstellung des Transaktionsprotokolls.

Beachten Sie, dass es bei einer Protokollversandlösung nicht möglich ist, separate Sicherungen des Transaktionsprotokolls durchzuführen. Warum ist das so? Bei einer Rücksicherung muss genau die Reihenfolge der Transaktionsprotokollsicherungen eingehalten werden, was zu Problemen führt, wenn zwischendurch extra gesichert würde.

Anforderungen für die Sicherungs- und Wiederherstellungsverzeichnisse

- Für den **Sicherungsauftrag** benötigen das SQL-Server-Dienstkonto und das Proxy-Konto des Sicherungsauftrags Lese- und Schreibberechtigungen für das Sicherungsverzeichnis auf dem primären Server.
- Für den **Kopierauftrag** benötigt das entsprechende Proxy-Konto Leseberechtigungen für das Sicherungsverzeichnis und Schreibberechtigungen für das Kopierverzeichnis.
- Für den **Wiederherstellungsauftrag** benötigen das SQL-Server-Dienstkonto auf dem sekundären Server und das Proxy-Konto des Wiederherstellungsauftrags Lese- und Schreibberechtigungen für das Kopierverzeichnis.

15.7 Kombinieren von Lösungen für hohe Verfügbarkeit

Wenn Sie Lösungen mit einer hohen Verfügbarkeit kombinieren, ergeben sich interessante Möglichkeiten für Ihr Unternehmen, wie Sie in diesem Abschnitt sehen werden.

15.7.1 Kombination Protokollversand und Lastenausgleich

Wie Abbildung 15.9 zeigt, ist es möglich, den Protokollversand mit einem NLB-Cluster zu kombinieren. Somit verteilen sich die Zugriffe der Clientanwendungen, die lesend für das Reporting zugreifen, auf zwei Instanzen von SQL Server, die als Protokollempfänger konfiguriert sind.

Der Vorteil dieser Lösung besteht darin, dass Transaktionen auf den Protokollversandempfängern ohne ein Trennen der Verbindungen angewendet werden können, weil sich die Zugriffe der Clients auf zwei Instanzen verteilen.

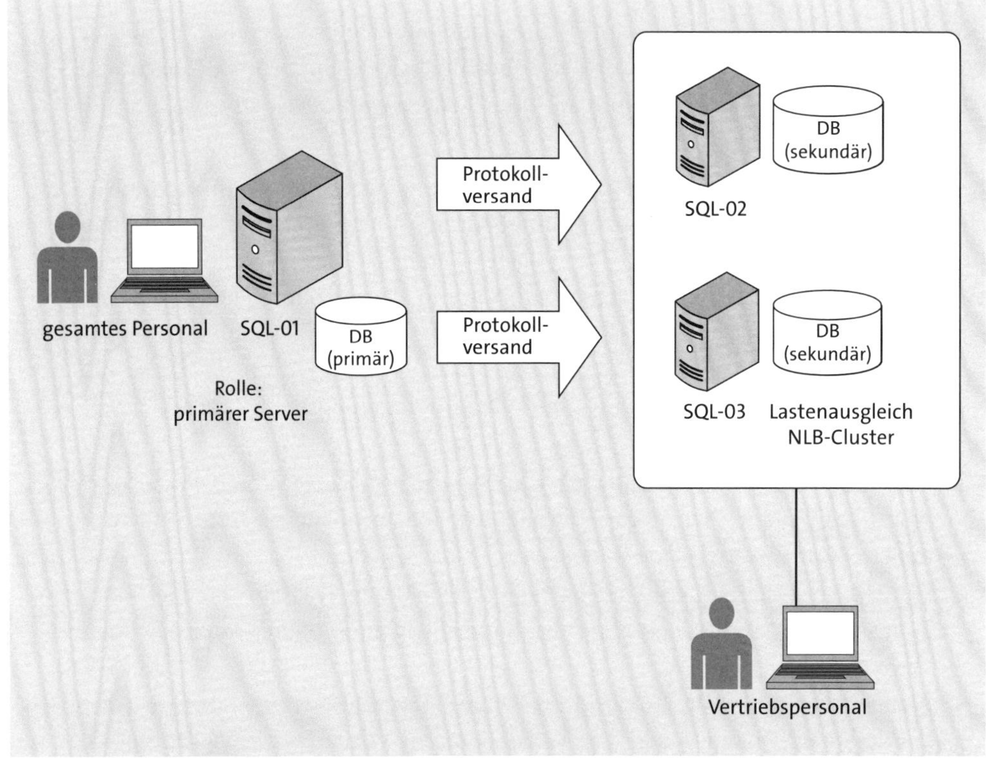

Abbildung 15.9 Protokollversand und Lastenausgleich

15.7.2 Kombination Protokollversand, Datenbankspiegelung und Lastenausgleich

Wie Sie in Abbildung 15.10 erkennen, wird bei dieser Kombination »SQL-01« sowohl als primärer Server für den Protokollversand wie auch als Prinzipal für die Datenbankspiegelung konfiguriert. Der Protokollversand wird auf »SQL-02« und »SQL-03« als sekundären Instanzen ausgeführt.

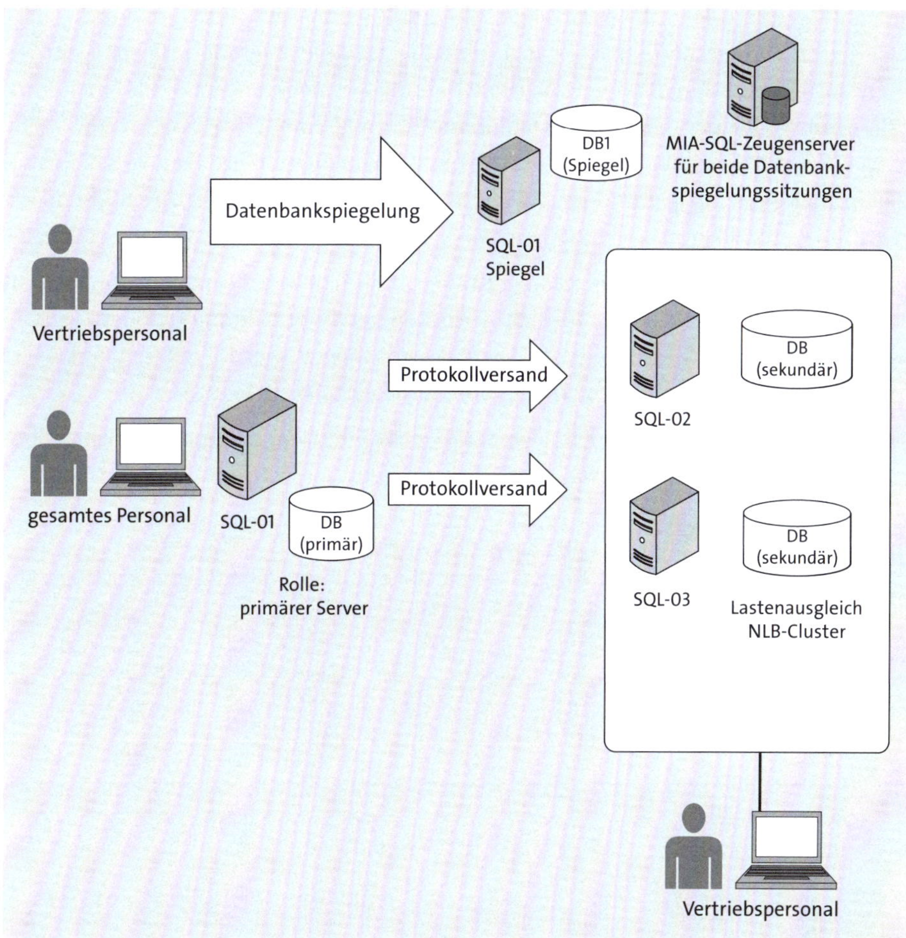

Abbildung 15.10 Protokollversand, Datenbankspiegelung und Lastenausgleich

15.8 AlwaysOn – Mission Critical, die neue Hochverfügbarkeitslösung

Nachdem Sie die bisherigen Technologien für Hochverfügbarkeit kennengelernt haben, sind Sie in der Lage, die Vor- und Nachteile dieser Lösungen zu erkennen. Microsoft hat mit SQL Server 2012 eine neue Hochverfügbarkeitslösung mit dem Namen *AlwaysOn* eingeführt, die das Beste aus den bisherigen Lösungen in sich vereinen soll.

Um das bewerten zu können, lassen Sie uns zunächst klären, was *AlwaysOn* ist und welche Technologie dahintersteckt. AlwaysOn setzt auf dem Windows-Failover-Cluster-Dienst auf. Es wird jedoch kein gemeinsamer Datenträger wie beim Failover-Cluster benötigt. Der wesentliche Vorteil des Failover-Cluster-Dienstes von Windows liegt ja darin, dass die gesamte Instanz abgesichert ist und die Registrierung einer virtuellen IP-Adresse für den Cluster erfolgt. Die Datenbankspiegelung kann hier nicht mithalten, da bei ihr der Bereich die Datenbank ist und keine IP-Adresse im DNS registriert wird. Die Datenbankspiegelung kann nur paarweise eingesetzt werden. Es sind also immer ein Prinzipal und ein Spiegel vorhanden, auf den nicht direkt lesend zugegriffen werden kann.

Anders bei AlwaysOn: Hier können bis zu fünf Knoten beteiligt sein. Ein Knoten stellt den primären Knoten dar, die restlichen Knoten agieren als Empfänger der Transaktionen des primären Knotens. Das Verfügbarmachen von Systemdatenbanken ist nicht möglich, es beschränkt sich auf Benutzerdatenbanken.

Die Kosten für ein SAN sind nicht zwingend notwendig, und die Knoten können über größere Entfernungen betrieben werden.

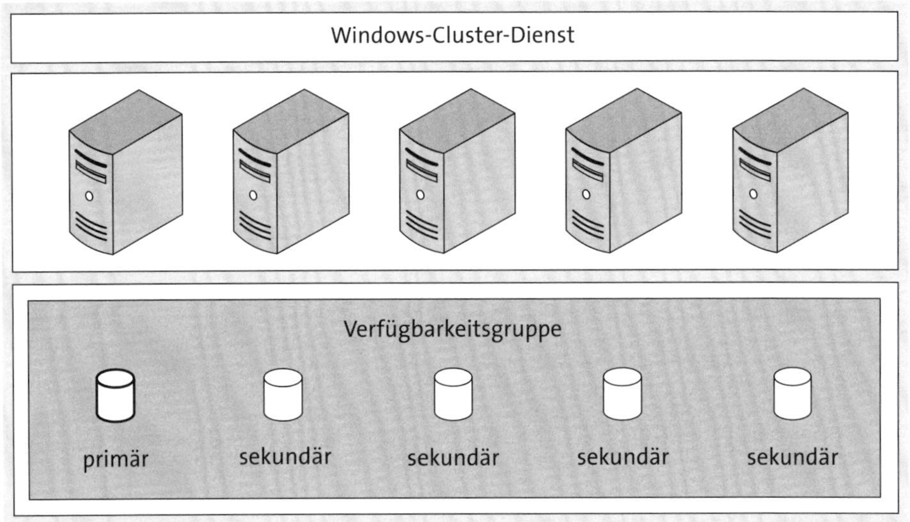

Abbildung 15.11 Eine Verfügbarkeitsgruppe unter AlwaysOn

Wie Sie in Abbildung 15.11 erkennen, existiert eine Verfügbarkeitsgruppe. Innerhalb einer solchen Gruppe wird festgelegt, welche Datenbanken auf welche Knoten mit welcher Synchronisationsmethode synchronisiert werden sollen. Es sind mehrere solcher Verfügbarkeitsgruppen möglich. Auf die sekundären Knoten kann lesend zugegriffen werden. Denken Sie hier nur an den Vorteil der Skalierung, wenn es z. B. darum geht, die Backups nicht vom primären Knoten zu sichern, sondern von den sekundären Knoten. Oder das Thema Berichte – auch hier kann die Last auf die sekundären Knoten gelegt werden.

Synchronisationsverfahren

Es werden zwei Methoden zur Synchronisation angeboten. Genau wie bei der Datenbankspiegelung existiert ein synchroner Modus, bei dem die primäre Datenbank die Transaktion erst übernimmt, wenn alle Knoten diese bestätigt haben. Das kann zu Leistungseinbußen führen, und eine Verfügbarkeitsgruppe kann nur zwei synchrone sekundäre Replikate haben. Beim asynchronen Modus übernimmt der primäre Knoten die Transaktion sofort und leitet sie an die sekundären Knoten weiter. Es wird also nicht gewartet, bis alle sekundären Knoten bestätigt haben. Die sekundären Replikate müssen daher nicht immer gleich aktuell sein. Bis zu fünf sekundäre Knoten sind in einer Verfügbarkeitsgruppe im asynchronen Modus möglich.

15.8.1 Failover

Ein automatisches Failover ist sowohl beim Failover-Cluster als auch bei der Datenbankspiegelung möglich. Bei AlwaysOn gehen die Möglichkeiten etwas weiter. Das Verhalten im Störungsfall kann festgelegt werden. So ist es möglich, die Replikate so zu konfigurieren, dass die Datenbanken auch über die lokalen Instanzen erreichbar sind.

15.8.2 Voraussetzungen und Einschränkungen

Zunächst müssen einige Voraussetzungen auf dem Windows-System gegeben sein:

- Das System darf kein Domänen-Controller sein.
- Die Knoten müssen Windows Server 2012 oder höher ausführen.
- Es müssen alle Windows-Hotfixes installiert sein.
- Stellen Sie sicher, dass genügend Knoten im Fibre Channel verfügbar sind.

15.8.3 Voraussetzungen und Einschränkungen SQL Server

- Um eine Verfügbarkeitsgruppe zusammen mit Kerberos zu verwenden, ist es wichtig darauf zu achten, dass die Service Principal Names richtig registriert sind.
- Alle Serverinstanzen, die ein Verfügbarkeitsreplikat enthalten, müssen dasselbe SQL-Server-Dienstkonto nutzen.
- Auf jeder Serverinstanz muss die gleiche Version von SQL Server ausgeführt werden.
- Alle Server, die Replikate enthalten, müssen die gleiche SQL-Server-Sortierung verwenden.

- Bevor FileStream verwendet wird, muss es auf jedem Knoten aktiviert werden.
- Bevor eigenständige Datenbanken einer Verfügbarkeitsgruppe hinzugefügt werden, muss die Option `Contained Database Authentication` (deutsch: eigenständige Datenbankauthentifizierung) auf jeder Instanz auf `1` gesetzt werden.

Das sind nicht alle Voraussetzungen, jedoch die wichtigen, die im Allgemeinen ohne weitere Erläuterungen verständlich sind.

Zusammenfassung zu AlwaysOn

AlwaysOn versucht, alle Vorteile der bisherigen Lösungen in sich zu vereinen. Die Vorteile dabei sind:

- Die Absicherung der gesamten Instanz von SQL Server ist möglich.
- Es ist kein gemeinsamer Datenträger notwendig.
- FileStream-Replikation kann eingesetzt werden.
- Auf die Replikate kann lesend zugegriffen werden.
- Es können mehrere sekundäre Instanzen genutzt werden.
- Datenbanken können in Verfügbarkeitsgruppen zusammengefasst werden. Das ermöglicht ein anwendungsbasiertes Failover für mehrere Datenbanken.
- Es kann mehrere Verfügbarkeitsgruppen geben.
- Durch Verfügbarkeitsgruppen kann bestimmt werden, auf welchen sekundären Knoten synchronisiert werden soll.
- Kompression und Verschlüsselung sind verfügbar.
- Automatisches und manuelles Failover kann konfiguriert werden.
- Es gibt die automatische Seitenreparatur (wie schon beim Mirroring).
- Eine Integration in System-Center ist möglich.
- Flexible Failover-Richtlinien für automatisches Failover können eingestellt werden.

Bei dieser Menge an Vorteilen verwundert es Sie vermutlich nicht, dass es den folgenden Nachteil gibt:

- AlwaysOn benötigte in den älteren Versionen die Enterprise Edition von SQL Server. Bei den aktuellen Versionen ist das nicht mehr zwingend notwendig.

In diesem Kapitel haben Sie bisher erfahren, welche Möglichkeiten der Hochverfügbarkeit es unter SQL Server gibt, und Sie haben gelernt, sie zu bewerten. Damit stehen Ihnen interessante Szenarien im Unternehmen zur Verfügung, um die Ausfallsicherheit zu erhöhen und zusätzlich Ressourcen zu verteilen. Eine Installation und Konfiguration werden wir im Workshop durchführen.

15.9 SSIS und AlwaysOn

Seit SQL Server 2016 sind auch die *SQL Server Integration Services* AlwaysOn-fähig. Die SSISDB kann in eine *Verfügbarkeitsgruppe* (*Availability Group*) aufgenommen und somit verfügbar gemacht werden. Kommt es zu einem Failover, übernimmt der sekundäre Knoten automatisch die Rolle des primären Knotens.

Hinweis

Tritt ein Failover-Fall ein, werden Pakete, die vorher ausgeführt wurden, nicht neu gestartet oder fortgesetzt.

In früheren SQL-Server-Versionen gab es Workarounds, mit denen eine AlwaysOn-Fähigkeit nachgebildet wurde. Da Microsoft diese Workarounds aber nicht unterstützte, wollen wir hier nicht näher darauf eingehen.

15.10 Workshop I: Einrichten einer Datenbankspiegelung

In diesem Workshop richten wir eine Datenbankspiegelung in einem einfachen Szenario ein. Dazu ist es notwendig, einige Optionen im Vorfeld zu überprüfen.

Vorbereitende Aufgaben

- Überprüfen Sie, ob sich die zu spiegelnde Datenbank im vollständigen Wiederherstellungsmodell befindet. Ist das nicht der Fall, öffnen Sie ein Abfragefenster, und führen Sie die Anweisung `ALTER DATABASE AdminSchnelleinstiegDB SET RECOVERY FULL` aus.
- Überprüfen Sie, welches Konto für die Datenbankspiegelung verwendet werden soll.
- Überprüfen Sie die Registrierung von Prinzipal, Spiegel und Zeugen im SQL Server Management Studio.
- Führen Sie eine vollständige Sicherung durch, falls keine vorhanden ist.
- Stellen Sie sicher, dass sich die Datenbank auf dem Spiegel im *Wiederherstellungsmodus* (englisch: *restoring*) befindet.
- Übertragen Sie alle notwendigen Systemobjekte wie Anmeldungen, Verbindungsserver, SSIS-Pakete, Wartungspläne, Warnungen und weitere Serverobjekte mit Hilfe der SQL Server Integration Services (SSIS).

Sie müssen dafür sorgen, dass sich die zu spiegelnde Datenbank im aktuellen Zustand auf den jeweiligen Instanzen von Prinzipal und Spiegel befindet. Sollte das nicht der Fall sein, stellen Sie die Datenbank aus der vollständigen Sicherung auf dem Spiegel wieder her.

1. Da keine weitere Differenz an Transaktionen zwischen Spiegel und Prinzipal vorhanden sein soll, ist es sinnvoll, die Prinzipaldatenbank in den `SINGLE_USER`-Modus zu überführen. In der Praxis hat es sich bewährt, eine Transaktionsprotokollsicherung nun unmittelbar auszuführen, um diese dann auf dem Spiegel mit der Option `NO_RECOVERY` einzuspielen. Um die Optionen zu überprüfen und eine Datenbankspiegelung einzurichten, werden wir diese Punkte jetzt Schritt für Schritt abarbeiten. Starten Sie dafür das SQL Server Management Studio.
2. Stellen Sie eine Verbindung mit dem Management Studio zu den an der Spiegelung beteiligten Instanzen her.
3. Überprüfen Sie, ob für die Prinzipal- und Spiegeldatenbank das vollständige Wiederherstellungsmodell ausgewählt wurde. Dazu selektieren Sie die Datenbank mit der rechten Maustaste und wählen EIGENSCHAFTEN • OPTIONEN aus (englisch: PROPERTIES • OPTIONS, Abbildung 15.12).

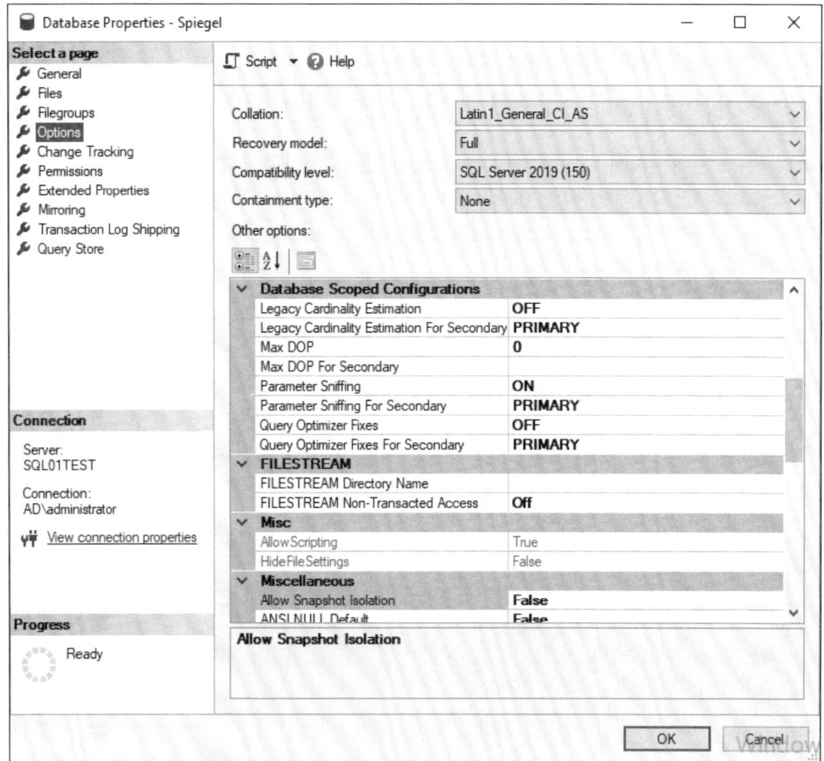

Abbildung 15.12 Vollständiges Wiederherstellungsmodell

4. Sollte das nicht der Fall sein, wechseln Sie zum vollständigen Wiederherstellungsmodell und bestätigen Ihre Eingabe mit OK.
5. Verbinden Sie sich mit allen an der Datenbankspiegelung beteiligten Instanzen von SQL Server im Management Studio.

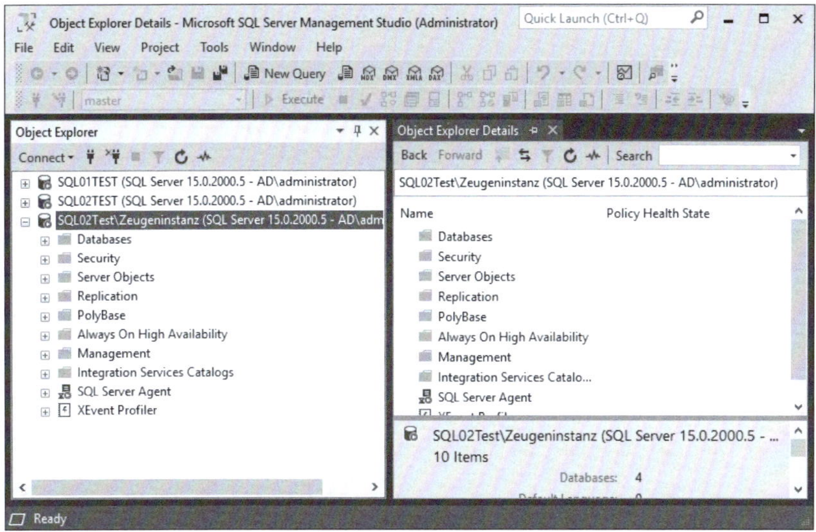

Abbildung 15.13 Die Prinzipal-, Spiegel- und Zeugeninstanz

6. Klicken Sie mit der rechten Maustaste auf die Prinzipaldatenbank, dann auf TASKS und SPIEGELN (MIRROR...). In unserem Fall wählen wir dazu die Spiegel-Datenbank auf der ersten Instanz wie in Abbildung 15.14 aus.

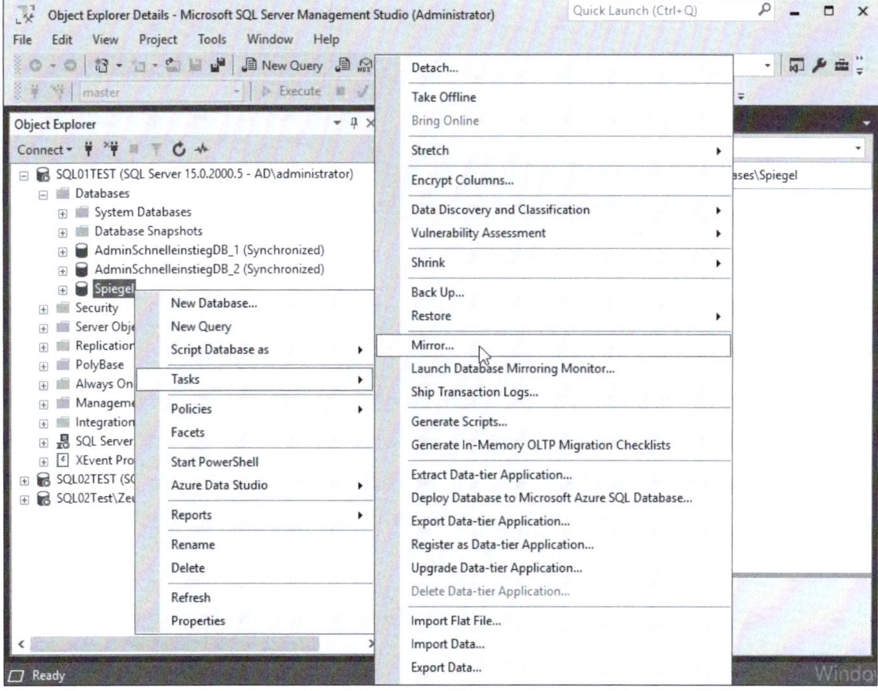

Abbildung 15.14 Auswahl der Prinzipaldatenbank für die Spiegelung

Der Dialog DATENBANKEIGENSCHAFTEN der Datenbank (DATABASE PROPERTIES – [DATABASE NAME]) wird angezeigt. Zunächst interessiert uns davon nur der in Abbildung 15.15 gezeigte Bereich SPIEGEL • SICHERHEIT KONFIGURIEREN (MIRRORING • CONFIGURE SECURITY...).

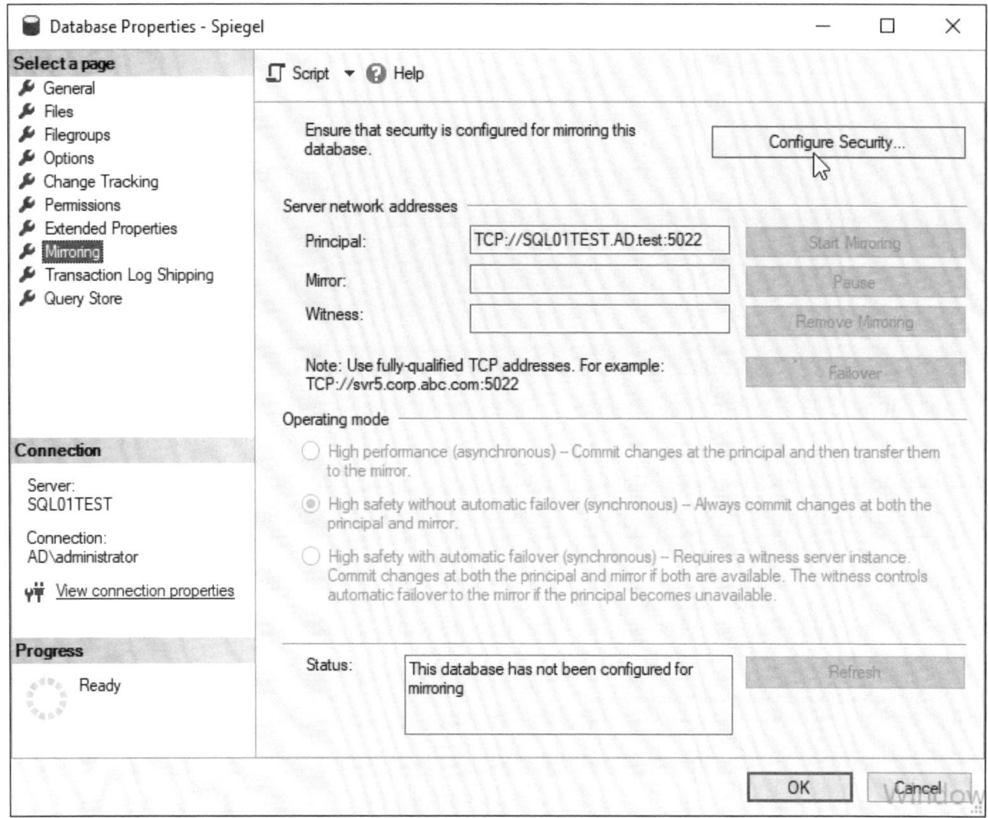

Abbildung 15.15 Sicherheit konfigurieren

7. Klicken Sie auf die Schaltfläche SICHERHEIT KONFIGURIEREN (CONFIGURE SECURITY). Der ASSISTENT ZUM KONFIGURIEREN DER SICHERHEIT (CONFIGURE DATABASE MIRRORING SECURITY SERVER), in dem Sie die Konfiguration Schritt für Schritt durchgehen, erscheint nun.
8. Nach dem Klick auf WEITER (NEXT) in Begrüßungsbildschirm werden Sie gefragt, ob Sie einen Zeugen (Witness) verwenden möchten (Abbildung 15.16). Bedenken Sie hier, dass ohne Zeuge nur ein manuelles Failover möglich ist.

Die Zielserver müssen jetzt konfiguriert werden. Die folgenden Dialoge führen Sie Schritt für Schritt aus.

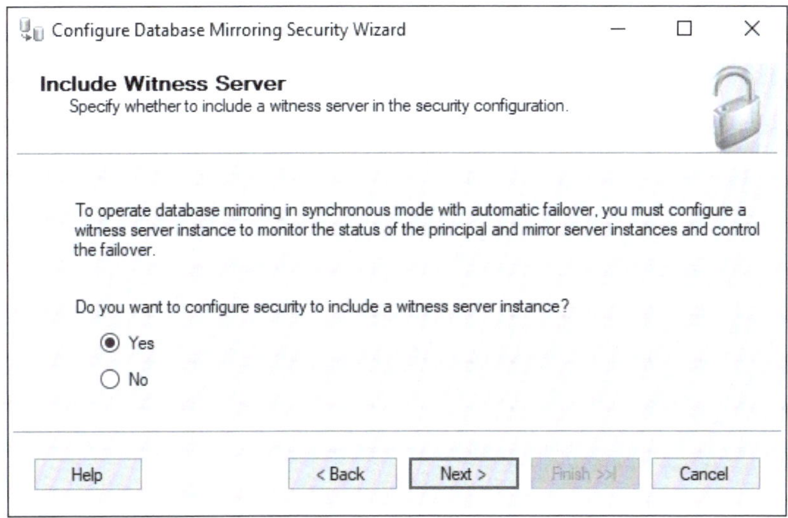

Abbildung 15.16 Auswahl, ob ein Zeuge gewünscht ist

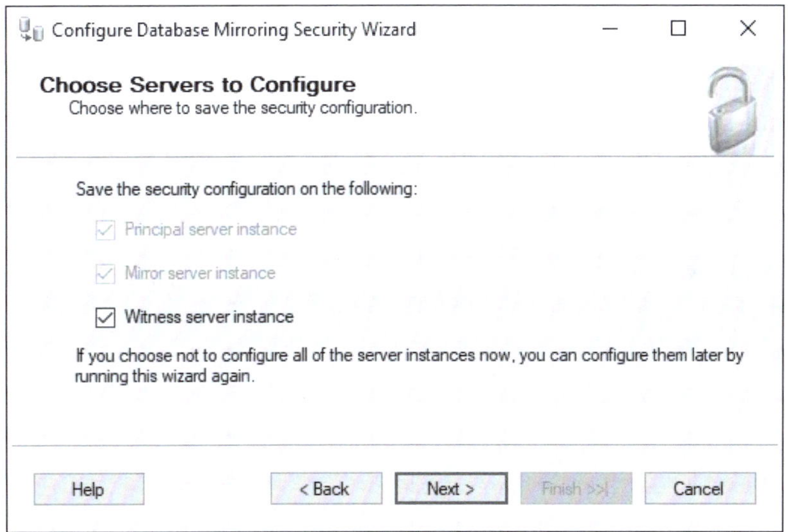

Abbildung 15.17 Zu konfigurierende Server auswählen

15

1. Legen Sie den Namen der Endpunkte des Prinzipal- und Spiegelservers fest, geben Sie eine PORTNUMMER (LISTENER PORT) für die Endpunkte der Datenbankspiegelung an, und wählen Sie die Option DURCH DIESEN ENDPUNKT GESENDETE DATEN VERSCHLÜSSELN (ENCRYPT DATA SENT THROUGH THIS ENDPOINT) der zu übertragenen Daten jeweils für die Instanzen von SQL Server (siehe Abbildung 15.18). Klicken Sie anschließend auf WEITER (NEXT).

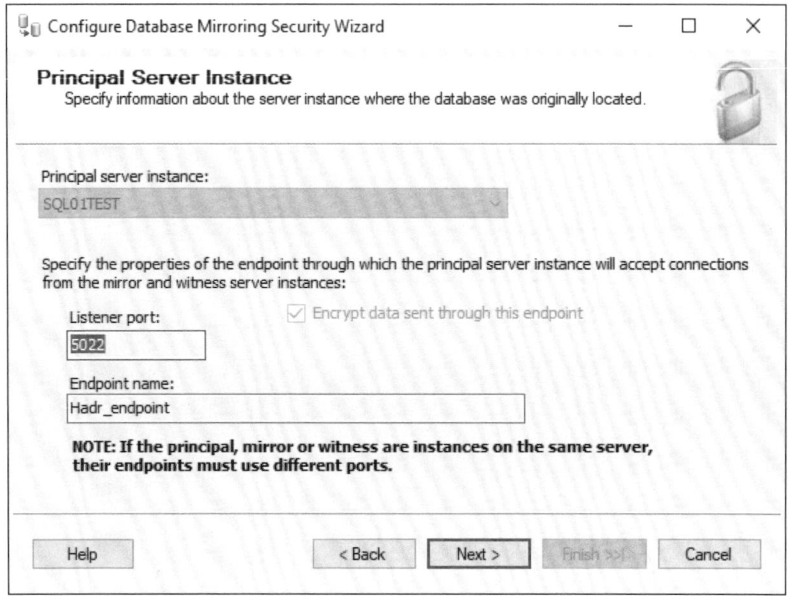

Abbildung 15.18 Festlegen der Parameter für den Prinzipal

2. Die Werte für den Prinzipal, Spiegel und Zeugen werden jetzt abgefragt. Für jede Instanz müssen Sie sich einmal kurz verbinden (siehe Abbildung 15.19 bis Abbildung 15.22).

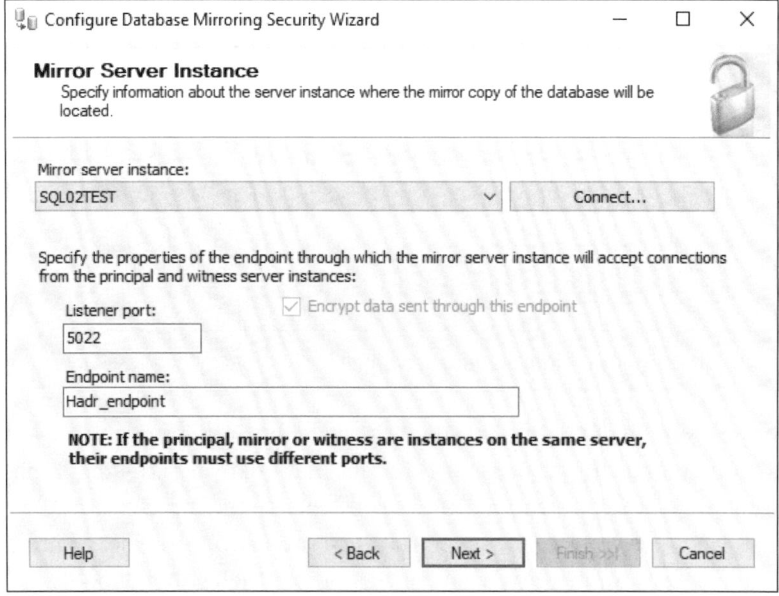

Abbildung 15.19 Festlegen des Kontos für die Datenbankspiegelung

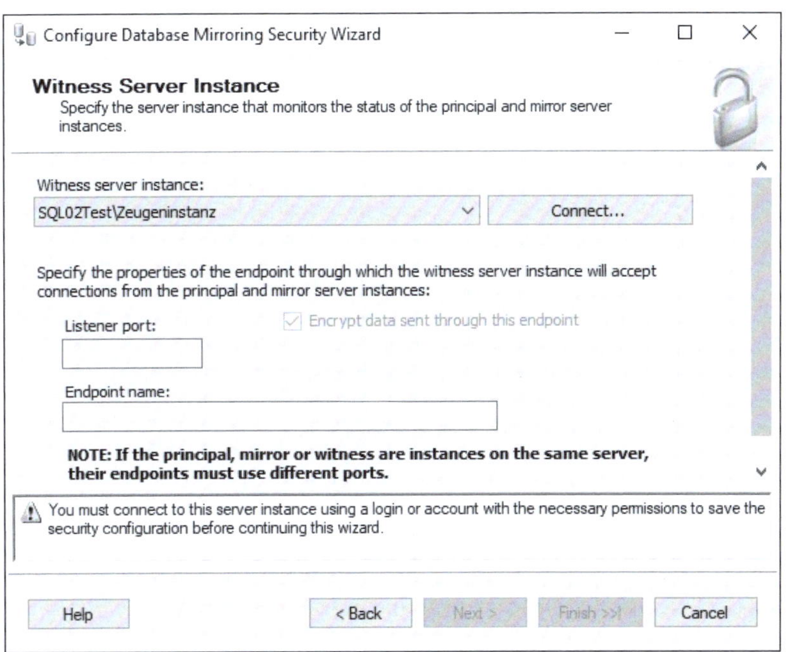

Abbildung 15.20 Der Assistent vor der Verbindung mit der Instanz

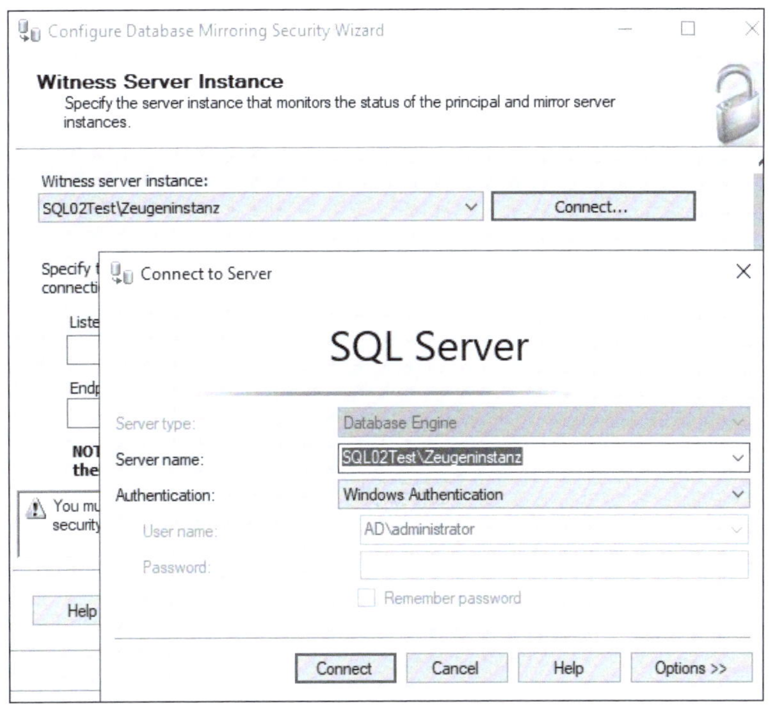

Abbildung 15.21 Verbinden Sie sich mit der Instanz.

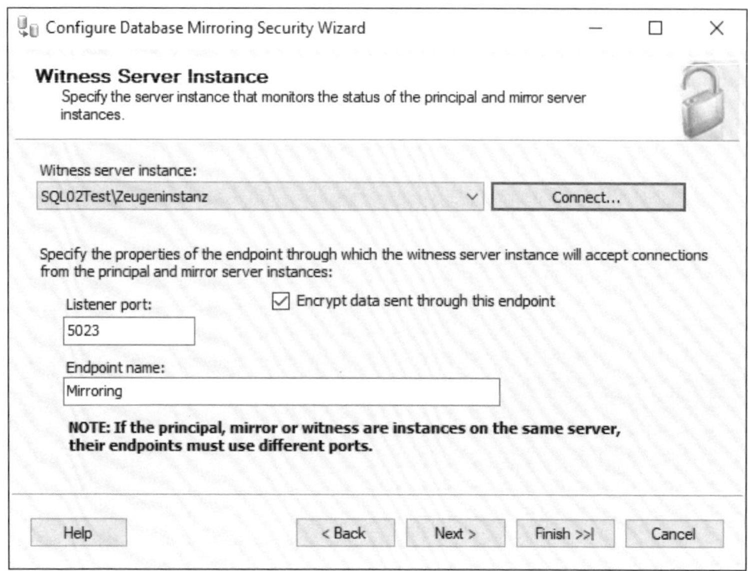

Abbildung 15.22 Der Assistent nach der Verbindung mit der Instanz

3. Der nächste Schritt der Konfiguration legt das Konto für die Authentifizierung fest. Hier verwenden Sie das zuvor eingerichtete Konto nach dem Prinzip *Domäne\Benutzerkonto*.

   Es wird empfohlen, ein Domänenbenutzerkonto zu verwenden. In unserem Beispiel ist es das Konto, unter dem die SQL-Server-Dienste ausgeführt werden. Prüfen Sie die Richtigkeit Ihrer Angaben, und beenden Sie den Vorgang. Sie erhalten abschließend eine Zusammenfassung (siehe Abbildung 15.23 bis Abbildung 15.25).

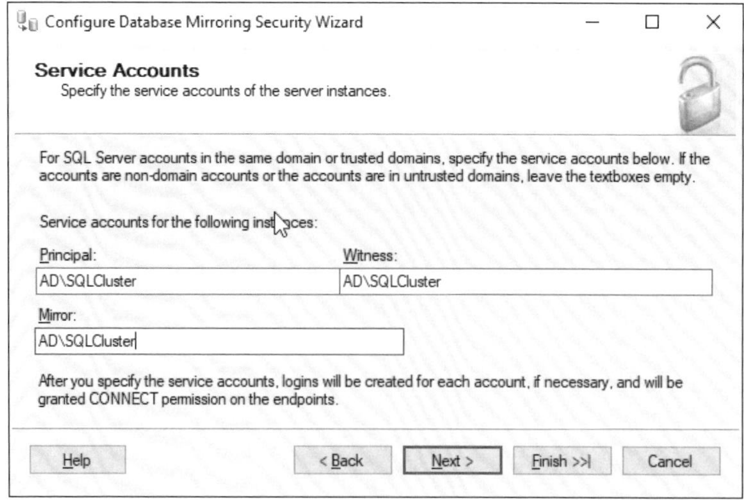

Abbildung 15.23 Die Service Accounts für den Spiegel

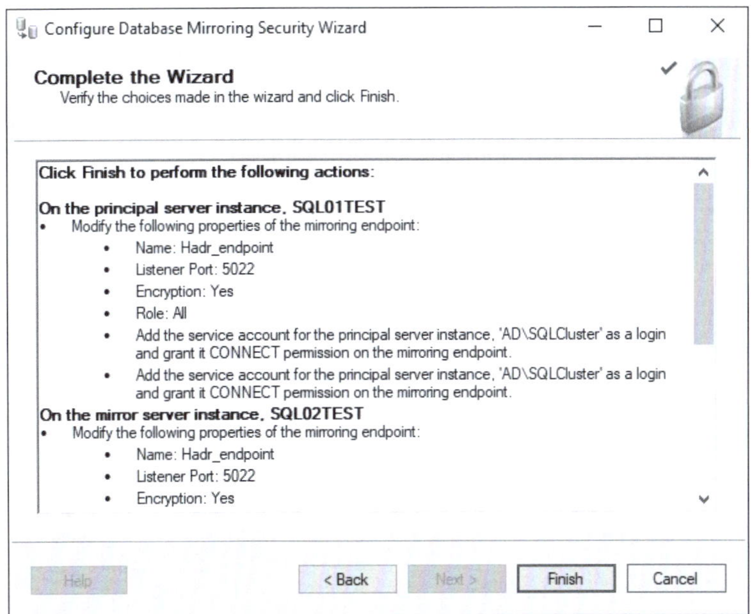

Abbildung 15.24 Übersicht über die ausgewählten Optionen

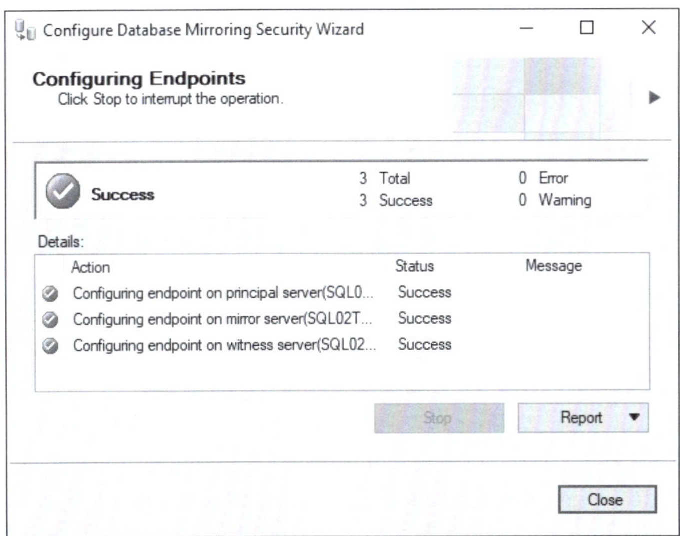

Abbildung 15.25 Zusammenfassung mit Erfolgsmeldung

4. Im nächsten Dialog aus Abbildung 15.26 können Sie wählen, ob Sie die Datenbankspiegelung nun starten möchten. Wenn Sie dies zu einem späteren Zeitpunkt ausführen, wird der modale Dialog zunächst beendet, und Sie können bestimmen, in welchem Modus die Spiegelung ausgeführt werden soll.

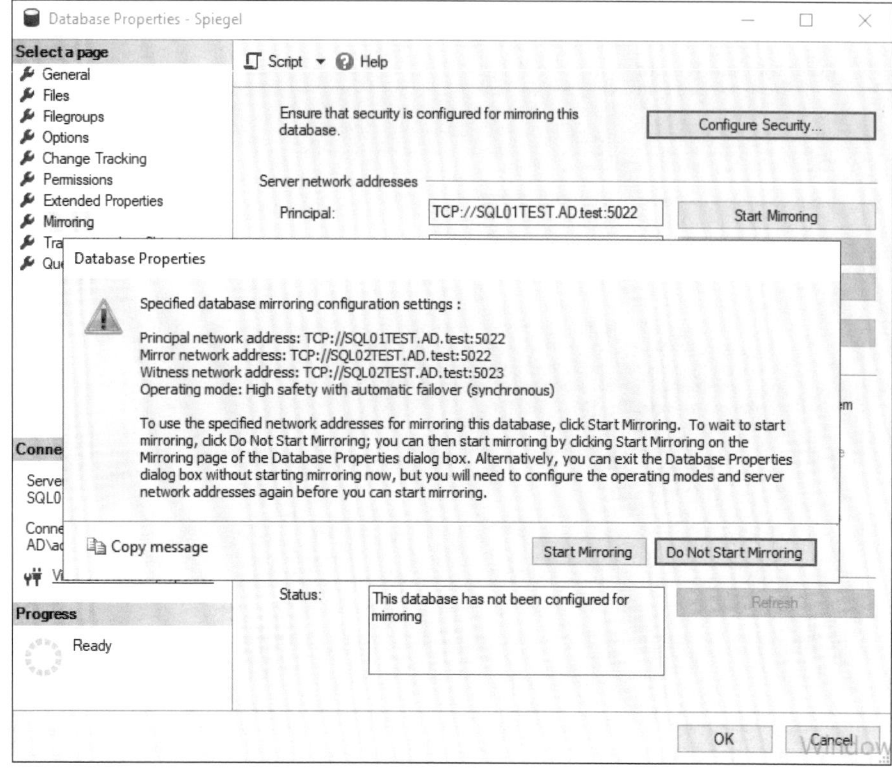

Abbildung 15.26 Starten der Datenbankspiegelung

5. Wählen Sie daher zunächst SPIEGELUNG NICHT STARTEN (DO NOT START MIRRORING).
6. Entscheiden Sie, in welcher Betriebsart die Spiegelung ausgeführt werden soll. Wir wählen den Modus für HOHE SICHERHEIT … (SYNCHRON) (HIGH SAFETY… (SYNCHRONOUS)) mit einem Zeugen.

Damit haben Sie alle wesentlichen Optionen konfiguriert und können nun die Spiegelsitzung starten.

Durch den Einsatz eines Zeugenservers übergeben Sie die Kontrolle an diesen. Dieser ist für die Durchführung eines automatischen Failovers verantwortlich, sobald der Prinzipal ausfällt. Eine Alternative besteht darin, auf den Zeugen zu verzichten und stattdessen ein manuelles Failover durchzuführen. Um ein manuelles Failover auszuführen, wählen Sie die Option »keinen Zeugen« verwenden (Abbildung 15.16). Um ein manuelles Failover einleiten zu können, steht Ihnen in der Konfiguration der Datenbankspiegelung der Schalter FAILOVER zur Verfügung.

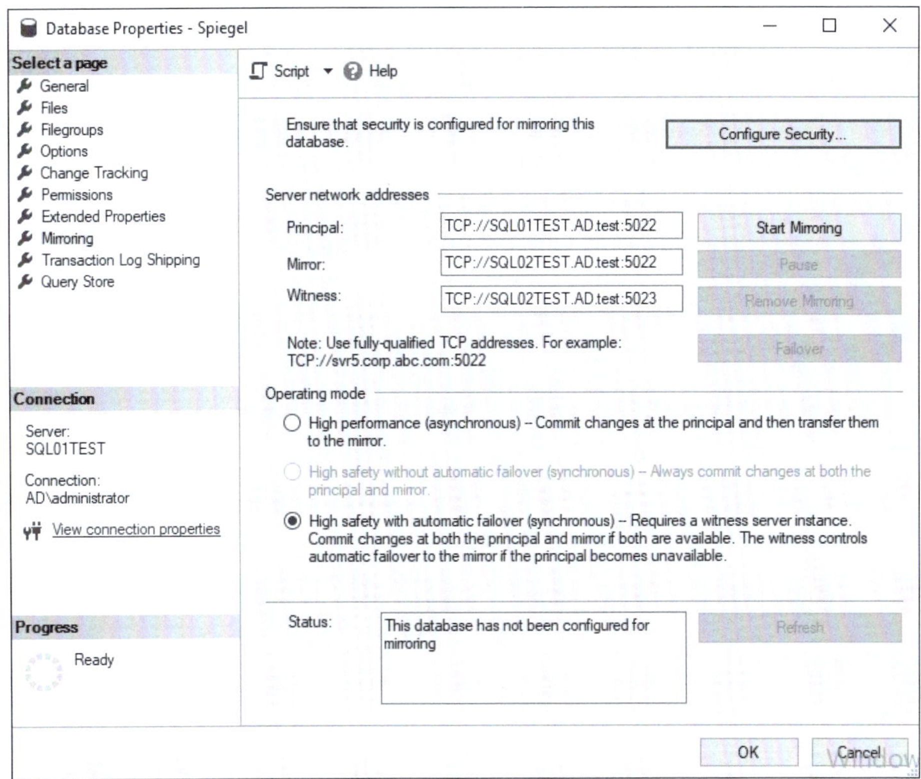

Abbildung 15.27 Auswahl des Modus »Hohe Sicherheit« (»High safety«) der Spiegelung

Nach einem Failover werden die Rollen von Prinzipal und Spiegel getauscht. Sie können das sehr gut im Management Studio sehen.

Zusammenfassend kann gesagt werden, dass die Datenbankspiegelung ein sehr interessantes und leistungsfähiges Feature seit SQL Server 2005 ist. Unternehmen haben mit ihrer Hilfe die Möglichkeit, eine Hochverfügbarkeitslösung einzuführen, die nicht den hohen Kosten einer Failover-Lösung unterliegt und trotzdem ein automatisches Failover mit transparenter Clientumleitung unter ADO.NET unterstützt. Vergessen Sie jedoch nicht: Sie ist als veraltet gekennzeichnet, daher besteht die Möglichkeit, dass sie in zukünftigen Versionen von SQL Server nicht mehr unterstützt wird. Da sie jedoch eine preiswerte Alternative zu AlwaysOn in der Enterprise Edition ist, hat sie durchaus ihre Existenzberechtigung. Bis sie wirklich aus künftigen Versionen verschwunden ist, wird sich zeigen, wohin die Reise geht. Außerdem setzen Kunden im Markt nicht immer sofort die aktuellste Version eines Produktes ein. Unserer Einschätzung nach wird uns die Datenbankspiegelung noch eine Weile begleiten.

15.11 Workshop II: Einrichten des Protokollversands

In diesem Workshop richten wir den Protokollversand in einem einfachen Szenario ein.

1. Erstellen Sie eine Freigabe auf dem primären Server, damit das Transaktionsprotokoll in diese Freigabe gesichert werden kann.
2. Erteilen Sie dem SQL-Server-Dienstkonto Vollzugriff auf diese Freigabe und dem SQL Server Agent Lesezugriff auf dem sekundären Server.

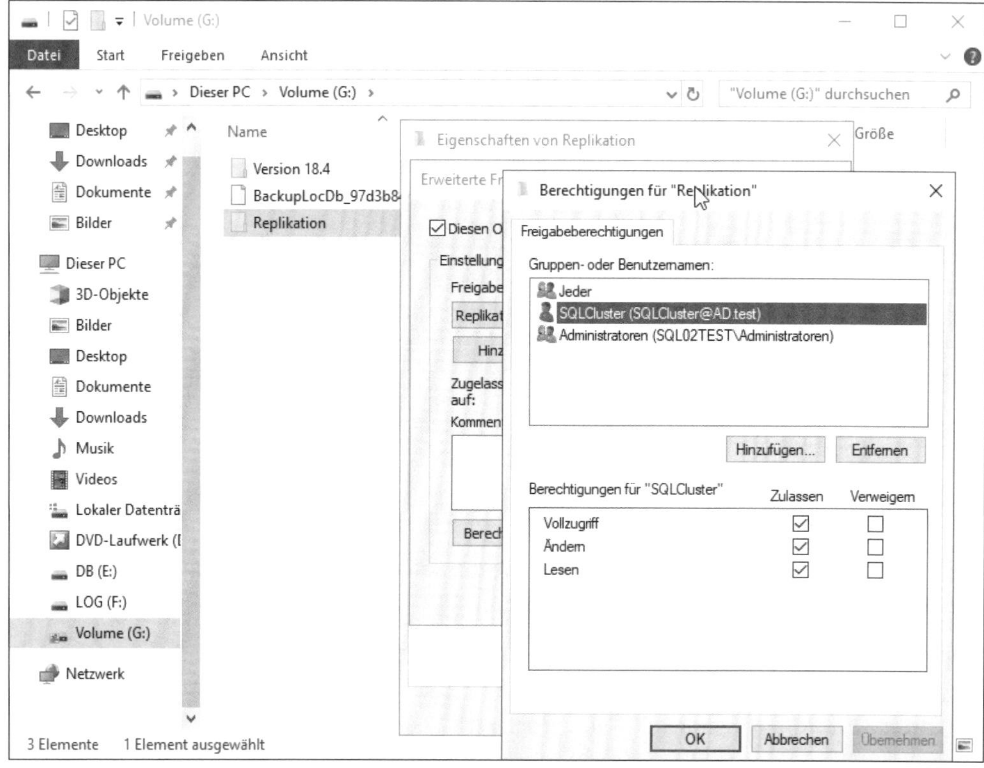

Abbildung 15.28 Erstellen einer Freigabe für den Protokollversand

3. Erstellen Sie ebenfalls eine Freigabe auf dem sekundären Server, damit das gesicherte Protokoll in diese Freigabe auf den sekundären Server kopiert werden kann. Erteilen Sie dem sekundären SQL-Server-Dienstkonto und dem SQL-Server-Agent Vollzugriff auf diese Freigabe.

   Befinden sich beide Instanzen von SQL Server auf demselben physischen Server, genügt es, eine Freigabe einzurichten, mit der alle Agent-Aufträge arbeiten.

4. Starten Sie das Management Studio, und überprüfen Sie, ob sich die Datenbank im vollständigen Wiederherstellungsmodell (Full Recovery Model) befindet. Vergleichen Sie dazu Abbildung 15.29.

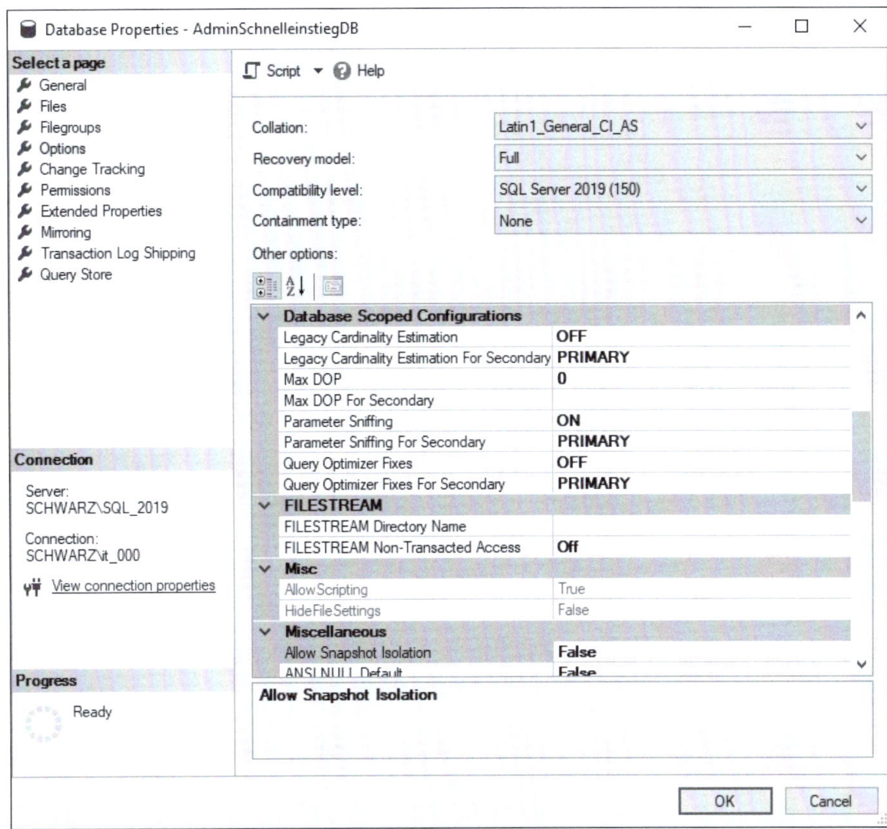

Abbildung 15.29 Recovery Model der Datenbank

5. Führen Sie anschließend eine vollständige Sicherung der Datenbank auf dem primären Server (Protokollversender) durch.
6. Stellen Sie die Datenbank mit dem MODUS WIRD WIEDERHERGESTELLT (WITH NORECOVERY) oder STANDBY (RESTORE WITH STANDBY) auf dem sekundären Server (Protokollversandempfänger) wieder her.
7. Selektieren Sie die Datenbank auf dem primären Server mit der rechten Maustaste, und wählen Sie TASKS • TRANSAKTIONSPROTOKOLL SENDEN (SHIP TRANSACTION LOGS...).
8. Aktivieren Sie den Protokollversand, wie in Abbildung 15.30 zu sehen ist, und klicken Sie auf SICHERUNGSEINSTELLUNGEN (SECURITY PROPERTIES).

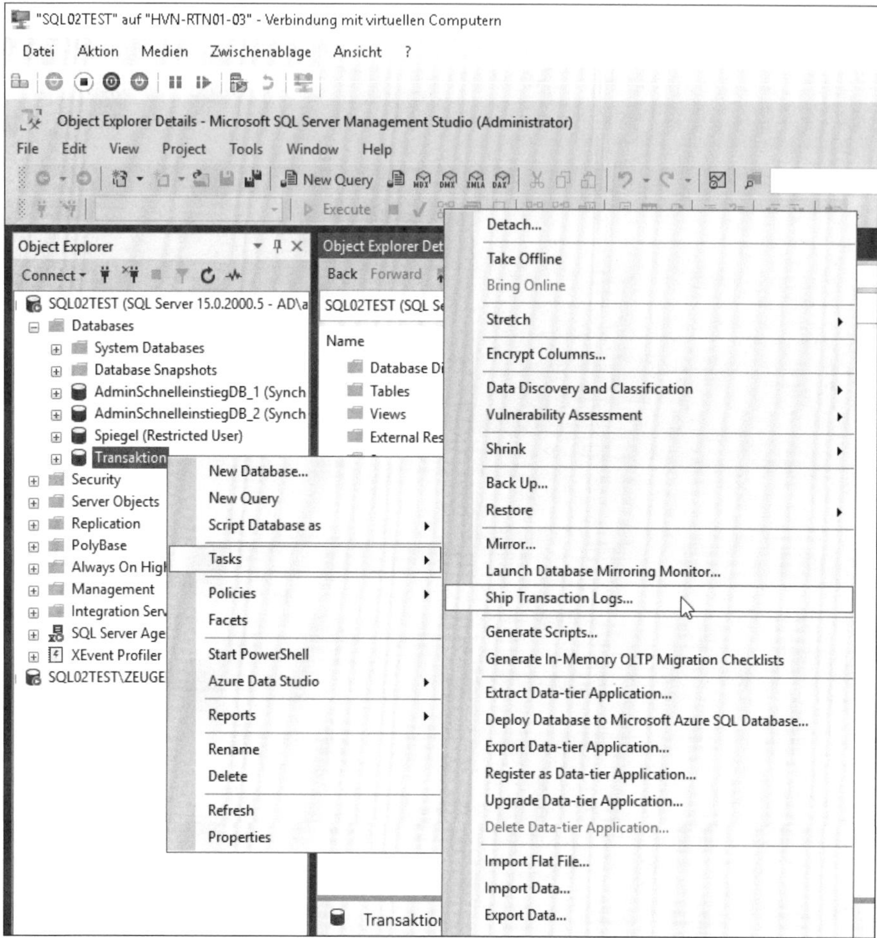

Abbildung 15.30 Transaktionsprotokoll senden

Der Sicherungszeitplan für das automatisierte Backup ist zu sehen, und Sie können diese Werte in den nächsten Dialogen anpassen.

9. Geben Sie den UNC-Pfad im Format *\Server\Freigabename* des zuvor erstellten freigegebenen Ordners an. Der Sicherungsauftrag LSBACKUP_SQLXPERT wird angezeigt, und der Zeitplan kann hier geändert werden. Außerdem lassen sich die Clean-up-Aufträge unter DATEIEN LÖSCHEN, DIE ÄLTER SIND ALS (DELETE FILES ODER THAN) anpassen.
10. Konfigurieren Sie das Intervall für den Sicherungsauftrag des SQL-Server-Agents (siehe Abbildung 15.32).

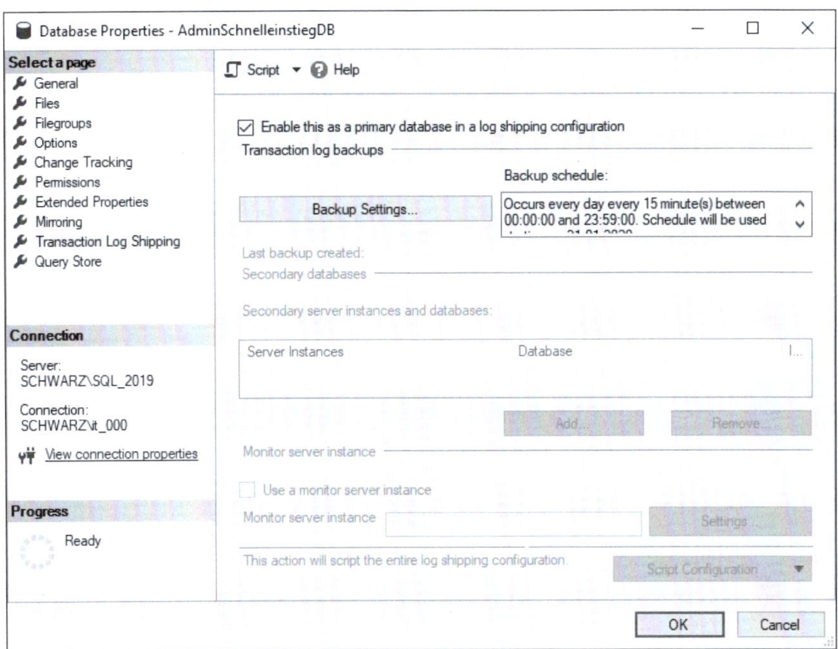

Abbildung 15.31 Aktivieren des Protokollversands auf der primären Datenbank

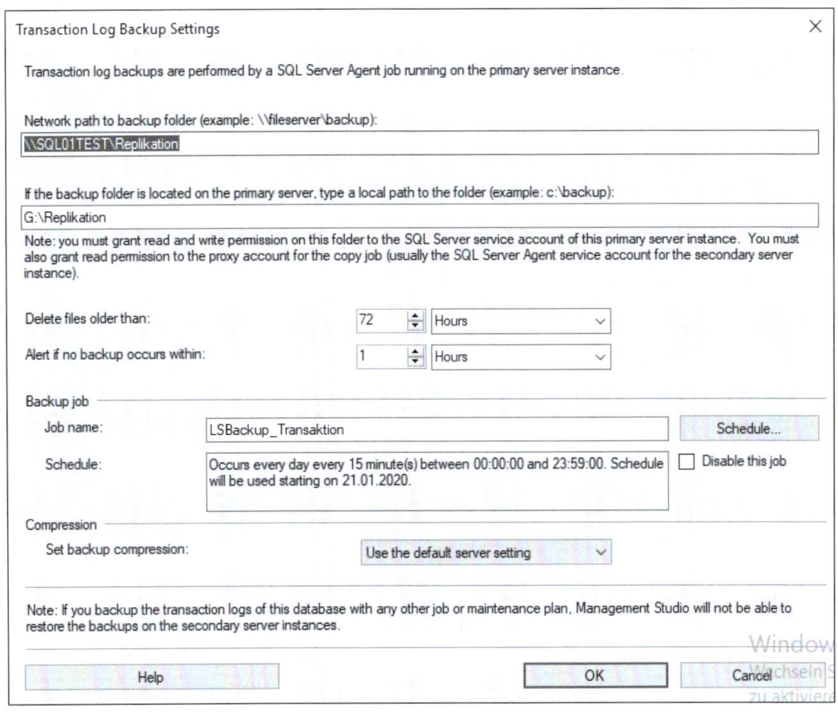

Abbildung 15.32 Sicherungseinstellungen des primären Servers

11. Jetzt müssen Sie die Einstellungen für die sekundäre Serverinstanz wählen. Klicken Sie dazu auf Hinzufügen… (Add…) im Bereich Sekundäre Serverinstanzen und Datenbanken (Secondary server instances and databases; Abbildung 15.33).

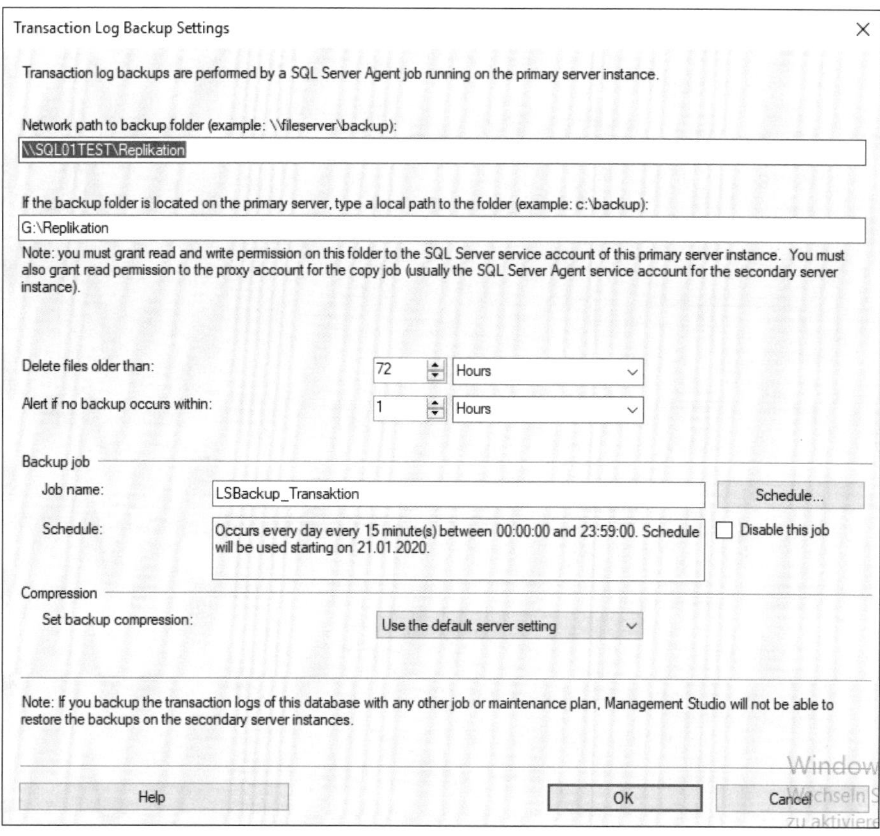

Abbildung 15.33 Sekundäre Instanz hinzufügen

12. Nach einem Klick auf Verbinden… (Connect…) können Sie die Angaben zur Initialisierung der sekundären Datenbank wählen. Dateien kopieren (Copy Files) betrifft den Kopierauftrag im SQL-Server-Agent, der das Transaktionsprotokoll auf die sekundäre Instanz kopiert.

    Im ersten Dialog haben Sie die Möglichkeit, eine vollständige Sicherung der Datenbank mit Wiederherstellung auf der sekundären Instanz auszuführen. Dazu wählen Sie diese Option und geben unter Wiederherstellungsoptionen (Restore Options) die Pfade der Datendatei und des Logs für die Zielinstanz an. Eine Alternative besteht darin, eine vorhandene Sicherung zu verwenden.

Veranlassen Sie entweder jetzt eine Sicherung und Wiederherstellung der Datenbank, oder greifen Sie auf eine vorhandene Sicherung zurück. Haben Sie eine Sicherung und Wiederherstellung gewählt, müssen Sie die Dateipfade festlegen. Klicken Sie dazu auf den Button Wiederherstellungsoptionen...(Restore Options...), und Sie gelangen in den gleichnamigen Dialog.

13. In unserem Fall haben wir die Datenbank bereits im Vorfeld auf der Zielinstanz mit der Option With Norecovery wiederhergestellt, so dass wir den letzten Punkt in Abbildung 15.34 Nein, die sekundäre Datenbank ist initialisiert (No, the secondary database is initialized) auswählen.

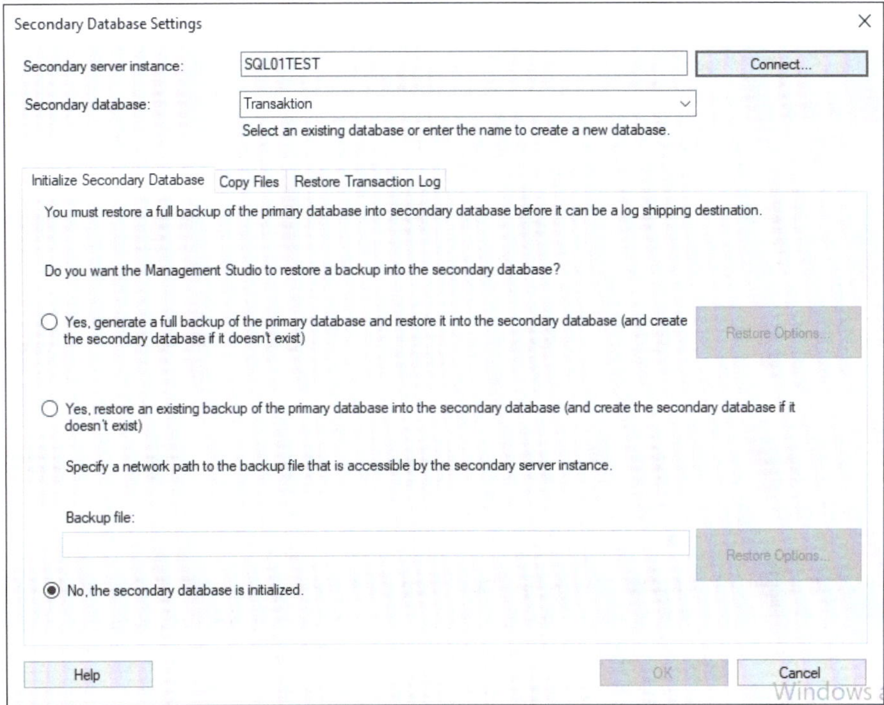

Abbildung 15.34 Einstellung für die sekundäre Datenbank

14. Auf der letzten Registerkarte legen Sie fest, wie die Wiederherstellung des Transaktionsprotokolls erfolgen soll. Dabei ist zu unterscheiden, ob ein lesender Zugriff auf die Datenbank möglich sein soll (Standbymodus; Standby Mode) oder nicht.

15. Klicken Sie auf OK, und beenden Sie das Einrichten des Transaktionsprotokollversands (Abbildung 15.35).

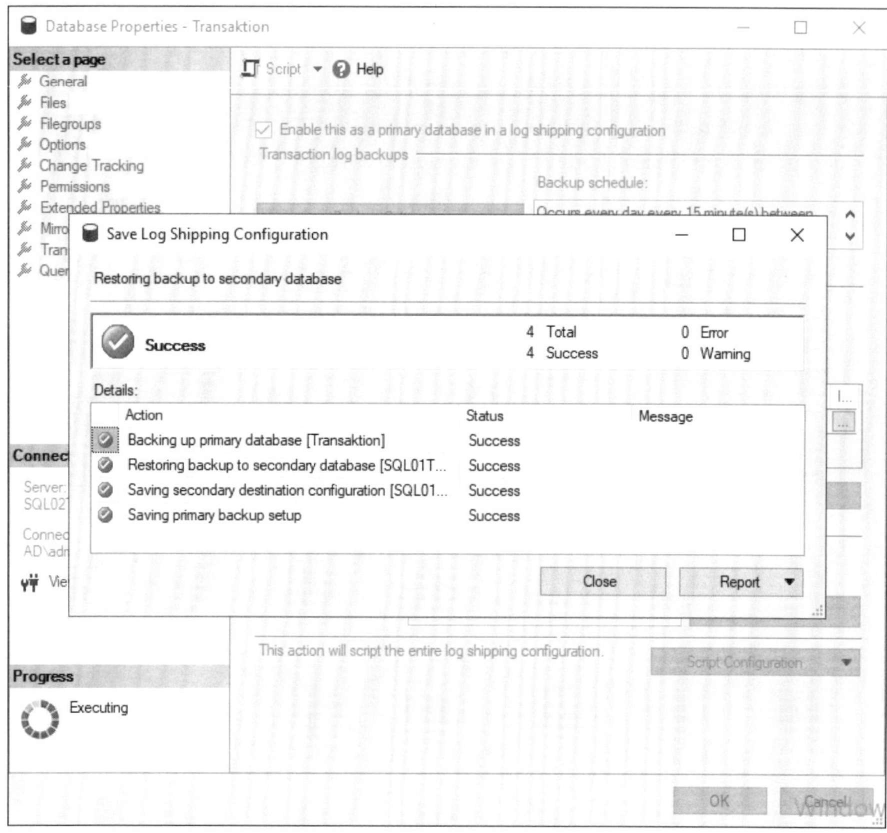

Abbildung 15.35 Erfolg

16. Zur Überprüfung wechseln Sie zum freigegebenen Ordner REPLIKATION (REPLICATION) und sehen nach, ob nach Ablauf der Intervalle die Protokolle in das Verzeichnis gesichert werden. Sie können selbstverständlich auch im SQL-Server-Agent die Aufträge LSBACKUP, LSCOPY und LSRESTORE im Kontextmenü in dieser Reihenfolge von Hand ausführen.

Wenn Sie sich für den STANDBYMODUS entscheiden, können Sie bestimmen, was geschehen soll, wenn der Agent-Auftrag versucht, das Protokoll wiederherzustellen. Sollen die Verbindungen der Clients getrennt oder soll das Anwenden der Rücksicherung so lange verzögert werden, bis alle Verbindungen zur sekundären Datenbank getrennt sind? Auf jeden Fall ist der Protokollversand eine kostengünstige Lösung, wenn es darum geht, eine automatisierte Transaktionsprotokollsicherung auszuführen und diese ebenso automatisiert auf einer oder mehreren Instanzen von SQL Server wiederherzustellen.

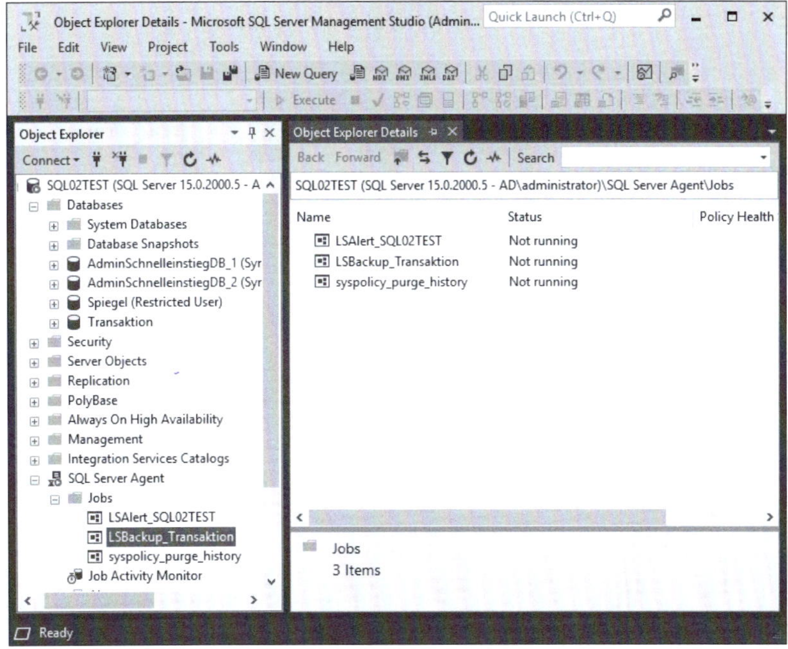

Abbildung 15.36 Der »LSBackup«-Auftrag auf der primären Instanz

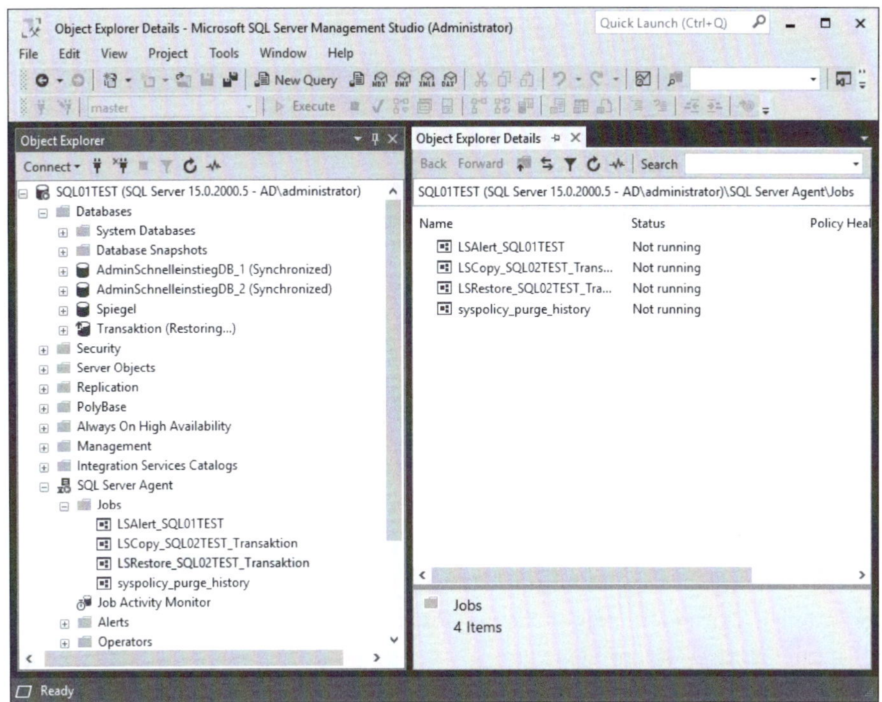

Abbildung 15.37 Der »LSCopy«- und der »LSRestore«-Auftrag auf der sekundären Instanz

15.12 Workshop III: Einrichten von AlwaysOn

Wir nehmen an, dass Sie die Voraussetzungen für das Aufsetzen von AlwaysOn bereits wie in Abschnitt 15.8.2 geklärt haben. Der Windows-Failover-Cluster existiert, und beide Knoten haben ihre eigenen Laufwerke. Das SQL-Server-Installationsmedium ist eingelegt, und wir können die Installation starten.

1. Zunächst starten Sie die Installation einer eigenständigen Instanz auf dem ersten Knoten wie in Abschnitt 4.3 beschrieben. Achten Sie darauf, keine Failover-Cluster Installation zu starten.

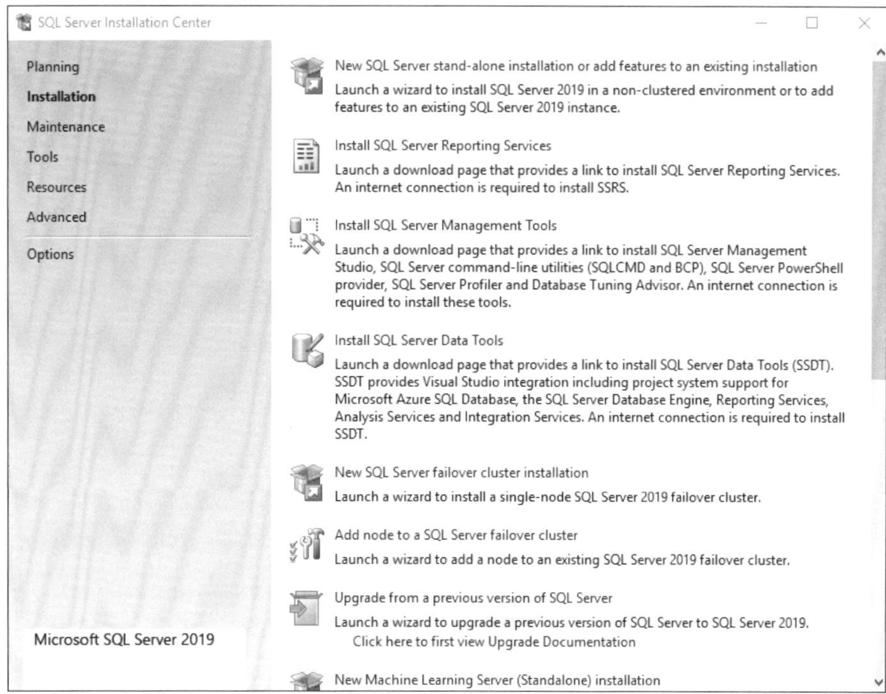

Abbildung 15.38 Standalone-Installation starten

Als ausgewähltes Feature benötigen Sie zumindest die Datenbank-Engine. Falls Sie weitere Features nutzen möchten, sollten Sie sie direkt mitinstallieren. Für dieses Beispiel wählen wir eine Standardinstanz (keine benannte Instanz, obwohl dies ebenfalls möglich wäre).

Bitte denken Sie daran, einen Active-Directory-Login für den SQL-Server-Service zu verwenden. Das ist später hilfreich, um die Verbindung zwischen den Instanzen herzustellen. Außerdem sollten Sie bei der Auswahl des Administrator-Accounts den aktuellen User hinzufügen.

2. Führen Sie die gleiche Installation auf allen Knoten, die hinzugefügt werden sollen, durch.

   Die Installation der Instanzen für das AlwaysOn-System werden wir hier nicht erklären, da es keinen Unterschied zur Installation einer Single Server Instanz gibt.

3. Öffnen Sie nach den Installationen den SQL SERVER 2019-KONFIGURATIONS-MANAGER (SQL SERVER 2019 CONFIGURATION MANAGER) auf jedem Server, der an AlwaysOn teilnehmen soll. Klicken Sie darin rechts auf den SQL SERVER DIENST (SQL SERVER-SERVICE...), und wählen Sie EIGENSCHAFTEN (PROPERTIES).

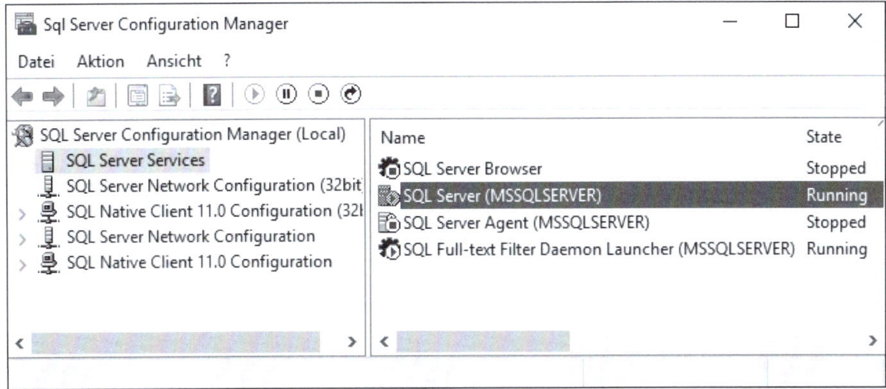

Abbildung 15.39 Der neue SQL-Server-Service

4. Setzen Sie in dem sich öffnendem Eigenschaften-Fenster unter dem Reiter ALWAYS ON VERFÜGBARKEITSGRUPPEN (ALWAYS ON AVAILABILITY GROUPS) das Häkchen für ALWAYS ON VERFÜGBARKEITSGRUPPEN AKTIVIEREN (ENABLE ALWAYS ON AVAILABILITY GROUPS), und klicken Sie auf OK (siehe Abbildung 15.40).

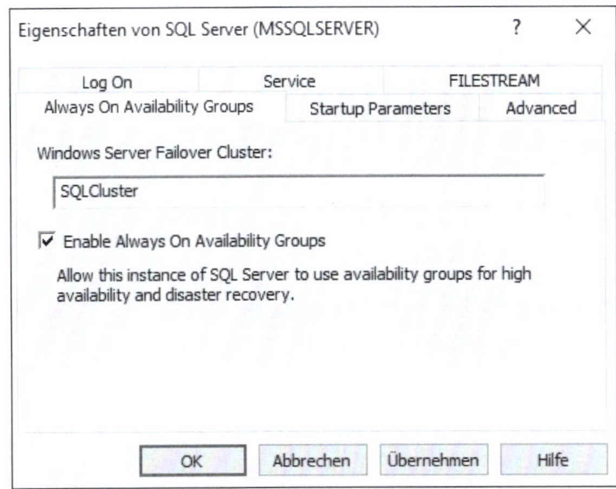

Abbildung 15.40 »Always On Verfügbarkeitsgruppen aktivieren« (»Enable Always On Availability Groups«)

5. Starten Sie anschließend die Instanz neu, indem Sie einen Rechtsklick auf sie vollführen und RESTART wählen (siehe Abbildung 15.41).
6. Führen Sie die Schritte 3 bis 5 auf allen anderen Knoten aus.

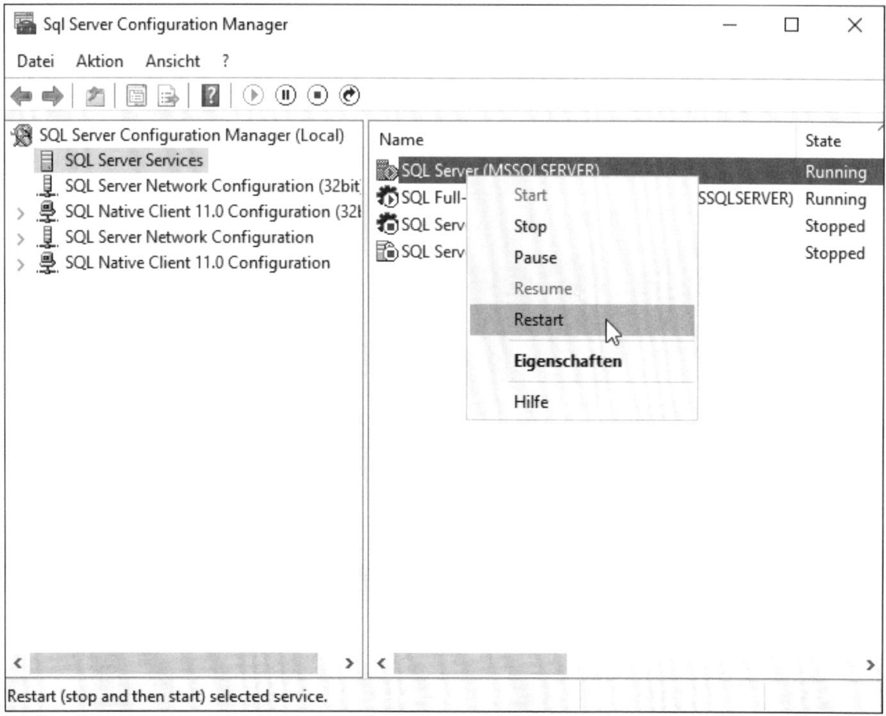

Abbildung 15.41 Reboot der Instanz

Hinweis

Für unser Beispiel verwenden wir einen Domänen-Account für alle Services auf beiden Knoten. In einer produktiven Umgebung sollten Sie darauf achten, je Server einen eigenen Account zu benutzen.

7. Öffnen Sie nun das Management Studio (sofern Sie es noch nicht installiert haben sollten, holen Sie dies nun bitte nach).
8. Verbinden Sie sich mit der ersten der neuen Instanzen, und fügen Sie den Service Account, den Sie für SQL Server verwenden, als neuen Login hinzu (siehe Abbildung 15.42).
9. Gehen Sie nun auf die Serverrollen (SERVER ROLES), und setzen Sie das Häkchen SYSADMIN, um den Login der Gruppe der Systemadministratoren (SA) hinzuzufügen (siehe Abbildung 15.43). Fügen Sie auf diese Weise alle beteiligten Service Accounts der SA-Gruppe hinzu.

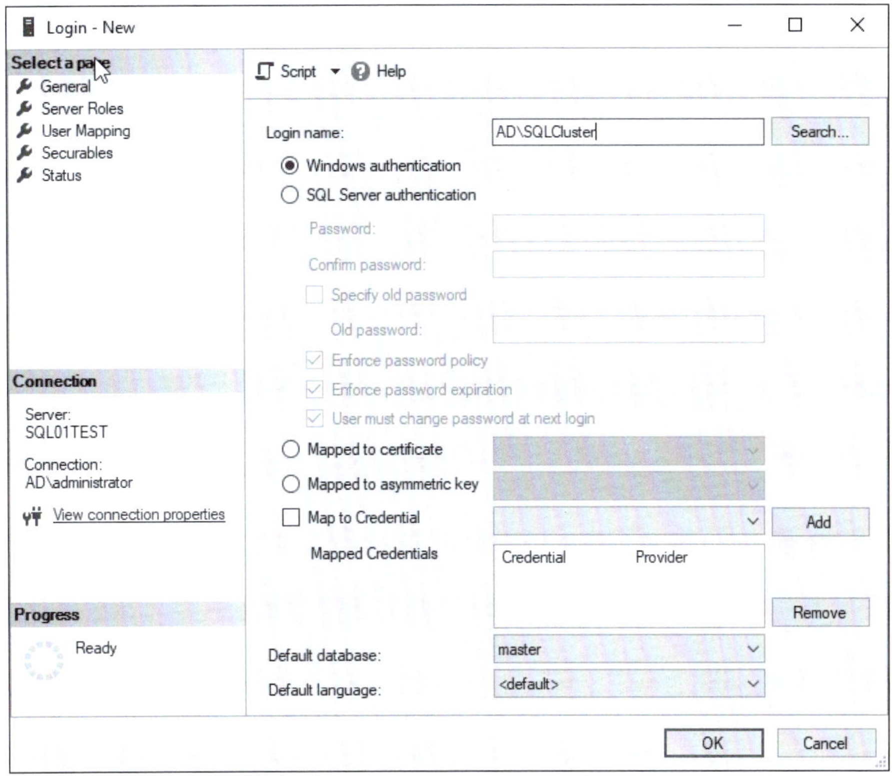

Abbildung 15.42 Service Account hinzufügen ...

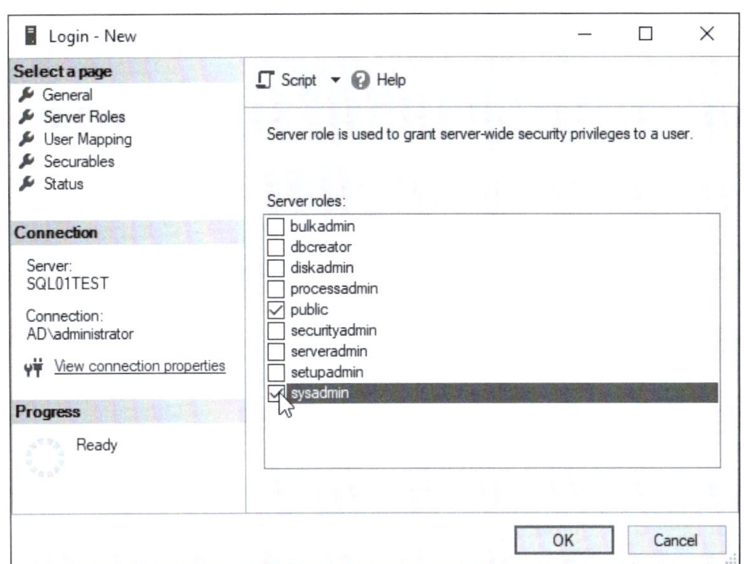

Abbildung 15.43 ... und als SA berechtigen

Hinweis

Im Falle einer Testumgebung können Sie einen einzigen Account verwenden. Allerdings empfehlen wir Ihnen, *einen Account pro Service pro Instanz* zu verwenden, um eine ausreichende Sicherheit herzustellen

Das sind drei Accounts pro Instanz, die in jeder Instanz berechtigt werden müssen. Alternativ können Sie eine AD-Gruppe erstellen, die Service Accounts dort einbinden und die Gruppe in allen Instanzen berechtigen.

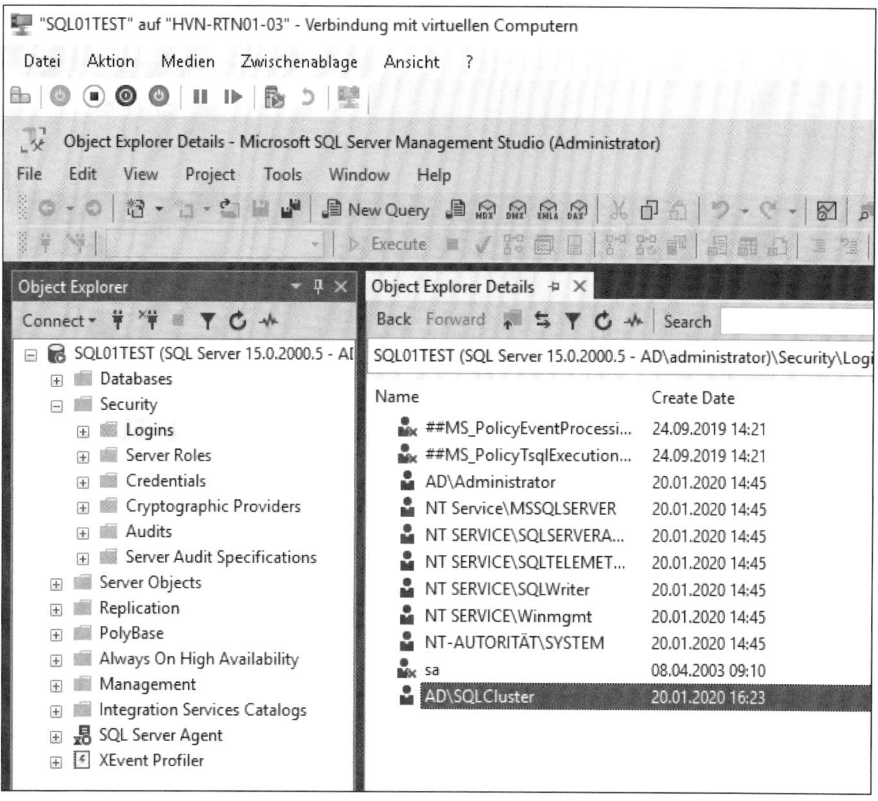

Abbildung 15.44 Das Login wurde angelegt.

10. Erstellen Sie einen Ordner, der für den Datenaustauch zwischen den Instanzen dient, und stellen Sie sicher, dass die Freigaben so gesetzt sind, dass er von allen Instanzen aus erreicht werden kann (siehe Abbildung 15.45).
11. Erstellen Sie auf dem primären Knoten, in unserem Beispiel auf SQL01TEST, ein paar Datenbanken, oder stellen Sie diese aus Backups wieder her. Diese Datenbanken werden später in eine oder mehrere AlwaysOn-Verfügbarkeitsgruppen aufgenommen (siehe Abbildung 15.46).

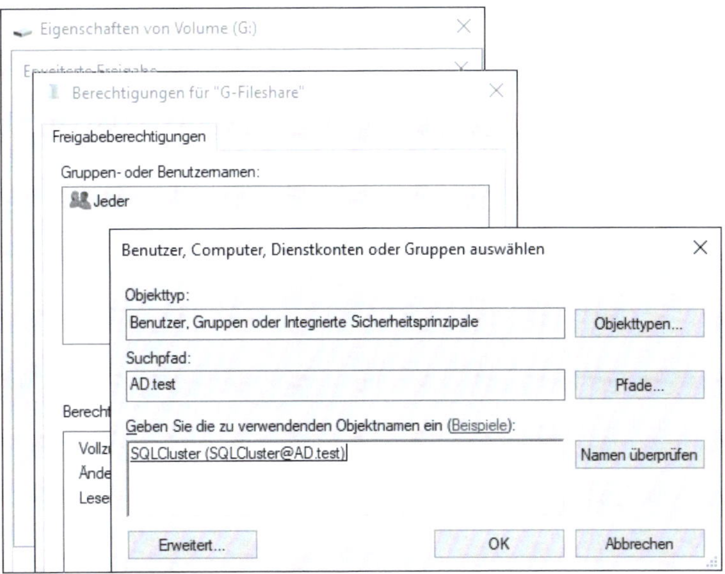

Abbildung 15.45 Ordnerfreigabe

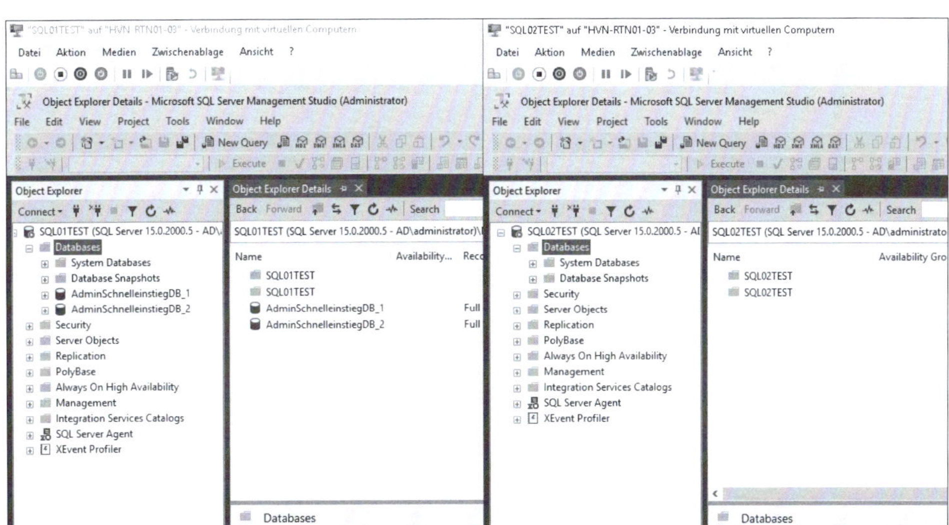

Abbildung 15.46 In Knoten 1 finden Sie die Datenbanken, die aufgenommen werden sollen.

12. Anschließend müssen Sie ein Full Backup der neuen Datenbanken erstellen, da der Wizard für das Erstellen von AlwaysOn-Verfügbarkeitsgruppen erkennt, ob ein solches existiert. Ohne Full Backup werden die Datenbanken nicht wirklich im Full Mode betrieben.

13. Im Management Studio des primären Knotens können Sie nun, mit einem Rechtsklick auf ALWAYSON HOCHVERFÜGBARKEIT (ALWAYS ON HIGH AVAILABILITY), den ASSISTENT FÜR NEUE VERFÜGBARKEITSGRUPPEN (NEW AVAILABILITY GROUP WIZARD) starten (siehe Abbildung 15.47).

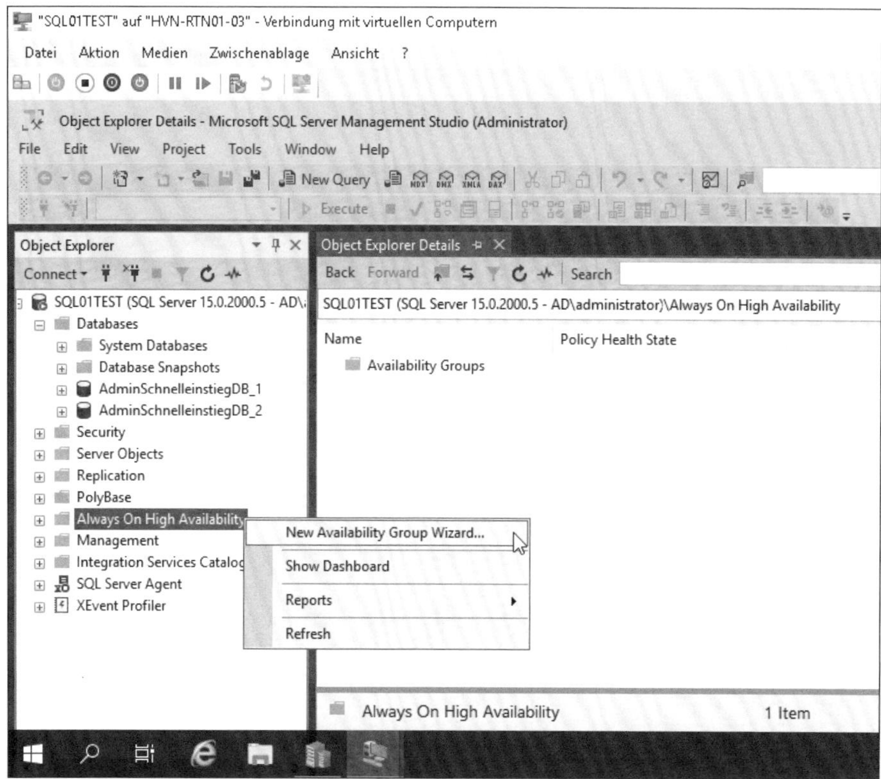

Abbildung 15.47 Starten des Assistenten

14. Der Assistent startet mit einer Begrüßungsseite. Mit einem Klick auf NEXT gelangen Sie zum Reiter SPECIFY OPTIONS. Hier geben Sie den Namen der Failover-Gruppe ein und wählen den Clustertyp.

    Außerdem können Sie eine Prüfung auf Konsistenz und den DTC (*Distributed Transaction Coordinator*) pro Datenbank aktivieren (siehe Abbildung 15.48).

Hinweis

Mit SQL Server 2019 wird die Zahl der möglichen synchronen Replikate von 3 auf 5 erhöht.

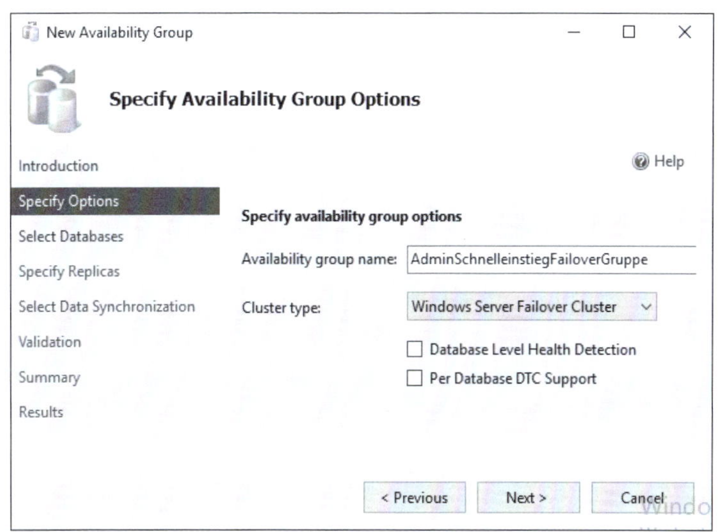

Abbildung 15.48 Wie soll die Verfügbarkeitsgruppe heißen?

15. Klicken Sie auf WEITER (NEXT), um zum nächsten Reiter, DATENBANKEN AUSWÄHLEN (SELECT DATABASES), zu gelangen, und wählen Sie die Datenbank(en) aus, die in die Verfügbarkeitsgruppe aufgenommen werden soll(en). Klicken Sie danach auf WEITER (NEXT).

    In unserem Beispiel nehmen wir die beiden erstellten Datenbanken in eine Gruppe auf. Der Wizard prüft sogleich den STATUS, d. h. welche der Datenbanken die VORAUSSETZUNGEN ERFÜLLT (MEETS PREREQUISITES; siehe Abbildung 15.49).

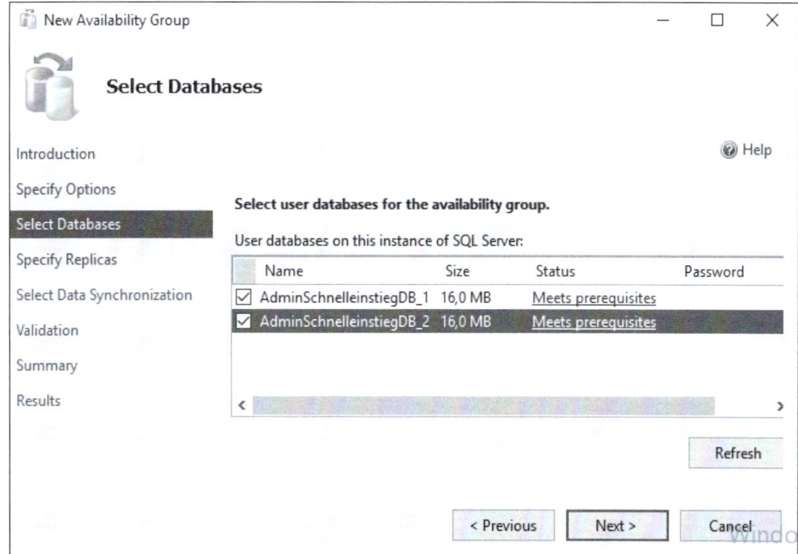

Abbildung 15.49 Voraussetzungen erfüllt

16. Mit Weiter (NEXT) kommen Sie zur Auswahl der Replik-Instanz (siehe Abbildung 15.50). Klicken Sie hier auf REPLIK HINZUFÜGEN (ADD REPLICA), um die sekundäre Instanz hinzuzufügen (in unserem Beispiel SQL02TEST; siehe Abbildung 15.51).

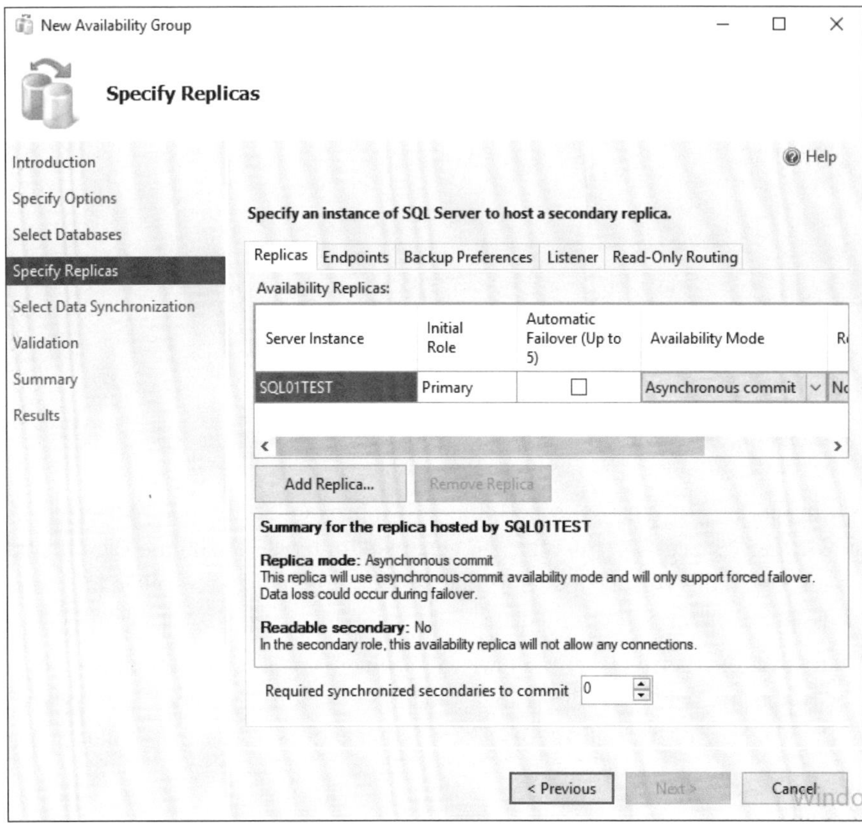

Abbildung 15.50 Den zweiten Knoten hinzufügen

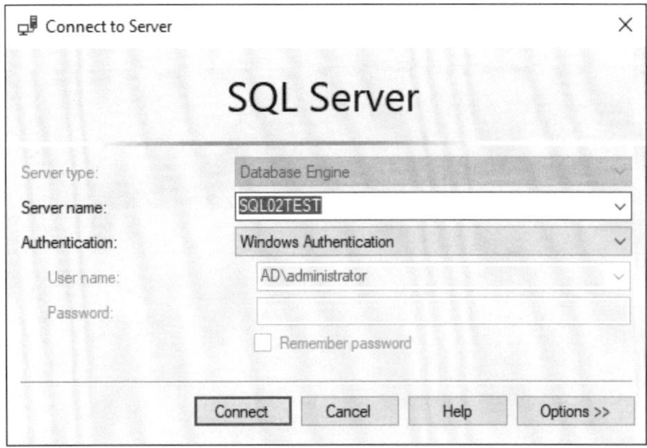

Abbildung 15.51 Ein kurzer Verbindungstest

Zudem können Sie wählen, ob Sie einen synchronen oder einen asynchronen Spiegel wünschen und ob die gespiegelte Seite lesbar sein soll. (In Abbildung 15.52 sehen Sie den hinzugefügten sekundären Knoten.)

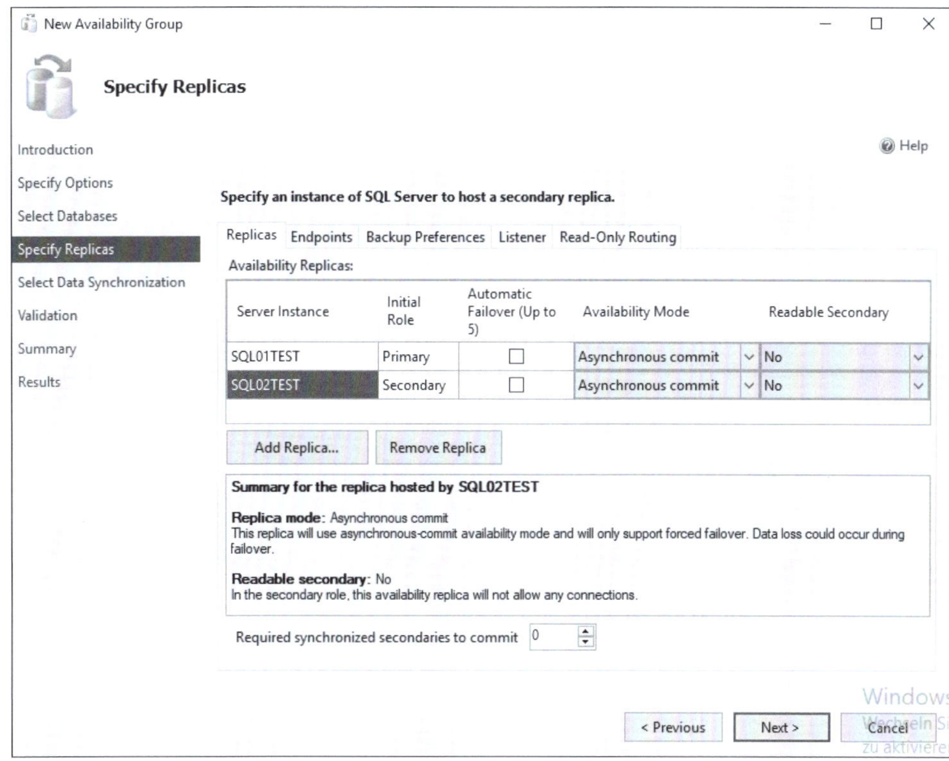

Abbildung 15.52 Der zweite Knoten wurde hinzugefügt.

Hinweis

Im *asynchronen Modus* werden die Daten, die übertragen werden, an die sekundäre Instanz gesendet. Gleichzeitig können in die primäre Instanz schon wieder Daten geschrieben werden, wodurch die Verarbeitungsgeschwindigkeit erhöht wird. Diese höhere Geschwindigkeit wird allerdings damit erkauft, dass die Daten erst später in das Replikat geschrieben werden. Schlimmstenfalls kann es bei einem Ausfall des primären Knotens zu Datenverlusten kommen.

Im *synchronen Modus* kommen die Daten am primären Knoten an und werden anschließend zum Replikat gesendet. Sobald das Replikat bestätigt, dass die Daten geschrieben wurden, nimmt der primäre Knoten wieder neue Daten an. Hierdurch wird zwar die Verarbeitung etwas langsamer, allerdings ist stets sichergestellt, dass die primären Daten und die sekundären Daten synchron sind.

17. Auf der rechten Seite der Seite, REPLIKAT AUSWÄHLEN (SPECIFY REPLICAS), sehen Sie neben REPLIKATEN (REPLICAS) noch weitere Reiter.

 Gehen Sie auf ENDPUNKTE (ENDPOINTS). Hier werden die beiden registrierten Replikas als Endpoints gelistet. Die Endpoints sind die Schnittstellen für Always-On (siehe Abbildung 15.53).

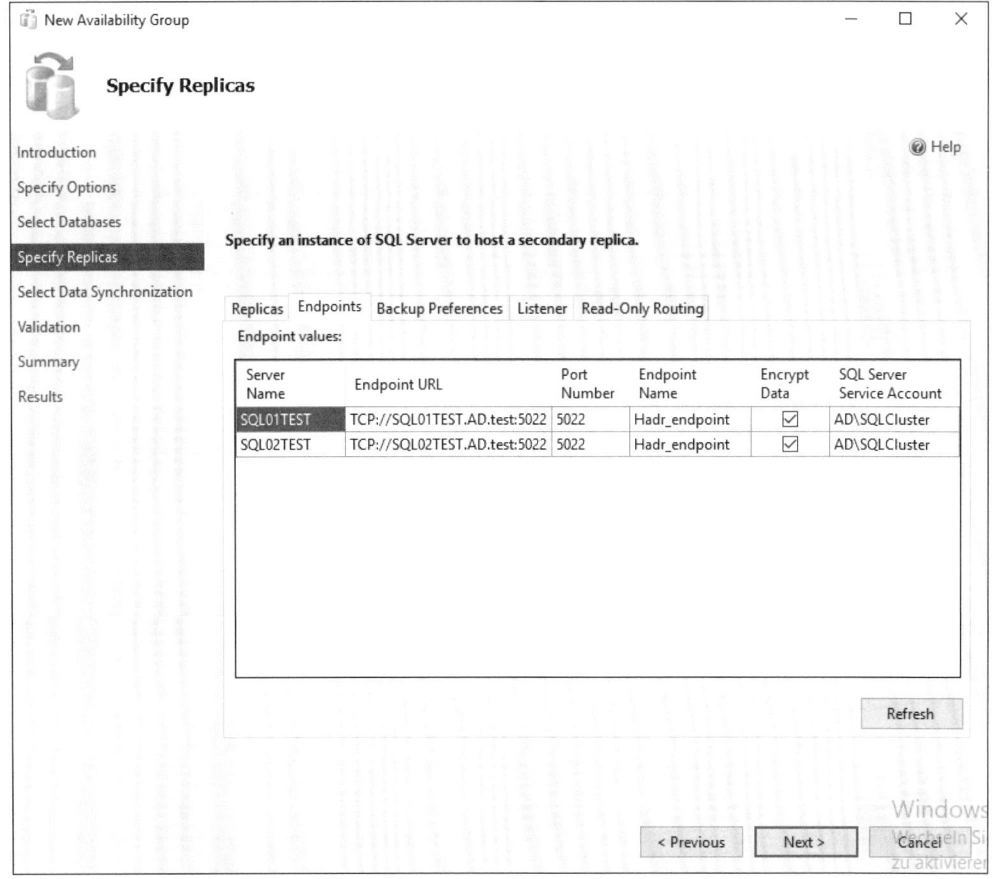

Abbildung 15.53 Liste der Endpoints

18. Unter BACKUP EINSTELLUNGEN (BACKUP PREFERENCES) können Sie einen oder mehrere Knoten für das Backup auswählen (siehe Abbildung 15.54). Für unser Beispiel belassen wir es bei den Standardwerten.

19. Unter dem Reiter LISTENER können Sie einen Server eintragen, der zukünftig die Clientanfragen entgegennimmt und an den jeweils aktiven Knoten weiterleitet.

 Dieser Listener benötigt einen DNS-NAMEN (LISTENER DNS NAME), einen PORT und eine IP-ADRESSE (IP ADDRESS; siehe Abbildung 15.55).

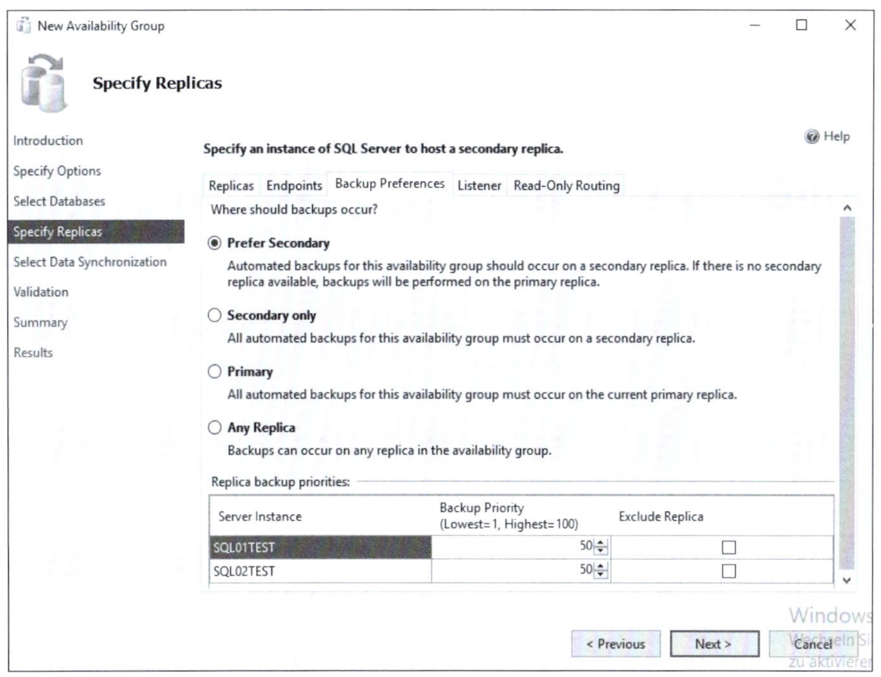

Abbildung 15.54 Konfiguration des zukünftigen Backups

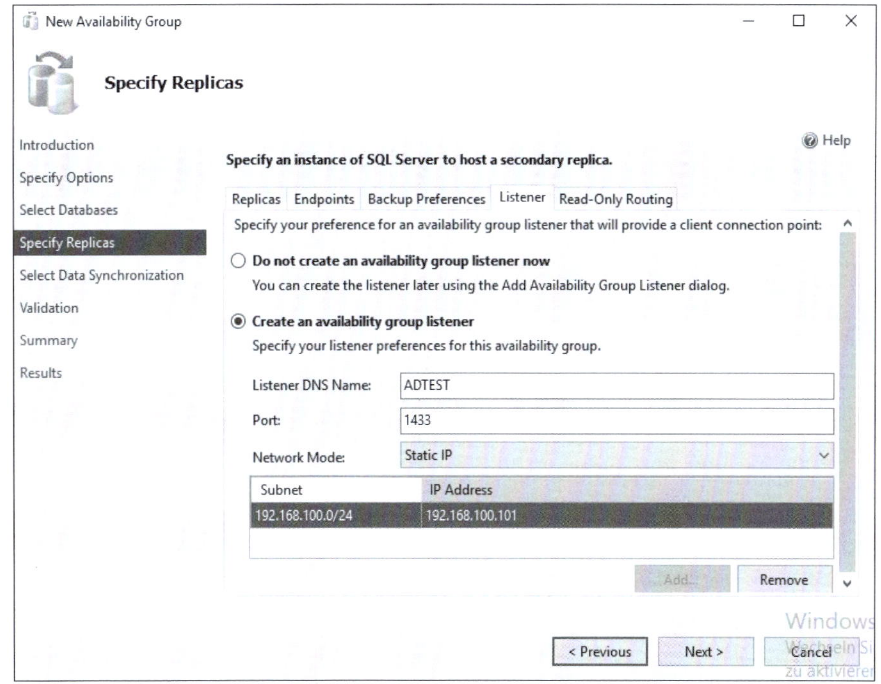

Abbildung 15.55 Hier tragen Sie den Listener ein.

20. Im letzten Reiter, SCHREIBGESCHÜTZTES ROUTING (READ-ONLY ROUTING), können Sie eine URL für nur lesende Zugriffe angeben (siehe Abbildung 15.56).

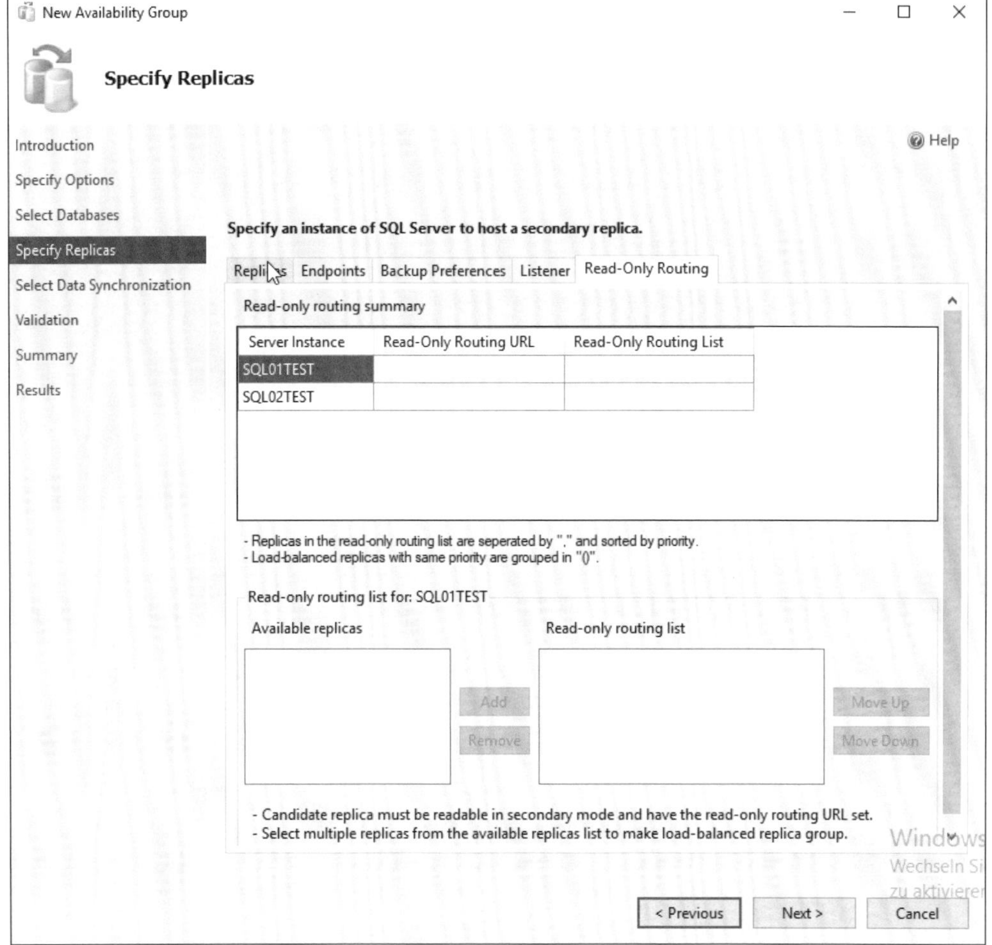

Abbildung 15.56 Instanz für das Replikat angeben

21. Nachdem Sie auf WEITER (NEXT) gedrückt haben, gelangen Sie zur Seite AUSWAHL DER DATENSYNCHRONISATION (SELECT DATA SYNCHRONISATION).

    Geben Sie hier den zuvor erstellten Fileshare an (in unserem Beispiel \\SQL02TEST\G-FILESHARE; siehe Abbildung 15.57).

    Nach einem Klick auf WEITER (NEXT) werden alle unsere Eingaben noch einmal überprüft (siehe Abbildung 15.58).

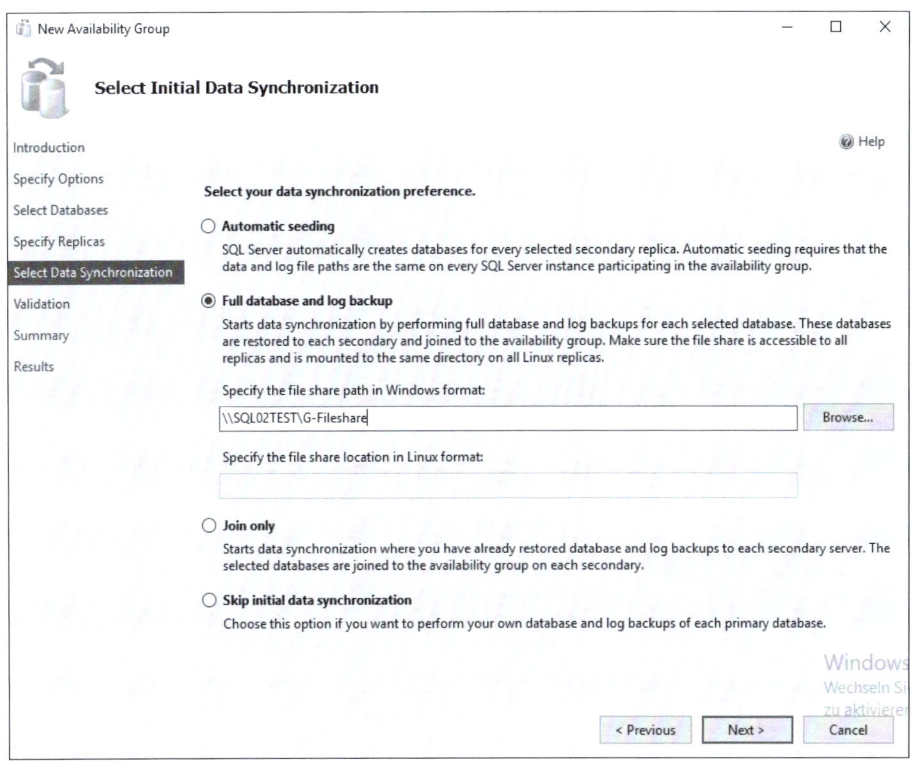

Abbildung 15.57 Angabe des Speicherortes für das Backup

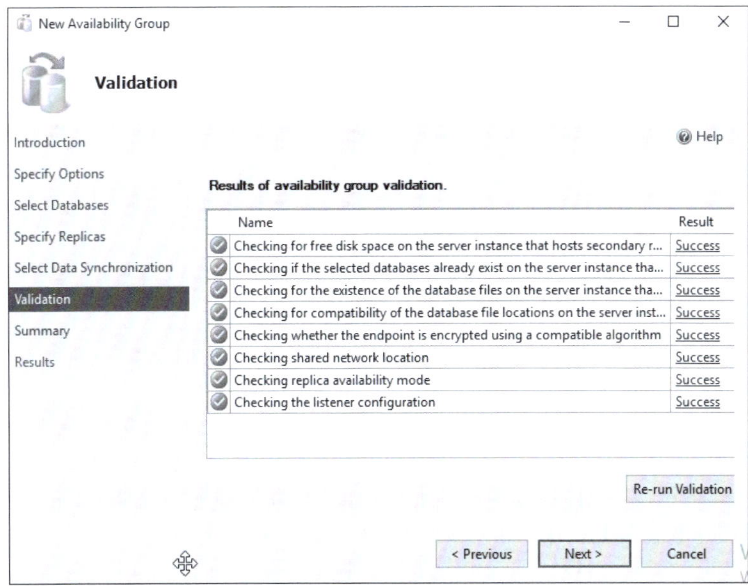

Abbildung 15.58 Überprüfung erfolgreich

Sofern die Prüfung erfolgreich war, erhalten Sie nach einem weiteren Klick auf NEXT eine Zusammenfassung der gewählten Optionen.

Nun müssen Sie nur noch auf FINISH drücken, um die Installation abzuschließen (siehe Abbildung 15.59).

Abbildung 15.59 Übersicht über die gewählten Optionen

Sie haben erfolgreich eine hochverfügbare AlwaysOn-Landschaft erstellt, die Ihnen nun im Management Studio angezeigt wird (siehe Abbildung 15.60). Hier finden sie Ihre neue Availability Group, und die Datenbanken werden synchronisiert.

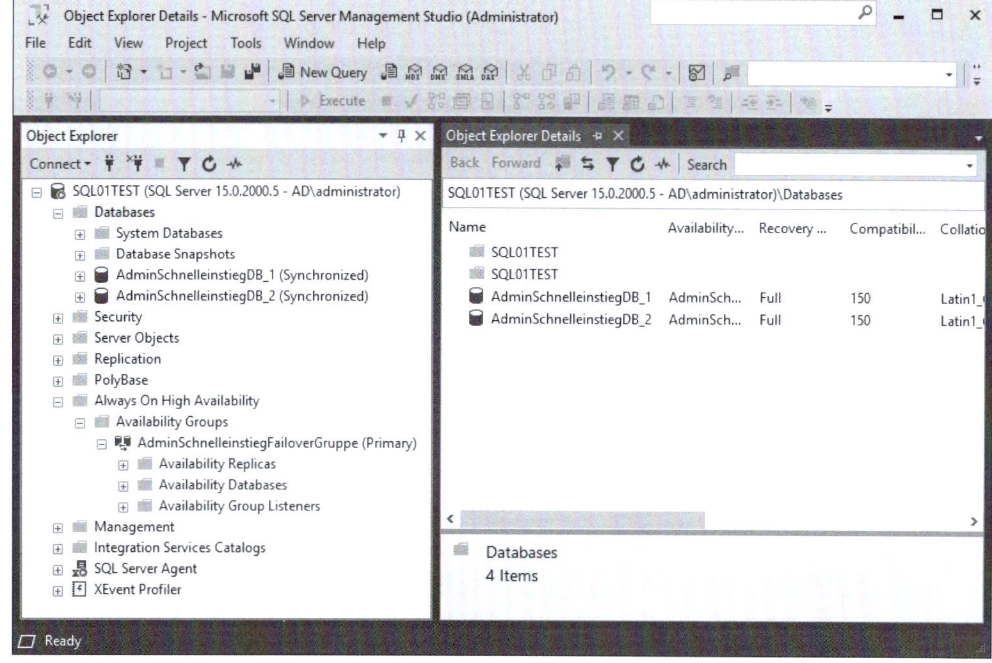

Abbildung 15.60 Die Datenbanken für AlwaysOn

Leider ist in unserem Beispiel der Listener aufgrund fehlerhafter Daten nicht erstellt worden. Daher zeigen wir Ihnen nun, wie Sie im Nachhinein erneut einen Listener konfigurieren. Hätten wir gleich die richtigen Daten eingegeben, wäre der Fehler nicht aufgetreten. Sie sollten selbstverständlich sofort die korrekten, benötigten Daten eingeben.

1. Stellen Sie hierfür im Management Studio sicher, dass Sie mit der primären Instanz verbunden sind, und öffnen Sie die neu erstellte Availability-Gruppe.
2. Führen Sie einen Rechtsklick auf den Ordner AVAILABILITY GROUP LISTENERS aus, und wählen Sie ADD LISTENER... (siehe Abbildung 15.61).
3. Geben Sie im folgenden Fenster einen neuen DNS-NAMEN als Listener (LISTENER DNS NAME) an (dieser darf noch nicht existieren, für unserer Beispiel wählen wir *AGListener*). Wählen Sie einen noch nicht verwendeten PORT (hier 1434) und STATISCHE IP (STATIC IP) für NETZWERK MODUS (NETWORK MODE) (siehe Abbildung 15.62).
4. Klicken Sie auf ADD..., vergeben Sie im daraufhin erscheinenden Fenster eine noch verfügbare IP-Adresse (hier 192.168.100.113, siehe Abbildung 15.63), und bestätigen Sie die Eingaben mit OK. Im Anschluss sehen Sie diese im Fenster NEUER LISTENER FÜR VERFÜGBARKEITSGRUPPEN (NEW AVAILABILITY GROUP LISTENER) (siehe Abbildung 15.62). Sie können das Fenster nun mit OK schließen.

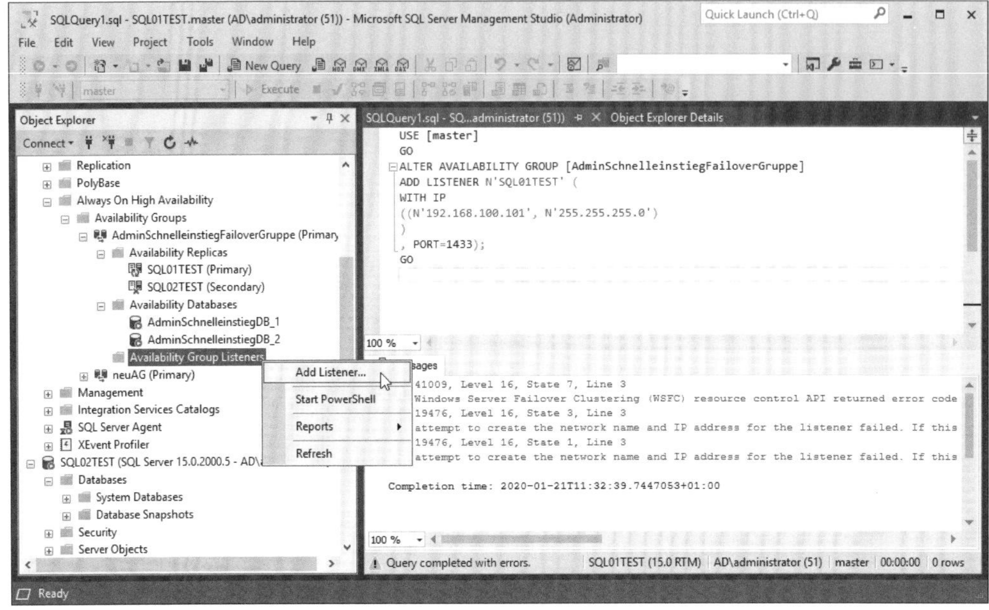

Abbildung 15.61 Listener hinzufügen

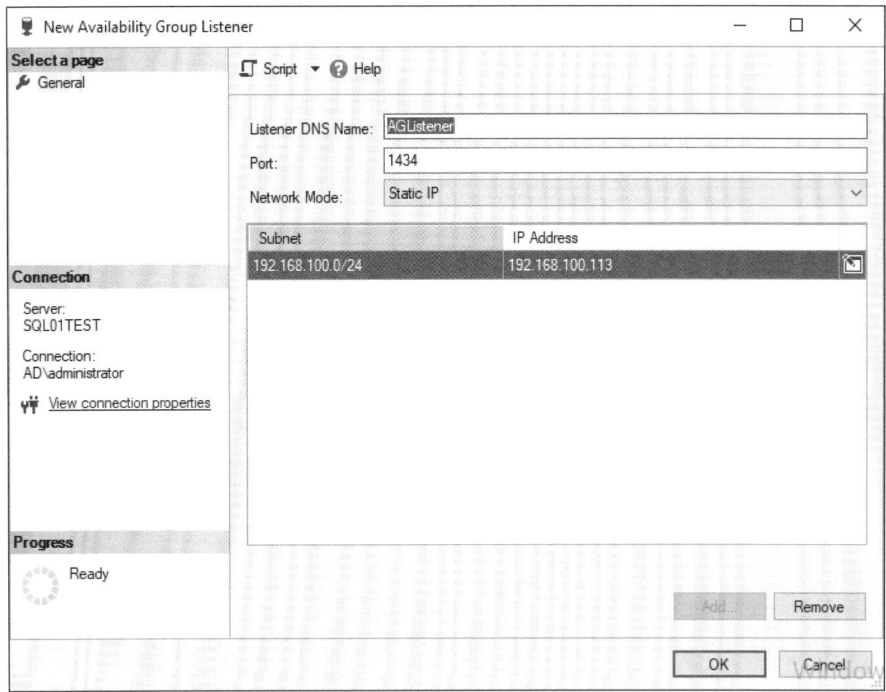

Abbildung 15.62 DNS und IP des Listeners

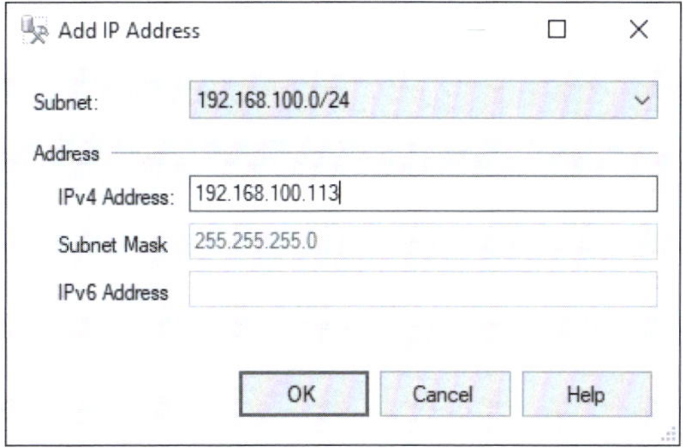

Abbildung 15.63 Hier tragen Sie die IP für den neuen Listener ein.

Der Listener ist nun wie in Abbildung 15.64 im SQL Server Management Studio zu sehen.

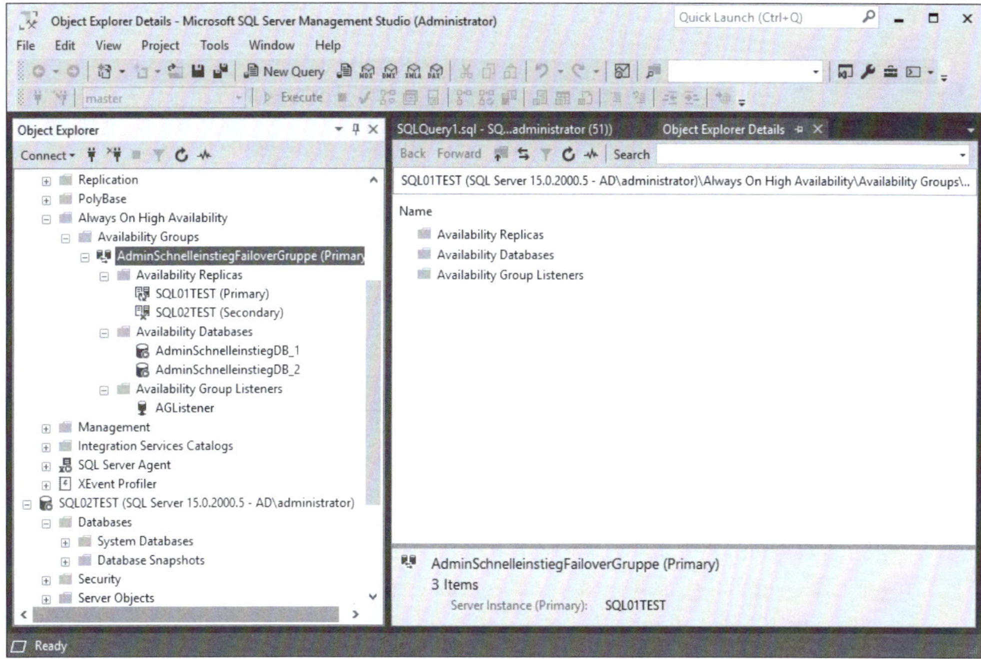

Abbildung 15.64 Der Listener wurde erstellt.

Wenn Sie sich die sekundäre Instanz ansehen (aktualisieren Sie bei Bedarf die Ansicht), finden Sie nun ebenfalls die Datenbanken der primären Instanz (siehe Abbildung 15.65).

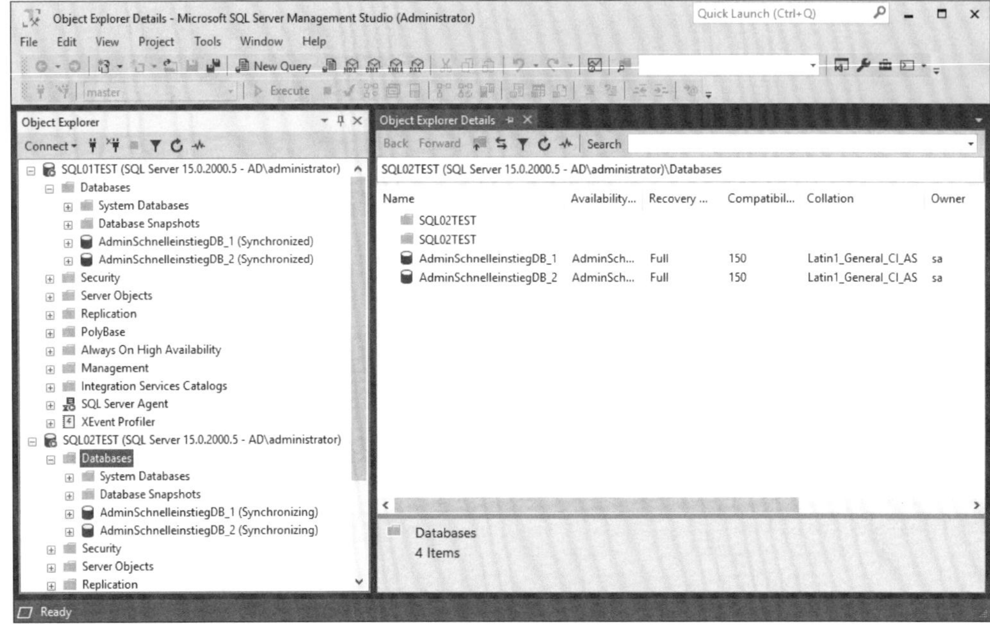

Abbildung 15.65 Die Datenbanken wurden auf dem zweiten Knoten erstellt.

Sie haben erfolgreich eine Hochverfügbarkeit von Datenbanken hergestellt. Abschließend möchten wir Ihnen ein paar Szenarien auflisten, die hiervon profitieren:

- Sollte es zu Problemen mit dem primären System kommen, können Sie nun einfach auf das sekundäre System schwenken.
- Wenn die Last auf dem ersten Knoten zu hoch sein sollte, können Sie die Backups auf dem zweiten Knoten erstellen.
- Auch ein Integritäts-Check (DBCC) kann auf einer Replik ausgeführt werden.

Ein weiterer Pluspunkt ist das Reparieren von Seiten. Wie schon beim Mirroring hat der Spiegel, wenn er denn wirklich einmal eine defekte Page im primären System gefunden hat, versucht, diese zu reparieren. Unsere Erfahrung zeigt, dass diese Funktion wirklich zuverlässig arbeitet. Selbst nach vielen Jahren mit mehreren tausend Datenbanken gab es keine defekte Datenbank, wenn alle Datenbanken gespiegelt waren. Bei einem anderen Kunden, der mit Clustern anstelle von Spiegeln arbeitete, gab es in kürzerer Zeit gleich mehrere Ausfälle aufgrund korrupter Datenbanken. Spiegelsysteme hätten diese Seitenfehler vermutlich reparieren können. (Entstanden waren die Fehler allerdings durch unsachgemäßen Gebrauch – nicht, dass Sie denken, SQL Server selbst sei instabil.)

Kapitel 16
Überwachen von SQL Server

In diesem Kapitel erfahren Sie, über welche Möglichkeiten der Überwachung SQL Server verfügt und wie Sie sie in Ihrer täglichen Praxis einsetzen.

Die in diesem Kapitel vorgestellten Tools ermöglichen die Überwachung von SQL Server. Überwachung ist einerseits so zu verstehen, dass Parameter von SQL Server beobachtet und anhand dieser Parameter der reibungslose Betrieb sichergestellt oder Probleme frühzeitig erkannt oder beseitigt werden. Überwachung erfüllt andererseits auch den Zweck des Datenschutzes. Einbruchsversuche können erkannt oder durch die Kenntnis einer vorhandenen Überwachung vorbeugend verhindert werden.

Hinweis

Microsoft hat den *SQL Server Profiler* leider abgekündigt. Es kann also passieren, dass der SQL Server Profiler in einer der folgenden SQL Server Versionen nicht mehr enthalten ist. Daher sollten Sie möglichst keine neuen Projekte planen, die auf dem SQL Server Profiler basieren.

Natürlich bietet Microsoft eine Alternative an: die *erweiterten Ereignisse* (englisch: *extended Events*). ie sind ein schlankes System zur Nachverfolgung von Leistungsproblemen und verbrauchen, laut Microsoft, wenig Ressourcen bei ihrer Arbeit. Näheres zu der *Extended Events* finden sie in Abschnitt 16.3

Auch die *Ablaufverfolgung* ist abgekündigt und könnte daher in einer der kommenden Versionen des SQL Servers nicht mehr vorhanden sein.

Microsoft hat allerdings schon viele Tools, Prozeduren und Funktionen abgekündigt. Die meisten davon sind aber immer noch vorhanden. Deshalb werden wir Ihnen weiterhin den Einsatz von *SQL Server Profiler* und *SQL Ablaufverfolgung* beschreiben.

16.1 Überwachen der SQL-Server-Aktivität mit SQL Server Monitor

Der *Aktivitätsmonitor* (*Activity Monitor*) überwacht die aktuelle SQL-Server-Aktivität. Er zeigt Ihnen für jede zu SQL Server bestehende Verbindung unterschiedlichste Informationen an. Dazu gehören aktuelle Blockierungen, Informationen über Abfragen, Wartezustände von Ressourcen sowie Ein- und Ausgabevorgänge. Zudem können Sie über den Aktivitätsmonitor laufende SQL-Server-Prozesse anzeigen und auch abbrechen.

Den Aktivitätsmonitor starten Sie im SQL Server Management Studio (SSMS), indem Sie im Objekt-Explorer mit der rechten Maustaste auf den gewünschten Serverknoten klicken und wie in Abbildung 16.1 aus dem Kontextmenü den Menüpunkt AKTIVITÄTSMONITOR (englisch: ACTIVITY MONITOR) auswählen.

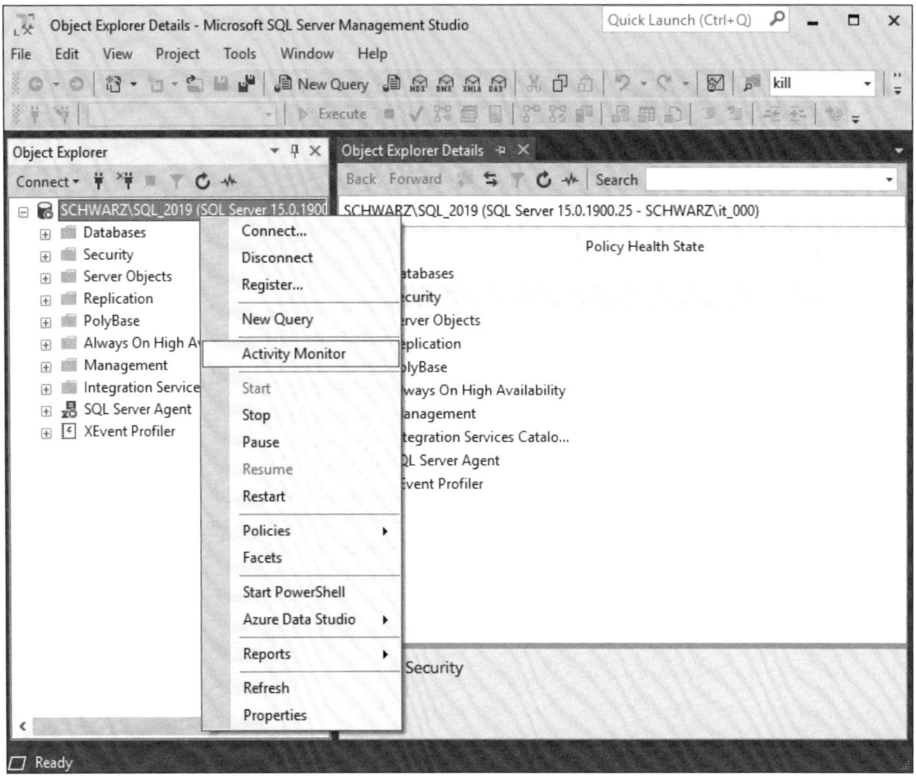

Abbildung 16.1 Aufruf des Aktivitätsmonitors im Management Studio

Hinweis

Es kann etwas dauern, bis der Monitor die ersten Daten geladen hat.

Nachdem der Aktivitätsmonitor gestartet wurde, werden Ihnen wie in Abbildung 16.2 sechs Bereiche angezeigt, die die Informationen gliedern.

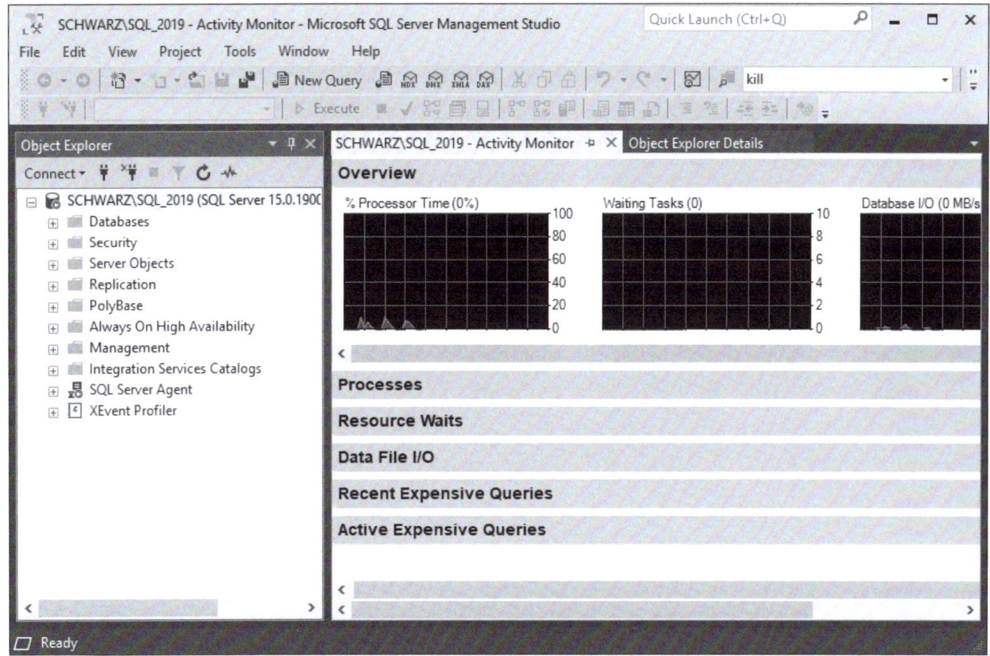

Abbildung 16.2 Der gestartete Aktivitätsmonitor

Die Bereiche sind:

- ÜBERSICHT (OVERVIEW)
- PROZESSE (PROCESSES)
- RESSOURCENWARTEVORGÄNGE (RESOURCE WAITS)
- DATENDATEI-E/A (DATA FILE I/O)
- LETZTE WERTVOLLE ABFRAGEN (RECENT EXPENSIVE QUERIES)
- AKTUELLE WERTVOLLE ABFRAGEN (ACTIVE EXPENSIVE QUERIES)

16.1.1 Bereich »Übersicht« (»Overview«)

Der Bereich ÜBERSICHT (OVERVIEW) enthält grafische Darstellungen zu % PROZESSORZEIT, WARTENDEN TASKS, DATENBANK-E/A (MB/SEKUNDE) und T-SQL-BATCHANFORDERUNGEN (% PROCESSOR TIME, WAITING TASKS, DATABASE I/O und BATCH REQUESTS) pro Sekunde. Dieser Bereich wird nach Aufruf des Aktivitätsmonitors standardmäßig eingeblendet. Durch einen Rechtsklick auf die einzelnen Diagramme können Sie das Aktualisierungsintervall ändern oder die Darstellung der grafischen Information anhalten oder fortsetzen.

Hinweis

Alle folgenden Bereiche sind beim Aufruf des Activity Monitors zugeklappt. Klicken Sie auf die Überschrift der Bereiche, um sie aufzuklappen.

16.1.2 Bereich »Prozesse« (»Processes«)

Im Bereich PROZESSE (PROCESSES) werden Ihnen Informationen zu den aktuellen SQL-Server-Verbindungen angezeigt. Mit einem Rechtsklick auf einen Benutzerprozess können Sie den Prozess durch Auswahl des entsprechenden Menüpunkts PROZESS ABBRECHEN (KILL PROCESS) beenden.

Sie können sich mit DETAILS aber auch das aktuell aktive Kommando (LAST TRANSACT-SQL COMMAND BATCH) und den aktiven Ausführungsplan (SHOW LIVE EXECUTION PLAN) anzeigen lassen. Außerdem können Sie von hier aus den relativ neuen Menüpunkt VERFOLGE PROZESS IM SQL SERVER PROFILER (TRACE PROCESS IN SQL SERVER PROFILER) starten.

Durch einen Klick auf die Spaltenüberschriften können Sie die tabellarische Darstellung sortieren und anhand der Schaltflächen die Daten entsprechend filtern.

16.1.3 Bereich »Ressourcenwartevorgänge« (»Ressource Waits«)

Im Bereich RESSOURCENWARTEVORGÄNGE (RESSOURCE WAITS) sehen Sie einen Snapshot der Wartezeiten und der Gesamtwartezeiten bestimmter SQL-Server-Ressourcen wie Logging oder Network-I/O. Eventuelle Ressourcenprobleme können Sie durch Beobachtung dieser Parameter eingrenzen.

16.1.4 Bereich »Datendatei-E/A« (»Data File I/O«)

Der Bereich DATENDATEI-E/A (DATA FILE I/O) zeigt Ihnen die aktuellen Ein-/Ausgabevorgänge pro Datenbank, pro Datei, von SQL Server. Auch hier können Sie die Datenspalten sortieren und die Tabelle nach Inhalten filtern.

16.1.5 Bereich »Letzte wertvolle Abfragen« (»Recent Expensive Queries«)

In der Übersicht LETZTE WERTVOLLE ABFRAGEN (RECENT EXPENSIVE QUERIES) werden Ihnen die »kostenintensivsten« Abfragen der letzten Zeit auf SQL Server angezeigt. Zu den in der Tabelle dargestellten Daten gehören die verwendete CPU-Zeit wie auch physische und logische Lesevorgänge. Die Daten können Sie auch in dieser Darstellung filtern und sortieren. Die verwirrende Bezeichnung LETZTE WERTVOLLE ABFRAGEN (RECENT EXPENSIVE QUERIES) ist eher einer unglücklichen Übersetzung ins Deutsche zuzuschreiben.

16.1.6 Bereich »Aktuelle wertvolle Abfragen« (»Active Expensive Queries«)

In der Übersicht AKTUELLE WERTVOLLE ABFRAGEN (ACTIVE EXPENSIVE QUERIES) werden Ihnen die auf SQL Server derzeit aktiven kostenintensivsten Abfragen angezeigt. Die hier gezeigten Spalten sind denen der letzten wertvollen Abfragen natürlich ähnlich. Zu den in der Tabelle dargestellten Daten gehören die verwendete CPU-Zeit, Datenbankname, bereits während der Laufzeit vergangene Zeit wie auch physische und logische Lesevorgänge.

Auch diese Daten können Sie in dieser Darstellung filtern und sortieren. Dieser Bereich kann Ihnen dabei helfen, aktuelle Blockaden zu finden.

16.2 Ablaufverfolgung von SQL Server mit dem Profiler

Der *SQL Server Profiler* ist ein Werkzeug zum Erstellen von Ablaufverfolgungen. Unter einer *Ablaufverfolgung* versteht man die Protokollierung von Ereignissen. Diese aufzuzeichnenden Ereignisse können Sie mit dem Profiler festlegen. Eine Ablaufverfolgung wird auch als *Trace* bezeichnet.

Den Profiler und die mit ihm aufgezeichneten Ablaufverfolgungen können Sie zur Optimierung, Fehlersuche und Analyse einsetzen. Zum Beispiel übergeben Sie eine Ablaufverfolgungsdatei anderen Tools wie dem Datenbankoptimierungsratgeber von SQL Server zur genauen Analyse.

Den Profiler starten Sie aus dem SQL Server Management Studio über den Menüpunkt EXTRAS • SQL SERVER PROFILER (TOOLS • SQL SERVER PROFILER; siehe Abbildung 16.3).

Alternativ rufen Sie den Profiler im Startmenü über die Programmgruppe MICROSOFT SQL SERVER [VERSIONSNUMMER] (seit SQL Server 2016, über MICROSOFT SQL SERVER TOOLS [VERSIONSNUMMER]) auf. Öffnen Sie hierzu in der Programmgruppe von SQL Server 2012 das Menü LEISTUNGSTOOLS (PERFORMANCE TOOLS), und wählen Sie den Menüpunkt SQL SERVER PROFILER.

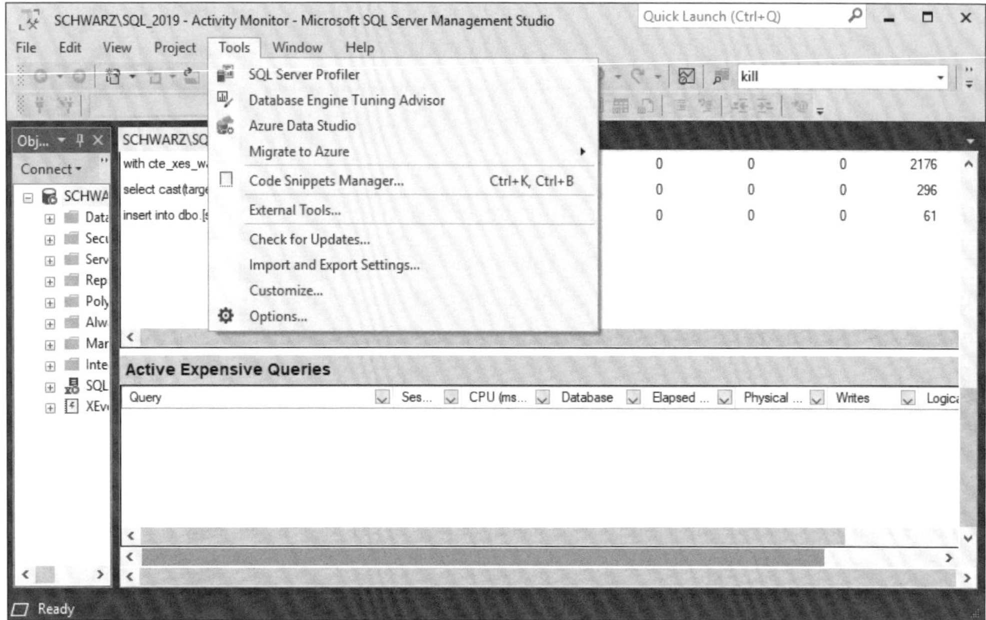

Abbildung 16.3 Starten des SQL Server Profilers aus dem Menü »Extras« (»Tools«) des SQL Server Management Studios

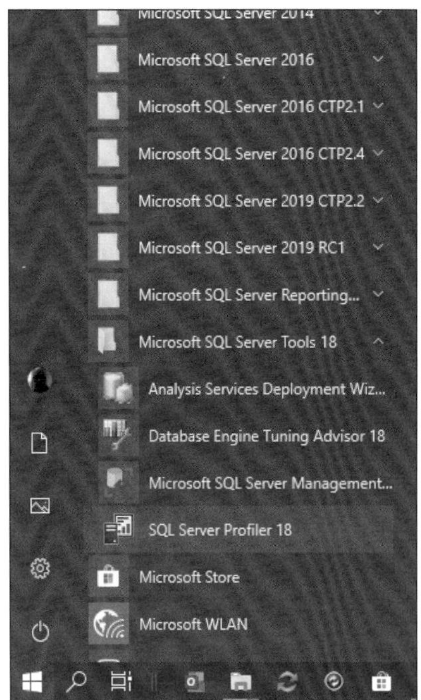

Abbildung 16.4 Start des SQL Server Profilers aus der Programmgruppe von SQL Server

Hinweis

Die Verzeichnisstruktur hat Microsoft im Laufe der letzten Jahre immer wieder verändert. Deshalb ist es gar nicht so leicht, den gewünschten Eintrag über das Startmenü zu finden.

Wir empfehlen Ihnen deshalb, das Suchen-Feld des Startmenüs zu benutzen und dort »SQL Server Profiler« einzugeben (siehe Abbildung 16.5).

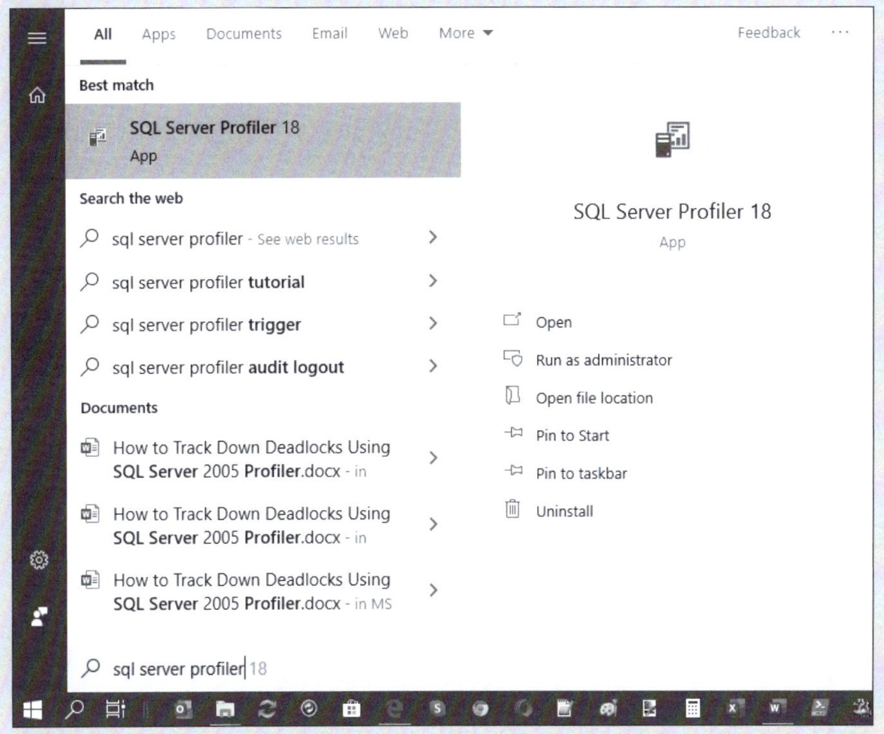

Abbildung 16.5 Sarten Sie den SQL Server Profiler aus dem Suchfeld heraus

Erstellen einer Ablaufverfolgung

Im folgenden Beispiel erstellen wir eine einfache SQL-Server-Profiler-Ablaufverfolgung.

1. Starten Sie dazu den Profiler wie beschrieben, und melden Sie sich im folgenden Anmeldedialog an der Serverinstanz an, für die Sie eine Ablaufverfolgung einrichten möchten.

   Nach erfolgreicher Anmeldung erscheint wie in Abbildung 16.6 der SQL-Server-Profiler-Dialog ABLAUFVERFOLGUNGSEIGENSCHAFTEN (TRACE PROPERTIES).

In diesem Dialog definieren Sie die grundsätzlichen Eigenschaften der durchzuführenden Protokollierung. Im Feld ABLAUFVERFOLGUNGSNAME (TRACE NAME) legen Sie einen Namen für die Ablaufverfolgung fest.

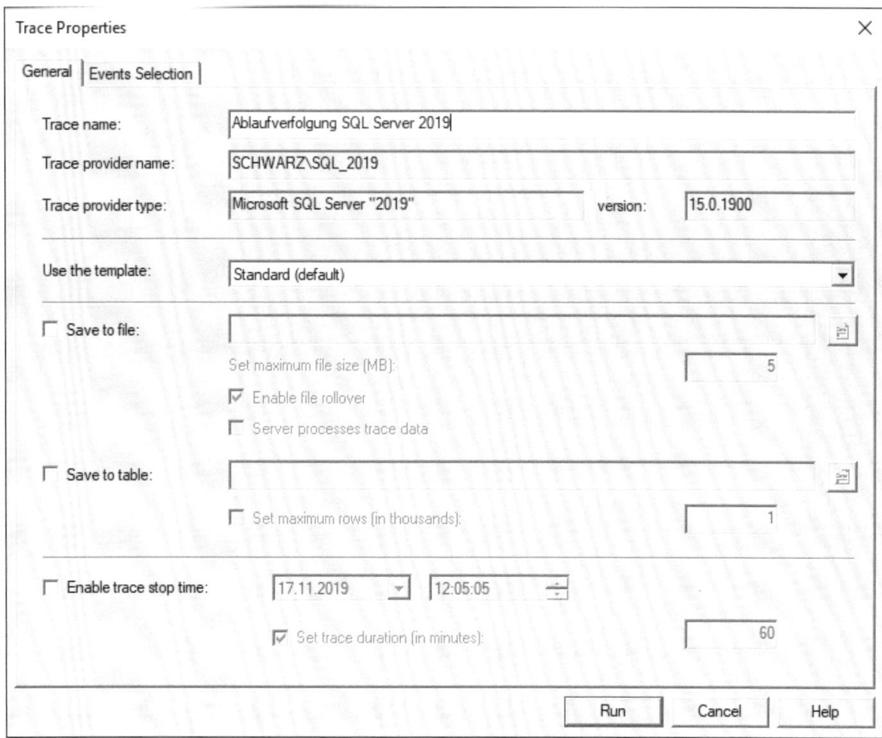

Abbildung 16.6 SQL-Server-Profiler-Dialog »Ablaufverfolgungseigenschaften« (»Trace Properties«)

2. Da es sehr viele Ereignisse von SQL Server gibt, die protokolliert werden können, bietet der Profiler Ihnen vordefinierte Vorlagen an, die je nach Protokollierungszweck bereits entsprechende SQL-Server-Ereignisse enthalten. Diese Vorlagen können Sie im Feld VORLAGE VERWENDEN: (USE THE TEMPLATE) auswählen.

   Nachdem Sie eine Vorlage ausgewählt haben, können Sie allerdings nachträglich Ereignisse entfernen oder hinzufügen. Zu diesem Zweck wechseln Sie auf die Registerkarte EREIGNISAUSWAHL (EVENTS SELECTION; siehe Abbildung 16.7).

   Fügen Sie Ereignisse hinzu oder entfernen Sie sie durch Aktivieren bzw. Deaktivieren der Checkboxen. Ein nützliches Feature soll hier noch erwähnt werden: Wenn Sie mit der Maus über die einzelnen Ereignisse fahren, erhalten Sie eine kurze Anzeige, um welches Ereignis es sich dabei handelt.

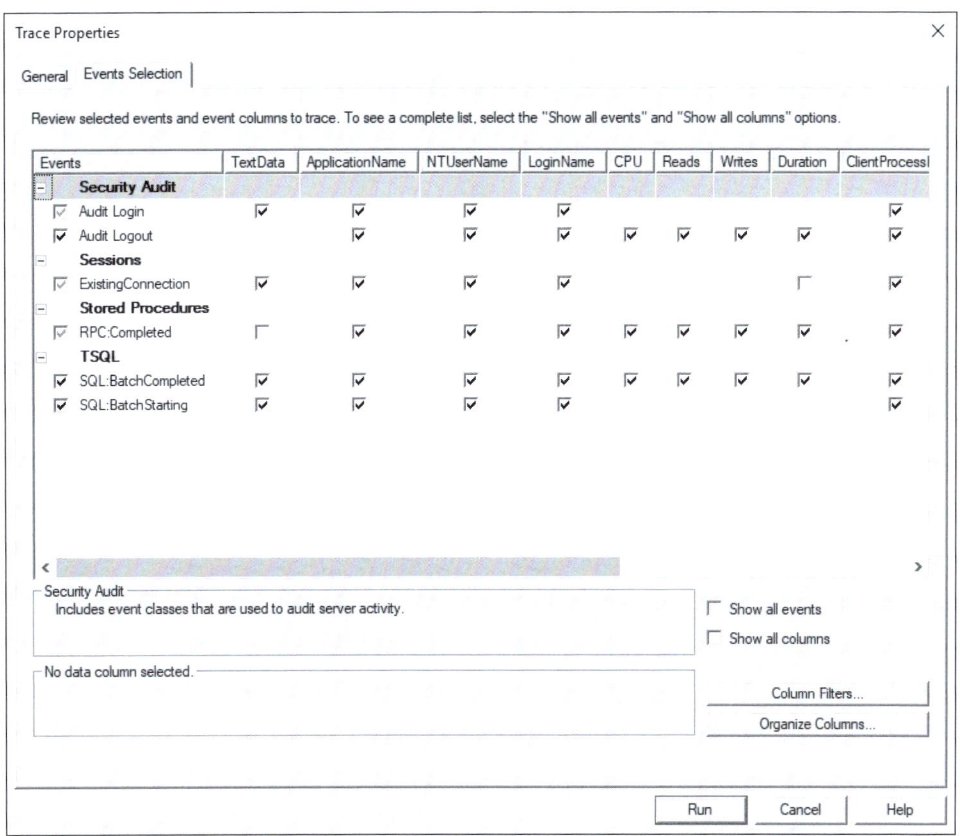

Abbildung 16.7 Ereignisauswahl im Dialog »Ablaufverfolgungseigenschaften« (»Trace Properties«)

3. Um alle möglichen zu protokollierenden Ereignisse anzeigen zu lassen, aktivieren Sie die Checkbox ALLE EREIGNISSE ANZEIGEN (SHOW ALL EVENTS). Anschließend werden Ihnen in einer Baumstruktur alle protokollierfähigen Ereignisse aufgelistet.

4. Die weiteren Felder im Dialog ABLAUFVERFOLGUNGSEIGENSCHAFTEN (TRACE PROPERTIES, siehe Abbildung 16.6) ermöglichen Ihnen, anzugeben, ob die protokollierten Ereignisse in eine Datei oder in eine SQL-Server-Datenbanktabelle geschrieben werden sollen. Wählen Sie IN DATEI SPEICHERN (SAVE TO FILE), öffnet sich der Dialog DATEI SPEICHERN (SAVE AS), der Sie auffordert, einen Dateinamen und Speicherort für die zu erstellende *.trc*-Datei (*trc* dient als Abkürzung für *trace*) anzugeben. Sie können eine maximale Dateigröße vorgeben und ein *Datei-Rollover* definieren. Datei-Rollover bedeutet, dass eine neue Datei bei Erreichen der Maximalgröße angelegt wird.

Was sind Spaltenfilter?

Sehr nützlich sind die sogenannten *Spaltenfilter*, die Sie durch einen Klick auf die Schaltfläche SPALTENFILTER... (COLUMN FILTERS...) der Registerkarte EREIGNISAUSWAHL (EVENT SELECTION) setzen können. Sie ermöglichen es Ihnen, Bedingungen anzugeben, damit nur ganz bestimmte Zeilen im Trace erfasst werden. Dies könnte z. B. der Name einer bestimmten Datenbank oder eine bestimmte Dauer (englisch: *duration*) etc. sein.

Abbildung 16.8 zeigt Ihnen die Einstellung, wenn Sie ausschließlich Befehle aufzeichnen möchten, die für die Datenbank »demo« ausgeführt werden.

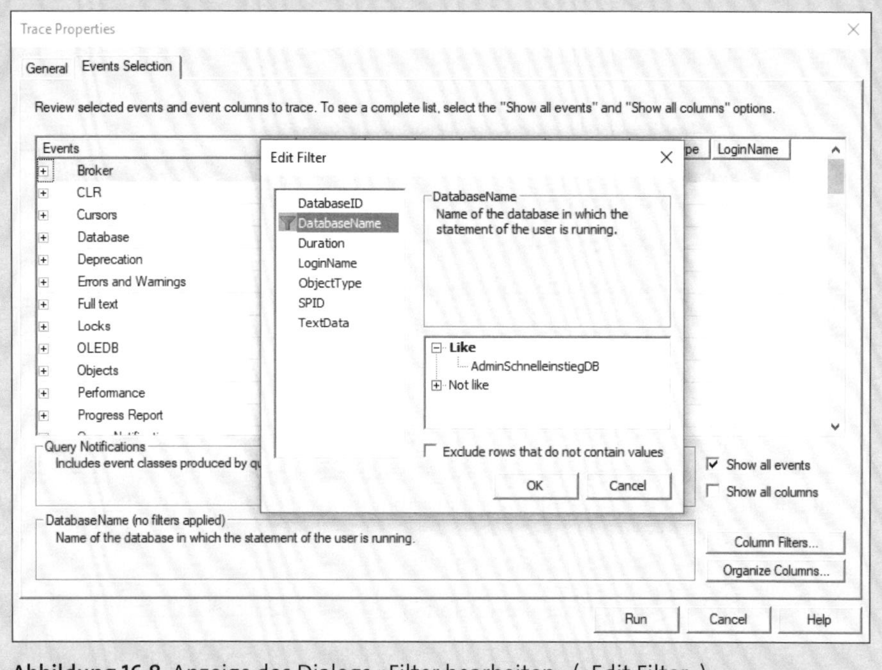

Abbildung 16.8 Anzeige des Dialogs »Filter bearbeiten« (»Edit Filter«)

Bei Auswahl der Option IN TABELLE SPEICHERN (SAVE TO TABLE) erscheint der Ihnen bereits vertraute Anmeldedialog für einen SQL Server inklusive nachfolgender Auswahl der Datenbank und der Tabelle, in der die Daten abgespeichert werden sollen.

Mit der Option BEENDIGUNGSZEIT FÜR ABLAUFVERFOLGUNG AKTIVIEREN (ENABLE TRACE STOP TIME) bestimmen Sie einen Zeitpunkt, an dem die Protokollierung beendet wird.

Vorsicht: Protokollierung beeinflusst die Leistung und kann viel Speicherplatz belegen

An dieser Stelle möchten wir darauf hinweisen, dass die Protokollierung mit SQL Server Profiler die Leistung negativ beeinflusst. Darum sollten Sie die Ablaufverfolgung immer von einem Clientrechner und nie auf dem Serverrechner starten, und auch nur dann, wenn es wirklich notwendig ist. Leistungseinbußen von 20 bis zu 30 % sind keine Seltenheit.

Außerdem kann so ein Trace enorm viel Plattenplatz benötigen, je nachdem, was Sie alles mitschreiben lassen. Deshalb ist es immer eine gute Idee, erst einmal ein paar Minuten aufzuzeichnen und dabei zu beobachten, wie schnell die Trace-Daten anwachsen.

Um diese Leistungseinbußen und auch den benötigten Speicherplatz zu minimieren, sollten Sie nur die Ereignisse protokollieren, die Sie für Ihre Analyse benötigen.

5. Nachdem Sie alle notwendigen Einstellungen vorgenommen haben, klicken Sie auf die Schaltfläche AUSFÜHREN (RUN), und die Ablaufverfolgung startet.

Wie Sie in Abbildung 16.9 sehen, werden Ihnen sämtliche Befehle, die an SQL Server gesendet werden, im Klartext in der Spalte TEXTDATA angezeigt.

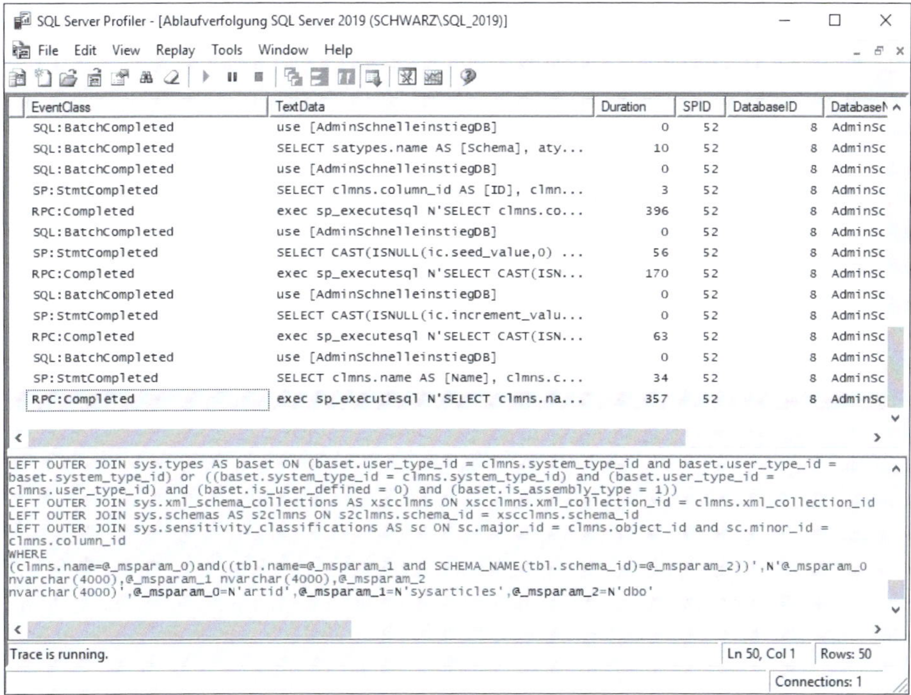

Abbildung 16.9 Im SQL Server Profiler gestartete Ablaufverfolgung

16.3 Erweiterte Ereignisse (Extended Events)

Sie finden die erweiterten Ereignisse im Management Studio. Bitte verbinden sie sich mit der Instanz, die sie überwachen möchten. Dort öffnen sie MAGAGEMENT • EXTENDED EVENTS • SITZUNGEN (englisch: SESSIONS). Öffnen Sie mit einem Rechtsklick auf SITZUNGEN (SESSIONS) das Kontextmenü (siehe Abbildung 16.10).

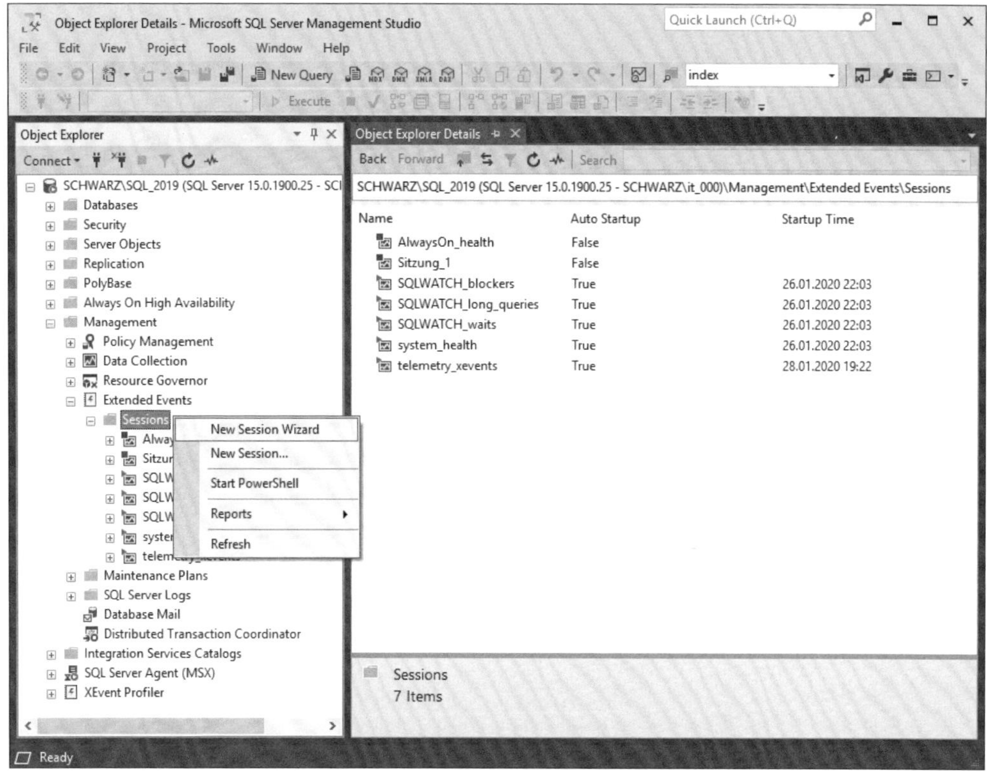

Abbildung 16.10 Mit oder ohne Wizard?

Hier können sie wählen, ob sie den ASSISTENT FÜR NEUE SITZUNGEN (NEW SESSION WIZARD) wählen, oder ob Sie lieber eine NEUE SITZUNG... (NEW SESSION...) ohne Unterstützung des Assistenten erstellen möchten. Wir entscheiden uns für den Assistenten:

1. Zunächst erhalten Sie in der EINFÜHRUNG (INTRODUCTION) eine kurze Beschreibung der Möglichkeiten, die die erweiterten Ereignisse bieten (siehe Abbildung 16.11). Optional können Sie hier das Häkchen setzten, wenn Sie diese Seite beim Aufruf des Asistenten zukünftig nicht mehr angezeigt bekommen wollen. Klicken Sie auf WEITER (NEXT), um mit dem Assitenten fortzufahren.

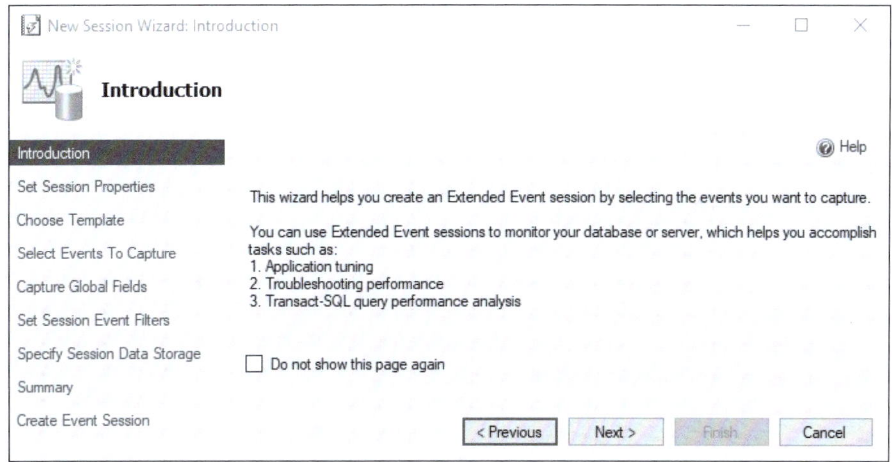

Abbildung 16.11 Ein kurzer Überblick über die Funktion der erweiterten Ereignisse

2. Im nächsten Fenster müssen Sie die SITZUNGSEIGENSCHAFTEN FESTLEGEN (SESSION PROPERTIES). Geben Sie einen Namen für Ihre Sitzung ein, und setzten Sie das Häkchen, falls die Sitzung mit dem Server gestartet werden soll (siehe Abbildung 16.12). Klicken Sie anschließend auf WEITER (NEXT).

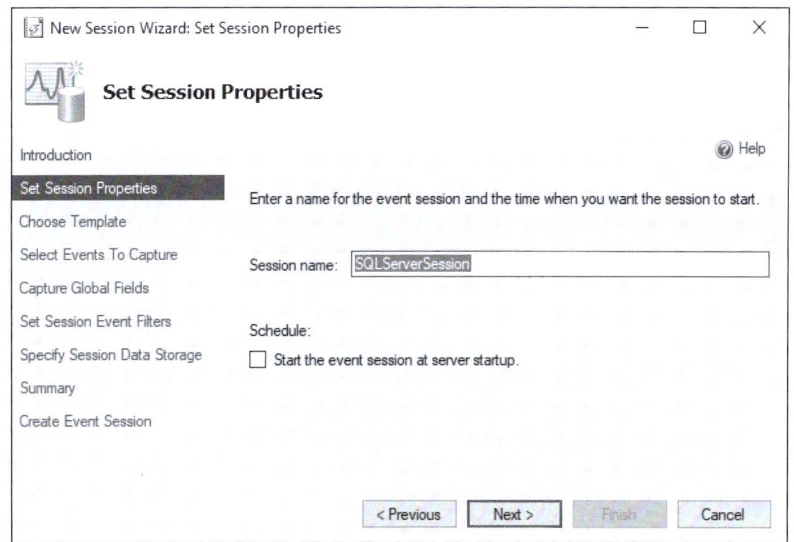

Abbildung 16.12 Sitzungseigenschaften festlegen

3. Treffen Sie unter VORLAGE AUSWÄHLEN (CHOOSE TEMPLATE) die Entscheidung, ob Sie ein bereits bestehendes Template verwenden oder lieber auf ein Template verzichten möchten. Wir haben uns hier für das bestehende Template TSQL entschieden (siehe Abbildung 16.13). Klicken Sie anschließend auf WEITER (NEXT).

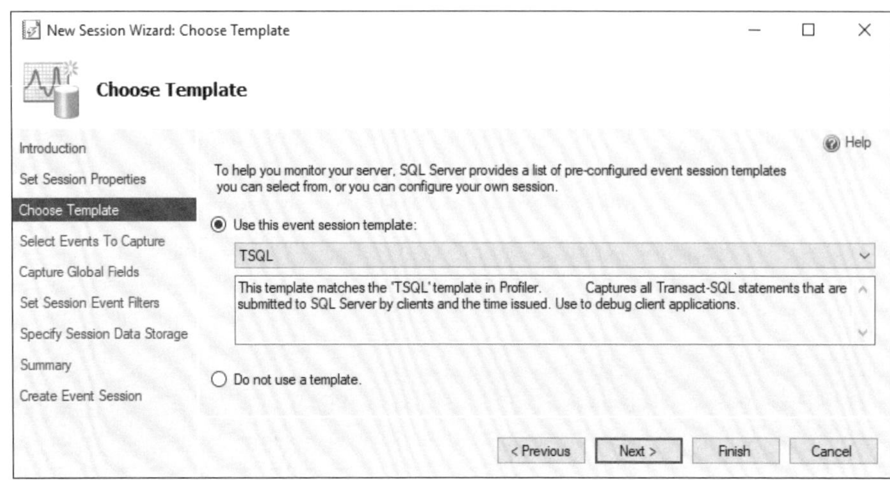

Abbildung 16.13 Vorlage auswählen

4. Nun können Sie AUFZUZEICHNENDE EREIGNISSE AUSWÄHLEN (SELECT EVENTS TO CAPTURE), also die Events, die sie überwachen möchten. In Abbildung 16.14 sehen Sie, für welche Beispiele wir uns entschieden haben. Nachdem Sie diese festgelegt haben, klicken Sie erneut auf WEITER (NEXT).

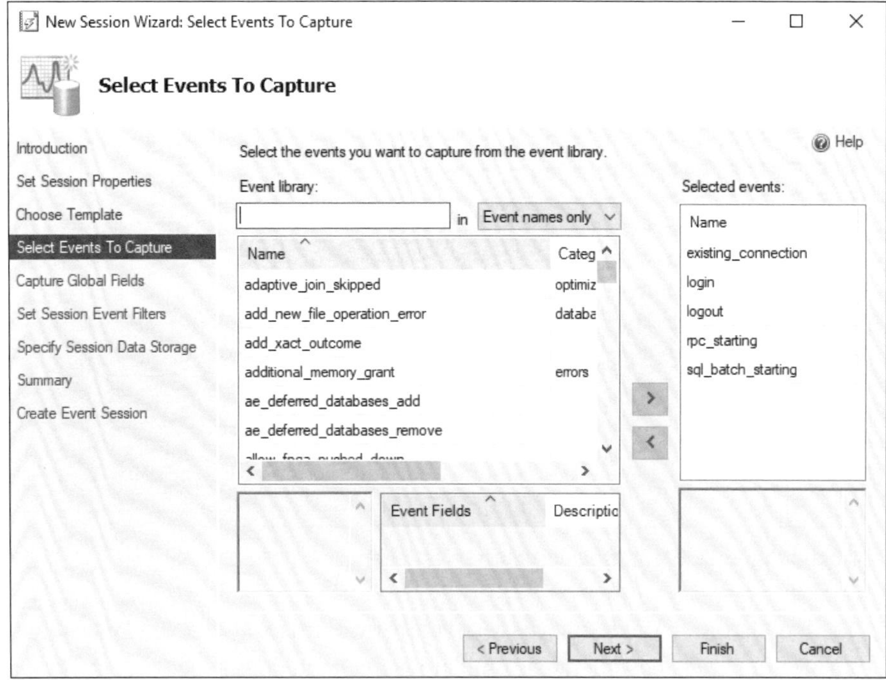

Abbildung 16.14 Aufzuzeichnende Ereignisse auswählen

5. Unter GLOBALE FELDER AUFZEICHNEN (CAPTURE GLOBAL FIELDS) wählen Sie die globalen Felder, auch *Aktionen* (*actions*) genannt, aus, die Sie aufzeichnen wollen. Klicken Sie nach erfolgter Auswahl wieder auf WEITER (NEXT).

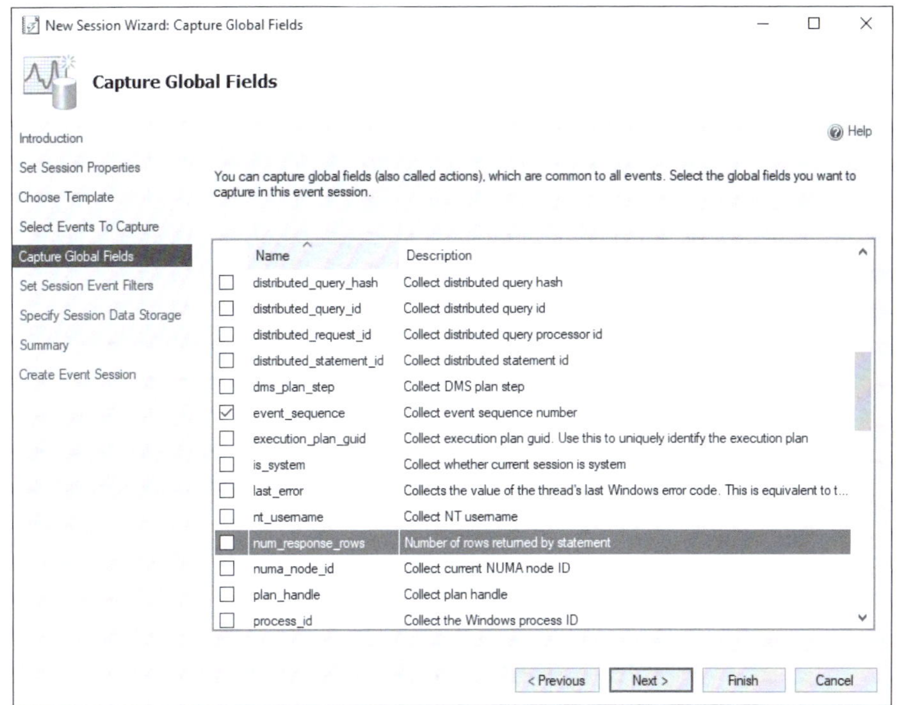

Abbildung 16.15 Globale Felder aufzeichnen

6. Falls die Daten der bisher ausgewählten Events noch päziser gefiltert werden sollen, können Sie FILTER FÜR SITZUNGSEREIGNISSE FESTLEGEN (SET SESSION EVENT FILTERS), um die Datenmenge reduzieren. Treffen Sie Ihre Auswahl und klicken Sie erneut auf WEITER (NEXT).

7. Natürlich müssen die gesammelten Daten irgendwo abgelegt werden, daher müssen Sie nun einen SITZUNGSDATENSPEICHER ANGEBEN (SPECIFY SESSION DATA STORAGE). Sie können die Daten in Dateien schreiben lassen, deren Größe und Anzahl Sie einschränken können. Wir enscheiden uns für unser Beispiel alternativ für einen *Ring-Speicher* (*ring buffer*; siehe Abbildung 16.17). Für diesen können Sie den verwendeten Speicherplatz oder die Anzahl der gespeicherten Events beschränken. Sobald die Beschränkung überschritten wird, werden die Einträge, begonnen bei dem ältesten, wieder überschrieben. Treffen Sie Ihre Auswahl und klicken Sie erneut auf WEITER (NEXT).

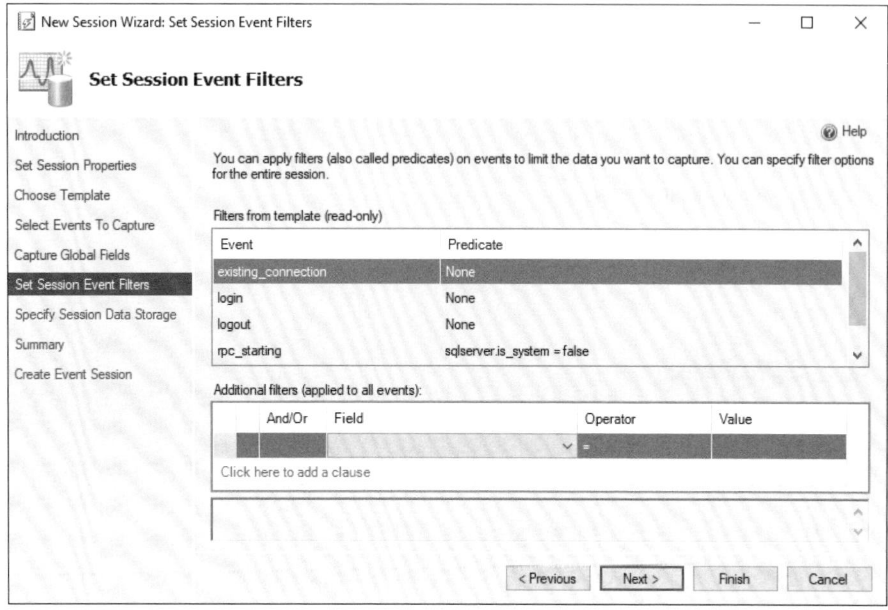

Abbildung 16.16 Filter für Sitzungsereignisse festlegen

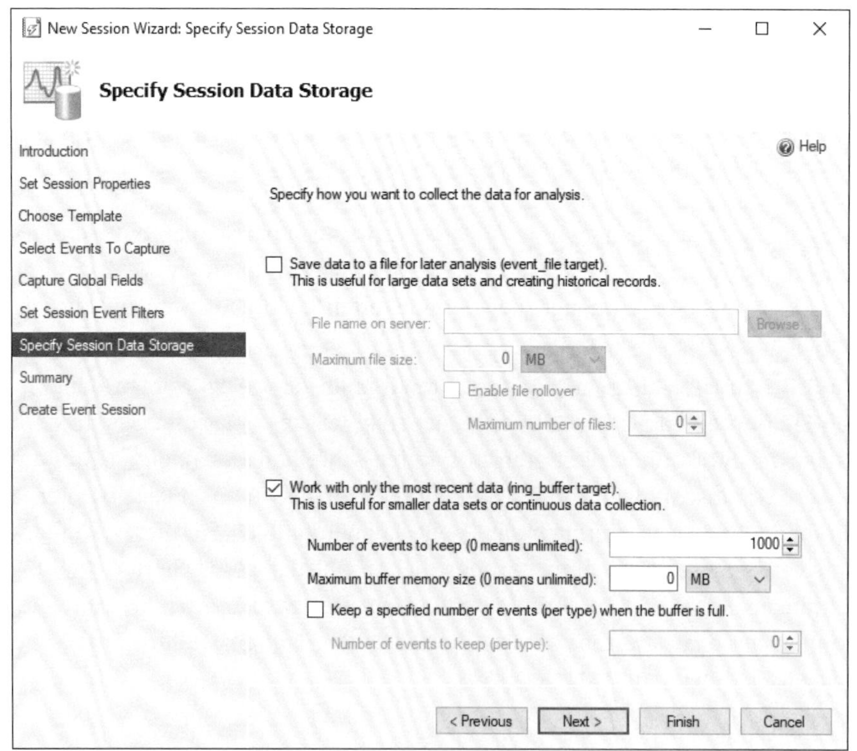

Abbildung 16.17 Sitzungsdatenspeicher angeben

8. Sie erhalten nun eine ZUSAMMENFASSUNG (SUMMARY) über die von ihnen ausgewählten Parameter. Kontrollieren Sie diese. Überlegen Sie sich, ob Sie die Konfiguration über den Butten SKRIPT speichern möchten, bevor Sie auf FERTIGSTELLEN (FINSIH) klicken.

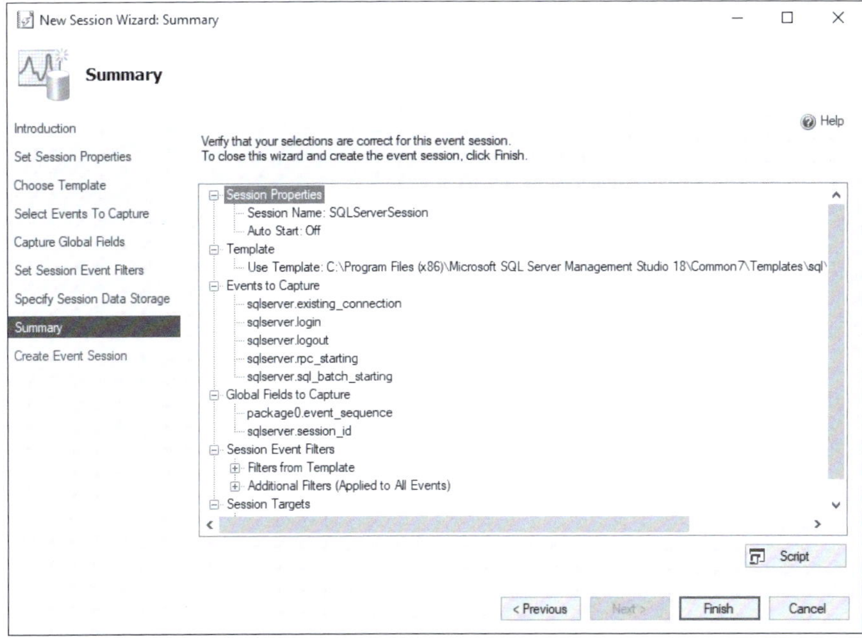

Abbildung 16.18 Zusammenfassung

9. Sie erhalten nun eine Meldung darüber, ob Ihre neue Session erfolgreich erstellt werden konnte (siehe Abbildung 16.19). Sie können hier auswählen, ob Sie die Session nach dem Klick auf BEENDEN (CLOSE) direkt ausführen möchten.

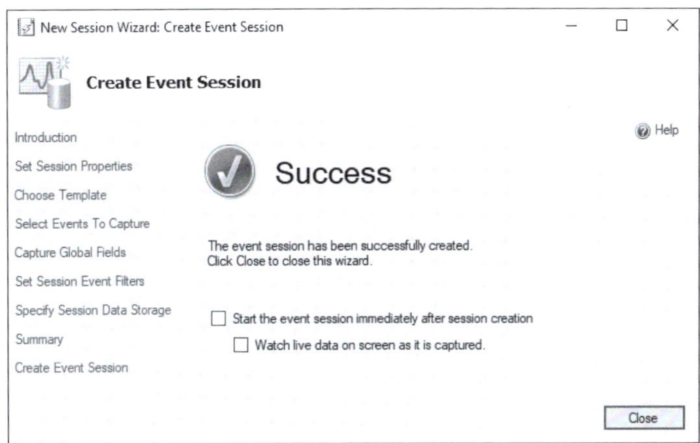

Abbildung 16.19 Ereignissitzung erstellen

Sollten Sie die Session nicht sofort gestartet haben, können Sie sie per Rechtsklick auf den neuen Namen: STARTEN (START SESSION), STOPPEN (STOP SESSION), sich die LIVE-DATEN ANZEIGEN (WATCH LIVE DATA) oder auch die Session sripten (SCRIPT SESSION AS) lassen (siehe Abbildung 16.20). Sie können die Session hier auch LÖSCHEN (DELETE) oder sich deren EIGENSCHAFTEN (PROPERTIES) anzeigen lassen.

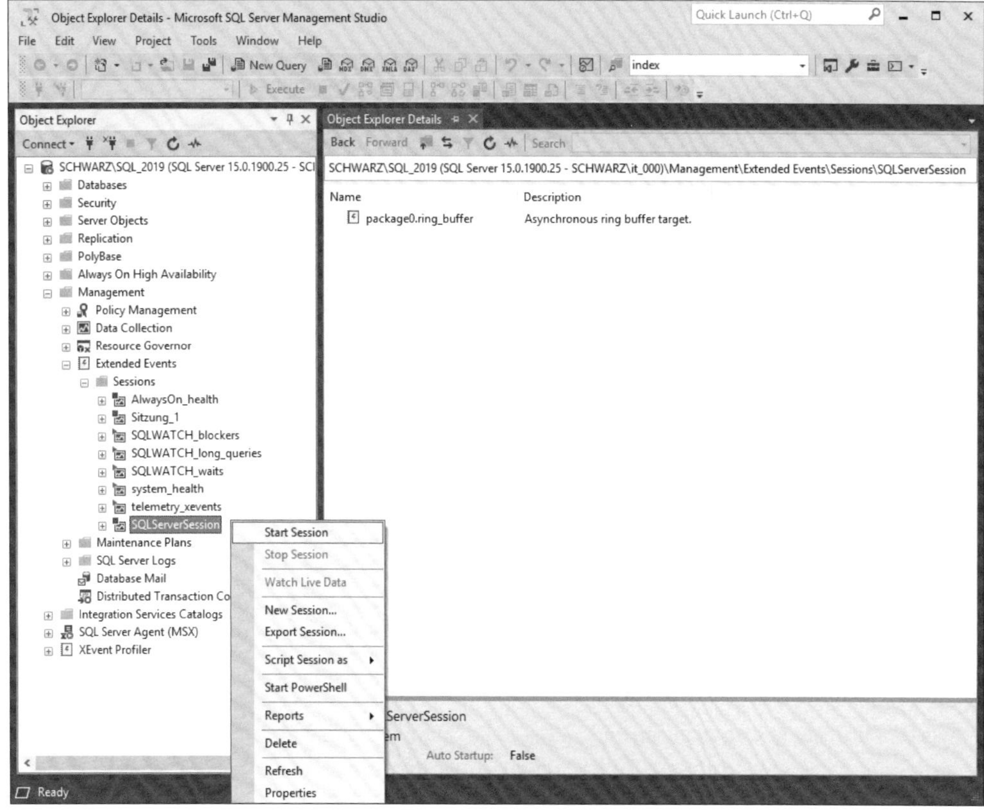

Abbildung 16.20 Sollen wir die neue Session jetzt starten?

Eingerichtet haben Sie so ein Event sehr schnell. Da die Auswertung aber recht komplex ist, sollten Sie sich auf den Microsoft-Seiten näher darüber informieren. Da sich ganze Bücher über die Auswertung schreiben ließen, wollen wir es in diesem Buch bei den Grundlagen und den Hinweisen zu weiterführenden Information belassen.

Eine Übersicht finden Sie unter:

https://docs.microsoft.com/de-de/sql/relational-databases/extended-events/extended-events?view=sql-server-ver15

Der Schnellstart ist unter dieser URL zu finden:

https://docs.microsoft.com/de-de/sql/relational-databases/extended-events/quick-start-extended-events-in-sql-server?view=sql-server-ver15

Die erweiterten Ereignisse funktionieren sowohl On Premises (auf lokal vorhandener Hardware) als auch in der Azure-Cloud.

16.4 Die Windows-Leistungsüberwachung (Performance Monitor)

SQL Server wird immer auf einem darunterliegenden Betriebssystem ausgeführt. Um SQL Server zu überwachen oder um Leistungsengpässe oder Probleme zu analysieren, ist es in der Regel hilfreich und notwendig, auch die Ebene des Betriebssystems analysieren zu können.

Zu diesem Zweck gibt es die Windows-*Leistungsüberwachung* (*Performance Monitor*), die per Default auf jedem Betriebssystem von Microsoft installiert ist. Der Systemmonitor besitzt ebenfalls eine Reihe von Leistungsindikatoren, und mit der Installation von SQL Server werden weitere Leistungsindikatoren hinzugefügt.

1. Sie starten den Systemmonitor über das START-Menü des Betriebssystems, indem Sie unter AUSFÜHREN (RUN) `perfmon` eingeben. Nach dem Start der Leistungsüberwachung stellt sich diese je nach eingesetztem Betriebssystem unterschiedlich dar (in Abbildung 16.21 die Ansicht unter Windows 10). Ihre Funktionsweise ist jedoch gleich.

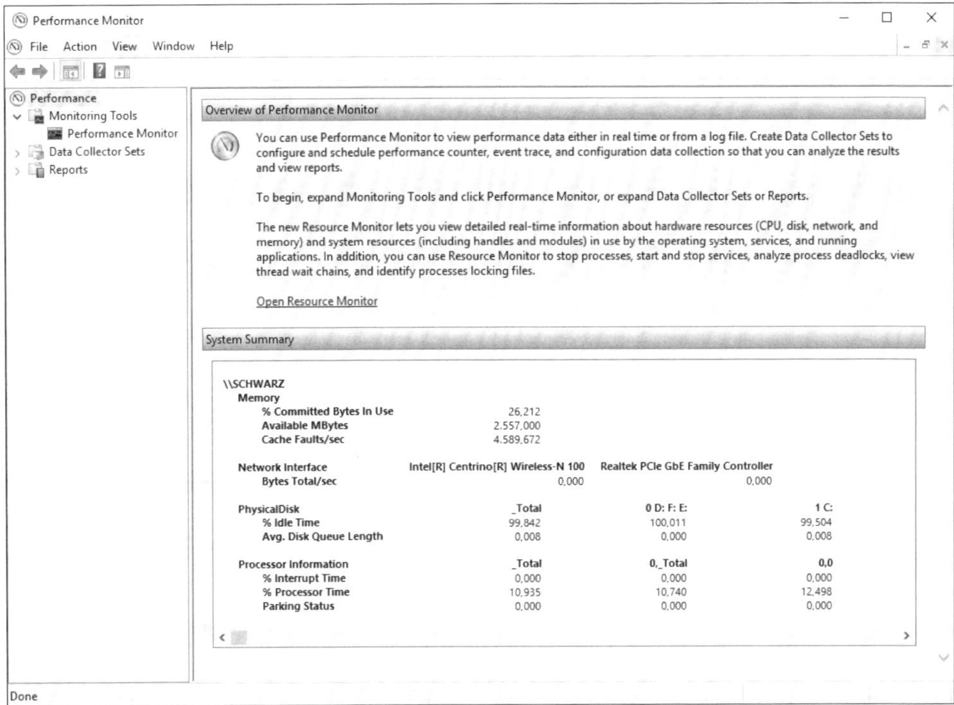

Abbildung 16.21 Darstellung des Systemmonitors unter Windows 10

2. Nach dem Start der Leistungsüberwachung können Sie eine Sammlungssatzdatei definieren. In dieser Datei werden die zu protokollierenden Indikatoren gespeichert. Hierzu öffnen Sie den Knotenpunkt SAMMLUNGSSÄTZE (DATA COLLECTOR SETS) und klicken mit der rechten Maustaste auf BENUTZERDEFINIERT (USER DEFINED). Aus dem Kontextmenü wählen Sie NEU • SAMMLUNGSSATZ (NEW • DATA COLLECTOR SET).
3. Im daraufhin erscheinenden Dialog NEUEN SAMMLUNGSSATZ ERSTELLEN (CREATE NEW DATA COLLECTOR SET) können Sie im Feld NAME einen individuellen Namen für den zu erstellenden Sammlungssatz vergeben.
4. Anschließend wählen Sie die Option MANUELL ERSTELLEN (ERWEITERT) (CREATE MANUALLY (ADVANCED)) aus und klicken auf WEITER (NEXT; Abbildung 16.22).

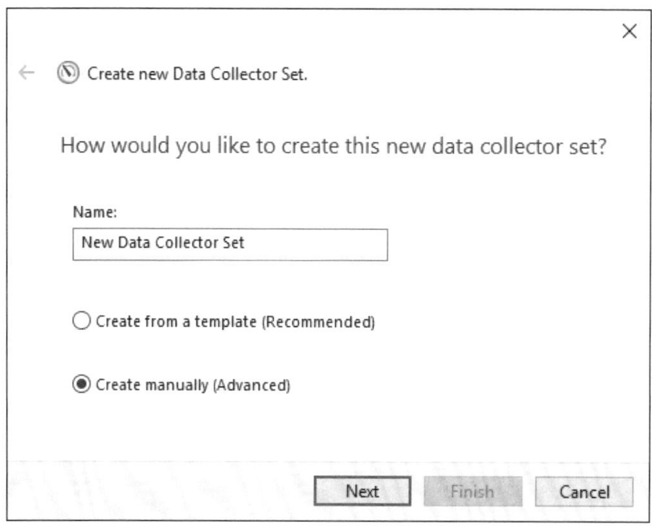

Abbildung 16.22 Ausgewählte Leistungsindikatoren

5. Im folgenden Dialog wählen Sie die Option DATENPROTOKOLLE ERSTELLEN (CREATE DATA LOGS) aus und setzen ein Häkchen bei LEISTUNGSINDIKATOREN (PERFORMANCE COUNTER). Anschließend klicken Sie auf WEITER (NEXT; siehe Abbildung 16.23).
6. Im nächsten Dialog wählen Sie über die Schaltfläche HINZUFÜGEN... (ADD...) die gewünschten Leistungsindikatoren aus (siehe Abbildung 16.24). Bestätigen Sie die Auswahl durch einen Klick auf FERTIG STELLEN (NEXT).

   Sie sehen anschließend an dem grünen Symbolpfeil, dass die Protokollierung sofort gestartet wird. Durch einen Rechtsklick auf den aktiven Sammlungssatz können Sie diesen im Kontextmenü anhalten oder erneut starten (siehe Abbildung 16.25).

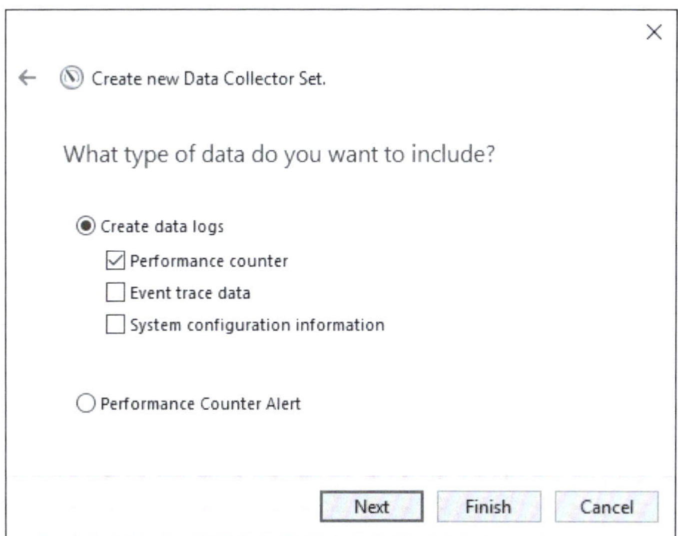

Abbildung 16.23 Auswahl zum Erstellen eines Protokolls auf Basis von Leistungsindikatoren

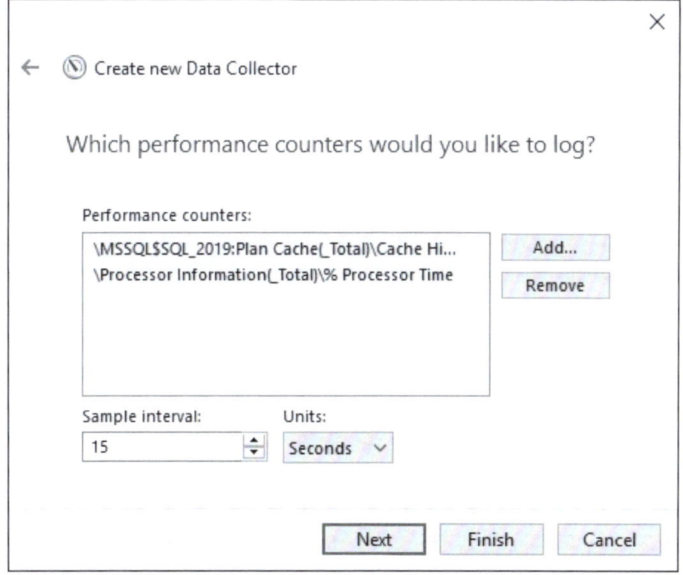

Abbildung 16.24 Auswählen von Leistungsindikatoren zur Protokollierung

Die Datei, die die aufgezeichneten Daten enthält, finden Sie jetzt in dem zuvor definierten Verzeichnis bzw. im Pfad, der Ihnen in der Spalte AUSGABE angezeigt wird (siehe Abbildung 16.26).

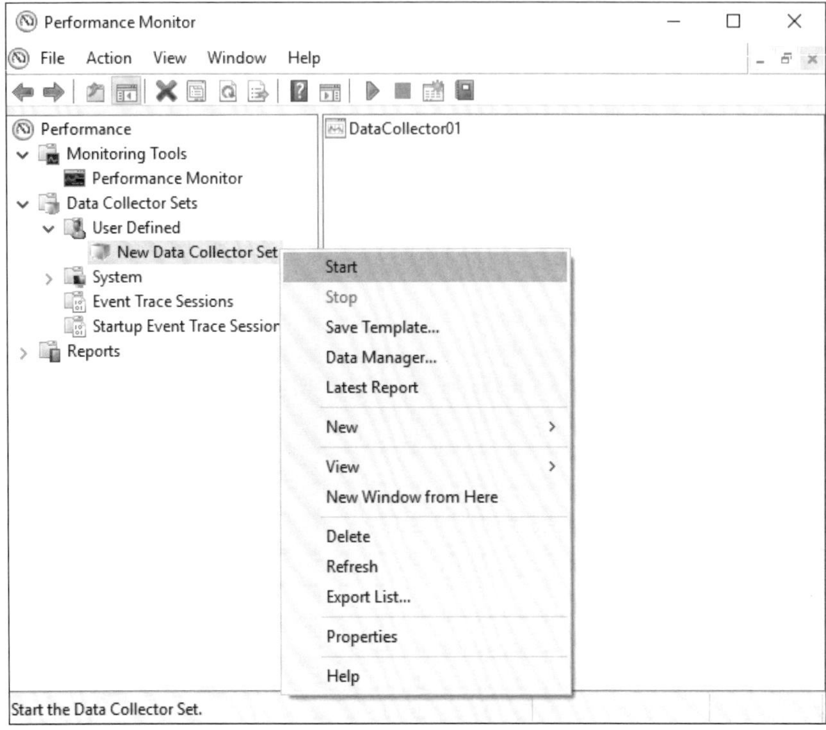

Abbildung 16.25 Starten des erstellten Sammlungssatzes

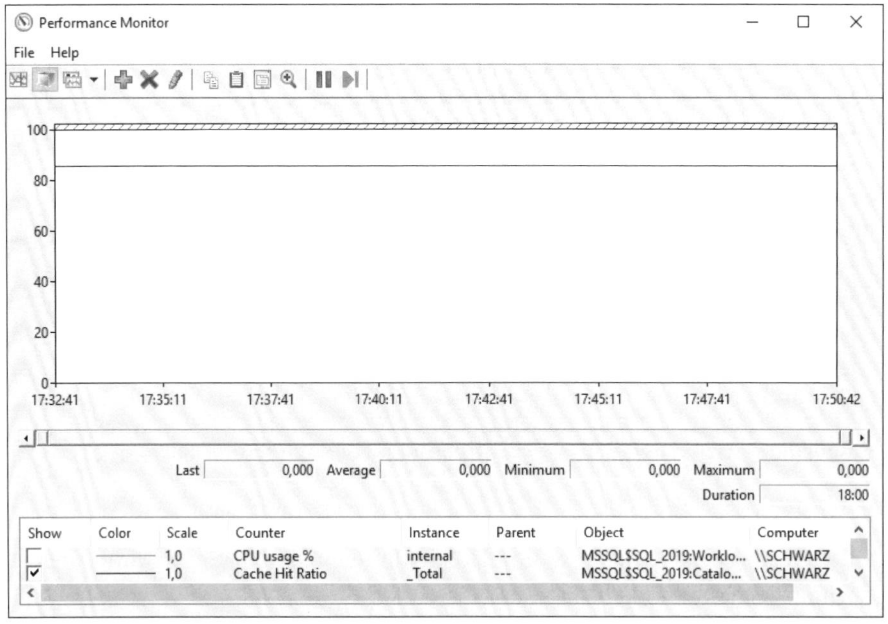

Abbildung 16.26 Gestarteter Sammlungssatz

Die auf diese Art und Weise erstellten Dateien können wiederum von unterschiedlichsten Tools eingelesen werden. Sie haben z. B. die Möglichkeit, diese Leistungsüberwachungs-Protokolldatei auch in den Profiler von SQL Server zu laden und sie mit den im SQL Server Profiler aufgenommenen Daten in Beziehung zu setzen. Diesem Thema widmen wir uns im folgenden Abschnitt.

16.5 Synchronisation von Windows-Leistungsüberwachungs- und SQL-Server-Profiler-Dateien

In den Abschnitten zuvor haben wir Ihnen den SQL Server Profiler und die Windows-Leistungsüberwachung vorgestellt. Beide Tools ermöglichen es, Messwerte (Indikatoren, Ereignisse) über SQL Server und auch über das Betriebssystem zu protokollieren. Beide Tools liefern als Endprodukt eine Datei, in der die protokollierten Daten gespeichert wurden. SQL Server Profiler bietet zudem die Möglichkeit, diese gewonnenen Daten in Beziehung zueinander zu setzen.

Sie können im SQL Server Profiler eine mit der Windows-Leistungsüberwachung erzeugte *.blg*-Datei importieren. Dazu wählen Sie wie in Abbildung 16.27 im SQL Server Profiler den Menüpunkt DATEI • LEISTUNGSDATEN IMPORTIEREN... (FILE • IMPORT PERFORMANCE DATA...) aus.

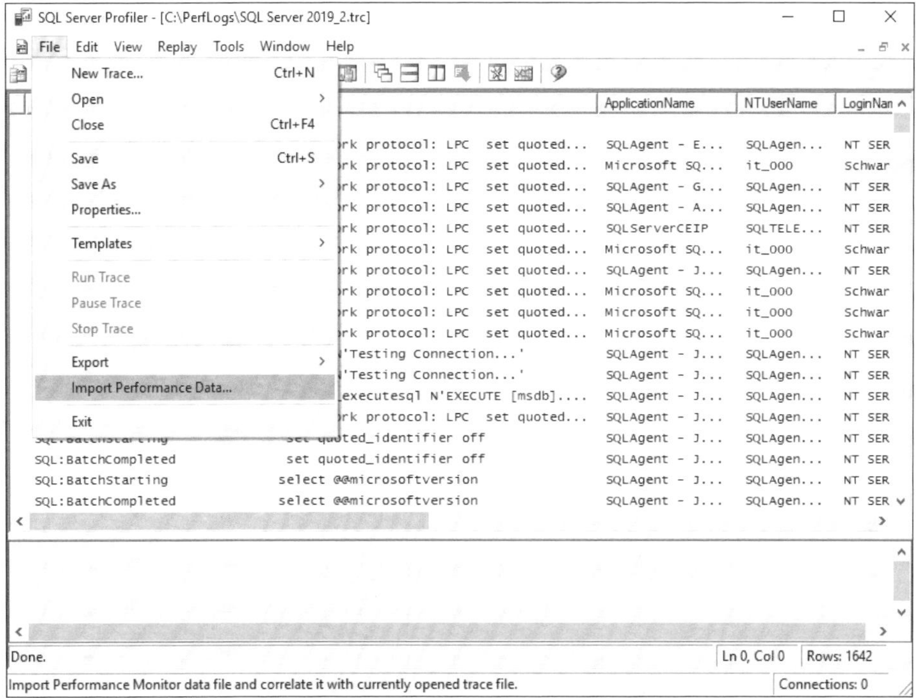

Abbildung 16.27 SQL-Server-Profiler-Menü mit Menüpunkt »Leistungsdaten importieren«

Anschließend erscheint ein Dialog DATEI ÖFFNEN, der Ihnen die Möglichkeit gibt, eine Windows-Leistungsüberwachungsdatei zu importieren.

Wichtiger Hinweis zum Importieren von Leistungsüberwachungsdaten

Der Menüpunkt LEISTUNGSDATEN IMPORTIEREN... (IMPORT PERFORMANCE DATA) ist nur auswählbar, wenn Sie zuvor eine SQL-Server-Profiler-Leistungsdatei geladen haben. Damit ist eine zuvor mit SQL Server Profiler aufgezeichnete *.trc*-Datei gemeint, die die Ereignisspalten *Starttime* und *Endtime* enthält. Ist dies nicht der Fall, ist dieser Menüpunkt deaktiviert und kann nicht ausgewählt werden.

Die Daten der Windows-Leistungsüberwachung werden im SQL Server Profiler synchronisiert und grafisch dargestellt. Abbildung 16.28 zeigt im unteren Bereich die Darstellung der importierten Systemmonitordaten in Diagrammform.

Im oberen Bereich von Abbildung 16.28 sehen Sie die Daten der SQL-Server-Profiler-Ablaufverfolgung. Das Besondere daran ist, dass diese Daten synchronisiert dargestellt sind.

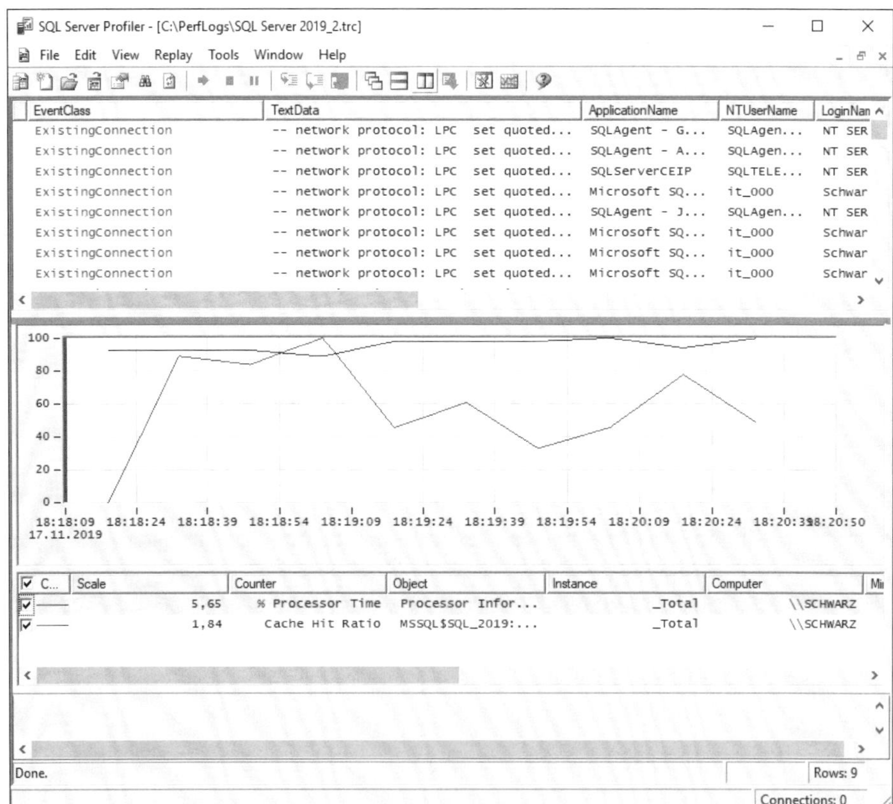

Abbildung 16.28 Darstellung von SQL-Server-Profiler- und Systemmonitordaten im SQL Server Profiler

Das bedeutet: Wenn Sie im unteren Bereich z. B. auf eine Diagrammspitze klicken, werden im oberen Bereich die zu diesem Zeitpunkt ausgeführten Befehle angezeigt. Das Ganze funktioniert auch umgekehrt: Klicken Sie im oberen Bereich auf einen SQL-Befehl oder ein anderes SQL-Server-Profiler-Ereignis, wird im unteren Bereich der zugehörige Diagrammpunkt in Form einer roten Linie dargestellt.

Auf diese Art und Weise kommen Sie SQL-Befehlen auf die Spur, die sehr viele Ressourcen verbrauchen, oder Sie erkennen Zusammenhänge zwischen Betriebssystemparametern und SQL-Server-Ereignissen.

16.6 SQLdiag

Ein weiteres Überwachungstool zum Aufzeichnen von SQL-Server- wie auch Betriebssysteminformationen finden Sie im Verzeichnis *C:\Program Files\Microsoft SQL Server\130\Tools\Binn*. Es heißt *SQLdiag*, ist ein Kommandozeilenprogramm und kann mit unterschiedlichsten Parametern gesteuert werden. Sie starten SQLdiag durch Ausführen von `sqldiag.exe` auf Kommandozeilenebene. Zum Zeitpunkt der Manuskripterstellung scheint die Version von SQLdiag für SQL Server 2019 noch fehlerhaft zu sein. Deshalb hier Bilder von der Version 2016.

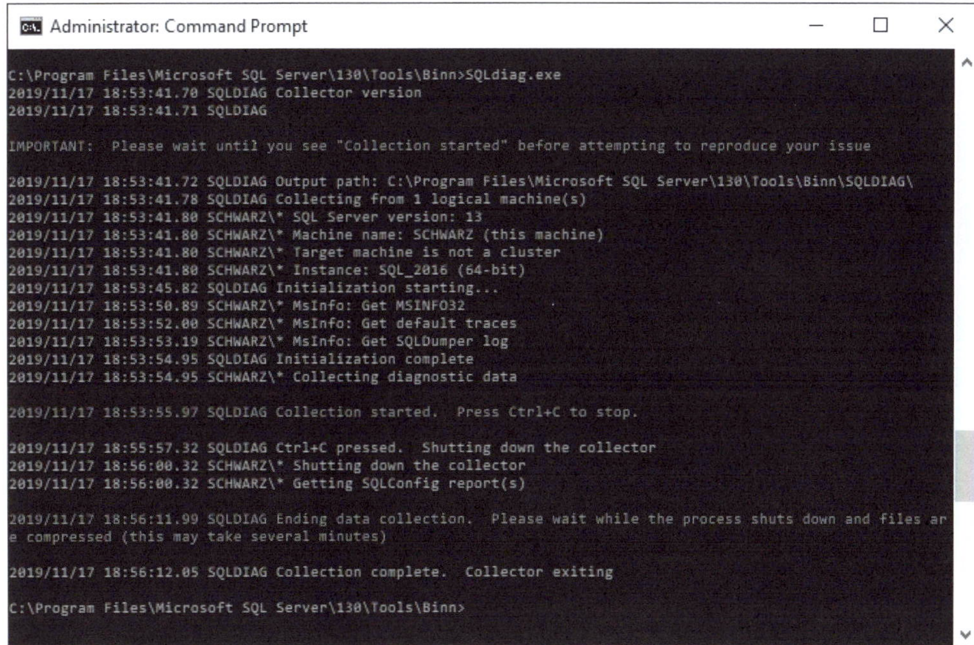

Abbildung 16.29 SQLdiag im gestarteten und danach wieder beendeten Zustand

Beim Start von SQLdiag legen Sie über die Parameter fest, welche Informationen aufgezeichnet und in welches Verzeichnis die protokollierten Daten geschrieben werden sollen. SQLdiag nutzt XML-Konfigurationsdateien, um Informationen darüber zu erhalten, welche Diagnoseinformationen aufgezeichnet werden sollen. Mit dem Parameter /I geben Sie diese XML-Konfigurationsdatei an.

Es gibt drei vordefinierte Konfigurationsdateien, die sich im selben Verzeichnis wie SQLdiag befinden. Diese Dateien heißen *SD_Detailed.xml, SD_General.xml* sowie *SQLDiag.xml* und enthalten unterschiedlichste Definitionen, welche Leistungsindikatoren aufgezeichnet werden müssen. In Tabelle 16.1 erhalten Sie eine kurze Beschreibung der Konfigurationsdateien.

SQLdiag-XML-Konfigurationsdatei	Beschreibung
SQLDiag.xml	Diese Datei wird automatisch verwendet, wenn Sie den Parameter /I zur Angabe einer Konfigurationsdatei nicht angeben.
SD_General.xml	Enthält SQLdiag-Aufzeichnungsanweisungen für Windows-Ereignisse und Indikatorsammlungen der Leistungsüberwachung (*perfmon*) sowie wenige SQL-Server-Ablaufverfolgungsindikatoren.
SD_Detailed.xml	Enthält SQLdiag-Aufzeichnungsanweisungen für Windows-Ereignisse und Indikatorsammlungen der Leistungsüberwachung (*perfmon*) sowie sehr umfangreiche SQL-Server-Ablaufverfolgungsindikatoren.

Tabelle 16.1 Bereits vorhandene Konfigurationsdateien mit vordefinierten, zu protokollierenden Indikatoren

Sie können eigene Konfigurationsdateien anlegen oder bestehende abändern und damit selbst bestimmen, welche Daten SQLdiag aufzeichnen soll. Eine von uns empfohlene Vorgehensweise ist, bestehende Konfigurationsdateien zu kopieren und nach dem Ändern des Dateinamens entsprechend zu bearbeiten. Wie bereits erwähnt und aus der Dateiendung ersichtlich, handelt es sich um XML-Konfigurationsdateien, die Sie auch mit einem normalen Texteditor wie Notepad bearbeiten können.

In Listing 16.1 sehen Sie in einem Auszug, wie eine solche Konfigurationsdatei aufgebaut ist. Mit dem Attribut `enabled` aktivieren oder deaktivieren Sie die Aufzeichnung des entsprechenden Indikators.

```
<PerfmonCounter name="\Heartbeats" enabled="true" />
<PerfmonCounter name="\Total wordbreakers" enabled="true" />
<PerfmonCounter name="\Total stemmers" enabled="true" />
<PerfmonCounter name="\Total noise word files" enabled="true" />
```

Listing 16.1 Beispiel für die in den Konfigurationsdateien enthaltenen XML-Elemente zum Definieren der zu protokollierenden Indikatoren

In Tabelle 16.2 listen wir einige wichtige SQLdiag-Parameter für Sie auf.

Parameter	Beschreibung
`/I`	Angabe der Konfigurationsdatei mit der Definition der aufzuzeichnenden Leistungsdaten
`/X`	Momentaufnahme. SQLdiag startet, sammelt alle Informationen und beendet anschließend seine Arbeit.
`/L`	Fortlaufende, zeitpunktbasierte Ausführung von SQLdiag. Über die Parameter `/B` (*begin*) und `/E` (*end*) legen Sie Start- und Endzeitpunkt der Protokollierung von SQLdiag fest. Der Parameter `/L` bewirkt, dass SQLdiag immer wieder zu den angegebenen Zeitpunkten gestartet wird.
`/O`	Angabe des Ausgabeverzeichnisses der Protokolldateien
`/M`	Überschreibt den in der SQLdiag-XML-Konfigurationsdatei angegebenen Computernamen. Mehrere Computernamen geben Sie durch Leerzeichen an.
`/C`	Die Output-Dateien können komprimiert werden; `0` = keine Komprimierung (Standard), `1` = NTFS-Komprimierung.
`/R`	Registriert SQLdiag als Dienst. Der Name des Dienstes ist *SQLDIAG*.
`/U`	Entfernt die Registrierung von SQLdiag als Dienst.

Tabelle 16.2 Wichtige SQLdiag-Parameter

Sie können für SQLdiag noch weitere Parameter angeben. Nutzen Sie dazu die Microsoft-Dokumentation zu SQLdiag.

SQLdiag generiert mehrere Dateien, um die aufgezeichneten Diagnoseinformationen zu speichern. Das Ausgabeverzeichnis geben Sie über den entsprechenden Parameter `/O` an. SQLdiag erstellt *.trc*-(Profiler-), *.blg-(perfmon-*) und *Textdateien* mit den unterschiedlichsten Informationen und Leistungsdaten.

Die Eingabe von `sqldiag.exe` ohne jegliche Parameter ist auch möglich. SQLdiag nutzt in diesem Fall die Konfigurationsvorlage *SQLDiag.xml* und schreibt die generierten Protokolldateien in das Verzeichnis *C:\Program Files\Microsoft SQL Server\130\Tools\Binn\SQLDIAG*. Die gefundenen SQL-Server-Instanzen werden protokolliert.

Nachfolgend einige Beispiele zum Starten von SQLdiag mit unterschiedlichen Parametern:

- Angabe einer XML-Konfigurationsdatei:

  ```
  sqldiag.exe /I SD_Detailed.xml
  ```

- Angabe einer XML-Konfigurationsdatei und eines Ausgabeverzeichnisses:

  ```
  sqldiag.exe /I SD_Detailed.xml /O
  c:\protokollsqldiagdaten\
  ```

- Einmaliges Starten von SQLdiag mit Konfigurationsdatei *SD_Detailed.xml* und Ausgabeverzeichnis *c:\workingout* um 09:00 Uhr und Beenden um 12:00 Uhr:

  ```
  sqldiag.exe /I SD_Detailed.xml /O c:\workingout
  /B 09:00:00 /E 12:00:00
  ```

- Fortlaufendes Starten von SQLdiag im Standardmodus um 09:00 Uhr und Beenden um 12:00 Uhr:

  ```
  sqldiag.exe /B 09:00:00 /E 12:00:00 /L
  ```

Wir empfehlen Ihnen, SQLdiag nicht ständig laufen zu lassen. Das Aufzeichnen von Diagnoseinformationen benötigt Ressourcen. Bei Ausführung von SQLdiag mit einer nicht angepassten Konfigurationsdatei und der daraus folgenden Aufzeichnung umfangreicher Leistungsparameter kann es zu spürbaren Leistungseinbußen Ihres SQL-Server-Systems kommen.

16.7 SQL-Server-Auditing

Unter *SQL-Server-Auditing* versteht man die Überwachung einer SQL-Server-Instanz oder einer SQL-Server-Datenbank. Dabei werden bestimmte sicherheitsrelevante Ereignisse im System verfolgt und protokolliert. Auditing ermöglicht das Aufspüren von Sicherheitsproblemen im Unternehmen. Zum Beispiel kann allein durch das Wissen über das durchgeführte Auditing Datenmissbrauch vorgebeugt werden, da Benutzer mit kriminellen Absichten eventuell abgeschreckt werden. Sie können Informationen über ungewöhnliche Aktivitäten auf dem SQL Server untersuchen. Auditing ermöglicht es Ihnen als Administrator, genau zu ermitteln, wer auf dem Datenbanksystem was wann getan hat.

SQL Server bietet mehrere Auditing-Methoden an, die wir Ihnen im Folgenden vorstellen und gemeinsam mit Ihnen umsetzen möchten.

16.7.1 Überwachen der Login-Aktivität

SQL Server bietet die Möglichkeit, die Anmeldeaktivität zu überwachen. Da es ungewöhnlich ist, wenn sich ein Anwender mehrmals erfolglos am SQL-Server-System anzumelden versucht, können Sie SQL Server dahin gehend konfigurieren, dass fehlgeschlagene Anmeldeversuche protokolliert werden.

1. Klicken Sie hierzu im Objekt-Explorer des SSMS mit der rechten Maustaste auf den Knoten der zu überwachenden Serverinstanz, und wählen Sie im Kontextmenü den Punkt EIGENSCHAFTEN (PROPERTIES) aus. Im sich öffnenden Dialog (siehe Abbildung 16.30) wählen Sie den Punkt SICHERHEIT (SECURITY).

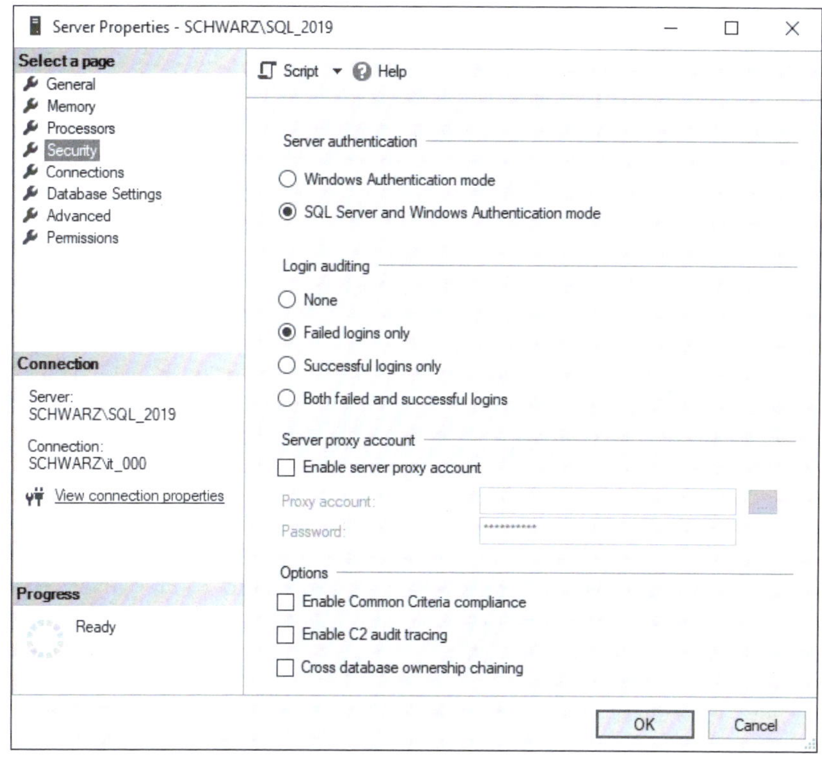

Abbildung 16.30 Auditing-Einstellungen für SQL Server

2. Im Bereich ANMELDUNGSÜBERWACHUNG (LOGIN AUDITING) wählen Sie jetzt aus, inwieweit Anmeldungen oder Anmeldeversuche im SQL-Server-Ereignisprotokoll aufgelistet werden sollen.

16

3. Das Ereignisprotokoll rufen Sie zur Kontrolle im SSMS über den Objekt-Explorer-Ordner VERWALTUNG • SQL SERVER-PROTOKOLLE (MANAGEMENT • SQL SERVER LOGS) auf.

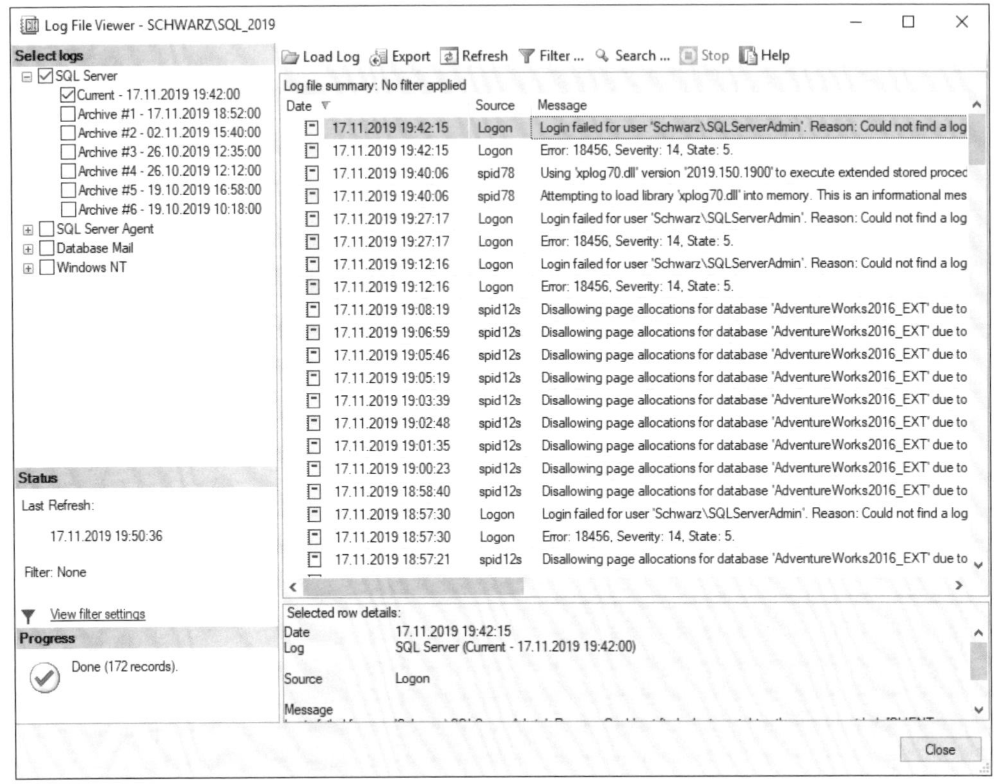

Abbildung 16.31 Protokollierung fehlgeschlagener Anmeldeversuche

16.7.2 SQL-Server-Überwachung

Sie können in SQL Server eigene Überwachungen definieren. Im ersten Schritt bestimmen Sie das Überwachungsziel, das heißt den Speicherort der Protokollierungen. Im zweiten Schritt legen Sie die eigentlichen Überwachungsereignisse fest.

Haben Sie eine Überwachung erstellt, müssen Sie sie nachträglich aktivieren, da eine Überwachung nach der Erstellung immer inaktiv ist.

Eine Überwachung können Sie per Management Studio oder per Transact-SQL definieren. Das SSMS bietet Ihnen hier eine komfortablere Möglichkeit der Definition. Das folgende Beispiel richtet eine Überwachung mit dem SSMS ein.

Alle Datenbank-Backup- und Restore-Vorgänge sollen protokolliert werden.

1. Öffnen Sie das Management Studio, und melden Sie sich an der Instanz an, für die Sie eine Serverüberwachung einrichten möchten.
2. Öffnen Sie im Objekt-Explorer den Ordner SICHERHEIT (SECURITY) der aktuellen Serverinstanz, und klicken Sie mit der rechten Maustaste auf den Ordner ÜBERWACHUNGEN (AUDIT).
3. Aus dem sich öffnenden Kontextmenü wählen Sie den Menüpunkt NEUE ÜBERWACHUNG (NEW AUDIT).
4. Im sich öffnenden Dialog ÜBERWACHUNG ERSTELLEN (CREATE AUDIT) geben Sie im Feld ÜBERWACHUNGSNAME (AUDIT NAME) »Backup-Restore-Überwachung« ein.
5. Im Feld DATEIPFAD (PATH) definieren Sie den Pfad, unter dem die Datei mit den Protokolleinträgen abgespeichert werden soll, im Beispiel in Abbildung 16.32 C:\UEBERWACHUNGSDATEIEN.

Hinweis

Bitte nehmen sie hier nur einen Ordner, der schon existiert. Wenn es den Ordner *c:\ueberwachungsdateien* noch nicht gibt, schlägt das Erstellen des neuen Audits fehl.

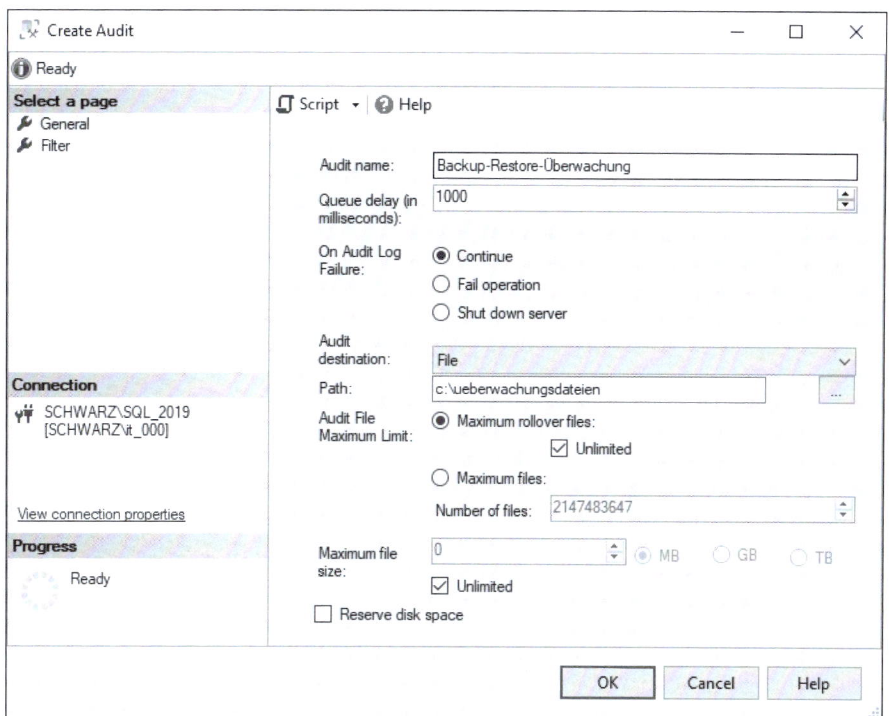

Abbildung 16.32 Einrichten einer Überwachung

6. Bestätigen Sie dies mit OK. Damit haben Sie das Ziel definiert, in das die Überwachungseinträge geschrieben werden sollen. Im Objekt-Explorer finden Sie wie in Abbildung 16.33 im Ordner AUDITS den Eintrag BACKUP-RESTORE-ÜBERWACHUNG.

   Im nächsten Schritt definieren wir die eigentlichen Überwachungsereignisse, die protokolliert werden sollen. Wir erstellen eine sogenannte *Überwachungsspezifikation* und verknüpfen sie mit dem zuvor erstellten Ziel für die Überwachungsprotokolleinträge.

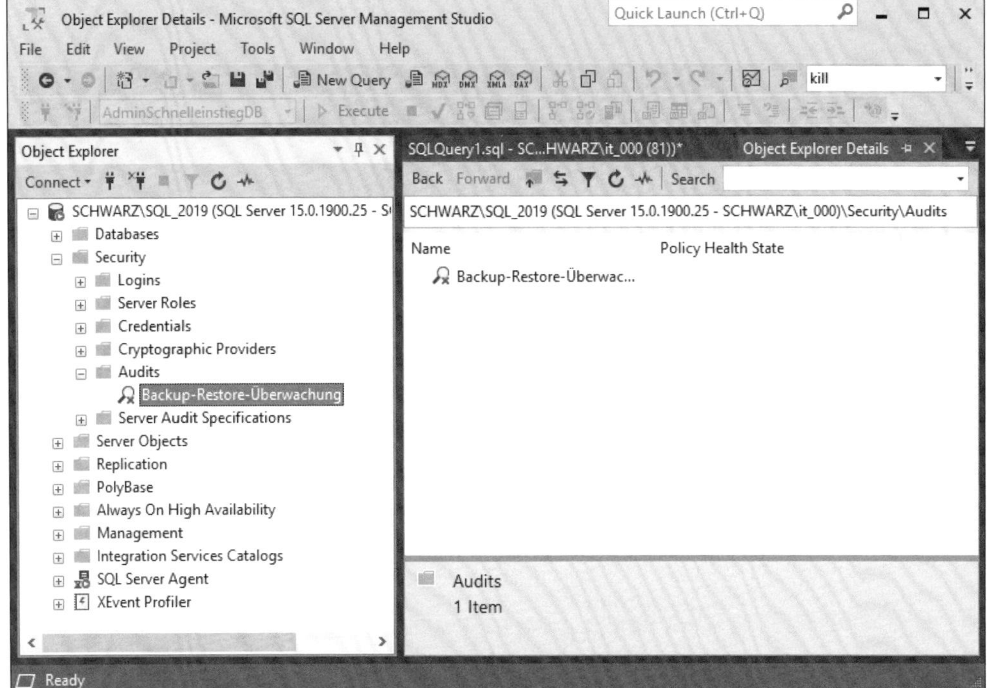

Abbildung 16.33 Eingerichtete Überwachung im Objekt-Explorer

7. Klicken Sie den Ordner SERVERÜBERWACHUNGSSPEZIFIKATION (SERVER AUDIT SPECIFICATIONS) mit der rechten Maustaste an, und wählen Sie aus dem Kontextmenü den Punkt NEUE SERVERÜBERWACHUNGSSPEZIFIKATION (NEW SERVER AUDIT SPECIFICATION) aus.
8. Im sich öffnenden Dialog (siehe Abbildung 16.34) geben Sie im Feld NAME »Backup-Restore-Überwachungsspezifikation« ein.
9. Im Feld ÜBERWACHUNG (AUDIT) wählen Sie die zuvor erstellte Überwachung BACKUP-RESTORE-ÜBERWACHUNG aus.
10. In der Tabelle AKTIONEN (ACTIONS) wählen Sie für die Spalte ÜBERWACHUNGSAKTIONSTYP (AUDIT ACTION TYPE) den Punkt BACKUP_RESTORE_GROUP aus.

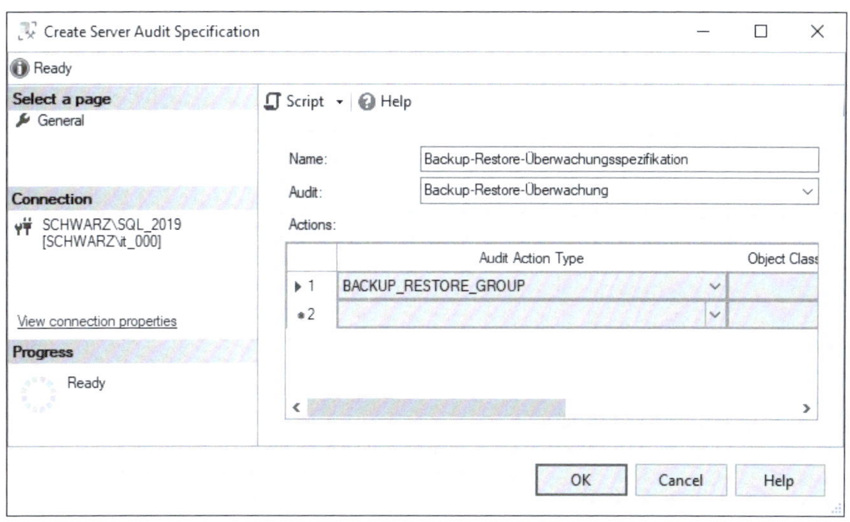

Abbildung 16.34 Einrichten einer Überwachungsspezifikation

11. Bestätigen Sie den Dialog mit OK. Im Objekt-Explorer sehen Sie jetzt im Ordner SICHERHEIT (SECURITY) die Einträge BACKUP-RESTORE-ÜBERWACHUNGSSPEZIFIKATION im Ordner SERVERÜBERWACHUNGSSPEZIFIKATION (SERVER AUDIT SPECIFICATIONS) und den Eintrag BACKUP-RESTORE-ÜBERWACHUNG im Ordner AUDITS (Abbildung 16.35).

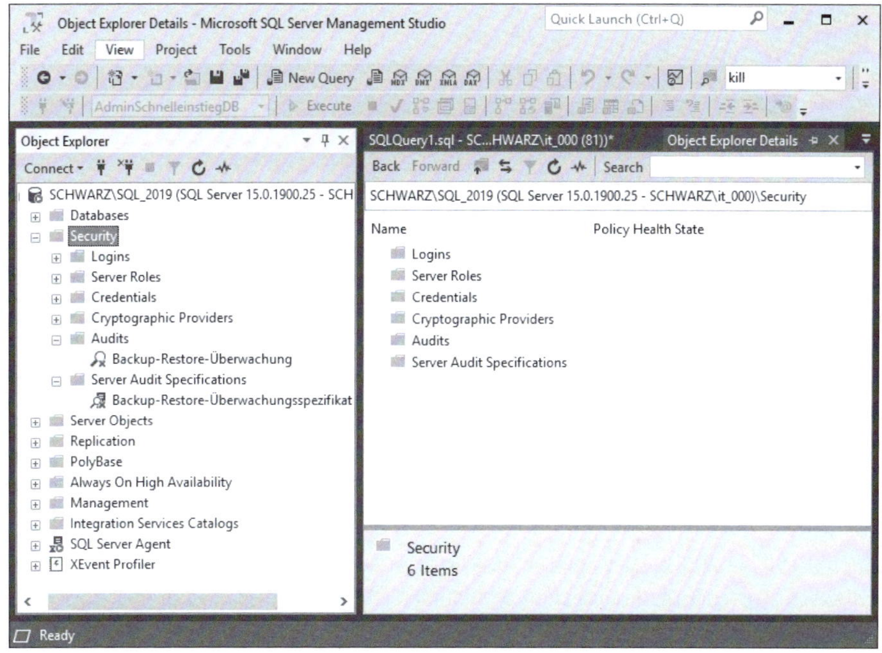

Abbildung 16.35 Eingerichtete Überwachung mit Spezifikation

Beachten Sie, dass die Überwachung zwar eingerichtet, jedoch noch nicht aktiviert wurde, was Sie an dem kleinen roten Kreuz innerhalb der Symbole erkennen können.

12. Klicken Sie mit der rechten Maustaste auf BACKUP-RESTORE-ÜBERWACHUNGSSPEZIFIKATION, und wählen Sie aus dem Kontextmenü SERVERÜBERWACHUNGSSPEZIFIKATION AKTIVIEREN (ENABLE SERVER AUDIT SPECIFICATION) aus.
13. Verfahren Sie ebenso mit dem Eintrag BACKUP-RESTORE-ÜBERWACHUNG im Ordner AUDITS, indem Sie aus dem Kontextmenü ÜBERWACHUNG AKTIVIEREN (ENABLE AUDIT) wählen.

Anschließend ist die Überwachung aktiviert, wie in Abbildung 16.36 zu erkennen ist, und es werden alle durchgeführten Backup- und Restore-Vorgänge protokolliert.

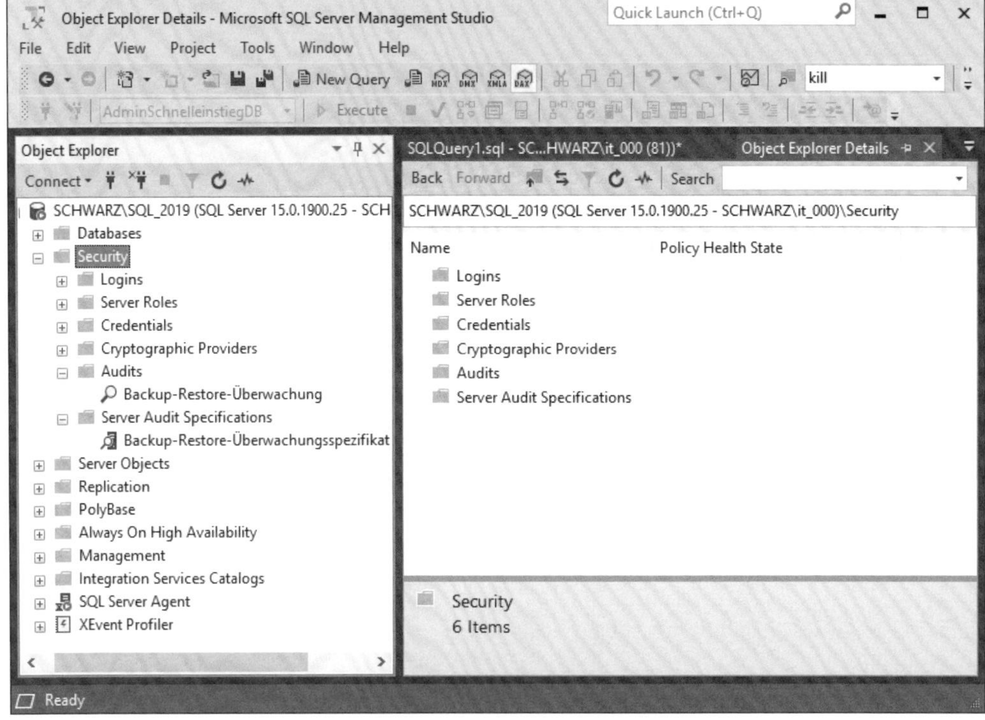

Abbildung 16.36 Aktivierte Überwachung und Spezifikation

Anzeige der protokollierten Einträge im Management Studio

Die protokollierten Einträge können Sie sich anzeigen lassen, indem Sie im Ordner SICHERHEIT • ÜBERWACHUNGEN (SECURITY • AUDITS) den Eintrag BACKUP-RESTORE-ÜBERWACHUNG mit der rechten Maustaste anklicken und aus dem Kontextmenü den Menüpunkt ÜBERWACHUNGSPROTOKOLLE ANZEIGEN (VIEW AUDIT LOGS) wählen.

Definieren einer Datenbank-Überwachungsspezifikation

Im vorangegangenen Beispiel haben wir die Definition einer Überwachungsspezifikation auf Serverebene dargestellt. Eine Überwachungsspezifikation können Sie auch auf Datenbankebene definieren.

Hierzu öffnen Sie den Ordner SICHERHEIT (SECURITY) der jeweiligen Datenbank und klicken mit der rechten Maustaste den Menüpunkt DATENBANK-ÜBERWACHUNGSSPEZIFIKATIONEN (DATABASE AUDIT SPECIFICATIONS) an. Wählen Sie im Kontextmenü den Menüpunkt NEUE DATENBANK-ÜBERWACHUNGSSPEZIFIKATION... (NEW DATABASE AUDIT SPECIFICATION...) aus.

Sie können nun Ereignisse definieren, die das Ändern von Daten mit Befehlen wie `INSERT`, `UPDATE` und `DELETE` protokollieren. Eine neue Überwachung, die die Ereignisse aufzeichnet und speichert, müssen Sie in diesem Fall nicht anlegen, da wir dies bereits im vorangegangenen Beispiel getan haben.

16.7.3 C2-Überwachung mit SQL Server

Der Punkt SICHERHEIT (SECURITY) im Eigenschaftendialog der aktuellen SQL-Server-Instanz (Abbildung 16.30) ermöglicht die Auswahl der Option C2-ÜBERWACHUNGSABLAUFVERFOLGUNG AKTIVIEREN (ENABLE C2 AUDIT TRACING).

C2 ist ein US-amerikanischer Sicherheitsstandard, und in SQL Server werden alle Zugriffsversuche auf Objekte sowie die dazugehörigen Anweisungen bei Aktivierung aufgezeichnet. Genaueres zu diesem Sicherheitsstandard entnehmen Sie der Onlinedokumentation von SQL Server.

Diese Einstellung ist unabhängig von den bisher beschriebenen. Nach der Aktivierung der Option wird SQL Server entsprechend konfiguriert und muss neu gestartet werden. Die zuständige Protokolldatei finden Sie im Ordner *\MSSQL\Data* der SQL-Server-Instanz oder im Ordner *\MSSQL$instanzname\Data* bei benannten Instanzen.

Es handelt sich hierbei um eine *.trc*-Datei, die Sie mit dem in Abschnitt 16.2 beschriebenen SQL Server Profiler einlesen können. Nachdem die Datei eine Größe von 200 MB erreicht hat, wird sie geschlossen, und es wird eine neue Datei erstellt.

Achten Sie auf den Speicherplatz!

Die Aktivierung dieser Option erfordert, dass immer genügend Speicherplatz im *Standard-Data-Verzeichnis* von SQL Server vorhanden ist. SQL Server fährt sich selbst herunter, wenn nicht mehr genügend Speicherplatz vorhanden ist.

Wichtiger Hinweis

Microsoft hat bereits angekündigt, in zukünftigen Versionen die Funktion C2-Sicherheit nicht mehr zu unterstützen. Der C2-Sicherheitsstandard wurde durch die *Common Criteria* (*CC*) ersetzt, die ebenfalls in SQL Server aktiviert werden können und im nächsten Abschnitt erläutert werden.

16.7.4 Common Criteria

Die Common Criteria wurden im Jahr 1999 als internationaler Standard verabschiedet und lösten einige ältere Sicherheitsstandards, wie z. B. C2, als Sicherheitsanforderung ab. Die Common Criteria wurden von über 20 Nationen gemeinsam entwickelt und unter dem ISO-Standard 15408 eingeführt. Die Common Criteria stehen in SQL Server ab der Enterprise Edition und in der Evaluation sowie der Developer Edition zur Verfügung. Folgende Punkte werden durch die Common Criteria umgesetzt bzw. unterstützt:

Begriff	Beschreibung
RIP (*Resident Information Protection*)	Der Speicher wird, bevor er neu beschrieben wird, mit einem bekannten Bitmuster überschrieben.
Anzeigen von Anmeldestatistiken	Die Login-Statistiken können Sie sich in der dynamischen Verwaltungssicht (DMV) `sys.dm_exec_sessions` ansehen.
`GRANT` `DENY`-Prioritäten	Bei Aktivierung hat ein `DENY` auf Tabellenebene Vorrang vor einem `GRANT` auf Spaltenebene.

Tabelle 16.3 Common-Criteria-Funktionalitäten

Die Common Criteria können Sie ebenfalls unter dem Punkt SICHERHEIT (SECURITY) der Eigenschaften Ihrer aktuellen Serverinstanz (Abbildung 16.37) oder per Skript (Listing 16.2) aktivieren.

```
sp_configure 'show advanced options', 1;
GO
RECONFIGURE;
GO
sp_configure 'common criteria compliance enabled', 1;
GO
RECONFIGURE
GO
```

Listing 16.2 Aktivieren der Common Criteria per Skript

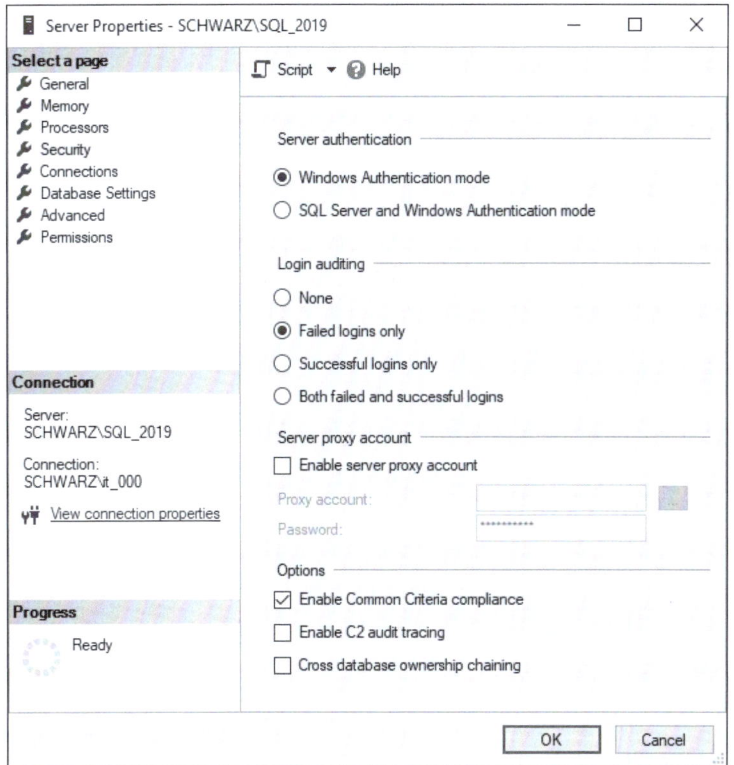

Abbildung 16.37 Optionen zur Aktivierung der Common Criteria und der C2-Überwachung

16.8 Konfigurieren des Datenauflisters (Data Collection)

SQL Server unterstützt das automatische Sammeln von System- und Leistungsdaten mit einer beim SQL-Server-Setup installierten Komponente namens *Datenauflister* (*Data Collection*).

Die Aufgabe des Datenauflisters ist es, Daten zu sammeln, die zuvor in sogenannten *Datensammlungen* definiert wurden, und sie in einem eingerichteten *Verwaltungs-Data-Warehouse* (*VDWH*; englisch: *management data warehouse*) zu speichern.

16.8.1 Was ist ein VDWH?

Bei einem *VDWH* handelt es sich um eine separate relationale SQL-Server-Datenbank, in der gesammelte SQL-Server-System- und -Leistungsdaten gespeichert werden, um diese komfortabel auswerten zu können.

Diese mit dem Datenauflister gesammelten Leistungsdaten werden innerhalb eines VDWH permanent gespeichert. Dies ist ein entscheidender Vorteil gegenüber den in den dynamischen Verwaltungssystemsichten gespeicherten System- und Leistungsdaten, da diese nur die Daten speichern, die seit dem letzten Start von SQL Server angefallen sind.

Wird der SQL-Server-Dienst erneut gestartet, sind die dynamischen Verwaltungssichten erst einmal leer. Die bisherige Praxis, um die Daten der dynamischen Verwaltungssichten permanent zu speichern, war es, die in den dynamischen Verwaltungssichten gespeicherten Daten in eine eigens dafür angelegte Datenbank zu übertragen, um sie später auszuwerten. Hierzu wurden separate Agent-Aufträge angelegt.

Vom Prinzip her jedoch arbeitet der Datenauflister ähnlich wie zuvor beschrieben: Es werden Daten abgefragt, gesammelt und in regelmäßigen Abständen in eine relationale Datenbank geladen. Hierzu werden bei der Konfiguration des Datenauflisters entsprechende Agent-Aufträge angelegt.

Sie können pro SQL-Server-Instanz ein VDWH anlegen, jedoch empfehlen wir Ihnen, ein VDWH für Ihre komplette SQL-Server-Landschaft zu erstellen. Auf diese Weise steht Ihnen eine zentrale Datenbank mit den gesammelten Leistungsdaten verschiedener SQL-Server-Instanzen zur Verfügung, die Sie auswerten können.

16.8.2 Einrichten eines Verwaltungs-Data-Warehouse

Um den Datenauflister zu konfigurieren, müssen Sie im ersten Schritt ein VDWH einrichten. Dies können Sie bequem im SSMS erledigen.

Anleitung zum Einrichten eines VDWH im Management Studio

1. Klicken Sie im Objekt-Explorer des SSMS mit der rechten Maustaste den Punkt DATENSAMMLUNG (DATA COLLECTION) im Ordner VERWALTUNG (MANAGEMENT) an.
2. Wählen Sie aus dem Kontextmenü den Menüpunkt VERWALTUNGS-DATA WAREHOUSE KONFIGURIEREN (CONFIGURE MANAGEMENT DATA WAREHOUSE) aus, um den VDWH-Konfigurationsassistenten zu starten.
3. Bestätigen Sie den Begrüßungsbildschirm. Im nächsten Dialog geben Sie die eigentliche VDWH-Datenbank an, in der die gesammelten Daten gespeichert werden. Sie können eine bestehende Datenbank angeben oder eine neue anlegen, indem Sie auf die Schaltfläche NEU (NEW) klicken (siehe Abbildung 16.38).
4. Bestätigen Sie den Dialog anschließend mit WEITER (NEXT).

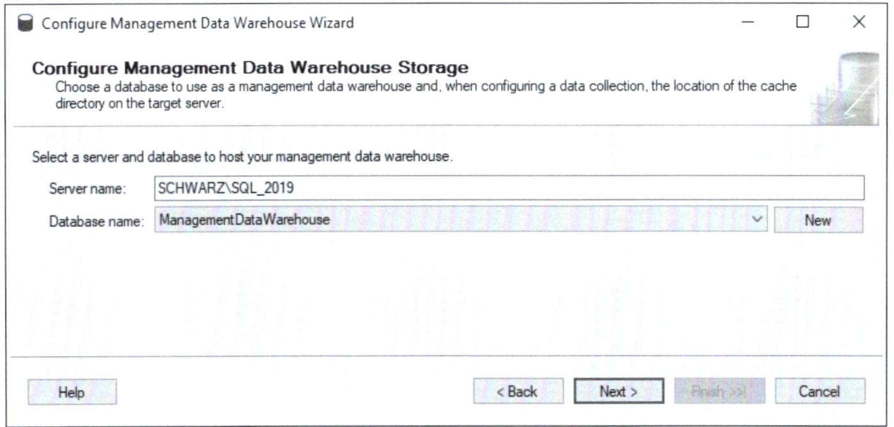

Abbildung 16.38 Angeben der VDWH-Datenbank zum Speichern der Leistungsdaten

Im nächsten Dialog können Sie Berechtigungen dafür vergeben, wie bestehende SQL-Anmeldungen auf das VDWH zugreifen dürfen. Es geht hier um die Berechtigungen, welche SQL-Anmeldungen Daten in das VDWH einfügen oder auch abfragen können. Hierzu existieren drei Datenbankrollen, die in Tabelle 16.4 aufgelistet sind.

Name der Datenbankrolle	Beschreibung
mdw_admin	Ein Mitglied dieser Rolle besitzt alle Berechtigungen.
mdw_reader	Ein Mitglied dieser Rolle darf Daten lesen.
mdw_writer	Ein Mitglied dieser Rolle darf Daten ändern.

Tabelle 16.4 Datenbankrollen zum Setzen der Berechtigungen für den Zugriff auf ein VDWH

5. Bestätigen Sie den Dialog anschließend mit WEITER (NEXT).

   Im nächsten Dialog können Sie Berechtigungen dafür vergeben, wie bestehende SQL-Anmeldungen auf das VDWH zugreifen dürfen. Es geht hier um die Berechtigungen, welche SQL-Anmeldungen Daten in das VDWH einfügen oder auch abfragen können. Hierzu existieren drei Datenbankrollen, die in Tabelle 16.4 aufgelistet sind.

   Vergeben Sie hier die entsprechenden Berechtigungen durch Auswahl des Anmeldenamens. In Abbildung 16.39 wurde die SQL-Anmeldung ADMINSCHNELLEINSTIEG_SQL-LOGIN der Datenbankrolle MDW_ADMIN zugewiesen und damit auch automatisch den Datenbankrollen MDW_READER und MDW_WRITER. ADMIN-

SCHNELLEINSTIEG_SQL-LOGIN besitzt jetzt administrative Berechtigungen und kann sowohl Daten des VDWH abfragen als auch Daten verändern.

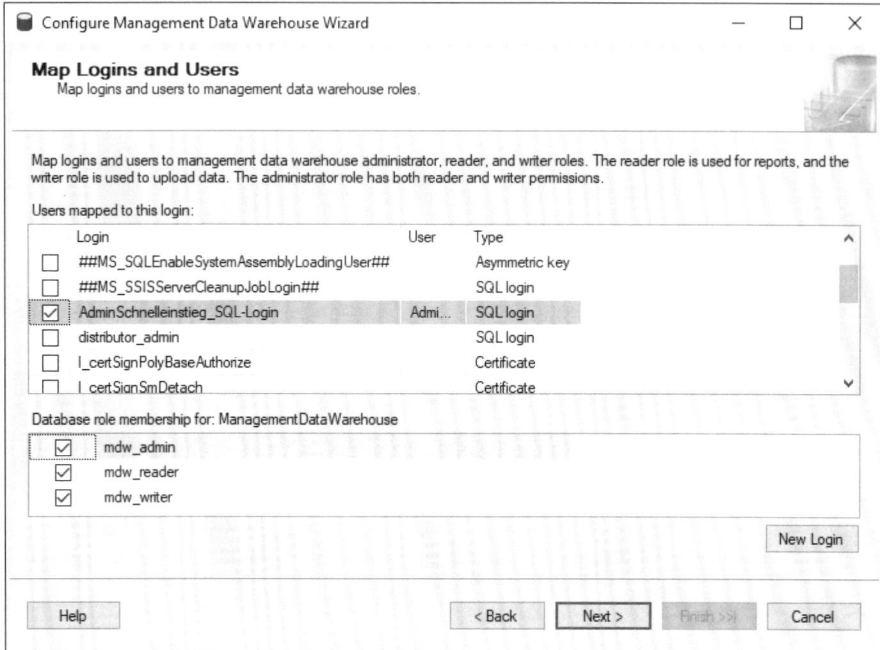

Abbildung 16.39 Zuweisung der SQL-Anmeldung »AdminSchnelleinstieg_SQL-Login« zur VDWH-Datenbankrolle »mdw_admin« und damit Vergabe administrativer Berechtigungen für »AdminSchnelleinstieg_SQL-Login«

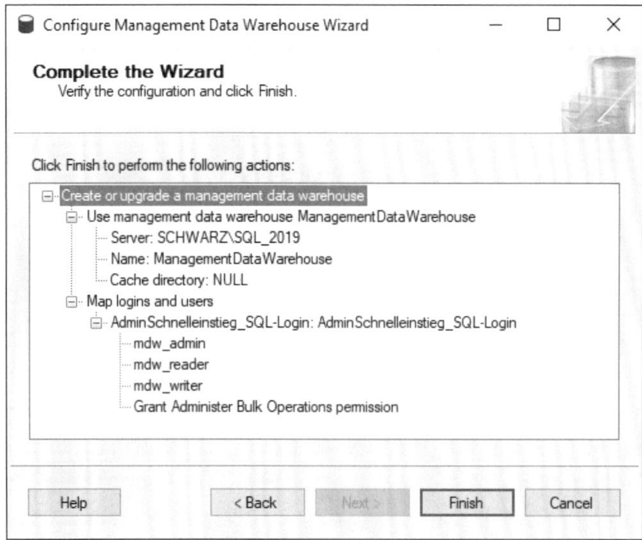

Abbildung 16.40 Übersicht über Ihre Konfigurationswünsche

Der darauffolgende Dialog zeigt eine Zusammenfassung der gewählten Konfiguration. Diesen Dialog (siehe Abbildung 16.40) schließen Sie mit FERTIG STELLEN (FINISH) ab.

Nach dem Abschließen der Konfiguration wurden lediglich die Voraussetzungen geschaffen, um Daten sammeln zu können. Es müssen nun sogenannte Datensammlungen aktiviert werden.

Was ist eine Datensammlung?

Mit einer *Datensammlung* werden die zu sammelnden Daten (System- und Leistungsindikatoren) definiert, die in einem VDWH gespeichert werden sollen. Anhand einer Datensammlung wird festgelegt, welche Daten der Datenauflister sammeln soll.

SQL Server bietet Ihnen vordefinierte Datensammlungen an, die Sie aktivieren können. Es ist auch möglich, eigene Datensammlungen zu definieren – dies allerdings derzeit nicht im SSMS, und es erfordert unter anderem den Aufruf von gespeicherten Prozeduren (`sp_syscollector_create_collection_item`) in T-SQL.

Wenn Sie tiefer in die etwas komplexere Materie einsteigen möchten, empfehlen wir Ihnen hierzu die Microsoft-SQL-Server-Dokumentation.

Für die Aktivierung der vordefinierten Datensammlungen nutzen Sie wieder den bereits zuvor eingesetzten Assistenten:

1. Klicken Sie im Objekt-Explorer des SSMS mit der rechten Maustaste den Punkt DATENSAMMLUNG (DATA COLLECTION) im Ordner VERWALTUNG (MANAGEMENT) an.
2. Wählen Sie aus dem Kontextmenü den Menüpunkt DATENSAMMLUNG EINRICHTEN (CONFIGURE DATA COLLECTION) aus.
3. Im folgenden Dialog (siehe Abbildung 16.42) wählen Sie den Server, die zuvor angelegte VDWH-Datenbank und ein Cacheverzeichnis aus.

   Das Cacheverzeichnis wird zum temporären Zwischenspeichern der gesammelten Daten benötigt und muss bereits existieren, da es nicht automatisch angelegt wird. Das Cacheverzeichnis wird benötigt, um Daten darin zu sammeln und nach einer definierten Zeit in das VDWH zu laden.

   Diese Vorgehensweise kommt in erster Linie der Performance zugute, da ein ständiges direktes Aktualisieren des VDWH die Leistung negativ beeinflussen würde.

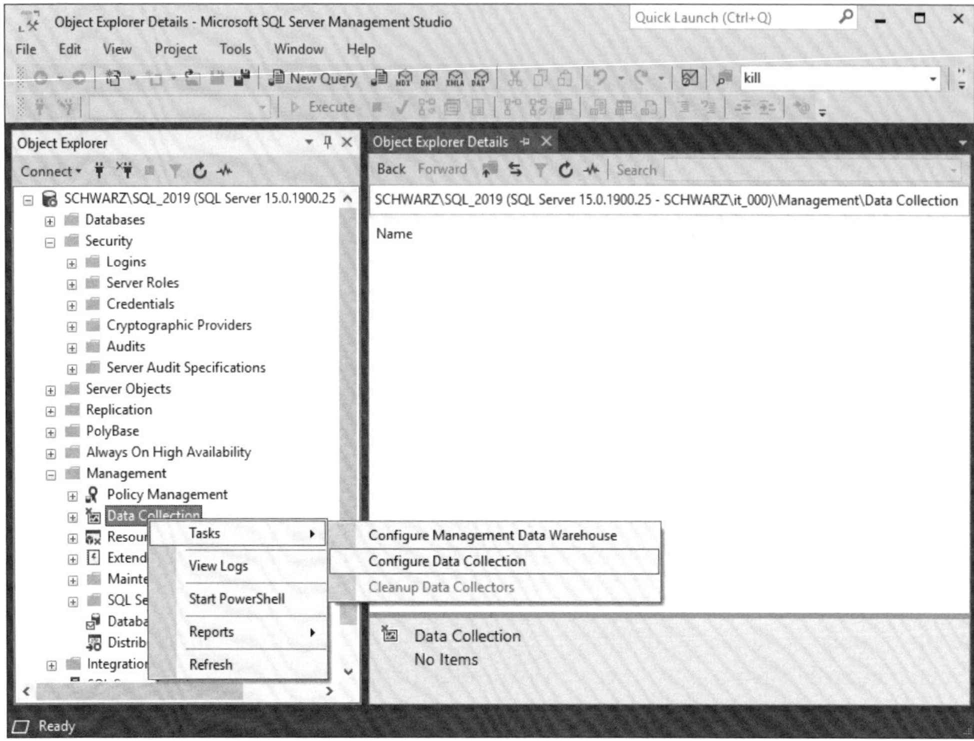

Abbildung 16.41 »Datensammlung einrichten« (»Configure Data Collection«)

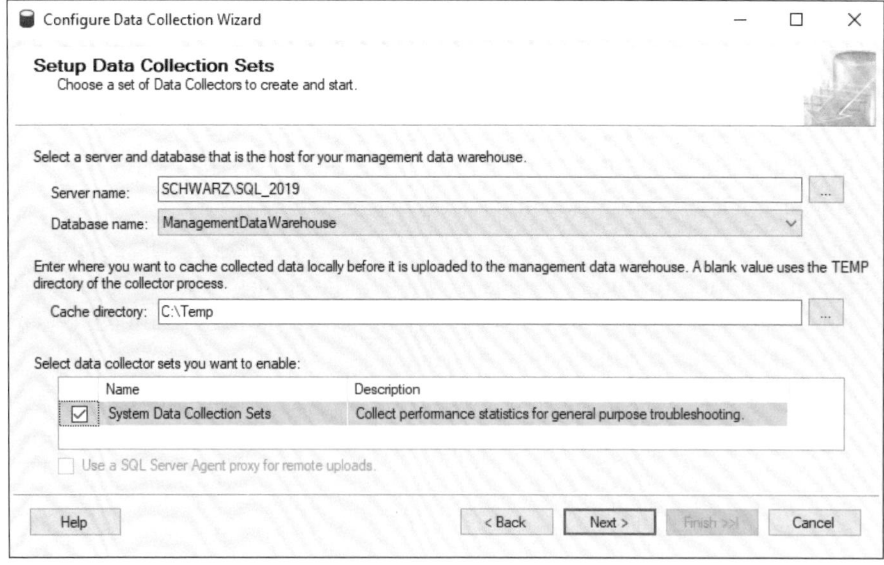

Abbildung 16.42 Angeben der VDWH-Datenbank und des Cacheverzeichnisses, das zum Zwischenspeichern der Leistungsdaten verwendet wird

4. Klicken Sie anschließend auf WEITER (NEXT) und FERTIG STELLEN (FINISH), um die Einrichtung der Datensammlung abzuschließen.

   Anschließend finden Sie im Ordner SYSTEMDATEN-SAMMLUNGSSÄTZE (SYSTEM DATA COLLECTION SETS) des Objekt-Explorers die angelegten Sammlungssätze (siehe Abbildung 16.43).

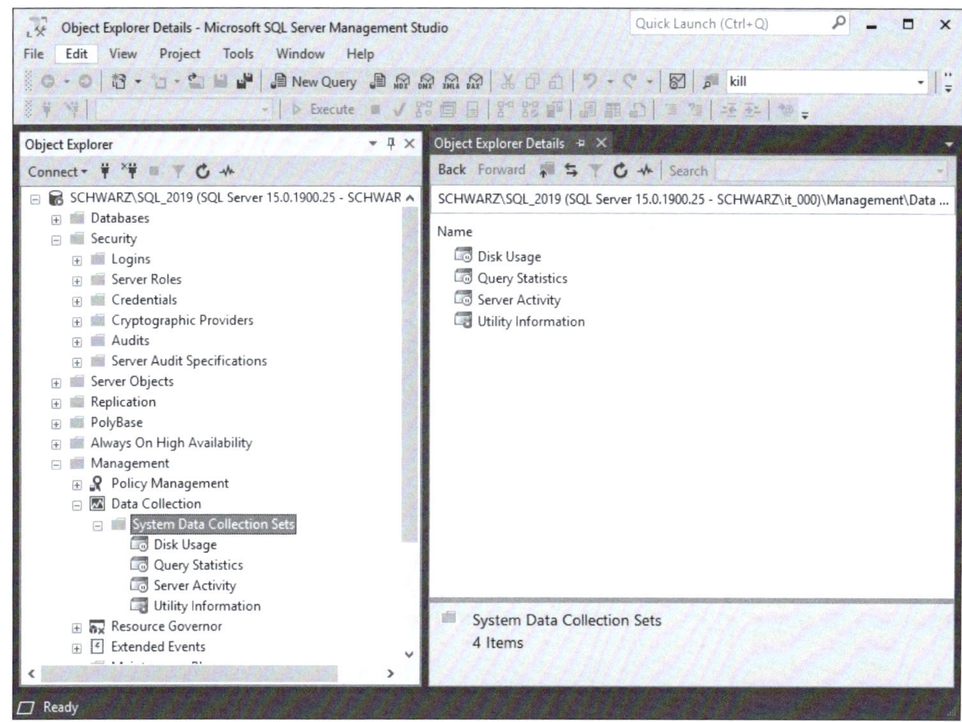

Abbildung 16.43 Eingerichtete Systemdaten-Sammlungssätze

16.8.3 Anzeige und Auswertung der Daten

Natürlich können Sie die gesammelten Daten des VDWH auch mit eigenen Abfragen über die entsprechenden Tabellen und Sichten auswerten, die in der Datenbank des VDWH angelegt sind. Dies setzt jedoch eine genauere Kenntnis der Datenbankstruktur des VDWH voraus.

Einfacher ist es für Sie, wenn Sie sich die Daten des VDWH mit den vordefinierten Berichten SERVERAKTIVITÄT – VERLAUF, ZUSAMMENFASSUNG DER DATENTRÄGERVERWENDUNG und ABFRAGESTATISTIK – VERLAUF (SERVER ACTIVITY HISTORY, DISC USAGE SUMMARY und QUERY STATISTICS HISTORY) anzeigen lassen.

Um die Berichte aufzurufen, klicken Sie mit der rechten Maustaste im Objekt-Explorer des SSMS auf den Ordner DATENSAMMLUNG (DATA COLLECTION) und fahren mit der Maus über den Menüpunkt BERICHTE • VERWALTUNGS-DATA WAREHOUSE (RE-

PORTS • MANAGEMENT DATA WAREHOUSE; siehe Abbildung 16.44). Wählen Sie den Bericht SERVERAKTIVITÄT – VERLAUF (SERVER ACTIVITY HISTORY) aus, und er wird Ihnen angezeigt (siehe Abbildung 16.45).

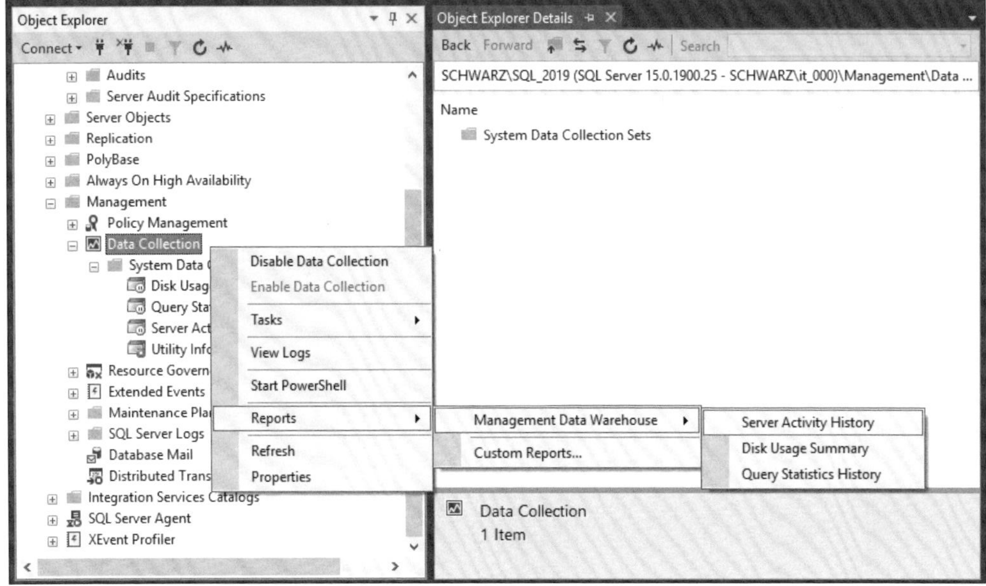

Abbildung 16.44 Aufruf der Berichte zum Anzeigen der im VDWH gespeicherten Daten

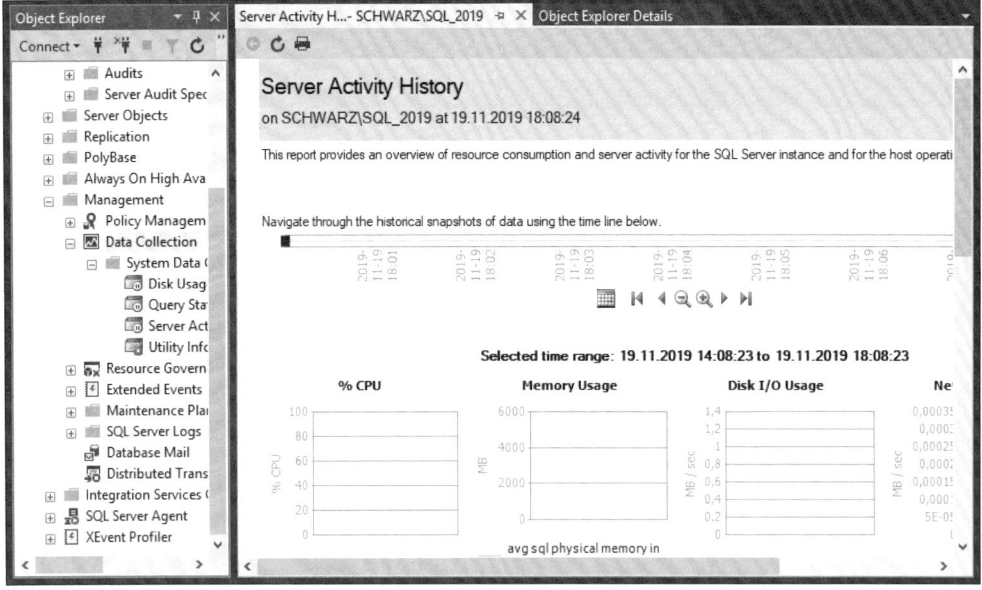

Abbildung 16.45 Bericht »Serveraktivität – Verlauf«

16.8.4 Arbeiten mit dem Extended Event Profiler

Mit SQL Server liefert Microsoft im Management Studio ein grafisches Benutzer-Interface zum Erfassen der zahlreichen Ereignisse in SQL Server aus. Die sogenannten *erweiterten Ereignisse* (englisch: *extended events*) gibt es seit SQL Server 2008.

Mit der vollständig in das SSMS integrierten grafischen Benutzeroberfläche steht dem Anwender nun allerdings eine wesentlich einfachere Möglichkeit zur Verfügung, diese Ereignisse auch zu erfassen.

Erstellen einer Sitzung zum Aufzeichnen von Ereignissen mit dem Extended Event Profiler

1. Starten Sie das SSMS, und melden Sie sich als Administrator an der entsprechenden SQL-Server-Instanz an, deren Ereignisse Sie aufzeichnen möchten.
2. Im Objekt-Explorer des SSMS öffnen Sie den Ordner VERWALTUNG • ERWEITERTE EREIGNISSE (MANAGEMENT • EXTENDED EVENTS) und klicken mit der rechten Maustaste auf den Ordner SITZUNGEN (SESSIONS).
3. Im Kontextmenü klicken Sie auf den Menüpunkt ASSISTENT FÜR NEUE SITZUNGEN (NEW SESSION WIZARD, Abbildung 16.46).

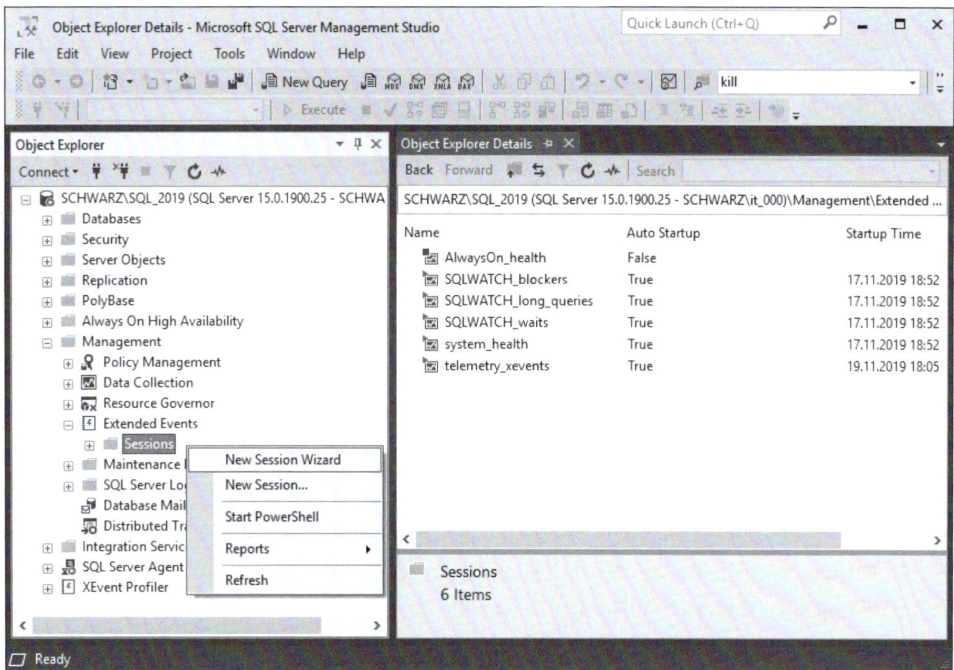

Abbildung 16.46 Kontextmenü für den Start des Assistenten zum Erstellen neuer Extended-Event-Profiler-Sitzungen

4. Der Assistent startet, und Sie sehen den Einführungsdialog des Assistenten. Klicken Sie in diesem Fall auf Weiter (Next), bis der Dialog Sitzungseigenschaften (Set Session Properties) erscheint.
5. Geben Sie jetzt einen Namen (in unserem Beispiel »Sitzung_1«) für die zu erstellende Sitzung ein, und klicken Sie auf Weiter (Next).

   Im Dialog Vorlage auswählen (Choose Template) können Sie nun eine Vorlage auswählen, die bereits entsprechende Ereignisse enthält und Ihnen eine manuelle Auswahl im nächsten Dialog erspart.
6. Aktivieren Sie die Option Diese Ereignissitzungsvorlage verwenden (Use this event session template), und wählen Sie aus der Auflistung den Punkt Abfragebatchnachverfolgung (Activity Tracking) aus (Abbildung 16.47).

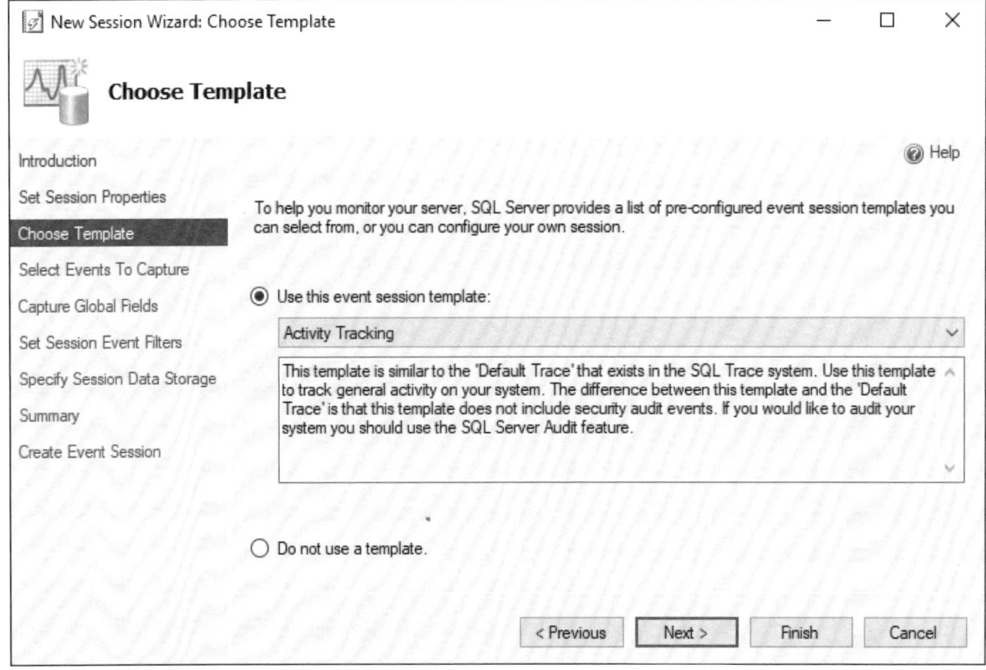

Abbildung 16.47 Auswählen einer Ereignisvorlage

7. Anschließend klicken Sie auf Weiter (Next).
8. Im daraufhin erscheinenden Dialog Aufzuzeichnende Ereignisse auswählen (Select Events To Capture) werden Ihnen im rechten Bereich Ausgewählte Ereignisse (Selected events) die Ereignisse aufgelistet, die durch die Auswahl der Vorlage bereits aufgezeichnet werden.

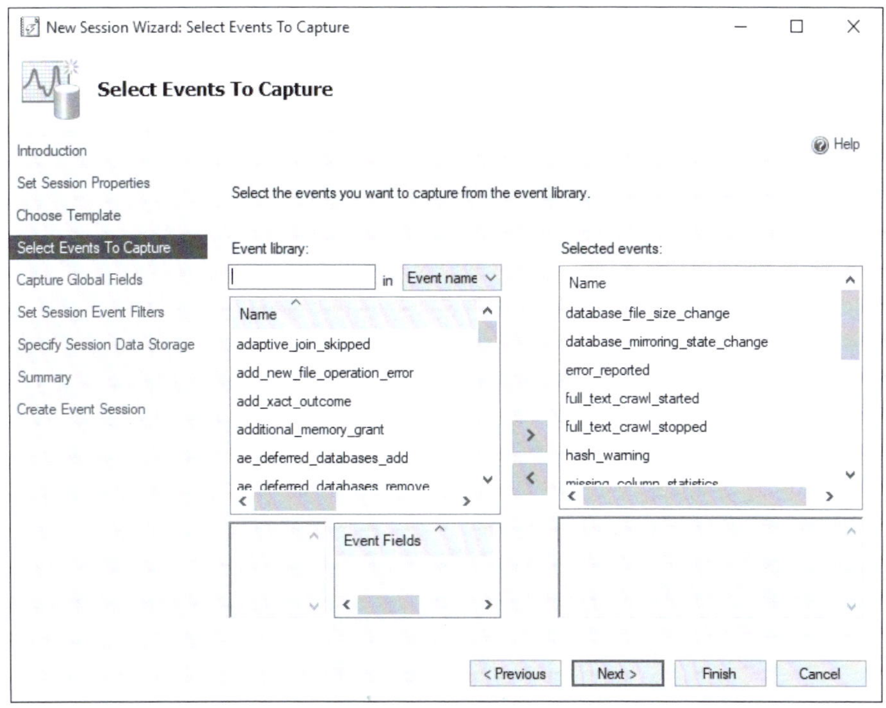

Abbildung 16.48 Hinzufügen eines weiteren aufzuzeichnenden Ereignisses

Im linken Bereich EREIGNISBIBLIOTHEK (EVENT LIBRARY) können Sie jetzt weitere Ereignisse wählen und aufgrund der vielfältigen Anzahl diese auch filtern.

Wenn Sie ein passendes Ereignis gefunden haben, wählen Sie es aus, und klicken Sie auf die Schaltfläche mit dem Pfeil nach rechts, um es zu übernehmen.

9. Im Dialog GLOBALE FELDER AUFZEICHNEN (CAPTURE GLOBAL FIELDS) können Sie die Spalten auswählen, die für alle aufgezeichneten Ereignisse global vorhanden sein sollen.
10. Klicken Sie anschließend zweimal auf WEITER (NEXT), bis der Assistentenschritt SITZUNGSDATENSPEICHER ANGEBEN (SPECIFY SESSION DATA STORAGE) erscheint (Abbildung 16.49). Hier können Sie den Zielort der aufzuzeichnenden Ereignisse angeben.
11. Klicken Sie auf WEITER (NEXT) und anschließend auf FERTIG STELLEN (FINISH) und SCHLIESSEN (CLOSE), um die Sitzung anzulegen.

    Die Sitzung wird Ihnen jetzt angezeigt, ist allerdings noch nicht aktiv.

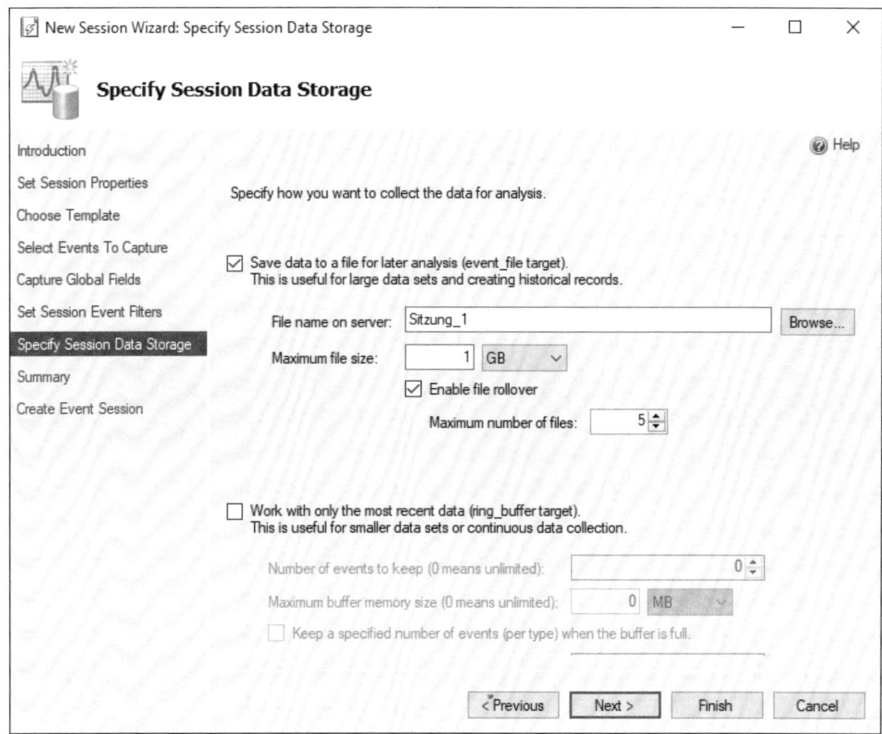

Abbildung 16.49 Angabe und Konfiguration des Zielspeicherortes der aufzuzeichnenden Ereignisse

Um die Sitzung anschließend zu starten, klicken Sie mit der rechten Maustaste die Sitzung an und wählen aus dem Kontextmenü den Menüpunkt SITZUNG STARTEN (START SESSION; siehe Abbildung 16.50).

12. Nachdem die Sitzung gestartet wurde, können Sie sich die gesammelten Daten anzeigen lassen. Hierzu klicken Sie erneut mit der rechten Maustaste auf die Sitzung und wählen LIVEDATEN ANSEHEN (WATCH LIVE DATA).

Wenn Sie innerhalb des Sitzungsordners das angelegte Paket PACKAGE0.EVENT_FILE mit der rechten Maustaste anklicken, können Sie sich die Zieldaten anzeigen lassen. Das Paket steht für die in der angegebenen Datei gesammelten Ereignisse und behält nur eine bestimmte Anzahl von Daten zur Anzeige bei. Das richtet sich allerdings nach den von Ihnen vorgenommenen Einstellungen (Abbildung 16.51).

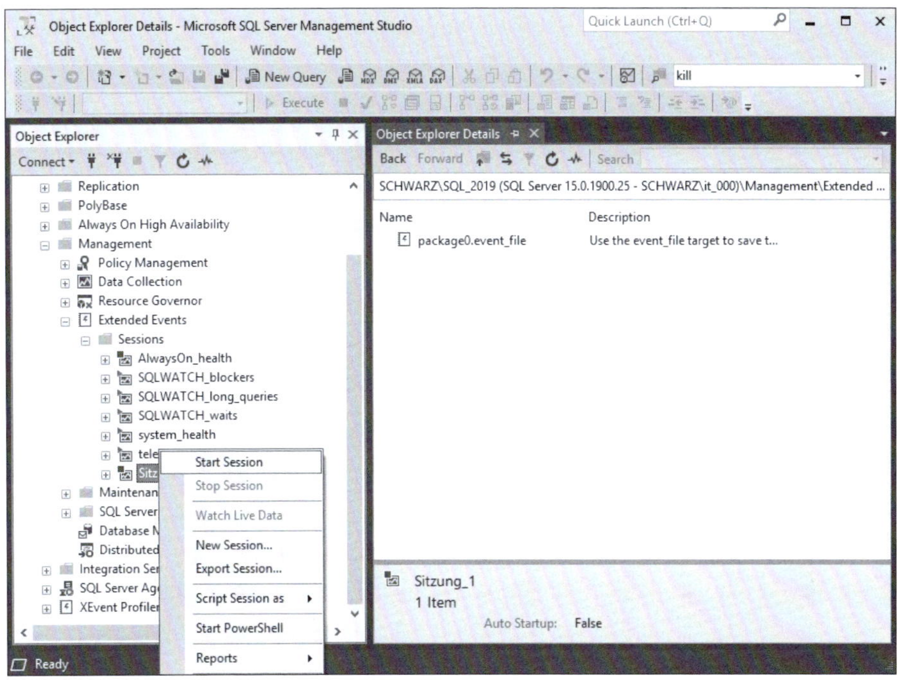

Abbildung 16.50 Starten einer Sitzung des Extended Event Profilers

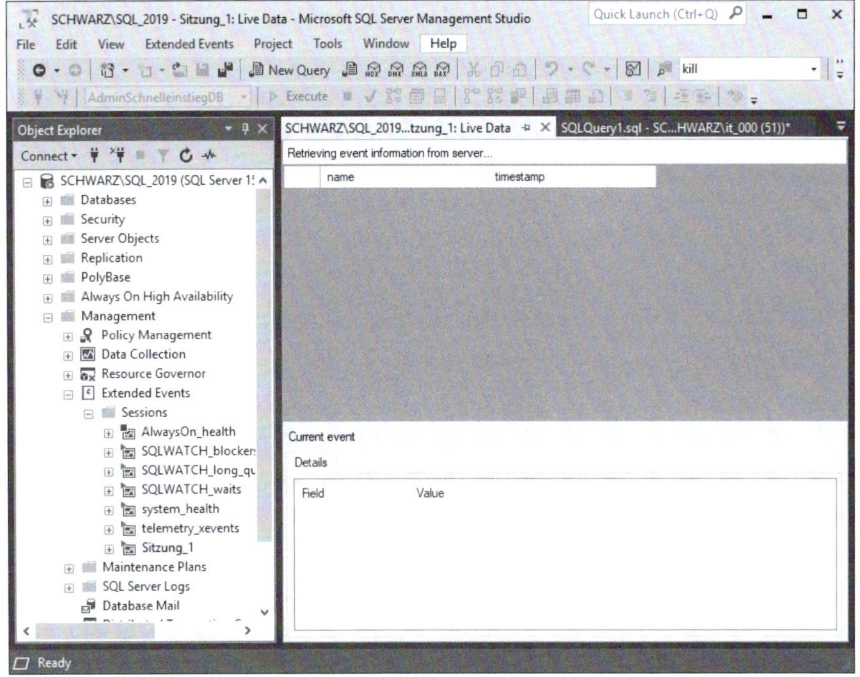

Abbildung 16.51 Anzeigen der Livedaten des Extended Event Profilers

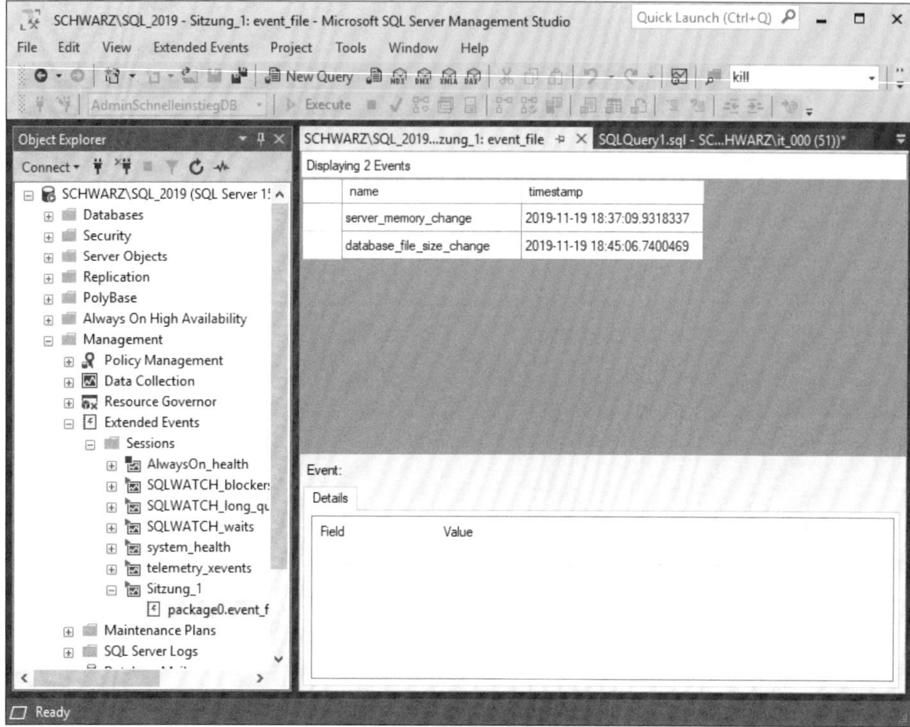

Abbildung 16.52 Anzeigen der in der Datei angegebenen Zieldaten

Kapitel 17
Hilfreiche Tools von Drittherstellern

In diesem Kapitel stellen wir diverse Tools vor, die Dritthersteller bereitstellen und die das Leben des DBA erheblich vereinfachen können.

Die in diesem Kapitel vorgestellten Tools helfen Ihnen als Datenbankadministrator, Ihren Job noch besser und schneller zu erledigen. Je nachdem, wie viele Instanzen zu betreuen sind, hat ein Admin nicht die Möglichkeit, jede einzelne Instanz und jede darin enthaltene Datenbank ständig im Auge zu behalten. Da eigentlich der ganze Job des DBA mit einem guten Monitoring steht und fällt, beginnen wir mit diesem Thema.

17.1 Monitoring

Es gibt enorm viele Hersteller für Monitoring-Tools. Entsprechend decken die Tools so ziemlich jede Preislage ab. Daher sollten Sie sich vorab Gedanken darüber machen, was ein solches Tool leisten soll, um eine sinnvolle Auswahl zu treffen. In der Regel unterstützen die Tools eine der wichtigsten Grundfunktionen: die Überwachung zentraler Parameter.

Falls Sie in Ihrem Unternehmen verschiedene Datenbanken wie Oracle, Sybase, MySQL oder MongoDB einsetzen, sollten Sie darauf achten, dass ein Monitoring-Tool alle von Ihnen eingesetzten Datenbanken unterstützt. Es kann durchaus vorkommen, dass Sie das ein oder andere Tool ausschließen müssen, weil es nicht alle Datenbanksysteme gleichzeitig bedienen kann.

Außerdem sollten Sie sich die Frage stellen, ob das Tool in der Lage ist, Sie (den DBA) im Fehlerfall zu alarmieren. Eine E-Mail-Benachrichtigung gehört normalerweise zum Standard eines Monitoring-Tools. Wollen Sie jedoch automatisch Tickets erstellen lassen, wird die Auswahl deutlich geringer. Doch keine Sorge, es gibt ausreichend viele Tools, die in der Lage sind, mit den gängigsten Ticket-Systemen umzugehen.

Im Folgenden stellen wir Ihnen eine kleine Auswahl geeigneter Tools vor:

- *Nagios* (*https://www.nagios.com/*) ist ein recht häufig und gern verwendetes Tool. Es bietet ein offenes und erweiterbares System, das Sie durch Plugins, die von der großen Community entwickelt werden, gut an Ihre Bedürfnisse anpassen können. Es unterstützt die Überwachung verschiedener Betriebsiyteme und diverser Datenbanksysteme wie MSSQL, MySQL, Mongodb und viele mehr. Eine Einzellizenz ist kostenfrei, weitere Lizenzen dürften relativ günstig zu beziehen sein. Leider erhalten Sie auf der Website keine ausreichenden Informationen zu den Kosten, so dass wir Ihnen bei Interesse empfehlen, bei einem Nagios-Partner anzufragen.

Zudem existieren mehrere Lösungen, die auf Nagios aufsetzen. Diese erweitern die Möglichkeiten von Nagios, sind an spezielle Bedürfnisse beispielsweise von SQL-Server-Landschaften angepasst oder weisen eine weiterentwickelte Oberfläche auf.

  - Eine solche erweiterte Lösung bietet etwa das Unternehmen *Thruk* (*www.thruk.org*).
  - *CheckMK* (*www.checkmk.de*) hat die Weiterentwicklung so weit getrieben, dass mittlerweile selbst der Kernel ausgetauscht wurde. Der Ansatz dieser Lösung ist, nicht alle Abfragen ständig über das Netzwerk abzuwickeln. Nicht so häufig anfallende Überwachungsschritte werden hier auf dem Server ausgeführt und gesammelt (einmal am Tag) übertragen. Dieses Vorgehen reduziert den Netzwerkverkehr enorm.

- Hersteller wie *RedGate* oder *Idera* wenden viel Zeit für die eigene Entwicklung ihrer Monitoring-Lösung auf. Da eine eigenständige Lösung sehr kostspielig sein kann, sind diese Lösungen entsprechend teurer, bieten dafür aber einen umfassenderen Support an.
- Auch große Hersteller bieten Monitoring-Lösungen an. Die umfassendste, aber auch kostenintensivste und vermutlich unflexibelste dürfte die von *IBM* sein. Eventuell setzen Sie oder Ihr Arbeitgeber genau diese Lösung ein, gemeinsam mit vielen weiteren Tools vom gleichen Hersteller. Dann ist die Integration einzelner Tools in das große Ganze relativ einfach; aber der Raum für Individuelles ist relativ klein.

Welches Werkzeug letztlich das richtige ist, müssen Sie selbst anhand Ihrer Anforderungen und finanziellen Möglichkeiten entscheiden.

17.2 Backup

SQL Server bietet Ihnen zwar die Möglichkeit, Backups mit Bordmitteln jobgesteuert zu erstellen und eventuell auch auf Fileshares abzulegen. Jedoch reichen diese oft nicht aus, um Revisionsanforderungen oder gesetzliche Vorgaben ausreichend zu erfüllen.

Natürlich ist das Angebot auch in diesem Bereich vielfältig: *Veeam*, *Tivoli*, *NetBackup* oder *Dataprotector* sind nur ein paar dieser Tools. Zudem gibt es noch Hersteller wie Idera und RedGAte, die zahlreiche Tools rund um den SQL Server programmiert haben. Sie sollten in jedem Fall Ihre bzw. die Infrastruktur Ihres Arbeitgebers berücksichtigen. Daneben müssen Sie die gesetzlichen Vorgaben bedenken: Fragen Sie sich daher, ob es ausreicht, Backups verfügbar zu halten – oder müssen diese sogar revisionssicher verwaltet werden? Wie steht es zudem mit der Datensicherheit – müssen die Daten besonders sicher aufbewahrt werden?

Von der Entscheidung für ein bestimmtes Werkzeug hängt daher eine ganze Menge ab. So ist es zumeist nicht einfach, auf ein alternatives Tool umzustellen, da in vielen Fällen eine doppelte Infrastruktur vorgehalten werden muss.

Einer der wichtigsten Faktoren ist die Datenmenge, die gespeichert werden muss. Eine 1 GB große Datenbank, die für 30 Tage vorgehalten und täglich gesichert wird, belegt schnell 30 GB Speicherplatz. Wenn Sie Ihren Bedarf für die Anzahl Ihrer Datenbanken in mehreren Instanzen ausrechnen, wird Ihnen sehr schnell die Bedeutung dieses Faktors deutlich.

Nicht zuletzt sollten Sie zudem bedenken, ob das Tool durch einen DBA oder durch ein eigenes Team bedient wird.

17.3 Analyse

Es gibt verschiedene Analyse-Tools, die Ihnen bei der Administrierung helfen:

- *DBATools:* Wie schon in Abschnitt 8.5, »DBATOOLS – PowerShell-Skripte für den Administrator«, erwähnt, handelt es sich hierbei um eine Sammlung von mehr als 500 PowerShell-Kommandos, die dem SQL-Server-Administrator in jeder Lebenslage helfen.
- *SQLWATCH:* In Abschnitt 8.6, »SQLWATCH – ein Open-Source-Monitoring-Projekt«, haben wir das Monitoring-Tool vorgestellt. Durch die Aufzeichnung historischer Daten kann es Ihnen bei der Analyse von Problemen helfen. Zudem können Sie ein sogenanntes Baselining durchführen, also die »normale« Belastung einer Instanz aufzeichnen. Damit können Sie vergleichen, wie hoch die aktuelle Belastung ausfällt.
- *Maintenance-Script von Ola Hallengren:* Ein weiteres kleines, aber sehr nützliches Helferlein ist das Skript von Ola Hallengren (*https://ola.hallengren.com/*). Ola hat ihre langjährige Praxiserfahrung im Umgang mit SQL Server in ein selbstentwickeltes Maintenance-Skript gepackt, von dem sich so manch ein teures Backup-Tool eine Scheibe abschneiden könnte. Das Skript installiert ein paar Prozeduren, mit deren Hilfe vorhandene Datenbankindizes gewartet werden können, was für

die Arbeitsgeschwindigkeit einer Datenbank entscheidend sein kann. Außerdem können Sie damit Backup-Jobs für die Datenbanken erstellen.

- *Brent Ozar:* Ein weiterer Quell der guten Ideen ist der englischsprachige Internetauftritt von Brent Ozar: *https://www.brentozar.com/*. Leider gibt es nur sehr wenig deutschsprachige und gute Informationen rund um SQL Server im Netz.

  Brent Ozar ist eine Gemeinschaft von hochkarätigen SQL-Server-Spezialisten, die neben einer Menge an Informationen sowohl Hilfsmittel für Datenbankadministratoren als auch ihre eigenen Dienste anbieten. Hier finden Sie diverse Skripts, die Sie als DBA unterstützen.

Natürlich gibt es auch hier wieder viele Tools von größeren Herstellern wie Idera oder RedGate, die bei Performance- oder auch anderen Problemanalysen helfen. Vor dem Kauf eines Tools sollten Sie sich gründlich darüber informieren. Viele Hersteller bieten eine kostenlose Testversion ihrer Tools an. Nutzen Sie diese Möglichkeit, um die Bedienung und auch die Ergebnisse auf Herz und Nieren zu prüfen. Manch ein Hersteller hat bestimmte Steckenpferde und entwickelt sie besonders gewissenhaft, kümmert sich aber weniger um andere Tools, die aber gerne im Paket mit angeboten werden.

17.4 DBA-Tätigkeiten

Hier kommt kaum ein DBA an den schon erwähnten *DBATools* vorbei. Mit ihnen können Sie sich sehr viel Zeit ersparen. Da diese Sammlung sehr mächtig ist, können Sie schnell enormen Schaden damit anrichten. Sie sollten daher die PowerShell-Kommandos ausgiebig in einer Testumgebung ausprobieren und erst in den produktiven Einsatz übergehen, wenn Sie die Tools sicher beherrschen.

Zudem gibt es diverse Foren oder Websites von Spezialisten, über die Sie sich Anregungen und Tipps holen oder Skripte herunterladen können, die Ihnen die Arbeit erleichtern oder sogar erst ermöglichen. Wir empfehlen Ihnen, gelegentlich bei diesen URLs vorbeizusehen:

- *SQL Server Central:* Die Seite *https://www.sqlservercentral.com/* beheimatet eine riesige Community von SQL-Server-Spezialisten. Hier finden sie zu fast jeder Frage rund um SQL Server eine Antwort. Daneben finden Sie hier eine enorme Skript-Sammlung für fast jeden Einsatzzweck.
- *Brent Ozar:* Wie bereits erwähnt, bieten die Mitarbeiter dieses Unternehmens auf der Site *https://www.brentozar.com/* interessante Werkzeuge, die Ihnen sehr weiterhelfen können. Sollten Sie allein nicht weiterkommen, können Sie hier gleich passende Seminare oder persönlichen Support buchen.

- *Kendra Little* (*https://littlekendra.com/*) beschäftigt sich seit vielen Jahren mit SQL Server und hilft anderen bei der möglichst effizienten Bedienung und Konfiguration. Viele erfahrene DBAs haben irgendwo eines der handgemalten Kendra-Little-Einhörner an der Wand hängen.

17.5 Die Onlinegemeinde

Wir empfehlen Ihnen, sich rege an der Onlinegemeinde der DBAs zu beteiligen. Hier finden Sie sowohl als Einsteiger wie auch als Fortgeschrittener stets Hilfe, sofern Sie sich an die Netiquette halten. Es gibt immer jemanden, der genau dieses Problem schon einmal hatte und der auch gerne bereit ist, sein Wissen mit Ihnen zu teilen. Selbst ein Profi kann nicht immer alles wissen, findet online aber auf vieles eine Antwort.

Kapitel 18

Problembehebung und Performance-Tuning

Deadlocks, Geschwindigkeit, Transaktionen, Isolation Level und vieles mehr: Dieses Kapitel gibt Ihnen einen Überblick über wichtige Technologien, Hilfsmittel und Lösungen, mit denen Sie so manche Herausforderung beim täglichen Administrieren von und Entwickeln für SQL Server meistern.

Die Überschrift dieses Kapitels enthält das Wort »Problem« – zugegeben, ein recht schillernder Begriff, den wir erst einmal klar abgrenzen möchten, damit Sie genau wissen, welcher Art die Probleme sind, die Sie nach der Lektüre dieses Kapitels beheben können.

Unter »Problemen« verstehen wir in erster Linie diejenigen, die aus einer falschen Konfiguration oder aus einem falschen oder unterlassenen Einsatz von Möglichkeiten resultieren, die Ihnen SQL Server bietet. Kenntnisse über grundlegende Zusammenhänge und Funktionsweisen der verwendeten Technologien und Werkzeuge sehen wir demnach als Voraussetzung für einen erfolgreichen und stabilen Betrieb. Der Neuling steht bei der Einarbeitung in dieses Datenbanksystem häufig vor einer unüberschaubaren Menge an Informationen.

In diesem Kapitel erläutern wir wichtige Möglichkeiten und Funktionsweisen, die aus unserer Sicht zum Wissen des Administrators und Datenbankentwicklers gehören sollten, um robuste und performante Datenbankanwendungen erstellen und pflegen zu können.

18.1 Richtiges Verwalten von Daten

SQL Server speichert seine Daten innerhalb einer Datenbank. Ganz genau in einer oder mehreren Datendateien, die die Dateiendung *.mdf* oder *.ndf* haben. Werden Daten gelesen oder geändert, geschieht dies immer in Datenseiten, die eine Größe von jeweils 8 KB haben. SQL Server liest oder schreibt immer ganze Datenseiten.

Eine Datenseite bildet die kleinste Einheit und kann immer nur Daten eines Datenbankobjekts speichern. Es können also nie zwei Datenbankobjekte Speicherplatz innerhalb einer Datenseite belegen. Jede Datenseite beginnt mit einem Header von 96 Bytes Größe. Dieser Header speichert wichtige Systeminformationen über die Seite. Dabei handelt es sich um den Seitentyp, die Nummer der Seite, freien Speicherplatz innerhalb der Seite sowie eine ID der übergeordneten Zuordnungseinheit, zu der die Seite gehört. Datenzeilen werden direkt nach dem Header fortlaufend in der Seite abgespeichert. Am Ende jeder Seite befindet sich eine Offset-Tabelle, die für jede Datenzeile einen Eintrag enthält, der den Beginn der Datenzeile vom Seitenanfang angibt. Die Datenseiten selbst sind wiederum in sogenannten *Blöcken* (*Extents*) organisiert. Ein Block besteht aus acht Datenseiten und hat damit eine Größe von 64 KB. Beim Speichern von Daten wird innerhalb der Datendatei benötigter Platz immer in Form von Blöcken belegt.

Es gibt zwei Arten von Blöcken:

- Von einem *gemischten Block* spricht man, wenn die einzelnen Datenseiten Daten speichern, die zu unterschiedlichen Datenbankobjekten gehören.
- Ein *einheitlicher Block* liegt dann vor, wenn die acht Datenseiten des Blocks Daten zu einem Datenbankobjekt speichern.

Eine Datenbank kann aus einer oder mehreren Datendateien bestehen. Jede Datendatei nutzt die ersten vier Seiten für interne Metainformationen. Diese Verwaltungsinformationen bestehen aus *File Header*, *Page Free Space* (*PFS*), *Global Allocation Map* (*GAM*), *Secondary Global Allocation Map* (*SGAM*) und belegen die ersten vier Seiten. Einzelheiten zu den soeben aufgeführten Verwaltungsinformationsbereichen entnehmen Sie der SQL-Server-Dokumentation im Abschnitt »Handbuch zur Architektur von Seiten und Blöcken«: *https://docs.microsoft.com/de-de/sql/relational-databases/pages-and-extents-architecture-guide?view=sql-server-ver15*

Eine Datenzeile einer Tabelle darf maximal 8.060 Bytes enthalten. Dies können Sie einfach überprüfen, indem Sie versuchen, folgende Tabelle anzulegen:

```
CREATE TABLE tabelle1(spalte1 CHAR (4000),spalte2 CHAR (4100));
```

Listing 18.1 Versuch, eine Tabelle zu erstellen, deren Zeilenlänge größer als 8.060 Bytes ist

Es wird folgende Fehlermeldung ausgegeben, da eine Zeile dieser Tabelle größer wäre als 8.060 Bytes:

```
Fehler beim Erstellen oder Ändern der 'tabelle1'-
Tabelle, weil die Mindestzeilengröße 8107 betragen würde, einschließlich
7 Bytes an internen Verwaltungsbytes. Dies überschreitet die maximal
zulässige Größe für Tabellenzeilen von 8060 Bytes.
```

Listing 18.2 Ausgabe von SQL Server

```
Msg 1701, Level 16, State 1, Line 2
Creating or altering table 'tabelle1' failed because the minimum row size
would be 8107, including 7 bytes of internal overhead. This exceeds the
maximum allowable table row size of 8060 bytes.
```

Listing 18.3 Ausgabe von SQL Server auf Englisch

Seit SQL Server 2005 wurde diese Regelung für die Datentypen varchar, nvarchar, varbinary, sql_variant oder Spalten mit CLR-benutzerdefinierten Datentypen aufgehoben bzw. aufgelockert, wie die Microsoft-Dokumentation angibt.

Eine Datenzeile einer Tabelle ist weiterhin an die Größenbeschränkung pro Datenseite gebunden. Allerdings kann die Gesamtbreite der Spalten die Größenbeschränkung von 8.060 Bytes überschreiten.

Wenn Sie versuchen, folgende Tabelle anzulegen, wird dies von SQL Server ohne Weiteres akzeptiert:

```
CREATE TABLE tabelle2(spalte2 VARCHAR(4000), spalte3 VARCHAR(4100));
```

Listing 18.4 Erfolgreicher Versuch, eine Tabelle mit einer Gesamtspaltenbreite von über 8.060 Bytes aufgrund der Verwendung variabler Datentypen anzulegen

Die Gesamtbreite der Spalten (4.000 + 4.100 = 8.100) ist laut Konvention für diese Datentypen in Ordnung. Ist nun die Zeilenlänge, konkret die Datenlänge der Tabellenzeile, länger als 8.060 Bytes, nimmt SQL Server die breiteste Spalte und verschiebt sie in die sogenannte ROW_OVERFLOW_DATA-Zuordnungseinheit. Ein 24-Byte-Zeiger verweist in der ursprünglichen Seite auf diesen Datenbereich.

Sie sollten beachten, dass diese Verschiebevorgänge im Zuge von Änderungen der Zeilendatenlängen die Leistung beeinträchtigen können, und dies bei der Planung Ihrer Datenbanktabellen berücksichtigen.

18.2 Daten lesen und schreiben

Wie im Abschnitt zuvor bereits erläutert, werden Daten immer seitenweise gelesen und geschrieben.

Wenn Daten in SQL Server geschrieben oder gelesen werden, werden sie nie direkt in die Datei geschrieben oder direkt aus der Datendatei gelesen. Schreib- und Lesevorgänge werden immer im Hauptspeicher des SQL Servers – auch *Pufferspeicher* genannt – durchgeführt.

18.2.1 Lesen von Daten

Ein Lesevorgang von Daten sieht wie folgt aus:

1. Der Anwender sendet eine Abfrage in Form einer SELECT-Anweisung an den Server.
2. SQL Server überprüft, ob die entsprechenden Datenseiten, die die benötigten Daten enthalten, im RAM des SQL Servers – dem Pufferspeicher – vorhanden sind.
3. Ist das nicht der Fall, müssen die jeweiligen Datenseiten von der Festplatte aus der Datendatei der Datenbank in den Hauptspeicher (Pufferspeicher) geladen und können dann durchsucht werden. Nicht benötigte Datenseiten müssen gegebenenfalls aus dem Pufferspeicher entfernt werden, um Platz für die neuen Datenseiten zu schaffen.
4. Sind die Datenseiten bereits im Pufferspeicher vorhanden, müssen keine Datenseiten in den Pufferspeicher nachgeladen werden. Die Suche kann sofort beginnen.

Wie Sie sich unschwer denken werden, kostet das Nachladen von Daten von der Festplatte natürlich wesentlich mehr Zeit, als wenn der Pufferspeicher bereits alle Datenseiten enthält, die für die Abfrage notwendig sind.

Merke: Mehr Pufferspeicher bedeutet mehr Performance

Zugriffe auf den Pufferspeicher des SQL Servers sind um ein Vielfaches schneller als Festplattenzugriffe. Das Ziel muss also sein, dass SQL Server möglichst viele Daten im Pufferspeicher vorhalten kann, um das leistungsbeeinträchtigende Nachladen, auch *Swapping* genannt, zu vermeiden.

Das bedeutet konkret: SQL Server braucht möglichst viel Hauptspeicher, um performant arbeiten zu können.

Ein wenig Verwirrung bereitet vielen Anwendern der Umstand, dass SQL Server – auch wenn Daten geschrieben werden – Änderungen immer nur im Pufferspeicher durchführt. Wie gelangen die Daten dann auf die Festplatte? Was, wenn der Server ausfällt oder ausgeschaltet wird?

18.2.2 Aktualisieren von Daten

Zunächst einmal ist es absolut korrekt, dass Datenaktualisierungen immer im Pufferspeicher von SQL Server durchgeführt werden. Jedoch werden sämtliche durchgeführten Datenaktualisierungen immer sofort im zugehörigen Transaktionsprotokoll aufgezeichnet. Diese Protokollierungen werden immer direkt in das Transaktionsprotokoll auf die Platte geschrieben.

Das ist übrigens ein Grund, warum das Transaktionsprotokoll immer auf einem Datenträger liegen sollte, der schnelle Schreibzugriffe erlaubt. Fällt SQL Server jetzt aus, stehen die Aktualisierungen immer noch im Transaktionsprotokoll, obwohl die Änderungen im Speicher verlorengegangen sind. Durch das Einspielen einer Datenbanksicherung und das zusätzliche Einspielen des Transaktionsprotokolls (Genaueres hierzu in Kapitel 9, »Backup und Restore«) können Sie gegebenenfalls die komplette Datenbank inklusive aller Änderungen wiederherstellen.

In regelmäßigen Abständen führt SQL Server einen sogenannten *Checkpoint* aus. Dieser geht, vereinfacht gesagt, über die Daten im Pufferspeicher und speichert die geänderten Datenseiten in den Datendateien direkt auf der Festplatte. Nach erfolgreicher Aktualisierung der Datendateien werden die Informationen im Transaktionsprotokoll entsprechend markiert.

Abhängig vom eingestellten Wiederherstellungsmodell der Datenbank, werden die Protokolleinträge des Transaktionsprotokolls entweder abgeschnitten und verworfen oder beibehalten. In Kapitel 9 erhalten Sie hierzu eine genauere Beschreibung.

Eine ausführliche Beschreibung zur Funktionsweise des Transaktionsprotokolls finden Sie bei Bedarf in der Hilfe von SQL Server oder auch auf den Seiten von Microsoft.

18.3 Wie werden Abfragen ausgeführt?

Abfragen an SQL Server müssen schnell und zuverlässig ausgeführt werden. Langsame Abfragen beeinflussen die Meinungsbildung über ein Datenbanksystem schnell in negativer Weise. Sie sind häufig die Ursache für die »Probleme«. Häufig hört man in diesem Zusammenhang den Satz: »Wir haben Probleme mit der Datenbank, sie arbeitet zu langsam.« Meist arbeitet jedoch nicht die Datenbank zu langsam, sondern die Abfragen benötigen zu viel Zeit. Um diese Schwierigkeiten zu beheben, ist die Kenntnis darüber, wie SQL Server Abfragen verarbeitet, von großer Bedeutung.

Teilweise verbergen sich hinter einem `SELECT`-Befehl (Abfragebefehl) sehr komplexe Abfragen, die irgendwie von SQL Server verarbeitet werden müssen, damit das Ergebnis schnell geliefert werden kann. Doch wie führt SQL Server eine Abfrage überhaupt aus?

Wenn der Anwender eine Abfrage an SQL Server sendet, erstellt SQL Server einen sogenannten *physikalischen Ausführungsplan*. Dieser Vorgang wird oft auch als *Kompilieren* bezeichnet. Hinter einem Ausführungsplan verbirgt sich, wie es der Name schon vermuten lässt, eine Anleitung: nämlich eine Anleitung, wie SQL Server das Ergebnis der Abfrage zu ermitteln hat.

18.3.1 Erstellung eines Ausführungsplans

Der Prozess zur Erstellung eines Ausführungsplans gliedert sich in drei Schritte, die wir Ihnen im Folgenden erläutern:

Parsing

Im ersten Schritt wird die Abfrage *geparst*. Das bedeutet, der Abfragebefehl wird auf syntaktische Korrektheit hin überprüft. Es wird ein Baum erstellt, der die Ausführungslogik der übermittelten Abfrage repräsentiert.

Überprüfung durch den Algebrizer

Im zweiten Schritt überprüft der *Algebrizer* Spalten und Tabellennamen sowie die Korrektheit zugeordneter Datentypen innerhalb der Abfrage. Es werden auch eventuell in der bisherigen logischen Baumstruktur vorhandene doppelte Operationen entfernt etc. Ziel dieses Schrittes ist es, den vom Parser erzeugten Baum weiter zu vereinfachen.

Optimierung

Der dritte Schritt übernimmt den vom Algebrizer erzeugten Baum und erstellt einen Ausführungsplan. Es wird entschieden, welche Indizes verwendet werden und in welcher Reihenfolge auf die involvierten Tabellen zugegriffen wird. Ein wichtiger Aspekt ist natürlich auch, wie die Verknüpfungen zwischen den Tabellen abgearbeitet werden.

Der Optimierer erstellt nicht nur einen Ausführungsplan, sondern mehrere. Für eine SQL-Abfrage führen in der Regel mehrere Lösungswege zum korrekten Ergebnis.

Aus den unterschiedlichen Ausführungsplänen, die vom Optimierer erstellt wurden, wird der Ausführungsplan mit den geringsten Kosten verwendet. Die Kosten werden nicht in Sekunden oder dergleichen angegeben, sondern sind eine vom Abfrageoptimierer erzeugte Kennzahl. Geringe Kosten stehen auch für eine schnelle Ausführungszeit. Der Optimierer nimmt letztendlich den Plan mit der geringsten Ausführungszeit für die Abfrage, um das Ergebnis zu liefern.

18.3.2 Der Plancache und die Wiederverwendung von Ausführungsplänen

Das Erstellen von Ausführungsplänen klingt sehr komplex, und trotzdem erledigt SQL Server diesen Vorgang innerhalb kürzester Zeit. Dennoch wäre es nicht sinnvoll und würde Zeit und Ressourcen (CPU-Last) kosten, für gleiche Abfragen jedes Mal einen neuen Ausführungsplan erstellen zu müssen. Aus diesem Grund gibt es den sogenannten *Plancache*, der bereits erstellte Ausführungspläne speichert, um sie eventuell wiederzuverwenden.

Bevor der Optimierer mit der Erstellung des Abfrageplans beginnt, wird im Plancache nachgesehen, ob sich darin bereits ein verwendbarer Ausführungsplan befindet. Ist das der Fall, wird die Abfrage unter Verwendung des gefundenen Plans gestartet.

```
-- SQL Server 2012 bis 2019 und vielleicht auch in zukünftigen Versionen
-- Anzeigen der im Plancache gespeicherten Abfragepläne
SELECT ECP.OBJTYPE AS TYP,
       db_Name(EST.DBID) AS DBName,
       est.text AS SQLBefehl,
       object_name(est.objectid,est.dbid) AS Objectname,
       ecp.usecounts AS Anzahl_genutzt,
       eqp.query_plan AS Abfrageplan
FROM sys.dm_exec_cached_plans AS ECP
CROSS APPLY sys.dm_exec_query_plan(ecp.plan_handle) AS EQP
CROSS APPLY sys.dm_exec_sql_text (ecp.plan_handle) AS EST;
```

Listing 18.5 Anzeigen der im Plancache gespeicherten Abfragepläne

Hinweis

Bitte beachten Sie in diesem Zusammenhang, dass die Abfrage exakt gleich sein muss. Gibt es auch nur eine kleine Abweichung, muss ein anderer Plan verwendet werden. Dynamisches SQL kann in diesem Zusammenhang ein echter Performancekiller sein.

18.3.3 SQL-Ausführungspläne richtig lesen

Ausführungspläne können Sie sich im SQL Server Management Studio (SSMS) zu Analysezwecken anzeigen lassen. Es gibt allerdings zwei Arten der Anzeige von Ausführungsplänen.

Geschätzter Ausführungsplan

Beim *geschätzten Ausführungsplan* (*estimated execution plan*) wird die Abfrage nicht ausgeführt, sondern es wird Ihnen nur eine grafische Darstellung des Abfrageplans angezeigt. Hierzu klicken Sie (siehe Abbildung 18.1) in der Toolbar auf die Schaltfläche GESCHÄTZTEN AUSFÜHRUNGSPLAN ANZEIGEN (englisch: DISPLAY ESTIMATED EXECUTION PLAN).

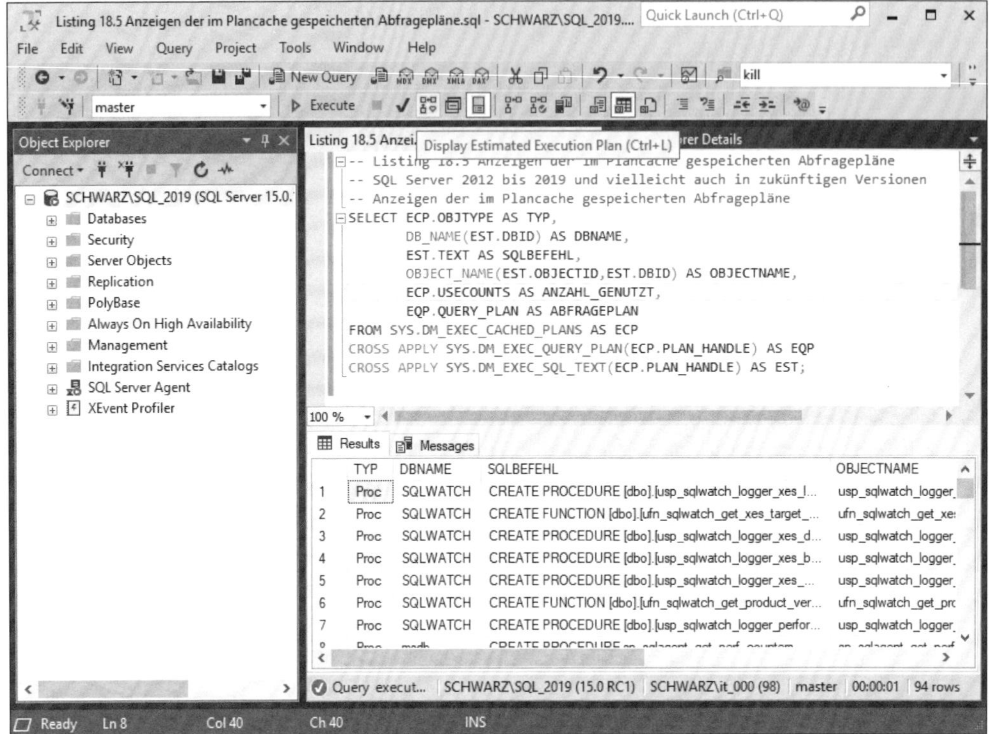

Abbildung 18.1 Schaltfläche zum Anzeigen des geschätzten Ausführungsplans im Management Studio

Tatsächlicher Ausführungsplan

Der *tatsächliche Ausführungsplan* (*actual execution plan*) führt die Abfrage aus und wird auf einer zusätzlichen Registerkarte grafisch dargestellt. Es werden auch mehr Informationen als im geschätzten Ausführungsplan angezeigt. Dies sind Informationen über verarbeitete Zeilen etc.

Dazu klicken Sie in der Toolbar auf die Schaltfläche TATSÄCHLICHEN AUSFÜHRUNGSPLAN EINSCHLIESSEN (INCLUDE ACTUAL EXECUTION PLAN; siehe Abbildung 18.2).

Ein Ausführungsplan wird immer von rechts nach links und von unten nach oben gelesen. In einem Ausführungsplan stehen die Pfeile für den Datenfluss, und es werden immer die Kosten für die jeweilige Operation im Verhältnis zu den Gesamtkosten angezeigt.

Wenn Sie den Mauszeiger über einen Operator oder einen Pfeil bewegen, öffnet sich wie in Abbildung 18.3 ein Tooltip-Fenster, in dem weitere Informationen eingeblendet werden.

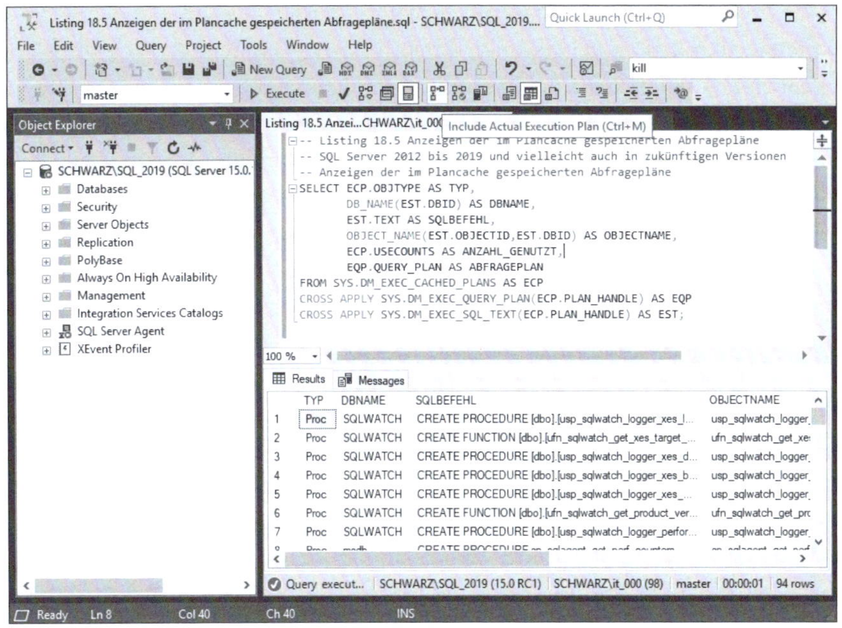

Abbildung 18.2 Schaltfläche zum Einschließen des tatsächlichen Ausführungsplans

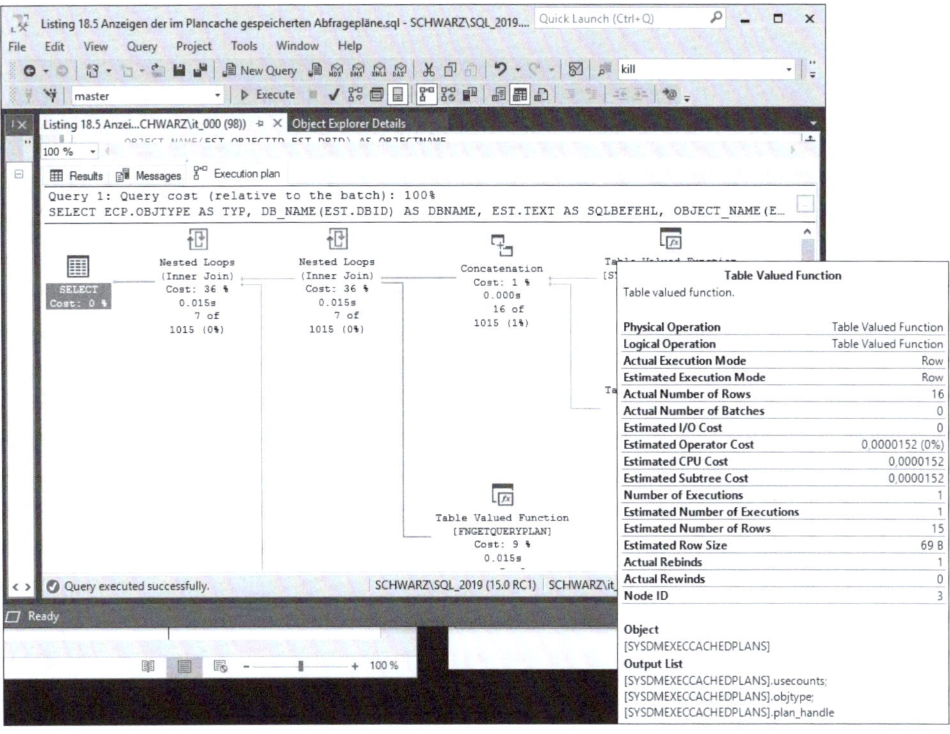

Abbildung 18.3 Anzeige eines Ausführungsplans im Management Studio

An der grafischen Anzeige eines Ausführungsplans erkennen Sie bereits, welche Operationen die meisten Kosten verursachen oder ob z. B. vorhandene Indizes ignoriert werden. Beachten Sie auch, dass Sie in einem Ausführungsplan nicht die einzelnen syntaktischen Elemente z. B. Ihrer `WHERE`-Klausel wiederfinden. Der Ausführungsplan enthält die logischen Operationen, die aus der an den Optimierer übergebenen Abfrage resultieren.

Das Studieren von Ausführungsplänen ist allerdings eine komplexe Angelegenheit, und wenn Sie sich weiter in die Materie einarbeiten möchten, empfehlen wir Ihnen den Abschnitt »Analysieren einer Abfrage« in der SQL-Server-Dokumentation von Microsoft:

https://docs.microsoft.com/de-de/sql/relational-databases/performance/compare-and-analyze-execution-plans?view=sql-server-ver15

18.4 Der Datenbankoptimierungsratgeber

Wenn Sie Microsoft-SQL-Server-Datenbanken optimieren, sollten Sie eines der wichtigsten Tools nicht übersehen, denn es vereint jahrzehntelange Datenbankerfahrung, Entwicklung und einfache Bedienbarkeit mit hoher Effizienz.

Gemeint ist der *Database Tuning Advisor* – auf Deutsch: Datenbankoptimierungsratgeber –, kurz *DTA*, der mit SQL Server ausgeliefert wird. Lediglich in den Express-Editionen ist der Datenbankoptimierungsratgeber nicht enthalten.

Den DTA rufen Sie entweder über das Menü EXTRAS (TOOLS) des Management Studios (siehe Abbildung 18.4) oder über den Menüpunkt TOOLS in der Programmgruppe von SQL Server auf (siehe Abbildung 18.5).

Die Aufgabe des DTAs ist es, Arbeitsauslastungsdateien oder T-SQL-Skripte auszuwerten und Empfehlungen zu generieren. Diese Empfehlungen – die nichts anderes sind als generierte SQL-Anweisungen, die Indizes, Statistiken, partitionierte Tabellen und indizierte Views anlegen – haben das Ziel, die mit der Arbeitsauslastungsdatei oder dem Transact-SQL-Skript übergebenen SQL-Abfragen/-Anweisungen zu beschleunigen.

Was ist eine Arbeitsauslastungsdatei?

Arbeitsauslastungsdateien erstellen Sie mit dem SQL Server Profiler. Sie starten den SQL Server Profiler über das Menü START • MICROSOFT SQL SERVER TOOLS [VERSIONSNUMMER] • SQL SERVER-PROFILER. Eine Arbeitsauslastungsdatei hat die Dateierweiterung *.trc*.

Weitere Hinweise finden Sie in Kapitel 16, »Überwachen von SQL Server«.

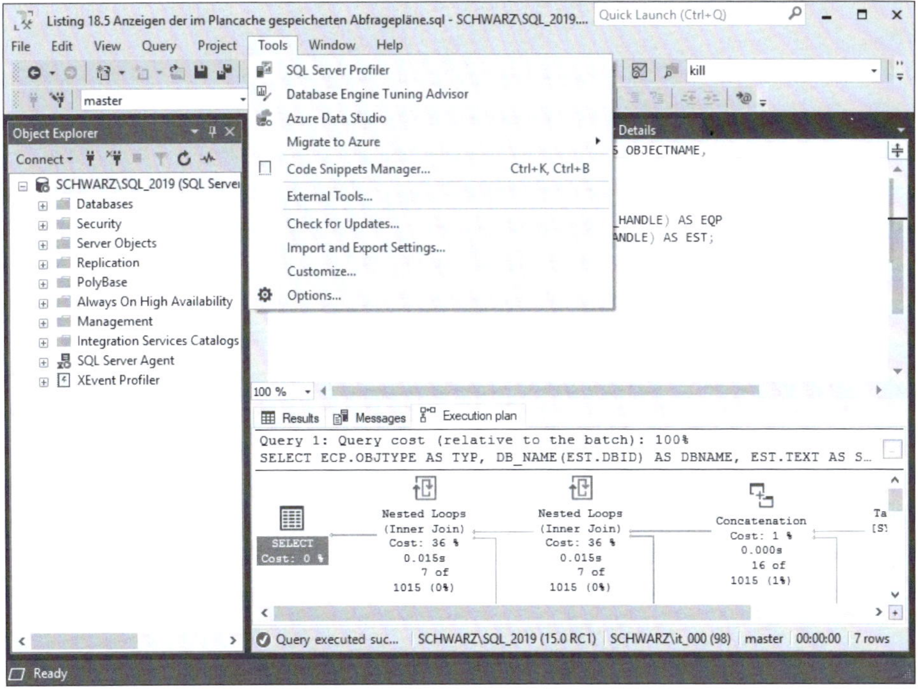

Abbildung 18.4 Aufruf des DTAs aus dem Management Studio

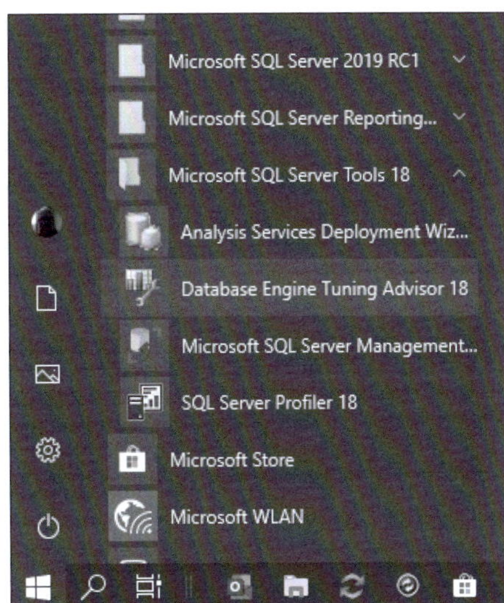

Abbildung 18.5 Aufruf des DTAs über die SQL-Server-Programmgruppe »Tools«

In Listing 18.6 sehen Sie eine typische vom Datenbankoptimierungsratgeber vorgeschlagene Anweisung.

```
CREATE NONCLUSTERED INDEX [_dta_index_Person_12_1765581328__K1_5_6_7] ON
[Person].[Person]
(
   [BusinessEntityID] ASC
)
INCLUDE ([FirstName],
   [MiddleName],
   [LastName]) WITH (SORT_IN_TEMPDB = OFF, DROP_EXISTING = OFF,
ONLINE = OFF) ON [PRIMARY];
GO
CREATE STATISTICS [_dta_stat_1765581328_1_7] ON [Person].[Person]
([BusinessEntityID], [LastName]);
GO
```

Listing 18.6 Beispiel für durch den DTA generierte Empfehlungen

Sie können steuern, welche Arten von Empfehlungen der DTA generieren soll und welche nicht. Dazu rufen Sie die Registerkarte OPTIMIERUNGSOPTIONEN (TUNING OPTIONS) des DTA auf, auf der Sie den DTA z. B. anweisen, keine Empfehlungen auf der Basis von Partitionen oder nur nicht gruppierte Indizes vorzuschlagen.

In der Microsoft-Onlinedokumentation finden Sie folgenden schönen Satz:

> *»Die Optimierung von Datenbanken mithilfe des Datenbankoptimierungsratgebers erfordert keine Erfahrung mit Datenbankstrukturen, Arbeitsauslastungen oder den internen Arbeitsfunktionen von SQL Server.«*

Es ist richtig, dass der DTA seine Empfehlungen auch generiert, wenn Sie selbst nicht genau wissen, was er da tut und was diese Empfehlungen bedeuten. Um die Resultate zu verstehen und gegebenenfalls selbst eingreifen zu können, benötigen Sie jedoch entsprechendes Basiswissen über gruppierte oder nicht gruppierte Indizes, Views und Partitionierung. Darüber hinaus sollten Sie damit vertraut sein, wie das Erstellen von Arbeitsauslastungsdateien mittels SQL Server Profiler funktioniert.

Probleme treten z. B. auf, wenn die dem DTA übergebene Arbeitsauslastungsdatei falsch erstellt wurde und nicht die für die Optimierung wichtigen Informationen enthält. Das kann schon daran liegen, dass die Arbeitsauslastungsdatei zur falschen Zeit angelegt wurde.

Ein Beispiel: Was, wenn Ihnen die Buchhaltung mitteilt, dass die Erstellung der Buchhaltungsberichte am Nachmittag unverhältnismäßig viel Zeit in Anspruch nimmt, Sie die Arbeitsauslastungsdatei aber am Vormittag generieren lassen, wenn die Buchhaltung keine Berichte erstellt?

In der Arbeitsauslastungsdatei werden die problematischen Abfragen, die am Nachmittag durch die Berichte erzeugt werden, nicht enthalten sein, und demnach wird der DTA diese Abfragen auch nicht optimieren können.

Da die Empfehlungen des DTA gegebenenfalls auch das Löschen von ineffektiven Indizes vorschlagen, können durch das Löschen von Indizes, die unter Umständen noch benötigt werden, Folgeprobleme auftreten.

Damit sind wir auch schon bei einem wichtigen Punkt, wie die Arbeitsweise des DTA zu sehen ist: Der DTA analysiert eine Datenbank nicht, indem ihm der Name der Datenbank mitgeteilt wird und er dann anhand der dort zu findenden Datenbankobjekte wie Tabellen, Trigger, gespeicherte Prozeduren, Views oder Daten »überlegt«, was hier wohl am sinnvollsten wäre.

Der DTA nutzt als Basis seiner Optimierungsanalysen und letztendlich seiner Empfehlungen immer Ablaufverfolgungsdateien, Ablaufverfolgungstabellen oder Transact-SQL-Skripte für die eigene Analyse der zu optimierenden Datenbank und für die Generierung der Empfehlungen.

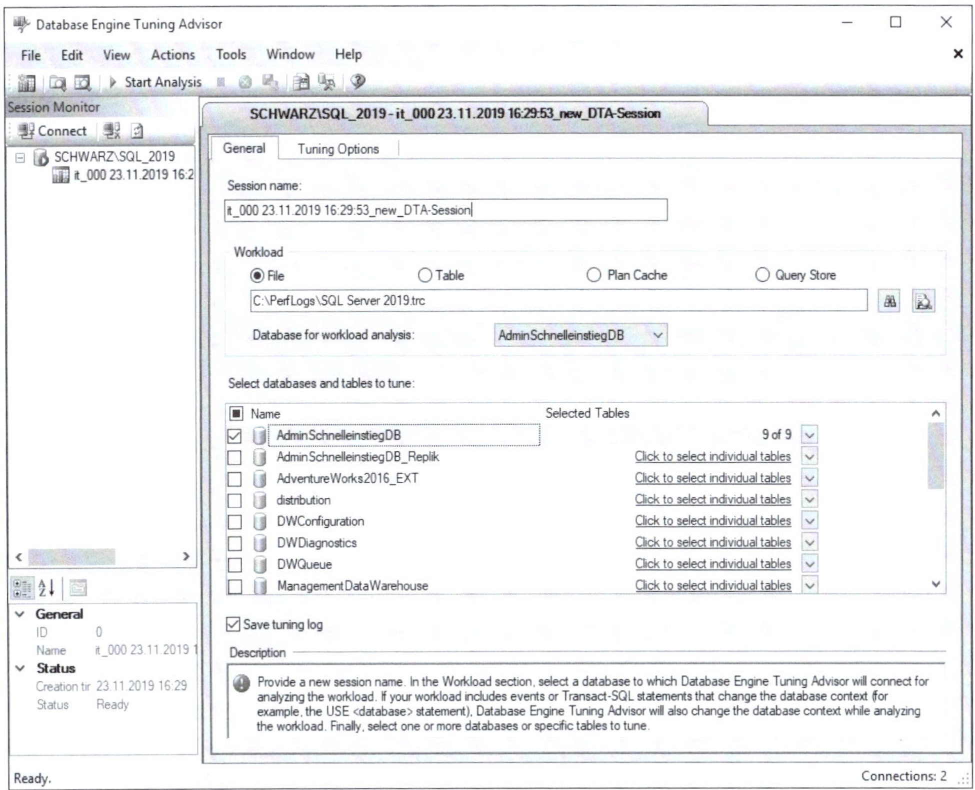

Abbildung 18.6 Vorgehensweise bei der Optimierung mit dem DTA

Das heißt konkret: Ohne die Kenntnis realer SQL-Befehle, die auf der zu optimierenden Datenbank ausgeführt werden, gibt es auch keine Optimierung!

18.4.1 Beschreibung der Vorgehensweise

In den folgenden Abschnitten möchten wir Sie durch die einzelnen Bereiche des DTA und die Phasen des Optimierungsprozesses führen. Hierbei werden wir Ihnen Funktionalitäten des DTA ausführlich erläutern.

Wir gehen hier jedoch nicht auf jede im DTA enthaltene Option ein, sondern erläutern vielmehr einen nach unseren Erfahrungen und Einschätzungen in der Praxis häufig vorkommenden Ablauf.

Des Weiteren gehen wir davon aus, dass eine entsprechende Arbeitsauslastungsdatei bereits vorhanden ist. Wie Sie Ablaufverfolgungsdateien erstellen, erfahren Sie in Kapitel 16, »Überwachen von SQL Server«.

Nach dem Start des DTA und der Anmeldung an ihrer Instanz befinden Sie sich automatisch auf der Registerkarte ALLGEMEIN (GENERAL) der Oberfläche des DTA (siehe Abbildung 18.7).

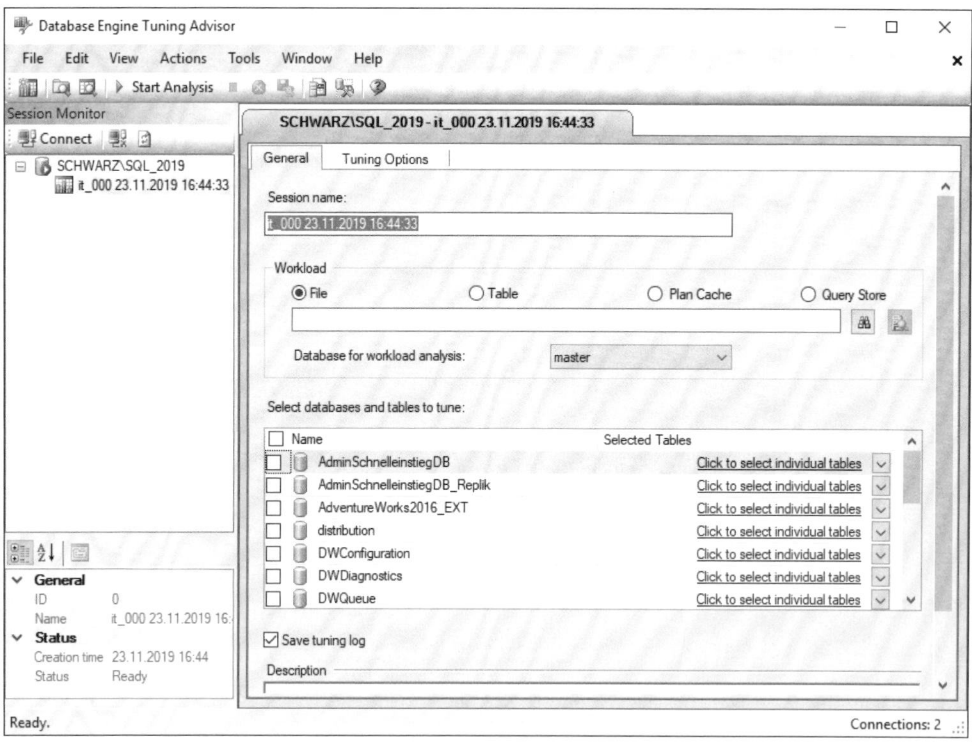

Abbildung 18.7 Oberfläche des DTA nach dem Start

Kommandozeilenversion des DTA

Den DTA können Sie auch über die Kommandozeile mittels *dta.exe* starten, dann stehen Ihnen zusätzliche Optionen zur Verfügung (z. B. Definieren eines Testservers oder Bestimmung der Anzahl der zu analysierenden Auslastungselemente). In diesem Abschnitt nutzen wir die grafische Benutzeroberfläche, die zwar weniger Optionen als die Kommandozeilenversion zulässt, aber eine professionelle und komfortablere Optimierung erlaubt.

Hinweis

Das Verhalten nach dem Start des DTA können Sie im Menü EXTRAS • OPTIONEN... (TOOLS • OPTIONS...) festlegen und einstellen, ob beim Starten eine neue Sitzung angelegt oder eine leere Umgebung angezeigt werden soll. Somit ist es möglich, dass Sie nicht mit dem Anlegen einer neuen Optimierungssession beginnen, die standardmäßig voreingestellt ist.

18.4.2 Registerkarte »Allgemein« (»General«)

Im linken Bereich, dem SITZUNGSMONITOR (SESSION MONITOR), sehen Sie Ihre aktuellen Sessions bzw. Optimierungssitzungen. Hier werden alle durchgeführten Optimierungssitzungen gespeichert, und Sie können ältere Optimierungsergebnisse bei Bedarf durch einen Klick darauf wieder anzeigen oder Einstellungen von vorherigen Sitzungen durch Klonen (Kopieren) der Sitzung übernehmen.

Der DTA legt beim Start in der Standardeinstellung automatisch eine neue Sitzung an und vergibt einen zutreffenden Sitzungsnamen, der in der Regel aus dem Datenbankbenutzer, dem Datum und der Uhrzeit besteht. Sie können diesen Sitzungsnamen entsprechend anpassen, damit Sie bei mehreren Optimierungen die Sitzungen auseinanderhalten können.

Im rechten Bereich, der Registerkarte ALLGEMEIN (GENERAL), sehen Sie die zugewiesenen oder zuzuweisenden Parameterdetails der ausgewählten oder neu angelegten Optimierungssitzung. Hier wählen Sie die Arbeitsauslastungsdatei sowie die zu optimierende Datenbank und die zugehörigen Tabellen aus, die der DTA für seine Analyse benötigt. Im Bereich ARBEITSAUSLASTUNG (WORKLOAD) geben Sie an, in welcher Form Ihre Arbeitsauslastungsdaten vorliegen. Sie haben die Wahl zwischen DATEI, TABELLE, PLANCACHE und ABFRAGESPEICHER (englisch: FILE, TABLE, PLAN CACHE und QUERY STORE).

Wählen Sie demnach für *.trc*-Dateien die Option DATEI (FILE), und öffnen Sie durch einen Klick auf die Schaltfläche mit dem Fernglassymbol den Dateiauswahldialog, um die Auslastungsdatei zu laden.

Sollten Ihnen die Daten in Form einer Datenbanktabelle vorliegen, wählen Sie die Option TABELLE (TABLE) und klicken ebenfalls auf die Fernglasschaltfläche. In diesem Fall müssen Sie die entsprechenden Verbindungsdaten zur Datenbank angeben und die Tabelle auswählen, die die Arbeitsauslastungsdaten enthält.

Hinweis

Mit SQL Server 2012 hinzugekommen ist die Option *Plancache*. Hier können Sie den DTA anweisen, die notwendigen Auslastungsdaten aus dem Plancache (siehe Abschnitt 18.3.2, »Der Plancache und die Wiederverwendung von Ausführungsplänen«) von SQL Server zu holen. Da im Plancache im Prinzip die wichtigsten kompilierten Abfragepläne enthalten sind, kann diese Option ein nützliches Feature bezüglich aktuell ausgeführter Anweisungen und deren Optimierung sein.

Auf eine der genannten unterschiedlichen Weisen teilen Sie dem DTA also mit, wo er die Daten der Arbeitsauslastung und damit die zu analysierenden T-SQL-Befehle findet.

18.4.3 Registerkarte »Optimierungsoptionen« (»Tuning Options«)

Durch einen Klick auf die Registerkarte OPTIMIERUNGSOPTIONEN (TUNING OPTIONS) wechseln Sie in den Dialog zum Festlegen verschiedener Optionen, die das Optimierungsverhalten des DTA steuern. Damit bestimmen Sie auch, was der DTA in seinen generierten Empfehlungen vorschlagen darf und was nicht. Dies sind wichtige Einstellungen: Es ist nämlich wenig sinnvoll, sich vom DTA z. B. gruppierte Indizes oder indizierte Views vorschlagen zu lassen, wenn Sie diese unter Umständen gar nicht einsetzen möchten oder können, da sie nicht verändert werden dürfen.

Unter OPTIMIERUNGSZEIT BEGRENZEN (LIMIT TUNING TIME) geben Sie an, wie lange die Optimierungsanalyse dauern soll. Hier empfehlen wir, für den ersten Anlauf auf jeden Fall den Standardwert von einer Stunde beizubehalten.

Vergessen Sie nicht, durch Setzen des Häkchens in der Checkbox OPTIMIERUNGSZEIT BEGRENZEN (LIMIT TUNING TIME, siehe Abbildung 18.8) die zeitliche Begrenzung tatsächlich zu aktivieren.

Je nachdem, wie groß die Arbeitsauslastungsdateien sind, kann der vollständige Analysevorgang sehr lange dauern. Die Begrenzung ermöglicht auch eine Einschätzung, ob überhaupt sinnvolle Empfehlungen generiert werden. Sollte dies der Fall sein, können Sie natürlich durchaus die Begrenzung erhöhen oder sogar ganz entfernen. Jedoch sollten Sie sich in diesem Fall auf eine längere Wartezeit einstellen. Dies dürfte bei großen Arbeitsauslastungsdateien der Fall sein.

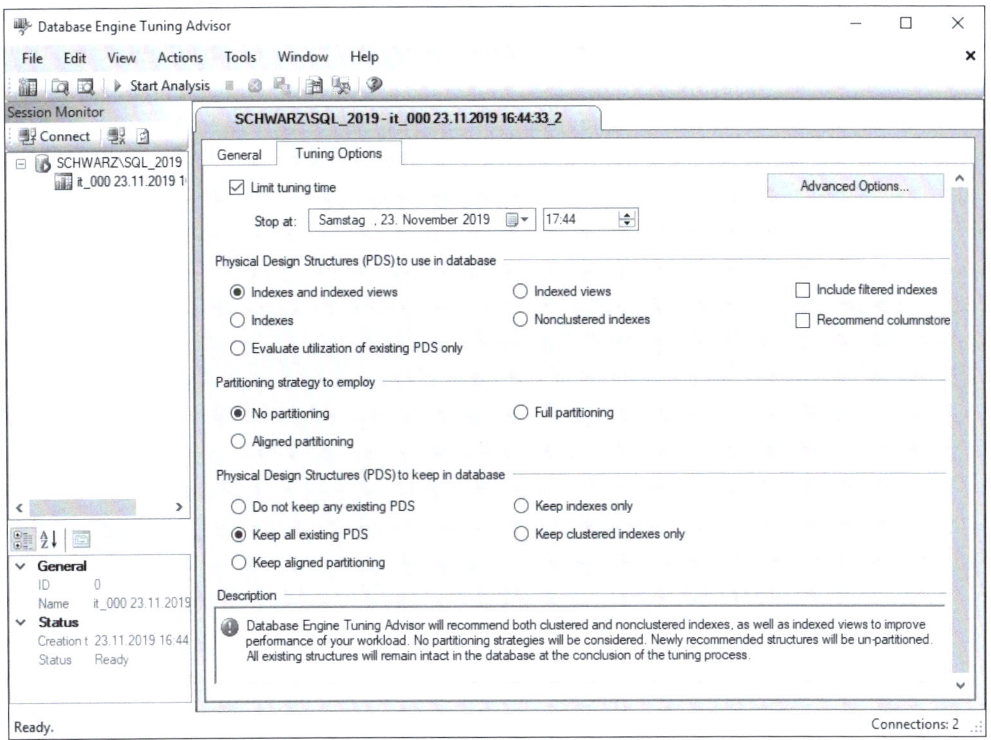

Abbildung 18.8 DTA mit geöffneter Registerkarte »Optimierungsoptionen« (»Tuning Options«)

Wir setzen in unserer täglichen Praxis immer eine zeitliche Begrenzung, da wir nicht im Ungewissen bleiben möchten, ob der DTA drei Stunden oder drei Tage für seine Analyse benötigen wird. Es kann übrigens ratsam sein, eine kleinere Zeitbegrenzung (20 Minuten) einzustellen, um zu sehen, ob überhaupt etwas empfohlen wird und der DTA etwas mit den Arbeitsauslastungsdaten anfangen kann.

Es ist in der Tat unbefriedigend, an einem Arbeitstag nach Stunden der Erwartung überhaupt keine Empfehlung, sondern lediglich ein umfangreiches, mit Fehlern gespicktes Optimierungsprotokoll (siehe Abschnitt 18.4.4, »Registerkarte ›Status‹ (›Progress‹)«) zu erhalten – und das nur deshalb, weil der DTA mit der Arbeitsauslastung nichts anfangen konnte oder einen Großteil davon ignoriert hat.

Im Prinzip ist die beschriebene Vorgehensweise daher eine Art, die übergebenen Parameter zu testen.

> **Hinweis**
>
> Über die Kommandozeilenversion des DTA können Sie auch die Anzahl der auszuwertenden Ereignisse in der Auslastungsdatei mit dem Argument `-n` begrenzen.

Unterhalb der Option OPTIMIERUNGSZEIT BEGRENZEN (LIMIT TUNING TIME) folgen drei Bereiche, in denen Sie festlegen, was in den Empfehlungen enthalten sein darf und was nicht, z. B. ob Strukturen verändert werden dürfen oder beibehalten werden müssen. In Tabelle 18.1, Tabelle 18.2 und Tabelle 18.3 erhalten Sie eine Auflistung darüber, was sich hinter den Optionen in den einzelnen Abschnitten verbirgt.

Option	Erklärung
INDIZES UND INDIZIERTE SICHTEN (INDEXES AND INDEXED VIEWS)	Gruppierte Indizes, nicht gruppierte Indizes und indizierte Sichten werden hinzugefügt.
INDIZES (INDEXES)	Es werden nur Indizes hinzugefügt.
UNTERSUCHE DEN GEBRAUCH BESTEHENDER PDS (EVALUATE UTILIZATION OF EXISTING PDS ONLY)	Es werden nur die bereits bestehenden Indizes untersucht.
INDIZIERTE SICHTEN (INDEXED VIEWS)	Ausschließlich indizierte Sichten werden hinzugefügt.
NICHT GRUPPIERTE INDIZES (NON-CLUSTERED INDEXES)	Es werden ausschließlich nicht gruppierte Indizes hinzugefügt.
GEFILTERTE INDIZES EINSCHLIESSEN (INCLUDE FILTERED INDEXES)	Es werden auch gefilterte Indizes eingeschlossen.
NUR AUSLASTUNG VORHANDENER PHYSISCHER ENTWURFSSTRUKTUREN BEWERTEN	Bei dieser Option werden nie neue Strukturen vorgeschlagen, sondern es werden nur die vorhandenen physischen Entwurfsstrukturen bewertet. Neue Strukturen werden dabei nicht hinzugefügt.

Tabelle 18.1 Optionen im Bereich »Physische Entwurfsstrukturen, die in der Datenbank verwendet werden sollen« (»Physical Design Structures (PDS) to use in Database«)

Option	Erklärung
KEINE PARTITIONIERUNG (NO PARTITIONING)	In den generierten Empfehlungen wird Partitionierung **nicht** verwendet.
VOLLSTÄNDIGE PARTITIONIERUNG (FULL PARTITIONING)	In den generierten Empfehlungen wird Partitionierung verwendet.
AUSGERICHTETE PARTITIONIERUNG (ALIGNED PARTITIONING)	Es werden nur Partitionen empfohlen, die an vorhandenen Partitionen der zugrundeliegenden Tabellen oder Sichten ausgerichtet sind.

Tabelle 18.2 Optionen im Bereich »Zu verwendende Partitionierungsstrategie« (»Partitioning strategy to employ«)

Option	Erklärung
KEINE VORHANDENEN PHYSISCHEN ENTWURFSSTRUKTUREN BEIBEHALTEN (DO NOT KEEP ANY EXISTING PDS)	Alle vorhandenen physischen Entwurfsstrukturen werden gelöscht. In Verbindung mit der Option NUR AUSLASTUNG VORHANDENER PHYSISCHER ENTWURFSSTRUKTUREN BEWERTEN (EVALUATE UTILIZATION OF EXISTING PDS ONLY) werden nur die aktuellen physischen Entwurfsstrukturen bewertet, um festzulegen, ob sie gelöscht werden können. Nur Löschen-Modus.
ALLE VORHANDENEN PHYSISCHEN ENTWURFSSTRUKTUREN BEIBEHALTEN (KEEP ALL EXISTING PDS)	Es werden alle vorhandenen Strukturen beibehalten. Es wird nichts gelöscht.
AUSGERICHTETE PARTITIONIERUNG BEIBEHALTEN (KEEP ALIGNED PARTITIONING)	Es werden nur Partitionen vorgeschlagen, die an vorhandenen Partitionen der zugrundeliegenden Tabellen oder Views ausgerichtet sind.
NUR INDIZES BEIBEHALTEN (KEEP INDEXES ONLY)	Es werden nur Indizes beibehalten, alle anderen Strukturen werden gelöscht.
NUR GRUPPIERTE INDIZES BEIBEHALTEN (KEEP CLUSTERED INDEXES ONLY)	Nur gruppierte Indizes werden beibehalten, alle anderen Strukturen werden gelöscht.

Tabelle 18.3 Optionen im Bereich »Physische Entwurfsstrukturen, die in der Datenbank beibehalten werden sollen« (»Physical Design Structures (PDS) to keep in database«)

Hinweis

Natürlich hat Microsoft wieder umfangreiche Informationen zum Thema, online verfügbar gemacht; Sie finden sie unter dem folgenden Link:

https://docs.microsoft.com/en-gb/sql/relational-databases/performance/start-and-use-the-database-engine-tuning-advisor?f1url=https%3A%2F%2Fmsdn.microsoft.com%2Fquery%2Fdev15.query%3FappId%3DDev15IDEF1%26l%3Den-GB%26k%3Dk(sql13.dta.tuningoptions.f1)%26f%3D255%26MSPPError%3D-2147217396&view=sql-server-ver15

Nachdem Sie diese Einstellungen vorgenommen haben, starten Sie die Analyse. Klicken Sie dazu in der oberen Symbolleiste auf ANALYSE STARTEN (START ANALYSIS, siehe Abbildung 18.9).

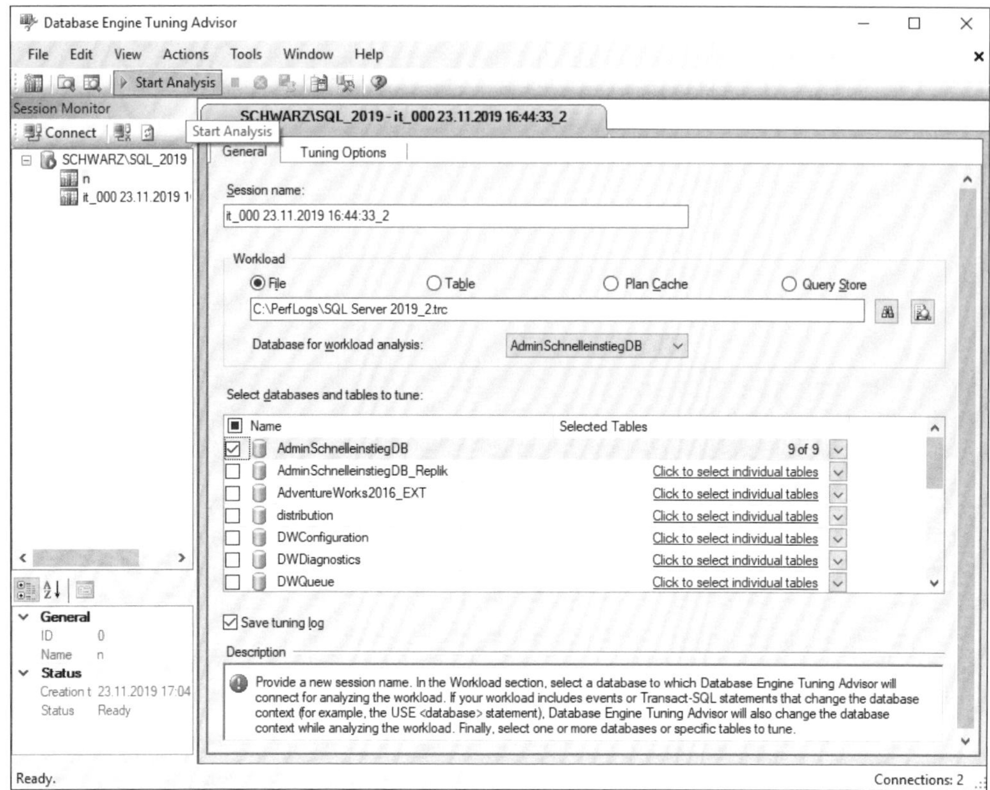

Abbildung 18.9 Schaltfläche zum Starten der Optimierungsanalyse

Der DTA beginnt nun auf Basis der von Ihnen vorgegebenen Parameter mit seiner Analyse.

18.4.4 Registerkarte »Status« (»Progress«)

Nach dem Start der Analyse wird eine weitere Registerkarte mit Namen Status (Progress) eingeblendet und auf diese gewechselt. Wie der Name schon sagt, wird hier der aktuelle Status des Analysefortschritts angezeigt.

Sie sehen jetzt verschiedene Phasen, die der DTA im Zuge der Analyse abarbeitet. Die letzte dieser Phasen lautet Empfehlungen werden generiert (Generating Recommendations).

Tabelle 18.4 erläutert die einzelnen Phasen und Aktionen, die Ihnen auf der Registerkarte Status (Progress) angezeigt werden.

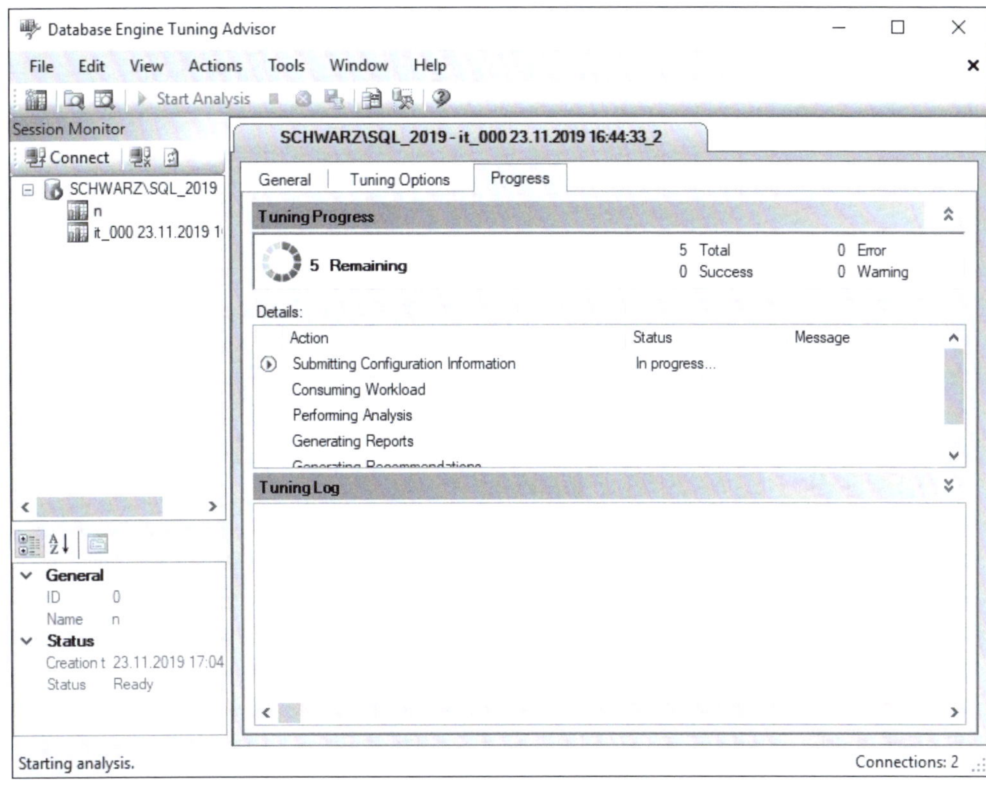

Abbildung 18.10 Registerkarte »Status« (»Progress«) des DTA

Option	Erklärung
Konfigurationsinformationen werden abgesendet (Submitting Configuration Information)	Übertragen der Konfigurationsoptionen
Analyse wird durchgeführt (Performing Analysis)	Hier findet die Analyse statt, und es wird während der Analyse sogar die zum aktuellen Zeitpunkt geschätzte Verbesserung angezeigt.
Berichte werden generiert (Generating Reports)	Hier werden die Berichte generiert, die nach Abschluss der Analyse über die Registerkarte Berichte (Reports) angesehen werden können.

Tabelle 18.4 Auflistung und Beschreibung der Phasen der Registerkarte »Status«

Option	Erklärung
ARBEITSAUSLASTUNG WIRD GELESEN (CONSUMING WORKLOAD)	In dieser Phase wird die an den DTA übergebene Arbeitsauslastungsdatei analysiert. Sollte es hier zu Problemen kommen, z. B. aufgrund einer falschen Auslastungsdatei, wird ein Fehler mit einer entsprechenden Nachricht generiert, und die Analyse wird abgebrochen. Ein mögliches Problem ist beispielsweise, dass die falsche Datenbank ausgewählt wurde und die Daten demnach nicht konform mit der zu optimierenden Datenbank sind. Dies wird auch im unteren Optimierungsprotokoll angezeigt.
EMPFEHLUNGEN WERDEN GENERIERT (GENERATING RECOMMENDATIONS)	Anzeige des Status »Empfehlungen werden generiert« (»Generating Recommendations«)

Tabelle 18.4 Auflistung und Beschreibung der Phasen der Registerkarte »Status« (Forts.)

Weiter unten in der Maske (siehe Abbildung 18.10) sehen Sie den Eintrag OPTIMIERUNGSPROTOKOLL (TUNING LOG). Das Optimierungsprotokoll sollten Sie sich stets ansehen, denn hier werden Ereignisse der Arbeitsauslastung protokolliert, die nicht optimiert werden können. Solche Fehler und Meldungen werden in dieses Protokoll geschrieben – ein wichtiger Indikator, an dem Sie sehen, ob es Probleme mit der Auslastungsdatei etc. gibt. Tabelle 18.5 beschreibt die einzelnen Spalten des Optimierungsprotokolls.

Option	Erklärung
KATEGORIEID (CATEGORYID)	Ordnet dem Ereignis eine dreistellige ID mit vorangestelltem Präfix zu. Diese ID wird allen Instanzen des zugehörigen Fehlers zugewiesen und ermöglicht so ein Durchsuchen der Optimierungsprotokolltabelle nach zugehörigen Einträgen zum Fehler. Das Präfix untergliedert die Datensätze in folgende Kategorien: ▸ S: Fehler (Anweisung oder Arbeitsauslastung) ▸ C: Fehler mit Einschränkung verbunden ▸ E: mit Server verbundener Fehler

Tabelle 18.5 Spaltenbeschreibungen des Optimierungsprotokolls

Option	Erklärung
EREIGNIS (EVENT)	Entspricht einem zugeordneten Ereignis, das aufgetreten ist oder auf das Bezug genommen wird. Das kann ein Batch, eine gespeicherte Prozedur etc. sein. Die Spalte kann aber auch leer sein, da es auch Meldungen gibt, die keinem Ereignis zugeordnet werden können.
ANWEISUNG (STATEMENT)	die dem Ereignis zugeordnete Anweisung (Befehl)
HÄUFIGKEIT (FREQUENCY)	Gibt an, wie oft der Datensatz vorkommt.
URSACHE (REASON)	Ursache, warum die Anweisung nicht optimiert werden konnte. Diese Meldung berücksichtigt Meldungen des DTA, des SQL Servers und auch Meldungen von ODBC-Treibern etc.

Tabelle 18.5 Spaltenbeschreibungen des Optimierungsprotokolls (Forts.)

Weitere Informationen zu den Meldungen des Optimierungsprotokolls finden Sie unter folgender URL:

http://technet.microsoft.com/de-de/library/ms175881.aspx.

Nachdem der DTA seine Analyse erfolgreich beendet hat, werden zwei weitere Registerkarten eingeblendet: EMPFEHLUNGEN und BERICHTE (RECOMMENDATIONS und REPORTS).

18.4.5 Registerkarte »Empfehlungen« (»Recommendations«)

Wie der Name schon vermuten lässt, stellt die Registerkarte EMPFEHLUNGEN (RECOMMENDATIONS) die Ergebnisse der Analyse dar. Wenn diese Registerkarte eingeblendet wird, ist die DTA-Analyse beendet, und die Empfehlungen wurden erstellt (oder auch nicht, wenn es nichts zu optimieren gab). Der Wechsel auf diese Registerkarte (siehe Abbildung 18.11) erfolgt automatisch.

Ein sehr interessanter Punkt ist die Anzeige GESCHÄTZTE VERBESSERUNG (ESTIMATED IMPROVEMENT). Hier liefert Ihnen das Programm eine Prognose, wie hoch der Performancegewinn sein dürfte, wenn die generierten Empfehlungen angewendet werden. Die geschätzte Verbesserung wird in Prozent angegeben.

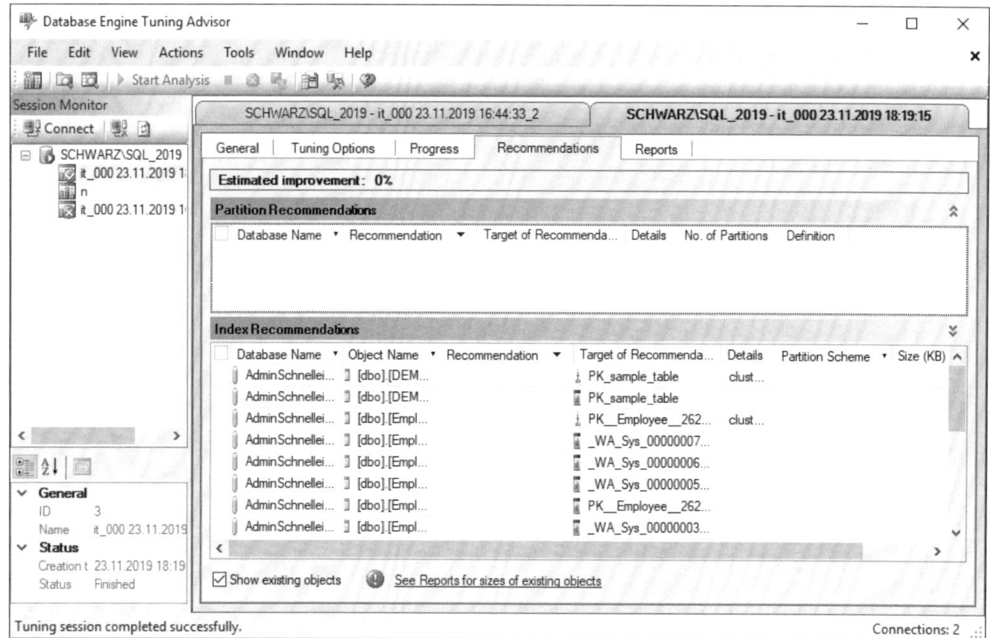

Abbildung 18.11 Generierte Empfehlungen im DTA

Darunter finden Sie die Darstellungen der vorgeschlagenen Empfehlungen in Form einer Tabelle, kategorisiert nach Empfehlungsart. Es werden DATENBANKNAME (DATABASE NAME), OBJEKTNAME (OBJECT NAME – hiermit ist das Datenbankobjekt gemeint, für das die Empfehlung generiert wurde), EMPFEHLUNG (RECOMMENDATION), EMPFEHLUNGSZIEL (TARGET OF RECOMMENDATION), DETAILS, PARTITIONIERUNGSSCHEMA (PARTITION SCHEME), GRÖSSE (KB) und DEFINITION angezeigt.

Um sich einzelne Empfehlungen anzusehen, scrollen Sie horizontal, bis die Tabellenspalte DEFINITION zu sehen ist, und klicken auf den Link. Es öffnet sich ein Fenster, das den SQL-Befehl anzeigt, der die Optimierung umsetzt.

Sie können nun prinzipiell auf zwei Arten fortfahren:

- Wenden Sie die Empfehlungen direkt an, indem Sie im Menü AKTIONEN (ACTIONS) den Menüpunkt EMPFEHLUNGEN ANWENDEN... (SAVE RECOMMENDATIONS...) auswählen und den Zeitpunkt (sofort oder später) für die Anwendung festlegen.
- Sie können – und das empfehlen wir Ihnen sehr – die Empfehlungen speichern und vor der Anwendung analysieren und nachbearbeiten.

Diese Auswahl der Möglichkeiten bietet sich Ihnen, wenn Sie wie in Abbildung 18.12 das Menü AKTIONEN (ACTIONS) des DTA öffnen.

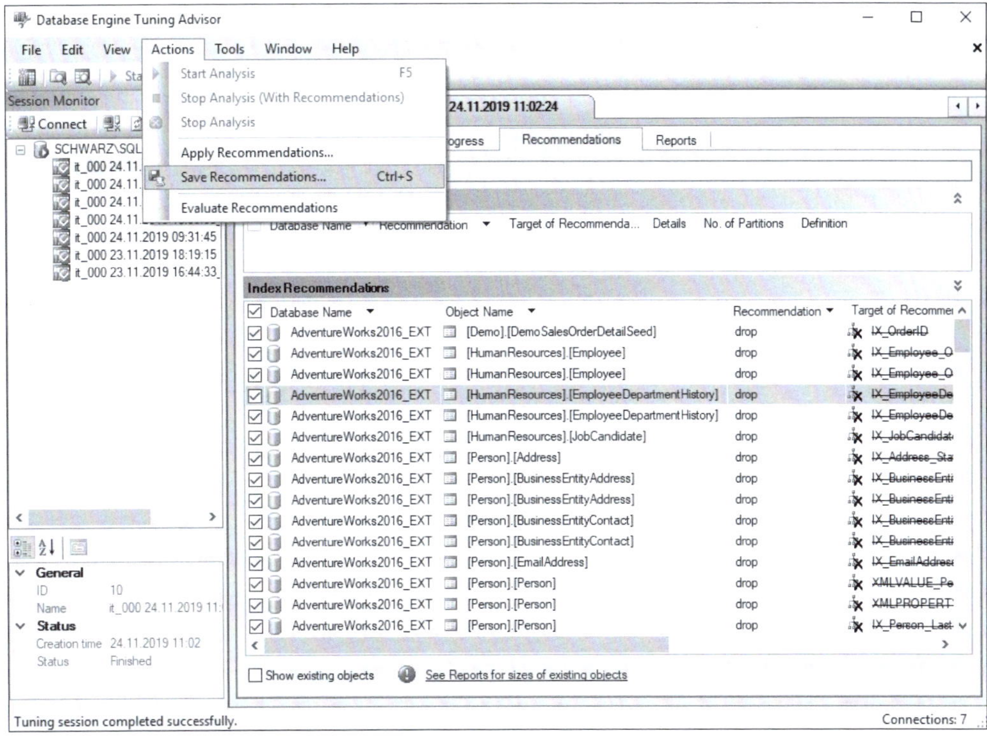

Abbildung 18.12 Menü »Aktionen« des DTA

Warum sollten Sie die generierten Empfehlungen speichern und analysieren? Die vom DTA generierten Empfehlungen sind sehr hochwertig. Es ist jedoch keine gute Idee, jeden vorgeschlagenen Index oder jede Partitionierung sofort in der Datenbank anzulegen. Je nachdem, welche Daten dem DTA in der Auslastungsdatei übergeben werden, kann es sein, dass z. B. Indizes für alle möglichen Variationen empfohlen werden, obwohl sie aus optimierungstechnischen Gründen nicht unbedingt notwendig sind. Damit meinen wir nicht, dass die Indexempfehlungen des DTA falsch sind, sondern es kann vielmehr sein, dass Sie sie nicht unbedingt anwenden müssen, um Ihr Optimierungsproblem zu lösen. Kurz und gut, die Datenbank ist unter Umständen auch ohne einige erstellte Indizes schnell. Der DTA meint es gewissermaßen zu gut, und natürlich schlägt er auf der Grundlage der Auslastungsdatei Verbesserungen vor, wo er die Möglichkeiten dazu sieht.

Ob Sie allerdings für eine Tabelle nur 5 oder doch 50 Indizes angelegt haben, ist ein Unterschied. Beim Eingeben oder Ändern von Daten in dieser Tabelle müssen immer auch die betreffenden Indizes aktualisiert werden, und auch das kostet Zeit. Es könnte also vorkommen, dass Sie zwar durch die Anlage von allen vorgeschlagenen oder vielen Indizes die Geschwindigkeit der Abfragen verbessern, dafür aber Datenaktualisierungen verlangsamen und neue Probleme schaffen.

Hier ist Vorsicht geboten, und Sie sollten genau einschätzen können, welche Empfehlungen in welchem Maß notwendig sind und was sie bewirken. Hier kommen wesentlich Ihr Fachwissen und eine spezielle Fähigkeit des Menschen zum Tragen: nämlich die Fähigkeit, Zusammenhänge zu erkennen und zu prüfen. Auf dieser Basis sollten Sie auch hier die von SQL Server generierte Empfehlung einer nochmaligen Qualitätsprüfung unterziehen.

Was Sie dazu benötigen, liefert Ihnen die Software: Sie haben die Möglichkeit, sich die generierten Empfehlungen in Form einer SQL-Datei ausgeben zu lassen. Diese SQL-Datei können Sie im SQL Server Management Studio und in einem Texteditor bearbeiten.

Es könnte ja sein, dass Sie bestimmte Empfehlungen entfernen oder die vergebenen Namen entsprechend ändern möchten. Der DTA vergibt nämlich teilweise sehr lange und (unserer Meinung nach) unpraktische Namen, die wir in der täglichen Praxis meistens in sinnvollere Bezeichnungen abändern.

Wie werden Empfehlungen abgespeichert?

Wählen Sie zum Speichern von Empfehlungen einfach im Menü AKTIONEN (ACTIONS) den Menüpunkt EMPFEHLUNGEN SPEICHERN... (SAVE RECOMMENDATIONS) aus (siehe Abbildung 18.12). Es erscheint dann ein SPEICHERN UNTER (SAVE AS)-Dialog, mit dem Sie die Empfehlungen als SQL-Datei abspeichern können.

Sind Sie mit den generierten oder nachbearbeiteten Empfehlungen in Form einer T-SQL-Skriptdatei zufrieden, können Sie diese wie jedes T-SQL-Skript in Ihrer zu optimierenden Datenbank anwenden.

18.4.6 Registerkarte »Berichte« (»Reports«)

Mit Abschluss der Optimierungsanalyse des DTA wird neben der Registerkarte EMPFEHLUNGEN (RECOMMENDATIONS) auch die Registerkarte BERICHTE (REPORTS) eingeblendet. Hier werden außer einigen sehr nützlichen Berichten über die zu erwartenden Verbesserungen auch Daten dargestellt, die auf der Grundlage der ausgewerteten Arbeitsauslastungsdaten erstellt wurden. Die Berichte können als XML- oder Textdaten abgespeichert werden.

Eine Übersicht über die einzelnen Berichte und ihre Bedeutung finden Sie hier:

http://technet.microsoft.com/de-de/library/ms189106.aspx.

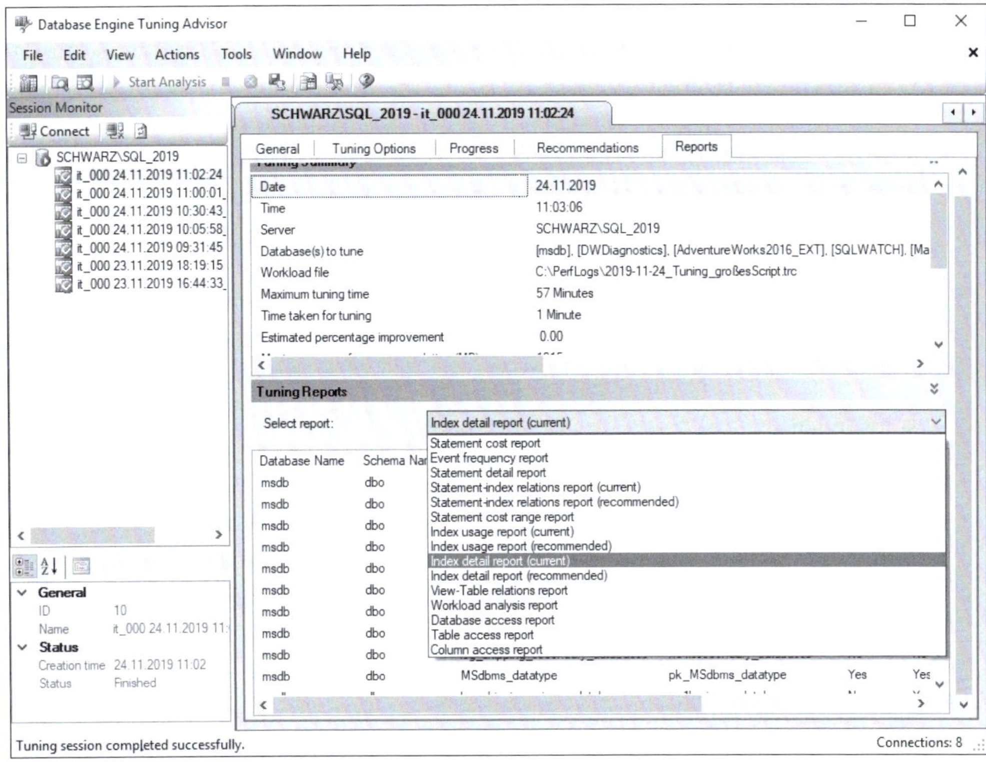

Abbildung 18.13 Registerkarte »Berichte« (»Reports«) im DTA

18.4.7 Fragen und Antworten

Frage: Arbeitet der DTA schneller, wenn ich unter OPTIONEN die Optimierungszeit begrenze?

Antwort: Der DTA arbeitet nicht schneller, sondern er arbeitet die übergebene Arbeitsauslastungsdatei nur bis zu dem Punkt ab, an dem er aufgrund der begrenzten Zeit abbrechen muss, um die Begrenzung der Optimierungszeit einhalten zu können.

Frage: Ist es besser, eine Arbeitsauslastungsdatei im Datenbanktabellenformat oder im Dateiformat zu erstellen?

Antwort: Das hängt ganz von den Umgebungsbedingungen ab. Die Dateivariante hat den Vorteil, dass Sie die Arbeitsauslastungsdaten wie normale Dateien schnell kopieren, packen und verschicken können.

Wenn Sie Auslastungsdateien in Datenbanktabellenform vorliegen haben, können Sie sie leichter auswerten, da Sie sie besser (mittels SELECT-Anweisung) abfragen können.

Zum Beispiel könnten Sie sich aus den Auslastungsdaten nur SELECT-Anweisungen über eine bestimmte Tabelle ausgeben lassen oder nur Anweisungen eines bestimmten Users herausfiltern. Auf dieser Basis können Sie bestimmte Details optimieren, indem Sie gewisse Aspekte herausfiltern, die für Sie nicht interessant sind, und damit auch die DTA-Optimierungslaufzeit beschleunigen. Sie erstellen sozusagen eine neue Auslastungstabelle, die nur entsprechende Auslastungsdaten enthält.

Die SQL-Anweisung zur Erstellung einer neuen Auslastungstabelle durch Filterung einer anderen lautet:

```
SELECT * INTO tabelle_neue_auslastungsdaten
FROM tabelle_basisauslastungsdaten WHERE duration > 1000000;
```

Sollte Ihnen eine *.trc-Datei* vorliegen, können Sie sie mittels SQL Server Profiler laden und dann als Datenbanktabelle abspeichern.

Frage: Wie könnte ein Optimierungsszenario aussehen?

Antwort: Ein kleines Beispiel: Sie sitzen in Berlin und möchten für eine Abteilung oder einen Kunden, der in Hamburg sitzt, die Produktivdatenbank optimieren, die Sie zuvor in Kopie auf Ihrem System in Berlin als Testdatenbank eingerichtet haben.

Der Ablauf könnte sich so gestalten: Die Abteilung in Hamburg schickt Ihnen immer die regelmäßig (im Rahmen des Optimierungsprozesses) aktuell erstellten Auslastungsdateien über das Internet. Diese Dateien stellen Sie Ihrem DTA zur Verfügung. Der DTA generiert Empfehlungen, und nachdem Sie diese begutachtet und auf Ihrer Testdatenbank eingespielt haben, schicken Sie sie via Internet nach Hamburg, wo sie eingespielt werden können. Jetzt erstellt Hamburg erneut Auslastungsdateien der Datenbank, die bereits die letzten Empfehlungen enthält, und schickt sie Ihnen wieder zu. Sie generieren erneut Empfehlungen, die Sie dann wieder nach Hamburg schicken, wo sie erneut eingespielt werden etc. So erreichen Sie eine rollierende Optimierung, die sich immer näher an das Optimum herantastet bzw. herantasten sollte.

Der Nachteil bei der soeben beschriebenen Variante ist, dass Testdatenbank und Produktivdatenbank wahrscheinlich andere Hardwareparameter verwenden und die Hardwareparameter des Produktivservers dem DTA bei dieser Methode nicht zur Verfügung stehen. In der Praxis konnten wir trotz dieses Nachteils dennoch sehr zufriedenstellende Ergebnisse erzielen.

Beachten Sie, dass es in der Kommandozeilenversion des DTA in SQL Server die Möglichkeit gibt, einen Testserver anzugeben. Dies ermöglicht es, trotz unterschiedlicher Hardwareparameter die Optimierung mithilfe der Hardwareparameter des Produktivservers durchzuführen. Diese Möglichkeit ist jedoch bei der grafischen Oberfläche nicht gegeben.

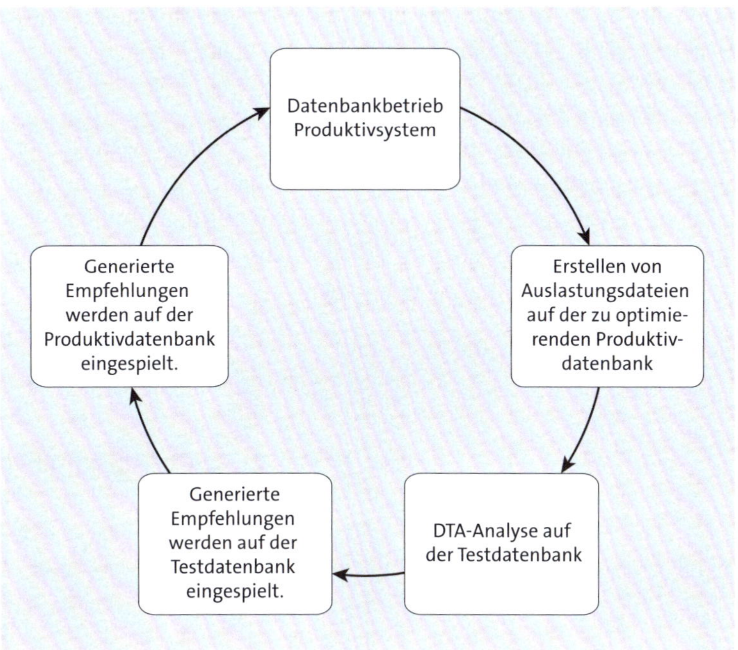

Abbildung 18.14 Optimierungsszenario mit DTA

Frage: Wie oft muss ich optimieren?

Antwort: Sehen Sie die Optimierung als fortlaufenden Prozess. Die Anforderungen an Datenbanken können sich durch Erweiterungen, Weiterentwicklungen oder neue Abfragen ständig verändern. Entsprechende Indizes oder andere physikalische Strukturen müssen demzufolge angepasst werden, insbesondere dann, wenn Performanceprobleme auftreten.

Sie müssen so oft optimieren, wie es die Leistung Ihrer Datenbank verlangt. Dies ist abhängig von der Situation und kann nicht pauschalisiert werden. Bei einigen Datenbanken reicht eine einzige Optimierung, und die Performance ist für unbegrenzte Zeit sehr gut; bei anderen Datenbanken, die eventuell stark anwachsen oder die sich ständig durch Entwicklungen verändern, ist eine regelmäßige Optimierung notwendig. Natürlich hängt dies auch davon ab, ob die Datenmenge der Datenbank kontinuierlich zunimmt oder Sie die Datenbankstruktur aufgrund von weiteren Entwicklungen verändern.

In der Regel merken Sie spätestens dann, dass eine Datenbank optimiert werden muss, wenn ein Kollege oder der Kunde Sie auf die immer schlechter werdende Performance aufmerksam macht. Nicht immer ist allerdings eine schlechte Performance auf die Datenbank zurückzuführen. Es kann auch an anderen Parametern liegen, z. B. an der Hardware, dem Betriebssystem oder dem Übertragungsmedium, Ihrem Netzwerk.

Sie sollten es aber nicht so weit kommen lassen und die Leistungsparameter (E/A-Operationen, CPU-Time etc.) Ihrer Datenbank entsprechend überwachen.

Frage: Kann ich auch eine einzelne SQL-Anweisung optimieren lassen?

Antwort: Ja. Markieren Sie dazu diese SQL-Anweisung im SQL Server Management Studio, klicken Sie mit der rechten Maustaste darauf, und wählen Sie aus dem Kontextmenü den Menüpunkt ABFRAGE IN DATENBANKOPTIMIERUNGSRATGEBER ANALYSIEREN aus (ANALYSE IN DATABASE ENGINE TUNING ADVISOR, siehe Abbildung 18.15). Die Abfrage wird dem DTA zur Analyse übergeben.

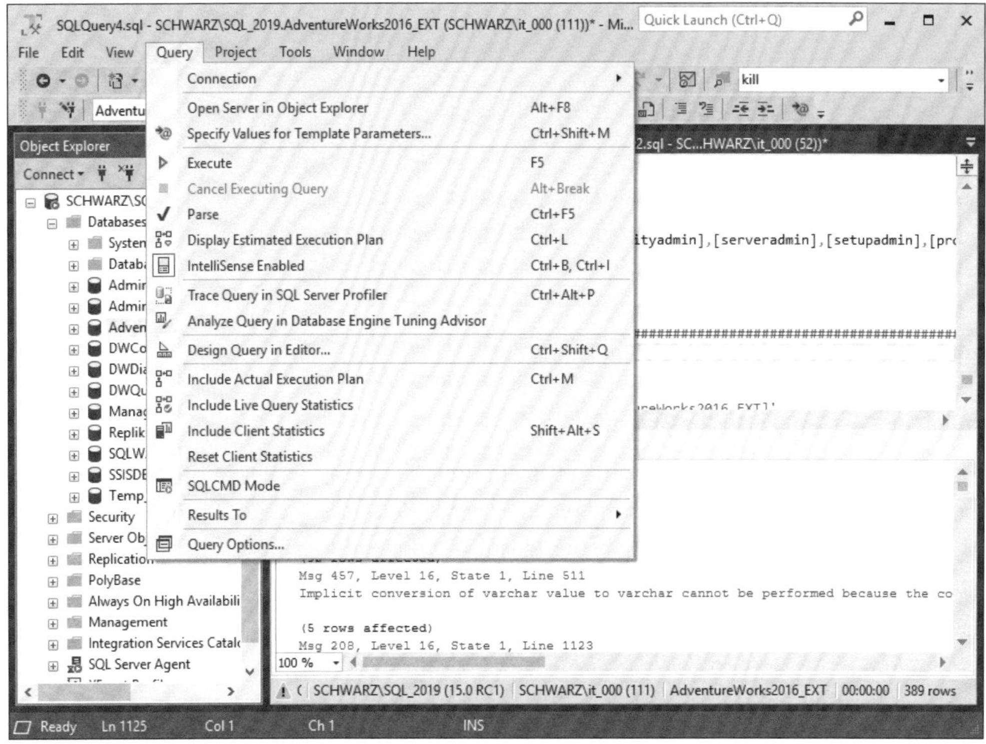

Abbildung 18.15 Aufruf des DTA aus dem Management Studio zum Analysieren einer einzelnen Abfrage

> **Hinweis**
>
> Wie bereits in Abschnitt 11.6, »Automatische Optimierung (automatic tuning options)«, erwähnt, bietet SQL Server seit Version 2017 und auch in Azure die Möglichkeit, sich selbst andauernd um die Performanceverbesserung zu kümmern. Der dabei eingeschlagene Weg ähnelt dem aus Abbildung 18.14, allerdings ohne den Nachteil der abweichenden Hardwareparameter.

18.5 Ressourcenkontrolle (Resource Governor)

Die Ressourcenkontrolle gibt Ihnen seit SQL Server 2008 die Möglichkeit, innerhalb einer SQL-Server-Instanz Ressourcen zuzuordnen. Mit vorherigen SQL-Server-Versionen war dies nicht möglich. Alle Anwendungen, die innerhalb einer Instanz von SQL Server 2005 und früher liefen, waren untereinander gleichberechtigt. Ressourcen wurden dahingehend verteilt, dass alle Anwendungen möglichst gleich zum Zuge kamen oder indem SQL Server die Verteilung nach bestem Wissen und Gewissen vornahm. Das ist natürlich in vielen Fällen absolut in Ordnung, da SQL Server am besten weiß, welche Ressourcen er wie verteilen soll. Unter bestimmten Umständen ist dies jedoch nicht unbedingt von Vorteil. Stellen Sie sich vor, dass ein umfangreicher aufgerufener Report auf einem Produktivsystem, wie z. B. einem Buchungssystem, derartig viel CPU- und Hauptspeicherressourcen verbraucht, dass die eigentlich wichtigen Buchungsprozesse dadurch behindert und eingeschränkt werden.

Mit der SQL-Server-Ressourcenkontrolle ist es jetzt möglich, den Ressourcenverbrauch (CPU, Hauptspeicher) gewisser Anwendungen innerhalb einer SQL-Server-Instanz zu beschränken, damit diese bei intensiven, ressourcenfressenden Aufgaben die Datenbank nicht so stark verlangsamen, dass produktives Arbeiten unmöglich wird. Die Ressourcenkontrolle ist demnach ein Schutz vor Anwendungen, die zu viele Ressourcen verbrauchen. Es findet eine Priorisierung statt.

Die Ressourcenkontrolle arbeitet *connect-bezogen*. Das bedeutet, dass sie anhand der Benutzeranmeldung bestimmt, in welchen Ressourcengrenzen die damit einhergehenden abzuarbeitenden Befehle laufen.

Beachten Sie in diesem Zusammenhang aber auch, dass Sie auf diesem Weg jede Instanz in die Knie zwingen können, ob gewollt oder ungewollt.

18.5.1 Ressourcenpools

Zu diesem Zweck werden sogenannte *Ressourcenpools* definiert. Ressourcenpools können Sie sich als Gruppen vorstellen, die die physischen Ressourcen des SQL Servers wie eine weitere virtuelle Instanz repräsentieren. Einem Ressourcenpool weisen Sie die minimal und maximal zu verbrauchenden Ressourcen zu.

Dies sind konkret:

- minimaler und maximaler CPU-Prozentsatz
- minimaler und maximaler Arbeitsspeicherprozentsatz

Diese Minimal- und Maximalwerte stellen die garantierte Mindestverfügbarkeit der Ressourcen des Pools dar.

18.5.2 Arbeitsauslastungsgruppen

Den Ressourcenpools ordnen Sie genau definierte Arbeitsauslastungsgruppen zu. Für diese Arbeitsauslastungsgruppen vergeben Sie konkrete Ressourcengrenzen wie Arbeitsspeicherzuweisung in Prozent, CPU-Zeit (Sekunden), Grad an Parallelität. Diese Ressourcengrenzen können Sie während des laufenden Betriebs ändern. Das bedeutet, dass es möglich ist, gewisse Abfragen zu beschleunigen, die plötzlich schneller ausgeführt werden müssen. Dies kann z. B. dann notwendig sein, wenn ein Bericht, der selten ausgeführt wird, aufgrund zusätzlich freier Ressourcen nun doch beschleunigt werden soll.

18.5.3 Klassifizierungsfunktion

Mithilfe einer sogenannten *Klassifizierungsfunktion* bestimmen Sie, welche Anmeldung welcher Arbeitsauslastungsgruppe zugewiesen wird. Es geht also darum, in welchem Ressourcenpool die Anmeldung ausgeführt wird. Die Klassifizierungsfunktion wird in der Datenbank MASTER angelegt.

```
USE [MASTER]
GO
SET ANSI_NULLS ON
GO
SET QUOTED_IDENTIFIER ON;
GO
CREATE FUNCTION [dbo].[ressourcen_kontrolle]() RETURNS SYSName
WITH SCHEMABINDING
BEGIN
      DECLARE @Auslastgruppe AS SYSName;
      SET @Auslastgruppe = 'DEFAULT';
      IF(SUser_Name() = 'mfankre')
      BEGIN
            SET @Auslastgruppe = 'prio1users';
      END
RETURN @Auslastgruppe;
END
```

Listing 18.7 Beispiel für eine Klassifizierungsfunktion für die Anmeldung »mfranke« mit Rückgabe der zugewiesenen Arbeitsauslastungsgruppe

Hinweis zum Erstellen der Klassifizierungsfunktion

Im Vorlagen-Explorer des Management Studios finden Sie im Ordner RESSOURCENKONTROLLE (RESOURCE GOVERNOR) eine Vorlage zum Erstellen der Klassifizierungsfunktion.

Die Ressourcenkontrolle konfigurieren Sie entweder über das Management Studio oder über Transact-SQL.

Konfigurieren der Ressourcenkontrolle

Im folgenden Beispiel legen wir einen Ressourcenpool mit Namen »prio1pool« und eine Arbeitsauslastungsgruppe mit Namen »prio1group« an. Über die Klassifizierungsfunktion `ressourcen_kontrolle()` stellen wir sicher, dass dem SQL-Server-Benutzer »mfranke« zugewiesene Ressourcen garantiert werden.

Starten Sie das Management Studio, und verbinden Sie sich mit der SQL-Server-Instanz, für die Sie den Resource Governor einrichten möchten. Legen Sie die Klassifizierungsfunktion `ressourcen_kontrolle()` (siehe Listing 18.7) in der Datenbank MASTER an, und überprüfen Sie die korrekte Erstellung.

Hierzu öffnen Sie den Ordner PROGRAMMIERBARKEIT • FUNKTIONEN • SKALARWERTFUNKTIONEN (PROGRAMMABILITY • FUNCTIONS • SKALAR-VALUED FUNCTIONS) der Datenbank MASTER (siehe Abbildung 18.16).

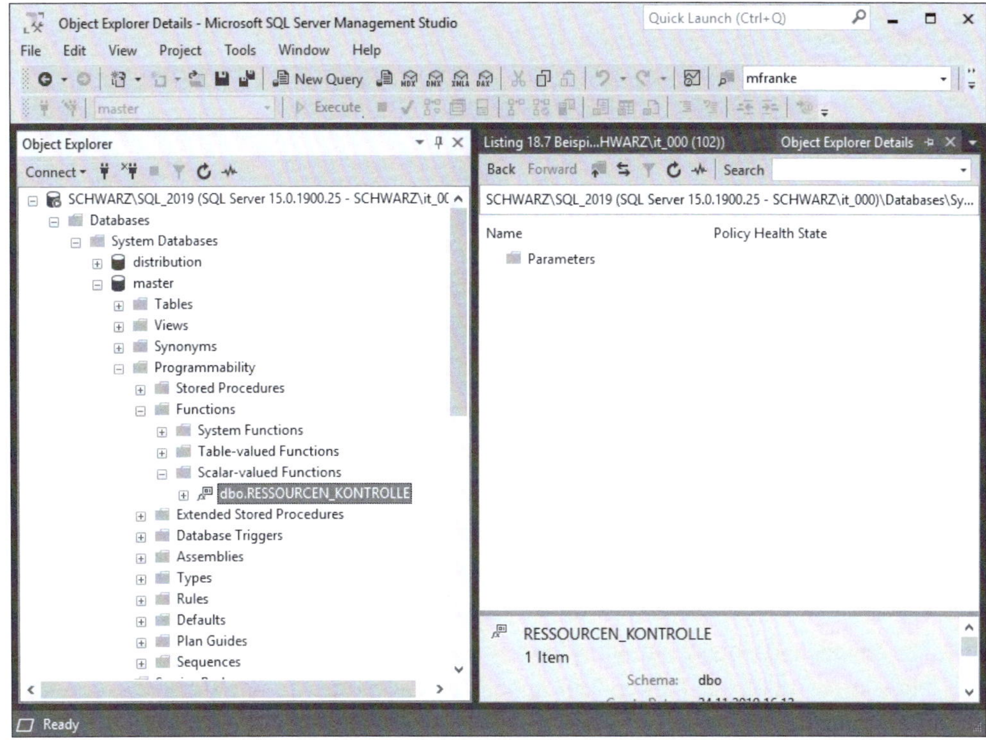

Abbildung 18.16 Angelegte Klassifizierungsfunktion in Datenbank MASTER

Öffnen Sie den Ordner VERWALTUNG (MANAGEMENT) im SSMS, klicken Sie mit der rechten Maustaste den Punkt RESSOURCENKONTROLLE (RESOURCE GOVERNOR) an, und wählen Sie anschließend – wie in Abbildung 18.17 gezeigt – den Menüpunkt EIGENSCHAFTEN (PROPERTIES).

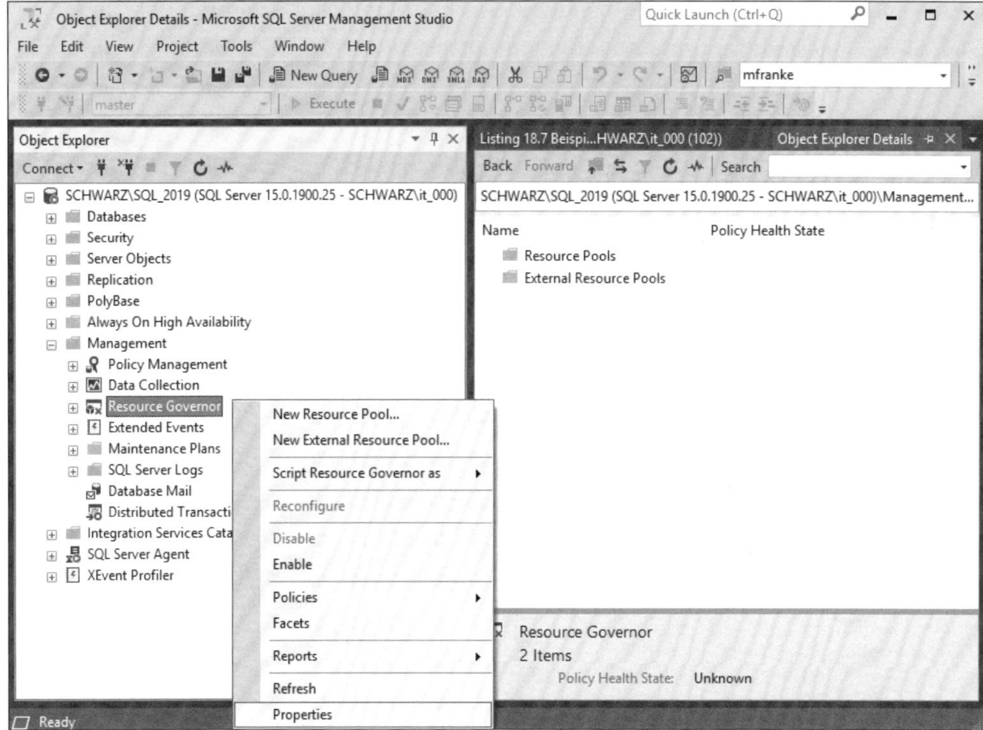

Abbildung 18.17 Aufruf der Eigenschaften der Ressourcenkontrolle im SSMS

Es erscheint der Dialog EIGENSCHAFTEN DER RESSOURCENKONTROLLE (RESOURCE GOVERNOR PROPERTIES; siehe Abbildung 18.18).

Zuerst aktivieren Sie den Resource Governor, mit einem Häkchen im Feld RESSOURCENKONTROLLE AKTIVIEREN (ENABLE RESOURCE GOVERNOR).

Wählen Sie jetzt im Feld DER NAME DER KLASSIFIZIERUNGSFUNKTION (CLASSIFIER FUNCTION NAME) die bereits angelegte Funktion DBO.RESSOURCEN_KONTROLLE aus.

In der tabellarischen Darstellung RESSOURCENPOOLS (RESOURCE POOLS) legen Sie den Ressourcenpool mit Namen »prio1pool« an und tragen in der zugehörigen Spalte MAXIMALER CPU-PROZENTSATZ (MAXIMUM CPU %) den Wert 50 ein. Stellen Sie sicher, dass anschließend die Zeile des Ressourcenpools PRIO1POOL aktiv ist.

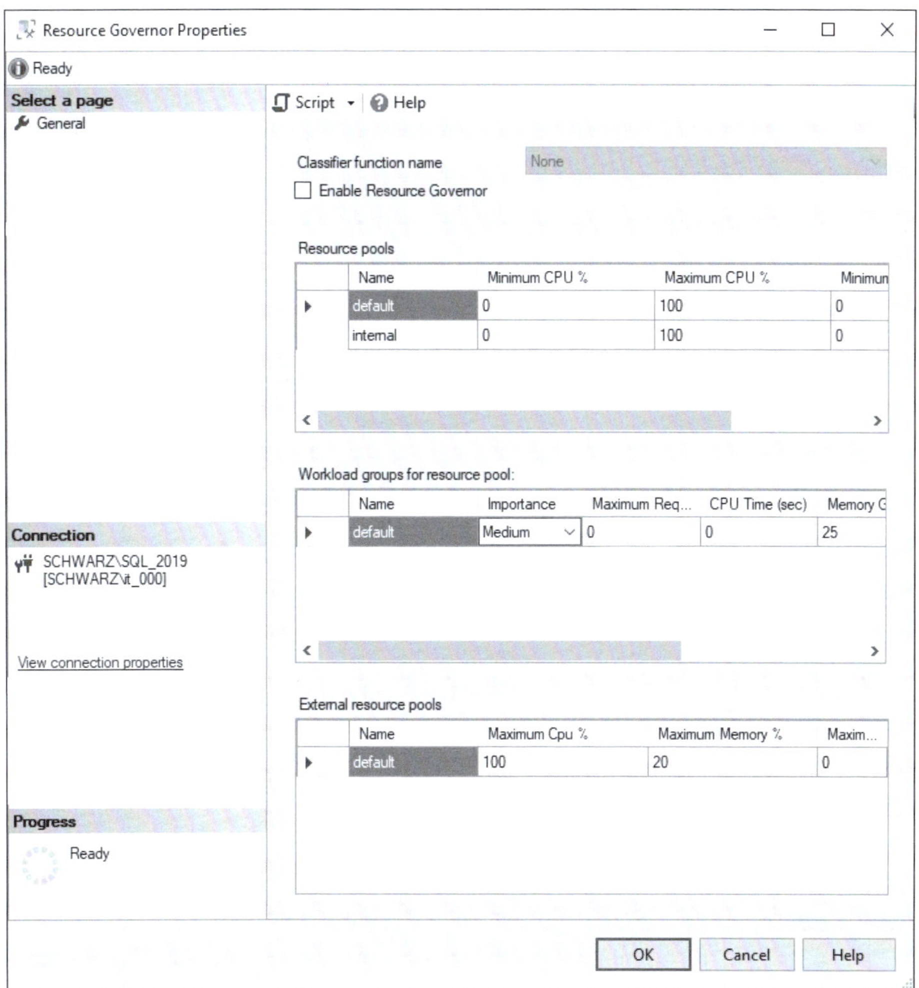

Abbildung 18.18 Eigenschaften der Ressourcenkontrolle (»Resource Governor Properties«)

Anschließend legen Sie in der unteren Tabelle ARBEITSAUSLASTUNGEN FÜR RESSOURCENPOOL: PRIO1POOL (WORKLOAD GROUPS FOR RESOURCE POOL: PRIO1POOL) die Gruppe »prio1users« an und übernehmen die Standardeinstellungen.

Klicken Sie auf OK, und bestätigen Sie somit, dass der Benutzer mit der Anmeldung »mfranke« bei konkurrierenden Prozessen die CPU zu maximal 50 % auslasten kann (siehe Abbildung 18.19).

Wenn Sie jetzt den Knoten RESSOURCENKONTROLLE (MANAGEMENT • RESOURCE GOVERNOR • SYSTEM RESOURCE POOLS) öffnen, müssten Sie die soeben angelegten Pools und Auslastungsgruppen wie in Abbildung 18.20 sehen.

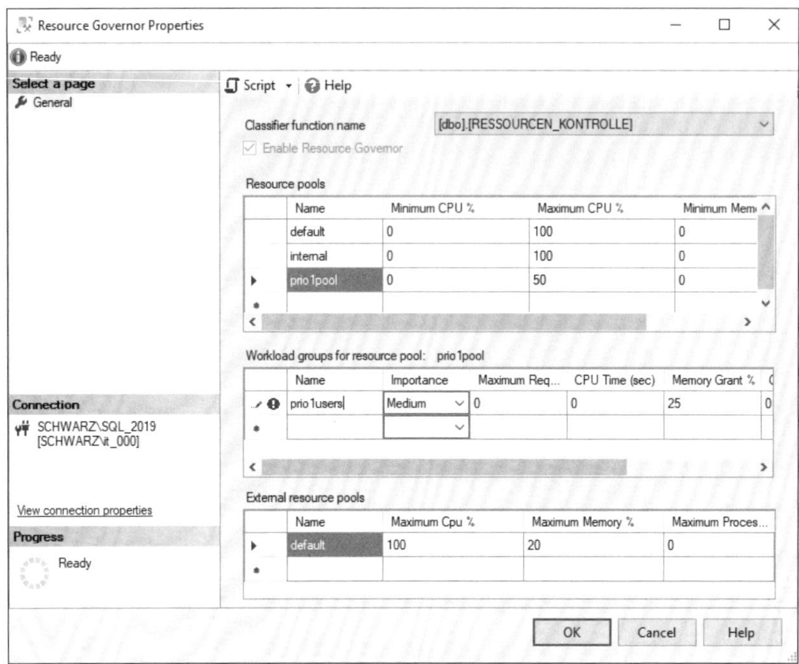

Abbildung 18.19 Klicken Sie auf »OK«, dann ist der Pool konfiguriert.

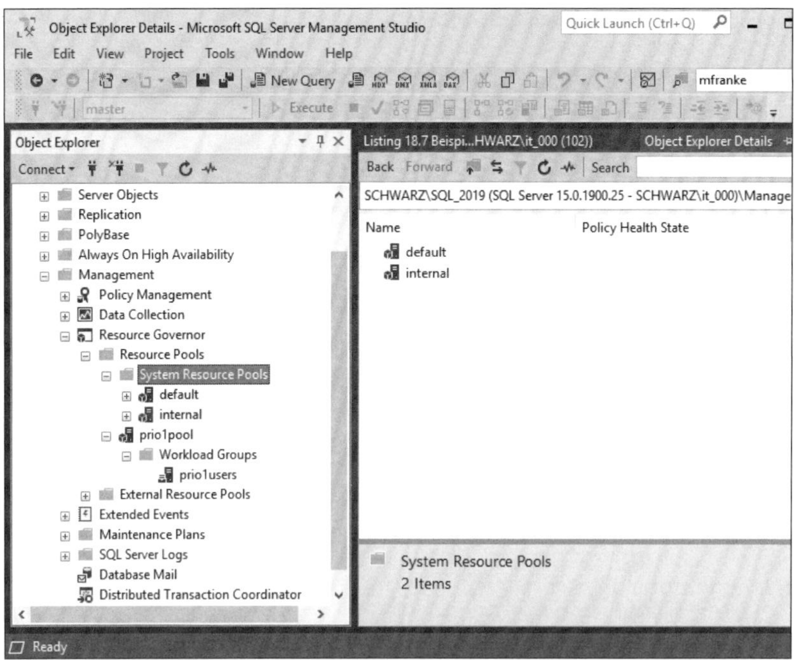

Abbildung 18.20 Darstellung der konfigurierten Ressourcenpools mit zugewiesenen Arbeitsauslastungsgruppen

18.6 Indizes: Wichtiges Mittel für eine gute Performance

Bei der Beschleunigung von Abfragen spielen Indizes eine wichtige Rolle. Durch die Anlage von Indizes als zusätzliche Datenbankobjekte können Sie erhebliche Abfragebeschleunigungen erreichen.

18.6.1 Was ist ein Index?

Der Begriff *Index* ist jedem schon einmal begegnet. Nehmen wir zum Vergleich ein Fachbuch wie dieses. In einem solchen Buch werden viele unterschiedliche Themen beschrieben und Begriffe verwendet. Wenn Sie jetzt ein bestimmtes Thema, das innerhalb dieses Buches beschrieben wird, finden möchten, um es zu lesen, könnten Sie das Buch von vorn bis hinten durchblättern. Sie könnten aber auch den in diesem Buch angelegten Index verwenden. Dieser Index ist in Form des sogenannten *Stichwortverzeichnisses* vorhanden. Hier finden Sie alle wichtigen Fachbegriffe in alphabetischer Reihenfolge sortiert aufgelistet. Hinter jedem Begriff des Stichwortverzeichnisses befindet sich eine Seitenzahl, die Ihnen das schnelle Auffinden der Information ermöglicht.

Analog zu dieser Beschreibung arbeitet auch ein Index von SQL Server. In diesem Fall ist das Buch die Datenbanktabelle mit den Daten, die wiederum auf die einzelnen Seitenzahlen verteilt wurden. Der Index ist das Stichwortverzeichnis. Indizes können für eine Datenbanktabelle oder für Views angelegt werden, und zwar für eine oder für mehrere Spalten einer Tabelle.

Es gibt zwei Typen von Indizes: *gruppierte Indizes* (*Clustered Index*) und *nicht gruppierte Indizes* (*Non-clustered Index*).

Eine Tabelle, für die kein gruppierter Index angelegt wurde, wird als *Heap* (deutsch: *Haufen*) bezeichnet. Das bedeutet, dass die Datenblöcke in unsortierter Form auf der Festplatte liegen. Der Zugriff auf diese Blöcke erfolgt über die *Index Allocation Map* (*IAM*). Die IAM ist eine Zuordnungstabelle, die die unsortierten Blöcke verwaltet. Innerhalb der IAM werden Zeiger auf die einzelnen Datenseiten gespeichert. Ein solcher Zeiger besteht aus einer Datei-ID und einer Seitennummer. *Datei-ID* bezeichnet hier die ID der Datendatei der Datenbank und *Seitennummer* die Nummer der Datenseite, die die Daten enthält.

Wird jetzt eine Abfrage über die Heap-Tabelle z. B. über eine vorhandene Spalte *ID* gestartet, muss jede einzelne Datenseite durchsucht werden, da die Tabelle unsortiert ist und die gesuchten Daten an jeder Stelle vorkommen könnten. Dies ist ein denkbar schlechtes Verfahren, wenn die ID nur einmal vorkommt, und kostet bei großen Tabellen viel Zeit. Da bei diesem Verfahren die ganze Tabelle sozusagen gescannt wird, wird dieser Vorgang auch als *Tablescan* bezeichnet. Tablescans sind aus Optimierungssicht erst einmal schlecht, da sie in der Regel viel mehr Zeit benötigen, als wenn ein Index genutzt werden könnte. Dennoch gibt es auch hier Ausnahmen, z. B. wenn eine Tabelle sehr wenige Zeilen hat.

18.6.2 Gruppierte Indizes (clustered indexes)

Pro Tabelle kann nur ein gruppierter Index angelegt werden. Indexstrukturen sind in SQL Server in Form von *B-Baum-Strukturen* (englisch: *B-tree structures*) aufgebaut. Das B steht für *balanced*, das heißt gleichmäßig. Unter einem B-Baum versteht man in der Informatik einen balancierten Baum, der Daten sortiert und Schlüssel speichert. Durch Anwendung einer B-Baum-Struktur werden Suchzugriffe erheblich verkürzt.

Die obersten Knoten eines B-Baums werden als *Stammknoten*, die auf der untersten Ebene als *Blattknoten* oder *Blattseiten* bezeichnet. Die Ebenen dazwischen bilden die Zwischenebenen. In einem gruppierten Index enthalten die Blattseiten des Indexes die Daten der eigentlichen Tabelle.

Das bedeutet, der gruppierte Index ist eigentlich die Tabelle selbst in sortierter Form. Das ist auch der Grund, warum es nur einen gruppierten Index pro Tabelle geben kann.

Um das Ganze zu veranschaulichen: Stellen Sie sich unser Fachbuch wie im Beispiel zuvor beschrieben vor. Jede Seite des Buches hat eine Seitennummer. Diese Seiten sind sortiert. Es ist also sicher, dass nach Seite 99 Seite 100 und nach Seite 234 Seite 235 kommt.

Es handelt sich dabei um den gruppierten Index, sortiert nach Seitenzahlen. Sie könnten dieses Buch nicht nehmen und nach weiteren Datenkriterien sortieren, ohne die eine Sortierung (nach Seiten) zu verwerfen; es ist ja schon nach Seitenzahlen sortiert. Wie Sie im Beispiel gesehen haben, ist die Seitenzahl ein wichtiger Bestandteil, da nur über sie das Stichwortverzeichnis funktionieren kann, denn dort wird zum Auffinden der Informationen immer die Seitennummer angegeben.

18.6.3 Nicht gruppierte Indizes (non-clustered indexes)

Es können – unabhängig davon, ob für eine Tabelle ein gruppierter Index erstellt wurde oder nicht – bis zu 999 nicht gruppierte Indizes angelegt werden. Beim Betrachten der Funktionsweise eines nicht gruppierten Indexes müssen Sie allerdings unterscheiden, ob die zugrundeliegende Tabelle einen gruppierten Index hat oder nicht.

Wird ein nicht gruppierter Index für eine Tabelle ohne gruppierten Index angelegt, enthalten die Blattseiten des nicht gruppierten Indexes nur die Verweise auf die Datenseiten des Heaps in der Form *Datei-ID:Datenseite:Position*.

Wird ein nicht gruppierter Index für eine Tabelle mit gruppiertem Index angelegt, enthalten die Blattseiten des nicht gruppierten Indexes den Schlüsselwert des gruppierten Indexes.

Auf unser Fachbuch-Beispiel übertragen, entspricht das Stichwortverzeichnis einem nicht gruppierten Index. Dieser Index ist nach Fachbegriffen sortiert und enthält den Wert des gruppierten Schlüssels, und das ist die Seitennummer des Buches. Der Vorteil von SQL Server ist, dass Sie, wie bereits erwähnt, mehrere nicht gruppierte Indizes anlegen können.

18.6.4 Gefilterte Indizes (filtered index)

Seit SQL Server 2008 können Sie gefilterte Indizes erstellen. Ein gefilterter Index bietet die Möglichkeit, nicht alle Zeilen einer Tabelle in den Index aufzunehmen. Dies ist nur für nicht gruppierte Indizes möglich.

18.6.5 Columnstore-Indizes: spaltenbasierte Indizes

Bei *Columnstore-Indizes* handelt es sich um ein Feature, dass es seit SQL Server 2012 gibt und von dem in der Regel besonders Data-Warehouse-Abfragen profitieren dürften. Dies schon deshalb, da nach dem Anlegen eines Columnstore-Indexes für eine Tabelle auf diese nur noch lesend zugegriffen werden kann. Ein Columnstore-Index speichert seine Indexdaten nicht wie die herkömmlichen Indizes zeilenbasiert pro Datenseite, sondern spaltenbasiert.

Dies können Sie sich, grob gesprochen, folgendermaßen vorstellen: Nehmen wir an, wir haben eine Tabelle »Bestellungen« mit den Spalten *Betrag*, *MwSt*, *Artikel*, *Anzahl*.

In der zugehörigen herkömmlichen Indexform stehen diese Daten zeilenweise angeordnet untereinander in der Indexdatenseite.

Zeile 1	*Betrag*	*MwSt*	*Anzahl*
Zeile 2	*Betrag*	*MwSt*	*Anzahl*
Zeile 3	*Betrag*	*MwSt*	*Anzahl*
Seite 1			

Tabelle 18.6 Darstellung einer zeilenbasierten Speicherung von Indexdaten

Bei einem Columnstore-Index werden nicht Zeilen pro Seite, sondern Spalten pro Seite gespeichert. *Betrag* kann damit pro Seite wesentlich öfter gespeichert werden, da das Format des Feldes *Betrag* immer gleich ist (siehe Tabelle 18.7).

Zeile 1	*Betrag*	*MwSt*	*Anzahl*
Zeile 2	*Betrag*	*MwSt*	*Anzahl*
Zeile 3	*Betrag*	*MwSt*	*Anzahl*
Zeile 4	*Betrag*	*MwSt*	*Anzahl*
Zeile 5	*Betrag*	*MwSt*	*Anzahl*
	Seite 1	Seite 2	Seite 3

Tabelle 18.7 Spaltenbasierte Speicherung der Indexdaten eines Columnstore-Indexes

Vielleicht fragen Sie sich nun, wo hierbei der Vorteil liegt. Wie wir bereits in Abschnitt 18.1, »Richtiges Verwalten von Daten«, erläutert haben, kann eine Datenseite nur begrenzt Daten aufnehmen.

Möchten wir aus unserer Tabelle »Bestellungen« nur den Betrag abrufen, und das möglichst schnell, muss SQL Server die zugehörigen 8-KB-Seiten der B-Baum-Struktur abrufen. In Tabelle 18.6 werden in der zugehörigen Seite zusätzlich zu den Werten der Spalte *Betrag* die anderen Spalten *MwSt* und *Anzahl* gespeichert. Das bedeutet, in der Datenseite sind Informationen enthalten, die wir für unsere Abfrage gar nicht benötigen. Die Werte von *Betrag* kommen hier demnach nicht so oft in der Datenseite vor wie bei einem Columnstore-Index (siehe Tabelle 18.7). Der Platz wird durch die anderen Spalten belegt.

Anders sieht es für diesen Fall bei der Anordnung eines Columnstore-Indexes aus.

Hier haben wesentlich mehr Werte der Spalte *Betrag* Platz, da hier pro Indexseite nur die Werte der Spalte *Betrag* abgelegt werden. Die übrigen Spalten werden ebenfalls in separaten Seiten abgelegt.

Das bedeutet: Bei der Abfrage von *Betrag* und eventuell damit verbundenen Summierungen etc. muss SQL Server nicht so viele Datenseiten lesen wie bei einer zeilenbasierten Speicherung. Die E/A-Vorgänge werden minimiert. Pro Datenseite sind mehr Werte von *Betrag* enthalten. Auf diese Art und Weise wird auch die Komprimierung vereinfacht, da hier nur Daten eines bestimmten Typs enthalten sind, und dadurch ist die Wahrscheinlichkeit von redundanten Werten sehr hoch.

Columnstore-Indizes sind in erster Linie dazu gedacht, umfangreiche Data-Warehouse-Abfragen über riesige Datenmengen massiv zu beschleunigen.

Einen Columnstore-Index legen Sie wie folgt an:

1. Klicken Sie mit der rechten Maustaste im Baum der Tabelle den Knoten INDIZES (INDEXES) an, und wählen Sie aus dem Kontextmenü den Menüpunkt NEUER INDEX (NEW INDEX) aus.

2. Anschließend wählen Sie aus dem sich öffnenden Untermenü den Menüpunkt NICHT GRUPPIERTER COLUMNSTORE-INDEX aus (NON-CLUSTERED COLUMNSTORE INDEX, siehe Abbildung 18.21).
3. Im sich öffnenden Dialog können Sie nun die Indexparameter definieren.

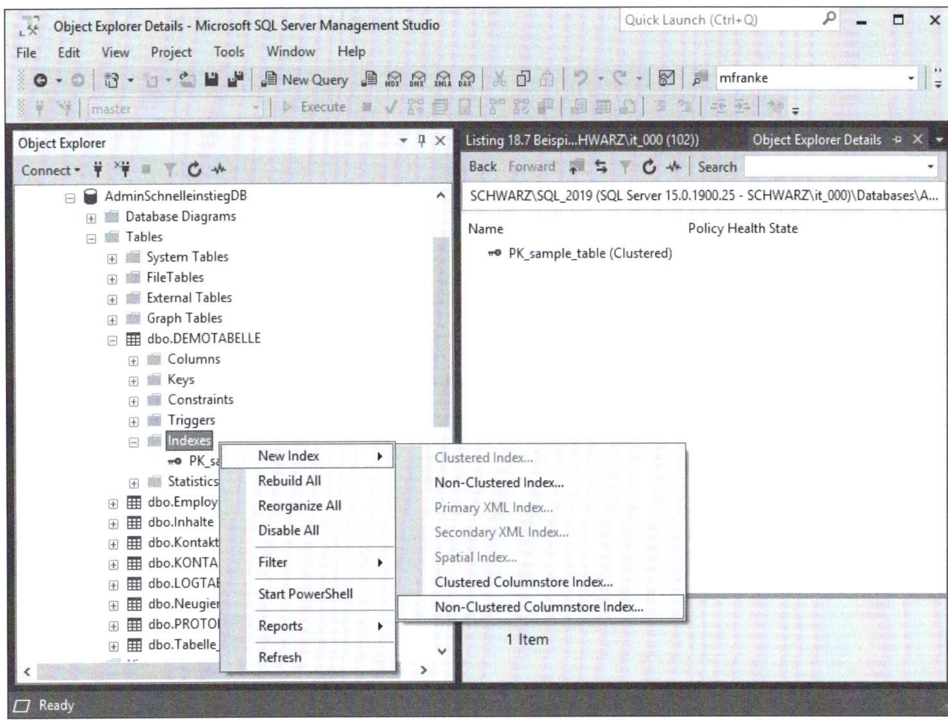

Abbildung 18.21 Einen neuen Non-clustered Columnstore-Index anlegen

Wichtige Information zu Columnstore-Indizes

Auf eine Tabelle, für die Sie einen Columnstore-Index angelegt haben, kann nur noch lesend zugegriffen werden. Sollten Sie dennoch versuchen, Daten zu ändern, zu löschen oder hinzuzufügen, wird dies mit einem Fehler quittiert. Nach dem Löschen des Index kann die Tabelle wieder bearbeitet werden.

18.6.6 Anlegen von Indizes

Der T-SQL-Befehl zum Anlegen eines gruppierten Indexes mit Namen »idx_index1« für die Spalte *id* der Tabelle »mitarbeiter« lautet wie folgt:

```
CREATE CLUSTERED INDEX idx_index1 ON mitarbeiter (id);
```

Der T-SQL-Befehl zum Anlegen eines nicht gruppierten Indexes mit Namen »idx_index2« für die Spalte *Abteilung* der Tabelle »mitarbeiter« lautet wie folgt:

```
CREATE NONCLUSTERED INDEX idx_index2 ON mitarbeiter (abteilung);
```

Sie können Indizes auch über die grafische Oberfläche des Management Studios anlegen.

Öffnen Sie hierzu im Objekt-Explorer den Ordner der Tabelle, für die ein Index angelegt werden soll, und klicken Sie mit der rechten Maustaste auf den Ordner INDIZES (INDEXES). Wählen Sie aus dem Kontextmenü den Menüpunkt NEUER INDEX (NEW INDEX) aus.

18.6.7 Anzeigen von Indizes im Management Studio

Sie können sich die angelegten Indizes für eine Tabelle auch im Management Studio anzeigen lassen. Öffnen Sie hierzu im Objekt-Explorer den Ordner der Tabelle, deren Indizes Sie sich anzeigen lassen möchten, und öffnen Sie dann den Ordner INDIZES (INDEXES, siehe Abbildung 18.22).

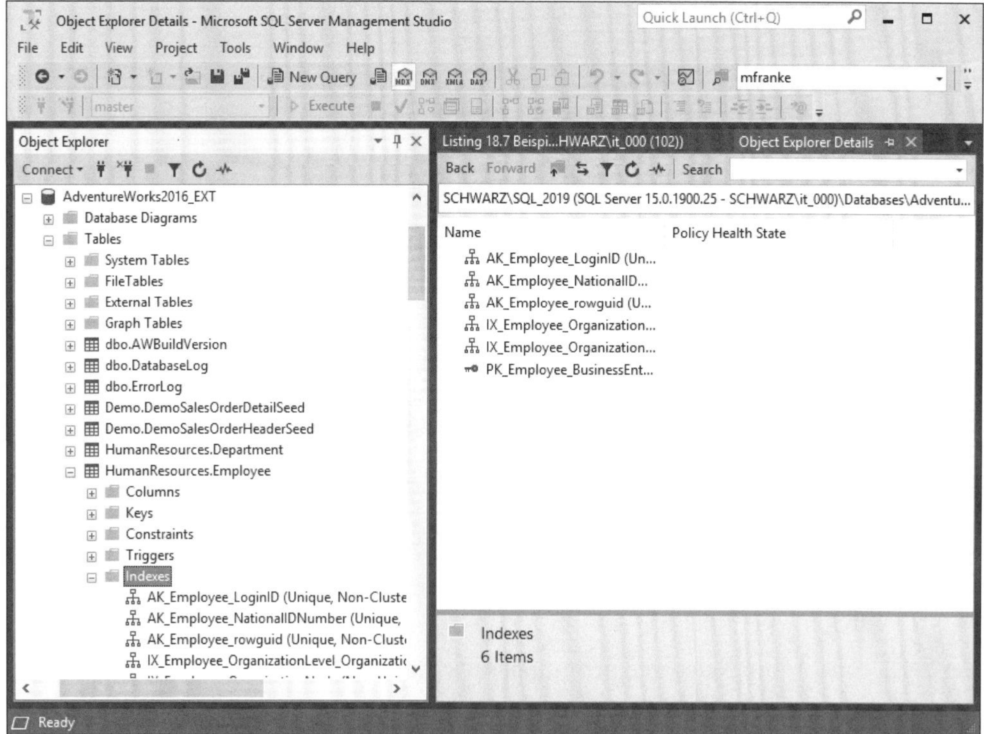

Abbildung 18.22 Anzeige der Indizes für die Tabelle »Employee« im SSMS

Ein wichtiger Hinweis zum Deaktivieren von Indizes

Sie können Indizes auch deaktivieren. SQL Server ignoriert den deaktivierten Index dann. Hierzu klicken Sie im SSMS mit der rechten Maustaste auf den Index und wählen aus dem Kontextmenü den Menüpunkt DEAKTIVIEREN (DEACTIVATE). Ein Menüpunkt AKTIVIEREN (ACTIVATE) ist nicht vorhanden. Dies war unter der Vorgängerversion noch anders.

Eine Aktivierung ist nur möglich, wenn Sie den Index neu erstellen. Dafür bietet das SSMS den Menüpunkt NEU ERSTELLEN (REBUILD). **Aber Vorsicht mit gruppierten Indizes!** Wenn Sie einen gruppierten Index einer Tabelle deaktivieren, kann auf die Tabelle nicht mehr zugegriffen werden, denn der gruppierte Index ist, wie zuvor erläutert, die Tabelle selbst.

18.6.8 Indizierte Sichten

In SQL Server können Sie auch Sichten indizieren. Da eine Sicht eigentlich eine virtuelle Darstellung ist, die eine darunterliegende Abfrage repräsentiert, muss normalerweise bei der Abfrage einer Sicht diese Abfrage immer wieder ganz normal ausgeführt werden.

Dies kann bei komplexen Sichten mit umfangreichen Basistabellen und in der Basisabfrage der Sicht enthaltenen Aggregationen erhebliche Ausmaße annehmen. Sie können das Leistungsverhalten einer solchen Sicht verbessern, indem Sie diese Sicht mit einem gruppierten Index indizieren.

Wird eine Sicht derartig indiziert, wird die Sicht bzw. die Ergebnismenge dieser Sicht wie eine Tabelle in der Datenbank gespeichert. Sie wird sozusagen materialisiert, und SQL Server kümmert sich nach wie vor um die Aktualität der Daten.

Ein weiterer sehr interessanter Punkt ist, dass der Abfrageoptimierer der Enterprise Edition für Abfragen, die sich nicht direkt auf die Sicht beziehen, trotzdem eine indizierte Sicht nutzen kann. Das bedeutet, dass Datenbankapplikationen durch Erzeugen von indizierten Sichten optimiert werden können, ohne die zugehörigen Abfragen zu verändern. Ja, Sie haben richtig gelesen: Sie fragen eine Tabelle ab, aber der *Abfrageoptimierer* entscheidet sich unter gewissen Voraussetzungen, die indizierte Sicht heranzuziehen.

18.6.9 Ermitteln fehlender Indizes

Indizes können die Abfrageleistung massiv verbessern. Ein fehlender Index macht sich unter Umständen sehr negativ bemerkbar. Es ergibt keinen Sinn, wahllos jede Spalte mit einem Index zu belegen in der Hoffnung, dass der Abfrageoptimierer darauf zurückgreift. Es ist nicht gesagt, dass der Optimierer einen Index, der für eine Spalte angelegt wurde, auch verwendet, bloß weil der Index existiert.

Die Erstellung der passenden Indizes ist eine anspruchsvolle Aufgabe. Wie jedoch finden Sie die passenden Indizes für die zu optimierenden Abfragen?

Eigentlich ist es zu schön, um wahr zu sein, aber SQL Server sagt Ihnen, welche Indizes er gerne hätte und um wie viel schneller er dann wäre. Um es genau zu sagen, sammelt der Optimierer Informationen über fehlende Indizes. Diese Informationen können Sie abfragen.

Der Optimierer hinterlegt die Informationen über fehlende Indizes im gespeicherten Ausführungsplan. Ein Ausführungsplan wird, wie bereits erläutert, im Plancache im XML-Format abgelegt. Innerhalb der XML-Struktur eines derartigen Ausführungsplans gibt es das Element `<MissingIndexes/>`. Hier wird hinterlegt, um wie viel Prozent die Abfrage schneller gewesen wäre, wenn ein entsprechender Index vorhanden wäre.

Das folgende Skript legt eine Tabelle mit 500.000 Einträgen an.

```
USE [AdminSchnelleinstiegDB];
CREATE TABLE idx_query (id int,akt_
zeit datetime DEFAULT GETDATE(), infkey nvarchar(500) DEFAULT NEWID());
DECLARE @counter int = 0;
WHILE(@counter < 500000)
BEGIN
      INSERT INTO idx_query (id) VALUES(@counter)
      SET @counter = @counter + 1;
END
SELECT * FROM idx_query WHERE id = 7;
```

Listing 18.8 Anlegen einer Tabelle »idx_query« mit 500.000 Einträgen

Wenn Sie die Tabelle anschließend mit dem folgenden `SELECT`-Befehl abfragen und sich zusätzlich den Ausführungsplan anzeigen lassen, erhielten Sie mit dem alten Management Studio (Version 2012) einen Indexvorschlag (siehe Abbildung 18.23, dritte Zeile im Fenster AUSFÜHRUNGSPLAN (EXECUTION PLAN)).

```
SELECT * FROM idx_query WHERE id = 7;
```

Ganz so einfach ist es heute nicht mehr. Dafür gibt es viele SQL-Admins, die ihre Version, per Skript nach fehlenden Indizes zu suchen, im Internet veröffentlichen. Die Suche nach: »sql server missing index« ergibt viele Treffer. Sie müssen allerdings selbst entscheiden, ob Sie eine dieser Lösungen einsetzen möchten (vielleicht auch an Ihre Bedürfnisse angepasst) oder ob Sie lieber Ihr eigenes Skript entwickeln und benutzen möchten.

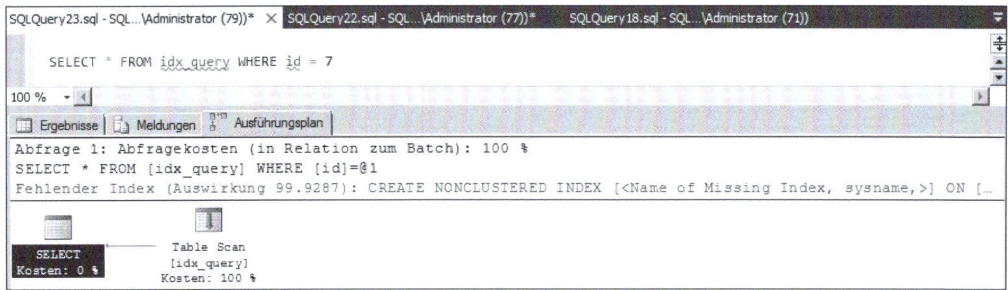

Abbildung 18.23 Indexvorschlag innerhalb eines Ausführungsplans

Eine Übersicht über alle benutzten, fehlenden oder überflüssigen Indizes finden Sie in Listing 18.10.

Da es hierbei um ein sehr intensives Thema geht, wird jeder Datenbankadministrator sich sein eigenes Skript zusammenstellen wollen. Es sind viele Daten zu berücksichtigen und zu wichten. Bitte machen Sie sich dazu ein eigenes Bild.

Eine weitere Möglichkeit, fehlende Indizes anzeigen zu lassen, bietet Ihnen die Auswertung der dynamischen Verwaltungssichten. Es gibt bezüglich der fehlenden Indizes drei interessante Sichten, die in Tabelle 18.8 kurz erläutert werden. Für eine ausführliche Beschreibung verweisen wir Sie jedoch auf die SQL-Server-Dokumentation, die alle Systemsichten detailliert erklärt.

Name der Verwaltungssicht	Beschreibung
sys.dm_db_missing_index_groups	Gibt zusammenfassende Gruppeninformationen (Verknüpfungsinformationen) zu den fehlenden Indizes an.
sys.dm_db_missing_index_group_stats	Fasst statistische Informationen von Gruppen fehlender Indizes zusammen.
sys.dm_db_missing_index_details	Informationen zu den eigentlich fehlenden Indizes

Tabelle 18.8 Die drei Systemsichten »sys.dm_db_missing_index«

```
SELECT db_name(idx.database_id) AS DatabaseName
      ,idx.statement AS missing_in_Tab
      ,idx.equality_columns AS [Column]
      ,idx.included_columns AS IncludeColumns
      ,cast(xp.avg_total_user_cost AS decimal(8, 2)) AS avg_total_user_cost
      ,xp.user_seeks, xp.user_scans
      ,xp.last_user_seek,xp.avg_user_impact, xp.last_user_scan
  FROM sys.dm_db_missing_index_groups AS gx
```

```
        INNER JOIN sys.dm_db_missing_index_group_stats AS xp
                ON xp.group_handle = gx.index_group_handle
        INNER JOIN sys.dm_db_missing_index_details AS idx
                ON gx.index_handle = idx.index_handle;
```

Listing 18.9 Ermittelt die vom Optimierer festgestellten fehlenden Indizes anhand der dynamischen Verwaltungssichten

```
SELECT db_name(idx.database_id) AS DatabaseName
      ,idx.statement AS missing_in_Tab
      ,idx.equality_columns AS [Column]
      ,idx.included_columns AS IncludeColumns
      ,cast(xp.avg_total_user_cost AS decimal(8, 2)) AS avg_total_user_cost
      ,xp.user_seeks, xp.user_scans
      ,xp.last_user_seek,xp.avg_user_impact, xp.last_user_scan
  FROM sys.dm_db_missing_index_groups AS gx
      INNER JOIN sys.dm_db_missing_index_group_stats AS xp
              ON xp.group_handle = gx.index_group_handle
      INNER JOIN sys.dm_db_missing_index_details AS idx
              ON gx.index_handle = idx.index_handle;
```

Listing 18.10 Ermitteln der fehlenden Indizes durch Auswertung der dynamischen Verwaltungssichten »dm_db_missing_index_groups«, »dm_db_missing_index_group_stats«, »dm_db_missing_index_details«

Beachten Sie, dass die Informationen über fehlende Indizes in den dynamischen Verwaltungssichten nicht permanent, sondern nur bis zum Neustart von SQL Server verfügbar sind. Die Informationen gehen auch verloren, wenn gespeicherte Abfragepläne aus dem Plancache entfernt werden, z. B. wenn nicht genügend Speicherplatz vorhanden ist und Platz für andere Ausführungspläne geschaffen werden muss.

Eine weitere Möglichkeit, fehlende Indexinformationen aufzuspüren, ist die Verwendung des Datenbankoptimierungsratgebers (siehe Abschnitt 18.4, »Der Datenbankoptimierungsratgeber«).

Natürlich können in solchen Fällen auch wieder die Tools von Dritt-Herstellern und auch Freeware-Tools helfen.

Ein hilfreiches Tool ist z. B. das »First Responder Kit Power BI Dashboard« von Brent Ozar (*https://www.brentozar.com/first-aid/first-responder-kit-power-bi-dashboard/*). Diese Freewaresammlung von Skripten sammelt Performancedaten in einer Datenbank und bietet einen Power BI Report, über den eine grafische Auswertung möglich ist.

Auch SQLWATCH (siehe Abschnitt 8.6) kann hier sehr hilfreich sein.

18.7 Statistiken und Wartungspläne (maintenance plans)

Bei der Erstellung des Ausführungsplans muss der Optimierer zahlreiche Entscheidungen darüber treffen, welche Datenbankobjekte, wie z. B. Indizes, er wann und wie verwendet. Hierzu müssen entsprechende Informationen z. B. über die Zeilenanzahl oder die Verteilung der Daten innerhalb einer Tabelle oder eines Indexes vorhanden sein. Diese Informationen können nicht erst bei der Erstellung des Abfrageplans ermittelt werden, da dies einen erheblichen Zeitaufwand bedeuten würde.

Der Optimierer greift bei der Erstellung eines Ausführungsplans auf Statistiken zurück. Statistiken enthalten Informationen über Datenbankobjekte wie Indizes und Tabellen, die für den Abfrageoptimierer bei der Ermittlung des optimalen Ausführungsplans sehr wichtig sind.

Statistiken werden in der Standardeinstellung von SQL Server automatisch angelegt, verwaltet und auch gepflegt. Außerdem werden Statistiken bei der Erstellung von Indizes automatisch angelegt. Wenn der Optimierer Statistiken vermisst, legt er sie ebenfalls an.

Die erstellten oder vorhandenen Statistiken zu einer Tabelle können Sie sich im Objekt-Explorer des Management Studios im Ordner der aktuellen Tabelle im Unterordner STATISTIK (STATISTICS) anzeigen lassen (siehe Abbildung 18.24).

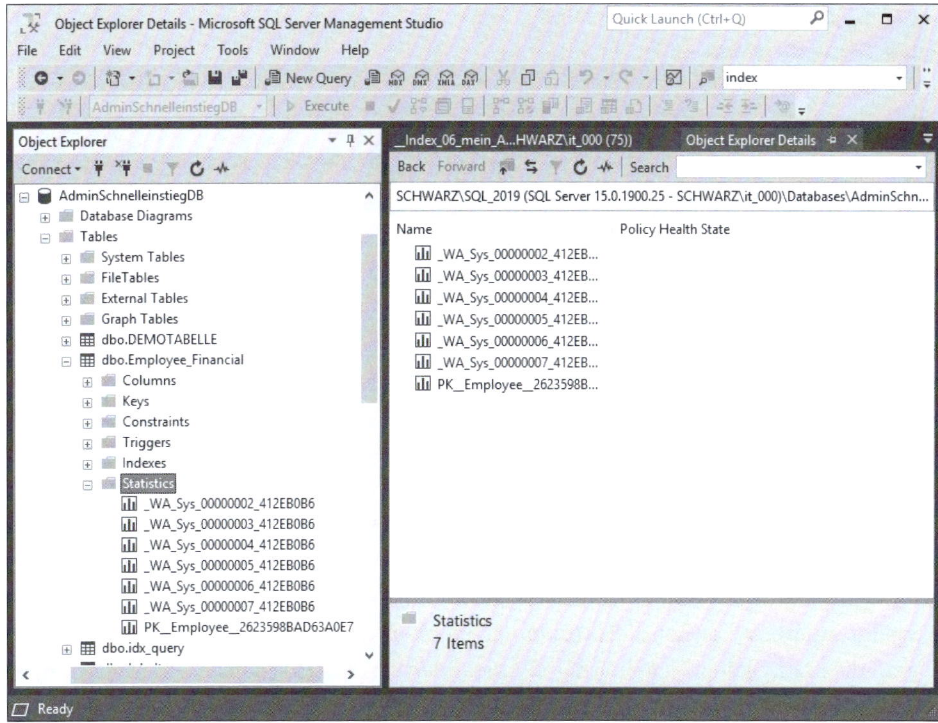

Abbildung 18.24 Anzeige der Statistiken einer Tabelle im SSMS

Die Funktionalität der automatischen Statistikerstellung lässt sich allerdings auch abschalten. Dies ist, wie in Abbildung 18.25 gezeigt, im SSMS-Eigenschaftsdialog der Datenbank möglich. Statistiken werden bei der Erzeugung von Indizes dann zwar immer noch angelegt, allerdings nicht mehr durch den Optimierer, wenn er Statistiken vermisst.

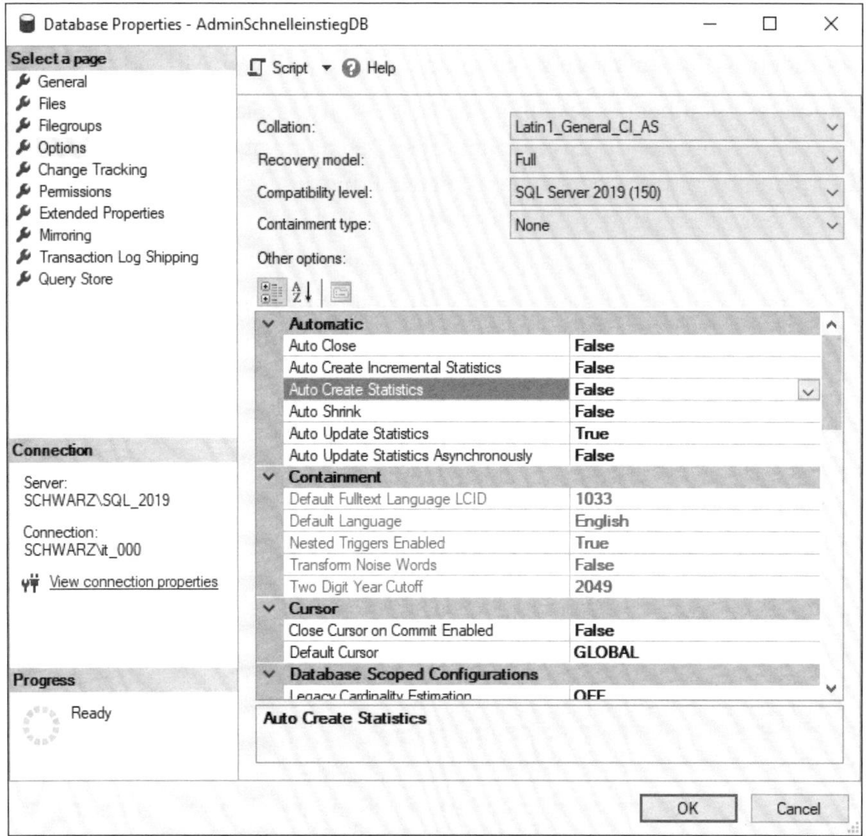

Abbildung 18.25 Optionen zur Statistikerstellung und -aktualisierung im Datenbankeigenschaftsdialog des SSMS

Wir empfehlen Ihnen allerdings ausdrücklich, die automatische Erstellung von Statistiken beizubehalten!

Manchmal wird die automatische Erstellung von Statistiken allerdings bewusst abgeschaltet, weil auch das Verwalten und Aktualisieren der Statistiken Ressourcen verbraucht. Wenn aus einem Datenbanksystem die maximale Performance herausgeholt werden soll, können Sie darüber nachdenken, den Mechanismus zu deaktivieren und die Statistiken in regelmäßigen Abständen selbst zu aktualisieren.

Denkbar wäre dies z. B., wenn sehr viele Daten in einer Datenbank geändert und eingegeben werden und relativ wenig abgefragt etc. Es wäre dann möglich, anschließend die vorhandenen Statistiken mittels Wartungsplan zu aktualisieren. In Abbildung 18.26 sehen Sie die entsprechende Option zum Aktualisieren von Statistiken im Wartungsplanungs-Assistenten. Genaueres zur Erstellung von Wartungsplänen finden Sie in Kapitel 11, »Automatisieren von administrativen Aufgaben«.

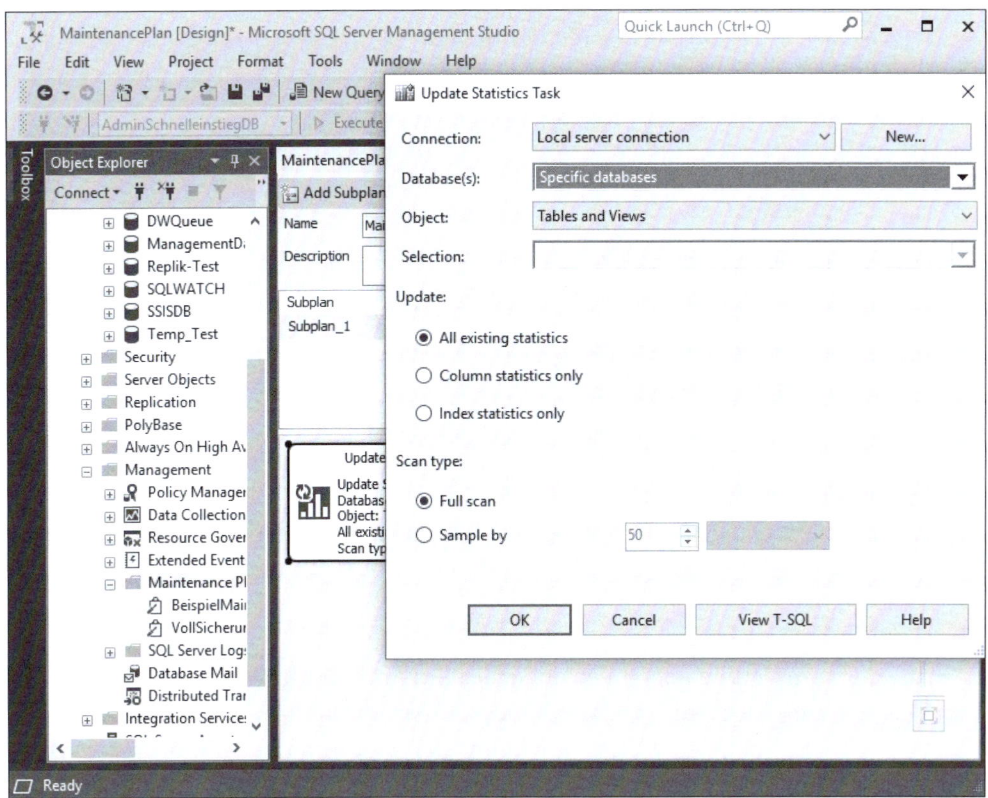

Abbildung 18.26 Optionen zur Aktualisierung von Statistiken im Wartungsplanungs-Assistenten

18.8 Datenkomprimierung

Datenkomprimierung ist einerseits ein großes Thema, wenn es um den Platzverbrauch auf der Festplatte oder um die Backup-Größe geht. Datenkomprimierung ist aber auch aus einem anderen Blickwinkel sehr interessant, nämlich aus dem Blickwinkel der Performance. Mit Komprimierung können Sie die physikalischen wie auch die E/A-Operationen verringern. Die Minimierung von E/A-Operationen trägt wesentlich zur Verbesserung der Performance bei.

Warum kann Datenkomprimierung die Performance verbessern?

Da komprimierte Daten weniger Platz auf der Festplatte verbrauchen, werden beim Lesen und Schreiben von Daten auf die Festplatte auch weniger physikalische E/A-Operationen benötigt. Physikalische E/A-Operationen sind langsam, da sie eben von der Festplatte lesen oder auf die Festplatte schreiben, und das ist aus Sicht von SQL Server sehr langsam.

Dies bedeutet, dass, da bei Komprimierung weniger Daten geschrieben oder gelesen werden müssen, auch weniger physikalische E/A-Operationen durchgeführt werden und deshalb eine bessere Performance gewährleistet ist.

Die komprimierten Datenseiten werden aber auch im komprimierten Zustand in den Pufferspeicher oder Datencache von SQL Server geladen. Erst nach dem Lesen oder vor dem Schreiben in den Datencache werden sie dekomprimiert oder komprimiert. Demnach können mehr Datenseiten in den Speicher geladen werden, was die Trefferquote (Buffer Cache Hit Ratio) für Datenseiten erhöht.

Komprimierung bedeutet mehr CPU-Last

Beachten Sie, wenn Sie über Komprimierung nachdenken, dass sich hinter der Komprimierung intensive Rechenvorgänge verbergen. Für Berechnungen ist die CPU des Rechners zuständig, und darum hat sie mehr zu tun als ohne eingeschaltete Komprimierung. Wenn Ihre CPUs also bereits mit hoher Last laufen, sollten Sie die Aktivierung der Komprimierung überdenken oder die Voraussetzungen dafür schaffen, dass Ihre CPUs einer entsprechenden Aktivierung standhalten.

Die Komprimierung steht Ihnen nur in der Enterprise Edition von SQL Server zur Verfügung. Sie können die Komprimierung immer nur für Tabellen, Indizes und indizierte Sichten aktivieren. Eine Aktivierung der Komprimierung für die gesamte Datenbank ist nicht möglich.

Nach aktivierter Komprimierung kümmert sich die SQL Server Engine automatisch um die Komprimierung und Dekomprimierung Ihrer Daten.

Es gibt drei Arten der Komprimierung, die wir Ihnen im Folgenden kurz vorstellen.

18.8.1 Zeilenkomprimierung

Bei der *Zeilenkomprimierung* werden in erster Linie feste Datentypen in ein variables Format überführt. Aus langen Datentypen werden kürzere gemacht, was die Platzverschwendung durch leere Bytes vermeidet, wenn diese nicht benötigt werden.

18.8.2 Seitenkomprimierung

Die *Seitenkomprimierung* baut sich aus drei Stufen auf.

- Zeilenkomprimierung
- Präfixkomprimierung
- Wörterbuchkomprimierung

Bei der Seitenkomprimierung kommen weitere Komprimierungsverfahren wie Präfixkomprimierung und Wörterbuchkomprimierung hinzu. Dies ermöglicht ein noch stärkeres Komprimieren der Daten.

Wenn Sie mehr zum durchaus umfangreichen Thema der Komprimierung erfahren möchten, verweisen wir Sie auf die Onlinedokumentation, in der Sie jederzeit Genaueres zu den genannten Verfahren nachlesen können, zum Beispiel unter *http://msdn.microsoft.com/de-de/library/cc280449.aspx*.

Generell können Sie sich jedoch merken, dass Seitenkomprimierung die Daten noch stärker komprimiert.

18.8.3 Unicode-Komprimierung

Immer mehr Daten werden in Datenfeldern des Unicode-Typs `nvarchar` etc. abgespeichert. Demzufolge werden 16 Bits Speicherplatz benötigt, um alle Zeichen der unterschiedlichsten Sprachen zu speichern. Werden allerdings trotzdem nur europäische Zeichen darin abgelegt, wären 8 Bits ausreichend, die verbleibenden 8 Bits sind demnach nicht belegt – also frei.

Aus diesem Grund wurde mit SQL Server 2008 R2 die *Unicode-Komprimierung* eingeführt, um beim Speichern von Zeichen in Unicode-Datentypen auch ein ansprechendes Komprimierungsergebnis zu erreichen. Seither unterstützen alle nachfolgenden Versionen ebenfalls die Unicode-Komprimierung.

Die Unicode-Komprimierung ist an die Komprimierung von SQL Server gekoppelt und muss nicht separat aktiviert werden. Unicode-Komprimierung wird für beide bisher genannten Komprimierungsarten – Zeilen- und Seitenkomprimierung – automatisch unterstützt.

18.8.4 Komprimierung aktivieren

Klicken Sie im Objekt-Explorer des SSMS mit der rechten Maustaste die Tabelle an, für die Sie die Komprimierung konfigurieren möchten, und wählen Sie aus dem Kontextmenü SPEICHER • KOMPRIMIERUNG VERWALTEN (STORAGE • MANAGE COMPRESSION).

Im daraufhin erscheinenden Assistenten klicken Sie zunächst auf Weiter (Next), dann wird Ihnen der Dialog aus Abbildung 18.27 angezeigt. Sie können jetzt wählen, ob Sie Zeilen- (Row) oder Seitenkomprimierung (Page) konfigurieren möchten.

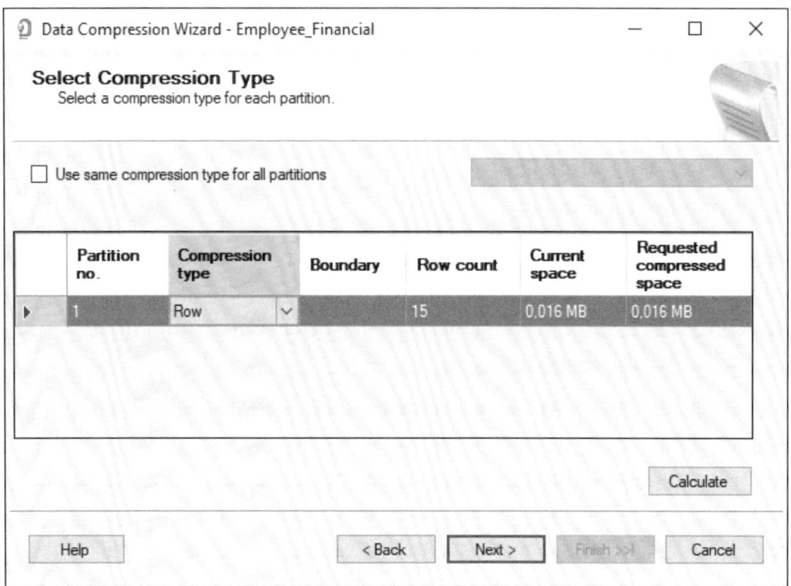

Abbildung 18.27 Konfiguration der Zeilen- oder Seitenkomprimierung im Datenkomprimierungsassistenten

Beachten Sie auch die Schaltfläche Berechnen (Calculate), die Ihnen anzeigt, welche Auswirkungen eine Komprimierung hätte. Diese Informationen sehen Sie in den Spalten Aktueller Speicherplatz (Current space) und Angeforderter komprimierter Speicherplatz (Requested compressed space).

Klicken Sie auf die Schaltfläche Weiter (Next), und wählen Sie im nächsten Dialog die Option Sofort ausführen (Run immediately). Anschließend klicken Sie auf Fertig stellen (Finish), um die Konfiguration der Komprimierung zu beenden.

18.9 Change Data Capture

Tabellen in Datenbanken ändern sich, wenn *DML-Anweisungen* (*Data Manipulation Language*) darauf ausgeführt werden. Diese Änderungen müssen häufig z. B. in Umgebungen übernommen werden, in denen ein Data Warehouse existiert. Eine Möglichkeit besteht darin, ein Abbild der gesamten Datenbank zu erstellen, was jedoch bedeutet, dass der Aufwand dafür nicht im Verhältnis zu den eigentlichen Änderungen steht. Lösungen, wie sie in der Praxis oft anzutreffen sind, die mithilfe von Triggern oder Zeitstempelspalten realisiert werden, wirken sich negativ auf die Leistung des Systems aus und erhöhen den Umfang der Datenbankapplikation. Außerdem besteht der Bedarf, Änderungen aufgrund von Anforderungen wie Audits zu verfolgen.

Eine Möglichkeit in SQL Server bietet Ihnen *Change Data Capture* (*CDC*), mit dessen Hilfe das Datenbankmodul INSERT-, UPDATE- und DELETE-Anweisungen erfasst, die auf den entsprechenden Tabellen ausgeführt werden, um sie in eigens dafür vorgesehenen Tabellen zur Verfügung zu stellen.

Mit CDC ist es möglich, Änderungen an Tabellen einfach und performant nachzuverfolgen, um sie in sogenannten *Änderungsnachverfolgungstabellen* zu protokollieren. Dabei nutzt CDC das Transaktionsprotokoll von SQL Server an den Stellen, an denen es die Änderungen ausliest, um sie dann in die Tabellen zu schreiben. Geschrieben werden nicht nur die Änderungen der Daten, sondern es werden sowohl die alten als auch die neuen Daten in den jeweiligen Tabellen protokolliert.

Die Möglichkeit, das Transaktionsprotokoll auszulesen, gab es auch schon unter SQL Server 2005. Die Grundlage dafür liefert die Funktion sp_replcmds, die bei der Transaktionsreplikation verwendet wird.

Das Problem beim Einsatz von synchron arbeitenden Triggern wird mit CDC umgangen. CDC arbeitet asynchron und unabhängig von den DML-Anweisungen INSERT, UPDATE und DELETE.

Wird eine DML-Anweisung ausgeführt, erhalten die Änderungen eine eindeutige *Log Sequence Number* (*LSN*) innerhalb des Transaktionsprotokolls. Mithilfe dieser Nummer wird die Reihenfolge der Transaktionen dargestellt.

18

Ein Auftrag (»cdc.DBName_capture«), der über den SQL-Server-Agent-Dienst ausgeführt wird, liest das Protokoll aus und schreibt die Änderungen in die eigens dafür vorgesehenen Tabellen im Schema »cdc«. Jetzt ist es möglich, die Einträge der Logtabellen mithilfe von CDC-Funktionen gezielt abzufragen. Damit die Tabellen für die Nachverfolgung nicht ins Unendliche wachsen, gibt es im SQL Server Agent einen zweiten Job, der nach drei Tagen ein *Clean-up* durchführt. Dieser Wert lässt sich den individuellen Gegebenheiten entsprechend anpassen.

Aktivieren von CDC in der Datenbank

CDC wird mithilfe der Prozedur sp_cdc_enable_db aktiviert:

```
--Aktivieren von Change Data Capture in der Datenbank
EXEC sys.sp_cdc_enable_db;
```

Über eine SELECT-Abfrage der Spalten *is_cdc_enabled* und *name* der Sicht »sys.databases« lässt sich feststellen, ob CDC für die Datenbank aktiviert ist. Dazu muss lediglich geprüft werden, ob der Wert für die Spalte *is_cdc_enabled* auf 1 gesetzt ist.

```
--pruefen, ob CDC aktiv für die Datenbank ist
SELECT is_cdc_enabled, name FROM sys.databases WHERE is_cdc_enabled=1;
```

Haben Sie CDC aktiviert, müssen Sie die Tabellen hinzufügen, die überwacht werden sollen. Dazu führen Sie die Prozedur `sp_cdc_enable_table` mit den entsprechenden Parametern (siehe Tabelle 18.9) aus.

Beispiel 1

```
EXEC sys.sp_cdc_enable_table 'dbo','Kontakte',NULL,1,'cdc_admin';
```

Listing 18.11 Aktivieren der Tabelle »Kontakte« zur Überwachung mittels Change Data Capture

Parameter	Beschreibung
`@source_name`	Tabelle, keine Sicht, die zur Überwachung hinzugefügt werden soll
`@source_schema`	Schema der Tabelle
`@role_name`	Name für die Rolle, über die der Zugriff auf die protokollierten Daten erfolgt
`@capture_instance`	Name der zu überwachenden CDC-Instanz
`@supports_net_changes`	1 ermöglicht die Überwachung von Nettoänderungen.
`@index_name`	Ist der vorhergehende Wert = 1, kann hier der Index angegeben werden.
`@captured_column_list`	Fehlt dieser Parameter, wird die gesamte Tabelle überwacht.
`@filegroup_name`	Angabe der Dateigruppe

Tabelle 18.9 Parameter für »sp_cdc_enable_table«

Nun ist es möglich, sich mit den folgenden Anweisungen die überwachten Tabellen anzeigen zu lassen.

Beispiel 2

```
SELECT name, is_tracked_by_cdc FROM sys.tables
```

Achten Sie auf den Inhalt der Spalte *is_tracked_by_cdc*: Für die Tabelle »Kontakte« wird Ihnen hier eine »1« angezeigt. Die Tabelle »Kontakte« haben wir in Beispiel 1 zuvor für CDC aktiviert.

Nachdem Sie den Befehl aus Listing 18.11 erfolgreich ausgeführt haben, finden Sie die in Tabelle 18.10 aufgelisteten Tabellen unter SYSTEMTABELLEN (SYSTEM TABLES) im Knoten TABELLEN (TABLES) der Datenbank (siehe Abbildung 18.28).

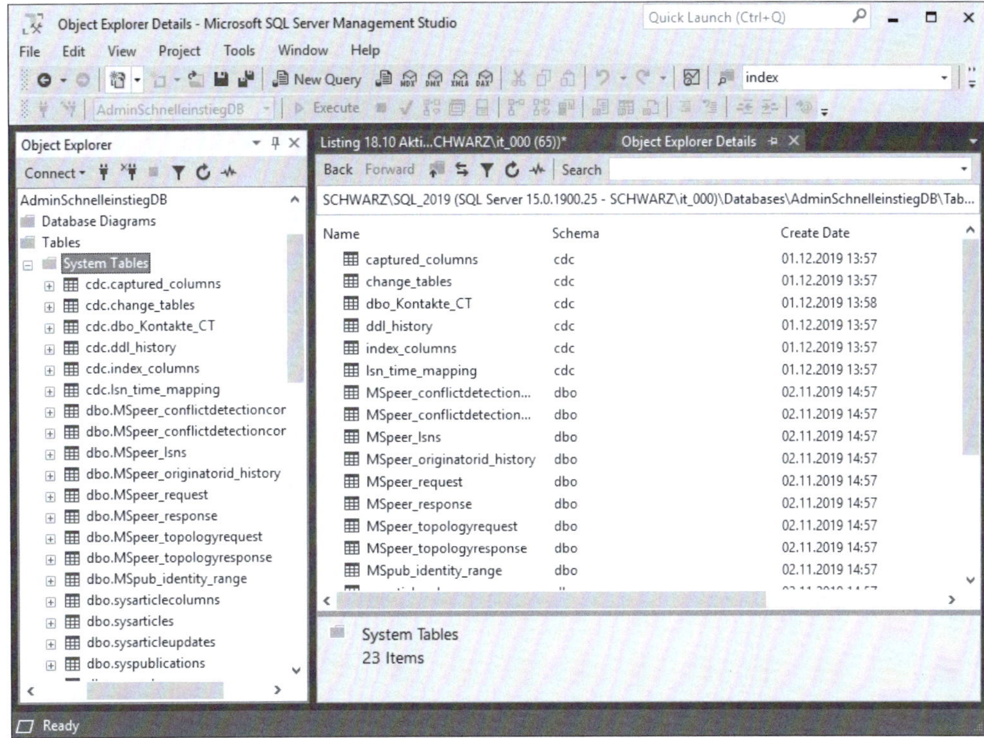

Abbildung 18.28 Die neuen Tabellen für die Überwachung

Tabelle 18.10 zeigt eine Aufstellung der Tabellen, die im Schema »cdc« angelegt werden, um die Nachverfolgung zu ermöglichen.

Tabellenname	Beschreibung
»cdc.captured_columns«	Informationen über überwachte Spalten
»cdc.change_tables«	Informationen über überwachte Tabellen
»cdc.dll_history«	Details über Änderungen am Schema der Tabelle mit DDL-Anweisung
»cdc.index_columns«	Informationen über indizierte Spalten, die überwacht werden

Tabelle 18.10 CDC-Tabellen für die Nachverfolgung von Änderungen

Tabellenname	Beschreibung
»cdc.lsn_time_mapping«	Welche LSN wurde mit welcher Anweisung zu welchem Zeitpunkt verwendet?
»cdc.dbo_Kontakte_CT«	historische Daten für jede überwachte Tabelle

Tabelle 18.10 CDC-Tabellen für die Nachverfolgung von Änderungen (Forts.)

Wenn Sie nun Änderungen an der durch CDC überwachten Tabelle »Kontakte« vornehmen, finden Sie sämtliche Aufzeichnungen über die durchgeführten Änderungen in der Tabelle »cdc.dbo_Kontakte_CT«.

Mit CDC steht ein leistungsfähiges Feature in SQL Server zur Verfügung, mit dem Änderungen nicht nur für Protokollzwecke nachvollzogen, sondern auch Änderungen in der relationalen Datenbank in ein Data Warehouse oder einen Data Mart überführt werden können.

18.10 Datenbankoperationen

In einer Datenbank gibt es viele Mechanismen, die das parallele Arbeiten mehrerer Benutzer ermöglichen. Diese Mechanismen erläutern wir in diesem Abschnitt.

18.10.1 Transaktionen

Unter einer *Transaktion* versteht man eine Folge von Operationen, die eine logische Einheit bilden.

Transaktionen müssen dabei Folgendes garantieren:

- **Atomarität (englisch: »atomicity«)**: Eine Transaktion führt die Änderungen, die zu ihr gehören, immer vollständig aus. Entweder werden alle durch die Transaktion durchzuführenden Änderungen vorgenommen oder gar keine. Eine Transaktion ist also unteilbar.
- **Konsistenz (englisch: »consistency«)**: Nach Abschluss einer Transaktion müssen sich alle Daten in einem konsistenten Zustand befinden. Das heißt, die Datenintegrität muss erhalten bleiben, z. B. müssen Abhängigkeiten wie Indizes aktuell sein.
- **Isolation (englisch: »isolation«)**: Gleichzeitig ausgeführte Transaktionen dürfen sich nicht gegenseitig beeinflussen.
- **Dauerhaftigkeit (englisch: »durability«)**: Nach Ausführung einer Transaktion sind deren Änderungen im System dauerhaft.

Diese Eigenschaften werden auch als *ACID-Eigenschaften* (Atomicity, Consistency, Isolation, Durability) bezeichnet.

Betrachten wir hierzu ein in diesem Zusammenhang oft genanntes Beispiel:

Eine Datenbankanwendung für Banken hat die Aufgabe, Überweisungen durchzuführen. Ein Überweisungsvorgang besteht aus zwei Befehlen – der zu überweisende Betrag muss von Konto A abgezogen und zu dem bestehenden Betrag auf Konto B addiert werden:

1. Ziehe den Betrag von Konto A ab.
2. Addiere den Betrag zum Betrag von Konto B.

Was geschieht, wenn der erste Befehl erfolgreich verarbeitet wurde, aber dann beispielsweise der Datenbankserver abstürzt, bevor der zweite Befehl ausgeführt wird, so dass dieser nicht mehr ausgeführt werden kann? Der Betrag wurde von Konto A abgezogen, aber Konto B nicht gutgeschrieben. Das Geld ist irgendwo verschwunden!

Aus genau diesem Grund gibt es Transaktionen. Transaktionen ermöglichen es, bei Auftreten eines Fehlers innerhalb der Transaktion ein Rollback durchzuführen und damit alle durch die Transaktion vorgenommenen Änderungen wieder rückgängig zu machen. Andererseits besteht die Möglichkeit, nach dem erfolgreichen Abarbeiten aller Befehle die Änderungen festzuschreiben (Commit).

Allerdings ist es die Aufgabe des Datenbankentwicklers, festzulegen, ob die zu einer Transaktion gehörenden Befehle erfolgreich oder nicht erfolgreich verarbeitet wurden. Die Entscheidung, ob dies der Fall ist, wird häufig anhand der Abfrage der zurückgegebenen Fehlercodes der einzelnen SQL-Commands gefällt. T-SQL bietet hier aber auch die in höheren Programmiersprachen häufig vorkommende `TRY CATCH`-Anweisung an.

Sie müssen SQL Server mitteilen, wenn eine Transaktion gestartet, abgebrochen oder bestätigt wird. Die Befehle hierzu werden in der Tabelle 18.11 aufgelistet.

Befehl	Beschreibung
`BEGIN TRANSACTION`	Startet eine Transaktion.
`ROLLBACK TRANSACTION`	Beendet die Transaktion und macht alle Änderungen rückgängig.
`COMMIT TRANSACTION`	Beendet die Transaktion und schreibt alle Änderungen fest.

Tabelle 18.11 Transaktionsbefehle

In Listing 18.12 wird eine Transaktion gestartet, und es werden zwei UPDATE-Befehle ausgeführt. Anschließend wird die Transaktion mit einem Rollback beendet, und die erfolgten Änderungen werden rückgängig gemacht. Sie können durch Abfrage der Tabelle leicht überprüfen, dass die Daten vor dem Rollback geändert wurden und sich nach dem Rollback wieder im Ursprungszustand befinden.

Durch Ersetzen von ROLLBACK TRANSACTION durch COMMIT TRANSACTION schreiben Sie die Änderungen fest. Anschließend ist kein Rollback mehr möglich.

```
CREATE TABLE Konten (KontoNr INTEGER,Betrag DECIMAL(18,2));
INSERT INTO Konten (KontoNr,Betrag) VALUES(1,1000);
INSERT INTO Konten (KontoNr,Betrag) VALUES(2,4000);
BEGIN TRANSACTION;
    UPDATE Konten SET Betrag = (Betrag - 500) WHERE KontoNr = 1;
    UPDATE Konten SET Betrag = (Betrag + 500) WHERE KontoNr = 2;
ROLLBACK TRANSACTION;
```

Listing 18.12 Starten einer Transaktion und Beenden mit »Rollback«

Merke

Eine Transaktion starten Sie mit dem Befehl BEGIN TRANSACTION. Zum Beenden einer Transaktion führen Sie entweder den Befehl COMMIT TRANSACTION (*Commit* = Fixieren der Änderungen) oder den Befehl ROLLBACK TRANSACTION (*Rollback* = Rückgängigmachen der Änderungen) aus.

Listing 18.12 haben wir nur zur Demonstration der Funktionsweise einer Transaktion dargestellt. Der Code ergibt aber eigentlich keinen Sinn, da die Änderungen am Ende der Transaktion immer rückgängig gemacht werden.

Anders sieht das Ganze in Listing 18.13 aus. Hier wird abhängig vom fehlerfreien Abarbeiten der Befehle entweder ein COMMIT oder ein ROLLBACK ausgeführt. Hier wird auch vom T-SQL-Command TRY CATCH Gebrauch gemacht.

Innerhalb des TRY-Blocks wird mit BEGIN TRANSACTION eine Transaktion eröffnet. Wenn innerhalb des BEGIN TRY-Blocks ein Fehler auftritt, wird sofort die Ausführung des TRY-Blocks unterbrochen und direkt in den CATCH-Block gesprungen. Hier wird die ROLLBACK-Anweisung ausgeführt. Tritt kein Fehler auf, wird nur der TRY-Block abgearbeitet, und die letzte Anweisung ist hier COMMIT TRANSACTION. Der CATCH-Block wird nicht durchlaufen, da er nur bei einem im TRY-Block aufgetretenen Fehler abgearbeitet wird.

```
BEGIN TRY
BEGIN TRANSACTION
   UPDATE Konten SET Betrag = (Betrag - 500) WHERE KontoNr = 1;
```

```
   UPDATE Konten SET Betrag = (Betrag + 500) WHERE KontoNr = 2;
      COMMIT TRANSACTION;
END TRY
BEGIN CATCH
      ROLLBACK TRANSACTION;
END CATCH
```

Listing 18.13 Transaktionsfehlerbehandlung

Bei TRY CATCH handelt es sich um eine T-SQL-Anweisung. TRY CATCH ermöglicht das elegante Abfangen von Fehlern, ist aber kein Befehl, der von Transaktionen verlangt wird. Näheres hierzu und zu T-SQL finden Sie in der Microsoft-Dokumentation.

SQL Server arbeitet standardmäßig im sogenannten *Autocommit-Modus*. Das bedeutet, dass nach jedem T-SQL-Command automatisch ein *Commit* (erfolgreich) oder ein *Rollback* (nicht erfolgreich) ausgeführt wird. Jede Anweisung ist automatisch eine eigene Transaktion.

Dieser Modus wird durch die Angabe von BEGIN TRANSACTION außer Kraft gesetzt. In diesem Fall spricht man auch vom sogenannten *expliziten Modus*.

Autocommit ist auch der Grund, warum Sie im SSMS nicht vor jeden Befehl BEGIN TRANSACTION; schreiben müssen. Jeder Befehl wird als eigenständige Transaktion ausgeführt. Natürlich haben wir im vorhergehenden Abschnitt gesehen, dass eine Transaktion aus guten Gründen nicht immer nur aus einem Befehl besteht. Zu diesem Zweck haben Sie die Möglichkeit, mit BEGIN, COMMIT und ROLLBACK TRANSACTION das Transaktionsverhalten zu steuern.

18

Es gibt noch den sogenannten *impliziten Modus*. Diesen Modus setzen Sie mit der T-SQL-Anweisung SET IMPLICIT_TRANSACTIONS ON.

Bestimmte SQL-Anweisungen – wie z. B. INSERT, UPDATE und DELETE, aber auch SELECT, GRANT, DROP – starten eine Transaktion, wenn sie erstmalig ausgeführt werden. Beendet werden sie wieder mit COMMIT und ROLLBACK. Mit SET IMPLICIT_TRANSACTIONS OFF schalten Sie diesen Transaktionsmodus wieder aus.

Transaktionen sind eine tolle Sache und ermöglichen erst die Erstellung von komfortablen Datenbankanwendungen. Einige wichtige Aspekte, die es bei der Arbeit mit Transaktionen zu beachten gilt, möchten wir Ihnen im nächsten Abschnitt zeigen.

18.10.2 Isolation Level

Wenn auf SQL-Server-Daten zugegriffen wird, ist dies durch mehrere Benutzer zur gleichen Zeit möglich. Ändert *Benutzer1* Daten in einer Tabelle, sieht *Benutzer2* diese bei Abfrage in seinem Abfrageergebnis. Datenabfragen und -änderungen funktionieren parallel, was ein wesentliches Merkmal eines Datenbankservers ist. So weit, so gut.

Was geschieht aber, wenn zwei Benutzer zur gleichen Zeit denselben Datensatz ändern? Oder was geschieht, wenn die Daten innerhalb einer Transaktion geändert werden wie im vorhergehenden Abschnitt, anschließend jedoch ein Rollback durchgeführt wird? Da die Datenänderungen zurückgenommen wurden, haben andere Benutzer, die genau in diesem Moment diese Daten abgerufen haben, unter Umständen jetzt falsche Daten? Haben andere Benutzer auf die zuvor geänderten Daten überhaupt Zugriff gehabt?

Hier kommt die Isolation ins Spiel. Dazu ein kleines Beispiel:

1. Starten Sie das SSMS, und verbinden Sie sich mit Ihrer Testdatenbank.
2. Legen Sie in Ihrer Testdatenbank die Tabelle »lockdemo« mit zwei Datensätzen wie in Listing 18.14 an.

   ```
   CREATE TABLE lockdemo (id integer,betrag DECIMAL(18,2));
   INSERT INTO lockdemo (id,betrag) VALUES(1,1000);
   INSERT INTO lockdemo (id,betrag) VALUES(2,4000);
   ```

   Listing 18.14 Anlegen der Tabelle »lockdemo« mit zwei Datensätzen

3. Öffnen Sie ein neues Abfragefenster (»SQLQuery1«) im SSMS, und geben Sie den Code aus Listing 18.15 ein. In diesem Listing wird mit `BEGIN TRANSACTION` eine Transaktion gestartet, und anschließend werden zwei Datensätze mit `UPDATE` geändert. Die Transaktion wird noch **nicht** mit `ROLLBACK` oder `COMMIT TRANSACTION` beendet.

   ```
   Begin Transaction
   UPDATE lockdemo SET betrag = 345 WHERE id = 1;
   UPDATE lockdemo SET betrag = 346 WHERE id = 2;
   ```

   Listing 18.15 Starten einer Transaktion und Ändern von Datensätzen

4. Öffnen Sie jetzt ein zweites Abfragefenster (»SQLQuery2«), und lassen Sie sich in diesem Abfragefenster alle Datensätze der Tabelle »lockdemo« mit `SELECT * FROM lockdemo;` ausgeben.

   Sie werden feststellen, dass die Abfrage hängt. Die Datensätze der Tabelle »lockdemo« werden nicht angezeigt. Wird auf irgendetwas gewartet?

5. Wechseln Sie jetzt zurück in das erste Abfragefenster (»SQLQuery1«), geben Sie nach den zwei `UPDATE`-Befehlen den Befehl `COMMIT TRANSACTION` ein, und führen Sie nur diesen Befehl aus (dazu markieren Sie nur diesen Befehl und klicken auf AUSFÜHREN [RUN]).

Wenn Sie jetzt in das Abfragefenster (»SQLQuery2«) zurückkehren, werden Sie sehen, dass die Datensätze der Tabelle »lockdemo« diesmal angezeigt wurden.

Erklärung zum Beispiel: Was ist geschehen?

Wir haben im Abfragefenster (»SQLQuery1«) eine Transaktion gestartet und an der Tabelle »lockdemo« zwei Änderungen durchgeführt. Die Transaktion wurde jedoch anschließend **nicht** mit `COMMIT` oder `ROLLBACK` beendet.

Wir haben ein zweites Abfragefenster im Management Studio geöffnet, damit eine weitere Benutzerverbindung erzeugt und die Tabelle »lockdemo« mit `SELECT * FROM lockdemo` abgefragt. (In der Praxis ist dies so, als wenn sich ein weiterer Benutzer am Datenbanksystem anmelden würde, da jedes Abfragefenster im SSMS eine eigene Verbindung öffnet.)

SQL Server hat durch das Starten der ersten Transaktion und das Ändern der Datensätze innerhalb der Transaktion eine Sperre auf die Datensätze gesetzt und diese somit als nicht abrufbereit (gesperrt) gekennzeichnet.

Die Sperre wird erst entfernt, wenn entweder ein Commit oder ein Rollback ausgeführt und die Transaktion damit beendet wird. Das ist der Grund, warum die Abfrage im zweiten Abfragefenster kein Ergebnis liefert: Es handelte sich um eine sogenannte *offene Transaktion* ohne Commit oder Rollback.

Warum aber die Sperre? Die Sperre gibt es aus gutem Grund. Immerhin wäre es möglich gewesen, dass die Transaktion mit einem Rollback abgeschlossen würde. Und dann wären genau diese Daten falsch, wenn sie von anderen Anwendern abgefragt worden wären. Die Daten würden durch ein Rollback wieder in den Ursprungszustand zurückversetzt. Der Fachbegriff lautet hierzu *Dirty Read*, was so viel wie *schmutziges Lesen* bedeutet. 18

Auch in der Praxis kann dieser eben simulierte Zustand eintreten. Denkbar wäre hier, dass Befehle innerhalb einer Transaktion sehr viel Zeit benötigen, bis das *rettende* Commit ausgeführt wird. Andere Abfragen würden in diesem Fall auf den Abschluss der verursachenden Transaktion warten.

Zudem ist es ein Problem, wenn ein Commit oder ein Rollback vom Entwickler einfach vergessen wurde. Somit werden die Sperren so lange von SQL Server aufrechterhalten, bis die Transaktion geschlossen wird.

Das soeben erläuterte Transaktionsverhalten oder auch Isolationsverhalten wird als *Read Committed* bezeichnet, und SQL Server arbeitet in diesem Standardmodus.

Was aber, wenn Ihre Anwendung ein anderes Isolationsverhalten benötigt?

Denkbar in diesem Zusammenhang wäre auch, dass die geänderten Daten von einer anderen Transaktion trotzdem gelesen werden sollen, obwohl die Transaktion wie im Beispiel nicht abgeschlossen wurde.

Hier bietet SQL Server die Möglichkeit, das Transaktionsverhalten zu steuern. Die einzelnen Transaktionsverhaltensstufen werden auch als *Isolation Level* bezeichnet, und Sie steuern damit, inwieweit SQL Server eine Transaktion gegenüber anderen Transaktionen isoliert. Tabelle 18.12 listet die Isolationsstufen auf.

Isolation Level	Beschreibung
Read Committed	Anweisungen können Zeilen **nicht** lesen, die von anderen Transaktionen geändert wurden und für die noch kein Commit ausgeführt wurde.
Read Uncommitted	Anweisungen **können** Zeilen lesen, die von anderen Transaktionen geändert wurden und für die noch kein Commit ausgeführt wurde.
Repeatable Read	Anweisungen können Zeilen **nicht** lesen, die von anderen Transaktionen geändert wurden und für die noch kein Commit ausgeführt wurde. Zusätzlich können gelesene Daten der aktuellen Transaktion nicht von anderen Transaktionen geändert werden.

Snapshot	Daten, die innerhalb einer Transaktion gelesen werden, entsprechen immer dem Stand der Daten vor Beginn der Transaktion. Datenänderungen, die nach dem Beginn der aktuellen Transaktion von anderen Transaktionen durchgeführt wurden, werden innerhalb der aktuellen Transaktion nicht berücksichtigt.
	Die Datenbankoption `ALLOW_SNAPSHOT_ISOLATION` muss auf `ON` gesetzt werden, um diese Isolationsstufe zu setzen.
	Beispiel:
	`ALTER DATABASE AdventureWorks`
	`SET ALLOW_SNAPSHOT_ISOLATION ON;`

Serializable	Anweisungen können keine von anderen Transaktionen geänderten Daten lesen, die noch nicht mit `COMMIT` bestätigt wurden. Andere Transaktionen können gelesene Daten der aktuellen Transaktion erst dann ändern, wenn die aktuelle Transaktion beendet ist. Andere Transaktionen können Zeilen erst nach Abschluss der aktuellen Transaktion hinzufügen, wenn diese Zeilen im Schlüsselbereich der aktuellen Transaktion liegen.

Tabelle 18.12 Isolationsstufen

Sie setzen die Isolationsstufe mit der folgenden T-SQL-Anweisung:

```
SET TRANSACTION ISOLATION LEVEL
    { READ UNCOMMITTED
    | READ COMMITTED
    | REPEATABLE READ
    | SNAPSHOT
    | SERIALIZABLE
    }
[ ; ]
```

Listing 18.16 T-SQL-Anweisung zum Setzen der Isolationsstufe

Um die Isolationsstufe für »Read Uncommitted« zu setzen, geben Sie z. B. folgenden Befehl an:

```
SET TRANSACTION ISOLATION LEVEL READ UNCOMMITTED;
```

Setzen Sie diese Anweisung im vorhergehenden Beispiel vor die Abfrageanweisung von `lockdemo`, werden Sie die durch die offene Transaktion geänderten Daten sehen, da die Daten jetzt im `ISOLATION LEVEL` »Read Uncommitted« abgefragt werden.

```
SET TRANSACTION ISOLATION LEVEL READ UNCOMMITTED;
SELECT * FROM lockdemo;
```


Probieren Sie die einzelnen Isolationsstufen ruhig an einigen Beispielen aus. Wie Sie gesehen haben, können nicht abgeschlossene Transaktionen oder Anweisungen, die innerhalb einer Transaktion sehr viel Zeit verbrauchen (und damit den schnellen Abschluss einer Transaktion verhindern), die Ursache für massive Probleme sein. Sperren werden aufrechterhalten; die Abfrage von Daten aus anderen Benutzerverbindungen verzögert sich.

Daraus lassen sich wesentliche Grundsätze für das Entwickeln einer Datenbankanwendung ableiten:

- Transaktionen müssen möglichst schnell verarbeitet werden. Zum Beispiel sollte eine geöffnete Transaktion nicht auf die Eingabe einer Benutzeraktion wie auf einen Ja-Nein-Dialog warten.
- Transaktionen müssen immer mit `COMMIT` oder `ROLLBACK` beendet werden. Nicht abgeschlossene Transaktionen (offene Transaktionen) sind die Quelle für massive Schwierigkeiten.

18.11 Parallelitätsprobleme (Deadlocks)

Von einem *Deadlock* (toter Punkt, völliger Stillstand) spricht man, wenn mindestens zwei Prozesse sich gegenseitig blockieren. Bei einem Deadlock wartet jeder Prozess darauf, dass der andere Prozess beendet wird oder Ressourcen freigibt.

Wenn Sie Autofahrer sind, kennen Sie sicher das Problem, wenn Sie an einer Kreuzung mit Rechts-vor-links-Regelung ankommen und an jeder der vier Kreuzungseinfahrten zur gleichen Zeit ein Auto steht. Jedes Auto wartet darauf, dass der rechte Verkehrsteilnehmer endlich losfährt, da er Vorfahrt hat. Das macht er aber nicht, da auch er darauf wartet, dass das Auto zu seiner Rechten losfährt. Letztendlich fährt keiner los, und es käme theoretisch zum Erliegen des Verkehrs.

18.11.1 Erzeugen eines Deadlocks

Deadlocks gibt es in vielen Situationen, und natürlich auch, wie bereits richtig vermutet, im Zusammenhang mit Datenbanken. Hierzu ein Beispiel.

1. Starten Sie das SSMS, und öffnen Sie ein neues Abfragefenster.
2. Geben Sie in das Abfragefenster folgenden Code ein:

   ```
   USE TEMPDB
   CREATE TABLE tabelle1 (spalte1 INT);
   INSERT into tabelle1 (spalte1) values(1);
   CREATE TABLE tabelle2 (spalte1 INT);
   INSERT into tabelle2 (spalte1) values(1);
   BEGIN TRANSACTION
   UPDATE tabelle1 SET spalte1 = 1;
   ```

   Listing 18.17 Erzeugen eines Deadlocks, Teil 1

   In Listing 18.17 werden die zwei Tabellen »tabelle1« und »tabelle2« mit jeweils einem Datensatz angelegt. Anschließend wird eine Transaktion geöffnet und der Datensatz der »tabelle1« mittels `UPDATE` geändert.

   Die Transaktion wird nicht mit `COMMIT` oder `ROLLBACK` abgeschlossen, sondern bleibt geöffnet. Demnach setzt SQL Server auf die durch die Änderungen betroffenen Datensätze der »tabelle1« eine Sperre.
3. Öffnen Sie im SSMS ein weiteres Abfragefenster. Damit stellen Sie eine weitere Verbindung mit SQL Server bzw. der Datenbank her.
4. Geben Sie im zweiten Abfragefenster den Code aus Listing 18.18 ein, und führen Sie ihn aus.

```
BEGIN TRANSACTION
UPDATE tempdb.dbo.tabelle2 SET spalte1 = 1;
UPDATE tempdb.dbo.tabelle1 SET spalte1 = 1;
```

Listing 18.18 Erzeugen eines Deadlocks, Teil 2

In Listing 18.18 wird ebenfalls eine Transaktion geöffnet, und anschließend wird der Datensatz in »tabelle2« geändert. SQL Server setzt jetzt innerhalb dieser Transaktion auf die von der Änderung betroffenen Datensätze der »tabelle2« ebenfalls eine Sperre.

Anschließend wird mit dem zweiten `UPDATE`-Befehl versucht, eine Änderung der Datensätze in »tabelle1« durchzuführen. Da jedoch durch den `UPDATE`-Befehl der offenen Transaktion im ersten Abfragefenster eine Sperre für die betroffenen Datensätze von »tabelle1« aktiv ist, kann die Änderung nicht sofort erfolgen; es muss gewartet werden, bis die Sperre nicht mehr aktiv ist. Dies wäre der Fall, wenn die Transaktion im ersten Abfragefenster mit `COMMIT` oder `ROLLBACK` beendet würde. Dies ist aber momentan nicht der Fall.

Der zweite `UPDATE`-Befehl kann nicht ausgeführt werden und befindet sich in einer Art Warteposition.

5. Anschließend wechseln Sie wieder in das erste Abfragefenster, geben den folgenden Code ein und führen ihn aus.

```
UPDATE tabelle2 SET spalte1 = 1;
```

Listing 18.19 Erzeugen eines Deadlocks, Teil 3

In Listing 18.19 wird nun aus dem ersten Abfragefenster versucht, Inhalte der »tabelle2« zu ändern. Das ist aber nicht möglich, da die Transaktion aus dem zweiten Abfragefenster ihrerseits Datensätze der »tabelle2« geändert und diese demzufolge mit einer Sperre belegt hat. Auch dieser `UPDATE`-Befehl wartet auf die Auflösung der Sperre. Beide Transaktionen warten demnach darauf, dass es bei der anderen weitergeht. Deadlock!

Es wurde ein klassischer Deadlock erzeugt. Eigentlich würden sich die Transaktionen gegenseitig bis in alle Ewigkeit blockieren und theoretisch würde es nicht weitergehen.

SQL Server erkennt allerdings derartige Deadlock-Situationen und beendet sie, indem eine der beiden Transaktionen als sogenanntes Deadlock-Opfer ausgewählt und der zugehörige Prozess beendet wird. Das hat zur Folge, dass die blockierende Sperre aufgelöst wird und die andere Transaktion weiterlaufen kann.

Wenn SQL Server eine Deadlock-Situation auflöst, wird Ihnen dies durch die folgende Meldung mitgeteilt:

```
Meldung 1205, Ebene 13, Status 45, Zeile 4
Die Transaktion (Prozess-ID 52) befand sich auf Sperre Ressourcen aufgrund
eines anderen Prozesses in einer Deadlocksituation und wurde als Deadlockopfer
ausgewählt. Führen Sie die Transaktion erneut aus.
```

Listing 18.20 Fehlerausgabe bei aufgetretenem Deadlock

Deadlocks beeinträchtigen den problemlosen Ablauf Ihrer Datenbankanwendung erheblich und können entstehen, wenn eine soeben beschriebene Situation eintritt. Deadlocks können Sie vermeiden, indem Sie Folgendes beachten:

- Halten Sie Ihre Transaktionen so kurz wie möglich.

  Je schneller Transaktionen beendet werden, umso früher werden auch gesetzte Sperren aufgelöst. Hierdurch sinkt das Risiko, im parallelen Betrieb einer Datenbankanwendung Deadlock-Situationen zu erzeugen.
- Minimieren Sie Sperrzeiten.

  Unter Umständen können einige Befehle, die Sperren setzen, innerhalb einer Transaktion auch erst später ausgeführt werden.
- Überprüfen Sie den verwendeten Isolation Level. Nutzen Sie eine möglichst geringe Isolation.
- Stellen Sie sicher, dass auf die Serverobjekte immer in der gleichen Reihenfolge zugegriffen wird.

Deadlocks können Sie mit SQL Server Profiler identifizieren. Bei der Definition der Ereignisauswahl in den ABLAUFVERFOLGUNGSEIGENSCHAFTEN (TRACE PROPERTIES) haben Sie die Möglichkeit, in der Kategorie LOCKS unterschiedliche Ereignisse bezüglich Deadlocks in die Ablaufverfolgung einzubeziehen.

Die Ereignisklasse *Deadlock Graph* speichert in der TEXTDATA-Spalte eine XML-Struktur mit Informationen über alle Objekte und Prozesse, die am Deadlock beteiligt sind (siehe Abbildung 18.30).

Die Deadlock-Situation wird zusätzlich im unteren Bereich grafisch dargestellt. Diese grafische Darstellung wird auch *Deadlock-Wartediagramm* genannt. Ein Deadlock-Wartediagramm besteht aus sogenannten Prozessknoten, Rahmen und Ressourcenknoten. Wenn Sie mit der Maus über die dargestellten Prozessknoten (runde Objekte) fahren, erscheint zusätzlich ein Tooltip-Fenster und zeigt die zugehörigen T-SQL-Befehle an. Außerdem wird Ihnen das Deadlock-Opfer in Form eines durchgestrichenen Prozessknotens angezeigt.

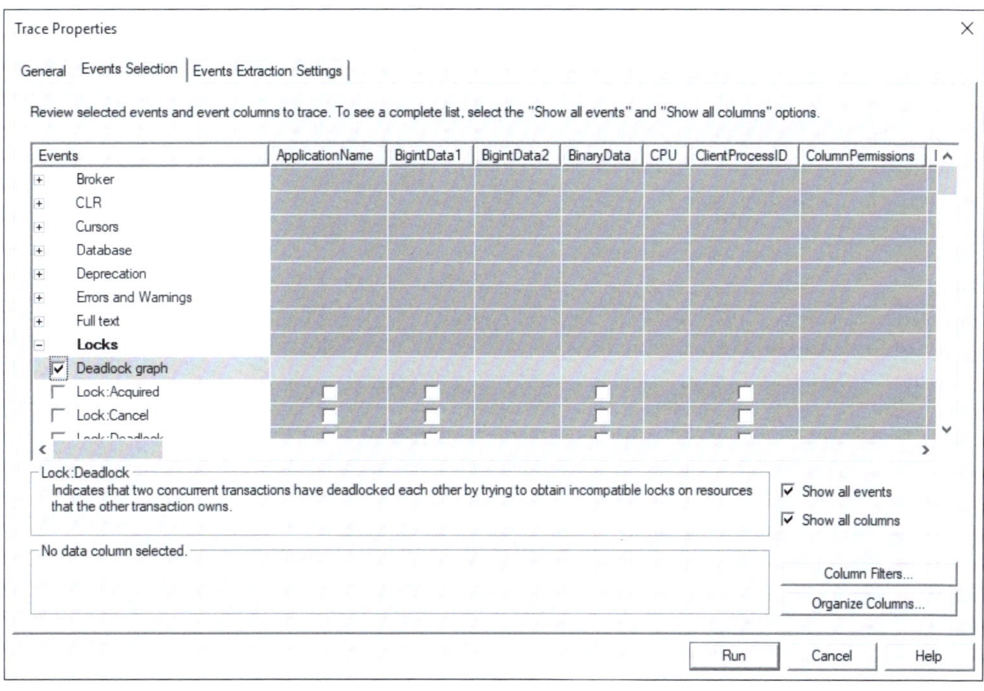

Abbildung 18.29 »Deadlock Graph«-Ereignisauswahl im SQL Server Profiler

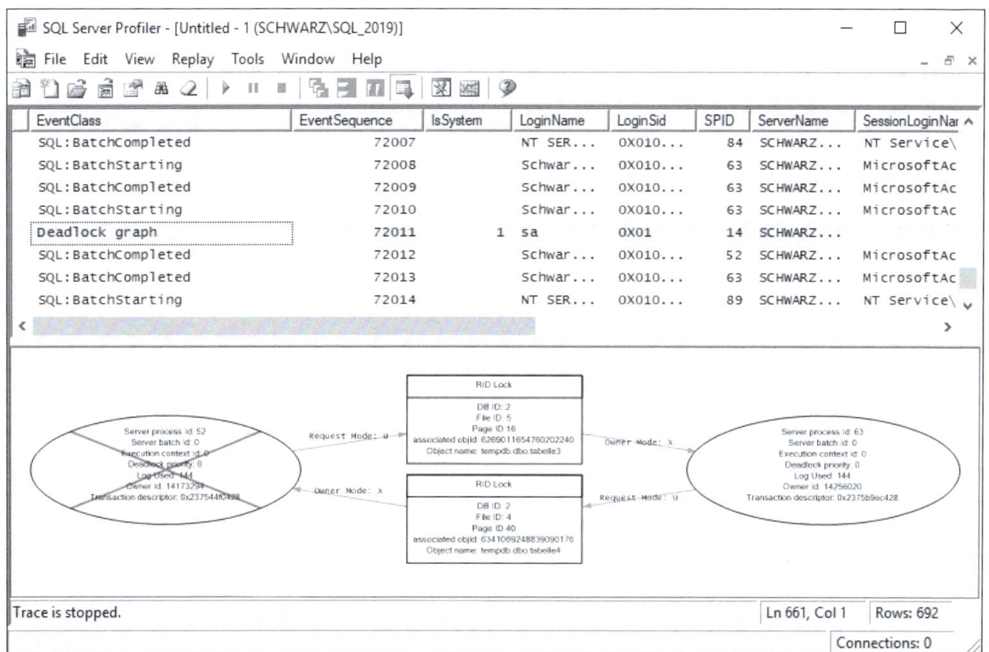

Abbildung 18.30 Anzeige eines Deadlocks im SQL Server Profiler

Sie können das Deadlock-Ereignis auch in Form einer *.xdl*-Datei abspeichern und im SSMS über den DATEI ÖFFNEN-Dialog (OPEN FILE) laden.

Was ist eine ».xdl«-Datei?

Bei einer *.xdl*-Datei handelt es sich um eine Datei, die ein Deadlock-Graph-Ereignis in XML-Form enthält.

Klicken Sie hierzu mit der rechten Maustaste auf das Deadlock-Ereignis in der TEXTDATA-Spalte, und wählen Sie den Menüpunkt EREIGNISDATEN EXTRAHIEREN... (EXTRACT EVENT DATA...) aus.

Genauere Informationen zum Erstellen einer Ablaufverfolgungsdatei mit SQL Server Profiler entnehmen Sie Kapitel 16, »Überwachen von SQL Server«.

18.12 Partitionierung – wenn Tabellen sehr groß werden

Eine weitere Möglichkeit, die Abfrageleistung zu verbessern, bietet SQL Server mit partitionierten Tabellen an. Bei partitionierten Tabellen werden die Daten horizontal aufgeteilt und in unterschiedlichen Dateigruppen einer Datenbank gespeichert. Durch eine Partitionierung erreichen Sie die Verminderung der E/A-Vorgänge. Partitionierung eignet und lohnt sich nur für sehr große Datenmengen.

Die Aufteilung der Daten in Partitionen erfolgt durch die Auswertung der Daten selbst. Zu diesem Zweck muss eine sogenannte *Partitionierungsfunktion* erstellt werden. Mit der Partitionierungsfunktion werden Grenzwerte bestimmt, auf deren Basis die Daten aufgeteilt werden.

Zum Beispiel könnte eine Tabelle, die eine Datumsspalte enthält, anhand der Jahreszahlen des jeweiligen Datumswertes aufgeteilt (partitioniert) werden.

Nehmen wir an, in einer Datenbank existiert eine Tabelle »Rechnungen«, in der alle Rechnungen eines Unternehmens gespeichert sind. Diese Tabelle dürfte in der Regel eine Spalte zum Speichern des aktuellen Rechnungsdatums besitzen.

Eine auf diese Rechnungsdaten zugreifende Datenbankapplikation könnte sehr häufig Rechnungsdaten des aktuellen Jahres, jedoch eventuell wesentlich seltener Rechnungsdaten früherer Jahre abfragen. Die Rechnungsdaten des aktuellen Jahres müssten sehr schnell abgerufen werden können. Die Daten älterer Rechnungsjahre werden seltener und nicht so häufig abgerufen. Das hängt natürlich von der betrieblichen Praxis ab und wird nur für dieses Beispiel so angenommen.

Die Tabelle könnte dahin gehend partitioniert werden, dass die Datenzeilen mit dem Rechnungsdatum der früheren Jahre in »Dateigruppe1« gespeichert werden und alle des aktuellen Jahres und darüber in »Dateigruppe2«.

Die »Dateigruppe2« zugeordneten Daten könnten auf einem Speichermedium mit schnellerem Lese-/Schreibzugriff liegen. Die Datendateien, die »Dateigruppe1« zugeordnet sind, liegen auf einem weniger schnellen Speichermedium, da hier die Abfragen wesentlich seltener durchgeführt werden und auch eine gewisse Verzögerung in Kauf genommen werden kann.

Wenn Sie eine partitionierte Tabelle erstellen möchten, gehen Sie durch die Eingabe von T-SQL-Befehlen im SSMS wie folgt vor:

1. Erstellen Sie die Dateigruppen und die zugehörigen Dateien:

   ```
   ALTER DATABASE [demo] ADD FILEGROUP [fg1];
   ALTER DATABASE [demo] ADD FILEGROUP [fg2];
   ALTER DATABASE [demo] ADD FILEGROUP [fg3];
   ALTER DATABASE [demo] ADD FILE ( NAME = N'datei1', FILENAME = N
   'C:\datgroup\datei1.ndf') TO FILEGROUP [fg1];
   ALTER DATABASE [demo] ADD FILE ( NAME = N'datei2', FILENAME = N
   'C:\datgroup\datei2.ndf') TO FILEGROUP [fg2];
   ALTER DATABASE [demo] ADD FILE ( NAME = N'datei3', FILENAME = N
   'C:\datgroup\datei3.ndf') TO FILEGROUP [fg3];
   ```

   Listing 18.21 Anlegen von Dateigruppen und der zugehörigen Datendateien der Datenbank

2. Erstellen Sie eine Partitionierungsfunktion. Dadurch bestimmen Sie die Wertebereiche, anhand derer die Daten aufgeteilt werden sollen.

   ```
   CREATE PARTITION FUNCTION partfunktion (datetime) AS RANGE LEFT
   FOR VALUES('20150101','20200101');
   ```

   Listing 18.22 T-SQL-Befehl zum Anlegen der Partitionierungsfunktion

   `20150101` steht für das Datum 01.01.2015. Es gibt die Möglichkeit, `RANGE LEFT` und `RANGE RIGHT` anzugeben. Hiermit legen Sie fest, in welchen Wertebereich der angegebene Partitionierungsgrenzwert fällt (linke oder rechte Partition).

   Der angegebene Befehl lautet umgangssprachlich ausgedrückt wie folgt:

   Erstelle eine Partitionierungsfunktion mit Namen »partfunktion«. Teile die Daten vom Datentyp `datetime` in drei Bereiche auf: Der erste Bereich enthält alle Datumswerte <= 01.01.2015. Der zweite Bereich enthält alle Werte > 01.01.2015 bis <= 01.01.2020 und der dritte Bereich alle Datumswerte > 01.01.2020.

3. Erstellen Sie das Partitionsschema, das die angelegten Dateigruppen mit der Partitionsfunktion verbindet. Damit legen Sie fest, wo die partitionierten Daten, die über die Partitionierungsfunktion definiert wurden, physisch gespeichert werden.

```
CREATE PARTITION scheme partitionschema1 AS PARTITION partfunktion
TO ('fg1','fg2','fg3');
```

4. Anschließend legen Sie die zugehörige Tabelle an.

   SQL Server entscheidet ab jetzt, zu welcher Partition ein eingegebener Datensatz gehört und wo die Daten demnach physikalisch gespeichert werden.

   ```
   CREATE TABLE rechnungstabelle (id integer,rechnungsdatum datetime,
   betrag money) ON partitionschema1(rechnungsdatum);
   ```

   Listing 18.23 Anlegen der partitionierten Tabelle

Werden jetzt Datensätze der »rechnungstabelle« hinzugefügt, ist kein Unterschied zu erkennen. Allerdings werden die Daten abhängig vom in der Spalte *rechnungsdatum* hinterlegten Datumswert in den zugehörigen Partitionen und demnach Dateigruppen abgelegt (siehe Listing 18.24).

```
INSERT INTO dbo.rechnungstabelle (rechnungsdatum,betrag)
VALUES('20121217',234.45);
INSERT INTO dbo.rechnungstabelle (rechnungsdatum,betrag)
VALUES('20120524',234.45);
INSERT INTO dbo.rechnungstabelle (rechnungsdatum,betrag)
VALUES('20040519',234.45);
```

Listing 18.24 Hinzufügen von Datensätzen zur Tabelle »rechnungstabelle«

Anschließend können Sie mit der folgenden Anweisung überprüfen, wie viele Rows welcher Partition zugeordnet wurden (Listing 18.25).

```
SELECT * FROM sys.partitions
WHERE object_id =
OBJECT_ID('dbo.rechnungstabelle');
```

Listing 18.25 Abfrage der View »sys.partitions« zum Anzeigen der Datensatzverteilung einer partitionierten Tabelle

In Abbildung 18.31 sehen Sie durch die Auswertung der Spalten *partition_number* und *rows*, wie die hinzugefügten Datensätze in den Partitionen der Tabelle aufgeteilt wurden.

Partitionierte Tabellen eignen sich hervorragend, um die Leistung bei großen Datenmengen zu verbessern. Einen kleinen Wermutstropfen gibt es aber trotzdem: Partitionierte Tabellen werden nur in den SQL-Server-Editionen Enterprise, Developer und Evaluation unterstützt.

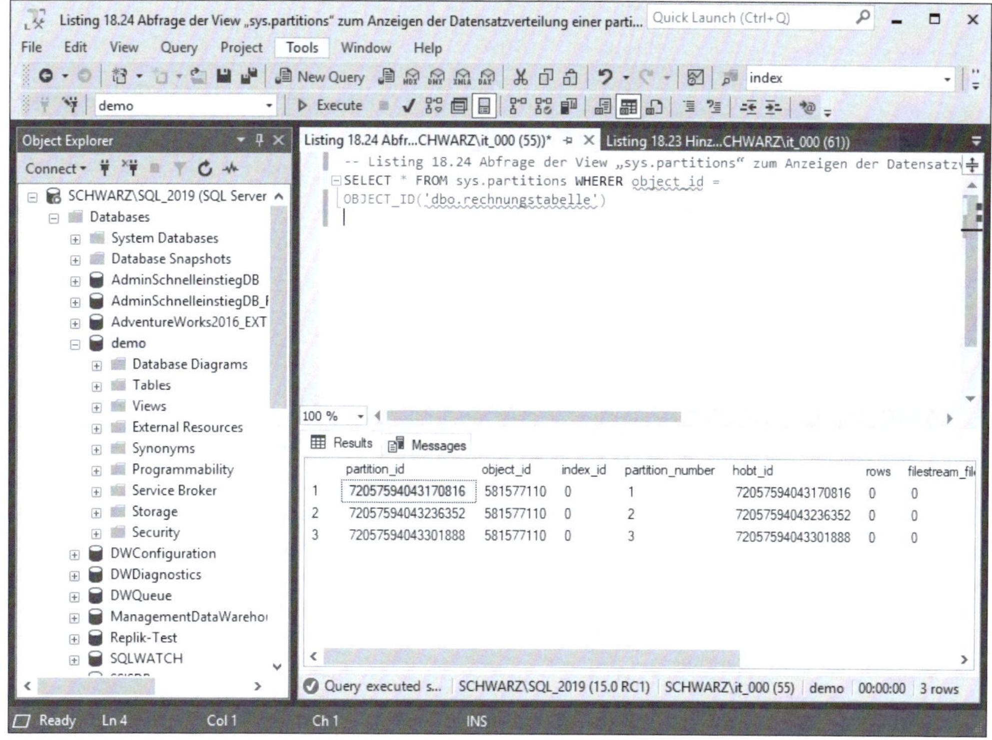

Abbildung 18.31 Abfrage und Darstellung der Datensatzverteilung der partitionierten Tabelle »rechnungstabelle«

18.13 In-Memory OLTP (Online Transaction Processing)

In den letzten Jahren sind die Server »gewachsen«. Der Arbeitsspeicher (RAM) kann mehrere TB groß sein. Die Server haben viel mehr CPUs mit wesentlich mehr *Kernen* (englisch: *cores*). Dadurch sind die Möglichkeiten, Daten zu verwalten, völlig anders geworden.

Außerdem ist die Menge der ständig produzierten Daten und auch die Anforderung daran, wie schnell die Daten verarbeitet werden müssen, enorm gestiegen. So kann z. B. ein autonomes Fahrzeug nicht darauf warten, dass die benötigten Daten verwaltet werden, sondern benötigt sehr schnelle Antworten zur Entscheidung des nächsten Schrittes.

Natürlich darf das Erreichen dieses deutlich höher gesteckten Ziels nicht viel kosten. Also nehmen wir doch die Ressourcen, die vorhanden sind.

Was liegt also näher, als den Arbeitsspeicher des Servers, der wesentlich schneller ist als jedes permanente Speichermedium, für die Arbeit mit den Daten zu verwenden.

Microsoft hat viel Zeit und Energie in die Entwicklung dieser Technologie investiert. Seit SQL Server 2014 gibt es die Möglichkeit, ganze Datenbanken im RAM zu halten und dort zu nutzen. Dadurch können Abfragen bis zu 30-mal so schnell werden wie vor der Einführung von *In-Memory OLTP*.

Wenn aber die Daten im Arbeitsspeicher liegen, was passiert dann bei einem Stromausfall? Auch für diesen Fall haben sich die Microsoft-Ingenieure etwas einfallen lassen: Alle Daten sind dauerhaft. Es gibt immer eine Kopie der Daten in haltbarem Speicher (Festplatte, SAN, SSD ...).

Durch die vollständige Integration von In-Memory OLTP in SQL Server ist es nicht erforderlich, eine neue Programmiersprache oder Ähnliches zu erlernen. Die grundsätzliche Umgebung bleibt die gleiche.

Diverse Unternehmen setzen diese Technik bereits erfolgreich ein. So konnte ein Unternehmen einen SQL Server 2016 dazu bewegen, mit Hilfe von In-Memory OLTP 1,2 Millionen Transaktionen pro Sekunde zu bearbeiten. Ein anderes Unternehmen hat es geschafft, die Arbeitslast zu verdoppeln, dabei aber die Ressourcenauslastung um 70 % zu verringern.

Natürlich sind das die leuchtenden Beispiele und nicht die Norm. Dennoch handelt es sich bei dieser Technologie um eine interessante Möglichkeit, an der Performanceschraube zu drehen.

18.13.1 Wie gehen wir vor?

Einen guten Anhaltspunkt, wo ein Eingriff sinnvoll sein kann, bietet der TRANSAKTIONS PERFORMANCE ANALYSE BERICHT (REPORT • TRANSACTION PERFORMANCE ANALYSIS OVERVIEW). Diesen Report rufen Sie über die Eigenschaften derjenigen Datenbank auf, die Sie beschleunigen möchten (siehe Abbildung 18.32).

Dieser Report hilft Ihnen, Engpässe in der Datenbank zu finden, die mit Hilfe der In-Memory-OLTP-Technik verbessert werden können. Hier können Sie sowohl Tabellen als auch gespeicherte Prozeduren analysieren.

Betrachten wir die Tabellen in Abbildung 18.33. Der Report zeigt auf der X-Achse von links nach rechts den immer geringeren Aufwand, der erforderlich ist, eine Tabelle zu optimieren. Auf der Y-Achse sehen Sie, von unten nach oben, den ansteigenden Performancegewinn, wenn Sie die genannten Tabellen optimieren.

Klicken Sie nun auf eine der angezeigten Tabellen, dann erfahren Sie Näheres über diese Tabelle und deren Nutzungsstatistiken.

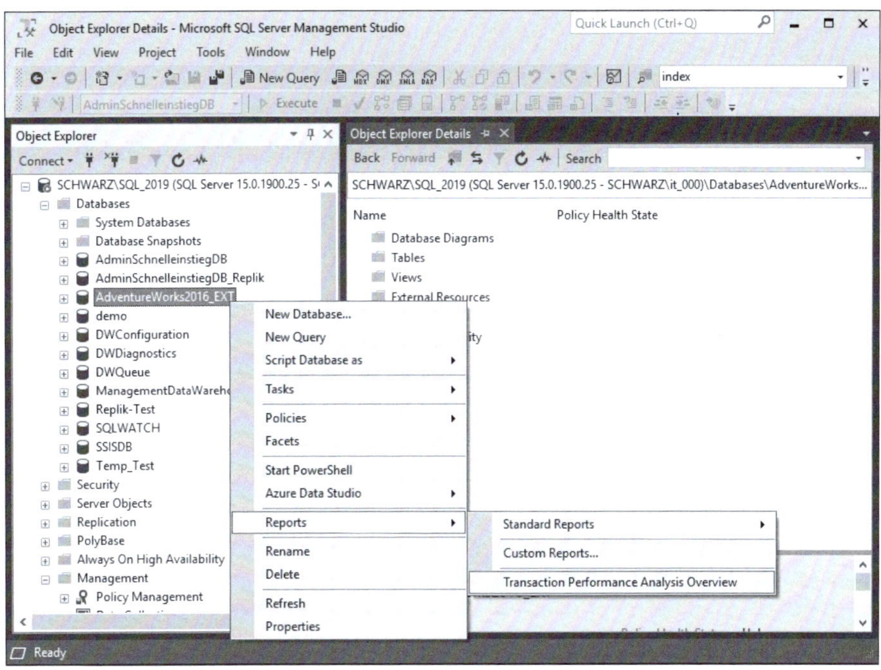

Abbildung 18.32 Der Aufruf des Transaction Performance Analysis Reports

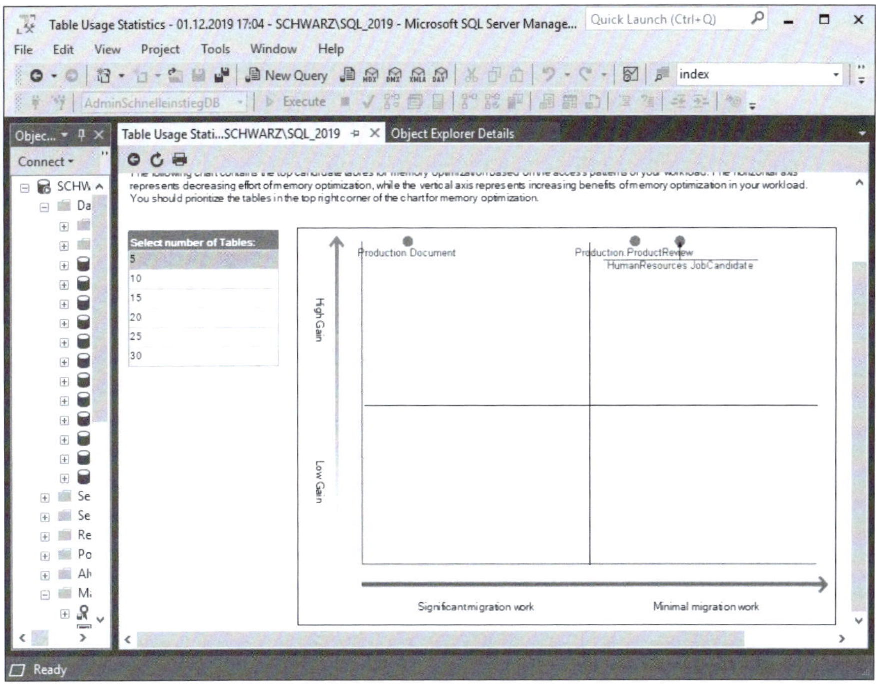

Abbildung 18.33 Bei diesen Tabellen lohnt ein näherer Blick.

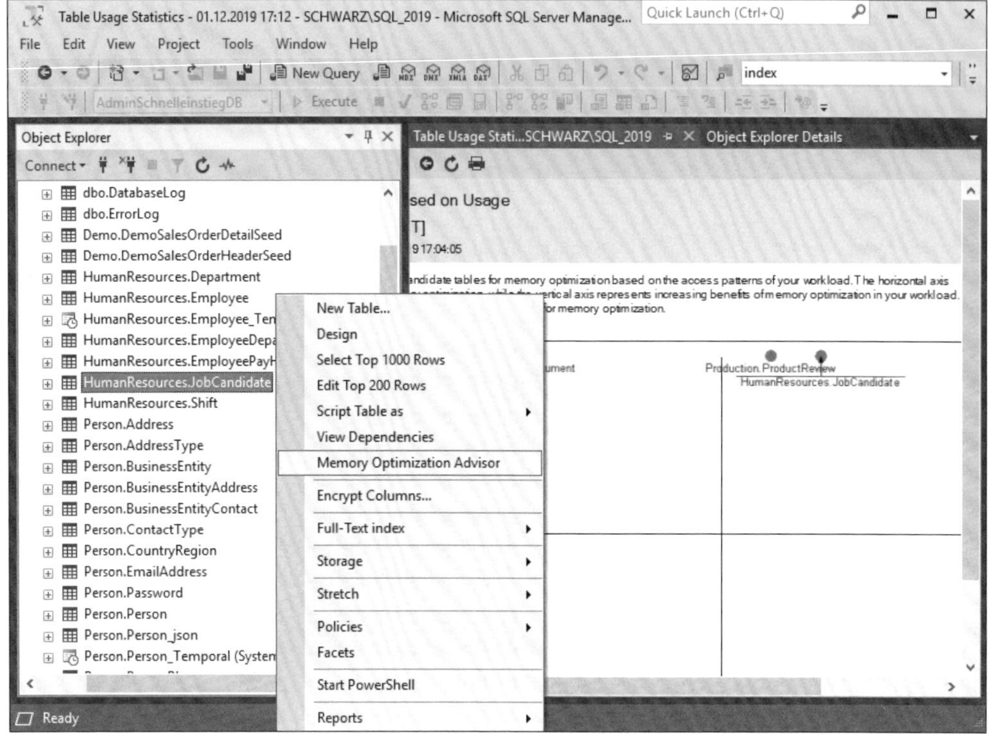

Abbildung 18.34 Optimieren der betroffenen Tabelle

Nehmen wir uns als Nächstes die betroffene Tabelle vor. Wie in Abbildung 18.34 zu sehen, wird der RATGEBER FÜR DIE SPEICHEROPTIMIERUNG (MEMORY OPTIMIZATION ADVISOR) über die Eigenschaften der Tabelle aufgerufen.

Dieser Wizard besteht aus den Einzelschritten:

1. EINFÜHRUNG (INTRODUCTION)
2. MIGRATIONSÜBERPRÜFUNG (MIGRATION VALIDATION)
3. MIGRATIONS WARNMELDUNGEN (MIGRATION WARNINGS)
4. MIGRATIONSOPTIONEN (MIGRATION OPTIONS)
5. INDEXERSTELLUNG (INDEX CREATION)
6. ZUSAMMENFASSUNG (SUMMARY)
7. MIGRATIONSVERLAUF (MIGRATION PROCESS)

Klicken Sie im Begrüßungsfenster EINFÜHRUNG (INTRODUCTION) auf den WEITER-Button (NEXT), dann wird die SPEICHEROPTIMIERUNGSPRÜFLISTE (MEMORY OPTIMIZATION CHECKLIST) im Reiter MIGRATIONSÜBERPRÜFUNG (MIGRATION VALIDATION) erstellt.

Dort finden Sie Hinweise auf unkritische Tabellenstrukturen, aber auch auf die Teile, die Sie bearbeiten müssen, wenn diese Tabelle für In-Memory OLTP optimiert werden soll (siehe Abbildung 18.35). Wenn Sie die Links mit Namen ANWEISUNGEN (SHOW ME HOW) nutzen, werden Sie auf die passenden Online-Inhalte von Microsoft zum Thema weitergeleitet. Natürlich ist das auf einem echten Server nicht möglich, da Sie von dort aus normalerweise keinen Internetzugang haben. Da hilft Ihnen eine lokale Datenbankkopie weiter.

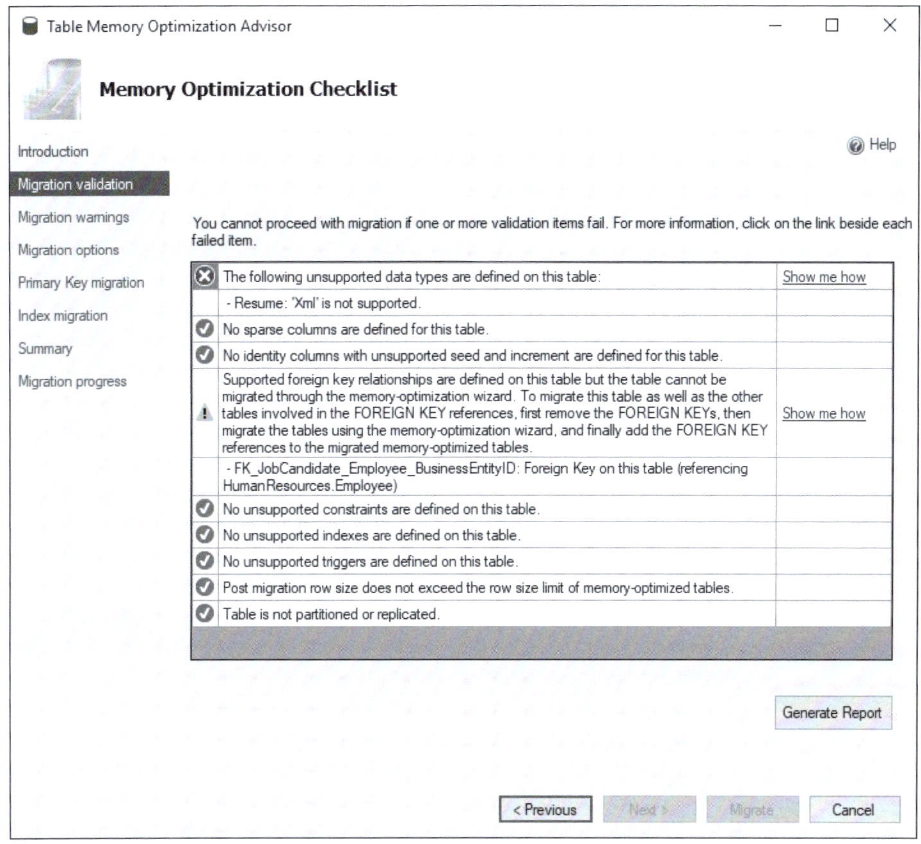

Abbildung 18.35 Hier gibt es noch etwas zu tun.

Wenn Sie alle Voraussetzungen für die Optimierung erfüllt haben (siehe Abbildung 18.36), können Sie mit einem Klick auf WEITER (NEXT) zum nächsten Reiter MIGRATIONS WARNMELDUNGEN (MIGRATION WARNINGS) wechseln (siehe Abbildung 18.37).

Auch hier finden Sie wieder Links auf Seiten, die Ihnen weiterführende Informationen geben.

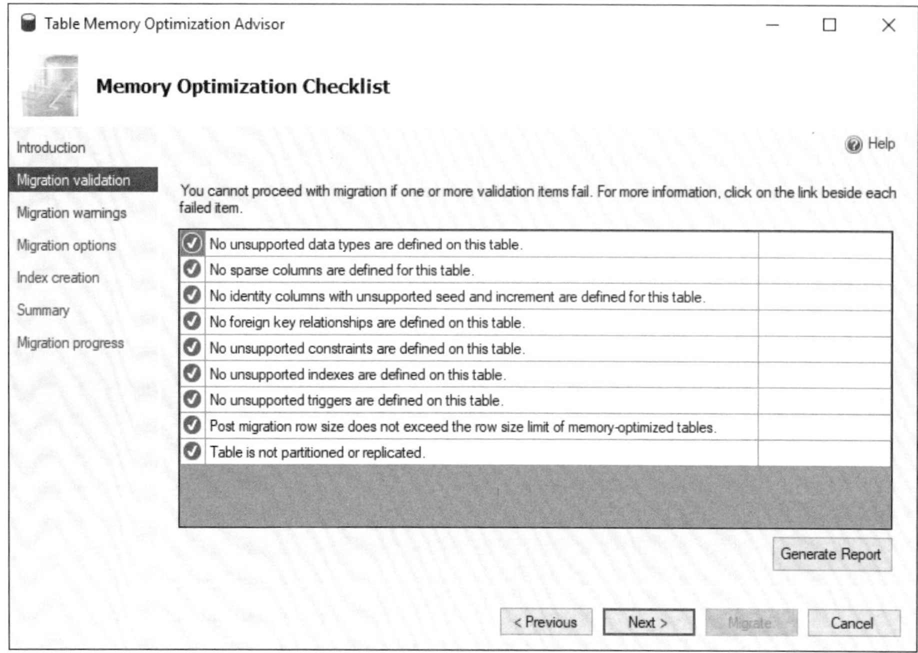

Abbildung 18.36 Alle Bedingungen wurden erfüllt.

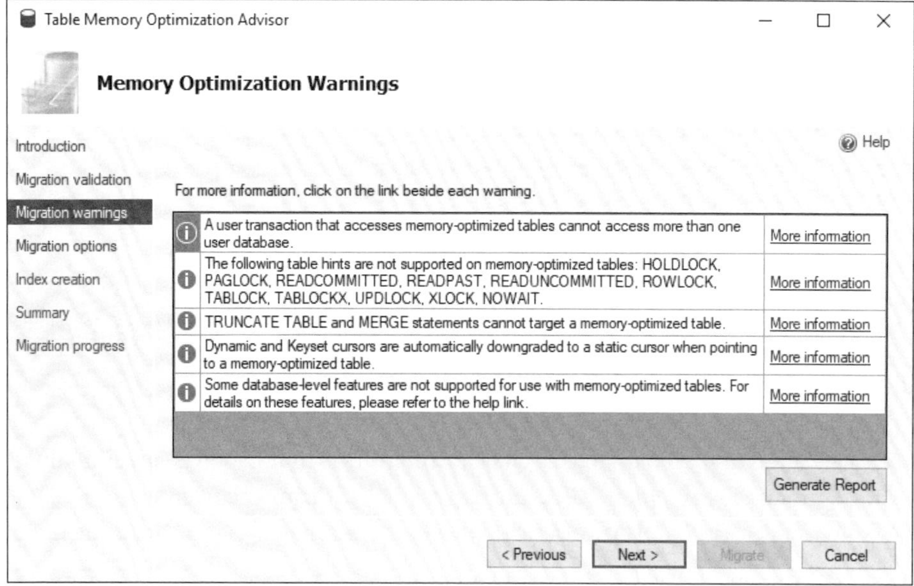

Abbildung 18.37 Migration Warnings

Der nächste Reiter, MIGRATIONS OPTIONEN (MIGRATION OPTIONS), zeigt die Möglichkeiten an, die Ihnen für eine Migration in eine speicheroptimierte Tabelle zur Verfügung stehen (siehe Abbildung 18.38).

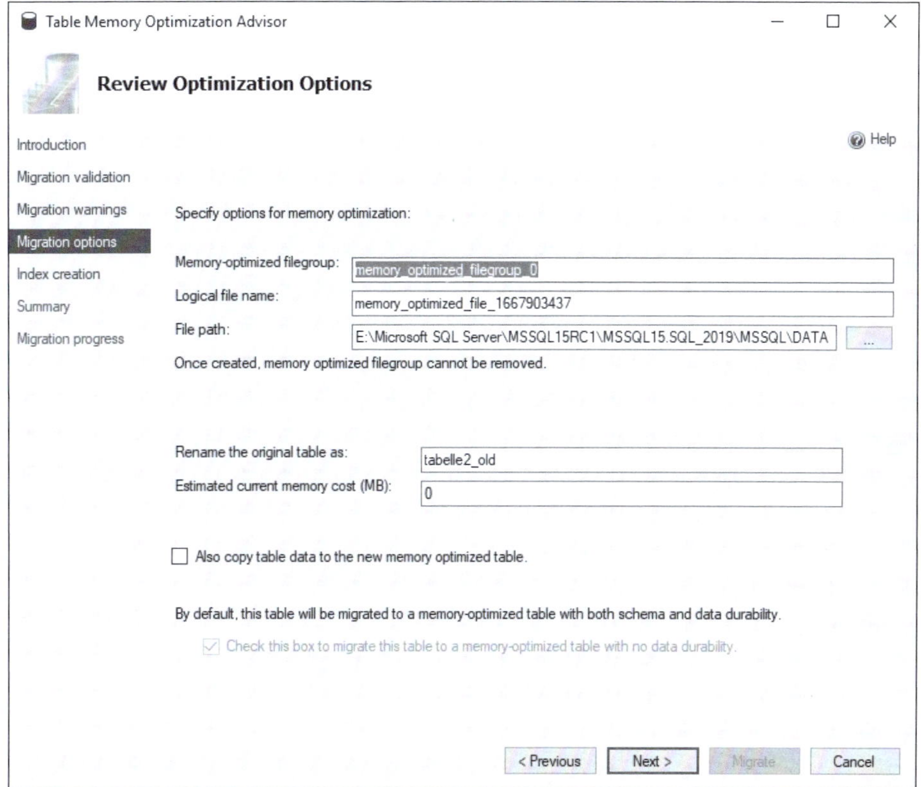

Abbildung 18.38 Der»Migrations Optionen«-Reiter

Schon haben Sie den Reiter INDEXERSTELLUNG (INDEX CREATION) erreicht. Eine speicheroptimierte Tabelle benötigt zumindest einen Index. Auf dieser Seite können Sie bestimmen, welche Spalte(n) indiziert sein soll(en). Auch können Sie hier einen Non-clustered HASH oder einen Non-clustered Index auswählen. Ein nicht geclusterter Hash ist eine Sonderform des *Nonclustered Index*, der für speicheroptimierte Tebellen verwendet wird.

Weitere Informationen dazu finden sie in Abschnitt 18.6.3 und im Internet unter:

https://docs.microsoft.com/de-de/sql/relational-databases/sql-server-index-design-guide?view=sql-server-ver15#hash_index

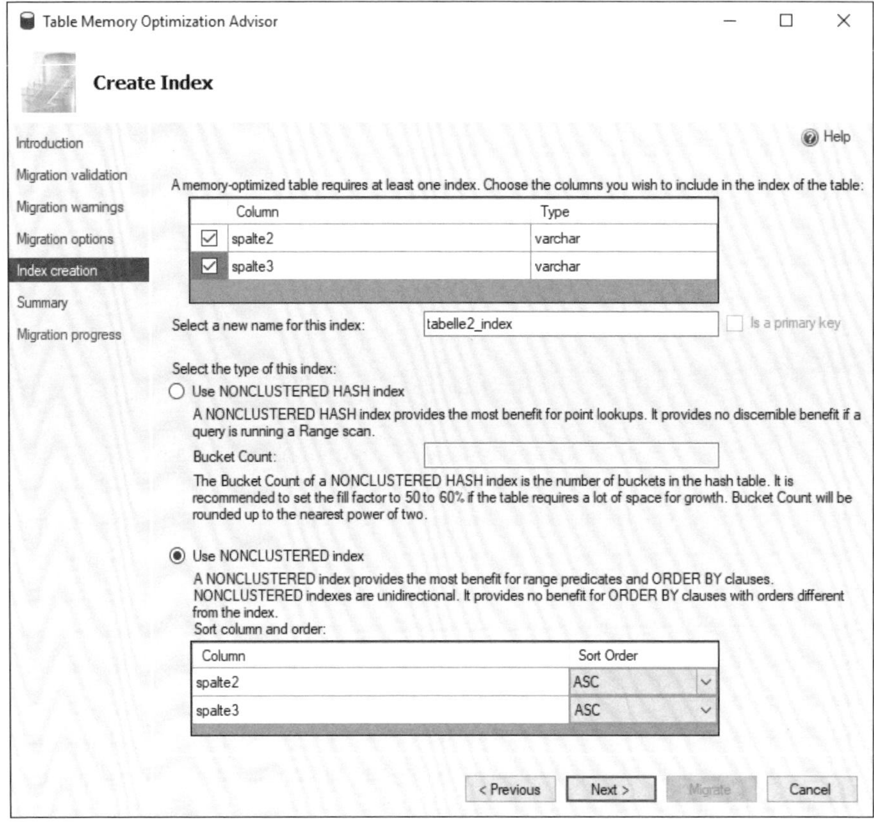

Abbildung 18.39 Welche Indizes sollen erstellt werden?

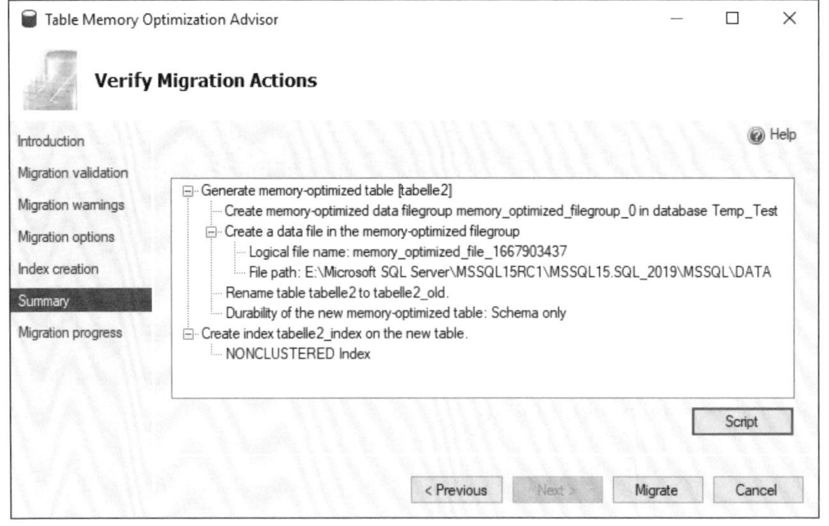

Abbildung 18.40 Summary

Nach der Auswahl der gewünschten Optionen (siehe Abbildung 18.39) geht es weiter über eine Zusammenfassung (siehe Abbildung 18.40) mit der Möglichkeit, ein Skript für die Aktion zu erstellen, bis hin zur tatsächlichen Migration. Die Migration ist in unserem Beispiel an einem zu großen Schlüssel gescheitert (siehe Abbildung 18.42).

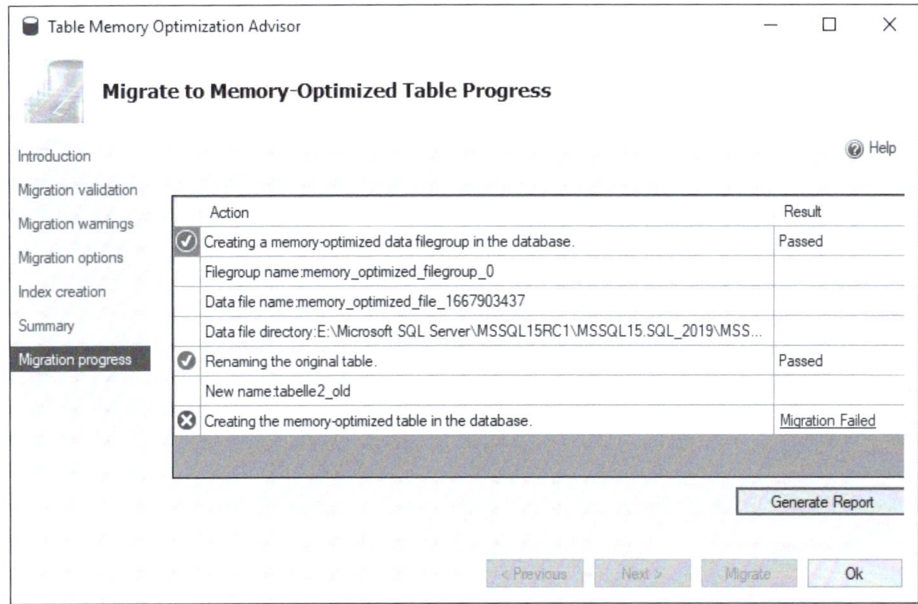

Abbildung 18.41 Die fehlgeschlagene Migration

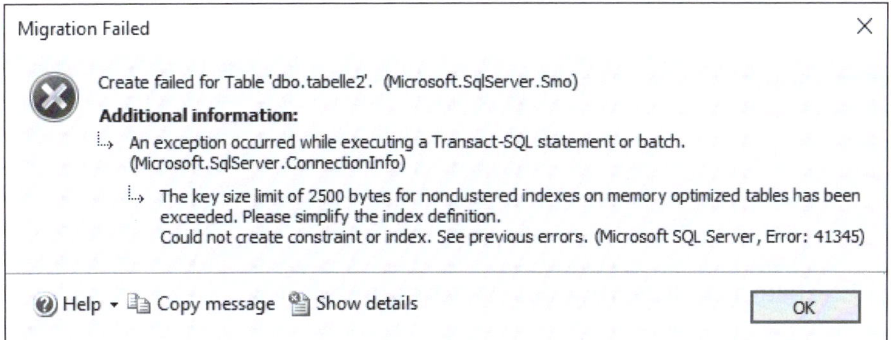

Abbildung 18.42 Fehlermeldung der gescheiterten Migration

Hinweis

Das SSMS bietet an vielen Stellen die Möglichkeit, ein Skript zu erstellen. Machen Sie von dieser Möglichkeit ruhig ausgiebig Gebrauch. Die Skripte, die das Management Studio erstellt sind gut, und Sie können eine Menge daraus lernen.

Hier ein Blick auf das Skript für die Migration in eine speicheroptimierte Tabelle:

```
ALTER DATABASE [Temp_Test] ADD FILEGROUP [memory_optimized_filegroup_
0] CONTAINS MEMORY_OPTIMIZED_DATA;
GO
ALTER DATABASE [Temp_Test] ADD FILE (NAME = N'memory_optimized_file_
1667903437', FILENAME = N'E:\Microsoft SQL Server\MSSQL15RC1\MSSQL15.SQL_
2019\MSSQL\DATA\memory_optimized_file_1667903437' ) TO FILEGROUP [memory_
optimized_filegroup_0];
GO
USE [Temp_Test]
GO
EXEC dbo.sp_rename @objname = N'[dbo].[tabelle2]', @newname = N'tabelle2_
old', @objtype = N'OBJECT';
GO
USE [Temp_Test]
GO
SET ANSI_NULLS ON;
GO
CREATE TABLE [dbo].[tabelle2]
(
    [spalte2] [varchar](4000) COLLATE Latin1_General_CI_AS NULL,
    [spalte3] [varchar](4100) COLLATE Latin1_General_CI_AS NULL,
INDEX [tabelle2_index] NONCLUSTERED
(
    [spalte2] ASC,
    [spalte3] ASC
)
)WITH ( MEMORY_OPTIMIZED = ON , DURABILITY = SCHEMA_ONLY );
GO
```

18.14 Zusammenfassung der Performancethemen

Sicher haben Sie Mittlerweile einen Eindruck davon gewonnen, wie komplex die Themen Performanceanalyse und Performance-Improvement sind. Lassen Sie sich aber nicht abschrecken. Versuchen Sie, das Thema Schritt für Schritt anzugehen. Die SQL Server Online Community bietet viel Hilfe und auch den ein oder anderen Leitfaden, an dem Sie sich orientieren können.

Finden Sie Ihren eigenen Weg, die Performance der Anwendungen in Ihrem Unternehmen zu verbessern. Arbeiten Sie mit den Anwendern zusammen, und entwickeln Sie Testpläne, mit deren Hilfe die Performance messbar und objektiv abbildbar wird. Eine Einschätzung, die allein auf einem subjektiven Gefühl beruht, ist hier wenig hilfreich. Außerdem empfehlen wir, nicht an allen Stellschrauben gleichzeitig zu drehen. Immer ein Schritt nach dem anderen, und nach jedem Schritt sollten Sie eine neue Messung machen.

Keine Sorge, es ist noch kein Meister vom Himmel gefallen. In Performancedingen hilft nur viel Erfahrung, und die muss erst einmal gesammelt werden.

Kapitel 19

Applikations- und Multiserver-Verwaltung

In diesem Kapitel erfahren Sie, wie Sie mehrere SQL Server verwalten, Aufgaben zusammenfassen, Ressourcen verwenden oder eine Multiserver-Umgebung administrieren.

Bei der Administration und Verwaltung von Datenbankservern werden Datenbanken und Serverinstanzen immer zahlreicher und auch umfangreicher. Häufig sind mehrere SQL Server im Unternehmen vorhanden, und eine Administration jeder einzelnen Instanz ist zwar möglich, aber auch zeitaufwendig. Multiserver-Verwaltung vereinfacht die Administration und das Monitoring vieler SQL-Server-Datenbankinstanzen erheblich.

19.1 Vorteile und Einsatz der Multiserver-Verwaltung

Bereits in früheren Versionen von SQL Server war es möglich, über den Agent einen Masterserver zu definieren und Agent-Aufträge und Wartungspläne über den Masterserver an verschiedene registrierte *Zielserver* (englisch: *target server*) zu verteilen.

Der SQL-Masterserver verteilt die Agent-Aufträge an die SQL-Zielserver. Die Zielserver empfangen die Aufträge und führen sie aus. Zusätzlich geben die Zielserver ein entsprechendes Feedback an den SQL-Masterserver über den Status und die Ereignisse zurück, die beim Ausführen der Aufträge aufgetreten sind. SQL Server in der aktuellen Version verbessert zudem mit weiteren neuen Features die Überwachung und Verwaltung von mehreren Servern.

19.1.1 Einrichten eines Masterservers

Nachfolgend zeigen wir Ihnen, wie Sie einen Masterserver erstellen. Der Masterserver wird auf der benannten Instanz »Schwarz\SQL_2019« angelegt. Als Zielserver dient die benannte Instanz »Schwarz\SQL_2016«.

1. Verbinden Sie sich über das SQL Server Management Studio (SSMS) mit der SQL-Server-Instanz, die Sie als Masterserver einrichten möchten.
2. Klicken Sie im Objekt-Explorer mit der rechten Maustaste auf den Knoten des SQL Server Agents. Fahren Sie mit der Maus über den Menüpunkt MULTISERVERVERWALTUNG (englisch: MULTI SERVER ADMINISTRATION), und wählen Sie anschließend den Menüpunkt ALS MASTERSERVER EINRICHTEN… (MAKE THIS A MASTER…) aus.

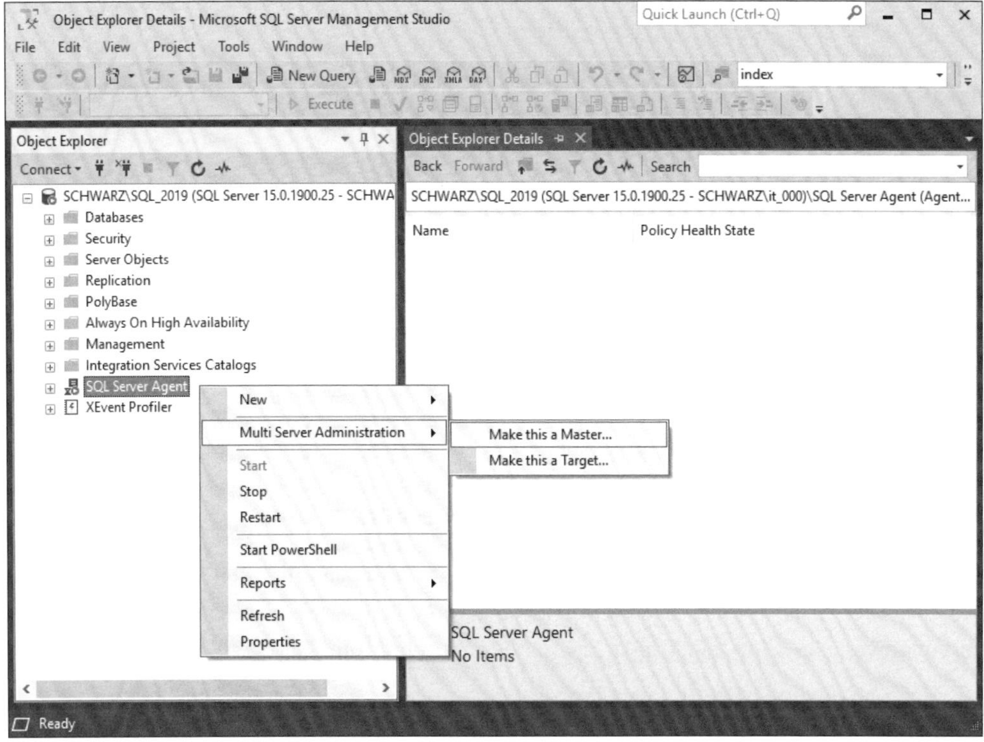

Abbildung 19.1 Starten des Masterserver-Assistenten

3. Der Masterserver-Assistent wird mit dem Begrüßungsdialog wie in Abbildung 19.2 gestartet. Klicken Sie auf WEITER (NEXT).
4. Im nächsten Dialog (siehe Abbildung 19.3) können Sie Adressen für einen MSX-Operator angeben. Sie bestimmen damit, wohin Nachrichten gesendet werden sollen, die im Zusammenhang mit den in der Master- und Zielserver-Umgebung angelegten Aufträgen stehen.

   Dieser Operator wird sowohl auf dem Masterserver wie auch auf den Zielservern angelegt. Klicken Sie anschließend auf WEITER (NEXT).

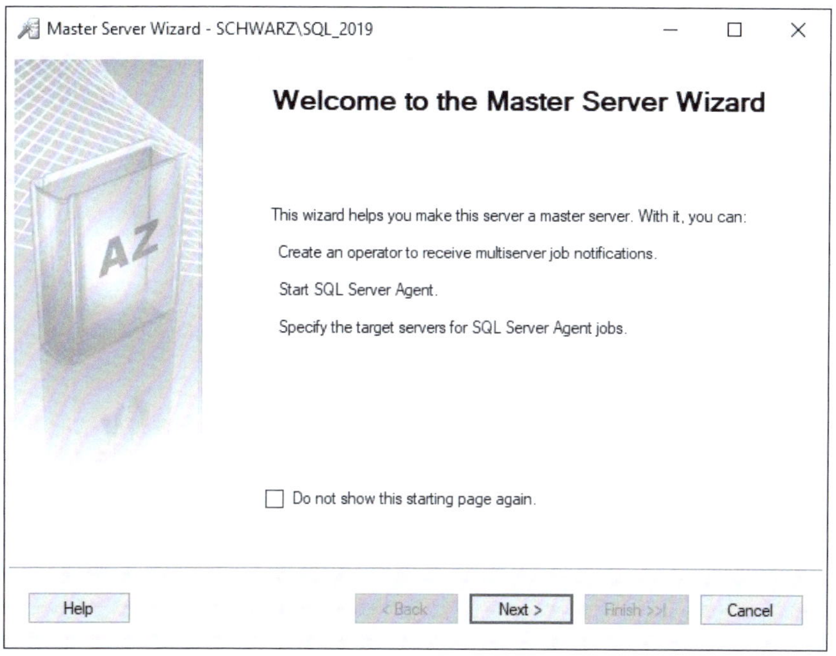

Abbildung 19.2 Begrüßungsdialog des Masterserver-Assistenten

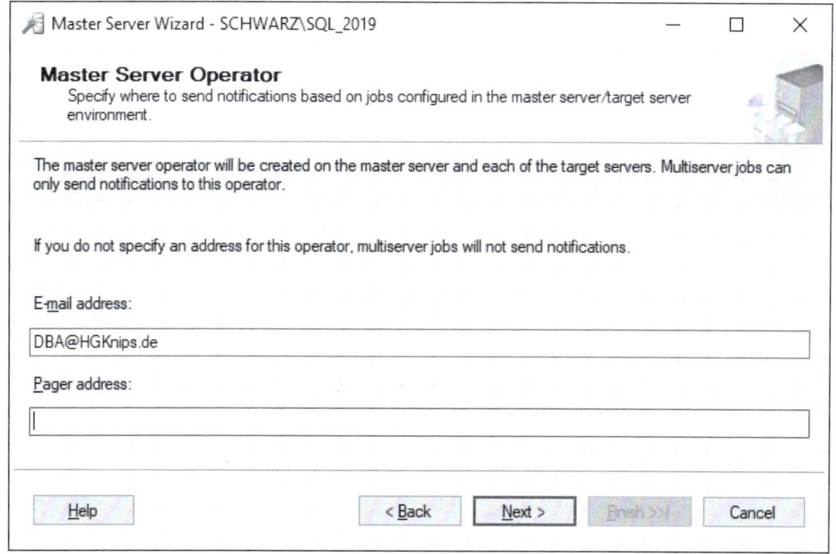

Abbildung 19.3 Angeben von Benachrichtigungsadressen zum Informieren von Operatoren

5. Im nächsten Assistentendialog müssen Sie einen oder mehrere Zielserver angeben. Ein Zielserver ist, wie bereits erwähnt, immer die SQL-Server-Instanz, die Auf-

träge vom Masterserver empfängt. In Abbildung 19.4 wurde die Zielserver-Instanz »Schwarz\SQL_2016« hinzugefügt.

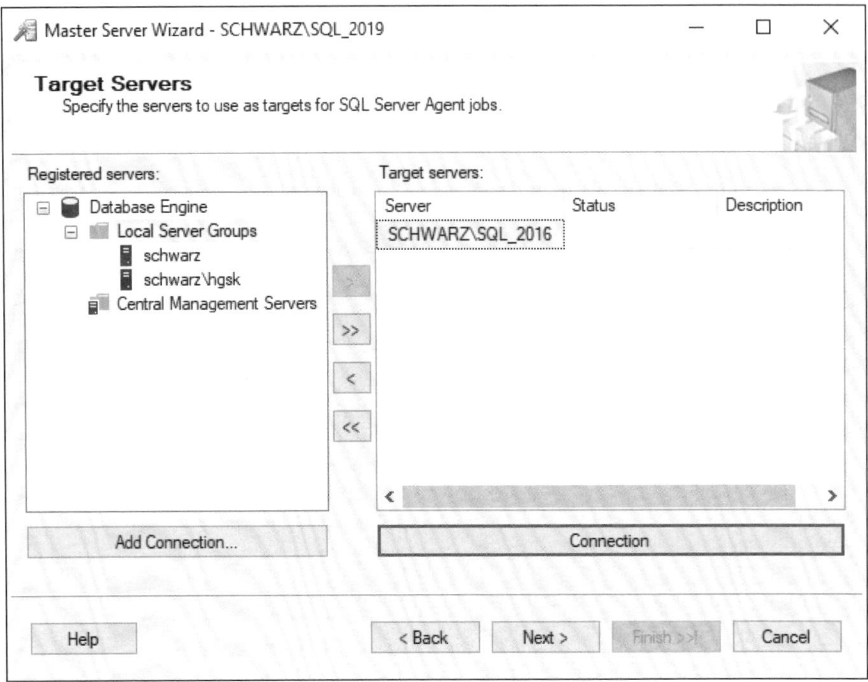

Abbildung 19.4 Angeben des Zielservers

6. Nachdem Sie die Zielserver-Instanzen ausgewählt haben, klicken Sie auf WEITER (NEXT). Im folgenden Dialog (siehe Abbildung 19.5) wird die Kompatibilität der Master- und Zielserver-Instanzen (CHECKING SERVER COMPATIBILITY) überprüft.

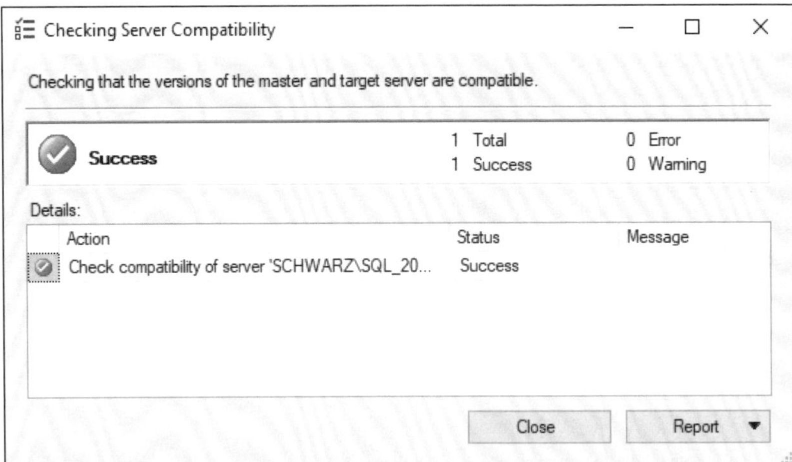

Abbildung 19.5 Überprüfen der Kompatibilität von Master- und Zielserver

7. Wurde die Kompatibilitätsüberprüfung erfolgreich abgeschlossen, klicken Sie auf SCHLIESSEN (CLOSE).
8. Bestätigen Sie anschließend die MASTERSERVER-ANMELDEINFORMATIONEN (MASTER SERVER LOGIN CREDENTIALS) durch einen Klick auf WEITER (NEXT, siehe Abbildung 19.6).

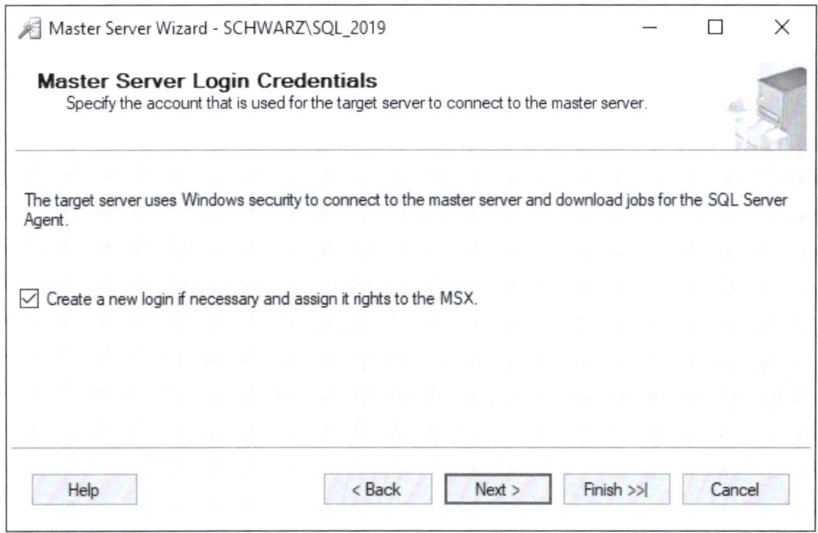

Abbildung 19.6 Anmeldeinformationen

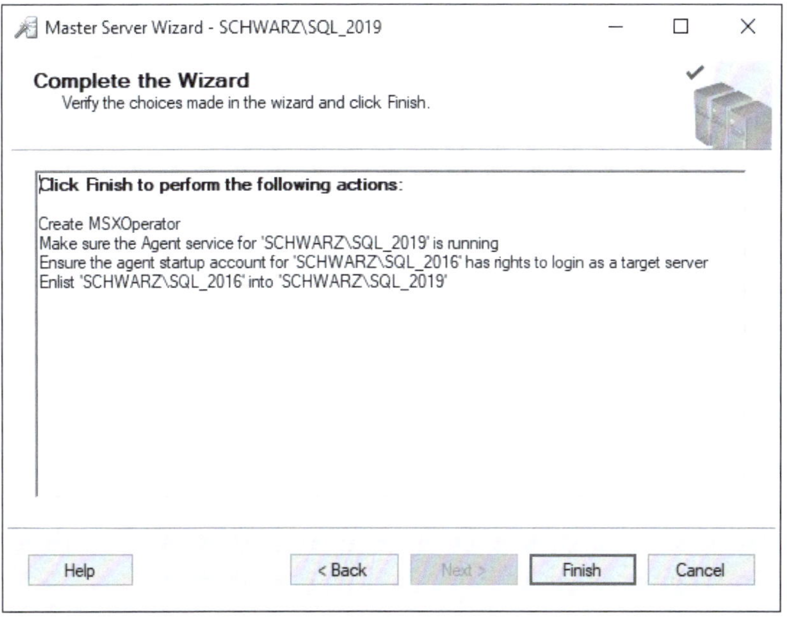

Abbildung 19.7 Assistenten abschließen und definierte Aktionen ausführen

9. Im darauffolgenden Dialog (siehe Abbildung 19.7) erhalten Sie eine Zusammenfassung der durchzuführenden Aktionen. Durch einen Klick auf FERTIG STELLEN (FINISH) starten Sie die Ausführung.
10. Im letzten Dialog des Assistenten (siehe Abbildung 19.8) erhalten Sie eine Übersicht der durchgeführten Aktionen und deren Ergebnis.

    Nach erfolgreicher Ausführung dieser Aktionen bestätigen Sie den Dialog durch einen Klick auf SCHLIESSEN (CLOSE).

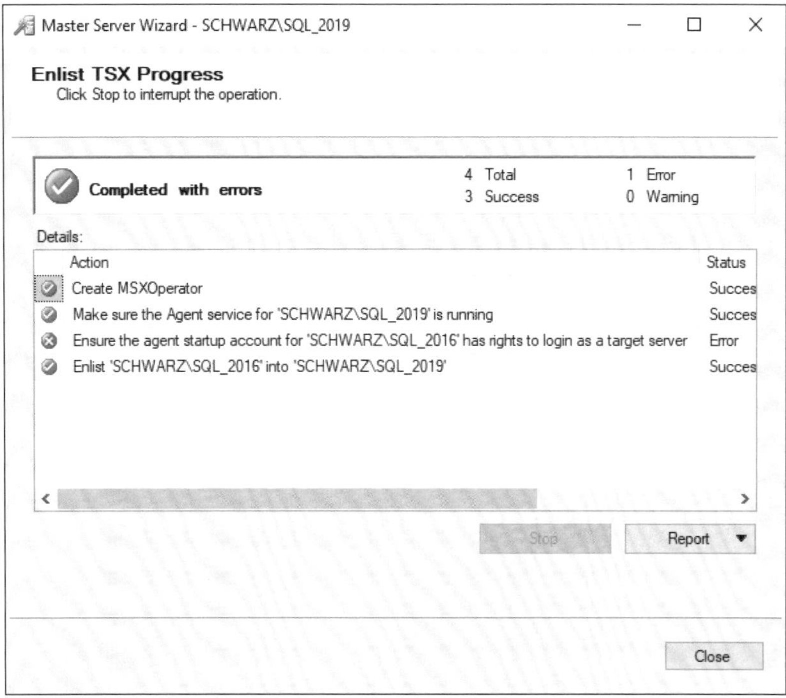

Abbildung 19.8 Fast alle Aktionen wurden erfolgreich ausgeführt.

In diesem Fall konnte kein Login in der Instanz »SQL_2016« erstellt werden, das sich als Target-Server anmelden kann.

Dennoch haben Sie den Masterserver erfolgreich eingerichtet.

In SQL Server Management Studio erkennen Sie wie in Abbildung 19.9 die Master- und Zielserver an der Anzeige der jeweiligen Agent-Knoten im Objekt-Explorer.

Der Agent-Knoten des Masterservers wird mit SQL SERVER-AGENT (MSX) bezeichnet. Der Agent-Knoten des Zielservers mit SQL SERVER-AGENT (TSX:SQLXPERT). MSX steht für Masterserver und TSX für Targetserver, wobei beim Targetserver zusätzlich der Name des Masterservers angegeben wird.

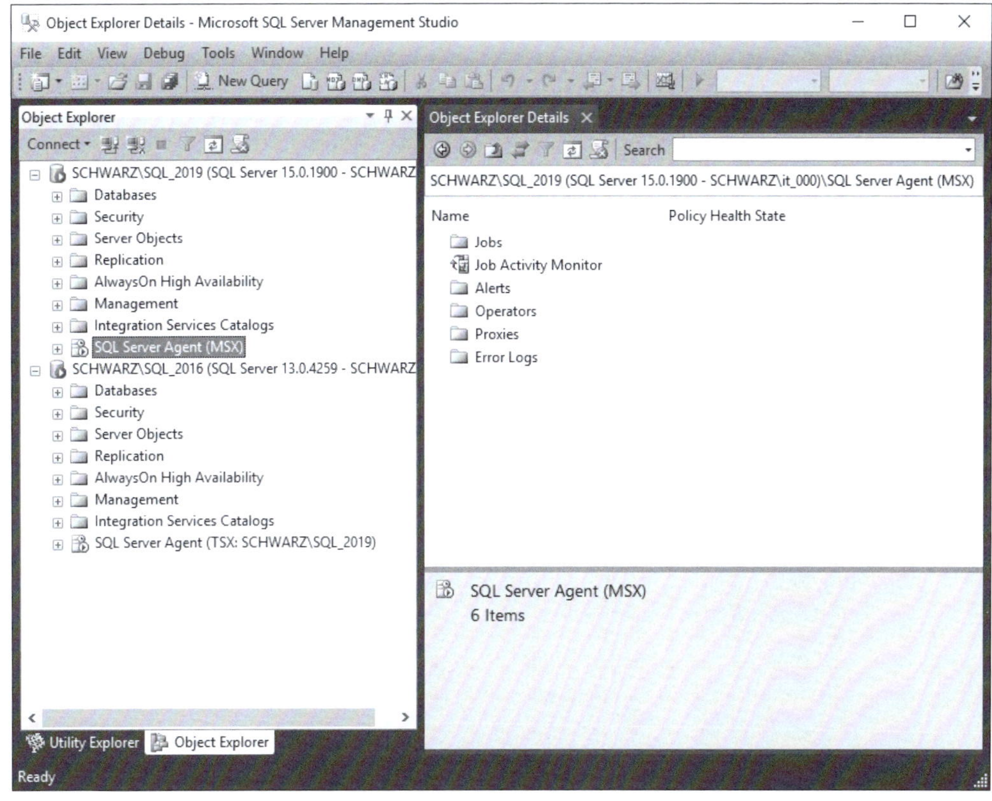

Abbildung 19.9 Anzeige von Master- und Zielserver-Agent-Knoten im Objekt-Explorer

19.1.2 Definieren von Wartungsplänen und Aufträgen für Masterserver

Durch die Erstellung des Masterservers haben Sie die Möglichkeit, auf dem Masterserver angelegte Aufgaben wie Wartungspläne oder Aufträge so zu konfigurieren, dass sie auch auf den Zielservern ausgeführt werden.

Wenn Sie einen Agent-Auftrag auf dem Masterserver erstellen, können Sie unter ZIELE (TARGETS) eingerichtete Zielserver angeben (siehe Abbildung 19.10).

Ebenso können Sie bei der Erstellung eines Wartungsplans Zielserver angeben. Hierzu wird im Wartungsplanungs-Assistenten ein entsprechender Dialog (siehe Abbildung 19.11) eingeblendet, in dem Sie die Zielserver festlegen können, auf denen der Wartungsplan ebenfalls ausgeführt werden soll.

Die Erstellung von Wartungsplänen und SQL-Server-Agent-Aufträgen haben wir in Kapitel 11, »Automatisieren von administrativen Aufgaben«, hinreichend erläutert.

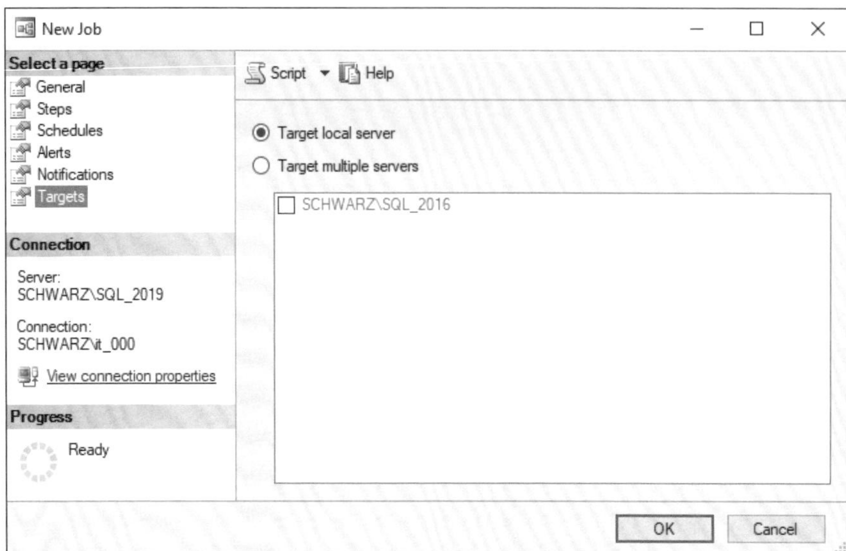

Abbildung 19.10 Angabe eines eingerichteten Zielservers bei der Erstellung eines Agent-Auftrags auf dem Masterserver

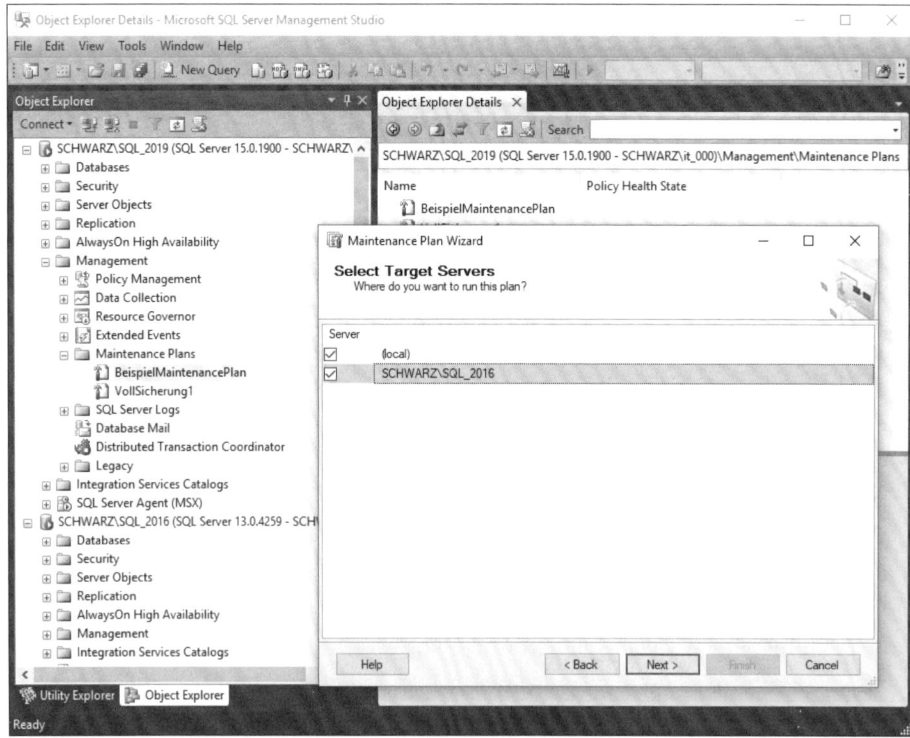

Abbildung 19.11 Angabe eines eingerichteten Zielservers bei der Erstellung eines Wartungsplans im Wartungsplanungs-Assistenten

19.1.3 Verwalten von Ziel- und Masterservern (Target and Master Servers)

Nachdem der Masterserver eingerichtet wurde, können Sie die eingerichteten Zielserver über die Verwaltungskonsole ZIELSERVER VERWALTEN (MANAGE TARGET SERVER) administrieren.

Hierzu klicken Sie erneut mit der rechten Maustaste auf den Knoten des SQL-Server-Agents des Masterservers. Im Kontextmenü wählen Sie MULTISERVERVERWALTUNG (MULTI SERVER ADMINISTRATION), und diesmal erscheint der Menüpunkt ZIELSERVER VERWALTEN (MANAGE TARGET SERVER).

Das Kontextmenü bietet Ihnen außerdem die Möglichkeit, weitere Zielserver zum Masterserver hinzuzufügen.

Hinweis

Für die Verwaltung von kleinen Landschaften mag die Kombination aus Master- und Traget-Server sinnvoll sein. Wenn es aber um eine größere Landschaft (50 Instanzen oder mehr) geht, ist es sinnvoll, andere Techniken zu bevorzugen. In Frage kommt z. B. der Central Management Server (siehe Abschnitt 19.4).

19.2 DAC – Datenebenenanwendung (data-tier application)

Betrachten Sie einmal einen normalen Entwicklungsprozess einer Datenbankanwendung: Normalerweise wird eine Datenbankanwendung geplant und umgesetzt, und irgendwann ist Version 1.0 der Datenbank vollendet. Das bedeutet, es wurden die ersten wichtigen Tabellen mit Spalten und Datentypen, aber auch Sichten und eventuelle gespeicherte Prozeduren, Trigger und Funktionen angelegt. Die Datenbank wird auf dem Produktivsystem angelegt oder an den Kunden ausgeliefert, und fortan wird mit der Datenbank produktiv gearbeitet.

Da Software – und dazu gehört eine Datenbankapplikation mit all ihren Datenbankobjekten – aber nie richtig fertig ist oder auch Fehler hat, die behoben werden müssen, wird sie permanent weiterentwickelt. Neue Funktionen, Tabellen, Spalten, gespeicherte Prozeduren, Sicherheitseinstellungen und Abhängigkeiten kommen hinzu oder werden im Zuge von Entwicklung und Fehlerbeseitigung verändert.

Wie gelangen diese Änderungen und Weiterentwicklungen aber nun nach umfangreichen Tests in das Produktivsystem? Hierfür gibt es verschiedene Methoden, die Sie Tabelle 19.1 entnehmen können.

Möglichkeit	Vorteile	Nachteile
Alle Änderungen werden per Hand direkt im Produktivsystem nachgezogen.	▸ starke Kontrolle über die durchzuführenden Aufgaben	▸ bei umfangreichen Änderungen hoher Zeitaufwand ▸ hohe Fehleranfälligkeit ▸ Eventuell werden wichtige Änderungen vergessen.
Änderungen werden via T-SQL-Skript durchgeführt.	▸ bisher häufigste Methode, die auch eine volle Kontrolle über die auszuführenden Aktionen erlaubt	▸ hoher Aufwand zum Erstellen des Skripts ▸ keine Versionierungsmechanismen
Data-Tier Application (DAC) – Datenebenenanwendung	▸ einfache Bedienung ▸ integrierte Versionierung ▸ kompaktes Paket, das alle Datenbankbestandteile enthält	Derzeit gibt es eine Reihe von Einschränkungen: Es dürfen z. B. keine Service Broker, Synonyme, DDL-Trigger oder die Datentypen `hierarchyid` und `geography` eingesetzt werden; es werden nur die klassischen T-SQL-Objekte unterstützt.

Tabelle 19.1 Möglichkeiten der Aktualisierung von Datenbanken

Mit SQL Server wird Ihnen ein Mechanismus zur Verfügung gestellt, der es ermöglichen soll, Datenbankänderungen und Entwicklungen zwischen den einzelnen Phasen im Entwicklungsprozess ohne größeren Aufwand abzugleichen. Dieser Mechanismus wird als *Datenebenenanwendung* (*DAC, Data-Tier Application*) bezeichnet.

Hinter dem Begriff DAC steht ein standardisiertes Verfahren, mit dem Sie Änderungen, Upgrades zwischen SQL Servern untereinander und Visual Studio durchführen können.

Was ist eine »Datenebenenanwendung«?

In einer Datenebenenanwendung (DAC) sind alle Datenbankobjekte definiert, wie z. B. Tabellen, Sichten und Anmeldungen.

Mit einer DAC wird eine zentrale Einheit für die Erstellung, Bereitstellung und Verwaltung der in ihr enthaltenen Datenebenenobjekte bereitgestellt. Eine separate Verwaltung ist nicht mehr erforderlich.

Vereinfacht gesagt: Unter einer Datenebenenanwendung können Sie sich ein Paket vorstellen, in dem alle Informationen enthalten sind, um eine Datenbank auf andere SQL-Server-Instanzen und Entwicklungsumgebungen zu verlagern, auf diesen zu verändern und die ursprünglichen Datenbanken wieder zu aktualisieren, auf denen diese Datenebenenanwendung basierte.

Mit Visual Studio oder dem SSMS können Sie ein DAC-Paket mit der Dateierweiterung *.dacpac* erstellen, das alle wichtigen Informationen der Datenbank oder der Datenbankapplikation enthält: sämtliche Objekte, die zu einer Datenbank gehören, inklusive der Definitionen für Benutzer, Indizes, Partitionen etc.

Mit einem DAC-Paket können Sie eine Datenbankanwendung und demzufolge vorgenommene Änderungen einer Datenbank weitergeben und auf unterschiedlichen Servern veröffentlichen. Datenebenenanwendungen können jederzeit aktualisiert werden. Ein DAC-Paket enthält jedoch nicht die Daten der Datenbank!

DAC-Pakete können Sie im SSMS und in Visual Studio erstellen, importieren und bearbeiten. Sie können DAC-Pakete also zwischen Visual Studio und SSMS austauschen. Das Erstellen von Datenbankobjekten und die Qualitätssicherung werden damit in den Entwicklungsprozess integriert.

Eine vollständige Beschreibung von Datenebenenanwendungen mit weiteren Hintergrundinformationen erhalten Sie in der Microsoft-Onlinedokumentation im Artikel »Datenebenenanwendungen« unter folgender URL:

https://docs.microsoft.com/de-de/sql/relational-databases/data-tier-applications/data-tier-applications?view=sql-server-ver15.

19.2.1 Registrieren einer DAC-Anwendung im Management Studio

Unter *Registrieren einer DAC-Anwendung im SSMS* versteht man das Erstellen einer Datenebenenanwendung basierend auf einer bestehenden Datenbank und das Speichern der DAC-Definition auf dem SQL Server. Wenn Sie eine Datenbank als Datenebenenanwendung registriert haben, können Sie DAC-Pakete, die Sie z. B. vom Entwickler erhalten haben, im SSMS einlesen und die registrierte Datenebenenanwendung und demzufolge die damit verbundene Datenbank aktualisieren.

Registrierung aus einer vorhandenen Datenbank erstellen

Um eine Registrierung aus einer vorhandenen Datenbank zu erstellen, klicken Sie im Objekt-Explorer des Management Studios mit der rechten Maustaste auf die Datenbank, die Sie als DAC-Anwendung registrieren möchten, und wählen nacheinander

TASKS und ALS DATENEBENENANWENDUNG REGISTRIEREN... (TASKS und REGISTER AS DATA-TIER APPLICATION...) aus (siehe Abbildung 19.12).

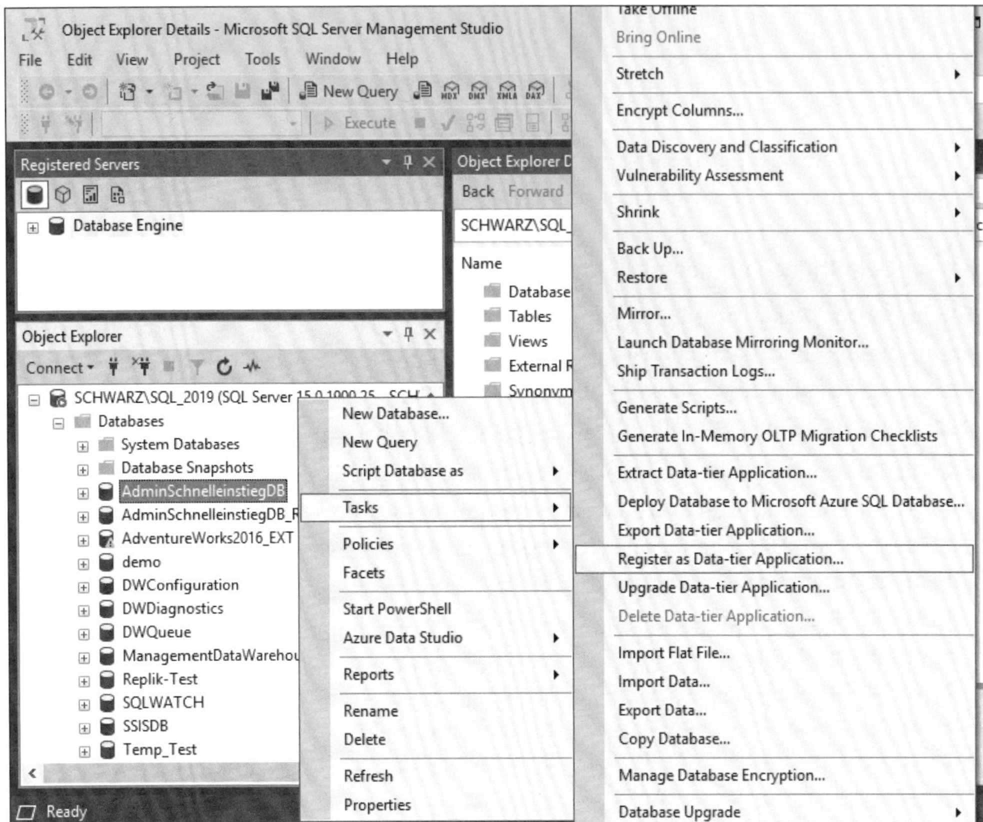

Abbildung 19.12 Datenebenenanwendung – Registrierungsassistent starten

1. Der Assistent für die Registrierung der Datenebenenanwendung (REGISTER A DATA-TIER APPLICATION) wird gestartet (siehe Abbildung 19.13). Klicken Sie auf WEITER (NEXT).
2. Im darauffolgenden Dialog geben Sie einen Anwendungsnamen, eine Version und eine Beschreibung an, so wie im Beispiel in Abbildung 19.14.
3. Klicken Sie auf WEITER (NEXT), und überprüfen Sie im Zusammenfassungsdialog aus Abbildung 19.15, ob die Einstellungen korrekt sind.

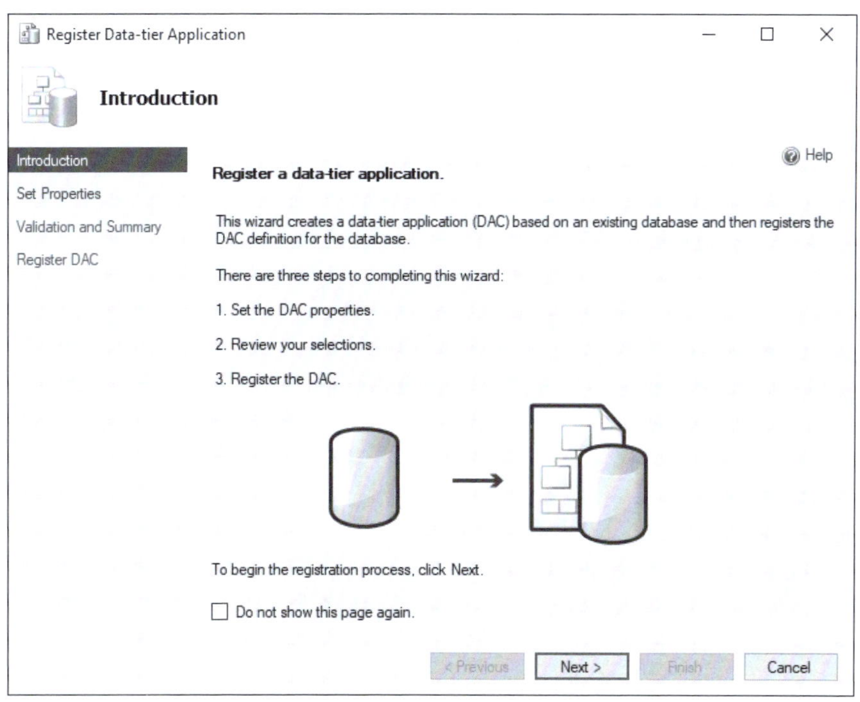

Abbildung 19.13 Einführungsdialog Datenebenenanwendung – Registrierungsassistent: »Als Datenschichtanwendung Registrieren« (»Register as Data-tier Application«)

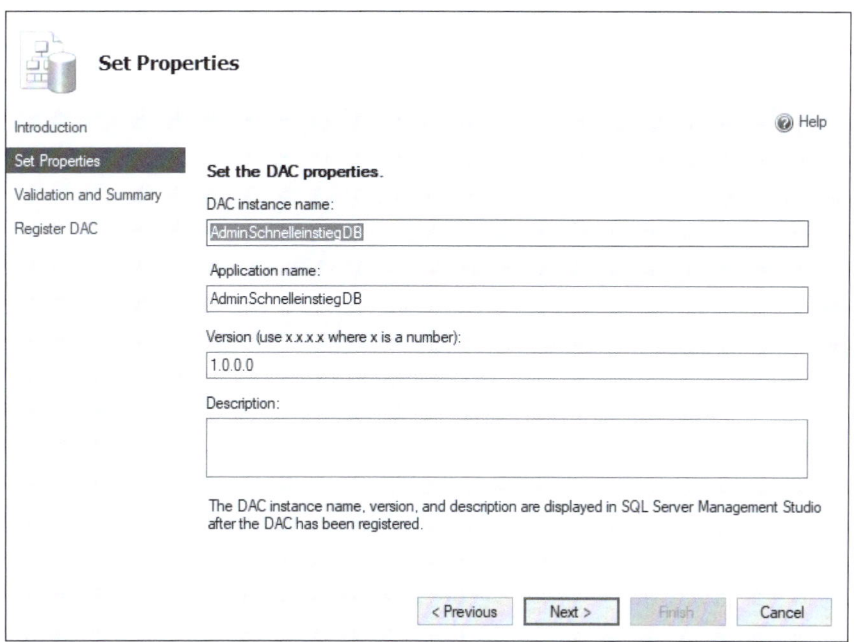

Abbildung 19.14 Festlegen der Eigenschaften

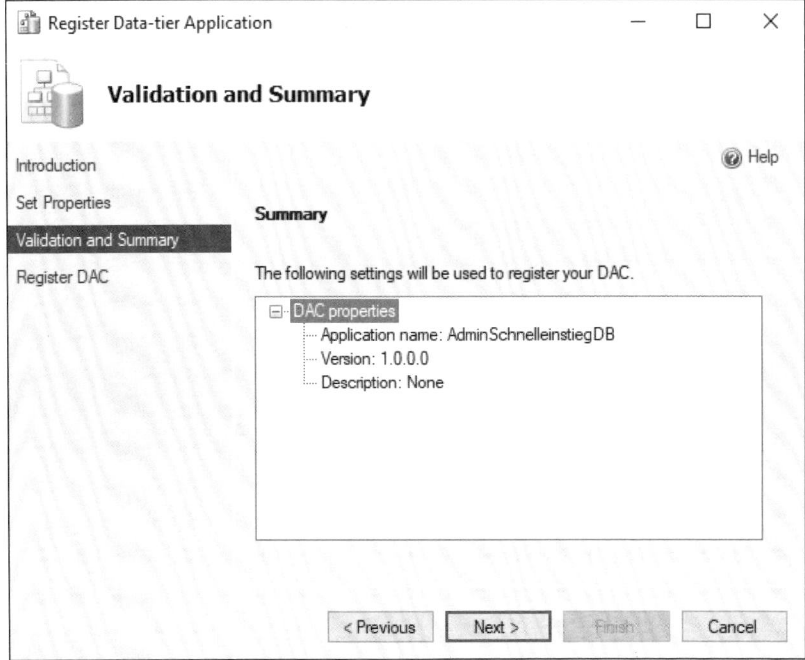

Abbildung 19.15 Zusammenfassungsdialog

4. Anschließend klicken Sie auf WEITER (NEXT). Die Datenebenenanwendung wird registriert, und in der tabellarischen Darstellung (siehe Abbildung 19.16) sollte die durchgeführte Aktion erfolgreich abgeschlossen worden sein.

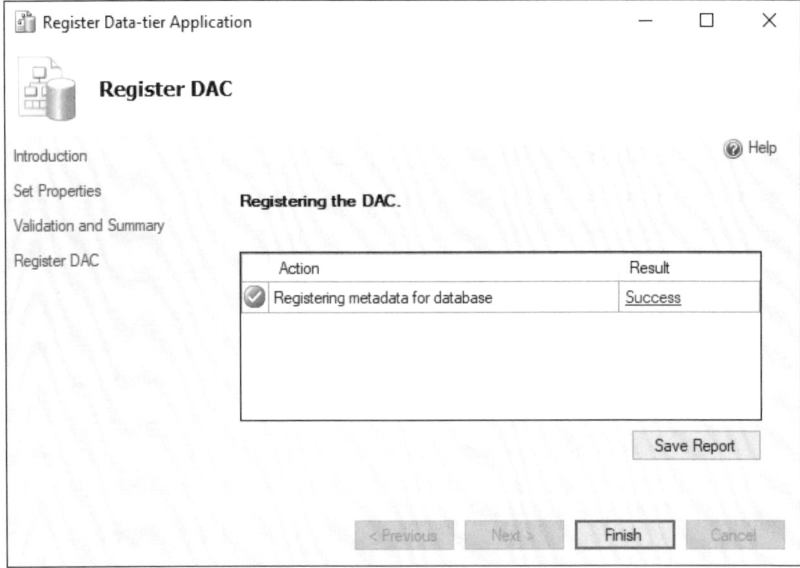

Abbildung 19.16 Dialog »DAC registrieren« (»Register DAC«)

DAC-Paket aus Datenbank extrahieren

Sie können, wie bereits zuvor erläutert, aus einer Datenbank ein Datenebenenanwendungspaket (englisch: *data-tier application package*, kurz *DACPAC*) erstellen und dieses Paket weitergeben (z. B. an die Entwicklungsabteilung). Dort können entsprechende Änderungen am Datenbankschema vorgenommen werden.

1. Um ein DAC-Paket aus einer Datenbank zu erstellen, klicken Sie mit der rechten Maustaste auf die Datenbank und wählen aus dem Kontextmenü den Menüpunkt TASKS • DATENEBENENANWENDUNG EXTRAHIEREN... (TASKS • EXPORT DATA-TIER APPLICATION...) aus.
2. Im daraufhin startenden Assistenten vergeben Sie einen Namen, eine Versionsnummer und eine Beschreibung für das Paket. Außerdem müssen Sie einen Dateipfad inklusive Dateinamen angeben, unter dem das DAC-Paket abgespeichert werden soll.
3. Danach klicken Sie auf WEITER (NEXT).
4. Es wird eine Zusammenfassung angezeigt. Wenn Sie die Schaltfläche WEITER (NEXT) anklicken, wird das Paket erstellt.
5. Anschließend klicken Sie auf FERTIG STELLEN (FINISH).

Im von Ihnen angegebenen Verzeichnis finden Sie jetzt eine Datei mit der Erweiterung *.dacpac*. Das ist das extrahierte Datenebenenanwendungspaket, das weitergegeben und mit den SQL Server Data Tools zum Durchführen von Änderungen eingelesen werden kann.

SQL Server Data Tools – Power BI

Die *SQL Server Data Tools* ersetzen das aus SQL Server 2008 bekannte Business Intelligence Development Studio. Bei den SQL Server Data Tools handelt es sich um eine speziell mit SQL-Server-Projektvorlagen ausgestattete Version von Visual Studio.

Sie finden die SQL Server Data Tools in der Programmgruppe von SQL Server. Dies setzt allerdings voraus, dass Sie die SQL Server Data Tools beim Setup von SQL Server mit installiert haben.

Natürlich können Sie auch direkt mit Visual Studio (ab der Professional-Version) die hier vorgestellte Vorgehensweise nutzen, um mit Datenebenenanwendungen zu arbeiten.

Die SQL Server Data Tools sind eher für Entwickler gedacht. Die aktuellere Variante ist Microsoft Power BI für die BI-Entwicklung (BI: Business Intelligence).

Alles Weitere zu diesem Thema entnehmen Sie bitte der Onlinedokumentation von Microsoft. Für den SQL-Server-Administrator soll das Thema an diesem Punkt in diesem Buch weit genug ausgeführt worden sein – es ist sicherlich interessant, aber in der Praxis für den DBA eher irrelevant.

19.3 Registrierte SQL Server und Servergruppen

Im SSMS können Sie Gruppen von Servern bilden oder Server registrieren, um einen Befehl gleichzeitig auf mehreren Servern auszuführen. Hierzu benötigen Sie sogenannte *registrierte Server*, die wiederum in Servergruppen organisiert werden können.

Diese Servergruppen können einen oder mehrere registrierte Server enthalten. Gegen diese Servergruppen und die darin enthaltenen registrierten Server können Sie Abfragen ausführen. Es wird also eine Abfrage auf allen zur Gruppe gehörenden Servern ausgeführt.

Die registrierten Server und Servergruppen können Sie sich im SSMS anzeigen lassen. Hierzu wählen Sie aus dem Menü ANSICHT (VIEW) den in Abbildung 19.17 gezeigten Menüpunkt REGISTRIERTE SERVER (REGISTERED SERVERS) aus.

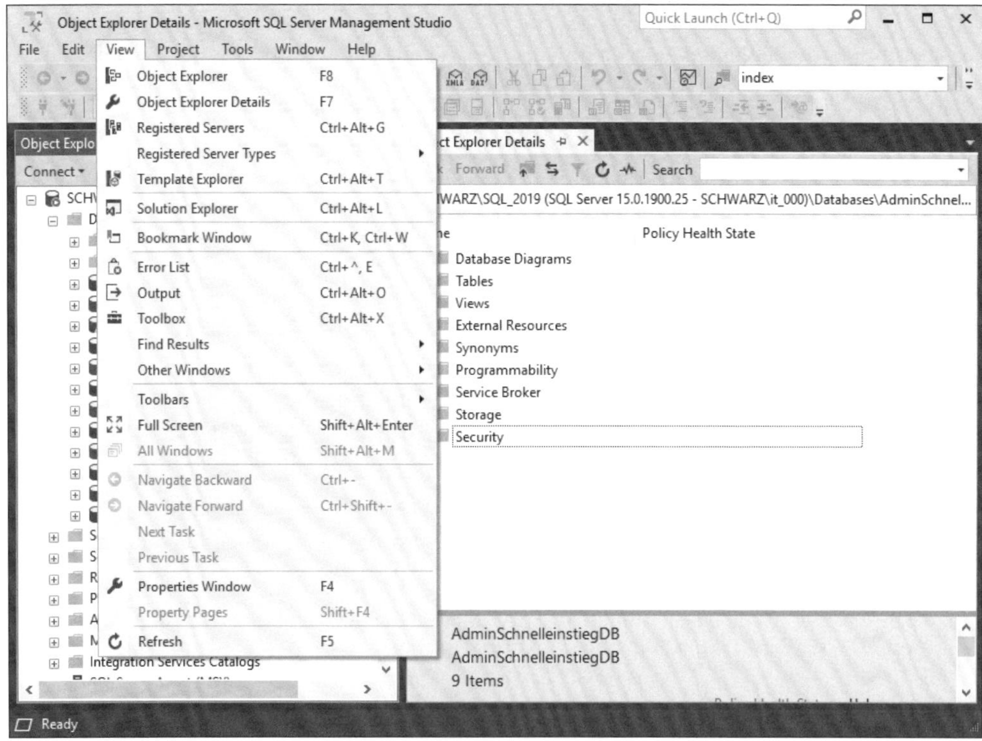

Abbildung 19.17 Menüpunkt zum Anzeigen der registrierten Server

Nach Auswahl des Menüs wird Ihnen der Bereich REGISTRIERTE SERVER (REGISTERED SERVER) über dem Objekt-Explorer angezeigt (siehe Abbildung 19.18).

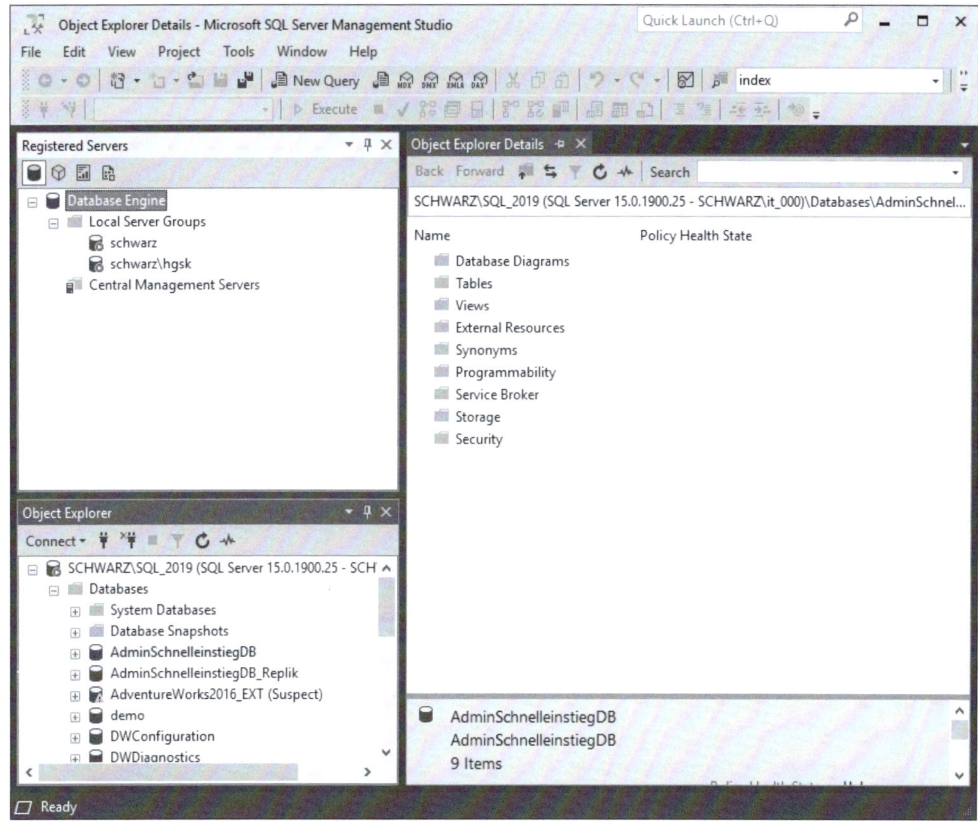

Abbildung 19.18 Anzeige der registrierten Server

Derzeit sind in Abbildung 19.18 im Knoten LOKALE SERVERGRUPPEN (LOCAL SERVER GROUPS) nur zwei Instanzen mit den Namen »schwarz« und »schwarz\hgsk« registriert.

Indem Sie mit der rechten Maustaste auf LOKALE SERVERGRUPPEN (LOCAL SERVER GROUPS) klicken, können Sie über das Menü NEUEN SERVER REGISTRIEREN... (NEW SERVER REGISTRATION...) eine weitere SQL-Server-Instanz hinzufügen. Abbildung 19.19 veranschaulicht dies.

Im daraufhin erscheinenden Anmeldedialog geben Sie die Verbindungsdaten der hinzuzufügenden Instanz ein. In unserem Beispiel handelt es sich um die benannte Instanz »SCHWARZ\SQL_2019« (siehe Abbildung 19.20).

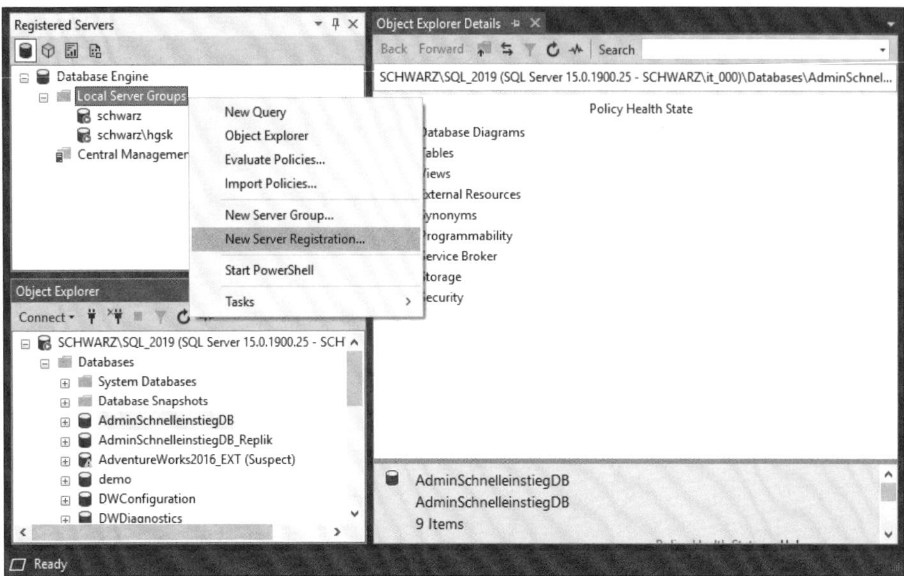

Abbildung 19.19 Menüpunkt zum Registrieren eines neuen Servers für die lokale Servergruppe

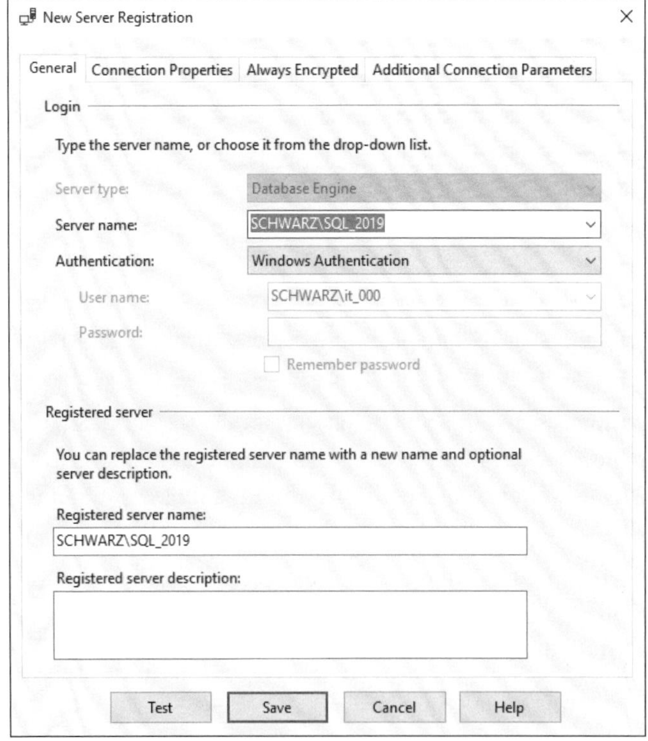

Abbildung 19.20 Anmeldedialog zum Registrieren einer SQL-Server-Instanz

Nach der korrekten Eingabe der Verbindungsdaten und einem Klick auf SPEICHERN (SAVE) sehen Sie die hinzugefügte Instanz im Ordner LOKALE SERVERGRUPPEN (LOCAL SERVER GROUPS, siehe Abbildung 19.21).

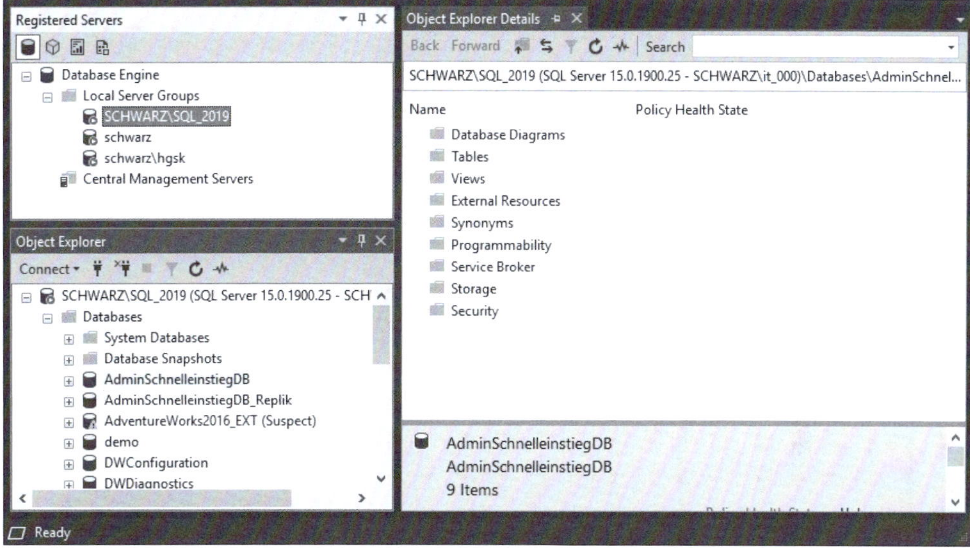

Abbildung 19.21 Zu »Lokale Servergruppen« (»Local Server Groups«) hinzugefügte Instanzen

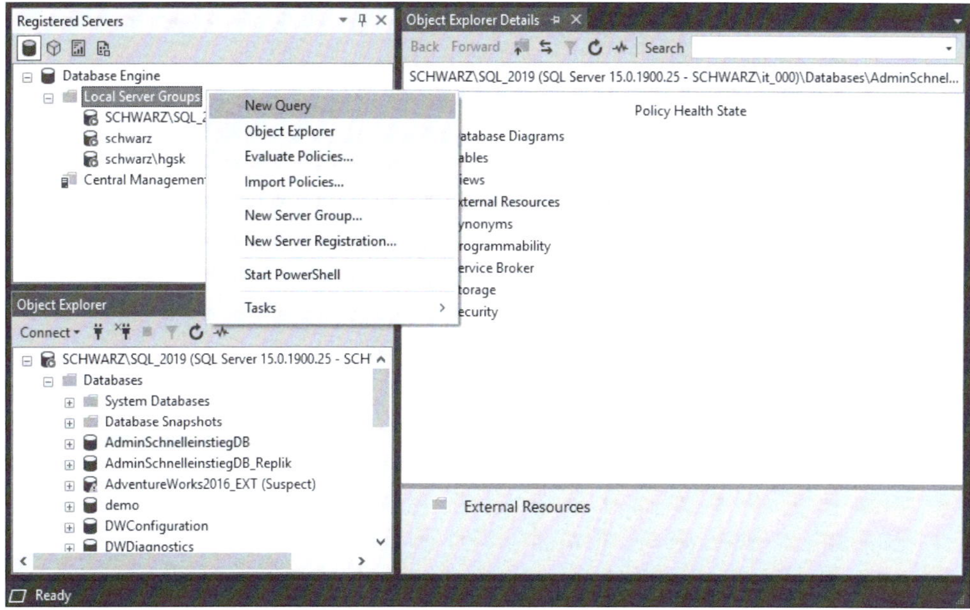

Abbildung 19.22 Öffnen eines Abfragefensters für in »Lokale Servergruppen« (»Local Server Groups«) registrierte Server

Jetzt können Sie durch einen Rechtsklick auf LOKALE SERVERGRUPPEN (LOCAL SERVER GROUPS) und über den Menüpunkt NEUE ABFRAGE (NEW QUERY) ein Abfragefenster öffnen (siehe Abbildung 19.22).

Wenn Sie im geöffneten Abfragefenster nun eine Abfrage z. B. über `sys.databases` ausführen, werden Ihnen die Datenbanken der in LOKALE SERVERGRUPPEN (LOCAL SERVER GROUPS) registrierten Server aufgelistet (siehe Abbildung 19.23).

Wir konnten also mit einer einzigen Abfrage die Daten von mehreren SQL-Server-Instanzen abfragen und haben diese zusammenhängend aufgelistet erhalten.

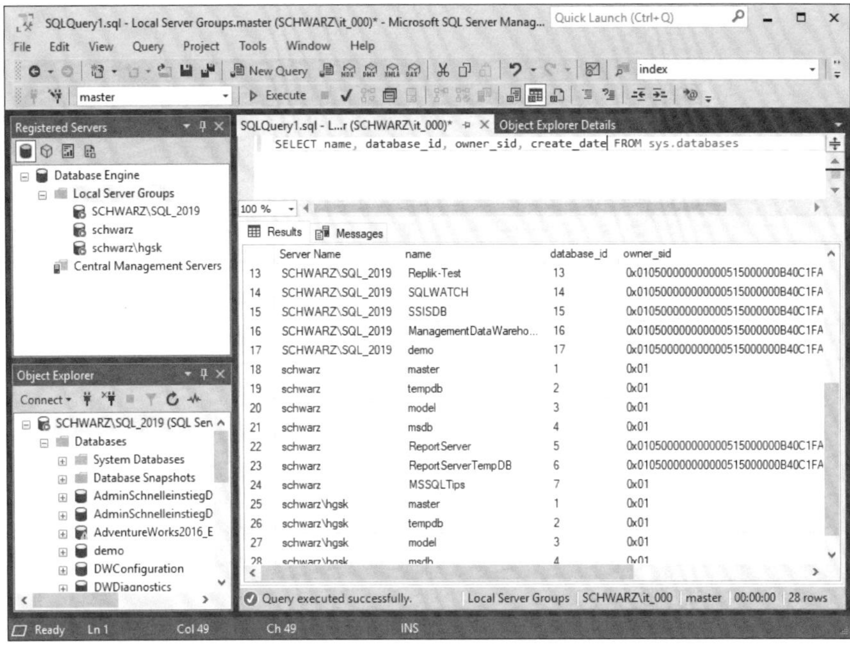

Abbildung 19.23 Ausführen einer Abfrage über registrierte Server in »Lokale Servergruppen« (»Local Server Groups«)

Hinweis

Hier können Sie viele verschiedene Versionen von SQL Server registrieren. Wenn Sie nun eine Abfrage über die verschiedenen Versionen senden, sollten Sie darauf achten, dass die einzelnen Ergebnistabellen die gleichen Spalten erhalten. Die Abfrage `SELECT * FROM sys.databases`, gleichzeitig auf den SQL-Server-Versionen 2014, 2016 und 2019 gesendet, produziert eine Fehlermeldung, da die Tabelle »sys.databases« im Laufe der Weiterentwicklung der Versionen mehrere zusätzliche Spalten erhalten hat. Schränken Sie die Abfrage allerdings auf die gleichen Spalten ein (siehe Abbildung 19.23), funktioniert Sie versionsübergreifend.

Dies kann die Arbeit eines Administrators erheblich vereinfachen, da auf diese Art und Weise mit nur einem Befehl unterschiedliche Konfigurationsaufgaben durchgeführt werden können. Zum Beispiel wäre es natürlich möglich, auf allen Servern mit nur einem Befehl die Datenbank »demo« anzulegen:

```
CREATE DATABASE demo;
```

Wir haben in unserem Beispiel keine separaten Servergruppen angelegt. Dies ist natürlich möglich und dann sinnvoll, wenn Sie die registrierten Server detaillierter kategorisieren möchten.

Hierzu klicken Sie einfach mit der rechten Maustaste auf LOKALE SERVERGRUPPEN und wählen den Menüpunkt NEUE SERVERGRUPPE… (LOCAL SERVER GROUPS • NEW SERVER GROUP…) aus.

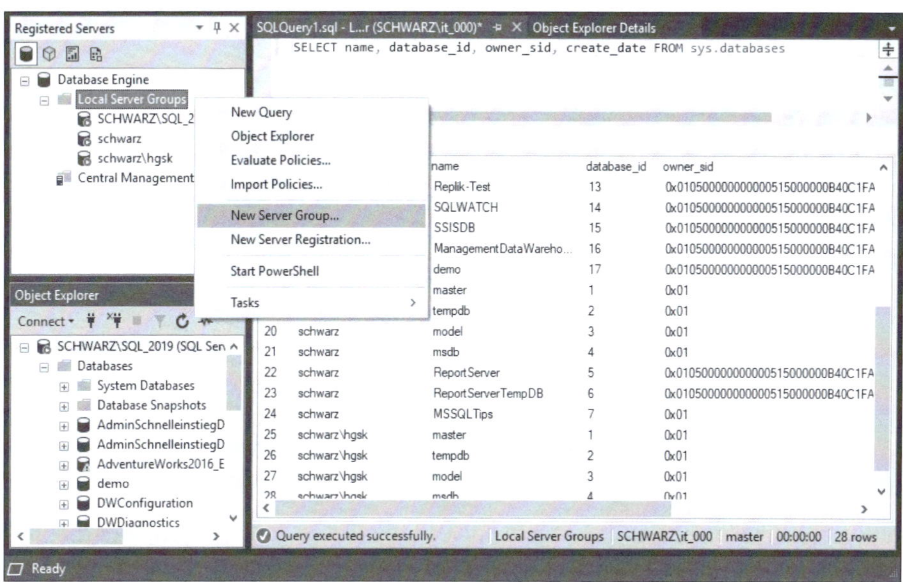

		name	database_id	owner_sid
		Replik-Test	13	0x0105000000000005150000000B40C1FA
		SQLWATCH	14	0x0105000000000005150000000B40C1FA
		SSISDB	15	0x0105000000000005150000000B40C1FA
		ManagementDataWareho...	16	0x0105000000000005150000000B40C1FA
		demo	17	0x0105000000000005150000000B40C1FA
		master	1	0x01
		tempdb	2	0x01
20	schwarz	model	3	0x01
21	schwarz	msdb	4	0x01
22	schwarz	ReportServer	5	0x0105000000000005150000000B40C1FA
23	schwarz	ReportServerTempDB	6	0x0105000000000005150000000B40C1FA
24	schwarz	MSSQLTips	7	0x01
25	schwarz\hgsk	master	1	0x01
26	schwarz\hgsk	tempdb	2	0x01
27	schwarz\hgsk	model	3	0x01
28	schwarz\hgsk	msdb	4	0x01

Abbildung 19.24 Menüpunkt zum Anlegen einer neuen Servergruppe

Anschließend geben Sie im erscheinenden Dialog einen Namen und eine Beschreibung für die zu erstellende Servergruppe ein und bestätigen dies mit OK.

Die Servergruppe wird Ihnen im Bereich LOKALE SERVERGRUPPEN (LOCAL SERVER GROUPS) angezeigt (Abbildung 19.25), und Sie können dieser Gruppe jetzt erneut durch einen Rechtsklick weitere SQL-Server-Instanzen hinzufügen.

Natürlich können Sie auch gegen diese Gruppe eine Abfrage starten.

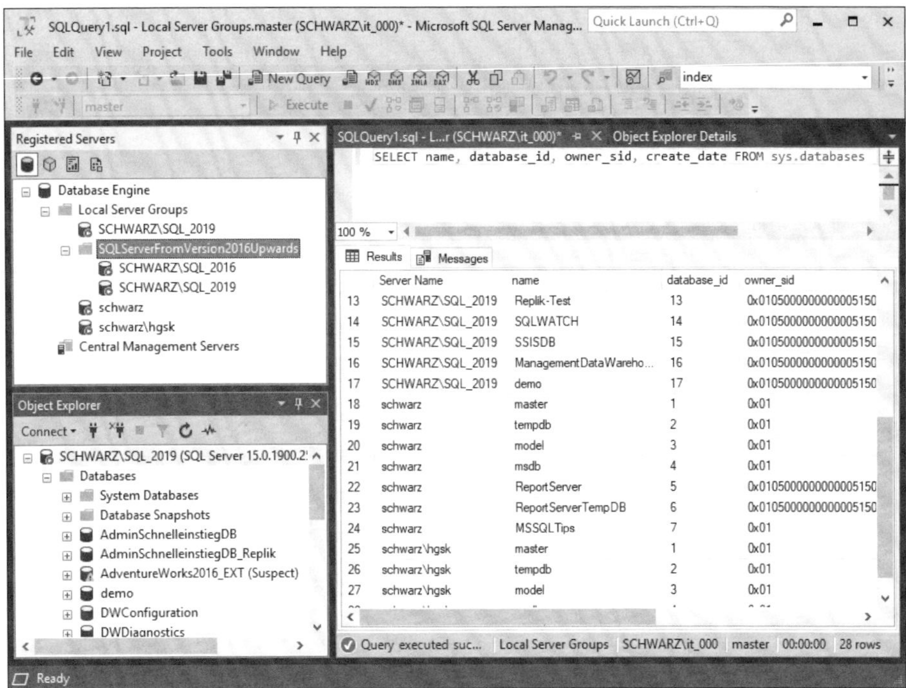

Abbildung 19.25 Anzeige der angelegten Servergruppe »SQLServerFromVersion2016-Upwards«

19.4 Zentraler Verwaltungsserver (Central Management Server)

Eine wunderbare Erweiterung der lokalen Servergruppe (englisch: *local server groups*) sind die zentralen Verwaltungsserver (englisch: *central management servers*). Sie finden diese ebenfalls in den Registered Servers, die wir im vorhergehenden Abschnitt über ANSICHT (VIEW) und REGISTRIERTE SERVER (REGISTERED SERVERS) in die Ansicht übernommen haben.

Die Central Management Servers sind eine dezentrale Multi-Server-Verwaltung, die es schon seit vielen SQL-Server-Generationen gibt, die aber vielen nicht bekannt ist.

Ein Central Management Server verwaltet die registrierten Server in einer Datenbank. Im Gegensatz zu den lokal registrierten Servern kann ein Central Management Server von verschiedenen Clients aus aufgerufen werden und ist damit nicht auf eine einzige Installation des Management Studios beschränkt. Auch hier gibt es die Möglichkeit, Instanzen zu registrieren und Ordner anzulegen und so eine Struktur aufzubauen. Einzelne Instanzen können in mehreren Ordnern registriert und so mehrfach vorhanden sein (wie auch in den lokal registrierten Servern).

> **Hinweis**
> So lässt sich hiermit ein recht mächtiges Verwaltungsinstrument aufbauen. An diesem Punkt sollten Sie aber gewarnt sein: Genau so einfach wie eine Abfrage aller Datenbanken aller registrierter Instanzen ist es auch möglich, alle registrierten Instanzen auf einmal zu zerstören. Das Kommando `DROP DATABASE tempdb` würde z. B. alle angesprochenen Instanzen zu einem sofortigen Neustart zwingen.

Aber genug der Theorie. Richten wir doch gemeinsam einen Central Management Server ein.

Zunächst verbinden Sie sich im SSMS mit der Instanz, die Ihren künftigen Verwaltungsserver enthalten soll. Bitte nehmen Sie dafür keine Instanz, die eine Hochlast-Anwendung mit Daten versorgt. Natürlich produziert auch der zentrale Verwaltungsserver eine Last, wenn auch nur eine geringe. Wenn Sie aber über eine Administrationsinstanz verfügen, kann diese die Aufgabe der zentralen Verwaltung zusätzlich übernehmen.

Als nächstes klicken Sie rechts auf den Eintrag Zentraler Verwaltungsserver (CENTRAL MANAGEMENT SERVERS) und dort auf ZENTRALEN VERWALTUNGSSERVER REGISTRIEREN... (REGISTER CENTRAL MANAGEMENT SERVER...), wie in Abbildung 19.26 zu sehen.

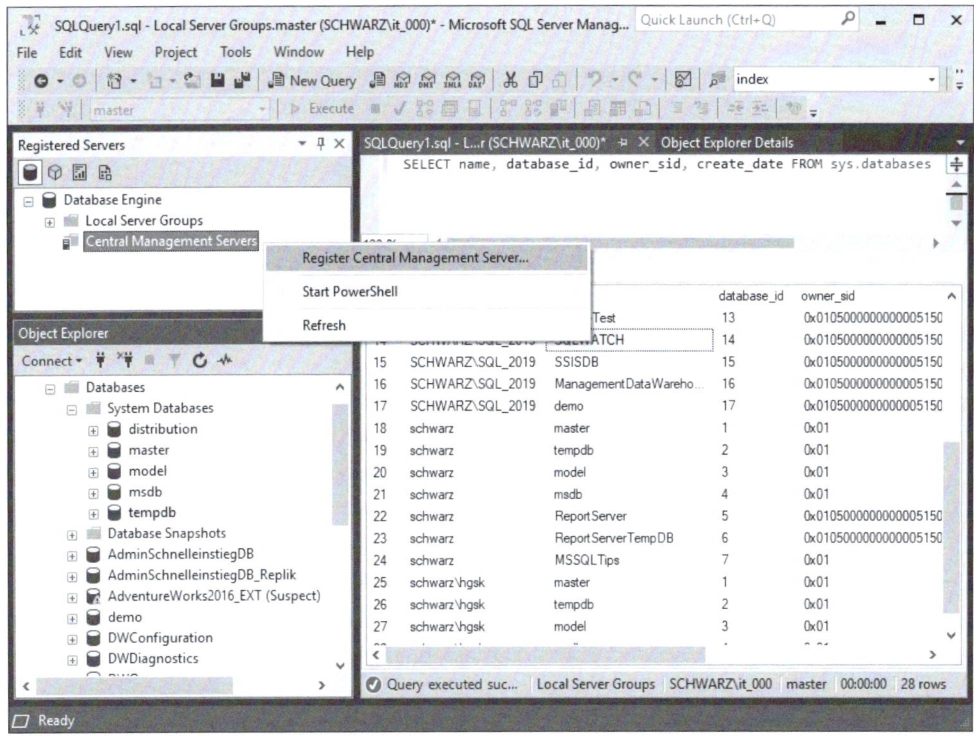

Abbildung 19.26 Einrichten eines Central Management Servers

Das Registrieren der gewünschten Instanz funktioniert wieder wie im vorhergehenden Abschnitt (siehe Abbildung 19.19): Eintragen, Testen der Verbindung bei Bedarf und Speichern. Wenn Sie nun die Registered Servers ansehen, finden Sie dort den neuen CMS (Central Management Server). Wie auch in der Gruppe der lokalen Servergruppen können Sie hier Ordner (und Unterordner) anlegen und Instanzen registrieren. Einzig den Verwaltungsserver können Sie hier nicht registrieren (siehe Abbildung 19.27).

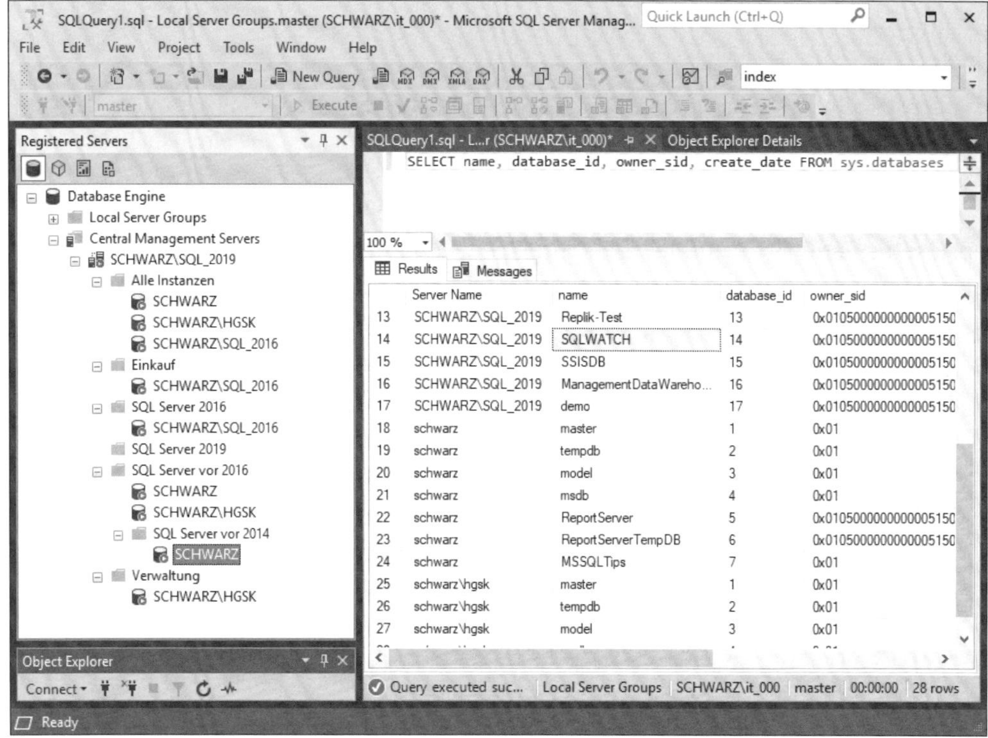

Abbildung 19.27 CMS mit registrierten Servern

Wenn Sie mit Kollegen zusammenarbeiten, kann jetzt jeder Kollege den einmal eingerichteten CMS in seine lokale SSMS-Installation eintragen und damit auf die fertige Struktur zugreifen. Allerdings kann auch jeder Kollege diese Struktur ändern und erweitern oder auch löschen.

Über den CMS können Sie nicht nur Abfragen auf Gruppen von Instanzen absetzen, sondern Policies einrichten und verteilen.

Da die Daten des zentralen Verwaltungsservers in einer (versteckten) Datenbank verwaltet werden, können diese Daten sowohl mit SQL als auch mit PowerShell abgefragt und manipuliert werden (siehe Abbildung 19.28.)

```
SELECT
      TheGroup.name AS [Server Group],
      TheGroup.[Description] AS [Group Description],
      TheServer.name,
      TheServer.server_name AS [Server name],
      TheServer.[description] AS [Description]
FROM    msdb.dbo.sysmanagement_shared_server_groups_internal TheGroup
LEFT JOIN msdb.dbo.sysmanagement_shared_registered_servers_internal TheServer
      ON    TheGroup.server_group_id = TheServer.server_group_id
WHERE TheGroup.server_type = 0 --only the Database Engine Server Group
AND server_name IS NOT null
ORDER BY [Server Group], [Server name];
```

Listing 19.1 Auslesen der registrierten Server aus dem zentralen Verwaltungsserver

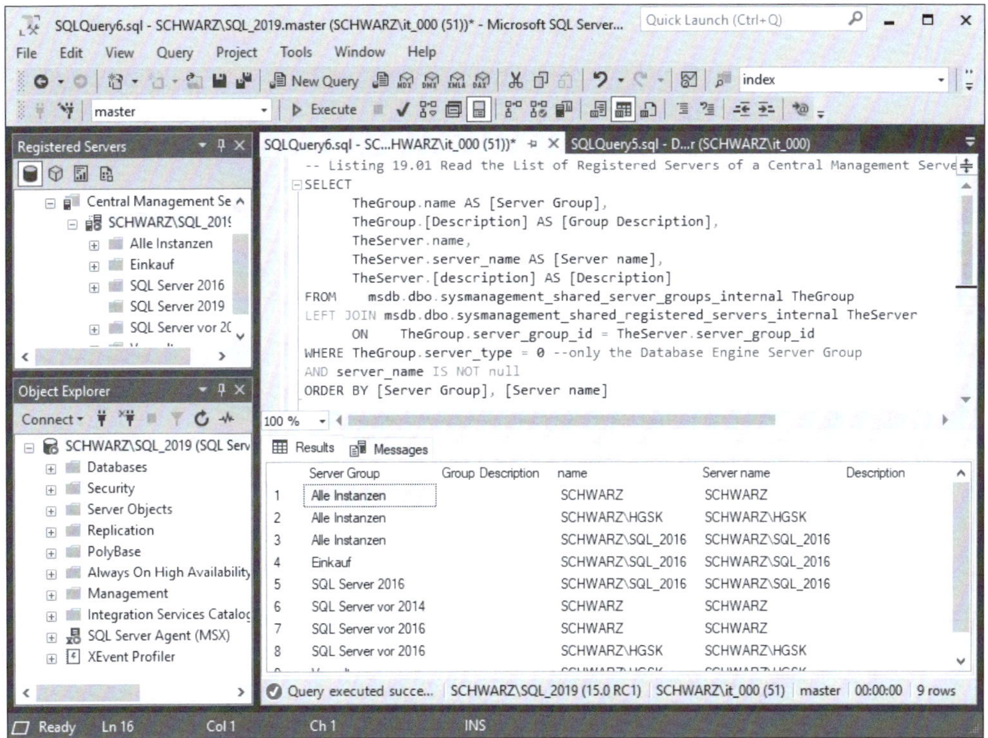

Abbildung 19.28 Eine Abfrage der registrierten Instanzen im Central Management Server

Sollte ein Update der Admin-Instanz erforderlich sein, ist sogar der Umzug des CMS in eine neue Instanz mit PowerShell recht einfach erledigt. Die Anleitung dazu finden Sie bei Microsoft unter: *https://gallery.technet.microsoft.com/scriptcenter/Migrate-Central-Management-e062943f*.

Kapitel 20
Weitere Komponenten für Entwickler und Anwender

In diesem Kapitel stellen wir Ihnen zwei weitere Komponenten vor, die mit SQL Server zur Verfügung gestellt werden. Sie erweitern die Möglichkeiten der Datenanalyse und Datenverwaltung erheblich.

Unternehmen entwickeln die unterschiedlichsten Softwarelösungen, um die täglichen Anforderungen der innerbetrieblichen IT-Prozesse abzudecken. Bei genauerer Betrachtung fällt auf, dass sich die geforderten Lösungsmuster häufig ähneln.

Grundlegende Basismechanismen werden in diesem Zusammenhang neu entwickelt. Häufige Anforderungen sind der Abgleich unterschiedlicher Stammdaten, das Gewährleisten einer hohen Datenqualität oder die möglichst zeitnahe Auswertung und Analyse von Daten.

Mit den *Master Data Services*, den *Data Quality Services* und *StreamInsight* stellt Ihnen Microsoft seine Lösungsansätze für die genannten Themen zur Verfügung.

20.1 Master Data Services

Die *Master Data Services* (*MDS*) sind ein Dienst, der Ihnen bereits mit SQL Server 2008 R2 zur Verfügung gestellt wurde. Bei den Master Data Services geht es in erster Linie darum, Stammdaten zentral zu verwalten.

In den meisten Firmen gibt es unterschiedliche Dateninseln mit gespeicherten Stammdaten über die Kunden des Unternehmens: Es gibt Kundenstammdaten im hausinternen SAP-System, in der Marketingdatenbank und eventuell im Controlling-System.

Alle Kundendaten innerhalb dieser einzelnen Dateninseln besitzen unterschiedliche Eigenschaften; Datenergänzungen beziehen sich aber eigentlich auf denselben Stammdatensatzinhalt. Der gleiche Datensatz ist demnach in verschiedenen Systemen mehrfach vorhanden, allerdings mit anderen, zusätzlichen Eigenschaften.

Damit sind Probleme vorprogrammiert, denn wenn Daten eines Kunden in einem System geändert werden – z. B. seine Adresse –, heißt das noch lange nicht, dass die anderen Systeme diese Änderung mitbekommen.

Ziel der Master Data Services ist es, die Stammdatenverwaltung zu zentralisieren und durch ein zentrales Stammdatenmanagement eine höhere Datenqualität zu erreichen. Es wird ein einheitliches Bild der Stammdaten geschaffen. Das Ganze geschieht unter der Berücksichtigung, dass die Stammdaten in jedem System unterschiedliche Attribute besitzen und darum nicht identisch sein können.

Das Verwalten dieser Stammdaten soll vereinfacht werden, und die Master Data Services bringen dazu die geeigneten Werkzeuge mit.

Die MDS bieten *Datenattributmanagement* und *Versionierungsmechanismen*, um Stammdatenveränderungen nachvollziehen zu können. Zudem wird ein entsprechendes Logging bereitgestellt, damit Sie nachvollziehen zu können, wann was verändert wurde. Ein weiteres Feature der MDS sind Mechanismen zur Datenbereinigung und -qualitätssicherung.

Für den Austausch von Stammdaten zwischen den einzelnen sich im Einsatz befindenden Systemen wird ein *Application Programming Interface* (API) zur Verfügung gestellt.

Sie können mittels MDS zugehörige *Workflows* und Geschäftsregeln definieren. Darunter sind Mechanismen zu verstehen, die festlegen, ob Felder leer sein dürfen oder welche Werte gültig sind und welche nicht.

Wie Sie diesen Erläuterungen entnehmen können, ist es nicht damit getan, die MDS einfach zu installieren. Der Einsatz der MDS muss gründlich geplant und organisiert werden, um eine Lösung und Vereinfachung der Stammdatenzentralisierung innerhalb eines Unternehmens zu erreichen.

20.1.1 Master Data Services installieren

Die *Master Data Services* sind in das SQL-Server-Setup integriert. Das bedeutet, dass Sie im ersten Schritt lediglich die entsprechende Funktionsauswahl im Setup aktivieren müssen (siehe Abbildung 20.1).

Anschließend finden Sie in Ihrer SQL-Server-Programmgruppe den *Master Data Services-Konfigurations Manager (Master Data Services Configuration Manager)*. Hier richten Sie die zugehörigen Datenbanken ein und konfigurieren die nötigen Webservereinstellungen für die *Internet Information Services* (IIS), den Webserver von Microsoft (siehe Abbildung 20.2).

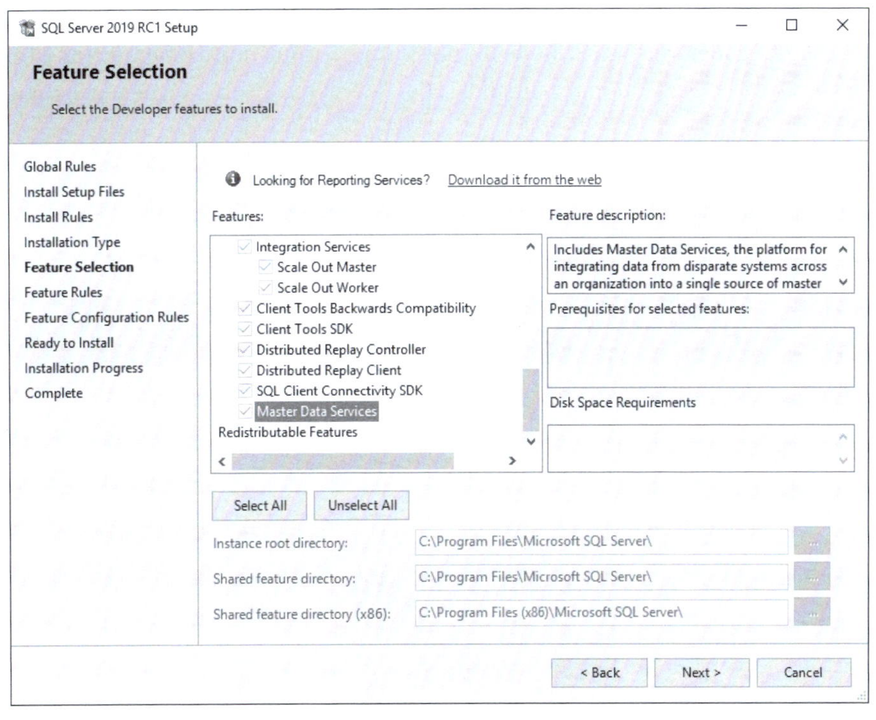

Abbildung 20.1 Auswahl der MDS-Funktion im SQL-Server-Setup

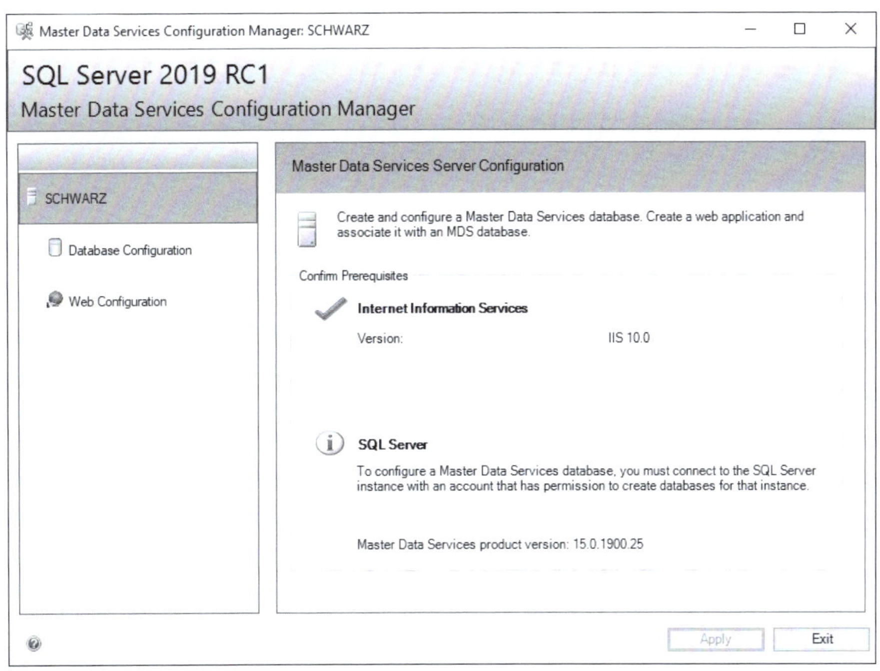

Abbildung 20.2 Ansicht des gestarteten Master Data Services Configuration Managers

20

Nach erfolgter Installation und Konfiguration können Sie im Browser (Edge, Internet Explorer, Firefox oder welchen Browser Sie bevorzugen) unter der konfigurierten URL den *Master Data Services Manager* aufrufen. Hier definieren Sie Ihre MDS-Regeln und -Modelle.

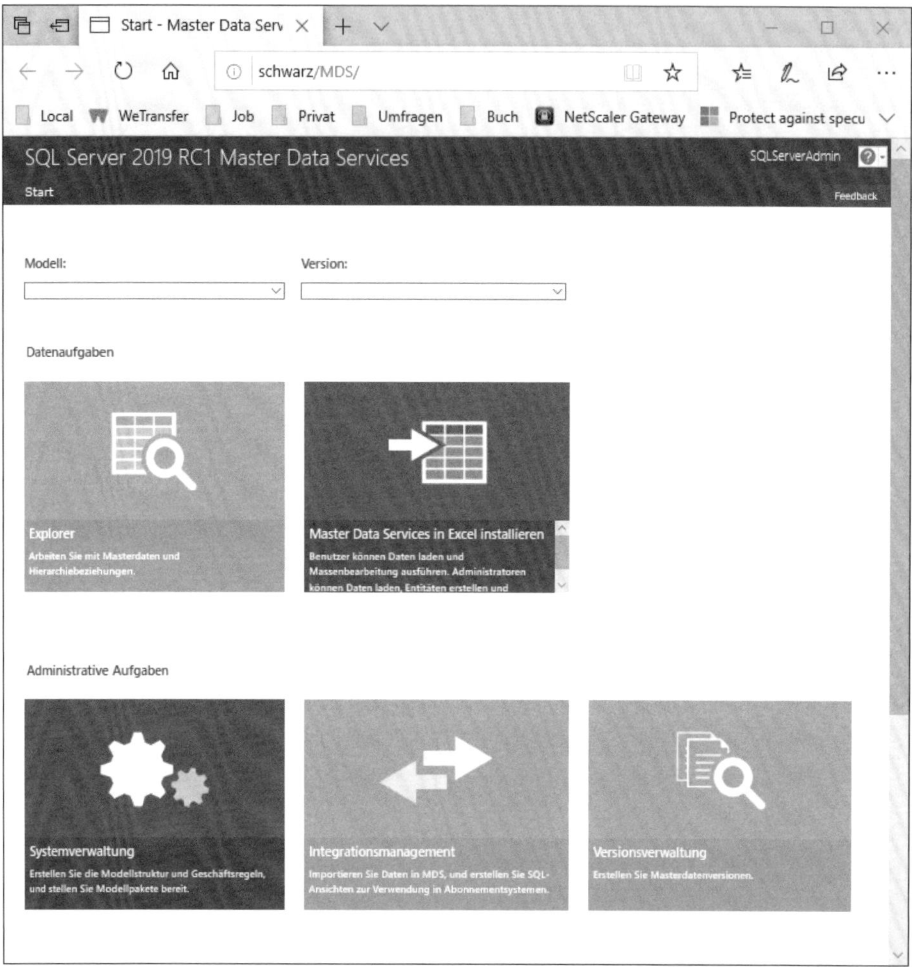

Abbildung 20.3 Master Data Services Manager

Wenn Sie tiefer in die Materie der Master Data Services einsteigen möchten, finden Sie weitere Informationen bei Microsoft (*https://docs.microsoft.com/de-de/sql/master-data-services/master-data-services?view=sql-server-2014&viewFallbackFrom=sql-allproducts-allversions*). Außerdem bietet die neue Startseite einen Einstieg an (siehe Abbildung 20.4).

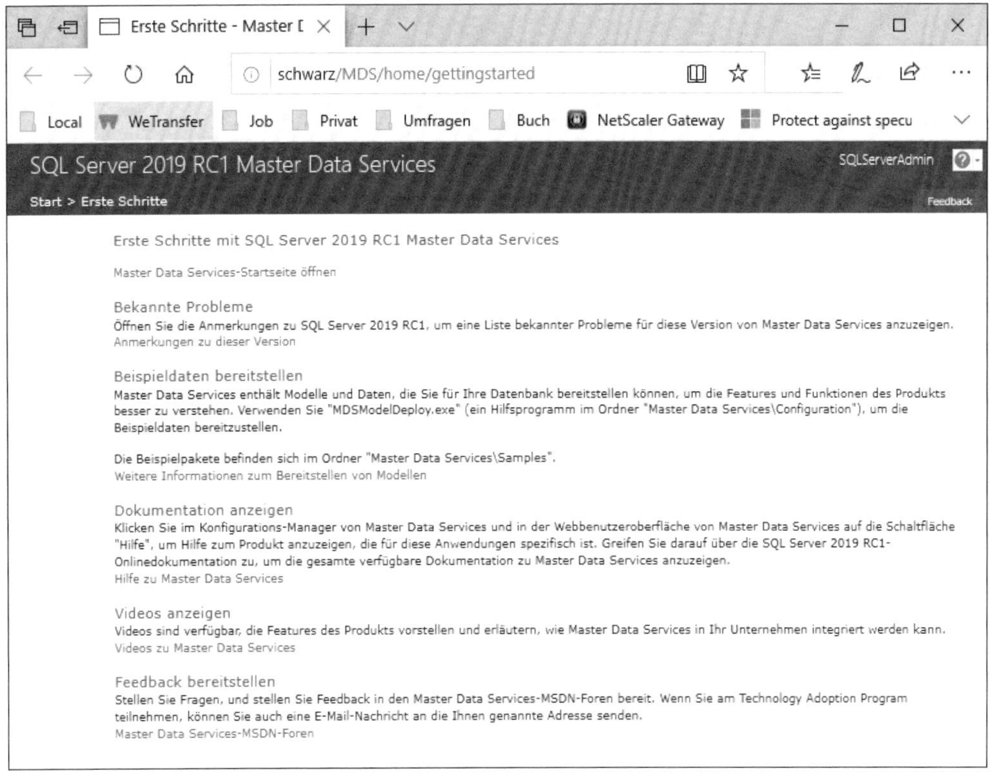

Abbildung 20.4 Die neue Startseite

20.2 StreamInsight

Eine *StreamInsight-Anwendung* unterscheidet sich stark von einer herkömmlichen Datenbankanwendung. In einer StreamInsight-Anwendung wird ein Datenstrom in Echtzeit ausgewertet. Unter einem Datenstrom sind die erzeugten Daten – z. B. eines Sensors für Temperaturen oder Aktienkurse von Wertpapieren – über einen zeitlichen Verlauf zu verstehen.

Nehmen wir einen konkreten Anwendungsfall aus dem Finanzbereich: Eine Aktie hat z. B. um 10:30:20 Uhr einen Kurs von 1,79 EUR und um 10:30:34 Uhr einen Kurs von 1,77 EUR. Dieser Kurs ändert sich fortlaufend in kürzesten Abständen. Demnach werden kontinuierlich Daten erzeugt, die im übertragenen Sinn einem Strom an Informationen gleichkommen.

In der Finanzbranche ist es notwendig, diesen Strom an Daten möglichst schnell in Echtzeit auszuwerten. Nehmen wir an, wir möchten die Datenströme von 500 Aktien zusammenfassen und jede Sekunde den Durchschnittskurswert dieser 500 Aktien berechnen lassen. (Auf diese Art und Weise ist es in der Finanzbranche möglich, allgemeine Entwicklungen einzuschätzen.)

Wollte man mit einer herkömmlichen relationalen Datenbank diese Anforderungen umsetzen und die Datenmengen auswerten, müssten die Datenströme dieser Aktien von einer Softwareschnittstelle in der Datenbank in dafür angelegte Tabellen geschrieben werden. Eine auswertende Datenbankapplikation muss diese Daten in regelmäßigen Abständen mit SQL-Kommandos auswerten und die Ergebnisse anschließend an die Anzeigegeräte etc. weiterleiten. Die Datenmenge kann dabei sehr beachtlich sein, insbesondere dann, wenn dem zuvor genannten Beispielszenario weitere Aktien für Analysen hinzugefügt würden. Möchten Sie Daten in Echtzeit verarbeiten, kommt es hier zu erheblichen Verzögerungen und Leistungsengpässen, da die Daten immer erst in die Tabellen geschrieben werden müssen und erst anschließend ausgewertet werden können.

In einer StreamInsight-Anwendung wird dieser durch die Softwareschnittstelle gelieferte Datenstrom in Echtzeit ausgewertet, und zwar ohne die Daten vorher in einer Tabellenstruktur ablegen zu müssen. Sogenannte *Adapter* liefern den Datenstrom zwecks Auswertung in Strukturen gegliedert. Diese Strukturen werden auch als *Ereignis* (*Event*) bezeichnet. In Anlehnung an die Arbeitsweise einer StreamInsight-Anwendung spricht man auch von einer *ereignisgesteuerten Verarbeitung*.

Das Konzept einer StreamInsight-Anwendung ist in der IT-Branche auch unter dem Begriff *Complex Event Processing* (*CEP*) bekannt. Die notwendigen Komponenten zur Erstellung und Ausführung einer StreamInsight-Applikation liefert Microsoft mit SQL Server aus.

Letztendlich handelt es sich bei StreamInsight um ein Framework, mit dem Sie CEP-basierte, also StreamInsight-Anwendungen, entwickeln können.

In diesem Fall kommt dem Wort »entwickeln« eine besondere Bedeutung zu, denn eigentlich hat StreamInsight mit SQL Server selbst erst einmal wenig zu tun und ist, wie bereits erwähnt, ein Framework für Entwickler. Das eigentliche Erstellen einer StreamInsight-Anwendung setzt fortgeschrittene Programmierkenntnisse in C# voraus.

StreamInsight-Anwendungen können auch ohne SQL Server entwickelt werden, denn SQL Server wird für eine StreamInsight-Applikation nicht zwingend benötigt. Allerdings benötigen Sie für die Installation des Frameworks einen gültigen SQL-Server-Produktschlüssel, anderenfalls können Sie nur die Testversion von StreamInsight installieren.

Womit wird eine StreamInsight-Anwendung erstellt?

SQL Server bietet im SQL Server Management Studiokeine Assistenten zum Erstellen von StreamInsight-Anwendungen. Eine StreamInsight-Anwendung können Sie mit Visual Studio entwickeln.

20.2.1 Die Architektur von StreamInsight

StreamInsight besteht aus mehreren Komponenten, in erster Linie aus der *CEP-Engine* und dem *Adapter-Framework*. Dabei ist die CEP-Engine die Komponente, die eingehende Datenströme analysiert und weiterverarbeitet. Das Adapter-Framework bildet eine Schnittstelle zu den externen Datenquellen, die zu verarbeitende Datenströme aufnehmen.

Was sind Streams?

Streams – der Begriff steckt bereits in der Produktbezeichnung – sind ein wesentlicher Punkt, wenn Sie sich mit StreamInsight beschäftigen. Der englische Begriff *stream* bedeutet im Deutschen »Strom« und bezeichnet hier einen Datenstrom oder Datenfluss.

Eine Datenquelle kann einen ständigen Fluss von Daten liefern. Dieser verändert sich stetig. Das geschieht zu den unterschiedlichsten Zeiten – mal öfter, mal weniger oft, aber trotzdem regelmäßig. Es verändert sich also der Wert einer Sache abhängig von der Zeit.

Was sind Ereignisse (Events)?

Die grundlegende Einheit der Daten eines Datenstroms wird *Ereignis* genannt. Bereits an unserem Aktienbeispiel haben Sie gesehen, dass sich der Kurs – das heißt der geldliche Wert einer Aktie – ständig regelmäßig verändert.

Wie in Tabelle 20.1 dargestellt, bildet jeder Kurswert einer Aktie zu einem bestimmten Zeitpunkt ein Ereignis.

Kurswert	Zeitpunkt
2,40	09:30
2,44	09:31
2,45	09:32
2,42	09:33

Tabelle 20.1 Kurswerte einer Aktie

Ereignisaufbau

Ein StreamInsight-Ereignis hat zwei Bestandteile:

1. Der *Header* enthält die Metadaten zum Ereignis. Das wären z. B. Ereignistyp (siehe Tabelle 20.2) und Zeitpunkt des Events.
2. Die *Nutzlast* in Form einer .NET-Datenstruktur enthält die eigentlichen Daten. In unserem Beispiel wäre das der Kurswert der Aktie.

Ereignistypen

Es gibt zwei Ereignistypen, die wir in Tabelle 20.2 kurz beschreiben.

Ereignistypen	Beschreibung
Einfügeereignis	Besteht aus Metadaten und der eigentlichen Datennutzlast. Dieses Ereignis enthält also die eigentlichen zu analysierenden und zu verarbeitenden Daten.
CTI-Ereignis (*Current Time Increment*)	Gibt dem StreamInsight-Server an, dass keine nachfolgenden Ereignisse existieren, deren Zeitstempel kleiner ist als der des CTI-Ereignisses. Es dient damit als Statusereignis, das die Vollständigkeit der bereits vorhandenen Ereignisse anzeigt.

Tabelle 20.2 Auflistung der Ereignistypen

StreamInsight-Adapter

Ein Adapter übermittelt Ereignisse an einen oder aus einem *StreamInsight*-Server. Es gibt zwei Typen von Adaptern:

1. **Eingabeadapter**: Er liest die Ereignisse in dem durch die Datenquellen bereitgestellten Format und wandelt sie in ein für den StreamInsight-Server lesbares Format um.
2. **Ausgabeadapter**: Er wandelt die im Format des StreamInsight-Servers vorliegenden Ereignisse in ein für das Ziel verständliches Format um. Ein Ziel kann z. B. ein Anzeigegerät der ausgewerteten und aggregierten Daten sein.

Abfragevorlage (Query Template)

Die *Abfragevorlage* bildet die eigentliche Geschäftslogik-Abfragelogik, die erforderlich ist, um einen Datenstrom zu analysieren und die von der Abfragelogik gefilterten Ereignisse an den StreamInsight-Server weiterzuleiten. Es handelt sich dabei um eine *LINQ*-Abfrage (*Language Integrated Query*), die kontinuierlich auf den eingehenden Datenstrom angewendet wird.

Eine Abfragevorlage muss nach ihrer Erstellung an einen Eingabe- und Ausgabeadapter gebunden werden.

20.2.2 StreamInsight installieren

Wie aber wird StreamInsight überhaupt aktiviert, oder steht es direkt nach der Installation von SQL Server zur Verfügung?

Sie müssen StreamInsight zusätzlich installieren. StreamInsight wird mit den SQL-Server-Setupdateien ausgeliefert. Alternativ laden Sie *StreamInsight.msi* von der Microsoft-StreamInsight-Downloadseite herunter. Diese befindet sich derzeit unter der Adresse: *https://www.microsoft.com/de-de/download/details.aspx?id=30149*.

Achten Sie vor der Installation darauf, dass Ihr Zielsystem die Systemvoraussetzungen von StreamInsight erfüllt. Die ausführlichen Systemvoraussetzungen führen wir hier nicht gesondert auf; Sie können sie der Dokumentation entnehmen.

StreamInsight gibt es in der 32- und 64-Bit-Version, und es läuft auf allen gängigen Microsoft-Server-Betriebssystemen.

Es gibt zwei StreamInsight-Installationspakete: eine Server- und eine Clientversion. Die Serverversion benötigen Sie, wenn Sie StreamInsight-Server installieren und als Dienst etc. ausführen möchten. Sie benötigen hier einen gültigen SQL-Server-Produktcode oder können die Testversion auswählen. Dieses Prinzip ist bei Microsoft-Software hinlänglich bekannt.

Die Clientversion enthält nur eine Teilmenge des StreamInsight-Pakets und ermöglicht, sich mit StreamInsight-Servern zu verbinden, Abfragen zu verwalten und das Debugger-Tool zu nutzen.

Führen Sie die folgenden Schritte aus, um StreamInsight zu installieren:

1. Achten Sie darauf, dass alle Systemvoraussetzungen erfüllt sind. Die notwendigen Systemvoraussetzungen finden Sie auch auf der StreamInsight-Downloadseite.
2. Starten Sie den StreamInsight-Installationsassistenten durch Ausführen der Datei *StreamInsight.msi*. Es erscheint der StreamInsight-Installationsassistent (siehe Abbildung 20.5).

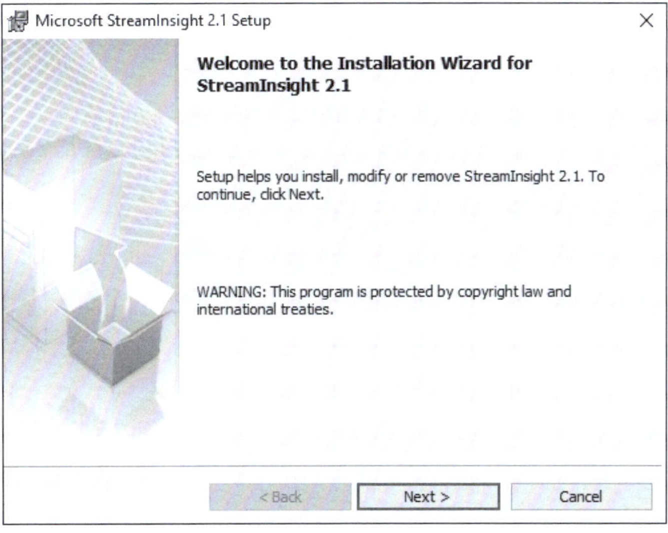

Abbildung 20.5 Startbildschirm des StreamInsight-Installationsassistenten

3. Klicken Sie auf WEITER (englisch: NEXT), und bestätigen Sie den Lizenzvertrag, wenn Sie damit einverstanden sind, und klicken Sie erneut auf WEITER (NEXT).
4. Wählen Sie im Dialog INSTANZKONFIGURATION (INSTANCE CONFIGURATION) die Option INSTANZ JETZT INSTALLIEREN (INSTALL INSTANCE NOW), und vergeben Sie einen passenden INSTANZNAMEN (INSTANCE NAME); nicht länger als 64 Zeichen, keine Leer- oder Sonderzeichen, muss mit einem Buchstaben oder einem Unterstrich beginnen). Das ist der Name, mit dem Sie sich in Ihrem zukünftigem Entwickler-Quellcode auf diese StreamInsight-Server-Instanz beziehen.

   Klicken Sie erneut auf NEXT (siehe Abbildung 20.6).

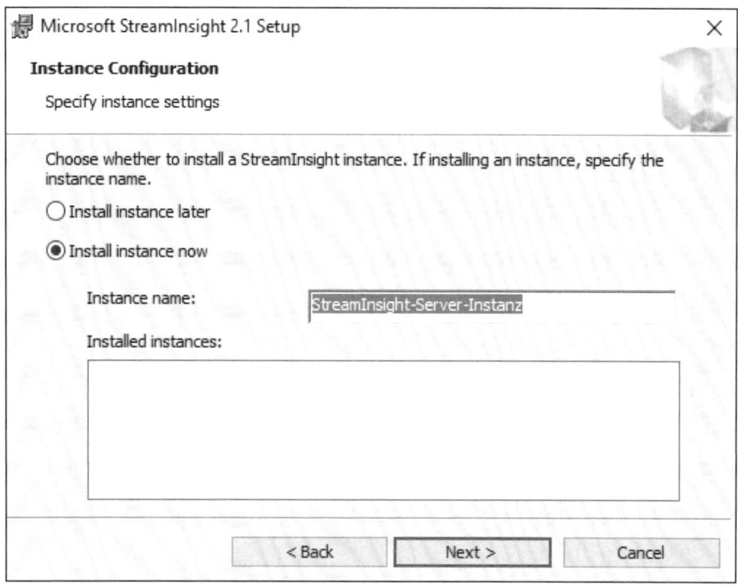

Abbildung 20.6 Instanzkonfiguration

5. Im nächsten Dialog geben Sie Ihren SQL Server Produktschlüssel (SQL-Server-Product-Key) ein oder wählen die Option EVALUIERUNGSVERSION (EVALUATION EDITION) aus. Anschließend klicken Sie auf WEITER (NEXT, siehe Abbildung 20.7).
6. Im darauffolgenden Dialog geben Sie an, dass der WINDOWS-HOSTDIENST (STREAMINSIGHT HOST WINDOWS SERVICE) erstellt wird. Sie können auch den aktuellen Benutzer, der das Setup ausführt (Sie), der StreamInsight-Benutzergruppe hinzufügen (siehe Abbildung 20.8).
7. Klicken Sie auf WEITER (NEXT) und anschließend auf INSTALLIEREN (INSTALL).
8. Klicken Sie anschließend auf FERTIGSTELLEN (FINISH), um das Setupprogramm zu beenden.

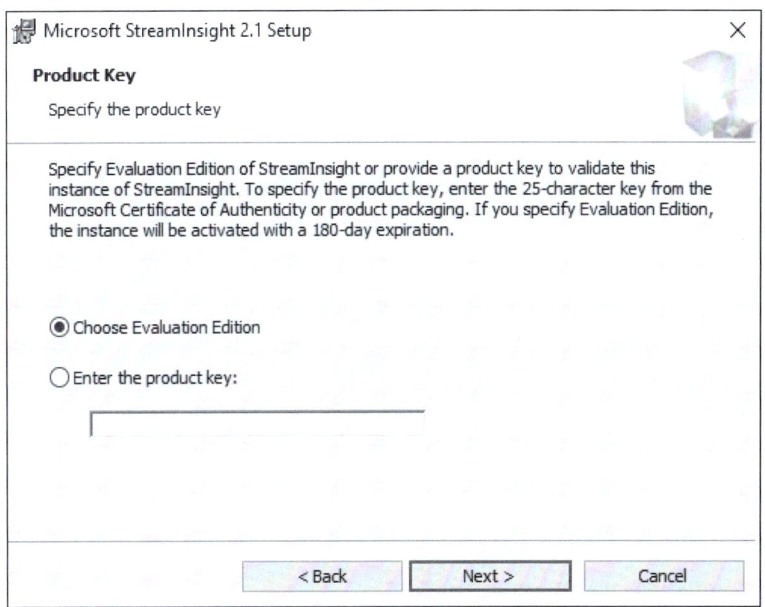

Abbildung 20.7 Festlegen des StreamInsight-Server-Instanznamens

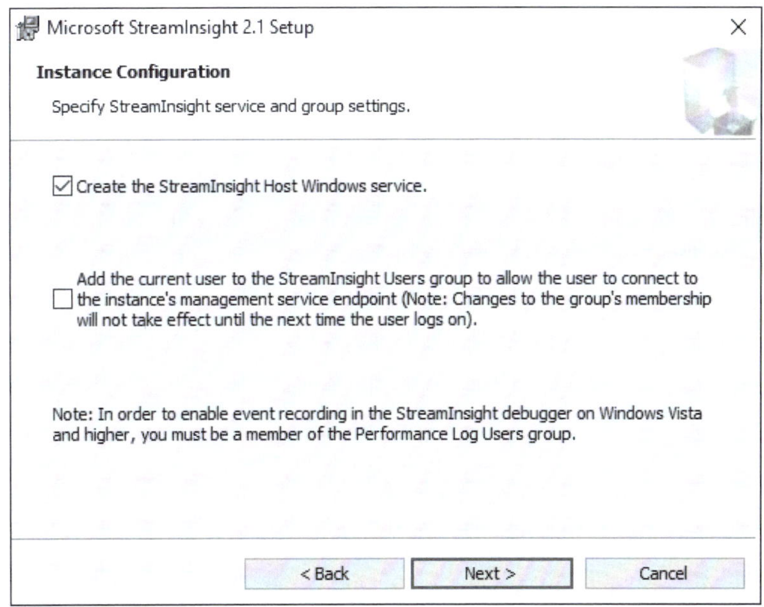

Abbildung 20.8 Instanzkonfiguration der Dienst- und Gruppeneinstellungen von StreamInsight

9. Nach erfolgreicher Installation wurde die StreamInsight-Programmgruppe angelegt.

20.2.3 Weiterführende Informationen

Bis zu diesem Punkt haben wir Ihnen erklärt, worum es bei StreamInsight geht, und Ihnen die Technologie erläutert, die sich hinter StreamInsight verbirgt.

Durch die zuvor beschriebene Installation des Frameworks haben Sie lediglich die Voraussetzungen dafür geschaffen, StreamInsight-Anwendungen ausführen und entwickeln zu können.

Im zweiten Schritt müssten Sie jetzt eine StreamInsight-Anwendung erstellen. Wie zuvor erläutert, sind hierzu fortgeschrittene Programmierkenntnisse in C# notwendig. Da sich an diesem Punkt die Wege zwischen Administration und Entwicklung zu stark trennen, gehen wir in diesem Abschnitt nicht weiter auf die Erstellung einer StreamInsight-Anwendung ein.

20.3 Data Quality Services

20.3.1 Was sind die Data Quality Services?

Die *Data Quality Services* (*DQS*) sind eine Komponente, die mit SQL Server 2012 neu eingeführt wurde.

Mit DQS können Sie Ihre Daten nach unterschiedlichen Vorgaben und Regeln korrigieren, die Ihnen DQS zur Verfügung stellt. Sie schützen Ihre Daten vor Schreibfehlern, Doubletten und Unvollständigkeit!

Es stellt Unternehmen immer wieder vor große Herausforderungen, die Qualität ihrer Daten sicherzustellen. Beim Arbeiten mit den Daten schleichen sich immer wieder Fehler ein. Dies können z. B. Tippfehler, unterschiedliche Schreibweisen oder auch ganz einfach Doubletten sein, die mit der Zeit im Datenbestand entstehen.

Ab einer bestimmten Menge von Datensätzen ist es eben nicht mehr möglich, allein schon aufgrund der Masse an Informationen, diese Daten auf Korrektheit hin zu überblicken. Zum Beispiel ist es nahezu aussichtslos, aus einer Adressliste mit mehreren hunderttausend Adressen eventuelle Doubletten zu erkennen.

Also müssen automatisierte Lösungen greifen. Bisher mussten Unternehmen, die ihre Datenqualität sicherstellen und überprüfen wollten, immer auf Drittanbieter ausweichen. Hier existiert ein umfangreicher Markt.

Mit SQL Server 2012 steigt Microsoft erstmalig in den Markt der Datenqualitätskomponenten ein. DQS steht Anwendern zur Verfügung, die eine Business- oder Enterprise-Lizenz erworben haben.

Die DQS arbeiten wissensbasiert. Das bedeutet, dass das Wissen über bestimmte Daten für die Analyse und Bereinigung genutzt wird.

Hierzu wird eine DQS-Wissensdatenbank aufgebaut, in der entsprechende Regeln und Datenstrukturen hinterlegt werden, die als DQS-Basis dienen.

Die Data Quality Services bieten in erster Linie Folgendes:

- Korrektur, Standardisierung, Anreicherung von Daten
- Erkennen von Redundanzen und Doubletten von Datensätzen
- Bewerten der Datenqualität durch DQS. Ist diese gut oder schlecht?
- Beobachten der DQS-Prozesse durch umfangreiches Monitoring

Die Überprüfung von Daten, insbesondere die Definition von Regeln, die festlegen, ob diese Daten korrekt sind, kann sehr umfangreich sein. Um z. B. sicherzustellen, ob eine Adresse korrekt angegeben wurde, muss in der Regel überprüft werden, ob Postleitzahl, Ort und Straße übereinstimmen. Hierzu benötigt man in der Regel eine eigene Postleitzahlendatenbank, die abgefragt werden kann, um die Korrektheit zu überprüfen. Möchte man Adressen weltweit überprüfen, wird es kompliziert, da im Prinzip eine Datenbasis mit allen Adressen der unterschiedlichsten Länder irgendwie vorhanden sein muss, was einen zusätzlichen Aufwand bedeutet. Hier können Sie auf den *Microsoft Azure Marketplace* zurückgreifen, in dem Ihnen die unterschiedlichsten Dienstleistern Services diesbezüglich anbieten (siehe Abbildung 20.9).

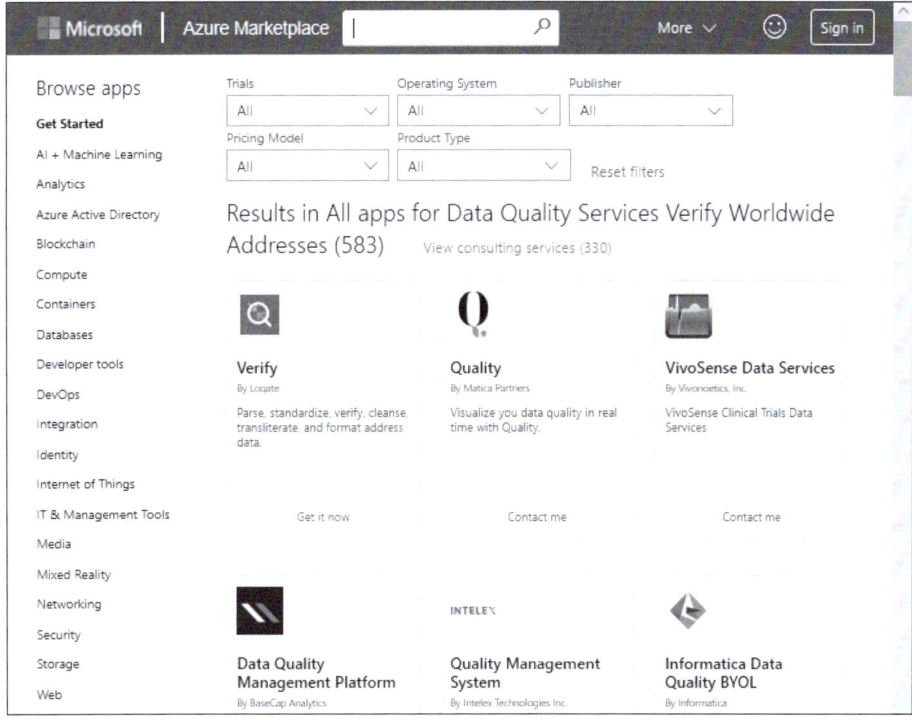

Abbildung 20.9 Azure Marketplace

20.3.2 Installation und Einrichtung

Um DQS zu installieren, wählen Sie die entsprechende Option in der Funktionsauswahl Ihres SQL-Server-Setups aus (siehe Abbildung 20.10). Nachdem das entsprechende SQL-Server-Setup beendet ist, finden Sie die DQS in Ihrer SQL-Server-Programmgruppe (siehe Abbildung 20.11).

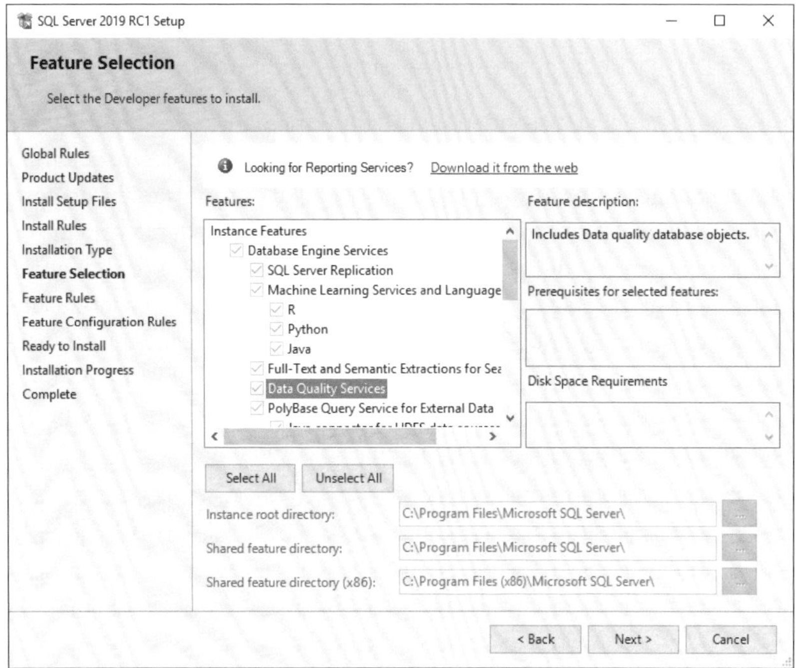

Abbildung 20.10 Auswahl der Data Quality Services im SQL-Server-Setup

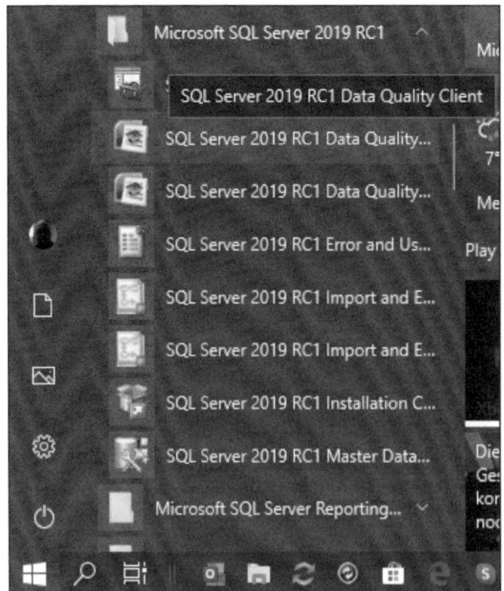

Abbildung 20.11 Programmgruppe der Data Quality Services

Sie müssen nun noch den DATA QUALITY SERVER INSTALLER ausführen, den Sie in der Programmgruppe DATA QUALITY SERVICES finden.

Der DQS-Installer startet die Konsole und installiert die benötigten DQS-Datenbanken etc. Hierzu müssen Sie einen Datenbank-Hauptschlüssel eingeben. Damit ist ein möglichst komplexes Passwort gemeint (siehe Abbildung 20.12).

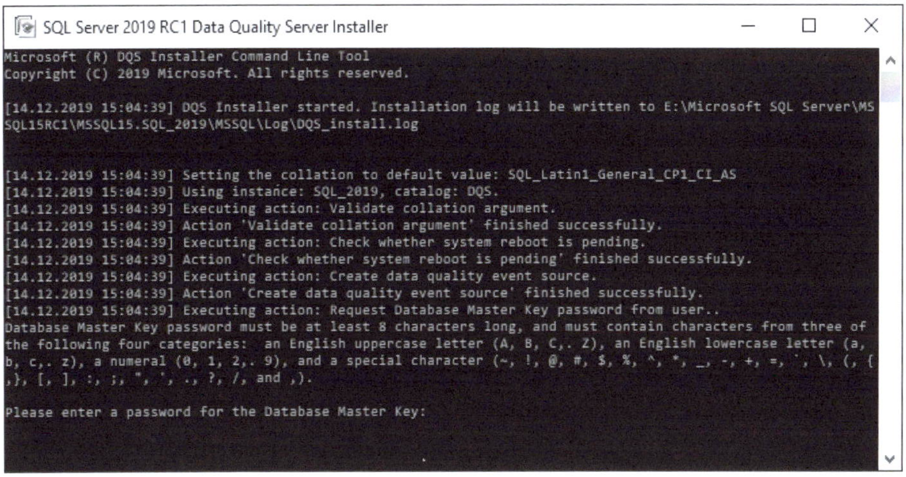

```
SQL Server 2019 RC1 Data Quality Server Installer
Microsoft (R) DQS Installer Command Line Tool
Copyright (C) 2019 Microsoft. All rights reserved.

[14.12.2019 15:04:39] DQS Installer started. Installation log will be written to E:\Microsoft SQL Server\MS
SQL15RC1\MSSQL15.SQL_2019\MSSQL\Log\DQS_install.log


[14.12.2019 15:04:39] Setting the collation to default value: SQL_Latin1_General_CP1_CI_AS
[14.12.2019 15:04:39] Using instance: SQL_2019, catalog: DQS.
[14.12.2019 15:04:39] Executing action: Validate collation argument.
[14.12.2019 15:04:39] Action 'Validate collation argument' finished successfully.
[14.12.2019 15:04:39] Executing action: Check whether system reboot is pending.
[14.12.2019 15:04:39] Action 'Check whether system reboot is pending' finished successfully.
[14.12.2019 15:04:39] Executing action: Create data quality event source.
[14.12.2019 15:04:39] Action 'Create data quality event source' finished successfully.
[14.12.2019 15:04:39] Executing action: Request Database Master Key password from user..
Database Master Key password must be at least 8 characters long, and must contain characters from three of
the following four categories:  an English uppercase letter (A, B, C,. Z), an English lowercase letter (a,
b, c,. z), a numeral (0, 1, 2,. 9), and a special character (~, !, @, #, $, %, ^, *, _, -, +, =, `, \, (, {
,}, [, ], :, ;, ", ', ., ?, /, and ,).

Please enter a password for the Database Master Key:
```

Abbildung 20.12 Start des Data Quality Server Installers

Haben Sie diese Schritte erfolgreich durchgeführt, sind die Data Quality Services installiert.

20

20.3.3 Der Data Quality Client

Die eigentliche Verwaltungskonsole für die Data Quality Services wird Ihnen mit dem *Data Quality Client* (gelegentlich auch »Data Quality Clientanwendung« genannt) zur Verfügung gestellt. Ihn finden Sie ebenso in der zugehörigen Programmgruppe.

Wenn Sie den Data Quality Client starten, müssen Sie sich an der entsprechenden DQS-Instanz anmelden. Nach erfolgreicher Anmeldung befinden Sie sich in der Oberfläche des Data Quality Clients (siehe Abbildung 20.13).

Wie Sie in Abbildung 20.13 erkennen, verwalten Sie hier Ihre Wissensdatenbanken, legen Ihre DQS-Projekte an und überwachen die Data-Quality-Aktivitäten.

Weitere Informationen zu den Data Quality Services finden sie auf den Microsoft-Seiten z. B. unter der folgenden URL:

https://docs.microsoft.com/en-us/sql/data-quality-services/data-quality-services?view=sql-server-ver15.

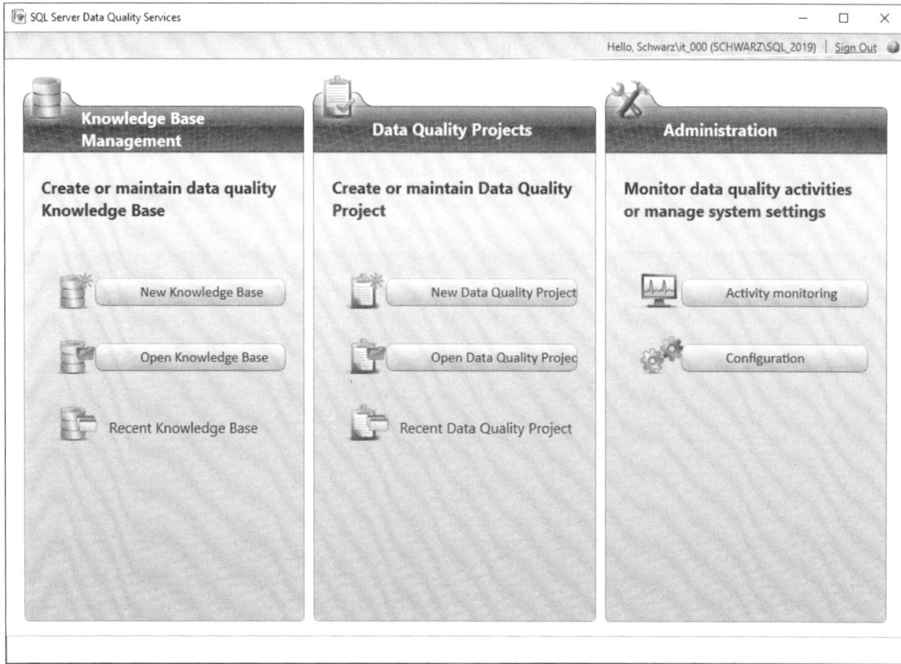

Abbildung 20.13 Startseite des Data Quality Clients

20.4 Columnstore-Indizes (Columnstore Indexes)

Columnstore Indexes sind der neue Standard für die Speicherung und die Abfrage großer Faktentabellen in Data Warehouses. Microsoft hat die Columnstore Indexes mit Version 2016 eingeführt. Diese Indizes nutzen spaltenbasiertes Speichern und Abfragen von Daten. Dadurch ist es möglich, die Abfragegeschwindigkeit massiv zu beschleunigen (bis zur zehnfachen Geschwindigkeit). Außerdem lässt sich durch diese Spaltenorientierung eine bis zu zehnfache Kompression der Daten, im Vergleich zu den unkomprimierten Daten, erreichen.

20.4.1 Was ist ein Columnstore Index?

Der Columnstore Index ist eine Technologie zur spaltenbasierten Speicherung und Verwaltung von Daten. Die hohe Kompression dieser Daten resultiert aus der Tatsache, dass Daten einer Spalte meist recht ähnlich sind, da sie zumindest im gleichen Format vorliegen. Namen zum Beispiel liegen immer als Textfeld fester (oder variabler) Länge vor, Telefonnummern immer als Zahlen. Durch diese Gemeinsamkeiten kann wesentlich effizienter komprimiert werden. Auch Abfragen, die oft nur wenige Spalten betreffen, können wesentlich schneller bearbeitet werden. Außerdem wird der Speicherbedarf reduziert. Dadurch können größere Datenmengen im Arbeitsspeicher vorgehalten und so erheblich schneller verarbeitet werden.

20.4.2 Wann sollten Sie Columnstore Indexes einsetzen?

Columnstore-Indizes sollten Sie nutzen, wenn Sie Faktentabellen und umfangreiche Dimensionstabellen für Data Warehouses speichern möchten. Dabei reduzieren Sie den Speicherbedarf und verbessern die Abfrageleistung. Nicht gruppierte Columnstore-Indizes sollten Sie einsetzen, wenn Sie Echtzeitanalysen für OLTP-Arbeitslasten verwenden.

20.4.3 Einsatz von Columnstore Indexes

Beim Erstellen einer Tabelle mit der `CREATE TABLE`-Anweisung können Sie die Tabelle als Columnstore erstellen, indem Sie die Option `WITH CLUSTERED COLUMNSTORE INDEX` angeben. Zudem können Sie klassische zeilenbasierte Tabellen in Columnstore-indizierte Tabellen umwandeln oder eine Mischform erstellen.

Weitere Informationen rund um dieses Thema finden Sie auf den Microsoft-Seiten unter folgender URL:

https://docs.microsoft.com/en-us/sql/relational-databases/indexes/columnstore-indexes-overview?view=sql-server-ver15.

Kapitel 21

ETL-Prozesse mit den Integration Services

Die Integration Services gehören zu den mächtigsten Services rund um SQL Server. Gerade im Bereich Wartung, Datentransfer und Automatisierung leisten sie wichtige Hilfe. Nur Administratoren, die das volle Potenzial erkennen und bewerten können, sind in der Lage, einen hohen Automatisierungsgrad zu erreichen.

Extracting, *Transforming* und *Loading* (*ETL* – Extrahieren, Transformieren und Laden) ist ein Begriff, der bei genauer Betrachtung sehr gut beschreibt, was die *Integration Services* von SQL Server sind und welchen Stellenwert sie in einer modernen IT-Infrastruktur haben. In einem Unternehmen existieren heute viele verschiedene Datenquellen. Microsoft Excel wird häufig in Projekten genutzt, um Daten zu analysieren und grafisch aufzubereiten. Gleichgültig, ob Unternehmensleitung, Controller, Entwickler oder Administratoren, kaum jemand verzichtet auf den Einsatz von Microsoft Excel. Oder schauen wir uns den Bereich Logging und Monitoring an – hier wird oft mit Formaten wie CSV, TXT oder XML gearbeitet. Warenwirtschaftssysteme basieren auf Datenbanken wie Oracle, MS SQL Server oder DB2. Microsoft Access ist in so manch einer Fachabteilung im Einsatz, in der sich der eine oder andere Mitarbeiter seine Datenbank zusammengestellt hat. Wir verzichten hier auf weitere Beispiele, denn jeder Administrator oder Entwickler kennt die Situation in seinem Unternehmen am besten.

Was haben all diese Datenquellen mit SQL Server und den Integration Services zu tun? Die Integration Services bieten eine sehr gute Möglichkeit, Daten aus all diesen Datenquellen zu extrahieren, um sie dann wiederum in ein Ziel zu laden. Ziele können Datenbanken sein, wenn es z. B. darum geht, Daten aus Microsoft-Excel-Dokumenten in eine Datenbank zu überführen, um später mit den Reporting Services daraus Berichte zu erstellen. Ein weiteres Anwendungsgebiet für die Integration Services kennen Sie alle: Sie erhalten Daten in Form von Textdateien, CSV oder XML und müssen sie in eine Datenbank importieren. Zuletzt noch eine dritte Anwendungsmöglichkeit: Sie möchten Daten aus verschiedenen Quellen extrahieren und sie dann aufbereiten, um sie in eine eigens dafür vorgesehene SQL-Server-Datenbank zu laden. Sie automatisieren die Ladeprozesse, und der Datentransfer erfolgt zu festgelegten Zeiten. Diese Datenbank, meist als *Staging Database* bezeichnet, dient als Ausgangsbasis für ein Data Warehouse. BI-Entwickler bauen auf dieser Datenbasis dann ihre Fakten- und Dimensionstabellen auf, um später einen Cube daraus zu erzeugen.

Sie denken, das ist für Sie als Administrator alles kein Thema? Dann schauen Sie sich den Datensammler einmal genauer an. Hier werden in SQL Server Daten in einer eigens dafür vorbereiteten Datenbank gesammelt, um sie in einem Data Warehouse zu verwalten. Berichte sorgen dann für die Visualisierung der Daten. Da Daten aus unterschiedlichen Quellen stammen, ist eine direkte Überführung oft nicht möglich, da sich die Datenformate zwischen den einzelnen Quellen unterscheiden und auch im Ziel oft andere Formate existieren. Als Lösung bietet SQL Server hier den Bereich Transformationen an. Es existieren zahlreiche Komponenten, die allein für die Transformation der Daten auf dem Weg von der Quelle zum Ziel genutzt werden können. Ob es sich dabei um eine einfache Konvertierung eines Datentyps handelt, Daten aufgrund einer Bedingung gesplittet werden sollen oder eine Zusammenführung von Daten notwendig ist, die Integration Services stellen hierfür eine geeignete Plattform dar.

Bevor wir uns die Integration Services detailliert anschauen, wenden wir uns zunächst den klassischen Verfahren zu.

21.1 Möglichkeiten zum Massenimport

21.1.1 Bulk Copy (»bcp«) – schnell im- und exportieren

Das Massenkopierprogramm *Bulk Copy* (bcp) dient dem schnellen Im- und Export von Daten. Es ist ein Weg, einfache Daten aus einer Tabelle zu exportieren und umgekehrt Daten aus einer Datei in eine Tabelle zu laden. Dabei liegt der Schwerpunkt auf Einfachheit. Daten, die nicht geprüft werden müssen, bei denen keine Transformationen erfolgen sollen und deren Struktur einfach ist, können Sie mit bcp schnell und einfach im- oder exportieren (siehe Abbildung 21.1).

Beachten Sie dabei, dass Sie in der Praxis einige Parameter anwenden müssen. Zum Beispiel gibt es die Parameter -n und -c, die das Format bestimmen. Setzen Sie den Parameter -n, werden die Daten im nativen MS-SQL-Format gespeichert. Das bedeutet, dass es sich um dasselbe Format handelt, mit dem SQL Server die Daten in den Datenseiten speichert. Der Parameter -c hingegen überführt die Daten in ein Zeichenformat (siehe Abbildung 21.2).

```
Command Prompt

C:\>bcp /?
usage: bcp {dbtable | query} {in | out | queryout | format} datafile
  [-m maxerrors]            [-f formatfile]          [-e errfile]
  [-F firstrow]             [-L lastrow]             [-b batchsize]
  [-n native type]          [-c character type]      [-w wide character type]
  [-N keep non-text native] [-V file format version] [-q quoted identifier]
  [-C code page specifier]  [-t field terminator]    [-r row terminator]
  [-i inputfile]            [-o outfile]             [-a packetsize]
  [-S server name]          [-U username]            [-P password]
  [-T trusted connection]   [-v version]             [-R regional enable]
  [-k keep null values]     [-E keep identity values]
  [-h "load hints"]         [-x generate xml format file]
  [-d database name]        [-K application intent]  [-l login timeout]

C:\>bcp AdminSchnelleinstiegDB.dbo.Kontakte out c:\PerfLogs\Kontakte.txt -n -S Schwarz\SQL_2019 -T

Starting copy...

26 rows copied.
Network packet size (bytes): 4096
Clock Time (ms.) Total     : 1      Average : (26000.00 rows per sec.)

C:\>
```

Abbildung 21.1 Verwendung von »bcp« mit dem Parameter »-n«

```
Command Prompt

C:\>bcp AdminSchnelleinstiegDB.dbo.Kontakte out c:\PerfLogs\Kontakte1.txt -c -S Schwarz\SQL_2019 -T

Starting copy...
SQLState = S1000, NativeError = 0
Error = [Microsoft][ODBC Driver 11 for SQL Server]Warning: BCP import with a format file will convert
empty strings in delimited columns to NULL.

26 rows copied.
Network packet size (bytes): 4096
Clock Time (ms.) Total     : 1      Average : (26000.00 rows per sec.)

C:\>
```

Abbildung 21.2 Die Verwendung von »bcp« mit dem Parameter »-c«

Ebenfalls ist es beim Export der Daten möglich, diese anhand einer Abfrage einzuschränken. Dazu müssen Sie z. B. den Parameter QUERYOUT in Verbindung mit der SELECT-Anweisung verwenden. Eine vollständige Liste aller Parameter finden Sie im MSDN unter *https://docs.microsoft.com/en-us/sql/tools/bcp-utility?view=sql-server-ver15*.

21.1.2 BULK INSERT

Während es sich bei bcp um ein Programm für die Konsole handelt, ist die Anweisung BULK INSERT eine T-SQL-Anweisung. Sie wird per Skript ausgeführt und kann somit nicht von der Befehlszeile verwendet werden. Der Funktionsumfang entspricht dem von bcp, jedoch ist kein Export von Daten möglich, wie der Name schon erkennen lässt.

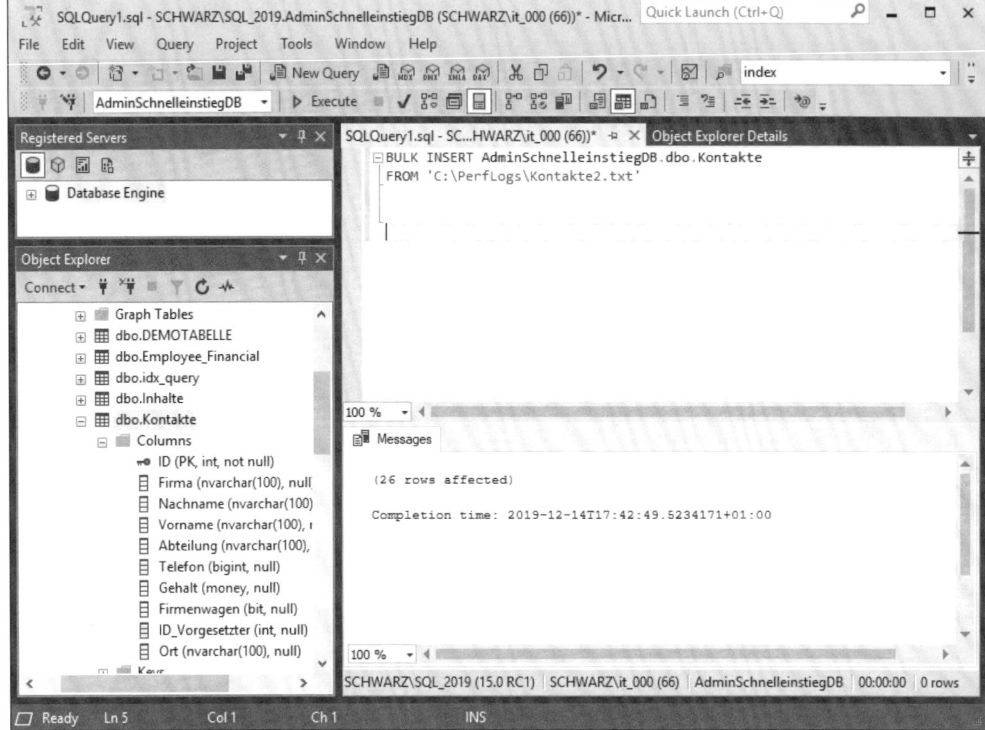

Abbildung 21.3 Die Verwendung von BULK INSERT

21.1.3 OPENROWSET

Möchten Sie einen Massenimport durchführen, können Sie dazu die `OPENROWSET`-Funktion nutzen. `OPENROWSET` bietet die Möglichkeit, Remotedaten aus einer OLE-DB-Datenquelle zu verwenden. Das Beispiel in Listing 21.1 zeigt die Verwendung von `OPENROWSET` in Verbindung mit einer `SELECT`-Anweisung. Dabei erfolgt der Zugriff auf einen SQL Server über den *SQLCLIENT* (*SQLCLI*).

```
SELECT * FROM OPENROWSET('SQLNCLI',
'Server=SQLXPERT001\SQLXPERT;Trusted_Connection=yes;',
     'SELECT * FROM Sqlxpert.dbo.Kontakte' ));
```

Listing 21.1 Ad-hoc-Abfrage mit der OPENROWSET-Funktion

Beachten Sie jedoch, dass Sie gegebenenfalls eine Fehlermeldung erhalten. Aus Sicherheitsgründen ist SQL Server nach der Installation nicht für die Verwendung von `OPENROWSET` konfiguriert. Um `OPENROWSET` nutzen zu können, führen Sie Listing 21.2 im SQL Server Management Studio (SSMS) als Abfrage aus. Wichtig ist hierbei die Anweisung `Reconfigure`, da die Änderungen erst danach wirksam werden.

```
sp_configure 'Ad Hoc Distributed Queries',1
RECONFIGURE;
```

Listing 21.2 SQL Server für die Verwendung von OPENROWSET konfigurieren

Das nächste Beispiel in Listing 21.3 zeigt die Verwendung von `INSERT INTO` im Zusammenhang mit der `OPENROWSET (BULK)`Anweisung. Zuerst wird die Tabelle »MeineTabelle« mit den Spalten *Dateiname*, *Dateityp* und *Dokument* angelegt. Die zweite Anweisung, `INSERT INTO`, fügt dann den Dateinamen, den Typ und das Dokument selbst in die Tabelle ein. `OPENROWSET` eignet sich dafür, ganze Dokumente als Binärdaten in SQL Server abzulegen (siehe Abbildung 21.4).

```
CREATE TABLE MyTable(Dateiname nvarchar(50),
  Dateityp nvarchar(50), Dokument varbinary(max))
GO
INSERT INTO MyTable(Dateiname, Dateityp, Dokument)
   SELECT 'Text.txt' AS Dateiname, '.txt' AS Dateityp,*
FROM OPENROWSET(BULK N'C:\PerfLogs\Text.txt', SINGLE_BLOB) AS Dokument;
```

Listing 21.3 Die OPENROWSET-Funktion zum Laden von Dateien

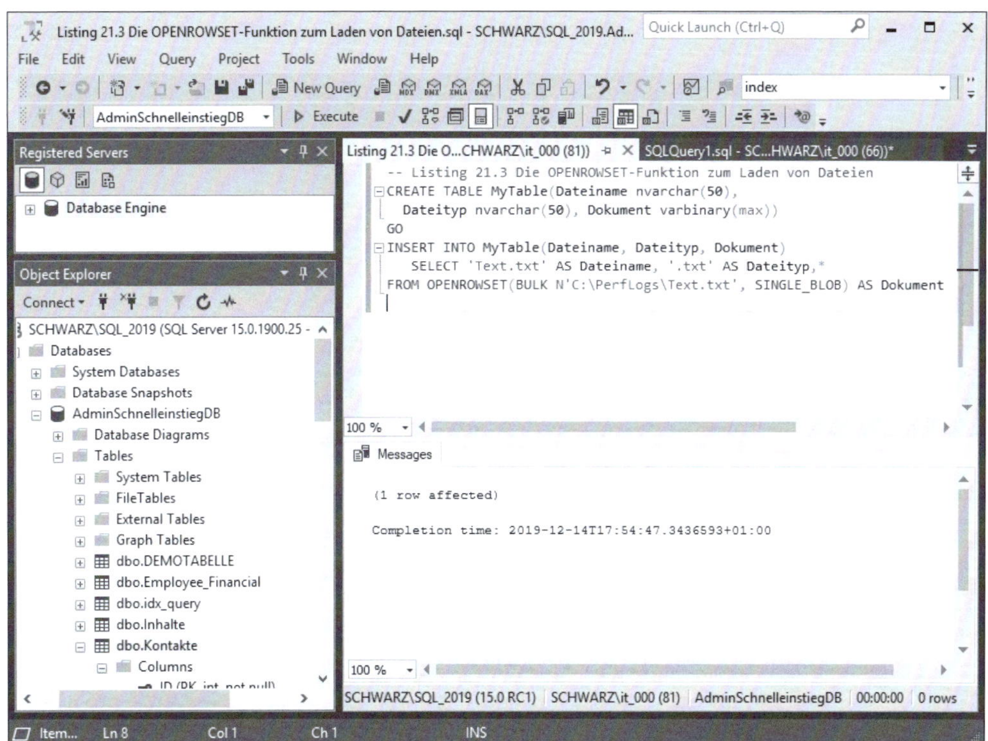

Abbildung 21.4 Die OPENROWSET-Funktion zum Laden von Dateien

Auch *XML*-Daten lassen sich über diesen Weg in SQL Server laden. Eine vollständige Übersicht über `OPENROWSET`, `OPENROWSET(BULK)`, `OPENXML` und deren Parameter finden Sie im MSDN unter dem Link *https://docs.microsoft.com/de-de/sql/relational-databases/import-export/import-bulk-data-by-using-bulk-insert-or-openrowset-bulk-sql-server?view=sql-server-ver15&viewFallbackFrom=sql-server-ver15*.

21.2 Der Import/Export-Assistent

Der Import/Export-Assistent ermöglicht es Administratoren, ohne Kenntnisse der Integration Services auf einfache Weise einen Datenimport oder -export auszuführen. Dazu klicken Sie im Management Studio mit der rechten Maustaste auf die Datenbank, von der aus Sie einen Export ausführen möchten. Im Anschluss wählen Sie TASKS • DATEN EXPORTIEREN... (TASKS • EXPORT DATA...) Es meldet sich der Assistent (siehe Abbildung 21.5), und Sie legen im nachfolgenden Dialog die Authentifizierung fest (Abbildung 21.6).

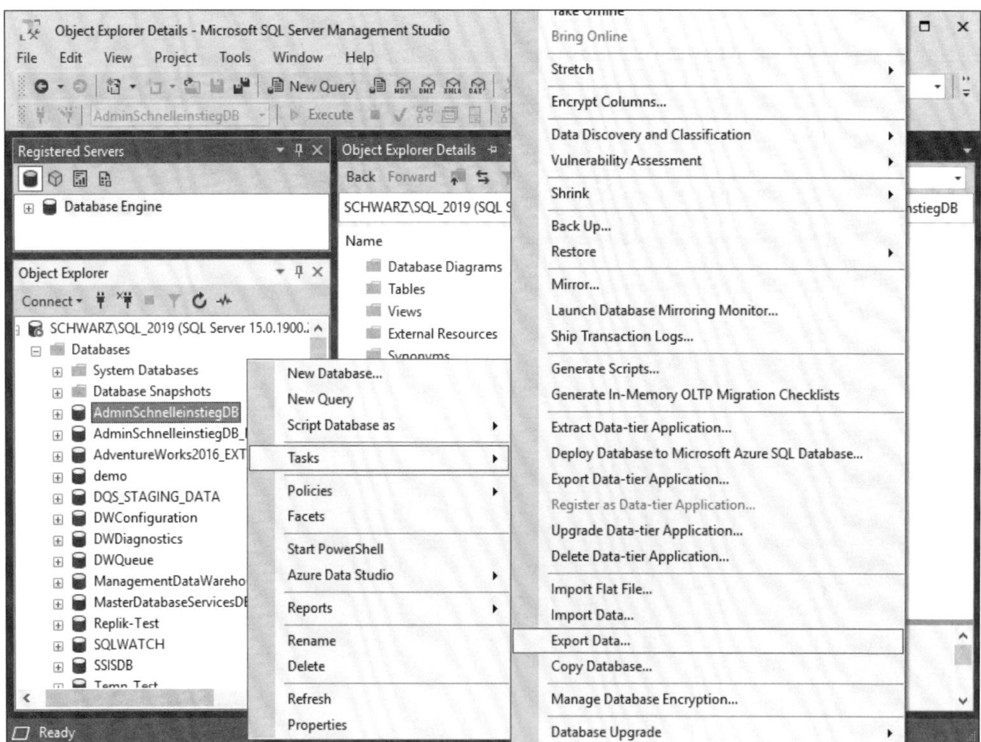

Abbildung 21.5 Aufruf des Export-Assistenten

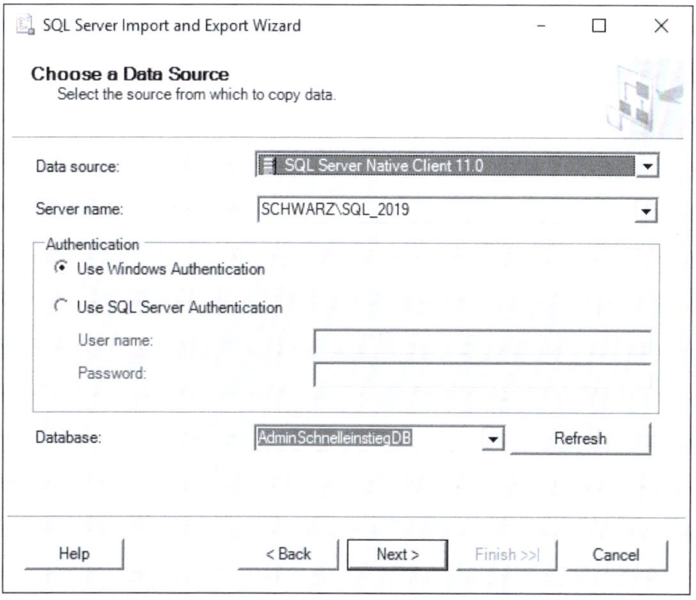

Abbildung 21.6 Datenbank für den Export auswählen

In unserem Beispiel verwenden Sie die Windows-Authentifizierung, um auf die Datenbank zuzugreifen. Die DATENQUELLE (englisch: DATA SOURCE), der SERVERNAME (SERVER NAME) und die DATENBANK (DATABASE) ergeben sich automatisch aufgrund der Datenbank, die zu Beginn selektiert wurde. Im nächsten Dialogfeld geben Sie das ZIEL (DESTINATION) für den Export an (siehe Abbildung 21.7).

Mögliche Ziele sind:

- Microsoft Access
- Flatfile – Textdatei, CSV-Datei
- Microsoft Excel
- OLE-DB-Provider für Oracle
- SQL Server Native Client
- .NET Framework Data Provider

In unserem ersten kleinen Beispiel möchten wir die Daten aus der SQL-Server-Datenbank in eine Textdatei auf der Festplatte unter Windows im Verzeichnis *C:\PerfLogs* speichern.

Legen Sie dazu den Pfad und Dateinamen fest. Wichtig in diesem Zusammenhang ist das Optionsfeld für UNICODE. Ob Sie die Spaltennamen mit in die Textdatei exportieren, hängt davon ab, ob Sie sie benötigen.

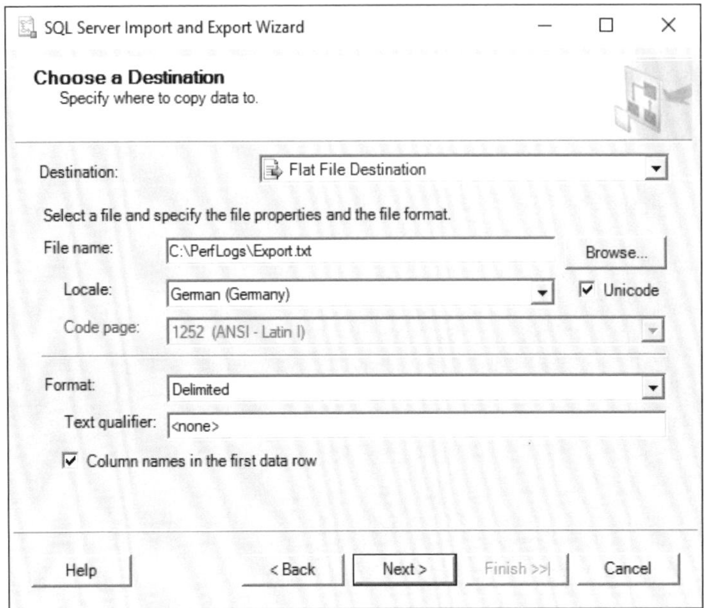

Abbildung 21.7 Exportziel Flatfile – Textdatei mit Unicode

Nachdem Sie das Ziel für den Export festgelegt haben, werden Sie im nächsten Dialog aufgefordert, die Tabelle oder Sicht für den Export zu wählen (siehe Abbildung 21.8 und Abbildung 21.9). Es besteht ebenso die Möglichkeit, die Daten anhand einer Abfrage festzulegen.

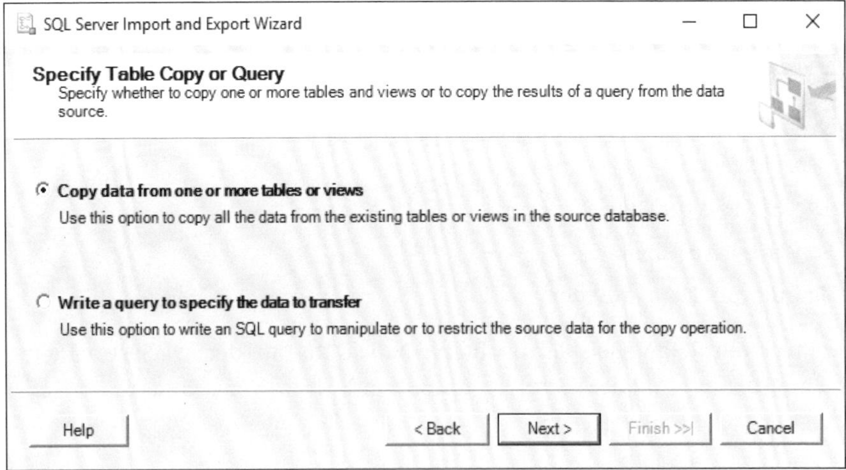

Abbildung 21.8 Auswahl der Tabellen, Sichten oder einer Abfrage

Interessant ist die Möglichkeit, Daten über eine Abfrage zu exportieren. Oft benötigen Sie nur Daten von Kontakten aus einer bestimmten Stadt oder von Personen mit einem bestimmten Nachnamen. Für unser Beispiel wählen Sie die Tabelle »Kontakte« aus der beiliegenden »AdminSchnelleinstiegDB«-Datenbank aus und klicken auf WEITER (NEXT).

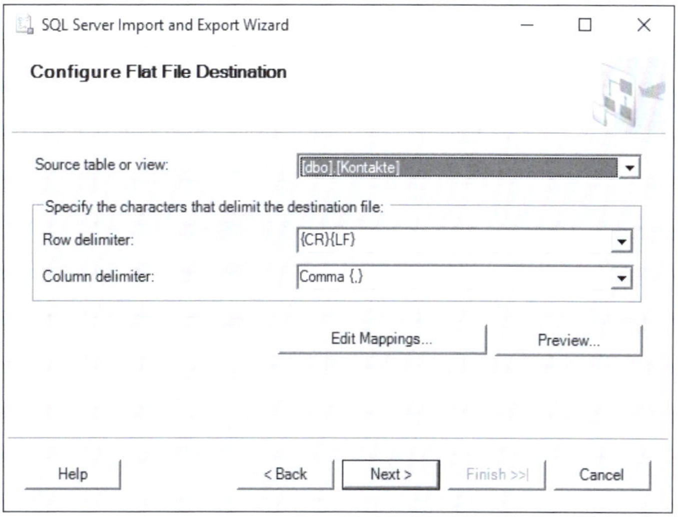

SQL Server Import and Export Wizard
Configure Flat File Destination
Source table or view:
[dbo].[Kontakte]
Specify the characters that delimit the destination file:
Row delimiter:
{CR}{LF}
Column delimiter:
Comma {,}
Edit Mappings...
Preview...
Help
< Back
Next >
Finish >>|
Cancel

Abbildung 21.9 Konfiguration des Flatfileziels

Die vorgeschlagenen Zeilen- und Spaltentrennzeichen übernehmen Sie für unser Beispiel. Je nachdem, wie Ihre Textdatei aufgebaut ist, können Sie die Zeilen- und Spaltentrennzeichen anpassen. In unserem Fall handelt es sich beim Spaltentrennzeichen um ein Komma. Zuletzt entscheiden Sie, ob Sie das Paket sofort ausführen oder es als SSIS-Paket speichern möchten (siehe Abbildung 21.10).

SQL Server Import and Export Wizard
Save and Run Package
Indicate whether to save the SSIS package.
Run immediately
Save SSIS Package
SQL Server
File system
Package protection level:
Encrypt sensitive data with user key
Password:
Retype password:
Help
< Back
Next >
Finish >>|
Cancel

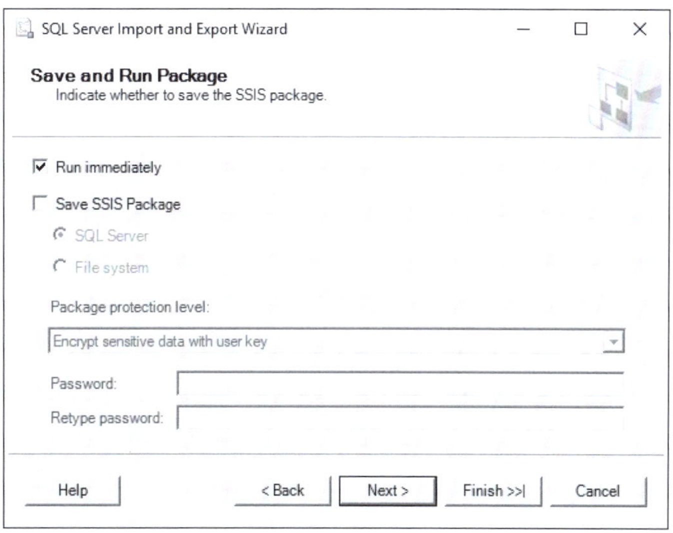

Abbildung 21.10 Paket ausführen

In unserem Beispiel führen wir das Paket sofort aus. Beenden Sie den Assistenten durch das Anklicken von FERTIG STELLEN (FINISH; siehe Abbildung 21.11).

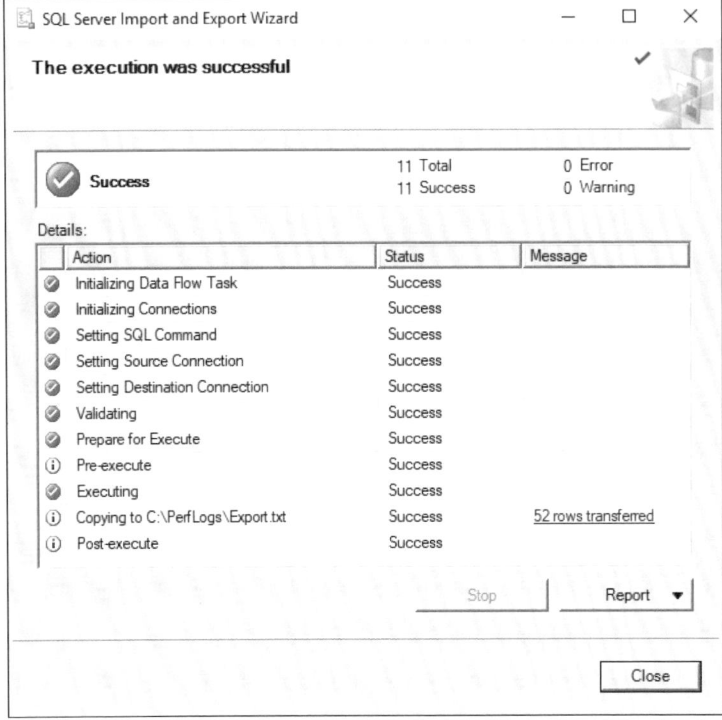

Abbildung 21.11 Der Export wurde durchgeführt.

Dieses Beispiel zeigt die einfache Verwendung des Assistenten aus dem SQL Server Management Studio heraus. Dies ist der beste Weg, wenn es einfach sein soll und keine weiteren Extras notwendig sind. Doch die volle Leistungsfähigkeit der Integration Services haben Sie damit natürlich noch lange nicht erlebt. Im nächsten Abschnitt zeigen wir Ihnen, wie Sie die volle Leistungsfähigkeit mit den *SQL Server Data Tools* nutzen können.

21.3 SSIS-Anwendungen: Erstellen von DTSX-Paketen mit den SQL Server Data Tools

Ein *DTSX*-Paket ist eine ausführbare Arbeitseinheit. So ein Paket kann Abläufe wie den Datenfluss zwischen Quelle und Ziel mit Transformationen steuern. Wartungspläne basieren auf solchen DTSX-Paketen. Die Erstellung von DTSX-Paketen erfolgt mit den *SQL Server Data Tools*. Der Begriff wurde neu eingeführt, bis zu SQL Server 2008 R2 war dies das Business Intelligence Development Studio.

Bevor Sie beginnen können, müssen Sie die SQL Server Data Tools herunterladen und installieren. Sie finden den Installer auf der Microsoft-Site: *https://docs.microsoft.com/en-us/sql/ssdt/download-sql-server-data-tools-ssdt?view=sql-server-ver15.*

Bitte achten Sie darauf, die richtige Sprachversion für Ihre Umgebung herunterzuladen. In unserem Fall nehmen wir die englische Version.

Doppelklicken Sie anschließend auf *setup.exe*, um die Installation zu starten. Lesen Sie sich die Lizenz- und Datenschutzbedingungen durch, bevor Sie sie durch Drücken von WEITER (NEXT) akzeptieren.

Wählen Sie die zu installierenden Komponenten aus, und klicken Sie auf INSTALLIEREN (INSTALL, siehe Abbildung 21.12).

Abbildung 21.12 Auswahl der Komponenten für die Installation ...

Nun beginnt der eigentliche Download der Komponentendateien, und die Installation wird ausgeführt.

Sobald die Installation fertig gestellt ist, können Sie das Fenster mit einem Klick auf BEENDEN (CLOSE) schließen.

Starten Sie im Anschluss die SQL SERVER DATA TOOLS aus dem Startmenü heraus. Sie finden sie im Bereich VISUAL STUDIO.

Wenn Sie die Visual Studio Data Tools starten, öffnet sich ein Visual Studio-Fenster. Nach der notwendigen Onlineanmeldung bei Microsoft können Sie das FARBSCHEMA

(COLOR THEME) wählen. Wir haben uns für das blaue Schema entschieden (siehe Abbildung 21.13).

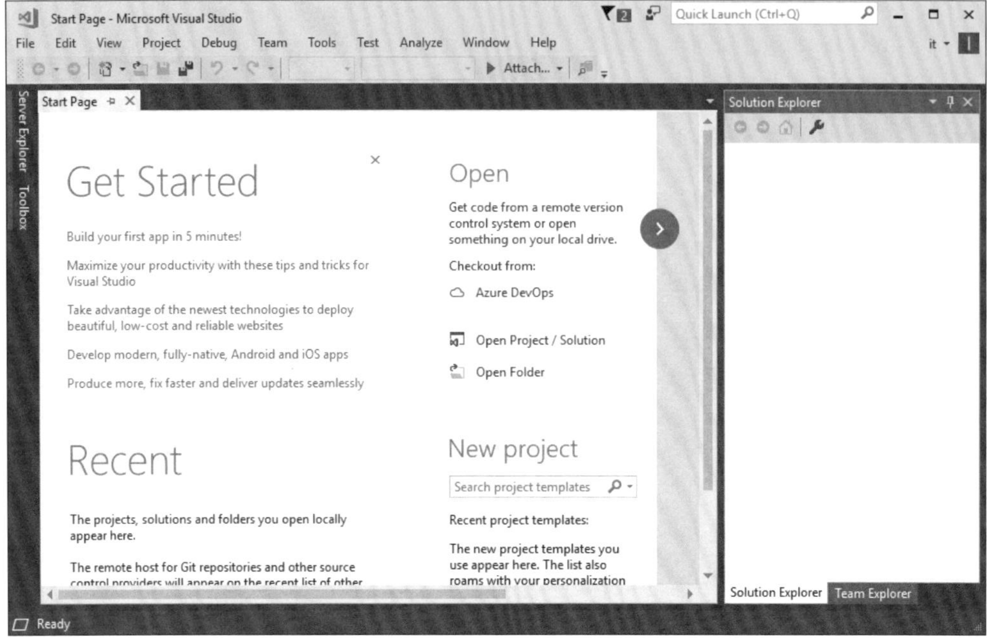

Abbildung 21.13 Das blaue Farbschema

Für den Neuling gibt es auf der Startseite einen GET STARTED-Bereich mit viel Lesestoff.

Durch Klick auf DATEI • NEU • NEUES PROJEKT (FILE • NEW • NEW PROJECT) legen Sie ein neues INTEGRATION-SERVICES-PROJEKT (INTEGRATION SERVICES PROJECT) an. Achten Sie darauf, dass der Eintrag VERZEICHNIS FÜR LÖSUNG ERSTELLEN (CREATE DIRECTORY FOR SOLUTION) aktiviert ist, und legen Sie für das Projekt den Pfad und Dateinamen fest. Es wird ein Ordner angelegt, der die gesamte SSIS-Anwendung mit allen zugehörigen Dateien enthält. Wenn sie im weiteren Verlauf des Kapitels Konfigurations- und Protokolldateien hinzufügen, können Sie diese ebenfalls in diesem Projektordner organisieren. Als Projektnamen haben wir uns für »Bedingtes Teilen« entschieden. Im Verlauf des Kapitels werden wir ein einfaches Beispiel zunächst ohne Transformation umsetzen.

Wie im PROJEKTMAPPEN-EXPLORER (SOLUTION EXPLORER) ersichtlich, wird eine Datei mit dem Namen *Package.dtsx* erstellt (siehe Abbildung 21.15).

Das Projekt enthält nun fünf Registerkarten: ABLAUFSTEUERUNG (CONTROL FLOW), DATENFLUSS (DATA FLOW), PARAMETER (PARAMETERS), EREIGNISHANDLER (EVENT HANDLERS) und PAKET-EXPLORER (PACKAGE EXPLORER). Ihrer Anordnung nach werden wir jetzt die einzelnen Registerkarten mit Inhalt füllen. Abbildung 21.16 zeigt die einzelnen Registerkarten des SSIS-Designers.

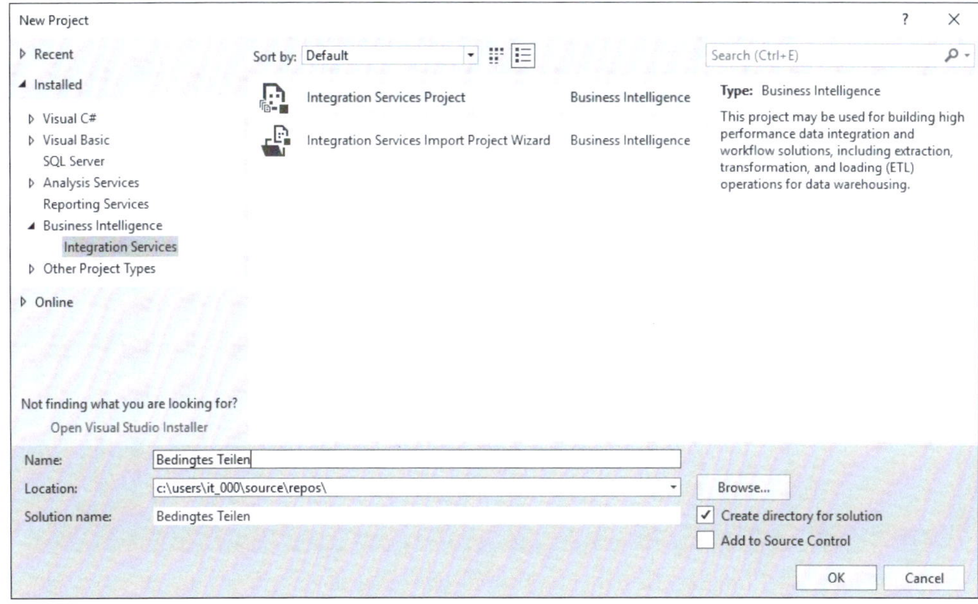

Abbildung 21.14 SSIS-Projektvorlage auswählen

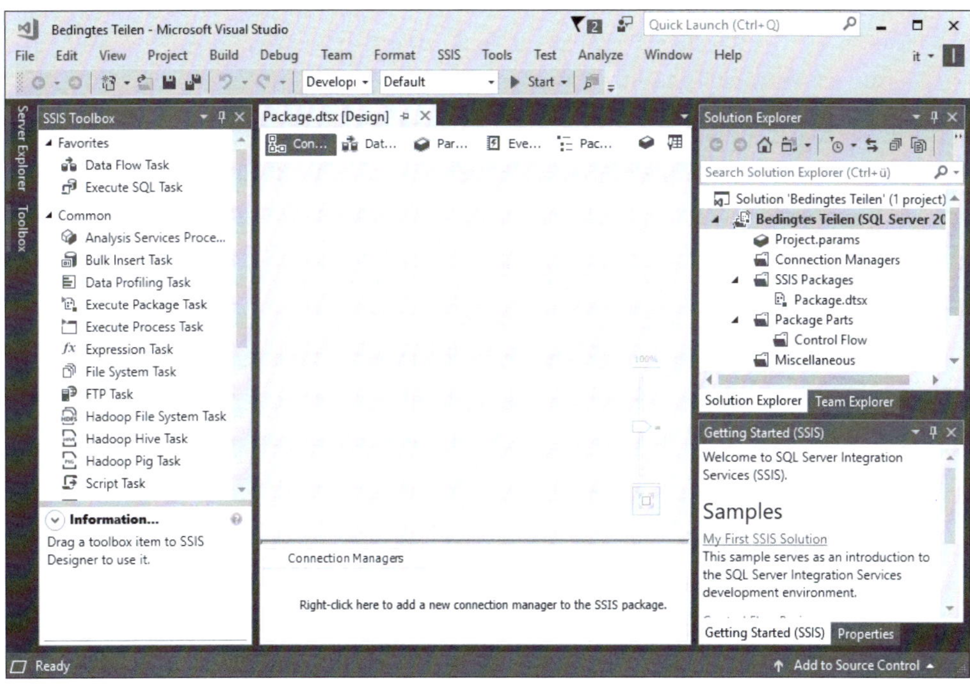

Abbildung 21.15 Die Datei »Package.dtsx« im Projektmappen-Explorer

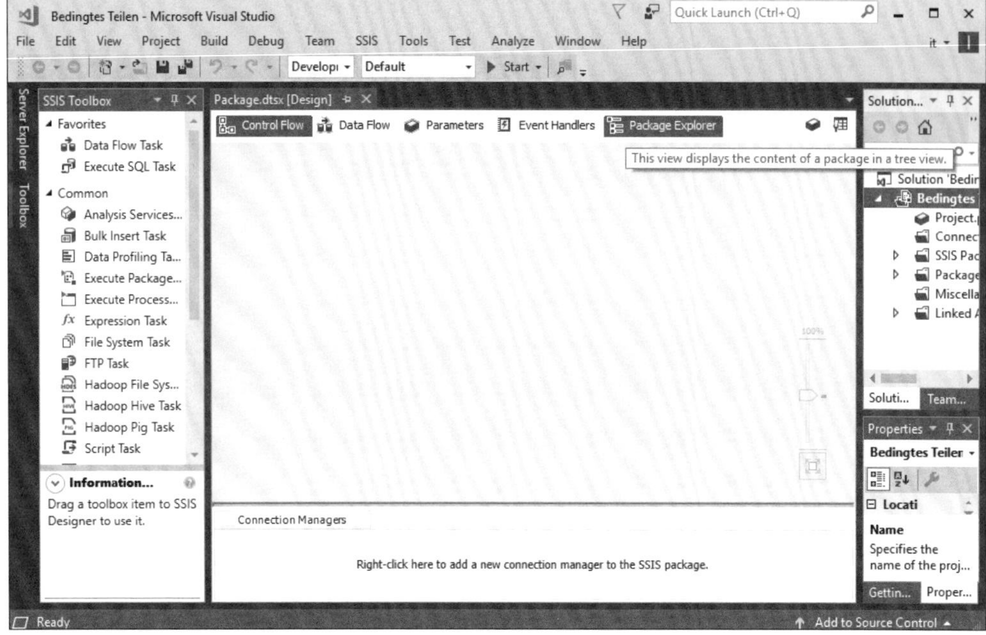

Abbildung 21.16 Der SSIS-Designer und seine Registerkarten

Für den einen oder anderen von Ihnen ist vielleicht die Tatsache neu, dass Microsoft hier mit visuellen Komponenten arbeitet. Ziel der Integration Services ist es, dem Entwickler solcher Pakete ein Tool an die Hand zu geben, mit dem er auf visueller Basis Lösungen entwickeln kann.

Aber lassen Sie uns dazu direkt beginnen und ein kleines Projekt umsetzen.

Die SSIS-TOOLBOX enthält jeweils die Komponenten für die jeweilige Registerkarte ABLAUFSTEUERUNG (CONTROL FLOW) bzw. DATENFLUSS (DATA FLOW). Wenn Sie sich auf der Registerkarte ABLAUFSTEUERUNG (CONTROL FLOW) befinden und die SSIS-TOOLBOX öffnen, sehen Sie die Komponenten der Ablaufsteuerung.

Einige Komponenten, die Sie in der Toolbox wiederfinden

- FOR-SCHLEIFENCONTAINER (FOR LOOP CONTAINER)
- FOR-EACH-SCHLEIFENCONTAINER (FOREACH LOOP CONTAINER)
- SEQUENCE-CONTAINER (SEQUENCE CONTAINER)
- DATENPROFILIERUNGS-TASK (DATA PROFILING TASK)
- DATENFLUSSTASK (FOR LOOP CONTAINER)
- FTP-TASK (FTP TASK)

- Masseneinfügetask (Bulk Insert Task)
- Skripttask (Script Insert Task)
- Task Anmeldungen übertragen (Transfer Logins Task)
- Task Aufträge übertragen (Transfer Jobs Task)
- Task Dateisystem (File System Task)
- Task Datenbanken übertragen (Transfer Database Task)
- Task Fehlermeldungen übertragen (Transfer Error Messages Task)
- Task Mail senden (Send Mail Task)
- Task T-SQL-Anweisung ausführen (Execute Z-SQL Statement Task)
- Task SQL Server-objekte übertragen (Transfer SQL Server Objects Task)

Wie der Begriff »Ablaufsteuerung« schon verrät, handelt es sich um Komponenten, die den Ablauf in einem DTSX-Paket steuern. Das Paket selbst ist die Einheit, die später bereitgestellt wird und per SQL Server Agent z. B. dann in Form eines Auftrags ausgeführt werden kann.

21.3.1 Der Datenflusstask

Der *Datenflusstask* (englisch: *data flow task*) stellt sicher eine der am häufigsten verwendeten Komponenten dar. Wie sein Name schon erkennen lässt, ist sein Ziel, einen Datenfluss von der Quelle zum Ziel auszuführen. Dabei ist es möglich, auf diesem Weg Transformationen durchzuführen.

Ein Beispiel soll das verdeutlichen: In Ihrem Unternehmen müssen ständig Daten aus einer Microsoft-SQL-Server-Datenbank in eine Textdatei exportiert werden. Im Anschluss an den Exportvorgang sollen die Daten auf einem FTP-Server abgelegt werden. Ein typischer Workaround dazu sähe folgendermaßen aus: Stellen Sie sicher, dass Sie sich auf der Registerkarte Ablaufsteuerung (Control Flow) befinden. Öffnen Sie die Toolbox, und selektieren Sie den Datenflusstask (Data Flow Task).

Ziehen Sie wie in Abbildung 21.17 die Komponente Datenflusstask (Data Flow Task) aus der Toolbox auf die Designeroberfläche.

Wenn Sie die Komponente Datenflusstask (Data Flow Task) auf der Designeroberfläche in der Ablaufsteuerung sehen, wechseln Sie zur Registerkarte Datenfluss (Data Flow). Wie die Bezeichnung »Designer« erkennen lässt, geht es jetzt darum, den eigentlichen Datenfluss zu erstellen.

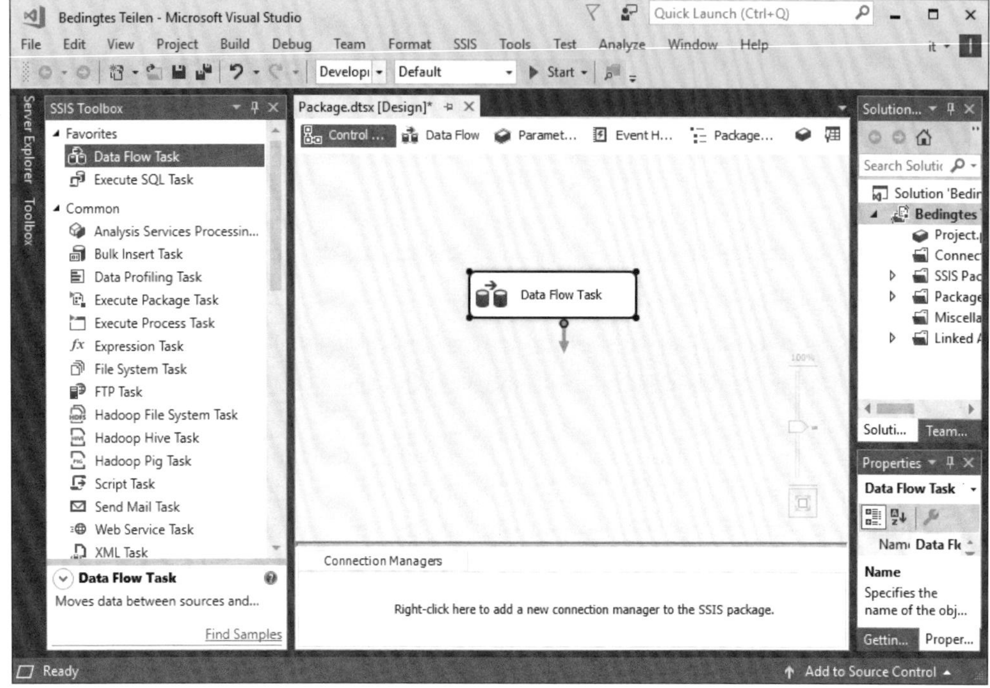

Abbildung 21.17 Der Datenflusstask in der Ablaufsteuerung

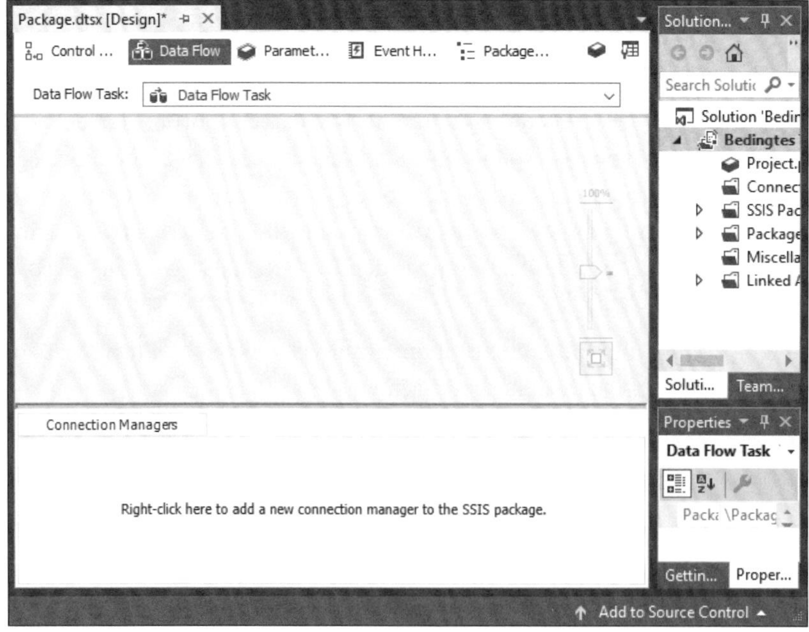

Abbildung 21.18 Registerkarte »Datenfluss« (»Data Flow«) mit dem Bereich »Verbindungs-Manager« (»Connection Managers«)

Im unteren Teil des Designers befindet sich der Bereich VERBINDUNGS-MANAGER (CONNECTION MANAGERS, siehe Abbildung 21.18). Darin steht der Hinweis, dass Sie mit der rechten Maustaste hineinklicken sollen, um dem SSIS-Paket einen neuen Verbindungsmanager hinzuzufügen. Solch ein Verbindungsmanager wird dem gesamten Paket hinzugefügt und namentlich benannt. Immer wenn später eine Komponente auf eine Verbindung (*Quelle* oder *Ziel*) zugreifen muss, kann sie einen solchen Verbindungsmanager nutzen. Klicken Sie mit der rechten Maustaste in diesen Bereich, und erstellen Sie eine NEUE OLE DB-VERBINDUNG... (NEW OLE DB CONNECTION...).

Dabei ist zu beachten, dass der Typ des Verbindungsmanagers der jeweiligen Datenquelle oder dem Ziel entsprechen muss. Für unser Beispiel wählen wir einen OLE-DB-Verbindungsmanager (siehe Abbildung 21.19). Jetzt gelangen Sie in den Dialog OLE DB-VERBINDUNGS-MANAGER KONFIGURIEREN (CONFIGURE OLE DB CONNECTION MANAGER; siehe Abbildung 21.20).

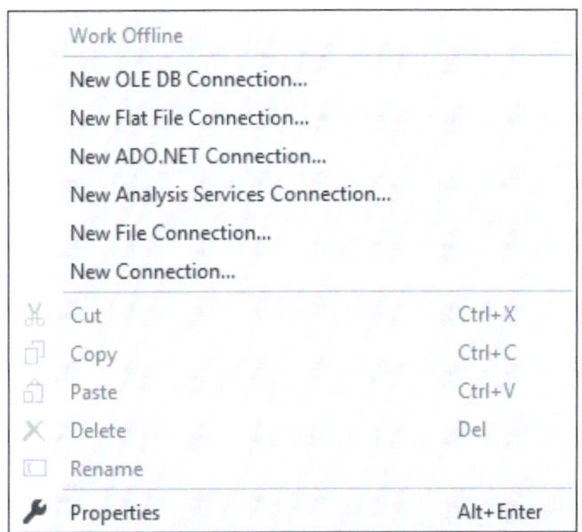

Abbildung 21.19 Hinzufügen eines OLE-DB-Verbindungsmanagers

Configure OLE DB Connection Manager

To create a connection manager based on previously defined connection information, select a data connection, and then click OK. To create a new connection manager, click New.

Data connections:

Data connection properties:

Property Value

New...

Delete

OK

Cancel

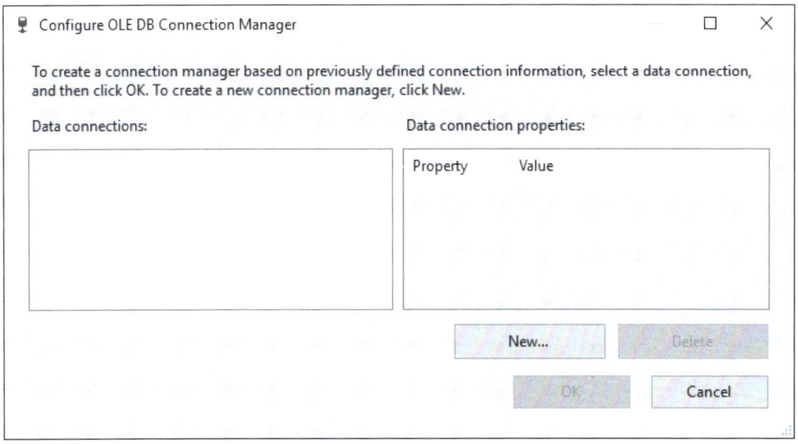

Abbildung 21.20 Konfigurieren einer OLE-DB-Verbindung

Klicken Sie auf NEU... (NEW...), und wählen Sie den entsprechenden ANBIETER (PROVIDER) aus, der der Datenquelle entspricht (siehe Abbildung 21.21).

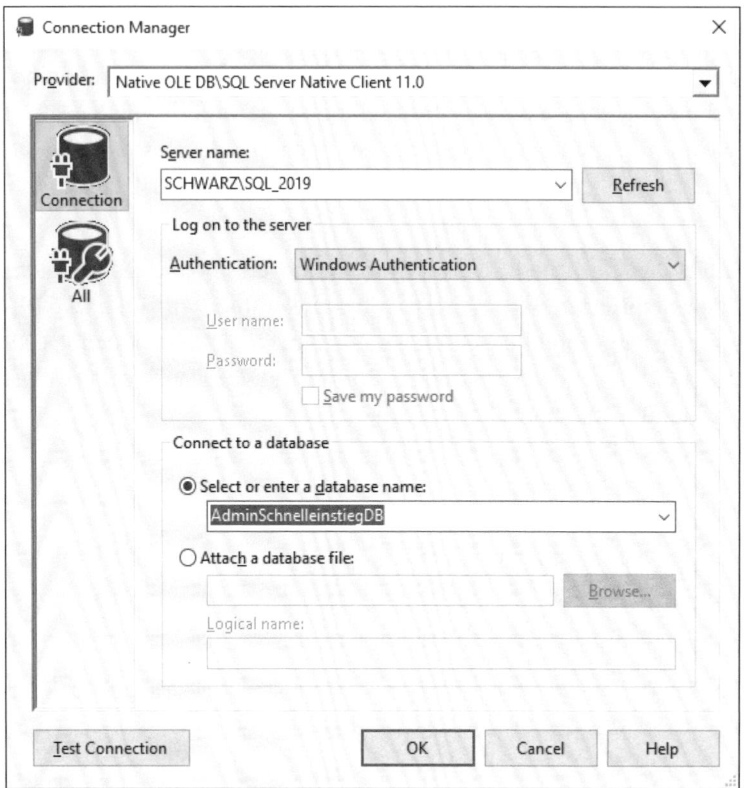

Abbildung 21.21 Auswahl von Anbieter, Servername und Datenbank

In unserem Fall handelt es sich um einen SQL Server 2019, womit wir als Anbieter NATIVE MICROSOFT OLE DB-PROVIDER FÜR SQL SERVER (NATIVE OLE DB / SQL SERVER NATIVE CLIENT) wählen. Der Servername und die Datenbank müssen noch ausgewählt werden, und dann können Sie nach einem erfolgreichen Test die Konfiguration des Verbindungsmanagers mit OK bestätigen.

Der nächste Schritt besteht darin, aus der Toolbox eine OLE DB-QUELLE (OLE DB SOURCE) in den Designer der Registerkarte DATENFLUSS (DATA FLOW) zu ziehen (siehe Abbildung 21.22).

Nachdem Sie die OLE-DB-Datenquelle in den Designer gezogen haben, ergibt sich das folgende Bild aus Abbildung 21.23 auf der Registerkarte DATENFLUSS (DATA FLOW).

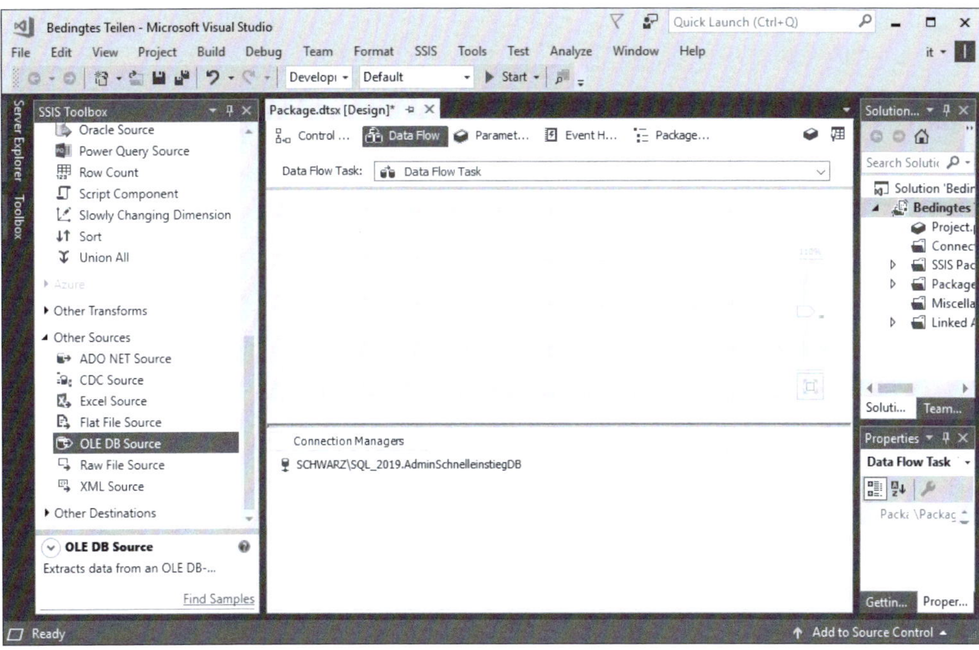

Abbildung 21.22 Eine OLE-DB-Quelle aus der Toolbox auswählen

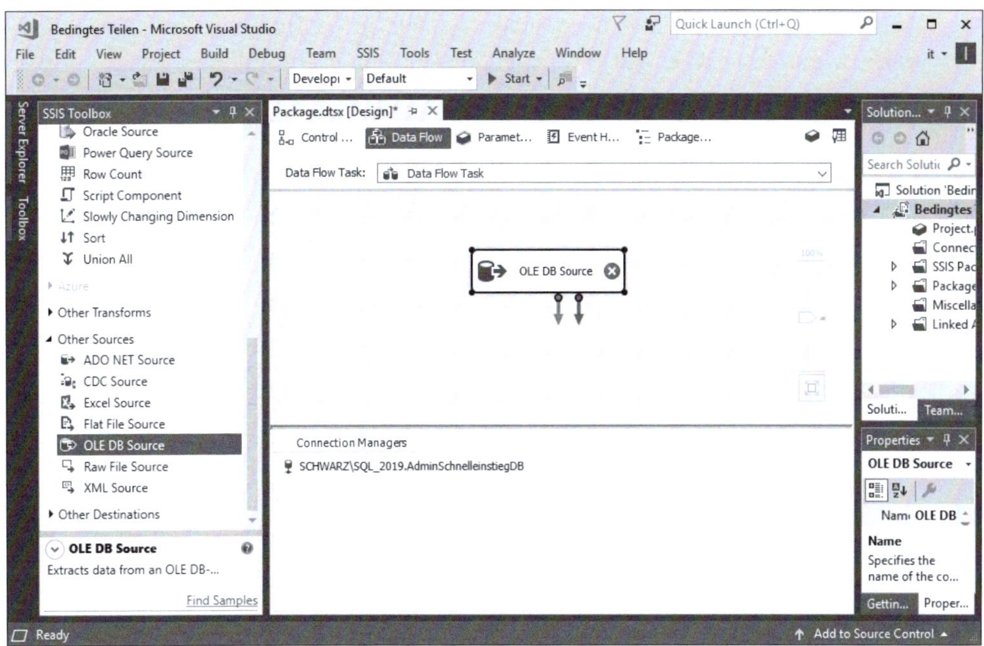

Abbildung 21.23 OLE-DB-Datenquelle auf der Registerkarte »Datenfluss«

Klicken Sie wie in Abbildung 21.24 mit der rechten Maustaste auf den Rand der Komponente OLE DB-QUELLE (OLE DB SOURCE), und wählen Sie BEARBEITEN... (EDIT...).

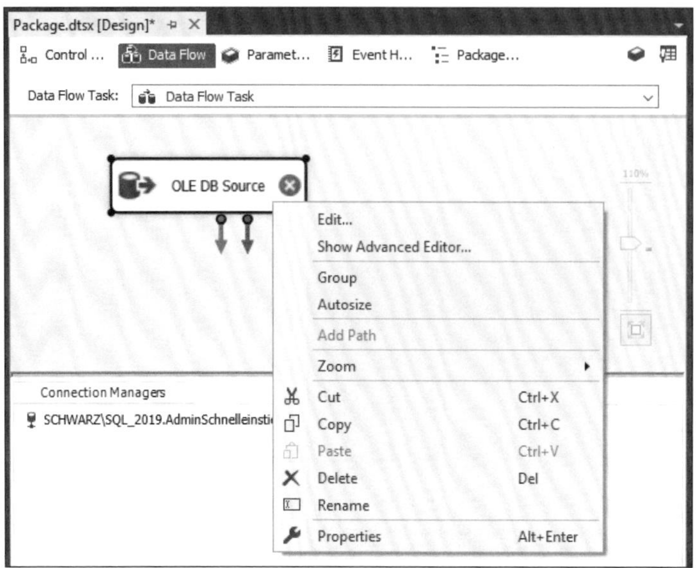

Abbildung 21.24 OLE-DB-Datenquelle bearbeiten

Unter der Kategorie VERBINDUNGS-MANAGER (CONNECTION MANAGER) ist nun bereits die vorher angegebene Datenquelle ausgewählt (siehe Abbildung 21.25).

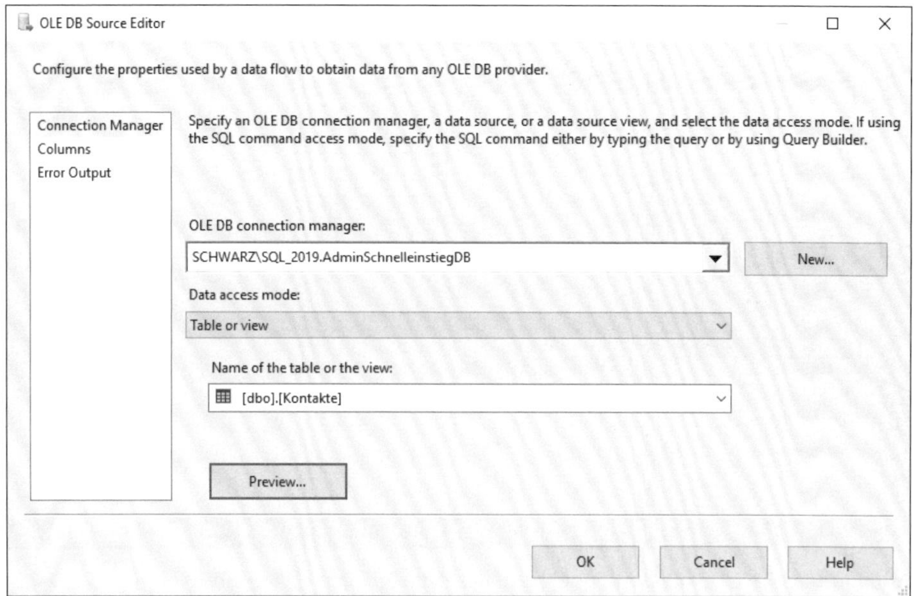

Abbildung 21.25 Verbindungsmanager in der Datenquelle

Der Zugriff auf die Datenquelle kann jetzt direkt per Tabellenzugriff oder als Abfrage erfolgen. Wählen Sie im Dropdown-Feld DATENZUGRIFFSMODUS (DATA ACCESS MODE) den Eintrag TABELLE ODER SICHT (TABLE OR VIEW) und im Feld NAME DER TABELLE ODER SICHT (NAME OF THE TABLE OR THE VIEW) die Tabelle DBO.KONTAKTE aus. Ein Klick auf den Button VORSCHAU... (PREVIEW...) zeigt entsprechend die Daten der Tabelle »Kontakt« an.

Wechseln Sie zur Registerkarte SPALTEN (COLUMNS), um in die in Abbildung 21.26 gezeigte Ansicht zu gelangen.

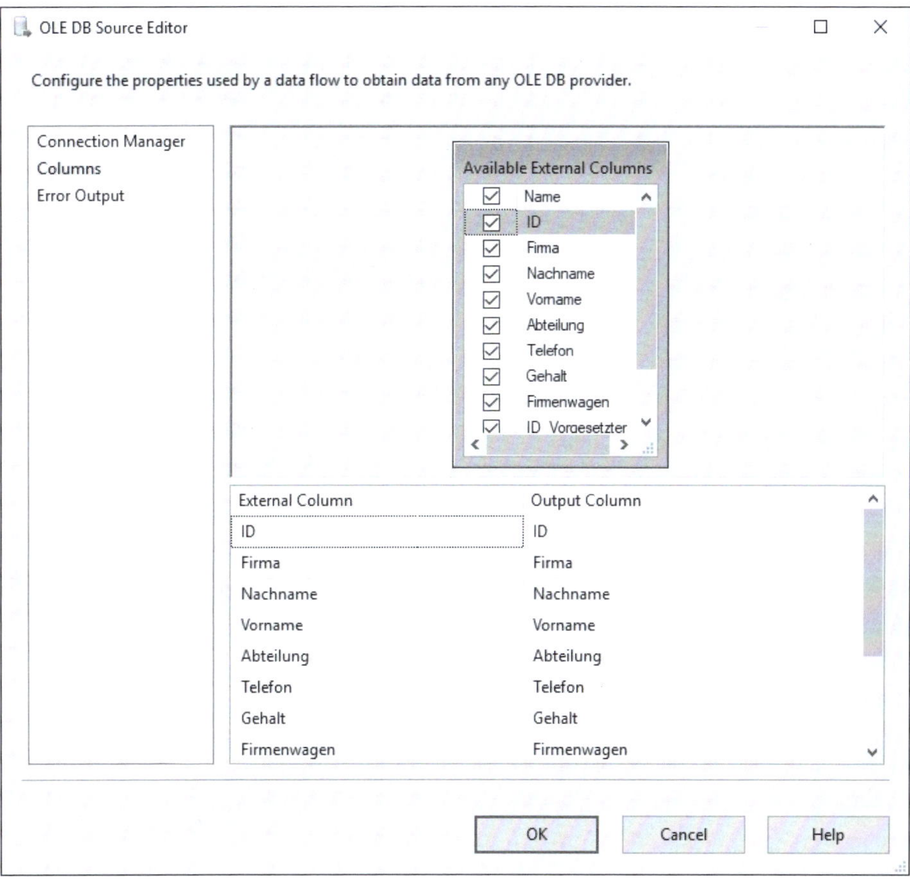

Abbildung 21.26 Der Quellen-Editor für die OLE-DB-Datenquelle

Auf der linken Seite befindet sich die Kategorie SPALTEN (COLUMNS); hier wählen Sie die Spalten der Datenquelle aus, die im Datenfluss genutzt werden sollen.

In unserem Beispiel belassen wir es bei der Auswahl aller Spalten. Wechseln Sie als Nächstes in die Kategorie FEHLERAUSGABE (ERROR OUTPUT; siehe Abbildung 21.27).

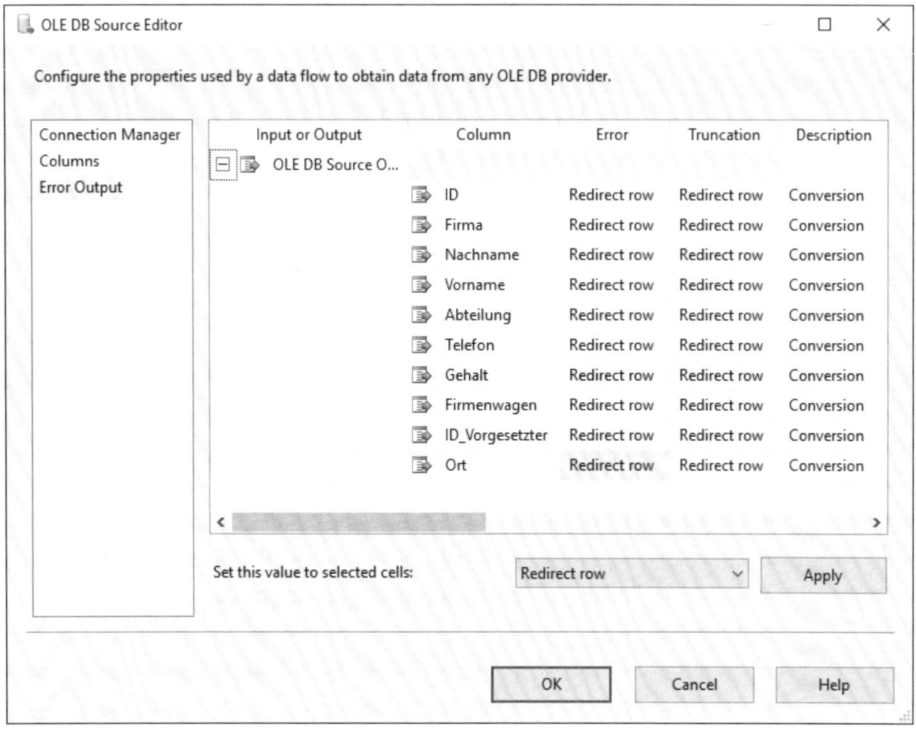

Abbildung 21.27 Die Fehlerausgabe im Quellen-Editor

Tritt im Datenfluss ein Fehler auf, können Sie in der Spalte FEHLER (ERROR) das Verhalten der Komponente beeinflussen. Stellen Sie ein, ob der Fehler ignoriert werden soll, die Zeile umgeleitet oder die Komponente mit einem Fehler abbrechen soll. In der Spalte ABSCHNEIDEN (TRUNCATION) legen Sie fest, wie zu verfahren ist, wenn der Zieldatentyp zu klein ist. Sie können sich zwischen den Optionen FEHLER IGNORIEREN (IGNORE FAILURE), ZEILE UMLEITEN (REDIRECT ROW) oder KOMPONENTE MIT EINEM FEHLER ABBRECHEN (FAIL COMPONENT) entscheiden. In unserem Beispiel entscheiden Sie sich für die Umleitung der Datensätze sowohl bei Fehlern als auch beim Abschneiden. Bestätigen Sie dies mit OK – die Datenquelle ist jetzt konfiguriert. Als Nächstes benötigen Sie ein Datenziel. Ziehen Sie dazu aus dem Bereich DATENFLUSSZIELE (OTHER DESTINATIONS) der Toolbox ein FLATFILEZIEL (FLAT FILE DESTINATION) auf die Designeroberfläche (siehe Abbildung 21.28).

Die OLE-DB-Datenquelle verfügt über zwei Ausgänge, den roten Ausgang für den Fehlerweg und den blauen Ausgang für den fehlerfreien Datenfluss. Verbinden Sie jetzt den blauen Pfeil der OLE DB QUELLE (OLE DB SOURCE) mit dem FLATFILEZIEL (FLAT FILE DESTINATION; siehe Abbildung 21.29).

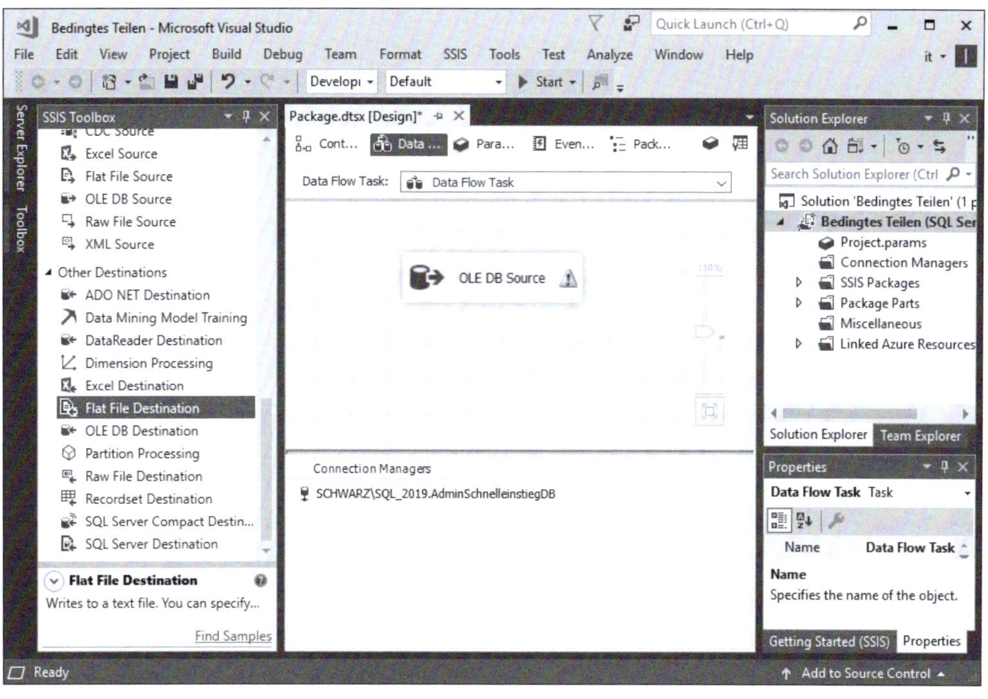

Abbildung 21.28 Flatfileziel aus der Toolbox

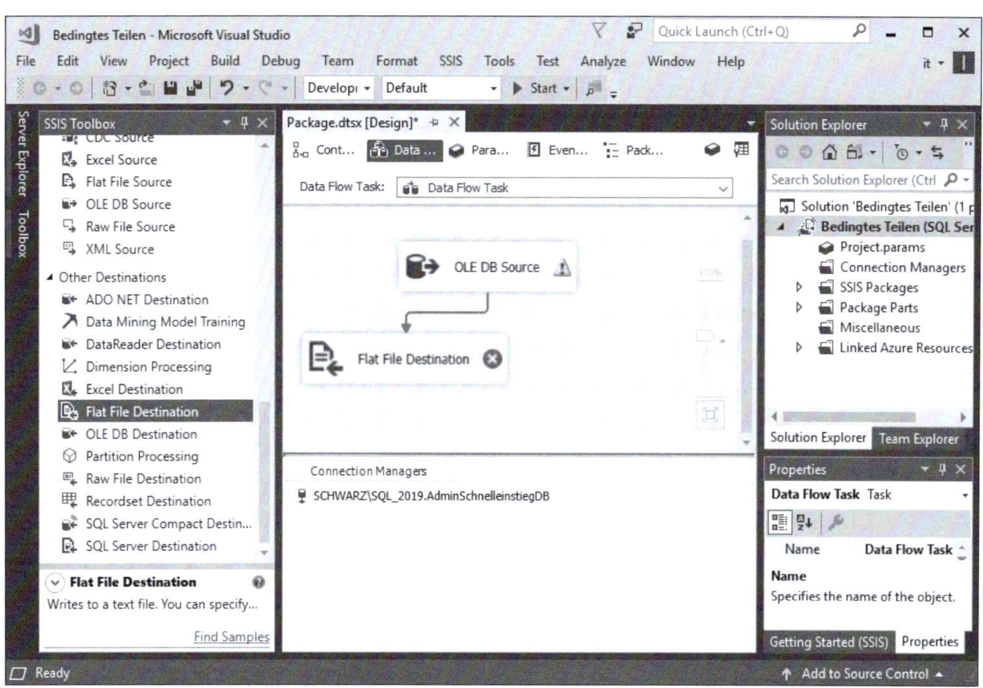

Abbildung 21.29 Verbindung OLE-DB-Quelle und Flatfileziel

21

Klicken Sie danach erneut mit der rechten Maustaste auf das FLATFILEZIEL (FLAT FILE DESTINATION), und wählen Sie BEARBEITEN… (EDIT…). Es erscheint der Dialog aus Abbildung 21.30.

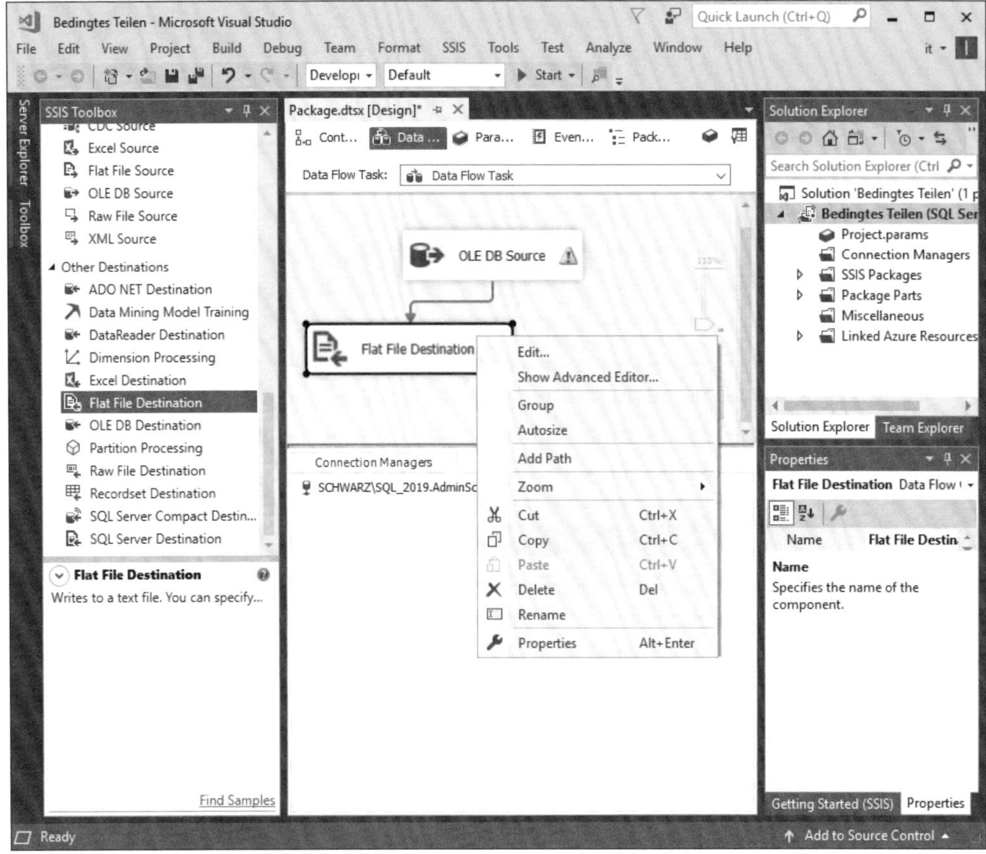

Abbildung 21.30 Erstellen eines neuen Verbindungsmanagers für Flatfile

Klicken Sie im Kontextmenü auf NEU… (NEW…), um einen Verbindungsmanager für Flatfiles zu erstellen.

Richten Sie den Verbindungsmanager für das Flatfileziel ein, indem Sie als Flatfileformat MIT TRENNZEICHEN (DELIMITED) auswählen und dies mit OK bestätigen (siehe Abbildung 21.31).

Jetzt müssen Sie den Pfad und Dateinamen festlegen. Im Verbindungsmanager für Flatfiles lassen sich einige Optionen setzen. Für unser Beispiel müssen Sie lediglich die in Abbildung 21.32 gesetzten Optionen wählen.

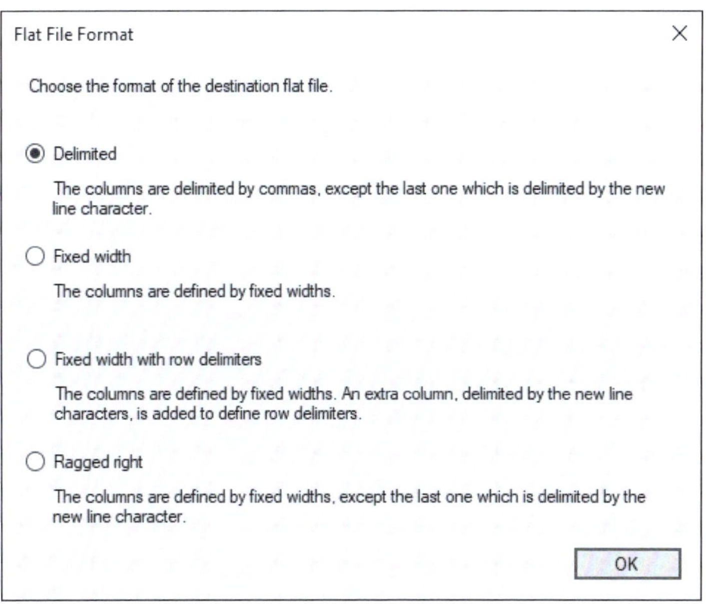

Abbildung 21.31 Verbindungsmanager für Flatfile einrichten

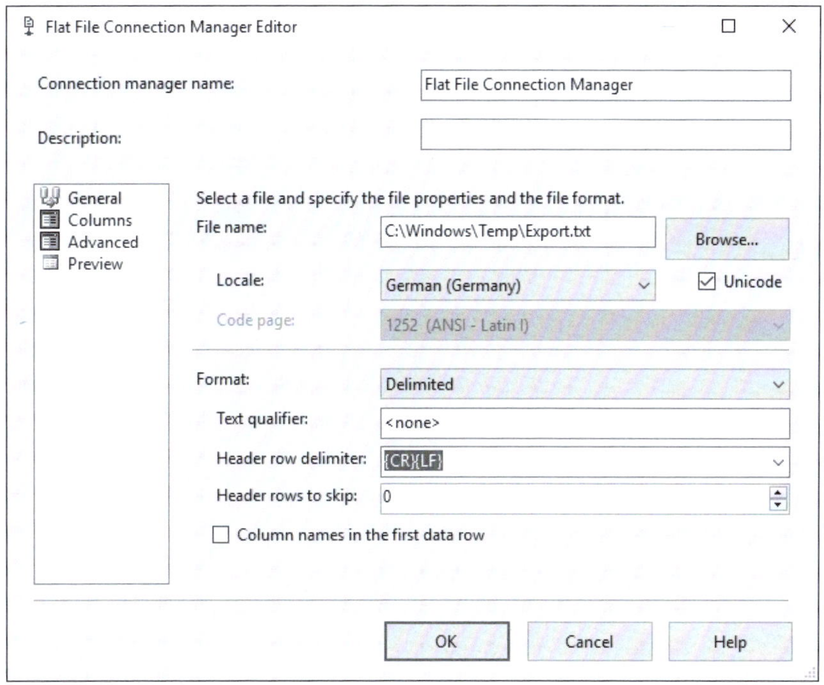

Abbildung 21.32 Flatfileverbindung konfigurieren

21

Wenn Sie das erledigt haben, wechseln Sie zur Kategorie ZUORDNUNGEN (MAPPINGS), um sich davon zu überzeugen, dass alle Zuordnungen ordnungsgemäß festgelegt sind. Die Zuordnungen können Sie hinsichtlich der Reihenfolge der Spalten überarbeiten. In unserem Beispiel übernehmen Sie die Einstellungen und bestätigen dies mit OK (siehe Abbildung 21.33).

Abbildung 21.33 So sollte die Zuordnung aussehen.

Nachdem Sie das Flatfileziel konfiguriert haben, legen Sie als Nächstes ein Flatfileziel für die Fehlerausgabe an.

Verfahren Sie mit dem Flatfileziel für die Fehlerausgabe genauso wie zuvor. Wiederholen Sie die letzten Schritte, und konfigurieren Sie die Fehlerausgabe so, wie Sie sie in Abbildung 21.34 bis Abbildung 21.36 sehen.

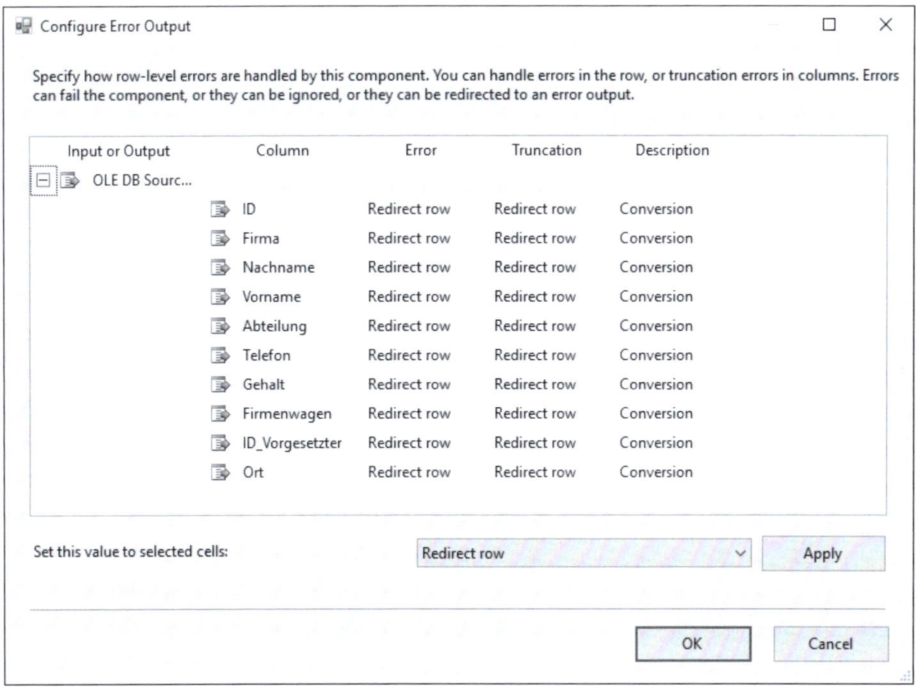

Abbildung 21.34 Fehlerausgabe konfigurieren

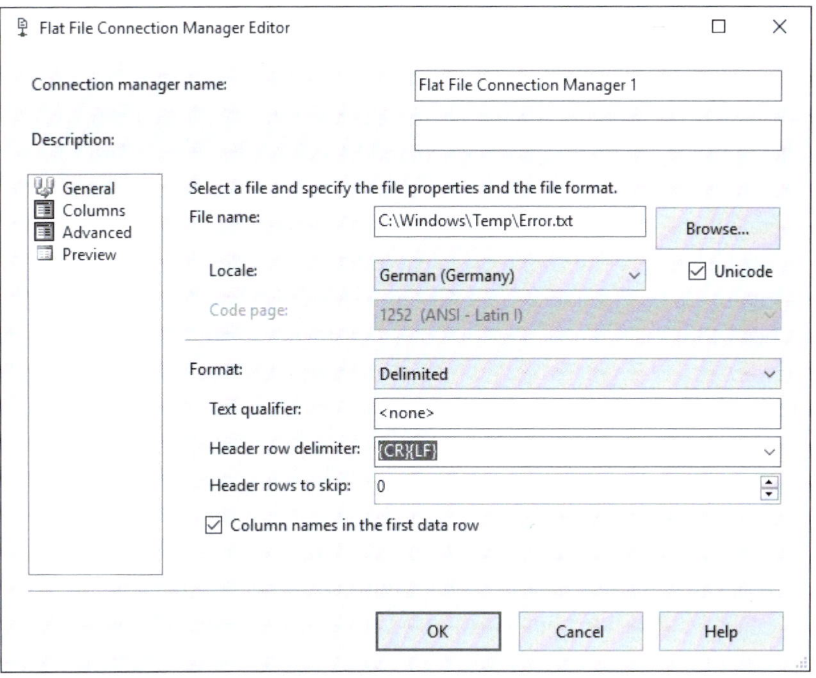

Abbildung 21.35 Flatfile für die Fehlerausgabe konfigurieren

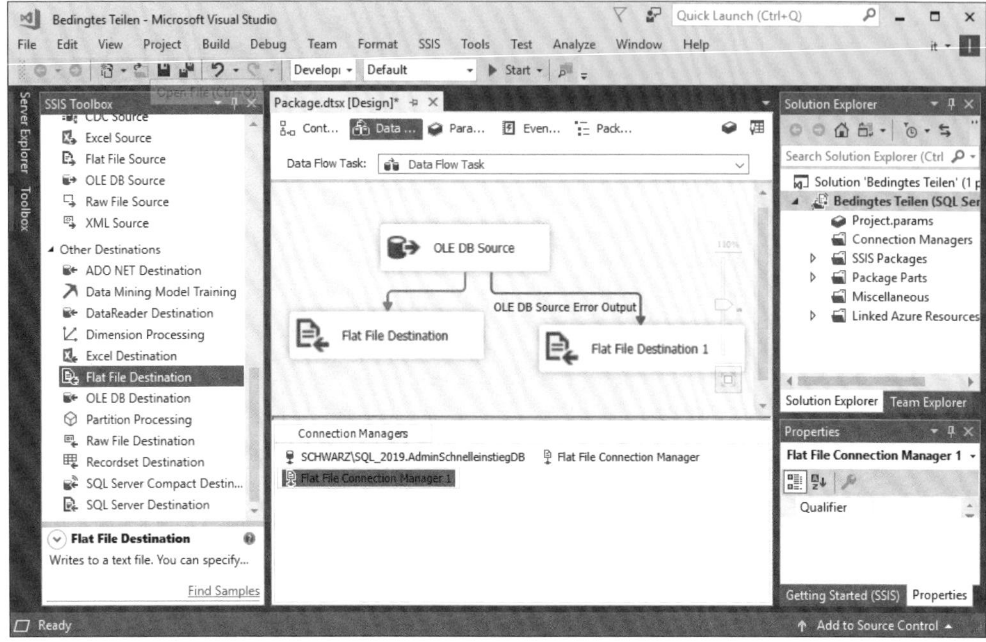

Abbildung 21.36 Fehlerzweig im Datenfluss

Für die Umleitung der Fehlerausgabe wird der rote Pfeil der Komponente genutzt. Dieser Weg wird im Fall eines Fehlers abgearbeitet. Somit können die fehlerhaften Daten in eine gesonderte Datei oder Tabelle umgeleitet werden. Über diesen Weg ist es dann möglich, z. B. beim Import fehlerhafter Datensätze diese in eine gesonderte Datei oder Tabelle zu schreiben. Das erspart später die aufwendige Suche nach den Datensätzen, die fehlerhaft waren und bei denen der Import abgebrochen wurde. In unserem Projekt haben wir jetzt die ersten beiden wesentlichen Schritte erledigt. Die Ablaufsteuerung wurde festgelegt und der Datenfluss erstellt. Bisher haben wir noch keine Transformation vorgenommen, sondern lediglich Daten aus einer Quelle extrahiert und sie in ein Ziel geladen. Auch Fehler haben wir behandelt, indem wir die Fehlerausgabe konfiguriert haben. Eine weitere komfortable Möglichkeit, Fehler zu behandeln, liefern uns Ereignishandler. Im folgenden Abschnitt schauen wir uns das Prinzip der Ereignishandler genauer an.

21.3.2 Ereignishandler (Event Handlers)

Mit Ereignishandlern (englisch: *event handler*) reagieren Sie auf Ereignisse bei der Ausführung eines Pakets. Das Auslösen von Ereignissen wie ONERROR, ONWARNING, ONVARIABLEVALUECHANGED oder ONINFORMATION gibt Ihnen die Möglichkeit, mithilfe der Ablaufsteuerung einen Workflow zu erstellen, der dann ereignisbezogen ausgeführt wird. Um einen Ereignishandler zu erstellen, wechseln Sie als Nächstes zur Registerkarte EREIGNISHANDLER (EVENT HANDLER).

Zuerst müssen Sie entscheiden, auf welcher Ebene Sie einen Ereignishandler einrichten möchten, entweder auf der Ebene des gesamten Pakets oder nur auf der Ebene eines untergeordneten Objekts der Ablaufsteuerung wie dem Datenflusstask. Um auf Paketebene einen Ereignishandler einzurichten, selektieren Sie unter AUSFÜHRBARE DATEIEN (EXECUTABLE) das Paket (PACKAGE) und klicken auf OK.

Rechts daneben wählen Sie das entsprechende Ereignis im Dropdown-Feld EREIGNISHANDLER (EVENT HANDLER) aus, für das Sie den Ereignishandler einrichten möchten, hier ONERROR. Ein Klick auf den Link – KLICKEN SIE HIER, UM EINEN »ONERROR«-EREIGNISHANDLER FÜR DIE AUSFÜHRBARE DATEI »PACKAGE« ZU ERSTELLEN (CLICK HERE TO CREATE AN »ONERROR« EVENT HANDLER FOR EXECUTABLE »PACKAGE«) – erstellt dann den Ereignishandler.

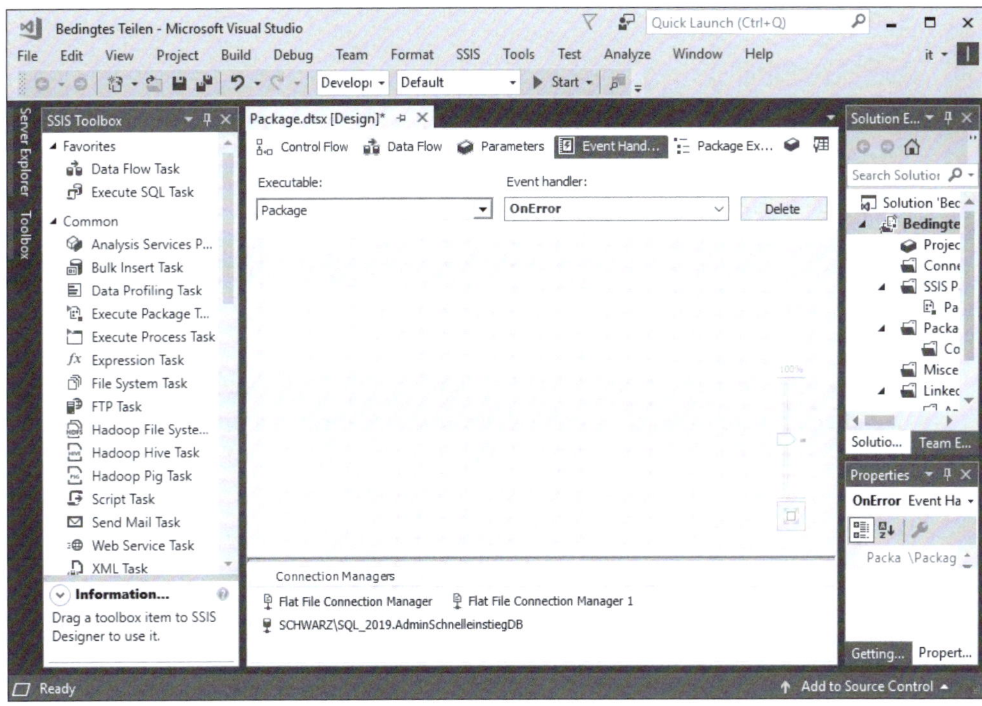

Abbildung 21.37 Hinzufügen des »OnError«-Ereignishandlers

Nachdem Sie den Ereignishandler hinzugefügt haben, steht Ihnen erneut der Designer mit der Entwurfsoberfläche zur Verfügung. Sie können aus der Toolbox die Komponenten auf die Designeroberfläche ziehen, mit denen Sie das ONERROR-Ereignis behandeln möchten. Dazu können Sie z. B. die Komponente TASK »MAIL SENDEN«

(SEND MAIL TASK) wie in Abbildung 21.38 verwenden, um im Fehlerfall eine E-Mail zu versenden.

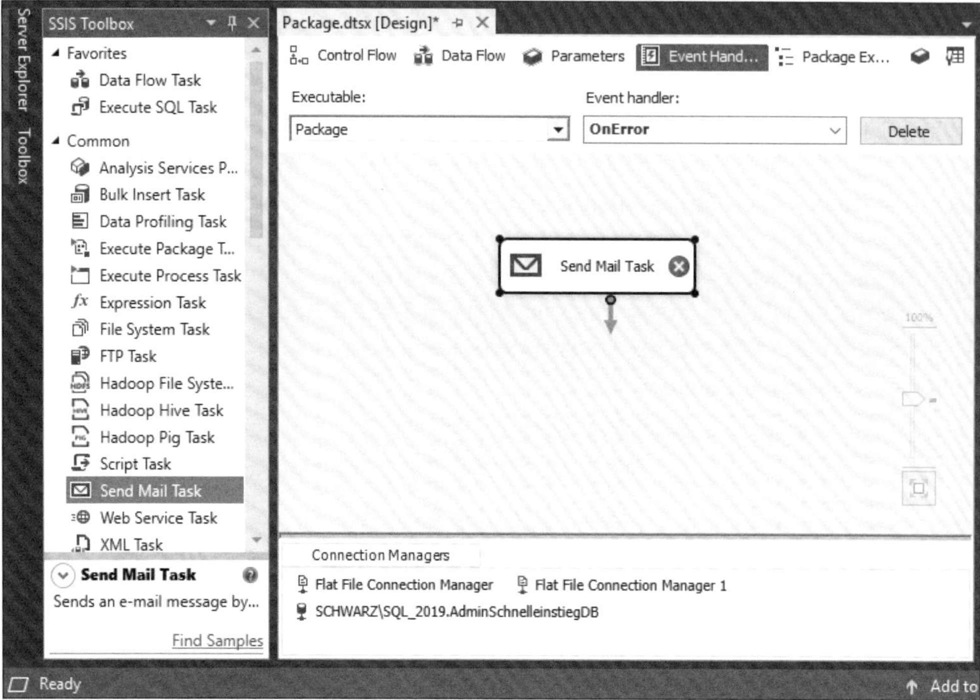

Abbildung 21.38 Senden einer E-Mail beim Ereignis »OnError«

Der Task muss lediglich konfiguriert werden. Das haben wir Ihnen bereits in den vergangenen Schritten gezeigt. Daher sollten Sie diese Schritte kennen und lediglich den SMTP-Server, einen Betreff, den Absender der E-Mail und den Empfänger angeben. Jetzt ist es an der Zeit, einen ersten Test durchzuführen. Visual Studio bietet die Möglichkeit, das Projekt zu *debuggen*. Dazu wählen Sie den Menüpunkt DEBUGGEN (DEBUG) und DEBUGGING STARTEN (START DEBUGGING) aus. Ein grüner Kreis mit weißem Haken zeigt an, dass der jeweilige Schritt erfolgreich ausgeführt wurde (siehe Abbildung 21.39).

Ist das der Fall, können Sie das Debuggen anschließend beenden, indem Sie im Menü DEBUGGEN (DEBUG) auf DEBUGGING BEENDEN (STOP DEBUGGING) klicken (siehe Abbildung 21.40 und Abbildung 21.41). Solche Integration-Services-Pakete werden nicht immer auf dem Rechner ausgeführt, auf dem sie entwickelt worden sind. Ein weiterer wichtiger Schritt besteht also darin, sich zu überlegen, inwiefern das Paket auf einem anderen Rechner als dem Entwicklungsrechner ausgeführt wird. Oder besser gesagt, was bedeutet es, wenn das Paket auf unterschiedlichen Rechnern lauffähig sein muss?

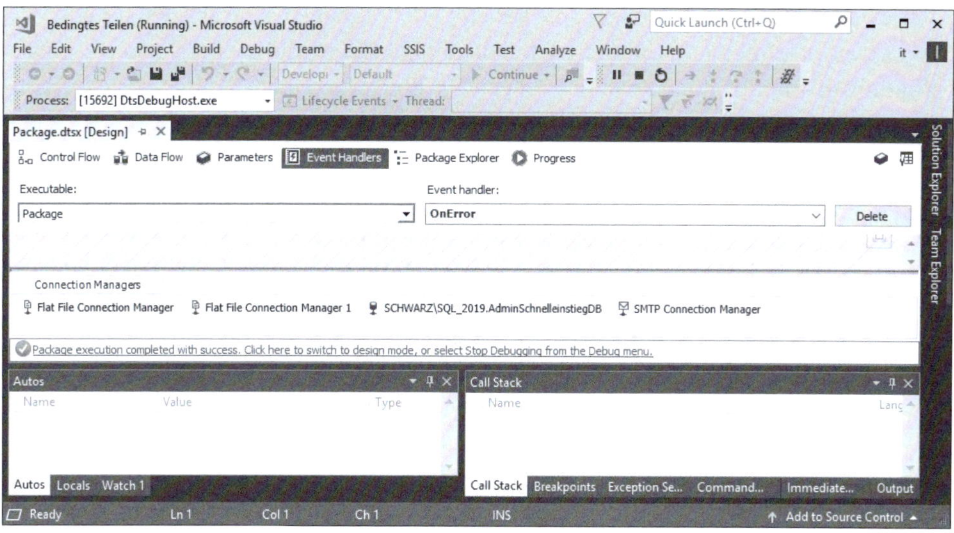

Abbildung 21.39 Datenfluss – erfolgreicher Test des Pakets

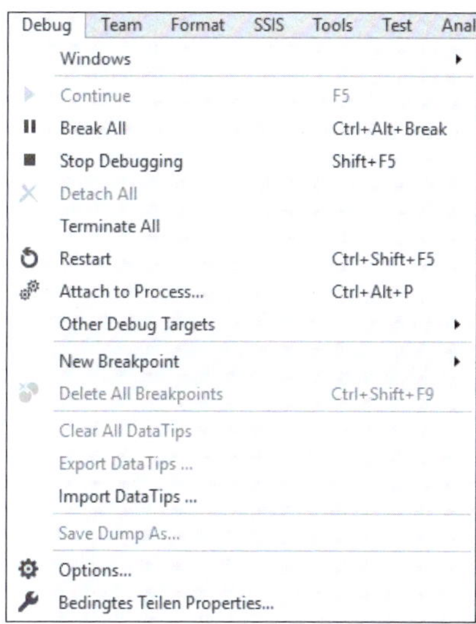

Abbildung 21.40 Debugging beenden

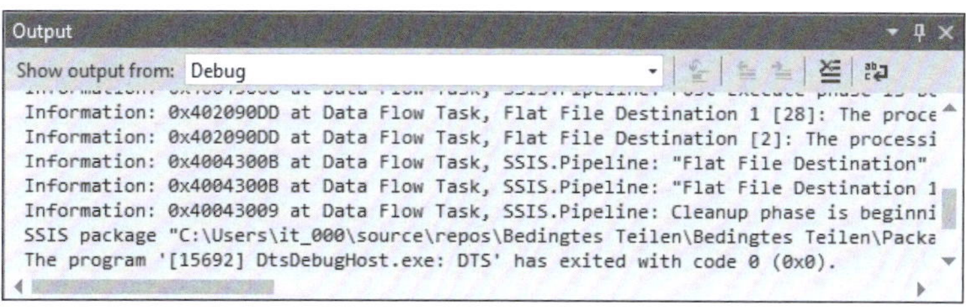

Abbildung 21.41 Debugging beendet

21

Die Verbindungszeichenfolgen, die wir eingerichtet haben, sind speziell für den Entwicklungsrechner gedacht. Hier bieten die Integration Services eine flexible Konfiguration an. Im folgenden Abschnitt zeigen wir Ihnen die Möglichkeiten der Paketkonfiguration.

21.3.3 SSIS-Paketkonfiguration

Um auf die Paketkonfiguration zugreifen zu können, selektieren Sie irgendeine Registerkarte, z. B. ABLAUFSTEUERUNG (CONTROL FLOW). Im Eigenschaftsfenster finden Sie den Eintrag KONFIGURATIONEN (CONFIGURATIONS) und dahinter in Klammern (AUFLISTUNG) ((COLLECTION)). Klicken Sie auf die Schaltfläche mit den drei Auslasspunkten. Es öffnet sich der PAKETKONFIGURATIONSPLANER (PACKAGE CONFIGURATION PLANER), den Sie in Abbildung 21.43 sehen. Aktivieren Sie die Paketkonfigurationen, und klicken Sie auf HINZUFÜGEN (ADD...).

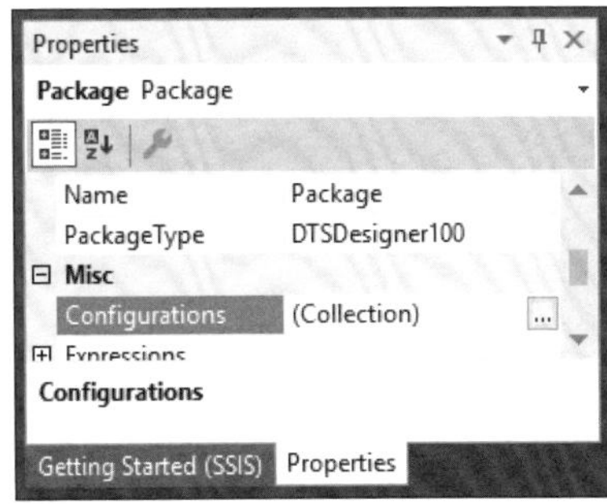

Abbildung 21.42 Klicken Sie im Eigenschaftsfenster auf die Schaltfläche mit den drei Punkten.

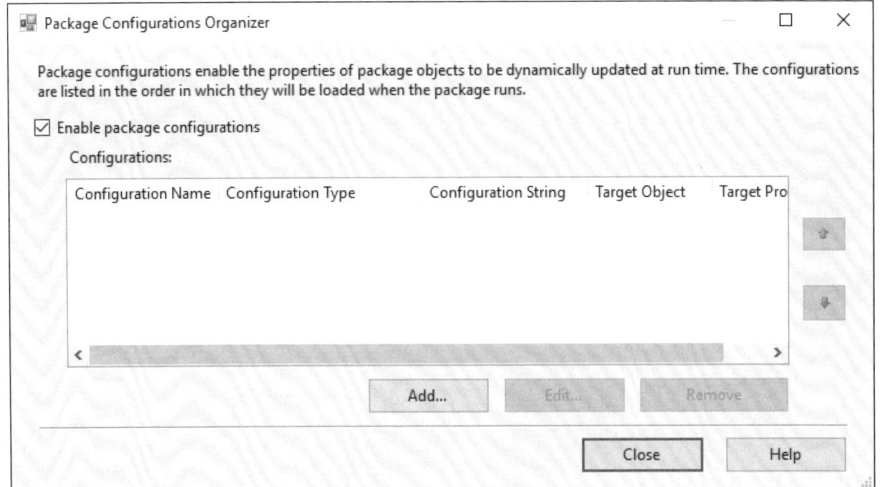

Abbildung 21.43 Hinzufügen einer Paketkonfiguration

Um die Möglichkeit einer Wertezuweisung erst zur Ausführung eines Pakets zu nutzen, können Sie jetzt die Paketkonfiguration erstellen. Zur Laufzeit werden die Eigenschaften, die Sie in die Konfiguration aufnehmen, dynamisch dem Paket zugewiesen.

Als Konfigurationstyp stehen Ihnen die folgenden Auswahlmöglichkeiten zur Verfügung:

- XML-KONFIGURATIONSDATEI (XML CONFIGURATION FILE)
- UMGEBUNGSVARIABLE
- REGISTRIERUNGSEINTRAG
- VARIABLE FÜR DAS ÜBERGEORDNETE PAKET
- SQL-SERVER-TABELLE

Aus den Konfigurationsmöglichkeiten wählen Sie die XML-KONFIGURATIONSDATEI (XML CONFIGURATION FILE) für unser Beispiel aus, legen einen Pfad und Dateinamen fest und klicken auf WEITER (NEXT; siehe Abbildung 21.44).

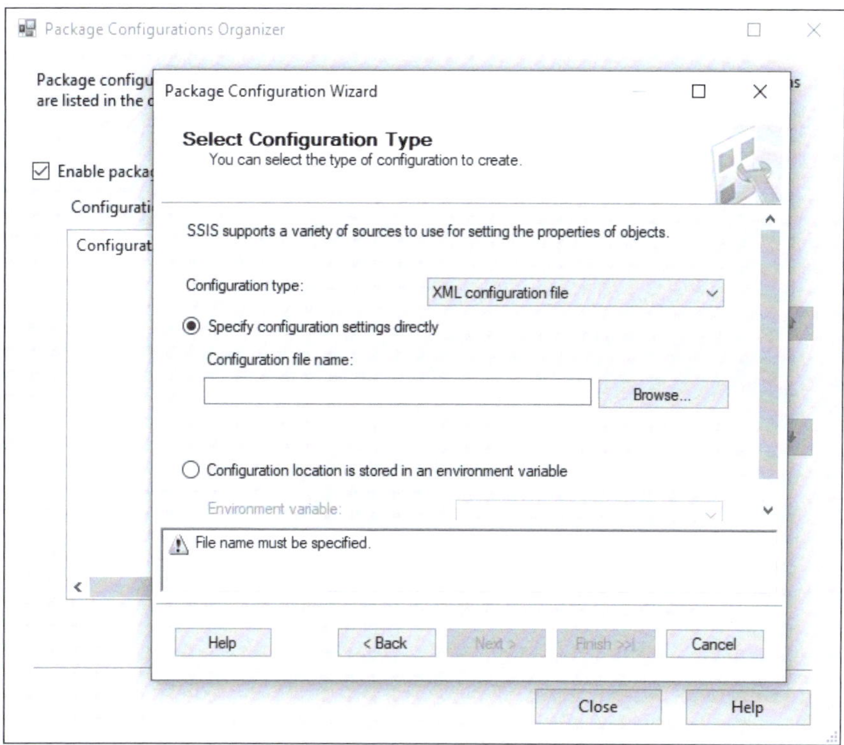

Abbildung 21.44 Festlegen des gewünschten Konfigurationstyps

Tipp aus der Praxis

Vergessen Sie nicht, an dieser Stelle über das Thema »Berechtigungen« nachzudenken. Wir haben immer wieder erlebt, dass es zu Fehlern bei der Ausführung der Pakete gekommen ist, weil Berechtigungen im Dateisystem nicht gesetzt wurden.

Nun können Sie die Eigenschaften wählen, die Sie in die Konfigurationsdatei aufnehmen möchten. Dazu wählen Sie jeweils die Datenquelle aus und selektieren die Eigenschaft VERBINDUNGSZEICHENFOLGE (CONNECTION STRING) (siehe Abbildung 21.45). Jede Eigenschaft, die Sie auswählen, wird in die XML-Konfigurationsdatei aufgenommen, so dass Sie später auf dem Zielsystem die Verbindungszeichenfolgen jederzeit anpassen können.

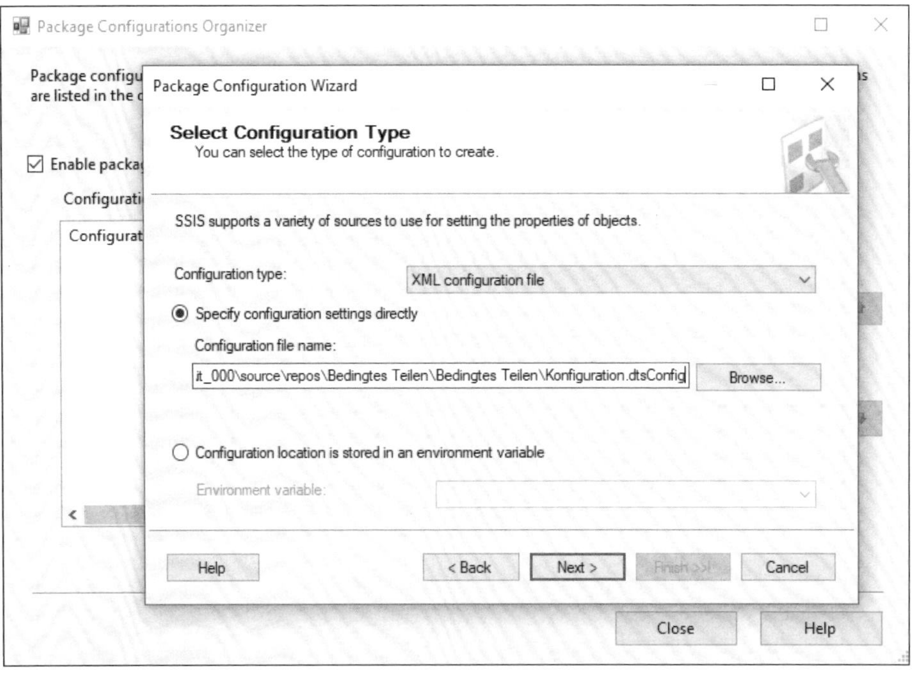

Abbildung 21.45 Eigenschaften für die Konfigurationsdatei

So wie eben für die Verbindungszeichenfolge ein Wert in die Konfigurationsdatei aufgenommen wurde, verfahren Sie für alle weiteren Werte, die Sie in diese Datei aufnehmen möchten. Klicken Sie jetzt auf WEITER (NEXT), und schließen Sie den Dialog des Konfigurationsplaners. Ein Blick in die soeben erzeugte XML-Konfigurationsdatei in Abbildung 21.46 zeigt die einzelnen Parameter.

Mit dem Deployment-Assistenten, den wir in Abschnitt 21.3.5, »Bereitstellen von Paketen«, noch besprechen werden, erreichen Sie eine einfache und flexible Konfiguration anhand der XML-Konfigurationsdatei.

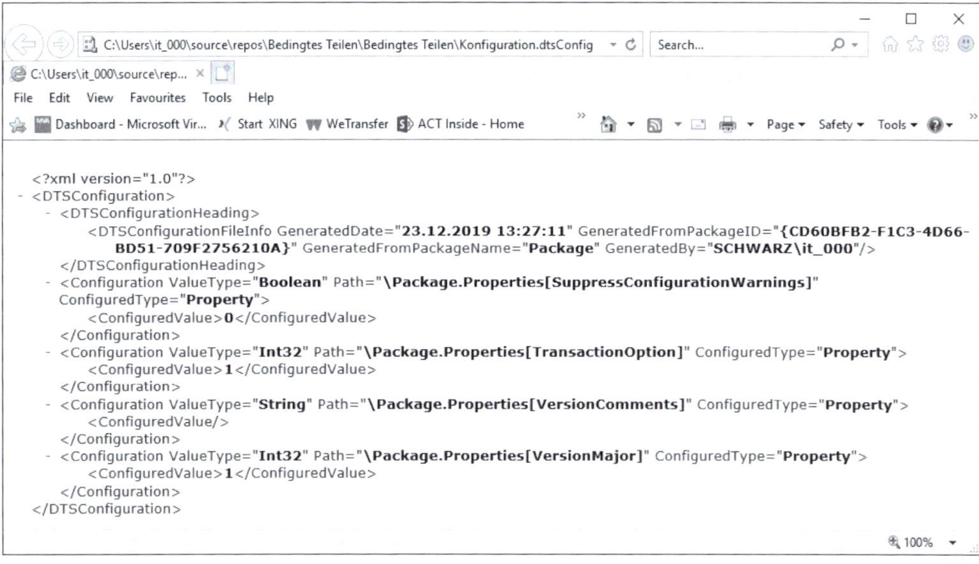

Abbildung 21.46 Die XML-Konfigurationsdatei

Nachdem das Projekt erstmalig ausgeführt wurde, ist die Registerkarte aus Abbildung 21.47 hinzugekommen. Sie zeigt die AUSFÜHRUNGSERGEBNISSE (EXECUTION RESULTS) an, so dass Sie die Möglichkeit haben, zusätzlich Fehlermeldungen zu erkennen und die korrekte Ausführung des Pakets zur Entwurfszeit zu überwachen.

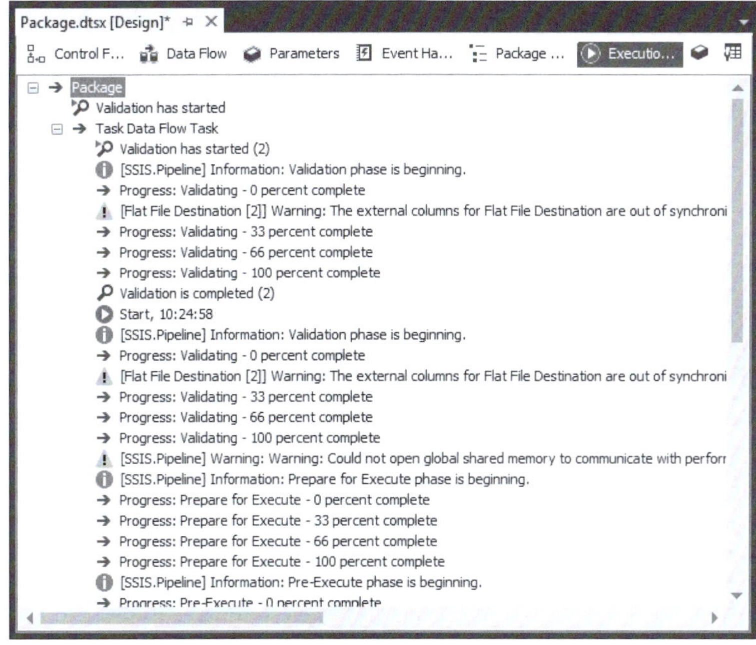

Abbildung 21.47 Ausführungsergebnisse

Bis hierhin haben Sie geschafft, ein SSIS-Paket zu erstellen, Ereignishandler zu konfigurieren und eine passende Konfigurationsdatei zu erstellen. Als Nächstes widmen wir uns der Protokollierung, um ein geeignetes Hilfsmittel zur Analyse bei Fehlern zur Hand zu haben.

21.3.4 Protokollierung

Für eine Analyse erfolgreicher oder fehlgeschlagener Paketausführungen gibt es die Möglichkeit der Protokollierung. Wenn Sie an das Thema Wartungspläne denken, wird klar, dass es mehrere Wege gibt, einen Wartungsplan zu erstellen: mit bzw. ohne Assistenten im SQL Server Management Studio und über die SQL Server Data Tools mit den Integration Services. Der Vorteil der SQL Server Data Tools in Verbindung mit den Integration Services liegt darin, dass diese Ereignisse behandeln können und eine sehr gute Protokollierung ermöglichen. Wählen Sie in der Menüleiste den Punkt SSIS und dann PROTOKOLLIERUNG... (LOGGING...) aus (siehe Abbildung 21.48).

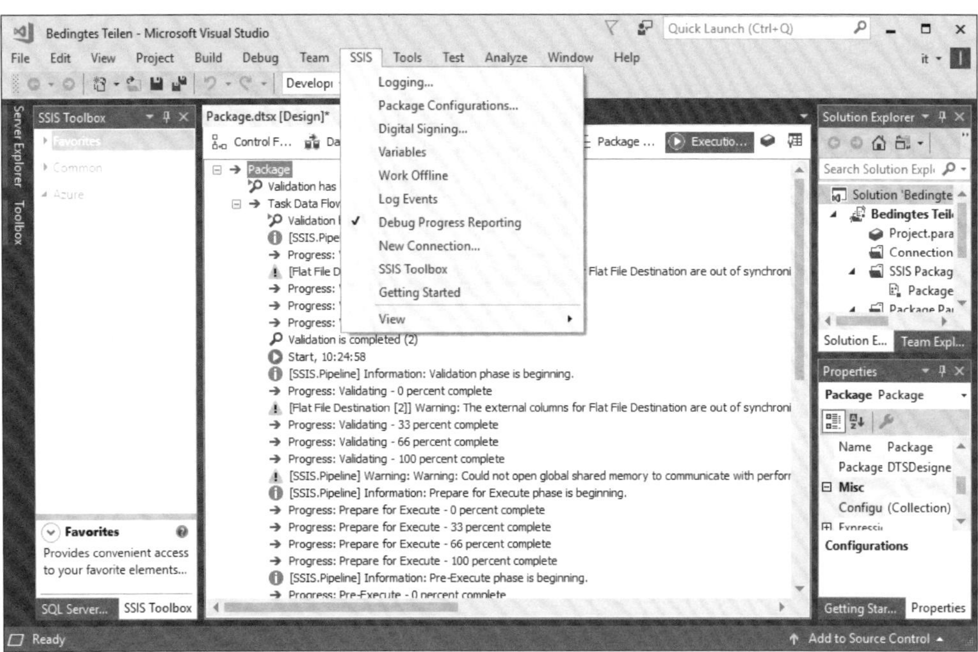

Abbildung 21.48 »SSIS • Protokollierung« (»SSIS • Logging«)

Folgende Protokollanbieter stehen Ihnen als Auswahl zur Verfügung:

- SSIS-PROTOKOLLANBIETER FÜR DAS WINDOWS-EREIGNISPROTOKOLL (SSIS LOG PROVIDER FOR WINDOWS EVENT LOG)
- SSIS-PROTOKOLLANBIETER FÜR TEXTDATEIEN (SSIS LOG PROVIDER FOR TEXT FILES)

- SSIS-Protokollanbieter für XML-Dateien (SSIS log provider for XML files)
- SSIS-Protokollanbieter für SQL Server (SSIS log provider for SQL Server)
- SSIS-Protokollanbieter für SQL Server Profiler (SSIS log provider for SQL Server Profiler)

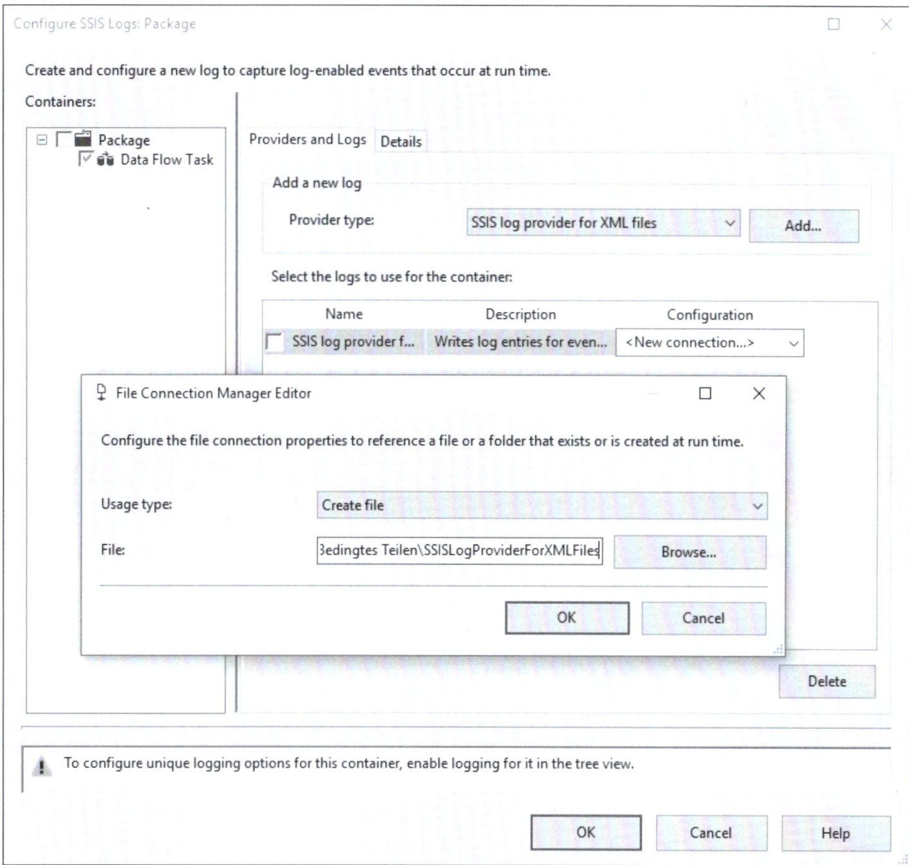

Abbildung 21.49 Pfad und Dateiname für die XML-Protokolldatei

In der Praxis müssen Sie entscheiden, ob Sie einen oder mehrere Protokollanbieter hinzufügen möchten. Somit können Sie unterschiedliche Ziele protokollieren und sie später auswerten. Beachten Sie jedoch, dass Sie die Protokollanbieter, außer der Windows-Ereignisanzeige, erst noch konfigurieren müssen. Für eine XML-Datei müssen Sie den Pfad und den Dateinamen angeben.

In unserem Beispiel wählen Sie die Dateiverbindung mit Pfad und Dateinamen für den Protokollanbieter vom Typ XML-Datei aus (siehe Abbildung 21.49). Beachten Sie auch hier, dass ein Paket, das später vom SQL Server Agent ausgeführt wird (Servicekonto des Agents oder dedizierter Benutzer), über die notwendigen Berechtigungen verfügen muss, um die Protokolldatei erstellen zu können.

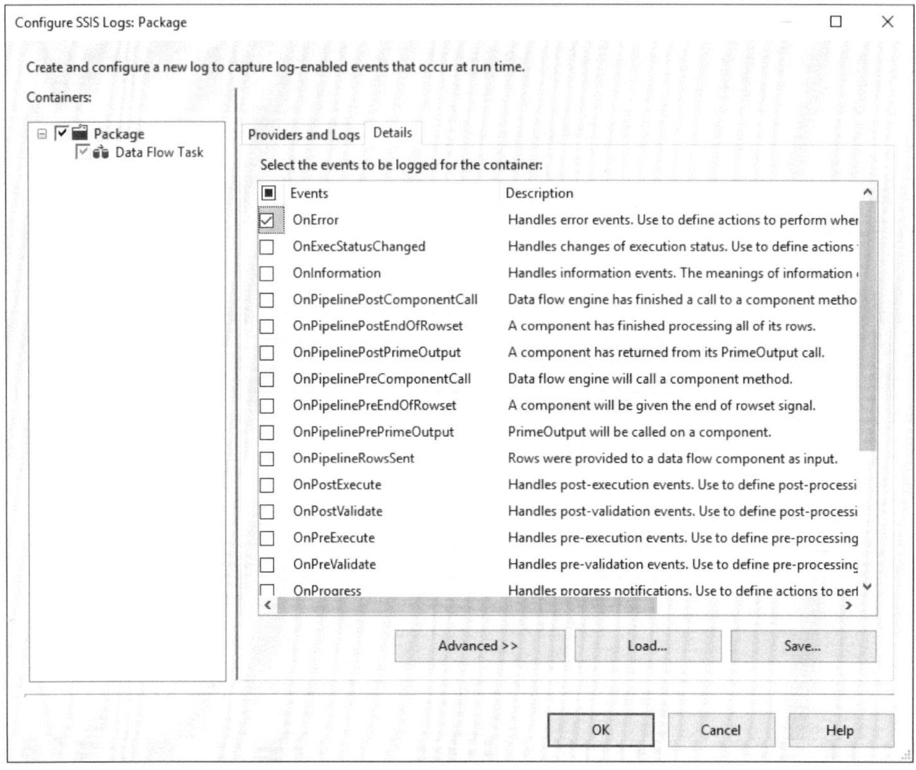

Abbildung 21.50 Ereignisse auf Paket- oder Taskebene auswählen

Wie Sie in Abbildung 21.50 sehen, müssen Sie entscheiden, ob Sie die Protokollierung auf Paket- oder auf Taskebene durchführen oder beides aktivieren möchten. Die Ereignisse müssen Sie jeweils genau wie die Protokollanbieter separat auswählen. Mit einem anschließenden Klick auf OK schließen Sie die Konfiguration der Protokollierung ab. Durch die Protokollierung steht Ihnen z. B. bei Wartungsplänen eine verbesserte Analysemöglichkeit zur Verfügung.

21.3.5 Bereitstellen von Paketen

Es gibt mehrere Verfahren, ein Paket bereitzustellen. Der einfachste Weg ist das Speichern im Dateisystem. Wenn Sie einen alternativen Speicherort außerhalb des Projekts festlegen möchten, wählen Sie im Menü DATEI (FILE) den Punkt KOPIE VON PAKET.DTSX SPEICHERN UNTER (SAVE PAKET.DTSX AS). Geben Sie den Pfad und Dateinamen an, und klicken Sie auf SPEICHERN (SAVE). Ein Doppelklick im Anschluss auf die gespeicherte Datei *Paket.dtsx* öffnet das Paketausführungsprogramm. Unter

ALLGEMEIN (GENERAL) finden Sie die PAKETQUELLE (PACKAGE SOURCE) und den Pfad. Interessant ist sicherlich der Punkt VERBINDUNGS-MANAGER (CONNECTION MANAGER), in dem Sie Ihre Verbindungszeichenfolgen vor der Ausführung anpassen können. Die Überprüfung kann so konfiguriert werden, dass nur signierte Pakete mit Build, Paket-ID und Versions-ID ausgeführt werden. Das erhöht letztendlich die Sicherheit.

Wenn Sie jetzt auf AUSFÜHREN (START) klicken, wird das Paket ausgeführt und der Status der Ausführung in einem separaten Fenster angezeigt. Auch an dieser Stelle ist es möglich, die XML-Konfigurationsdatei hinzuzufügen. Dazu klicken Sie auf die Kategorie KONFIGURATIONEN (CONFIGURATIONS) und fügen die XML-Konfigurationsdatei hinzu.

Alternativ ist es möglich, Pakete von der Kommandozeile aus auszuführen. Es gibt das Kommandozeilenprogramm DTEXEC, mit dem Sie SSIS-Pakete aus der Kommandozeile heraus starten können. Damit Sie gleich über die richtige Syntax für die Parameter beim Aufruf verfügen, klicken Sie im Paketausführungsprogramm auf die Kategorie BEFEHLSZEILE (COMMAND LINE) und kopieren die Befehlszeile in die Zwischenablage. Dann öffnen Sie die Kommandozeile und geben DTEXEC gefolgt von einem Leerzeichen ein. Nun fügen Sie den Parameter aus der Zwischenablage ein. Klicken Sie dazu mit der rechten Maustaste in die Kommandozeile, und wählen Sie EINFÜGEN (ENTER). Danach können sie den Befehl mit der Eingabetaste ausführen.

Nach einer erfolgreichen Ausführung erhalten Sie die Meldung DTSER_SUCCESS und eine Zeitangabe für die Dauer der Ausführung. Die Möglichkeit, ein SSIS-Paket über die Kommandozeile auszuführen, lässt es zu, diese Aufgabe zeitgesteuert zu erledigen. Was geschieht, wenn SSIS-Pakete von Vorgängerversionen vom SQL Server ausgeführt werden müssen? Um diese Frage zu beantworten, schauen wir uns den nächsten Abschnitt an.

21.3.6 SSIS-Pakete auf SQL Server 2019 aktualisieren

Für die Migration vorhandener DTS-Pakete aus älteren Versionen von SQL Server steht ein Konvertierungsprogramm zur Verfügung. Wechseln Sie zur Konsole, und geben Sie innerhalb der Konsole den Befehl SSISUPGRADE ein.

Es wird ein Assistent zum Konvertieren von Integration-Services-Projekten gestartet. Dieser Assistent bietet Ihnen komfortabel die Möglichkeit, solche Pakete zu migrieren.

21.3.7 Der Integration-Services-Katalog

Der *Integration-Services-Katalog* stellt ein zentrales Repository in Form einer Systemdatenbank (*SSISDB*) zur Verfügung. Darin werden Projekte, Pakete, Parameter, Umgebungen und Verwendungsverläufe gespeichert. Es werden nicht mehr einzelne Dateien, sondern Projekte verwaltet und ausgerollt. Projekte werden im Katalog veröffentlicht und nicht wie bisher in die Systemdatenbank MSDB oder in das Dateisystem gespeichert. Es werden jetzt Parameter statt Konfigurationen verwendet, und diese landen direkt im Katalog und nicht in einer Konfigurationsdatei. Ereignisse werden bei der Ausführung automatisch aufgezeichnet. Dazu müssen keine Log-Provider hinzugefügt werden. Abbildung 21.51 zeigt den Integration-Services-Katalog. Der neue Katalog ist eine Systemdatenbank, die sich unter dem Knoten DATENBANKEN (DATABASES) befindet und den Namen SSISDB trägt.

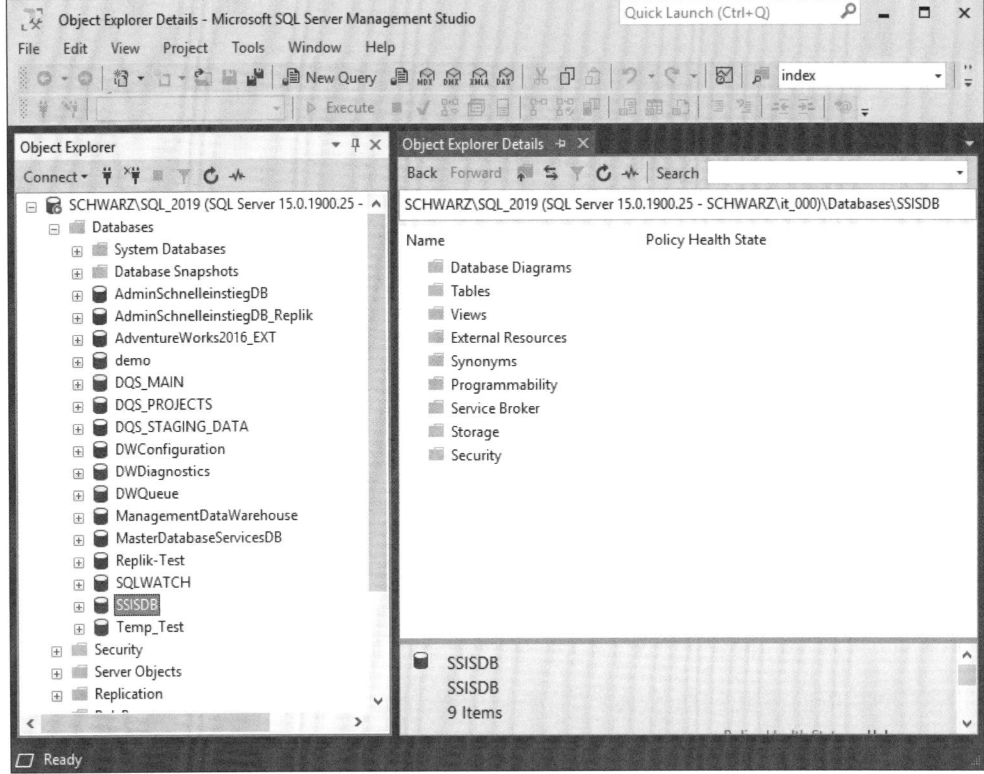

Abbildung 21.51 Der SSIS-Katalog

Wichtig ist, dass Sie die Möglichkeit haben, alte Projekte, die aus einzelnen Dateien bestanden, in das neue Modell zu überführen. Dazu steht ein neuer Assistent zur Verfügung.

21.4 Erstellen von Wartungsplänen mit den SQL Server Data Tools

Die Integration Services eignen sich seit SQL Server 2005 hervorragend dazu, Wartungspläne zu erstellen. Sicher sind Wartungspläne auch aus dem Management Studio heraus zu erzeugen, jedoch bietet sich SSIS geradezu an, wenn es um Flexibilität, Kontrolle und Protokollierung geht.

SSIS bietet mit seinen Features wie Protokollanbieter, Ereignisbehandlung und Debugging sehr gute Möglichkeiten für Wartungspläne, die weit über das Management Studio hinausgehen. Es ist wichtig, zu erkennen, welche Möglichkeit die SQL Server Data Tools bieten, um komfortabel Wartungspläne zu erstellen, die eine höhere Flexibilität aufweisen. Nicht zuletzt durch Visual Studio ist es möglich, die Vorteile des Debuggens, der Ereignisbehandlung, der Überwachung und des Monitorings zu nutzen. Viele Gründe, die dafür sprechen, für Wartungspläne die SQL Server Data Tools und Integration Services zu verwenden.

Wie Sie Wartungspläne erstellen, haben Sie in Kapitel 11, »Automatisieren von administrativen Aufgaben«, erfahren. Die Konfiguration der einzelnen Tasks in SSIS unterscheidet sich nicht von der Konfiguration der Wartungspläne, die mit dem Management Studio erstellt werden. Nach den vorangegangenen Beispielen sollten Sie jetzt in der Lage sein, einen kleinen Wartungsplan selbst zu erstellen und ihn auszuführen.

Über die SQL Server Integration Services allein lässt sich ein eigenes Buch schreiben. Themen wie das Debuggen von Anwendungen, das Arbeiten mit Variablen, Paketen und Unterpaketen sowie den vielen Tasks würden den Rahmen dieses Kapitels bei Weitem überschreiten. Wir hoffen, es ist uns gelungen, Ihnen Anregungen zu geben und Mut zu machen, sich mit dem Thema SSIS näher auseinanderzusetzen und es nicht nur als ein »Thema für Entwickler« anzusehen.

Kapitel 22
Parallel Data Warehouse (PDW)

Mit SQL Server geht Microsoft den Weg im Bereich Big Data und Parallel Data Warehouse konsequent weiter und reagiert mit der aktuellen Version auf das permanente Wachstum von Daten in Unternehmen.

Ein *Data Warehouse* (*DWH*) ermöglicht eine globale Sicht auf unterschiedliche, verteilte Daten. Diese Daten stammen aus unterschiedlichen Quellen und werden mithilfe von ETL-Prozessen (Extracting, Transforming und Loading – Extrahieren, Transformieren und Laden von Daten) gesammelt, um sie in Staging-Datenbanken zu laden.

Solche speziellen Staging-Datenbanken sind hilfreich, wenn Daten in Unternehmen über verschiedene Anwendungen verteilt sind. Die ETL-Prozesse sorgen für das Befüllen der Staging-Bereiche und liefern somit immer gültige Daten für das Data Warehouse. So entsteht der Inhalt eines Data Warehouses, der dann für Auswertungen, Analysen und weitere Geschäftsprozesse verwendet wird.

Insgesamt ist das Volumen an Daten in den letzten Jahren stark angewachsen. Das verlangt nach verbesserten Technologien, um trotz der großen Datenmengen eine effektive Verarbeitung der Daten zu ermöglichen.

22.1 Grundlagen und Schlüsselmerkmale

Microsoft SQL Server Parallel Data Warehouse ist eine *hochskalierbare Appliance* (vorgefertigte Hard- und Softwarelösung) für Enterprise Level Data Warehousing, die Leistung bei niedrigen Kosten durch eine massiv parallele Verarbeitung (MPP) liefert.

Die Vorteile liegen auf der Hand:

- Alle Komponenten stammen von einem Hersteller.
- Das Imaging des Systems erfolgt vom Hersteller mit Betriebssystem, SQL Server und der PDW-Software.
- Sie bietet Skalierbarkeit von wenigen Gigabytes bis zu Hunderten von Terabytes. Die kleinste Einheit beginnt bei einem halben Rack (vier bis sechs Knoten).

- Standardhardware, die von Herstellern wie HP und Dell vorkonfiguriert ist, hält die Kosten niedrig.
- Das Appliance-Modell vereinfacht die Implementierung und Wartung bei gleichzeitiger Reduzierung der Kosten.
- Die *Hub-and-Spoke*-Architektur ermöglicht die Integration bereits vorhandener SQL-Server-Data-Warehouse-Lösungen.
- Lineares Verhalten in der Skalierung führt zu vorhersagbarer Leistung.
- Microsoft ist der erste, zentrale Ansprechpartner für den Support.

Benutzerdatenbanken werden über eine Reihe von Rechenknoten verbunden, die ihre Ressourcen bündeln, um mit sehr hoher Geschwindigkeit die Abfrage von großen Datenmengen zu gewährleisten. Hierfür werden Tabellen entweder zu jedem Knoten repliziert oder über diese verteilt. Die MPP-Software läuft auf einem Rechenknoten. Dieser Knoten empfängt Anfragen von Clientanwendungen, koordiniert die Verteilung der Abfragen über Knoten und die Rückgabe der Ergebnisse aus den Knoten. Parallel Data Warehouse (PDW) bietet eine höhere Skalierbarkeit und Leistung, die für große Data-Warehouse-Lösungen erforderlich sind. Mithilfe dieser Technologie ist es möglich, sogar Billionen von Datensätzen performant zu verarbeiten. Ein Parallel Data Warehouse kann von einigen wenigen bis zu Hunderten von Terabytes skalieren. Dabei ist es wichtig, nicht allein die Kosten für den Erwerb zu betrachten, sondern ebenso die Kosten für die laufende Verwaltung. Das Parallel Data Warehouse zielt auf eine niedrige *Total Cost of Ownership* (*TCO*) ab. Zudem bietet Parallel Data Warehouse die Integration mit der Microsoft-Business-Intelligence-Plattform.

22.2 Auch in Azure gibt es DWH-Lösungen

Seit einiger Zeit ist es natürlich möglich und auch sinnvoll, eine Data-Warehouse-Lösung in Azure zu verwirklichen. Natürlich müssen Sie vorab klären, was Sie tatsächlich benötigen, um dann entscheiden zu können, ob Sie Ihre Landschaft besser *on premise* oder in Azure aufbauen.

Azure hat den Vorteil, dass Sie sich nicht mehr um das »Drumherum« kümmern müssen. Die Grenzen der Skalierung setzt eigentlich nur Ihr Geldbeutel.

Ein interessanter Ansatz ist wohl auch hier, in Azure das DWH aufzubauen, zu testen und herauszufinden, wie hoch der Ressourcenbedarf tatsächlich ist. Wenn dieser Teil abgeschlossen ist, lässt sich eher planen, ob sich eigene Hardware lohnt oder ob eine Azure-Lösung sinnvoller ist.

22.3 Symmetrisches Multiprocessing

Symmetrisches Multiprocessing (*SMP*) ist eine einfache Architektur, bei der die Last gleichmäßig mittels eines Lastverteilungsalgorithmus über mehrere identische Prozessoren verteilt wird. Diese einzelnen Prozessoren teilen sich das Betriebssystem und den Arbeitsspeicher. SMP-Architekturen finden vor allem bei transaktionsorientierten Systemen wie Datenbanken Verwendung. Für kleinere Data-Warehouse-Lösungen ist das ein gutes Modell; steigen jedoch die Anforderungen, lässt die Effektivität des Modells nach. Zum Beispiel beginnen Prozessorkerne, sich beim Kampf um Ressourcen gegenseitig zu blockieren. Ein linearer Ansatz reicht daher nicht, es müssen andere Ansätze gefunden werden.

22.4 Massive parallele Verarbeitung

Anders als beim symmetrischen Multiprocessing verhält es sich bei der *massiven parallelen Verarbeitung* (*MPP*). Diese umfasst eine Reihe von Servern, die jeweils mit eigenen dedizierten CPUs und Ressourcen ausgestattet sind. Parallel Data Warehouse arbeitet demzufolge nach dem sogenannten *Shared-Nothing-Design*, was bedeutet, dass jeder Knoten unabhängig und eigenständig seine Aufgaben mit seinem eigenen Prozessor, Hauptspeicher und einer Festplatte ausführt. Ein Knoten kann dabei Aufgaben an einen anderen, nicht ausgelasteten Knoten weitergeben, und jeder Server spielt eine Rolle in der globalen Architektur. Die zu meisternde Herausforderung liegt darin, wie die Arbeit über mehrere Server(-knoten) verteilt werden kann.

MPP-Systeme wie SQL Server Parallel Data Warehouse legen ihren Schwerpunkt so weit wie möglich auf *sequenziellen I/O* und konzentrieren sich auf *Aggregationen* und *Joins*. So können wichtige Investitionen eher in CPU und Software als in Disk-I/O vorgenommen werden. *Random I/O* ist typisch für die Datendateien eines OLTP-Systems (Online Transaction Processing). Das Ziel bei der Optimierung von I/O-Zugriffen besteht immer auch darin, durch geeignete Indizes die Zugriffe (Scans) zu minimieren. Es ist daher nicht wünschenswert, dass die Köpfe der Festplatten sich endlos bewegen, um Daten zu lesen und zu schreiben. Performance wird oft durch die Minimierung dieser Bewegung – durch Aufteilung der Daten auf mehrere Festplatten oder durch die sorgfältige Erstellung von Indizes der Daten, die für bestimmte Abfragen benötigt werden – erreicht. Die Kehrseite der Medaille ist: Das Indexdesign ist häufig an die Verbesserung der Leistung von bestimmten Abfragen gebunden. Änderungen an Abfragen ziehen jedoch oft Leistungseinbußen nach sich.

Anders verhält es sich bei sequenziellem I/O. Sequenzieller I/O auf Festplatten mit beweglichen Schreib-/Leseköpfen ist oft drei- oder viermal so schnell wie Random I/O. Dieser Vorteil kann bei Festplatten mit beweglichen Schreib-/Leseköpfen genutzt werden. Solid-State-Laufwerke könnten das Problem lösen, jedoch sind ihre Kosten im Moment immer noch vergleichsweise hoch, und auch die Langlebigkeit von SSDs (Solid State Disks) kommt noch nicht an die Langlebigkeit von Festplatten heran. Eine wichtige Herausforderung für Parallel Data Warehouse besteht also darin, Daten überwiegend mit sequenziellem I/O zu lesen.

22.4.1 Datenzugriff

Wenn Sie sich einmal ansehen, wie der Datenzugriff auf einem OLTP-System erfolgt – mehr hierzu erfahren Sie in Kapitel 24, »Analysis Services – Datenanalyse für jedermann« –, wird schnell klar, dass hier das Zufallsprinzip herrscht: SQL Server schafft in einer Datendatei Strukturen von Datenseiten zu je 8 KB, die dann wiederum zu einem Block von 64 K (8-KB-Datenseite × 8 Datenseiten) zusammengefasst werden. Festplatten sind nach wie vor das dominierende Speichermedium, und OLTP-Systeme legen ihre Daten auf ihnen ab. Bei einer Transaktionsverarbeitung erfolgt der Datenzugriff nach dem Zufallsprinzip.

Anders dagegen bei einem OLAP-System: Hier erfolgt der Zugriff zunächst zufällig, dann jedoch sequenziell.

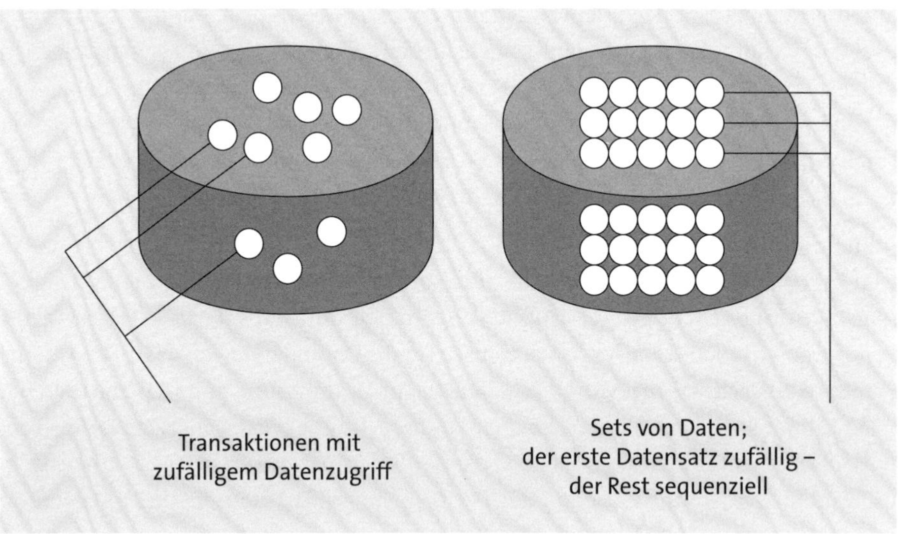

Abbildung 22.1 Datenzugriff OLTP (links) und OLAP (rechts)

22.4.2 Parallele Verarbeitung

SQL Server Parallel Data Warehouse kann Daten in einem parallelen Modus verarbeiten. Ist die Last für einen einzigen Rechner zu groß, liegt der Vorteil in der parallelen Verarbeitung und der Möglichkeit, weitere Knoten hinzuzufügen.

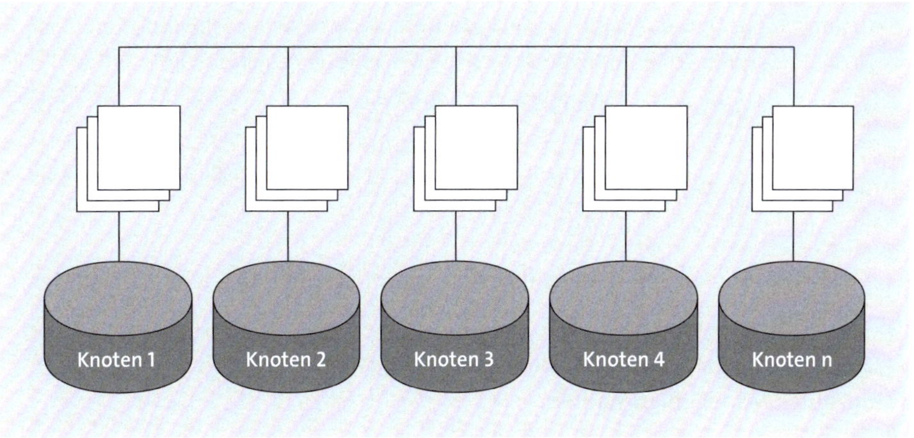

Abbildung 22.2 Parallele Verarbeitung der Daten im SQL-Server-Hub

SQL Server Parallel Data Warehouse ist das konsequente Produkt für Data-Warehouse-Lösungen der Zukunft. Die folgenden Punkte geben einen Überblick über notwendige Kernbereiche:

- Verarbeitung sehr großer Datenmengen
- Reduzierung der Kosten für das Data Warehouse
- Verarbeitung von Daten in Echtzeit
- parallele Verwaltung von Daten
- Aufteilung der Arbeitslast auf viele einzelne Knoten
- sequenzieller Zugriff auf Daten
- Migration von einzelnen Data Warehouses und *Data Marts* hin zu einem großen Data Warehouse
- räumlich getrennte Daten

22.5 Parallel Data Warehouse – Architektur

Die Systemarchitektur ist hochredundant, basierend auf Dual-InfiniBand-Anschlüssen, Dual-Fibre-Channels und Hot-Spare-Laufwerken für Server und Clustering.

Begriffsdefinitionen

- *InfiniBand* ist eine Spezifikation zur Beschreibung einer seriellen Hochgeschwindigkeits-Übertragungstechnologie. Die Einsatzgebiete von InfiniBand reichen von Bussystemen bis zu Netzwerkverbindungen.

- *Fibre Channel* wurde für eine serielle, kontinuierliche Hochgeschwindigkeitsübertragung großer Datenmengen konzipiert. Viele SANs basieren heute auf der Implementierung des Fibre-Channel-Standards.
- Eine *Hot-Spare-Festplatte* ist eine in einem System in Reserve gehaltene Festplatte, die normalerweise nicht eingesetzt wird. Fällt eine Platte aus, wird die Hot-Spare-Festplatte automatisch verwendet.

Es gibt insgesamt drei Netzwerkinfrastrukturen innerhalb des Parallel Data Warehouses, die zum Tragen kommen.

1. Die klassische **Ethernet-Verkabelung** regelt die Kommunikation zwischen den einzelnen Managementknoten.
2. Innerhalb der Knoten wird über **InfiniBand** kommuniziert.
3. Die Kommunikation zum Speichernetz erfolgt über **Fibre Channel**.

22.5.1 Hub-and-Spoke-Architektur

Die Hub-and-Spoke-Architektur (siehe Abbildung 22.3) von SQL Server Parallel Data Warehouse ermöglicht es, einen zentralen Hub aufzubauen, an den viele kleine Data Marts angebunden sind. Das bringt den Vorteil mit sich, dass es ein zentrales Data Warehouse gibt, wobei die einzelnen Data Marts (Spoke) z. B. die Fachbereiche wie Finanzen, Verkauf und Produktion widerspiegeln.

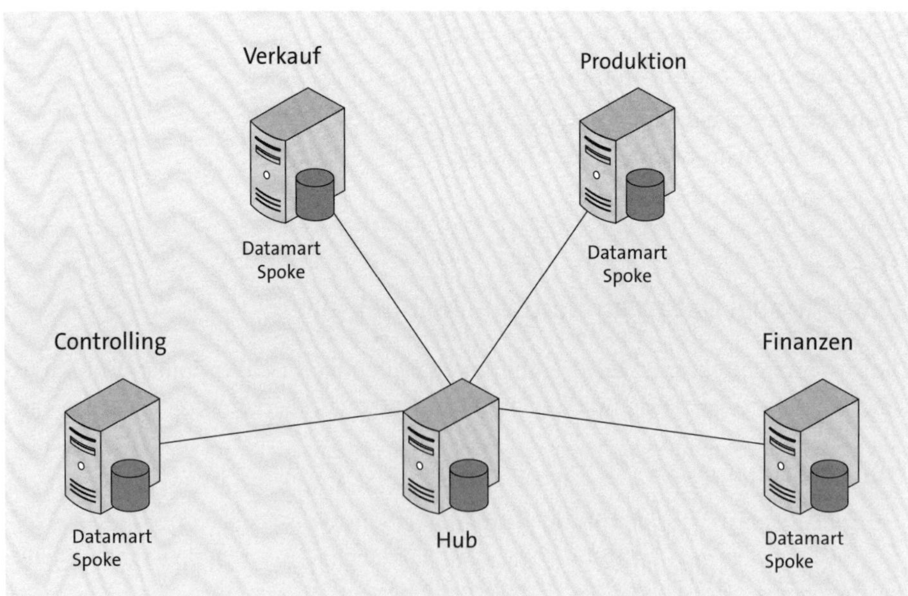

Abbildung 22.3 Hub-and-Spoke-Architektur

Die einzelnen Data Warehouses müssen sich nicht unmittelbar am Unternehmensstandort befinden, sondern können aufgrund der Sternarchitektur auch auf verschiedene Rechenzentren verteilt sein. Der Zugriff auf die Daten kann dann im Detail unterschiedlich geregelt sein, oder die Lösungen der Fachabteilungen sind für die einzelnen Data Warehouses optimiert.

22.6 Parallel Data Warehouse – Knoten

Beim Parallel Data Warehouse übernehmen verschiedene Knotentypen bestimmte Aufgaben. Abbildung 22.4 zeigt in der Übersicht ein privates und ein Unternehmensnetzwerk, die verschiedenen Knoten und zugehörige Aufgaben.

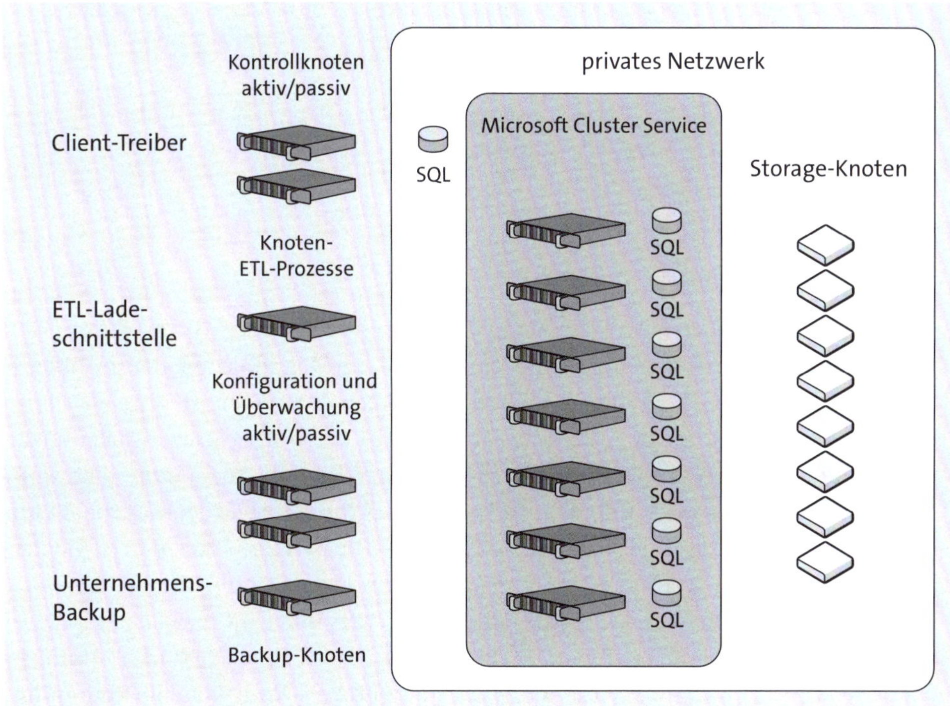

Abbildung 22.4 Parallel Data Warehouse – Architektur

Um ein besseres Verständnis der Architektur zu gewinnen, ist eine Betrachtung der Softwarearchitektur sinnvoll.

Abbildung 22.5 zeigt die einzelnen Knoten aus Sicht der Softwarearchitektur. Dabei ist zu erkennen, wie Rechenknoten, Backup-Knoten und Kontrollknoten interagieren.

22

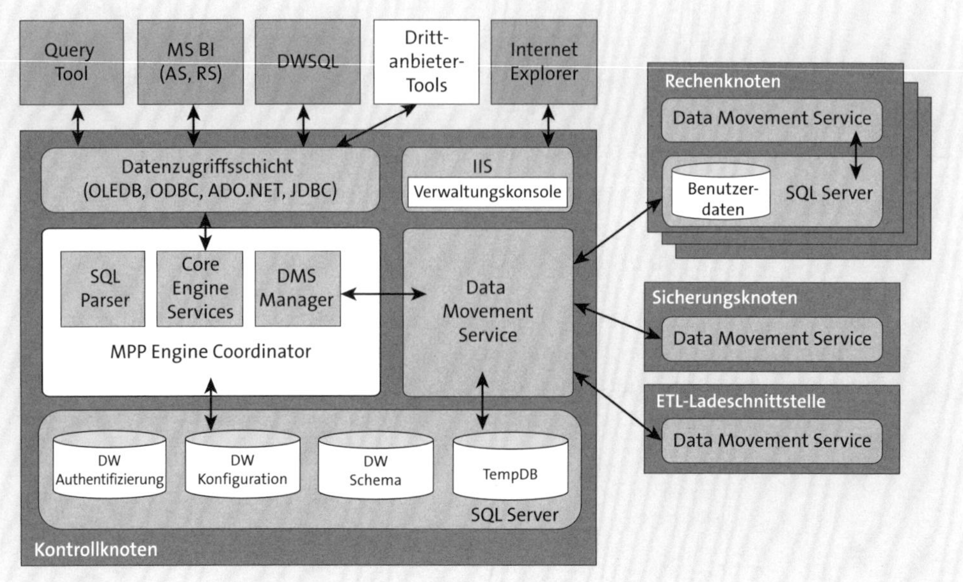

Abbildung 22.5 Softwarearchitektur

22.6.1 Kontrollknoten

Clientanwendungen wie *Analysis Services*, *Reporting Services* und *Microsoft Excel* stellen eine Verbindung über den Clienttreiber zum Kontrollknoten her, der sowohl mit den internen als auch mit den externen Netzwerken verbunden ist. Bestandteil des Kontrollknotens ist der *MPP Engine Coordinator*, der einen SQL Parser enthält und die Anfragen nach dem Parsen an den Rechenknoten (*Compute Node*) weitergibt. Nach erfolgter Ausführung der Abfrage auf einem Rechenknoten erhält der Kontrollknoten die Antwort zurück und gibt diese an den Client weiter. Der Rechenknoten ist die Verbindung zwischen der *Data Warehouse Appliance* und dem Unternehmensnetzwerk. Der Kontrollknoten ist Teil eines Aktiv-passiv-Clusters und wird zur Verwaltung und Überwachung von Abfragen genutzt. Es können Details zu ausgeführten Abfragen mit den zugehörigen Informationen, wie Dauer und Verteilung über die Knoten, angezeigt werden. Als Treiber für Parallel Data Warehouse werden ODBC, OLE DB, JDBC und ADO.NET in der 32- und 64-Bit-Version sowie DWSQL implementiert.

Zusätzlich sind auf dem Kontrollknoten Metadaten gespeichert, die Informationen zu den einzelnen Benutzerkonten, zur gesamten DWH-Konfiguration, zum Schema und der Verteilung der TEMPDB enthalten. Der MPP Engine Coordinator auf dem Kontrollknoten lässt die Architektur nach außen hin wie eine normale SQL-Server-Instanz aussehen. Er übernimmt die Verteilung und das Aufbrechen der Daten innerhalb der Architektur und ist für die Authentifizierung zuständig. Der *Data Movement Service* verteilt die Queries auf dem System.

22.6.2 Rechenknoten

Die einzelnen Rechenknoten bestehen sowohl aus Windows Server als auch aus SQL Server (jeweils in aktuellen Versionen), arbeiten autonom und speichern Nutzdaten. Jeder Knoten besteht aus einem perfekt abgestimmten symmetrischen Multiprozessorsystem und kommuniziert über Standardschnittstellen. Ein direkter Zugang aus dem Unternehmensnetzwerk ist nicht möglich. Ein Dienst läuft auf jedem Rechenknoten und sorgt für die Bewegung der Daten zwischen den Knoten. Die Rechenknoten sind Bestandteil einer *N+1-Failover-Cluster*-Lösung, und es ist immer ein Ersatzknoten vorhanden. Alle Knoten sind in einem privaten Netzwerk vereint.

22.6.3 ETL-Prozessknoten

Der Knoten für die ETL-Prozesse ist mit dem internen und externen Netzwerk verbunden. Er wird verwendet, um Daten per ETL in eine Staging-Datenbank zu befördern. Hier können ungestört Ladeprozesse stattfinden, bei denen die Daten aus unterschiedlichen Quellen in eine dafür vorgesehene Datenbank (Staging-Datenbank) geladen werden. Ein Auftrag des SQL Server Agents kann dann z. B. nachts SSIS-Pakete ausführen, die die Ladeprozesse durchführen. Eingehende Daten können so über die Knoten gelegt und in die entsprechenden Tabellen verteilt werden.

22.6.4 Backup-Knoten

Der Backup-Knoten ist letztendlich für die Sicherung und Wiederherstellung verantwortlich. Während eines Backup-Vorgangs wird eine Lesesperre über die Datenbank gesetzt. Sie wird während des gesamten Backup-Prozesses gehalten. *VDI* (*Virtual Device Interface* ist die Programmierschnittstelle für die API zum Sichern und Wiederherstellen) wird verwendet, um eine konsistente Sicht auf die Daten zu gewinnen. Für das Backup wird das SQL-Server-Backup eingesetzt. Dabei werden zwei Arten von Backups unterstützt: vollständiges und differenzielles Backup, wobei das differenzielle das vollständige voraussetzt. Die Vorgänge können mithilfe von Sichten überwacht werden. Dazu wurden folgende Sichten implementiert:

- `sys.dm_pdw_loader_backup_runs`
- `sys.dm_pdw_loader_backup_run_details`
- `sys.dm_pdw_loader_run_stages`

Das Parallel Data Warehouse ist so konzipiert, dass es vorkonfiguriert auf Industriehardware geliefert werden kann. Die Anforderungen hinsichtlich Datenvolumen und Performance werden analysiert und entsprechende Lösungen bereitgestellt. Diese Systeme sind bereits ausgewogen, um Engpässe zu vermeiden, und für eine effektive Hardwarenutzung optimiert, um eine hohe Leistung zu erzielen. Ein anderer Vorteil besteht in der weiteren Nutzung der Hardware, die später für Server in anderen Rollen verwendet werden kann. Alle Aspekte des Data Warehouses sind auf eine Optimierung der einzelnen Knoten hin ausgerichtet. Das Gesamtziel ist sequenzieller I/O, verteilt über alle Rechenknoten.

22.7 Datenlayout – PDW-Schemadesign

22.7.1 Verteilung von Datenbanken und Tabellen

Die Anwendung partitioniert große Datenbanktabellen auf mehrere physische Knoten, wobei jeder Knoten eine eigene Instanz von SQL Server ausführt. Stellt ein Bericht eine Verbindung mit SQL Server Parallel Data Warehouse her, um Berichtsdaten abzurufen, wird wiederum eine Verbindung mit dem Kontrollknoten hergestellt. Der Kontrollknoten verarbeitet die Abfrage in der SQL-Server-PDW-Anwendung. Nachdem eine Verbindung hergestellt wurde, arbeiten Sie mit einer SQL-Server-Instanz in einer SQL-Server-PDW-Umgebung wie mit anderen Instanzen. Um Daten in einem Bericht einzuschließen, wird ein Dataset benötigt, das auf dem Datenquellentyp Microsoft SQL Server Parallel Data Warehouse basiert. Wird eine Datenbank erstellt, wird ihr Platz für replizierte Tabellen, verteilte Tabellen und das Transaktionsprotokoll zugeteilt.

Das folgende Beispiel zeigt das Anlegen einer Datenbank mit Zuweisung von Replicated und Distributed Size:

```
CREATE DATABASE Demo
(autogrow = ON,REPLICATED_SIZE = 2024 GB,DISTRIBUTED_SIZE = 16384 GB,LOG_
SIZE = 9000 GB)
go
CREATE TABLE factSales
(
SalesID bigint NOT NULL,
SalesAmount decimal (12,2),
Qnatity decimal(8,3)
) WITH (DISTRIBUTION = HASH (SalesID));
```

Listing 22.1 Erstellen einer Datenbank mit Tabelle im Parallel Data Warehouse

Hinsichtlich des Datenlayouts gibt es somit verschiedene Möglichkeiten:

- *Replicated*: eine Tabelle, die als vollständige Kopie auf jedem einzelnen PDW-Datenknoten liegt

- *Distributed*: Eine Tabellenstruktur, die auf einer Spalte gehasht wird und sich gleichmäßig auf alle Datenknoten auf der Appliance verteilt. Jede Distribution ist eine separate physische Tabelle im DBMS.
- *Ultra Shared Nothing*: Die Möglichkeit, ein Schema mit beiden Varianten zu entwerfen. Verteilte und replizierte Minimierung der Verschiebung von Daten zwischen Knoten.

Beim Ausführen der `CREATE TABLE`-Anweisung wird das Kommando über den Engine Service zunächst in der SQL-Server-Shell ausgeführt. Es erfolgen das Parsen, die Bindung und der Prozess der Autorisierung. Vom Engine Service wird dann die Anweisung auf den einzelnen Rechenknoten umgesetzt. Nach der erfolgreichen Ausführung wird das Ergebnis vom Engine Service zurückgegeben.

22.7.2 Tabellen, Sichten und Indizes

Ein besonderes Thema sind Indizes. Wie bereits erwähnt, liegt der Fokus auf einem sequenziellen I/O. Während Indizes bei Transaktionssystemen eine große Rolle für die Performance spielen, müssen Sie bei OLAP-Systemen einiges berücksichtigen. Insbesondere gruppierte Indizes können zufälligen I/O verursachen. Insofern sollten Sie beginnen, Tabellen als Heaps anzulegen, das heißt als Tabellen, die nicht über einen gruppierten Index verfügen. Dabei sollten Sie nach folgender Faustregel vorgehen: Prüfen Sie alles, was mehr als fünf Indizes pro Tabelle hat, weil MPP-Systeme damit in der Regel besser umgehen können. Sichten sind genau wie in SQL Server zulässig und können zur Eingrenzung von Daten genutzt werden. Dagegen werden indizierte Sichten nicht unterstützt. Ein neues Thema zur Verbesserung der Leistung sind die *Columnstore-Indizes*, die wir in Kapitel 18, »Problembehebung und Performance-Tuning«, erläutert haben.

22.7.3 Daten laden

Das Laden von Daten erfolgt überwiegend auf der ETL-Ladeschnittstelle (ETL-Landing-Zone) für Textdateien oder SSIS-Jobs. Daten werden meist im Batch mittels `BULK INSERT` geladen. Die SQL Server Integration Services bieten seit SQL Server 2012 eine neue Zielkomponente *PDW Ziel* an. *DWLoader* ist ein neues Kommandozeilentool, das Daten aus der Landing Zone parallel in die Knoten laden kann.

Das Laden über den DWLoader-Prozess erfolgt in zwei Schritten. Zu Beginn wird der Load Manager instanziiert, es werden Staging-Tabellen angelegt, und die Daten werden von der Landing Zone parallel in den Staging-Bereich – die Zieltabellen – mittels Data Movement Service geladen. Der DWLoader nutzt die SQL-Anweisungen `INSERT` und `MERGE`, um die Daten von den Staging-Tabellen in die Zieltabellen zu kopieren.

22.7.4 Backup von Daten

Es gibt ein koordiniertes Backup über alle Knoten hinweg. Dieses wird über ein vollständiges oder differenzielles Backup-Kommando ausgeführt. Darüber hinaus gibt es ein Metadaten-Backup, mit dem z. B. die Master-Datenbank des Parallel Data Warehouses gesichert wird, um später das Parallel Data Warehouse wiederherstellen zu können. Beim Restore ist es möglich, von einem kleinen Parallel Data Warehouse auf ein großes zu wechseln, der umgekehrte Weg ist nicht möglich.

22.8 Verwaltung

Für die Verwaltung werden unterschiedliche Tools zur Verfügung gestellt: Neu ist das Kommandozeilentool *dwsql*, das es ermöglicht, mit dem Parallel Data Warehouse von der Konsole aus zu arbeiten. Eine webbasierte administrative Oberfläche dient zur Verwaltung und zum Monitoring. Dazu können Abfragen, Ladeprozesse, Backup und der Status der gesamten Appliance eingesehen werden.

Kapitel 23
Die Reporting Services

Die Reporting Services von SQL Server sind neben den Integration Services und Analysis Services eine weitere wichtige Säule im Bereich Business Intelligence. Erst mit Hilfe der Visualisierung von Unternehmensdaten ist es oftmals möglich, fundierte Entscheidungen zu treffen. Gleichgültig, ob Unternehmensleitung, Controller, Power-User oder Administratoren, sie alle benötigen Informationen und Daten in einer für sie entsprechend aufbereiteten Form.

Das Thema Reporting ist sehr komplex. In diesem Kapitel geben wir Ihnen eine einfache und gezielte Einführung. Der Schwerpunkt liegt auf der Konfiguration der Reporting Services, dem Erstellen von einfachen Berichten und deren Veröffentlichung.

23.1 Neuerungen in den Reporting Services

Mit der Version 2016 von SQL Server wurde der Fokus auf Mobile Reports gelegt. Dafür wurden die Reporting Services sehr stark verändert. Jetzt können Berichte auch direkt für Mobile Devices wie z. B. Smartphones und Tablets generiert werden. Zu den Neuerungen gehören:

Neuerungen in den Reporting Services 2016

- Reporting Services Web Portal
- Mobile Reports
- Unterstützung des SharePoint Modus und des SharePoint 2016
- Unterstützung für das Microsoft .NET Framework 4
- diverse Verbesserungen der Berichte und des Report Builders

Neuerungen in den Reporting Services 2017

- Die Reporting Services wurden ausgegliedert und müssen jetzt separat heruntergeladen werden.
- Berichte können kommentiert werden.
- DAX-Abfragen in den Reporting Tools
- REST-API-Unterstützung

Neuerungen in den Reporting Services 2019

- Die Reporting Services Datenbanken können jetzt in Azure gehostet werden.
- verbesserte Unterstützung der SQL Server Data Tools
- Unterstützung von alternativem Text für Berichtselemente
- SSRS unterstützt transpatente Datenbankverschlüsselung.
- weitere Verbesserungen des Report Builders

Viele Neuerungen haben wir bereits kurz in Kapitel 1, »Die Versionsgeschichte von SQL Server«, beschrieben, so dass wir uns in diesem Kapitel mit den Reporting Services vom Grundsatz her beschäftigen und in den Workshops mit Ihnen gemeinsam Beispiele erarbeiten.

In vielen Seminaren beginnen wir zuerst mit einem kurzen Überblick, um die Bedeutung und Möglichkeiten von SQL Server über die Funktionalitäten der Datenbank hinaus zu erläutern. Gerade beim Reporting wird schnell klar, dass es ein Thema für alle Bereiche des Unternehmens ist. Gleichgültig, ob wir den Salesmanager nehmen, der tagtäglich die Umsatzzahlen seiner Mitarbeiter benötigt, oder die Geschäftsleitung, die mithilfe von Key Performance Indicators die wesentlichen Unternehmensbereiche im Blick haben will, sie alle benötigen aufbereitete Zahlen und Daten. Die Voraussetzungen der Mitarbeiter im Unternehmen sind sehr verschieden. Entsprechend hat Microsoft bis zu SQL Server 2019 die Möglichkeiten weiter verbessert, um diesen unterschiedlichen Zielgruppen gerecht zu werden. Sehr hilfreich für Mitarbeiter, die keine Entwickler sind, ist hier vor allem der Report Builder.

Schauen wir uns zunächst die unterschiedlichen Anforderungen der einzelnen Zielgruppen etwas näher an. Eines der Kernziele für Administratoren besteht unter anderem darin, einen hohen Automatisierungsgrad in Bezug auf das Datenbanksystem zu erreichen. Gerade hier können die Reporting Services dabei helfen, dass kritische Systemzustände gar nicht erst erreicht werden. Die Anzeige von Informationen über das Sperrverhalten, Systemengpässe oder Warnungen helfen dem Administrator, das System besser zu überblicken und rechtzeitig zu reagieren.

Power-User hingegen sind es gewohnt, im Bereich Berichtswesen mit Anwendungen aus dem Office-Bereich zu arbeiten, und hier vor allem mit Microsoft Excel. Ein sehr häufig genutztes Feature sind dabei *Pivot-Tabellen*. Für diese Zielgruppe ist es wichtig, dass der Schwerpunkt ihrer Arbeit nicht darin besteht, sich mit Visual Studio auseinanderzusetzen. Diese User möchten eine Anwendung, mit deren Hilfe sie ihre fachlichen Anforderungen einfach und schnell umsetzen können, ohne dabei viel Zeit in die Einarbeitung zu investieren.

23.2 Bereitstellung und Skalierung der Reporting Services

Die Bereitstellung der Reporting Services kann in unterschiedlichen Szenarien umgesetzt werden. Die Einzel-Server-Bereitstellung erfolgt gewöhnlich auf einem Windows-Server und hat zur Folge, dass alle Services auf diesem Server ausgeführt werden.

Die Einzel-Server-Bereitstellung eignet sich für gleichbleibende Anforderungen, bei denen der Server genügend Ressourcen zur Verfügung stellen kann. Das sind vor allem kleine bis mittlere Anforderungen an die Reporting Services. Auch für Administratoren und Entwickler, die Lösungen auf Basis der Reporting Services entwickeln und einsetzen, ist diese Variante geeignet.

Je nach Unternehmensgröße und Anzahl der Anforderungen an eine Report-Server-Instanz werden die Leistungsgrenzen erreicht. In solchen Fällen wird sehr gern die Möglichkeit der Skalierung genutzt. Der nächste Schritt im Zuge der Leistungsverbesserung besteht dann in einer Trennung von *Berichtsserver* und *Berichtsserver-Datenbank* (siehe Abbildung 23.1).

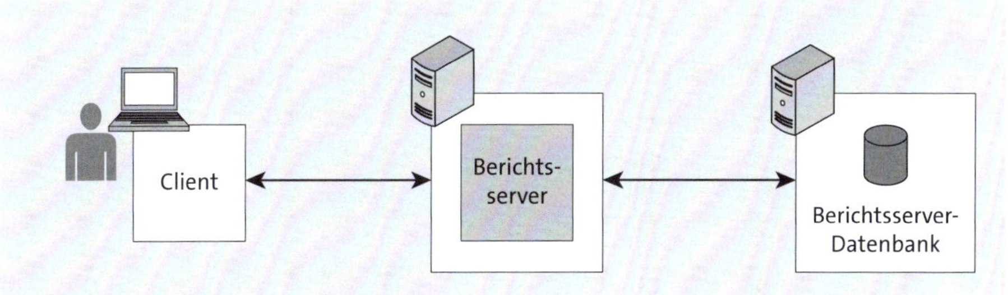

Abbildung 23.1 Trennung von Berichtsserver und Datenbankserver

Diese Lösung bietet den Vorteil, dass Ressourcen, die Hardware nutzen, auf mehrere Server verteilt werden. Datenbank und Reporting Services müssen sich nicht eine Hardware teilen. Somit verbessert sich die Leistung gegenüber dem ersten Szenario.

Bei einer Bereitstellung für horizontales Skalieren werden zwei oder mehr Berichtsserver-Instanzen erstellt, die gemeinsam eine einzige Berichtsserver-Datenbank nutzen. Durch solche Skalierungsverfahren ist es möglich, die Anzahl der Benutzer, die parallel auf einen Bericht zugreifen, zu erhöhen und entsprechend die Last auf die jeweiligen Instanzen zu verteilen. Es wird empfohlen, eine gleiche Konfiguration für die einzelnen Berichtsserver-Instanzen vorzunehmen. Das ist jedoch nicht zwingend notwendig, vor allem nicht, wenn eine funktionale Trennung zwischen Abonnementberichtsverarbeitung und interaktiver Verarbeitung erfolgt.

Szenarien für horizontales Skalieren

- Mehrere Instanzen werden in einem *Lastenausgleichsverbund* ausgeführt.
- Die Verfügbarkeit von Reporting Services bei Ausfall erhöht sich.
- Einzelne Dienste werden isoliert.
- Berichtsserver-Instanzen werden in einer Lastenausgleichslösung ausgeführt, um eine bedarfsgesteuerte Berichterstellung im großen Umfang zu unterstützen.
- Die Verfügbarkeit des Berichtsservers erhöht sich.
- Isolieren von Dienst-Features auf bestimmten Computern ermöglicht eine maximale Nutzung aller verfügbaren Systemressourcen, während dieselben Daten derselben Berichtsserver-Datenbank aber trotzdem gespeichert und abgerufen werden können.

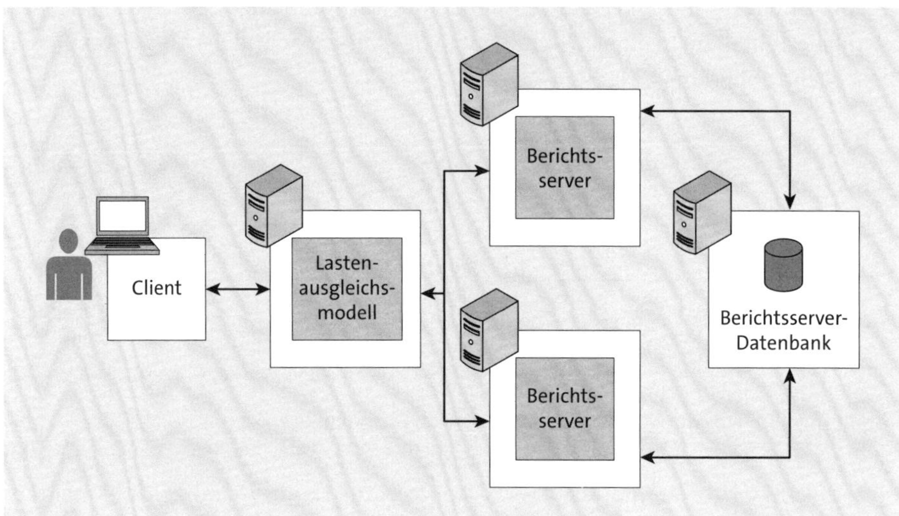

Abbildung 23.2 Lastenausgleich und horizontale Skalierung

Es besteht natürlich auch die Möglichkeit, die Datenbank der Reporting Services zusätzlich durch einen *Failover-Cluster* abzusichern. Wie Sie in Abbildung 23.3 sehen, erfolgt eine Kombination aus Lastenausgleich und Failover. Reporting Services enthalten keine Features hinsichtlich dieser Technologien. Sie basieren lediglich auf der Funktionalität der Microsoft-Clusterdienste oder Lösungen anderer Hersteller.

Ebenso sind Kombinationen denkbar, bei denen Sie sich entschließen, für eine interaktive Bereitstellung den Lastenausgleich einzusetzen und zusätzlich für die geplante Verarbeitung von Berichtsanforderungen einen weiteren Server hinzuzufügen.

Wie Abbildung 23.4 zeigt, werden hier einzelne Szenarien für die horizontale Skalierung kombiniert.

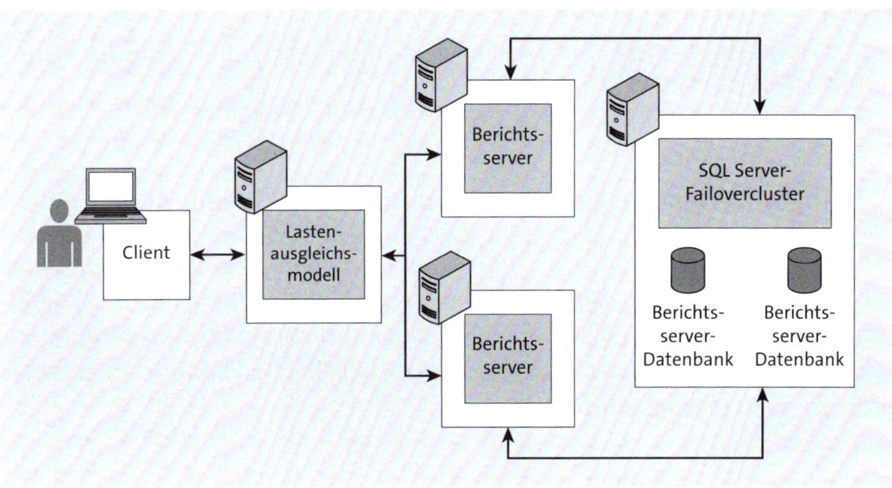

Abbildung 23.3 Lastenausgleich in Verbindung mit einem SQL-Server-Failover-Cluster

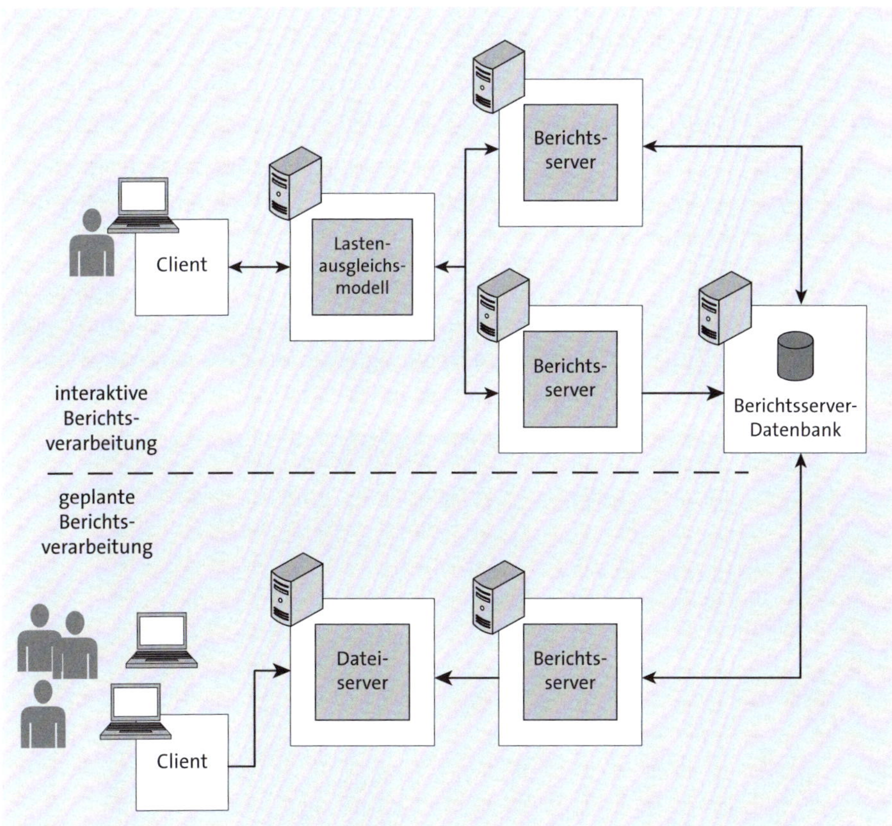

Abbildung 23.4 Erweiterte Bereitstellung für interaktive und geplante Berichts-verarbeitung

Nachdem wir nun vorab über die Möglichkeiten sowie die Bereitstellung und Skalierung der Reporting Services gesprochen haben, möchten wir Ihnen die Installation und die schrittweise Konfiguration der Reporting Services näher erläutern.

23.3 Installation und Konfiguration im einheitlichen Modus

Bei der Installation der Reporting Services müssen Sie sich entscheiden, ob Sie diese als BI-Funktionen von SQL Server gemeinsam mit SharePoint (PowerPivot und Reporting Services) oder im eigenständigen, einheitlichen Modus nutzen möchten. Widmen wir uns zunächst der eigenständigen Installation und Konfiguration der Reporting Services im einheitlichen Modus.

23.3.1 Die Installation

Seit SQL Server 2017 sind die Reporting Services nicht mehr im SQL Server-Installationspaket enthalten. Da die Reporting-Services sinnvollerweise oft auf eigenen Servern betrieben werden, hat Microsoft ein eigenes Installationspaket daraus gemacht. Die Reporting Services können extrem leistungshungrig sein und könnten deshalb, bei Betrieb auf einem Datenbankserver, dringend benötigte Ressourcen belegen.

Für die Entwicklung ist es natürlich immer noch möglich, alle Services auf einem Server/Laptop zu betreiben. Aber natürlich sollten Sie vor dem Produktivgang einen realistischen Lasttest durchführen.

Falls Sie nicht bereits die ISO-Datei von SQL Server heruntergeladen haben sollten, holen Sie dieses nun nach und Entpacken die ISO-Datei. Starten Sie mit einem Doppelklick auf *setup.exe*; Zunächst wählen Sie die benötigte Edition aus und geben, wenn erforderlich, den Product Key (Produkt- oder Lizenzschlüssel) ein (Abbildung 23.5).

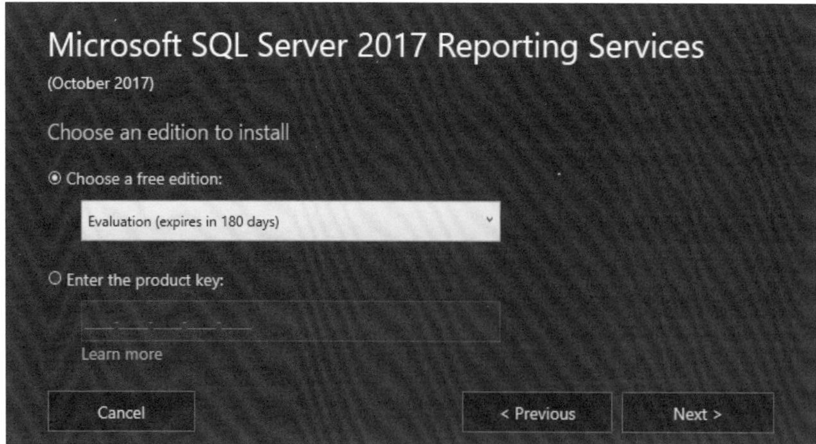

Abbildung 23.5 Auswahl von Edition und Eingabe Product Key

Bestätigen Sie im Anschluss die Lizenzbedingungen, indem Sie das Häkchen bei ICH AKZEPTIERE DIE LIZENZBEDINGUNGEN (englisch: I ACCEPT THE LICENSE TERMS) setzen und auf WEITER (NEXT) klicken (Abbildung 23.6).

Abbildung 23.6 Lesen und akzeptieren Sie die Lizenzbedingungen.

23

Damit sind die Vertragsbedingungen geklärt, und Sie können sich um die technischen Voraussetzungen der Installation kümmern. Im folgenden Schritt ist die Vorauswahl für Sie bereits getroffen; klicken Sie daher erneut auf WEITER (NEXT), und geben Sie im anschließenden Fenster einen Installationspfad an (Abbildung 23.7). Falls notwendig, können Sie bei der Auswahl des Speicherortes direkt einen neuen Ordner anlegen.

Wenn Sie bei der Installation gleich auswählen, dass die Konfiguration sofort erfolgen soll, müssen Sie hinsichtlich einer Standardkonfiguration nichts weiter unternehmen. Die Reporting Services sind dann installiert und vorkonfiguriert. Wenn Sie sich bei der Installation dafür entschieden haben, die Konfiguration nach erfolgter Installation auszuführen, müssen Sie die Reporting Services separat konfigurieren.

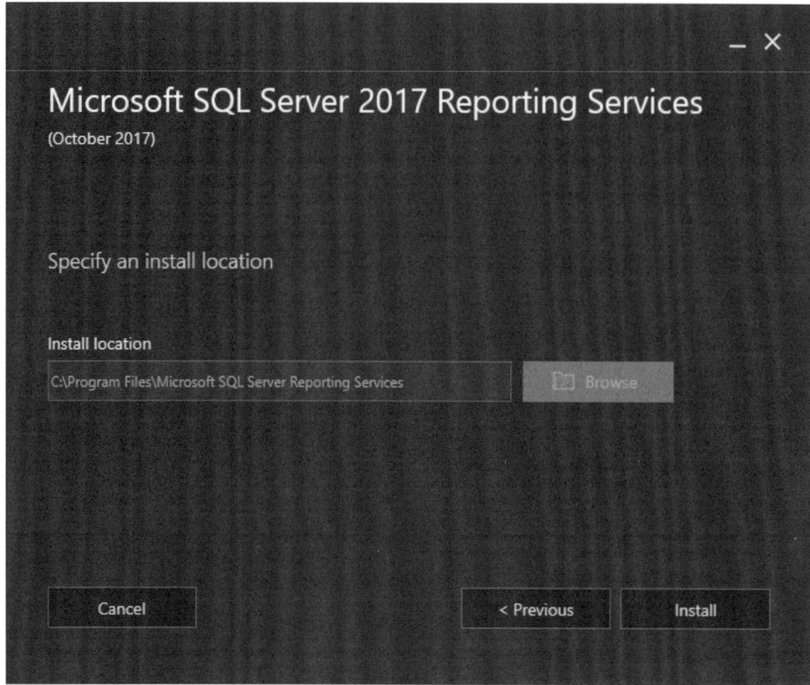

Abbildung 23.7 Install Location (Installationsort)

23.3.2 Die Konfiguration

In den folgenden Schritten führen wir Sie exemplarisch durch die Konfiguration der Reporting Services.

1. Starten Sie den Konfigurationsmanager für die Reporting Services. Dazu wählen Sie im Startmenü MICROSOFT SQL SERVER REPORTING SERVICES • REPORT SERVER CONFIGURATION MANAGER. Stellen Sie zuerst eine Verbindung zu der installierten Reporting-Services-Instanz her.

   Wie Sie in Abbildung 23.8 erkennen, besteht die Möglichkeit, nach vorhandenen Instanzen zu suchen.

2. Klicken Sie auf VERBINDEN (englisch: CONNECT), um sich mit der Instanz der Reporting Services zu verbinden.

   Nachdem Sie verbunden sind, verschaffen Sie sich einen Überblick über die einzelnen Bereiche. Falls Sie sich während der Installation bereits für die Konfiguration der Reporting Services entschieden haben, finden Sie eine vollständig konfigurierte Umgebung vor.

   Auf der ersten Registerkarte werden zunächst allgemeine Informationen zur aktuellen Berichtsserver-Instanz angezeigt. Hier lässt sich lediglich der Dienst starten und beenden (siehe Abbildung 23.9).

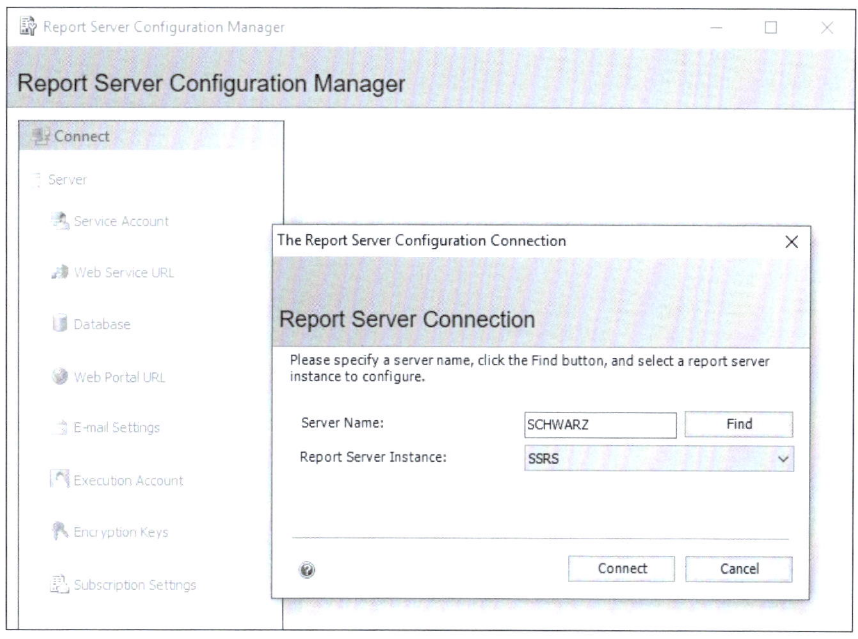

Abbildung 23.8 Verbindung zu den Reporting Services herstellen

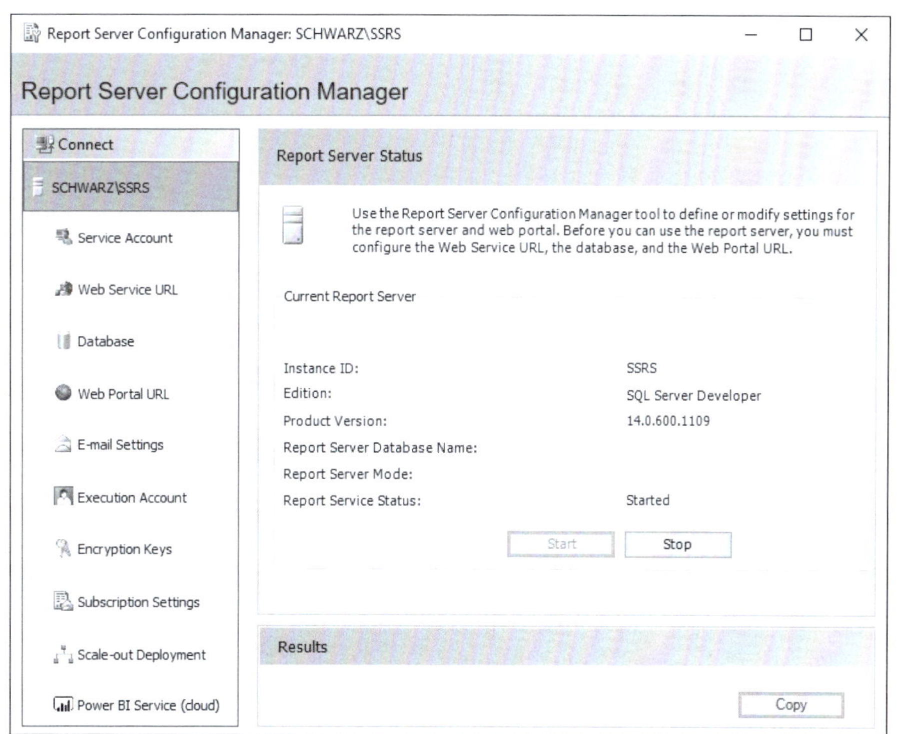

Abbildung 23.9 Kategorien der Reporting-Services-Konfiguration

3. Wählen Sie als Nächstes die Kategorie DIENSTKONTO (SERVICE ACCOUNT) aus. Diese Registerkarte ermöglicht es Ihnen, ein Benutzerkonto anzugeben, das für den Dienst unter Windows verwendet wird.

   Wie Sie in Abbildung 23.10 sehen, können Sie für den Dienst ein integriertes Konto oder ein dediziertes Systemkonto verwenden. Dazu sollten Sie wie in Kapitel 4, »Installation von SQL Server und Aktualisierung auf neue Versionen«, bereits beschrieben, das im Vorfeld der Installation angelegte dedizierte Domänenbenutzerkonto verwenden.

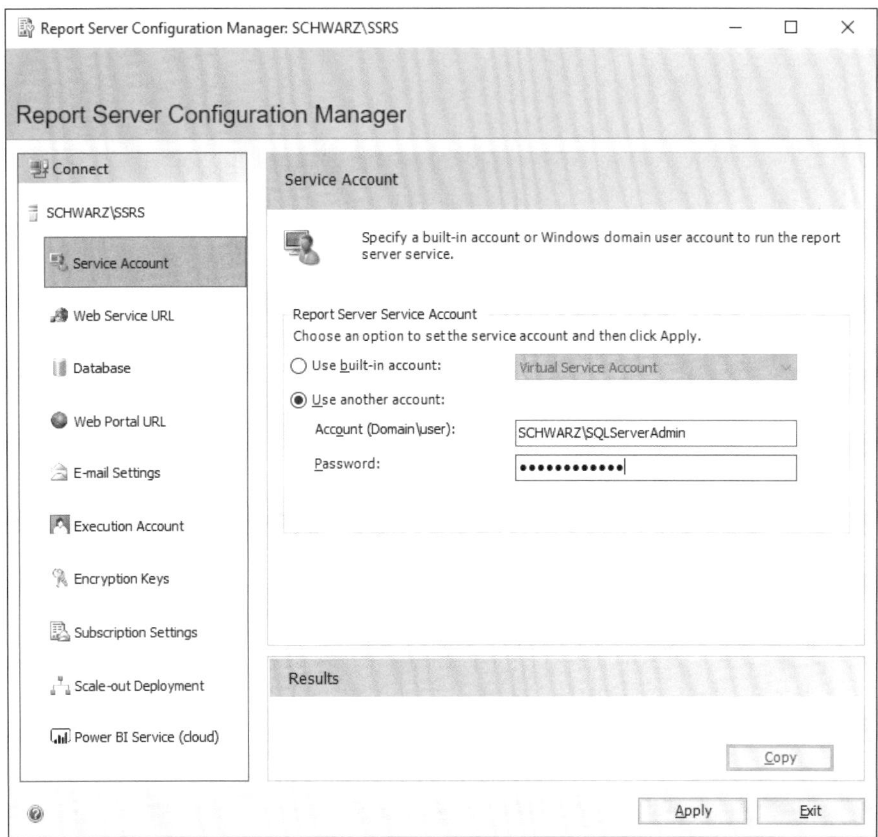

Abbildung 23.10 Dienstkonto, unter dem der Service ausgeführt wird

Hinweis

Seit SQL Server 2008 sind die Reporting Services vollständig als Webservice implementiert. Somit ist es nicht mehr erforderlich, den *Internet Information Server* (*IIS*) zu installieren.

Die Integration der Reporting Services in SharePoint ist nach SQL Server 2016 nicht mehr möglich.

4. Wechseln Sie in die Kategorie WEBDIENST-URL (WEB SERVICE URL).

   In Abbildung 23.11 erkennen Sie das virtuelle Verzeichnis für den Berichtsserver-Webdienst, die IP-Adresse, den Port, das SSL-Zertifikat und den SSL-Port. Außerdem wird jeweils die URL angezeigt, unter der der Berichtsserver zu erreichen ist.

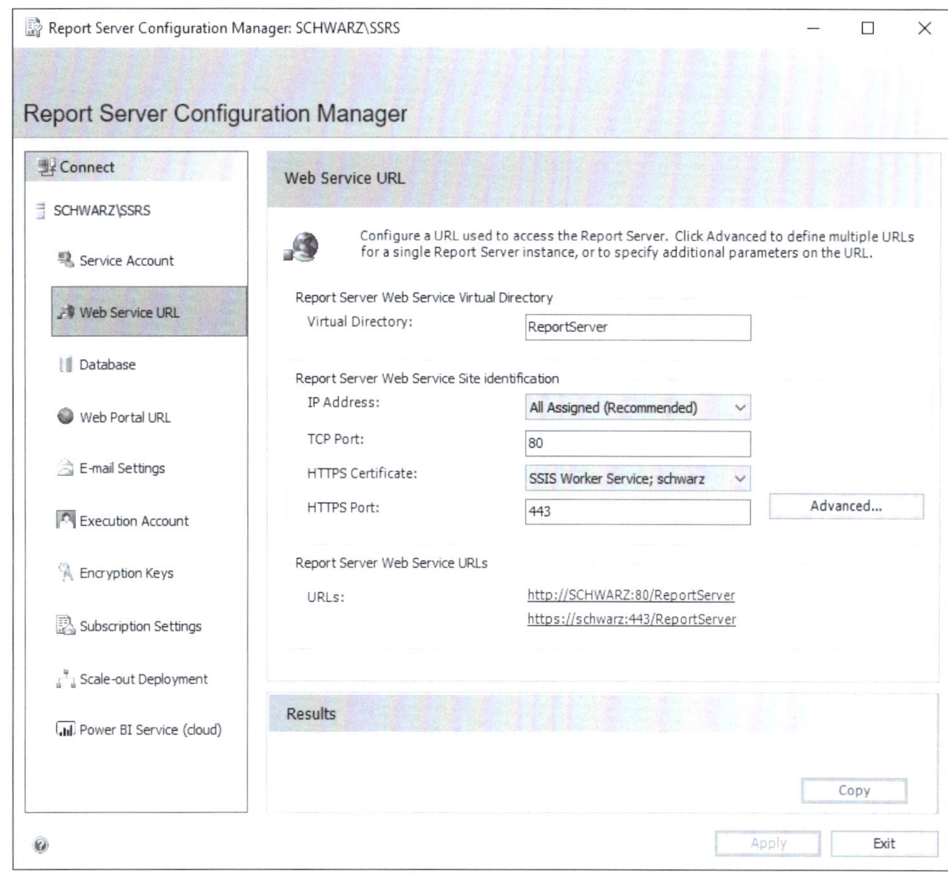

Abbildung 23.11 Webdienst-URL des Report-Servers

An dieser Stelle bietet sich ein erster Test an. Wählen Sie dazu jeweils die angezeigten Links aus. Die zugehörigen URLs werden aufgerufen, und der Zugriff auf das Verzeichnis des Berichtsservers und des Berichtsmanagers erfolgt. Abbildung 23.12 zeigt die Webseite des Berichtsservers, Abbildung 23.13 die Webseite des Berichtsmanagers.

Nach dem Aufruf der URL zum Report-Server ist sicher, dass der Berichtsserver erfolgreich konfiguriert ist und die Seite korrekt angezeigt werden kann. Später sind hier Links zu sehen, die auf die erstellten Berichte, Datenquellen, Datasets etc. verweisen.

Abbildung 23.12 Webseite-URL des Report-Servers

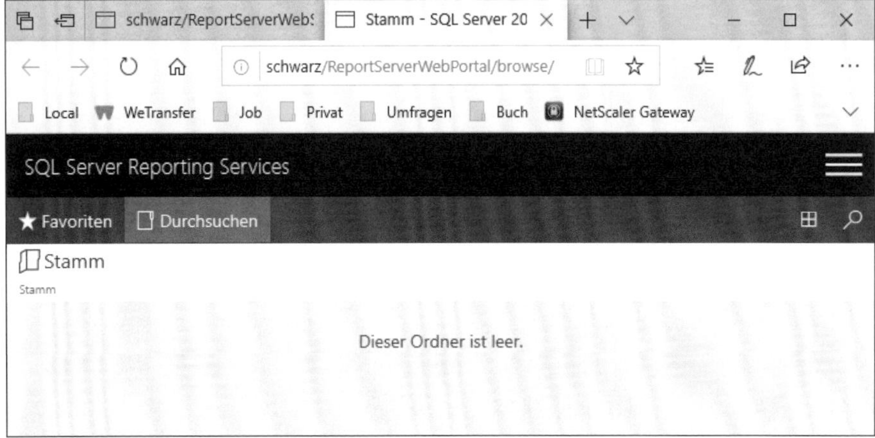

Abbildung 23.13 Der Report-Manager nach der Installation

Der Berichtsmanager ist ebenfalls noch ohne Objekte. Er ermöglicht es später den einzelnen Benutzern, je nach Berechtigung auf die Berichte zuzugreifen. Später müssen Sie hier noch die Berechtigungen für die einzelnen Objekte (Berichte, Ordner, Datenquellen) konfigurieren. So können Sie z. B. das Verteilungssystem für Berichte so einrichten, dass Berichte automatisiert verteilt werden. Dies kann wiederum in einer Freigabe erfolgen, per E-Mail und auch datengestützt.

5. Wählen Sie als Nächstes die Kategorie DATENBANK (DATABASE) aus.

   Während der Installation der Reporting Services werden in SQL Server zwei Datenbanken (»ReportServer« und »ReportServerTempDB«) angelegt, konfiguriert und die Berechtigungen für den Zugriff des Dienstkontos auf diese Datenbanken vergeben. Sie können hier in der Kategorie DATENBANK (DATABASE) beide Datenbanken verwalten, neu anlegen und die Anmeldeinformationen ändern.

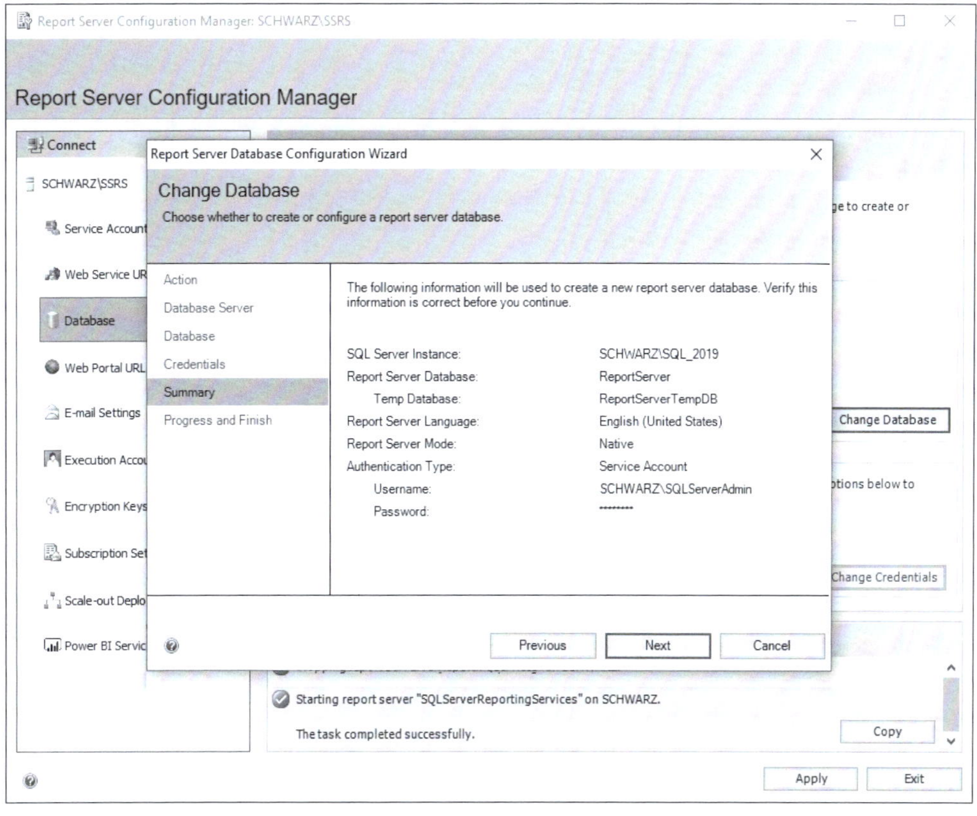

Abbildung 23.14 Konfiguration der Berichtsserver-Datenbanken

6. Um sich die Datenbanken anzusehen, starten Sie das SQL Server Management Studio und verbinden sich mit der Instanz von SQL Server.
7. Erweitern Sie den Knoten DATENBANKEN (DATABASE).

   In Abbildung 23.15 sehen Sie die zwei Datenbanken der Reporting Services. In einer der beiden Datenbanken, nämlich der Berichtsserver-Datenbank, befinden sich z. B. die im Kasten aufgeführten Objekte.

   Da sämtliche Berichtsdaten in der Berichtsserver-Datenbank abgelegt sind und beim Rendern eines Berichts die Metadaten aus der Datenbank gelesen werden müssen, ist eine Sicherung der Inhalte dieser Datenbank absolut notwendig.
8. Doch zurück zum Konfigurationsmanager: Klicken Sie in der Kategorie DATENBANK (DATABASE) auf DATENBANK ÄNDERN (CHANGE DATABASE), um in das Konfigurationsmenü zu gelangen.

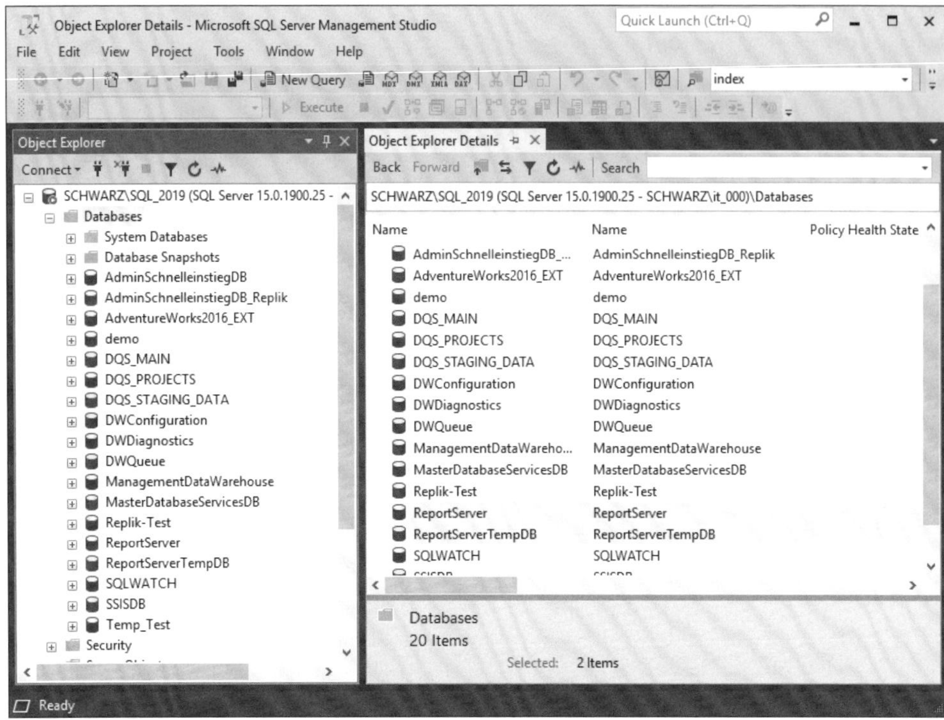

Abbildung 23.15 Die Report-Server-Datenbanken im Management Studio

Berichtsserver-Datenbank

- Berichte, freigegebene Datenquellen, Ordner und Berichtsmodelle
- Zeitplandefinitionen und Abonnements
- symmetrische Schlüssel
- Protokolldaten zur Berichtsausführung
- Snapshots von Berichten, Abfrageergebnisse und Berichtsverlauf
- Sicherheitseinstellungen

9. Im Dialog DATENBANK ÄNDERN (CHANGE DATABASE) wählen Sie den Menüeintrag NEUE BERICHTSSERVER-DATENBANK ERSTELLEN (CREATE A NEW REPORT SERVER DATABASE), dann geben Sie noch die Zugangsdaten ein, wie in Abbildung 23.16 zu sehen.

   Verwenden Sie zur Authentifizierung an SQL Server das Windows-Konto, das Sie bei der Installation von SQL Server als administratives Konto festgelegt haben, und klicken Sie auf WEITER (NEXT).

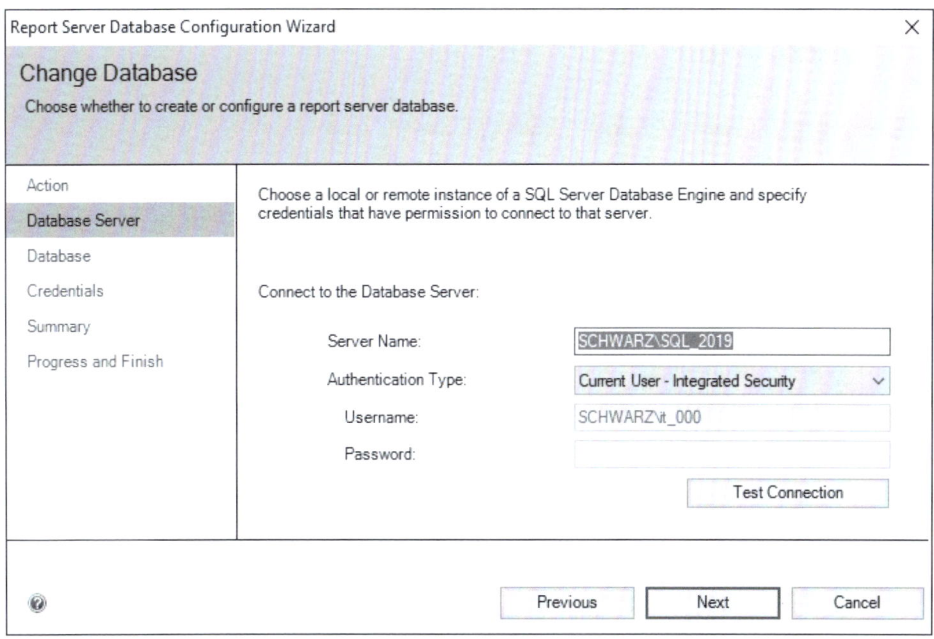

Abbildung 23.16 Authentifizierung

In Abbildung 23.17 erkennen Sie, dass der Assistent einen Standardnamen für die Berichtsserver-Datenbank vorschlägt. Der Name für die temporäre Datenbank wird von diesem Namen abgeleitet.

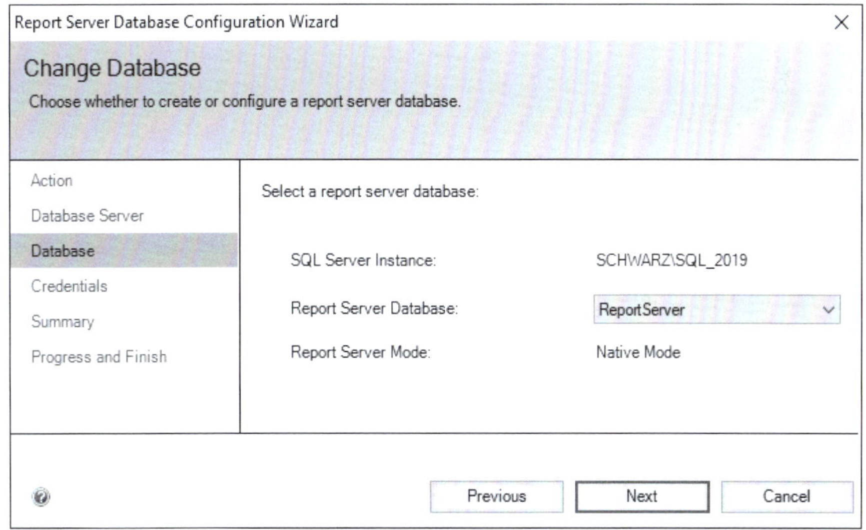

Abbildung 23.17 Datenbanknamen festlegen

10. Wechseln Sie jetzt durch einen Klick auf WEITER (NEXT) zur Kategorie ANMELDEINFORMATIONEN (CREDENTIALS).

    Sollte die »ReportServer«-Datenbank bereits vorhanden sein, erhalten Sie eine entsprechende Meldung, sonst gelangen Sie in den nächsten Dialog.

    Die Reporting Services sind als eigenständiger Dienst implementiert. Wird ein Report angefordert, muss der Service eine Verbindung zum Datenbankmodul herstellen, um die Metadaten für den Report zu laden. Aus diesen Metadaten wird anschließend der Bericht gerendert.

    Zum Verbinden müssen sich die Reporting Services am Datenbankmodul authentifizieren. Dazu ist es notwendig, einen Authentifizierungstyp mit den Anmeldeinformationen anzugeben.

    Wie Sie in Abbildung 23.18 sehen, haben wir hier als Benutzernamen das Dienstkonto für SQL Server angegeben.

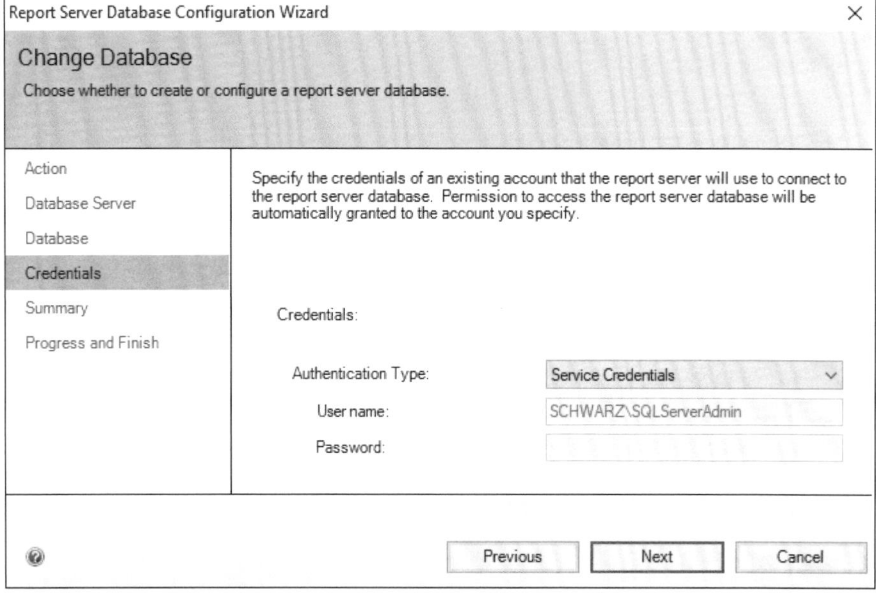

Abbildung 23.18 Anmeldeinformationen festlegen

Zum Abschluss der Konfiguration werden alle Informationen in der Übersicht noch einmal zusammengefasst (Abbildung 23.19). Die Änderungen werden bis hier zusammengetragen, und im nächsten Schritt erfolgen die Anpassungen. Klicken Sie auf WEITER (NEXT), um zum nächsten Schritt zu gelangen.

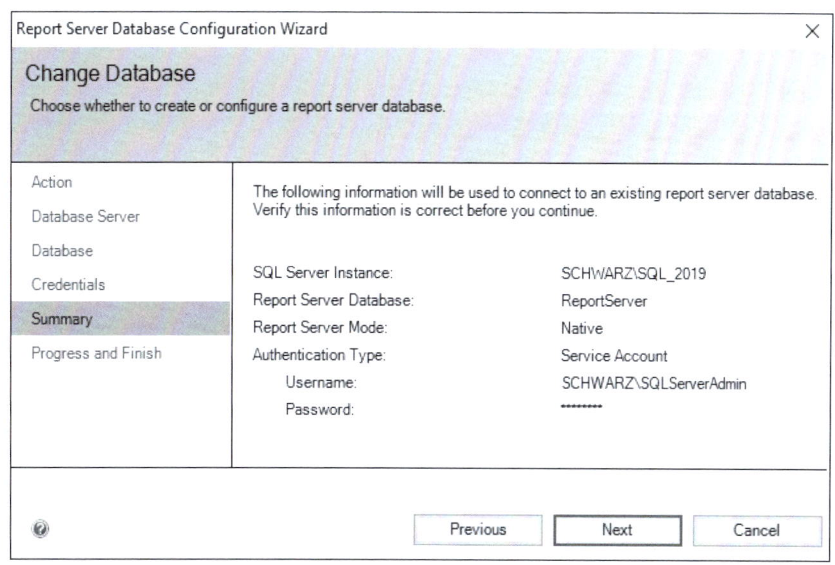

Abbildung 23.19 Zusammenfassung der Konfiguration

11. Klicken Sie zum Abschluss der Datenbankkonfiguration auf FERTIG STELLEN (FINISH), um diesen Dialog zu verlassen und zu den Hauptkategorien zurückzukehren.

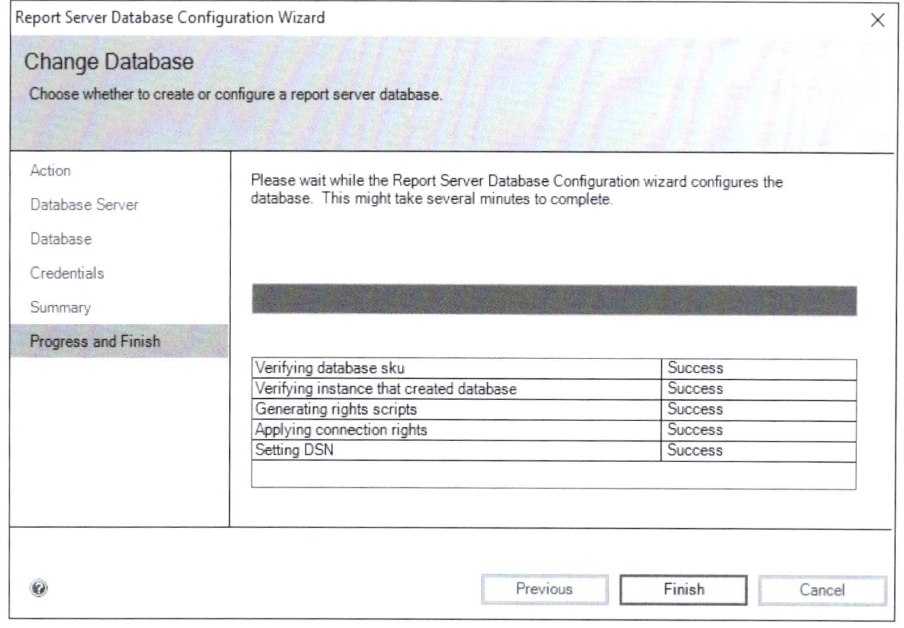

Abbildung 23.20 Fortsetzen und Fertigstellen

Im darauffolgenden Schritt konfigurieren Sie die URL für das Web Portal (siehe Abbildung 23.21).

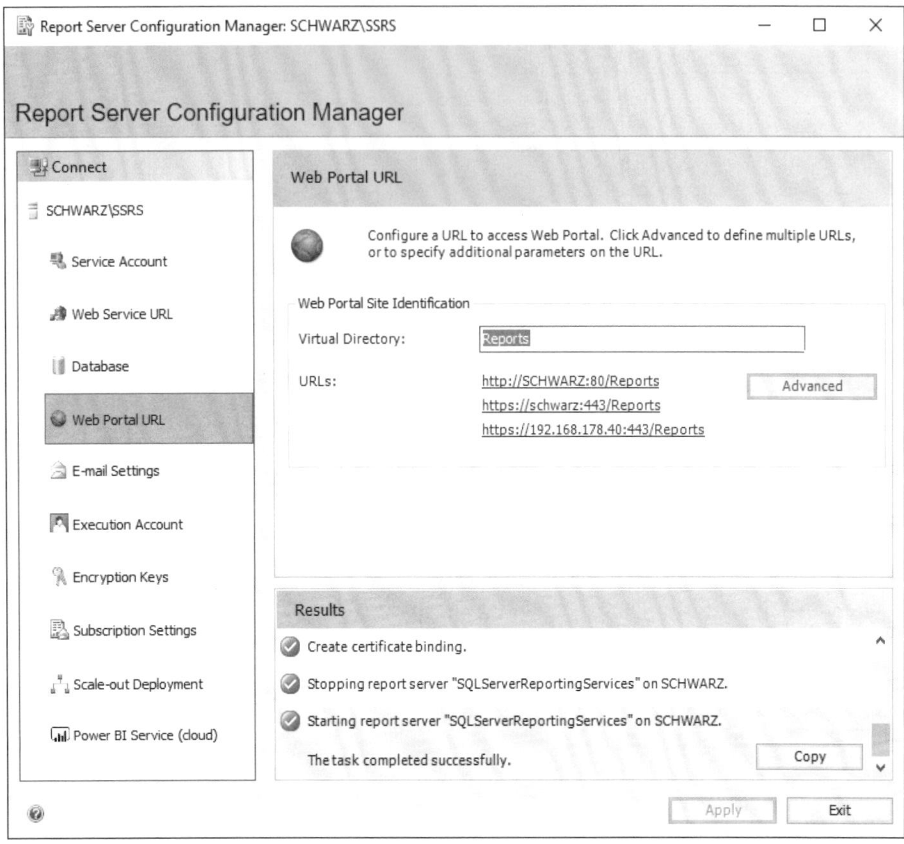

Abbildung 23.21 Konfiguration der Web Portal URL

Ein weiterer wichtiger Punkt sind die E-Mail-Einstellungen, die es ermöglichen, Berichte oder Berichtsverlaufsinformationen per E-Mail später automatisiert zu versenden.

1. Um die E-Mail-Einstellungen zu konfigurieren, klicken Sie auf die Kategorie E-Mail-Einstellungen (E-mail Settings).
2. In diesem Dialog müssen Sie einen SMTP-Server angeben, der verwendet werden soll, um später Berichte automatisiert per E-Mail zu versenden. Weitere Informationen zur Konfiguration eines Berichtservers für die E-Mail-Übermittlung finden Sie unter der folgenden Adresse: *https://docs.microsoft.com/en-us/sql/sql-server/install/configure-a-report-server-for-e-mail-delivery-ssrs-configuration-manager?view=sql-server-2014*. Die, zum Zeitpunkt der Drucklegung, aktuellste Version dieser Seite ist für SQL Server 2014, was aber kein Problem sein sollte.

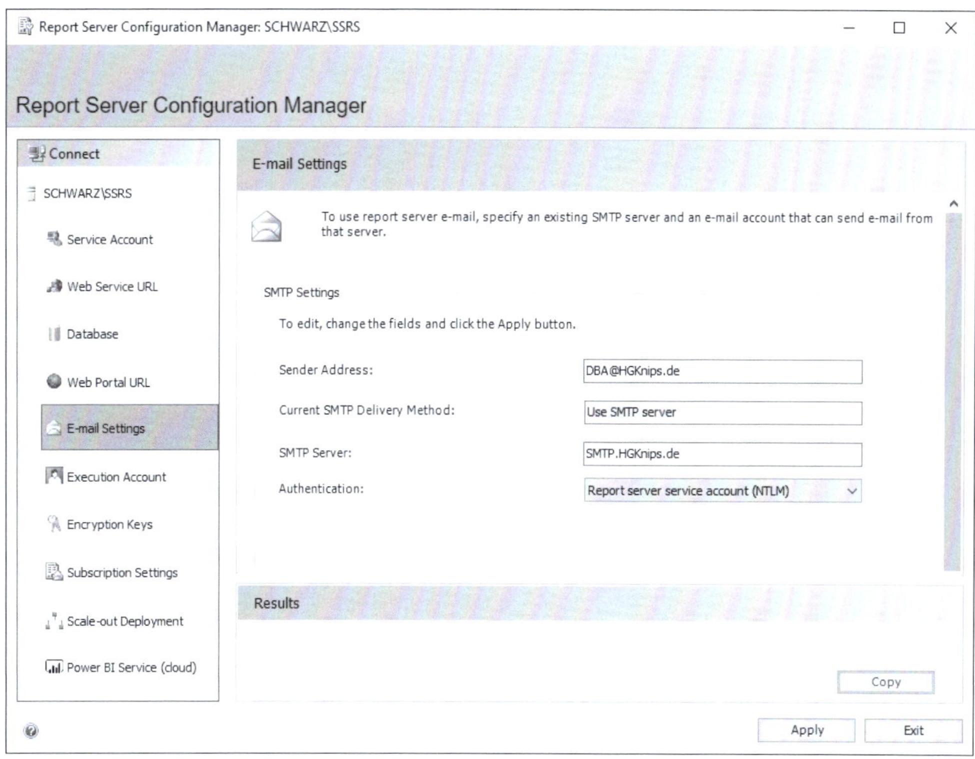

Abbildung 23.22 E-Mail-Einstellungen konfigurieren

Nach den E-Mail-Einstellungen können Sie noch einen ACCOUNT FÜR DIE AUSFÜHRUNG (EXECUTION ACCOUNT) konfigurieren. Dieser Account sollte möglichst geringe Berechtigungen haben, allerdings muss er die Daten, die für die Berichte erforderlich sind, abrufen dürfen.

Nicht weniger wichtig als die Mailkonfiguration ist die Konfiguration der VERSCHLÜSSELUNGSSCHLÜSSEL. (ENCRYPTION KEYS) Diese werden verwendet, um sensible Informationen, wie z. B. externe Datenquellen, zu verschlüsseln. Das zieht die Notwendigkeit nach sich, genau diesen Schlüssel zu sichern, damit er bei einem Ausfall des Report-Servers mit nachfolgender Wiederherstellung zur Verfügung steht.

1. Wechseln Sie zur Kategorie VERSCHLÜSSELUNGSSCHLÜSSEL (ENCRYPTION KEYS), und klicken Sie wie in Abbildung 23.23 auf die Schaltfläche SICHERN (BACKUP).
2. Es erscheint der Dialog zum Sichern des Schlüssels (Abbildung 23.24). Legen Sie Pfad, Dateiname und Passwort fest, und bestätigen Sie die Angaben mit OK.

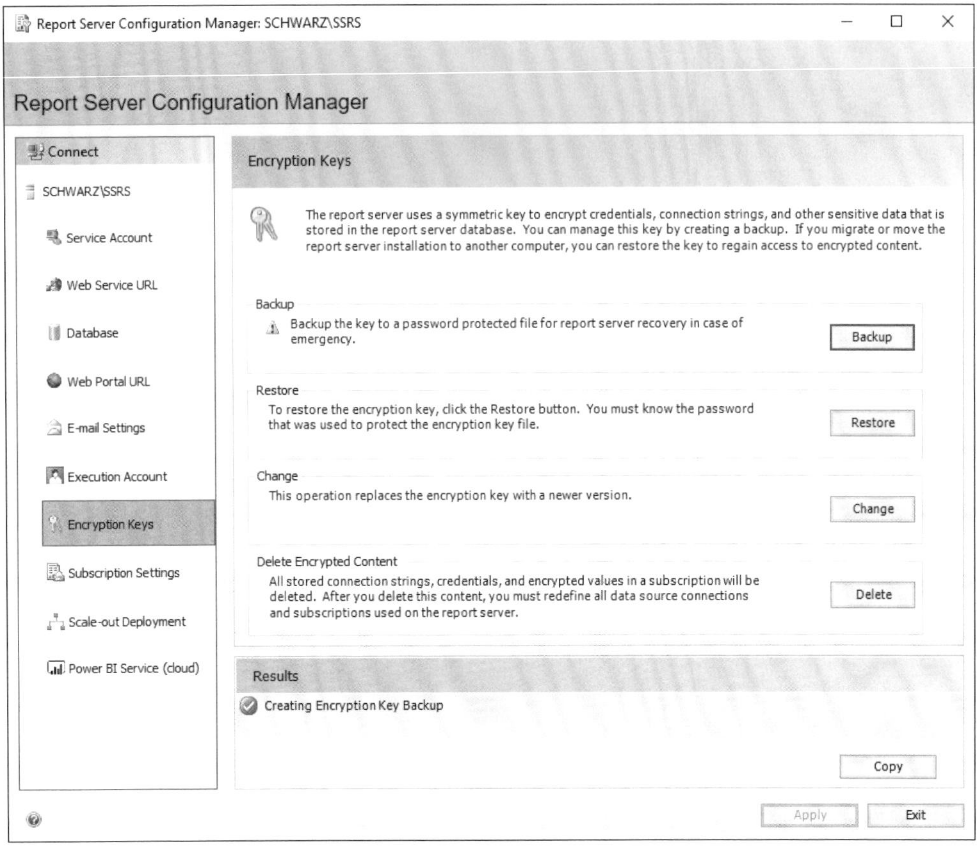

Abbildung 23.23 Konfiguration des Verschlüsselungsschlüssels

Abbildung 23.24 Sichern des Verschlüsselungsschlüssels

Im Folgenden können Sie noch einen AUSFÜHRUNGSACCOUNT (EXECUTION ACCOUNT) einrichten, der Zugriff auf freigegebene Dateien im Filesystem hat. Außerdem können Sie einen Scale-Out-Server angeben, und Sie können diesen Reporting Server mit den Power-BI-Diensten einer Cloud verbinden und so die *Hybrid-Cloud-Dienste* aktivieren.

Nachdem Sie die Konfiguration erfolgreich abgeschlossen haben, sind die Reporting Services einsatzbereit.

23.4 Workshops

23.4.1 Erstellen und Veröffentlichen eines Berichts mit Visual Studio

In Kapitel 21, »ETL-Prozesse mit den Integration Services«, haben Sie bereits Visual Studio kennengelernt, als es die SQL Server Integration Services ging.

Auch hier ist es wieder ein Visual-Studio-Projekt, jedoch wählen Sie diesmal als Vorlage ein Projekt vom Typ BERICHTSSERVERPROJEKT-ASSISTENT (REPORT SERVER PROJECT WIZARD) aus. Der Assistent soll Ihnen als Erstes einen schnellen Überblick vermitteln.

Ziel ist es, einen Workaround zu schaffen, bei dem grundsätzlich gezeigt wird, welche Schritte notwendig sind, um einen Report mit Visual Studio zu erstellen.

1. Rufen Sie aus dem Startmenü die SQL Server Data Tools auf.
2. Klicken Sie auf NEUES PROJEKT (NEW PROJECT), wählen Sie die Kategorie REPORTING SERVICES und die Projektvorlage BERICHTSSERVERPROJEKT-ASSISTENT (REPORT SERVER PROJECT WIZARD). Diesen Schritt zeigt Abbildung 23.25.
3. Geben Sie als NAME »Vertriebsauswertung« ein. Der Solution Name wird dabei automatisch mit ausgefüllt. Bitte bestätigen Sie dies mit OK.
4. Sie werden dann vom Assistenten mit einer Willkommensmeldung begrüßt, die Sie mit WEITER (NEXT) bestätigen.

   Da ein Report immer auf einer Datenquelle beruht, werden Sie im folgenden Dialog aufgefordert, eine Datenquelle einzurichten und eine Verbindung herzustellen (Abbildung 23.26).
5. Im folgenden Dialog legen Sie die VERBINDUNGSEIGENSCHAFTEN (CONNECTION PROPERTIES) fest (siehe Abbildung 23.27). Als QUELLE (DATA SOURCE) bietet Microsoft die im Kasten aufgeführten Datenquellen an.

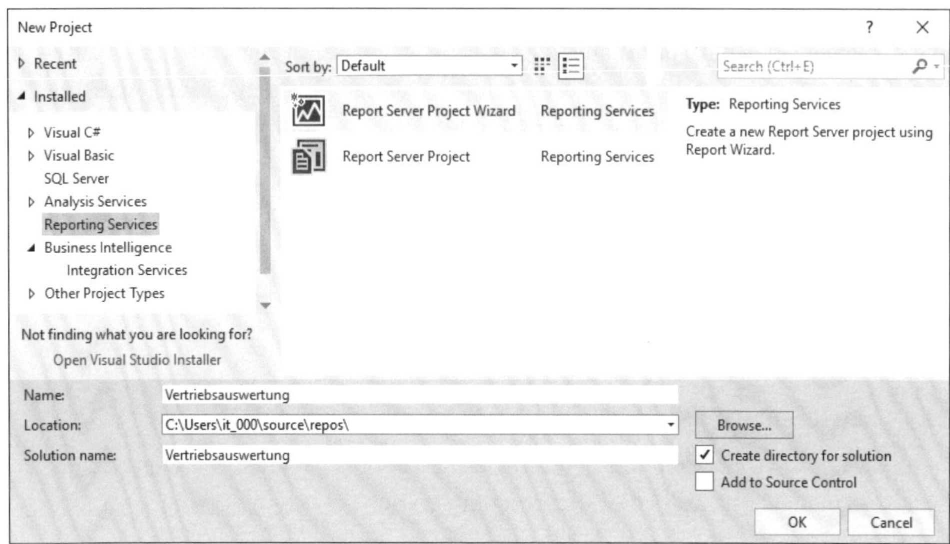

Abbildung 23.25 Neues Berichtsserverprojekt

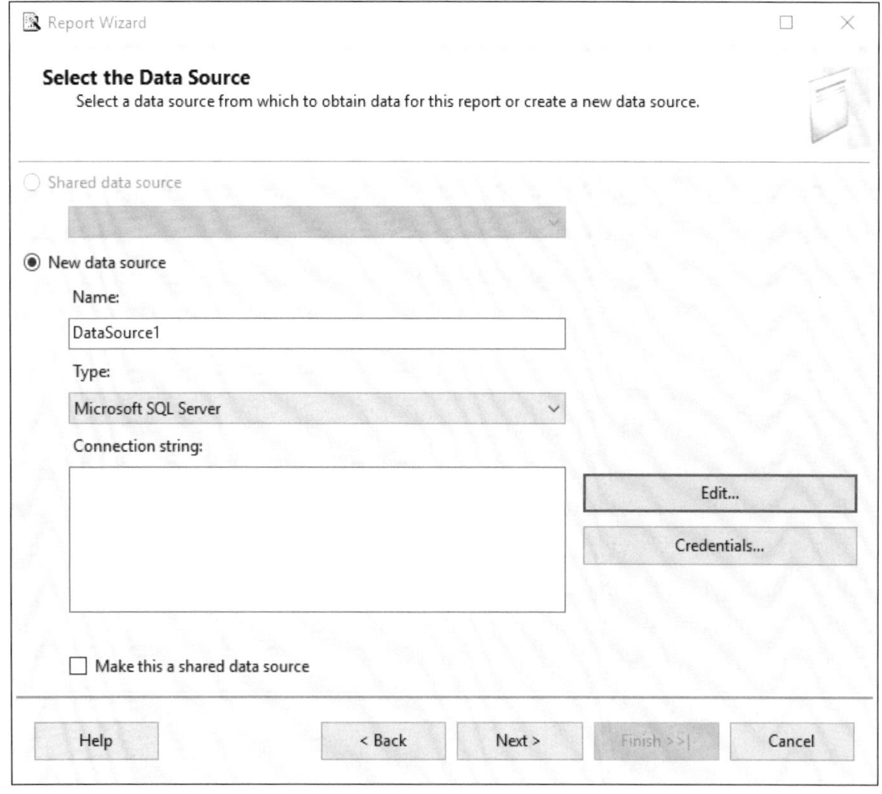

Abbildung 23.26 Der Datenquellen-Assistent

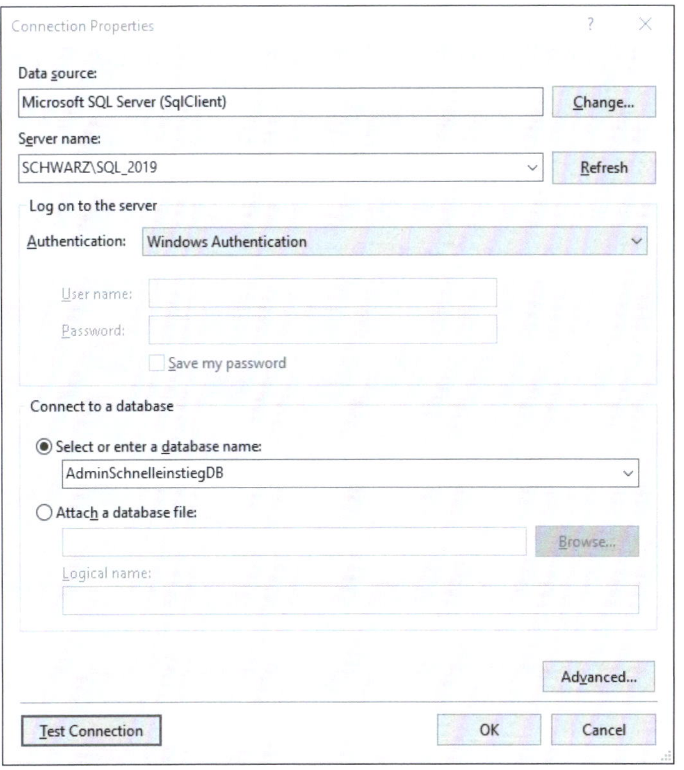

Abbildung 23.27 Verbindungseigenschaften

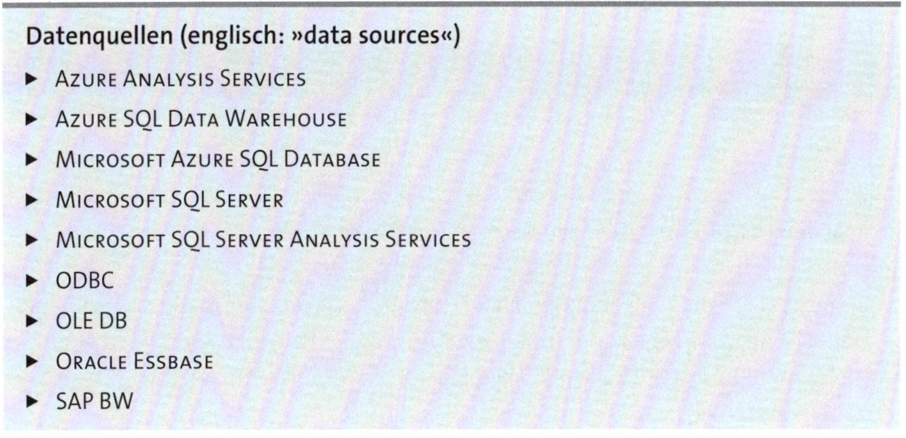

Datenquellen (englisch: »data sources«)

- Azure Analysis Services
- Azure SQL Data Warehouse
- Microsoft Azure SQL Database
- Microsoft SQL Server
- Microsoft SQL Server Analysis Services
- ODBC
- OLE DB
- Oracle Essbase
- SAP BW

Zunächst möchten wir als Datenquelle den Microsoft SQL Server verwenden und eine relationale Datenbank auswählen. Sicherlich wird es viele Leser geben, die wissen möchten, wie sie sich mit den anderen Systemen verbinden. Das Beispiel hier steht stellvertretend für eine einzige Datenquelle – SQL Server –, weil dieser nun einmal das Produkt ist, das wir hier beschreiben.

1. Klicken Sie dazu auf die Schaltfläche BEARBEITEN... (EDIT...).
2. Wählen Sie die »AdminSchnelleinstiegDB«-Datenbank aus, geben Sie die Authentifizierung an, und bestätigen Sie dies mit OK.
3. Im Feld VERBINDUNGSZEICHENFOLGE (CONNECTION STRING) aus Abbildung 23.28 werden jetzt Datenquelle und Datenbank angezeigt. Es besteht die Möglichkeit, die Datenquelle freizugeben, was z. B. sinnvoll ist, wenn mehrere Berichte erstellt werden, die jeweils auf dieselbe Datenbank verweisen.

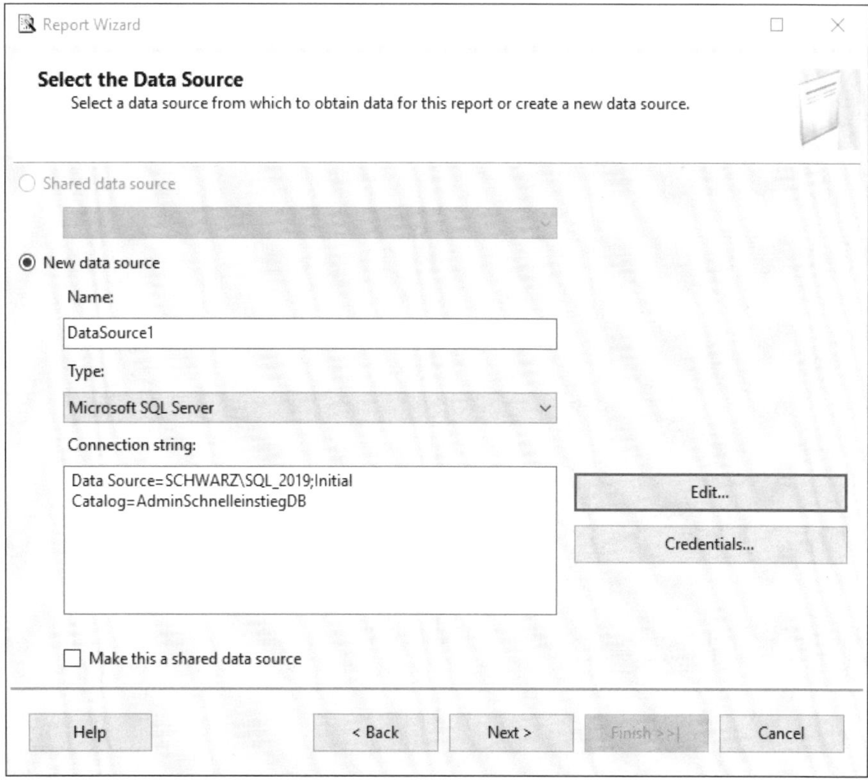

Abbildung 23.28 Die Verbindungszeichenfolge zu SQL Server

4. Bestätigen Sie dies mit WEITER (NEXT), um in den nächsten Dialog zu gelangen. Der Berichts-Assistent bietet Ihnen jetzt die Möglichkeit, eine Abfrage zu erstellen (siehe Abbildung 23.29). Dazu klicken Sie auf die Schaltfläche ABFRAGE-DESIGNER (QUERY BUILDER).
5. Im Abfrage-Designer haben Sie zwei Möglichkeiten, eine Abfrage zu erstellen: zum einen, indem Sie die entsprechenden Tabellen hinzufügen, die Spalten auswählen und z. B. Filter angeben, und zum anderen, indem Sie die Textansicht wählen und die Abfrage als Text schreiben. Wir wählen in unserem Beispiel die Tabelle »Kontakte« in der Designeransicht aus.

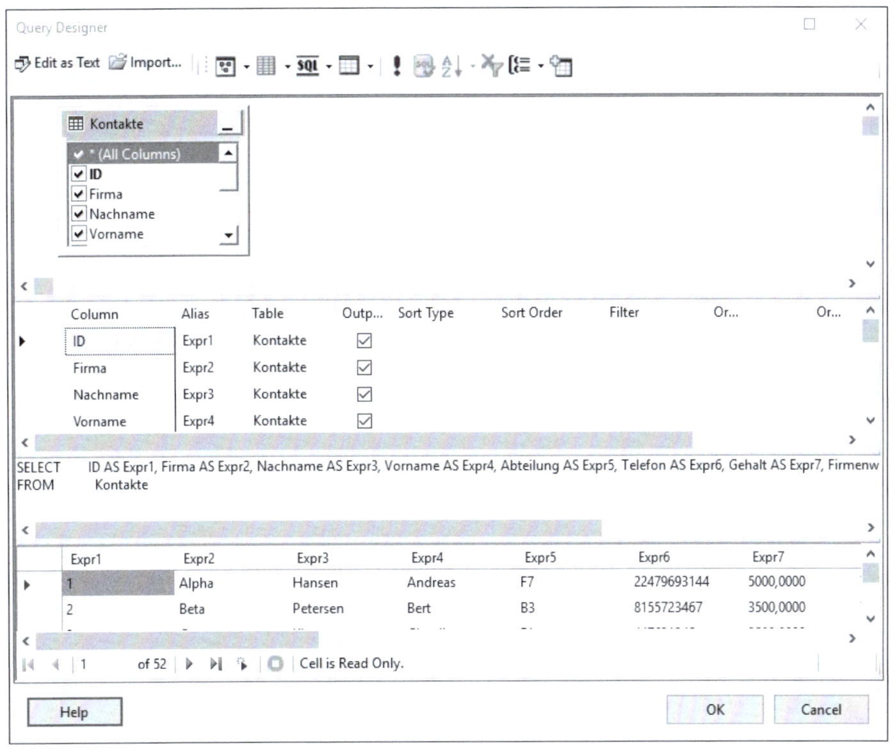

Abbildung 23.29 Der Abfrage-Designer mit der Tabelle »Kontakte«

6. Klicken Sie dazu mit der rechten Maustaste in den leeren Bereich des Designers, und rufen Sie im Kontextmenü den Eintrag TABELLE HINZUFÜGEN... (ADD TABLE...) auf. Anschließend wählen Sie die Tabelle KONTAKTE aus und selektieren alle Spalten der Tabelle.
7. Klicken Sie auf das Ausrufezeichen, um sich im unteren Bereich die Datensätze anzeigen zu lassen, die der jeweiligen Abfrage entsprechen.
8. Nachdem Sie die Abfrage erstellt haben, übernehmen Sie sie durch einen Klick auf OK in das Fenster ABFRAGE ENTWERFEN (DESIGN THE QUERY).
9. Mit WEITER (NEXT) gelangen Sie in einen Dialog, in dem Sie entscheiden, ob Sie die Daten als Tabelle oder als Matrix darstellen möchten. Für unseren ersten einfachen Bericht genügt eine Darstellung in tabellarischer Form.

   Der Bericht wird nun so aufgebaut, dass die Datensätze einfach, also ohne eine Gruppierung dargestellt werden. Hier können Sie in weiteren Berichten experimentieren und z. B. die Möglichkeit nutzen, Adressen nach Ort gruppiert darzustellen.

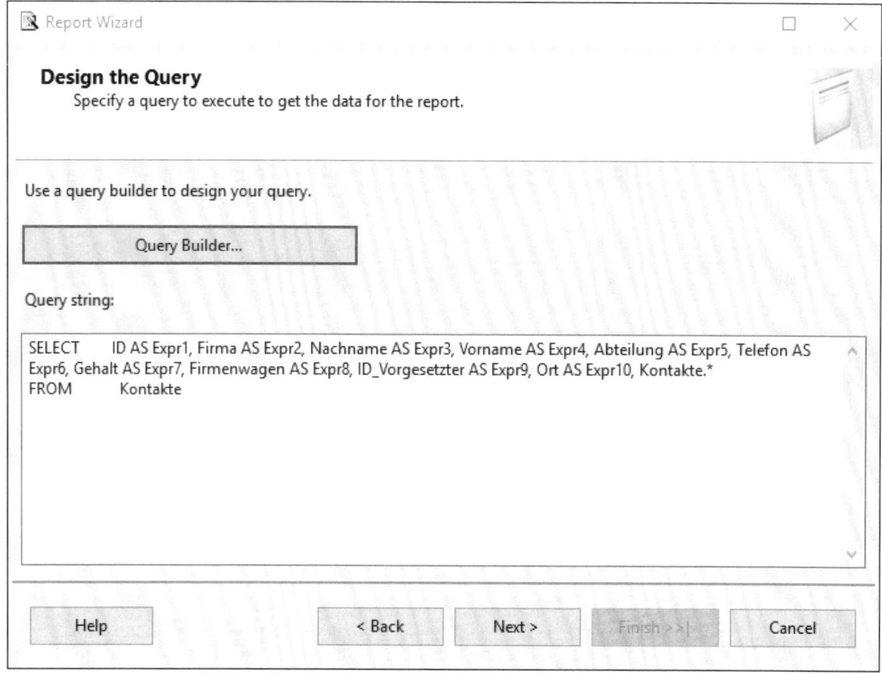

Abbildung 23.30 Die Abfrage des Designers als Zeichenfolge

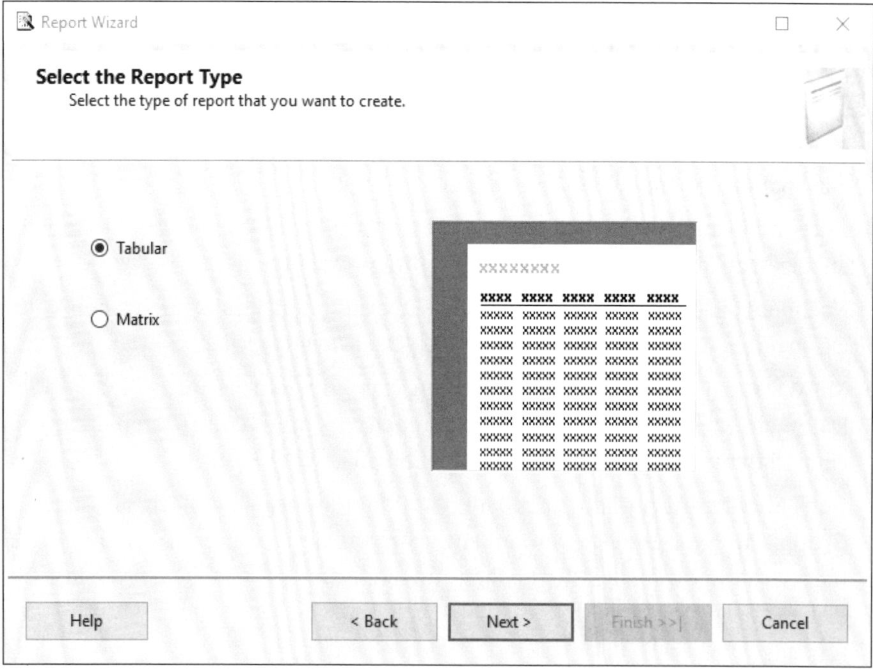

Abbildung 23.31 Auswählen eines Berichtstyps »Tabelle« (»Tabular«) oder »Matrix«

Das Objekt »Matrix«

MATRIX als Objekt ist dann sinnvoll, wenn Sie Daten darstellen möchten, die aggregierte Werte sind. Hier ermöglicht Ihnen die Matrix, solche Werte zum Beispiel horizontal in Jahren und Monaten und vertikal die Produkte und deren zugehörige Produktgruppen abzubilden. Es existieren dann sowohl horizontal als auch vertikal Gruppierungen.

10. Übertragen Sie die einzelnen Felder wie in Abbildung 23.32, und klicken Sie auf WEITER (NEXT).

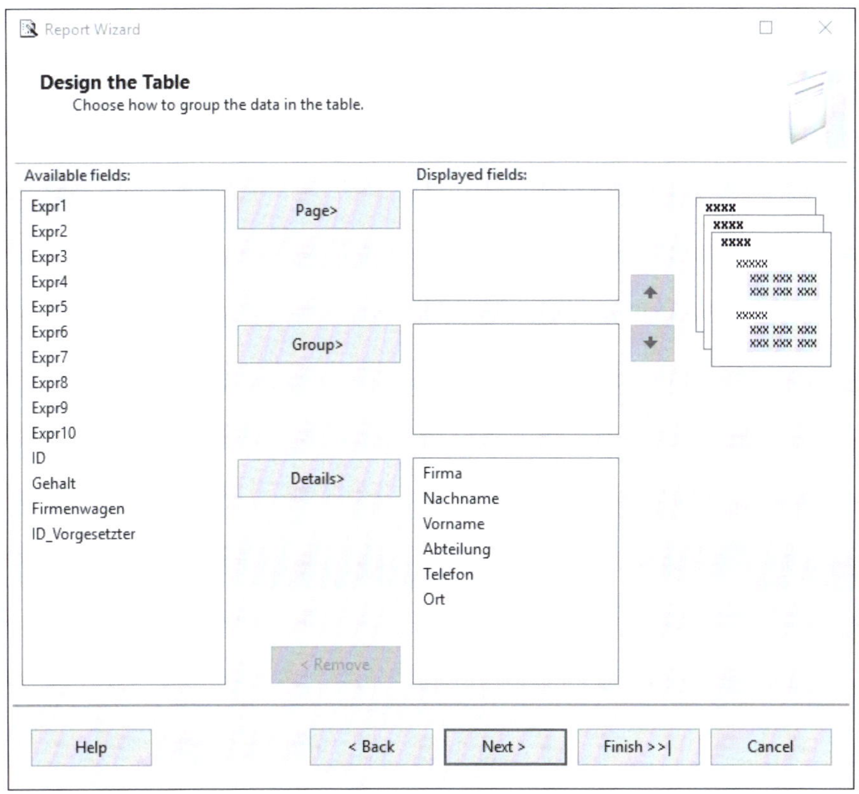

Abbildung 23.32 Anordnung der Daten im Bericht

11. Klicken Sie auf WEITER (NEXT), um in den Abschlussdialog zu gelangen, geben Sie einen Namen (z. B. »Vertriebsauswertung«) für den Bericht ein, und bestätigen Sie ihn durch einen Klick auf FERTIG STELLEN (FINISH).

12. Nachdem Sie den Assistenten abgeschlossen haben, können Sie sich den Bericht in der Vorschau anzeigen lassen. Selektieren Sie die Registerkarte VORSCHAU (PREVIEW), um einen ersten Eindruck von dem soeben erstellten Bericht zu erhalten (siehe Abbildung 23.34).

23

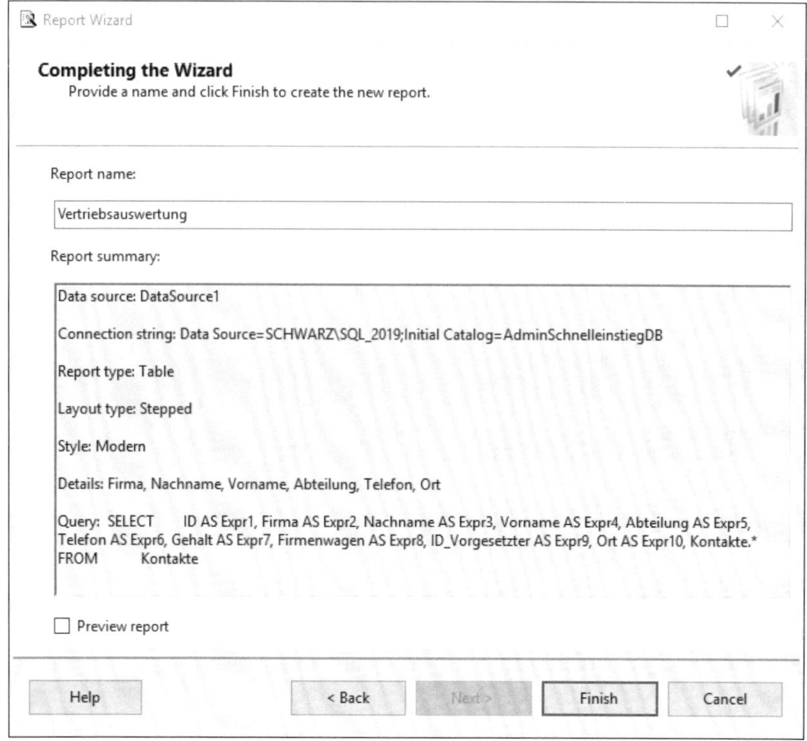

Abbildung 23.33 Abschluss des Assistenten

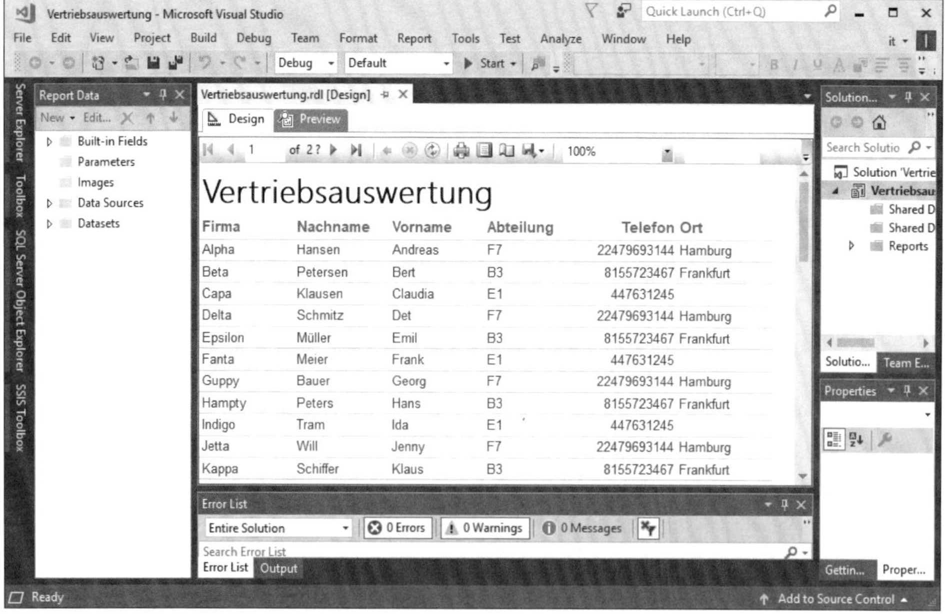

Abbildung 23.34 Darstellung des Berichts in der Vorschau

Erstellt wurde eine einfache Kontaktliste für Vertriebsmitarbeiter ohne Parameter, die alle Datensätze entsprechend anzeigt.

An dieser Stelle haben Sie nun die Möglichkeit, in den Entwurfsmodus zu wechseln, um den Bericht zu erweitern oder individuell anzupassen. Belassen Sie es für dieses Beispiel beim Standard.

Im nächsten Schritt gilt es, den Bericht zu veröffentlichen, damit er auf dem Report-Server zur Verfügung steht und von den Usern mit den zugehörigen Berechtigungen über eine URL abgerufen werden kann. Dazu ist es wichtig, in den Projekteigenschaften den Pfad zum Report-Server anzugeben.

13. Klicken Sie dazu in der Menüleiste auf PROJEKT (PROJECT) und VERTRIEBSAUSWERTUNG-EIGENSCHAFTEN (VERTRIEBSAUSWERTUNG PROPERTIES).

    Wie in Abbildung 23.35 zu erkennen ist, können Sie in den Projekteigenschaften eine Reihe von Parametern festlegen. Zum Beispiel ist es möglich, für die Bereitstellung im Berichtsserver REPORTBEREITSTELLUNGS-ORDNER TARGETREPORTFOLDER anzugeben. Damit können Objekte wie Datasets, Datenquellen, Berichte und Teile von Berichten veröffentlicht werden. Neu seit SQL Server 2008 R2 ist die Möglichkeit, die Zielserverversion (TARGETSERVERVERSION) anzugeben. Somit können Sie Berichte sowohl auf SQL Server 2008, SQL Server 2008 R2, 2012 oder 2014 als auch auf SQL Server 2016 oder höher veröffentlichen.

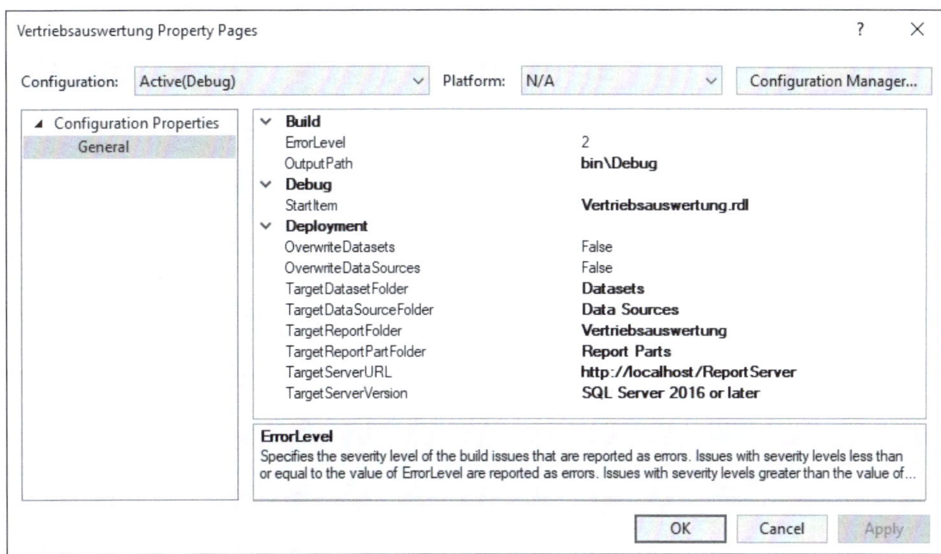

Abbildung 23.35 Eigenschaften des Projekts

14. Entfernen Sie die URL im Feld ZIELSERVER URL (TARGETSERVERURL), und geben Sie die Webdienst-URL aus dem Konfigurationsmanager für die Reporting Services an.

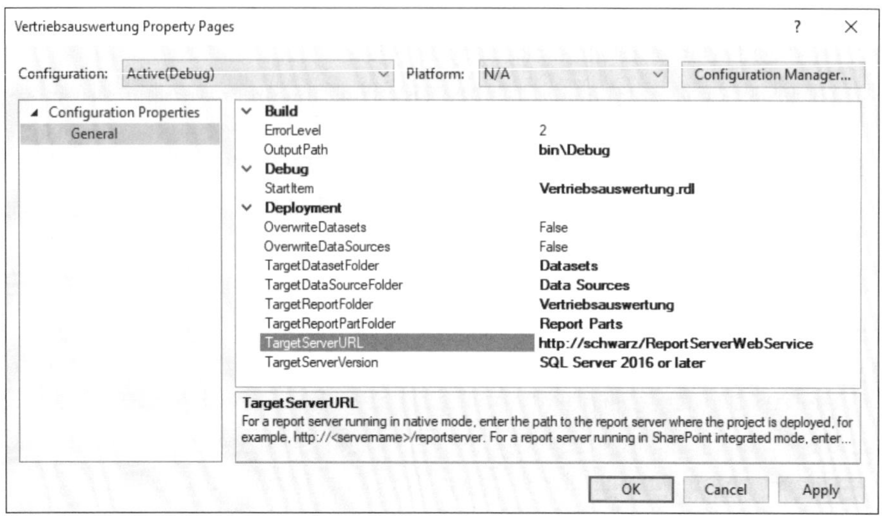

Abbildung 23.36 URL für den Berichtsserver (HTTP und HTTPS)

In Abbildung 23.36 sehen Sie, dass sie die Webdienst-URL direkt in den Projekteigenschaften unter ZIELSERVER URL (TARGETSERVERURL) eintragen können. Die URL können Sie dem REPORT SERVER CONFIGURATION MANAGER entnehmen.

Jetzt können Sie den Bericht im Berichtsserver bereitstellen.

15. Klicken Sie auf OK, und verlassen Sie die Konfiguration.
16. Klicken Sie im Projektmappen-Explorer auf das Projekt, und wählen Sie wie in Abbildung 23.37 im Kontextmenü BEREITSTELLEN (DEPLOY).

Abbildung 23.37 Den Bericht im Berichtsserver bereitstellen

17. Ist der Vorgang erfolgreich abgeschlossen, können Sie direkt auf den Link im Fenster AUSGABE (OUTPUT) klicken (Abbildung 23.38). Außerdem enthält das Ausgabefenster hilfreiche Informationen, wenn es Fehlermeldungen bei der Bereitstellung gibt.

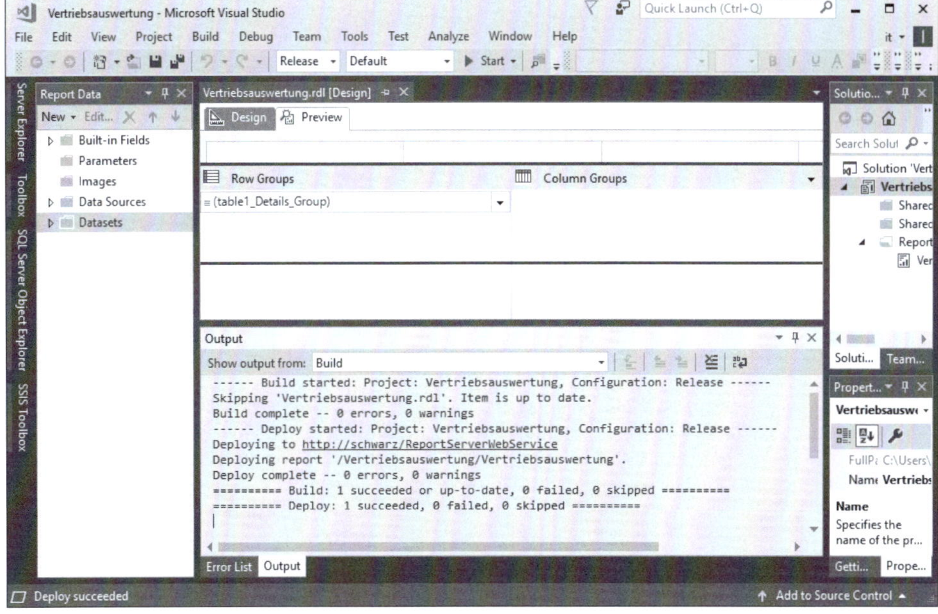

Abbildung 23.38 Das Ausgabefenster

Der Bericht wurde erfolgreich erstellt. Die URL ist sichtbar, und Sie können jetzt zum Bericht navigieren.

18. Markieren Sie den Link, und fügen Sie ihn in einen Webbrowser ein. Leider mussten wir feststellen, dass der Aufruf des Berichts in Edge einen Fehler zur Folge hatte. Der Internet Explorer kam aber prima mit dem Aufruf zurecht.

19. Das Ergebnis Ihres Berichts sehen Sie im Browser, nachdem Sie jeweils auf die Links zum Bericht geklickt haben.

Wie Sie in Abbildung 23.39 erkennen, besteht die Möglichkeit, den Bericht in verschiedenen Formaten zu speichern oder ihn auszudrucken.

In diesem Workshop haben Sie nun Ihren ersten einfachen Bericht mit Visual Studio erstellt. In einigen Seminaren haben wir erlebt, dass gerade Administratoren vor dem Thema Visual Studio zurückschrecken, weil sie der Meinung sind, keine Entwickler zu sein. Letztendlich sollte jeder selbst entscheiden, ob er Berichte mit Visual Studio oder mit dem Report Builder erstellt.

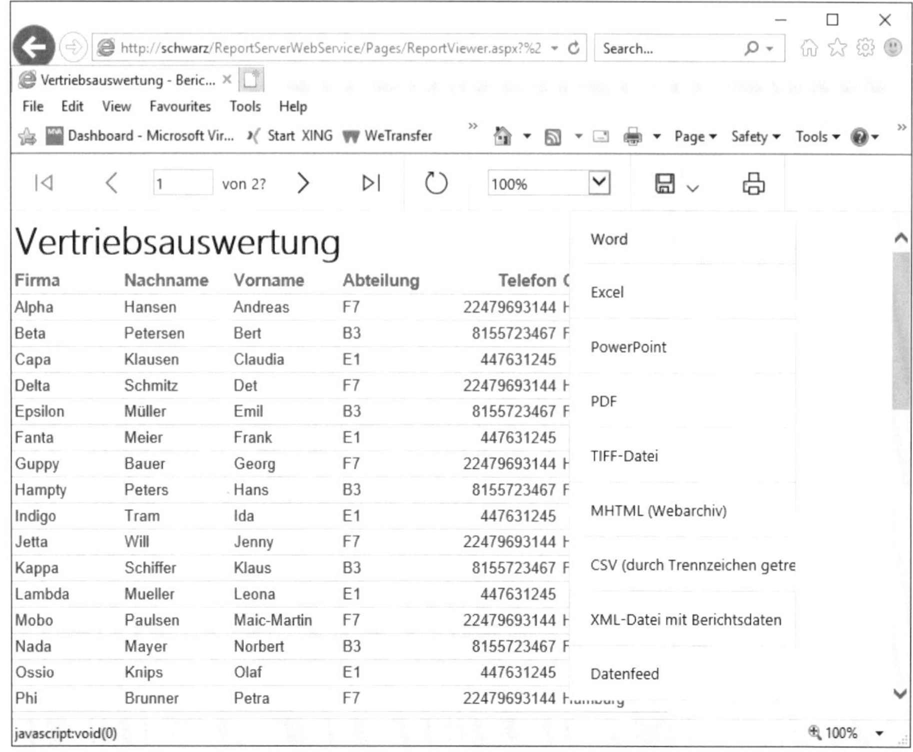

Abbildung 23.39 Bericht mit der Möglichkeit des Exports

Im nächsten Workshop werden Sie einen Bericht mit dem Report Builder anlegen.

23.4.2 Erstellen und Veröffentlichen eines Berichts mit dem Report Builder 3.0

Der *Report Builder* ist eine Alternative zu Visual Studio, wenn es um die Erstellung von Berichten geht. Er zeigt sich nach dem Start im Design von Microsoft Office. Nach dem Start des Report Builders wählen Sie zuerst mithilfe des Assistenten aus, ob Sie einen Bericht, ein Dataset, ein Diagramm oder eine Karte erstellen möchten.

Hier zeigen sich auch schon die ersten Neuerungen: Die Möglichkeit, freigegebene Datasets zu erstellen oder geografische Daten mithilfe des Kartenassistenten zu visualisieren, wurde jetzt in den Report Builder integriert. Erstellen Sie zunächst einen einfachen Bericht, wie Sie dies im vorhergehenden Abschnitt mit Visual Studio bereits ausgeführt haben.

1. Rufen Sie aus dem Startmenü den POWER BI REPORT BUILDER auf.

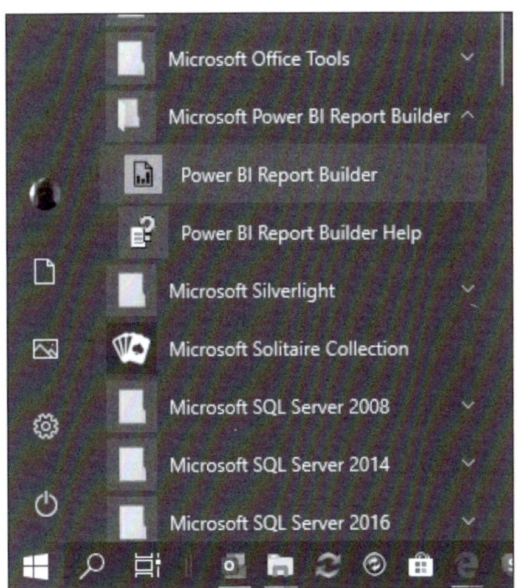

Abbildung 23.40 Der Berichtsgenerator im Startmenü

2. Wählen Sie NEUER BERICHT (NEW REPORT) in Verbindung mit TABELLEN- ODER MATRIX-ASSISTENT (TABLE OR MATRIX WIZARD) aus (siehe Abbildung 23.41).
3. Im nächsten Dialog aus Abbildung 23.41 werden Sie aufgefordert, ein vorhandenes Dataset auszuwählen oder ein neues zu erstellen.

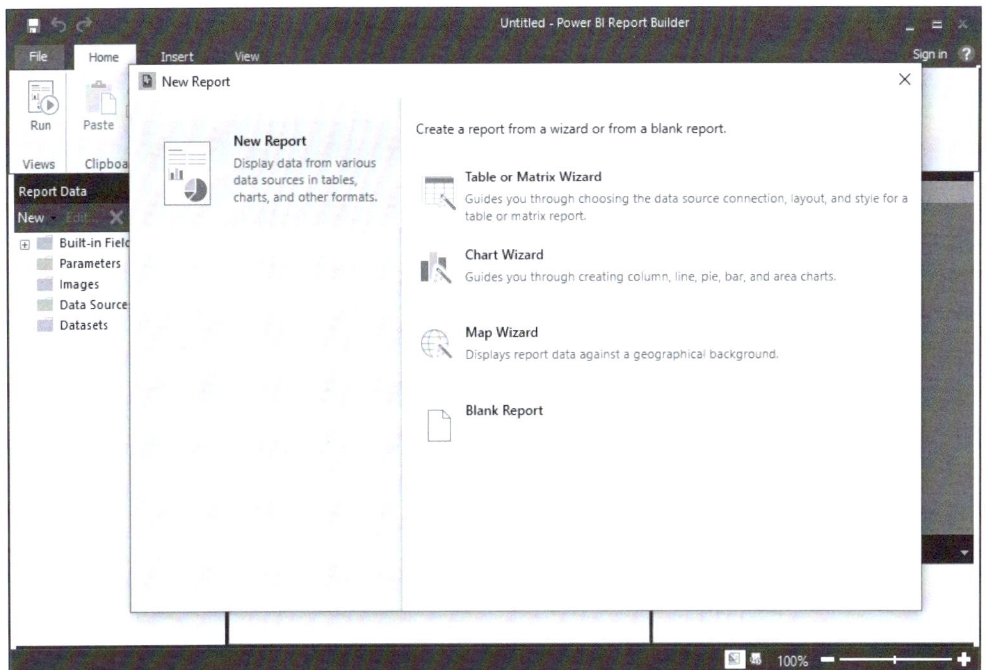

Abbildung 23.41 Assistent nach dem Start des Berichtsgenerators

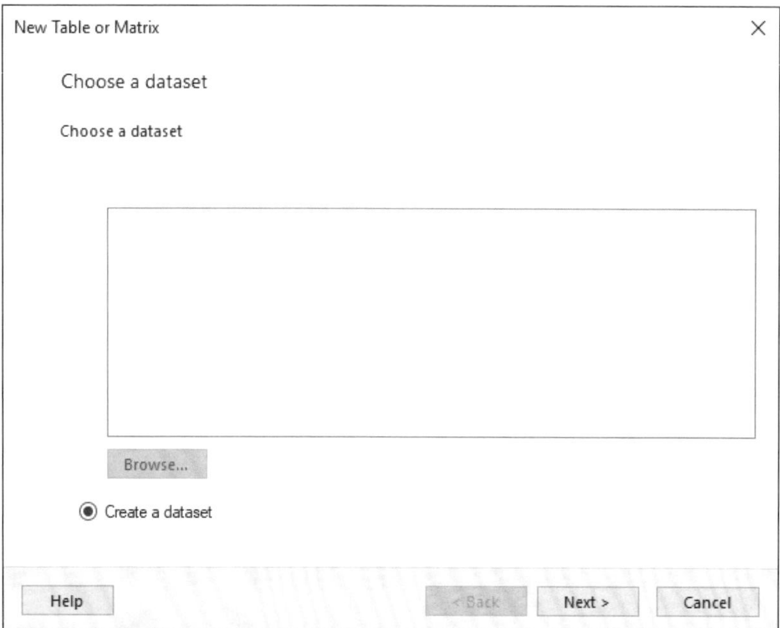

Abbildung 23.42 Ein neues Dataset erstellen

Wählen Sie hier DATASET ERSTELLEN (CREATE A DATASET), und klicken Sie auf WEITER (NEXT).

Ein Dataset ist ein Objekt, das die Daten anhand einer Abfrage enthält. Je nachdem, über welchen SQL-Kenntnisstand Sie verfügen, bietet der Assistent die Möglichkeit, die Abfrage im Designer zu erstellen oder als Query in T-SQL zu formulieren. Bevor es jedoch möglich ist, eine Abfrage zu erstellen, müssen Sie noch eine Datenquelle festlegen.

4. Dazu klicken Sie im Dialog VERBINDUNG MIT EINER DATENQUELLE AUSWÄHLEN (CHOOSE A CONNECTION TO A DATASOURCE) auf NEU (NEW...).
5. Im Dialog DATENQUELLENEIGENSCHAFTEN (DATA SOURCE PROPERTIES) klicken Sie auf ERSTELLEN... (BUILD...) und gelangen so in den Dialog aus Abbildung 23.43.

   In unserem Beispiel haben wir die Felder bereits mit Werten gefüllt.
6. Klicken Sie jetzt auf ERSTELLEN (BUILD), um die DATENQUELLE (DATA SOURCE) zu wählen, den SERVERNAMEN (SERVER NAME) anzugeben und die Authentifizierung auszuwählen.

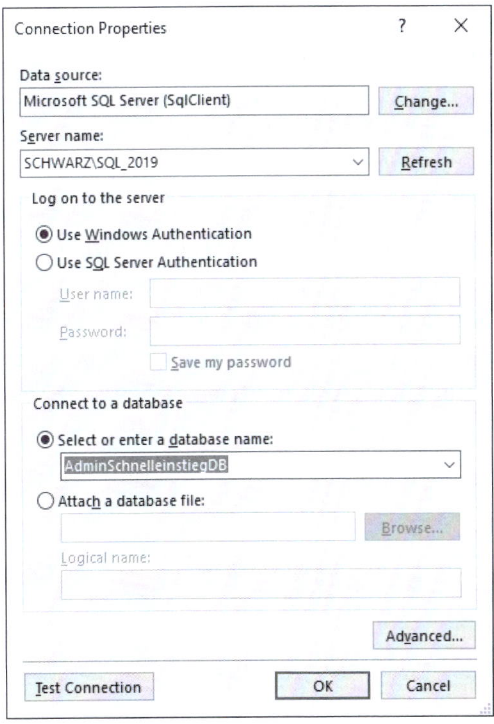

Abbildung 23.43 Datenquelleneigenschaften konfigurieren

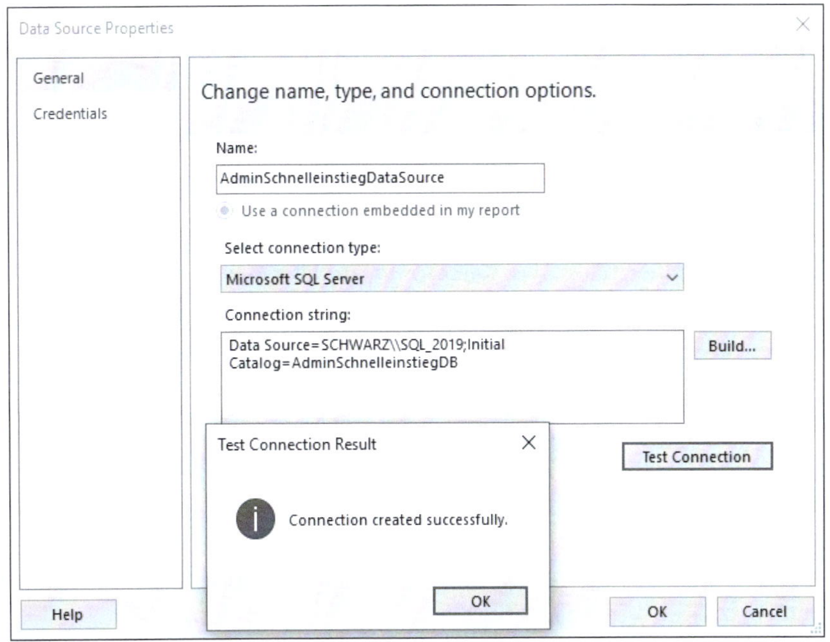

Abbildung 23.44 Verbindungszeichenfolge erstellen

7. Anschließend können Sie die Verbindung mittels TESTVERBINDUNG (TEST CONNECTION) prüfen und dann das Dialogfeld mit OK schließen.

   In den DATENQUELLENEIGENSCHAFTEN (DATA SOURCE PROPERTIES) werden wie in Abbildung 23.44 der NAME, der VERBINDUNGSTYP (CONNECTION TYPE; hier: MICROSOFT SQL SERVER) und die VERBINDUNGSZEICHENFOLGE (CONNECTION STRING) angezeigt.

   Die Registerkarte ANMELDEINFORMATIONEN (CREDENTIALS) ermöglicht, sich für verschiedene Authentifizierungsverfahren zu entscheiden. Dazu gehören die Windows-Authentifizierung, ein festgelegter Benutzername mit Kennwort und die Möglichkeiten, über eine Aufforderung später Anmeldeinformationen einzugeben oder keine Anmeldeinformationen zu verwenden (siehe Abbildung 23.45).

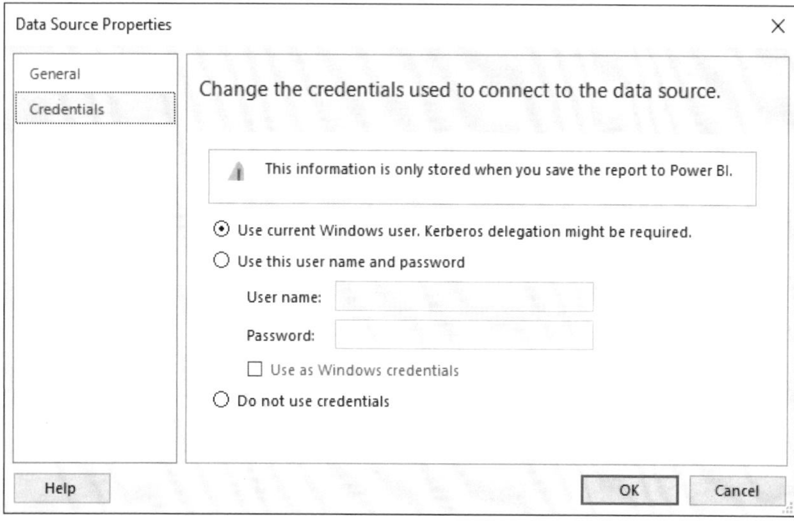

Abbildung 23.45 Anmeldeinformationen festlegen

   Hier müssen Sie sich darüber im Klaren sein, dass Sie bei einer Windows-Authentifizierung gegebenenfalls das Kerberos-Protokoll verwenden oder zusätzlich einen Prinzipalnamen mit dem Tool `SetSpn` vergeben müssen.

8. Nachdem Sie sich für ein Authentifizierungsverfahren entschieden haben, klicken Sie auf OK, testen die Verbindung und klicken auf WEITER (NEXT).

9. Der Assistent bringt Sie im nächsten Schritt direkt zum Abfrage-Designer. Eine Abfrage formulieren Sie als Text oder entwerfen sie im Designer. Die Ansicht des Designers lässt eine Auswahl von Objekten wie Tabellen, Sichten oder Prozeduren zu. An dieser Stelle sei darauf verwiesen, dass es gängige Praxis ist, auf der Ebene der Datenbank Sichten oder Prozeduren zu erstellen, die dann für Berichtszwecke die entsprechenden Daten liefern.

   Für unser Beispiel wählen Sie die Sicht KONTAKTE aus.

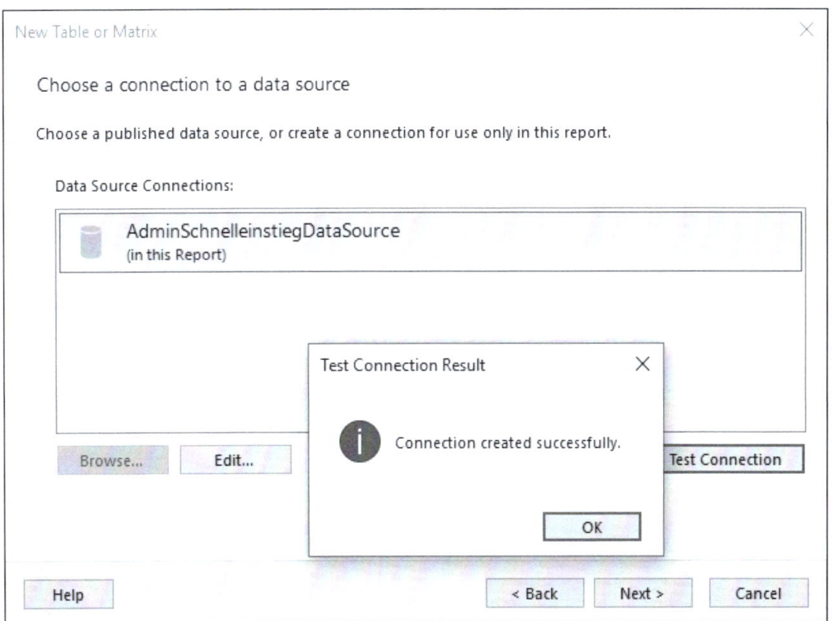

Abbildung 23.46 Verbindung mit der Datenquelle testen

10. Wie Sie in Abbildung 23.47 sehen, besteht die Möglichkeit, Filter festzulegen und diese als Parameter zu definieren.

    Ein auf dieser Ebene festgelegter Parameter holt aus der Datenbank nur die Datensätze, die später beim Ausführen des Berichts dem Filterkriterium entsprechen. Möchten Sie auf dieser Ebene keine Einschränkungen festlegen, können Sie dies später auch auf der Ebene des Datasets oder des Tabellen- oder Matrix-Steuerelements nachholen.

11. Im nächsten Schritt legen Sie fest, ob im Bericht gruppiert werden soll (siehe Abbildung 23.48). Für unser Beispiel gruppieren wir die Datensätze nach *Firma*.

Gruppierungen können sehr gut dazu verwendet werden, später Gesamtdaten darzustellen und mit einem Plus zu versehen. Klickt der User beim Anzeigen des Berichts auf das Plus, erfolgt ein Drilldown, und die Detaildaten werden angezeigt.

12. Gruppierungen lassen sich auf Zeilen- oder Spaltenebene festlegen. Hier entscheiden Sie letztendlich anhand der darzustellenden Daten, welche Form die für Sie geeignete ist.

    In unserem Beispiel wählen Sie ZEILENGRUPPEN (ROW GROUPS) aus und klicken auf WEITER (NEXT).

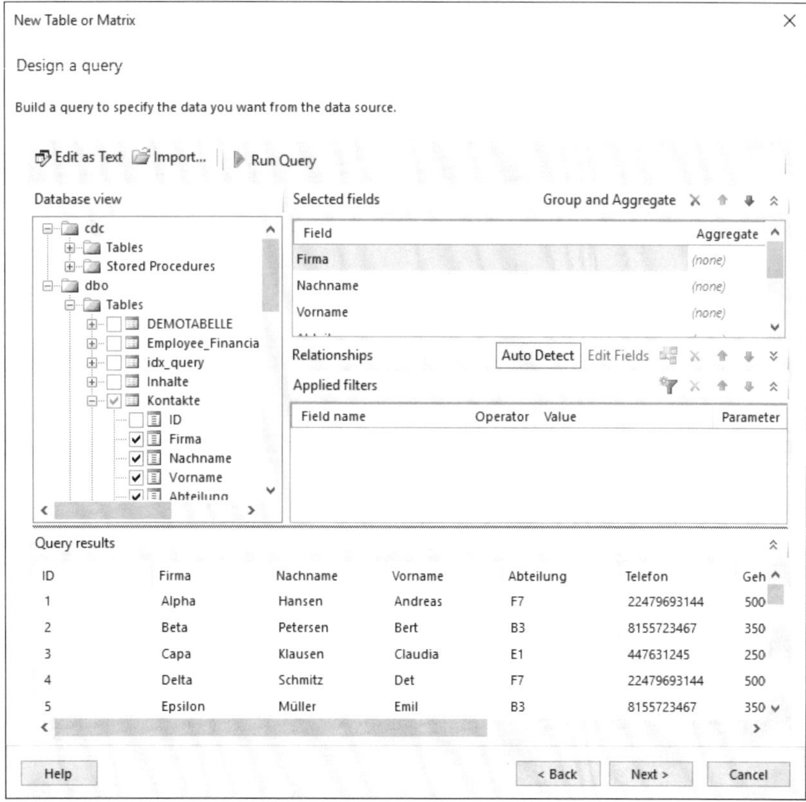

Abbildung 23.47 Der Abfrage-Designer

Abbildung 23.48 Festlegen von Gruppierungen

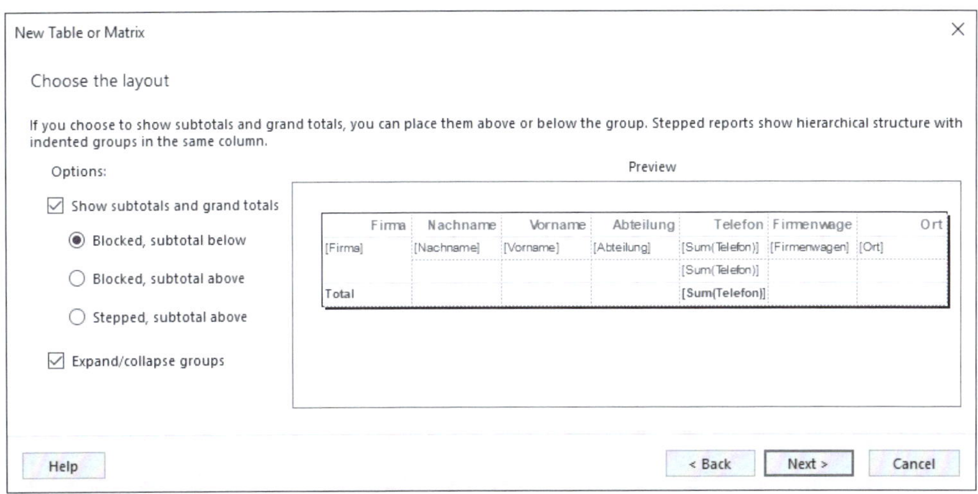

Abbildung 23.49 Layout für den Bericht festlegen

Für einen Bericht ist es sicherlich von entscheidender Bedeutung, das Layout entsprechend festzulegen. Der Assistent bietet gerade für Einsteiger in das Thema Reporting einen Weg, einfach erste Ergebnisse zu erzielen. Das ersetzt natürlich nicht die Möglichkeiten individueller Layouts, wie sie ohne den Assistenten möglich sind. Nach dieser Entscheidung sehen Sie noch eine VORSCHAU (PREVIEW) und können dann den Assistenten beenden. Damit gelangen sie in die Entwurfsdarstellung des Berichtsgenerators.

Um den Bericht anzeigen zu lassen, bietet der Berichtsgenerator die Möglichkeit, diesen Bericht zu veröffentlichen oder ihn einfach nur zu rendern.

13. Um den Bericht zu rendern, klicken Sie oben links auf AUSFÜHREN (RUN, Abbildung 23.50; den Bericht sehen Sie in Abbildung 23.51).

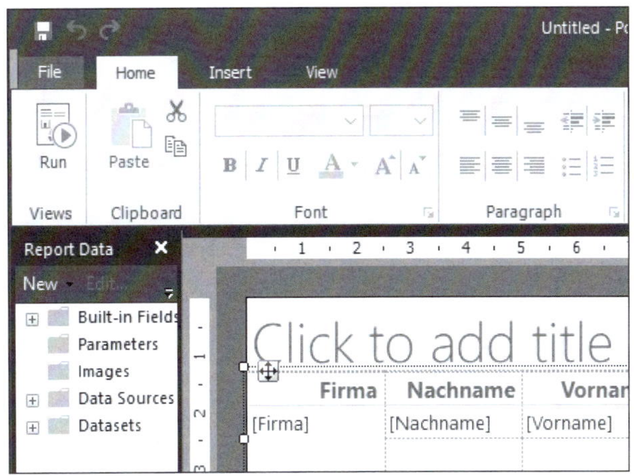

Abbildung 23.50 Rendern des Berichts über »Ausführen« (»Run«)

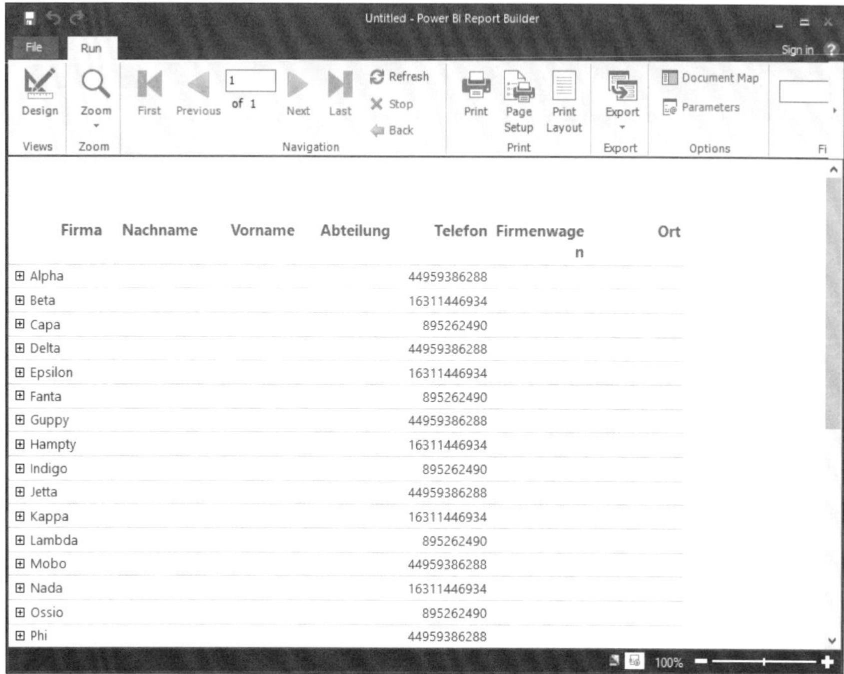

Abbildung 23.51 Der fertige Bericht

14. Klicken Sie auf ENTWURF (DESIGN), um in die Entwurfsansicht zurückzukehren (Abbildung 23.52).

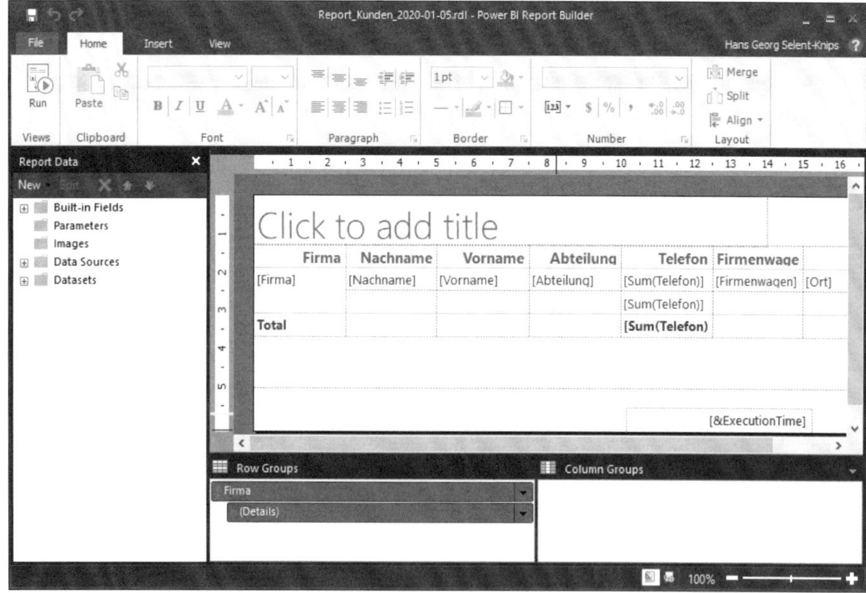

Abbildung 23.52 Zum Menü »Bereitstellen« (»Deploy«)

15. Wenn sie über einen Premium Power BI Arbeitsbereich (Workspace) verfügen, können sie jetzt auf den Schalter links oben in der Ecke der Anwendung klicken, um in das Menü zum Bereitstellen zu gelangen.
16. Sie können den Bericht nun veröffentlichen. Dazu klicken Sie einfach auf die Schaltfläche BERICHTSTEILE VERÖFFENTLICHEN (DEPLOY REPORT). Dazu müssen Sie allerdings, wie schon erwähnt, über einen Power BI Premium Account bei Microsoft verfügen.

Herzlichen Glückwunsch, Sie haben soeben einen Bericht mit Visual Studio und einen mit dem Berichtsgenerator erstellt.

23.4.3 Erstellen einer Karte mit dem Kartenassistent des Report Builders

Seit SQL Server 2008 gibt es die Möglichkeit, räumliche Daten als Datentyp zu speichern und abzufragen. Um mit dem Assistenten eine Karte zu erstellen, starten Sie den Report Builder und wählen das Erstellen einer Karte aus.

1. Als Quelle für räumliche Daten können Sie den KARTENKATALOG (MAP GALLERY), eine ESRI-SHAPE-DATEI (ESRI SHAPEFILE) oder eine SQL-SERVER-ABFRAGE (SQL SERVER SPATIAL QUERY) z. B. auf die Tabelle »Person.Address« der »AdventureWorks«-Datenbank wählen. Abbildung 23.53 zeigt die Auswahlmöglichkeit des Kartenkatalogs.

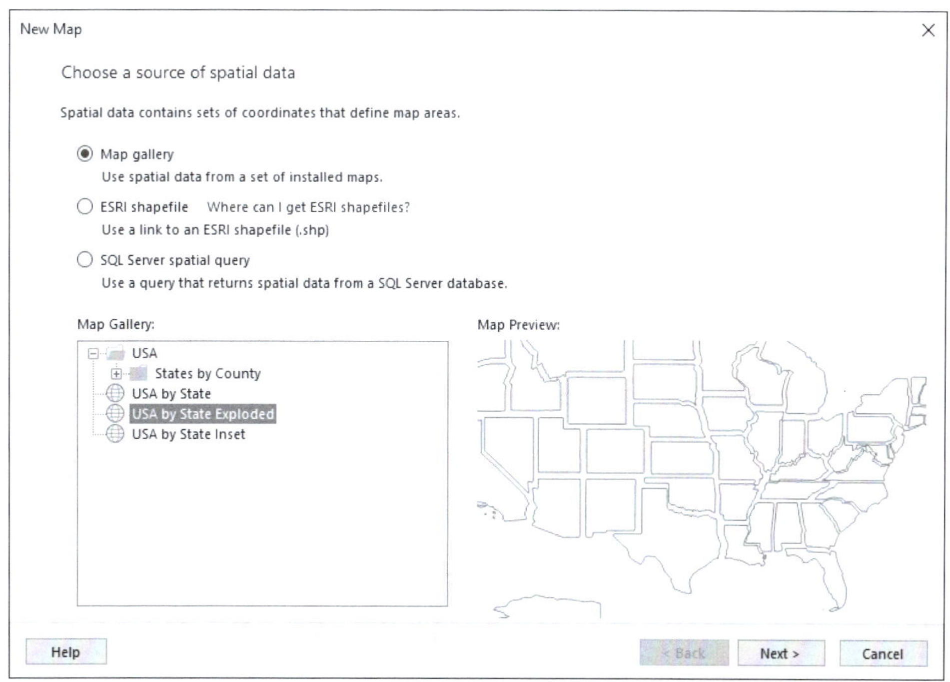

Abbildung 23.53 Eine Karte aus dem Kartenkatalog erstellen

2. Um Kartendaten aus Deutschland darzustellen, können Sie eine sogenannte *Shape-Datei* (das ist ein Dateityp zur Speicherung von Geometriedaten) herunterladen. Eine solche Shape-Datei finden Sie beispielsweise unter der Adresse *http://download.geofabrik.de*.

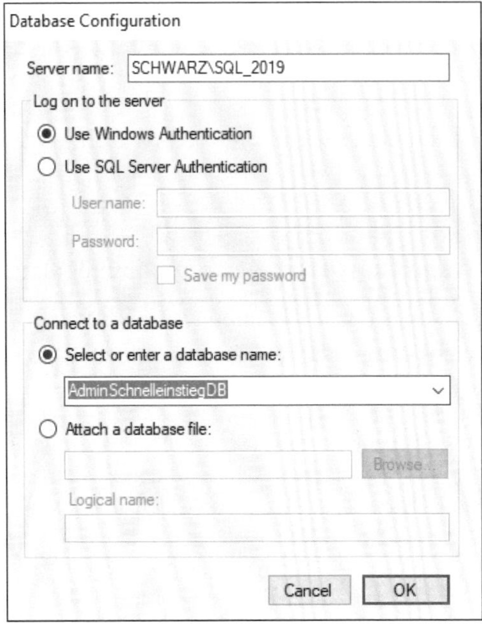

Abbildung 23.54 Daten in SQL Server laden

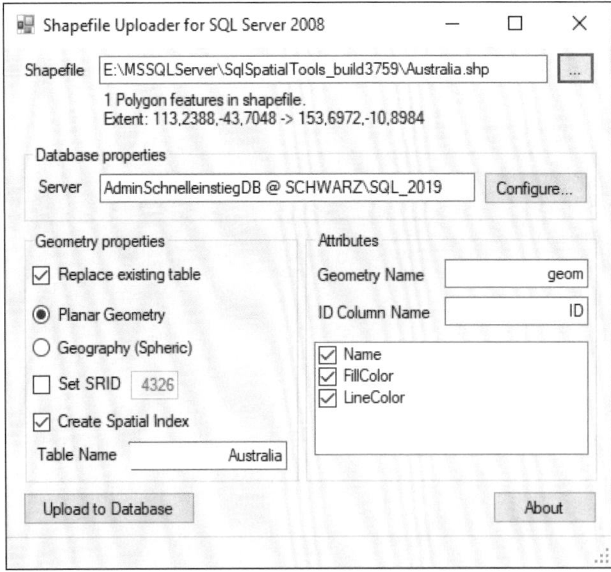

Abbildung 23.55 Daten laden Teil 2

Eine Auswahl dazu finden Sie unter:

https://social.technet.microsoft.com/wiki/contents/articles/767.find-esri-shape-files-for-a-sql-server-2008-r2-reporting-services-map-ssrs.aspx

Mit dem Tool *Shape2Sql* (*https://www.sharpgis.net/page/SQL-Server-2008-Spatial-Tools*) können Sie die Daten aus der Shape-Datei direkt in SQL Server in eine Datenbank laden. In Abbildung 23.54 und Abbildung 23.55 sehen Sie den Ladevorgang mit diesem Tool.

3. Wurden die Daten in die Datenbank geladen, ist es jetzt ebenso möglich, einen Bericht oder eine Karte zu erstellen, die Daten aus der entsprechenden Datenbank lädt. Im weiteren Verlauf des Workshops greifen wir jedoch auf Daten zurück, die bereits in SQL Server vorhanden sind.

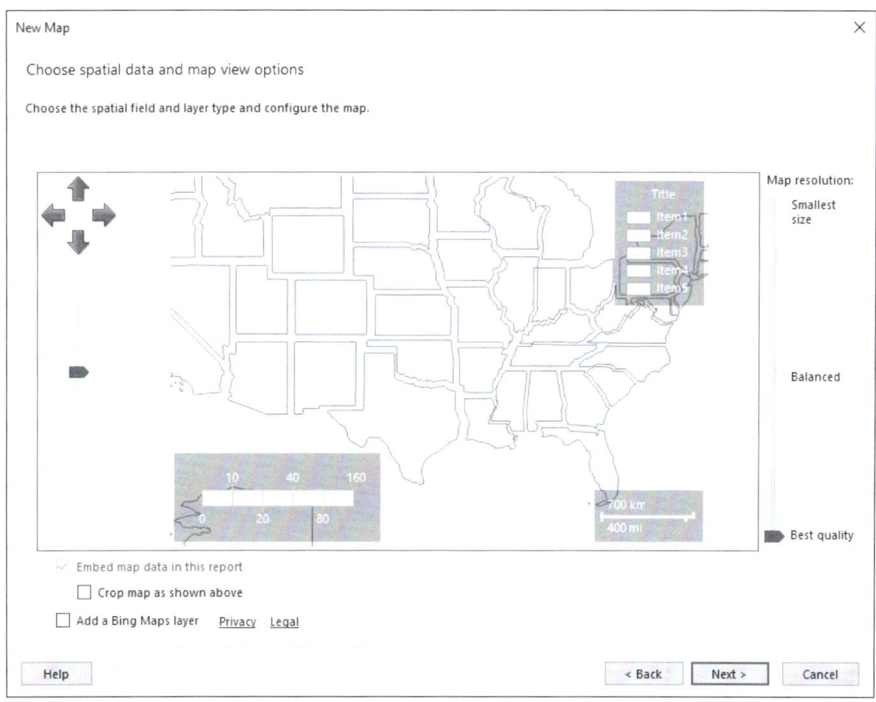

Abbildung 23.56 Beispieldaten der USA

4. Wie in jedem Bericht ist es erforderlich, die Darstellung zu wählen; durch einen Klick auf WEITER (NEXT) gelangen Sie in den Dialog, den Sie in Abbildung 23.57 sehen.

   Zur Visualisierung stehen verschiedene Kartentypen zur Verfügung. In unserem Beispiel wählen wir die STANDARDKARTE (BASIC MAP) aus. Nach der Auswahl klicken Sie auf WEITER (NEXT).

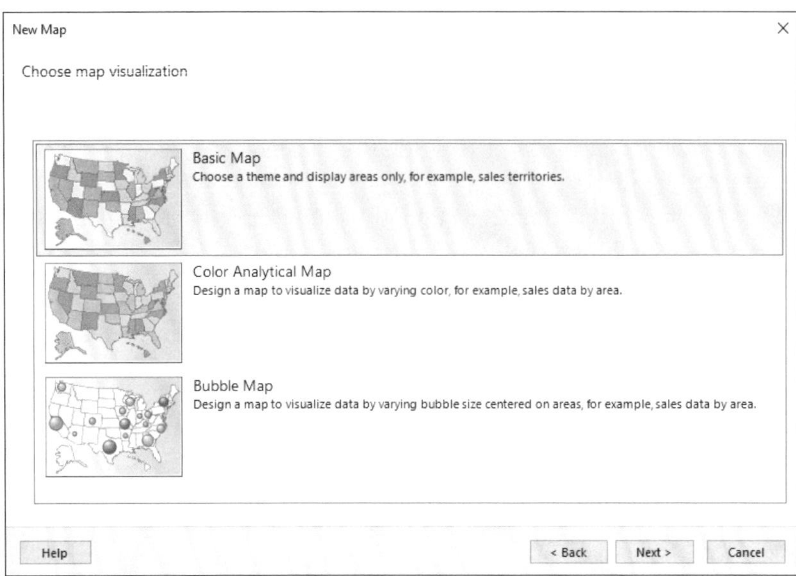

Abbildung 23.57 Kartenvisualisierung auswählen

5. Zum Schluss bestimmen Sie noch das Farbdesign und die Datenvisualisierung.

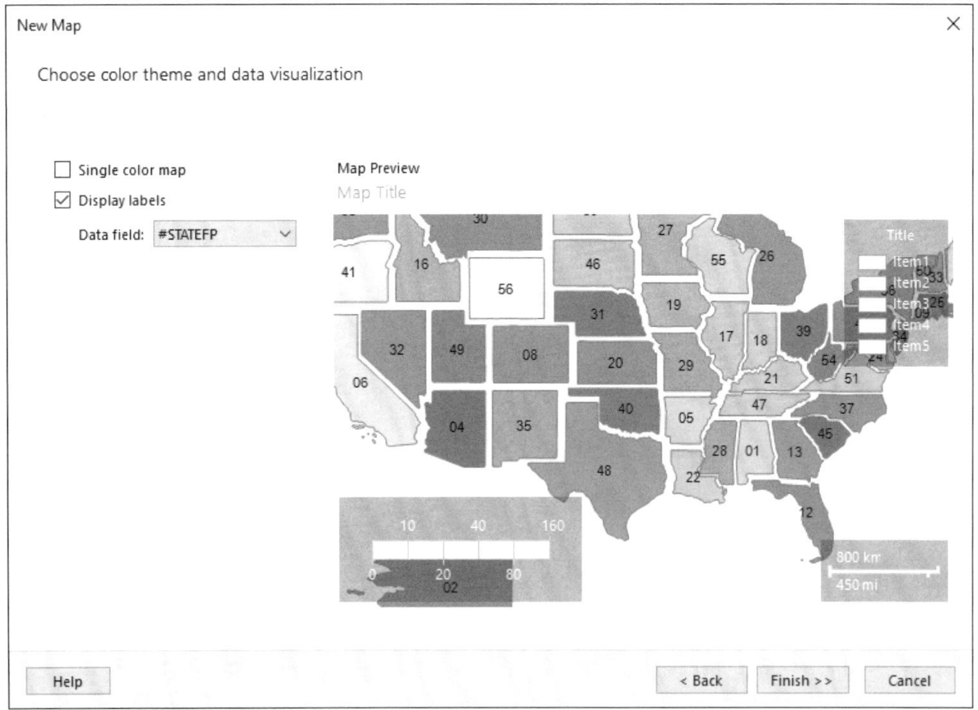

Abbildung 23.58 Design, Farben und Bezeichnungen

Wie Sie sehen, bietet SQL Server zusammen mit dem Power BI Report Builder gute Möglichkeiten, geografische Daten in Form von Berichten darzustellen.

Wir hoffen, dass es uns gelungen ist, Ihnen die Möglichkeiten der Reporting Services von SQL Server etwas näher zu bringen. Es gibt von Microsoft eigene Kurse zu dieser Thematik. Auch in der Literatur finden Sie vertiefende Informationen zu diesem komplexen Thema.

Kapitel 24
Analysis Services – Datenanalyse für jedermann

Analysis Services, PowerPivot und PowerView ermöglichen es, riesige Datenmengen direkt über ein Microsoft-Excel-Add-in oder SharePoint zu analysieren. In diesem Kapitel stellen wir zuerst das Konzept der Analysis Services vor und erläutern anschließend PowerPivot bzw. PowerView. Dazu setzen wir Schritt für Schritt an einem Beispiel ein kleines Projekt um.

Self-Service Business Intelligence – in unserer täglichen Projektarbeit mit den Analysis Services und in Seminaren, die wir zu diesem Thema geben, begeistert uns die einfache Art und Weise, wie Daten analysiert werden können, immer wieder aufs Neue. Microsoft ist es gelungen, das Thema Business Intelligence nicht nur IT-Experten zugänglich zu machen, sondern auch Anwendern aus den Fachabteilungen. Diese Zielgruppe ist meist nicht darauf ausgerichtet, sich mit Entwicklungsumgebungen auseinanderzusetzen, sondern vielmehr mit gewohnten Umgebungen wie Microsoft Excel zu arbeiten. Es ist sicherlich nicht einfach, das Thema Business Intelligence und die Analysis Services in einem Satz zu beschreiben. Lassen Sie sich einfach darauf ein, und begleiten Sie uns dabei, sich diesem faszinierenden Thema zu nähern. Wir werden für all diejenigen unter Ihnen, die an dieser Stelle einen Schnelleinstieg benötigen, ein einfaches Beispiel beschreiben. Bevor wir damit beginnen, sehen wir uns zunächst die Aufgabenstellung an.

24.1 Beispielszenario für ein Analysis-Services-Projekt

24.1.1 Analyse aus Sicht eines Fachanwenders

Grundsätzlich gibt es zwei Möglichkeiten: eine aus technischer Sicht, die ein Entwickler wohl eher bevorzugt, und eine aus der Sicht eines Fachanwenders. Beginnen wir mit dem Szenario aus der Sichtweise des Fachanwenders.

Es sollen Umsätze eines Unternehmens mit Vertriebsstrukturen analysiert werden. Die Mitarbeiter des Unternehmens vertreiben Produkte in unterschiedlichen Regionen innerhalb von Deutschland. Der Zeitpunkt der Verkäufe ist ebenfalls zur Auswertung heranzuziehen. Aus der Sichtweise eines Anwenders, der mit Microsoft Excel arbeitet, wäre hier sicherlich eine Pivot-Tabelle geeignet. Die Gesamtsumme des Umsatzes wird über alle Mitarbeiter in allen Regionen der gesamten Zeit und aus allen Produkten als Ausgangsbasis genommen.

24.1.2 Analyse aus Sicht eines Entwicklers

Sie sind Entwickler und erhalten von Ihrem Vorgesetzten das Modell einer Datenbank. Er bittet Sie, anhand des Datenmodells aus Abbildung 24.1, der Datenbank und einiger Anforderungen aus der Fachabteilung den Aufwand für die Entwicklung einer datenbankbasierten Lösung mit Berichtswesen abzuschätzen.

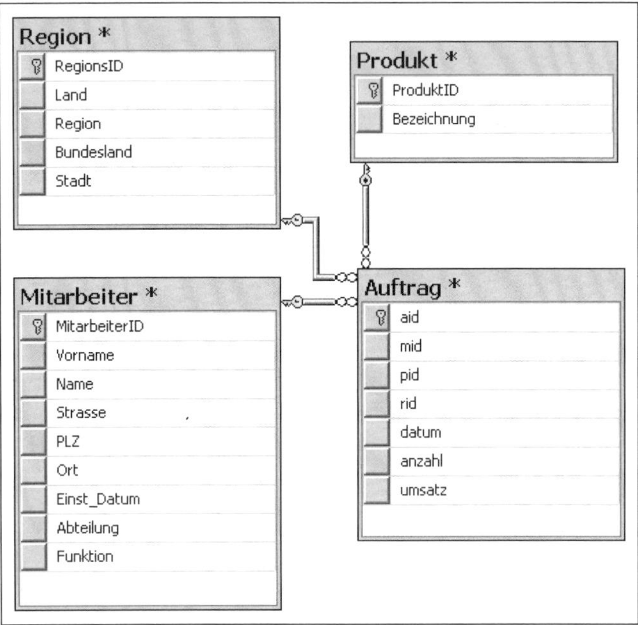

Abbildung 24.1 ER-Modell der Datenbank

Zu diesem Datenmodell gibt es einige Anforderungen aus der Fachabteilung, die wie folgt lauten:

1. Die Aufträge der Mitarbeiter sollen angezeigt werden.
2. Die Aufträge sollen nach Mitarbeiter und Region darstellbar sein.
3. Die Aufträge sollen nach Mitarbeiter, Region und Produkt darstellbar sein.
4. Die Berichte sollen beim Aufrufen mit den Parametern (Mitarbeiter, Region, Produkt) versehen sein, um die Ergebnisse variabel zu halten.

5. Die Berichte müssen flexibel nach einem Zeitraum wie Tag, Monat, Quartal oder Jahr aufrufbar sein.
6. Der Vertrieb erwartet eine gesonderte Abrechnungsperiode, die abweichend von derjenigen der Geschäftsleitung ist.

Anhand dieser beiden Beispiele wird deutlich, dass die Herangehensweisen sicherlich sehr verschieden sind. Der Entwickler betrachtet es aus der Sicht eines Datenbankmodells und der Anwender der Fachabteilung aus der Sichtweise eines Microsoft-Excel-Benutzers. Doch gleichgültig, welche Zielgruppe angesprochen wird, es muss eine Lösung geliefert werden.

24.2 Was sind die SQL Server Analysis Services (SSAS)?

Bevor wir in diese Aufgabenstellung einsteigen, erst einmal ein paar Grundlagen.

Die *Microsoft SQL Server Analysis Services* (SSAS) sind ein Werkzeug zur Datenanalyse. Mit Hilfe der Analysis Services können für Unternehmen Daten aus diversen Datenquellen zusammengestellt und analysiert werden.

Ein typisches Vorgehen wäre zum Beispiel das Erstellen multidimensionaler oder relationaler Datenmodelle. Regelmäßiges Prozessieren dieser Daten in Kombination mit einem entsprechenden Berechtigungsmodell gibt den Endanwendern die Möglichkeit, mit einfachen Mitteln auf diese Daten zuzugreifen. So ist es zum Beispiel möglich, mit Power BI, Excel, den Reporting Services oder anderen Datenvisualisierungs-Werkzeugen aus den kombinierten Unternehmensdaten Berichte zu generieren.

Die SQL Server Analysis Services sind also eine Microsoft-Technologie aus der Riege der Business-Intelligence-(BI-)Werkzeuge und helfen dabei, *Online-Analytical-Processing*-(*OLAP*-)Lösungen zu erstellen. OLAP ist ein Teil des breiten Feldes der *Business Intelligence* (*BI*), die sich mit relationalen Datenbanken, dem Erstellen von Berichten, aber auch dem Data Mining befasst. Mit Hilfe der Analysis Services können Analysten Unternehmensdaten untersuchen und so Prognosen zur weiteren Entwicklung erstellen.

24.2.1 Die Familie der Analysis Services

Zunächst gibt es die *SQL Server Analysis Services*. Dieser Dienst wird auf physikalischer oder virtueller Hardware im Unternehmensnetz installiert. Er unterstützt relationale Datenmodelle (aller Versionen von SQL Server), multidimensionale Modelle, Data Mining und Power Pivot für SharePoint.

Die *Azure Analysis Services* wurden als Azure-Ressource entwickelt. Sie unterstützen relationale Daten (SQL Server Version 2014 und höher), DirectQuery (eine Möglichkeit, eine direkte Verbindung zur Datenquelle herzustellen), Partitionen, zeilenbasierte Sicherheit, bidirektionale Verbindungen und die Übersetzer-API.

Zu guter Letzt gibt es noch *Power BI Premium*. Diese Analysis Services VertiPaq Engine bietet den Support von Clientanwendungen, eine Programmierbarkeit, und sie unterstützt XMLA-Client-Werkzeuge und -APIs.

Die Entwicklung von Power BI Premium ist derzeit sehr starkem Wandel unterworfen. Daher gibt es hierzu recht wenig Informationen.

Hinweis

Zum Thema *OLAP*-Datenbanken finden Sie einschlägige Literatur und viele Links im Internet. Es würde den Rahmen dieses Buches sprengen, uns hier vollständig diesem Thema zu widmen. Jedoch möchten wir einige Begriffe zu diesem Thema erklären.

Klären wir zunächst ein paar Begriffe rund um diesen Service.

24.2.2 OLTP- und OLAP-Datenbanken

Um eine Abgrenzung zwischen den beiden Systemen *OLTP* und *OLAP* zu finden, lassen Sie uns zunächst kurz einen Blick auf diese beiden Technologien werfen.

OLTP-Datenbanken

Bei *OLTP-Datenbanken* handelt es sich um relationale Datenbanken, wie sie im Datenbankmodul von SQL Server verwendet werden. Hinter dem Begriff *OLTP* verbirgt sich das sogenannte *Online Transaction Processing*. Transaktionen stehen bei diesen Systemen im Vordergrund und werden online ausgeführt.

OLTP-Systeme finden Sie heute in allen gängigen modernen Geschäftsanwendungen, bei denen Mehrbenutzerzugriff auf Daten, Transaktionsverarbeitung und Transaktionssicherheit notwendig sind. Die Daten werden dabei als Attribute in Form von Tabellen (*Entitäten*) gespeichert. Ein Beispiel dazu sind die Tabellen »Region«, »Mitarbeiter«, »Produkt« und »Auftrag«, die die einzelnen Datensätze enthalten. Bei solch einem klassischen OLTP-System stehen die Tabellen über Schlüsselfelder miteinander in Beziehung. Dadurch können später Abfragen über mehrere Tabellen ausgeführt werden, obwohl die Daten verteilt sind. Hier wird im Allgemeinen vom *ER-Modell* (*Entity-Relationship-Modell*) gesprochen. Für OLTP-Datenbanken existiert der Sprachstandard *SQL* (*Structured Query Language*), der vom ANSI (American National Standards Institute) standardisiert wurde. Microsoft SQL Server verwendet T-SQL, Oracle Database PL/SQL.

OLAP-Datenbanken

Der Begriff *OLAP* (*Online Analytical Processing*) stammt aus der Datenanalyse. Multidimensionale Datenbanken verwenden kein T-SQL als Sprache. Im Microsoft SQL Server werden *MDX*-Ausdrücke (Abfragesprache auf eine multidimensionale Datenbank) verwendet, um sich z. B. Daten aus einem Cube anzeigen zu lassen. Bei einer multidimensionalen Datenbank handelt es sich um ein Datenmodell, bei dem der Datenbestand und die Datenbasis als multidimensionale Struktur vorliegen. Solche Systeme werden überwiegend zur Datenanalyse und -auswertung verwendet. Um eine solche Struktur etwas näher zu beschreiben, sind Erläuterungen zu weiteren Begriffen notwendig.

24.2.3 Dimensions- und Faktentabellen

Bei einer Faktentabelle handelt es sich um eine Tabelle, die Daten enthält, die aggregiert werden sollen – also numerische Daten. Nehmen wir dazu die Tabelle »Auftrag« aus unserem Beispiel. Sie enthält die numerischen Daten *Anzahl* und *Umsatz*. In der Terminologie von OLAP sind das die sogenannten *Measures*. Darüber hinaus enthält die Tabelle die Fremdschlüsselfelder mit den Primärschlüsseln der restlichen Tabellen. Da die Tabelle »Auftrag« die Measures beinhaltet, wird sie auch als *Measuregruppe* bezeichnet.

Stellen Sie sich weiter vor, Sie möchten den Umsatz insgesamt für alle Mitarbeiter, Regionen und Produkte sehen. Dann müssten Sie den Umsatz aggregieren, das heißt die Summe von allen Datenreihen bilden. So weit, so gut – jetzt haben Sie die Gesamtsumme. Jedoch benötigen Sie für Ihre detaillierten Auswertungen als Nächstes den Gesamtumsatz pro Mitarbeiter. Nichts leichter als das, Sie haben ja eine zweite Tabelle »Mitarbeiter«, in der alle Mitarbeiter aufgeführt sind, und diese ist wiederum verknüpft mit der Tabelle »Auftrag«. Die Tabelle »Mitarbeiter« wird als *Dimension* bezeichnet, genau wie die Tabellen »Region« und »Produkt« auch. Sie alle enthalten die Dimensionsdaten, nach denen der Umsatz aggregiert werden soll.

Dimensionen sind also Daten, über die numerische Werte aggregiert werden. Ein Beispiel dazu ist der Gesamtumsatz, also die Summe über alle Mitarbeiter. Möchten Sie jetzt diese Gesamtsumme auf die jeweiligen Mitarbeiter aufteilen, bedienen Sie sich der Dimension »Mitarbeiter«. Die Dimensionsdaten sind lediglich einmal in den Tabellen vorhanden. Jeder Mitarbeiter in der Tabelle »Mitarbeiter« ist eindeutig. In der Tabelle »Auftrag«, in der die Measures enthalten sind, erscheint natürlich jeder Mitarbeiter über seine *id* mehrfach, da er über einen Zeitraum hinweg Umsätze generiert hat.

Fassen wir zusammen: Die Tabelle »Auftrag« enthält die Measures (die numerischen Daten), die aggregiert werden, und alle anderen Tabellen stellen die Dimensionen dar – die Daten, nach denen aggregiert wird.

24.2.4 Cube

Ein OLAP-Würfel (*Cube*) oder Datenwürfel stellt Daten logisch dar. Ein Cube dient letztendlich dem besseren Verständnis. Er enthält die Daten (Fakten) – Umsatz und Anzahl –, die in Abhängigkeit von den Dimensionen Mitarbeiter, Region und Produkt dargestellt werden.

In unserem Beispiel haben wir es demnach mit einem Würfel bestehend aus den drei Dimensionen Region, Mitarbeiter und Produkt zu tun.

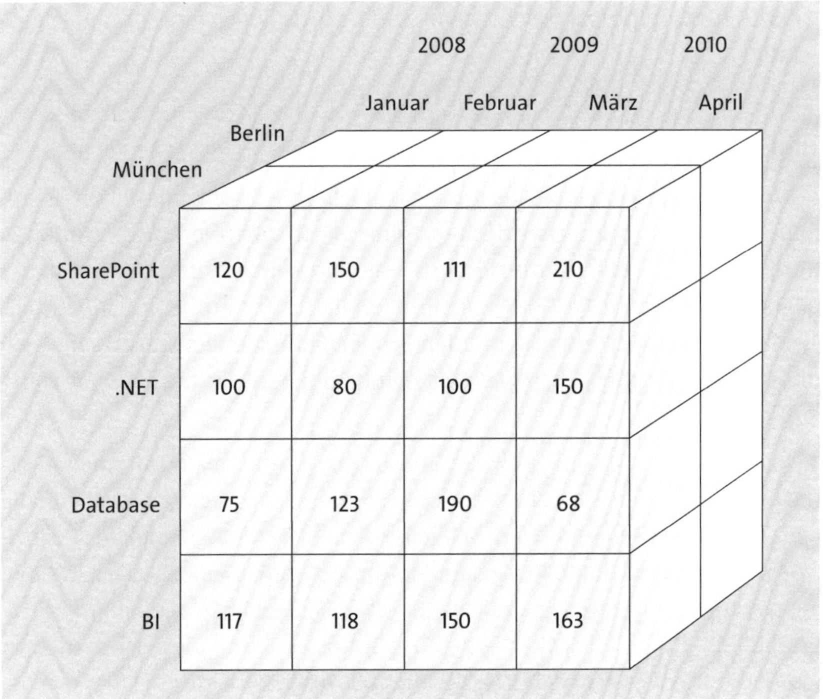

Abbildung 24.2 Schematische Darstellung eines Cubes

24.2.5 Cube-Operationen

Auf einen Cube lassen sich die folgenden Operationen ausführen:

- *Slicing* – Ausschneiden von Scheiben aus dem Würfel
- *Dicing* – Erzeugen eines kleineren Würfels, der einen Teil des gesamten bildet
- *Drilldown* – Zoomen in detaillierte Werte, z. B. vom Jahr auf die Monate oder Tage
- *Rollup* – Verdichten von Daten, z. B. von der Monatsansicht auf die Jahressicht
- *Drillthrough* – Verfeinerung bis auf die höchste Detailebene

24.2.6 MOLAP, ROLAP und HOLAP

Die Datenspeicherung kann in unterschiedlicher Ausprägung erfolgen. Die folgenden Arten werden dabei unterschieden:

- *MOLAP*
  Multidimensionales OLAP arbeitet am schnellsten, weil die Daten hier aggregiert vorgehalten werden. Dadurch kommt es jedoch zu großen bis sehr großen Cubes.
- *ROLAP*
  Relationales OLAP belässt die Daten in den relationalen Strukturen. Erfolgen Abfragen, werden die Daten erst dann aggregiert.
- *HOLAP*
  Beim Hybrid OLAP wird ein Teil der Daten voraggregiert und der Rest in relationalen Strukturen belassen. Diese Form ist der Kompromiss aus Speicherbedarf für den Cube und Zugriffszeit.

Durch die Konfiguration von Partitionen, die in diesem Kapitel noch behandelt wird, können Sie für die einzelnen Partitionen einer Tabelle nicht nur unterschiedliche Laufwerke wählen, sondern auch die soeben beschriebenen unterschiedlichen Speichermodelle.

In der Praxis können Sie bei Bedarf auf viele verschiedene physische Datenquellen gleichzeitig zurückgreifen. Eines müssen Sie jedoch bedenken: Die Daten für den Cube werden aus den *Datenquellen* geladen und verarbeitet.

Oft ist es einfach besser, die benötigten Daten mithilfe der *Integration Services* in eine eigens dafür vorgesehene SQL-Server-Datenbank zu laden, um darauf dann den Cube aufzusetzen. Das hat den entscheidenden Vorteil, dass immer Daten in der Datenbank vorhanden sind. Fällt Ihnen bei der direkten Verbindung zur Datenquelle eines Fremdsystems die Verbindung aus, kann der Cube nicht verarbeitet werden.

Beziehungen in den Analysis Services

Es gibt verschiedene Arten von Beziehungen, von denen wir Ihnen hier drei vorstellen möchten:

- Eine *reguläre Beziehung* ist eine direkte Verknüpfung der Dimensionstabelle mit der Faktentabelle über ein Attribut. Dabei werden lediglich die Granularität und das Attribut bestimmt. Es wird nicht über eine Zwischentabelle verknüpft.
- Eine *referenzierte Beziehung* entsteht, wenn zwischen der Faktentabelle und der eigentlichen Dimension eine Zwischentabelle existiert. Das kann z. B. der Fall sein, wenn sich in der Zwischentabelle die Regionen Land und Bundesland befinden und in der dahinter befindlichen Dimension die Stadt und der Kunde. Abhängig ist das vom Designentwurf des Tabellenschemas.

- Eine *Faktenbeziehung* wird dann genommen, wenn sich die Spalte, die als Dimension verwendet werden soll, in der Faktentabelle selbst befindet. Das hat den Vorteil, dass keine separate Dimensionstabelle erstellt werden muss. Das Beispiel mit unserer ersten Zeitdimension, die wir aus der Faktentabelle gebaut haben, wäre hier ein klassischer Anwendungsfall. Allerdings hätten uns dann die Attribute *Jahr*, *Monat* und *Tag* einzeln gefehlt, und auch ein Drill wäre so nicht möglich gewesen. Das Datum allein würde nicht ausreichen, um eine Hierarchie zu bilden.

24.2.7 Berechnungen in den Analysis Services

Analysis Services bieten Ihnen die Möglichkeit, Berechnungen nicht nur in der Datenquellensicht, sondern auch auf Cube-Ebene durchzuführen. Das ist immer dann sinnvoll, wenn Berechnungen noch nicht existieren und auf dieser Ebene erstellt werden sollen. Zum Beispiel könnte hier der prozentuale Anteil eines Produkts am Gesamtumsatz zusätzlich ermittelt werden. Das Ganze sieht sicherlich zunächst recht gewöhnungsbedürftig aus, wenn Sie MDX noch nicht gesehen haben.

24.2.8 Key Perfomance Indicators

Key Performance Indicators (*KPI*) stellen ein beliebtes Instrument dar, um Unternehmenskennzahlen zu visualisieren. Sicherlich können Umsätze von Mitarbeitern in Microsoft-Excel-Diagrammen dargestellt werden. Dazu bieten sich Pivot-Tabellen an, die nach Region, Produkt, Zeit und Mitarbeiter die Umsätze enthalten, um diese dann in einem Diagramm zu veranschaulichen.

KPIs bieten die Möglichkeit, auf einfache Art und Weise, z. B. mithilfe einer Ampel, zu signalisieren, ob wichtige Bereiche des Unternehmens sich im grünen Bereich befinden.

24.2.9 Aktionen

Hinter dem Begriff *Aktionen* stehen z. B. klassisch die Drillthrough-Aktionen oder das Füllen eines Datasets. Aktionen in Bezug auf Analysis Services können die folgenden sein:

- Drillthrough-Aktionen geben die Zeilen zurück, die die zugrundeliegenden Daten der ausgewählten Zellen des Cubes darstellen, in dem die Aktion ausgeführt wird.
- Berichtsaktionen geben einen Bericht der Reporting Services zurück, der mit dem ausgewählten Abschnitt des Cubes verbunden ist, in dem die Aktion ausgeführt wird.

- Standardaktionen geben ein Aktionselement wie eine URL, HTML, ein Dataset oder ein Rowset zurück, das mit dem ausgewählten Abschnitt des Cubes verbunden ist, in dem die Aktion ausgeführt wird.

Mithilfe von Aktionen können Sie auf die Ergebnisse Ihrer Analysen reagieren. Das Speichern und Wiederverwenden von Aktionen erweitert die Möglichkeiten für Sie, so dass Sie Lösungen über die BI-Anwendung und den Cube erweitern können.

24.2.10 Partitionen

Partitionen bieten die Möglichkeit, eine Tabelle in Bereiche zu zerlegen. Die Tabelle »Auftrag« kann so in einzelne Bereiche (Partitionen) aufgeteilt werden. Sinnvoll ist das unter den folgenden Gesichtspunkten:

- Eine Partition kann später separat verarbeitet werden, wodurch Daten unterschiedlich verarbeitet werden können, je nachdem, wie häufig sie sich ändern.
- Partitionen lassen sich auf unterschiedlichen Laufwerken oder Servern ablegen, was die Performance deutlich erhöhen kann.
- Partitionen bieten eine sehr gute Möglichkeit der Skalierung und des parallelen I/O bei großen Datenmengen.

Partitionen stellen somit einen leistungsstarken und flexiblen Mechanismus zum Verwalten von sehr großen Cubes dar.

24.2.11 Aggregationen

Aggregationen sind im Voraus berechnete Werte aus den Datenquellen, die das Abfrageverhalten und somit die Antwortzeiten verbessern. Das Ziel ist es, einen Teil der geforderten Antworten im Voraus zu berechnen. Werden diese Daten angefordert, müssen sie nicht erst berechnet werden. Abfragen können sehr langwierig werden, wenn eine Faktentabelle mehrere Millionen Datensätze enthält. Gerade hier helfen die Aggregationen, das Antwortzeitverhalten wesentlich zu verbessern.

24.2.12 Perspektiven

Eine *Perspektive* ist eine Sichtweise auf einen Cube. Nicht immer müssen alle Zahlen eines Unternehmens auch allen Abteilungen zur Verfügung stehen. So kann es z. B. sein, dass Verkäufe über den Vertrieb, das Internet und über Wiederverkäufer vorgenommen werden und bei den Auswertungen dem Vertrieb auch nur die Zahlen seiner eigenen Verkäufe zur Verfügung stehen. Aus der Gesamtsicht des Unternehmens hingegen sind z. B. für das Controlling die gesamten Verkäufe wichtig, um zu erkennen, welcher Bereich die meisten Verkäufe oder die größten Margen erzielt hat. Genau dazu sind Perspektiven geeignet. Sie bieten die Möglichkeit, verschiedene Sichtweisen (Perspektiven) auf einen Cube zu erzeugen.

24.2.13 Übersetzungen

Übersetzungen können Sie für Dimensionen oder auf der Ebene des Cubes definieren. Eine Übersetzung dient dem Zweck der internationalen Darstellung oder Bezeichnung. Gerade hier können international agierende Unternehmen sich den Ländern anpassen, in denen Clients auf Daten eines Cubes zugreifen.

24.3 Microsoft Excel und Analysis Services

Die eine Seite ist die jeweilige Entwicklung des Cubes und der Test durch die BI-Entwickler, wie Sie dies in den letzten Schritten auch ausgeführt haben. Letztendlich sollen die Daten jedoch den Benutzern zur Verfügung gestellt werden. In diesem Abschnitt werden wir daher eine Verbindung aus Microsoft Excel zu unserem Cube herstellen.

Hinweis

Perspektiven sind keine Variante der Sicherheit; sie blenden lediglich Inhalte aus. Perspektiven sind hilfreich, wenn die Komplexität für bestimmte Fachanwender begrenzt werden soll, um das zur Verfügung zu stellen, was benötigt wird.

24.4 Das Sicherheitskonzept der Analysis Services

Das Sicherheitskonzept der Analysis Services basiert auf einem Rollenrechtekonzept. Für die Instanz der Analysis Services können Sie auch noch nach der Installation bestimmen, wer zusätzlich als Administrator Zugriff haben soll. Natürlich ist es wichtig, bei der Installation einen Administrator zu bestimmen, da dieser sich überhaupt erst mithilfe des SQL Server Management Studios anmelden kann. Möchten Sie eine weitere Person als Administrator hinzufügen, melden Sie sich mit dem SQL Server Management Studio an den Analysis Services an, und wählen Sie die EIGENSCHAFTEN (englisch: PROPERTIES) der Instanz aus.

Dort klicken Sie auf den Reiter SICHERHEIT (SECURITY; siehe Abbildung 24.4).

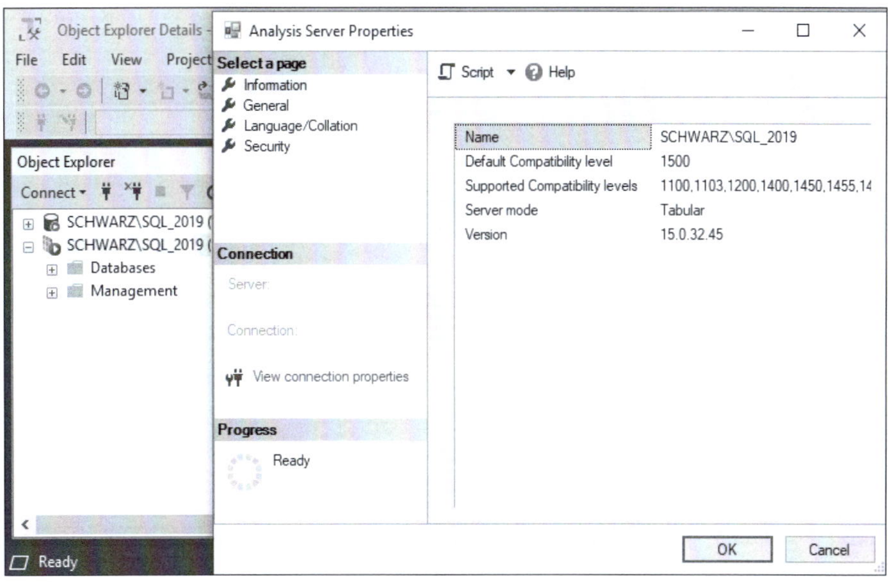

Abbildung 24.3 Die Eigenschaften der SSAS-Instanz

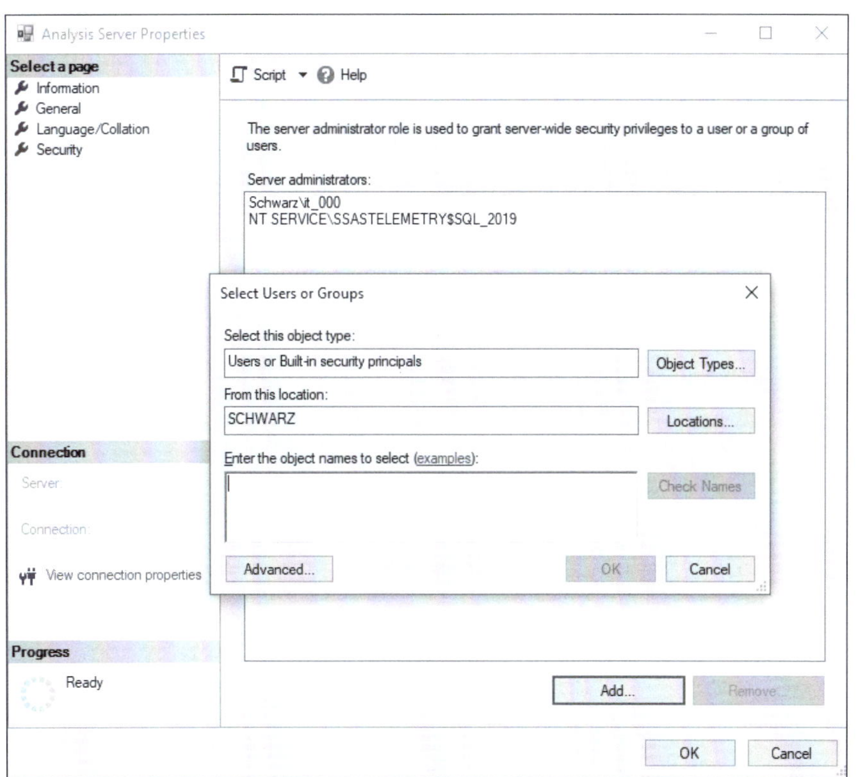

Abbildung 24.4 Hinzufügen eines Administrators zur Instanz von SSAS

Hier können Sie nun jederzeit weitere Administratoren hinzufügen. Um Benutzern die Möglichkeit zu geben, mit einem Cube zu arbeiten, bietet es sich an, entsprechende Rollen zu erstellen.

24.5 SQL Server – PowerPivot und DAX

PowerPivot steht für eine Technologie zur Verarbeitung großer Datenmengen und ist als Add-in in Microsoft Excel verfügbar. PowerPivot ermöglicht eine schnelle Bearbeitung von großen Datenmengen – oft mehrere Millionen Datensätze.

Microsoft stellt mit PowerPivot ein Datenanalysetool zur Verfügung, das es Fachanwendern ermöglicht, große Datenmengen zu analysieren und diese dann in Berichten zu verwenden. Im Mittelpunkt steht eine Analysis-Services-Komponente, die Module für Microsoft Excel und SharePoint umfasst.

Um Fachanwendern die volle Funktionalität über das Arbeiten mit der Maus hinaus bereitzustellen, wurde eigens die Sprache *DAX* eingeführt. DAX steht für *Data Analysis Expression Language* und ist an *MDX* (*Multidimensional Expressions*) angelehnt. MDX ist für Fachanwender sicher nicht ganz einfach zu erlernen. Hier soll DAX Abhilfe schaffen: Da Microsoft Excel meist das Produkt ist, mit dem Fachanwender sehr gut umgehen können, ist DAX an die Microsoft-Excel-Syntax angelehnt. DAX ermöglicht es, einfache Ausdrücke zu formulieren und so nicht nur Analysen durchzuführen, sondern auch Erweiterungen hinzuzufügen, ohne auf die Unterstützung von BI-Spezialisten angewiesen zu sein.

Wenn Sie PowerPivot testen möchten, können Sie für den Einstieg mit Microsoft Excel arbeiten.

PowerPivot stellt eine Reihe von Datenquellen zur Verfügung. Neben den klassischen Microsoft-Quellen werden weitere Quellen unterstützt. Eine unvollständige Auflistung der Quellen finden Sie im folgenden Kasten.

Datenquellen für PowerPivot

- Microsoft SQL Server
- Microsoft SQL Azure
- Microsoft SQL Server Parallel Data Warehouse
- Microsoft Access
- Oracle
- Teradata
- Sybase
- Informix
- IBM DB2

- Sonstige (OLE DB/ODBC)
- Microsoft Analysis Services
- Bericht
- aus Microsoft Azure Marketplace
- verwandte Daten vorschlagen
- weitere Feeds
- Microsoft-Excel-Datei
- Textdatei

24.6 PolyBase

Seit Version 2016 kann SQL Server mit Hilfe von *PolyBase* externe *Daten* aus *Hadoop* und im *Azure Blob Storage* mit T-SQL abfragen. Seit SQL Server 2019 besteht sogar die Möglichkeit, externe Daten aus SQL Server, Oracle, Teradata und MongoDB abzufragen. Mit Hilfe dieser Queries können Sie Daten aus relationalen Tabellen in Ihrem SQL Server mit den Daten externer Datenquellen verbinden. PolyBase kann Berechnungen auf dem Hadoop-Knoten anfordern und so die Abfragegeschwindigkeit beschleunigen.

PolyBase ist nicht auf Hadoop beschränkt. Auch andere, unstrukturierte und nicht relationale Daten und Textdateien werden unterstützt.

24.6.1 PolyBase-Kompatibilität

Neben SQL Server (ab Version 2016) unterstützt PolyBase auch das *Analytics Platform System* (früher Parallel Data Warehouse) und das *Azure Data Warehouse*.

SQL-Abfragen können, mit Unterstützung von PolyBase, Daten aus dem Azure-Blob-Speicher und dem Azure Data Warehouse importieren und exportieren.

24.6.2 Einsatzbereiche für PolyBase

Zwar existierte die Möglichkeit, externe Daten zu importieren, allerdings war es in der Vergangenheit schwierig, diese mit Daten des lokalen SQL Servers zu verbinden. Eine Möglichkeit boten Abfragen externer Daten, die auf Clientseite mit den Abfragen der internen Daten verbunden und aufbereitet werden mussten. Mit PolyBase können Sie die Daten mittels »einfachem« T-SQL verbinden. Sie müssen nicht einmal auf Seite der externen Daten (z. B. Hadoop) zusätzliche Software installieren. Dank PolyBase können Sie so auf externe Daten zuzugreifen, als wären sie in lokalen Tabellen abgelegt. Derjenige, der die SQL-Abfragen schreibt, braucht nicht einmal die Funktionsweise von Hadoop zu verstehen.

Der Abfrageoptimierer entscheidet, ob es schneller ist, die Abfragen auf Server- oder auf Clientseite auszuführen. Für diese Entscheidung hält PolyBase Statistiken zu den externen Daten bereit.

Ein weiterer Performancegewinn ist möglich, wenn Sie mit *PolyBase-Scale Out-Gruppen* arbeiten. Dadurch ist ein paralleler Datentransport zwischen Ihrer SQL-Server-Instanz und den externen Datenquellen möglich. Hierdurch wird zusätzlich externe Rechenleistung verfügbar.

Wenn Sie PolyBase einsetzen möchten, müssen Sie das PolyBase-Feature installieren, das im Setup von SQL Server enthalten ist (siehe Abbildung 24.5). PolyBase finden Sie unter INSTANZFUNKTIONEN • DATENBANK-ENGINE-DIENSTE • POLYBASE-ABFRAGEDIENST FÜR EXTERNE DATEN (INSTANCE FEATURES • DATABASE ENGINE SERVICES • POLYBASE QUERY SERVICE FOR EXTERNAL DATA).

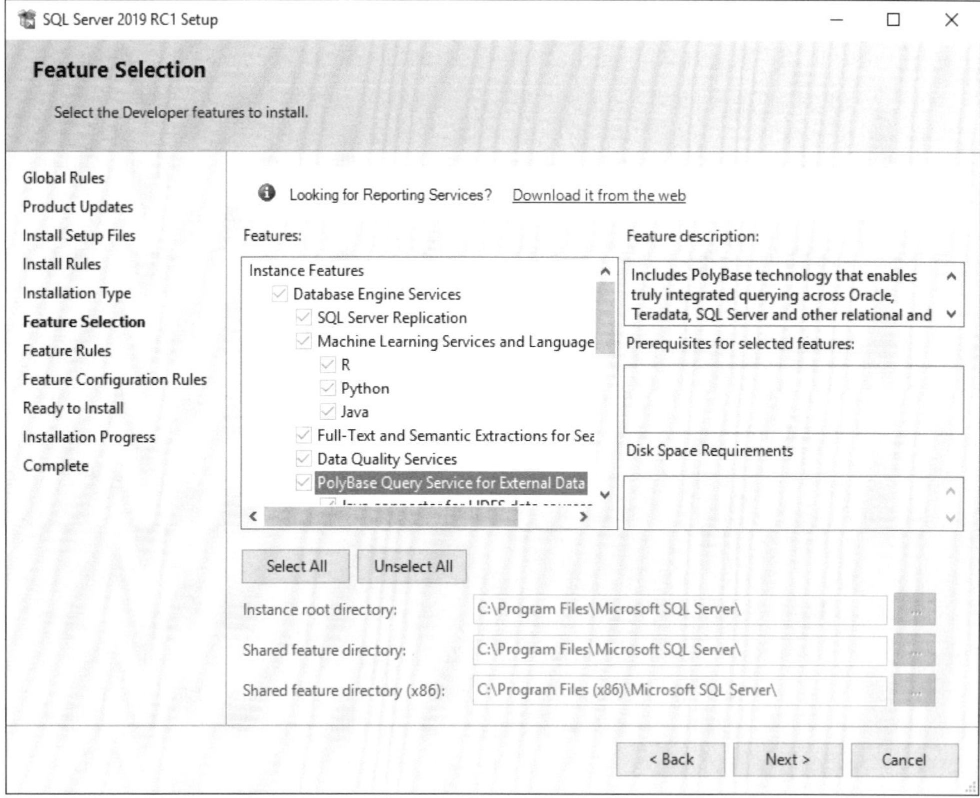

Abbildung 24.5 Installation von PolyBase

24.7 Machine Learning und R

R ist eine Programmiersprache, die in den Bereichen Statistik und Data Mining immer häufiger eingesetzt wird und mittlerweile recht weit verbreitet ist. Die ansteigende Bedeutung dieser Sprache hat Microsoft dazu gebracht, R seit SQL Server 2016 ebenfalls zu unterstützen. Wenn Sie R einsetzen möchten, müssen Sie dieses Feature bei der Installation von SQL Server auswählen oder nachträglich installieren. Sie finden diese Funktion unter Instanzfunktionen • Datenbank-Engine-Dienste • Machine Learning-Dienste und -Spracherweiterungen • R (Instance Features • Database Engine Services • Machine Learning Services • R) (siehe Abbildung 24.6).

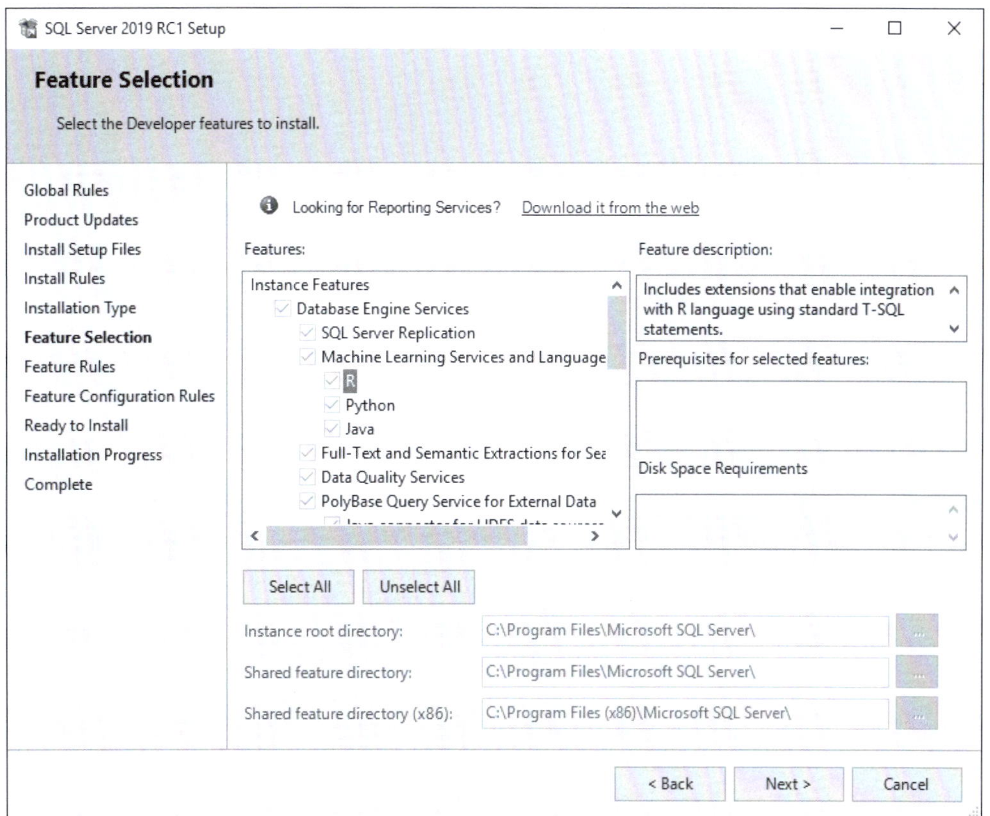

Abbildung 24.6 Hier finden Sie die R Services von SQL Server.

Um die R Services nutzen zu können, müssen Sie die Machine Learning Services und zusätzlich zumindest R installieren.

Nach der Installation ist SQL Server in der Lage, R-Skripte auszuführen. Sie können Open-Source-Pakete und Frameworks, aber auch Microsoft-R-Pakete für die prognostizierende Analyse einsetzen. Diese Skripte werden innerhalb der jeweiligen Datenbank ausgeführt. So werden keine Daten außerhalb der Datenbank bewegt.

R Services können Sie für den Aufbau und Einsatz von Machine Learning verwenden und bestehende Modelle installieren.

Da diese Art, mit Daten umzugehen, noch relativ jung ist, gibt es bislang leider wenige praktische Erfahrungsberichte darüber. Als Administrator sollten Sie aber zumindest wissen, dass es die R Services gibt und wie Sie sie bereitstellen können.

Kapitel 25

Big Data – Analysewerkzeuge für SQL Server

Seit einigen Jahren gibt es die Möglichkeit, alle erreichbaren Daten zu speichern und mit intelligenten Suchalgorithmen sinnvoll zu verarbeiten. Auf diesem Wege können große Unternehmen, die über gesammelte Daten verfügen, qualifizierte Benutzerprofile erstellen, um beispielsweise gezielte Werbung zu platzieren.

25.1 Daten und der Umgang damit

Es lässt sich nicht mehr abstreiten, dass wir bei jedem Besuch im Internet eine Datenspur hinterlassen – wenn wir chatten, Fotos online teilen oder uns auf sozialen Plattformen bewegen. Interessanterweise hinterlassen wir auch dann Datenspuren, wenn wir es nicht vermuten: seien es die Bewegungsprofile unserer Smartphones, der bargeldlose Einkauf oder lediglich unsere Anwesenheit vor einer Sicherheitskamera.

Diese immensen Daten werden elektronisch gesammelt, gespeichert, ausgewertet und weiterverarbeitet. Ob das gut ist oder nicht, wollen wir hier nicht diskutieren. Sicher ist aber, dass es kaum eine Möglichkeit in unserer modernen Welt gibt, keine Daten zu hinterlassen. Es ist zwar nicht unmöglich, aber sicher nicht für jeden.

Im Zusammenhang mit dieser Art der Datenerhebung geistert immer häufiger ein Begriff durch die Medien und die Fachwelt: Big Data.

25.2 Was ist eigentlich Big Data?

Eine präzise und auch dauerhafte Definition dieses Begriffs gibt es nicht. *Big Data* ist derzeit eher ein Schlagwort, deren Bedeutung sich verändert und an den aktuellen Sprachgebrauch angepasst wird.

Im allgemeinen Sprachgebrauch ist Big Data ein Oberbegriff für die digitale Verwertung all der anfallenden Daten (wie bereits erwähnt).

Durch die Verknüpfung dieser großen Datenmengen ist es möglich, mit Hilfe statistischer Auswertungen Prognosen zu erstellen.

So kann ein großes Online-Handelshaus beispielsweise recht sicher vorhersagen, welche Produkte demnächst besonders gefragt sein werden. Der Energieversorger kann den An- und Verkauf von Energie effektiver planen, und der Kfz-Hersteller bestellt das Zubehör, das er mit hoher Wahrscheinlichkeit in den kommenden Wochen verbauen und verkaufen kann.

Die Prognosen werden dabei immer zuverlässiger und reichen immer weiter in die Zukunft. Ein schönes Beispiel dafür sind Wettervorhersagen. Immer mehr Daten sind verfügbar und können immer schneller verarbeitet werden, obwohl die Modelle, die durchgerechnet werden müssen, komplexer werden. Dafür gehen die Wettervorhersagen mittlerweile bis zu einer Woche in die Zukunft und werden schon bald deutlich zuverlässiger sein als noch vor wenigen Jahren.

25.3 Microsoft Big Data Cluster für SQL Server

Microsoft hat mit SQL Server 2019 den *Big Data Cluster* eingeführt. Der Big Data Cluster bietet die Möglichkeit, Datensammler bereitzustellen. Dazu zählen Spark, HDFS und SQL Server Container.

Spark ist ein Big-Data-Framework, das mit Java, Python, R und Scala ansprechbar ist und viele APIs und Bibliotheken mitbringt.

HDFS (*Hadoop Distributed File System*) ist ein Dateisystem, das Daten auf verteilten, verschiedenen Systemen ablegen und damit große Datenmengen vorhalten kann.

Mit Windows Server 2019 kann SQL Server 2019 auch im *Container* betrieben werden. Die von Microsoft dafür empfohlene Lösung sind *Docker*-Container, die mit Kubernetes verwaltet werden. Docker ist ein Open-Source-Tool, mit dem Container bereitgestellt werden können. Container sind vergleichbar mit virtuellen Maschinen. Sie bilden ein abgeschlossenes System, das einen eigenen Prozess nutzt und somit unabhängig von anderen Prozessen und Containern ist. Weitere Informationen zu Docker finden Sie zum Beispiel bei Microsoft: *https://docs.microsoft.com/de-de/dotnet/architecture/microservices/container-docker-introduction/docker-defined*.

Kubernetes ist Googles Open-Source-System für das Containermanagement. Weitere Informationen zu Kubernetes finden sie hier: *https://kubernetes.io/de/docs/concepts/overview/what-is-kubernetes/*.

Außer der Möglichkeit, Daten zu sammeln, kann der Big Data Cluster für SQL Server auf viele externe Datenquellen zugreifen. Möglich sind dabei z. B. SQL-Server-verwaltete HDFS, Spark und SQL-Server-Container. Diese Daten können dann für künstliche Intelligenz (KI), Machine Learning oder auch andere Analysen verwendet werden. Auch hierzu finden Sie im Internet weitere Informationen: *https://docs.microsoft.com/de-de/sql/big-data-cluster/big-data-cluster-overview?view=sql-server-ver15*.

25.4 Bereitstellung von Big Data Clusters für SQL Server

Über die Bereitstellung von Big Data Clusters für SQL Server informiert Microsoft ausführlich unter: *https://docs.microsoft.com/de-de/sql/big-data-cluster/deploy-get-started?view=sql-server-ver15.*

Voraussetzung für die Bereitstellung sind verschiedene Client-Tools. Welche Tools nötig sind, hängt davon ab, welche Aufgaben der Big Data Cluster später erledigen können soll. Eine komplette Liste der Tools finden Sie wieder einmal im Internet bei Microsoft:

https://docs.microsoft.com/de-de/sql/big-data-cluster/deploy-big-data-tools?view=sql-server-ver15.

Was Sie aber auf jeden Fall benötigen, ist ein Tool, das die SQL-Server-Container bereitstellt, und ein Tool für die Verwaltung der Container. *Azure Data Studio* ist als grafische Benutzeroberfläche für den Zugriff auf den Big Data Cluster sehr hilfreich. Zudem wird es gerade bei großen Deployments sinnvoll und notwendig sein, mit Bereitstellungsskripten zu arbeiten.

25.5 Fazit

Der Big Data Cluster von SQL Server ist eine extrem komplexe Herausforderung für den Administrator. Die Anwendungsszenarien sind sehr individuell; wirklich erprobte, gut getestete und sichere Konfigurationsschritte gibt es noch nicht.

Es ist auf jeden Fall notwendig, eine komplexe Landschaft zu installieren, zu konfigurieren und zu warten; eine Aufgabe, die viel Erfahrung voraussetzt. Da die dafür erforderlichen Voraussetzungen nur selten vorhanden sein dürften, die Technik sehr schnelllebig ist und den Rahmen dieses Buches sprengen würden, halten wir es für weniger sinnvoll, Ihnen an dieser Stelle einen Workshop anzubieten.

Sollten Sie aber in der glücklichen Lage sein oder kommen, einen Big Data Cluster für SQL Server zu betreuen, empfehlen wir Ihnen, die oben genannten Microsoft-Seiten zu studieren.

Da die Menge der verfügbaren Daten weiter ansteigen wird und klassische Datenbanksysteme diese anfallenden Daten nicht mehr in angemessener Zeit werden verarbeiten können, werden Big Data Cluster zukünftig sicherlich häufiger für SQL Server eingesetzt.

Aussichten: Was bringt die Zukunft?

Abschließend möchten wir Ihnen noch ein paar Gedanken rund um SQL Server und über die möglichen zukünftigen Entwicklungen mitgeben.

Lange Zeit wurde SQL Server nicht ernst genommen, insbesondere da die ersten Versionen nicht über eine ausreichende Stabilität für kritische Daten verfügten. Allerspätestens seit der Version 2008 ist SQL Server jedoch ein ernstzunehmendes Produkt, und die etablierten *RDBMS* (*Relative Database Management Systems*) können als relativ gleichwertig angesehen werden – dabei hat jedes System natürlich seine Vor- und Nachteile.

Ein »Nachteil« von SQL Server ist, dass die Bedienung weitestgehend per GUI funktioniert. Aufgrund der »bunten Oberfläche« wurde in vielen Unternehmen der SQL-Server-Administrator doch eher gering geschätzt, schließlich reicht scheinbar ein Doppelklick auf *setup.exe*, und schon läuft alles. Vermutlich waren daher auch oft Windows-Administratoren mit dem vermeintlich Windows-gleichen SQL Server betraut.

Glücklicherweise hat sich mit dem Fortschritt von MS SQL Server auch der Stellenwert seines Administrators deutlich gebessert – auch wenn die Gehälter der SQL-Server-Admins noch nicht ganz in die Regionen vorstoßen, in denen sich zum Beispiel ein Oracle-DBA befindet.

Allgemeine Aussichten

Die Entwicklung von SQL Server schreitet zügig voran: Stetig erscheinen neue Versionen mit neuen Funktionen und Techniken. Dies erfordert von Ihnen nicht nur die Spezialisierung auf einzelne Bereiche, sondern auch ein ständiges Lernen.

Eine neue Funktion, die für Unsicherheit sorgen könnte, ist das automatische Tuning. Auf den ersten Blick scheint dieses den Job eines DBA zu gefährden. Allerdings ersetzt das automatische Tuning keinesfalls einen DBA, sondern unterstützt ihn bei seiner Arbeit. Wenn Sie die Funktion ohne ausreichendes Hintergrundwissen einsetzen, kann das schnell zu größeren Schwierigkeiten führen.

Sie sehen also, Ihre Zukunft ist gesichert. Es werden immer mehr Datenbanken eingesetzt, und die Datenmenge nimmt stetig zu. Heute sind Datenbanken im Terabyte-Bereich keine Seltenheit mehr. Für die Verwaltung dieser Daten und für die permanente Verfügbarkeit dieser sind Sie als DBA zuständig.

Es werden mehr und mehr datenbankgestützte Anwendungen entwickelt. Leider werden bei der Entwicklung die Grundlagen des genutzten Datenbanksystems zunehmend weniger beachtet. So kommt es immer wieder zu Verbindungsfehlern mit der Datenbank, besondere Berechtigungen werden notwendig, oder es fehlen wichtige Indizes.

An dieser Stelle möchte ich eine Lanze für den DBA brechen. In größeren Unternehmen gibt es Teams, die für die verschiedenen technologischen Bereiche zuständig sind. Oft gibt es ein Windows-Team, ein Netzwerkteam, Firewall und SAN werden von eigenen Teams betreut, und es gibt noch viele andere Teams. Jedes dieser Teams stellt Regeln auf, an die es sich hält und an die sich auch alle halten müssen, die die Dienste des Teams in Anspruch nehmen möchten. So sollte es auch bei den SQL-Server-DBAs sein. Auch Sie sollten Regeln aufstellen, die Ihnen helfen, Daten sicher aufzubewahren und jederzeit verfügbar zu halten. Leider ist es oft so, dass genau diese Regeln wegen schlecht entwickelter Anwendungen aufgeweicht werden. Schließlich käme auch niemand auf die Idee, mit den AD-Leuten über ihre Berechtigungsstrukturen zu diskutieren oder bei den Netzwerkern die Aktivierung eines unsicheren Protokolls zu fordern.

Als DBA müssen Sie da schon öfter diskutieren, beispielsweise wenn das Unternehmen eine Anwendung gekauft hat, die so entwickelt wurde, dass sie nur mit dem *sa*-Account betrieben werden kann, obwohl Microsoft die unbedingte Anwendung des *Least-Privileges-Prinzip* (deutsch: geringstmögliche Berechtigungen) empfiehlt. Halten Sie sich daran! Bleiben Sie standhaft, und versuchen Sie, frühestmöglich Einfluss auf solche Planungsprozesse zu nehmen, um spätere Interessenskonflikte zu vermeiden. Schließlich ist der SA die oberste Berechtigungsinstanz von SQL Server und sollte von Ihnen niemals aus der Hand gegeben werden. Es ist der einzige Account, der nicht gelöscht werden kann und mit dem Sie notfalls die Instanz, die Datenbank und die darin enthaltenen Daten retten können.

Technische Aussichten

Da SQL Server 2019 erst Mitte November 2019 auf den Markt gekommen ist, wird es vermutlich noch ein Weilchen dauern, bis die aktuelle Version in Unternehmen flächendeckend zum Einsatz kommt. Daher können wir zum jetzigen Zeitpunkt nur bedingt Aussagen über die Features der neuen SQL-Server-Version machen.

Sollten Sie in Ihrem Unternehmen eine wirklich große SQL-Server-Landschaft besitzen, haben Sie die Möglichkeit, an der Weiterentwicklung von SQL Server teilzuhaben. Im Laufe der Entwicklung einer neuen Version arbeitet Microsoft gerne mit großen Unternehmen im *CTP* (*Community Technology Program*) zusammen. Der Aufwand für die beteiligten DBAs ist dabei nicht ganz unerheblich. Im Gegenzug können beteiligte Unternehmen Wünsche über neue Funktionen äußern.

Wenn sie an der Teilnahme an so einem Programm interessiert sind, sollten sie damit beginnen, sich an den Diskussionen über Funktionen und Features des SQL Servers in der Tech Community teilzunemhen: *https://techcommunity.microsoft.com/*

Wenn ihr Unternehmen eine wirklich sehr große Landschaft betreibt, kann es sogar passieren, dass Microsoft auf sie zukommt und ihnen eine Teilnahme anbietet. Wenn es ihnen aber geht, wie den Maisten, dann müssen sie wohl darauf warten, dass eine erste CTP-Version (CTP-1.0) des neuen SQL Servers veröffentlicht wird. Machen sie einen Download und beantworten sie die dazu gehörenden Fragen, dann kann es passieren, dass Microsoft sie zur Mitarbeit einlädt.

Fazit

SQL Server ist ein Produkt, auf das Sie sich verlassen können. Beschäftigen Sie sich ausgiebig mit SQL Server, und lernen Sie dabei, ihn zu verstehen. Obwohl neue Versionen sich nicht grundlegend von den vorherigen unterscheiden, sollten Sie niemals eine neue Version für produktive Daten einsetzen, ohne vorab ausgiebig zu testen.

Bauen Sie sich daher stets eine Testlandschaft auf, und spielen Sie verschiedene Möglichkeiten durch, die in Ihrem Unternehmen wahrscheinlich sind, und beobachten Sie die Reaktion der neuen Version. Machen Sie sich Gedanken über Sicherheit, Verfügbarkeit, Standards, Grundlagen und darüber, inwiefern Sie bereit sind, diese Standards zu verlassen. Schreiben Sie alles nieder, und halten Sie sich daran. Arbeiten Sie mit diesen Grundlagen, und diskutieren Sie sie mit Kollegen. Vergessen Sie nicht, die Standards weiterzuentwickeln. Um mit dem technischen Fortschritt mitzuhalten, sollten die Regeln nicht in Stein gemeißelt sein.

Wir hoffen, dass wir Ihnen in diesem Buch SQL Server verständlich erklären konnten. Als guter DBA sollten Sie allerdings möglichst viel Erfahrung sammeln. Legen Sie daher los: Testen Sie, probieren Sie aus, basteln Sie – Erfolg, aber auch Misserfolg helfen Ihnen. So können Sie dafür Sorge tragen, dass die SQL-Server-Landschaft Ihres Unternehmens immer stabiler wird. Außerdem können Sie auf diesem Wege für immer mehr Automatisierung sorgen, um somit Ihren Job nicht nur etwas angenehmer zu machen, sondern auch mit den zukünftigen Anforderungen Schritt zu halten.

Anhang
Deutsch – Englisch/Englisch – Deutsch

Zu Anfang des Buches haben wir Sie darauf hingewiesen, dass manche Übersetzungen des Management Studios irreführend sein können. Deshalb führen wir in diesem Buch die deutschen und englischen Varianten auf. Um Ihnen die Übersicht zu erleichtern, finden Sie hier eine Liste der wichtigsten Begriffe in alphabetischer Reihenfolge. So können Sie hoffentlich den einen oder anderen Fehlgriff verhindern. Wir erheben allerdings keinen Anspruch auf Vollständigkeit.

Deutsch	Englisch		Englisch	Deutsch
% Prozessorzeit, Wartende Tasks, Datenbank-E/A (MB/Sekunde) und T-SQL-Batchanforderungen	% Processor Time, Waiting Tasks, Database I/O and Batch Requests		% Processor Time, Waiting Tasks, Database I/O and Batch Requests	% Prozessorzeit, Wartende Tasks, Datenbank-E/A (MB/Sekunde) und T-SQL-Batchanforderungen
Abfrage	Query		Access Rights	Zugriffsberechtigungen
Abfrage-Editor	Query Editor		Action	Aktion
Abfrage entwerfen	Design the Query		Activated	Aktiviert
Abfragebatchnachverfolgung	Activity Tracking		Active Expensive Queries	aktuelle wertvolle Abfragen
Abfrage-Designer	Query Builder		Activity Monitor	Aktivitätsmonitor
Abfragespeicher	Query Store		Activity Tracking	Abfragebatchnachverfolgung
Ablaufsteuerung	Control Flow		Add	Hinzufügen
Ablaufverfolgungseigenschaften	Trace Properties		Add Replica	Replik hinzufügen
Ablaufverfolgungsname	Trace Name		Add Table	Tabelle hinzufügen

Deutsch	Englisch		Englisch	Deutsch
Abonnement-datenbank	Subscription Database		Additional notification message to send	Zusätzlich zu sendende Warnbenachrichtigung
Abonnent	Subscriber		Alert System	Warnungssystem
Abschneiden	Truncation		Alerts	Warnungen
Account für die Ausführung	Execution Account		Aligned Partitioning	Ausgerichtete Partitionierung
Aktion	Action		All Objects of the Type	alle Objekte des Typs
Aktiven Ausführungsplan anzeigen lassen	Show Live Execution Plan		Always On High Availability	AlwaysOn Hochverfügbarkeit
Aktiviert	Activated		Article Properties	Artikeleigenschaften
Aktivitätsmonitor	Activity Monitor		Atomicity	Atomarität
Aktualisierbares Abonnement	Updatable Subscription		Audit	Überwachung
Aktualisieren	Update		Audit Action Type	Überwachungsaktionstyp
aktuell aktives Kommando	Last Transact-SQL Command Batch		Audit Name	Überwachungsname
aktuelle wertvolle Abfragen	Active Expensive Queries		Audit	Überwachung
aktueller Speicherplatz	Current Space		Authentification	Authentifizierung
alle Objekte des Typs	All Objects of the Type		Automatic Tuning Options	Automatische Performance-Verbesserung
alle vorhandenen physischen Entwurfsstrukturen beibehalten	Keep all existing PDS		Back up database (Full)	Datenbank sichern (Vollständig)
Allgemein	General		Back up	Sichern

Deutsch	Englisch		Englisch	Deutsch
Als Administrator ausführen	Run as administrator		Backup	Sicherung
Als anderer Benutzer starten	Run as different User		Backup Component	Sicherungskomponente
Als Datenebenenanwendung registrieren...	Register as Data-Tier Application...		Backup Device	Logisches Sicherungsmedium
Always-On Hochverfügbarkeit	Always On High Availability		Backup Device	Sicherungsmedium
Analyse wird durchgeführt	Performing Analysis		Backup Model	Sicherungsverfahren
Analysieren	Parse		Backup Preferences	Backupeinstellungen
Anbieter	Provider		Backup to	Ziel
Ändern	Change		Backup Type	Sicherungstyp
Ändern	Write		Base Image	Basisabbild
Angeforderter komprimierter Speicherplatz	Requested Compressed Space		Basic Map	Standardkarte
Angestellte	Employees		Be Made Using this Security Context	In folgendem Sicherheitskontext verwendet
Anmeldeinformationen	Credentials		Body	Mailtext
Anmeldename	Login Name		Browse	Durchsuchen
Anmeldung	Login		B-Tree-Structures	B-Baum-Strukturen
Anmeldungseigenschaften	Login Properties		Build...	Erstellen...
Anmeldungsüberwachung	Login Auditing		Bulk Insert Task	Masseneinfügetask

Deutsch	Englisch		Englisch	Deutsch
Ansicht	View		Bulk-logged	Massen-protokolliert
Antwort	Response		Calculate	Berechnen
Anweisung	Statement		Cancel Executing Query	Ausführung der Abfrage abbrechen
Anwenden	Enabled		Catalog View	Katalogsicht
Anzeige	View		Category	Kategorie
Arbeitsauslastung wird gelesen	Consuming Workload		Central Management Servers	Zentrale Verwaltungsserver
Arbeitsauslastungen für Ressourcenpool	Workload Groups for Resource Pool		Certificate	Zertifikat
Artikeleigenschaften	Article Properties		Certificates • Personal • Certificates	Zertifikate • Eigene Zertifikate • Zertifikate
Assistent für neue Verfügbarkeitsgruppen	New Availability Group Wizard		Change	Ändern
Assistenten abschließen	Complete the Wizard		Change Database	Datenbank ändern
Assistenten beenden	Complete the Wizard		Chart Type	Diagrammtyp
Atomarität	Atomicity		Checking Server Compatibility	Kompatibilität der Master- und Zielserver-Instanzen überprüfen
Auflistung	Collection		Choose a Connection to a Datasource	Verbindung mit einer Datenquelle auswählen
Aufträge	Jobs		Choose Template	Vorlage auswählen

Deutsch	Englisch		Englisch	Deutsch
Auftragsschritt-liste	Job Step List		Classifier Function Name	Der Name der Klassifizierungs-funktion
Auftreten	Occur		Click here to create an ›OnError‹ Event Handler for executable Package	Klicken Sie hier, um einen OnError-Ereignishandler für die ausführ-bare Datei Package zu erstellen
Aufzuzeichnende Ereignisse aus-wählen	Select Events To Capture		Close	Schliessen
Ausführen	Execute		Clustered Index	Gruppierter Index
Ausführen	Run		Collation	Sortierreihenfolge
Ausführung der Abfrage abbrechen	Cancel Executing Query		Collection	Auflistung
Ausführungs-ergebnisse	Execution Results		Color Theme	Farbschema
Ausgabe	Output		Column Filters...	Spaltenfilter...
Ausgerichtete Partitionierung	Aligned Partitioning		Column	Spalte
Ausgerichtete Partitionierung beibehalten	Keep Aligned Partitioning		Columnstore Index	Columnstore-Index
Ausgewählte Ereignisse	Selected Events		Community	Gemeinschaft
Auswahl der Datensynchroni-sation	Select Data Synchronisation		Community Tech-nology Preview	technische Vorversion
Auswählen	Select		Complete the Wizard	Assistenten abschließen

Deutsch	Englisch		Englisch	Deutsch
Auswerten	Evaluate		Complete the Wizard	Assistenten beenden
Authentifizierung	Authentification		Compression	Komprimierung
Automatische Performance-Verbesserung	Automatic Tuning Options		Condition	Bedingung
Backup-einstellungen	Backup Preferences		Configure Data Collection	Datensammlung einrichten
Basisabbild	Base Image		Configure Management Data Warehouse	Verwaltungs-Data-Warehouse konfigurieren
B-Baum-Strukturen	B-Tree-Structures		Configure OLE DB Connection Manager	OLE DB-Verbindungs-Manager konfigurieren
Bearbeiten	Edit		Configure Security	Sicherheit konfigurieren
Bedingung	Condition		Connect	Verbinden
Beenden	Stop		Connect to Database	Verbindung mit Datenbank herstellen
Beendigungszeit für Ablaufverfolgung aktivieren	Enable Trace Stop Time		Connection Manager	Verbindungs-manager
Begrüßungs-bildschirm	Welcome Screen		Connection Properties	Verbindungs-eigenschaften
Bei Änderungen	On Change		Connection String	Verbindungs-zeichenfolge
Beliebige Datenbank erstellen	Create Any Database		Consistency	Konsistenz
Benachrichtigung	Notification		Consuming Workload	Arbeitsauslastung wird gelesen

Deutsch	Englisch		Englisch	Deutsch
Benutzer	Login		Contained Database Authentication	eigenständige Datenbankauthentifizierung
Benutzer	User		Contained Database	eigenständige Datenbank
Benutzer oder Rolle	User or Role		Containment Type	Einschlusstyp
Benutzer, die dieser Anmeldung zugeordnet sind	Users Mapped to this Login		Control Flow	Ablaufsteuerung
Benutzerdefiniert	User Defined		Copy-only	Kopiesicherung
Benutzerdefinierte Funktion	Function		Core	Kern
Benutzername	User Name		Create a Backup File for every Database	Datenbanken in einer oder mehreren Dateien sichern
Benutzerzuordnung	User Mapping		Create a Dataset	Dataset erstellen
Berechnen	Calculate		Create a New Report Server Database	Neue Berichtsserver-Datenbank erstellen
Berechtigung	Permission		Create a Snapshot immediately and keep the Snapshot available to initialize Subscriptions	Momentaufnahme sofort erstellen und zum Initialisieren von Abonnements verfügbar halten
Bereitstellen	Deploy		Create Any Database	Beliebige Datenbank erstellen
Bericht	Report		Create Audit	Überwachung erstellen
Berichte werden generiert	Generating Reports		Create Data Logs	Datenprotokolle erstellen

Deutsch	Englisch		Englisch	Deutsch
Berichtsserver-projekt-Assistent	Report Server Project Wizard		Create Directory for Solution	Verzeichnis für Lösung erstellen
Beschreibung	Description		Create Manually (Advanced)	Manuell erstellen (Erweitert)
Besitzer	Owner		Create new Data Collector Set	Neuen Sammlungssatz erstellen
Bestimmen der Reihenfolge der Tasks	Select Maintenance Task Order		Credentials	Anmelde-informationen
Betreff	Subject		Credentials	Weiter zur Kategorie Anmelde-informationen
C2-Überwachungs-Ablaufverfolgung aktivieren	Enable C2 Audit Tracing		Current Space	aktueller Speicherplatz
Columnstore-Index	Columnstore Index		Daily	Täglich
Wiederherstellungsmodell »Einfach«	Recovery Model »Simple«		Data Access Mode	Datenzugriffs-modus
Wiederherstellungsmodell »Vollständig«	Recovery Model »Full«		Data Collection	Datenauflister
Dataset erstellen	Create a Dataset		Data Collection	Datensammlung
Datei	File		Data Collector Set	Sammlungssatz
Datei speichern	Save as		Data File	Datendatei
Datei	File		Data File I/O	Datendatei-E/A
Dateigruppe	Filegroup		Data Flow	Datenfluss
Dateigruppen-sicherung	Filegroup Backup		Data Flow Task	Datenflusstask

Deutsch	Englisch		Englisch	Deutsch
Dateipfad	Path		Data Profiling Task	Datenprofilierungs-Task
Dateityp	File Type		Data Source Properties	Datenquelleneigenschaften
Datenauflister	Data Collection		Data Sources	Datenquellen
Datenbank ändern	Change Database		Database Audit Specifications	Datenbank-Überwachungsspezifikationen
Datenbank sichern (Vollständig)	Back up database (Full)		Database Default Locations	Standardspeicherorte für Datenbank
Datenbank wiederherstellen	Restore Database		Database Engine	Datenbankmodul
Datenbank	Database		Database File	Datenbankdatei
Datenbankdatei	Database File		Database Name	Datenbankname
Datenbankeigenschaften	Database Properties		Database Properties	Datenbankeigenschaften
Datenbankeinstellungen	Database Settings		Database Role	Datenbankrolle
Datenbank-E-Mail durch Ausführen der folgenden Aufgaben einrichten	Set up Database Mail by performing the following tasks		Database Settings	Datenbankeinstellungen
Datenbanken auswählen	Select Databases		Database	Datenbank
Datenbanken in einer oder mehreren Dateien sichern	Create a Backup File for every Database		Data-Tier Application	Datenebenenanwendung
Datenbankmodul	Database Engine		Data-Tier Application Package (DACPAC)	Datenebenenanwendungspaket

Deutsch	Englisch		Englisch	Deutsch
Datenbankname	Database Name		Debug	Debuggen
Datenbankrollen	Database Role		Default Settings	Standard-einstellungen
Datenbank-Über-wachungsspezifi-kationen	Database Audit Specifications		Delete	Löschen
Datenbankspiege-lungs-Endpunkt	Mirroring Endpoint		Delimited	Mit Trennzeichen
Datenbank-verschlüsselung verwalten	Manage Database Encryption		Deploy	Bereitstellen
Datendatei	Data File		Description	Beschreibung
Datendatei-E/A	Data File I/O		Design	Entwerfen
Datenebenen-anwendung	Data-Tier Application		Design	Entwurf
Datenebenen-anwendung extrahieren...	Export Data-Tier Application...		Design the Query	Abfrage entwerfen
Datenebenen-anwendungspaket	Data-Tier Appli-cation Package (DACPAC)		Destination	Ziel
Datenfluss	Data Flow		Destination Database	Ziel-Datenbank
Datenflusstask	Data Flow Task		Device	Medium
Datenflussziele	Destinations		Differential Backup	Differenzielle Sicherung
Datenprofilie-rungs-Task	Data Profiling Task		Disc Usage	Datenträger-verwendung
Datenprotokolle erstellen	Create Data Logs		Display Estimated Execution Plan	Geschätzten Ausführungsplan anzeigen
Datenquellen	Data Sources		Distributor	Verteiler

Deutsch	Englisch		Englisch	Deutsch
Datenquellen-eigenschaften	Data Source Properties		Do not keep any existing PDS	Keine vorhandenen physischen Entwurfsstrukturen beibehalten
Datensammlung	Data Collection		Do Not Start Mirroring	Spiegelung nicht starten
Datensammlung einrichten	Configure Data Collection		Durability	Dauerhaftigkeit
Datenträgersicherungsmedium	Logical Backup Device for a Disk File		Duration	Dauer
Datenträger-verwendung	Disc Usage		Dynamic Data Masking	Dynamische Datenmaskierung
Datenzugriffs-modus	Data Access Mode		Dynamic Management View – DMV	Dynamische Verwaltungssicht, Katalogsicht
Dauer	Duration		Edit	Bearbeiten
Dauerhaftigkeit	Durability		E-Mail Settings	E-Mail-Einstellungen
Debuggen	Debug		Employees	Angestellte
Debugging beenden	Stop Debugging		Enable Audit	Überwachung aktivieren
Der Name der Klassifizierungs-funktion	Classifier Function Name		Enable C2 Audit Tracing	C2-Überwachungs-Ablaufverfolgung aktivieren
Diagrammtyp	Chart Type		Enable Mail Profile	Mailprofil aktivieren
Dienstkonto	Service-Account		Enable Resource Governor	Ressourcenkontrolle aktivieren
Dienstkonto	Service Account		Enable Server Audit Specification	Serverüberwachungsspezifikation aktivieren

Deutsch	Englisch		Englisch	Deutsch
Differenzielle Sicherung	Differential Backup		Enable Trace Stop Time	Beendigungszeit für Ablaufverfolgung aktivieren
Durchsuchen	Browse		Enabled	Anwenden
Dynamische Datenmaskierung	Dynamic Data Masking		Encryption	Verschlüsselung
Dynamische Verwaltungssicht, Katalogsicht	Dynamic Management View – DMV		Encryption Key	Verschlüsselungsschlüssel
Eigenschaft	Facet		Endpoint	Endpunkt
Eigenschaften	Properties		Error	Fehler
Eigenschaften der Ressourcenkontrolle	Resource Governor Properties		Error Output	Fehlerausgabe
Eigenschaften der Tabelle	Table Properties		ESRI Shapefile	ESRI-Shape-Datei
Eigenschaften des hervorgehobenen Tabellen-Artikels festlegen	Set Properties of Highlighted Table Article		Estimated Improvement	Geschätzte Verbesserung
Eigenschaften des SQL Server-Agents	SQL Server Agent Properties		Evaluate	Auswerten
eigenständige Datenbankauthentifizierung	Contained Database Authentication		Evaluate Utilization of existing PDS only	Untersuche den Gebrauch bestehender PDS
eigenständige Datenbanken	Contained Databases		Event	Ereignis
Einfach	Simple		Event Handler	Ereignishandler
einfaches Wiederherstellungsmodell	Simple Recovery Mode		Event Library	Ereignisbibliothek
Einmalig um (Uhrzeit)	Occurs once at		Events Selection	Ereignisauswahl

Deutsch	Englisch		Englisch	Deutsch
Einschlusstyp	Containment Type		Execute	Ausführen
Einzelner Zeitplan für den gesamten Plan oder kein Zeitplan	Single Schedule for the entire Plan or no Schedule		Execute T-SQL Statement Task	»Task T-SQL-Anweisung ausführen«
Einzelschritt	Step Into		Execution Account	Account für die Ausführung
E-Mail-Einstellungen	E-Mail Settings		Execution Results	Ausführungsergebnisse
Empfänger-Mailadresse	To »...«		Export Data-Tier Application...	Datenebenenanwendung extrahieren...
Empfehlung	Recommendation		Extended Event	Erweitertes Ereignis
Empfehlungen und Berichte	Recommendations and Reports		Extended Protection	erweiterter Schutz
Empfehlungen werden generiert	Generating Recommendations		Extract Transform Load	Extrahieren, Transformieren und Laden
Empfehlungsziel	Target of Recommendation		Facet	Eigenschaft
Endpunkt	Endpoint		Fail Component	Komponente mit einem Fehler abbrechen
Entwerfen	Design		Field	Feld
Entwurf	Design		File	Datei
Ereignis	Event		File System Task	Task »Dateisystem«
Ereignisauswahl	Events Selection		File Type	Dateityp
Ereignisbibliothek	Event Library		Filegroup Backup	Dateigruppensicherung
Ereignishandler	Event Handler		Filegroup	Dateigruppe

Deutsch	Englisch		Englisch	Deutsch
Ereignissitzungsvorlage verwenden	Use this Event Session Template		File	Datei
Erstellen...	Build...		Filtered Index	Gefilterter Index
Erteilen	Grant		Finish	Fertig stellen
Erweitertes Ereignis	Extended Event		Flat File Destination	Flatfileziel
erweiterter Schutz	Extended Protection		For Loop Container	FOR-Schleifencontainer
Erzwingen	On Demand		Foreach Loop Container	FOR-EACH-Schleifencontainer
ESRI-Shape-Datei	ESRI Shapefile		Frequency	Häufigkeit
Extrahieren, Transformieren und Laden	Extract Transform Load		FTP-Task	FTP-Task
Extras	Tools		Full	Vollständig
Farbschema	Color Theme		Full Backup	Vollständige Sicherung
Fehler	Error		Full Partitioning	Vollständige Partitionierung
Fehler ignorieren	Ignore Failure		Function	Benutzerdefinierte Funktion
Fehlerausgabe	Error Output		Function	Funktion
Feld	Field		General	Allgemein
Fertig stellen	Finish		Generating Reports	Berichte werden generiert
Flatfileziel	Flat File Destination		Generating Recommendations	Empfehlungen werden generiert
FOR-EACH-Schleifencontainer	Foreach Loop Container		Grant	Erteilen

Deutsch	Englisch		Englisch	Deutsch
FOR-Schleifen-container	For Loop Container		Heap	Haufen
Fortlaufend ausführen	Run Continuously		High Safety	hohe Sicherheit
FTP-Task	FTP-Task		High-Performance Mode	Modus für hohe Leistung
Funktion	Function		High-Safety Mode	Modus für hohe Sicherheit mit automatischem Failover
Gefilterter Index	Filtered Index		Ignore Failure	Fehler ignorieren
Gefilterte Indizes einschließen	Include Filtered Indexes		Import Performance Data	Leistungsdaten importieren
Gemeinschaft	Community		Include Actual Execution Plan	Tatsächlichen Ausführungsplan einschließen
Gemischter Modus	Mixed Mode		Include Filtered Indexes	Gefilterte Indizes einschließen
geringstmögliche Berechtigungen	Least-Privileges-Prinzip		Indexed View	Indizierte Sicht
Geschätzte Verbesserung	Estimated Improvement		Index/Indexes	Index/Indizes
Geschätzten Ausführungsplan anzeigen	Display Estimated Execution Plan		Indexes and Indexed Views	Indizes und indizierte Sichten
Gespeicherte Prozedur	Stored Procedure		Install	Installieren
Gruppierter Index	Clustered Index		Install Instance now	Instanz jetzt Installieren
Haufen	Heap		Instance Configuration	Instanzkonfiguration
Häufigkeit	Frequency		Intelli-Sense	IntelliSense

Deutsch	Englisch		Englisch	Deutsch
Hilfsprogramm-Explorer	Utility Explorer		Job Step List	Auftragsschritt-liste
Hinzufügen	Add		Job Step List	Neuer Auftrag/ Auftragsschritt-liste
hohe Sicherheit	High Safety		Jobs	Aufträge
Ihr Datenbank-name	Your Database-name		Join	Verknüpfung
In Datei speichern	Save to File		Keep Aligned Partitioning	Ausgerichtete Partitionierung beibehalten
In folgendem Sicherheitskon-text verwendet	Be Made Using this Security Context		Keep all existing PDS	alle vorhandenen physischen Entwurfsstruk-turen beibehalten
In Tabelle speichern	Save to Table		Keep Clustered Indexes Only	Nur gruppierte Indizes beibe-halten
Index/Indizes	Index/Indexes		Keep Indexes Only	Nur Indizes beibe-halten
Indizes und Indi-zierte Sichten	Indexes and Indexed Views		Kill Process	Prozess abbrechen
Indizierte Sicht	Indexed View		Last Transact-SQL Command Batch	aktuell aktives Kommando
Installieren	Install		Least Privileges	Minimale Rechte
Instanz Auswählen	Select Instance		Least-Privileges-Prinzip	geringstmögliche Berechtigungen
Instanz jetzt Installieren	Install Instance now		Limit Tuning Time	Optimierungszeit begrenzen
Instanzkonfigu-ration	Instance Configu-ration		Linked Server	Verbindungs-server/Delegation
IntelliSense	Intelli-Sense		Linked Server	Verbindungs-server

Deutsch	Englisch		Englisch	Deutsch
Ja	Yes Oder Y		Local Publication	Veröffentlichung
Kartenkatalog	Map Gallery		Local Server Group	Lokale Servergruppe
Katalogsicht	Catalog View		Local Subscription	Lokales Abonnement
Kategorie	Category		Log Only	Nur protokollieren
Keine Partitionierung	No Partitioning		Logging	Protokollierung
Keine vorhandenen physischen Entwurfsstrukturen beibehalten	Do not keep any existing PDS		Logical Backup Device for a Disk File	Datenträgersicherungsmedium
Kerne	Cores		Login	Benutzer
Klicken Sie hier, um einen OnError-Ereignishandler für die ausführbare Datei Package zu erstellen	Click here to create an ›OnError‹ Event Handler for executable Package		Login Auditing	Anmeldungsüberwachung
Kompatibilität der Master- und Zielserver-Instanzen überprüfen	Checking Server Compatibility		Login Name	Anmeldename
Komponente mit einem Fehler abbrechen	Fail Component		Login Properties	Anmeldungseigenschaften
Komprimierung	Compression		Login	Anmeldungen
Komprimierung verwalten	Manage Compression		Login	SQL-Server-Anmeldungen
Konfigurationsinformationen werden abgesendet	Submitting Configuration Information		Mail Profile	Mailprofil
Konsistenz	Consistency		Maintenance	Wartung

Deutsch	Englisch		Englisch	Deutsch
Kopiesicherung	Copy-only		Maintenance Plan Wizard	Wartungs-planungs-Assis-tenten
Leistungsdaten importieren	Import Perfor-mance Data		Maintenance Plan	Wartungsauftrag
Leistungs-indikator	Performance Counter		Manage Compression	Komprimierung verwalten
Leistungstools	Performance Tools		Manage Database Encryption	Datenbank-verschlüsselung verwalten
Lesen	Read		Manage Target Server	Zielserver verwalten
Letzte wertvolle Abfragen	Recent Expensive Queries		Management	Verwaltung
Livedaten ansehen	Watch Live Data		Management Data Warehouse (MDWH)	Verwaltungs-Data-Warehouse (VDWH)
Logische Siche-rungsmedium	Backup Device		Map Gallery	Kartenkatalog
Lokale Server-gruppe	Local Server Group		Mapping	Zuordnung
Lokalen Cache aktualisieren	Refresh Local Cache		Master Server Login Credentials	Masterserver-Anmeldeinforma-tionen
Lokales Abonne-ment	Local Subscription		Maximum CPU %	Maximaler CPU-Prozentsatz
Löschen	Delete		Meets Prerequi-sites	Voraussetzungen erfüllt
Mailprofil	Mail Profile		Memory Optimi-zation Advisor	Speicher Optimie-rungs Ratgeber
Mailprofil akti-vieren	Enable Mail Profile		Memory Optimi-zation Checklist	Speicheroptimie-rungs-Prüfliste
Mailtext	Body		Menu	Menü

Deutsch	Englisch		Englisch	Deutsch
Manuell erstellen (Erweitert)	Create Manually (Advanced)		Mirror	Spiegelinstanz
Masseneinfüge-task	Bulk Insert Task		Mirror	Spiegeln
Massen-protokolliert	Bulk-logged		Mirroring	Spiegelsitzung
Masterserver-Anmeldeinforma-tionen	Master Server Login Credentials		Mirroring Endpoint	Datenbankspiege-lungs-Endpunkt
Maximaler CPU-Prozentsatz	Maximum CPU %		Mixed Mode	Gemischter Modus
Medium	Device		Move	Verschieben
Menü	Menu		Multi Server Administration	Multiserver-verwaltung
Minimale Rechte	Least Privileges		Muster	Template
Modus für hohe Leistung	High-Perfor-mance mode		Name of the Table or the View	Name der Tabelle oder Sicht
Modus für hohe Sicherheit mit automatischem Failover	High-Safety Mode		New	Neu
Mit Trennzeichen	Delimited		New Alert	Neue Warnung
Momentauf-nahme sofort erstellen und zum Initialisieren von Abonnements verfügbar halten	Create a Snapshot immediately and keep the Snapshot available to initia-lize Subscriptions		New Audit	Neue Über-wachung
Multiserver-verwaltung	Multi Server Administration		New Availability Group Wizard	Assistent für neue Verfügbarkeits-gruppen
Name der Tabelle oder Sicht	Name of the Table or the View		New Database Audit Specifica-tion...	Neue Datenbank-Überwachungs-spezifikation...

Deutsch	Englisch		Englisch	Deutsch
Neu	New		New Database Roles...	Neue Datenbank-rolle...
Neu erstellen	Rebuild		New Job	Neuer Auftrag
Neu starten	Restart		New Job Schedule	Neuer Auftrags-zeitplan
Neue Abfrage	New Query		New Job Step	Neuer Auftrags-schritt
Neue Abonne-ments	New Subscrip-tions		New Linked Server...	Neuer Verbin-dungsserver...
Neue Anmeldung	New Login		New Login	Neue Anmeldung
Neue Berichts-server-Datenbank erstellen	Create a New Report Server Database		New OLE DB Connection	Neue OLE DB-Verbindung
Neue Datenbank-rolle...	New Database Roles...		New Profile	Neues Profil
Neue Datenbank-Überwachungs-spezifikation...	New Database Audit Specifica-tion...		New Publication	Neue Veröffent-lichung
Neue OLE DB-Verbindung	New OLE DB Connection		New Query	Neue Abfrage
Neue Server-gruppe...	New Server Group...		New Report	Neuer Bericht
Neue Server-überwachungs-spezifikation	New Server Audit Specification		New Server Audit Specification	Neue Server-überwachungs-spezifikation
Neue Über-wachung	New Audit		New Server Group...	Neue Server-gruppe...
Neue Veröffent-lichung	New Publication		New Server Registration...	Neuen Server registrieren...
Neue Warnung	New Alert		New Subscrip-tions	Neue Abonne-ments

Deutsch	Englisch	Englisch	Deutsch
Neuen Sammlungssatz erstellen	Create new Data Collector Set	New User	Neuer Benutzer
Neuen Server registrieren...	New Server Registration...	Next	Weiter
Neuer Auftrag	New Job	No Partitioning	Keine Partitionierung
Neuer Auftrag/Auftragsschrittliste	Job Step List	Non-clustered Index	Nicht gruppierter Index
Neuer Auftragsschritt	New Job Step	Notification	Benachrichtigung
Neuer Auftragszeitplan	New Job Schedule	Object Name	Objektname
Neuer Benutzer	New User	Occur	Auftreten
Neuer Bericht	New Report	Occurs once at	Einmalig um (Uhrzeit)
Neuer Verbindungsserver...	New Linked Server...	On Change	Bei Änderungen
Neues Profil	New Profile	On Demand	Erzwingen
Nicht gruppierter Index	Non-clustered Index	On Schedule	Zeitgesteuert
Nur gruppierte Indizes beibehalten	Keep Clustered Indexes Only	Options	Optionen
Nur Indizes beibehalten	Keep Indexes Only	Other Destinations	Datenflussziele
Nur protokollieren	Log Only	Output	Ausgabe
nur Windows	Windows Only	Overview	Übersicht
Oberflächenkonfiguration	Server Configuration	Owner	Besitzer
Oberste 1000 Zeilen auswählen	Select Top 1000 Rows	Package	Paket

Deutsch	Englisch		Englisch	Deutsch
Objektname	Object Name		Package Explorer	Paket-Explorer
Öffentlich	Public		Parameter	Parameter
OLE DB-Verbindungs-Manager konfigurieren	Configure OLE DB Connection Manager		Parse	Analysieren
Optimierungsoptionen	Tuning Options		Partial	Teilweise
Optimierungsprotokoll	Tuning Log		Partial Backup	Teilsicherung
Optimierungszeit begrenzen	Limit Tuning Time		Partition Scheme	Partitionierungsschema
Optionen	Options		Partitioning Strategy to Employ	Zu verwendende Partitionierungsstrategie
Paket	Package		Path	Dateipfad
Paket-Explorer	Package Explorer		Path	Pfad
Parameter	Parameter		Performance Counter	Leistungsindikator
Partitionierungsschema	Partition Scheme		Performance Tools	Leistungstools
Pfad	Path		Performing Analysis	Analyse wird durchgeführt
Physische Entwurfsstrukturen, die in der Datenbank beibehalten werden sollen	Physical Design Structures (PDS) To Keep In Database		Permission	Berechtigung
Physische Entwurfsstrukturen, die in der Datenbank verwendet werden sollen	Physical Design Structures (PDS) To Use In Database		Physical Design Structures (PDS) To Keep In Database	Physische Entwurfsstrukturen, die in der Datenbank beibehalten werden sollen

Deutsch	Englisch	Englisch	Deutsch
Plancache	Plan Cache	Physical Design Structures (PDS) To Use In Database	Physische Entwurfsstrukturen, die in der Datenbank verwendet werden sollen
Prinzipal	Principal	Plan Cache	Plancache
Programmierbarkeit	Programmability	Policies	Richtlinien
Projektmappen-Explorer	Solution Explorer	Policy	Richtlinie
Protokollfragment vor Wiederherstellung sichern	Tail-Log-Backup	Policy Management	Richtlinienverwaltung
Protokollierung	Logging	Preview	Vorschau
Prozedurschritt	Step Over	Principal	Prinzipal
Prozess abbrechen	Kill Process	Process	Prozess
Prozess	Process	Programmability	Programmierbarkeit
Qualitätssicherung	Quality Assurance – QA	Progress	Status
Quelle	Source	Properties	Eigenschaften
Registrierte Server	Registered Servers	Provider	Anbieter
Reparieren	Repair	Public	Öffentlich
Replik hinzufügen	Add Replica	Publication	Veröffentlichung
Report	Report	Publication Type	Veröffentlichungstyp
Ressourcenkontrolle	Resource Governor	Publications, Subscription Watch List and Agents	Veröffentlichung, Überwachungsliste für Abonnements und Agents

Deutsch	Englisch		Englisch	Deutsch
Ressourcenkontrolle aktivieren	Enable Resource Governor		Publisher	Verleger
Ressourcenpool	Resource Pool		Quality Assurance – QA	Qualitätssicherung
Ressourcenwartevorgänge	Resource Waits		Query	Abfrage
Richtlinie	Policy		Query Builder	Abfrage-Designer
Richtlinien	Policies		Query Editor	Abfrage-Editor
Richtlinienverwaltung	Policy Management		Query Store	Abfragespeicher
Rolle	Role		Read	Lesen
Sammlungssatz	Data Collector Set		Reason	Ursache
Schema	Schema		Rebuild	Neu erstellen
Schliessen	Close		Recent Expensive Queries	Letzte wertvolle Abfragen
Schritt	Step		Recommendation	Empfehlung
Schrittname	Step Name		Recommendations and Reports	Empfehlungen und Berichte
Schwellenwert	Threshold		Recovery Model	Wiederherstellungsmodell
Seite auswählen	Select A Page		Recovery Model »Full«	Wiederherstellungsmodell »Vollständig«
Sekundäre Serverinstanzen und Datenbanken	Secondary Server Instances and Databases		Recovery Model »Simple«	Wiederherstellungsmodell »Einfach«
Sequence-Container	Sequence Container		Recovery Model Bulk-logged	Wiederherstellungsmodell Massenprotokolliert

Deutsch	Englisch		Englisch	Deutsch
Serveraktivität – Verlauf, Zusammenfassung der Datenträgerverwendung und Abfragestatistik – Verlauf	Server Activity History, Disc Usage Summary and Query Statistics History		Recovery Model Full	Wiederherstellungsmodell Vollständig
Serverauthentifizierung	Server Authentication		Redirect Row	Zeile umleiten
Serverobjekt	Server Object		Refresh Local Cache	Lokalen Cache aktualisieren
Serverrolle	Server Role		Register as Data-Tier Application...	Als Datenebenenanwendung registrieren...
Serverüberwachungsspezifikation	Server Audit Specification		Registered Servers	Registrierte Server
Serverüberwachungsspezifikation aktivieren	Enable Server Audit Specification		Repair	Reparieren
Sicherheit	Security		Report Server Project Wizard	Berichtsserverprojekt-Assistent
Sicherheit konfigurieren	Configure Security		Report	Bericht
Sicherheitseinstellungen	Security Settings		Report	Report
Sichern	Back up		Requested Compressed Space	Angeforderter komprimierter Speicherplatz
Sicherung	Backup		Resource Governor Properties	Eigenschaften der Ressourcenkontrolle
Sicherung des Protokollfragments	Tail Log Backup		Resource Waits	Ressourcenwartevorgänge

Deutsch	Englisch		Englisch	Deutsch
Sicherung des Transaktions-protokolls	Transaction Log Backup		Response	Antwort
Sicherungsfähige Elemente	Securables		Resource Governor	Ressourcen-kontrolle
Sicherungs-komponente	Backup Component		Resource Pool	Ressourcenpool
Sicherungs-medium	Backup Device		Restart	Neu starten
Sicherungstyp	Backup Type		Restore	Wiederherstel-lungsvorgänge
Sicherungs-verfahren	Backup Model		Restore Database	Datenbank wiederherstellen
Sicht	View		Role	Rolle
Sitzung	Session		Row Group	Zeilengruppe
Sitzungsdaten-speicher angeben	Specify Session Data Storage		Rows Data	Zeilendaten
Sitzungs-eigenschaften	Set Session Properties		Run	Ausführen
Sitzungsmonitor	Session Monitor		Run as adminis-trator	Als Administrator ausführen
Skalarwert-funktion	Scalar-Valued Function		Run as different User	Als anderer Benutzer starten
Skript für Aktion in Datei schreiben	Script Action to File		Run Continuously	Fortlaufend ausführen
Skript für Tabelle als	Script Table as		Run Immediately	Sofort ausführen
Sofort ausführen	Run Immediately		Save as	Datei speichern
Sortierreihenfolge	Collation		Save to File	In Datei speichern
Spalte	Column		Save to Table	In Tabelle speichern

Deutsch	Englisch	Englisch	Deutsch
Spaltenfilter...	Column Filters...	Scalar-Valued Function	Skalarwert-funktion
Speicher	Storage	Schedule List	Zeitplanliste
Speicher Optimierungs Ratgeber	Memory Optimization Advisor	Schedule	Zeitplan
Speicheroptimierungs-Prüfliste	Memory Optimization Checklist	Schemas	Schemas
Spiegelinstanz	Mirror	Script Action to File	Skript für Aktion in Datei schreiben
Spiegeln	Mirror	Script Table as	Skript für Tabelle als
Spiegelsitzung	Mirroring	Search	Suchen
Spiegelung nicht starten	Do Not Start Mirroring	Secondary Server Instances and Databases	Sekundäre Serverinstanzen und Datenbanken
SQL Server Profiler	SQL Server Profiler	Securables	Sicherungsfähige Elemente
SQL Server-Authentifizierung	SQL Server Authentication	Security	Sicherheit
SQL Server-Protokoll	SQL Server Log	Security Settings	Sicherheits-einstellungen
SQL-Benutzer mit Anmeldename	SQL User with Login	Select	Auswählen
SQL-Server-Abfrage	SQL Server Spatial Query	Select A Page	Seite auswählen
SQL-Server-Anmeldung	SQL Server-Login	Select Data Synchronisation	Auswahl der Datensynchronisation
SQL-Server-Anmeldung	Login	Select Databases	Select Databases
SQL-Server-Ereigniswarnung	SQL Server Event Alert	Select Events To Capture	Aufzuzeichnende Ereignisse auswählen

Deutsch	Englisch		Englisch	Deutsch
SQL-Server-Leistungsstatus-warnung	SQL Server Performance Condition Alert		Select Instance	Instanz Auswählen
SQL-Server-Protokollversand	Transaction Log Shipping		Select Maintenance Task Order	Bestimmen der Reihenfolge der Tasks
SSIS-Protokoll-anbieter für das Windows-Ereig-nisprotokoll	SSIS Log Provider for Windows Event Log		Select Plan Properties	Wartungspläne auswählen
SSIS-Protokoll-anbieter für SQL Server	SSIS Log Provider for SQL Server		Select Top 1000 Rows	Oberste 1000 Zeilen auswählen
SSIS-Protokoll-anbieter für SQL Server Profiler	SSIS Log Provider for SQL Server Profiler		Selected Events	Ausgewählte Ereignisse
SSIS-Protokoll-anbieter für Text-dateien	SSIS Log Provider for Text Files		Send Mail Task	Task »Mail senden«
SSIS-Protokoll-anbieter für XML-Dateien	SSIS Log Provider for XML Files		Send Test E-Mail	Test-E-Mail senden
Standardbericht	Standard Report		Sequence Container	Sequence-Container
Standard-einstellungen	Default Settings		Server Activity History, Disc Usage Summary and Query Statistics History	Serveraktivität – Verlauf, Zusammenfassung der Datenträgerverwendung und Abfragestatistik – Verlauf
Standardkarte	Basic Map		Server Audit Specification	Serverüberwachungsspezifikation

Deutsch	Englisch	Englisch	Deutsch
Standard-speicherorte für Datenbank	Database Default Locations	Server Authentication	Serverauthentifizierung
Starten	Start	Server Configuration	Oberflächen-konfiguration
Startparameter	Startup Parameters	Server Object	Serverobjekt
Startparameter angeben	Specify A Startup Parameter	Server Role	Serverrolle
Status	Progress	Service Account	Dienstkonto
Suchen	Search	Service-Account	Dienstkonto
Systemdaten-Sammlungssatz	System Data Collection Set	Session Monitor	Sitzungsmonitor
Tabelle	Table	Session	Sitzung
Tabelle hinzufügen	Add Table	Set Properties of Highlighted Table Article	Eigenschaften des hervorgehobenen Tabellen-Artikels festlegen
Tabelle oder Sicht	Table or View	Set Session Properties	Sitzungseigenschaften
Tabelle	Table	Set up Database Mail by performing the following tasks	Datenbank-E-Mail durch Ausführen der folgenden Aufgaben einrichten
Tabellen- oder Matrix-Assistent	Table or Matrix Wizard	Ship Transaction Logs	Transaktions-protokoll senden
Tabellenwert-funktion	Table-Valued Function	Show Live Execution Plan	Aktiven Ausführungsplan anzeigen lassen
Täglich	Daily	Simple	Einfach

Deutsch	Englisch		Englisch	Deutsch
Task »Anmeldungen übertragen«	Transfer Logins Task		Simple Recovery Mode	einfaches Wiederherstellungsmodell
Task »Aufträge übertragen«	Transfer Jobs Task		Single Schedule for the entire Plan or no Schedule	Einzelner Zeitplan für den gesamten Plan oder kein Zeitplan
Task »Dateisystem«	File System Task		Solution Explorer	Projektmappen-Explorer
Task »Datenbanken übertragen«	Transfer Database Task		Source	Quelle
Task »Fehlermeldungen übertragen«	Transfer Error Messages Task		Specify A Startup Parameter	Startparameter angeben
Task »Mail senden«	Send Mail Task		Specify Session Data Storage	Sitzungsdatenspeicher angeben
Task »SQL Server-Objekte übertragen«	Transfer SQL Server Objects Task		Specify Values For Template Parameters	Werte für Vorlagenparameter angeben
Task »T-SQL-Anweisung ausführen«	Execute T-SQL Statement Task		SQL Server Agent Properties	Eigenschaften des SQL Server-Agents
Tatsächlichen Ausführungsplan einschließen	Include Actual Execution Plan		SQL Server Authentication	SQL Server-Authentifizierung
technische Vorversion	Community Technology Preview		SQL Server Event Alert	SQL-Server-Ereigniswarnung
Teilsicherung	Partial Backup		SQL Server Log	SQL Server-Protokoll
Teilweise	Partial		SQL Server Performance Condition Alert	SQL-Server-Leistungsstatuswarnung
Template	Muster		SQL Server Profiler	SQL Server Profiler

Deutsch	Englisch	Englisch	Deutsch
Test-E-Mail senden	Send Test E-Mail	SQL Server Spatial Query	SQL-Server-Abfrage
Text-Editor	Text Editor	SQL Server-Login	SQL-Server-Anmeldung
Transact-SQL	Transact-SQL	SQL User with Login	SQL-Benutzer mit Anmeldename
Transaktions Performance Analyse Bericht	Transaction Performance Analysis Overview	SSIS Log Provider for SQL Server	SSIS-Protokoll-anbieter für SQL Server
Transaktions-protokoll	Transaction Log	SSIS Log Provider for SQL Server Profiler	SSIS-Protokoll-anbieter für SQL Server Profiler
Transaktions-protokoll senden	Ship Transaction Logs	SSIS Log Provider for Text Files	SSIS-Protokoll-anbieter für Text-dateien
Transaktions-protokolldatei	Transaction Log File	SSIS Log Provider for Windows Event Log	SSIS-Protokoll-anbieter für das Windows-Ereig-nisprotokoll
Transaktionspro-tokoll-Sicherung	Transaction Log Backup	SSIS Log Provider for XML Files	SSIS-Protokoll-anbieter für XML-Dateien
Transaktions-replikation	Transactional Replication	Standard Report	Standardbericht
Transaktions-veröffentlichung	Transactional Publication	Start	Starten
Typ	Type	Startup Parame-ters	Startparameter
Übersicht	Overview	Statement	Anweisung
Überwachung	Audit	Step Into	Einzelschritt
Überwachung aktivieren	Enable Audit	Step Name	Schrittname

Deutsch	Englisch		Englisch	Deutsch
Überwachung erstellen	Create Audit		Step Over	Prozedurschritt
Überwachung	Audit		Step	Schritt
Überwachungs-aktionstyp	Audit Action Type		Stop	Beenden
Überwachungs-name	Audit Name		Stop Debugging	Debugging beenden
Überwachungs-protokolle anzeigen	View Audit Logs		Storage	Speicher
Überwachungs-token	Tracer Token		Stored Procedure	Gespeicherte Prozedur
Untersuche den Gebrauch beste-hender PDS	Evaluate Utiliza-tion of existing PDS only		Subject	Betreff
Ursache	Reason		Submitting Confi-guration Informa-tion	Konfigurations-informationen werden abge-sendet
Verbinden	Connect		Subscriber	Abonnent
Verbindung mit Datenbank herstellen	Connect to Database		Subscription Database	Abonnement-datenbank
Verbindung mit einer Datenquelle auswählen	Choose a Connection to a Datasource		System Data Collection Set	Systemdaten-Sammlungssatz
Verbindungs-eigenschaften	Connection Properties		Table	Tabelle
Verbindungs-manager	Connection Manager		Table or Matrix Wizard	Tabellen- oder Matrix-Assistent
Verbindungs-server	Linked Server		Table or View	Tabelle oder Sicht

Deutsch	Englisch		Englisch	Deutsch
Verbindungs-server/Delegation	Linked Server		Table Properties	Eigenschaften der Tabelle
Verbindungs-zeichenfolge	Connection String		Tables	Tabellen
Verfolge Prozess im SQL Server Profiler	Trace Process in SQL Server Profiler		Table-Valued Function	Tabellenwert-funktion
Verknüpfung	Join		Tail Log Backup	Sicherung des Protokoll-fragments
Verleger	Publisher		Tail-Log-Backup	Protokollfrag-ment vor Wieder-herstellung sichern
Veröffentlichung	Publication		Target	Ziel
Veröffentlichung, Überwachungs-liste für Abonne-ments und Agents	Publications, Subscription Watch List and Agents		Target of Recom-mendation	Empfehlungsziel
Veröffentlichung	Local Publication		Target Server	Zielserver
Veröffent-lichungstyp	Publication Type		Text Editor	Text-Editor
Verschieben	Move		Threshold	Schwellenwert
Verschlüsselung	Encryption		To »...«	Empfänger-Mail-adresse
Verschlüsselungs-schlüssel	Encryption Key		Tools	Extras
Verteiler	Distributor		Trace Name	Ablaufverfol-gungsname
Verwaltung	Management		Trace Process in SQL Server Profiler	Verfolge Prozess im SQL Server Profiler

Deutsch	Englisch		Englisch	Deutsch
Verwaltungs-Data-Warehouse konfigurieren	Configure Management Data Warehouse		Trace Properties	Ablaufverfolgungseigenschaften
Verwaltungs-Data-Warehouse (VDWH)	Management Data Warehouse (MDWH)		Tracer Token	Überwachungstoken
Verzeichnis für Lösung erstellen	Create Directory for Solution		Transact-SQL	Transact-SQL
Vollständig	Full		Transaction Log	Transaktionsprotokoll
Vollständige Partitionierung	Full Partitioning		Transaction Log Backup	Sicherung des Transaktionsprotokolls
Vollständige Sicherung	Full Backup		Transaction Log Backup	Transaktionsprotokoll-Sicherung
Voraussetzungen erfüllt	Meets Prerequisites		Transaction Log File	Transaktionsprotokolldatei
Vorhandene Datenbank überschreiben	With Replace		Transaction Log Shipping	SQL-Server-Protokollversand
Vorlage auswählen	Choose Template		Transaction Performance Analysis Overview	Transaktions Performance Analyse Bericht
Vorlage verwenden	Use the Template		Transactional Publication	Transaktionsveröffentlichung
Vorschau	Preview		Transactional Replication	Transaktionsreplikation
Warnungen	Alerts		Transfer Database Task	Task »Datenbanken übertragen«
Warnungssystem	Alert System		Transfer Error Messages Task	Task »Fehlermeldungen übertragen«

Deutsch	Englisch		Englisch	Deutsch
Wartung	Maintenance		Transfer Jobs Task	Task »Aufträge übertragen«
Wartungsauftrag	Maintenance Plan		Transfer Logins Task	Task »Anmeldungen übertragen«
Wartungspläne auswählen	Select Plan Properties		Transfer SQL Server Objects Task	Task »SQL Server-Objekte übertragen«
Wartungsplanungs-Assistenten	Maintenance Plan Wizard		Truncation	Abschneiden
Webdienst-URL	Web Service URL		Tuning Log	Optimierungsprotokoll
Weiter	Next		Tuning Options	Optimierungsoptionen
Weiter zur Kategorie Anmeldeinformationen	Credentials		Type	Typ
Wert	Value		Updatable Subscription	Aktualisierbares Abonnement
Werte für Vorlagenparameter angeben	Specify Values For Template Parameters		Update	Aktualisieren
Wiederherstellungsmodell	Recovery Model		Use the Template	Vorlage verwenden
Wiederherstellungsmodell Massenprotokolliert	Recovery Model Bulk-logged		Use this Event Session Template	Ereignissitzungsvorlage verwenden
Wiederherstellungsmodell Vollständig	Recovery Model Full		User Defined	Benutzerdefiniert
Wiederherstellungsvorgänge	Restore		User Mapping	Benutzerzuordnung

Deutsch	Englisch		Englisch	Deutsch
Windows-Authentifizierung	Windows Authentication		User Name	Benutzername
WMI-Ereignis-warnung	WMI Event Alert		User	Benutzer
Zeile umleiten	Redirect Row		Users Mapped to this Login	Benutzer, die dieser Anmeldung zugeordnet sind
Zeilendaten	Rows Data		User or Role	Benutzer oder Rolle
Zeilengruppe	Row Group		Utility Explorer	Hilfsprogramm-Explorer
Zeitgesteuert	On Schedule		Value	Wert
Zeitplan	Schedule		View	Ansicht
Zeitplanliste	Schedule List		View	Anzeige
Zentrale Verwaltungsserver	Central Management Servers		View Audit Logs	Überwachungsprotokolle anzeigen
Zertifikat	Certificate		View	Sicht
Zertifikate • Eigene Zertifikate • Zertifikate	Certificates • Personal • Certificates		Watch Live Data	Livedaten ansehen
Zeuge	Witness		Web Service URL	Webdienst-URL
Ziel	Target		Welcome Screen	Begrüßungs-bildschirm
Ziel	Backup to		Windows Authentication	Windows-Authentifizierung
Ziel	Destination		Witness	Zeuge
Zusätzlich zu sendende Warn-benachrichtigung	Additional notification message to send		Write	Ändern

Index

E

F

G

H

I

M

N

O

P

Q

R

S

T

X

Z

Das Standardwerk zur IT-Sicherheit

Nur wenn Sie verstehen, wie ein Angreifer denkt, können Sie Ihre IT-Systeme auch wirklich absichern. Dieses umfassende Handbuch ist der Schlüssel dazu. Die Security-Profis rund um Bestseller-Autor Michael Kofler vermitteln Ihnen das ganze Know-how, um Ihre Infrastrukturen vor Angriffen zu schützen – Praxisbeispiele und konkrete Szenarien inklusive. Von der Absicherung des Active Directory bis zum Einsatz von Kali Linux, von der Suche nach Exploits bis zur Härtung von Webservern: Hier werden Sie zum Security-Experten!

1.200 Seiten, gebunden, 49,90 Euro, ISBN 978-3-8362-9164-4

www.rheinwerk-verlag.de/5586